人民军队法治建设史

（1927—2017）

丛文胜 等 著

解放军出版社

图书在版编目（CIP）数据

人民军队法治建设史：1927－2017/丛文胜等著，
——北京：解放军出版社，2021.8
ISBN 978－7－5065－7516－4
Ⅰ.①人… Ⅱ.①丛… Ⅲ.①军队法制建设—法制史—研究—中国—1927－2017 Ⅳ.①E266

中国版本图书馆 CIP 数据核字（2021）第168175号

书　　名：人民军队法治建设史（1927—2017）

作　　者：丛文胜　等
责任编辑：郭　莹
封面设计：张禹宾
责任校对：孟凡思　等
出版发行：解放军出版社
社　　址：北京市西城区地安门西大街40号
邮　　编：100035
电　　话：66531659（发行部）
E-mail：jfjcbs@126.com
经　　销：全国新华书店
印　　刷：北京中科印刷有限公司
开　　本：787毫米×1092毫米　1/16
字　　数：846千字
印　　张：51.75
版　　次：2021年9月第1版
印　　次：2021年9月北京第1次印刷
书　　号：ISBN 978－7－5065－7516－4
定　　价：98.00元
（如有印刷、装订错误，请寄本社发行部调换）

序　言

人民军队法治建设九十年

1927 年 8 月 1 日，是一个永远镌刻在人民军队光辉历史史册的伟大日子。这一天，中国共产党领导的革命武装打响了武装反对国民党反动派的第一枪，建立起中国人民自己的军队。从此，人民军队在党的领导下，紧紧地与中国人民站在一起、血脉相连，在长期的革命斗争岁月里，战胜各种艰难困苦，不断发展壮大，夺取了土地革命、抗日战争、解放战争的胜利，建立了中华人民共和国。到今天，人民军队光荣地走过了 90 年。在党中央和中央军委的正确领导下，中国人民解放军已经成为一支世界瞩目的革命化、现代化、正规化的强大人民军队。

我们回顾和纪念人民军队的光荣革命历史，总结人民军队成长壮大的历史经验，其中重要的一条就是加强人民军队的法治建设，实行依法治军，建设法治军队。“依法治军”是毛泽东军事思想、邓小平新时期军队建设思想、江泽民国防和军队建设思想、胡锦涛国防和军队建设思想、习近平关于国防和军队建设一系列重要论述的重要组成部分。

“凡兵，制必先定。”纵观古今中外军队建设发展的历史，既是一部充满剑与火的战争史，也是一部建军立制、依法治军的历史。当人类社会的母体孕育出战争胎儿时，维护国防和军队秩序的军事法治也相伴而生。军事法治所走过的漫长历程，与阶级社会的战争史和法律史一样悠久。早在2500 多年前，我国兵学鼻祖孙子就强调：“善用兵者，修道而保法，故能为胜败之政。”其意是说，修明政治，使军内军外保持团结一致；加强法纪，使各项制度法规得以落实。这是决定战争胜负的重要因素，也是治国治军的根本大计。《吴子·治兵》中对依法治军的理论作了精辟论述：军队要靠治理才能取胜，治军的核心是靠法治，“若法令不明，赏罚不信，金之不止，鼓之不进，虽有百万，何益于用”。可以说，加强军事法治建设、实行依法治军体现了治国治军的根本规律，是古往今来任何国家加强国防和军队建设的一条必由之路。正如古人所云，“小智者治事，大智者治人，睿智者治法”。当今世界各国军队建设的一个共同特点，就是高度重视军事法治在国防和军队建设中的作用，走依法治军之路，将国防和军队建设纳入法治轨道。

马克思主义认为，军队是国家或政治集团为准备和实施战争而建立的正规的武装组织。我军是党绝对领导下的人民军队，是通过军事斗争为实现党的纲领和任务服务的。我军自成立之日起，就以党的宗旨为宗旨，以党的目标为目标，以党的任务为任务。我军的军事法治建设和依法治军，始终都是紧密围绕着坚持党的绝对领导和完成党确定的军队历史使命来进行的。

军事法治建设是指国家和军队运用科学立法手段、严格执法方式、先进法治思维和遵循法治运行规律，全面治理国防和军队建设的系统工程。一个现代化国家必然是法治国家，一支现代化军队必然是法治军队。千百年来，尤其是当历史跨入21世纪的门槛后，军事法治的作用更为显现，军队的体制编制、教育训练、后勤保障、装备发展、行政管理、作战行动和决策指挥等，都越来越多地受到军事法的规范、引导、调节和保障。军事法治在保障国家安全、维护国家主权、加强国防和军队建设，实施军民融合发展战略，以及保障军人合法权益和制约战争行为等方面都发挥着极为重要的作用。当前，人民军队法治建设经过90年风雨历程，取得了巨大成就，积累了丰富的法治建设经验，形成了较为完整的人民军队法治建设体系，成为新时代人民军队法治建设的宝贵财富。特别是党的十八大以来，随着国家治军、治党、治国一体推进格局的形成，人民军队法治建设进入创新发展的新时代。习近平主席明确提出，现代化军队必然是法治军队，要用强军目标引领军事法治建设，强化法治信仰和法治思维，按照法治要求转变治军方式，不断提高国防和军队建设法治化水平。党在新时代的强军目标是建设一支听党指挥、能打胜仗、作风优良的人民军队，把人民军队建设成世界一流军队，特别强调要牢记听党指挥是强军之魂，牢记能打仗、打胜仗是强军之要，牢记依法治军、从严治军是强军之基，努力建设巩固的国防和强大的军队，在中华民族复兴的伟大征程上认真履行肩负的历史使命。习近平主席关于不断提高国防和军队建设法治化水平的一系列重要论述，深刻阐明了新的历史条件下依法治军的战略地位、根本原则和目标任务，科学回答了中国特色军事法治建设一系列重大理论和实践问题，形成了指导人民军队法治建设的重要指导理论。

厉行法治既是一个现代文明国家的重要标志，也是一支现代化军队的鲜明特征。已经走过90年光辉历程的人民军队，在党的领导下建军治军方式正在发生一场深刻的历史性变革，依法治军、从严治军成为党建军治军的基本方略，加快构建中国特色军事法治体系，加快实现治军方式根本性转变，从健全完善军事法规制度体系，到加大军事法规执行力度；从强化军队法治工作机构职能作用，到大力培塑军事法治文化；从在法治轨道上积极稳妥推进国防和军队改革，到以法治手段推进作风建设常治长效，全方位地推进国防和军队建设法治化，开启了人民军队法治建设的新时代。

我们要深刻领会、认真落实习近平关于依法治军的重要论述，努力加强中国特色军事法治建设，为完成党和国家赋予人民军队的使命任务，全面加强国防和军队建设提供坚强有力的法治保障。第一，深入推进依法治军必须坚持党对军队的绝对领导。确保党对军队的绝对领导，这是我军永远不变的军魂，也是依法治军的最基本要求。习近平主席指出，我军是执行党的政治任务的武装集团，保证党对军队的绝对领导，关系我军性质和宗旨、关系社会主义前途命运、关系党和国家长治久安，是我军的立军之本和建军之魂，要确保全军在任何时候任何情况下都坚决听从党中央、中央军委指挥，确保党从思想上、政治上、组织上牢牢掌握部队。深入推进依法治军、从严治军，必须紧紧围绕党在新时代的强军目标，坚持党对军队绝对领导，全面依法加强革命化现代化正规化建设。第二，发挥法治对国防和军队改革的引领、规范和保证作用。将军事法治建设与国防和军队改革事业有机统一起来，使改革在法治下推进，法治在改革中完善。各项改革的出台都应与相关的立法紧密协调衔接，受到法的强制规范和约束，做到重大改革于法有据，避免改革的盲目性、随意性和不稳定性。第三，依法治军首先是依宪治军、严格落实中央军委主席负责制。我国人民民主专政的社会主义制度和人民代表大会制度，决定了我国国防和军队法治建设必须在社会主义宪法的统一规范下，纳入国家法治的轨道运行。宪法作为国家的根本大法，是一切国家机关和政府部门在处理国家重要事务中都必须严格遵循的，在国防和军队法治建设中也必须以宪法为最高法律依据，严格落实宪法规范。“军委主席负责制”是宪法明确规定的重大军事制度，是中国特色社会主义军事制度的核心，是党对军队绝对领导的最高实现形式，必须严格按照宪法规定，健全和完善贯彻军委主席负责制的体制机制和相关制度，使军委主席负责制得到全面落实。第四，军事法治建设必须牢固树立战斗力这个唯一的根本的标准。军事法治建设必须紧紧围绕军事斗争准备，加大战场和战时法治建设，形成有利于提高战斗力的政策导向、制度体系和监督机制，用法治强制力保证战斗力生成、巩固和提升，全面提高各级军事机关和官兵打赢现代战争的联合作战能力，保证部队召之即来、来之能战、战之必胜，有效履行维护国家主权统一、领土安全和发展利益的神圣职责。第五，建设覆盖全面、有机统一、科学实效的军事法规制度体系，这是构建中国特色军事法治体系的首要任务。要加强军事立法的顶层设计，深入贯彻新形势下依法治军方略，制定完善一整套反映现代军事规律、符合部队建设实际、体现我军鲜明特色的军事法规制度体系。第六，完善军事法治实施体系。注重在党委首长依法决策、机关部门依法指导、部队依法行动、官兵严格守法上聚焦用力，不断提升符合现代治军特点规律的部队建设和管理水平。第七，强化军事法治监督体系。完善党内、党外监督的各项制度规定，强化上级对下级监督的职责、内容和程序，优化法制、司法、纪检、监察、巡视、审计等法治监督部门体制和运行机制，加大对领导干部职务行为的监督和问责，健全官兵有序监督的制度保障，创新社会监督的方式。第八，确立法治信仰和法治思维，保障官兵合法权益。法律的权威来自人们的信仰，必须大力培养官兵尊崇法治的情感认同，在全军深入开展法治宣传教育，把法治教育纳入部队教育训练体系，把培育法治精神作为强军文化建设的重要内容。要充分尊重广大官兵在建设法治军队中的主体地位和创造精神，增强广大官兵在军事法治建设中的主人翁意识和使命感、责任感，充分挖掘、调动他们的积极性、创造性；要依法规范和自觉维护部队正规的战备、训练、工作和生活秩序；要关心广大官兵的切身利益，重视解决官兵工作、生活中的实际困难和问题，依法维护官兵正当权益，依法保证公平正义，营造军营清风正气氛围。第九，加快军事法治人才培养。军事法治人才是深入推进依法治军从严治军的重要依托和力量支撑。应健全军事法治人才教育培训体系，制定军事法治人才队伍建设专门规划，纳入国家和军队人才建设总体部署统筹推进。改进依托国民教育培养军事法治人才的依托形式和培养方式，建立既符合法律职业要求又体现军事职业特点的军事法治人才管理制度，充分发挥军事法专家顾问队伍的作用，努力建设一支政治素质、军事素质、法律素质全面过硬的军事法治人才队伍，不断创新以军民融合方式优质提升国防和军队建设法治化水平。第十，严格规范领导干部行为，转变机关作风。要强化各级领导干部法治意识，领导干部要把对法治的敬畏转化为思维方式和行为方式，带头遵守法律、执行法律，争当依法治军的带头人。要着力提高各级领导和机关运用法治思维和法治方式开展工作的能力，形成建设法治军队的强大推动力。各级领导和机关要始终把工作重心放在基层，自觉树立依法指导和开展工作，履职尽责、公道正派、勇于担当，做依法治军的表率。通过依法深化国防和军队改革，全面建设法治军队，加快提高国防和军队建设法治化水平，把人民军队锻造成世界一流的威武之师、法治之师、胜利之师。

目 录

第一章 人民军队创立时期的军事法治建设
（1927 年 8 月—1937 年 7 月）

第二章　全面抗日战争时期的军事法治建设
（1937 年 7 月—1945 年 8 月）

第三章 解放战争时期的军事法治建设
（1945 年 8 月—1949 年 10 月）

第四章 中华人民共和国军事法治建设（上）
（1949 年 10 月—1978 年 12 月）

第五章 中华人民共和国军事法治建设（中）
（1978 年 12 月—2012 年 11 月）

第六章 中华人民共和国军事法治建设（下）

（2012 年 11 月—2017 年 8 月）

第七章　人民军队法治建设 90 年的历史经验
（1927 年 8 月—2017 年 8 月）

第一章　人民军队创立时期的军事法治建设

（1927 年 8 月—1937 年 7 月）

1927 年 8 月 1 日，中国共产党发动了震惊中外的南昌起义，打响了武装反抗国民党反动派的第一枪，标志着党独立领导的新型人民军队诞生。这一时期，中国革命进入了在党的领导下以工农革命武装推翻国民党反动统治，实行土地革命，建立工农民主政权为目标的新历史时期，也称第二次国内革命战争时期或土地革命战争时期。人民军队的军事法治建设肇始于中国工农红军时期，并在斗争环境十分艰苦、恶劣的土地革命战争中不断发展和充实。这一时期的军事法治建设在理论指导、目标任务、发展水平、手段方式和保障措施等方面都与中华人民共和国成立后尤其是建设社会主义法治国家时期的军事法治建设有着质和量的很大不同，深深地打着不可磨灭的时代烙印，是与创建革命根据地、建立新型工农民主政权和巩固扩大红军队伍的任务紧密地联系在一起的，对于创建、扩大红军和壮大工农革命队伍，依法加强红军的组织纪律作风建设，提高红军的战斗力起到了非常重要的作用。这一时期党领导的人民军队军事法治建设实践，为此后人民军队军事法治建设的发展提供了宝贵经验，奠定了人民军队军事法治建设的坚实基础，在人民军队法治建设史上具有极为重要的历史地位。

第一节　建立革命根据地政权的军事领导体制

从人民军队诞生，到1937年七七事变后，中国工农红军正式改编为国民革命军第八路军和新四军的10年，是党领导下的土地革命战争时期，也是人民军队法治建设的创立时期。在这个时期，中国共产党把马克思主义关于党和军队关系理论，与中国革命实际相结合，制定军事法律法规，确立了党对军队绝对领导的根本原则，建立了具有中国特色的军事领导体制。建立革命根据地政权的军事领导体制，并通过制定军事法规规定红军任务，规范红军编制，是人民军队创立时期军事法治建设实践的重要内容。

一、创建党对人民军队绝对领导的军事领导体制

从人民军队创立之日起，坚持党对军队的绝对领导，就成为人民军队军事法治建设的一项最重要的原则和基石。在中国工农红军时期，就创造性地确立了这一原则并坚定不移地将其贯穿于红军法治建设的始终。[①] 早在国共合作的第一次大革命遭受严重挫折时，以毛泽东为代表的中国共产党人就清醒地认识到枪杆子里面出政权的真理。1927年8月，中共中央在《中国共产党的政治任务与策略的决议案》中指出："这种革命战争，必须要创造新的革命军队。"舍此，"民权革命是决不能胜利的"，并提出要"建立工农的革命军，这种军队之中要有极广泛的政治工作及党代表制度，强固的本党兵士支部，要有靠得住的忠实于革命的军官，——这是现时革命运动中最重要的任务之一"[②]。

（一）第一次国共合作为中国共产党探索人民军队军事制度建设创造了条件

1924年，在共产国际的帮助下，中国共产党和以孙中山为领导的国民党开始进行两党合作，并依据"以俄为师"的政策，合作创建了一支区别于旧时军阀的新型革命军队。在军队的创建过程中，中国共产党担任了重要角色。特别是依照苏俄红军建设的经验，建立了新式军事制度，规

---

① 丛文胜：《中国工农红军军事法制建设的主要特点》，《中国军事科学》，1998年第2期。

② 中央档案馆编：《中共中央文件选集》第3卷，中共中央党校出版社1983年版，第291—292页。

定在军队中开展政治工作等重任，便历史性地落到了共产党人的肩上。

中国共产党依据中国特点，并参照苏俄红军的经验，在黄埔军校和革命军中建立了国民党特别党部、党代表和政治部制度。特别党部制度先在黄埔军校实行，后推广到国民革命军其他一些部队。它规定凡国民革命军官兵皆为国民党党员，皆应受国民党的组织和纪律的约束，完全接受党的训练、指示、管辖和制裁。这个制度自成垂直系统，各级党部设执行和监察两个委员会，履行职责，其总体职能在于保证军队“党化”，使军队成为有“铁的组织、钢的纪律”的党军。[①] 党代表制度摹仿了苏俄红军的政治委员制度，是指党代表主要代表国民党监督同级军事长官行使军权，规定凡呈请、命令、通告和指挥事宜，均须党代表副署才有效。这一制度先在黄埔军校实行，后在国民革命军的军一级也普遍实行。除此之外还实行政治部制度，先在黄埔军校实行，后在国民党革命军师以上各级实行，为司令部下属单位，与参谋部（处）并行，受同级党代表指导，负责官兵的政治训练、对外宣传、发动民众。团一级设政治指导员，履行政治部职能。这三项制度，特别是党代表和政治部制度，发挥了很大的作用。毛泽东曾给予很高的评价，指出：1924 年到 1927 年，“中国共产党和国民党合作组织新制度的军队。”“那时军队设立了党代表和政治部，这种制度是中国历史上没有的，靠了这种制度使军队一新其面目”[②]。

在国共两党合作过程中，根据与孙中山达成的合作协议，中国共产党第三次全国代表大会决定，共产党员以个人身份加入国民党，大批共产党员积极参与国民革命军和新型军事制度的建立，特别是军队政治工作制度的创建实践。恽代英、周恩来、萧楚女、熊雄、邓小平等优秀共产党员先后加入黄埔军校、南方国民革命军、北方的国民军和国民联军，担任党代表、政治部主任等职务，成为国民革命军政治工作的骨干力量。在第一次国共合作中建立新型军事制度和开展军事活动的实践，客观上为中国共产党探索军事制度特别是革命军队军事领导体制的建立创造了条件，提供了契机。正如毛泽东曾评价：“中国是经过了一次大革命的——准备好了红军的种子，准备好了红军的领导者即共产党，又准备好了参加过一次革命

---

① 军事历史研究部、军事图书馆等编著：《中国人民解放军全史卷一 · 在土地革命战争中诞生和成长》，军事科学出版社 1999 年版，第 3 页。

② 《毛泽东选集》（第二卷），人民出版社 1991 年版，第 380 页。

的民众。”①

（二）实行党对人民军队绝对领导体制有着坚实的理论和革命实践基础

党对军队绝对领导有着深厚的理论基础。无产阶级需要建立自己的武装力量，并把它置于共产党的领导下，这是马克思主义建军思想的一贯主张。马克思和恩格斯曾经预言，无产阶级军队终将走向强大、迈向世界一流的历史必然。马克思和恩格斯除了指出无产阶级必须组织和建立自己的军队外，还特别强调了无产阶级军队听谁指挥、由谁领导的问题。马克思恩格斯在总结 1948—1849 年欧洲革命中工人阶级革命斗争实践时，就对党独立领导无产阶级军队有了原则性的指示，工人党必须尽量有组织地、尽量一致地和尽量独立地行动起来，必须建立起独立和武装的工人组织。1850 年 3 月，马克思和恩格斯在《中央委员会告共产主义者同盟书》中指出，无产阶级应该认清自己的阶级利益，尽快建立自己的武装，“工人应该武装起来和组织起来。必须立刻使整个无产阶级用步枪、马枪、大炮和弹药武装起来”，“应该设法组成由他们自己选出的指挥官和总参谋部来指挥的独立的无产阶级近卫军，不听从国家政权机关的调动，而要听从由工人所建立的革命的市议会调动。”② 这里的“市议会”是在工人阶级政党领导下的政权组织。中国共产党在建军初期，就立足于中国革命的实际，创造性地运用马克思主义建军理论，确立党对军队绝对领导这一建军治军的根本原则和制度，使人民军队摆脱了一切旧式军队的不利影响，成为全心全意为人民服务的坚决执行革命任务的武装集团，成为夺取中国革命胜利的骨干力量。

1927 年 4 月，国民党蒋介石集团发动了“四一二”反革命政变，疯狂镇压大革命运动，屠杀革命共产党人，建立起代表大地主、大资产阶级的反动政权。严峻的形势，使中国共产党担起了民主革命的领导重任，血腥的教训也使中国共产党加深了对独立开展武装斗争和建立军队重要性的认识。在发动南昌起义时，就是由中国共产党的前敌委员会领导。当时中国共产党的前敌委员会是战争期间受中央委员会或省委员会的委托，在前线领导部队对敌作战的党的一级组织，简称前委。土地革命战争时期，中

---

① 《毛泽东选集》（第一卷），人民出版社 1991 年版，第 189 页。

② 《马克思恩格斯军事文集》（第一卷），战士出版社 1981 年版，第 61 页。

国共产党的前敌委员会有三种类型：一是中共中央的，二是省委的，三是工农红军的。如南昌起义时，中国共产党组成了中国共产党前敌委员会，负责领导南昌起义工作。由中共临时中央委员会常委、中央军事部部长周恩来任前委书记。省委的前敌委员会如中共湖南前敌委员会、中共湘西前敌委员会等。此后的工农红军中设有中共红四军前敌委员会、中共红一军前敌委员会等。当时，在南昌起义部队中，团一级没有政治机关，也不设党委，只设总支、支部。

“八一”南昌起义后，中国共产党召开了“八七”会议，确定了实行土地革命和武装起义的总方针。在这个总方针的指导下，中国共产党领导了秋收起义、广州起义和其他许多地区的武装起义，开创了党领导武装斗争，以武装夺取政权的新阶段。各地人民组成武装起义军在共产党的领导下英勇顽强作战，不断打击国民党反动政权。为巩固武装斗争的成果，在共产党的领导下，人民军队积极探索具有中国特点的革命斗争道路，开展游击战争，在国民党政权力量比较薄弱的区域建立革命根据地政权。1927 年 10 月，毛泽东领导秋收起义后，在井冈山地区建立了第一个革命根据地。至 1930 年，中国共产党在全国十多个省 100 多个县的广大地区，先后建立了十几个根据地，陆续建立了乡、区、县各级工农政府，并提出了建立全国性政权的任务。1931 年 11 月，中华苏维埃共和国政府在江西瑞金宣告成立。

（三）依法建立和保证党对军队绝对领导的各项制度

这一时期，在党领导发展红军和扩大革命根据地的斗争过程中，十分重视通过制定法规制度来加强和保证党对军队的绝对领导。如 1927 年 9 月，毛泽东率领秋收起义的部队在江西省永新县三湾村进行了著名的“三湾改编”，建立了一系列新的制度，首次把党对军队绝对领导的原则贯彻到军队建设中，规定了“支部建在连上”，排设党小组，营、团建立党委，党的书记兼任同级党代表，党对军队领导的各项制度初步建立起来。同时，还在红军中实行政治民主、官兵待遇平等，官长不打士兵等制度，形成了新型人民军队民主制度的雏形。1929 年 12 月，在毛泽东的主持下，中共红四军第九次代表大会在福建上杭古田村召开，通过了一部在我军历史上占有重要地位的法规性文件《中国共产党红军第四军第九次代表大会决议案》（简称“古田会议决议”）。古田会议决议确定了红军军事法治建设的基本纲领，在人民军队的军事制度和法治建设上具有奠基性的地位。最核心的是坚持了党对红军的领导，丰富了红军法规中政治工作的有关内容。在还没有建立全国统一政权的情况下，这种以党的代表大会决议的形式，创制具有军事法性质的规范性文件，是红军军事法治建设的一个创举。这个红军的军事法规性文件再次以军事法的形式明确了党在红军中的领导地位，标志着党对军队绝对领导原则和马克思主义建军路线在红军中进一步确立。各革命根据地政权的党政军领导机关特别注重加强红军各项制度建设。1931 年 11 月，《苏区党第一次代表大会关于红军问题决议案》中再次指出："在中国共产党领导之下，已经创造了中国工农红军"，要在红军中实行政治委员制度和建立各级政治机关，"红军政治委员、政治部，是共产党和苏维埃政府在红军中的直接代表，共产党与共产青年团是红军不可分离的组织成分"。只有"加强政治委员及政治部的工作，巩固红军中共产党与青年团的组织，才能保障红军中无产阶级的领导"，并要求红军"在共产党与苏维埃政府领导之下，去坚决执行上列各种任务，将来一定是能够消灭全国一切反革命的武装力量，完成他自己所负的历史使命"①。据不完全统计，从 1932 年到 1934 年中央苏区制定和颁布的各种单行军事法律、军事法规等规范性文件就超过 40 件。

二、建立领导工农武装的军事领导机构

中国共产党在大革命时期面对残酷血腥的阶级斗争，逐渐认识到独立掌握工农武装力量和开展军事工作的重要性，开始建立专门领导军事工作的中央革命军事委员会和组建工农武装的军事机构。

（一）中央革命军事委员会

随着大革命时期工农革命运动的深入发展，特别是 1924 年实现国共合作后，中国共产党开始重视军事工作，并在其组织体系中组建军事机构。首先是在中共广东区委建立了军事部（后来在其他一些党的地方组织中也陆续建立了军事部或军委）。1925 年 10 月，党的第四届中央委员会执行委员会第二次扩大会议，第一次提出在中央委员会下必须设立军事委员会。同年的中共中央十二月会议，提出应成立中央军事部，承担系统的军事工作。1926 年 2 月，为迎接北伐战争，适应全国民众革命运动的

① 《红军问题决议案》（根据中央档案原抄件刊印），中国网，http：//www.china.com.cn/guoqing/2012-08/30/content_26745529.htm。

发展，中共中央在上海建立了军事部。同年底，周恩来率领一部分军事干部从广州到上海，不久，将中共上海区委军委与中央军事部合为统一的机构，充实、健全了军事部（亦称军委），周恩来任部长（亦称书记），加强了对军事工作的领导。1927 年 4 月和 7 月，蒋介石、汪精卫先后公开叛变革命，第一次国共合作全面破裂，轰轰烈烈的大革命遭到失败。5 月，军事部随中共中央机关迁至武汉。中共中央常委会决定，周恩来担任中央军事部部长。中央军事部内设军事委员会，周恩来为主任。

中国共产党从大革命失败的惨痛教训中，认识到建立革命军队、独立领导革命战争的极端重要性，在 1927 年的中共“八七会议”上，以毛泽东为代表的共产党人明确提出“须知政权是由枪杆子中取得的。”中国共产党开始实行武装推翻国民党反动派，建立工农民主政权的方针，并领导了著名的南昌起义、秋收起义、广州起义等一系列武装起义，进入了创建红军、开展土地革命战争的时期。这一时期，围绕党的土地革命的中心任务，各地区纷纷组织了武装起义，开展武装斗争，并先后在全国各地，特别是南方的一些省份建立起边界（省）、县、区、乡（村）各级地方政权，实行了工农民主专政的革命法治，开创了建立革命政权法治的新局面。

为适应军事工作的需要，党的中央军事机构逐步变革。1927 年 12 月 1 日，中共中央发出关于党的组织工作的第 17 号“通告”，中共中央的机构随之作了变动，废止设部制度，将所属各部改为科，军事部改称军事科，隶属于临时中央政治局常委及其组织局之下，组织局负责人周恩来兼管军事科的工作。

为了加强对军事工作的指导，中共中央多次通过党的决议明确中央军事机构的地位和职责。1928 年 6 月至 7 月在莫斯科召开的中共第六次全国代表大会，决定中央重新设立军事部，各地设立军事委员会。在《军事工作决议案（草案）》中指出：中国共产党的一切军事工作，都应集中于中国共产党中央军事部，各地军事委员会受地方党部之一般领导，但在军事工作方面则受中央军事部指挥。中央军事部和各地军事委员会依据中共中央的计划而工作。会后，成立了中央军事部（下设参谋、组织、兵士、特务、交通五科及军事委员会），杨殷任部长。1929 年 8 月，杨殷被捕遇害后，中央政治局常委周恩来兼任军事部部长。10 月，中央军事部为加强对军事工作的指导，制定了《目前军事工作计划大纲》，明确规定中央军事部是全国党的最高军事指导机关，并就开展军事巡视工作、筹办军事刊物、训练军事干部、开展军运工作、扩大红军、瓦解敌军等重大问题定出了计划。

伴随着全国的革命根据地政权蓬勃发展和红军向正规化扩大化方向发展，“这时，在革命战争中创建和形成的各大块根据地的红色政权相互并无隶属关系，也没有建立统一的中央政权机关，而是以各根据地边界（省）政府，作为各该地区的最高政权机关，在中共中央和该地区党组织或军事机关的领导下，各自独立领导根据地的政权法制建设”①。1930年春，中共中央决定将中央军事部和军事委员会合并称中央军委，并在4月3日的“通告”中指出：中央决定，各地已组织的红军，由中央军委统一指挥。4月15日，中央军委制定的军事工作计划大纲，进一步明确中央军委指挥全国军事运动，全国的红军都应集中于中央军委指挥之下。

1931年1月15日，在中央苏区的江西省成立中共苏区中央局，并在其领导下，成立中央革命军事委员会，以苏区中央局代理书记项英任主席，朱德、毛泽东任副主席。同年1月，设在上海的中央军事委员会职责变为主要负责党的白区军事工作及对苏维埃军委、各主力红军重大决策的指导等，不直接指挥红军的作战行动。随后，中央军委负责人陆续进入中央苏区。

1931年11月，在瑞金召开中华苏维埃第一次全国代表大会，宣布成立中华苏维埃共和国临时中央政府。根据大会的决议和中央执行委员会的命令，组成中华苏维埃共和国中央革命军事委员会，朱德任主席，王稼祥、彭德怀任副主席。中革军委作为全国红军最高领导和指挥机关，第一次正式隶属于政权系统，但是并没有改变党对军队的绝对领导，它在政治上仍受中共中央及其中央局的领导。1933年1月，中共临时中央迁入中央苏区，中共中央军事委员会即统一于中革军委。

长征途中，中共中央政治局于1935年1月在遵义召开扩大会议，会议增选毛泽东为政治局常委，会后成立了由毛泽东、周恩来、王稼祥组成的三人军事小组（亦称三人军事领导小组、三人军事指挥小组等），它实际上是中共中央的最高军事领导组织。

1935年10月，在中共中央和毛泽东率领下，党中央和中央红军主力

---

① 从文胜：《中国共产党的法制理论与实践》，白山出版社1997年版，第80页。

抵达陕北吴起（今吴旗）镇，胜利完成长征。11 月 3 日，中华苏维埃共和国中央政府命令在陕北成立西北革命军事委员会，主席毛泽东，副主席周恩来、彭德怀。该军委会实际上即是中革军委。

1936 年 10 月，红军第一、二、四方面军在甘肃会宁地区胜利会师。中共中央为统一军事指挥，团结对敌，决定由毛泽东、彭德怀、王稼祥、朱德、张国焘、陈昌浩组成中革军委主席团。12 月 7 日，中革军委主席团转发了中华苏维埃中央政府关于扩大中央革命军事委员会组织的命令：由 23 人组成中革军委，以毛泽东、朱德、周恩来、张国焘、彭德怀、任弼时、贺龙 7 人组成中革军委主席团，毛泽东为主席，周恩来、张国焘为副主席。西安事变后，随着第二次国共合作的酝酿，隶属于中华苏维埃政府的中革军委，开始向中共中央军委过渡。

（二）工农红军总部机关

党在领导建立工农革命武装和开展军事斗争的过程中，既成立了中央最高军事领导机关，也设立了负责贯彻执行中央军委决定，管理部队和具体组织实施作战任务的军事指挥机关。

1. 总参谋部。1927 年 5 月，中共中央军事部为加强对军事工作的领导，建立了参谋科。8 月 1 日南昌起义后，设立了参谋团，刘伯承任参谋长。11 月，临时中央政治局扩大会议决定撤销中共中央军事部，在临时中央政治局所属组织局中设军事科，周恩来任组织局局长兼管军事科工作。1928 年 6 月，中国共产党第六次全国代表大会决定重新设立中共中央军事部，下设参谋科。1930 年 1 月，中共中央军事委员会颁布《中国工农红军编制草案》，编设参谋部，刘伯承任部长。参谋部由作战科、训练科、交通科、谍报科、工农武装科等组成。

1931 年 11 月，在瑞金成立的中华苏维埃中央革命军事委员会，下设参谋部。11 月，参谋部改称总参谋部，叶剑英任部长，下辖作战局、情报局、无线电总队和交通科。1932 年 6 月，总参谋部部长改称总参谋长，叶剑英任总参谋长，张云逸任副总参谋长，下辖第 1 局、第 2 局、第 3 局、第 4 局和通讯处。1934 年 2 月，中华苏维埃第二次代表大会重新选举中央革命军事委员会，刘伯承任总参谋长，叶剑英、张云逸任副总参谋长，总参谋部下辖第 1 局、第 2 局、第 3 局、第 4 局、第 5 局、第 6 局和警备司令部。1935 年 6 月，红军第一、第四方面军在长征途中会师后，刘伯承任总参谋长。10 月，中央红军长征胜利到达陕北。11 月，成立中华苏维埃西北革命军事委员会，下设总司令部（亦称参谋部），叶剑英任总参谋长，张云逸任副总参谋长。下辖第1局、第2局、第3局和第4局。

1936年10月，中国工农红军第一、第二、第四方面军胜利会师。12月，中华苏维埃中央革命军事委员会调整机构，仍设总司令部，刘伯承任总参谋长，叶剑英、张云逸任副总参谋长。下辖第1局、第2局、第3局、第4局和警卫团。1937年8月，中共中央政治局扩大会议决定成立中共中央革命军事委员会，萧劲光任总参谋长（由滕代远代理），总参谋部下辖第1局、第2局、第3局和第4局。

2. 总政治部。总政治部是在土地革命战争中，为适应人民军队发展壮大的需要，随着工农红军中政治工作的开展而建立起来的。1927年南昌起义后成立的革命委员会，曾设过总政治部，郭沫若任主任，章伯钧任副主任，但只存在了很短的时间。1930年8月，在上海的中共中央决定，在中共中央军事委员会常务委员会之下，设总政治部等部门，鲁易任总政治部主任。由于当时的条件限制，并没有真正建立起来。

1931年2月17日，中央革命军事委员会下达第6号通令，指出：要组织革命战争，消灭军阀战争，就要创造铁的红军，加紧宣传群众、组织群众和发动群众。为了这个需要，在中央革命军事委员会下设立总政治部，第一任主任由毛泽东兼任（后由周以栗代理）；并决定总政治部暂兼第一方面军政治部。1931年11月，中华苏维埃第一次全国代表大会后，成立了中华苏维埃共和国中央革命军事委员会总政治部；1932年1月27日，改名中国工农红军总政治部，王稼祥任主任，聂荣臻任副主任，后又任命贺昌为副主任。总政治部机关先后设有秘书处、组织部、宣传部、敌工部、地方工作部、青年部、军校部、动员部和红军最高裁判所。1932年6月，总政治部主任由副主任贺昌代理，后任命袁国平为副主任。1934年2月，在第二次全国苏维埃代表大会后产生了新的中央革命军事委员会。军委副主席王稼祥兼任总政治部主任，贺昌、李富春为副主任。王稼祥因病未到职，由顾作霖、李富春先后代理主任。1934年10月，中央红军长征时，总政治部被编入军委第1野战纵队，后合编入中央军委纵队。

1935年6月，红军第一方面军与第四方面军在懋功会师后，秦邦宪（博古）代总政治部主任，后陈昌浩为主任，副主任先后由李富春、杨尚昆和周纯全担任。1935年10月，红一方面军长征胜利到达陕北。这时，红军总部和中央军委的部分主要成员尚在红四方面军，中华苏维埃政府命令成立西北革命军事委员会，委员会下设有总政治部。由于武装斗争和根据地建设的需要，军委机关一分为二，一部分留后方，一部分去前方兼红一方面军总部机关。总政治部去前方的称前方政治部，即红一方面军政治部，主任王稼祥，副主任李富春、杨尚昆。王稼祥未到职，李富春、杨尚昆先后代理。留后方的为军委后方办事处政治部，主任钟赤兵，后为袁国平、罗荣桓。1936 年 2 月，总政治部称中国人民抗日先锋军总政治部。

1936 年 10 月，中国工农红军第一、第二、第四方面军胜利会师。1936 年 12 月 7 日，新的统一的中央革命军事委员会宣告成立，委员会下设总政治部，总政治部下辖秘书处、组织部、宣传部、地方工作部和抗日战线部。王稼祥为主任，杨尚昆为副主任，后又任命任弼时为主任，邓小平为副主任。

3. 总后勤部。土地革命战争初期，全国红军没有统一编制，后勤机构的组织名称也不统一。随着革命形势的发展和人民军队编制体制的变化，后勤的组织机构才逐步健全和完善。

1928 年 4 月，中国工农红军第 4 军在井冈山成立。红四军在建立军事、政治机构的同时，建立了相应的后勤机构，设有军需处（经理处）、留守处、医务处、军械处。1930 年 1 月，中共中央军事委员会颁布《中国工农红军编制草案》，编设了参谋部和总政治部，同时，设置了经理卫生部（即后勤部）。1931 年 1 月，经理卫生部改为经理部，同时，又设置了财务部和军医处。1932 年 6 月，红军总经理部改称总供给部，军医处改称总卫生部，后方办事处、总兵站部和抚恤委员会名称不变。1934 年 2 月，中华苏维埃第二次代表大会重新选举中央革命军事委员会后，红军后勤保障部门也作了调整，设有总供给部、总卫生部、总兵站部。1935 年 6 月，红军后勤组织机构只设总供给部和总卫生部。11 月，中华苏维埃西北革命军事委员会成立，同时成立了中央军委后方办事处，周恩来兼后方办事处主任，下辖参谋处、政治部、总供给部、总兵站部、总卫生部、军委动员武装部、政治保卫局等。1936 年 12 月，中央军委后方办事处正式改称后方勤务部，下设政治部、总供给部、总卫生部和总兵站部。

三、各革命根据地的军事领导组织

土地革命时期，在中央苏区设置了江西、福建、闽赣、粤赣、赣南五省，外加瑞金中央直属县；在其他苏区设置了湘赣、湘鄂赣、鄂豫皖、湘鄂西、川陕等省的革命政权。在各苏区根据地的红军与所在地政权紧密结合，从名义上讲所有这些区域的革命政权和工农武装都归中华苏维埃共和国临时中央政府管辖，接受中央革命军事委员会的统一领导和指挥，执行其颁布的一切法律、法令，但在具体执行起来，就有不强求完全一致的灵活性的特点。当时在敌人围剿、封锁和白区阻隔的情况下，苏区始终未能连成一片，加之交通、通信落后，苏区中央政府难以对各地苏区政权行使统一的政治和军事领导，主要依靠各地的工农民主政权和工农武装根据自己的实际情况，建立和发展工农武装力量，自行制定相关军事法规和法令。[①] 如闽浙赣苏维埃政权在1931年5月颁布的《赣东北特区苏维埃暂行刑律》第一条规定："在中央未颁布刑律以前，本律具有绝对的效力。"[②]

（一）各省军事委员会

1927年7月起，各地武装起义风起云涌，为了更好地指导武装斗争，中共中央在全国三大区域分别设立中共北方局、中共长江局和中共南方局，在党的三个局领导机关下设军事委员会负责军事工作，各局军事委员会下辖各省委军事部（或省委军事委员会），共有湖南、湖北、陕西、江西、江苏、浙江、河南、广东8个省委军事部（或省委军事委员会）。随着各地工农革命军陆续建立，1928年4月，中共中央制定的《军事工作大纲》规定，有工农革命军和有广大的军运的省宜设军委。军委不仅有建议讨论权，而且应在各级党部常委军运政策之下负指挥管理军事工作之责。根据中共中央指示，井冈山地区，陕西渭南、华县地区和其他一些地区军委相继建立。5月，中共中央再次制定《军事工作大纲》，指出军事问题因暴动的发展而趋重要，党的军委必须成为健全而有力的组织；规定各地军委必须受上级军委与同级党部之审查指导，根据军事工作大纲独立地进行工作。并规定，苏维埃军委为最高军事指挥机关，同时即为党的军委。[③] 根据1928年党的第六次代表大会决定，各地党委设立了军事委员会，加强对军事工作的领导。在原有省的军事委员会基础上，增设了中共

---

① 丛文胜：《中国共产党的法制理论与实践》，白山出版社1997年版，第126页。

② 《中国新民主主义革命时期根据地法制文献选编》（第3卷），中国社会科学出版社1981年版，第31页。

③ 总政办公厅编：《中国人民解放军政治工作历史资料选编（土地革命战争时期）》，解放军出版社2002年版，第63页。

福建、山西、四川、顺直、满洲和山东省委军事委员会，共 14 个省委军事委员会。1932 年以后，以中央根据地为中心，以各地省委、特委或苏维埃政府的军事委员会为基础，相继建立了江西、湘赣、闽赣、福建等地的军区机构。

（二）前敌委员会

前敌委员会是中国共产党中央委员会在土地革命时期为组织领导某一地区武装起义或组织指挥重大战役而设立的党的高级领导机关，又称前线委员会，简称前委。1927 年 7 月 27 日，中共中央组成前敌委员会，领导了南昌起义。随后又组织了中共湖南省委（湘赣边秋收起义）前敌委员会、广州革命军事委员会等领导组织。1929 年前后，中共中央还在湘鄂西、左右江革命根据地设立过前委，分别由贺龙、邓小平任书记。1930 年 2 月 6 日至 9 日，红四军前委、赣西特委和红五军、红六军军委召开联席会议，为指导武装斗争，深入开展土地革命，决定在红四军前委的基础上组织新的前委，作为联合行动的最高领导机关。根据 1930 年 5 月党中央召开的红军代表会议关于各地红军要分别集中组织军团的决定，红军组成了第一军团和第三军团，并分别设立了前敌委员会，不久两个军团的前敌委员会在毛泽东的主持下，召开了联席会议，为便于指挥，协同作战，决定将第一、第三军团合编组成红军第一方面军，并成立了中国工农红军第一方面军总前委。由毛泽东任总政治委员和总前委书记。

（三）群众性地方武装组织

这一时期在红军不断壮大的同时，各地人民的地方武装力量也轰轰烈烈发展起来。土地革命的深入开展，使数百万贫苦民众分到了土地，摆脱了封建盘剥。翻身的广大群众衷心拥护中国共产党和红军，不仅积极参加红军，而且还在党的领导下，普遍建立了人民武装组织，支持红军的反围剿作战。1928 年的《军事工作大纲》指出："组织赤卫队的目的，在使广大工农群众军事化……使一部分参加暴动的群众能够有组织地进行消灭敌人的工作，如肃清反革命势力，没收征发运输交通侦探救护等这些工作，都是赤卫队工作的一部分。"1928 年 7 月《中国共产党第六次全国代表大会军事工作议案（草案）》规定：除在军队中的工作外，中国共产党的重要任务之一是在工厂和作坊中成立无产阶级的军事组织（红色先锋队、赤卫队），此种组织之将来的任务是应与变到革命方面来的军队共同击破军阀军队中的未破坏的部队。[①] 在中华苏维埃共和国临时中央政府成立后，还陆续颁布了《赤卫军组织法》《苏区少先队组织条例》等，将各苏区的群众武装统一编为赤卫军和少先队。赤卫军以村落为单位进行编组，并按红军编制，设党代表。全国赤卫军最多时达200多万人，成为红军强大的后备力量。例如，在川陕革命根据地，游击队、赤卫军、少先队、童子团、妇女独立团等地方武装，发展到10余万人。苏区拥有自己的兵工厂、被服厂、造币厂、造纸厂、印刷厂等军需及经济设施。同时，建党建政、土地革命、发展经济、拥军支前、文化宣传教育等工作热火朝天，革命形势迅猛发展，成为川陕根据地的鼎盛时期，有力地配合了红军的反围剿军事行动。

总之，在工农革命根据地时期，工农红军从中央到地方各级军事领导机构都基本上经历了由分散向相对集中统一的发展道路。正如1931年11月的苏区报刊所指出："苏维埃政权最初在江西西南部只是零星的无联络的分散在各地……经过了多少次失败及其克服，这已分散的区域逐渐汇合起来，而终于形成了一片总的有联系的苏区，成为中华苏维埃临时政府的胎盘。"[②] 在中央苏区初步形成的统一的军事、政治、后勤军事领导体制，既充分贯彻了党对军队绝对领导的原则，也基本适应当时军事作战和军队建设的各项要求，并为后来人民军队军事领导体制的发展构建了框架，奠定了基础。

四、制定军事法规范红军编制体制

从1927年7月起至1928年初，全国各地武装起义风起云涌，人民革命武装力量迅速壮大，但各地工农革命武装的队伍称号不一，也没有形成统一的体制编制。从1928年7月起，全国开始初步形成和建立起一定数量的几块较大的革命根据地，工农革命武装力量也具有了较大规模。为此，1928年5月25日，中共中央在发布的《军事工作大纲》中规定，全国人民武装队伍统一定名为中国工农红军，并开始使用中国工农红军的番号。1929年12月，在毛泽东同志亲自起草的《古田会议决议》中，明确

① 总政办公厅编：《中国人民解放军政治工作历史资料选编（土地革命战争时期）》，解放军出版社2002年版，第60页。

② 《江西的中央苏区》特约通讯，1931年9月3日，转引自丛文胜著《中国共产党的法制理论与实践》，白山出版社1997年版，第127页。

提出了“编制红军法规，明白地规定红军的任务，军事工作系统和政治工作系统的关系，红军和人民群众的关系，士兵会的权能及其和军事政治机关的关系”①。

从 1930 年起，随着红军的壮大，开始实行由游击战争向正规战争的军事战略转变。为适应战略转变和红军规模的不断扩大，军队的体制编制也发生了重大变革。中央军委参照苏联国家和军队的有关法律、条令、条例，制定了《中华苏维埃共和国军制草案》《中国工农红军编制草案》《中华苏维埃共和国工农红军暂行法规》等军事法规。特别是 1930 年 5 月的《中国工农红军编制草案》规定，正式使用中国工农红军称谓；规定了红军的军旗、官兵服饰；确定了全军的体制，并规定团以上各级机关设置；以“三三制”为基本原则，统一集团军（军团）以下各级编制和定额。这个条例的颁布落实在一定程度上促进了红军编制向相对统一发展。此后还颁布了《中国工农红军军团暂行编制表》（1932 年 9 月）、《中国工农红军编制表》（1933 年 12 月）、《中国工农红军总政治部暂行编制表》以及《军委各部门暂行编制表》（1935 年 5 月 16 日），使工农红军的体制编制有了统一的规定。

在这一时期，还颁布出台了一系列规范红军军队建制的军事法规范。1930 年 5 月，中共中央召开全国红军代表大会，会议提出了关于红军的决议案，确定集中各地红军组建正规军团，以建设正规红军。这次大会后，根据会议决定和中共中央的一系列指示，各地红军先后集中整编，主力部队组建为正规兵团。1930 年 6 月相继成立了红军第一军团、第二军团以及第三军团。1930 年 8 月，由红一军团和红三军团组建了中国工农红军第一方面军，中国工农红军首次出现了方面军的建制。1931 年 11 月和 1936 年 7 月红四方面军和红二方面军也相继建立。在 1933 年 2 月 26 日颁布的《中华苏维埃共和国工农红军暂行法规》中指出，工农红军“必须有严密的组织和科学的分工。”“各级指挥员、工作人员、战斗员的职责、工作范围，必须在法规上有明确规定，使红军全部生活集体化、纪律化、科学化”②。在该法规中除规定了军、师司令部、政治部的编制外，

① 《毛泽东选集》（第一卷），人民出版社 1991 年版，第 88 页。

② 军事科学院军事历史研究部：《中国人民解放军的七十年》，军事科学出版社 1997 年版，第 80 页。

还对各级人员的职责、一般规则、值星勤务、会议汇报和礼节等作了具体的规定。这部法规实际上是编制和内务合一的条令。1933 年 6 月颁布的《中国工农红军暂行编制法》正式规定红军采取班、排、连、营、团、师、军团（或军）、方面军八级。并规定每级“三三制”，即三班一排、三排一连、三连一营……另有独立师、独立团、工兵等特种部队。

通过制定和颁布军事法律法规，依法强化对红军体制编制的规范统一，促进了红军的发展与建设，提高了部队的整体战斗力，特别是适应了正规军队的军事领导指挥体制，为后来依法规范人民军队的体制编制奠定了基础。

第二节　确立人民军队建军原则

党在创立红军时期，在敌强我弱，敌优我劣，战争环境极度残酷的条件下，为了将一支数量不多并以农民为主要成分的军队，锻造成为具有无产阶级性质、有严格的组织纪律和强大战斗力的新型人民军队，在革命斗争实践中不断加强人民军队的法治建设，确立起建军治军的一系列重要原则。

一、确立了党对红军绝对领导的根本建军原则

通过制定严格的军事法规范，明确规定党对军队的绝对领导权和指挥权，使红军无条件地置于党的领导之下，始终保持人民军队的性质，为实现党的任务而战斗，这是人民军队军事法治建设的根本前提和最高原则。人民军队必须在党的领导下，完成党的使命，执行党的路线、方针、政策、决议和指示，没有党中央、中央军委的命令或授权，任何人不得擅自调动和指挥军队，更不能将军队作为实现小集团或个人利益的工具。党对军队绝对领导的原则，主要是通过党委制、政治委员制、政治机关制、政治工作制和支部建在连上制度这一系列的组织运行机制来实现的。[①] 而这些制度早在土地革命时期就已经在中国共产党对军事制度创立的艰辛探索中得到初步构建。

（一）三湾改编标志着红军政治工作法规制度的建立

在中共中央提出建军的原则和设想的同时，各地在人民军队的创建中

---

① 陈燕波：《党对军队绝对领导的理论与实践》，国防大学出版社 2001 年版，第 25 页。

也面临着很多实际问题。为解决军队建设发展中存在的各种矛盾和问题，各地区的部队坚持党对军队绝对领导的原则，不断加强军事制度建设，比较有代表性的就是大庾整顿和三湾改编。两者都是基于在军队中建立党的组织以促进军队建设的立脚点和出发点，开始确立我军的军事与政治工作并行的基本军事组织结构。

1. 大庾整顿。1927 年南昌起义军在南征途中失败后，辗转到赣南大庾地区进行了党团组织整顿。当南昌起义失败后，所余部队转战到闽粤赣边界时，面临很大困难，部队思想混乱，还有一些人动摇逃跑，擅自脱离部队。为了坚定指战员对革命胜利的信念，加强党对军队的绝对领导，部队在到达大庾地区后立即进行了组织整顿。主要工作是，清理登记党员，发展新党员，重新建立党组织；统一调配各单位的党员，把领导机关的一部分党员分配到连队当中去。大庾整顿是初步实行党对军队领导体制的重要尝试。

2. 三湾改编。三湾改编是建设新型人民军队的重要开端，在人民军队建设史上，具有里程碑的意义。红军刚创立时，成分复杂。就人员而言，一部分是旧军人，一部分是农民。农民受小生产的影响，有着狭隘自私的观念和散漫习气；旧军人则不免沾有旧军队的陋习。他们虽已投身革命，但思想上的旧军队观念和农民阶级的烙印，却在短时间内难以消除，总要自觉不自觉地表现出来。一旦严酷的逆境出现，部队的状况立即急转直下。1927 年 9 月下旬，湘赣边界秋收起义的部队受挫后，放弃进攻长沙计划，沿罗霄山脉南下，一些急于革命胜利的官兵悲观失望，一些人不辞而别。参加湘赣边界秋收起义的原湖南平江浏阳工农义勇队的同志，随队南下到江西莲花县就走掉一大半。毛泽东所率的部队中，不仅普通的战士和下级干部大批逃跑，就连留下的最高军事指挥员工农革命军第一军第一师的师长余洒度也对革命产生了悲观失望情绪，以致最后发展到脱离党组织，并投靠了国民党。同时部队在募兵、管理、教育等许多制度方面，也没有冲破旧式军队的习惯范式。在给养相当困难的情况下，军官们生活待遇特殊，并任意打骂士兵，官兵关系十分紧张，军心严重不稳；党内有些领导人一时还不能找出摆脱雇佣军制度的方式。这些官兵的纪律很差，政治水平低，指战员中有许多动摇分子。武装起义受挫后出现的这些问题表明，共产党人要想进行革命战争，就必须从根本上改造军队，并在建军工作中另起炉灶。9 月 29 日部队到达江西永新县三湾村，人数不足 1000

人，组织很不健全，基层没有建立共产党的组织，党不能切实地掌握部队；雇佣军队的思想影响严重存在，严重妨碍着密切官兵关系；加之作战失利，连续行军，斗争艰苦，一些革命意志不坚定的人，开始动摇逃跑，部队减员严重。为了适应革命斗争的需要，巩固这支新生的革命军队，毛泽东在到达三湾的当天晚上，就主持召开了前敌委员会会议，决定对起义部队进行整顿和改编，即著名的“三湾改编”。

三湾改编的主要内容是：第一，确立了“支部建在连上”原则。南昌起义和湘赣边界秋收起义爆发时，部队中党的组织是支部建在团上。起义军历经艰苦卓绝，英勇作战。但党的组织系统没有扎根基层，难以切实掌握士兵、掌握部队。为改变这种状况，毛泽东决定，在各级部队分别建立党的组织：班、排建立党小组，连队建立党支部，营、团建立党的委员会；连以上各级设党代表，由同级党组织的书记担任；全军由党的前敌委员会统一领导。部队的一切重大问题，都必须经党组织集体讨论决定。第二，改革党代表制度。以党代表担任同级党组织书记，拥有与同级军事长官同等权力，分工负责官兵的思想政治教育，领导官兵开展思想工作和群众工作，协助军事长官指挥部（分）队，并负责党务工作。这是党在军队中建立各级党委制的开端。标志着人民军队的连以上各级党组织和党代表制度与国民革命军的相关制度有着本质区别。特别是将党代表与同级军事长官的监督与被监督关系改变成为同在党的委员会领导下的分工协作关系，把个人的监督改变为由党的委员会的集体领导，保证了中国共产党对红军的领导。第三，把部队由一个师缩编为一个团，称工农革命军第一军第一师第一团，下辖两个营，共有700多支枪；改编时，毛泽东宣布愿留则留，愿走的发给路费，将来愿意回来还欢迎。第四，在部队内部实行民主制度，官兵平等，待遇一样，不准打骂士兵。这次改编不仅确立了官兵平等的原则，还建立了士兵委员会制度。部队连以上各级均建立由士兵选举的代表组成的士兵委员会，士兵委员会有很大的权力，参加对部队的行政管理和经济管理，官长要受它的监督，并在党代表领导下，兼做思想工作和群众工作。这些法规制度和原则，使官兵在经济、生活和政治上一律平等，军队内部的官兵关系得到正确处理。

三湾改编，确定了中国共产党对军队的绝对领导，保证了我军的无产阶级性质，从政治上、组织上奠定了新型人民军队的基础，在人民军队的建军史上具有重要的意义。通过三湾改编，党的组织在部队形成了系统，党支部掌握了基层，党对军队绝对领导的制度得以确立。由于加强了党的领导，旧式军队的习气和农民的自由散漫作风开始改变，部队面貌焕然一新，凝聚力、战斗力空前提高。后来，毛泽东在总结井冈山斗争的经验时指出："红军所以艰难奋战不溃散，'支部建在连上'是一个重要原因。"[①] 几十年后，罗荣桓元帅回忆说："三湾改编，实际上是我军的新生，正是从这时开始，确立了党对军队的领导。"如果不是这样，红军"即使不被强大的敌人消灭，也只能变成流寇"[②]。党对军队绝对领导原则和建立民主制度原则是这次改编中体现出来的两项基本原则，它成为摧毁旧式军队传统和建设新型革命军队最基本的保障，可以说是人民军队在创立初期所制定的最早的建军规范。人民军队在此后建设中不断完善的各项政策措施，都是这两方面内容的延续和发展。

在 1928 年 4 月井冈山会师后，三湾改编提出的军事制度在红四军中得到全面实行，并根据实践经验不断创新发展。1928 年 6 月，红四军在各级设士兵委员会，负责监督部队经费开支。1929 年 3 月以后，红四军的政治制度建设经验在很多地区红军部队得到推行。此后，红军的政治工作制度便基本建立起来，既确保了党对军队的绝对领导，也促进了红军建设的整体发展。三湾改编提出和实行的一些原则和制度，在政治上、组织上奠定了建设由中国共产党领导的新型人民军队的基础，构成了人民军队法治建设的核心要素，是中国军事制度史上的重大创新。

（二）1928 年《军事工作大纲》提出的建军思想

人民军队建军初期，中国共产党面临着关于建立何种性质军队的抉择。实践证明，俄国十月革命的先以武装起义夺取国家政权，尔后以起义的武装力量为骨干建立国防军的经验在中国行不通，而建立雇佣性质的军队也是行不通的。中国共产党结合中国革命的实际，经过不断探索，在 1928 年 5 月的《军事工作大纲》（以下简称《大纲》）中提出了一个比较全面的建军思想。《大纲》中指出："为保障暴动的胜利与扩大暴动，建立红军已为目前的任务……只要能建立一割据区域，便应当开始建立红军

---

① 《井冈山的斗争》，《毛泽东选集》（第一卷），人民出版社 1991 年版，第 65—66 页。

② 罗荣桓：《秋收起义与我军初创时期》，《井冈山革命根据地》（下），中共党史资料出版社 1987 年版，第 119 页。

的工作。”[①] 为加强党对红军的领导，原则上必须在团一级建立共产党支部，在连级建立分部。并且要在红军部队中实行政治委员制度与政治部制度。《大纲》还规定，应当由苏维埃政府派出政治委员。政治委员为党的代表，任党的支部或分部书记，监督军官，并负责进行政治工作；负责对士兵的政治教育和在部队中开展文体活动。《大纲》还强调必须特别注意政治工作。

（三）1929 年《古田会议决议》进一步确立了党对军队绝对领导的原则

由于红军长期处于分散的农村游击战争的环境，红军的主要成分较为复杂，很多非无产阶级的思想反映到部队中来，影响了部队的稳定，也阻碍了红军的建设和发展。在这种背景下，红军第 4 军在毛泽东的主持下召开了第 4 军党的第九次代表大会，即著名的古田会议，特别是起草了《中国共产党红军第四军第九次代表大会决议案》，即《古田会议决议》。《决议》总结了红军建军以来的经验，确立了人民军队建设的根本原则。《决议》首先明确规定红军的性质，即红军是一个执行革命的政治任务的武装集团。红军必须执行打仗、筹款、做群众工作三大任务。《决议》强调“离开了对群众的宣传、组织、武装和建设革命政权等目标，就是失去了打仗的意义，也就是失去了红军存在的意义”。《决议》还确立了红军必须置于中国共产党的绝对领导之下的原则。《决议》强调红军必须实行党的政治领导。每连建设一个支部，每班建设一个小组，必须健全连队以上各级党的领导中枢；在党内，应当厉行集中指导下的民主生活，应当严肃党的纪律，反对极端民主化和非组织观念，防止党与军事分离、党不能领导军事的危险。《决议》还提出红军必须建立强有力的政治工作，明确了红军中政治机关和政治工作的地位，指出红军的政治部和司令部是在“前委指导下平行地执行工作”的关系。建立很好的内部和外部关系也是决议的重要内容。它规定了红军处理内外关系的准则，要求官兵政治上平等，官长应爱护士兵；必须保障士兵的民主权利，尊重士兵的人格，坚决废止肉刑，纠正打骂士兵等旧军队的管教方法等。《决议》还对党的建设、思想政治教育等问题做出了规定。

《古田会议决议》是人民军队法治建设的纲领性文献，它把马克思主

---

① 解放军政治学院政治工作教研室编：《军队政治工作历史资料》，1982 年版，第 80 页。

义基本原理同中国革命战争的具体实践相结合，确立了红军法治建设的核心和根本原则，对人民军队的军事法治建设与发展都产生了深远影响。

（四）《军事工作决议案（草案）》等一系列党和军队的法规性文件也规定了党对军队的领导制度

1928 年 6 月中国共产党第六次全国代表大会又在《军事工作决议案（草案）》中重申了建军的原则，强调红军必须实行政治委员与政治部制度。在 1932 年 9 月颁布的《中国工农红军总政治部关于红军中党的工作训令》中也明确规定："必须保障党在红军中的绝对领导。"

二、建立了依据宪法和法律建设军队的重要治军原则

红军时期十分注重加强军事法治建设，特别是能够从当时的斗争实际需要出发，结合革命战争的发展和环境的变化，不断运用革命政权的力量和充分发挥军事组织的作用，制定和完善相关军事法规制度，努力使红军的各项建设能够得到法律法规的有效支持和保障。

（一）在苏维埃政权宪法性文件和相关法中明确规定了各项军事基本制度

1931 年 11 月 7 日，第一次全国苏维埃区域代表大会在中央革命根据地瑞金召开，通过了《中华苏维埃共和国宪法大纲》。1934 年 1 月，第二次全国苏维埃代表会议又对《中华苏维埃共和国宪法大纲》作了修改。这是我国历史上确保劳动人民当家做主的第一部宪法性文献，是根据地政权建设的根本大法，也是在第二次国内革命战争时期，工农民主政权军事法制建设的最主要的根本法，决定了工农民主政权军事法治的性质和组织形式。在此基础上，逐步形成了工农民主政权的军事法制。《中华苏维埃共和国宪法大纲》中关于苏区工农群众参加军事斗争的权利和兵役制度等问题的原则规定，同宪法其他条款一样，具有在苏区范围内一体遵行的最高法律效力，是苏区军事立法的基础和依据。该法中有关军事问题的内容无疑是中央苏区军事法最重要的渊源。

1. 国家和军队的组织制度。1934 年《中华苏维埃共和国宪法大纲》第 2 条规定："中华苏维埃政权所建设的，是工人和农民的民主专政国家。苏维埃政权是属于工人、农民、红色兵士及一切劳苦大众。"它规定，工农兵代表大会实行议政合一，既是议事机关，又是负责行政和军事事务的工作机关，"中华苏维埃共和国之最高政权，为全国工农兵苏维埃

代表大会，在大会闭会期间，全国苏维埃临时中央执行委员会为最高政权机关，在中央执行委员会下组织人民委员会，处理日常政务，发布一切法令和决议案”（第3条）。人民委员会下设外交、劳动、土地、军事、财政、国民经济、粮食、教育、内务、司法等人民委员部及革命军事委员会。

2. 兵役制度。《中华苏维埃共和国宪法大纲》规定：苏区实行“普遍的兵役义务，由志愿兵役制过渡到义务兵役制”。《中央执行委员会关于扩大红军问题训令》则明确规定苏区实行志愿兵役制，“赤卫军少先队不但是广大群众的武装组织，而且是巩固苏区补充红军的守备军补充队”，据此确定了中央苏区兵役制度，即人民群众广泛参加各种武装组织，接受军事训练，在一定的时候响应党和政府的号召，自愿参加红军。虽然实行的是志愿兵役制，但当时红军领导人和苏维埃政府对主力红军和地方红军征兵的条件均有明确的规定。如朱德和毛泽东联名发布的《征募和教育新兵问题的训令》，为了保证新兵质量，提出征募新兵年龄须在十六岁以上三十岁以下，“身长四尺二寸（裁尺）以上，体格强健，无恶疾及非五官不全者”“各大队皆可随时征募新兵，但必须经军医处或卫生队检查合格后始得补名。”如分兵游击时，“得由支队长、政治委员或支队副亲自检验”，征集的新兵须经过红军军医处或卫生队检查合格后，确实符合条件者方可入伍。1930年4月，闽西苏维埃政府主席邓子恢签发的《闽西苏维埃政府布告（第八号）——征募志愿兵》规定了红军志愿兵三个基本条件：“1. 忠实勇敢无反动行为者；2. 身体强健而无嗜好者；3. 年龄十八岁以上三十岁以下。”同年11月12日，江西省苏维埃政府主席曾山、军事部长金万邦发出《通告（军第二号）——扩大红军的具体办法》，也明确提出“红军预备军（独立团）的成分，必须是斗争中最勇敢最坚决贫苦工农分子（不要富农严防AB团），十六岁以下，三十五岁以上及有疾病体弱的不要”。从上述这些规定中我们不难看出，中央苏区在征兵工作中，既有严格的政审条件，又有明确的年龄和健康状况要求，这对确保红军新征兵员的素质无疑具有重要的意义。

相关法规法令还规定，在苏维埃政权领域内，工人、农民、红色战士及贫苦民众和他们的家属享有参军权。强调设法增加红军中的工人与雇农成分，尽量吸收工人、雇农加入红军，不使阶级异己分子和思想不积极的人进入红军队伍中来。实行政治上的动员，要从革命战争的发展与胜利，从一切阶级斗争的发动与深入去发动最广泛的工农群众参加红军。

3. 战争动员制度。战争动员是军事制度的重要组成内容，它是国家集中与使用各种力量保障战争进行的行为规范。中央革命根据地在抗击国民党军队“围剿”时也颁布实施了相应的战争动员法令。

1932 年 7 月 7 日，中华苏维埃共和国中央执行委员会发布第 14 号训令《关于战争动员与后方工作》，规定了成立红军补充团的具体办法，提出红军主力补充兵员不仅要依靠补充团，而且要“尽力使独立师、独立团、游击队等等武装组织，不断的集中和改编为主力红军”。该训令还规定了组织赤卫军的原则和发展游击队应注意的事项，并对民众动员、交通运输和通信联络、物资储备、财政金融、工农业生产等提出了明确要求。同年 10 月 13 日，中央执行委员会又发布第 12 号命令《关于战争紧急动员》，规定了苏区各级政府、红军部队、地方武装、各群众团体在战争动员时的任务、责任，同时规定了人力动员、物力动员、财力动员的具体内容和要求。上述这两个训令、命令实际上是两个涵盖面非常广泛的战争动员法令。它们的颁布和实施，既适应反“围剿”战争的要求，又具有法律的约束力，从而保障了中央苏区的战争动员目标明确，要求具体，有计划、有秩序、有步骤地进行，有利于把苏区综合军事潜力迅速转化为综合军事实力，进而夺取反“围剿”战争的胜利。

4. 优待军人军属制度。把扩大红军同拥军优属结合起来，形成拥军优属、参军光荣的良好氛围是当时苏维埃政权军事制度的一个重要特点。

优待红军战士及家属的条例规定：分给红军战士及其家属的土地，如无人耕作，派人帮助全部耕种、灌溉和收获。红军及其家属免纳苏维埃共和国之一切税收，在国家商店购物有优先权，并减价 5%。红军子女免费入学。为了保证各种优待红军家属条例的绝对执行，各级监察委员会和工农检察委员会必须经常考察优待红军家属的工作，如发现对于优待条例不执行的官僚主义分子，必须给予严厉的处罚；如有破坏条例的，须当反革命论罪。红军家属对于上述情形，有随时到当地工农检察委员会和党的监察委员会控告之权。

5. 军人和参战人员抚恤制度。对红军及参战人员的伤亡给予抚恤是根据地政权军事制度的另一个重要特点。党中央和各革命根据地政权机关制定和实施了红军及参战人员伤亡抚恤的法规，规定了在战争中伤残和牺牲的红军将士及广大参战人员为广大工农群众所钦敬，并须予以抚恤及赞扬。1932 年 1 月中华苏维埃临时中央政府人民委员会通过的《红军抚恤条例》共 13 条，明确规定："红军是土地革命斗争中最勇敢最积极的战士，……尤其在这残酷斗争当中，因伤病而废残和死亡的红军战士，更足为每个战斗员的模范，而必须给以优恤的本会根据全国苏维埃第一次代表会议的决案对于疾病残废死亡的红军战士，及其家属特颁布抚恤条例如下：……"①，该条例规定：应组织各级抚恤委员会（其中，中央革命军事委员会成立抚恤委员会，以及各军区及军等）；红军在服务期间，因伤病必须休养时，则送到红军医院医治或红军休养所疗养，其一切费用由国家供给；红军战士在服役期间因劳成疾病，不能担任任何工作时，给予终身抚恤金；如因病而减少其工作能力，给予抚恤金；红军在服役期间因伤残废，则送到残废院休养，其生活费，应较红军生活费增多二分之一；对于死亡烈士的遗物应保存陈列于革命历史博物馆、功绩应刊登各报表扬和应择最优美最巩固之地区举行公葬，并勒碑以资纪念；对于红军残废者和死亡者的家属，给予各种相应抚恤金，子女弟妹之幼小者，送入革命纪念学校，由国家供给其一切费用，以年满 18 岁由国家介绍其职业为止，父母、妻子由国家维持以相当津贴。还规定了经医生检查认可的全残废和半残废标准②。此外，对于革命根据地的赤卫军及政府工作人员，因作战而受伤残废及死亡者须由当地县政府登记，呈报省政府，发给抚恤金，残废者送往残废院，由政府维持其生活，愿意回家者，视残废等级给予终身抚恤金或一定数额的抚恤金；残废者和死亡者的家属确无生活能力，应设法帮助，子女弟妹幼小者，由国家负责送入学校读书，由国家供给其一切费用，年满 16 岁为止。对红军及相关参战人员的抚恤办法对于合理安置伤亡人员及家属，促进红军的扩大与发展，以及增强战斗力都发挥了重要作用。

6. 军事刑事法律制度。中央苏区军事刑法的内容散见于《中华苏维埃共和国惩治反革命条例》《工农红军纪律暂行条例》《关于红军中逃跑分子问题的命令》等法律规定。1933 年 12 月 15 日中央执行委员会颁布了《关于红军中逃跑分子问题》的命令，对红军中的持枪逃跑、组织集

---

① 江西省档案馆、中共江西省委党校党史教研室选编：《中央革命根据地史料选编》（中），江西人民出版社 1982 年版，第 596—600 页。

② 同上。

体逃跑或造谣破坏红军归队者，都分别规定了刑罚办法。

1934 年 4 月 8 日，《中华苏维埃共和国惩治反革命条例》由中华苏维埃共和国中央执行委员会颁布的，共 41 条。该条例作为当时中央苏区的刑法，虽然属于普通刑法的范畴，它与属于特别刑法的军事刑法有所区别，但有密切联系。其中涉及军人犯罪的主要条款体现在第 16 条至第 22 条。规定，“携带枪支或其他军用品投敌者，教唆或组织他人投敌者，均处死刑”；“以反革命为目的，混入革命武装部队，企图夺取或破坏这种部队，以帮助敌人者，处死刑”；“领导和组织红色战士逃跑或红色战士逃跑至五次以上者，均处死刑。有特殊情形者，得减轻其处罚”；“以反革命为目的，故意破坏或抛弃枪支及其他军用品者，或偷卖军用品于敌人者，均处死刑。其情形较轻者，处一年以上的监禁”；“以反革命为目的，故意违抗上级指挥员的命令，意图破坏某种战斗任务或在战线上故意向自己部队打枪或乘机扰乱战线者，均处死刑”；“以反革命为目的，杀害革命民众或故意破坏与抢夺革命民众的财物，致损害苏维埃与红军在群众中的威信者，处死刑。其情形较轻者，处六个月以上的监禁”；“藏匿军火，意图达到其反革命目的者，处死刑”。红四军制定的《红军惩罚条例》把军职罪分为两类：一类是违反战争纪律罪包括违抗军令、畏缩不前、临阵退却等；另一类是违反一般军纪罪，包括通敌、叛变、拐枪潜逃以及强奸、乱烧乱杀、毁坏人民财物等。两类犯罪严重者都可以枪毙或处死刑。从上述内容中我们不难看出，中央苏区和红军的刑法规定都是根据军人犯罪的具体行为和情节，分别制定了相应的量刑标准，对其中性质严重，社会危害性极大的犯罪分子处以极刑，反映了当时根据军人犯罪的特点，坚持军法处罚从严、战时从严和宽严结合的三个原则，做到罪刑均衡，宽严相济，达到了惩治极少数犯罪分子，教育大多数官兵的目的。

7. 军事刑事诉讼制度。即规定军事诉讼程序的法律，它是军队和军人进行各种诉讼活动的法律依据。在特定的历史条件下，中央苏区的军事诉讼活动主要表现为单一性的军事刑事诉讼活动。在《中华苏维埃共和国军事裁判所暂行组织条例》颁布两个月之后，1932 年 4 月 4 日，中华苏维埃共和国中央执行委员会又发布了《关于〈军事裁判所暂行组织条例〉的解答》，就有关军事裁判所的组织和职权的有关事项作了详细的立法解释。此外，1931 年 12 月 13 日，中央执行委员会非常会议通过的《中华苏维埃共和国中央执行委员会训令——处理反革命案件和建立司法机关的暂行程序》，1932 年 2 月 1 日，中华苏维埃共和国中央执行委员会颁布的《中华苏维埃共和国司法程序》等有关规范性文件中所规定的司法程序，也都是各级军事裁判所审判军内刑事案件时适用的法定程序。由于中央苏区军事诉讼法是处理军职人员犯罪案件的程序法，它根据军队的特点，规定了特殊的诉讼制度、原则和方法，如按犯罪前的职务划分审级制度，“军事指挥员不兼任裁判职务”，军、师各级政治机关与政治委员不能干涉军事裁判所和军事检查所行使职权，等等。

（二）注重军事立法，依法维护军队集中统一管理

土地革命时期，工农民主政权及其军事机构，在着重进行革命战争的同时也陆续制定颁布了许多军事法令法规，对于加强革命根据地的工农红军建设发挥了重大作用。

1. 军事纪律法规。在革命战争年代，中国共产党十分重视和加强党领导下的中国工农红军纪律建设。早在 1927 年 9 月南昌起义军打到广东汕头时，为了在行军途中正确处理军民关系，规范部队行为，就发布了纪律布告。毛泽东领导秋收起义部队建立井冈山革命根据地后，工农红军不断壮大，为严明军队纪律，先后制定了包括“三大纪律八项注意”在内的各类军事纪律法规。如 1933 年 2 月 26 日，中国革命军事委员会颁布《中华苏维埃共和国工农红军暂行法规》，指出：“必须在法规上有明确规定，使红军全部生活集体化、纪律化、科学化。”要求红军将士养成“遵守纪律的习惯”，首长“要以身作则作遵守纪律的模范”。

1933 年 8 月 1 日，在红军建军 6 周年之际，由中华苏维埃共和国中央革命军事委员会颁布了《工农红军纪律暂行条令》。这是我军历史上第一部纪律条令。该条令是建立在总结红军执行“三大纪律八项注意”以及《惩罚条例》《裁决条例》《红军政治工作暂行条例草案》等法规经验基础上制定的。1935 年 9 月 29 日，红军在长征途中制定了红军《奖惩条例》。这部条例是同分裂主义激烈斗争的情况下制定的，目的是为了使各级首长了解奖惩的内容和权限，纠正滥用惩戒和军阀残余，严整组织纪律，巩固红军，提高部队战斗力。红军长征结束后，于 1936 年 8 月还颁布了《关于红军纪律的训令》。

2. 军事训练法规。为了提高广大指战员的军事素质，培养军人强健体魄和英勇顽强的战斗作风，1931 年 3 月 17 日，朱德、毛泽东发布了红一方面军红字第一号训令，要求部队全面开展练兵活动。训令要求部队：

“依照新操法加紧训练，并分别举行射击演习”；“实行测量、野外战斗教练，举行团及师对抗演习各一次”；“每天早操一律作抢山头、追击、射击、速集的动作”。

为了克服训练中的薄弱环节，提高部队整体战斗力，训令还要求对杂务兵、担架兵、看护兵等也适当进行一些训练。考核是部队教育训练的重要环节，它能督促官兵高标准、严要求完成训练任务，因此朱德和毛泽东十分重视部队军事训练的考核工作。1930 年 3 月 29 日，他们发布了《关于官兵考绩的训令》，提出了部队教育训练的考核目的、考核办法和考核项目。考核目的是：“对官佐之调用适宜，能将士兵中英勇进步比较有能力的提升任用，使全军官兵的教育训练能够在比较有计划的推动之下得到良好的效果。”考核办法是“实行测验制”。具体地说是采用道尔顿测验制。关于红军官兵考核的具体组织实施，该训令规定：由支队派人参加大队对“兵卒之测验”；纵队派员参加支队对军士（班长、副班长）的测验；军部派干部参加纵队对下级干部（副中队长以上、大队长以下）的测验。另外，军部还负责对中级干部（支队长、副支队长、直属队长、股长）的测验。士兵的考核项目分政治课目和“学科——典、范、令、游击战术”以及“术科——操场、野外动作”三大部分。相比之下，训令对中下级干部考核的内容规定得比较全面，要求也高得多，除了了解考察其入伍前后的经历、曾受过何种奖惩、有何特长外，着重对其政治素质、军事专业知识、军事指挥能力、训练管理士兵的方法、本人个性、在士兵中的威信等进行考核。

3. 军事人事法规。从 1932 年至 1934 年，中华苏维埃共和国中央人民委员会、中革军委和红军总政治部颁布了一系列有关军事人事工作的军事法规，为红军人事制度的创立奠定了法律基础。如《中央人民委员会第二十九号命令》规定：各级地方政府军事部长一职，必须由富有军事技能与指挥能力的人担任。“改变从前的选任办法，由各军区指挥部瑞金卫戍区司令部直接委任，现在各县区军事部长由军区卫戍司令部分别鉴定加以委任或改派”。为了培养基层政工人员，更好地在部队中开展政治工作，1932 年 12 月 21 日，红军总政治部发布的《关于设立政治战士训令》，规定了政治战士的任职条件和程序，即必须是全班排政治文化水平较高、深受群众信赖的党员，经过由指导员提名、支部大会通过、师政治部批准。在反“围剿”战争中，红军俘获了一批敌方人员，其中不乏有较高的军事素养和一技之长者，因此如何从中甄选、提拔一些人便成了红军人事工作的一个内容。1934 年 5 月，中革军委制定了《关于提拔红军中俘虏分子的规定》，提出凡提拔俘虏分子为干部，必须是在长期战斗中表现忠实勇敢和坚决的分子，并须经上级首长的考察和批准。这一军事人事法规的制定与实施，使一些来自旧军队有一技之长的人员在红军部队中发挥了作用，体现了人民军队注重“任人唯贤、德才兼备”选拔使用干部的原则。

除了注重选拔干部外，中央苏区也重视军工工人和技术骨干的待遇问题。1934 年 6 月，张闻天以中央政府人民委员会主席的名义发布了《中华苏维埃共和国人民委员会关于保证军工生产问题的命令》，强调军工工人及其家属应当享受红军指战员及其家属同样的优待；未经军委批准，不得抽调军工工人离开生产单位。为优待军中专业技术人员，中革军委在《关于红军供给标准的规定》中特别规定无线电技术人员、兵工厂技工、医务人员、电话技术员、红军军事教育专家可领取一定数量的生活津贴，“津贴费从 5 角起至 100 元为止。按照技术的优劣，由军政首长审查规定”。由此可见，中央苏区军事人事法的适用对象既包括干部，又包括战士；既包括军事干部，又包括文职人员和职工，不少规范性文件，是针对军事人事工作中遇到的特殊问题而作出的专门规定。

4. 军事经济法规。军事经济法是苏区政府和红军领导机关管理军事经济工作的法律规范，包括中革军委颁布的《经济公开条例》《总经理部工作条例》《关于各项经理工作问题的训令》，等等。

《关于各项经理工作问题的训令》对红军后勤机关的设置作了明确规定：即方面军设总经理部；军团和军设经理处；师设军需处；团暂不设经理机关，有关军需事宜，由师军需处负责。该训令对后勤机关辖属及其与军事指挥机关如何协调工作关系等问题也作了明文规定：经理机关应建立独立统一的工作系统，一切经理行政，下级经理机关应受上级经理机关之指导；各级经理机关是各级指挥机关之一部，但在经理工作范围内，军团及军经理处受总经理部之指导，师军需处受军经理处之指导。各级经理机关在经理工作范围内，应受各级军政长官之监督，此外，必须接受各该级指挥员的命令；军事指挥机关与经理机关，在后勤工作上（如调用经理机关人员、购买物品、支付银钱、充实装备等），如有争执时，可各报上级解决；各级经理机关，在军事行政上，须受各该级军政长官之指挥；各级经理机关，应及时将经济情形，报告各该级军事指挥机关；关于经理机关工作人员的调动问题，军政机关如调用经理机关人员时，须顾及该经理机关之健全，因此须先通知该经理机关负责人然后调动；上级经理机关要调用下级经理机关人员时，须通知该级军事指挥机关，如该级军事指挥机关不同意时，可报告上级机关请求解决。

1932 年，中革军委又发布了《中央革命军事委员会训令（经字第一号）》，对红军部队各项经费的使用范围、开支标准等作了具体规定。此外，中革军委、红军总政治部还多次发布关于节省经费、粮食等训令，命令红军各部队本着勤俭节约的原则，严格执行开支预算制度，尽力紧缩经费。总之，中央苏区的军事经济法通过明确规定各主体的法律地位及其相互之间的关系，规定军事经济的管理方法和手段，从而极大地提高了军事经济效益，推动了中央苏区军事后勤制度的建设。

5. 其他军事行政法规。1936 年 8 月 3 日，颁布了我军第一部有关内务制度的法规《中国工农红军暂行内务条例草案》。这对于加强红军部队的管理，维护官兵团结，保证红军的巩固和发展、赢得作战的胜利，发挥了重要作用。1933 年 7 月，中革军委还发布了《关于颁布红军奖章的命令》，提出给在作战中“有特殊功绩”的红军军人，按功绩大小，分别授予由军委制定的一、二、三级红星奖章。随着红军的发展壮大，中央政府和军委总部又先后制定颁布了《红军抚恤条例》《关于军事政治训练问题的训令》等。

（三）加强政治工作法制建设，形成人民军队政治工作优良传统

为了加强和巩固作为人民军队生命线的政治工作，中国共产党在土地革命时期就十分重视军队政治工作法律制度的建设，为后来人民军队政治工作优良传统的形成奠定了基础。可以说，人民军队最早的专门政治工作的法规制度是在红四军创制的。古田会议以后，中国工农红军的政治工作作用和范围越来越广，针对这一情况，红四军于 1930 年 6 月专门制定了《红军第四军各级政治工作纲领》。该纲领明确规定了红四军与纵队（团）两级的政治部及支队（营）与大队（连）两级的政治委员工作职权、工作任务。政治部的主要任务是指挥全军或全纵队的政治工作，同时又是“临时政治机关”，根据红军的政治任务和计划，具体实施政治工作，鼓动全军官兵，使他们明了这一任务的意义，提高他们的斗争情绪。该纲领还比较详细地提出了政治部的具体工作任务。

1930年冬，中共中央借鉴苏联红军党政工作和中国国民革命军北伐战争时期政治工作的有关规定，特别是总结了中国工农红军政治工作经验，制定并颁布了《中国工农红军政治工作暂行条例（草案）》。这是我军最早的一部政工条例。该暂行条例草案共设总则、政治指导员、各级政治机关、党支部、党务委员会、青年团及红军政治机关与地方党的关系等十个分条例。条例的总则指出了在红军中建立政治工作的目的，指出了政治机关的性质和地位，即政治机关是“苏维埃政权的一部分”，是“党在红军中政治路线及纪律的执行者”，是“红军中的政治指导员”，政治工作的任务，是“实施无产阶级的阶级教育”，使红军指战员明了红军所担负的阶级的政治责任和与敌人作战的意义。在政治指导员单行条例中规定，指导员必须非常了解中国共产党、苏维埃政权及工农红军的组织原则、任务和目的，在军事方面应当有与连长同等的知识，等等。在政治委员单行条例中规定，政治委员要由“最有阶级觉悟、最坚强、最勇敢，并有政治教育工作经验的共产党员”来担任。该暂行条例（草案）对各级政治机关的机构设置和职责也作了详细规定：在团及独立营设立政治处，师以上各级设立政治部，中央革命委员会设立政治部；团政治处由政治委员、团委书记、组织工作干事，俱乐部主任等组成；师以上政治机关设立组织分配科（处）、宣传鼓动科（处）、政务科（处）、秘书科（处）等工作部门。团政治处是直接进行党的工作和政治工作的机关，要实行面对面的领导；师以上的政治部，是所属各部队“党和政治工作的指导机关”；红军总政治部是指导全国党的工作与政治工作的机关，除了设立相应的上述部门外，还设立调查统计处和出版等机构。

为了进一步加强红军中的政治工作，1932年9月红军总政治部发出《关于红军中党的工作训令》。这个法规性文件类似于实施细则。该“训令”特别强调政治工作要加强党的工作，指出了当时党的工作是整个政治工作中最薄弱的一环，尤其是忽视了建立坚强的无产阶级和党的领导，忽视了工人骨干的培养，忽视了对支部工作的领导，缺乏从下而上的思想斗争。其次，“发展改造和严密党的组织”，“建立党的铁的纪律”；再次，“建立支部工作支部生活”，“支部是党在红军中的‘堡垒’，连支部是党的基层组织”，“必须依照党的正确的路线，讨论部队中发生的一切问题，支部须领导党团员，要‘以身作则’地成为群众的模范”。训令规定，一个月内支部和小组应各开会两次。1934年2月1日，在总结贯彻第一部条例颁布以来的政治工作经验，广泛征求各方面意见的基础上，全军第一次政治工作会议对红军政治工作暂行条例草案进行了重新修订和颁布。该条例共 19 个分条例。这些条例和训令的出台，表明了在古田会议后，军队政治工作既有了基本法规，也有了具体规章制度，[①] 从而确保政治工作依法开展。

三、实行了依法确保人民军队性质的新型治军原则

中国共产党独立领导武装斗争之初，我军的军事基础主要还是旧的雇佣式军队的遗产，旧军队的军阀作风、军事封建思想严重存在，很不适应完成党领导的革命任务和农村根据地土地革命战争的需要。因此，探索建设一支崭新的无产阶级革命军队，始终保持人民军队的性质，不仅是关系到红军能否立足生根的重要问题，而且是关系到中国革命前途的重大问题。

人民军队初创时期的法治建设，通过明确人民军队的性质、宗旨和任务，依法严惩危害人民利益的行为，在建设新型革命军队的过程中发挥了重要作用，有效解决了这一难题，并形成了通过法治建设确保人民军队性质的宝贵历史经验。

（一）创制法规，明确规定军队的人民性质

大革命失败后，中国共产党领导建立了人民自己的武装力量——中国工农红军。这支军队完全区别于中国历史上曾出现的为剥削阶级服务的军事力量，工农红军来自人民，和人民有着血浓于水的联系，具有人民性。中国共产党和工农红军始终坚持着人民性的根本性质和为人民服务的根本宗旨，并多次在颁布的法律特别是军事法律文件中宣明这一点。《中华工农兵苏维埃第一次全国代表大会红军问题决议案》就明确指出："红军……与国民党的军队和帝国主义的军队是根本不同的，军阀帝国主义的军队是与工农隔离的，是压迫侵略殖民地的工具。而红军是工农群众自己的军队，是解放工农群众自己的力量。"[②] 1935 年 1 月《中国工农红军总政治部布告》中也明确指出："红军是为工农阶级谋利益的武装，所以只有被压迫被剥削的工人农民才有加入红军的权利，才能拿稳自己的枪炮，

---

① 张山新：《中国工农红军法制述论》，《军事历史研究》1999 年第 6 期。

② 总政办公厅编：《中国人民解放军政治工作历史资料选编（土地革命战争时期）》，解放军出版社 2002 年版，第 815 页。

对付一切反革命派。”

中国共产党作为工农红军的根本领导者，为了保持红军来自人民的本色，始终坚持人民性的新型立军原则。在《中国共产党第六次代表大会军事工作决议案（草案）》中就明确规定：“建立红军的原则应为：（1）士兵必须按征兵制由工农分子充之。（2）官长工人化。”① 在红军的发展壮大过程中，中国共产党和红军也十分注意不断增加工农成分在红军队伍中的比重。《中华工农兵苏维埃第一次全国代表大会红军问题决议案》中规定：“设法增加红军中的工人与雇农成分，尽量吸收工人雇农加入红军，同时大会号召非苏区的工人团体输送大量革命的工人到红军中来，只有增加红军中的工人雇农成分……才能保障红军中的无产阶级领导。”《中共鄂豫边特委关于改造红军问题给红九军二十六师的指示》中明确指出：“改造红军中党的成分，应当是加紧地吸收广大工人、贫农、雇农入党，以巩固和坚强无产阶级的阶级基础。”

（二）颁布法规，明确规定中国工农红军维护人民利益的任务

中国工农红军作为人民的军队，不仅来自人民，与人民群众有着紧密联系，更是人民群众利益的维护者。1929 年 12 月召开的红军第四军党的第九次代表大会中通过的《中国共产党红军第四军第九次代表大会决议案》中指出，红军是一个执行革命的任务的武装集团。决议强调：“红军决不是单纯地打仗的，它除了打仗消灭敌人军事力量以外，还要担负宣传群众、组织群众、武装群众、帮助群众建立革命政权以至于建立共产党的组织等项重大任务。”② 工农红军在中国共产党的正确领导下，帮助和配合广大工农群众坚决开展土地革命，反对国民党军阀，反对帝国主义，从豪绅地主阶级手中夺回土地，建立工农兵苏维埃政权。如 1929 年 1 月，红四军发布的《红军第四军司令部布告》和《红军第四军司令部政治部布告》中指出“红军宗旨，民权革命”要“没收一切地主阶级的田地，分给无地及少地的农民”③。

---

① 总政办公厅编：《中国人民解放军政治工作历史资料选编（土地革命战争时期）》，解放军出版社 2002 年版，第 121 页。

② 军事科学院军事历史研究部：《中国人民解放军的七十年》，军事科学出版社 1997 年版，第 56 页。

③ 从文胜：《军事法制史》，解放军出版社 2001 年版，第 342 页。

1930 年 8 月中国革命军事委员会颁布《苏维埃土地法》，规定一切违背、不执行或破坏红军法令的行为都要追究其法律责任，并要“按照他们犯罪的轻重，分别处以死刑、监禁、罚款、游行示众、写悔过字等刑罚”。特别是为了能使土地革命正确深入开展，在各地革命根据地相继建立的基础上，红军颁布布告宣明土地革命政策，比如 1933 年颁布的《西北革命军事委员会、军区政治部关于土地问题的布告》。在中央军事委员会的指导下，各级苏维埃政权也相继颁布了《井冈山土地法》《兴国土地法》以及《中华苏维埃共和国土地法》等一系列关于土地革命和土地政策的法律，为消灭封建剥削，满足农民的土地要求提供了制度保障。

（三）运用法规，明确规定依法严惩危害人民利益的行为

为了能使红军更好地执行三大任务，维护人民的利益，就必须以严明的军纪作保障。红军非常重视加强革命纪律，并严格执行统一的纪律，这也是其作为人民军队区别于一切旧式军队的显著标志。

1927 年 8 月 1 日，中国共产党领导了创建人民军队的八一南昌起义，当时前敌委员会和起义部队总政治部为严肃军纪，作出“不准鸣枪抓夫、不准采摘农田瓜果”、“住宿农家所用柴米油盐要照价付款”等具体规定①，1927 年 9 月，毛泽东领导湘赣边界秋收起义时，就要求部队官兵对待人民群众说话和气，买卖公平，不拉夫，不打人，不骂人。同年 10 月，在江西省遂川县荆竹山动员部队向井冈山进发时，规定了三项纪律：行动听指挥，不拿群众一个红薯，打土豪要归公。1928 年 4 月 3 日，部队到达湖南省桂东县沙田村，毛泽东郑重宣布“三大纪律六项注意”。三大纪律是：“行动听指挥，不拿工人农民一点东西，打土豪要归公”。六项注意是：“上门板，捆铺草，说话和气，买卖公平，借东西要还，损坏东西要赔”。“三大纪律六项注意”的颁布，被称为我军“第一军规”，从而奠定了红军统一纪律的基础。以三大纪律六项注意为代表的军事纪律在红军部队中得到了严格的执行和落实。如 1931 年 3 月 21 日发布的《红军第四军司令部训令第三号——关于整顿军风纪》中规定：“务望各官兵一体遵照三大纪律六项注意，使红军精神及主旨深入一般群众。”② 在红军建立

---

① 《中国人民解放军政治工作・纪检工作》，解放军出版社 2008 年版，第 1277 页。

② 总政办公厅编：《中国人民解放军政治工作历史资料选编（土地革命战争时期）》，解放军出版社 2002 年版，第 425 页。

和发展壮大的过程中，针对实际需要又不断制定和完善军事纪律，以规范部队行为，尊重维护人民群众的利益。红军在三大纪律六项注意基础上，又发展到三大纪律八项注意。人民军队纪律中最具代表性的就是三大纪律八项注意。三大纪律八项注意言简意赅，包含了丰富而深刻的思想内容。其中不拿群众一针一线的严格纪律，以及说话和气、买卖公平、借东西要还、损坏东西要赔、不打人骂人、不损坏庄稼、不调戏妇女等具体要求，体现了工农红军的性质，全心全意为人民服务的宗旨和军民一致的原则，表明了中国工农红军是一支无产阶级的新型人民军队。

1934 年 12 月红军长征到达贵州东南部。由于黔东南为苗族侗族聚居之地，红军经过这里时，大多数群众受反动宣传跑到山上躲藏起来。红军每到一地，首先开展宣传活动，并挨家挨户做动员解释工作。12 月 24 日，红军总政治部下达了《关于注意与苗民的关系的指示》，指导广大指战员“不打苗民土豪，不杀苗民有信仰的甲长、乡长”，“克服侵犯群众、脱离群众的行动”。由于红军严格执行军事纪律和民族政策，尊重侗苗族的信仰，遵纪爱民，得到侗苗族的爱戴与支持。

第三节　制定党规军法

红军时期的军事法治建设在艰苦的战争环境中，已经初具规模，形成了人民军队法治建设独特的理论原则和实践特点，奠定了新型人民军队军事法治建设的坚实基础。

这一时期，不仅党的决定、决议等法规性文件直接对红军具有军事法的规范效力，而且红军在开辟根据地建立工农政权的过程中，也经常以军队的名义颁布法律、发布文告和通令，代行行政权的职能，这些法律文件对红军自身建设和根据地建设都有法律效力。同时，红军的一些内部军事法规对政权机构的党政干部也有约束力，如三大纪律八项注意。1928 年 7 月 9 日，中国共产党第六次全国代表大会决议案中就指出，军队政治部的工作不仅限于军队以内以及鼓动人民，并应在战线各区域内组织革命的政权，“它的命令便是最高政权的命令”。

1929 年 1 月，毛泽东、朱德率领红四军离开井冈山向赣南、闽西进军，在途中发布了《红军第四军司令部布告》《红军第四军党部布告》，占领龙岩后又发布了《红军第四军司令部政治部布告》，阐述了党在土地革命中的任务和包括土地政策在内的各项政策。1929 年 12 月，红军第四军《古田会议决议》专门规定了“凡没有建设政权机关的地方，红军政治部即代替当地政权机关，至地方政权机关建设时为止”。这一时期，党的历次重要会议有关军事和军队建设问题的决定和决议，以及根据地苏维埃政权和红军先后制定颁布的军事法律法规，都为红军的发展壮大，革命政权的建立、巩固和发展发挥了重要作用。[①]

一、以党的决定等文件形式颁布的军事法规范

在红军初创时极其险恶的战争岁月里，以毛泽东为代表的中国共产党人，开始了以建立一支新型人民军队为目标的伟大创举，相应制定了以党的会议决定、决议等法规性文件为主要形式的军事法规范。这一时期，党制定的有关军事工作的法规性文件主要有：

（一）1928 年中共中央颁布《军事工作大纲》[②]

三湾改编之时，正是中国革命处于土地革命深入建立割据区域争夺城市的重要阶段。在这个时候为了夺取并建立城市的领导权，消灭敌人在城市的武装势力，党中央清醒地认识到，不但要在消极方面纠正以往军事投机的错误，而且还必须要在积极方面对于如何打入敌人的武装瓦解敌军，如何扩大工农群众的武装做好理论准备。在这样的背景下，1928 年 5 月 25 日，中共中央颁布了《中共中央通告第五十一号——军事工作大纲》（以下简称：《大纲》）。《大纲》分为七个部分，分别就“军事运动的一般原则”“破坏反革命武装问题”“扩大工农群众武装问题”“建立红军问题”“党的军事组织与苏维埃的指挥系统”“军队中党的组织及政治工作”等问题，明确地作出了规定，提出了要求。

1. 军事运动的一般原则。《大纲》为人民军队的军事运动指明了应当遵循的原则，即“工农群众的军事化；军事组织的工农群众化；军事行动的系统集中化；军事工作的技术化科学化；以及注意与敌人战斗时的战术”。

2. 破坏反革命武装问题。《大纲》为破坏反革命武装提出了切实可行的方法，即大力开展“兵士运动”，运用“兵变与兵士暴动”的方式来瓦

---

① 丛文胜《中国工农红军军事法制建设的主要特点》，《中国军事科学》1998 年第 2 期。

② 解放军政治学院政治工作教研室编：《军队政治工作历史资料》，1982 年版，第 80 页。

解反革命武装。《大纲》指出，“要破坏反革命武装，第一要接近兵士群众，接近兵士群众的方法，或派人加入军队，或设法与士兵发生关系”；“兵士暴动是有夺取政权之意义的，必须与工农联合起来，最好是工农兵的总暴动。在兵士暴动时，工农愈有力量，方愈能抓住兵士群众。再则兵士暴动之时，党必须注意组织一部分基本部队，以收拾其他部队”。

3. 扩大工农群众武装问题。为使广大工农群众军事化，《大纲》提出建立“赤卫队”。“赤卫队的组织，城市方面可以适用广州罢工纠察队的组织法。……乡村方面的赤卫队可适用以前农民自卫军的组织法。”“赤卫队的训练指挥人才必须由同志中训练一批人担任，指挥必须与队员言语相通而能了解军事。”“赤卫队所应受的训练包含暴动一切需要的技术，不仅是如何用枪，并且学习如何夺取敌人的枪，如何使用各种木棍、铁器以及一切破坏的训练。”同时，《大纲》指明了赤卫队的发展方向，“在暴动以后赤卫队的勇敢积极分子应当大批的加入红军，成为红军的中心成分”。

4. 建立红军问题。《大纲》规定：“割据区域所建立之军队，可正式定名为红军，取消以前工农革命（军）的名义。”红军的编制，可以依照武装及作战的需要而定，有极大的灵活性。红军的成分，“须极力减少小资产阶级之成分，或旧式雇佣之兵士……须有广大之工农分子参加”。同时，《大纲》还规定了红军的待遇、纪律、训练等具体问题。

5. 党的军事组织与苏维埃的指挥系统。《大纲》明确规定：“军事问题既因暴动的发展而趋重要，党的军事必须成为健全而有力的组织。”“军事之指挥系统，红军作战时应于一切割据区域之苏维埃军委之下设总指挥部，苏维埃军委为军事最高指挥机关，应由得力同志组织之。同时即为党的军委。”

6. 军队中党的组织及政治工作。《大纲》强调：“红军中政治工作，必须特别注意”，并规定：红军应由苏维埃派政治委员监督军官，并负责进行政治工作，“政治委员应即为党的代表”，“政治委员应负责改良红军兵士生活，办理体育娱乐事项”。

《军事工作大纲》的颁布，对于各地的军事斗争和红军的建设，具有重要的指导意义。使初创时期的红军在许多具体问题方面，都有了规范的指导。《大纲》发布不久，各地的革命武装力量都按照中央的规定，相继取消了“工农革命军”番号，改称“中国工农红军”，习惯称“红军”。

这次统一改变名称，象征着革命力量的发展和壮大，也标志着人民军队由游击状态向正规部队迈进。

（二）中国共产党第六次全国代表大会军事工作决议案①

1928 年 6 月 18 日至 7 月 11 日，中国共产党在共产国际帮助下于苏联莫斯科举行第六次全国代表大会。这是一次有着重大历史意义的大会。它认真总结了大革命失败以来的经验教训，在一系列存在严重争论的有关中国革命的根本问题上作出基本正确的回答，在党内思想十分混乱的情况下大体上统一了全党的思想。

这次大会“决议案”中，用了相当的篇幅对于三大起义以及随后的军事斗争问题做了总结，并提出了指导性很强的原则规范，为人民军队的建设指明了方向。“决议案”明确了党在苏区有关军事方面的任务：“（1）发展苏维埃根据地，夺取新的区域，巩固新的区域，这种区域是要成为更大发展的基础的。（2）最大限度发展正式的工农革命军——红军。”

在关于红军的建设上，“决议案”在以下几个方面做了详尽的规范：

1. 组织红军。“革命政权成立的第一天，便设法组织红军。以武装起义的队伍做红军的基础。革命委员会在党的、职工会的和农民协会的帮助下，必须以武装起义的队伍编成常备红军。”“在红军成立以后，应当实行按照一定年龄征兵的办法。”“现有游击武装起义军——也须用同样的方法招募队伍，军官与政治工作人员的成分须重新改组，使之成为常备的红军。”

2. 指挥员与政治工作人员的成分。“必须从农民、工人和游击武装起义队伍中创造出自己的军事指导人才。”“政治工作人员尤其是政治委员应有很大的作用，只有共产党员才许担任，最好是工人或佃农出身的党员。如果军队中共产主义的影响很弱，政治委员及政治工作人员，尤其应该如此选派。”

3. 军队中的政治工作。“在军队中应组织党的支部和青年团的小组，后者宜直接服从前者。为领导政治工作起见，宜组织政治部。政治部的工作不仅限于军队以内及鼓动人员，并应在战线各区域内组织革命的政权。”

---

① 解放军政治学院政治工作教研室编：《军队政治工作历史资料》，1982 年版，第 104 页。

4. 军队的给养与服务。“各处无论在财政方面或物品征收方面，都须组织集中的军需机关。”“为组织集中的军需机关起见，各区司令部应协同该地方革命委员会组织全区的军需机关，并指定办事人员管理各军供给事宜，设立粮食储藏处，尤其要注意供给的集中化，供给的权限宜集中于该区司令部之手。”

5. 苏维埃对旧时军队的关系。“对于投降革命的军队，应持特别慎重的策略。革命委员会应先解除其武装而改编之，并遣散其不稳定的分子。”“凡投降革命的军队均应完全改编，决不宜优容不变。这些军队的士兵宜编插于游击队或红军中；如不能立刻做到，便应更动其军官，派政治委员严厉监视之。”

……

（三）中央通告第七十四号——关于军事问题①

1928 年 10 月 25 日，在六大之后，中共中央发布了第七十四号通告，进一步明确了人民军队在建设初期的一些具体问题。主要内容包括：

1. 各级党部军事部组织大纲。中央根据六次代表大会决议，为集中一切军事工作，在中央常委之下设立中央军事部。军事部的组织，除设军事委员会为讨论及建议机关外，并设立参谋、组织、兵士、特务、交通五科执行一切工作。通告还具体规定了各组织的成员及组成方式。

2. 军事工作计划大纲。通告主要明确了六大之后，中央军事部及其领导下的各种机构如何进行军事活动的计划和方式。例如，“中央军事部应搜集各种军事地图，有必要时并须制定各种军事地图”。“中央军事部应找出各种收买武器的线索，定出秘密运输的方法。”

（四）红军第四军第六次党代表大会决议案②

1928 年 11 月，红军第四军在新城召开了第六次党代表大会，讨论并议决了四军所面临的党务问题、军事问题、经济问题和纪律问题。大会决议案主要包括以下内容：

1. 党务问题。决议案规定，“红军中各级党部，不应公开处置各种事务，竭力恢复秘密状态，党的机关可设置在各级士委会内”。“须在战斗

---

① 解放军政治学院政治工作教研室编：《军队政治工作历史资料》，1982 年版，第 119 页。

② 解放军政治学院政治工作教研室编：《军队政治工作历史资料》，1982 年版，第 129 页。

兵中发展党员，其比例至少须二分之一。”“连支委为红军党的工作的核心，党代表则为此工作核心之负责者，并同时负有计划督促政治工作之公开任务，在事实上目前党代表制度不应取消。”

2. 军事问题。决议案主要规范了建立军事根据地、部队编制、装备训练、政治工作、宣传工作等有关红军成长壮大一些具体的事项。例如，“红军政治训练要注意下列诸种：（1）健全士委会，使其能代表士兵利益，参加军队管理，维持军队纪律，厉行士兵政治教育及对外做群众运动；（2）分期举行士兵识字运动；（3）启发士兵阶级觉悟，使士兵了解革命中各种主要问题，并具备政治常识；（4）筹备各种娱乐，引起士兵自动参加；（5）连上须组织三人以上宣传队，战时平常不断地做宣传工作；（6）标语口号须由军委规定发出，以求统一，免致杂乱”。

3. 经济问题。决议规定，“军部军需处及各团辎重队，每月须做一详尽经济报告，交由士兵代表会审查，审查后向群众公布，务使红军经济彻底公开”。

4. 纪律问题。决议列举了红军在新城、永新战役中的违反革命纪律的情况，“希望以后不宜再有此项行动”。

（五）中央第二十九号通告——关于党员军事化问题①

1929 年 2 月 7 日，中共中央发布了第二十九号通告，中心内容有两层，一是军事化意义之重要与我们过去忽略之错误；二是怎样军事化的具体方法。其中，通告列明的对党员军事化的方法，对人民军队的建设有非常重要的意义。例如，通告规定，“目前本党的军事化，首先要从头脑军事化做起，因为一切对军事的忽略与错误，都只有在武装头脑条件下才能谈得到武装身躯，进而武装群众”。“在游击战区中党宜设立军事训练班，创造一些工农军事人才。在农村，亦宜设法设立秘密训练组织。”“要由各地党部责令有军事知识的同志，经常负训练军事的责任。”

（六）红军第四军第九次党代表大会决议案②

1929 年 12 月下旬在福建上杭古田召开的红军第四军党的第九次代表大会（即著名的“古田会议”），是人民军队建设史上最具历史意义的里

---

① 解放军政治学院政治工作教研室编：《军队政治工作历史资料》，1982 年版，第 137 页。
② 解放军政治学院政治工作教研室编：《军队政治工作历史资料》，1982 年版，第 202 页。

程碑。

1929 年 1 月，红四军主力在毛泽东、朱德等率领下，从井冈山根据地出发，到赣南、闽西一带开展游击战争，创建了赣南和闽西革命根据地。随着红军的扩大和革命根据地的发展，部队一直处于战斗频繁、生活艰苦的环境之中，政治思想工作没有跟上，各种非无产阶级思想，主要是小资产阶级思想，经常大量反映到红军队伍中来。红军的官兵，特别是军事长官，有相当一部分来自旧军队，他们作战英勇顽强，堪称模范，但他们也不自觉地带着旧军人的单纯军事观点等种种旧观念。在军队中正确地实行民主制度时，又产生了极端民主化的错误倾向。部分官兵不习惯于做创建根据地的艰苦工作，不习惯党对军事工作的领导和民主集中制的原则，不习惯政治工作地位的提高。他们中有的人把军队看成只是单纯打仗的，不关心根据地的创建，喜欢走州过府，流动游击，打下城市就到那里吃吃喝喝。有的人甚至把党的领导说成是书记独裁而加以反对，认为政治部妨碍了司令部的工作，提出司令部对外的口号，等等。这些非无产阶级思想和作风，在红四军党内引起了争论。

1929 年 6 月下旬，红四军召开党的第七次代表大会，毛泽东打算通过这次大会总结红军建军以来的经验，纠正各种错误。但由于当时条件不成熟，在一些原则问题的探索上发生了争论：1. 党的领导是否只能管政治工作，不能一切都管。政治和军事是什么关系，政治机关和军事机关是什么关系。2. 红军的任务和白军有什么区别，是否只是单纯打仗，进行流动游击，扩大政治影响，而建立和扩大革命根据地则仅是地方的任务。3. 在军队内部是实行民主制度，还是长官说了算，要不要废除枪毙逃兵的制度等。一些受旧军队影响较深的同志，坚持旧军队的一套经验，而有些从苏联回来的同志又照搬苏联军队的一套经验，前委领导之间意见也不一致，会议不但没有达到预期目的，反而造成不良后果。它否定了毛泽东的必须反对流寇主义和坚持党的集中制领导原则等正确意见，助长了忽视根据地建设的错误观念和极端民主化的情绪。会后，毛泽东被迫离开前委领导岗位，红四军党的领导和政治工作有所削弱。此后，又召开红四军党的第八次代表大会，但仍未解决问题。

8 月底，陈毅到达上海，就红四军党内存在的问题，向中共中央作了汇报。当时担任党中央军事部长并主持军事委员会工作的周恩来，在听了陈毅的汇报后，联系整个红军建设的经验，针对红四军存在的问题，作了详细的指示，并委托陈毅根据他谈话的内容和中央军事会议的精神，代中央起草一封给红四军前委的指示信，即“九月来信”。这封信，分析了当时的国际国内形势，肯定了毛泽东关于工农武装割据的思想，阐述了红军和农村革命根据地在中国革命中的地位和作用，指出先有农村红军，后有城市政权，这是中国革命的特征，是中国经济基础的产物。“九月来信”指示红四军前委：红军的基本任务，一是发动群众斗争，实行土地革命，建立苏维埃政权；二是实行游击战争，武装农民，并扩大本身组织；三是扩大游击区域及政治影响于全国。红军的发展方向，应定在群众斗争有发展可能的地方，使当地的革命斗争逐步深入。在作战指导上，红军决不以较小的兵力与较强大的敌人作殊死战，而应寻其较小于我的敌人，集中兵力坚决歼灭它。并强调指出：党的一切权力集中于前委指导机关，这是正确的，绝不能动摇，不能机械地引用“家长制”这个名词来削弱指导机关的权力，来做极端民主化的掩护；要以政治教育去激发红军士兵自觉地向上的精神，彻底纠正红四军中存在的各种非无产阶级思想。中共中央还让陈毅带着“九月来信”返回红四军，请毛泽东回前委复职，并指出，前委要维护朱德、毛泽东在群众中的威信。中共中央的这些指示，特别是“九月来信”的精神，为红四军党内统一认识，纠正各种错误思想提供了依据。12 月底，红四军第九次代表大会就是在这种背景下召开的。

在这个会议上，毛泽东根据中央“九月来信”的指示精神，做了《中国共产党红军第四军第九次代表大会决议案》的报告。报告中，他总结了红军诞生以来破除旧军队的影响，进行新型军队建设的经验，确立了人民军队建设的根本原则，即红军是一个执行革命政治任务的武装集团，红军必须置于中国共产党绝对领导下，红军必须建立强有力的政治工作，红军必须建立一个很好的内部和外部关系。大会一致通过了毛泽东的这个报告，史称《古田会议决议》。《古田会议决议》共分 9 个部分，2 万多字，其基本内容为：

1. 指出“中国的红军是一个执行革命的政治任务的武装集团”。“红军决不是单纯地打仗的，它除了打仗消灭敌人军事力量之外，还要负担宣传群众、组织群众、武装群众、帮助群众建立革命政权以至于建立共产党的组织等项重大任务。”① 这就规定了红军的无产阶级性质和全心全意为

① 《毛泽东选集》（第一卷），人民出版社 1991 年版，第 86 页。

人民服务的根本宗旨。

2. 确立了中国共产党对军队实行绝对领导的原则。红军执行无产阶级革命政治任务，争取中国人民大众获得解放的事业，必须坚定地置于中国共产党的绝对领导下，这是红军保持其无产阶级性质的根本条件。《决议》强调必须确立党在红军中的绝对领导地位，加强党的组织。厉行集中指导下的民主生活，要从教育上提高党员的政治水平。一切工作，在党组织讨论和决议之后，再经过群众去执行。还要发动地方党对红军的批评和群众政权机关对红军的批评，以影响红军的党和红军的官兵，达到军政一致，军民一致。

3. 阐明军事和政治的关系。《决议》认为，红军的一切军事行动，都是围绕党的政治中心任务进行的，必须接受党的政治领导。红军的政治机关与军事机关，在前委指导之下，平行地执行工作。指出必须加强官兵的政治训练，明确地规定了红军的任务，军事工作系统和政治工作系统的关系，红军和人民群众的关系，士兵委员会的权能及其和军事政治机关的关系。

4. 规定了军队内部、外部关系和瓦解敌军的原则。在军队内部实行民主，又必须克服极端民主化倾向。厉行集中指导下的民主，上级的决定必须坚决执行，党内执行少数服从多数的原则，同时正确地开展思想批评。凡地方政权机关已经建立的地方，军队就不能包办和干涉地方工作。加强对敌宣传工作，优待一切放下武器的俘虏。

5. 强调对红军进行无产阶级政治思想教育以克服各种非无产阶级思想。教育方法有办报、办训练班、看书看报、个别谈话、开党内会议和政治讨论会，还有上政治课、组织政治训练委员会、教授方法、集合讲话、游艺、改善待遇和对青年士兵的特种教育。全面提出了在红军内加强党的建设的方法和途径。

《决议》还根据红四军存在的单纯军事观点、流寇思想、极端民主化、非组织观点、绝对平均主义、主观主义、个人主义、盲动主义残余等错误思想，强调树立无产阶级思想，克服非无产阶级思想，从政治上、思想上和组织上把红军建设成为新型的人民军队。

该《决议》从根本上划清了红军与旧式军队的界限，解决了如何把以农民和小资产阶级为主要成分的军队，建设成为无产阶级革命军队的问题，成为中国共产党建设人民军队的根本原则。这个决议不但在红四军实行了，后来各地红军都先后照此做了，这样就使整个红军完全成为新型的人民军队。

古田会议决议通过总结红军创建以来军队建设的经验所确立的中国共产党领导下的人民军队建设的根本原则，是中国共产党在农村环境和红军以农民小资产阶级为主要成分的特定条件下，建设无产阶级新型人民军队的基本原则。它不仅推动了当时红军建设和革命战争的发展，而且以新的经验丰富了马克思列宁主义的建军学说。几十年来，我军党的工作和政治工作在此基础上有了很大的发展和创造，但基本的原则还是这个决议确立的原则。《古田会议决议》不仅为红四军党和军队的建设指明了方向，也为全军的建设制定了一条马列主义路线，是人民军队建设的伟大纲领。

（七）中央军委军事工作计划大纲[①]

1930 年 4 月 15 日，中央军委制定了军事工作计划大纲，进一步明确中央军委指挥全国军事运动，全国的红军都应于中央军委集中指挥之下。大纲的主要内容是：直接革命的形势快要到来，因此党的主要任务加重了准备暴动夺取政权的实际行动意义。武装暴动的中心力量是广大工人的武装，加紧武装广大工人阶级是目前军事工作最中心的任务，限定在 1930 年底在全国发展到 1 万人以上。目前红军的策略是坚决进攻，冲破保守观念，纠正右倾危险，积极向中心城市交通区域发展，猛烈地普遍地扩大。各地红军游击队赤卫队及农民武装现有 10.4 万人，到年底应发展为 50 万人以上。

（八）中央给苏区各级党部及红军的训令[②]

1931 年 6 月 16 日，中共中央发出《中央给苏区各级党部及红军的训令》。训令指出：目前“革命的先决条件已逐渐在全国成熟，而湘鄂赣等省区革命首先胜利的条件，因有红军苏区的直接推动，便更加成熟起来”。因此，“我们必能实现目前阶段中的中心任务——建立湘鄂赣整片的苏区”。

为达到这一目的，训令对苏区各级党部和红军的任务作了具体规定。训令要求：“江西中央苏区必须在八一以前组成全国苏维埃代表大会，成

① 解放军政治学院政治工作教研室编：《军队政治工作历史资料》，1982 年版，第 250 页。

② 解放军政治学院政治工作教研室编：《军队政治工作历史资料》，1982 年版，第 342 页。

立中华苏维埃共和国中央临时政府”；在土地问题上坚决贯彻国际及四中全会和中央决议，实行“地主不分田，富农分坏田”的政策，“过去各苏区没收一切土地分配给一切人的非阶级观点，实际上是富农路线的观点，必须根本肃清”。训令提出，“目前红军主力军的行动方针，应是巩固的向前发展”，“在这时，诱敌深入与击破敌人一方的策略是应互相为用的，中心要放在运用广大群众的游击战术击破敌人主力以至完全消灭他们上头”。训令还强调加紧肃反，深入开展反右倾机会主义与富农路线斗争。

（九）关于红军问题决议案①

第三次反“围剿”胜利后不久，第一次全国工农兵代表大会在瑞金叶坪隆重召开，宣告中国第一个全国性的工农民主政权中华苏维埃共和国临时中央政府成立。它标志着中央革命根据地正式形成。此次大会上所形成的《关于红军问题决议案》，是一部指明红军发展方向的法规性文件。

该决议案明确指出，“为保护苏维埃政权，扩大苏维埃区域和保障革命的胜利，为加紧与中国反革命势力和帝国主义作艰苦的斗争，中国工农群众必须以极大的努力在数量上质量上去巩固红军”。决议明确了红军的性质，“是依照劳动群众的国际任务与精神去训练并行动的政治的军队，他是中国历史上有觉悟的革命战士所组织成的，每个红军战斗员都知道为着本阶级的利益而斗争，为一切劳苦群众而服务，绝不是替剥削者和资本家去压迫工农的”。该决议的主要内容还有：

1. 指定最高军事机关——革命军事委员会中国红军总司令，管理红军的给养与组织以及军事训练，并指挥红军的作战行动。只有严格集中的领导（包括一切红军），执行上级领导机关的计划与统一行动之条件之下，红军才能战胜军阀帝国主义的势力，才能扩大苏维埃区域根据地，因此，革命军事委员会与其附属机关的一切训令，红军应坚决执行。

2. 设法增加红军中的工人与雇农成分，尽量吸收工人雇农加入红军。同时大会号召非苏区的工人团体，经常输送革命的工人到红军中来，只有增加工人雇农的成分，加强政治委员及政治部的工作，巩固红军中共产党与青年团的组织，才能保证红军中无产阶级的领导。

3. 红军中的政治委员，政治部，共产党与青年团是执行阶级的任务，

① 解放军政治学院政治工作教研室编：《军队政治工作历史资料》，1982 年版，第 411 页。

对于红军政治人员的政治教育和巩固红军战斗力是有极大作用的。政府与革命军事委员会应该制定政治委员和政治部以及各种政治团体在红军中的责任与应有权限的各种条例，并使每个指战员都能深刻了解这些条例的内容。

4. 经常注意改善红军指挥员的质量，这首先就要引进工人、雇农、贫农以及过去在革命斗争中表现忠实而富有经验的革命战士，去担任军事指挥员及政治工作。采用一切有力的方法扩大红军的数量（组织新团、师、军），改善红军的质量，按照战术条件去组织战斗单位，创建红军学校，出版军事法令及各种书籍，以帮助红军提高战斗力去战胜革命的敌人。

从以上党在人民军队初创时期颁布的各种法规性文件可以看出，以毛泽东等为代表的中国共产党人从中国革命的实际情况出发，深刻总结中国革命战争的实践经验，制定了马克思主义的正确的建军方针和原则，较为系统地解决了在中国共产党领导下怎样建设一支无产阶级的新型人民军队的问题。

二、制定专门军事法律法规

从 1927 年秋开始的各地武装起义爆发后，经过一个时期的游击战争锻炼，到 1930 年春，工农红军已发展到近 40 支部队共 6 万多人。当时，国民党军阀间又爆发大规模混战，造就红军和革命战争继续发展的形势。在革命形势发展的刺激下，党中央的“左”倾情绪再次滋长，试图集中红军配合中心城市工人总暴动，争取革命在一省或几省的首先胜利，建立中华苏维埃共和国。为此，党中央和中央军委采取了许多措施，促使红军由分散而相对集中编组，实行正规建设，遂行大规模进攻战，规范红军建军活动的一批条例也相继产生。

1930 年 5 月，全国苏维埃区域代表大会和红军代表大会后，中共中央和中央军委开始参照苏联的有关法律和军队条例，制定中华苏维埃共和国的有关法律和军队条例。同年 9 月底，中央军委召开扩大会议，研究了红军整编和建设等问题，通过了《中国工农红军编制草案》和《中国工农红军政治工作暂行条例草案》。10 月下旬，中央在颁布上述两个条例的同时，还颁布了《中华苏维埃共和国军制草案》和《中国工农红军纪律条例草案》。这批条例，虽然很多是强调加强红军的革命化建设和编制上适应于“现代战争”，但重点是加强红军正规化建设。主要表现是：正式使用中国工农红军称谓；规定了中国工农红军的军旗，官兵服饰，从实际上确定了军徽；确定了全军的体制，统一集团军（军团）以下各级编制；统一连以上各级政治长官的编制和职责；统一独立营以上各级政治机关的设置和职能；统一共产党支部、委员会的设置和职能；统一全军的纪律和奖惩权限。在这些条例中，有一些是在“左”倾思想指导下制定的，超越了现实，又遵循共产国际要着眼于“现代战争”的指示精神，相当程度地移植了苏联红军的一套做法，并不完全符合中国红军的实际情况，故没有也不可能得到完全的执行，即使执行了有的效果也不好。但是，从总的来说，它标志党中央和中央军委开始以法规治军。它是在红军由游击战争向带游击性的正规战争的军事战略转变时，作为红军正规化建设的措施颁布的，客观上对加强红军建设和促进人民军队的军事法治建设也起到了积极的推动作用。

从 1930 年至 1936 年期间，中共中央、中央苏维埃政权机关、红军领导机关制定的专门军事法规范主要有：

（一）《中国工农红军优待条例》

1931 年 11 月 7 日—20 日在瑞金召开的中华苏维埃第一次全国代表大会上，通过并颁布了《中国工农红军优待条例》（以下简称《优待条例》），这是在中国历史上第一次由人民政权机构颁布实施的拥军优属条例。

《优待条例》对红军战士及其家属在分田、住房、教育等方面实行优先的照顾；对伤残病和死亡的红军战士及其家属也采取了妥善安置和照顾的政策。同时动员人民组织代耕队、包耕队等为烈军属代种田地和提供其他服务。《优待条例》指出：“红军战士及其家属应得苏维埃共和国的各种优待。”《优待条例》第 2 条规定：“凡红军战士，家在白色区域的，以及新由白军中过来的，则在苏区内分得公田，由当地政府派人代耕”；“每年收获后由区政府负责将公田生产变成货币依次解送县政府、省政府转送红军分配享受公田之人”。第 9 条规定：“红军在服务期间，本人及其家属免纳苏维埃国家的一切捐税。”第 15 条规定：“红军与家属通信，由直属机关盖章，不贴邮票，可寄回家，红军家属寄信到红军中，则由当地政府盖章，亦不贴邮票可寄到红军机关中转发，各级政府及红军机关应切实负责。”这个法规还明确规定了工农红军的安置工作，安置的主要对象是伤残军人。随后，1932 年 1 月召开的中华苏维埃临时中央政府人民委员会第五次常务会又通过了《执行红军优待条例的各种办法》《红军抚恤条例》《优待红军家属耕田队条例》《优待红军家属礼拜六条例》等条例，由中华苏维埃临时中央政府颁布施行。同时，设立了执行该类条例的“红军抚恤委员会”等办事机构。[①]

（二）《红军士兵会章程》

1930 年 9 月，红一方面军总政治部正式颁布了《红军士兵会章程》。该《章程》对士兵委员会的宗旨、职权、组织、工作方式等作出了明确规定，并要求建立士兵执行会、军人大会、经济协助委员会、士兵通讯处等民主生活制度。该《章程》将红军原来的“六项注意”发展为“八项注意”，使红军中的民主生活逐步实现制度化、规范化。[②]

（三）《中国工农红军纪律条例草案》

1930 年中共中央颁布了《中国工农红军编制草案》《中国工农红军政治工作暂行条例草案》《中华苏维埃共和国军制草案》和《中国工农红军纪律条例草案》四个条例草案。其中《中国工农红军纪律条例草案》主要是阐明纪律的重要性，明确各级奖惩的权限。这个条例草案后经修改，成为《红军纪律条令草案》，由中革军委于 1932 年 5 月颁布试行，也就是《红军步兵教程》中的《红军纪律条令草案》。这个版本的纪律条令草案共四章 15 条。第一章是总则；第二章是奖励；第三章是惩戒；第四章是附则。总则指出：“军队纪律的要素，就是……服从协同动作的号令。因为战时负有各种任务的大军分布于广大的战场，其所处境遇不同而要使军人们、指挥员和战士们，仍能万众一心向着一定的方针一致动作起来，必须要有号令且必须服从此号令。这样看来军队底（的）纪律就成了军队底（的）命脉，所以应从平时培养其遵守纪律的习惯。”“红军的纪律是基于工农群众自己利益之上的。”奖励这一章规定了奖励的方法及批准权限；惩戒这一章规定了对何种行为的惩治及惩治方式。这些规定反映了人民军队的本质，体现了赏罚严明，以精神鼓励为主、物质奖励为辅；说服教育为主、惩处为辅的基本原则，保证了革命军人的民主权利。

（四）《中华苏维埃共和国工农红军暂行法规》

1933 年 2 月 26 日中革军委颁布的《中华苏维埃共和国工农红军暂行

---

① 陈学会主编：《军事法学》，解放军出版社 1994 年版，第 105 页。

② 解放军政治学院政治工作教研室编：《军队政治工作历史资料》，1982 年版，第 261 页。

法规》中指出：工农红军“必须有严密的组织和科学的分工”，“各级指挥员、工作人员、战斗员的职责、工作范围，必须在法规上有明确规定，使红军全部生活集体化、纪律化、科学化”①，在该法规中除规定了军、师司令部、政治部的编制外，还对各级人员的职责、一般规则、值星勤务、会议汇报和礼节等作了具体的规定。这部法规实际上是编制和内务合一的条令。

（五）《工农红军纪律暂行条令》

1933 年 8 月 1 日，中央革命军事委员会在《红军纪律条令草案》基础上修改形成《工农红军纪律暂行条令》，并颁布全军执行。该条令指出：“凡军人特别能尽职责，勤苦耐劳，可作模范者，须奖励之。”条令规定：“其奖励项目如下：（一）个别的口述奖励；（二）队前的口述奖励；（三）通令的笔记奖励；（四）在纪念会场口述奖励并给奖品。”奖励权限如下：（一）排长对所属人员有个别的口述奖励之权；（二）连长和指导员对所属人员均有队前的口述奖励之权；（三）营长对所属人员有通令和笔记奖励之权；（四）团长、政治委员对所属人员均有纪念会场的口述奖励并给奖品之权。惩戒有八项，即劝告、警告、严重警告、在队前悔过、罚任各种勤务、入悔过室、撤职、开除军籍。这也是人民军队第一部规范奖惩工作的《纪律条令》。此后 70 年的岁月里，经过 10 余次的修订，成为今天的《中国人民解放军纪律条令》。《工农红军纪律暂行条令》的颁布，既是红军向正规建设方向发展所必须的，也是党中央、中央军委和各苏区开始以条令、条例治军的体现，而且对后来的人民军队正规化建设也有着重要的指导意义。

（六）《奖惩条例》

1935 年 9 月 29 日，在红军长征途中，为严明军纪，保证长征的最后胜利，由中国工农红军陕甘支队（由中央军委纵队和红一、三军团改编而成）司令员彭德怀、政治委员毛泽东颁布了《奖惩条例》，这是我军的第一部《奖惩条例》。

这部条例是在 1935 年 9 月政治局俄界会议作出《关于张国焘同志的

---

① 军事科学院军事历史研究部：《中国人民解放军的七十年》，军事科学出版社 1997 年版，第 80 页。

错误的决定》以后，在同分裂主义激烈斗争的情况下，根据 1933 年条令规定和部队思想情绪、纪律状况及整编等情形制定的，其目的在于使各级首长了解奖惩的内容和权力范围，纠正滥用惩戒和军阀残余，严整组织纪律，巩固红军，提高部队战斗力。《奖惩条例》的颁布，强化了我军维护纪律的手段。条例只有奖励和处分两部分。奖励有六项："其奖励项目：1. 个别口述奖励；2. 队前口述奖励；3. 通令笔记奖励；4. 在各种集合中口述奖励；5. 颁发奖品；6. 升级。"比 1933 年条令多了颁发奖品和升级。"奖励之权：1. 排长对所属人员有执行第一项之权；2. 连长和指导员对所属人员均有第一、二项之权；3. 营长对所属人员有执行第一、二、三、四项之权；团长、政委以上各级首长对所属人员有执行第一、二、三、四、五、六项之权。"惩戒，有十项，即劝告、警告、严重警告、队前悔过、罚站、罚勤务、入悔过室、降级或撤职、开除军籍、枪毙。比 1933 年条令多了罚站、枪毙和降级惩戒。这部条令是长征途中发布的补充性条例，主要特点是内容比较简单，着重充实了奖惩项目和惩戒办法，在纪律的要求上，也较原条令规定严格了。

（七）《中华苏维埃共和国军事裁判所暂行组织条例》

1932 年 2 月 6 日，中央苏区颁布了《中华苏维埃共和国军事裁判所暂行组织条例》，确定了红军裁判所和地方各级裁判部与临时最高法庭的关系，并规定了相应的审判程序。《组织条例》将组织法、实体法、程序法合为一体，是军事裁判所审理军人违法犯罪的主要法律依据。《组织条例》公开明确是为了保障红军中战斗员、指挥员及工作人员的权利、维持红军铁的纪律，并要求各级红军部队及地方武装指挥部按照该项条例的规定组织军事裁判所，以管理红军中一切刑事裁判。《组织条例》从 1932 年 5 月 15 日起生效，共七章 34 条。第一章总则，以下分为组织系统、工作人员、裁判手续、组织及任务、经费和附则等。

（八）《中国工农红军暂行内务条例》

1936 年，红军长征到达陕北后，为了进一步巩固部队和规范军人行为，我军制定和颁布了第一部内务条令，即《中国工农红军暂行内务条例》，对值日勤务、风纪、卫兵、礼节、请假规则、着装注意事项、班长职责、驻军、出发前和行军中的注意事项等作了规定，从而使我军的政治工作、纪律建设、内务生活等，都有了统一的军事法规范。①

除了上述军事法规，红军时期还制定颁布了《关于红军入城纪律的通令》《关于犯人处理问题的训令》《关于处置俘虏及投诚官兵的训令》《关于提拔红军中俘虏分子的规定》《关于检举问题的训令》《关于健全破坏部的组织与工作的训令》《关于红军没收征发委会员暂行组织条例》《关于各军缩编的合成令》《红军武装部队特派员工作条例》以及对军队后勤部门的规定，等等，涉及军队建设各方面的军事法规，为人民军队的正规化、法治化建设奠定了坚实基础。

三、革命根据地政权立法中的军事法条款

在各革命根据地政权建立后，为了巩固政权和加强红军队伍建设都不同程度地进行了相关立法活动。在当时的战争环境中，各根据地政权的立法中都有大量军事法的内容和相关条款，也是这一时期军事法规的重要内容。

例如，1934 年 1 月第二次全国苏维埃代表大会通过的《中华苏维埃共和国宪法大纲》中明确："……制订普遍的兵役义务；由志愿兵役制过渡到义务兵役制。惟手持武器参加革命战争的权利，只能属于工农劳苦民众。在苏维埃政权下，反革命与一切剥削者的武装，必须全部解除。"②在同年颁布的《中华苏维埃共和国中央苏维埃组织法》中，对苏维埃代表大会中的红军代表、对外宣战媾和、军队的组织指挥、军事人民委员、军事法庭设置、革命委员会等一系列重大军事建设问题，都做出了明确规定。

再如，在 1934 年颁布的《中华苏维埃共和国婚姻法》中，增加了对军婚的保护规定："红军战士之妻要求离婚须得其夫同意。"此点吸收了 1932 年 1 月 13 日颁布的《中国工农红军优待条例》中"凡红军在服务期间，其妻离婚，必先得本人同意，如未得同意，政府得禁止"的有关规定。但是考虑到妇女的权益，以及婚姻法的基本精神，在红军离婚问题上该《婚姻法》作了进一步的规范，即在通信便利的地方，丈夫两年无信回家者；在通信困难的地方，丈夫四年无信回家者，红军战士的妻子可向当地政府请求登记离婚。上述规定保护了红军战士的婚姻，对于稳定军

① 解放军政治学院政治工作教研室编：《军队政治工作历史资料》，1982 年版，第 411 页。

② 陈学会主编：《军事法学》，解放军出版社 1994 年版，第 106 页。

心，保卫苏区起到了积极的作用。

为严厉打击反革命活动，惩办其他犯罪分子，保卫工农民主政权，各地苏维埃政府都颁行了《惩治反革命条例》《政治犯自首条例》等。1931 年 12 月中华苏维埃共和国中央执行委员会通过的第 6 号训令，确立了反革命罪犯处理原则；1932 年 4 月的第 11 号训令规定了审理反革命案件的原则和程序，为各地修订起草肃反条例与法令提供了法律依据。1934 年 4 月颁行的《中华苏维埃共和国惩治反革命条例》是一部极具代表性的法规，是立法司法经验的结晶，规定了大量的军事法内容，包括：坚决惩治各种组织革命武装并指挥其进攻革命力量、杀害红军人员、窃取红军机密、向红军进行反革命宣传、破坏红军威信、领导和组织红军人员逃跑、故意损坏弃失盗窃军用品、违抗军事指挥员命令、破坏红军战略部署和战斗行动等反革命罪行及其处罚。其立法的主要原则是：分清首要和附和，区别对待。对自首、自新者实行减免刑罚。罪行法定主义与类推原则相结合。废止肉刑，实行革命的人道主义。实行按阶级成分及功绩定罪量刑。

在中央苏区制定的《裁判部暂行组织及裁判条例》中，对审判组织的形式，审判组织的职权，审判程序和检查员的任务，以及对现役军人及军事机关的工作人员的民事裁判管辖问题等内容做了规定。例如，《条例》第三条规定，县以上裁判部组织裁判委员会。该裁判委员会即是审判委员会的雏形。《条例》第十三条、第十四条、第十五条、第十九条规定，陪审员由职工工会、雇农工会、贫农团及其他群众团体选出，法庭由主审人一人，陪审员二人组成，裁判时必须以多数人的意见为准，意见不一致争执不决时，应该以主审意见来决定判决书的内容。《条例》第二十四条明确了“被告人为本身利益，可派代表出庭辩护，但须得到法庭的许可”，该所谓“代表”泛指一般的公民。《条例》第二十六条规定：“凡是判决死刑的案件，虽然被告人不提起上诉，审理该案的裁判部也应把该案的全部材料送给上级裁判部去批准。”在 1934 年颁布的《中华苏维埃共和国司法程序》中，对军事法庭的组织和军事审判程序，也做了明确的规定。

第四节　严肃军队纪律

人民军队从创建之日起，就以军纪严明而著称。严明军纪是我军的优良传统，是人民军队法治建设的重要内容和显著特点，体现了我军的性质和宗旨，保证我军成为一支所向披靡的人民军队。

一、严格军事纪律

重视加强革命纪律，严格执行统一的纪律，这是人民军队区别于一切旧式军队的显著标志。红军建设过程中，军队的任务、纪律逐步明确和制度化。“军令如山重，纪律似铁坚”，这首红军时期流行的歌谣，是人民军队严明军纪、从严治军的生动写照。红四军就曾经制定过明确的战时纪律，规定：临阵退却，畏缩不前，违抗命令等，可由军官就地枪决。

红军长征时期，行程无常态、环境恶劣复杂、敌情多变，客观上对执行军事纪律提出了很高的要求。如智取遵义、四渡赤水、鏖战剑门关、巧渡金沙江、飞夺泸定桥、会战直罗镇……赢得的胜利，在很大程度上得力于红军官兵服从命令听从指挥。当年，红五军团第37团翻过了空气稀薄、山势险峻、寒风凛冽的大雪山——夹金山，正憧憬着将与大部队会合的喜悦时，突然接到军委命令：为了保卫党中央，掩护红一、四方面军休整，迅速返回夹金山南，继续阻击尾随敌人。面对这突如其来的命令，全团官兵毫不迟疑、坚决执行，三次翻越大雪山，胜利完成了阻击任务，使红军摆脱敌军的围追堵截，取得了战略转移的胜利。长征中，大到战略战役、小到一兵一哨的难以计数的成功与胜利，就是这样取得的。1936年2月，红二、六军团进入乌蒙山区后，敌军切断了其通往黔西南的道路，一度将红军包围在大山丛林里。危急关头，贺龙下达秘密突围命令，要求部队隐蔽行军，不准点火；马蹄裹布，不准发出明显声响。1万多名红军官兵，严守行军纪律，最终神不知鬼不觉地从敌军防线中钻了出去。

丽江石鼓镇素有“万里长江第一湾”之称，左右两侧绵延着数百公里的玉龙雪山和云岭山脉。1936年4月25日，红二、六军团在强敌紧追的情势下，从这里抢渡金沙江。部队专门制定了过江纪律，要求按到达江边的先后顺序渡江，不得争抢，即使军团长、师长也得按次序听哨音上船。曾亲历过这场行动的老红军钟声善介绍说，当时的情况虽然紧急，但官兵们都能自觉遵守纪律，紧张有序渡江。短短四天三夜，数百匹骡马全部过了金沙江。①

---

① 王雁翔《红军屡次“绝路”上获新生有赖铁的纪律》，中国军网，http://www.81.cn/jsdj/2017-05/10/content_7595950.htm。

各地红军建立后，都根据实际需要，陆续制定了一些纪律。其中，以毛泽东给红军制定的三大纪律八项注意最具代表性，它既是重要的群众纪律，更是严格的军事纪律。三大纪律八项注意的制定，有个逐步形成发展的过程。1927 年 9 月，湘赣边界秋收起义部队在三湾时，正当红薯收获季节。在初次助民劳动中，有的官兵吃老乡的红薯。对此，毛泽东给部队规定了不拿老百姓一块红薯的纪律。不久，部队到茶陵筹款，在打土豪时又有个别官兵将没收的财物据为己有。于是，毛泽东又提出打土豪归公的纪律。1928 年 1 月，部队到遂川发动群众和筹款。当时，部队以连、排为单位分兵发动群众，与群众广泛接触，也出现了一些损害群众利益的不良现象。毛泽东了解情况后，又给部队规定了上门板、捆禾草等六大注意事项。3 月，部队南下湘南到根据地外活动，纪律显得更重要。4 月初，毛泽东在桂东沙田，将过去陆续制定的纪律和注意事项合在一起，并作简单修改补充，正式定为三条纪律六项注意予以颁布。三条纪律为：一、不拿工人、农民、小商人一点东西；二、打土豪要归公；三、一切行动听指挥。六项注意为：一、上门板；二、捆禾草；三、讲话和气；四、买卖公平；五、借东西要还；六、损坏东西要赔。三条纪律六项注意的颁布，奠定了红军统一纪律的基础。①

“三条纪律六项注意”鲜明地体现了人民军队的本质特征。对此，红四军的代表曾在 1930 年 5 月全国红军代表大会上，向党中央、中央军委和其他地区的红军代表作了报告和说明。其中说，“三条纪律六项注意是红军四、五、六军及闽西、赣西南各地赤卫队共同用的政治纪律”。具体为：“不拿工人、农民、小商人一点东西。”“着重在一点上，如一根草也是一点”；“上门板”，是指“宿营时借老板的门板走时要上好才走”；“捆禾草”，是指“宿营时借老板的禾草，走时要捆好才走”；“讲话和气”，是指“买卖东西不许强买强卖”；“借东西要还”，是指“借老板的任何东西都要送还才走”；“损坏东西要赔”，是指“损坏了老板的任何东西，要赔偿他才走”②。

---

① 《历程：三大纪律八项注意的制定》，新华网，http：//news. xinhuanet. com/mil/2005-07/28/content_3278703. htm。

② 《历程：三大纪律八项注意的制定》，新华网，http：//news. xinhuanet. com/mil/2005-07/28/content_3278703. htm。

1930 年 5 月以后，毛泽东和朱德又对六项注意作了修改，增加了“七、不得胡乱屙屎；八、不搜敌兵腰包”，从而发展为三大纪律八项注意，并写进了 9 月 25 日红一方面军颁布的《红军士兵会章程》中。此后，三大纪律八项注意的条文措辞略有改动，并成为全军和地方武装的纪律。

三大纪律八项注意言简意赅，包含了丰富而深刻的思想内容。不拿群众一针一线的严格纪律，以及说话和气、买卖公平、借东西要还、损坏东西要赔、不打人骂人、不损坏庄稼、不调戏妇女等具体要求，体现了中国人民解放军的性质、全心全意为人民服务的宗旨和军民一致的原则，表明中国人民解放军是一支无产阶级的新型人民军队。一切行动听指挥体现了党对军队绝对领导的原则和人民军队内部下级服从上级的指挥关系，是达到全军高度集中统一，保证军队执行中国共产党的路线，胜利完成各项任务最基本的纪律要求。一切缴获要归公，体现了人民军队的共产主义思想道德和在革命战争中必须充分利用缴获敌人的物资发展壮大自己的原则。不虐待俘虏的规定，体现了无产阶级解放全人类的政治胸怀、革命人道主义精神和瓦解敌军的原则。三大纪律八项注意，用通俗易懂、生动具体的语言，把我军纪律的主要内容，特别是军事纪律和群众纪律的主要内容，概括和表述出来，易于广大官兵记忆、理解、掌握和执行。我军的历史实践证明，三大纪律八项注意的制定和执行，对于我军的建设和发展，对于正确处理军队内部和外部关系，唤起人民群众对我军的支持和拥护，争取一切可以争取的力量，对于保证我军各项任务的顺利完成，都起了极其重要的作用。

二、遵守政治纪律

政治纪律，是为了保证和实现党对军队的绝对领导，保证我军无产阶级军队的性质，保证军队在政治上和思想上的集中统一而规定的纪律。它包括：在政治上、思想上同党中央保持高度一致；坚决拥护和贯彻落实党的纲领、路线、方针、政策；坚决完成党赋予军队的各项政治任务；坚决执行国家和各级政府的政策、法令等等。

人民军队初创时期，我军面临的形势非常严峻，任务非常艰巨。一方面要反抗强大的敌人的“围剿”，另一方面又要发动群众进行土地革命。革命斗争的实践使红军将士们亲身体验到纪律的重要性：没有革命的纪律，就不能完成革命的任务。1928 年 11 月红军第四军第六次党代表大会专门通过了《纪律问题决议案》，提出了“整顿军纪党纪”的各项任务。毛泽东在《古田会议决议》中，针对非组织观点，明确指出：“党的纪律之一是少数服从多数。少数人在自己的意见被否决之后，必须拥护多数人所通过的决议。除必要时得在下一次会议再提出讨论外，不得在行动上有任何反对的表示。”[①] 他还着重强调“军纪问题是红军一个很大的政治问题”[②]。

在艰难困苦的土地革命战争中，由于党在红军中建立了一整套铁的政治纪律，有效地克服了旧军队遗留下来的军阀主义作风以及纪律观念淡漠、极端民主化、无政府主义、流寇主义、绝对平均主义等农民意识，从而保证了党对军队的绝对领导，改善了官兵关系和军民关系，使红军队伍不断扩大，战斗力不断提高，为夺取土地革命战争和二万五千里长征的胜利奠定了重要的基础。比如，贺龙同志在湘鄂西领导的红四军成立之初，由于部队成分复杂，有些下级军官贯彻执行纪律不坚决，讲价钱、打折扣，甚至公开对抗。当时的前委委员、红 1 师师长贺锦斋对此迁就，并不准部队在自己家门口打土豪。贺锦斋是贺龙的老部下，是南昌起义的国民革命军 20 军第 1 师师长，参与领导了湘鄂边武装斗争，为红军的创建作出过重要贡献。但对他这种违犯纪律的行为，贺龙同志坚决严肃处理，建议前委撤销了贺锦斋前委委员职务并给予了留党查看的处分。[③]

红军长征时期，张国焘挑起分裂党和红军的斗争，使红四方面军三过草地、四翻雪山，往返苦战在川康边界，经历了无数曲折和磨难；同时，也正是由于广大红军官兵坚持党对军队的绝对领导，严守政治纪律，自觉服从党中央的领导，才赢得了同张国焘斗争的胜利，终于使红四方面军胜利到达陕北，确保了党和红军的团结统一。当时，《中共中央政治局毛儿盖会议决议》明确提出：“必须采取严厉办法以保障纪律的执行。”正如毛泽东同志后来在总结这一经验教训时所深刻指出的那样：“我们的原则是党指挥枪，而决不容许枪指挥党。”[④] 1934 年秋，红军主力长征后留在长江南北各苏区的部分红军，由于强大敌人的残酷“围剿”，部队遭受了

---

① 《毛泽东选集》（第一卷），人民出版社 1991 年版，第 90 页。

② 《毛泽东军事文集》（第一卷），军事科学出版社 1993 年版，第 75 页。

③ 《中国共产党恩施土家族苗族自治州历史第一卷（二）》，http：//www. eszsz. org. cn/2014/1113/61624. shtml。

④ 《毛泽东选集》（第二卷），人民出版社 1991 年版，第 547 页。

严重挫折，同党中央失去了联系。在历经苦难的艰苦岁月中，他们始终坚定自己的革命信仰，严守政治纪律，进行了艰苦卓绝的游击战争，挫败了敌人的“清剿”和各种阴谋诡计，克服了许多无法想象的艰难困苦，保存了革命力量，使红旗始终不倒。

三、严明财经纪律

随着以中央苏维埃政权为主的各革命根据地相继建立，国民党也实行连续的军事围剿和严密军事封锁，根据地的财政状况异常困难，同时由于加入革命队伍成员的成分非常复杂，出现了贪污腐败现象。为此，党领导根据地政权和人民军队制定了严明的财经纪律，建立审计监督制度，厉行反腐倡廉。

（一）建立财经监督制度

各革命根据地建立之初，由于没有财政经验，并没有建立统一的财政制度。在政府和红军的经费开支方面，没有现代的预算、决算制度，主要取决于政府开支和战争的需要。在财政状况良好的时期，会发生干部脱离群众的现象，在财政恶化的时期，则不能满足红军战士作战的基本需求。如1932年，苏区财政困难，红军战费难以保障。然而，红军各部队浪费现象还较为普遍，“各部队支出有的超过预算，如第二补充师二月份超过一万一千余元，第三补充师二月份超过七千七百余元（虽然主要是因为人数增加，但伙食费的浪费也是一方面）。二十二师二月份超过一千元，其他各军区及警备区等超过预算的仍不少。”① 1932年2月17日，《红色中华》发表人民委员会第三号通令《帮助红军发展革命战争 实行节俭经济运动》，命令禁止贪污浪费。通令指出，目前正是积极向外发展革命战争的重要时期，一切工作都要以此为中心，经济一项更为重要，加入红军给养和其他军事上的必需经费发生短缺，则影响甚大，妨碍革命战争的进展，因此对于节俭经济，供给发展革命战争，帮助红军给养，是当前紧急任务之一。

临时中央政府及时颁布了《中华苏维埃共和国暂行财政条例》，厉行节约，反对浪费。同时，中央苏区各级苏维埃政府，还加强了对财政资金

---

① 《中央革命军事委员会关于实行预决算制度的命令》，江西省档案馆、江西省委党校党史教研室编《革命根据地经济史料选编》上，江西人民出版社1986年版，第462页。

的监督以及对各种贪污浪费行为的检举与打击，建立了党内监察制度、工农检察制度、会计制度、财政预决算制度、审计制度等，极大地提高了有效资金的使用效率。①

为了加强部队军费的管理，1932 年至 1934 年，中央革命军事委员会相继颁布了一系列训令，对红军的给养与标准作出了规定。1932 年 6 月 21 日，中央革命军事委员会颁布了《中央革命军事委员会训令（经字第一号）》，规定了红军各部队机关办公费、伙食费、马草费的支出标准，同时，红军部队为了进一步节约开支，1934 年 1 月 1 日颁布了《军委关于红军供给标准的规定命令》，对红军的一些经常费用供给标准作了明确的规定。②

（二）建立军队审计制度

1927 年 9 月，毛泽东率领秋收起义部队到达江西永新县三湾村改编时，在团、营、连建立士兵委员会，就开始了实行民主理财，监督部队财经收支，开始了审计监督的尝试。1932 年 2 月 17 日，中华苏维埃共和国中央革命军事委员会颁布了《经理工作问题提案》的训令，同时制定了《经济公开条例》，包括账目审查、账目公布及账簿单据保存三部分内容。规定了在各级部队建立审查委员会以及各级审查委员会的产生办法：师审查委员会，由各团选派士兵代表二人，师直属部队选派代表一人及师政治部、军经理处各派代表一人组成；军审查委员会，由各师选派代表一人，军直属部队选派士兵代表一人及军政治部派一人组成；总经理部审查委员会，由各军、各军团派士兵代表一人，中革军委直属部队选派士兵代表一人，各军经理处、中央政府财政部、中革军委、总政治部、总参谋部各派一人组成；红军总医院审查委员会，由各分院选派代表一人，总院部派二人组成；中央军委政治学校审查委员会，由各大队选派士兵代表一人，校本部派二人组成。各级审查委员会设主席一人。在审查委员会中，士兵代表占据了三分之一的名额，可以充分体现士兵的意愿；每月的收支报告书、收支账目经审查委员会审查后逐级公布，并向士兵作收支报告，介绍和说明收支情况，接受士兵的监督。审查委员会每月定期对该级经理机关

---

① 朱钦胜：《中央苏区反腐倡廉史》，中国社会科学出版社 2009 年版，第 38—39 页。

② 许毅主编：《中央革命根据地财政经济史长编》下，人民出版社 1982 年版，第 510—512 页。

的账目审查一次，若发现经理机关有舞弊行为时，可建议临时组织审查委员会审查。

《经济公开条例》是红军各部队建立审查委员会制度，开展内部审计监督的重要规章。它的颁布和实施，减少了军队内部贪污腐化、挥霍浪费现象的发生，对军队经济起到了有效的监督作用。[①] 根据《中华苏维埃共和国中央政府执行委员会审计条例》第 8 条的规定，海陆空军的预决算属于中央审计委员会审查的事件。根据该条例第 9 条的规定，地方武装的预决算属于中央审计委员会分会审查的事项。[②]

（三）惩治贪污腐化和浪费

1931 年 11 月苏区党代会通过的《关于党的建设问题的决议案》中指出："严格执行党的铁的纪律，是严密并巩固党的组织，提高党在群众中威信的方法。现在各级政权机关红军及各种群众组织中，多半是党员担负着最重要的工作。为保证这些同志成为群众中的楷模，防止贪污腐化现象的产生，党必须严格执行纪律。下级党部与党员对于上级党的决议，应负绝对执行的责任，一切违反苏维埃法律对于革命有损害行为的党员，必须比非党员工农分子受到更严厉的革命纪律制裁。党应加强反对官僚腐化贪污等现象的口号，防止那些现象滋长。"[③]

1933 年 12 月 15 日，毛泽东以中央执行委员会主席的名义签署了《关于严惩贪污浪费行为》的第二十六号训令，训令对于各种贪污浪费以及经济渎职行为作了明确具体的规定，使惩治贪污分子有法可依。其中规定，凡苏维埃机关，国营企业及公共团体的工作人员利用自己地位贪没公款以图私利者，贪污公款在五百元以上者，处以死刑；贪污公款在三百元以上五百元以下者，处以二年以上五年以下的监禁；贪污公款在一百元以上三百元以下者，处以半年以上二年以下的监禁；贪污公款在一百元以下者，处以半年以下的强迫劳动。对有贪污公款行为的工作人员，除了施以以上处罚外，得没收其本人家产的全部或一部，并追回其贪没之公款。凡挪用公款为私人营利者，以贪污论。苏维埃机关、国营企业及公共团体的

---

① 朱钦胜：《中央苏区反腐倡廉史》，中国社会科学出版社 2009 年版，第 118 页。

② 江西省审计局：《中央苏区审计史料汇编》，1988 年，第 132 页。

③ 《党的建设问题决议案》，江西省档案馆、江西省委党校党史教研室编《中央革命根据地史料选编》（上），江西人民出版社 1984 年版，第 635 页。

工作人员，因玩忽职守而浪费公款，致使国家受到损失者，依其浪费程度处以警告，撤销职务以至一个月以上三年以下监禁。

（四）实行民主监督

中国共产党领导的工农革命武装在建立初期就注重对军队经济的监督。其早期的监督形式是士兵委员会。各级士兵委员会的任务除了参加军队管理、维持红军纪律、作群众运动和士兵政治教育工作之外，另一项重要工作就是监督军队费用收支。当时红军的经济实行计划、执行、监督三分离。党的委员会负责筹款计划、预算分配，军需处、辎重处、经委会负责计划的具体实施，而对收支的监督则由士兵委员会负责。军部军需处每月公布收支情况，接受士兵委员会的审查。同时，军需处长出席审查会，负责答复审查中提出的问题。由此，红四军的经济脱离了军官的影响，做到了较彻底的公开。①

四、执行群众纪律

群众纪律，是人民军队为了维护广大人民群众的根本利益，使军队在任何情况下都与人民群众保持血肉联系而规定的严格纪律，它是全体官兵在同人民群众交往中必须遵守的行为规范。它包括：说话和气，平等待人；仪表端正，遵守秩序；不侵占群众利益，爱护群众财物；尊重群众风俗习惯，不调戏妇女等等。

秋收起义后，毛泽东率起义部队沿罗霄山脉南下，因工农革命军衣着与白军没有显著差别，引起群众恐慌，往往每到一地，十室九空。加上部队连续受挫，士气不振，给养缺乏，纪律松散，侵犯群众利益的事时有发生。毛泽东根据这种情况，向部队提出了对待群众要说话和气、买卖公平、不拉夫、不打人、不骂人等要求。1928 年春，工农红军在井冈山的时候，毛泽东又规定了三项纪律：第一，行动听指挥；第二，不拿工人农民一点东西；第三，打土豪要归公。这是我军三大纪律八项注意的雏形。在《古田会议决议》中，毛泽东严肃批评了红军纪律松懈的状况，“军纪松懈，特别是打败仗的时候”，“还有某些部队有烧屋行为”②，并提出：“严格地执行纪律，废止对纪律的敷衍现象。”③

① 朱钦胜：《中央苏区反腐倡廉史》，中国社会科学出版社 2009 年版，第 116 页。

② 《毛泽东选集》（第一卷），人民出版社 1991 年版，第 95 页。

③ 解放军政治学院政治工作教研室编：《军队政治工作历史资料》，1982 年版，第 202 页。

工农红军模范地执行了党和军队规定的各项群众纪律，特别在艰苦卓绝的二万五千里长征途中，红军的群众纪律更为严明。广大红军指战员的物质生活虽然非常困苦，时常挨饿受冻，但他们坚决执行“三大纪律八项注意”，决不侵犯群众利益，因而被群众称赞为“从来没有见过这样好的军队”。长征一开始，党和红军的领导机关就为红军规定了明确的行军纪律。红军总政治部在《对目前行动的政治工作训令》中指出：“要耐心教育每个战士，绝对服从命令，严守纪律，不强买，不乱打土豪，不侵犯群众利益，与群众发生亲密关系。严厉处罚破坏纪律、违犯阶级路线的分子，每连队宣传队布置时，应实行进出宣传与检查纪律。”红军总政治部代主任李富春在《关于我军沿途与苗民关系加强纪律检查的指示》中说：“加强纪律检查队、收容队工作，在宿营地分段检查纪律，开展斗争，立即克服一切侵害群众、脱离群众行为。”

1935 年 9 月，毛泽东在“关于后续部队行动部署及严整纪律问题致彭德怀”等电中指出：“部队严整纪律，没收限于地主及反动派，违者严处。”从以上指示中可以看出，红军领导机关和负责人反复强调红军严格执行纪律的重要性，强调在加强红军纪律检查时，要加强对红军纪律的教育，以提高红军执行纪律的自觉性，体现了执行纪律教育与惩治相结合的方针。正是由于有了这些正确的政策措施，使红军在长征途中保持了纪律严明的良好风范，受到群众的拥护和欢迎。早期红军刊物《红星》报在《仁怀工农慰劳红军》一文中有这样生动的描写：“仁怀的劳苦群众派了代表五十余人，其中一半是工人，抬了肥猪三只，茅台酒一大坛送到总政治部慰劳红军。”“总政治部派了代表答谢了他们的慰劳，并详细说明红军的主张，随即把肥猪烧酒，连同打土豪得来的东西，分发给当地群众，并且抚恤被国民党飞机轰炸的人民，欢声雷动，盛极一时。”许多青年群众积极要求当红军，短短 10 多天的时间内，就有 4000 多工农群众参加红军，使红军从物资到人力上都得到了迅速的补充和扩大。①

五、重视党的少数民族政策纪律

在人民军队初创时期，特别是红军长征时期，非常注重制定和落实民族政策纪律，注重同少数民族搞好关系，增强了红军的战斗力，顺利地实

---

① 江小惠：《红军报刊：新闻史光辉的一页》，人民网，http://media.people.com.cn/GB/22114/51455/72582/4935389.html。

现了党和红军的战略目标。

1934 年 10 月，红一方面军开始了举世闻名的战略大转移——长征，接着，红四方面军和红二、六军团也开始了长征。三大主力红军在长征途中，经过了大西南和大西北的湘、桂、黔、滇、川、康、甘、青海、陕西等 10 余省，经过苗、瑶、侗、壮、土家、布依、彝、藏、回等 13 个少数民族地区。据统计：红一军团长征走了 371 天，其中经过少数民族地区 132 天，约占 1/3；红二方面军长征走了 18640 里，其中在少数民族地区就走了 5660 里，约占 1/3；红四方面军长征经历了 19 个月，其中在少数民族地区经过的时间竟达 15 个月之久，约占 3/4。

长征期间，红军的主要任务是在军事上彻底粉碎国民党军队的围追堵截，实现战略转移，尽快奔赴抗日前线。但是，进入少数民族地区以后，必须争取少数民族的支持，以便顺利通过。为此，党中央和红军先后规定了一系列有关少数民族的政策纪律。主要的有：1934 年 11 月，中国工农红军总政治部发布了《关于瑶苗民族中工作的原则指示》和《关于对苗、瑶民的口号》（十三条）；1934 年 12 月，红军总政治部发布的《关于争取少数民族工作的指示》；1935 年 6 月，党中央发布的《告康藏西番民众书进行西藏民族革命运动的斗争纲领（草案）》；9 月，红军总政治部颁布的《回民地区守则》；12 月，政治局会议上通过的《中华苏维埃中央政府对内蒙古人民宣言》；1936 年 5 月，党中央发出《中华苏维埃中央政府对回族人民的宣言》；同年 5 月红四方面军政治部制定了《党对番民的策略路线的提纲》等。仅在红军长征期间如此短的时间内，党和红军就发布了大量有关少数民族的政策纪律，内容极为丰富。

（一）积极做好争取少数民族的工作

在《关于瑶苗民族中工作的原则指示》中，号召全党全军“在一切的工作中，必须不疲倦地”做民族工作。在《瓦解贵州白军的指示》中，强调对敌军的瓦解工作中，要“对苗族士兵须注意到他们的民族意识”。在《关于争取少数民族工作的指示》中，把少数民族工作提高到关系实现我军战略任务的高度，指出：“今后的机动和战斗都密切的关联着争取少数民族问题，这个问题的解决，对实现我们的战略任务有决定意义，因之各军团政治部必须立即把这个问题提到最重要的地位。”在《注意争取夷民的工作》的文章中指出：“现在我野战军已经到了夷民的地区，争取夷民群众，发动他们为自己的解放而斗争是极端重要工作。”

总政治部还把“争取夷民工作”作为向全党发出的“四大号召”之一。在《我军速渡金沙江在川西建立苏区的指示》中，明确把民族工作列为一项重要任务，要求各部队“在行军中应争取少数民族”，并在部队中进行深入的民族政策教育。在《以进攻的战斗大量消灭敌人创造川陕甘新苏区》的文章中，特别强调：“不懂得共产党的民族政策的，不配当一个共产党员，不了解争取少数民族的重要性和不参加这一工作的，不配当好一个好的红色战士。”在《中央关于一、四方面军会合后政治形势与任务的决议》中，更把民族问题提到关系中国革命事业成败的高度，指出：鉴于“一、四方面军的会合，正在少数民族番夷占多数的区域，红军今后在中国的西北部活动，也到处不能同少数民族脱离关系”“争取少数民族在中国共产党与苏维埃政府领导下，对于中国革命胜利前途有决定的意义”。

红四方面军在西渡嘉陵江以后，为了做好民族地区的工作，特在部队的军、师政治部之下，增设了少数民族委员会，由政治部主任、组织科长、党委书记和地方工作人员共同组成，并吸收当地先进的羌回民族战士参加；在团政治处之下增设少数民族组。民族委员会（组）的任务是：调查研究各少数民族的政治、经济、土地关系、风俗习惯、语言文字，以及他们的疾苦和要求等。

（二）大力宣传和实行民族平等、民族团结的政策主张

在《关于苗族问题决议》中指出：“反对帝国主义国民党军阀土司等的压迫”；“苗族与汉族的工农群众建立亲密的联合，消除一切民族的界限和嫌隙”；“居住在苏区的苗族工农群众，完全享有苏维埃公民的一切权利”。在《关于瑶苗民族中工作的原则指示》中指出：“我党我军对少数民族的基本主张，是反对汉族对少数民族的压迫和剥削，少数民族与汉族平等。”在《关于对瑶苗民的口号》中，提出“实行民族平等，在经济上、政治上苗人与汉人有同等权利”等口号。在《中国工农红军布告》中，有“中国工农红军，解放弱小民族，一切彝汉平民，都是兄弟骨肉”，“赶快团结起来，共把军阀驱逐”，“真正平等自由，再不受人欺辱”等表述。红四方面军在川西北藏族地区时，曾明确指出：“回番人与红军

是一家人"，"各民族一律平等"①。

（三）热心帮助少数民族建立人民政权和自卫武装

在《关于对苗瑶民的口号》中明确提出："苗人自己武装起来，反对国民党军阀压迫屠杀！""收缴国民党军队及民团的枪械，组织苗族自己的红军！"在《关于瑶苗民族中工作的原则指示》中，提出少数民族可以根据自己的意愿，建立政权和军队。在《中国工农红军布告》中，有"设立彝人政府，彝族管理彝族"的表述。红四方面军在 1935 年 5 月就指出："回、番民自己组织政府（回番民自治区、共和国苏维埃），管回、番民自己的事"，"成立番民自己的武装（番民红军游击队、赤卫军），来保护番民的利益。"在《关于苗族问题决议》中，提出必须"帮助苗族建立苏维埃制度的自治区域"，必须"帮助苗族建立工农红军"。

在民族政权组织形式问题上，《中央关于一、四方面军会合后的政治形势与任务的决议》中指出："估计到少数民族中阶级分化程度与社会经济发展的条件，我们不能到处把苏维埃的方式去组织民族的政权……一般的组织工农民主专政苏维埃是不适当的。"根据具体情况，"可以采取人民共和国及人民政府的形式"或"采取组织工农苏维埃或劳动苏维埃的形式"。在《关于回民工作的指示》中，规定"在回汉人杂居的乡和区"，"可组织回汉两民族的乡和区混合政府，其正副主席、代表及政府的委员人数，以该乡或区的回人与汉人数量多少为比例决定；在完全是回人聚居的乡和村，则组织回人单独的回民政府"②。

（四）努力争取、团结少数民族和宗教上层的进步人士

在《关于苗族问题决议》中，曾提出过反对"土司等的压迫"的号召，但是，长征开始后此政策有变化。在《关于瑶苗民族中工作的原则指示》中就指出："少数民族的上层阶级在反对民族压迫方面还带有革命的作用，应当同他们建立亲密的关系，同他们订立政治的与军事的联盟，通过他们去接近广大人民群众，不要过早地去发动少数民族内部的阶级斗争。"在《关于注意与苗民关系加强纪律检查的指示》中，严格规定"不

① 王灿榻、卿三琼：《中国共产党在红军长征期间的民族政策》，黔东南民族师专学报（哲学社会科学版）1992，（1）。

② 王灿榻、卿三琼：《中国共产党在红军长征期间的民族政策》，黔东南民族师专学报（哲学社会科学版）1992，（1）。

打苗民土豪，不杀苗民有信仰的甲长、乡长”。在《关于争取少数民族工作的指示》中规定：“严禁将少数民族中的富裕分子当土豪打。”在《中华苏维埃中央政府对内蒙古人民宣言》中指出：“只要你们真认识到蒙古民族解放的必要，不愿做亡国奴，有反对日本帝国主义与蒋介石等中国军阀的决心，那不管你们的领导者是王公贵族或平民，我们都可以给你们以善意的实力的援助。”①。

（五）保护和尊重少数民族的宗教信仰自由

藏族多信仰喇嘛教，回族多信仰伊斯兰教。红军经过藏族、回族、蒙古族等少数民族地区时，采取了尊重少数民族宗教信仰自由的政策，从而争取了广大少数民族群众。

红一方面军在进入藏族地区时，宣布了红军纪律，有保护寺院，不进入喇嘛寺院的规定。在《告康藏西番民众书进行西藏民族革命运动的斗争纲领（草案）》中，明确指出：“人民有信仰宗教的自由。”在进入回族地区时，在《回民地区守则》中明确规定：“保护回民信教自由，不得擅入清真寺，不得损坏回民经典。”在《中华苏维埃中央政府对回族人民的宣言》中，明确宣告：“我们根据信仰自由的原则，保护清真寺，保护阿訇、担保回民信仰的绝对自由。”1936 年 4 月，红二、六军团渡过金沙江，来到中甸县，贺龙给中甸的喇嘛寺归化寺中的八大“老僧”的信中说：“红军允许人民宗教信仰自由，因此对贵喇嘛寺所有僧侣生命财产绝不加以侵犯，并负责保护。”

红四方面军政治部在《党对番民的策略路线的提纲》中指出，“保护喇嘛寺及经书神像”；“信教自由但不得强迫信教”；“政教分离，喇嘛和喇嘛寺不得干涉政府行政”；“在法律上，僧俗一律平等”；“不要妨害番民的宗教感情”。红四方面军经过藏族地区时，曾发布过保护寺院的布告。为保护一尼姑庵，李先念曾发过布告：“此系合则觉母寺院，凡一切人等不得侵扰。此布。”陈昌浩也发过布告：“查白利喇嘛寺联合红军共同兴番灭蒋，应予保护，任何部队不得侵扰，违者严办，切切此布。”在《共产党、红军对番人主张》的文告中，有“番人信教自由，念经当喇嘛和尚听其自愿”；“不要毁坏喇嘛寺和经书，不要毁坏经书和神像，不要

---

① 王灿楣、卿三琼：《中国共产党在红军长征期间的民族政策》，黔东南民族师专学报（哲学社会科学版）1992，（1）。

伤害番人的宗教感情”等规定。①

（六）尊重少数民族的风俗习惯和语言文字

红军在长征途中，把尊重少数民族的风俗、语言文字，作为一项政策和政治纪律，严格要求红军指战员坚决执行。在《关于争取少数民族的指示》中规定：“绝对遵从少数民族群众的宗教、风俗、习惯。”在《中国工农红军布告》中明文规定：“尊重彝人风俗。”在《关于回民工作的指示》中规定：“遵守回民风俗习惯”，“不准乱用回民的器具”，“禁止吃大荤，禁止破坏回民经典”等。在《告康藏西番民众书进行西藏民族革命运动的斗争纲领（草案）》中指出：少数民族有“使用自己的语言文字，提高文化，设立学校，人人皆有入校读书的权利”。在《中华苏维埃中央政府对回族人民的宣言》中指出：要“尊重回文，发展回民的文化教育，举办回民的报纸，提高回民政治文化的水平”。在《关于苗族问题决议》中指出：“用苗族自己的语言文字，发展苗族的文化。”②

（七）帮助培养少数民族干部

在《关于争取少数民族的指示》中指出：要“特别注意与培养他们自己的干部”。在《中央关于一、四方面军会合后的政治形势与任务的决议》中，强调“必须挑选一部分优良的番民给以阶级的与民族的教育，以造成他们自己的干部”。红四方面军在《少数民族工作须知》中指出：“培养少数民族工作的干部以便开展这一工作”，还要求各级政治部、处“大批培养回、番民干部，大胆提拔回、番民中有斗争性了解革命的穷苦工作群众来训练，使他们去进行自己民族中的工作”。

这些政策纪律的颁布和实施，直接扩大了红军在少数民族地区的影响，争取了少数民族群众对红军的真心支持，保证了红军顺利地通过了少数民族地区，胜利地完成了战略转移的任务。

六、红军军纪的主要特点

纪律是军队战斗力的基石，是构成军队战斗力的重要因素。一支战斗力很强的军队必然是纪律严明的军队。人民军队的纪律是建立在官兵、军

---

① 王灿楣、卿三琼：《中国共产党在红军长征期间的民族政策》，黔东南民族师专学报（哲学社会科学版）1992，（1）。

② 吴曙光：《我党民族政策的历史丰碑——〈关于苗族问题决议〉论略》，中央民族大学学报（哲学社会科学版）2003，（1）。

民根本利益一致，相互关系平等的基础上的，这种纪律是历史上最进步的纪律，任何剥削阶级军队的纪律是无法与之相比的。人民军队初创时期的红军纪律，具有以下主要特点：

（一）高度的自觉性

纪律之所以能在红军身上产生巨大的威力和效能，归根结底，是因为红军的纪律是建立在将士们高度自觉的基础之上的。高度的自觉性是我军纪律的本质要求。这一规定，要求革命军人在执行纪律的过程中，必须把他律转化为自律。

毛泽东指出："这个军队之所以有力量，是因为所有参加这个军队的人，都具有自觉的纪律。"① 我军的纪律不是靠棍棒建立起来的，而是靠深入细致的思想工作，靠耐心说服教育，靠全体军人的觉悟建立起来的。全体军人自觉地遵守和维护，这是这一时期我军纪律得以有效执行的基础，也是这一时期我军纪律的突出特征。

红军过草地时，粮食奇缺，为渡过难关，有的部队明确规定，每个人身上带的粮食属于集体，没有命令谁也无权吃一粒。对于这项规定，红军官兵都能模范遵守，不少人就是饿得昏倒了，也不会吃自己粮袋里的粮食。剥削阶级军队由于官兵根本利益和军民根本利益的冲突，不可能建立起自觉的纪律。他们的纪律只能靠欺骗、靠棍棒、靠不合理的惩罚去维持。

人民军队的纪律是维护无产阶级利益的手段，官兵遵守纪律就是维护自身阶级的利益。因此，执行我军的纪律不是主要靠强制的方法，而是靠启发官兵自觉性，提倡自觉服从纪律。但是，为了人人都能自觉地遵守纪律，也必须要进行纪律方面的思想教育。

1930 年，毛泽东针对当时红四军管理方面存在的问题指出：干部必须懂得，革命要靠自觉，不能靠强迫命令。战士是最懂得道理的人，只要把道理讲清，他们就会自觉地遵守纪律，勇往直前，所向无敌。当干部的责任就是要提高战士的革命自觉性，就是要提高战士的思想觉悟，而提高思想觉悟最有效的办法是加强政治思想工作，加强说服教育。同时，在必须实行纪律制裁的时候，也要使被处分的人能认识错误，改正错误。一切

① 《毛泽东选集》（第三卷），人民出版社 1991 年版，第 1039 页。

不教而诛的做法，都是错误的，必须坚决反对。1938 年，毛泽东在总结张国焘破坏我党我军纪律的教训时指出："必须对党员进行有关党的纪律的教育，既使一般党员能遵守纪律，又使一般党员能监督党的领袖人物也一起遵守纪律，避免再发生张国焘事件。"①

我军正是由于高度重视了对部队进行纪律教育，通过深入细致的思想工作，使广大官兵充分认识到了严格执行我军纪律的重要意义，才最大限度地启发了他们遵守纪律的自觉性，使我军纪律得到了很好的维护和执行。

（二）执法的严肃性

军队战斗力的巩固，离不开严格纪律的保障。列宁指出："军队中是必须有最严格的纪律的。""战争就是战争，它要求铁的纪律。"② 毛泽东指出："纪律方面，提高到整齐划一令行禁止的程度，消灭自由和散漫的现象。"③ 军队的特殊性，要求军队必须具有比其他社会集团更加严格的纪律。一般军队如此，无产阶级军队更是如此。无产阶级是最富有组织性、纪律性的先进阶级，无产阶级的军队也应当是纪律最严格的军队。红军时期，为完成和实现党提出的革命任务，红军制定并执行了严格的军事纪律，有效地保证了红军的坚强战斗力。红军中一切违犯纪律的人，不论身份和职务高低都要毫不例外地受到纪律的惩罚。如 1931 年，红军董振堂军长，一次擦枪走火，违反了军纪，自己抱着被子去关了三天禁闭。政委劝阻他，他说：红军官兵一致，王子犯法与民同罪。又如 1935 年 7 月，红军长征到达四川毛儿盖地区，当时毛泽东的妻弟贺敏仁擅自进入喇嘛寺拿走藏民的若干银元，为严肃军纪被枪毙。

（三）执行纪律与保障民主相结合

红军时期制定的军事纪律，既是最严格的纪律，又是建立在高度民主基础上的纪律。纪律与民主的和谐统一，是我军纪律的又一特点。毛泽东指出："无论在军队或在地方，党内民主都应是为着巩固纪律和增强战斗力，而不是削弱这种纪律和战斗力。"④ "军队要有统一领导和纪律，才能

① 《毛泽东选集》（第二卷），人民出版社 1991 年版，第 528 页。
② 《列宁军事文集》，战士出版社 1981 年版，第 535 页。
③ 《毛泽东选集》（第二卷），人民出版社 1991 年版，第 434 页。
④ 《毛泽东选集》（第二卷），人民出版社 1991 年版，第 529 页。

战胜敌人；正确的自我批评，对于领导和纪律，不但不会削弱它，而且只会增强它。”① 广大官兵既是纪律约束的对象，又是执行纪律的主人。发扬民主，有利于更加充分地调动广大官兵维护纪律的自觉性，有利于更加充分地发挥广大官兵在执行纪律方面的主人翁作用。因此，发扬民主不会削弱而只能增强我军的纪律。1933 年红军制定的第一部纪律条令规定，受惩戒者如对于惩戒命令认为有上诉理由时，可以上诉，对施行不当的惩戒，可予以纠正。只有党领导下的无产阶级军队才能使纪律和民主达到高度的和谐统一，做到在充分尊重和发扬官兵民主的基础上严格军事纪律。

（四）纪律兼有行政和刑罚的双重功能

革命战争时期，红军的纪律条令兼有军事行政和军事刑法的双重特点。朱德和毛泽东领导的红四军规定的战时纪律和一般纪律，就已经具有军事刑法的性质。前者规定：“临阵退却，畏缩不前，违抗命令等，可由军官就地枪决。”后者规定：“通敌，叛反，拐枪潜逃，开小差，强奸，乱烧乱杀，敲诈人民财物均处死刑，赌博则没收其所有金钱并决定一月内不发零用费，嫖妓则处以夜不归营之罪，因嫖妓而滋事者量其大小或处死刑或罚勤务或打屁股或手心，其余比较细小之错误则按其轻重处罚之。”

（五）保护人民群众的利益

得民心者得天下，失民心者失天下。1933 年 8 月 1 日，我军制定的第一部纪律条令《工农红军纪律暂行条令》在总则中明确规定：工农红军在共产党的领导下和工农兵苏维埃政权指挥之下，为工农群众的利益而与敌人作殊死战。剥削阶级军队之所以遭到人民的反对，原因虽多，但极为重要的一条，往往是由于军纪松懈，特别是群众纪律败坏，失掉民心。他们在同人民群众交往中往往态度极其蛮横，随意要拿财物。甚至辱骂殴打，烧杀抢掠，无所不为。如此作恶害民，必然会使人民群众深恶痛绝，遭到人民群众的反抗。人民群众的支持，是我军走向胜利的政治基础。红军严格的军纪以维护和保护人民群众的根本利益为出发点，依靠严明的纪律，获得了人民群众的信赖和拥护，使人民群众很快就通过与反动军队对

① 《毛泽东军事文集》（第二卷），军事科学出版社、中央文献出版社 1993 年版，第 729 页。

比清楚地认识到红军是人民自己的军队。

第五节　创建军事司法制度

人民军队在红军时期，不仅开辟了革命根据地建立了工农民主政权，也及时创建了革命根据地的军事司法制度。中华苏维埃共和国的军事审判工作实行检审分立制。在红色区域内可以行使军事司法职权的专门机构有各级军事裁判所（军事法院）、各级军事检察所（军事检察院）及军队政治保卫分局（包括各级肃反委员会）。军事审判机构包括初级、高级军事裁判所和最高军事裁判会议三级，审理所有革命武装队伍中的军人、其他人员与作战地带的居民违犯法令的案件，以及作战地带的敌军侦探和内奸案件。军事检察机构分初、高两级，对军队中及与军队有关的一切案件行使逮捕、预审及提起公诉之权。军队政治保卫分局是国家政治保卫局在中央革命军事委员会、军及军团内设置的分局，代表国家政治保卫局，直接或间接均属国家政治保卫局指挥领导，负责侦查、拘捕、预审反革命分子，防止异己分子的渗透和反动分子捣乱。这些军事司法机构在人民军队初创时期，在打击各类军事犯罪、维护根据地和红军的稳定、加强工农红军的正规化制度化建设等方面，都发挥了卓有成效的重要保障作用。

一、政治保卫制度的创建与实施

1931 年 11 月，中华苏维埃临时中央政府成立后，保卫红色政权的重要性被提升到新的高度。为了肃清潜入内部的间谍，镇压反革命分子的叛乱，保卫苏维埃政权及其负责人的安全，维护革命秩序，中央临时政府成立了国家政治保卫局，并在红军中设立了主管处理反革命案件的国家政治保卫分局。红军中的政治保卫分局，对战时打击反革命，审判罪犯，维护军队的稳定、巩固和统一，起了重要的作用。

（一）提出创立军队政治保卫组织的重要任务

20 世纪 30 年代，中国革命日益发展，必须从各方面来保卫和巩固苏维埃政权，特别需要建立专门负责侦查、镇压和消灭政治上、经济上一切反革命组织及活动的机关，包括相应的军事机关以执行这些任务。

1. 为了适应纠正苏区肃反错误，厘清肃反工作的需要。在 1932 年 1 月 7 日，中共苏区中央局通过的《苏区中央局关于苏区肃反工作决议案》

指出："过去肃反工作既发生了严重错误，于是肃反的组织——肃反委员会与地方政治保卫处（局），在一个时期内，竟形成了超党超政权的独裁机关。如各地肃反委员会，一般的都没有集体的领导，同时也很少受政权和党的监督和指导。有些地方政治保卫局（如江西）与上级断了关系后，竟不受当地的党和政权的指导，且他的本身又根本无委员会的集体组织；另一方面在有一个时期内，党、团、政权中其他机关以及一切革命群众团体，都可以自由肃反，自由捕人。这一切组织上的错误，都给了 AB 团，社会民主党以及一切反革命派以潜入组织来利用肃反机关摧残革命分子的机会。"① 检查红军中过去的肃反工作主要的错误，是缺乏阶级路线与群众路线，乱捉乱杀，引起莫大恐怖，没有明确目的，肃反机关也没有系统的建立，肃反工作由军事或政治机关的各级指挥员办理，职权散滥，因此使肃反工作更增加错误。

中央局以自我批评的精神，承认对于过去肃反工作中的路线错误。经过反思，中央认为："今后肃反工作要执行彻底的转变，则在中央来信及中央局指示信所指出的：（一）要正确的认识什么是 AB 团，社党以及一切反革命派，要与夸大反革命力量减弱阶级自信心的右倾作坚决斗争；（二）要坚决反对'肃反中心论'，要懂得只有执行明确的阶级路线与充分的群众工作，方能巩固革命势力，肃清反革命派；（三）要加紧反 AB 团，反社党，反改组派，反取消派，反右倾的思想斗争与教育工作，要加紧党内两条战线的斗争，尤其是反右倾，党内与群众中的自我批评，必须尽力发展；（四）要健全政治保卫局的组织等项原则。""国家政治保卫局的工作必须系统的建立起来，他的组织原则应是集权的，但须在党中央局的直接领导与苏维埃中央政府直接指挥之下由委员会管理工作，下级分局亦均设委员会管理各级委员会，必须有党委负责者之一参加。红军中亦须建立政治保卫局的系统工作。保卫局的组织纲要应由苏维埃中央政府颁布之。"② 可见，中国共产党在认识到肃反工作的错误后，以自我批评的精神，勇于承认过去肃反工作中的错误路线。中央局会议决议，要求建立在

---

① 中央档案馆：《苏区中央局关于苏区肃反工作决议案》，中国网，http：//www. china. com. cn/cpc/2011-04/15/content_22372144. htm。

② 中央档案馆：《苏区中央局关于苏区肃反工作决议案》，中国网，http：//www. china. com. cn/cpc/2011-04/15/content_22372144. htm。

党中央局的直接领导与苏维埃中央政府直接指挥之下由委员会管理的政治保卫局系统。

2. 为了更有效地保卫苏维埃政权和镇压反革命。中国革命日益发展，必须从各方面来保卫和巩固苏维埃政权。在这里，特别需要有专门负责侦查、镇压和消灭政治上经济上一切反革命组织及活动的机关——国家政治保卫局，以执行上述任务。

《中华苏维埃共和国中央苏维埃组织法》（1934 年 2 月 17 日）第 27 条规定："为镇压反革命之目的，在人民委员会之下，设国家政治保卫局。"① 保卫局是苏维埃共和国内侦查及处置反革命派的一个组织。红军中为防止异己分子的侵入活动与防止反动分子捣乱，同样也应有保卫局的组织。

1933 年 2 月 1 日颁布的《中革军委、总政治部关于明确红军中国家政治保卫分局及特派员的权限的训令》指出："工农红军，是苏维埃政权的柱石，对于侦查、镇压和消灭反革命一切阴谋活动，是非常重要的。因此，在中央革命军事委员会及其所属各军，设立国家政治保卫分局及特派员，经常的系统的进行工作。"② 这表明为了适应中国苏维埃革命日益发展，镇压反革命分子的需要，必须在军队建立起专门的机关负责侦查、镇压反革命组织和活动，以保卫和巩固红军和中华苏维埃政权。

（二）军队政治保卫组织机构

根据党的要求，在军队建立了各级政治保卫机构。这一时期，军队专门的政治保卫机构设置主要有：

1. 中央军委特务工作处。中央军委特务工作处是在 1927 年 5 月设立的。其主要任务是收集敌人的情报，了解敌情，打击敌人，预知敌人的破坏活动。这个特务工作处，是 1927 年 11 月成立的中央特科的前身，是红军最早的保卫工作机构。

2. 政治保卫处。政治保卫处是土地革命战争时期红军中的防奸肃反机构。南昌起义期间，中共前敌委员会即在起义军设立了政治保卫处，由

---

① 《中华苏维埃共和国中央苏维埃组织法》，中国网，http：//www. china. com. cn/guoqing/2012-08/30/content_26745578. htm。

② 总政办公厅编：《中国人民解放军政治工作历史资料选编》（第 2 册），土地革命战争时期（二），解放军出版社 2002 年版，第 323 页。

李立三兼任处长。其主要任务是及时发现和惩处混入起义军内部的奸细和叛徒，惩办立场不坚定的动摇逃跑分子。1929 年 4 月，红四军前敌委员会在给党中央的信中提出：要在军和纵队设立“政治保卫科”。根据这个精神，当时各根据地苏维埃政权一般都设立了“政治保卫处”等机构。1930 年下半年，中央军委组建了总政治部，当时与总政治部平行设有政治保卫处，处长王稼祥，后为邓发。

3. 肃反委员会。肃反委员会主要是临时革命政权下设的临时肃反机关，其职责是对一切反革命案件及其他刑事案件的立案、侦查、逮捕和对犯人的初审。在新发展的苏区及未成立正式苏维埃政权而是革命委员会临时政权的边区等地方，在县、区革命委员会之下设立县、区肃反委员会，为临时肃反机关，它身兼公、检、法三职，其任务是镇压和审判当地豪绅、地主、富农、资本家及一切反动派的反革命活动，肃清当地反革命势力，以巩固临时政权。

4. 国家政治保卫分局。中华苏维埃共和国临时中央政府于 1931 年 11 月成立，同时设立了国家政治保卫局。国家政治保卫局隶属于中央人民委员会，在省、中央直属市、县及省直属市，设立分局，作为刑事侦查和国家安全机构。区及县直属市设特派员。依照红军的组织法，在中央革命军事委员会也设军队政治保卫分局，以下军及军团设分局长一人，代表国家政治保卫局，各师、团、连设特派员，独立师则以师为单位成立分局，团、连设特派员，直接间接均属国家政治保卫局指挥领导。

1932 年 1 月 17 日颁布的《国家政治保卫局组织纲要》规定，政治保卫局是预审机关，是代表政权侦查、接受与处理一切反革命案件的，“一般的对于反革命犯人及其嫌疑犯的拘捕审问权属于政治保卫局”①。

（1）中央军委会、其他苏区军委会及军团设分局和委员会。《国家政治保卫局组织纲要》（1932 年 1 月 27 日）第 5 条规定：“国家政治保卫局，在各省苏维埃政府与中央军委会中有他的代表机关，指挥国家政治保卫局在地方机关与红军中的工作。省县两级设分局亦由委员会管理。分局长即为委员会主席。在红军中央军委会或其他苏区军委会及军团（或军

① 《中国新民主主义革命时期根据地法制文献选编》（第 3 卷），中国社会科学出版社 1981 年版，第 291 页。

或师）两级，均设分局与委员会。”[①] 1932 年，中华苏维埃共和国国家政治保卫局颁布的《政治保卫局在红军中的组织及其工作职能》第 3 条规定：“除这种组织外，同时有委员会，中央革命军事委员会组织分局外，他还有委员会的组织，其组织人数三人，由中央革命军事委员会及总政治部中各指定一人，与分局局长等组织之各军团及军委员会，亦以三人组织之。委员的人选，应在同级的政治委员及军事负责人中决定一人参加，其余一人可在部队中指定，与分局局长等三人，成立委员会。”[②]

1933 年 2 月，针对红军中过去肃反工作出现的错误，中央再次提出建立中央军委和各军的国家政治保卫分局，要求各地肃反委员会随着工作的深入发展，逐步在政治机关、红军中建立各级“政治保卫局”。凡政治保卫局建立的地方，肃反委员会的名义便可取消，委员会可成为“政治保卫局”的委员会，特别队伍可改编为“政治保卫队”，但其中的人选须经过党部最慎重最负责的考查和决定才得继续留任，尤其是以肃反过程中各人工作的成绩与能力来做主要的标准。《中央军委和各军设立国家政治保卫分局及其任务问题训令》（1933 年 2 月 1 日）明确规定：“今后凡属反革命犯事宜，概归国家政治保卫局在红军中的分局及特派员完全负责。”[③]

政治保卫局的内部结构，从中央国家政治保卫局到地方和部队中的分局，均设有同样的执行部、侦察部和总务处。执行部下设执行科和预审科；侦察部下设侦察科和检查科。局长负责全面工作，领导下级分局和特派员，副局长协助局长工作，局长因故离职时，代理其职权。执行部或执行科拥有常备的政治保卫队，既是苏区的武装警察部队，又是苏区革命武装的组成部分，只受国家政治保卫局或其分局直接领导，而不受红军和苏维埃政府军事领导机关指挥。侦察部或侦察科还设有工作网，便利侦察工作，并负责检查邮件与白区书报。总务处或科则负责管理内部事务。

（2）军（或师）以下则设特派员和委员会。1932 年，中华苏维埃共

---

① 中国人民解放军政治学院政治工作教研室编：《军队政治工作历史资料》第 2 册，第二次国内革命战争时期（一），中国人民解放军战士出版社 1982 年版，第 438 页。

② 中国人民解放军政治学院政治工作教研室编：《军队政治工作历史资料》第 3 册，第二次国内革命战争时期（二），中国人民解放军战士出版社 1982 年版，第 50 页。

③ 中国人民解放军政治学院政治工作教研室编：《军队政治工作历史资料》第 2 册，第二次国内革命战争时期（一），中国人民解放军战士出版社 1982 年版，第 624 页。

和国国家政治保卫局颁布的《政治保卫局在红军中的组织及其工作职能》第2条规定："红军里的组织法……各师、团、连得设特派员，独立师则以师为单位成立分局，团、连设特派员，直接间接均属国家政治保卫局指挥领导之。"① 具体说，在红军部队中，师团及独立营，设特派员和干事，连设特派员。特派员是国家政治保卫局系统内部的一个活动单位，由政治上坚定忠实于苏维埃的积极分子担任，其工作广泛而严密，成为国家政治保卫局的耳目。另外，各级政治保卫局均设有管理该局的委员会，负责审查和讨论保卫局工作。局长为委员会当然主席。最下级特派员的任免处分，军委会分局有权处理，但最后的批准属于国家政治保卫局。

（三）军队政治保卫组织的主要职能和任务

政治保卫局是中华苏维埃政权与一切军事的、政治的和经济的反革命活动和其他重大的刑事犯罪作斗争的专门机关，肩负维护工农合法权益，保卫国家安全，巩固和发展苏维埃政权的重任。

1. 镇压反革命，侦查拘捕预审反革命分子。军队政治保卫组织是专门镇压反革命的机关，对一切反革命案件均有侦查、逮捕和预审之权。《政治保卫局在红军中的组织及其工作职能》第1条规定："保卫局是苏维埃共和国内侦查及处置反革命派的一个组织。红军中我们为防止异己分子的侵入活动与防止反动分子捣乱，因此同样有保卫局的组织。"第4条规定："分局及特派员的权能，军团或军一级的有侦查拘捕预审反革命分子之权，师一级的一般的只有侦查之权，经上级分局特别准许者才能执行拘捕，团一级特派员拘捕人犯时，须得师一级的同意，师团拘捕人犯后，应送军的分局，连的特派员只限于侦查部分，但他取得上级同意时亦可拘捕，惟师团连各级对反革命分子最后的决定，仍属军团或军的保卫分局。"

由此可见，政治保卫局的主要任务都是肃清潜入内部的间谍，镇压反革命分子的叛乱，保卫苏维埃机关及其负责人的安全，维护革命秩序。对于侦查、拘捕、镇压及消灭反革命组织和活动，概归国家政治保卫局在红军中的分局及特派员完全负责办理，各级指挥员及各军事政治机关一概无权办理肃反事宜，至于对违犯军事纪律的红军军人的处罚，则归各级军事

① 中国人民解放军政治学院政治工作教研室编：《军队政治工作历史资料》第3册，第二次国内革命战争时期（二），中国人民解放军战士出版社1982年版，第50页。

指挥员及政治委员。如犯军事纪律者而同时又为反革命犯，则处罚其犯军事纪律之权属于军事指挥员及政治委员，而处理其反革命犯事宜概归政治保卫局。

2. 维护军队稳定，提高部队战斗力。《红军武装部队特派员工作条例》（1936 年 9 月 21 日）第 10 条规定："特派员在部队中的经常工作：（1）抓住部队中每一个可能产生反革命乘机活动的情况和可能产生的不满事实（如行军、露营、作战、给养领导方式的问题），随时在部队中间进行深入的解释，解释红军的主张与立场，揭露反革命的阴谋罪恶，提高指战员对于反革命的仇恨。（2）教育与发展工作网员，成为群众工作的最好模范。（3）检举混入部队的坏分子，经过部队首长给予特别教育或斗争洗刷。（4）有系统的侦查反革命嫌疑材料，根据情况处理之。（5）侦查地方反革命活动的情况。（6）维持执行群众的纪律。"① 可以看出，红军中的保卫组织和特派员不仅肩负打击反革命分子的任务，而且还通过深入细致的思想政治工作，更好地组织发动群众积极同反革命势力作斗争，从而保障军队安全，提高部队战斗力。

3. 构建工作网，巩固部队。《红军武装部队特派员工作条例》（1936 年 9 月 21 日）第 2 条规定："特派员在红军武装部队中的任务，组织政治坚定工作积极有群众信仰的党团员做工作网员，领导工作网员团结群众，巩固共产党在红军中的领导和战斗力的加强，肃清反革命一切破坏红军部队的活动和影响。"② 工作网的构建任务主要由特派员承担。在部队中则每班有一名党员或团员战士参加这项秘密工作，每连有 10 个人，因此又称"十人团"，承担着巩固部队，防止逃亡、投敌，对俘虏的审查及防止敌特打入红军内部等任务。这些措施对于维护苏维埃革命政权，保证部队巩固等发挥了极为重要的作用。

4. 实施白区侦察，提供重要军事情报。在战争的状态下，各种军事情报尤为重要。为此，军队政治保卫组织利用其在白区的侦察网对敌方的军事情况大量细致的侦察，刺探敌人对苏区进攻的阴谋、策略、方法，获

---

① 中国人民解放军政治学院政治工作教研室编：《军队政治工作历史资料》第 3 册，第二次国内革命战争时期（二），中国人民解放军战士出版社 1982 年版，第 594 页。

② 中国人民解放军政治学院政治工作教研室编：《军队政治工作历史资料》第 3 册，第二次国内革命战争时期（二），中国人民解放军战士出版社 1982 年版，第 594 页。

取反革命之一切计划、军用地图和各种机密文件。包括白军或地主武装的番号、数目及分布，白军士兵的生活状况，对官长的态度，白军的军纪和士气；构筑公路的路线和方法，特种武器的情况，运输的方法，给养的来源，运输路程的远近，粮草库、军械弹药库、飞机场、无线电台的所在地等，均为侦察的范围，从而为红军提供了准确、及时的军事情报，为中央苏区几次反“围剿”的胜利做出了重要贡献。

（四）军队政治保卫工作的组织原则

人民军队初创时期，由于经验不足，政治保卫局的工作原则一方面模仿苏联政治保卫局的工作原则，另一方面也进行了初步探索。

1. 垂直领导原则。军队政治保卫工作在组织领导体制上，实行垂直领导原则。

（1）首先体现在人事任免权上。《国家政治保卫局组织纲要》第5条规定：“军队政治保卫分局长、委员及特派员的任免处分权统属于国家政治保卫局。”①

（2）体现在工作关系上。《国家政治保卫局组织纲要》第6条规定：“各分局各特派员，在政治上是受当地各该级政府或红军中军事政治负责者指导的，各分局长并得列席于省苏县苏的主席团会议，但工作的关系上绝对隶属于国家政治保卫局，地方政府及红军指挥机关无权改变或停止国家政治保卫局的命令，如有抗议，只能提到人民委员会解决。”②

（3）体现在必须执行命令上。《政治保卫局在红军中的组织及其工作职能》第3条规定：“委员会经常管理保卫局事宜，但对于国家政治保卫局之命令和指示，是绝对服从与执行。”第5条规定：“各级组织，应按照由上而下地按月做工作报告，下级应绝对服从，并执行上级命令。”③

（4）体现在领导指挥上。《红军武装部队特派员工作条例》（1936年9月21日）第1条规定，特派员是国家政治保卫局在红军武装部队活动的一个基本单位，隶受同级政治委员和政治机关的指挥，同时接受上级保

① 中国人民解放军政治学院政治工作教研室编：《军队政治工作历史资料》第2册，第二次国内革命战争时期（一），中国人民解放军战士出版社1982年版，第438页。

② 中国人民解放军政治学院政治工作教研室编：《军队政治工作历史资料》第2册，第二次国内革命战争时期（一），中国人民解放军战士出版社1982年版，第438页。

③ 中国人民解放军政治学院政治工作教研室编：《军队政治工作历史资料》第2册，第二次国内革命战争时期（一），中国人民解放军战士出版社1982年版，第444页。

卫局命令和指示。《国家政治保卫局组织纲要》第6条第1款规定：“国家政治保卫局的上下级关系，除特别障碍以外是一贯的垂直系统，下级对上级的命令须绝对服从。”① 这表明，唯有不可抗拒的原因，上级政治保卫局无法进行领导，才由上级国家政治保卫局委托有关的机构指导。可见，国家政治保卫局的上下级关系是一贯的垂直系统。下级对上级的命令须绝对服从。军队政治保卫局和特派员在政治上受红军该级军事政治负责者指导，但工作关系上绝对隶属于国家政治保卫局。

2. 秘密工作原则。秘密工作是政治保卫局工作的主要原则，在侦察和监视反革命派别活动或嫌疑分子时，则是绝对秘密的，政治保卫局以集权的系统组织，经常性系统性地检举和消灭一切公开的，尤其是秘密的暗藏的反革命组织及行动，以执行侦查、压制和消灭政治上、经济上一切反革命的组织活动、侦探及盗匪等任务。各项秘密工作的开展，主要是依靠苏区的工作网和白区的侦察网。

1932年3月，国家政治保卫局制定的《工作网组织法》称：“工作网是保卫局工作中之耳目。”工作网的构建任务主要由特派员承担。工作网的具体任务为：（一）注意城市乡村中，红军队伍中，群众组织之内，政治上可疑的事与秩序的混乱。（二）监视和注意政治上的可疑分子。（三）在城市中，注意商人同白区人通商的关系，商人的资本、营业状况、渔利程度，来往停留客商的表现，有无操纵金融物价等。在农村中，监视那些被剥夺政治自由的地主、豪绅、富农的表现。（四）侦查和防止反革命分子从白区混进苏区活动，或潜入革命政权机关、武装队伍中进行阴谋活动，及反革命暗杀机关秘密发展其组织等活动。

侦察网的主要任务是侦探敌人组织的内部情况，包括军事、政治、经济等方面；刺探敌人对苏区进攻的阴谋、策略、方法；获取反革命之一切计划、军用地图和各种机密文件等。

3. 单一集权原则。政治保卫局及其分局实行严格的局长单一集权制。政治保卫局的组织原则“是局长单一集权制，局长对本局内外一切行政

---

① 中国人民解放军政治学院政治工作教研室编：《军队政治工作历史资料》第2册，第二次国内革命战争时期（一），中国人民解放军战士出版社1982年版，第438页。

设施均须负完全责任，各分局长任免之权，均属于上级国家政治保卫局”①。局长负责全局工作，对上级保卫局负完全责任，各分局长、委员和特派员的任免权，属于上级政治保卫局，同级政府无权过问。国家政治保卫局及各分局虽然设有政治保卫委员会，其职责仅为检查任务执行情况，确定工作方针以及处理重要案件的原则，至于日常业务工作，保卫委员会则无权干预，完全由局长一人处理。

4. 依靠群众原则。《红军武装部队特派员工作条例》（1936 年 9 月 21 日）第 2 条规定：“特派员在武装部队工作权限，只限于侦查和逮捕一切企图瓦解和分裂红军部队行动的反革命分子，并得审讯自己逮捕的人犯（但无判决权）。审讯后送到上级保卫局或直接提出判决的意见送交军事裁判所判决，如遇反革命在火线上拖枪投敌，特派员得号召群众追捕，追捕不及直接号召群众枪杀之，但须向群众宣布并报告上级查核。”第 7 条：“特派员发觉反革命活动与反革命分子应立即镇压，取得首长的同意，获得群众的帮助与拥护，逮捕必要时要求首长给武器帮助执行。”第 8 条：“特派员应负责将自己所属范围一般的公开的肃反斗争情形，定期向群众作口头报告。”② 这表明，保卫局在侦查、捉拿、逮捕反革命分子时，都紧紧依靠群众，充分发动群众。

（五）军队政治保卫组织的地位作用

红军时期军队政治保卫分局的地位十分重要，与军事裁判所和军事检查所密切配合，为预防和打击军内犯罪分子的破坏活动，维护红军队伍的纯洁、巩固和安全，发挥了积极的作用。

1. 作为保卫中央苏区的特种部队。苏维埃政权的建立，使以蒋介石为首的国民党当局寝食难安。从 1930 年 10 月开始，南京国民政府便统一组织，集中武装力量、社会力量、经济力量来进攻苏区，展开一次又一次的“围剿”。而豪绅地主则与之配合，组织各种的所谓善后委员会、清乡委员会、剿匪委员会、靖卫团、保安队、民团等反动组织，伺机进扰苏区。苏区内外的豪绅地主相勾结，开展各种破坏活动。

---

① 《西北政治保卫局组织纲要》，中国新民主主义革命时期根据地法制文献选编（第 3 卷），中国社会科学出版社 1981 年版，第 346 页。

② 总政办公厅编：《中国人民解放军政治工作历史资料选编》（第 3 册），土地革命战争时期（三），解放军出版社 2002 年版，第 561—562 页。

特别是国民党军队进攻苏区时，采用了所谓的“三分军事，七分政治”的策略，对苏区进攻的手段更为多样化、系统化。利用非战争的手段，以金钱来收买利诱革命队伍中动摇异己分子，打入红军、政府、地方武装、党和群众组织中，来破坏革命力量。用一切方法组织苏区内部豪绅地主残余和资本家、富农等反革命力量，来进行反抗苏维埃政府的一切活动。

在如此险恶的环境中，苏维埃政权必须以革命的两手来抗击国民党反革命的两手。起初，这种特殊战线上的对敌斗争，主要是由各地的肃反委员会承担。而随着形势的发展，仅靠肃反委员会公开的、群众性的斗争方式，已不适应斗争的需要。为此，1931 年 6 月，中央在给红军党部及各级地方党部的训令中，明确指出“苏区内部肃清反革命的工作，必须变成经常性的系统工作，必须立即在各苏区成立起‘政治保卫处’的专门组织”①。闽西苏维埃政府根据中央训令的精神，于 1931 年 7 月 15 日正式取消了原属于“过渡时期的一种临时的肃反组织”，成立了闽西政治保卫处，明确该处的任务为巩固政权，镇压反革命，保卫工作人员及群众生命的安全。同时，苏区所辖的各县也先后成立政治保卫处，并配备一支武装力量——政治保卫队。保卫队每人均发有证章，执行任务经过各要隘哨口，凭证章或保卫处介绍证明即可通行无阻。由此，中央苏区特种部队的雏形已基本形成。

中华苏维埃共和国临时中央政府成立后，国家政治保卫局随之成立，此时的国家政治保卫局已经具有特种部队的性质。中央临时政府赋予国家政治保卫局特殊职能，即在苏维埃境内，依照中华苏维埃共和国宪法之规定，在临时中央政府人民委员会管辖之下，执行侦查、压制和消灭政治上、经济上一切反革命的组织活动、侦探及盗匪等任务。国家政治保卫局这支中央苏区的特种部队，面对国民党反动派不惜用尽一切卑鄙手段施行阴谋破坏，针锋相对地在隐蔽战线开展一系列卓有成效的斗争，取得了赫赫战绩，为粉碎国民党军队对苏区的进攻，保卫苏维埃政权，起到了重要的作用。

2. 在巩固红军和肃清反革命中起着决定性作用。军队政治保卫组织

---

① 剑音：《国家政治保卫局：中央苏区的特种部队》，《福建党史月刊》，2002 年第 3 期，第 31—34 页。

是巩固红军的政治保障者，是国家政治保卫局在部队中有权力来镇压一切反革命阴谋破坏的代表机关，在肃清反革命分子，巩固红军上起了极大的作用。

《中央政治局关于苏维埃区域目前工作计划》（1930 年 10 月 24 日）指出，站在巩固苏维埃政权的观点上，各苏区应厉行肃清反革命的工作。这一工作，不仅要将一切反革命的组织肃清，将一切反革命分子逮捕，将一切反革命的武装力量消灭，同时更应该注意政权内部政府机关中，红军赤卫队中，工农劳动团体中，文化教育经济机关中，甚至共产党青年团中有无阶级的敌人、反革命的侦探暗藏在内，有无进行破坏政权、破坏党尤其是破坏红军的阴谋和组织。这都是极严重的问题，需要党和政府及工农劳动群众随时地予以注意，一有发现，便立即予以解决。因此，各苏区在革命胜利的第一秒钟便应有肃清反革命委员会的组织，施行对反革命的镇压，同时就要逐渐的开始筹备并建立自上而下有系统的经常的，政治保卫局的组织和工作，以执行保卫和巩固政权与党的领导的任务。①

《关于保卫工作的密令（第二号)》（1933 年 1 月 20 日）指出，红军中各级政治保卫局在中革军委及总政治部大力帮助之下，各级分局及特派员的组织，已有了更进一步的建立。尤其在最近红军不断的胜利中，坚决洗刷了红军中的动摇分子和阶级异己分子，及反革命案件的破获。这更证明红军不断的胜利中间，帝国主义、国民党及一切反革命派别必然地要用尽他最后的政治上的欺骗（如这次金豁的敌人退出时，用种种欺骗和压迫的方法，逼走全金豁的群众)，企图挽救他最后的死亡。② 由此可见，在艰苦奋斗的革命战争环境中，强有力的肃反力量，是断绝反革命的活动与影响，保证党的路线正确执行和巩固部队的重要保障。

二、军事刑法的制定与实施

土地革命时期的苏维埃政权根据《中华苏维埃共和国宪法大纲》，制定了各种打击犯罪的刑事法律，对于打击敌人、惩罚犯罪、巩固苏维埃政权和红军队伍、建立革命秩序起了重要作用。这些普通刑事法律的相关规

---

① 《中央政治局关于苏维埃区域目前工作计划》，中国网，http：//www. china. com. cn/guoqing/2012-08/30/content_26745511. htm。

② 中国人民解放军政治学院政治工作教研室编：《军队政治工作历史资料》（第 2 册），第二次国内革命战争时期（一），中国人民解放军战士出版社 1982 年版，第 618 页。

定对军职人员也是适用的。同时，根据地政权和红军也制定了专门适用于军人的军事刑法或是具有军事刑法性质的相关规定，创建了具有战时特点的军事刑罚制度。

（一）军事刑法的创制

在苏区，中央执行委员会有最高立法权。1934 年 4 月 8 日中央执行委员会颁布的《中华苏维埃共和国惩治反革命条例》（简称《惩治反革命条例》，共 41 条），具有战时军事刑法的性质，对反革命罪的概念、种类、量刑原则等方面作了明确具体的规定。这是苏维埃时期较为系统的一部刑事法律。此外，还有《红军惩罚条例》《工农红军暂行军法条例》等。各苏区、中央军委和各根据地的红军部队，也先后颁布了一些具有军事刑法性质的法律、训令和命令等，如《赣东北特区苏维埃暂行刑律》《反逃亡斗争的训令》《关于红军中逃兵分子问题》的命令等。从而初步形成了以《惩治反革命条例》为基础的苏维埃刑法体系。

（二）军事刑法的基本原则

这一时期，中央苏区制定的刑法和红军的军纪中体现了军法处罚从严、战时从严从快和宽严结合的原则，基本上做到罪刑均衡，宽严相济，达到了惩治极少数犯罪分子，教育大多数官兵的目的。

1. 军法处罚从严的原则。所谓军法处罚从严，是指军事刑法的规定内容严于普通刑法。主要体现在以下几个方面：（1）设定行为犯的比例大。即只要实施了某种行为，就构成犯罪，不要求具体的危害结果；（2）法定刑重。军事刑法的定刑大多数重于普通刑法；（3）处死刑的条文多。军事刑法处死刑的罪名多于普通刑法；（4）犯罪的起点低。如在《惩治反革命条例》的 41 条中有 25 条是“犯罪情节严重者处死刑”的规定。

2. 战时从重从快原则。为了打击反革命活动，保证第四次反“围剿”胜利，中央执行委员会于 1933 年 3 月 15 日发布了《关于镇压内部反革命问题》的训令，要求各类各级苏维埃专政机关肃反委员会、国家政治保卫局、审判机构迅速行动起来，依靠广大人民群众，从严、从速镇压反革命。对于证据确凿的重要反革命分子，应即逮捕处决，把他们的罪状在当地群众中公布出来。同时授权给边区各县的裁判部，对于已抓到的证据确凿、罪恶昭著的反革命阶级异己分子，“应立即判处死刑”，“执行死刑后报告上级备案"[①]。还授权给苏区中心区域的县裁判部，凡遇到特别紧急情况，对于抓到的证据确凿、罪恶昭著的反革命异己分子，亦先执行死刑，后报上级备案。[②]

3. 惩办与宽大相结合原则。《惩治反革命条例》对首要、附和与胁从分子在量刑上采取分别轻重区别对待的政策，贯彻了惩办与宽大相结合的原则。1933 年 12 月 15 日，中央执行委员会颁布了《关于红军中逃跑分子问题》的命令规定，对红军中的拖枪逃跑，组织集体逃跑者，都一律逮捕经公审枪决。而因政治觉悟不高而个人逃跑者，各政府应加强对他们的宣传教育，组织优待他们的家属的工作，使他们自愿归队，对他们决不能采取逮捕禁闭等办法，如逮捕禁闭，则以违犯苏维埃法律论罪。

4. 坚持革命人道主义，反对封建肉刑。野蛮残酷、惨无人道的报复主义和封建肉刑，不但践踏了法律平等原则，而且毁灭了革命的人道主义原则。以毛泽东同志为代表的我党的老一辈无产阶级革命家，对反人道主义的封建肉刑，很早就作了抵制。早在 1929 年的古田会议上，就作出了"废止肉刑"的决议。严正指出，封建肉刑制度是中世纪野蛮社会的产物，必须坚决废止，并在红军中开展了废除肉刑的运动。临时中央政府成立后，为着杜绝极端残酷的惩罚主义和报复主义，发布了第六号训令，明确规定审判案件时，必须坚决废除肉刑而采用搜集确实证据的各种有效方法。

（三）军事刑法的主要内容

苏区和红军制定的军事刑法内容散见于《惩治反革命条例》《红军惩罚条例》《关于红军中逃兵分子问题》《工农红军暂行条令》等相关规定中。

1. 对军事犯罪行为作了明确规定。在这一时期的各种军事刑法规定中，对红军中的军事犯罪行为和类别作了规定。主要有：

（1）违反军事纪律罪。军事纪律一般属于行政管理范畴，规定军人战时或平时遵守的行为规范，而人民军队创立时期的军事纪律也同时具有战时刑法的性质。如红四军最早制定的战时纪律和一般纪律就已经具有军

---

① 《红色中华》，1933 年 3 月 18 日。

② 曾维东、曾维才主编：《中华苏维埃共和国审判史》，人民法院出版社 2004 年版，第 213—223 页。

事刑法的性质。

在红四军制定的《红军惩罚条例》中，把违反军纪罪，分为两类：一类是“违反战争纪律罪”，包括违抗命令、畏缩不前，临阵退却等。另一类是“违反一般军纪罪”，包括通敌、叛反、拐枪潜逃以及强奸、乱烧乱杀、毁坏人民财物等罪行。[①] 规定：“临阵退却，畏缩不前，违抗命令等，可由军官就地枪决。”“通敌，叛反，拐枪潜逃，开小差，强奸，乱烧乱杀，敲诈人民财物均处死刑……其余比较细小之错误则按其轻重处罚之。”[②] 红军在 1935 年 9 月 29 日制定的《奖惩条例》中，对各种严重违犯军事纪律的行为设置了枪毙的惩戒。在条例中，要求各级首长和人员必须“负责的认真的毫不放松的极严格的来维持部队中的纪律，甚至为着执行纪律而采取最严重的手段，如枪毙都是有意义的是必要的”[③]，并规定了为维护纪律，师长、政委以上即有行使对连以下人员的枪毙权。由此可见，在战争环境的特殊条件下，红军的纪律法规的严厉性往往具有刑法的特点。

（2）逃跑罪。1933 年 12 月 15 日，中央执行委员会颁布了《关于红军中逃跑分子问题》的命令，对红军中的拖枪、逃跑、组织集体逃跑或造谣破坏红军归队者，都分别制定了相当严厉的处罚办法。如拖枪逃跑罪（第一条：拖枪逃跑者一经捕获，一律就地枪决）、组织集体逃跑罪（第二条：组织逃跑，如造假印、假路条等率领一班一排一连逃跑者，对这样的领导分子，一律逮捕经公审枪决）、逃跑造谣罪（第三条：历次逃跑造谣破坏红军及归队运动者，一律逮捕送法庭处以有期徒刑直到枪决）。

（3）反革命罪。1934 年 4 月中华苏维埃共和国中央执行委员会颁布的《中华苏维埃共和国惩治反革命条例》规定：“凡一切图谋推翻或破坏苏维埃政府及工农民主革命所得到的权利，意图保持或恢复豪绅地主资产阶级的统治者，不论用何种方式，都是反革命行为。”

对各种主要的反革命罪行，根据具体情节，分别判处死刑、监禁以及没收财产、剥夺公民权等刑罚。如《惩治反革命条例》第十五条：“投降

---

① 丛文胜：《中国工农红军军事法制建设的主要特点》，《中国军事科学》，1998 年第 2 期。

② 陈毅：《关于朱毛军的历史及其状况的报告（一）》，1929 年 9 月 1 日，中央档案馆编：《中共中央文件选集》，第 5 册，中共中央党校出版社 1990 年版，第 760 页。

③《关于发布奖惩条例的训令》，原件藏于军事科学院图书馆，2010602—16。

反革命并向反革命报告中华苏维埃共和国的各种秘密，或帮助反革命积极反对苏维埃红军者（革命叛徒），处死刑。”第十七条：“以反革命为目的，混入革命武装部队，企图夺取或破坏这种部队以帮助敌人者，处死刑。”第十九条：“以反革命为目的，故意破坏或抛弃枪支及其他军用品者，或偷卖军用品于敌人者，均处死刑。其情形较轻者处一年以上的监禁。”第二十条：“以反革命为目的，故意违抗上级指挥员的命令，意图破坏某种战斗任务，或在战线上故意向自己部队打枪，或乘机扰乱战线者，均处死刑。”第二十一条：“以反革命为目的杀害革命民众，或故意破坏与抢夺革命民众的财物，致损害苏维埃与红军在群众中的威信者，处死刑。其情形较轻者处六个月以上的监禁。”第二十二条：“藏匿军火，意图达到其反革命目的者，处死刑。”①

（4）违反军职罪。在《惩治反革命条例》中，对故意违抗上级指挥员的命令，意图破坏某种战斗任务等各种严重的军职罪行为，设定了明确的惩处规定。如第十六条：“携带枪械或其他军用品投敌者，均处死刑。”第十八条：“领导和组织红色战士逃跑，或红色战士跑至五次以上者，均处死刑。有特殊情形者，得减轻其处罚。”第二十七条：“假冒苏维埃、红军或革命团体的名义，或假造苏维埃、红军或革命团体的公私印章文件，以进行反革命的活动者，处死刑。其情形较轻者，处六个月以上的监禁。”②

2. 规定了军事刑罚的种类。1930 年 8 月中国革命军事委员会颁布的《苏维埃土地法》规定，对一切违背、不执行、破坏红军法令的行为都要追究法律责任，并“按照他们犯罪的轻重，分别处以死刑、监禁、罚款、游行示众、写悔过字等刑罚”。《惩治反革命条例》规定：中华苏维埃共和国的刑罚分为主刑与附加刑两种③，其中：

（1）主刑。《惩治反革命条例》规定，主刑主要有：死刑和监禁（即有期徒刑）。对犯罪情节严重的反革命罪犯，一律判处死刑；对犯罪情节

① 总政办公厅编：《中国人民解放军政治工作历史资料选编》（第 2 册），土地革命战争时期（二），解放军出版社 2002 年版，第 713—716 页。

② 总政办公厅编：《中国人民解放军政治工作历史资料选编》（第 2 册），土地革命战争时期（二），解放军出版社 2002 年版，第 713—716 页。

③ 总政办公厅编：《中国人民解放军政治工作历史资料选编》（第 2 册），土地革命战争时期（二），解放军出版社 2002 年版，第 713—716 页。

较轻的反革命罪犯，判处监禁，视其罪行的具体情形，分别判处半年以上、1 年以上、3 年以上、5 年以上、直至 10 年的监禁。其中监禁 10 年为最高法定刑。

（2）附加刑。《惩治反革命条例》规定的附加刑主要有：没收罪犯的财产及剥夺公民权。如规定，凡犯本条例所列各罪之一者，除按照该条文上的规定科罪之外，还必须没收其本人的财产一部或全部，并剥夺其公民权一部或全部。

3. 规定了量刑原则。《惩治反革命条例》第三十一条至第三十八条规定了苏维埃法庭的量刑原则，对军事法庭的审判也具有一定指导作用。主要有：

（1）加重处罚原则。军事刑法的任务主要是打击反革命犯罪，保卫工农民主专政政权。反革命分子是苏维埃共和国最危险最凶恶的敌人，所以中华苏维埃共和国最高政权机关把反革命犯罪作为打击的重点，规定了较重的刑罚，以肃清一切暗藏的反革命组织与反革命分子，巩固工农民主专政的政权。[①]

《惩治反革命条例》第三十一条规定：凡犯本条例第三条至第三十条所列举各罪之一或一项以上，经法庭判处监禁，又再犯本条例所列举各罪之一或一项以上者，加重对其处罚，直至判处死刑。1931 年 12 月，中央执行委员会颁布的《处理反革命案件和建立司法机关的暂行程序》规定了各级司法机关在执行职务时的法定程序与审判时的量刑原则。指出不论在新区域还是在老区域，审判机关在处置反革命分子的时候，一定要分别阶级成分，分别首要与附和。对于豪绅、地主、富农、资本家出身的反革命分子以及首要分子，应该严厉处置（如宣告死刑等）；对于从工农劳动群众出身而加入反革命组织的分子，以及附和的分子，应该从宽处置（如自新释放等）。同时规定了在审讯方法上，必须坚决废除肉刑，严禁逼供信，而采用搜集确实证据及各种有效方法。审理案件时，应该注意到阶级成分及犯罪者的犯法行为，以及对于苏维埃政权的危害程度来决定处

① 曾维东、曾维才主编：《中华苏维埃共和国审判史》，人民法院出版社 2004 年版，第 213—223 页。

罪的轻重[1]。1933 年 6 月 1 日中央司法部发布的第 14 号命令中指出，对于豪绅、地主、富农、资产阶级的反革命犯，应处以重刑。

（2）减轻处罚的原则。《惩治反革命条例》规定，凡对有下列之一犯罪情节的罪犯应酌量减轻处罚：对未遂罪及附和别人犯罪的罪犯，可减轻对其处罚；对被他人胁迫犯罪者，可减轻对其处罚；对自首分子及自新分子，可减轻对其处罚；凡《惩治反革命条例》所未包括的犯罪行为，须按《惩治反革命条例》相类的条文予以处罚；对 16 岁以下未成年的犯人，可减轻对其处罚；对 14 岁以下幼年犯人，须送交教育机关实行感化教育。

（3）免除处罚的原则。《惩治反革命条例》规定，凡被他人胁迫，非本人愿意，又确无法避免其胁迫，因而犯罪者，和未觉察该项犯罪行为的最终目的者，或与实施该项犯罪行为无直接关系者，可免除对其处罚。

（4）对工农分子中的犯罪分子及对革命有功的人中的犯罪分子从轻处罚的原则。《惩治反革命条例》规定，对上述两种人中的犯罪分子，只要不是领导者或重要的犯罪行为者，比较地主资产阶级分子有同等犯罪行为者，酌量减轻对其处罚[2]。

在 1933 年 6 月 1 日中央司法部发布的第 14 号命令中，指出审判机关在审理案件时，对于贫苦工农的反革命犯应该从轻。各级裁判部一般都能根据这一原则，对工农分子犯罪，则比照法定刑期减半裁定。但对工农出身的反革命首恶分子，仍依法从重惩处。例如石城县裁判部判决谭智春反革命一案，判决书认定“被告虽系贫农，但积极从事反革命活动，出卖了阶级利益，已堕落成为工农阶级的死敌，因此，依法处以重刑，以维护整个工农阶级的根本利益[3]”。

三、建立军事检察制度

这一时期的军事检察是新民主主义军事制度和法律制度的重要组成部分，是中华人民共和国军事检察制度产生和发展的渊源。1931 年 11 月 7

---

① 曾维东、曾维才主编：《中华苏维埃共和国审判史》，人民法院出版社 2004 年版，第 213 页。

② 总政办公厅编：《中国人民解放军政治工作历史资料选编》（第 2 册），土地革命战争时期（二），解放军出版社 2002 年版，第 713—716 页。

③ 总政办公厅编：《中国人民解放军政治工作历史资料选编》（第 2 册），土地革命战争时期（二），解放军出版社 2002 年版，第 713—716 页。

日，中华苏维埃共和国临时中央政府在江西瑞金成立后，逐步建立了以宪法大纲为核心，以各个部门法为主体的苏维埃法律体系，形成了以军事裁判所、军事检察所为主要机构的中央苏区军事司法体制，设立了以军事检察所为主体，包括政治保卫局检察科、审判机关内设检察人员在内的苏维埃军事检察机构，建立和实行了检审分立与审检合一相结合的军事检察制度，对红军和中央革命根据地的巩固与发展起到了重要的作用。1932 年 2 月 1 日，随着工农红军的发展，中华苏维埃共和国中央执行委员会为加强军事司法，完善军事法制，专门制定颁布了《中华苏维埃共和国军事裁判所暂行组织条例》（以下简称《军事裁判所暂行组织条例》），组建了“初级军事检察所及高级军事检察所”，代表国家检查军队中及与军事有关系的一切违法案件。军事检察所是人民军队军事检察机关的雏形，标志着我军军事检察工作的创立。

（一）军事检察所的组织体制和主要职权

军事检察所，又称军事检查所，是与军事裁判所并立的检察机关，负责对军事犯的侦查、预审和公诉，是我军历史上最早的军事检察机构。根据《军事裁判所暂行组织条例》规定，军事检察所是与军事裁判所并立的检察机关，负责对军事犯的侦查、预审和公诉。

根据《军事裁判所暂行组织条例》第二十四条、第二十五条规定：“在初、高两级的军事裁判所的所在地，设立初级军事检察所及高级军事检察所。”“初级军事检察所设所长 1 人、副所长 1 人、检察员若干人。高级军事检察所设所长 1 人、副所长 2 人、检察员若干人。此外可用书记、文书等技术工作人员。”①

初高级军事检察所长和检察员，由上级检察所委任。军事指挥员不得兼任检察职务。没有选举权的人（16 岁以下的包括在内），不得担任司法干部。

（1）初级军事检察所。初级军事检察所是设在初级军事裁判所、所在地的专门检查军事犯法案件的检察机关。初级军事检察所的组织机构：①设所长 1 人，副所长 1 人，检查员若干人。②其他工作人员视军队情形可随时增减。

---

① 总政办公厅编：《中国人民解放军政治工作历史资料选编》（第 2 册），土地革命战争时期（二），解放军出版社 2002 年版，第 34—37 页。

初级军事检察所的主要职权是：①有权检查与预审一切需要经过初级军事裁判所（阵地初级军事裁判所）审判的案件。初级军事裁判所（阵地初级军事裁判所）所审理的案件，除已经明白无须再经检查的简单案件外，都须先交初级军事检察所去检查。初级军事检察所将案件检查完了并作出结论之后，再将案件移交初级军事裁判所或阵地初级军事裁判所去审判。②有权接受初级军事裁判所所在地、阵地初级军事裁判所所在地的红军各级指挥员、政治委员依法逮捕的军队中犯法的犯人，对犯人的犯罪事实进行检查预审后，移交初级军事裁判所或阵地初级军事裁判所去审理。③初级军事检察所是代表国家对于军事犯的原告机关，有权检查红军的军、军以下各部队、作战阵地各军中及与军事有关系的一切犯法案件，并向法庭提出公诉。法庭开庭审判时可以代表国家出庭告发。④初级军事检察所在检查案件的时候，检查员有权传唤与该案件有关系的任何人进行审问。⑤初级军事检察所在传审的时候有权使用传票、拘票和检查票。⑥有权调用初级军事裁判所所在地或阵地初级军事裁判所所在地的军部或师部及其他军事机关所指定的部队。

（2）高级军事检察所。高级军事检察所是设在高级军事裁判所所在地的专门检查军事违法案件的检察机关。高级军事检察所的组织机构：①设所长 1 人，副所长 2 人，检查员若干人。②可设书记、文书等技术工作人员。③高级军事检察所的工作人员视军队情形可随时增减。

高级军事检察所的主要职权是：①有权检查与预审一切需要经过高级军事裁判所所审理的案件。高级军事裁判所所审理的案件，除已经明白无须再经检查的简单案件外，都须先交高级军事检察所去检查，由高级军事检察所检查并作出结论之后，再将案件移交给高级军事裁判所去审判。②有权接受高级军事裁判所所在地的各级指挥员、政治委员依法逮捕的犯人，对犯人的犯罪事实进行检查、预审后移送高级军事裁判所去审理。③高级军事检察所是代表国家对于军事犯的原告机关，有权检查红军的军以上各部队及未与中央苏区连成一片的苏区军以上各部队中及与军事有关系的一切犯法案件，并向法庭提出公诉，法庭开庭审判时可以代表国家出庭告发。④高级军事检察所在检查案件的时候，检察员有权传唤与该案件有关系的任何人进行调查审问。⑤高级军事检察所在执行传审的时候，有权使用传票、拘票和检查票。⑥有权调用由高级军事裁判所所在地的军以上和未与中央苏区连成一片的苏区军区的军以上军事机关所指定的部队。

⑦检察所所长负责所内全部事务。副所长助理所长进行工作；当所长因故离职时副所长代理所长职权。①

（二）军事检察管辖范围和主要任务

军事检察所对军队中及与军队有关的一切案件行使逮捕、预审及提起公诉之权。军事检察所是代表国家对于军事犯的原告机关，它可以检查军队中及与军事有关系的一切犯法案件，并可以向法庭提出公诉，开庭审判时可以代表国家出庭告发。当检察案件的时候，凡与该案件有关系的任何人，检察员有传来审问之权。

《军事裁判所暂行组织条例》第二十八、第二十九条规定："军事检察所是代表国家对于军事犯的原告机关，它可以检查军队中及与军事有关系的一切犯法案件，并可以向法庭提出公诉，开庭审判时可以代表国家出庭告发。""当检察案件的时候，凡与该案件有关系的任何人，检察员有传来审问之权。"② 可见，军事检察所的管辖范围是：凡在红军游击队、独立师、独立团、赤色警卫连等武装队伍中服役的，无论是军人或其他工作人员，倘犯了刑法、军事刑法及其他法律，都由军事检察所进行检察。敌军的侦探内奸等，如在作战地带，也由军事检察所进行检察。

军事检察所的主要任务是"检察和预审罪犯""向法庭提出公诉，开庭审判时代表国家出庭告发"。军事检察所和军事裁判所各自独立地行使法定职权，军事检察机关负责检查军队中及与军事有关系的一切犯法案件。军事检察所具有侦查和预审之责，"当检察案件时，凡与该案件有关系的任何人，检察员有传来审问之权。"案件侦查完毕后，作出相应结论，移交裁判所审理，向法院提起公诉，代表国家出庭告发。在工作实践中，军事检察所检举查处和洗刷了红军队伍的贪污腐化、官僚主义分子，如《红色中华》1933 年 3 月 9 日报道了"福建军区特务营副政委黄裕湖贪污公款案"。《红星报》1934 年 3 月 4 日第 31 期揭露了"粮秣厂主任罗凤章贪污案"。另外，揪抗命，打逃亡，维护军令畅通，保障战争胜利，也是军事检察所的重要职责。《红星报》1933 年 12 月 9 日第 19 期报道了

---

① 曾维东、曾维才主编：《中华苏维埃共和国审判史》，人民法院出版社 2004 年版，第 273 页。

② 总政办公厅编：《中国人民解放军政治工作历史资料选编》（第 2 册），土地革命战争时期（二），解放军出版社 2002 年版，第 34—37 页。

“粤赣三分区司令员吕赤水及政治委员邓富连违抗命令案”。《红星报》1934年3月25日第33期还登载了“特务团王荣茂、张吉清、徐春发逃跑案”的处理结果。①

（三）军事检察程序和主要工作方式

《军事裁判所暂行组织条例》第二十六、二十七条规定：“各级指挥员、政治委员会若发现军队中有犯法行为的证据，可以将犯人实行逮捕，送给相当的军事检察所去检察。”“军事检察所为检察和预审军事犯的原告机关，一切案件，除已明白无须再检察的简单案件外，都先交给该级军事检察所检察。军事检察所将案件检查完了，作出结论之后，再把案件送给军事裁判所去审判。”② 这表明，各级军事指挥员、政治委员若发现军队中有犯法行为的证据，可以将人犯实行逮捕，首先送交相当的军事检察所进行检察。一切案件，除已明白无须再检察的简单案件外，都先交军事检察所检察。军事检察所检察结束，作出结论后，再将案件送交军事裁判所审判。

1932年4月4日，中央执行委员会《关于〈军事裁判所暂行组织条例〉的解答》指出：检察所是集权的组织，对于检察重要案件时，可开会讨论，但所长有决定之权。检察员如有不同意见时，只能提向上级机关解决。同时还规定军事裁判所与军事检察所另有其组织系统，军、师各级政治机关与政治委员不得干涉其职权的行使。如有不同意见，则提向上级直属机关和军事委员会解决。③《军事裁判所暂行组织条例》第三十条规定，军事检察所“传审的时候可用传票、拘票、搜查票三种”。而军事裁判所只能用传票、拘票两种。此外，军事裁判所所在地的军部或师部及其他军事机关，须指定部队为军事检察所调用。

军事检察机关的主要工作方式是组织各种专门检察委员会和突击队、轻骑队，采用公开或秘密方式，对军事机关和军事人员进行检查监督，具有检举权、调查权、建议权、公诉权、抗诉权和检察权等职能，若发现犯

① 谢庐明：《论中华苏维埃共和国检察机构的设置及其职能》，《赣南师范学院学报》2002年第1期，第40页。

② 总政办公厅编：《中国人民解放军政治工作历史资料选编》（第2册），土地革命战争时期（二），解放军出版社2002年版，第34—37页。

③ 李昂主编：《军事检察学》，军事科学出版社2002年版，第20页。

罪行为，有权报告有关部门，进而施行法律上的检查和制裁。

四、建立军事审判制度

为了加强红军的军事司法工作，维护红军铁的纪律，中华苏维埃共和国中央执行委员会于1932年2月1日颁布了《中华苏维埃共和国军事裁判所暂行组织条例》（以下简称《军事裁判所暂行组织条例》）①，命令各级红军部队和地方武装指挥部，从同年2月15日起，按照《军事裁判所暂行组织条例》的规定，建立军事裁判所的组织系统，以管理红军中的一切军事刑事审判事宜。

（一）军事审判机构和人员

红军中的司法审判机构是军队中的各级军事裁判所，它是工农民主政权司法体系的重要组成部分。早在军事裁判所成立之前，各苏区红军中已有军事审判机关的设置，一般称为革命法庭。

1. 初建革命军事法庭。1931年9月1日，鄂豫皖区苏维埃政府颁布了《革命军事法庭暂行条例》②，规定在红军师以上，地方各县军区指挥部及军委分会之下，均建立革命军事法庭。革命军事法庭为委员集权制，以5—13人组织之，庭长之权限高于委员会。革命军事法庭对于案犯之最后定狱及执法必经过其直属之上级军事委员会主席或直属上级军事长官与政治委员之批准。革命军事法庭一般不审理部队中的反革命案件，而是在预审之后将其移交政治保卫局处理，或者与政治保卫局会审。它所受理的只是“破坏红军（凡属所有的革命武装）纪律与违背军事行政之事件”，处理结果“必须经过其直属之上级军事委员会主席或直属上级军事长官与政治委员之批准”，以“保证红军中政治、军风、纪律之得到和铁一样巩固的地步”。革命军事法庭，是军事审判机构的一种表现形式，它的建立，为中国工农红军设置统一的审判机构提供了经验。

2. 组建军事裁判所。《中华苏维埃共和国中央苏维埃组织法》第三十六条规定：“在最高法院之下设刑事法庭，民事法庭，及军事法庭，各设庭长1人。”

---

① 总政办公厅编：《中国人民解放军政治工作历史资料选编》（第2册）土地革命战争时期（二），解放军出版社2002年版，第34—37页。

② 中国人民解放军政治学院政治工作教研室编：《军队政治工作历史资料》（第2册）第二次国内革命战争时期（一），中国人民解放军战士出版社1982年版，第397页。

在1932年2月1日颁布的《军事裁判所暂行组织条例》，共分为7章34条，规定了军事裁判所的管辖范围、军事裁判所的组织系统、军事裁判所的工作人员、军事裁判所的裁判手续、军事检察所的组织及任务，军事裁判所和军事检察所的经费等。根据条例第四至第八条规定，红军中建立了军事裁判所的组织系统。军事裁判所分为四种：①初级军事裁判所，设在红军的军部、师部、军区指挥部和独立师师部；②阵地初级军事裁判所，设于作战阵地的最高指挥部；③高级军事裁判所，设在中央革命军事委员会内；④高级军事裁判会议，设在最高法院内。初级军事裁判所及阵地初级军事裁判所都隶属于高级军事裁判所；高级军事裁判所则隶属于最高法院。军事裁判所是人民军队军事法院的雏形。

3. 军事审判人员。根据《军事裁判所暂行组织条例》第九条至第十一条规定，初级军事裁判所是由裁判所长1人、裁判员2人组成裁判委员会。高级军事裁判所是由裁判所长1人、副裁判所长1人、裁判员3人组成裁判委员会，以指导一切裁判事宜。最高军事裁判会议由最高法院指定若干人组织之，但必须有中央革命军事委员会的代表参加。初级军事裁判所的所长和裁判员由士兵代表大会推选出来，经高级军事裁判所核准。高级军事裁判所的所长和裁判员由中央革命军事委员会提出名单，经最高法院核准。各级军队的指挥员不得兼任军事裁判所的所长和裁判员。另外，如果案件不多，军事裁判所的人员可以减少。

初级军事裁判所可以仅设所长1人，高级军事裁判所可以仅设所长1人、裁判员1人。审判案子，不关重要的简单案件，可以审判员1人审理之。各级军事裁判所得任用书记及其他技术工作人员。

（二）军事审判基本制度

军事裁判所实行民主化的审判制度。各级裁判所按照以下基本制度进行活动：

1. 军事审判管辖制度。《军事裁判所暂行组织条例》规定了军事裁判所的案件管辖制度。军事裁判所的案件管辖包括专属管辖、地域管辖和级别管辖。

（1）专属管辖。是指军事裁判所对受理第一审刑事案件犯罪嫌疑人的划分。《军事裁判所暂行组织条例》第一条规定："凡在红军、游击队、独立师、独立团、赤色警卫连等武装队伍服军役的，无论是军人或其他工作人员，倘犯了刑法，军事刑法及其他法律，都由军事裁判所审理之，但犯普通纪律而未涉及犯法行为者不在此限。”可见，凡是在武装部队服军役的一切人员，一旦犯了刑法，军事刑法及其他法律，都由军事裁判所审理之。

（2）地域管辖。是指军事裁判所对受理第一审刑事案件发生地域的划分。《军事裁判所暂行组织条例》第二条规定：“在作战地带居民的违法行为，无论其犯军事刑法或其他法律，都由军事裁判所审理之；敌军的侦探、内奸等如在作战地带，也由军事裁判所审理之。”可见，发生在作战地带的一切刑事案件均由军事裁判所审理。

（3）级别管辖。是指军事审判机关内部不同级别的军事裁判所对第一审刑事案件受理、审判权限的划分。

《军事裁判所暂行组织条例》第十五条至第十九条规定，初级军事裁判所审理军长以下的犯罪的指挥员战斗员及在军队里服务的一切工作人员的案件；高级军事裁判所管辖军长以上的指挥员、中革军委直属部队及其他工作人员的案件；高级军事裁判会议负责审理军团指挥员以上的重要军事工作人员的案件。以上这些规定明确了苏区军事裁判所的司法权限。

2. 二审终审制度。军事裁判所分初级、高级和最高军事裁判会议三级，二审终审。

按照《军事裁判所暂行组织条例》规定，高级军事裁判所是审判经过初级军事裁判所判决而上诉的案件之终审机关。设在最高法院的最高军事裁判会议是审理经过高级军事裁判所判决而上诉案件的终审机关。

1934 年 4 月颁布的《中华苏维埃共和国司法程序》第六条规定：“苏维埃法庭为两级审判制，即限于初审、终审两级。如区为初审机关，则县为终审机关，县为初审机关，则省为终审机关，省为初审机关，则最高法院为终审机关；初级军事裁判所为初审机关，则高级军事裁判所为终审机关，高级军事裁判所为初审机关，则最高法院为终审机关。最高法院在审判程序上，为最后的审判机关。任何案件经过两审之后，不能再上诉。但是检察员认为该案件经过两审后，尚有不同意见时，还可以向司法机关抗议，再行审判一次。”①

3. 审判合议制和陪审员制度。《军事裁判所暂行组织条例》规定了合

① 总政办公厅编：《中国人民解放军政治工作历史资料选编》（第 2 册），土地革命战争时期（二），解放军出版社 2002 年版，第 718 页。

议庭制和士兵陪审员制度。士兵陪审员参加审理案件时，与军事审判员的职责和权利相同，在合议时以多数意见为准。倘若争执不决时，应以主审的意见来判决。除审判不关重要的简单案件，可以由审判员一人审理外，初级军事裁判所审判时的法庭由三人组成，以裁判员为主席，其余二人为陪审员；高级军事裁判所审理初审案件须有陪审员参加，但终审案件时陪审员不参加，而由裁判所所长和裁判员组成合议庭。陪审员由士兵选举出来，每星期改换一次。陪审员在参加陪审期间，可解除士兵的职务，陪审的期间完了，仍归原队工作。

4. 公开审判和巡回审判制度。《军事裁判所暂行组织条例》第二十二条规定，审判案件须用公开的形式，准许士兵及军队的工作人员旁听，但是有军事秘密的案件可采用秘密审判的形式，但宣布判决时仍须公开。

1933 年 5 月 30 日司法人民委员部《对裁判机关工作的指示》中说："在审判案件之先，必须广泛地贴出审判日程，使群众知道某日审判某某案件，吸引广大群众来参加旁听审判。即审之后，应多贴布告，多印判决书，以宣布案件的经过，使群众明了该案件的内容。除有秘密性的某种案件之外，坚决地不许再有在房间秘密审判，或随便写一个判决书送上级去批准的不规则情形。"

在《革命法庭的工作大纲》中规定：法庭开庭公审前三日，必须将公审案件挂牌通告。公审时容许一切苏维埃公民旁听（一切剥削分子没有旁听权）。并且在原被告发表供词后，主审首先征求陪审意见，旁听群众在此时间也可以发表对该案的意见，然后主审、陪审讨论判决。在《鄂豫皖区苏维埃政府革命法庭的组织与政治保卫局的关系及其区别》中也有关于征求群众意见的规定，如"法庭审判案子要通知当地各团体和群众参观"。"判决案子时，可征求群众意见，若判决办法与群众意见不同，可交上级处理。"① 对反革命及其他重要罪犯，必要时得召集群众大会审判。

实行巡回审判制度，是根据《军事裁判所暂行组织条例》第二十三条的规定："审判的时候，不一定在军事裁判所的所在地审判，可到军队所在地及犯法者的工作地点去审判。"

5. 上诉和抗诉制度。《军事裁判所暂行组织条例》规定，除最高军事

---

① 杨木生：《论苏区的司法制度》，《求是》2001，（1）。

裁判会议外，其余各级军事裁判所所判决的案件，被告人在判决书上所规定的上诉期内都有上诉权。上诉的期限规定为 72 小时至 1 个月。其上诉期由当时审判该案件的法庭决定。

1934 年 4 月《中华苏维埃共和国司法程序》规定：实行上诉制度，犯人不服判决者，准许声明上诉，声明上诉之期最多为 7 天，从判决书送到被告人之日算起（被告人不识字的，须对他口头说明）。但在新区、边区，在敌人进攻地方，在其他紧急情况时，对反革命案件及豪绅地主犯罪者，得剥夺他们上诉权。[①] 规定：汉奸卖国贼与一切反革命头子，根本无上诉权；一切苏维埃公民对法庭判决不服者，有上诉之权，但上诉期间不能超过 7 日；遵守苏维埃法令的商人、工厂老板、富农，对法庭判决不服者，可以容许上诉，但其上诉期间，不能超过 3 日。

检察机关如果认为判决不当，可以提出抗诉。《中华苏维埃共和国司法程序》[②] 第六条规定，任何案件经过两审之后，不能再上诉。但是检察员认为该案件经过两审后，尚有不同意见时，还可以向司法机关抗议，再行审判一次。

6. 上级审批和死刑复核制度。1932 年 4 月 4 日，中央执行委员会颁布的《关于〈军事裁判所暂行组织条例〉的解答》规定，初审机关判决的执行，须经上级军事裁判所批准。[③] 后来，1934 年 4 月《中华苏维埃共和国司法程序》规定，废止上级批准制度，实行上诉制度。土地革命后期的《革命法庭的工作大纲》中，则规定县级革命法庭所判决之案件，如系国家原告人提出者，必须经过省级批准后，才能执行。

死刑复核。即死刑的审核批准。根据当时军事刑法规定，凡红军和在红军中服役人员和在作战地区的居民违反军事刑律的，初、高级军事裁判所都有宣判死刑之权。一般规定死刑案件，不论被告人上诉与否，均须将判决书及该案件的全部案卷送给上级裁判所审核批准而后执行。《军事裁判所暂行组织条例》规定，凡判决死刑的案件，虽被告人不提起上诉，审理该案件的裁判所须将案卷送给上级裁判所去批准。只有在紧急作战的

---

① 杨木生：《论苏区的司法制度》，《求是》2001，（1）。

② 总政办公厅编：《中国人民解放军政治工作历史资料选编》（第 2 册），土地革命战争时期（二），解放军出版社 2002 年版，第 717—718 页。

③ 厦门大学法律系、福建省档案馆选编：《中华苏维埃共和国法律文件选编》，江西人民出版社 1984 年版，第 218 页。

情况下，才可以先执行，后抄录全部案件报送上级军事裁判所追认。

7. 国家公诉制度。在军事裁判所，军事检察所是代表国家对于军事犯的原告机关，开庭审判时代表国家公诉。一切反革命案件都归国家政治保卫局侦查、逮捕和预审，预审之后，以原告人资格向法庭提起公诉。

（三）军事审判程序

在审判过程中，法庭要在公诉人、当事人和其他诉讼参与人的参加下，审查核对各种证据，听取公诉人的控告，审问被告人，询问证人，组织法庭辩论，合议庭评议，查清案件的全部事实情况，解决被告人是否有罪，犯了什么罪，该不该判处刑罚，判处什么刑罚等问题。

1. 初审程序。初审机关在开庭之前，须做好开庭审判前的准备工作。审理军事案件须组织军事法庭。根据《军事裁判所暂行组织条例》第十二条至第十四条规定，初级军事裁判所审判时的法庭由三人组成，以裁判员为主席，其余二人为陪审员。高级军事裁判所所审理的初审案件须用陪审员，但终审的案件，则不用陪审员，而是由裁判所所长和裁判员组成合议庭。审判案子，不关重要的简单案件，可以审判员一人审理之。法庭审判分为开庭、法庭调查、法庭辩论、被告人最后陈述、评议判决和宣判等几个阶段。

（1）宣布开庭。由法庭主审宣布开庭，并宣布主审、陪审、合议庭人员、书记员、公诉人、辩护人等人名单。查明被告人是否到庭，宣布案由，宣布该案件是公开审判还是秘密审判，公开审判吸收群众旁听，不公开审判禁止群众旁听。

（2）法庭调查。由主审宣布法庭调查开始后，首先由公诉人员在法庭上宣读起诉书，起诉书宣读完毕，法庭审判人员开始审问被告人，询问证人，出示物证让被告人辨认，宣读未出庭的证人的证言笔录，鉴定人的鉴定结论，勘验笔录和其他作为证据的资料、文书等，同时听取被告人和辩护人的陈述及辩护意见。法庭审问被告人时，一般先由被告人陈述，然后向他提出问题，从多方面进行查证核对，弄清犯罪事实。同时公诉人、被害人、辩护人经主审同意可以向被告人发问。审判人员、公诉人员在询问证人时，应告知证人要如实地提供证言，否则，作假证要负法律责任。[1]

（3）法庭辩论。法庭调查结束后开始法庭辩论，由控诉方与辩护方就案件的事实与适用法律问题提出自己的意见。当双方没有新的意见以后，主审宣布法庭辩论结束，并允许被告人做最后陈述。法庭书记员，把当时法庭上原告、被告、证人所讲的话全部记录下来。

（4）评议判决和宣判。当被告人作完最后陈述之后，主审宣布休庭，由主审与陪审员组成的合议庭进行评议。在主审主持下，合议庭根据法庭已查明的事实、证据和有关法律规定，作出判决。合议庭在决定判决时，“以多数的意见为标准，倘若争执不决时，应当以主审的意见来决定判决书的内容，如陪审员之某一人有特别意见，而坚决保留自己的意见时，可以用信封封起，提到上级裁判部去，作为上级裁判部对于该案件的参考”[2]。

判决书的制作，中央执行委员会颁布的《裁判部的暂行组织及裁判条例》中有严格规定，要求对于被告人的重要犯法行为、犯法的经过、犯法的时间和地点及人证、物证等详细系统地写在判决书上。如在判决书的前面须写明审判的时间、主审、陪审及参加审判人的姓名，次写被告人的履历及罪状，再次则写所定之罪，最后须写明被告人的上诉期限。判决书须由主审和陪审盖印或签名。

判决书做好以后，主审宣布继续开庭，宣告判决。并把判决书的原文抄录一份给被告人。最后，法庭把审判的案件材料和证据集在一起，归为一个案卷，续成号码次序，保存在该裁判部内，不准遗失。

初审机关所判决的案件，在判决书上所规定的上诉期限内，被告人不服判决者，有权上诉。在判决书上所规定的上诉期已满或上级裁判部（终审机关）驳回上诉，该案件的判决书才能执行。但在新区边区，在敌人进攻的地方，在其他紧急情况时，对反革命案件及豪绅地主犯罪者，须剥夺他们的上诉权，经初审机关一审判决后，不必经过终审机关终审，可直接执行判决。[3]

---

① 曾维东、曾维才主编：《中华苏维埃共和国审判史》，人民法院出版社 2004 年版，第 291 页。

② 《红色中华》，1932 年 9 月 20 日。

③ 曾维东、曾维才主编：《中华苏维埃共和国审判史》，人民法院出版社 2004 年版，第 292 页。

2. 终审程序。终审程序，就是上诉审、抗诉审程序。终审机关的任务，就是上一级审判机构对下级审判机构审结案件的当事人的上诉或该审判机构检察员的抗诉案件，对未发生法律效力的初审机关的初审判决所认定的事实和适用的法律是否正确，进行全面的审查。通过终审机关的终审判决和裁定，维持正确的判决和裁定，或者纠正错误的判决和裁定。

终审机关审理上诉案件或抗诉案件，是对案件进行全面审查，不受上诉或抗诉范围的限制。终审机关对上诉、抗诉案件进行全面审查后分别作出下列判决：

（1）若初审机关原判决正确无误，应驳回上诉或抗诉，维持原判。

（2）若初审机关的原判决认定事实没有错误，但适用法律有误或量刑不当，终审机关则改判初审机关的原判决，终审机关重新制作判决书。

（3）若初审机关的原判决事实不清楚、证据不足，一是由终审机关经过调查补充证据，改变初审机关的原判决；二是以裁定方式撤销初审机关的原判决，发回初审机关重新审判。凡是发回初审机关重新审判的案件，初审机关必须依照其初审时的程序进行审判，重新作出判决，更新制作判决书。重新审判后的判决，在判决书规定的上诉期内，被告人不服判决者仍有权上诉，检察员仍可以抗诉。① 人民军队初创时期的军事审判工作为适应战争环境，严厉打击各种军事刑事犯罪，巩固红军和保卫红色政权，发挥了重要作用，探索和发展了具有人民军队特色的军事审判理论和实践。

① 曾维东、曾维才主编：《中华苏维埃共和国审判史》，人民法院出版社2004年版，第293页。

第二章　全面抗日战争时期的军事法治建设

（1937 年 7 月—1945 年 8 月）

从 1937 年“七七事变”到 1945 年“八一五”日本帝国主义投降，中国进入彰显中华民族伟大救亡图存精神的全面抗日战争时期。中国人民抗日战争经历了从 1931 年“九一八事变”开始的局部抗战和从 1937 年“七七事变”开始的全国抗战两个阶段。从 1931 年开始的“14 年抗战”包含整个反抗日本帝国主义侵略的斗争，从 1937 年开始的“8 年抗战”是全国性的全民族抗战。2017 年为纪念中国抗日战争暨世界反法西斯战争胜利 70 周年，加强爱国主义教育，国家教育部要求在 2017 年春季教材中全面落实“14 年抗战”概念。“七七事变”后，在中国共产党和全国人民的积极推动下，国共两党实现了第二次合作，正式建立了抗日民族统一战线，开始了全民族的抗日战争。为适应全面抗战的需要，中国共产党领导的工农红军改编为八路军、新四军，奔赴抗日前线，开展敌后游击战争，开辟抗日根据地。在这些根据地里，建立了抗日民主政权，建立和形成了与政权建设及其性质相适应的军事法治。同时，我党领导的八路军和新四军，也制定了一系列的军事规章和制度，加强人民军队建设，巩固提高战斗力，促进了人民军队法治建设的发展。

第一节 毛泽东等党和军队领导人的军事法治思想

全面抗日战争时期是中国共产党和人民军队的创建者、领导人军事法治思想丰富发展的一个重要时期。毛泽东作为党的领导人和人民军队的缔造者，在全面抗日战争时期，对加强人民军队的军事法治建设提出了一系列指示要求，为军事法规制度的制定和依法规范人民武装力量发挥了重要指导作用。

这一时期，毛泽东、朱德、彭德怀等党和军队主要领导人按照党中央的方针政策，结合全民族抗日战争的历史特点，创造性地提出了一系列军事法治建设思想。这些军事法治思想体现了老一辈革命家的集体智慧，是人民军队法治建设思想的宝贵财富，不仅有力指导了这一时期的军事法治建设，而且奠定了人民军队法治建设理论的坚实基础，在人民军队法治建设历史上具有重要地位和作用。

一、坚持党对人民军队的绝对领导

全面抗日战争时期，在建立和发展抗日民族统一战线的新形势下，毛泽东始终坚持党对人民武装力量的绝对领导不动摇，有力地推动了党领导下的人民军队的发展壮大，为巩固敌后抗日根据地、夺取抗日战争的最后胜利奠定了坚实的基础。

1938 年 11 月，毛泽东在党的扩大的六届六中全会上，反复强调共产党绝对领导军队的极端重要性。他指出：在抗日民族统一战线中要坚持无产阶级的领导权，基本方针是独立自主，既统一，又独立；全党全军应该不受国民党的种种限制，放手发动群众，放手在日军占领区扩大解放区和人民军队。鉴于张国焘搞分裂主义、军阀主义的教训，毛泽东深刻地指出："共产党员不争个人的兵权（决不能争，再也不要学张国焘），但要争党的兵权，要争人民的兵权。"他强调："我们的原则是党指挥枪，而决不容许枪指挥党。"1944 年 4 月，由毛泽东主持起草的《关于军队政治工作问题的报告》，再次重申了党对军队绝对领导的原则，并把它作为建军和处理党军关系的基本原则进一步加以明确。①

① 李顺禹：《抗日战争时期毛泽东坚持党对军队绝对领导的实践及启示》，《福建党史月刊》2015 年第 11 期。

朱德作为八路军总指挥（后改称十八集团军总司令）协助毛泽东指挥共产党领导整个敌后战场的抗日斗争。在此期间，他结合抗日战争的实践提出了一系列重要的军事法治思想，他始终把坚持和维护党的领导地位放在首位，并强调始终坚持中国共产党的领导是实现和巩固国共两党统一战线的首要条件。他指出，“没有我们党，就没有这支军队；有了这支军队，就必须要巩固我们党的领导”[①]。1937 年 7 月 22 日，八路军副总指挥彭德怀在军队党的高级干部会议上明确指出，红军改编后的中心问题是“保障共产党的单一领导”[②]。在军队领导问题上，不能是“统一战线”的，必须坚持共产党的绝对领导。1941 年 7 月，新四军代军长陈毅在《论建军工作》中提出：“党军的正规化，是指军队的编制和组织能保证实现党的政治领导而言。所以必须是正规化的军队，才能担当党军的光荣称号。”[③]“无产阶级领导的工农革命武装，乃是本军的特质。这一特质，是本军发展壮大的基础。保持发扬和加强这一特质，不仅可以保证本军能够日趋强大，且可以进而保证与加强本军抗战的支柱作用……党在本军的领导，就是本军特质的体现”[④]，并进一步强调：“党军就是党领导的武装力量，党依靠这个军队去完成政治任务，作为党遂行政治任务的工具。党军中必须确保无产阶级的领导，必须不断增强这个领导”[⑤]，“因此建军便从加强党在本军中的政治领导，保持与加强本军的阶级性和党派性下手”，“我们的建军任务是加强党对本军的政治领导。我们的口号，是为建立正规化的党军而斗争”[⑥]。

二、强调严格执纪、执法必严

纪律是执行路线的保证，也是提高军队战斗力的内在要求。全面抗日战争时期，毛泽东高度重视人民军队的纪律建设。1941 年党中央在《关于建军问题的决定》中指出：游击队只有向正规军发展，才能发挥它的

---

① 《朱德军事文选》，解放军出版社 1997 年版，第 409 页。

② 总政治部办公厅：《中国人民解放军政治工作历史资料选编》（第四册），解放军出版社 2004 年版，第 4 页。

③ 总政治部办公厅：《中国人民解放军政治工作历史资料选编》（第四册），解放军出版社 2004 年版，第 4 页。

④ 《陈毅军事文选》，解放军出版社 1996 年版，第 122 页。

⑤ 《陈毅军事文选》，解放军出版社 1996 年版，第 122 页。

⑥ 《陈毅军事文选》，解放军出版社 1996 年版，第 124 页。

伟大作用，严防一切新部队在发展初期的过分浪费、贪污腐化、破坏纪律、脱离群众的现象。中央军委还颁布了《军队纪律条令（草案）》《内务条令（草案）》和《八路军军法条例》等一系列条令条例，使我军的政治纪律、军事纪律和群众纪律逐步加强，为人民军队在根据地的发展壮大提供了可靠的法制保证。

毛泽东的依法从严治军还集中体现在1937年毛泽东为黄克功一案①致审判长雷经天的信中。1937年10月10日，毛泽东在《给雷经天的信》中说："正因为黄克功不同于一个普通人，正因为他是一个多年的共产党员，是一个多年的红军，所以不能不这样办。共产党与红军，对于自己的党员与红军成员不能不执行比较一般平民更加严格的纪律。"② 由于八路军、新四军严格执行党和军队的纪律，在广大群众中赢得了崇高的威望和信赖。

朱德认为，人民军队的管理原则，是建立在自觉的革命纪律基础之上的，这一纪律是全体官兵都要服从的。在人民军队中，"不应有亲、疏、厚、薄之分，不应有爱、恶、生、熟之别"，"不应有小团体观念和本位主义"，而应"大公无私，一视同仁"，只有如此，"才能团结全军，巩固纪律"③。彭德怀十分重视在部队发扬民主作风，强调军事纪律的重要性和对士兵权利的保护。全面抗日战争时期，一个小战士因为偷盗老百姓财物，警卫连连长殴打了该战士。连长的做法维护了群众纪律，但触犯了部队禁止打人的纪律和制度。彭德怀专门撰写了一篇文章：《为什么在我们革命部队里禁止打人》。文中指出了人民军队内部出现打人事件的严重性，并分析道："我们八路军是属于劳动阶级的，是最亲密的战友……都是为了共同的政治信仰，从事革命事业，彼此更应该看作爱如兄弟，哪里还能容许打人这种不平等的封建落后的行为呢！"④

---

① 黄克功是抗日军政大学第六分队队长，从少年时期就加入红军，并且立过战功。由于黄克功向16岁女大学生刘茜求婚未果，开枪将之杀害。因为这一案件的影响较大，陕甘宁边区转报中共中央审批。中央军委和中共中央在毛泽东主持下，经过慎重讨论，最终批准了边区高等法院对黄克功的死刑判决。

② 《毛泽东书信选集》，人民出版社1983年版，第110页。

③ 朱德：《革命军队的管理原则》，《解放日报》1943年4月16日。转引自潘泽庆：《论抗日战争时期朱德的军事思想》，《全国朱德生平和思想研讨会论文集》（2006）。

④ 《彭德怀军事文选》，中央文献出版社1988年版，第173页。

三、创建“官兵一致、军民一致”的新型制度

1937 年 9 月 29 日，毛泽东在《国共合作成立后的迫切任务》一文中深刻指出：“现在国民党军队的制度还是老制度，要用这种制度的军队去战胜日本帝国主义是不可能的。”为改变这一状况，他提出了要实行官兵一致、军民一致的原则。同年 10 月 25 日，毛泽东在和英国记者贝特兰的谈话中谈到“八路军更有一种极其重要和极其显著的东西，这就是它的政治工作。八路军政治工作的基本原则有三个，即：第一，官兵一致的原则，这就是在军队中肃清封建主义，废除打骂制度，建立自觉纪律，实行同甘共苦的生活，因此全军是团结一致的。第二，军民一致的原则，这就是秋毫无犯的民众纪律，宣传、组织和武装民众，减轻民众的经济负担，打击危害军民的汉奸卖国贼，因此军民团结一致，到处得到人民的欢迎……”1938 年 5 月，毛泽东在《论持久战》中进一步强调了这一观点：“军队政治工作的三大原则：第一是官兵一致，第二是军民一致，第三是瓦解敌军。”

从官兵一致的原则出发，毛泽东进一步阐述了军队内部民主制度是实现官兵一致的根本途径，“军队应实行一定限度的民主化，主要地是废除封建主义的打骂制度和官兵生活同甘苦”[①]，进而概括了我军民主建设的两个最基本的方面：即政治民主、经济民主。这是对土地革命时期人民军队民主建设的基本总结。

从军民一致的原则出发，毛泽东还对加强军政民关系提出了许多重要思想。例如，实行政治动员方式的兵役制度，废除雇佣兵役制，禁止“买兵法”“捉兵法”。毛泽东认为必须广泛而热烈地开展政治动员工作，这样才能保证人民军队的兵员补充有最深厚的民众源泉。1941 年，八路军一二九师政委邓小平非常重视对士兵基本权利的维护和保障，重视和尊重士兵的民主权利，在《在一二九师参谋长会议上的讲话》中谈到：“我们必须适当发扬民主，提高全体人员的积极性，发动大家来关心自己的军队，我们的军队才能真正地巩固与发展。我们革命军队的最高原则是要求具有高度的集中性，但必须有适当的民主才能实现高度的集中性。”[②] 他在《动员新兵及新兵政治工作》中谈及造成动员新兵工作困难的原因时

---

① 《毛泽东选集》（第二卷），人民出版社 1991 年版，第 511 页。

② 《邓小平军事文集》（第一卷），军事科学出版社、中央文献出版社 2004 年版，第 249 页。

指出："对抗日军人家属的困难，没有切实实行政府所颁布的优待办法，给以最低限度的解决，使前线战士能够抛开家庭的顾虑而安心作战，并以这样的影响提高民众加入军队的决心和勇气。"①

四、重视动员民众，形成多种力量相结合的人民武装力量体制

武装力量构成和组织建设是军事法治建设的重要方面。全面抗日战争时期，毛泽东一直强调"战争的伟力之最深厚的根源，存在于民众之中"②的人民战争思想。由此出发，毛泽东具体地提出领导敌后抗日所应采取的武装力量体制问题。

毛泽东十分重视对地方民众的动员、组织和武装，认为"只有坚决地广泛地发动全体的民众，方能在战争的一切需要上给以无穷无尽的供给"③。民兵、游击队正是当时地方民众武装的两种主要形式。因此，毛泽东谈到正规部队与地方游击部队的关系时指出，"这种广大的游击部队，造成这个主力的丰富的羽翼，又是这个主力继续扩大的不断的源泉"④，即正规部队是进行人民战争的骨干，而地方武装力量则是人民战争赖以存在的基础。1941 年 11 月，中央军委正式提出在抗日根据地内实行主力军、地方军和人民武装三结合的武装力量体制。

1945 年，毛泽东在中共七大上总结建军经验时，对这一制度作了充分的肯定，并深刻地概括成三个方面内容：第一，正规军与武装群众之间的相互结合。毛泽东提出"这个军队之所以有力量，还由于有人民自卫军和民兵这样广大的群众武装组织，和它一道配合作战……没有这些群众武装力量的配合，要战胜敌人是不可能的"⑤。第二，正规军之间主力兵团与地方兵团相结合。毛泽东认为"这个军队之所以有力量，还由于它将自己划分为主力兵团和地方兵团两部分……这种划分，取得了人民的真心拥护。如果没有这种正确划分……要战胜敌人也是不可能的"⑥。第三，武装群众与非武装群众相结合。非武装群众"热烈地从事援助军队的各

---

① 《邓小平军事文集》（第一卷），军事科学出版社、中央文献出版社 2004 年版，第 29 页。
② 《毛泽东选集》（第二卷），人民出版社 1991 年版，第 511 页。
③ 《毛泽东选集》（第二卷），人民出版社 1991 年版，第 492 页。
④ 《毛泽东选集》（第二卷），人民出版社 1991 年版，第 433 页。
⑤ 《毛泽东选集》（第三卷），人民出版社 1991 年版，第 1040 页。
⑥ 《毛泽东选集》（第三卷），人民出版社 1991 年版，第 1040 页。

项工作”和“热烈地从事政治、经济、文化、卫生各项建设工作”①，也是人民战争得以形成、开展的基础和条件。三者相结合的武装力量体制在战争年代发挥出巨大的威力，也一直为我军军制建设所沿用。彭德怀在《争取持久抗战胜利的几个先决问题》的演说中就十分明确地指出：“一个国家的生命，系之于全国人民的身上；一个战争的胜败，也系之于人民的向背。中华民族能否从持久的抗日战争中，求得自己的独立、自由和解放，完全在于能否动员全国一切人力、物力，为争取抗战胜利而进行顽强的、不疲倦的斗争。”② 他认为，“有了民众的动员，可以增加后方的生产，特别是军需工业的生产，保障战争需要的源源供给，可以使军队得到民众无量的帮助”。③ 因此，结论是十分明确的：“全民的动员，是持久抗战胜利的保障”④。

第二节　统一战线的军事领导体制

抗日民族统一战线中的人民军队军事领导体制，是在全民抗战和第二次国共合作的历史条件下建立的，与我军建军史上的其他时期相比具有许多不同的特殊性。全面抗日战争时期是在国民党统治着全国政权的形势下进行的。所以，全面抗日战争中的军事统一战线，既有国共两党共同合作和协同作战的抗日军事统一战线，又有一部分爱国将领超越国民党统一指挥同共产党及其领导的武装力量合作的抗日军事统一战线。国共两党共同合作和协同作战的抗日军事统一战线，是在国共两党的合作建立以后才形成的，主要表现在全局上的共同对日作战，共同抗击日本的侵略。爱国将领超越国民党统一指挥同共产党及其领导的武装力量合作的军事统一战线，主要表现在爱国将领率领的军队独立地同共产党及其武装力量的合作，它虽然只是在局部地区和局部战场上，但影响着整个全民族抗日战争的全局。中国共产党在政治上、思想上和组织上对八路军、新四军等人民军队实行绝对领导，军事工作在接受国民党政府中央军事委员会领导和指

① 《毛泽东选集》（第三卷），人民出版社 1991 年版，第 1041 页。
② 《彭德怀军事文选》，中央文献出版社 1988 年版，第 46 页。
③ 《彭德怀军事文选》，中央文献出版社 1988 年版，第 49 页。
④ 《彭德怀军事文选》，中央文献出版社 1988 年版，第 49 页。

挥的同时，我党又对人民军队实行独立自主的领导和指挥。这种军事领导体制，适应了当时形势的需要，有利于贯彻抗日民族统一战线的总方针，有利于团结全民族爱国武装力量共同抗击日本侵略者。

一、抗日民族统一战线的建立与红军改编

1931 年 9 月 18 日夜，日本侵略者在沈阳北大营附近柳条湖地区，炸毁南满铁路，进攻中国驻军，制造了震惊中外的“九一八事变”，开始了局部侵华战争，从此，中国的局部抗战开始。由于蒋介石国民政府奉行“攘外必先安内”的不抵抗政策，日本侵略者得以在短短 4 个月时间里，就侵占了中国的东北三省。1937 年 7 月 7 日 19 时 30 分，日本侵略者在北平西南卢沟桥地区，以其中国驻军步兵旅团第 3 大队第 8 中队进行军事演习为名，谎称一名士兵失踪，要求进宛平城搜查遭到拒绝，遂借口向中国驻军进攻，遭到中国守军第 29 军的奋起抵抗。这就是震惊中外的卢沟桥事变，也称“七七事变”。从此，日本帝国主义发动全面侵华战争和中国人民的全面抗日战争正式爆发。全面抗日战争爆发后，在中国共产党的领导下，促成了抗日民族统一战线的建立和党领导下的武装力量改编为统一战线领导下的国民革命军。

（一）建立抗日民族统一战线

1935 年 11 月，中国共产党领导的中央红军北上到达陕甘宁等地，组织了中华苏维埃西北办事处，统一领导陕北、陕甘以及陕甘宁三省①和关中、神府、三边三个特区。1935 年 12 月 17—25 日，中共中央在瓦窑堡召开政治局扩大会议，通过了《中央关于目前政治形势与党的任务决议》，正式提出了团结与组织全中国全民族一切革命力量反对日本帝国主义侵略的抗日政治主张。1937 年“七七事变”后的第二天，中共中央遂向全国各团体、军队和国民党及其政府、军事委员会与全国同胞，发布了《中国共产党为日军进攻卢沟桥通电》，明确指出：“日本帝国主义武力侵

① 1935 年 11 月 3 日，中共中央在甘泉下寺湾召开政治局会议，决定以中华苏维埃共和国中央执行委员会名义，设立中华苏维埃共和国临时中央政府西北办事处（简称西北办事处）；撤销陕甘晋省委，成立陕北省、陕甘省和关中、神府、三边三个特区，统归西北办事处领导。同时，成立中共西北中央局，领导两个省委和三个特委的工作。1936 年 5 月 17 日，中共中央决定撤销陕甘省，成立陕甘宁省。1937 年 9 月 6 日，苏维埃中央政府驻西北办事处改为陕甘宁边区政府。陕甘宁边区政府的正式成立标志着工农苏维埃政权阶段的结束和建设抗日民主政权阶段的开始。

占平津与华北的危险，已经放在每一个中国人的面前。”“平津危急！华北危急！中华民族危急！只有全民族实行抗战，才是我们的出路！”号召“武装保卫平津，保卫华北！不让日本帝国主义占领中国寸土！为保卫国土流最后一滴血！”“团结起来，筑成民族统一战线的坚固长城，抵抗日寇的侵略！国共两党亲密合作抵抗日寇的新进攻！驱逐日寇出中国！”① 1937 年 7 月 8 日，红军将领毛泽东、朱德、彭德怀、贺龙、林彪、刘伯承和徐向前，致电蒋介石，坚决要求请缨杀敌，郑重表示：“红军将士，咸愿在蒋委员长领导之下，为国效命，与敌周旋，以达保土卫国之目的，迫切陈词，不胜屏营待命。”② 7 月 9 日，彭德怀等 9 名红军将领率全体指战员发布《通电》，重申：“以抗日救国为职志，枕戈待旦，请缨杀敌，已非一日，当此华北危急存亡之紧要关头，敢请我国民政府，速调大军增援河北英勇抗战之廿九军。我全体红军，愿即改名为国民革命军，并请授命为抗日前锋，与日寇决一死战。”③ 中共中央和红军将领的《通电》，表明了中国共产党及其领导下的人民军队，同日本帝国主义血战到底的严正立场和抗战意志。

7 月中旬，中共代表周恩来到达庐山，7 月 15 日，将《中共中央为公布国共合作宣言》交给蒋介石。《宣言》向全国同胞提出奋斗的总目标是：“争取中华民族之独立自由与解放，必须切实迅速地准备与发动民族抗战，以收复失地与恢复领土主权之完整；实现民权政治，召开国民大会，以制定宪法与规定救国方针；实现中国人民的幸福与愉快生活，必须切实救济灾荒，安定民生，发展国防经济，解除人民痛苦与改善人民生活。”《宣言》郑重表示：“在上述总目标下，愿与全国同胞携手一致地为努力实现孙中山的三民主义而奋斗；取消推翻国民党政权的暴动政策和赤化运动，停止以暴动没收地主土地的政策；取消苏维埃政府，实行民权政治，以期全国政权的统一；红军改编为国民革命军，受国民政府军事委员会统辖、待命出动，担任抗日前线之职责。”④ 经过与国民党的谈判，7 月 22 日，国民党中央通讯社发表了上述《宣言》。7 月 23 日，蒋介石发表

① 《中国人民解放军历史资料丛书・八路军文献》，解放军出版社 1994 年版，第 1、2 页。
② 《中国人民解放军历史资料丛书・八路军文献》，解放军出版社 1994 年版，第 3 页。
③ 《中国人民解放军历史资料丛书・八路军文献》，解放军出版社 1994 年版，第 4 页。
④ 《国民革命军第八路军史》，中央文献出版社 2005 年版，第 31、32 页。

了《对中国共产党宣言的谈话》，表示："中国共产党人既摒弃成见，确认国家独立与民族利益之重要，吾人惟望其真诚一致，实践其宣言所举之诸点，更望其在御侮救亡统一指挥之下，以贡献能力于国家，与全国同胞一致奋斗，以完成革命之使命。"①《谈话》实际上承认了中国共产党在全国的合法地位。至此，以国共两党合作为基础的抗日民族统一战线正式形成。"这在中国革命史上开辟了一个新纪元。这将给予中国革命以广大的深刻的影响，将对于打倒日本帝国主义发生决定的作用。"② 之后，中国共产党通过与国民党谈判达成协议，将中央红军组建的中华苏维埃西北办事处改为陕甘宁边区政府，以适应建立全国抗日统一战线的需要。

（二）中国工农红军改编为国民革命军

中国工农红军改编问题，是国共两党谈判的焦点问题之一。西安事变和平解决后，国共两党围绕着红军改编等问题，先后在西安、杭州、庐山和南京，进行了多次谈判。蒋介石国民党坚持将红军人数限定在 3 万人，并且不能设总指挥部，由他们派人担任师参谋长和政训处主任，并要求毛泽东和朱德出国留洋。对此，中共谈判代表在坚持原则的前提下，适当作出让步，将红军改编人数先是降至 4 个师六七万人，继而降至 3 个师 4 万余人，使双方在改编为 3 个师和人数问题上达成了一致。但中共坚持红军在 3 个师以上设立总指挥部，国民党不能派人到红军中任职，并增加红军的防地等，以维护对红军的领导权。对此问题，蒋介石迟迟不肯妥协。"八一三事变"后，全国形势急需红军出师抗战，红军的改编问题始获解决。1937 年 8 月 18 日，蒋介石国民政府基本同意了中共中央提出的关于红军改编的原则，包括给予红军合法地位，同意设立总指挥部，发给同等待遇的经费和器物，红军充任战略游击支队执行独立自主的游击战争，依据游击战原则出兵与使用兵力等。

1937 年 8 月 22 日，国民政府军事委员会正式发布命令，宣布红军主力改编为国民革命军第八路军（同年 9 月 11 日后改称为第十八集团军）。根据与国民党达成的协议，中共中央军委于 1937 年 8 月 25 日宣布红军改编的命令，将红军前敌总指挥部改为八路军总指挥部，将总政治部改为八路军政治部。朱德为总司令、彭德怀为副司令，叶剑英为参谋长，左权为

① 《国民革命军第八路军史》，中央文献出版社 2005 年版，第 33 页。

② 《毛泽东选集》（第二卷），人民出版社 1991 年版，第 364 页。

副参谋长，任弼时为政治部主任，邓小平为副主任。下辖 115 师、120 师和 129 师三个师。第 115 师由红一方面军第 1、第 15 军团和第 74 师在陕西省三原县编成，师长林彪，副师长聂荣臻，参谋长周昆，政训处主任罗荣桓，全师共编有 1.55 万人。第 120 师由红二方面军第 2、第 6 军团和第 27、第 28 军及独立第 1、第 2 师等部在陕西省富平县庄里镇地区编成，师长贺龙，副师长萧克，参谋长周士第，政训处主任关向应，全师共编有 1.4 万人。第 129 师由红四方面军第 4、第 31 军，红一方面军一部和第 29、第 30 军在陕西省三原县石桥镇地区编成，师长刘伯承，副师长徐向前，参谋长倪志亮，政训处主任张浩，全师共编有 1.3 万人。八路军总部及直属队，编制 3000 余人。这样，八路军共编制有近 4.6 万人。另外，为确保中共中央和中央军委所在地的安全，中共中央军委于 1937 年 8 月 25 日决定在延安成立八路军后方留守处，主任萧劲光，参谋长曹里怀，政治部主任莫文骅，统一指挥未接受改编的留守部队 9000 人，担负主力开赴抗日前线后保卫陕甘宁边区的重要任务。

同时，为了加强与国民党政府和社会各阶层的联系，巩固与扩大抗日民族统一战线，八路军先后在南京、武汉、重庆、广州、香港等地设立了 18 个办事处。这些办事机构充分利用其在国统区的公开合法地位，在维护国共合作，宣传我党政治主张，洽领、采购及转运军需物资，动员和招收进步青年参军参战，掩护我党在国统区的地方组织等方面发挥了重要作用。

在中央主力红军进行谈判改编的同时，原留在南方湘、赣、闽、粤、浙、鄂、豫、皖八省区的红军游击队在中央统一领导下，也与国民党政府及其地方当局进行了艰苦的谈判。至 1937 年 10 月，国共两党达成协议，将南方各省红军游击队（琼崖红军游击队除外）改编为国民革命军陆军新编第四军。同年 10 月 2 日，国民政府军事委员会正式发布命令，任命叶挺为军长，整合南方各省区红军游击队。同时，中共中央任命了新四军领导人，并决定成立中共中央东南分局和中央军委新四军分会。新四军以叶挺为军长，项英为副军长，张云逸为参谋长，周子昆为副参谋长，袁国平为政治部主任，邓子恢为副主任。1937 年 12 月，新四军军部在武汉成立，1938 年 1 月 6 日迁驻南昌，后又移驻皖南岩寺。根据与国民党达成的协议，新四军下辖 4 个游击支队（后增加到 6 个支队及鄂豫挺进纵队）及军部特务营。第 1、第 2、第 3 支队由长江以南各省的红军和游击队编成，第4支队由长江以北鄂豫皖、豫南、鄂东北的红军和游击队编成。第1支队司令员陈毅，第2支队司令员张鼎丞，第3支队司令员张云逸，第4支队司令员高敬亭。全军辖4个支队及军部特务营，共10300人。

1941年1月，蒋介石制造了震惊中外的“皖南事变”，将准备北渡长江的新四军领导机关和部队包围在安徽茂林地区，新四军浴血奋战七昼夜，大部分壮烈牺牲。蒋介石反诬新四军“叛变”，宣布取消其番号。事变后，中共中央揭露了蒋介石制造“皖南事变”的真相和摧残人民抗日力量的罪行。中共中央军委于1941年1月20日，发出重建新四军军部的命令。陈毅为代理军长，张云逸为副军长，刘少奇为政治委员，赖传珠为参谋长，邓子恢为政治部主任。1月28日，新四军军部在苏北盐城成立，并将陇海路以南的新四军和八路军统一整编为7个师和1个独立旅。1941年2月18日，中共中央军委发布命令，任命新四军各师领导干部。第1师师长粟裕，第2师师长张云逸，第3师师长黄克诚，第4师师长彭雪枫，第5师师长李先念，第6师师长谭震林，第7师师长张鼎丞，全军共编有9万余人。新四军在“皖南事变”前还仅仅是游击兵团，而整编后却迅速走上了正规化大兵团的阶段。

二、坚持中国共产党对人民军队的绝对领导

红军正式改编为国民革命军后，为了团结一切爱国力量，巩固抗日民族统一战线，军事工作要接受国民政府军事委员会的统一领导和指挥。同时，在红军改编初期，取消了原红军的政治委员制度，在八路军和新四军中实施官阶制度等等。因此，如何在统一战线中坚持和加强党对人民军队的绝对领导，这是我军新形势下面临的重大课题。

（一）坚持党对八路军和新四军的领导权

红军改编之前的1937年7月22日，红军前敌总指挥部召开团以上干部会议时，总指挥彭德怀做了《红军改编的意义和今后工作的报告》，阐明了改编的意义并强调改变后要保障党对红军的单一领导、绝对领导。为适应新形势下党对人民军队的绝对领导，加强党的组织建设，1937年8月1日，中国工农红军总政治部发布《关于新阶段部队政治工作的决定》，指出新阶段部队政治工作的基本任务之一就是要保证党在红军中的绝对领导，依靠党的领导的加强，巩固提高部队的战斗力。1937年8月25日，党的洛川会议决定：中共中央革命军事委员会统一领导八路军、

新四军、华南抗日纵队、东北抗日联军及敌后战场的军事工作。中央军委以毛泽东、朱德、周恩来、彭德怀、任弼时、林彪、贺龙、刘伯承、张浩、徐向前、叶剑英 11 人为委员。以毛泽东为书记，朱德、周恩来为副书记（后改为主席和副主席）。后来，王稼祥、刘少奇、彭德怀 3 人先后增补为中央军委副主席。中共中央还先后决定设立了中央军委华北分会，又称前方军委分会，中央军委新四军分会（1941 年 5 月改称华中分会）。此外，中央军委还先后建立了军委华北分局和军委新四军分局。1937 年 8 月 25 日，中共中央军委《关于红军改编为国民革命军第八路军的命令》中就明确指出："各师改编为国民革命军后，必须加强党的领导，保持和发挥十年斗争的光荣传统，坚决执行党中央与军委会的命令，保证红军在改编后成为共产党的党军，为党的路线及政策而斗争，完成中国革命之伟大使命。"① 1937 年 8 月 29 日，中共中央书记处决定成立前方军委分会作为中共中央军委派出机构领导八路军全面工作，书记朱德，副书记彭德怀。同时，在师以上部队以及能独立行动的部队中，建立具有党委性质的党的内部组织——军政委员会。各级军政委员会指导部队的军事、政治和党的工作，它作出的决定，分别交军事、政治机关及党的机关去执行。1937 年 9 月 25 日，中共中央作出《关于共产党参加政府问题的决定草案》，指出："在原有红军及一切游击队中，共产党绝对独立领导之保持，是完全必要的；共产党不许在这个问题上发生任何原则上的动摇。"② 1937 年 10 月 22 日，中共中央、中央军委先后发布决定和命令，在人民军队中恢复了原来红军的政治机关设置和政治委员制度。③ 1937 年 12 月 14 日，中共中央军委新四军分会（简称新四军分会）成立，书记项英，副书记陈毅。1938 年 1 月，新四军成立后，党中央决定成立中共中央东南分局及新四军军委分会，分别代表中央对部队实施领导。中央军委成立总政治部，对外以八路军政治部的名义出现。各部队从组织上加强了对政治机关的恢复和整顿，推动了政治工作的加强和改善。同时，还抓紧了新组建部队中政治工作的建立，无论任何性质的部队，一经编入八路军建

---

① 《中国人民解放军历史资料丛书・八路军文献》，解放军出版社 1994 年版，第 19、20 页。

② 冯长松：《中国人民解放军管理史》，国防大学出版社 2015 年版，第 54 页。

③ 红军改编时，一度取消了政治委员，并将政治部改为政训处。改编后，政治工作的地位和职权降低，政治工作已经开始受到损害，故决定在军队中恢复政治委员和政治机关等原有制度。

制，就必须着手建立共产党的组织，其指导员、教导员及各级政治机关的主要工作者必须是中共党员。对于出现的否定和削弱党的领导的现象进行了严肃批评。如在《新四军政治工作组织纲要草案》（1939 年 2 月新四军第二届全军政治工作的指示）中，不提共产党的领导，不以共产党的理论、纲领、策略和口号为根据，反而把国民党首领的言论、宣言编成讲话材料教育部队。为此，1940 年 5 月 6 日，党中央和总政治部在《对于新四军政治工作的指示》中指出："军队中的政治工作，仍旧是中国共产党的党的工作，并不因统一战线的环境和战区的指挥关系而有所改变。""因此，政治工作必须在政治上、理论上、组织上、工作内容与方法上，保持共产党的独立性。一切迁就国民党，迁就军队指挥的上下系统，而丧失或减弱我党独立性的办法，都是有害的。""红军时期的政治工作条例基本上现在仍旧适用，我们必须保持共产党对军队的领导。一切削弱党的领导作用的办法，都应该坚决拒绝之。"①

正是从抗战初期起，中国共产党就高度重视和紧紧掌握对人民军队的领导权，才保证了人民军队法治建设的性质和正确方向，中国抗战取得最后胜利。1940 年 8 月 29 日，中共中央发出《关于前方设军委会分会及军政委员会的决定》，指出：在红军改编为国民革命军，主力开赴抗战前线情况下，中央决定前方设党的军委分会，以朱德、彭德怀、任弼时、张浩、林彪、聂荣臻、贺龙、刘伯承、关向应 9 人组成，以朱德为书记，彭德怀为副书记，受中央军委统辖。

1941 年 2 月，中央军委颁布《军政委员会条例》和《关于各级军政委员会人员之批准权限的规定》，规定在军、师、旅、团及纵队、大队、军区和分区等级成立军政委员会，成员由司令员、政委、政治部主任和参谋长等主要负责人组成，作为每级的集体领导机关。军政委员会对本部的军、政、党、后勤等一切工作负全责，但对外分别以司令部、政治部的名义发布命令。八路军 115 师军政委员会由林彪、聂荣臻、罗荣桓、周昆、萧华组成，林彪任书记；120 师军政委员会由贺龙、关向应、萧克、甘泗淇、王震组成，贺龙任书记；129 师军政委员会由刘伯承、张浩、徐向前、陈赓、王宏坤组成，刘伯承任书记。1941 年 1 月"皖南事变"后，新四军重建军部并将所属部队统一整编为 7 个师。同年 4 月，经中央军委

---

① 《中国人民解放军历史资料丛书·新四军文献》(1)，解放军出版社 1988 年版，第 164 页。

批准，成立了各师军政委员会：第 1 师，由粟裕、刘炎、钟期光、周林等组成，刘炎任书记。第 2 师，由张云逸、罗炳辉、郭述申、周骏鸣、郑位三等组成，张云逸任书记。第 3 师，由黄克诚、吴法宪、彭雄、彭明治、朱涤新等组成，黄克诚任书记。第 4 师，由彭雪枫、张震、萧望东、岳夏、赖毅等组成，彭雪枫任书记。第 5 师，由李先念、任质斌、刘少卿、陈少敏等组成，李先念任书记。第 6 师，由谭震林、江渭清、罗忠毅等组成，谭震林任书记。第 7 师，由曾希圣、张鼎丞、孙仲德、何伟等组成，曾希圣任书记。新四军军部，因有华中军分会，未再设军政委员会。5 月，东南局与中原局合并成立华中局，刘少奇兼任书记，陈毅、张云逸、邓子恢、赖传珠等为委员，1942 年 3 月起陈毅代理书记。

（二）坚持独立自主的建军方针

根据蒋介石国民党政府欲急调红军到前线参战，希望在战场上消耗和削弱红军主力的心理，在国共两党商谈红军改编的过程中，中国共产党就提出，红军只充任战略游击支队，执行独立自主的游击战争。

抗日民族统一战线形成后，为正确制定我党的全国抗战路线和战略总方针，1937 年 8 月 22—25 日，中共中央在陕北洛川县冯家村召开了政治局扩大会议，即洛川会议。毛泽东同志在会上指出：抗日战争是一场艰苦的持久战。我军的战略方针是“独立自主的山地游击战争（包括有利条件下消灭敌人兵团与在平原发展游击战争，但着重于山地）”。独立自主是相对的，是在共同抗日的统一战略目标下的独立自主的指挥。游击战的作战原则是：“分散以发动群众，集中以消灭敌人，打得赢就打，打不赢就走。”[①] 中共中央确定的独立自主原则，就是在统一战线中，实行既统一，又独立，对国民党采取有团结有斗争，以斗争求团结的方针；保持共产党在思想上、政治上和组织上的独立性，实行自己的政治路线，放手发动群众，领导全国人民进行抗日战争；坚持党对八路军、新四军和其他人民武装力量的绝对领导，冲破国民党的限制和束缚，努力发展人民武装力量。此后，党中央和中央军委发出了一系列关于扩大和加强党领导武装的指示。如 1937 年 11 月 4 日，中央军委发出《对八路军扩军工作的指示》，1940 年 2 月 30 日，颁布《扩军原则的指示》，1940 年 5 月 6 日，发出

① 《国民革命军八路军史》，中央文献出版社 2005 年版，第 39、40 页。

《对于新四军政治工作的指示》等。

中共中央确定的独立自主原则，最初并没有为全党所充分理解。抗日民族统一战线形成后，共产党内的右倾错误便开始出现，特别是以王明为首的右倾投降主义公开反对在统一战线中坚持独立自主的原则，赞同国民党“只要一个军队”和“统一军令”的主张，要共产党领导的人民军队，服从国民党的统一指挥，统一编制，统一武装，统一纪律，统一待遇，统一作战计划，统一作战行动等，提出“以运动战为主，配合以阵地战，辅之以游击战”的方针。中共中央对王明的右倾投降主义错误进行了坚决的抵制和斗争，坚持在统一战线中实行独立自主的原则。毛泽东在《统一战线中的独立自主问题》中指出：“我们一定不要破裂统一战线，但又决不可自己束缚自己的手脚，因此不应该提出‘一切经过统一战线’的口号。‘一切服从统一战线’，如果解释为‘一切服从’蒋介石和阎锡山，那也是错误的。我们的方针是统一战线中的独立自主，既统一，又独立。”① 在党中央的努力下，王明右倾错误的影响被限制在局部范围内，并较快地加以克服。

1938 年 9 月 29 日—11 月 6 日，中国共产党在延安举行了扩大的六届六中全会。全会基本上纠正了王明的右倾错误，再次强调中国共产党必须独立自主地领导人民进行抗日战争，从而进一步统一了全党的思想和步调。毛泽东明确提出红军抗日战争时期的军事战略方针以独立自主的游击战为主，这是一个重大的军事战略转变。实行由正规战争为主向抗日游击战争为主的军事战略转变，从根本上解决了人民军队创建抗日根据地、分兵发动群众与集中兵力打仗，集中兵力进行正规战争与分散兵力进行游击战争，保存、发展自己与消灭敌人诸辩证关系问题，具有重大的历史意义。到 1938 年 10 月，八路军就迅速发展到 15.67 万人；至 1939 年底又发展到 27 万人。其中第 115 师在五台山分兵时留下创建晋察冀根据地的兵力总共不过 3000 人，在不到两个月的时间里，就发展到 2 万多人。第 120 师 1937 年 9 月初开赴抗日前线时，兵力共 8200 余人（不包括留守陕甘宁边区的部队），到 1938 年 2 月已扩大为 2.5 万人。第 129 师从 1937 年 11 月到 1938 年 10 月，在开辟晋冀豫和冀南根据地过程中，部队由

---

① 《毛泽东选集》（第二卷），人民出版社 1991 年版，第 540 页。

9000 余人发展到 5 万余人。新四军至 1939 年底也由 1 万人发展到近 5 万人。[①] 这就大大增强了抗日的力量，为坚持和发展敌后游击战争，创造了重要条件。

三、加强党对地方武装力量的领导

建立和发展地方武装是在共产党领导下取得全民族抗战胜利的必要条件。1937 年 7 月 23 日，毛泽东在《反对日本进攻的方针、办法和前途》一文中指出：必须"武装民众实行自卫，并配合军队作战。……民力和军力相结合，将给日本帝国主义以致命的打击。民族战争而不依靠人民大众，毫无疑义将不能取得胜利"。[②] 八路军、新四军各部队从挺进到敌后创建各抗日根据地之日起，就从部队抽调大批干部战士，将根据地中除老幼、病患者以外的男女青壮年，在自愿、民主和不脱离生产的原则下，组织在抗日人民自卫军和青年抗敌先锋队等群众组织之中，轮流担负保卫家乡和协助正规军作战的任务，并从自卫军等组织中挑选精干分子组成民兵或基本自卫军（队）。游击队一般由八路军和新四军等人民军队组建，并从主力部队中抽调出大批干部进行领导和指挥。由于红军主力改编为八路军和新四军后，编制、装备和经费等方面都要受到国民党政府的制约，对我党发展和壮大人民军队产生了一定影响。

1938 年 4 月，中共中央在向共产国际的报告中就提到："国民党及政府，对八路军不补充人员和武器，仅负责供给 3 个师四万五千人的粮食、被服的费用与必要的弹药。""因为经费受了严格的限制和政府不愿供给我们武器，故在 1937 年底即停止了扩大部队的工作，而已有的部队过着极贫苦的物质生活。"[③] 从另一方面看，八路军、新四军等主力部队扩充过快容易引起蒋介石国民党政府的警惕，也会影响到统一战线的稳定和巩固。为了消除这些影响，支持主力部队广泛开展敌后战争，为今后发展壮大人民军队打下基础，中共中央和中央军委指示，在各抗日革命根据地和敌后战场要建立民兵和自卫军等地方武装，大力发展游击队、自卫队、民兵、少先队等群众性武装组织。如 1937 年 10 月 29 日中共中央军委总政

---

① 姜思毅主编：《中国共产党军队政治工作七十年史》第 2 卷，解放军出版社 1991 年版，第 89 页。

② 《毛泽东选集》（第二卷），人民出版社 1991 年版，第 347 页。

③ 《中国人民解放军历史资料丛书·八路军文献》，解放军出版社 1994 年版，第 169 页。

治部《关于部队进行地方动员工作的指示》中就提出：八路军要在短期内完成下列游击队的组建，每队至少3000人。计115师3个，120师3个，王震部1个，总直3个。[①] 游击队的装备和经费通过募集募捐、收缴民间遗散武器、购买国民党溃败军队的武器、没收汉奸财产等方式来筹措。游击队的主要任务是配合主力部队作战。如在冀中八路军以政治争取为主的方式，收编、改造了遍布冀中各地的大部分联庄会武装，截至1938年底，编入八路军的共约2万多人。第129师部队进入冀南地区后，至1938年6月，先后收编和改编了大小数十股游杂武装和20余县的民团、保安队，总计2万余人。晋察冀边区的游击队，就组成了几个独立师，成为在敌人后方创造新军队的模范。[②] 自卫队、民兵、少先队（14岁以上、20岁以下）等群众性武装力量，由我党领导的各抗日根据地民主政权组建，由党的地方干部或军队派到地方工作的同志进行领导。群众性武装力量不脱离生产，其装备和经费通过参加生产自救、没收汉奸财产、收缴民间枪支和购买枪支等方式自主筹集，实行自给。群众性武装力量的主要任务是巩固和保卫地方政权，站岗放哨，肃清汉奸敌特分子。中共中央和中央军委在发展地方武装力量的过程中，加强了对地方武装力量的统一领导，组织开展军政教育，并根据承担的任务进行相应的军事训练，使之逐步向正规军发展，待时机和条件成熟时争取能整批加入主力部队。

为加强党对地方武装力量的领导，一是建立人民武装委员会。党中央在全面抗日战争初期决定，自上而下成立党领导下的由各有关方面参加的人民武装委员会，“这种委员会是由各级人民武装代表大会所产生的民主集中的组织，不应采取委派办法”。创建根据地的八路军和新四军协助地方党政机关建立了各级人民武装委员会，使民兵、自卫军（队）有了统一的领导指挥机构。二是建立了主管地方武装和人民武装的区域性军事机关——军区、军分区和人民武装部。1940年前后，根据中央军委的决定，党领导下的各抗日根据地陆续成立了军区和军分区。关于军区、军分区的性质及隶属关系，1940年12月3日下发的《八路军总部关于健全军区工作指示》明确规定为：“军区、军分区是地方性质部队之直接指挥机关。同时也是地方党与政府机关内领导不脱离生产之武装组织的掌理机关”，

① 《中国人民解放军历史资料丛书·八路军文献》，解放军出版社1994年版，第88页。

② 《中国人民解放军历史资料丛书·八路军文献》，解放军出版社1994年版，第168页。

“各军区首先是各军分区之野战军，应有计划的逐渐脱离军区、军分区之管辖，而成为全军战略范围内之机动部队”；以后又在《军区建设问题》中规定：军区、军分区“归军队系统建制与指挥，政治上归同级党领导。服从上级军事机关的命令，在与命令不抵触的范围内，受同级政、党指挥”。“军区——兼区委军事部、政府军事部。分区——地委军事部、政府军事部。县独立营——县委军事部”。1945 年前后，中央军委决定另在军区系统内，从军区至县各级设立人民武装部，专门从事不脱离生产的人民武装工作。三是明确了人民武装系统接受地方党委、政府和上级军事机关的双重领导。规定军队除保持军队系统上下级隶属关系和接受本系统上级直接领导外，还要接受所在地区地方党委的一元化领导；中共中央代表机关（中央局、分局）及各级党委（区党委、地委）为各地区的最高领导机关，各地军事政策与军事行动的大政方针，须交党委讨论，但具体军事行动由部队首长决定；分局、区党委、地委书记兼任军区、分区（师或旅）政委，另设副书记管理党务工作；县委、区委书记兼任县大队政委、区小队教导员，县长、区长兼任县大队、区小队队长。鉴于人民武装不但在政治上应保证党的绝对领导，而且在实际工作中很难与各级党委领导的各项日常任务划分，因此，党委一面要特别掌握武装，一面又要照顾各项工作与之相适应以求互相配合，故各级人民武装部应确定是党委领导下的一个部门，在公开的行政上为军区系统一个独立的组成部分。县人武部应兼县委军事部，代表县委统一领导县区武装与人民武装，受军分区直接指挥，县委书记兼政治委员，各级人民武装正副部长，均同各级党委部长待遇，县武装部长可为县委委员。对人武干部的管理，统一于同级党委组织部。

第三节　抗日民主根据地的军事法治建设

全面抗日战争时期，中国共产党领导八路军、新四军和其他爱国民众，在全国先后建立了 19 块抗日民主根据地，各根据地都有人民军队和地方武装。为了团结抗日民主根据地各阶级、各阶层和各民族人民共同抗日，在战争环境下，各边区政府充分发扬人民民主，积极建设抗日民主政权的革命法治。在根据地的政权法治建设中有大量关于军事法治建设方面的内容，为人民军队在根据地的发展壮大提供了可靠的法治保证，也为军事法治建设的发展提供了宝贵经验。

一、抗日民主根据地政权的军事及法治工作机构

抗日根据地建立后，在地方党组织的领导下，依托八路军、新四军和抗日民主政权，建立了根据地政权的军事、经济、文化等行政组织和机构，使根据地的军事、政权、生产、教育等诸方面建设进一步巩固和发展。各抗日根据地政权的军事工作机构为根据地的巩固，为中国抗日民族战争的胜利作出了重大贡献，也成为人民解放战争的重要基地和人民革命力量的重要来源之一。

（一）建立军政结合的根据地民主政权

根据1937年中共中央洛川会议的决定，中国共产党领导的人民军队着重向敌后发展，开辟敌后战场，建立敌后抗日根据地，主要从战略上配合国民党军队作战。这样，在中国的全民族抗日战争中，就形成了互相配合的两个战场：一个是主要由国民党军队担负的正面战场，一个主要是共产党军队担负的敌后战场。敌后游击战争是同国家的总后方脱离的，是无后方作战，如果不在敌后地区建立根据地，军队就不能够长期地生存和发展，游击战争也不能有效地开展。因此，从1937年11月起至日本帝国主义投降前夕，在我国北起内蒙、辽宁，南到海南岛的大部分省区，建立了陕甘宁、晋察冀、晋冀豫、冀鲁豫、晋绥、山东、东江、琼崖等19个抗日根据地。在各抗日根据地的建设中，首要的是加强政权建设，建立起与战争环境和根据地建设相适应的军政合一的政权组织。

1938年1月10日—15日，在河北阜平召开了晋察冀边区军政民代表大会，出席会议的有共产党员、国民党员、各抗日军队和群众团体的代表，有工人、农民、开明绅士、资本家和宗教人士的代表，有蒙、回、藏等少数民族的代表等，共140余人。会议经过民主选举，成立了晋察冀边区临时行政委员会。这是敌后由共产党领导建立的第一个统一战线性质的抗日民主政权，它的成立，标志着八路军首创的晋察冀抗日根据地基本形成。此后，晋察冀抗日根据地在敌后不但站稳了脚跟，而且在强敌围攻中不断发展壮大。陕甘宁边区的政权建设起到了示范作用。1939年1月中旬至2月初召开的陕甘宁边区首届参议会，通过了《陕甘宁边区抗战时期施政纲领》，事实上规定了中国共产党在各抗日根据地内实行的基本政策。但是，在1940年前，抗日民主政权处于初创阶段，各根据地政权建

设发展不平衡，政权法治建设才开始起步，“在不少地区包括陕甘宁边区和华北根据地的一些地方，还存在着两种政权并存的局面”。[①] 为此，1940 年 3 月 6 日，中共中央发出关于《抗日根据地的政权问题》的指示，对根据地政权建设的原则和政策做了具体规定。指示规定，在政权工作人员中实行“三三制”，提出：“抗日统一战线的施政方针，应以反对日本帝国主义，保护抗日人民，调节各抗日阶层的利益，改良工农生活和镇压汉奸、反动派为基本出发点。”[②] 此后，中共中央发布了一系列指示，阐明党关于抗日根据地政权建设的性质，是中国共产党领导的抗日统一战线性质的政权，即几个革命阶级联合起来对汉奸、反动派的民主专政。

根据中共中央关于根据地政权建设的一系列指示精神，晋察冀边区和其他抗日根据地按照“三三制”原则陆续建立起了参议会制政权。参议会制度是适应抗日民族统一战线的需要，采取国民党地方政权咨询机构的形式，在工农兵代表大会制度基础上发展起来的抗日民族统一战线政权组织形式。这种制度继承了工农兵代表大会制度的基本原则，在一些方面还有所发展。如扩大了政权的基础，所有抗日爱国的阶级、阶层和社会团体都有权参加民主政权的管理工作。在政权机关的设置上，边区和县两级普遍设立参议会，是代表机关又是民意机关；人员构成上实行共产党员、进步分子、中间分子各占 1/3 的“三三制”原则。共产党在政府工作中的领导地位和优势，是靠政策的正确、党员的模范作用和人民的拥护来实现的，党员必须同党外人士实行民主合作，倾听他们的意见，遇事共同商量，不得一意孤行，把持包办。实行普遍、直接、平等、无记名投票、差额选举的制度等。政权的施政方针是反对日本帝国主义，建设抗日武装力量，保护抗日人民，调节各抗日阶级的利益，改良工农生活。各抗日根据地根据中共中央的指示，在总结过去工作经验的基础上，先后颁布了新的施政纲领。

（二）设立民主政权的军事工作机构和开展相应法治工作

各抗日根据地民主政权都是在八路军和新四军等人民武装帮助下创立的，一般都设有相应的军事工作机构和开展相应的法治工作，其主要任务

---

① 中共中央党史研究室编：《中国共产党历史（下册）》，中共党史出版社 2002 年版，第 560 页。

② 《毛泽东选集》（第二卷），人民出版社 1991 年版，第 737 页。

是维持地方治安，保卫边区政权，领导兵役工作和地方武装力量工作。在全面抗日战争时期，坚持和发展了党管武装原则，确立了沿用至今的党管武装的基本制度框架。根据党中央和中央军委的指示，各根据地政权机构中都设立了相关军事工作组织及法治机构：

1. 陕甘宁边区。陕甘宁边区的基础是原陕甘宁革命根据地。1937 年 9 月 6 日，原陕甘宁革命根据地的苏维埃政府正式改称陕甘宁边区政府，林伯渠任主席，张国焘任副主席。国民政府划定陕甘宁边区政府管辖范围为 23 个县。此外，宁夏的花马池，陕西的神府区、关中的部分地区也归边区政府直接管辖，并为八路军的募补区。边区面积约 13 万平方公里，人口约 150 万人。“陕甘宁边区是中共中央所在地，是人民抗战的政治指导中心，是八路军、新四军和其他人民抗日武装的战略总后方。”①

陕甘宁边区的武装力量，包括八路军留守部队、边区保安队和自卫军三部分。1937 年 10 月，八路军留守部队经过整编，除第 770 团保留外，各部队统一编为警备第一至第八团，另有两个独立营。12 月，中央军委决定后方留守处改为八路军留守兵团，萧劲光任司令员，曹里怀任参谋长，莫文骅任政治部主任。保安队由原陕甘宁边区的地方红军和游击队编成，约 5000 人，高岗任保安司令部司令员。自卫军是群众性的、不脱离生产的人民武装，人数有 20 多万人，是保卫和巩固边区的重要力量。在边区政府之下，设有若干处理民政、军事、司法等项事务的厅。在陕甘宁边区的政权机构中还设有保安司令部，设保安司令 1 人，负责边区的地方秩序和抗日武装组织的训练等事务。边区政府还在各地设有专员公署作为派出机关，以加强对县政府的领导，其职权包括组织与领导人民武装，协同军队维持地方治安等。

2. 晋察冀边区。晋察冀边区是八路军进入华北抗日前线所创立的第一个敌后根据地。晋察冀边区是以山西五台山区为中心，包括平汉铁路以西、平绥铁路以南、同蒲铁路以东、正太铁路以北的广大地区，具有重要的战略地位。

1937 年 9 月下旬，遵照毛泽东关于五台山脉地区应使之成为重要的游击战争区域之一，现在就宜于加紧准备的指示，罗荣桓即率第 115 师工

---

① 中共中央党史研究室编：《中国共产党历史（下册）》，中共党史出版社 2002 年版，第 504 页。

作团开赴冀西阜平、曲阳地区，着手进行创建抗日根据地的工作。10 月下旬，第 115 师主力奉命南下后，留独立团、骑兵营、师教导队、总部特务团和一部分随营学校学员，约 3000 人，在聂荣臻率领下，继续发展晋察冀边区抗日武装和创建抗日根据地。11 月 7 日，根据中共中央的决定，成立了八路军晋察冀军区，聂荣臻任司令员兼政治委员，下辖 4 个军分区，各军分区均建立了支队，每个支队下辖 3 个大队，每个大队由1500—2000 人编成。至 12 月下旬，边区发展到 30 余县，部队发展到 2 万余人。1938 年 1 月，在河北阜平选举产生了第一个边区抗日民主政权。其政权机关分为边区政府、县政府、村政府。边区至村各级设立人民抗日武装委员会，设正、副主任。在边区政府民政厅下设立了边区人民武装自卫队、总指挥部，负责领导各地人民武装自卫队工作。民政厅负责人民武装兵役等事项。县级政权设人民武装部，由部长、副部长各 1 人、干事若干人组成。

3. 晋冀鲁豫边区。晋冀鲁豫边区包括晋冀豫和冀鲁豫两个战略区：1937 年 11 月，129 师遵照中共中央指示，开创了晋冀豫根据地。次年正式成立晋冀豫军区，建立了晋冀豫根据地。1940 年 4 月又扩大了根据地，分别建立了晋鲁豫军区以及冀南军区、太行军区和太岳军区，负责当地的军事事务。在晋冀鲁豫边区抗日政府下设民政厅、军区司令部、公安总局等机构。军区司令部设司令、副司令、政治委员各 1 人。因工作需要还可以设立各种专门性质的委员会，必要时聘请当地党、军、民众团体和士绅参加。

4. 晋绥边区。晋绥边区抗日根据地是 1937 年 10 月八路军 120 师在配合保卫太原作战时，在晋西北开辟建立的。1941 年经普选建立了“三三制”的政权，1942 年 10 月正式成立晋绥边区，统一领导晋西北及绥远地区的党、政、军、民等各方面的工作，领导地方武装力量。

5. 山东抗日根据地。1938 年冬至 1939 年冬八路军 115 师进入山东，粉碎日伪军的扫荡，正式建立了山东抗日根据地。山东抗日根据地的最高行政机关为战时行政委员会。行政委员会对临时参议会负责，颁布行政和军事行政命令。其下设有民政、高级审判处和公安局等。县行政委员会设司法、武装科和公安局等部门，负责领导本地的民兵和自卫军等地方武装及社会治安事务。

1943 年 9 月 25 日，山东抗日根据地召开了第一次人民武装代表大会，决议要求对民兵、自卫军进行经常性的教育，并提出了以下要求：（1）树立高度的民族气节和民族自尊心，不妥协、不投降，坚持抗战到底。（2）懂得武装的重要性，树立高度的胜利信心与勇气，不动摇，不怕死，积极参加反对敌伪的任何扫荡蚕食。（3）拥护共产党的领导，拥护民主政府的政策法令，热爱人民军队。（4）确立高度的政治警觉性，防止敌人、国民党特务、封建势力夺取人民武装，保卫人民的民主自由，及其既得的生活权利。（5）加强战术训练和文化娱乐活动，爱护武器，提高身体素质和英武精神。（6）加强组织性，纪律性，遵守纪律，服从指挥，严格执行各种制度。（7）教育纠正各种偏向，如雇佣观点、私分公物、包庇走私、大吃大喝、捆人罚人和流氓行为等，并同这些不良倾向进行坚决的斗争，从政治上、思想上保证民兵、自卫队的纯洁性。

6. 鄂豫边区。全面抗日战争时期，新四军挺进华中敌后，建立了华中敌后抗日根据地。1940 年 9 月设立了鄂豫边区军政联合办事处，下设民政、公安、司法等处。1941 年正式成立边区军政最高领导机构——边区行政分署。边区行政分署设民政处和保安司令部。保安司令部设司令 1 人。县政府设抗日自卫队总队，编队长、副队长各 1 人，参谋长 1 人。区设抗日自卫队支队部，编正、副支队长各 1 人。

全面抗日战争时期，各抗日根据地普遍建立了自卫队总指挥部、人民武装委员会、武装科或武装部等军事工作部门，负责领导发动群众、战争动员和开展游击战；一些地方还设有军区或军分区，作为当地正规军和地方武装的统一领导机关。如冀中军区还专门规定了游击队的“十要十不要”行动守则。“十要”是：一要吃饱睡足觉；二要服从命令；三要有组织；四要走得快；五要清楚地形；六要提高警惕；七要放哨取联络；八要向群众做深入工作；九要行在边区住在点（在边境活动，在据点附近宿营）；十要守秘密。“十不要”：一不会客；二不外出；三不集体小便；四不留名字在地上；五不走一条路；六不乱说话；七不吸烟；八不留脚印在门口；九不走村庄；十不使狗叫。这个守则还被推广到其他游击区。

二、抗日根据地的军事法治建设

抗日根据地的军事法治建设是在十分艰苦的战争环境中进行的。人民军队和抗日武装的建设与发展是根据地政权巩固与扩大的基本保障，两者紧密相连。各根据地政权都把加强人民武装力量和军事法治建设放在极为重要的位置上，军事法治建设成为根据地政权法治建设的重要组成部分。

（一）边区施政纲领中的军事法治内容

根据中共中央确立的根据地民主政权建设的施政方针与立法原则，各抗日根据地都先后制定了各自的施政纲领，作为各根据地开展法治工作的基本依据。如 1939 年 1 月，陕甘宁边区第一届参议会通过的《陕甘宁边区抗战时期施政纲领》、1940 年 8 月《晋察冀边区目前施政纲领》、1941 年 5 月《陕甘宁边区施政纲领》、1941 年 7 月《晋冀鲁豫边区政府施政纲领》、1942 年 5 月《淮南、苏皖边区施政纲领》、1942 年 10 月《对巩固和建设晋西北的施政纲领》、1944 年 2 月《山东省战时施政纲领》等。上述施政纲领的内容形式虽有差异，但没有原则的区别，都是抗日民族统一战线指导下各根据地政权和军事法治建设带有根本法性质的政纲。这些纲领包含的军事法治内容主要有：

1. 实行普遍、直接、平等、无记名投票的选举制度，建立“三三制”政权，保证共产党在政权中的领导地位，发挥抗日军队和军人在政权建设中的作用，保障各党派及无党派人士都能参加边区民意机关的活动和行政机关的管理。

2. 扩大边区武装力量，动员全民族武装抗战，实行全民族武装自卫，扶助人民抗日团体与民众武装的发展，加强抗日民兵、自卫军、少先队的组织与训练，广泛开展游击战争。

3. 实行兵役与参战的动员，改善兵役制度和后方勤务动员制度，扩大正规军和主力部队，提高武装部队战斗力。

4. 保护军婚，优待抗日军人家属、抚恤荣誉军人和烈士遗孤，解决军人的后顾之忧，使抗日军人安心作战。

5. 严厉镇压死心塌地的汉奸分子，对罪大恶极的汉奸分子，要没收土地财产，对胁从分子实行宽大政策。对敌伪军俘虏，一律实行宽大释放政策，如自愿参加抗日，则予以优待。

6. 在农村实行减租减息、交租交息的政策，以调整各抗日阶级的关系。在机关、学校、部队中厉行开源节流，提倡生产运动与节约等。

（二）边区选举法规中的军队选举制度

全面抗日战争时期，各根据地民主政权相继颁布了一系列的选举法规，其中大部分法规对军队的选举制度作了规定。

1. 关于选举方式。全面抗日战争时期，军队选举方式经历了从统一选举到单独选举的发展过程。早期的选举法规，规定军队一般都参加驻地所在区域的选举。如 1939 年 2 月《陕甘宁边区选举条例规定》，现役军人、保安队、警察、学校、工厂及机关之选民，均参加所住区域之选举，与居民是同一规定。为充分保障军人行使选举权，到后期的选举法规，一般都规定了军队实行单独选举的制度。如 1941 年 11 月和 1944 年 12 月的《陕甘宁边区各级参议会选举条例》都规定：边区保安部队、抗日驻防部队等实行单独选举。此外 1940 年 6 月《晋察冀边区暂行选举条例》、1943 年 1 月《晋察冀边区选举条例》、1944 年 11 月《晋冀鲁豫边区参议员选举条例》、1945 年 4 月《晋绥边区参议会选举条例》、1945 年 6 月《山东省行政区参议会参议员选举办法》等都有类似的规定。

2. 关于选举机构。各根据地的选举法规一般都规定由抗日军队单独组织选举委员会进行选举。但在选举委员会的组织上，各根据地的规定不尽一致。如 1944 年 12 月《陕甘宁边区各级选举委员会组织规程》规定：边区保卫团、警卫团、驻军、抗日军政大学之选举委员会，由边区后方留守兵团政治部提出委员人选 7—11 人，呈请边区政府聘请组织之，并互推 1 人为主任。1943 年 1 月《晋察冀边区选举条例》规定：军区部队由军区司令部、政治部组织特种选举委员会进行选举。1944 年 11 月《晋冀鲁豫边区参议员选举条例》规定：军界参议员之选举，由各战略区司令部、政治部各组织特别选举委员会进行选举。1942 年 1 月《晋西北临时参议会参议员产生办法》规定：抗日军队选举事宜，由军区司令部、政治部及 120 师、新军总指挥部之代表组织选举委员会进行选举，并专门制定了《晋西北临时参议会参议员抗日军选举办法》。

3. 关于选举名额。军队议员的应选名额，一般由法律加以明确规定。如《晋察冀边区选举条例》规定：军区部队共选举参议员 20 名；《陕甘宁边区各级参议会选举条例》规定：驻防边区抗日部队、边区保安部队、抗日军政大学共选出边区参议员 13 名；《晋绥边区参议会选举条例》规定：军区部队共选参议员 22 名；《晋西北临时参议会参议员产生办法》规定：全晋西北抗日军队共选举产生参议员 9 名；《晋冀鲁豫边区参议员选举条例》规定：太行区军界（包括正规军及游击队）选举参议员 6 名等。

（三）兵役和优抚法规

全面抗日战争时期，陕甘宁边区和其他抗日民主根据地都十分重视兵役和优抚法规的制定与完善。仅陕甘宁边区的主要兵役、优抚法规就有：1937 年《陕甘宁边区抗日自卫军组织条例》《陕甘宁边区政府抗日军人优待条例》，1939 年《陕甘宁边区义务耕田队条例》，1940 年《陕甘宁边区抚恤暂行办法》，1941 年《陕甘宁边区政府优待抗属代耕工作细则》，1942 年《陕甘宁边区政府关于增加残废金的通知》，1943 年《陕甘宁边区动员战士归队暂行办法》《陕甘宁边区政府优待抗日军人家属条例》，1944 年《陕甘宁边区政府抚恤优待条例》等。除陕甘宁边区外，其他根据地也制定了大量的兵役和优抚法规。如 1938 年《晋察冀边区优待抗日军人家属暂行办法》，1941 年《晋察冀边区人民武装抗日自卫队组织章程》，等等。上述兵役和优抚法规的基本内容集中体现在以下几个方面：

1. 组织适龄群众参加自卫队、民兵和少先队等组织。一般规定年满 16 岁以上 55 岁以下者，均得登记参加自卫队组织，其职责是配合正规军作战，广泛开展游击战争，担任抗战勤务，维护后方治安，保卫边区政权。

2. 实行志愿的义务兵役制，组织青壮年进行兵役登记和政治审查，组建预备兵或抗日先锋队，开展必要的军事训练和政治教育，确保青壮年能及时应招入伍，不断充实、扩大正规军和主力部队。

3. 优待抗日军人及其家属，除组织群众帮助抗属义耕、代耕土地外，抗属享有很多优待，如优先分得公有财物、优先租借、优先招工、子女优先入学并免费、优先享受救济、优先购买短缺物资、优先贷款、生病时由公立医院免费治疗等。

4. 完善各种抚恤政策，给予因参战牺牲、伤残的人员、荣誉军人及烈士遗孤等应有的优待、抚恤和社会保障。

（四）加强军政军民关系法规

为了增进军政民之间的团结，在延安整风运动期间，召开了西北局高干会议和军政干部会议。军政民各方以整风的精神，进行公开的自我批评，互相尊重，互相体谅。总结了经验教训，提出了改进措施。1942 年 9 月 1 日，中共中央作出《关于统一抗日根据地党的领导及调整各组织间关系的决定》，指出："要在全党中说明，假如军队削弱，假如战争失败，则根据地无法存在，党政军民都会塌台，因此，党委、政府、民众团体以及全体人民，都有巩固军队，加强其战斗力的任务。""在军队本身，则应深深了解，没有党、政府、民众团体的配合，光靠军队是一天也不能支持抗战的。因此，必须加强部队中的教育，做到能爱惜根据地，爱惜人力物力，尊重党政，加强军纪，给党政民以必要的帮助。”深刻阐述了军民、军政之间的密切关系，为加强彼此间的团结指明了方向，提出了严格要求。中共中央决定在边区开展军队“拥护政府、爱护人民”（以下简称拥政爱民），党政机关、群众团体“拥护军队、优待抗日军人家属”（以下简称拥军优抗）的运动。

1943 年 1 月 15 日，新年伊始，边区政府便颁布了《关于拥护军队的决定》《拥军公约》《“开展拥军运动月”的工作指示》。《关于拥护军队的决定》指出：“拥护军队是各级政府与全体人民应有的责任和义务”①，要求各级政府充分认识拥军的深远意义和重要性，积极改善和加强拥军工作，并定期进行检查，成绩优良者予以奖励，对此工作漠不关心毫无成绩者给予批评、指责和惩罚。边区政府主席林伯渠在元月 15 日《解放日报》上撰文《造成拥军热潮，增强拥军工作》，强调“军队的利益和人民的利益是血肉相连而不可分开的”，“拥护军队的利益实际上也是拥护人民自己的利益”。同时宣布边区政府把每年的 1 月 25 日—2 月 25 日定为边区的拥军运动月。随后，边区政府还发布了《拥军月具体办法》，掀起了新的拥军高潮。

在陕甘宁边区和其他抗日民主根据地开展拥军优属活动的同时，人民军队也广泛开展了拥政爱民活动，进一步密切了军政关系和军民鱼水情。1943 年 1 月 25 日，驻陕甘宁边区的八路军留守兵团司令部和政治部，发布了《关于拥护政府爱护人民的决定》《关于拥政爱民运动月的工作指示》，并决定 2 月 5 日—3 月 4 日为“拥政爱民运动月”。2 月 1 日，八路军留守兵团公布《拥政爱民公约》，这是人民军队历史上第一个拥政爱民公约，内容共十条，主要是：服从政府法令；保护政府，帮助政府，尊重政府；爱惜公共财物；不得侵犯群众利益；借物要送还，损失了要赔偿；积极参加生产，减轻政府和人民的负担；帮助人民春耕秋收和冬藏；帮助人民进行清洁卫生运动；了解民情风俗，尊重民情风俗；向人民宣传，倾听人民意见。同日，陕甘宁晋绥联防军司令员贺龙同志在《解放日报》发表评论文章《开展拥政爱民运动》，向部队发出号召，揭开了拥政爱民

① 《“双拥”运动的由来》，中国军网，http：//www. 81. cn/zjsymfc/2015-07/31/content_6608600. htm。

运动新的一页。以上文件和专论的发表，确定了拥军优属和拥政爱民运动的方针、政策和具体做法，成为“双拥”运动成熟完善的重要标志。

八路军留守兵团拥政爱民和陕甘宁边区拥军优抗的成功经验很快被推广到敌后各抗日根据地。1943 年 10 月 14 日，毛泽东在西北局高级干部会议上提出：“一切问题的中心是老百姓的问题，武装的人民（军队）与非武装的人民要打成一片，必须要有政策来实现，只要军队能拥政爱民，政与民是会爱军队的。”① 1943 年 12 月 10 日，中共中央发出《关于拥政爱民拥军运动的指示》，规定明年旧历正月全月为拥政爱民月及拥军月。此后，边区政府又相继颁布了一些法规，如《新订陕甘宁边区优待抗日军人家属条例》《优待抗日工作人员家属暂行办法》《边区动员潜逃及逾期不归战士归队暂行办法》《陕甘宁边区抗属离婚处理办法》《陕甘宁边区调整军政民关系，维护革命秩序办法》《边区优恤优待条例》等，进一步密切了军民关系，增进了军政、军民团结。

（五）保护军婚的规定

全面抗日战争时期，为保护抗日军人的婚约和婚姻，有关军婚方面的立法成为各根据地民主政权婚姻立法的重要内容。主要有 1943 年《陕甘宁边区抗属离婚处理办法》、1943 年《山东省保护抗日军人婚姻暂行条例》、1944 年《修正淮海区抗日军人配偶及婚约保障条例》、1945 年晋冀鲁豫边区关于保障军婚的通令等。上述法规的主要内容是：

1. 对军人婚约的保护。规定抗日军人的未婚妻，请求解除婚约的，须经军人本人同意，否则不得解除；但是，超过法定年限者，经查证属实，在当地政府登记后，准予解除婚约。对于年限的规定，各根据地的规定不尽相同。如陕甘宁边区等根据地规定，凡是未婚夫 3 年无音讯，或有音讯而女方已超过结婚年龄 5 年以上者，可以解除婚约；而晋察冀等根据地则规定，凡是未婚夫 2 年无音讯，或有音讯不能回家结婚而女方已超过 20 岁者，再延长 1 年方可解除婚约。

2. 对军人婚姻的保护。抗日民主政权对抗日军人和抗日军人配偶的概念作了法律界定，所谓“抗日军人”是指在抗日部队、军事机关或军事学校服务之指挥员、战斗员、政治工作员、供给人员、卫生人员、学员

① 《（1943 年）全军开展拥政爱民运动》，中国网，http：//www.china.com.cn/zhuanti2005/txt/2002-07/11/content_5172074.htm。

及其他军事服务人员。抗日军人的“配偶”是指已结婚之夫妻。抗日民主政权法律规定，抗日军人之配偶，除确知其夫已经死亡、逃跑、投敌之外，未经抗日军人之同意，不得离婚。妻子请求离婚时，政府或司法机关应尽力说服；坚决要求离婚的，必须符合有关年限的规定。对于年限的规定，各根据地规定不尽一致，有的规定5年以上不得其夫音讯配偶方可提出离婚，有的规定抗日军人4年以上音讯全无配偶方可改嫁，有的规定抗日军人生死不明4年以上者配偶方可请求离婚，有的规定抗战胜利后过1年再无其夫音讯者始准离婚。此外，晋冀鲁豫、晋察冀和山东等抗日民主政权，还特别重视保护荣誉军人的婚姻，规定配偶一方如系荣誉军人，他方不得因残废而提出离婚，但生殖器官受伤完全丧失生理机能者，不在此限。

3. 违反军婚保护规定的法律后果。各抗日根据地对违反军婚保护规定的行为，一般都明确了相应的法律后果。如《山东省保护抗日军人婚姻暂行条例》规定：不依本条例，而与抗日军人解除婚约或者离婚者，抗日军人或其家属有权申请恢复其婚约或者婚姻关系；违反本条例与抗日军人之未婚妻订婚或与军人配偶结婚者，其婚约或者婚姻无效，其因此所受任何损失，法律上不予保护。《修正淮海区抗日军人配偶及婚约保障条例》，将破坏抗日军人婚约和与军人配偶结婚的行为规定为犯罪；《晋冀鲁豫边区妨害婚姻治罪暂行条例》，将煽动抗日军人家属离婚成为事实者规定为犯罪行为。

（六）军事刑事法规

为了保卫革命根据地政权，保证人民生命财产安全，及时同汉奸以及其他破坏抗战的罪犯作斗争，维护军队的团结、巩固和统一，各抗日根据地民主政权制定了大量的军事刑事法规。综观各根据地制定的军事刑事法规，其打击的重点是：汉奸罪、盗匪罪、妨害军事罪、破坏坚壁财物罪（或称盗毁空室清野财物罪）等。维护民族利益、保护边区安全稳定和制裁出卖民族利益的汉奸，是当时军事刑法的主要任务，这类案件中在刑事案件中占有突出地位。仅太行区1942—1945年总计审理汉奸案件14969件，约占全区特种案件的62%。我军司法机关对于破坏抗战的汉奸、特务，对于投敌叛变者，坚决予以打击，处以重刑。制定的军事刑罚虽不尽一致，但都体现了对上述各种犯罪加以严厉打击的政策，对于镇压敌人、惩罚犯罪、教育改造人犯、巩固部队、保证抗战胜利等都起到了重要的作用。其中主要有：

1.《抗战时期惩治汉奸条例草案》。该条例是陕甘宁边区政府于 1939 年制定的，是陕甘宁抗日根据地的基本刑事法规，对边区军民均适用。该条例共 13 条，对军内外的汉奸犯罪行为规定了具体的定罪量刑办法。如对于企图颠覆政权或阴谋建立傀儡政权、破坏人民抗日运动、从事间谍特务活动、组织军队叛逃、谋害党政军领导、藏匿军火图谋叛乱或组织叛乱、施放信号为敌人轰炸或射击显示目标、军人逃跑叛变投敌、杀害革命干部或毒害人民、以粮食军械资敌、破坏交通或扰乱金融、放纵汉奸分子逃跑、诬陷他人为汉奸等行为均以汉奸罪论处，根据情节之轻重，判处有期徒刑或死刑，并没收本犯之全部财产，或处以罚金。

全面抗日战争时期惩治汉奸罪的规定还很多，如 1937 年 10 月的《陕甘宁边区锄奸委员会条例》、1938 年《晋察冀边区行政委员会处理汉奸财产办法》、1940 年 7 月总政治部发出的《关于目前的锄奸政策的指示》、1940 年《晋西北没收汉奸财产单行条例》、1941 年《山东省处理汉奸财产条例》、1942 年《晋冀鲁豫边区汉奸财产没收处理暂行办法》、1943 年 4 月《太行区战时紧急处理敌探汉奸暂行办法》、1943 年 4 月《山东省战时除奸条例》、1944 年苏中行政分署、苏中军区司令部《联合公布处理汉奸军事间谍办法》、1945 年 3 月《山东省惩治战争罪犯及汉奸暂行条例》、1945 年 7 月苏中行政公署、新四军苏中军区《调查叛国汉奸罪暂行条例》、1945 年 9 月《苏中区惩治战争罪犯及汉奸暂行办法》等。

2.《抗战时期惩治盗匪条例》。这个条例也是陕甘宁边区政府于 1939 年制定的。其中规定：对于聚众持械抢劫、暴力强夺他人财物、掳人勒赎、藏匿贩运买卖军火、伤毙人命、乘机强奸妇女、纵火焚烧房屋、阻塞交通、袭击或抗拒军队、抢夺军队或自卫武器、勾引军队为匪等行为，均以盗匪罪论处，并视情节轻重判处徒刑或死刑、没收财产或处以罚金。凡教唆、庇纵或协助犯，与本犯同罪。确系被威逼而构成的胁从犯得减刑。此外，1942 年 9 月《山东省惩治盗匪暂行条例》共 14 条，也规定，凡“破坏军事设施”或“现役军人有盗匪行为或依其他方法帮匪者”，按情节轻重处死刑、无期徒刑或 5 年以上有期徒刑。

3.《危害军队及妨害军事工作治罪暂行条例》。该条例由晋冀鲁豫边区政府于 1942 年 10 月 31 日制定，是晋冀鲁豫边区重要的军事刑事法规，共 5 条。其中规定：凡妨害抗战军事工作、捕杀抗日军人及其家属、煽惑抗日军人叛逃通敌、组织暴动捣毁机关、抢劫军用品、破坏军用品、组织鼓动群众破坏军事或杀伤抗日军人、乘战争混乱迫害军队伤病员、解除抗日军人之武装、制造有利于敌人的谣言、破坏抗日军人威信及挑拨军民关系、勾结敌伪陷害抗日军人等行为，都要以妨害军事罪论处，并根据情节轻重处死刑或者无期徒刑，情节较轻的也处 5 年以上有期徒刑。凡殴打辱骂抗日军人、毁谤军事或政治工作人员、乘机要挟军人、故意传播谣言、偷盗军用器材等行为，也应以妨害军事罪论处，处 1 年至 5 年有期徒刑。

4.《破坏坚壁财物惩治办法》。该办法由晋察冀边区政府于 1942 年 4 月 1 日制定。其中规定坚壁财物是指“因防止敌寇汉奸之破坏与抢夺而移藏于地窑山沟及其他隐蔽处所之衣被粮秣公文器具等类之一切公私财物与用土石堵塞之建筑物而言”。破坏坚壁财物的具体行为包括：勾结敌伪挖掘搜索坚壁财物；向敌伪自动告密，暴露坚壁财物之处，致其损害；故意焚烧、毁坏坚壁财物；结伙 3 人以上盗窃坚壁财物，组织他人盗窃坚壁财物，屡犯盗窃坚壁财物；虽非屡犯但非为饥寒所迫而乘机盗窃坚壁财物以发“扫荡财者”；制造敌情或冒充敌伪在民众逃避后而乘机盗取坚壁财物等。对犯破坏坚壁财物罪的，根据情节轻重分别处徒刑或死刑，没收财产或处罚金。类似的规定还有 1941 年 10 月晋冀鲁豫边区政府颁布的《惩治盗毁空室清野财物办法》及 1942 年的补充办法；1943 年 7 月和 11 月山东抗日根据地分别制定的《渤海区处理敌人扫荡期间盗窃案件暂行办法》和《胶东区惩治窃取空室清野财物暂行办法》等。

5. 其他军事刑事法规。除上述主要的军事刑法规定外，各抗日根据地还根据需要，在其他的一些法规中制定了军事刑法条款，规定有妨害军人家庭罪、盗卖军火罪、贪污罪、军人逃跑罪、非法拘禁罪等。如 1943 年《晋冀鲁豫边区妨害婚姻治罪条例》规定，煽动抗战军人家属离婚或者退婚成为事实者，处 1 年以上 5 年以下有期徒刑，并处 1000 元以下之罚金。1944 年《修正淮海区抗日军人配偶及婚约保障条例》规定，娶抗日军人配偶者，处 3 年以下有期徒刑；娶抗日军人未婚妻者，处 2 年以下有期徒刑；前述之主持说合者，处 1 年以下有期徒刑。1943 年 4 月《陕甘宁边区自卫武器登记给照暂行条例》规定，凡擅将公有或军用武器变为私用武器而私相授受或出卖者，以盗卖军火论罪。1943 年 7 月《渤海区惩治贪污暂行办法》规定，凡所属行政机关、武装部队及公营企业人员触犯本办法规定者，以贪污罪论处。

6. 军事刑罚制度。全面抗日战争时期的军事刑罚包括死刑、无期徒刑、有期徒刑、劳役、罚金、没收财产、褫夺公权等。死刑案件大都是军纪犯，如逃跑、偷盗、贪污、强奸、违抗命令等；对于严重危害社会和军事利益的汉奸等，如果处于敌后根据地或战时状态，可以悬赏捕获，不经法庭审判就地正法。在边区，汉奸案件属于特种刑事犯罪案件，由军法机关审判，重者可判死刑。无期徒刑在根据地有关刑事法规中有规定，但由于战时环境的特殊性，无论是边区政府还是军队，基本上没有适用无期徒刑。有期徒刑受当时战争环境的影响，普遍做法是刑期较短，一般掌握在最高刑不超过 5 年，最低刑不低于 6 个月的范围内。劳役是不限制人身自由的强制劳动，适用于犯罪情节轻微者，刑期一般在 1 日以上 6 个月以下，最高不超过 1 年。罚金主要对经济犯罪适用。没收财产和褫夺公权在军法机关审理汉奸案件时适用。

（七）军民诉讼法规制度

在抗日根据地法治建设中，军民诉讼法规制度建设是其中一个重要且具有特色的组成部分。抗战时期，各根据地制定的涉及诉讼的法规制度数量繁多。例如《晋冀鲁豫边区政府晋冀鲁豫边区高等法院关于司法工作在扶植群众运动中及适应战争环境的几点指示》《陕甘宁边区高等法院对各县司法工作的指示》《陕甘宁边区调整军政民关系维护革命秩序暂行办法》《晋察冀边区行政委员会关于特种刑事案件审理程序之决定》等等。其中，涉及军民诉讼的较有代表性的诉讼制度是陕甘宁边区颁布的《陕甘宁边区军民诉讼暂行条例》（1943 年 1 月 15 日），共 13 条。该条例本着在执法中实现军民关系良好发展的目的，减少因为没有军民诉讼管辖规定而发生的纠纷，对军民互涉案件的管辖问题及地方司法机关、军法机关审理互涉案件的程序作了规定：司法机关关于军民诉讼案件的诉讼程序适用通常民刑案件之诉讼程序；军法机关关于军民诉讼事件的诉讼程序，适用军事审判程序。①

三、抗日根据地军事法治建设的特点

全面抗日战争时期，人民军队的法治建设主要是建立在抗日民族统一战线基础上的，主要具有以下特点：

---

① 相关内容在本章第六节“战时军事司法管辖”部分也有叙述。

（一）抗日根据地法治建设军政合一

全面抗日战争时期，军队建设与抗日民主政权建设密不可分，军事法治建设具有军政合一的显著特征。各抗日民主政权根据本地区的具体情况制定的军事法规，成为人民军队法治建设的重要法律依据。这一时期，军事法的主要渊源是各革命根据地民主政权制定的条例和办法，陕甘宁边区制定的军事条例尤其多。另一类军事法的渊源是各抗日民主政权与军事机关联合发布的决定。还有一类是军事机关单独发布的军事法文件。这些特征表明，抗日根据地民主政权的一切建设都是围绕抗日民族大业来进行的，在严酷的斗争形势面前，军事利益与国家利益、民族利益高度一致。因此，加强人民军队建设，理顺军政军民关系，维护军队纪律和正规秩序，保障军事活动正常进行，巩固提高部队战斗力，是各抗日革命根据地民主政权建设的基本宗旨。体现在立法上，军事法治建设也就成为各抗日革命根据地法治建设的重要内容。

（二）各根据地军事法治建设自成体系

各抗日革命根据地是我党领导的八路军和新四军等人民军队在敌后战场建立起来的，受日寇的包围和分割，基本上没有形成相互邻接和统一的革命政权。因此，各革命根据地也都是按照党中央、中央军委的指示精神，从各地的实际情况和需要出发来制定军事法规。各根据地的军事法规多寡不一，名称不尽一致，内容上相互借鉴和补充，军事法治建设基本上自成体系，反映了立法的多样性和丰富性，有力地促进了根据地的政权建设和军队建设。从整体上来看，全面抗日战争时期制定和颁布的军事法规，在数量上急剧增加，军事法治建设涉及的范围日趋广泛，产生了大批军事训练、政工和后勤装备等方面的法规，颁布了调整军民关系、保护军队利益和军人权益的军事法规，形成了初具规模的军事法规体系。

（三）有选择地援用国民政府的法律

为贯彻抗日民族统一战线的总方针，在军事法治建设上，有原则、有选择地援用国民党政府的某些军事法律文件和军事法律条文。援用的原则是：有利于抗战，有利于大多数人民的利益，有利于民主政治，有利于国共两党合作，有利于抗日根据地的边区环境。援用的形式主要有三种：一是宣布国民党政府制定的个别条例在边区适用。如晋察冀边区行政委员会于1938年12月转发国民党政府制定的《修正惩治汉奸条例》和《惩治盗匪暂行办法》。二是规定可以适用某一法规的部分条文。如 1942 年 10 月晋冀鲁豫边区《危害军队及妨害军事工作治罪条例》规定，对违反本条例之行为的治罪，得适用国民党政府制定的《中华民国刑法》的总则部分。三是在自己制定的法律文件中，讲明该法的制定依据是国民政府颁布的某某法律。如 1945 年 8 月《山东省处理汉奸财产条例》就明确提到“本条例系根据国民政府处理逆产条例及山东省临时参议会施政纲领之精神制定之”。

第四节　实行战时体制编制

1937 年 7 月 7 日，全面抗日战争爆发时，日中双方总的实力对比是敌强我弱。正如毛泽东所指出的：日本“是一个强的帝国主义国家，它的军力、经济力和政治组织力在东方是一等的，在世界也是五六个著名帝国主义国家中的一个”。中国则“是一个半殖民地半封建的国家”，“依然是一个弱国”，其“军力、经济力和政治组织力各方面都显得不如敌人”①。在强敌面前，只有实行战时军事体制，动员全国的一切人力、财力和物力支援抗战，才能彻底战胜敌人，保证战争胜利。中国共产党领导下的人民军队从抗日战争的全局出发，根据战时的特点和需要，坚持和实行了战时体制编制。

一、实行党的一元化领导

抗战初期，为动员一切力量支援抗战，加强共产党对根据地民主政权和武装力量建设的领导，在中共中央及其中央分局或省委的领导下，成立了具有党委性质的军政委员会或军政党委员会（1941 年 2 月《军政委员会条例》中规定，以前军队与地方党政合组的军政委员会，改称为军政党委员会，以资区别），一般以地区冠名，如晋察冀军政委员会、晋西北军政委员会等，部队也成立了以自身番号命名的军政委员会，对抗日根据地和人民武装力量的建设和领导开展对敌斗争发挥了重要作用。如根据 1937 年 5 月中共中央苏区代表大会的决定和《中央组织部关于改编后党及政治机关的组织的决定》，八路军、新四军还在师以及独立行动的部队

---

① 《毛泽东选集》（第二卷），人民出版社 1991 年版，第 447、449 页。

中设立不公开的军政委员会，作为党在该部队的最高军政领导机构。1941年2月7日，中央军委颁布《军政委员会条例》，决定在八路军主力军团以上、地方军分区以上部队中一律成立公开的军政委员会，作为各部队党的领导机关，集体讨论决定重大军政问题。各级军政委员会通常由该部队军政主官及参谋长、政治部主任组成。主席一般由政治委员担任。同年2月25日，中共中央军委颁布《关于各级军政委员会人员之批准权限的规定》。在党委制中断的情况下，军政委员会对于坚持和加强党对军队的领导，尤其是加强军队内部党的集体领导，发挥了重要作用。但由于这种组织形式没有常设机关，地委及二级军区或军分区以下没有统一的军政党委员会或军政委员会，党政军民基本保持纵向的领导系统，相互间横向联系不够，在某些地区的党政军民关系中还存在着一些不协调的现象，必须根据抗日斗争的需要统一进行领导。

1942年9月1日，为了统一各个抗日根据地共产党的一元化领导，发挥党政军民的整体力量，形成对敌斗争的合力，中共中央政治局通过了《关于统一抗日根据地党的领导及调整各组织间关系的决定》（即著名的“九一”决定）。《决定》指出：党是无产阶级的先锋队和无产阶级组织的最高形式，他应该领导一切组织，如军队、政府与民众团体。根据地领导的统一与一元化，应当表现在每个根据地有个统一的领导一切的党的委员会。并规定：中央代表机关（中央局、分局）及各级党委（区党委、地委）为各地区的最高领导机关，对各地区的党政军民工作实施统一领导；中央代表机关及区党委地委的决议、决定或指示，下级党委及同级政府党团、军队军政委员会、军队政治部及民众团体党团及党员，均须无条件地执行；军队军政委员会及政治部成为同级党委的一个部门与其他部有平等的权利和义务，但与其他委员会和部门不同，仍保持其上下直接领导和隶属的关系，各地军事政策与军事行动的大政方针，须交党委会讨论，但具体军事行动由军队首长决定之；为统一地方党与军队党的领导，分局、区党委、地委书记兼任军区、分区（师或旅）政委，取消过去由党政军主要负责人组成的党政军委员会（党政军委员会的设立，在根据地创立时期是必要的，正确的）；主力军必须接受各该地区党委的一元化领导，游击区因有特殊性，党政民机关必要时可与军队的军政委员会合并，实行一元化领导。决定还强调：党对政权系统的领导应是原则的大政方针的领导，而不是事事干涉，包办代替；军队应成为执行政府法令的模范；凡决定带有全党、全军普遍性的问题，必须请示中央，不得擅自决定。决定指出：“一切服从战争”是统一领导的最高原则。假若军队削弱，战争失败则根据地无法存在，党政军民都会垮台。军队则应了解：没有党、政府、民众团体的配合，光杆军队是一天也不能支持抗战的。只有党政军民亲密团结，才能协调一致地对敌进行斗争。党的领导的一元化，一方面表现在同级党政军民各组织的相互关系上，另一方面则表现在上下级关系上，即下级服从上级，全党服从中央。加强各抗日根据地党的统一领导，是为了更顺利地进行反对日寇的战争。为落实《决定》的精神，同年 9 月 12 日，中共中央军委总政治部向全军发出《关于统一抗日根据地党的领导及调整各组织间关系的决定》，要求在各军事机关、部队及军事学校的党组织和干部中，深刻讨论与研究中央的决定，并把它列为整风文件。指出：军队各级干部要根据决定精神，检讨自己对地方党、政府、民众团体的态度与关系，肃清主观主义、宗派主义的遗毒，扫除某些同志中存在着的不尊重地方党和政府，不遵守政府法令，侵犯群众利益以及遇事责备地方，只顾本位不顾全盘的习气。要成为拥护统一，服从统一，并成为统一中的模范。军队应从严要求自己，成为服从党的领导，拥护政府和爱护人民群众的模范。在提高思想认识的基础上，各抗日根据地相应进行了组织落实，一般情况下，中共中央分局、区党委、地委、县委书记，任同级部队军区、军分区（师、旅）、独立营政治委员。如党委书记不兼同级部队政治委员或政治委员不担任同级党委书记时，须得到中央或上级党委批准。军队的军政委员会和政治部成为各中央局、分局、区党委和地委的一个部门，与组织部、宣传部等具有同等的权利与义务，具体军事行动则由司令员和政治委员最后决定。各抗日根据地实现党的一元化领导后，调整了党政军民各方面的关系，统一了各方面的整体力量，较好地形成了坚持敌后游击战争的合力，推动了抗日根据地的全面建设，从组织上提供了战胜严重困难、坚持敌后抗战的根本保证。

二、实施战时总动员

战时总动员是实施战时体制的重要标志，也是军事法治的重要内容。为了动员全民族抗战，中国共产党领导下的抗日民主根据地实行了战时总动员。1937 年 7 月 23 日，毛泽东在《反对日本进攻的方针、办法和前途》中指出：“在坚决抗战的方针之下，必须有一整套的办法，才能达到目的”，其中包括“全国军队总动员”和“全国人民的总动员”[①]。1937年8月党的洛川会议通过的《中共中央关于目前形势与党的任务的决定》指出：抗战阶段“最中心的任务是：动员一切力量，争取抗战的胜利”。“今天争取抗战胜利的中心关键，在使已经发动的抗战发展为全面的全民族的抗战。”“共产党员及其所领导的民众与武装力量，应该最积极地站在斗争的最前线，应该把自己成为全国抗战的核心，应该用极大力量发展抗日的群众运动。不放松一刻功夫一个机会去宣传群众、组织群众、武装群众，只要真能组织千百万群众进入抗日民族统一战线，抗日战争的胜利是无疑义的。”[②] 为迅速动员一切人力、财力、物力支持抗战，党中央、中央军委制定了一系列的动员法规和文件。主要有1937年中共中央提出的《抗日救国十大纲领》、1937年中共中央军委总政治部《关于部队进行地方动员工作的指示》、1937年八路军发布的《关于扩军问题的指示》、1939年中共中央军委总政治部《关于目前的时局及八路军、新四军任务的指示》、1939年中共中央《关于国民精神总动员的指示》、1939年中共中央书记处《关于发展华中武装力量的指示》、1940年中共中央书记处《关于山东、华中应集中力量发展武装建立根据地的指示》等。

陕甘宁边区是抗日战争时期各根据地的总后方，为了保证战争胜利，陕甘宁边区政府根据抗战需要、群众负担能力、爱惜民力、公平合理的原则，制定了一系列的动员法规，这些法规涉及动员工作的各个方面。如陕甘宁边区政府在1939年2月《中国共产党陕甘宁边区委员会、陕甘宁边区政府、国民革命军第八路军后方留守处关于动员壮丁的训令》、1940年7月《陕甘宁边区政府关于动员及代雇民夫牲口的决定》的基础上，于1941年3月颁布了《陕甘宁边区战时动员法规》。这是一部带有指导性的基本动员法规，在整个战争中发挥了重要的作用。这部法规包括边区政府主席林伯渠撰写的爱民宣言和《陕甘宁边区战时动员壮丁牲口条例》《陕甘宁边区战时动员物资办法》《陕甘宁边区各级动员委员会组织章程》等几部分内容。除此之外，陕甘宁边区政府还颁布了大量有关兵役制度和保护战略物资的法规。其中属于参军与归队方面的法规有：1937年《陕甘

① 《毛泽东选集》（第二卷），人民出版社1991年版，第346页。

② 《中国人民解放军历史资料丛书·新四军文献》（1），解放军出版社1988年版，第15—16页。

宁边区抗日自卫军组织条例》、1943 年《陕甘宁边区动员潜逃及逾假不归战士归队暂行办法》《陕甘宁边区对潜逃及逾假不归战士的处理办法》等。属于战略物资保护方面的有：1940 年《陕甘宁边区政府关于禁运资敌物品的公告》、1940 年《陕甘宁边区政府关于禁止生废铜铁出境的布告》、1941 年《陕甘宁边区政府禁止粮食出境条例》等。

战时动员法规文件涉及的动员内容包括政治动员、兵役动员和经济动员等方面。

（一）政治动员

政治动员的主要内容包括：

1. 打倒日本帝国主义，驱逐日本帝国主义出中国，反对任何动摇和妥协。

2. 实行全国军事总动员，经常召开国防会议，讨论与决定国防计划与作战方针；动员全国陆海军，反对单纯防御的消极作战方针；发展抗日的游击战争，改革军队政治工作，实行一切抗战的军队待遇平等。

3. 进行全国人民的总动员，进行国防教育，大规模地发动群众、组织群众与武装群众，实行有钱出钱，有力出力、有枪出枪、有知识出知识，动员一切少数民族参加抗战。

4. 改革政治机构，召开国民大会，实行民主宪政，民主选举国防政府，实行地方自治，建立廉洁政府。

5. 实行抗日的外交政策，在不丧失领土主权的原则下，与一切反对日本帝国主义的国家结成抗日联盟。

6. 实行抗日的教育政策，肃清汉奸、卖国贼、亲日派，巩固后方。

7. 实行抗日的民族团结，团结全国人民、政府、军队，筑成民族统一战线的长城，实现中华民族的自由解放。

（二）兵役动员

兵役动员的主要内容包括：

1. 在持久抗战中发展壮大人民军队是极其重大的任务，要把发展武装力量作为一切工作的中心，普遍动员指战员在行动中扩大新兵的工作，以期能迅速有一批新兵补充战争中的减员。要在短期内完成指定的扩军、组建游击队、组建抗日自卫军等指标任务。

2. 抽调大批干部，组织强有力的工作团，分成若干队组，于各部队活动范围内的人口稠密地区，依照地方工作指示，进行扩红，组织游击队，建立党组织，创建根据地等工作。

3. 全力动员青壮年参军参战，动员离队战士归队，巩固扩大正规军和主力部队。动员人民群众参加游击队、民兵和自卫队等组织，全民皆兵，打击日本侵略者。

4. 建立健全优抚法规制度，改善抗日军人的待遇，优待抚恤抗日军人家属。

5. 发挥人民战争优势，动员和组织群众参战支前，组织群众运输队、担架队、游击队，为主力部队提供强有力的后勤支援和保障。

（三）经济动员

经济动员的内容主要包括：

1. 实行战时财政经济政策，整顿和扩大国防生产，发展农村经济，废除苛捐杂税，实行减租减息，保障战时供给。

2. 实行战略物资管制和保护，禁止粮食、棉花、布匹、油料和与制造武器弹药有关的金属物品出境。

3. 通过各种渠道和方式筹粮筹款，发动海内外义捐，组织募捐队向地主、商人等富有者募粮募款或借款，没收汉奸反动派的财产和粮食。

4. 努力发展生产，开办各种手工业和营业合作社，开垦荒地，种粮种菜，减轻人民群众负担，改善人民生活。

5. 实行坚壁清野，打击日伪军抢掠，截断日军物资供应渠道；提倡国货，禁绝日货。

三、落实战时体制编制

1941 年 3 月 1 日，中央军委正式提出在抗日根据地内实行主力军、地方军和人民武装三结合的武装力量体制，以打破敌伪顽夹击，战胜严重困难。1945 年毛泽东在中共七大上总结建军经验时对这一制度作了充分的肯定，并深刻地概括成三个方面内容：一是正规军与武装群众之间的相互结合。毛泽东提出“这个军队之所以有力量，还由于有人民自卫军和民兵这样广大的群众武装组织，和它一道配合作战……没有这些群众武装力量的配合，要战胜敌人是不可能的”①。事实证明，民兵制度的形成及

① 《毛泽东选集》（第三卷），人民出版社 1991 年版，第 1040 页。

发展，是取得革命胜利的重要力量。二是正规军主力兵团与地方兵团相结合。毛泽东认为“这个军队之所以有力量，还由于它将自己划分为主力兵团和地方兵团两部分，前者可以随时执行超地方的作战任务，后者的任务则固定在协同民兵、自卫军保卫地方和进攻当地敌人方面。这种划分，取得了人民的真心拥护。如果没有这种正确的划分，例如说，如果只注意主力兵团的作用，忽视地方兵团的作用，那末，在中国解放区的条件下，要战胜敌人也是不可能的”①。可见，地方兵团是联系主力兵团、地方群众武装的重要纽带，是人民武装力量体制中不可忽略的组成部分。三是武装群众与非武装群众相结合。非武装群众主要是指参加抗日的工会、农会、青年团、妇女会以及各行各业人民团体的群众，他们支持、参与人民战争的表现形式是多种多样的，特别是“热烈地从事援助军队的各项工作”和“热烈地从事政治、经济、文化、卫生各项建设工作”②。显然，非武装群众也是人民战争得以形成、开展的基础和条件。三者相结合的武装力量体制在战争年代发挥出巨大的威力，也一直为人民军队的建设所沿用。

（一）武装力量的战时体制编制

全面抗日战争时期，在共产党领导下的武装力量主要由以八路军、新四军为主的正规军和民兵、自卫军等地方人民武装组成。

1. 八路军、新四军体制编制。1937 年 8 月 20 日，国民政府军事委员会颁布全军战斗序列：委员长蒋介石，参谋总长程潜，副参谋总长白崇禧，辖 5 个战区、4 个预备军和海军、空军部队，随后逐步编成集团军和任命主官。其中担任华北地区作战任务的是第一、第二战区和辖区大部分在华北的第五战区；担负华东和华南作战任务的是第三、第四战区。我主力红军改编后，随即编入国民革命军战斗序列。国民政府核定八路军编制 3 个师，各师下辖 2 个旅（各编 2 个团）和师直属部队（下设教导团、炮兵营、特务营、工兵营、辎重营、骑兵营），师以上设立总指挥部，总兵力 4.6 万人，军事工作直接隶属于国民政府中央军事委员会指挥（1938 年后改隶为第二战区指挥）；核定新四军编制 4 个游击支队，总兵力 1.03 万人，军事工作隶属于国民政府第三战区指挥。

---

① 《毛泽东选集》（第三卷），人民出版社 1991 年版，第 1040 页。

② 《毛泽东选集》（第三卷），人民出版社 1991 年版，第 1041 页。

根据党中央、中央军委的指示精神，为团结和巩固抗日民族统一战线，八路军、新四军一方面根据国民政府中央军事委员会核定的各种编制表，迅速落实红军改编时确定的各种编制，接受国民政府对军事工作的领导和指挥，并根据国民政府各战区的统一部署，以一部分兵力配合国民党军队正面防御作战，打击日本侵略者；另一方面又要在党中央、中央军委的统一领导和指挥下，根据国共两党达成的协议，依据自主用兵的原则，独立自主地开展敌后游击战争，发展壮大人民军队，开辟敌后抗日根据地。在上述精神指导下，1937 年 10 月和 11 月，我八路军主力配合国民党军队在正面战场开展了保卫忻口、太原的大会战。太原失守后，华北战场正面防御作战基本结束，我八路军主力则迅速转入敌后，开始独立自主地开展敌后游击战争。

2. 人民武装力量体制。为在抗日民族统一战线中加强我党领导的人民武装力量的建设，党中央、中央各分局、中央军委等制定和发布了一系列指示。如 1937 年 11 月八路军《关于扩军问题的指示》、1940 年 3 月十八路集团军总部《关于扩兵工作指示》、1941 年 11 月中共中央军委《关于抗日根据地军事建设的指示》、1943 年 9 月中共中央华中局《对整理自卫军和提高民兵工作的指示》、1945 年 8 月中共中央华中局《关于充实主力与发展地方武装的指示》等。

上述文件确立了全面抗日战争时期我党领导的武装力量建设的基本内容和方向。具体包括：（1）全面抗日战争时期我党领导的武装力量应包含主力军、地方军和人民武装（即不脱离生产的自卫队、民兵）三部分组成，实行“三结合”的武装力量体制。目前以发展地方军和人民武装为中心，在某些最困难的区域，应全部主力地方化。要求区应有 50 人枪左右的游击队，县应有约 200 人枪左右的游击大队，分区应有约 2000 人枪左右的独立团（营）。（2）各武装力量的组成和任务是：主力军，也称主力兵团，是统一指挥，不受地域限制，担任较大战斗任务的精干的正规部队。地方军是限于一定地区，担任分散游击任务，游击性极大的地方部队。人民武装包括民兵和自卫队，由各级人民武装委员会领导，是广大民众保卫家乡、保卫根据地、不脱离生产的武装自卫组织。其中自卫队是全民性的群众组织，年满 16 岁至 55 岁无残疾者参加，统一按居住地区编队，其基本任务是进行群众游击战争，维护根据地内的治安，担任抗战勤务等；民兵是人民武装中的骨干力量，由模范自卫队和青年抗敌先锋队等群众组织组成，独立自主地作战或配合主力作战，袭扰敌人，封锁、围困敌据点，破坏敌交通，打击汉奸，掩护群众转移等。（3）三结合武装力量的发展原则，随着抗战形势和任务的发展变化而有所区别。在八路军、新四军和抗日根据地的发展、巩固阶段，需要着重发展和建设主力军。敌后军民抗战进入严重困难阶段后，实行主力军地方化，着重发展、巩固地方军和人民武装。到抗战反攻阶段，为夺取抗战的全面胜利，反击国民党顽固派的进攻，制止内战，又必须发展扩大主力军，从地方军和人民武装中调整部分力量充实主力部队。

1941 年 11 月，在中央军委确定把民兵、自卫军（队）正式列入抗日根据地武装力量体制的同时，朱德发表《敌后形势和建设民兵问题》的重要文章，指出今后敌后形势，已进入敌我双方依托相当巩固的阵地，进入持久争夺战的局面。在这种形势下，民兵是坚持敌后抗战的强大支撑者，是配合与补充正规军，保卫与巩固根据地的重要基础，是准备向敌反攻的雄厚后备力量。建立数量广大而质量高的民兵，是我们坚持敌后抗战的重大军事任务。要求各地正规军和地方武装，都把建设民兵看成是自己的急迫事业。[①] 1944 年 9 月 26 日，中共中央、中央军委在《关于民兵工作指示》中，再次指出："巩固与提高民兵，建立民兵中的政治工作，应成为很重要的课题。"[②] 根据党中央、中央军委的指示，各敌后抗日根据地都在各地党中央的代表机关和各级党委的一元化领导下，整顿和健全了地方部队的建制和指挥，普遍建立了主力军、地方军和民兵与自卫队三结合的武装力量体制，大力加强了地方部队和民兵、自卫队的建设，更加广泛地开展游击战争，以灵活机动的战略战术，在极端困难的情况下，同敌人展开了英勇顽强、艰苦卓绝的斗争，取得了卓越的成就。三结合的武装力量体制，是中国共产党关于全面的全民族的抗战路线的充分体现，对于发展壮大人民军队，夺取全国抗战胜利，发挥了重要作用。

（二）实行精兵简政政策

在红军改编后的初期，根据党中央、中央军委的指示精神，我主力部队进行了大规模的扩军运动，到 1940 年底，中国共产党领导的武装部队由改编时的 5 万多人迅速发展到 50 多万人，还有大量的地方武装和民兵。

---

① 《朱德选集》，人民出版社 1983 年版，第 78—81 页。

② 《军队政治工作历史资料》（第 9 册），战士出版社 1982 年版，第 170 页。

共产党领导的抗日根据地也已达16个，拥有1亿人口。[①] 由于国民政府只按八路军、新四军改编时核定的编制人数发给薪饷和装备（到1940年11月停发），各边区政府财政上基本实行自给，加上全面抗日战争开始进入艰难的相持阶段，日、伪军不断对敌后根据地进行残酷扫荡和逐步蚕食，人民军队和根据地政权建设都遇到了比较大的困难。同时，敌后战争频繁，机关部队流动性很大，机构庞大，非战斗人员过多，会造成行动不便。在这种情况下，必须相应地缩小军政机关，紧缩部队，减轻人民负担。为此，中共中央、中央军委发布了一系列指示。如1940年8月，中共中央《关于各抗日根据地内节省人力物力坚持长期抗战的指示》，1941年11月中央军委《关于抗日根据地军事建设的指示》，1941年12月28日，中共中央、中央军委《关于一九四二年中心任务的指示》，首次明确提出1942年全党全军工作的中心任务之一是“精兵简政”，并把精兵简政的目的归结为精简、效能、统一、节约，反对官僚主义，而达到统一最为重要，一定要做到统一领导。1942年4月中央书记处办公厅发出《关于精兵简政问题的通知》，1942年4月中共中央军委《关于精兵简政方针的指示》，1942年8月、9月间《解放日报》发表了毛泽东撰写的《精兵简政在晋冀鲁豫边区》文章和《一个极其重要的政策》社论。1942年12月中共中央又发出《关于加强统一领导与精兵简政工作的指示》等。在党中央、中央军委的推动下，全军各部和各抗日根据地的精兵简政工作全面展开。

中共中央和中央军委有关精兵简政的指示，落实到各边区政府，就是要实行简政主义；落实到军队，就是要实行精兵主义。

1. 对各边区政府的具体要求：（1）在组织上，机构力求精干，力求合理，注意效率；纠正过去机关庞大，头重脚轻，组织重复，分工不明，手续麻烦，效率极低的问题。（2）在干部的配备与使用上，是抽调上层，加强下层，务使配备得当，人尽其才，才尽其用。（3）在财政上注意取之合理，用之有节。（4）在完成任务上，要抓住中心，突出重点，不是百废俱兴。（5）注意建章立制，从制度上和法律上整肃政纪、严格编制、赏罚分明。

2. 对军队的具体要求：（1）进行整编和整训，切实整顿组织机构，

① 胡绳主编：《中国共产党的七十年》，中共党史出版社1991年版，第183页。

精简机关，充实连队，加强基层，提高部队军事政治素质，节省人力物力财力，提高战斗力。（2）实行彻底精简，除特殊情况外不再补兵；作战损失后，连、营、团两个并为一个，旅的番号撤掉一部分。（3）军区、军分区机关合并，全军缩小一半以上减少至 20 万人，做到量小而质精，更有战斗力。（4）对编余人员安置的主要方式包括：送校学习提高其文化和科学素质；半工半读参加农业生产；年轻力壮的战士和机关人员充实到战斗部队，年老体弱的人员由地方政府安置；调整部分干部加强地方部队和民兵。（5）健全主力兵团、地方兵团和民兵自卫队三结合的武装体制。主力兵团是骨干，地方兵团和民兵则是强大的后备力量。根据党中央、中央军委的指示精神，各边区政府和八路军、新四军对体制编制进行了较大的调整和精简，较好地理顺了上下级之间的关系，解决了头重脚轻的问题，提高了领导机关的工作效率，增强了军事指挥和部队行动的灵活性，提高了部队战斗力。全军精兵简政工作收到了巨大的效果，紧缩了机关，充实了战斗部队，加强了地方部队和人民武装。以晋西北军区为例，经过整编，主力军（不含塞北分区），由 24939 人减至 20713 人，团以上机关人员由 7951 人减至 3580 人，战斗部队由 11088 人增至 13582 人。精简前，机关与部队人数的比例，师旅级为 1∶1.7，团级为 1∶3.7；精简后，师旅级为 1∶5.6，团级为 1∶10.8。他们还将一部分主力部队转为地方部队。

四、保障战时供给

全面抗日战争时期，在经济条件和物质供应极其困难的情况下，保障战时供给是夺取抗战胜利的重要保障。党中央、中央军委及时采取了一系列措施，颁布了相关法令，保证了抗战的需要。

（一）实行减租减息政策

为适应抗日民族统一战线政策的需要，达到恢复和发展农业生产，提高粮食产量，增强战争潜力的目的，我党领导的革命根据地将土地革命时期的没收地主土地分配给农民的政策调整为地主减租减息、农民交租交息的政策。这些政策主要体现在中共中央的决策指示和各边区政府的《施政纲领》及各抗日根据地的单行法规中。如 1938 年 2 月《晋察冀边区减租减息单行条例》、1938 年 4 月《陕甘宁边区土地所有权证条例》、1939 年 4 月《陕甘宁边区土地条例》、1940 年 11 月《山东省减租减息暂行条例》、1941 年《晋西北减租减息暂行条例》《陕西省第二游击区减租减息暂行条例》、1942 年 1 月中共中央《关于抗日根据地土地政策的决定》、1942 年 2 月中共中央《关于如何执行土地政策决定的指示》、1942 年 10 月《晋冀鲁豫边区土地使用暂行条例》、1942 年 12 月《陕甘宁边区土地租佃条例草案》、1943 年 1 月《晋察冀边区租佃债息条例》、1944 年 1 月《陕甘宁边区地权条例草案》、1945 年 6 月《淮北苏皖边区减退租补充办法》等。实行减租减息、交租交息政策的出发点是：确认农民是抗日和生产的基本力量，只有减租减息，减轻地主的封建剥削，改善农民的生活，才能提高广大农民抗日与生产的积极性。考虑到地主中大多数是有抗日要求的，为了联合地主阶级一道抗日，在减租减息之后又须实行交租交息，保证地主的地权和财权。同时考虑到富农阶级的生产方式比较进步，政治上也有抗日和民主的要求，因此要奖励富农生产和联合富农抗日，对其为广大贫农、中农不满的一部分租息剥削，必须照减。上述政策的执行，把农民的眼前利益与长远利益结合起来，使阶级利益服从于全民族的利益，使农民与地主的矛盾、雇工与富农之间的矛盾得到了合理调整，促进和刺激了农业生产的发展，为支持长期艰苦的抗战奠定了坚实的物质基础。

（二）开展大生产运动

1939 年 6 月 22 日，中央军委、总政治部《关于目前时局及八路军、新四军任务的指示》指出：在军队的物质方面应有艰苦的准备工作。一方面进行深入的节省运动，节省财政、弹药、医药、通信材料等；另一方面进行征集资材的工作，进行生产运动及合作社运动，帮助地方政权开发资源。调集一批干部加以训练，以加强财政经济方面的工作，保证我军物质供给之自立，而又不依靠他人。1939 年春，毛泽东向陕甘宁军民发出“自力更生”“自己动手，生产自给”的号召。[①] 1940 年 1 月 29 日，八路军野战政治部发出《关于生产运动的训令》，指出：积极开展生产运动，力求经济上做到自力更生，是保卫华北抗日根据地，粉碎敌人围攻，打击投降派，争取胜利的重要条件，必须将生产运动看作全军的严重战斗任务之一；不仅在部队中要动员，而且在地方上一样要进行大生产运动。1940

① 《中国共产党军队政治工作七十年史》（第 2 册），解放军出版社 1991 年版，第 306 页。

年 2 月 10 日，中共中央和中央军委向全军发出《关于开展生产运动的指示》，指出财政问题的解决，必须提到政治的高度。在抗日前线部队中，应根据不同环境、不同部门、不同劳动条件，规定生产方向和方法。在比较巩固的地区，进行农业、商业、手工业生产，普遍发展喂猪种菜等事业；在不巩固的地区，由军队派出人力畜力，帮助农民耕作，由农民供给驻军一定比例粮食马料；行止无定的部队，利用战斗间隙，无代价帮助农民劳动，以取得农民对军队的帮助，部队经营取慎重态度。同时提出了“一面战斗、一面生产、一面学习”的口号。[①] 在大生产运动中，中共中央十分重视总结根据地财政经济工作的经验。1942 年 12 月，毛泽东在陕甘宁边区高级干部会议上作《经济问题和财政问题》的报告，后来又为中共中央起草《开展根据地的减租、生产和拥政爱民运动》的党内指示，并发表《组织起来》《必须学会做经济工作》等讲话，在总结经验的基础上，对根据地的经济建设方针做了系统的阐述。

大生产运动总的方针是“发展经济，保障供给”。针对以个体经济为基础的、被敌人分割的、进行游击战争的农村环境，中共中央还制定了一系列具体方针：在各项生产事业中，实行以农业为主，农业、畜牧业、工业、手工业、运输业和商业全面发展的方针；在公私关系上，实行“公私兼顾”和“军民兼顾”的方针；在上下关系上，实行统一领导、分散经营的方针；在生产和消费的关系上，实行努力生产，厉行节约的方针；在组织经济中，实行合作互助，开展生产竞赛、奖励劳动英雄的方针。军队、政府机关和学校发展自给经济，是抗日根据地大生产运动中的一个创造。中共中央在陕甘宁边区带头实行这项政策。1941 年年初，中共中央命令八路军第 120 师 359 旅开赴南泥湾，实行军垦屯田，后成为大生产运动中的一面旗帜。全军的大生产运动，也逐步展开。1943 年 10 月，大生产运动被中共中央列为著名的“十大政策”之一。大生产运动是自力更生的典范，他不仅支持了长期的敌后艰苦抗战，减轻了人民的税赋负担，而且积累了一些经济建设的经验，培养了一批经济工作干部。

（三）开展对敌经济斗争

抗日根据地军民开展的敌后游击战争，极大地支援了国民党军队正面

---

① 《中共中央文件选集》（第 12 册），中共中央党校出版社 1991 年版，第 289—290 页。

作战，牵制了侵略者大量的兵力，给了日本侵略者以沉重的打击。日本侵略者为了稳固华北占领区，积极实施“治安肃正”计划，组织对我抗日根据地进行了残酷的“扫荡”“清乡”“蚕食”和“治安强化运动”等多种形式的进攻，统制钢、铁和锌等战略物资，大量掠夺粮食，实施残酷的“三光”政策，企图彻底摧毁抗日根据地军民赖以生存的各种资源。针对日寇的疯狂进攻，中共中央、中央军委及中央各地方分局等，发出了一系列指示，如1939年10月第十八集团军总部《关于保存物资的训令》、1940年5月中共中央书记处《关于对日经济斗争中的贸易政策给八路军总部的指示》、1940年12月中共中央中原局《关于根据地内财政经济工作的指示》、1941年1月中共中央军委《关于交通战的指示》、1941年1月中共中央中原局《关于打破国民党军进攻及日军“扫荡”的指示》、1941年8月中共中央华中局《关于反“清乡”斗争的指示》、1941年12月中共中央《关于太平洋战争爆发后抗日根据地工作的指示》、1942年1月中共中央北方局《关于敌占区和接敌区工作的指示》、1942年5月中共中央北方局《关于反对敌人“蚕食”政策的指示》等。上述指示涉及经济斗争方面的措施主要有：一是充分发动群众，实行坚壁清野，打击日伪军的抢掠。二是加强物资出入境管理，严禁粮食、棉花、布匹、油料、皮毛、铁等物资出境和奢侈品、毒品等入境。三是利用贸易机构、合作社和商人等，广开门路，进行物资交流。四是利用货币和价格政策，打击伪钞，保护边币，吸收敌占区和游击区的各种物资。前述政策和措施的实施，确保了我抗日根据地军民战胜严重困难，粉碎了日寇的进攻，坚持了抗日根据地，部队也得到了保存和生息。

第五节　制定军事法规

全面抗日战争时期是中国革命的重大转折时期，政治、军事都发生了重大变化，社会主要矛盾由阶级矛盾转变为民族矛盾，主要敌人已经由国民党反动派变为日本侵略者，人民军队建设面临着残酷的战争环境和极其复杂的斗争形势。为保证人民军队的正确发展方向，巩固扩大部队，提高部队战斗力，我党领导的人民军队一方面继续沿用红军时期行之有效的部分军事法规，另一方面又根据新形势和新任务的需要制定了大量法规和法规性文件，包括各种条例、规定、决定、命令和指示等，统称军规或军事法规。这一时期制定的军规不仅在数量上有了较大增加，而且涉及的内容也日益丰富。因此，抗战时期是人民军队法治建设发展的重要时期。

一、军事工作方面的法规

军事工作的法规主要有司令部工作和作战、编制、教育训练等方面的规定，主要有：

（一）整训和整编方面的法规

红军改编为国民革命军后，八路军和新四军的力量得到了迅速发展。但由于新成分大量地增加，整体军政素质下降，战斗力减弱。加之部队长期分散活动，作战频繁，未能及时进行教育和训练，影响了部队巩固和敌后游击战争的继续发展，迫切需要进行整训。为此，1939 年 2 月，八路军总部发出《为迎接相持阶段来临关于提高部队战斗力的指示》。除要求各部队在战争中随着部队的发展及时利用战斗间隙整军外，决定从 1939 年初至 1940 年底，全军分期分批地集中进行整军，每期 3—4 个月。1940 年 2 月 21 日，针对整军工作已在各部队陆续展开的情况，八路军《关于一九四〇年整军训令》中，明确规定了整军的总方针，即“从政治、组织、思想、装备、战术、技术、纪律等方面巩固部队，提高质量，使人民军队成为在党的绝对领导之下的，经得起任何严酷斗争考验的，政治上坚定、组织上严密、军事上坚强的革命正规军队。”①

全面抗日战争期间，党中央、中央军委、总政治部、八路军和新四军指挥机关根据不同阶段的形势、任务，先后多次发出命令，利用作战间隙，有计划地分期分批进行整军。如 1938 年 2 月和 1939 年 2 月八路军总部《关于整军的训令》、1939 年 6 月 中央军委总政治部《关于整理与巩固新部队的训令》、1940 年 2 月八路军总部《关于整军问题的训令》、1941 年中共中央《关于建军问题的决定》、1944 年 7 月中共中央《关于整训军队的指示》。此外，还颁布了一些关于年度整军的训令等。随着整军活动的深入开展，我人民军队先后颁布了一系列有关体制编制方面法规，如 1939 年 3 月八路军总部颁布了新的《十八集团军编制表草案》、1939 年 3 月《新四军编制表草案》、1939 年 12 月《连至团之编制表》、

① 肖裕声：《中国共产党军队政治工作史》（上卷），军事科学出版社 2015 年版，第 728 页。

1942 年 7 月《华中局关于部队编制决定》、1942 年 12 月《关于各军区军分区精简的指示》、1943 年 3 月《干部配备及军队建制问题》、1944 年 11 月《晋察冀军区编制系统表》等。

上述法规文件，规定了整军的目的、方法、内容和标准。

1. 整军的目的是：求得战胜将来的严重困难，保障与巩固根据地，以争取持久抗战之胜利，用一切努力加强部队党与政治工作，巩固党的领导，提高自觉纪律，提高战斗力与技术教育，切实建立军队中的一切制度，克服游击主义，使之正规化，特别注意提高各级干部的军政素质与文化水平。

2. 整军的方法是：由主力部队选派一定数量具有工作能力和经验的得力干部，以考察团、巡视团的名义，分别协助各指定地区的部队军事、政治机关，进行整军工作。

3. 整军的内容包括整训和整编两个方面。（1）整训的内容：包括思想政治建设、军事训练和后勤保障工作等，但重点是抓紧技术、战术训练和加强各级司令部建设。对干部，主要是提高其指挥能力，解决善于带兵，减少伤亡的问题。对战士，则是以射击、投弹和刺杀为重点内容，提高短兵相接的本领，力争用较少的弹药杀伤较多的日伪军。训练中，要因地制宜，对活动在不同地区的部队，提出不同的要求。无论是何种地区的部队，都要学会夜战和利用青纱帐作战。（2）整编的内容是：在军政整训的基础上，落实八路军、新四军成立时的各种编制。既加强充实主力部队，尽量保持原建制；又注意新老搭配，以强带弱，进行大规模的整编。

4. 整军要达到的正规化标准是：适合情况的编制制度；有集中的领导和指挥；有健全的组织机构与军队各部门的组织和工作；有严格的管理与纪律；保证命令的执行；不断提高军事政治文化水平；保证在共产党绝对领导之下；没有游击主义的习气。

（二）技术战术教育和训练方面的法规

八路军、新四军的技战术教育和训练，一方面沿用红军时期的法规，如步兵战斗条令等，另一方面也援用国民党军队 1935 年颁布的各种军事训练法规。如 1939 年 2 月 7 日朱德等《关于整军计划致各兵团首长等电》中就明确指出：“战术应保持我军优良作风，及以步兵战斗条令为基准，其他一般基本教练（除纪律、内务条令外）概以国民党民国二十四年颁发之典范为基准。”① 红军改编前后，部队的技术战术训练以投弹、射击、土工作业和夜间战术为主要内容，重点组织部队进行实地战斗、夜间动作、袭击战斗、防空技术、长途行军、无后方作战等多种形式的军事训练，使部队战斗力不断提高。到抗战反攻阶段，部队的技战术训练，步兵以射击、投弹、刺杀三大技术为重点，演练近战、夜战、村落战、攻坚战等战术；机枪手、掷弹筒手、炮手主要是熟悉手中武器；军分区和团的领导干部，则是总结带兵、练兵、用兵、养兵的经验，并熟练战士技术动作。

为适应敌后抗战需要，充分发挥人民军队的游击战特长，八路军、新四军在进行军事思想教育的同时，还颁发了相关游击战战术方面的军规。如 1937 年 9 月八路军总部《关于发动群众开展游击战争的训令》、1938 年 1 月八路军总部《关于广泛开展华北游击战争的指示》、1938 年 1 月第十八集团军总部《关于战术原则的训令》、1939 年 8 月八路军野战政治部《关于广泛开展游击战争的命令》、1941 年 9 月新四军司令部《关于部队游击战术的指示》等。确立的游击战术原则主要包括：在敌人进行分进合击中，应在敌诸支队之暴露外侧实行机动；在预定的伏击地点，采用伏击来突击运动中的敌人，主要是突击敌之后尾部队；在突击敌一支部队时，应以积极行动隔绝可能来援之敌；突击时要保持高度突然性，切忌犹豫、动摇、迟缓；应保持自己的主动地位，能迅速地转变自己的突击方向；行动应极端秘密，应利用昏暗、夜间接近敌人；集主要兵力、兵器于主要突击方向；突击部队的战斗队形，应避免一路前进的行军纵队和集团冲锋；对驻止的敌人不应强攻，应力求在运动中突袭增援之敌；配合作战的部队，应保持密切联系和行动上的配合，避免等待或互不相关、各自为战的现象；游击队应突击敌人的后方与侧背，保持高度的机动性、敏捷性、弹韧性；加强管理，封锁消息，经常变换自己的宿营地；加强防空，注意隐蔽与伪装；破坏敌人可能利用的道路；以优良的射手，不时给敌人以杀伤。

（三）司令部工作及参谋职责方面的法规

1938 年以后，根据中共中央军委、总政治部关于加强军事训练和开

---

① 《中国人民解放军历史资料丛书·八路军文献》，解放军出版社 1994 年版，第 292 页。

展整军运动的指示精神，八路军、新四军各部队分别制订了具体的整军计划和步骤。在这些计划和步骤中，突出加强了各级司令部机关的建设。如各部队先后抽调一批干部进军事学校和短训班，学习各种军事知识和技战术，充实各级司令部机关；选拔一批有实战经验和政治、文化水平比较高的干部，充实参谋队伍；加强参谋人员的在职培训，贴近实战需要不断提高组织指挥能力；建立健全司令部各种工作制度，明确司令部工作和参谋人员的职责。

1938 年 12 月，八路军总部制定颁布了《八路军各级司令部（军、师、旅、团）暂行工作条例（草案）》，规定了司令部的任务、组织、分工和各种工作制度等。同年，第十八集团军总司令部、总政治部联合发布了《关于健全司令部的组织与工作》的指示，强调加强司令部建设的必要性，使司令部工作进一步得到加强和完善。1940 年 12 月 8 日，八路军总部发出《关于健全司令部组织与工作的指示》。八路军后方留守处也制定颁布了《参谋工作条例》等，规定司令部和参谋人员的职责是：及时编拟战役战斗计划和命令，组织好部队宿营、警戒、通信、作战行动；多方搜集和整理情报；调制兵要地志，学会测绘知识，能勘察地形，会标图、识图、用图；组织开展侦察、通信等各项业务训练；建立严格的值班制度等。各级部队司令部规范化建设的进行，提高了各级司令部机关和参谋人员协助首长指挥作战的能力。

二、政治工作方面的法规

军队政治工作是人民军队的优良传统，是党实现对人民军队绝对领导的基本制度和基本途径之一。在抗日民族统一战线条件下，为了保证人民军队的建设方向，使之成为实现党的抗战路线，争取民族自由、解放的有力工具，中共中央、中央军委高度重视军队的政治工作建设，颁布了一系列相关法规规定，始终坚持和保证了党对军队的绝对领导。

（一）关于政治机关建设

1937 年 8 月 1 日，红军改编为国民革命军第八路军之初，为加强人民军队的政治工作，红军总政治部发出《关于新阶段的部队政治工作的决定》，重申："政治机关应始终是保持其为党的工作机关的特点"，应使之"成为部队全部生活的决定骨干，成为一切政治工作的支持与依靠"。同日，中共中央组织部在《关于改编后党及政治机关的组织的决定》中指出：政治机关是中国共产党在人民军队中的工作机关，其中心是进行党的工作，保证党的路线、方针、政策的贯彻执行。该决定对党和政治机关的组织机构作出明确规定：师以上及独立行动之部队组织军政委员会；师团两级及总部和师的直属队组织党的委员会；旅营两级由军政主要干部组织特别小组；连队设立党的支部。并规定，改编后的军队，师以上设政治部，团设政治处，营设政治教导员，连设政治指导员。规定政治机关业务部门的设置是：组织部、宣传教育部、民运指导部、敌军工作部。还决定团设俱乐部，连亦设俱乐部，组织与进行部队的文化娱乐及各种课外的活动。在连队俱乐部以下设立经济委员会，由军人大会选出，负责审查连队的经济，防止贪污，改善部队的生活。[①] 1937 年 8 月 29 日，中共中央为加强对八路军的领导，发出《关于成立前方军委分会及军政委员会的决定》，指出，在红军改编为国民革命军，主力开赴抗战前线的情况下，中央决定前方设立党的军委分会，作为中央军委的派出机构，领导八路军的全面工作。1937 年 10 月 10 日，中央军委发布命令，成立全军总政治部，规定所有八路军和留守医院、学校及边区各地部队、全国游击区部队的政治工作，均由中央军委总政治部领导。总政治部是军委的办事机构，军委通过总政治部对各部队发出指示。1937 年 10 月 19 日，朱德等八路军领导人致电中央领导同志，建议恢复政治委员和政治机关原有制度。1937 年 10 月 24 日，中共中央发布《关于加强党在军队中领导的决定》，正式在人民军队中恢复政治委员及政治机关原有制度，团以上及独立营设政治委员。各师、旅、团政训处改为政治部（处），其职权与过去政治部（处）相同，政训处主任遂改为政治部（处）主任。1938 年 8 月 4 日，八路军野战政治部成立，随八路军总部在前方行动。自此以后，各部队政治机关和党的组织建设不断得到加强，推动了政治工作的改善和发展。

为规范各级政治机关建设，1938 年 12 月，中共中央军委批准了八路军总部制定的《国民革命军第十八集团军政治工作暂行条例（草案）》。其目的是：激发全军指战员充分运用过去且适合于今天的政治工作经验，胜利完成抗战到底的光荣任务。《条例》分序言、总则和条例三大部分。

---

① 需要说明的是，该决定颁布不久，关于师团设立政治部的规定即因为国共在谈判中，中国共产党向国民党做出适当让步而未能实施，政治部改为了政训处。参见肖裕声《中国共产党军队政治工作史（上卷）》，军事科学出版社 2015 年版，第 533 页。

其中条例部分包括政治指导员、政治教导员、政治委员、团政治处、旅政治部、师政治部、集团军政治部、政治战士、随营学校政治机关、兵站政治机关、医院政治机关、战士通信处、俱乐部救亡室和青年队等 14 个工作暂行条例。在该条例的俱乐部救亡室工作暂行条例中，公布了三大纪律八项注意。三大纪律是：实行抗日救国纲领，服从上级指挥，不拿群众一针一线。八项注意是：进出宣传，打扫清洁，讲话和气，买卖公平，借物送还，损物赔偿，不乱屙屎，不搜俘虏。《条例》强调指出：政治工作的使命是异常重大的，不能只依靠政治机关和少数政治工作人员进行，全体指战员特别是各级军事指挥员应积极参加和帮助搞好政治工作。由于这个政工条例考虑到适应一切抗日军队需要这一因素，因此，从加强八路军、新四军政治工作这个角度来看，就不免存在两方面不足：一是在政治委员条例中，强调了政治委员在各项工作中，尤其在与军事指挥员的关系上的最后决定权，这对党的力量薄弱的其他军队较为有利却并不适合党直接领导的八路军新四军建设；二是没有强调党对军队的绝对领导和党的思想与组织建设问题。为弥补这些缺陷，上述《条例》1942 年 10 月经修订重新颁布，名称改为《中国国民革命军第十八集团军（第八路军）政治工作条例（草案）》，明确提出："政治工作是革命军队中的生命线"，要继承"过去红军时代政治工作的优良传统"，并指出"政治工作的基本内容是提高军队的战斗力，求得官兵一致，军民一致，团结友军，瓦解敌军，以争取抗战的最后胜利"。该条例包括：政治指导员，医院政治机关，政治委员，步兵团政治处，政治协理员，旅、师、军区、军分区、野战军政治部，党务委员会，医院、兵站政治机关，军队中政治机关与地方党关系，军队中青年工作，连队军人俱乐部，政治战士和军队中党的连支部及总支部等 17 个条例。新增加了《政治协理员工作条例》《党务委员会工作条例》《军队中政治机关及党组织与地方党关系的条例》《军队中党的连支部及总支部工作条例》等。

（二）关于政治工作任务

中国人民的全面抗日战争经历了战略防御、战略相持和战略反攻三个阶段。在每一阶段中，我军政治工作任务的侧重点也有所不同。1937 年 8 月 1 日，红军总政治部发出《关于新阶段的部队政治工作的决定》，规定红军改编后和战略防御阶段政治工作的基本任务是：一切为着积蓄和加强抗战力量，保证抗战胜利；保证共产党在红军中的绝对领导，保持红军的光荣传统，巩固和提高部队的战斗力；提高全军的军事技术、战术水平和政治文化素质，造就大批新干部，以适应对日作战的需要。1937 年 10 月 25 日，毛泽东在《和英国记者贝特兰的谈话》中，结合北伐国民革命军、红军和八路军的历史经验，第一次完整地提出了我军政治工作的三大原则，即官兵一致的原则、军民一致的原则、瓦解敌军和宽待俘虏的原则。[①] 政治工作三大原则的提出，是对我军政治工作的创造与发展，成为人民军队重要的政治工作制度。1941—1942 年，全面抗日战争进入战略相持阶段，日本侵略者将主要军事力量用于进攻我党领导的抗日根据地，国民党顽固派消极抗日，积极反共，全面抗日战争进入了严重困难时期。这期间，人民军队政治工作的中心任务是：组织和团结根据地军民，坚决贯彻执行中共中央和中央军委的战略方针和各项政策，战胜困难，巩固根据地，坚持抗战，反对投降和妥协，同时为迎接战略反攻阶段的到来准备必要的条件。1943 年，国际形势发生重大转机，中国共产党领导的敌后根据地开始恢复和扩大，全面抗日战争进入战略反攻阶段。人民军队政治工作的主要任务是：激发部队、民兵和人民群众的战斗精神，保证作战胜利和扩大根据地，开展强大的政治攻势，促使日军瓦解，争取伪军反正，彻底打败日本侵略者。

为更好地实现这一任务，1944 年 4 月 11 日，毛泽东亲自主持修改，并经中共中央书记处批准，总政治部副主任谭政在中共西北局高级干部会议上作了《关于军队政治工作问题的报告》。报告强调共产党的领导是八路军、新四军保持人民军队性质的根本保证和力量源泉，提出政治工作的总方针是“团结自己，战胜敌人”，指出整个军队的方向和任务规定着政治工作的方向和任务，阐明思想政治教育的重要性，要求发扬实事求是、群众路线的作风，改革不适合实际需要的政治工作组织形式和制度。1944 年 4 月 20 日，中央宣传部、总政治部发出《关于学习散发谭政同志〈关于军队政治工作问题的报告〉的通知》，指出：“这一文件，不但特殊地解决了军队政治工作问题，而且也一般地解决了我党历史经验，领导方法与工作作风上的许多问题，为全党干部所应注意。”这个报告“是八路军、新四军政治工作问题的全面总结，其中关于发扬成绩，纠正缺点部分及组织形式工作制度部分，都是八路军、新四军全体适用的；关于边区经

---

① 《毛泽东选集》（第二卷），人民出版社 1991 年版，第 379 页。

验部分，也是值得全军重视。八路军、新四军连级以上一切政治工作、军事工作、后勤工作干部，应一律将此文件作为整风文件与固定教材”。1944 年 7 月，中共中央发出《关于整训军队的指示》，各部队依据红军时期《古田会议决议》和前述《关于军队政治工作问题》的报告，进行军政大整训，普遍开展以战斗、生产、群众工作为内容的革命英雄主义运动，鼓舞官兵的反攻作战士气，为进行全面反攻创造了条件。1945 年 4—7 月，中国共产党召开第七次全国代表大会，毛泽东作《论联合政府的报告》，朱德作《论解放区战场》的军事报告，在这两个报告中，全面阐述了人民军队的建军宗旨是全心全意为人民服务，进一步明确了人民军队建设和政治工作的基本原则，为争取抗战的全面胜利提供了思想和组织保证。

（三）关于政治机关工作

全面抗日战争时期，为抓好政治机关的各项业务工作，中央军委、总政治部和八路军、新四军分别发出了一系列的决定、命令和指示，针对各阶段部队思想政治建设的形势，及时建立健全了党的组织工作、干部工作、宣传工作、青年工作、群众工作、安全保卫工作等组织和制度，明确了人民军队政治工作的基本宗旨、任务和主要内容，对于保证党对人民军队的绝对领导，提高官兵的政治觉悟，团结一切抗日爱国力量，巩固提高部队战斗力，争取抗战全面胜利等都发挥了巨大作用。

1. 组织工作方面。主要规定有：1939 年 7 月中央军委总政治部《关于加强党的工作的训令》、1942 年 11 月八路军野战政治部《关于部队组织工作的指示》等。基本内容包括：（1）共产党员是八路军、新四军的骨干，党员应占军队干部比例的很大部分，同时也要注意吸收产业工人、革命知识分子、农民、旧军队干部中的一些人，将他们培养、提拔为干部。（2）各级政治机关和党的组织要以巩固工作为中心，加强党的纪律，发挥党的组织领导作用。（3）各级政治机关要负责驻地地方党员的训练，经过地方政府或吸收抗日分子，开办游击队、自卫队干部、行政人员、小学教员培训班，从中发展先进分子入党。要提高党员发展质量，不追求数量。（4）要加强新组建部队的党的组织工作，实行各种政治制度，打稳基础，逐步发展。要积极培养党的下层基础，把党的工作重心放在健全支部、建立领导骨干、培养大批党内积极分子上。（5）要加强党的阶级教育和实际生活锻炼，活跃党的民主生活，开展批评和自我批评。要加强对农民成分新党员的先进性教育，努力克服各种落后观念的影响。（6）要加强党对青年工作的领导，培养青年队成为党的外围组织、预备军和党的有力助手。

2. 干部工作方面。主要规定有：1938 年 5 月第十八集团军总部《关于训练干部和加强部队政治工作的训令》、1939 年 2 月第十八集团军政治部《关于加强干部教育的训令》、1939 年 12 月中央军委《关于军队吸收知识分子及教育工农干部的指示》、1940 年 10 月 28 日中央军委总政治部连续发出了《关于干部工作一般问题的指示》和《关于干部政策与教育工作的指示》、1941 年 8 月第十八集团军总司令部和野战政治部《关于培养知识干部的指示》、1941 年 9 月中央军委《对军队老干部工作的指示》、1942 年 9 月总政治部《关于部队中知识分子干部问题的指示》等，从军队干部队伍的实际情况出发，对使用各类干部作了明确规定。基本内容包括：（1）为了培养大批干部和加强部队政治工作，建立干部教育制度，以营为单位，设立教员一人，连排干部以营为单位集中上课。教育内容一般应侧重于党性教育、信心教育和业务教育，以加强其德才修养，高级干部应注意战略策略水平的提高。继续办好教导队、开办干部轮训班等，做到训练和提拔大批具有革命历史经历的老干部、老战士。（2）大力吸收知识分子干部。尽一切努力吸收知识分子参加人民军队，对他们给以教育和训练，纠正他们的弱点，使知识分子无产阶级化；对知识分子干部，应当大胆使用，适时加以提拔，不得排斥。（3）培养知识型干部，将一部分文化水平较高的优秀战士从连队调出，以师旅为单位组建教导队，给以 2—3 年的专门训练，或者将部队中 25 岁以下的年轻干部调出一部分，给以 2—3 年的训练，将他们培养成知识干部。（4）增加干部学习科目，包括基本理论、中国问题、马列主义、日本研究、党与政治工作、数学与自然科学等。（5）老干部是我党我军长期积累的财富，是新的财富的源泉，要器重、爱护和关心他们。对有知识不多、进步不大、气量狭小、简单粗暴、不求进取等弱点的老干部，要进行耐心细致的思想教育工作，加强对老干部的在职教育和离职教育，加强老干部的党组织生活和党性锻炼。（6）掌握干部政策，提拔干部必须以德（对革命忠实）、才（工作能力）、资（资望和斗争历史）兼顾，不以资历为唯一或第一标准。

3. 宣传教育工作方面。主要规定有：1937 年 12 月中共中央军委总政治部《关于新战士教育工作的指示》、1939 年 6 月第十八集团军总部《关于加强时事教育的训令》、1939 年 7 月第十八集团军政治部《关于宣传教育工作的训令》等。基本内容包括：（1）进行广泛的政治动员，只有实行全国全民族抗战，才能救国家、救民族、救自己。指出当前的困难，解说克服困难的方针，号召团结，坚定胜利信心，粉碎敌人的进攻，保卫根据地，反对悲观失望。（2）宣传教育的方针是：动员一切宣传机关、报纸杂志、宣传队、剧团、服务团、文化团等，在本军、友军和群众中宣传我党的政治主张，表明我军抗战到底，与民众共生死，共患难的决心。（3）彻底揭露日军奸淫、烧杀抢掠的罪行，揭发敌人的欺骗宣传，激发群众的抗战热情，坚定群众胜利的信心。（4）在部队驻地举行反对投降与坚决抗战的民众大会，宣传投降的最大危险，反共就是准备投降的阴谋，号召广大群众反对妥协投降，投降就是自杀，自取灭亡。要求坚持抗战，巩固抗日统一战线与国共合作。（5）广泛宣传八路军、新四军抗战以来的战绩，其忠于国家民族的精神是抗战中的模范，以揭穿汪派汉奸及投降反共分子之反共及制造摩擦的阴谋，以获得全国人民对我的同情和拥护。（6）加强对新战士的军事、政治教育，使之很快成为熟练战士。要加强时事教育，建立读报制度，每天一小时，对党报的社论、专论要组织讨论，以求深入了解党报的内容，宣传党的路线方针政策。

4. 青年工作方面。主要规定有：1939 年 8 月第十八集团军政治部《关于青年工作的指示》、1940 年 8 月第十八集团军政治部《关于青年工作决定》等。基本内容包括：（1）连队青年组织形式为青年队，下分小队，原则上要吸引所有青年。以自愿介绍的方式在青年大会上通过加入。队员调动应有介绍信，青年队长由青委兼，用民主方式产生，直接受连政治指导员及团政治处领导。（2）发动青年队员进行地方工作，广泛组织青救会，健全儿童团工作，站岗放哨，特别要组织公开、秘密游击小组，侦察敌情，报告我军。（3）发动青年成为宣传工作骨干，向民众深入宣讲全国抗战的重要性，彻底揭发敌人欺骗宣传、怀柔政策，实施烧杀抢掠的罪行，揭发顽固分子的反共阴谋等。（4）发动青年维护群众纪律，加强军民团结，不拿群众一针一线，使青年成为遵守群众纪律的模范，坚决反对打骂现象，与一切破坏纪律的行为作斗争。（5）以共产主义教育青年，灌输科学知识，提高其文化水平，大胆使用知识青年充任青年干部，提拔优秀青年干部和优秀青年。

5. 群众工作方面。主要规定有：1939 年 8 月第十八集团军政治部

《关于目前民运工作的指示》、1943 年 12 月新四军政治部《关于拥政爱民运动的指示》、1943 年 1 月八路军留守兵团司令部和政治部《关于拥护政府拥护人民的决定》、1943 年 2 月八路军后方留守兵团《拥政爱民公约》等。基本内容包括：（1）关于民运工作：在根据地及驻地附近由各机关、部队抽调坚强干部，组织民运工作组，以村为单位开展工作。具体任务是：以民革室为中心，健全农村工作；加强训练自卫队，组织游击小组；保证合理负担，优待抗战军人家属，救济灾难民；帮助群众埋藏粮食，隐藏牲畜，督促屯集军粮；加强训练与开展地方党的工作。（2）关于拥政爱民工作：认识拥政爱民的意义，坚决执行政府法令，尊重各级政府和机关人员，禁止逮捕政府人员和人民；在边境发生敌情、匪情或政府机关人员和重要物资受到袭击时，积极参加救援；帮助政府和人民，进行春耕、秋收、冬学和建立民兵组织；严格遵守三大纪律八项注意，尊重民情风俗；帮助政府发展教育和卫生事业；军政军民关系出现纠纷时，军队要主动承担责任。（3）拥政爱民公约的内容：服从政府法令；拥护政府、帮助政府、尊重政府；爱惜公共财物；不侵犯群众利益；借物要送还，损坏了要赔偿；积极参加生产，减轻政府和人民的负担；帮助人民春耕秋收和冬藏；帮助人民进行清洁卫生运动；了解民情风俗，尊重民情风俗；向人民宣传，倾听人民意见。

6 纪检工作方面。主要规定有：1940 年 3 月八路军野战政治部《关于对犯错误干部教育的训令》、1942 年 1 月八路军野战政治部《关于党员处分问题的决定》、1942 年 3 月总政治部《关于重新审查被开除党籍者的指示》、1942 年 6 月中央军委及总政治部《关于军队整顿三风的学习与检查工作的指示》、1942 年 10 月八路军野战政治部《关于党员违法在党内之处分问题的通知》、1945 年 3 月新四军政治部《对整风善后工作的指示》等。[①] 这一时期的军队纪检工作，为严肃党的纪律，端正党风、纯洁部队发挥了重要作用。

7. 安全保卫工作方面。主要规定有：1937 年 10 月陕甘宁边区政府和保安司令部联合发布的《陕甘宁边区锄奸委员会组织条例》、1938 年 8 月中央军委《关于在军队中成立锄奸局的电令》、1939 年 6 月中央军委及总政治部下发《对各部队锄奸工作的训令》、1939 年 10 月八路军野战政治

---

① 《中国人民解放军政治工作·纪检工作》，解放军出版社 2008 年版，第 1313—1330 页。

部《关于锄奸工作的训令》、1942 年 12 月新四军政治部《军队锄奸工作及组织条例》、1943 年 4 月新四军政治部《关于防止日军假投降的指示》、1945 年 6 月新四军政治部《处理伪军、伪组织人员自新条例及调查惩治汉奸办法草案》、1945 年 8 月新四军政治部《关于执行城市政策与严格纪律的命令》等。基本内容包括：（1）针对日本特务机关对抗日军队的渗透、收买、策反、挑拨离间等破坏阴谋，在总部、各师、各旅及军区成立锄奸局，团设特派员，在各级军政领导之下开展锄奸工作。（2）加强对新入伍战士的政治审查，检举与防止汉奸、坏分子混入部队进行破坏活动。加强首长机关、机要、通信等要害部门的安全保卫工作。加大对敌伪投降人员审查的力度，非经长期考察及有事实和行动的证明，不可予以轻信，防止敌军利用假投降进行破坏活动。（3）明确锄奸工作的基本任务是：侦察和破获混入我军之日探汉奸及一切奸细，巩固我军部队；揭发和防止日探奸细在我军内进行破坏活动，巩固我军团结；揭发和防止日探汉奸窃取我军机密，保守军事秘密；协助民运部门进行与锄奸工作有关的地方工作。（4）调查惩治汉奸罪犯。所有解放区与沦陷区人民，均有权利与义务，采取一切可能有效的办法，调查汉奸罪行及其财产，以便将来提供给政府和人民法庭实行惩处；对调查此等罪行有功绩者，得享受奖励并为其保密。组织调查叛国罪犯委员会，主持调查叛国罪犯一切事宜；各调查叛国罪犯委员会得组织人民法庭，接受人民控诉和根据犯罪事实进行预审，对罪大恶极之汉奸并可举行缺席判决。对在逃的叛国汉奸罪犯，得呈请上级军政机关缉捕归案法办。叛国汉奸罪犯在一定时期内确实悔过自新者，经有事实证明者，可适用对伪军、伪组织人员自新条例所规定的宽大办法。

值得注意的是，虽然八路军各部队的政治审查工作取得了较好效果，但在某些地区或部队也出现了清洗扩大化，甚至制造冤假错案。其中影响最大的是在湖西边区制造的所谓“肃托”事件。“在此事件中，除鲁西南和萧县、宿县、永城等地，由于冀鲁豫支队司令员杨得志、政治部主任崔田民与萧县中心县的抵制，幸免于难外，地方党在该地区辛苦缔造的工作基础几乎被全部摧毁。各级党、政、军领导和干部五六百名被逮捕、刑讯，其中约 300 人惨遭杀害。”[①] 这一事件直到 1939 年 11 月初，第 115 师政治委员罗荣桓接到杨得志、崔田民关于肃托事件的电报后，和中共山东分局书记郭洪涛等赶到湖西才予以制止。1941 年 2 月 20 日，中共中央发出《关于湖西边区锄奸错误的决定》，对错误的原因做出分析。鉴于“湖西肃托事件”的发生，从 1940 年 6 月到 1941 年 5 月，总政治部先后发出《对锄奸工作的指示（第一号）——工作总结及今后方针的指示》《对锄奸工作的指示（第二号）——关于目前的锄奸政策》《锄奸人员守则》《对锄奸工作一些具体问题的指示》《关于锄奸工作组织问题的决定》等文件，对锄奸工作的范围、工作方法和具体政策，做出了规定。

（四）关于瓦解敌军工作和宽待战俘

对日军开展反战宣传，是对敌斗争的一项重要内容。日军不仅在武器装备方面占有绝对优势，而且深受所谓“武士道精神”的毒害，瓦解敌军工作更有特殊重要的意义。为从心理上彻底瓦解日伪军，动摇其意志，使之丧失战斗力，中央军委、各边区政府及时调整了工作指导思想，发布了一系列的决定、命令和指示。如 1937 年 10 月 6 日，中央军委总政治部就在《关于敌军工作的指示》中指出：“平型关战斗及游击部队经验，日军非拼死不肯缴枪，这虽然由于民族隔阂和日本军阀欺骗，过去华军不独没有进行敌军政治工作，而且以残暴手段对付俘虏，也是使敌临死不缴枪的重要原因。因此，开展敌军中的政治瓦解，削弱敌人战斗力，并推动友军学习这一工作，是目前政治工作的一项重要任务。”10 月 25 日，毛泽东在《和英国记者贝特兰的谈话》中又把“瓦解敌军和宽待俘虏”作为我军政治工作的三大原则之一。指出：“我们的胜利不但是依靠我军的作战，而且依靠敌军的瓦解。瓦解敌军和宽待俘虏的办法虽然目前收效尚未显著，但在将来必定会有成效的。”[②] 同年 10 月，总政治部发出《关于对俘虏处理办法的指示》、1938 年 3 月中央军委总政治部《发布瓦解日军的标语口号》、1938 年 11 月晋察冀边区《汉奸自首条例》、1939 年 12 月总政治部《关于敌伪军工作的训令》、1940 年 7 月总政治部《关于对日军俘虏工作的指示》、1941 年 6 月总政治部《关于加强日伪军工作的指示》、

① 肖裕声主编：《中国共产党军队政治工作史》（上卷），军事科学出版社 2015 年版，第 732 页。

② 《毛泽东选集》（第二卷），人民出版社 1991 年版，第 379 页。

1941 年 11 月总政治部《关于年关对日伪军宣传工作的指示》、1941 年 12 月中央书记处和中央军委《关于向日军进行反战宣传的指示》、1941 年 12 月中央军委总政治部《关于太平洋战争爆发后对日伪及其占领区人民的宣传与工作的指示》、1945 年 6 月中共中央华中局和新四军政治部《关于伪军、伪组织工作的指示》、1945 年 7 月苏中区《伪政权伪组织人员悔过自首暂行办法》、1945 年 8 月山东省《汉奸自首自新条例》等。此外，八路军、新四军还根据部队实际，发布了一系列关于瓦解敌军和战俘工作方面的文件。上述文件规定的主要内容包括：

1. 加大对敌伪军工作的力度。健全对敌伪军工作的机构，抽调得力干部到这些机构工作；在抗日根据地、抗大分校或教导队中，设立敌伪军工作干部训练队，学会日语、日文，注意从政治能力和工作能力上培养他们，提高他们的对敌斗争工作经验。总政治部还专门发布命令，号召前方部队普遍学习日语，开展日语喊话训练，部队中形成了学习日语的热潮。

2. 加强反战宣传和教育。在前线、在敌占区用文字和口头的方法，采用传单、标语、广播、喊话等各种手段向日本国内人民、在华日本人和日本士兵展开大规模的反战宣传，着重讲清日本军阀主义和法西斯政府采取冒险侵略政策的严重危害性。日本士兵不要战死国外，只有退出法西斯阵营、退出中国，与中国保持和平关系，才是唯一的出路。

3. 抓紧做好对伪军、伪组织的工作。加大政治攻势，宣传法西斯日本必然失败；加强对伪军、伪组织的联络争取工作，打入伪军、伪组织内部，提高他们仇日与抗日情绪，扩大他们与敌人间的矛盾，以便将来日本兵败时大举反正；欢迎伪军、伪组织人员觉醒，对投诚反正，帮助抗战的，我们一律宽大，既往不咎，并给予相应的政策待遇；对执迷不悟、拒不悔过自新的汉奸、伪军和伪组织人员，一律以叛国汉奸论罪，各级政府得相机予以逮捕，从严惩处。

4. 落实战俘政策。对被俘日本士兵给予好的招待与宣传，愿意回去的经宣传教育后一律允许他们回去，并给予最大方便，使他们尽可能安全地到达目的地；不愿回去的允许留下，给予适当的工作，希望学习的送他们到适当的学校学习；对俘虏的日本士兵，不得加以伤害和侮辱，所持一切物品，不没收，不毁坏，把他们当作兄弟对待；对负伤和患病的日本士兵，应给予治疗；对希望和亲属亲友通信的日本士兵，应给予方便；对战死的日本士兵，应给予埋葬并建造墓标。

5. 利用一切社会关系展开政治攻势，宣传我对日伪军缴械投降后的政策，争取日军部分向我军投降，缴械后，给予优待，并保证其安全归国，如日军愿给我们物资、武器、弹药等帮助，我则可给以相当之鼓励；伪军愿向我军投降者，应争取其反正，反正后愿改造者帮助其改造，不愿反正而和我谈判者，在其不反共、坚守中立和给我物资、交通、贸易、运输等方面以便利等有利条件下，允许其存在，并建立友好关系。

为了加强敌军工作，各个部队和地区都建立了敌军工作部门和统一的领导机构。八路军从野战政治部到各级政治机关，均设立了敌军工作部门，师为敌工部，旅为敌工科，团为敌工小组。新四军成立后，也在各级建立了相应的敌军工作部门。1937 年 9 月 25 日，党中央和八路军总指挥朱德、副总指挥彭德怀分别发布了《中国共产党告日本海陆空士兵宣言》《八路军告日本士兵书》。1938 年 3 月 24 日、4 月 9 日、5 月 28 日，八路军总部还先后印发了《日本士兵反战同盟反战口号》《日本反侵略女战士池田幸子献给日本士兵的公开信》《日本反侵略作家鹿地亘呼诉于我祖国（日本）同胞》等传单。1940 年 6 月 9 日、7 月 7 日，总政治部先后发出《关于对敌伪军宣传工作的指示》《对日宣传标语口号》的指示。要求各级政治机关今后对敌宣传的内容应抓住目前日本士兵的情绪，以鼓动其反战思乡、减弱其战斗意志，瓦解其部队为主；废止一些不适当的口号，提出与士兵有利害关系的口号，如“立即结束战争”“一同请愿回国”等。1941 年 5 月，总政治部在《关于点线工作及伪军工作指示》中规定：“为了统一敌工，县以上由地方与部队共同成立敌伪工作委员会，地方由社会部，部队由敌工部、锄奸部等共同组织之。”对敌日、伪军的争取瓦解工作，有效地宣传了我党我军的政策主张，揭露了日本军国主义发动侵华战争的反动本质，使日伪军认清日军侵华给中日人民都带来了深重灾难，收到了明显成效，对战胜日本侵略者，夺取抗日战争胜利发挥了重大作用。到 1945 年 10 月，八路军、新四军和华南抗日游击队共俘虏日军 6231 人，其中自动投诚者 756 人；在强大的政治攻势和军事进攻的有力配合下，共俘伪军 512933 人。

三、军事行政管理方面的法规

抗战时期，我人民军队深入敌后开展游击战争，对我军正规化建设和纪律建设提出了更高的要求。1941 年党中央在《关于建军问题的决定》中指出：当武装力量在抗日斗争中蓬勃发展起来时，必须及时争取时机整理训练，树立正规化的基础，保证进步与巩固。因为游击队只有向正规军发展，才能发挥它的伟大作用，严防一切新部队在发展初期的过分浪费、贪污腐化、破坏纪律、脱离群众的现象。为此，各级军政领导机关和首长特别强调提高自觉纪律，切实建立军队中的一切制度，克服游击主义习气，使之正规化的问题，并在发出的有关指示、训令、守则中加以明确规范。这一时期军事行政管理法规制度建设也得到了较大发展，除军队内部颁发了一些行政管理方面的文件外，各边区政府也制定了一些军事战勤方面的法规。这一时期主要的法规有：1939 年《建立正规军队制度各种草则》、1939 年 5 月《纪律条令（草案)》、1939 年《关于泄露军事秘密处罚条例的命令》、1939 年陕甘宁边区《抗战时期戒严条例（草案)》、1939 年《关于重新规定部队等级制度的指示》、1940 年 4 月《关于八路军奖励问题的指示》、1941 年八路军兵站部《兵站人员奖惩条例》、1942 年 2 月《军队纪律条令（草案)》、1942 年《内务条令（草案)》、1942 年 5 月新四军《军暂行奖惩军律》、1943 年 10 月《纪律条令（草案)》、1944 年 1 月《军队礼节暂行规定》、1944 年晋绥联防军《尊干爱兵公约》等。

（一）中央军委、八路军《纪律条令（草案)》

全面抗日战争时期，仅纪律条令就先后修改颁布了 3 次。1939 年 5 月，八路军留守处参谋处颁布了《纪律条令（草案)》。这部条令是在抗日民族统一战线宣告成立，我党坚持团结抗日，强调统一纪律，在完成军队改编的情况下，根据抗日游击战争高度分散的特点，以红军条令为基础编写的。内容包括纪律要则、惩戒、奖励和控告 4 个部分，共 25 款。奖励有：口头奖励、队前奖励、通令奖励、纪念会上奖励、物质奖励、部队中名誉记名、升级、奖章八项。对普通人员的惩戒有：告诫、申诫、警告、队前警告、额外勤务（不得超过 5 次)、禁闭（不得超过 15 天)、开除军籍、转送军事法庭（违犯法律者）八项。对指挥员的惩戒有：告诫、申诫、警告、通令警告、禁闭（不得超过 10 天)、降级、转送军事法庭七项。为保证抗日军人的民主权利，第一次把“控告”作为重要内容列入了条令。

1942 年 2 月，中央军委条令审查委员会为适应抗日战争发展的需要，重新修订颁布了《军队纪律条令（草案)》，进一步统一了抗日军队的纪律。这部条令分总则、纪律的范围、惩戒、奖励、申诉与上诉、附则 6

章，共 37 条。奖励项目中比 1939 年条例多了“立传”一项；惩戒的项目，将战士及普通人员与干部分开设定。取消了申诫，恢复了入悔过室（取代禁闭）。对干部用降职取代了降级，恢复了撤职惩戒。在附则中，首次规定了条令的适用范围和修改的权限。1943 年 10 月，八路军留守兵团司令部再次修改颁布了《纪律条令（草案）》。这是在我军开展整风、大生产运动，胜利渡过经济难关，抗日根据地进入恢复和再上升阶段的情况下颁布的。该条令分为纪律要则、惩戒及奖励、控告三个部分以及附录。比 1942 年条令少了纪律的范围一章。在奖励项目中，多了“赠送革命武器和红旗下照相”一项；惩戒项目中取消了转送军事法庭和撤职惩戒。这部条令主要特点是有较好的连续性，基本内容与上一代条令相似，而且规定更加具体，便于部队操作使用。

（二）新四军《军暂行奖惩军律》

1942 年 5 月，新四军颁布了《军暂行奖惩军律》。由代军长陈毅签发。新四军军律规定：为统一全军各种法令规则制度起见，本部重新制定本军暂行奖惩军律。该《军律》共规定了四个方面的制度：1. 本军暂行奖惩军律；2. 十大制度（注：政治制度、经济制度、教育制度、学习制度、会议汇报与报告制度、作息制度、办理交代制度、战后检查制度等）；3. 各种规则及各级职责；4. 供给制度草案。此四种制度合订一册颁发施行。同时，规定 1942 年 5 月以前本军所颁发的纪律条令、各种规则以及各部所编拟的其他规定“与此相抵触者，一律作废”。该《军律》在奖惩中，规定战时奖则为 4 条 15 项条件；一般（即平时）奖则为 4 条 30 项条件；战时惩则为 5 条 24 项条件；一般（即平时）惩则为 10 条 107 项条件。并在“干部奖惩通则”一章中，分别规定了各级的奖惩权限。

（三）八路军兵站部《兵站人员奖惩条例》

1941 年 10 月 24 日，八路军兵站部公布了《兵站人员奖惩条例》。该条例将应受奖励的情形分为服从命令、遵守纪律，不避艰险、勇敢完成任务，廉洁自持、特别节约，领导有方、管理得法等 20 项；将应受处罚的情形分为不服从命令、违反三大纪律八项注意，不假外出、擅离职守，盗卖物品、侵吞公款，挪用公款营谋私利等 25 项。奖励种类分为口头奖励、通令奖励、纪念会场上奖励、物品奖励、记功、晋级 6 种。对普通人员的惩戒分为告诫、申诫、队前警告、额外勤务、禁闭、开除军籍等；对干部人员的惩戒分为告诫、申诫、警告、通令警告或开会、禁闭、降级、撤职等。实施奖励和惩戒的程序是：上级或下级举发、班务会或小组会讨论、班（股、科）长证明、各单位首长执行。其中对所有人员执行口头奖励以外的奖励，对普通人员执行开除军籍，对干部执行告诫、申诫以外的处罚等，必须呈报兵站部批准。

（四）晋绥联防军《尊干爱兵公约》

为继续发扬红军的光荣传统，保持良好的官兵关系，抗战时期，各部队在军政大整训的过程中，重点开展了政治整训。1938 年毛泽东在《论持久战》中指出："很多人对于官兵关系、军民关系弄不好，以为是方法不对，我总告诉他们是根本态度（或根本宗旨）问题，这态度就是尊重士兵和尊重人民。"① 1944 年 4 月，中共中央军委总政治部副主任兼晋绥联防军副政委和政治部主任谭政，在中共中央西北局高级干部会议上作了《关于军队政治工作问题的报告》，报告中提出了开展尊干爱兵运动的倡议。尊干爱兵运动，最早在陕甘宁晋绥联防军部队中开展起来。之后，中共中央军委和总政治部指出："我们部队中的官兵关系还不能说是很好的，今后要做到如家人父子一样的亲密。应强调干部与战士真正生活打成一片，艰苦与共。那种只要求于战士而不关心战士生活，或只注意自己生活的现象，必须严厉纠正。在管理部队方法上，应尽量运用友爱感情的力量与模范的作用。""应尽量多给战士以民主，多倾听与尊重他们的意见，这对于集中，不仅不会妨碍，而且可增进战士的自觉性。"② 为此，各部队结合整风对内部存在的军阀主义等不良倾向认真进行批评，进而将如何进一步改善军队内部官兵关系、开展尊干爱兵运动作为整训的重点内容。1944 年 7 月，晋绥联防军第 358 旅召开营以上干部会议，以提高对尊干爱兵的思想认识，并对官兵关系、上下级关系、同级关系和单位之间的关系上存在的问题进行了反省，在总结经验的基础上，提出了尊干爱兵的"双十要求"，即《尊干爱兵公约》。公约内容包括对干部的要求和对战士的要求两个方面。对干部的要求是：对战士和气亲热，不讽刺挖苦；耐心教育，倾听意见，接受批评；带头并帮助学习军事、政治和文化知识；关心生活，帮助解决困难；重视创造，发现人才，培养各类模范；耐心说服

① 《毛泽东选集》（第二卷），人民出版社 1991 年版，第 512 页。

② 《中共中央文件选集》（第 14 册），中共中央党校出版社 1992 年版，第 167 页。

有过错和后进人员，启发自觉性；派差勤务公正，尊重年老军人；慰问伤病者，对牺牲病亡者举行追悼会；关心家属，定期告诉军人在部队的情况；精通业务，团结其他班排。对战士的要求是：服从命令，完成任务；自觉遵守纪律；接受干部教育；有意见按组织提出，不背后广播；响应上级号召；发扬友爱精神，团结同志；提高警惕，揭发不良分子；爱护身体，讲究卫生；熟悉武器，准备时刻对敌；自告奋勇救护处在危险的干部。1944 年 9 月 22 日，中共中央军委向全军转发了晋绥联防军《三五八旅整顿官兵关系中的经验》，在全军普遍开展了尊干爱兵运动。这一运动，极大地加强了部队的团结，提高了官兵的积极性，形成了我军良好的官兵内部关系。

（五）陕甘宁边区政府《抗战时期戒严条例（草案）》

1939 年，陕甘宁边区政府为巩固后方，防止敌探汉奸之破坏，维持边区治安秩序，制定颁布了《抗战时期戒严条例（草案）》。条例共 9 条。该条例规定：遇有必要施行戒严措施时，由边区政府委员会命令边区保安司令员依据本条例的规定宣布戒严；戒严地域分为警戒地域（战时受战事影响应警戒之地域）和接战地域（作战攻守之地域）；接近作战地域内遇有偷盗军情、泄露军事秘密、破坏抗战、煽动部队哗变、企图颠覆抗日政权、破坏军事交通、扰乱地方治安等行为时，军事审判机关可自行审判或送地方法院审判；宣告戒严时，保安司令员享有停止集会结社、取缔破坏抗战的宣传、拆阅扣押没收邮件电报、检查出入境车辆旅客、检查居住房舍、征用或破坏不动产等权力；对戒严区域内民间的粮食物品可供军用者，有权进行调查登记，必要时禁止运出，或加以征收，但应给予相应补偿；戒严情况终止时，应即宣告解除戒严并回复原状。

四、后勤工作方面的法规

全面抗日战争时期后勤法规制度建设具有以下特点：一是确立了统一领导、分散经营、独立保障的后勤装备组织体系，即后勤工作包括装备工作；二是实行军政军民一体的后勤装备供应体制；三是建立了集中与分散相结合的后勤装备制度，既有中央军委和总部颁布的法规，又有各军区制定的制度、标准和办法。后勤法规制度的建立，使人民军队的供应保障更加有序，适应了抗战形势发展的需要，对加强我军的后勤法治建设产生了重要的历史影响。

（一）后勤工作方针

八路军主力，脱离陕甘宁边区后方基地，挺进华北敌后，开展抗日游击战争，给后勤保障工作提出了新问题。1937 年 11 月 13 日，在后勤保障工作十分困难的情况下，毛泽东致电八路军总部和中共中央北方局，指出“自给自足，不靠别人”[①]。11 月 16 日，周恩来在《目前抗战危机与坚持华北抗战的任务》中指出：“要建立各部队的后方，要有源源不断的后方接济，在困难时也要独立自给。这样的军队是活的，是人民的，是革命的军队。”[②] 独立自给后勤工作方针的确立，对于人民军队做好后勤工作，克服战时严重经济困难，保障战时供给，具有重要的指导意义。为此，党中央、中央军委、八路军和新四军发出了一系列指示，如 1939 年 10 月第十八集团军总部《关于保存物资的训令》、1940 年 1 月八路军野战政治部《关于生产运动的训令》、1940 年 2 月中共中央、中央军委《关于开展生产运动的指示》、1941 年 5 月中央军委《关于陕甘宁边区部队生产工作的指示》等。根据上述指示精神，八路军、新四军开展了广泛的生产自救运动，开办兵工厂、被服厂，利用战斗间隙开荒种粮种菜、发展种养业等。同时广开门路，通过多种渠道，筹集物资和经费，如动员人民群众支援抗战、向海外华侨和国际友人募捐、缴获敌人物资等。上述自力更生措施的实行，有力地促进了人民军队的后勤保障工作。

（二）后勤工作机构

1937 年红军改编后，八路军、新四军在红军后勤机构的基础上，调整、健全了后勤体制。八路军、新四军后勤部下设立了军需处，卫生处，后改称军需部和卫生部，增设了兵站部，部下设科。各师及旅，设供给部和卫生部。团设供给处和卫生队，营设供给员，连设司务长。各级供给部下设军需、财务、粮秣、采办等处（科）；卫生部下设医务、材料、供给等处（科）和医院；兵站部下设兵站分部。至 1939 年，再次调整充实了后勤机构，除原有的供给部、卫生部、兵站部外，新成立了财经部和军事工业部，负责筹集经费和武器、弹药生产及维修。有的师或军区，也成立了军工部或生产部、兵工部和保健部等。到 1941 年，后勤部门成立了政

---

① 《毛泽东军事文集》（第二卷），军事科学出版社、中央文献出版社 1993 年版，第 116 页。

② 《周恩来选集》（上卷），人民出版社 1980 年版，第 86 页。

治部。根据 1943 年 1 月 5 日颁布的《后勤工作方案》，后勤部下分四个部门，即军工部门、卫生部门、银行部门、供给部门。八路军、新四军各级后勤机构的调整和建立，从组织上保障了后勤工作的开展。

（三）后勤工作规定

为加强后勤的管理，中央军委和八路军、新四军颁布的法规主要有以下方面：

1. 部队供给方面。主要的规定有：1942 年 2 月《八路军、新四军供给工作条例》、1941 年 4 月《连队供给工作暂行条例》、1943 年 12 月《关于实行供给包办［干］制度的决定》、1945 年 2 月《第十八集团军暂行供给法规》等。

（1）《八路军、新四军供给工作条例》。该条例是抗战时期军队审计工作的基本依据，共 9 章 58 条，规定了八路军、新四军各级审计机构的设置、职权及工作任务；9 章分别是概则、各级供给机关的组织与工作任务、供给制度、供给干部的培养、供给机关的辖属系统及与部门的关系、军队中各级审计处的工作、关于连队经济协助委员会的工作、关于军队中合作社（或公营商店）管理委员会的工作、附则。该条例规定了供给工作的基本原则和主要任务，明确了供给机关的组织机构、内部关系及与司令部、政治部、兵站部等相关部门的关系，规定了预算、计（决）算、审计、资材收支、武器弹药的保管及公物的保管与移交等一系列的具体制度，明确了军队审计处、连队经济协助委员会、军队合作社管理委员会等部门职责和工作，是全面抗日战争时期我军重要的后勤工作法规。

（2）《连队供给工作暂行条例》。该条例由八路军野战供给部签署颁布。颁布该条例时的通知指出：连队供给工作是整个供给工作的基础，建立正规化的供给制度，必须从连队开始，要求切实遵行各种连队供给制度。该条例共 10 节，分别规定了预算、计算、收支、采办、粮秣、被服、军械、供给、节约与生产、改善部队生活、经济委员会职权等项制度。

（3）《关于实行供给包办［干］制度的决定》。该决定由八路军后勤部颁布，其目的是为了严格执行量入为出、量出为入的原则，培养部队厉行节约、勤俭耐劳的优良作风，提高自力更生的能力。供给包干制将各种经费划分为经常费、临时补助费、实报实销费和额定费四大类，详细规定了各项经费使用情况和各类人员的物资消耗标准、金额标准和实物定价标准等。

（4）《第十八集团军暂行供给法规》。该法规由八路军总部颁布，共5章38条。将供给工作归纳为财政、粮秣、被服、军械和部队生产五个方面。分别对预算制度，计（决）算制度，收支制度，会计科目，出纳制度，被服预算、决算、缝制、供给、统计报告、保管、废品处理制度，粮、油、械、弹等的预算、决算、供给、储藏制度作了详细的规定。在各级供给干部的职责中，明确了旅级（军分区）团级供给首长、各级会计人员、出纳人员、被服人员、粮秣人员、连队司务长之职责。上述这些既有原则要求又有实施方法的规章制度和职责，使部队供给制度逐步走向统一。

2. 兵工生产方面。主要的规定有：1941年1月中央军委《关于抗日根据地军事建设的指示》、1941年4月中央军委《关于加强兵工建设的指示》、1941年1月朱德、彭德怀等《关于收集军用资材的训令》、1942年2月八路军总部《武器弹药保护法》等。中央军委在《关于抗日根据地军事建设的指示》中，确立了兵工生产的方针。指出：在敌我工业技术水平悬殊与根据地极不巩固的条件下，欲求敌我装备平等，大规模建设军事工业及希望新式武器之生产等，都是无可实现的空想。我们一无飞机、大炮、坦克，我们的步枪、机枪质量也差，子弹也日益困难；想要单靠我们自己的力量办到有极优良的步枪、机枪，有极充足的子弹，在目前条件下，已是完全空谈，更不必说飞机、大炮、坦克了。因此，在目前条件下，兵工生产的基本方针应当是修理机械、翻造子弹，特别是大量生产手榴弹、地雷等。提出军地各级设立炸弹厂，不仅主力军应设炸弹厂以供主力需要，地方军及民兵指挥机关亦应在分区及各县设立炸弹厂，以供自己的需要。这些炸弹厂规模要小，应分散办理，分别隶属于地方军及民兵的各级指挥机关或各级政府。强调群众性落后武器手榴弹、地雷、土炮等的重要性。因此，只有下决心依靠群众、民兵及部队之抗日坚决性、积极性，依靠全民皆兵，依靠群众性的落后武器及其数量，使敌人到处因我们的手榴弹、地雷、土枪、土炮而疲于奔命。同时主力军除造炸弹外，还要积极设法修理机械与充实自己的子弹，只有这样，才是在今天坚持敌后艰苦卓绝的斗争的唯一道路。中央军委《关于加强兵工建设的指示》及八路军领导人《关于收集军用资材的训令》则要求：各抗日根据地要加强兵工建设，以生产弹药为主，生产枪械为辅；要按规定的方法和数量收集钢丝、铜元、弹壳、炮弹壳、铜器、锡器等兵工生产资料。《八路军武器弹药保护法》分四个部分：武器、弹药、政治教育与政治保证、奖励与惩办，分别规定了武器弹药的保管、登记、交接以及防止敌特破坏、偷窃和法律后果等。

3. 兵站工作方面。主要规定有：1939 年 1 月《八路军兵站工作现行规则》、1942 年 2 月《八路军、新四军兵站工作条例》。《八路军兵站工作现行规则》分管理教育纪律卫生、兵站供给工作、兵站交通运输工作、兵站招待工作四个部分，对八路军兵站工作的相关内容加以具体规定。全面、系统地对我军兵站工作加以规定的是 1942 年 2 月《八路军、新四军兵站工作条例》，该条例共 3 章 33 条。第 1 章概则，明确了兵站的任务、设置原则、交通运输工具、人员编制及工作纪律与要求等内容。第 2 章兵站各科室及其所属部门之职责，规定兵站设秘书和参谋；内部机构设第一科至第四科，其中第一科为运输科，第二科为供给科，第三科为医疗卫生科，第四科为内部管理科；并明确了各机构和人员的具体职责。第 3 章兵站各种工作，规定了运输工作、工具管理、收发工作、保管工作、仓库设施和库房警卫、供给工作、招待工作、俘虏转运工作等方面的具体制度和细则。

4. 财政、财务工作方面。财政工作方面的主要规定是 1938 年 11 月《中央军委财政委员会暂行条例》。该条例共 10 条。其主要内容包括：军委财政委员会由军委主席指定 7—9 人组成，其中 1 人为主任，必要时可设副主任；军委财政委员会每月开会两次，由主任召集，遇特别情况时可临时召开会议；军委财政委员会下设审计处，为军委财政委员会执行权力机关；军委所属后方各机关、部队、学校之按月或临时收支预决算，必须先送审计处审核，由财政委员会批准后方为有效；各机关、部队、学校预算，除按照编制有规定者外，如有必要增加时，应先行通知军财会商讨筹款后，方能增加或追加；严格执行预决算制度及防止贪污浪费，非有特别事由并预先经过批准外，决算不准超过预算；加强审计监督，检查各机关、部队、学校财政及供给部工作，军委财政委员会于每月末或月初听取审计处及供给部的财政报告一次。为落实军委财政制度规定，加强部队财务管理，军委、总部及各部队也都相继制定和完善了财务工作方面的法规制度，如《会计工作细则》《出纳工作实施暂行细则》《军队中各级审计处工作条例》《连队经济委员会组织工作细则》等。

5. 医疗卫生方面。主要规定有：1938 年 9 月中央军委总卫生部《暂行卫生法规》、1938 年中央军委总卫生部《残废处理暂行办法》、1939 年 1 月中央军委《总卫生部工作规章》、1941 年 5 月中央军委《对当前卫生工作的指示》、1941 年 6 月中央军委《关于卫生部门的几个工作原则的指示》等。

（1）《暂行卫生法规》。该法规全面系统地规定了我军医疗卫生方面的工作制度，内容全面、规定翔实具体。该法规共分 8 章，每章单独成为一个条例，分别是医务工作条例（包括医院医务工作条例、卫生队所医务工作条例）、卫生工作条例、卫生材料管理条例、卫生人员管理条例、医院管理条例、转运工作条例、救护工作条例、部队卫生制度。其中，医务工作条例对病人的入院、手术、转院、出院、病历登记等内容作了规定；卫生工作条例对部队卫生检查、传染病报告和隔离防治、卫生教育、个人卫生管理等内容作了规定；卫生材料管理条例对卫生材料的保管、领发、购买、使用等作了规定；卫生人员管理条例对卫生人员的任免调迁、奖惩、工作规则、看护规则等作了规定；医院管理条例对医院的设置、医院干部的任免调迁、病人出入院、医院规则、病室规则等作了规定；转运工作条例对转运机关、转运计划、转运病例处置、转运编队等方面的内容作了规定；救护工作条例对救护所设置、伤员（包括受伤俘虏）救护和后送、战场打扫和伤员收容等作了规定；部队卫生制度对卫生纪律、营舍卫生管理、给养卫生管理、疾病管理、战时卫生管理、各类人员卫生工作任务等作了规定。

（2）《总卫生部工作规章》。该规章的内容分两部分：第一部分主要规定了总卫生部及医务科、保健科、材料科、管理科、供给科、巡回医疗组等各科的工作任务；第二部分分别规定了上述各科具体的工作细则。

（3）《残废处理暂行办法》。该办法规定：残废者，要按残废等级规定表，由医生检查填写残废证明表，报请抚恤委员会填发残废证；残废证发给本人，残废抚恤金由抚委会按规定发给。凡一、二等残废不能服役者，得组织残废教养所或教养院收容；每所收容量为 100 人，每院固定 3 所；残废所工作人员，从残废者中挑选；残废院所设置于安全固定地区。组织住院残废人员进行政治、文化及适合的工艺教育，培养知识和生活能力，所营工艺余利归其自得，积蓄为改善生活费用。凡三等残废者，按其残废程度及运动机能，适宜分配其参加后方机关部队工作；凡家属不远，可能回原籍而其要求回原籍者，得按其残废程度及生活能力给予生活补助费，予以回籍。残废者之生活待遇与部队一致，如有慰劳品则与伤兵同样发放。

第六节　战时军事司法制度

全面抗日战争时期，为了适应团结抗战和部队作战的需要，八路军、新四军军事司法机构做了调整，按照国民革命军的编制和体制进行了改编。这一时期军事司法工作的性质、任务明确，编制体制、诉讼程序和制度也比较完善，为我军军事司法工作的进一步发展奠定了良好的基础。军事司法工作对于镇压汉奸卖国贼的破坏活动，切实保障抗日民主制度和抗日阶级的合法利益，维护抗日根据地的革命秩序，维护军纪的严肃性，维护军政军民关系，巩固提高部队战斗力等都发挥了重要作用。

一、军事司法机构

全面抗日战争时期，可以行使军事审判权的司法机关，主要分为设在八路军、新四军和根据地政权中的司法机构三类。

（一）八路军各级军法处

军法处由红军时期的军事裁判所改编而成。军法处主要负责处理军事刑事案件，即军人违犯军事刑法的案件，以及其他依法由军法机关审判的案件。为了规范军法处的工作，1939 年八路军总政治部还专门制定了《第八路军军法处工作条例草案》。该条例对八路军各级军法处的设置、职权、工作程序等都作了具体规定。第一条规定：八路军中的司法组织名称为军法处。第二条第一项规定：军法处建立在八路军各师、旅，或相当于师、旅之独立支队、各军区、分区及后方留守处政治部组织之内。第三项规定：各级军法处直接接受同级司令员、政治委员和政治部领导，同时接受上级军法处专业工作方面的指示。第三条规定了各级军法处的人员编制。各级军法处设处长 1 人，主持军法处一切事宜；审判 1 人，审讯一切军政刑事案件；检察 1 人，检察和收集一切军政刑事案件之材料；看守长 1 人，负责指导看守一切犯人；书记 1 人，整理一切材料；武装 1 排，看管一切军政刑事犯人。军法处长，一般由军政首长兼任，也有的由锄奸部长兼任。全面抗日战争时期，因为斗争残酷，敌人经常“扫荡”，领导机关一再精简，党政军高度一元化，有些部队名义上虽设有军法处，但很少设专职干部，有的与锄奸部是一套人马、两块牌子，需要开公审大会，发布判决书或布告时，就用军法处的名义。军法干部的任免权也不统一，有些由本部队最高军政首长任命，有些由本军法处处长提请上级军法处任命。

（二）新四军各级军法处

新四军的军事司法机关与八路军不同。新四军《本军军法工作条例》规定：军法处建立在各师、旅或相当于师旅之独立支队的司令部内。军法处内设两个科，分别负责部队锄奸保卫工作和审判工作；一个监狱，设监狱长，负责管理教育、改造在押犯人；一个执法队，除担负看守、押解、处决犯人外，还执行侦查纠察任务。1939 年初，原属政治部组织部的调查统计科（主要负责管理政治统计和指导部队锄奸工作）并入军法处，军法处增加到四个科，分别为部队科、地方科、审讯科、教育科。部队科负责部队侦查保卫工作；地方科负责地方政治案件的侦查工作；审讯科负责案件的审判工作；教育科负责部队的法纪教育和培训军法干部。新四军军部为了指挥上的方便，于 1939 年 5 月和 11 月先后成立了江北指挥部和江南指挥部，两个指挥部都设有军法处。江北指挥部军法处设部队、地方、审讯 3 个科；江南指挥部军法处设侦察、审讯、执行 3 个科。新四军所属的各支队，也在司令部设军法处和军法官，在政治部设调查统计科。军法处长有的由参谋长兼任，有的由调查统计科长兼任。1940 年春，各支队军法处与调查统计科合并，改设军法科，科内设股，团营设特派员，负责锄奸保卫工作和军法工作。支队所属的团一级部队设调查统计股。1941 年 1 月“皖南事变”后，在苏北盐城成立了新四军新军部。部队的锄奸保卫工作不再用军法处的名义，而直接在政治部里设锄奸部。军锄奸部设部队、地方、审讯、教育 4 个科。军法处没有单独设立机构，锄奸部长兼任军法处长，锄奸部的执行科兼管军法工作，审讯科长兼任军法官。

（三）民主政权中的司法机构

全面抗日战争时期，地方司法机关对军人普通刑事犯罪案件具有管辖权。因此，民主政权中的司法机构也是军事司法机构的组成部分。各抗日根据地的司法机构是随着抗日根据地的开辟而逐步建立起来的，其设置情况与陕甘宁边区大体相同。

1939 年 1 月《陕甘宁边区高等法院组织条例》规定：边区司法机关是高等法院，受边区政府领导和边区参议会监督，负责全边区的审判工作和司法行政工作。高等法院内设刑事法庭、民事法庭，必要时可组织巡回法庭。各庭设庭长和推事执行审判事务。此外，还设有检察处、书记室、看守所和劳动感化院（监狱）。根据 1943 年 3 月颁布的《陕甘宁边区高等法院分庭组织草案》规定：高等法院可以在各分区专员公署内设置高等法院分庭，作为高等法院的派出机关，管理不服该分区所辖县司法处第一审判决。分庭设庭长、推事和书记员，庭长由专员兼任。县司法处一般设裁判员 1 人，主持审判业务。但根据 1943 年《县司法处组织条例》的规定，对于重要的刑事案件、重大民事案件、重大军民纠纷案件、涉及重要政策或对风俗习惯有重大影响的案件等，司法处须提交县政府委员会或县政务会议讨论决定。1942 年 8 月，陕甘宁边区政府曾设立审判委员会，至 1944 年 3 月撤销。关于边区检察机构，在边区高等法院成立时，即设有检察员，在院长领导下独立行使检察权；也曾一度成立检察处，设检察长和检察员；到 1942 年精兵简政后，一般在各级司法机关内设立首席检察官 1 人、检察员若干人，由各级行政首长或公安部门干部兼任。

二、军事司法管辖

针对全面抗战初期抗日根据地某些地区出现的秩序混乱、随便捕人的违法现象，1941 年 5 月《陕甘宁边区施政纲领》中重申："除司法系统及公安机关依法执行其职权外，任何机关、部队、团体不得对任何人加以逮捕、审问或处罚，而人民则有以无论任何方式，控告任何公务人员非法行为之权利。"1942 年 2 月，陕甘宁边区政府颁布的《保障人权财产条例》规定，"除戒严外，非现役军人犯罪，不受军法审判"。1943 年 1 月 15 日陕甘宁边区政府颁布了《陕甘宁边区军民诉讼暂行条例》。该条例指出：边区过去军民诉讼管辖，因无明文规定，以致发生了不少纠纷。为此，颁发本条例，以便共同遵守。这一条例明确了军事司法管辖的范围，其确定的管辖原则是属人管辖与属事管辖相结合。该条例第 2 条规定：军民双方诉讼属于民事范围，婚姻、土地、财产、债务、嗣续等之案件，无论原被告属于何方，概归司法机关处理。第 3 条和第 4 条规定：军人犯普通刑法之罪，应归司法机关处理；军人违犯政令军纪，如嫖、赌、吃鸦片等，地方治安机关得扭送军事机关处理。第 5 条规定：普通民人违犯军法，如勾引军人逃跑叛变及刺探军情等，在战时由军法机关处理，在平时由司法机关或锄奸机关处理。第 6 条规定：军人及民人之现行犯，如叛变、抢劫、殴伤人等，军政机关均得按情节轻重及当时环境予以扣留或逮捕，但须于

24 小时内将人犯连同所携带之物品分别送交应受理机关。第 7 条规定：军人与民人同案共犯之事件，属于军法者，概归军法机关处理，属于普通刑法者，概归司法机关处理。第 8 条规定：治安机关对非现行犯之军人，不得逮捕及解除武装，军队对非现行犯之民人，亦不得逮捕。此外，根据晋察冀边区有关法律的规定，特种刑事犯罪也由军事司法机关管辖。

1943 年 2 月 4 日公布的《晋察冀边区关于逮捕搜索侦查处理刑事、特种刑事犯之决定》，第 19 条规定："特种刑事案件之审判，由军法机关为之，犯人为现役军人者，其审判由军事机关之军法官为之，犯人为普通民人者，其审判由政府机关之兼理军法官为之。"1943 年 9 月，《苏中区第二行政区诉讼暂行条例》第 6 条规定："关于军事案件，由军法机关审理之；汉奸政治犯案件由公安机关侦讯，司法机关审判之。"①《山东省胶东区行署各级军法会审委员会组织及审理暂行条例》第 2 条规定：军人、军属或地方武装部队犯罪直接侵害人民利益者由军法会审委员会审理。《修正淮海区审理司法案件暂行办法》第 6 条规定："关于军事犯案件，由军法机关审理之；关于政治犯案件，由公安机关预审之。"② 1944 年 10 月，《苏中区处理诉讼案件暂行办法》第 10 条规定："军事案件归军法机关审理，汉奸、特务按照紧急治罪法组织特种法庭审理，其他案件一律均归司法机关审理。"③

三、军事审判组织

全面抗日战争时期，党领导下的各抗日武装和根据地从战时的需要出发，采用了不同的军事审判组织，主要有军法会、军事法庭和军民诉讼委员会等。

（一）军法会

按照《第八路军军法处工作条例草案》的规定，军事审判组织为军法会。军法会分简易军法会和普通军法会，均设于各军、师及独立旅、军

① 韩延龙，常兆儒：《革命根据地法制文献选编》（中卷），中国社会科学出版社 2006 年版，第 921 页。

② 韩延龙，常兆儒：《革命根据地法制文献选编》（中卷），中国社会科学出版社 2006 年版，第 899 页。

③ 韩延龙，常兆儒：《革命根据地法制文献选编》（中卷），中国社会科学出版社 2006 年版，第 913 页。

分区、军区。军法会的组织临时由驻地最高军事行政长官任命，军法处长有参加军法会之权，案件判决后即行解散。简易军法会审判连以下官佐、士兵的犯罪案件，并由团级长官为主审，政治处主任或团参谋长为陪审。普通军法会审判团以下官佐人员犯罪案件，并由师之长官或军政治部主任、参谋长为主审，政治部各部长等为陪审。旅以上官佐的犯罪案件应交军委会的军法会审判，情况不许可时，应报请军委会指示办理方案。

（二）军事法庭

根据 1945 年山东军区颁布的《山东省各级军事法庭组织条例》的规定，在山东军区司令部、胶东、渤海、鲁中、滨海、鲁南等军区司令部及各城市之卫戍司令部内设立军事法庭。各军事法庭内设检察员 1 人、审判员若干人。检察员由各该军管区之公安局长充任，并由山东军区委任之。抗日战争胜利后，为审判战争罪犯及汉奸案件，有些根据地也成立了军事法庭，分别设有检察人员和审判人员，检察员一般由军队保卫部门兼任。

（三）军民诉讼委员会

根据《陕甘宁边区军民诉讼暂行条例》的规定，军民重大案件，由边区最高行政机关和军事机关共商组织军民诉讼委员会进行审判。因此，军事审判组织还包括军民诉讼委员会。军民诉讼委员会的组成为：司法机关 2 人、军法机关 1 人，以资深者为主任委员。军民诉讼委员会为非常设机构，并在特定案件审理完毕后即行撤销。

四、军事审判程序

全面抗日战争时期，党领导下的根据地和各部队没有制定统一的军事审判程序，由各地和各部队根据实际情况，自行制定。主要可分为以下几类审判程序。

（一）军内审判程序

根据《第八路军军法处工作条例草案》的规定，军事审判程序比较简单。军队中的军政刑事案件，由军法处的审判员进行初审，审问终结后应提交审判长，并提出审判意见。认为无罪或情形不应交付军法会审判的，应即作出审问终结书发主管官核办。认为有罪需要审判的，提出交付军法会审判的意见，交军法处长呈送驻地最高军事行政主官组织军法会审。根据《山东省胶东区行署各级军法会审委员会组织及审理暂行条例》规定：各级军法会审，由同级行政或司法机关首长任主审委员，负责召集会审委员会进行审判。会审时由主审委员依次审讯人证，其他会审委员，通过主审亦得为必要之审讯。被告有最后陈述权。判决宣判后，应即制作判决书正本，分别送各委员存查，并送达各当事人收受。当事人如不服判决，得于7日内向原审机关以书状或口头声明上诉。当事人上诉后，初审主审委员除认为上诉不合法得迳行裁定驳回外，应检齐卷证，连同上诉状，呈送上级军法会审委员会。因逾期不上诉或上诉不合法被驳回后，原审机关应在5日内检齐卷判，呈送上级军法会审委员会复判，须经复判核准，始得执行。但死刑之执行应分别呈请胶东最高军政机关核准。军法会审判决确定之人犯，应由所属军政机关分别依法执行。此外，为确保判决的严肃性和准确性，各部队还规定了案件判决的审批权限和审批手续。如陕甘宁晋绥联防军军法处规定：判5年以下徒刑的，由军法处长审批；判5年以上和原为排职以上干部须判处徒刑的，填写军法处意见，报政治部审批；重大案件或影响较大的政治性案件及须判处死刑的案件，报联防军党委或中央审批。八路军第129师规定：较轻的案件，由军法处长决定；重大案件，报政治部主任审批；处死刑的则须经师政治委员和师长批准后执行。

（二）军民互涉案件审判程序

关于军民互涉案件的审判程序，《陕甘宁边区军民诉讼暂行条例》第11条规定：军民诉讼案件之处理，司法机关传讯之原告或被告系军人时，应通知其主管机关或上级机关；军法机关传讯之原告或被告系属民人时，应通知当地政府后，送向民人之住所地为之。第10条和第12条规定：司法机关处理军人违犯普通刑法案件时，应通知其直接主管机关或上级机关派员参加审判；审判程序适用通常民刑案件之诉讼程序。军法机关在处理非军人违犯军法案件时，亦应通知司法机构派员参加审判；审判程序则适用军事诉讼程序。军民诉讼遇有重大案件，或必要时，由边区最高行政机关及最高军事机关会商组织临时军民诉讼委员会，无论该案已经或者未经第一审判决，均得由该会提审。判决后，呈最高行政机关及最高军事机关会核，即为终审。军民诉讼委员会关于军民诉讼的程序，适用军事诉讼程序。

（三）特种刑事案件审判程序

区分特种刑事犯罪和一般刑事犯罪是全面抗日战争时期根据地刑事立

法的特点之一。依据 1943 年 2 月《晋察冀边区关于逮捕搜索侦查处理刑事、特种刑事犯之决定》的规定，特种刑事犯罪是指汉奸罪、盗匪罪、烟毒罪、贪污罪、破坏坚壁清野罪和法律规定属于特种刑事的其他犯罪。对于特种刑事犯，不论其为机关团体的工作人员还是普通群众，公安机关均得行使检察机关的职权，实行侦查。军法审判机关拘捕的特种刑事犯，如有侦查必要时，应于 5 日内连同案卷、证据及被告人携带的物品一并交由公安机关侦查。侦查期限为 2 个月，遇有特殊情况，经该管政府兼理军法官批准，可以延长 2 个月，但以一次为限。侦查结束后，应向军法审判机构提起公诉，或者作出不起诉的决定。如果特种刑事犯是现役军人，由军事机关的军法官进行审判；如果特种刑事犯是普通民人，则由同级政府首长兼理军法官审判。晋察冀边区高等法院各法庭驻庭推事和县司法处审判官得代替专员、县长履行军法官职责审理特种刑事案件。县政府作出的特种判决，除贪污外，应报专署代核；专员作出的特种刑事判决，应报边区行政委员会复核。总之，特种刑事案件只有经过上级政府的复核才能确定，死刑判决要经边区行政委员会或其行署的批准才能执行。特种刑事犯如不服判决，可以向上级政府提出声辩，但以一次为限。边区行政委员会军法官作出的判决为终审判决，不得声辩。

五、军事监管制度

全面抗日战争时期，一般在各部队军法处之下设立看守所、监狱等监管机关，负责对人犯的看守、监管和改造。如八路军各部队军法处下设有看守所，编有看守所长和武装警卫排。新四军各部队军法处下设有监狱和执法队，监狱负责管理、教育、改造犯人；执法队负责看守、押解、处决犯人和执行检查纠察任务。此外，军队保卫机关和军法机关还设有一些临时性的拘留所。虽然新四军军法处下编有监狱，一般也只是临时性的监管场所，受战争环境因素的制约，八路军、新四军都没有设置专门的和固定的军事监狱。因此在有期徒刑的执行方面，存在较多的困难。实际做法是：有的军法机关将犯人判处徒刑后，仍然放在禁闭室（看守所）内执行，与未决犯关押在一起；有的一经宣判，即释放出来，用劳役代替或关押在一定场所劳动改造；表现好的，还可以提前释放，重新分配工作。军事监管场所的主要任务有三项：管理、教育和生产。管理是运用警戒、看守、管束等手段，限制犯人自由，强制犯人生活于监所并遵守监所各种制度，接受强制教育和强迫改造。教育是通过上课、谈话、组织自学讨论等方法，对犯人灌输爱军守纪思想、公共道德观念和劳动改造观念，促使其认罪悔改，确立爱军守纪观念。生产是组织犯人从事劳动，既为社会创造物质财富，减轻人民负担，又对犯人进行劳动改造，培养劳动习惯，学习生产技能。

第三章　解放战争时期的军事法治建设

（1945 年 8 月—1949 年 10 月）

1945 年 8 月 15 日，战败国日本宣布无条件投降，中国人民的抗日战争取得了完全胜利。但是，以蒋介石为代表的国民党当局在美帝国主义的支持下，公然撕毁国共两党达成的停战协定，发动全面内战，从而，中国革命进入了一个新的历史时期，即第三次国内革命战争时期，或称解放战争时期。从全面抗日战争胜利到 1949 年 10 月 1 日中华人民共和国成立，人民军队在中国共产党的领导下，在全国各民族人民群众的大力支持下，在反对国民党军队发起的内战中取得了军事上的决定性胜利，从根本上彻底摧毁了国民党当局的反动统治，建立了人民民主专政的中华人民共和国。这一时期的军事法治建设具有十分重要的作用，既服务于全国解放战争的需要，也有力地保证和实现了由战时向和平建设时期军事体制的转变。

第一节　人民民主专政的军事领导体制

解放战争时期，中国共产党虽然还没有建立起全国性的政权，但是已经直接领导着各革命根据地和广大解放区的人民民主政权，也领导着以人民解放军为主体的人民武装力量。在中国共产党的领导下，建立和形成了人民民主专政的军事领导体制。中共中央革命军事委员会是领导人民军队的最高领导机关；各根据地实行党的一元化领导，中央局、人民政府、军队三位一体，中国共产党通过前委、总前委对它实行领导；野战军、地方部队、游击队是人民解放军的三个组成部分，分别形成自己的体制编制。

一、中央军事领导体制

1945 年 8 月初，中国对日作战形势发生了根本性的转变，全面抗日战争进入了全国战略反攻时期，抗日战争即将结束。中国人民革命力量通过战争得到了锻炼，中国共产党也已经成为一个掌握有较大武装力量的大党，全国各地工农、小资产阶级等组织的爱国运动也在迅猛发展。但是，蒋介石领导的国民党集团没有珍惜战争结束将会给国家带来的和平成果，反而在帝国主义国家特别是美国的支持下，妄图重建反动独裁统治，篡夺抗战胜利的全部果实并积极准备挑起内战。在这种情况下，1945 年 8 月 13 日，毛泽东同志在延安召开的干部会议上指出，在抗日战争阶段过去后，“新的情况和任务是国内斗争”，“必须清醒地看到，内战危险是十分严重的”，“按照蒋介石的方针，是要打内战的”①。中共中央准确地对战后的国内形势进行了分析和判断，要蒋介石放弃灭共的决心不可能，但下向中共开战的决心也不那么容易。为此，我党我军在积极促成和平局面的同时，也已经开始充分利用短暂的和平时期整建军队，准备应付随时可能爆发的全面内战。

抗日战争结束后，为了进一步加强对军队指挥和建设的统一领导，也为应对极有可能爆发的内战做准备，1945 年 8 月 23 日，中共中央政治局扩大会议上决定了新的中共中央军事委员会（简称中央军委）人选，基本上延续了抗战时期领导机构和成员。由毛泽东、朱德、刘少奇、周恩来、彭德怀、陈毅、聂荣臻、贺龙、徐向前、刘伯承、林彪、叶剑英为军委委员，毛泽东任军委主席，朱德，刘少奇，周恩来，彭德怀任军委副主席。在中共中央军事委员会之下，设总参谋部、总政治部、总后勤部三个办事机关。彭德怀兼任中央军委总参谋长，叶剑英兼任副总参谋长，刘少奇兼任中央军委总政治部主任，程子华任总政治部副主任，杨尚昆任军委秘书长。9 月 2 日，由杨立三任军委总后勤部部长。

---

① 《毛泽东选集》（第四卷），人民出版社 1991 年版，第 1130、1125 页。

总参谋部是负责组织全国武装力量建设和作战指挥的最高军事机关。1945 年 6 月中共七大召开后，中央决定任命中央军委副主席彭德怀兼任总参谋长，叶剑英任副总参谋长，总参谋部在中央军委领导下，组织指挥各战场部队在内线进行防御作战，以打破国民党部队的全面进攻。1947 年 3 月，国民党集中 34 个旅 25 万人进攻我陕甘宁边区，中共中央和中央军委撤离延安，总参谋部被分成两部分，一部分由周恩来领导，跟随中央指挥作战；一部分由叶剑英领导，负责情报、通信等保障工作。当时，为抗击国民党军队对西北解放区的围攻，1947 年 8 月，彭德怀被调任西北野战军司令员兼政委，中央军委决定由军委副主席周恩来代理总参谋长。周恩来在代理总参谋长期间还协助中央指挥了辽沈、淮海、平津三大战役。直到 1949 年 10 月中华人民共和国成立后，总参谋部开始称为中央人民革命军事委员会总参谋部，由徐向前任总参谋长。

总政治部是中央军委的政治工作机关，负责领导干部、宣传、教育等政治工作。1945 年 8 月召开的中共中央政治局扩大会议决定任命军委副主席刘少奇兼任中央军委总政治部主任，程子华任副主任。1945 年 9—10 月，总政治部机关的绝大部分干部被调往东北等战略区，其各业务部门也随之撤销。工作机构只有第 1 、第 2 两个研究室和秘书处。到 1946 年秋，总政治部才陆续调入一些干部，充实到 20 人左右，发展较为缓慢。直到 1950 年 4 月总政治部才扩编，由罗荣桓任主任。

总后勤部是负责管理人民解放军各项后方勤务，组织实施后勤保障工作的机关。1945 年 9 月，中央军委任命杨立三为军委后勤部长，但长期没有成立机构，各部队的后勤保障仍由各战略区和野战军负责。直到 1948 年 4 月中央军委才再次任命杨立三组建军委后方勤务部，并于同年 6 月正式成立。当时设有军需、兵工军械和兵站运输三个参谋组。后到 1949 年军委后勤部进驻北平，所辖单位除了本部和卫生部，没有其他工作机构。解放战争时期的中央军委总后勤部，是在八路军后方勤务部的基础上组成的。主要负责在方针政策上对全军后勤工作实施领导，对中央直属机关、部队实施后勤保障。这一时期，人民解放军的后勤工作，仍保持在全面抗日战争中形成的组织体制，其领导和工作机构都不健全。

1947 年年初，战争形势发生重大变化，人民解放军执行积极防御的战略方针，在各个战场对国民党军进行反击，完成了从游击战向运动战的转变，进行歼灭战的规模越来越大，部队取得了大兵团运动战的经验并解决了支前和后勤建设上的一系列问题，作战能力增强。正如毛泽东对两军基本情况分析后所讲：“目前军事形势，已向有利于人民的方向发展。”①进行战略进攻的基础已经奠定。1947 年 2 月 10 日，人民解放军总部正式成立。人民解放军总部同中央军委实际上是一个机构、两个牌子。在全军作战、建设等重大问题上，仍由中央军委负责指挥和决策。中央军委对外多以人民解放军总部的名义颁布命令，有时也用中央军委名义。

1948 年 9 月，政治局扩大会议上提出了建军 500 万人的目标，以加快人民军队的正规化建设，从根本上打倒国民党反动派，同国民党军队举行战略决战。辽沈战役结束后，解放军的力量进一步壮大，战略决战已经开始。1948 年 11 月 21 日，中共中央决定，中央军委在对外公开发布命令时，使用“中国人民革命军事委员会”的名称，直至中华人民共和国成立。

二、各根据地军事领导机构

全民族抗日战争结束后，为了防止随时可能发生的全面内战，同时也为了加强对解放区的管理和建设，保卫抗战胜利果实，各战略区中央局依照 1942 年 9 月《中共中央关于统一抗日根据地党的领导及调整各组织间关系的决定》的精神，进一步强调党的一元化领导，统一各地区的党政军民工作的领导，开始进行新建或改组，其情况为：1945 年 8 月 20 日，中共中央决定撤销北方局，成立晋冀鲁豫中央局，邓小平为书记；成立晋察冀中央局，聂荣臻为书记；1945 年 10 月将中共中央西北局改组，由彭德怀、习仲勋分任正副书记；1945 年 9 月 15 日，中共中央组成了以彭真为书记的东北局，统一领导东北地区工作。1945 年 10 月，为加强中原战略区域的斗争，将 8 月成立的鄂豫皖中央局改称中原局，郑位三任书记，李先念、王首道、王震为常委。1945 年 9 月由山东分局和北上的华中局合并组成华东局，书记饶漱石，副书记陈毅，秘书长郭子化。负责领导华东各解放区的各项工作。当时，全国已有 19 个解放区，各战略区的根据地政权建设层次不一。大都实行各区党委、地委书记兼政委或主力部队的政委兼区党委、地委书记的制度，以党代政，以军代政。中央在各根据地设立中央局以领导当地党政军机关（二、三级军区和军分区由中共区委

---

① 《毛泽东选集》（第四卷），人民出版社 1991 年版，第 1211 页。

或者分局领导），从全面抗日战争时期就已经开始，到解放战争时期，随着根据地解放区规模不断扩大，其相应的中央局也随之发生调整，以利于负责对地方、军区以及野战军的领导。中央局和各有关区委员会，分别对各大军区和二级军区起着核心的领导作用。

全面内战爆发后，人民解放军经过了由战略防御到战略反击直至决战的几个阶段，各解放区也随着形势发展，根据中共中央和中央军委的战略决策，相继作出了调整，或撤销或合并。如中原局及中原军区领导机构在 1946 年 6 月中原突围后结束工作，1947 年 5 月才成立以邓小平为书记的新的中原局。1948 年 5 月，为了将战争引向国民党统治区，中共中央对中原局进行了加强，任命邓小平、陈毅、邓子恢分别为第一、第二、第三书记，领导晋冀鲁豫野战军主力挺进中原，开辟和扩大中原解放区；全面内战进入第三年后，随着人民军队前线作战的胜利，各解放区开始连成一片，1948 年 5 月，中央决定将晋察冀中央局和晋冀鲁豫中央局合并，成立华北局，以统一领导华北各项工作。

各中央局虽然领导各战略区工作，但其整体领导职能毕竟有限，在解放战争时期，野战军是解放军主力，其流动性大，编制体制比较乱，为了加强党对各战略区特别是野战军的领导，中共中央和中央军委在野战军中建立了前敌委员会（即前委）和总前委。前委和总前委，统一领导当地党、政、军工作，直接向中央军委负责。

前委制是随着人民军队的创建而产生的，最早是负责领导人民起义的最高机关，其制度一直沿用到红军时期，在 1931 年后，由于受到王明“左”倾主义的影响而被取消。抗日战争胜利后，人民军队为了实行战略转变，开始组建野战军，为了加强领导，中共中央决定“在野战司令部设立党的前委”①，从此各野战军都逐步组建起了前委。其具体情况为：1947 年 1 月，华东地区人民解放军进行整编，新四军军部兼山东军区、华中军区撤销番号，合并成立华东军区和华东野战军，同时成立华东野战军前委；1947 年 6 月，晋察冀野战军重建，恢复了前委；1947 年 7 月，西北野战兵团正式命名为西北人民解放军野战军，成立了以彭德怀为书记

---

① 《中央书记处关于可在野战司令部成立前委给晋绥分局的指示》（1945 年 10 月 5 日），军事科学院编：《中国人民解放军第三次国内革命战争史料选编》（第 1 辑第 1 册），第 106 页。

的中共西北野战军前委；东北民主联军则于1948年6月成立了与前委性质相同的军委会东北分会（1949年3月改称前委）；1948年5月，中央军委决定重建中原军区，将中原地区的晋冀鲁豫野战军改称中原野战军，并同时成立了野战军前委。另外，一些野战集团由于其任务的特殊性，也设立了前委。

解放战争进入战略决战时期后，随着战役规模和参战部队的不断扩大，造成了不同的中央局以及军区和野战军的领导会合交叉在一起，不便于对部队的指挥和管理。为此，中共中央和中央军委决定在有两个以上野战军或军区部队参加的战役中，成立党的总前委，统一领导当地党、政、军工作，直接向中央军委负责。中国共产党在解放战争中共成立过3个总前委，其情况为：1948年11月，华东、华中和中原地区组成淮海战役总前委，负责指挥淮海战役，委员有刘伯承、邓小平、陈毅、粟裕、谭震林5人，刘伯承、邓小平、陈毅3人为常委，邓小平为书记，到后来，此总前委又负责领导了渡江战役；1949年1月，平津战役进行之时，中央决定成立了以林彪、罗荣桓、聂荣臻3人组成的总前委，林彪任书记，由此总前委负责平津前线的军政党务等各项工作；同年3月17日，中央军委又成立了太原前线总前委，领导指挥了太原战役。

中央局、前委、总前委三者之间既有联系又有区别。一是具有相对独立性。中央局属于中央在各地的代表机关，负责各根据地的党务、行政、军事等各方面的事务，主要驻守在各大战略区，下设多个分局以统筹管理。前委、总前委是中共中央的派出机关，其在组织上与中央局是平行关系，只向中共中央和中央军委负责，主要在军事方面特别是对野战军作战进行领导指挥。三者都具有较大的独立性。二是具有相互联系性。三者虽然具有平行关系，但是解放战争时期党政军联系比较紧密，中央局书记有时同时兼任军区或野战军的司令员或政委，或者在前委、总前委内任职，在领导上具有一定的重叠性。也正因为如此，除了中央局外，前委、总前委有时也要根据需要统筹所在地区的党、政、军、经济、外交等多项工作。此外，各中央局一般随着解放区或根据地的变化而变化，随着解放区的变化而进行合并或撤销，相对而言还是比较固定长久的，有利于领导解放区的建设发展。而前委、总前委则往往是因为战略集团在执行紧急任务而设立，任务完成后随时会被撤销，具有一定的临时性，一般没有长远规划，对决策的果断性要求较强。

中央局、前委和总前委是中国共产党领导下的人民解放军经过长期斗争实践继承和发展下来的高级领导机构，三者虽然都有不完善的地方，在职能权限的划分上没有十分清楚的界限，但在解放战争时期都在根据地和军队建设发展上发挥了重要作用，加强了党对军队的领导作用，有力地保障了解放军的对敌作战，成为解放战争获得胜利的强大基石。

三、人民解放军的组织体制

解放战争时期，人民解放军根据形势和任务要求，经过反复调整，逐渐形成由野战军、地方军和游击队构成的体制。从 1947 年 1 月以后，各地部队相继改称为“人民解放军”。到 1948 年 9 月，人民解放军各大战略区开始建立野战军。再到同年 11 月，根据中央军委《关于统一全军组织及部队番号的规定》，全军实行统一编制和番号：野战军编为野战军、兵团、军（纵队）、师（旅）、团、营、连、排、班、战斗小组；地方军编为军区、二级军区、三级军区、军分区及所属独立师、独立旅、独立团、独立营（大队）、独立连（中队）、独立排（小队）、班、战斗小组；游击队编为纵队、支队（或武工队）、队等。[①] 人民解放军的体制编制随着战争发展不断发展并成熟起来。

（一）野战军

1945 年 4 月 23 日到 6 月 11 日召开的中共七大，专门作出了关于军事问题的决议，毛泽东在会上表示为了中国革命取得胜利，需要建立 300 万人到 500 万人的部队。

在全军进行军事战略转变的同时，加强主力兵团、地方兵团与游击民兵自卫军的建设。军事战略的核心问题，即由游击战向运动战转变问题已使得正规主力兵团的建设成为重点。中共中央虽然决定将军队大部分迅速集中变成超地方性正规兵团，其建立正规兵团的要求已经十分明确，但由于人民军队在整个全民族抗日战争期间主要是以游击作战为主，对军队建设特别是主力兵团建设上仍缺乏经验，虽然意识到了兵团建设的重要性，但在许多具体问题上尚未进行研究。直到 1945 年 8 月 20 日，中央军委决定“各战略区应就现有兵力迅速抽出 1/2 到 3/5 编为野战兵团，其余则编

---

① 刘志青：《解放战争时期人民军队建设的基本经验》，国防大学出版社 2000 年版，第 18 页。

为地方兵团”[①]。野战军的体制编制才进一步得到明确，并规定野战兵团实行“三三制”编制，其兵员及物资补充由军区负责。此时的野战军仍由各战略区或大军区负责指挥。

抗日战争胜利后，国民党当局一方面打着和平的幌子同共产党签订和平协定；另一方面却在美国的支持下，积极扩军备战，为全面内战做准备。从 1945 年 8 月抗战结束到 1946 年 6 月全面内战爆发这一时期，国共签订停战协定并开始进行谈判，但和平背后国民党假和平真内战的目的已经暴露出来。中共中央根据当时国内外形势，确定了加强野战军建设的方针，在对部队进行精简整编的同时，积极对野战军进行扩军练兵。各战略区在中共中央和中央军委的指示下，抽出 1/2 到 3/5 的兵力来编组野战部队。但是由于各部队之前没有组建大规模作战兵团的经验，加之部队在这一时间段内频繁进行整编、裁撤、合并，使得野战军部队的建设工作一时出现混乱状况，但及时得到改善。到 1946 年 6 月，野战军已拥有约 61 万人兵力，24 个野战纵队，分布在国内各个解放区内，受各大军区指挥。

到 1946 年 7 月，战争双方经过激烈较量，形势开始向有利于人民解放军的方向发展，战争进入了一个新的阶段。双方兵力开始发生明显变化，人民解放军总兵力已经达到了 195. 4 万人，其中野战军约 92. 6 万人。解放军根据中共中央和中央军委的作战计划，为了适应战略进攻的需要，野战军开始向大兵团方向发展。野战军力量开始进一步扩大，各路野战军相继扩编合并了多支纵队，各战略区通过将地方部队升级到野战军序列，积极动员解放区人民入伍等方法，保证了野战军和地方军兵员的充足。到 1948 年 6 月为止，人民解放军总兵力已达到 280 万人，野战军已有 49 个纵队、2 个特种兵纵队，共 150 余万人，占总兵力的一半以上，各野战军均有了自己的主力纵队。为适应全国解放战争以运动战为主的作战形式，各大军区开始建立或健全野战军的指挥机关，已经开始为脱离各军区进行独立作战做好准备。如 1946 年 7 月，中央军委批准成立了晋冀鲁豫野战军指挥部，由刘伯承任司令，邓小平任政治委员；1947 年 3 月，陕甘宁晋绥联防军野战部队和晋绥野战军组成了陕甘宁野战集团军，由张宗逊、习仲勋分别任司令员和政治委员；1947 年 1 月，山东野战军和华中野战

---

① 《军委关于目前军队编制的决定》（1945 年 8 月 20 日），解放军政治学院政治工作教研室编，《军队政治工作历史资料》（第 10 册），解放军战士出版社 1982 年版，第 10 页。

军合并组成华东野战军，受中央军委直接领导，由陈毅任司令员兼政治委员。为防止机构臃肿，效率低下的现象出现，各野战军指挥机关从建立开始其规模就比较小，却极大地提高了野战军的指挥能力。进入 1947 年下半年，各野战军响应中央“以主力打到外线去，将战争引向国民党区域”① 的号召开始进行战略反攻，作为进攻主力部队的野战军，成为人民解放军建设的重点。此时的野战部队兵力和装备有了很大改善，同时也为了便于部队统一指挥，开始实行正规编制，统一称号。截至 1948 年 6 月，野战军已经拥有 150 余万人，占当时总兵力的 53.5%。组建了西北、中原、华东、东北 4 支野战军和华北军区 2 个野战兵团。野战军归由中央军委直接指挥，下面设立了纵队、师、团等，均以“三三制”来建设。形成了中央军委—野战军—兵团—纵队比较完善的指挥系统。

解放战争进入第三年，国共两军的军事力量发生了重大变化，人民解放军的军力已经开始显露出优势。在 1948 年 9 月召开的中央政治局会议上，中央军委针对两年来解放战争的形势制定了第三年的战略方针以及军队建设原则，并提出“基于战略要求今后三年发展到五百万人的编制”②的目标，会议“预计战争第三年，因在现有地区周围及内线作战，一般并不需要增加编制，只需充实野战部队，增建特种部队，整顿地方部队，精简后方机关”。故对野战军的组织体制进行了细分，编制原则均采取了“三三制”，从师到班均如此，每班三组，每个纵队下辖三个师，依此类推。野战军的番号也由军委统一编排，纵队和师均依西北、中原、华东、东北、华北的次序排列。另外对编制中的武器装备也作了些许规定。这一时期，野战军部队得到了发展和壮大，已经能够进行大规模的运动战，真正成为解放战争时期的主力部队，野战军的领导也归由中央军委直接指挥。

1948 年 11 月 1 日，中央军委根据中央政治局九月会议精神和解放战争的发展进程，颁布了《关于统一全军组织及部队番号的规定》，全军开始实行统一的编号、番号。野战部队随之实行正规编制，统一称号。规

---

① 《毛泽东选集》（第四卷），人民出版社 1991 年版，第 1230 页。

② 《中央军委关于解放战争第三年战略方针、作战计划和军队建设的指示》（1948 年 9 月），解放军政治学院政治工作教研室编，《军队政治工作历史资料》（第 12 册），解放军战士出版社 1982 年版，第 214 页。

定：（1）师、旅统改为师，纵队统改为军。（2）野战部队的序列，军以上为兵团，兵团以上为野战军。从军、师一直到连、排、班一般都采用“三三制”。（3）各野战军依其所在地区分别称中国人民解放军西北野战军、中原野战军、华东野战军、东北野战军。到1949年年初，我军发起的辽沈、淮海、平津三大战役基本结束，国民党军队全面败退。为了积极展开进一步的战略追击，1949年1月15日，中央军委指示，鉴于各野战军冠以军区地名已不合适，决定按序数排列。在二三月期间，各部队先后按照军委决定进行整编，将西北、中原、华东、东北野战军依次改称为第一、二、三、四野战军。第一野战军，由西北野战军改称，下辖第一、二兵团7个军，另有2个骑兵师，共15.5万人；第二野战军，由中原野战军改称，下辖第三、四、五兵团9个军，另有1个特种兵纵队，共28万余人；第三野战军，由华东野战军改称，下辖第七、八、九、十兵团15个军，另有1个特种兵纵队，1个教导师，1所军政干校，共约58.1万人；第四野战军由东北野战军改称，下辖第十二、十三、十四、十五兵团12个军，另有1个特种兵司令部（相当于纵队），共90余万人。此外，将原华北军区的第一、二、三兵团及所属纵队改编为第十八、十九、二十兵团9个军，共23.8万人，受中央军委直接指挥。由于兵力、武器装备方面的不同，各野战军在编制上的差异还是比较大的，如第四野战军每个军辖4个师，其他野战军辖3个甚至2个师；四野每个军有4.2万人，一野每军只有2.5万人，二野、三野则为3万人。但是经过整编，各野战军编制基本统一，部队建设进一步迈向正规化。

野战军部队在解放战争时期发挥了重要的作用，其作为主要作战部队，在战略防御阶段成功粉碎了国民党军的全面进攻和重点进攻；在战略进攻阶段，主动向外线出击，将战争引向国民党统治区，实现了由防御向进攻的转折；在战略决战阶段，通过三大战役的胜利，歼灭了国民党军队的有生力量，并能乘胜追击。实践证明，中共中央和中央军委组建野战兵团这一重要举措，是取得解放战争胜利的不可或缺的条件。

（二）地方军

地方军在解放战争时期，担负着配合保障野战军机动作战，同时又要支持游击队进行游击作战、消灭当地匪特和反动武装、建立地方政权等多重任务。其在编制建设上同野战军整编有许多交织的地方，地方军的编制体制在解放战争中也经历了多次调整。地方军的发展基本上是同野战军的建设同步的，经历了调整、巩固和提高阶段。

从 1945 年 8 月到 1946 年 6 月全面内战爆发阶段，全军进入调整期，抗战刚结束时的军区主要有：晋冀鲁豫军区、晋绥军区、陕甘宁晋绥联防军、东北人民自治军、中原军区、华中军区、山东军区以及晋察冀军区。但根据中央军委“各战略区应就现有兵力迅速抽出 1/2 到 3/5 编为野战军兵团，其余则编为地方兵团”① 的要求，各战略区作了大的调整，各军区建制几乎都要进行重建。到 1946 年 6 月，地方军共有陕甘宁晋绥联防军、晋绥军区、晋察冀军区、晋冀鲁豫军区、中原军区、新四军兼山东军区、东北民主联军 7 个一级军区，华中、东满、西满等 5 个二级军区，三级军区 34 个，军分区 113 个（包括独立旅兼），部队只是初具规模。

1946 年 7 月到 1949 年 1 月全面内战的三年，也是战争最激烈的三年中，地方军在原有的基础上开始巩固发展起来。地方军担负着配合作战，向野战军输送兵力以及指挥游击队作战等多项任务。集中力量进行发展扩建是其主要目标，各军区调整政策补齐编制，制订发展计划谋求持续。到 1948 年 6 月，地方军已经发展到了 125 万人，有西北、中原、华北、华东、东北 5 个一级军区，晋绥、豫皖苏、冀察热辽 3 个二级军区以及 28 个三级军区，113 个军分区。各军区在调整与改革中不断发展。其中，1948 年 9 月召开的中央政治局会议上规定了地方军的建制，“军区设一、二、三级。与中共中央局同级者为一级军区；与中共中央分局同级者为二级军区，受一级军区管辖；与区党委同级者为三级军区，受二级军区管辖或直属于一级军区，下设军分区，军分区下设县指挥部或人民武装部，地方军按其任务和组织，分别受各级军区或军分区指挥”②。

1949 年 2 月到 1950 年 6 月的战略追击阶段，地方军更进一步得到发展，解放区不断地扩大。到 1950 年 5 月，全国拥有西北、西南、华东、华北、东北、中南 6 个一级军区，18 个二级军区，26 个三级军区。整个地方军建设通过解放战争的磨炼形成了较完善的建制，极大地有利于人民军队的正规化建设。

---

① 《军委关于目前军队编制的决定》（1945 年 8 月 20 日），解放军政治学院政治工作教研室编，《军队政治工作历史资料》（第 10 册），解放军战士出版社 1982 年版，第 10 页。

② 《中央军委关于解放战争第三年战略方针、作战计划和军队建设的指示》（1948 年 9 月），解放军政治学院政治工作教研室编，《军队政治工作历史资料》（第 12 册），解放军战士出版社 1982 年版，第 215 页。

地方军作为在固定地区活动作战的部队，既不同于野战军的运动作战，也不同于游击队的分散作战，其建设发展有其自身的一些特点。首先，地方军编制体制调整比较频繁。从1945年8月到1950年6月，军区的数目反复调整改变，如1945年8月抗日战争刚结束时，全国有一级军区或相当于一级军区的战略单位8个，分别是陕甘宁晋绥联防军，晋绥军区，晋冀鲁豫军区，中原军区，山东军区，华中军区，东北人民自治军，晋察冀军区。到1946年6月，就变成了7个，再到1947年7月，大军区只剩下了5个，华中军区和新四军军部兼山东军区合并为华东军区。此间各军区或撤销或合并，一直到1950年6月全国解放时，才形成了相对固定的6个军区，即西北军区，西南军区，华东军区，东北军区，中南军区，华北军区。之所以出现这种不断调整的情况，原因也是多方面的，一是适应不断变化的战争形势。像刘、邓大军挺进大别山，中原军区的反复裁撤等都是为了响应中央战略决策上的需要；二是随着战争发展，相邻解放区的不断合并以及新的解放区的建立，也对地方军军区建设产生一定影响。但总的来说，地方军的建设也正是在这种不断调整的过程中才逐渐成熟与发展起来的。

其次，地方军较好地处理了同野战军和游击队的关系。地方军发展生存环境相对固定，在野战军和游击队之间起到了一个承接和发展的作用。地方军从野战军开始建立之初就要负责向野战军提供兵员，各方面全力支持野战军建设。中共中央和中央军委对此也作出了明确规定，如1945年8月20日，军委就要求“各战略区应就现有兵力迅速抽出1/2到3/5编为野战兵团，其余则编为地方兵团”①，同年10月19日，毛泽东又在电报中指出：“野战军太少，地方军太多，望从各分区再抽调至少一万兵力补充野战军。”② 但同时，中央也意识到不能一味地要求地方军向野战军方向升级，保存一定实力的地方军也有相当的必要性。因为随着解放区的不断扩大，地方军除了要保障作战，还要担负起消灭反动武装，建立地方政权，维护治安稳定等多项任务，故中共中央在要求各地成立野战军之初便指出：“各地均应保留必要数量之地方兵团与游击队，放手提拔地方干

① 《军委关于目前军队编制的决定》（1945年8月20日），解放军政治学院政治工作教研室编，《军队政治工作历史资料》（第10册），解放军战士出版社1982年版，第10页。

② 《毛泽东军事文集》（第三卷），军事科学出版社、中央文献出版社1993年版，第62页。

部带兵，用以保卫地方。”① 正因为中共中央和中央军委能够较好地定位了地方军在解放战争中的位置，使各战略区的地方军在部分升级为野战军后，仍能够发挥应有作用，在战争中不断发展壮大。

地方军同游击队的关系也是相当紧密的，一方面游击队是地方军补充兵力的重要来源。地方军兵员除了动员地方人员参军和改变投诚的国民党军队外，游击队升级成为其重要的补充。成立野战军抽调了地方军大量兵力，补充新兵速度较慢，在这种情况下，吸收各地游击队转入地方军成为有效手段。在战略防御、进攻和决战阶段，又适时地将孤悬敌后的部分游击队伍转入地方军，相当程度上扩大了自己的兵员渠道。另一方面游击队在地方军的帮助领导下也得到了很大的发展和提高。在解放战争期间，各军区都采取各种措施来加强游击队建设，或抽调地方部队支援游击武装，或选送有经验的干部直接领导游击队的活动，使游击队也开始壮大起来。在这种良性循环作用下，地方军和游击队相互都得到了提高和发展，成为解放战争中的重要力量。

（三）游击队

解放战争时期，活跃在国民党统治区的游击队，不同于一般民兵游击队，也列入人民解放军序列，是人民解放军体制编制的一部分。游击队的编制通常以纵队为主，其编组的形式和规模，根据作战任务和游击战区的环境等条件确定。通常编为游击支队、大队、中队和特种游击队。实行军事系统和地方党委的双重领导制度，由地方县以上党委书记兼同级游击武装的政治委员，统一领导和组织开展本地区的游击战，直接或间接地配合正规战。解放战争时期的游击队大部分远离解放区，且处于敌强我弱的环境下，其自身建设与对敌斗争都十分困难。但在中共中央、中央军委的正确领导下，以及游击队党组织的具体指挥带领下，各地游击队不断发展壮大，成为在国民党统治区进行敌后打击的主要力量，在全国解放战争中，起到了重要作用。

从 1945 年 8 月到 1946 年 6 月，处于解放战争的过渡阶段，是游击队保存力量的时期。中共中央于 1945 年 9 月 19 日发出《中央关于目前任务和战略部署的指示》，要求八路军、新四军以及华南部分游击纵队北移，

---

① 《毛泽东军事文集》（第三卷），军事科学出版社、中央文献出版社 1993 年版，第 1 页。

一些游击队和正规部队在北移过程中由于国民党军队围追堵截而被迫终止或中途转入游击战，也有一些游击队继续留在敌后坚持斗争而发展壮大了起来。如东江纵队1945年8月受中共中央和广东区委指示进行整编，分散到粤北、赣南等地区活动，到1946年6月纵队北撤时，已经发展建立起了江南、江北、粤北、东进4个指挥部，拥有8个支队，3个团和8个大队。琼崖抗日游击队独立纵队在抗日战争结束后，就已发展到5个支队和1个特务大队，共7700余人。从1946年2月起，顽强还击了国民党对琼崖解放区的进攻，成为游击抗战的主要力量。

1946年7月到1948年12月，是解放战争的主要阶段。游击队的力量在地方军区支援指挥下，根据全国战略形势发展的需要，在敌后展开游击战争，规模已经发展壮大起来。如琼崖游击队于1947年10月改称琼崖纵队时，辖3个总队（8个支队）。到1949年1月，已辖3个总队（每个总队辖3个团）、1个独立团和琼崖军事政治干部学校。并于1948年9月发动秋季大反攻，积极配合了全国的作战形势，保卫了解放区。至1947年9月，华南游击队已由主力北撤时的1000多人发展到10000多人；华东游击队由800多人发展到3000多人。

从1949年1月起，随着战略决战的结束，各游击队也随着野战军、地方军开始进行整编。根据中共中央和中央军委指示，将解放区边沿区的游击队直接升级为地方军或野战部队；远离解放区的华南、华东等地游击队，则整编为中国人民解放军游击部队。整编后的游击部队主要有中国人民解放军琼崖纵队、闽粤赣边纵队、粤赣湘边纵队、粤桂边纵队、粤桂湘边纵队、粤中纵队、桂滇黔边纵队、浙东第2游击纵队、闽浙赣边纵队9个纵队。直到1950年7月解放战争胜利之后，所有游击队的番号才全部撤销。

游击队在中央军委和各级领导机关要求和指示下，具有明确的建设方针，配合了正规军队的作战，保卫了当地的新生政权，从建军作战到各地群众统战工作，乃至政权建设上都为所在地区的解放做出了应有的贡献，对全国解放战争的胜利发挥了特殊作用。

全国解放战争时期，是人民解放军不断发展壮大的一个时期，通过这次战争，人民军队从兵力、武器装备、组织体制以及人员培养上都有了较大发展，是解放军建设的一个辉煌时期。这一时期的军事组织体制建设，适应战争形势发展，符合部队发展规律，奠定了军事法治建设的组织基础，对人民解放军未来军队建设具有重要的借鉴作用。

第二节　颁布军事法规

解放战争时期，是中国革命的转折阶段，也是人民军队军事法治建设的创造性发展时期。这一时期，人民军队从完成解放战争任务和加强军队建设的实际出发，颁布了各种军事法规，主要包括军队纪律、军队政治工作、作战训练和刑事处罚等内容。人民军队在解放战争时期的军事立法对于加强军队建设，确保解放战争的胜利，建立和维护解放区的革命秩序，都起到了极其重要的作用。

一、军事行政法规

解放战争时期，人民军队为了夺取战争的胜利和建立中华人民共和国，在大力加强军队建设，保卫和巩固新老解放区的人民民主政权方面，制定了包括军事行政法规在内的各种军事法规，进一步丰富和发展了人民军队法治建设的内容。

（一）制定军队编制法规

解放战争时期，人民解放军从全面抗日战争时期的以敌后游击分散作战为主，转变为以大兵团运动作战为主，以有效打击和歼灭数量众多的国民党军队。为适应这一军事斗争任务和战略方针的转变，人民解放军进行了多次较大规模的体制编制调整。在历次军队体制编制调整中，人民解放军都及时颁布了相关军事法规，依法保证体制编制调整的顺利完成。其中主要有：《关于目前军队编制的决定》（1945 年 8 月 20 日）、《整编指示》（1945 年 12 月 30 日）、《部队整编计划大纲》（1946 年）、《1946 年军师组织机构草案》（1946 年 4 月）、《晋察冀边区政府、军区整军法规》（1946 年）、《晋冀鲁豫军区野战军编制表》（1947 年 7 月 7 日）、《东北野战军编制表》（1948 年 6 月 20 日）、《中国人民解放军建军方针及统一整编问题的原则》（1948 年 8 月 9 日）、《中国人民解放军各级后勤暂行组织大纲草案》（1948 年 12 月）等①，进一步充实了人民军队法治建设的内容，为依法统一人民解放军的体制编制，建设正规化的人民军队打下了法

① 丛文胜著：《军事法制史》，解放军出版社 2001 年版，第 367 页。

治基础。

（二）颁布军队纪律法规

人民解放军是一支有着纪律严明光荣传统的部队，历来重视军队纪律在完成和实现人民军队各项任务中的重要作用。“纪律是执行路线的保证，没有纪律，党就无法率领群众与军队进行胜利的斗争。”① 由于革命形势不断变化，解放军的大兵团作战对其自身的军事纪律、政治纪律和群众纪律提出了更高的要求。

1. 重新颁布《三大纪律八项注意》。1947 年 10 月 10 日，中国人民解放军总部对《三大纪律八项注意》的内容作了统一规定，重新颁布，要求对全军进行教育，严格执行。三大纪律是：（1）一切行动听指挥；（2）不拿群众一针一线；（3）一切缴获要归公。八项注意是：（1）说话和气；（2）买卖公平；（3）借东西要还；（4）损坏东西要赔；（5）不打人不骂人；（6）不损坏庄稼；（7）不调戏妇女；（8）不虐待俘虏。人民解放军重新颁布和严格贯彻执行《三大纪律八项注意》，对于提高军队的纪律性，密切军民关系，加强战斗力，夺取和巩固政权具有十分重要的意义。

2. 完善处理各类战利品的法规制度。针对人民解放军在战场上缴获物资越来越多的情况，各个部队就缴获物资的处理作出了明确规定。有的部队制定了专门的条例，有的部队还成立了处理缴获物资的专门组织。1946 年 10 月，晋冀鲁豫野战军规定：一切战利品“作为公物，必须切实爱护，登记保管，呈报上级，以便妥为分配处理，不得有看作个别单位或少数人私有物，而私自隐瞒或任意损坏以致变卖等现象”②。1948 年 6 月，华东野战军修改制定了《华东野战军新订处理缴获物资暂行条例》，对缴获物资的分配处理以及处理过程中的奖惩等问题作出了详细的规定。1949 年 9 月，华东局财经委员会决定组织缴获物资清理委员会，清查缴获物资。各部队对缴获物资的处理权限、分配使用原则等都作出了规定，从制度上有效预防了贪污行为的发生。

3. 颁布解放和接管城市的纪律规定。随着解放战争的胜利进行，人

① 《中共中央文件选集》（第 11 册），中共中央党校出版社 1986 年版，第 651 页。

② 《军队政治工作历史资料》（第 12 卷），中国人民解放军战士出版社 1982 年版，第 379 页。

民解放军解放并接管了大批城市。为了加强城市的接收和管理工作，人民军队结合自己的实际，加强接管城市和城市驻军纪律。早在抗日战争胜利后向城市进军时，中共中央就发出了《关于加强军队纪律坚决执行城市政策的指示》，要求部队“进入城镇以后，必须坚决地执行城市政策”，“不准随便没收汉奸财产”等。1946 年 10 月发布《晋冀鲁豫野战军关于严申战场纪律的命令》规定了战场行为管理方面的军纪。1948 年 11 月 2 日，中共中央军事委员会颁布《关于整顿全军纪律的训令》，要求在全军进行纪律整顿。各单位要召开师以上干部会议，专门讨论纪律问题，公开奖励最好者，批评最坏者，并作出整顿纪律的明确决议，报告军委审阅。在辽沈战役前，东北野战军专门发布了《入城纪律守则》。1948 年 12 月 23 日，西北野战军政治部颁布了《入城纪律守则》。华东野战军于 1949 年 4 月 1 日颁布了《入城三大公约、十项守则》。

中央军委于 1949 年 4 月 25 日发布了《中国人民解放军布告》，宣布了人民解放军的约法八章，要求人民解放军部队保护新解放城市全体人民的生命财产；保护民族工商农牧业；保护一切公私学校、医院、文化教育机关、体育场所和其他一切公益事业；除怙恶不悛的战争犯罪和罪大恶极的反革命分子外，对一切不持枪抵抗、不搞破坏活动的国民党政权组织人员，一律不加俘虏，不加逮捕，不加侮辱以及保护外国侨民生命财产的安全等①。1949 年 5 月 6 日，中共中央又作出《关于城市驻军纪律问题的决定》。从中央军委到各部队相继制定了各种公约、守则等纪律规定，在进入大批新解放城市后，依法维护了人民军队秋毫无犯、纪律严明的良好形象。

（三）制定奖惩规定

解放战争时期，全军没有制定统一的立功条例，但各战略区从本区实际出发制定了开展立功运动的暂行办法，有的还颁布了立功运动暂行条例，逐渐建立了一套评功、记功、奖功、庆功的制度。如为指导部队有组织、有领导地开展杀敌立功运动，一些军区先后颁布了立功条例，实行精神奖励和物质奖励相结合、以精神奖励为主的方针。1946 年 8 月 30 日，晋冀鲁豫军区《关于缴获物资归公与奖励作战有功部队办法的命令》规定，由作战最高司政机关从缴获物资中提出一定数量的物资或现金（不

① 《当代中国军队的政治工作》，当代中国出版社 1994 年版，第 29 页。

超过20%），对作战有功的部队和特别有功的个人给予精神和物质的奖励。1946年12月25日，新四军兼山东军区颁布了《立功运动暂行条例》，对立功的标准、等级、批准权限和实施办法，均作出明确规定。规定：立功三个积为一小功，积三小功为一大功，大功以次数记，不积成为特等功勋；1947年又颁布了《部队立功概则》规定，取消过去小功积大功的办法，功的等级分为特等、一、二、三、四等五级。班干部评功，由上一级军政首长参考该立功干部行政的或党的小组意见评定后，按功的等级提交上一级以上领导机关批准。1948年6月，华东野战军《新订处理缴获物资暂行条例》规定，对执行“一切缴获归公”优良者之奖励办法，主要是政治上精神上奖励，其次者必要的日常生活用品、学习用品的物资奖励。《新订处理缴获物资暂行条例》规定的奖励项目有：口头表扬、登报表扬（并通令）、记功、物质奖励、赠予模范称号并摄影、奖状、颁发人民英雄奖章等。华东野战军设立的“人民英雄奖章”，分为特等、一、二、三等四种，依据战斗、工作功绩大小，分别颁发不同等级的奖章。至1947年，全军各部队普遍健全了立功运动的法规，制定了立功标准和建立了一套严密的组织工作程序及制度，在一定程度上将立功运动的有关内容规范化，使立功运动有章可循，保证了立功运动的有效、健康发展，激发了官兵的革命英雄主义精神。

人民军队在制定奖励项目的同时，也制定了新的惩戒项目。解放战争时期，对干部的惩戒项目，基本上执行全面抗日战争时期的规定。同时，随着人民解放战争不断取得胜利，战场纪律也更加严格，实行了严厉的惩戒措施。其中具有军事刑罚的“极刑”也被列入战时惩戒项目。此项权力集中在各大战略区（野战军）。当时还有各解放区的相关条例，如《陕甘宁晋绥解放军暂行惩罚条例》《晋察冀军区暂行军法条例》等。为了使干部惩戒权限与任免权限相一致起来，1949年5月1日，第一野战军政治部作出《关于组织工作几项制度的暂行规定》，指出：“凡属干部行政上之撤职、禁闭、徒刑，或撤职后降级使用作为处分者，均照升调干部之手续，呈报上级党委审核批示。”

（四）完善战时动员法规

完善的战时动员法规和健全的动员机制，是确保战争潜力迅速转化为战争实力的重要条件。解放战争时期，各解放区先后成立了人民政府，解放军总政治部和各解放区人民政府陆续颁布了战时动员条例或暂行办法。

关于战时动员方针，1948 年《华北人民政府施政方针》规定："继续动员华北的人力、物力、财力，有计划地、有效率地支援前线。"根据战时动员方针，各解放区政府制定了一些战时动员的规范性文件。如华北解放区制定了《华北解放区扩军归队接收送补兵员工作规则》（1948 年 11 月 20 日），其他解放区也分别制定了类似的法规。其中主要的动员法规有：

1.《陕甘宁边区战时勤务动员暂行办法》。为了支援前线，1947 年 7 月 10 日，陕甘宁边区政府颁布了《陕甘宁边区战时勤务动员暂行办法》，后经修改补充，1949 年 5 月 29 日又颁布了《陕甘宁边区人民战时服勤暂行办法（草案）》。后者无论从体例上还是内容上都有很大提高。后者规定："农村战勤负担，依人力、畜力、财力评定每户之服勤能力（简称勤力），采取统一计算，以勤工或勤米负担之。"并具体规定了评勤的办法和标准。对于城市工商业者及其他居民，旧办法未作规定，新办法规定也以勤工勤米负担。新办法还特别规定对妇女单独评勤，怀孕妇女酌情照顾。

2.《华北解放区扩军归队接收送补兵员工作规则》。1948 年 11 月 20 日，华北人民政府和中国人民解放军华北军区发布了《扩军归队接收送补兵员暂行工作规则》，规定由当地地方与军队等机关团体选派得力干部参加组成扩军工作委员会，并事先做好深入政治动员，提高群众觉悟，严禁一切徇私不公、强迫、欺骗、雇佣、收买甚至看押、监视、捆绑、捕抓等不良现象。凡逃亡离队或逾期不归的部队人员，各级政府查知后应立即严加教育，令其归队。同时还强调应加强提高军属地位的工作，免除战士后顾之忧。①

3.《全区参战民兵民工供给标准的联合训令》。华北人民政府成立后，为了保证参战民兵、民工实行统一标准和供给办法，克服弊端，1948 年 12 月 17 日，华北人民政府和中国人民解放军华北军区发布了《为统一规定三十八年度（即 1949 年）全区参战民兵民工供给标准的联合训令》，详细规定了参战民兵、民工的供给办法及标准。一是供给对象。《训令》规定：凡参战之民兵、民工、担架运输队及带领民兵、民工的干部、勤杂人员、前方粮站器材转运人员，自向县以上各级后勤机构或县以上政府报到后，均为本规定供给对象，统依本规定供给。二是提供的各项开支及物

---

① 张希坡主编：《中国法制通史》（第 10 卷），法律出版社 1999 年版，第 541 页。

资。《训令》对参战人员的口粮作了具体规定，包括粮、油、盐、粗菜、木柴等。参战民兵、民工的被服、鞋袜及零用费，原则上自带。三是供给办法及报销手续。参战民兵、民工自县登记起程到返回的整个过程内，一切供给开支，均由各级后勤司令部供应部门供给报销。各项开支，由华北军区后勤司令部根据战役序列及民工之配备，造报预算，统一向华北人民政府领取。

4.《关于清理战勤工作的命令》。解放战争后期，人民解放军继续南下，在全中国即将解放的新形势下，陕甘宁边区于 1949 年 11 月 26 日颁布了《关于清理战勤工作的命令》。其主要内容：一是调整战勤负担。《命令》规定：凡新解放地区，自解放以来之战勤负担，应在发动群众基础上，一律以乡为单位，依《陕甘宁边区人民战时服勤条例》规定，按户登记过去实服勤工，并计算出应服勤工后，以长还短，进行清理。关于地主富农之财富勤力，已规定标准并公认合理者，即依所评勤力负担战勤；未规定标准或标准不恰当者，暂按去年负担公粮额附加征工，并规定依实际情形民主评定。在还工方式上，《命令》规定家境较好的户以折价还工为主，而家境贫苦户可采用以工还工的办法。二是规定伤亡抚恤。民工在服勤中牺牲者，依抚恤条例发给遗属抚恤金，其家属要求搬运遗体回籍者，应发给路费、埋葬费，并介绍当地及沿途政府帮助寻找和动员民力搬运；运回安葬时，应派干部组织当地群众进行追悼；遗属确系贫苦无依为生者，适用烈军属优待办法，给以具体帮助。民工在服勤中残废者，应依抚恤条例发给抚恤金；因残废不能劳动生产者，且家中确实贫苦无法为生者，也得适用烈军属优待办法，给予具体帮助；其在伤病中尚未痊愈者，经县以上政府的批准介绍，得送公立医院治疗，或发给部分医药费，使其在家疗养。三是关于奖评和处罚。《命令》规定，各县对历次复员回来的民工，应有计划有领导有准备地召开村民大会，进行奖评。有功绩者除予以口头表扬外，并依功绩大小，由县政府审核，分别给予登报表扬、传令嘉奖或物质奖励。有特殊功绩者，可报请上级适当奖励。其有中途逃跑或过失者，依情节大小，分别予以口头批评、当众教育或适当处罚。四是关于赔偿损失。人民在服勤中损失的牲畜、车辆，其未经清偿者，得进行清理补赔工作。赔偿数量须由村委员会据实民主评定。连同损失地点、损失情况的证明文件，呈报县政府切实审核，转呈专署批准。人民军队修筑工事借用之民间器材，任务完成后应原物归还，仍可使用的，酌量赔偿其损失之一部，损毁程度已至不能使用或原物遗失的，参照赔偿牲口、车辆的原则处理。

华北地区全部解放后，华北人民已光荣完成战勤任务。华北军区司令部、华北人民政府于 1949 年 8 月 19 日发布《为取消战争勤务动员办法的联合命令》。该命令规定，自 1949 年 10 月起，决定将过去各省、区公布的战勤动员办法，除代耕勤务、公粮入库时的义运办法暂时保留外，其余一律取消。原有各级战勤机构，除村勤务干部外，其余一律取消。所有战勤案卷，均移交政府财政部门接收，其干部由各级政府另行分配。

二、军队政治工作法规

政治工作法规建设，始终是人民军队政治工作制度和军事法治建设的重要内容，也是实现党对军队绝对领导的基本保证。

（一）军队党委工作法规

解放战争初期，在人民军队建设中继续实行的抗战时期的军政委员会制度，虽然坚持了党的集体领导，但是在实现部队工作一元化领导，特别在加强团以下部队党委支部建设等方面，还有些不完善的地方。1945 年，党的七大决定在军队中恢复各级党的委员会制度。1946 年 10 月，又决定在团一级设立党委会，并颁布了《党的团委会暂行条例草案》。1947 年 2 月 27 日，中共中央发出了《关于恢复军队中各级党委制的指示》，规定“凡关于作战、工作、政策及干部等问题，除紧急情况之处断应由首长担负外，在一般情况下，经过军队中各级常委会之民主讨论和决定，再由首长执行”。从此，人民军队团以上各级党委会就普遍恢复、建立并日益健全起来，并取消了抗战时期的部队各级党务会议。

1947 年 7 月 28 日，中共中央军委总政治部颁布了《中国人民解放军党委员会条例（草案）》，这是人民军队历史上第一个党委会条例，也是最早对党委的定位。该《条例》明确了党对军队绝对领导的原则，指出“其组织形式即在军队中设置各级党委员会，而以党委员会作为军队之一切领导与团结的核心”。《条例》对军队党委会的任务、职权、工作以及党委会的产生和机构等作了详细规定，明确各级党的委员会是各该部队领导和团结的核心。同年 10 月发表的《中国人民解放军宣言》再次强调了党对军队的领导，指出：“我军全体将士必须时刻牢记，我们是伟大的中国人民解放军，是伟大的中国共产党领导的队伍。”1948 年 9 月 20 日，中共中央发布《关于健全党委制》的决定，明确指出："党委制是保证集体领导、防止个人包办的党的重要制度。"规定党、政、军各级党委必须建立、健全党委会议制度，一切重要问题均须交党委会作出决定，然后分别执行，强调集体领导和个人负责二者不可偏废。人民解放军各级党委坚决贯彻执行这一决定，加强了部队党委制的建设，党委制在全军普遍恢复起来，党对军队绝对领导制度得到充实和完善。

支部建在连上，是中国共产党实现对人民军队绝对领导的核心。1948年10月，中共中央军委总政治部颁布了《关于支部工作条例草案》，明确指出："支部是军队中党的组织基础，支部委员会是全连队的统一领导机关，一切上级党委的指示、决定及本连的政治军事经济等重大问题，一般都须经过支委会讨论决定，实现其全面的领导工作，借以保证和加强党对军队的绝对领导。"可见，解放战争时期，军队政治工作法规制度不断完善，恢复了党委制并实行了党委统一领导下的首长分工负责制，党支部建设也不断加强，成为人民军队战胜敌人的重要法规制度保障。

（二）军队民主制度法规

建立和实行民主制度是人民军队的显著特色。早在1927年秋收起义部队"三湾改编"时，就成立了中国共产党领导下、代表士兵利益的群众组织士兵委员会，士兵委员会在井冈山斗争时期得到迅速发展。但在1930年以后，士兵委员会被取消了。解放战争时期，人民解放军恢复和重建了士兵委员会组织。1947年冬起，中国人民解放军各部队利用作战间隙，结合土地改革，采用民主的方法开展以"诉苦"（诉旧社会和反动派所给予劳动人民之苦）、"三查"（查阶级、查工作、查斗志）为内容的新式整军运动，有领导、有组织地落实政治、经济和军事民主。同时，为使部队民主生活经常化、制度化，使每个干部和党员能随时得到群众的监督，晋察冀军区于1947年年底决定在每一个"连队与伙食单位成立士兵委员会，给予士兵以经济民主和政治民主"。其职权和任务是讨论执行群众性运动、审查伙食账目、改善生活以及对班干部的批评与审查等。华东军区所属渤海军区也在连队成立士兵学习委员会（即士兵委员会），发动战士对班干部和党员进行审查和批评，提高了战士的政治觉悟，改进了党支部工作。

部队建立士兵委员会的经验，立即得到中央军委的肯定。为了及时总结经验，1948年1月28日，毛泽东为中共中央军委起草了关于《军队内部的民主运动》，指出："在一切官兵关系恶劣、纪律不好、战斗力薄弱之部队应采取渤海整军经验，组织士兵委员会，放手发动士兵群众的民主运动，只有益处，没有害处。"① 并把军队内部的民主生活和民主制度的主要内容概括为政治民主、经济民主、军事民主。同年 2 月，中央军委总政治部发出《关于在连队成立部队士兵委员会的指示》，要求在连队中普遍建立士兵委员会，并将连队共产党的支部完全公开，使之与士兵委员会的三大民主生活结合起来。3 月 8 日，周恩来为中共中央起草《在部队中试验组织士兵委员会》的指示，指出：为巩固和发扬新式整军运动中政治经济军事三方面的民主精神和新创造，现在确实需要将这一民主精神的新运动转为部队集中领导下的经常的民主生活。② 强调士兵委员会是为开展"在部队中集中领导下的经常的民主生活"而建立的群众性组织，其任务是在直接的行政首长领导之下进行政治、经济、军事和文化的民主生活。并且指出，在名称上"采用士兵会或士兵委员会，或革命军人大会与革命军人委员会，可由各部酌定"③。10 月，总政治部颁布《关于革命军人委员会（即战委会）条例草案》，对连队革命军人委员会即士兵委员会的性质、任务、职权、隶属关系和活动方式作了统一规定。该条例指出："革命军人委员会是连队（或机关伙食单位）全体人员的民主的群众性组织，同时也是连队主要的政治组织之一，它在连队支部和连队首长直接领导下实行有秩序的政治、军事、经济三方面的正常的民主活动。"其工作还包括领导开展群众工作，对有功人员及英雄事迹有报告与建议表扬奖励之责任，同时也可以建议提拔班排干部，以待上级之审核和委任等。条例还对革命军人委员会的组织、制度作了具体规定，如由每班推选 1 名代表，排以上干部共选 1 名代表，经军人大会通过组成革命军人委员会；委员会推选正副主任各 1 名，下设经济委员会、政工组、文娱组；委员会每月开会 2 次，每 3 个月改选 1 次，军人大会每月开会 1 次，等等。

遵照中共中央的指示，各野战军、各军区在试点的基础上，在连队中普遍建立了士兵委员会。这不仅是对红军时期士兵委员会的恢复，而且是

---

① 《毛泽东军事文集》（第四卷），军事科学出版社、中央文献出版社 1993 年版，第 378 页。

② 军事科学院军事历史研究部编：《中国人民解放军的七十年》，军事科学出版社 1997 年版，第 312 页。

③ 《周恩来选集》（上卷），人民出版社 1984 年版，第 303—304 页。

在新的条件下，实行集中领导下的民主生活的更高阶段的发展，它标志着人民军队内部的民主生活愈来愈丰富、完善和成熟。

（三）军队干部人事法规制度

进入解放战争后，战斗空前频繁，干部减员很大，而且随着革命形势的发展，部队急骤地扩大，需要大量干部补充。为适应形势的需要，军队干部工作的重点是进一步完善各项干部管理制度，保证大量培养和提拔使用干部的现实需要。

1. 建立选拔和补充干部制度。1948 年 1 月 30 日，毛泽东在为中央军委起草的《军队内部的民主运动》指示中指出："应当使士兵在必要时，有从士兵群众中推选他们相信的下级干部候选人员、以待上级委任的权利。"1948 年 9 月，华东军区政治部发出《对民主评选干部的几点意见》的指示，肯定第四师等单位民主评选干部的经验"基本是好的，这种经验使今后我军提拔培养干部工作上，找到了领导与群众结合的适当的具体形式"①。

为了保证战争的胜利和前线军队作战的需要，各战略区都动员了大批党、政、民干部参军。1946 年 8 月，晋察冀中央局发出《关于参军补军的号召书》，号召晋察冀边区全体党员，在中国人民决定命运的历史严重关头，要积极参军。同时要求各级党委选调最优秀的党员和干部到野战军去，到前线去。1946 年 9 月，中共华中分局发出《关于动员大批党政民地方干部加入武装部队的决定》。同时，华东局、新四军政治部《关于加强培养干部工作的指示》要求：要从现有中学、大学中抽调一部分知识青年，经过军事训练，分配到战斗部队充当文书、宣传员、文化教员、"军事见习"等，以便逐渐提高成为连队政治干部或军事干部。同一时期，鲁南区党委也发出《关于目前扩兵中抽调地方干部到部队中去的决定》，除坚持从优秀士兵中选拔干部外，还从解放区的中学、大学中动员部分知识青年，经训练后分配到部队；选调地方的优秀共产党员参军。为了瓦解打击国民党军队，满足我军对干部的补充需求，1945 年 10 月，中共中央还专门颁布了《关于战俘处理办法的指示》，对留用、教育、改造国民党军队的起义、投诚的、被俘的军官和士兵作了规定，要求今后凡在战斗中俘获的国民党官佐，均加以争取，其愿为我服务者，令其服务。

---

① 《中国人民解放军干部制度概要》，军事科学出版社 1988 年版，第 26—27 页。

2. 确立党管干部制度。1947 年军队党委制恢复后，干部工作列为党的委员会的重要工作内容，实行党管干部原则。“党管干部”的提法，始于抗战时期，但当时并未形成制度和原则。党管干部制度作为一项根本制度，是在解放战争时期确立的。根据朱德、任弼时等中央领导人的建议，1945 年党的七大决定重新建立军队中党的各级委员会，实行对军事、政治工作的一元化领导。各级党委的建立为确立党管干部的制度奠定了基础。1947 年 3 月，冀南军区作出了《关于大量培养干部与干部工作的指示》，规定：“任何干部都要参加党的生活，接受党的领导，发生问题要在党的小组中、支部中解决”，“各级干部应定期向小组、支部或党委作工作汇报。”这个指示还规定，必须“严格干部任免手续，加强审查制度”。提拔排以下干部，须经党支部讨论，团党委审批，由团任免；提拔营、连级干部，须经团党委提出意见，旅或分区党委讨论批准，由旅、分区任免，但营级干部须报军区备案；团级干部，旅、分区以上机关的科长，须经旅、分区党委提出意见，军区党委审批，由军区任免。干部提拔、调动、奖励、处分时，要经各级政治机关审查，以便在政治上负责。一切有关干部和干部工作的重大问题都必须经过党委研究决定；党委管干部必须经过各级政治机关组织实施。1947 年 7 月，总政治部下发《中国人民解放军党委会条例草案（初稿）》，对各级党委在干部管理方面的权限作了明确规定。至此，党管干部作为我军干部工作中的一项根本制度而被确立下来。党管干部制度的确立，使部队各级领导班子和干部队伍的建设进一步得到了加强。

3. 建立干部工作报告制度。解放战争时期，我军建设和作战正规化程度大为提高，许多解放区已连成一片。在这种情况下，为使上级及时了解部队干部工作情况，以进一步加强集中统一领导，许多部队都建立了干部工作报告制度，包括干部升调报告、干部缺职报告、干部伤亡报告、干部处分报告以及干部流动报告等。1947 年冀南军区建立了干部流动报告制度，要求各旅、分区每年将连级以上干部调动情况登记在《干部流动登记表》上，每月随统计送军区一份。同期，华东野战军则建立了定期干部工作简报制度，包括干部缺职简报、每一战役干部伤亡简报、干部调配简报等。1949 年第一野战军建立了干部升调报告和干部处分报告制度等。随着形势的发展，干部工作报告制度逐步在全军得到推广和普及。这对于推进我军干部工作的制度化、正规化建设，使上级及时了解干部工作情况，进一步加强对干部工作的领导，起到了促进作用。

4. 规范干部培训制度。解放战争时期，为了解决普遍存在干部“缺”与“弱”的问题，中央军委、总政治部及各大战略区，都比较重视干部的培养训练，健全和加强部队训练机构。1946 年 11 月，总政治部发出《关于军队训练与培养干部的一封信》，要求各部队除了从实际斗争中大胆地提拔新干部外，还要开办教导队、训练班，提高与积累干部，这是保证战争持久、继续争取胜利与争取最后胜利的重要条件。同年，总政治部还提议各野战集团办一个中上级指挥员随营战术研究班（队）；各甲种军区开办技术兵种速成训练班以及通信、军医、供给学校；乙等军区、野战纵队须成立教导营或队；军分区及旅须成立教导连或队。同年，中央军委又发出指示，要求各军区和团以上部队，都要成立干部训练机构，开办各种训练班训练干部。

1948 年 10 月，中共中央决定：各大军区有条件的应创办中等学校和正规大学，明确具体要求。在训练任务分工方面，胶东军区、华东军区、冀南军区等，都规定了哪一级训练机构负责培训哪一级干部，做到分工明确，任务具体。在培训数量方面，不少部队都规定了每期每个单位应调训多少名干部。在培训时间和军政比例方面，许多部队规定，营一级开办的训练班，每期原则上不超过 10 天；团一级训练班每期原则上为半个月，最多不超过 1 个月；旅、分区办的训练班，每期原则上 1 个月，最多不超过 2 个月；教导营最多不超过 3 个月；教导团不超过半年。1946 年总政治部对干部训练期间的军政比例作了规定：业务训练占三分之二或四分之三，政治课目训练占三分之一或四分之一。在教员和学员条件方面，总政治部要求，学校教员应轮流抽调有实战经验、有文化的干部充任；抽调学员应坚决克服充数及不愿调好的保守观点，保证抽调优秀干部战士到学校中学习。

三、优抚优待法规

解放战争时期，解放军总政治部和各解放区人民政府陆续颁布了对革命军人及其家属优抚的条例或暂行办法。中央在这一时期虽未统一制定条例或办法，但各解放区人民政府根据中央的指示精神和优抚工作的优良传统，结合战争时期各解放区的实际情况，制定了一些条例和办法。如《华北区年老病弱退伍军人待遇办法》（1948 年 11 月 23 日）、《华北区荣誉军人抚恤优待条例》（1948 年 11 月 23 日）、《华北革命军人牺牲褒恤条例》（1949年1月25日）、《华北区革命军人家属优待条例》（1949年1月25日）、《华北人民政府民政部关于烈士问题的解答》（1949年4月5日）、《华北区革命工作人员伤亡褒恤条例》（1949年1月26日）、《华北区民兵民工伤亡抚恤办法》（1949年1月25日）、《为征集烈士史料的通令》（1949年4月5日）、《为统一规定起运烈士尸体办法训令》（1948年11月22日）等。还有嫩江省人民政府的《优待军属办法》（1946年8月）、东北行政委员会的《优待革命军人家属条例》（1948年2月）、晋绥边区行署的《解决革命军烈属生产困难暂行办法》（1948年5月）等。另外，东北行政委员会、东北民主联军总政治部还制定了《东北解放区爱国自卫战争阵亡烈士：抚恤暂行条例》（1948年4月）。上述规定对优抚优待的实施办法、物质补助、分配时间等内容都作了具体规定，有力地保障了优抚工作的开展，保证了革命军人及其家属、革命烈士遗属应当享受的各种优待和抚恤。

（一）革命军人家属优待条例

做好拥军优属工作是支持前线军人的一项重要工作。为了更好地完成这一工作，华北人民政府于1949年1月25日公布了《华北区革命军人家属优待条例》（以下简称《优待条例》），使拥军优属工作走上了规范化的道路。

1. 军属资格的取得。《优待条例》规定的革命军人，是指人民解放军的野战军、地方军、脱离生产的游击队、后方各军事机构及军事系统其他取得军籍的人员。而革命军人家属是指与军人同居一家生活的妻（或夫）、父母（有的虽已和军人分居者，亦得以军属论）、子女等直系亲属，及依靠其生活的16岁以下的弟妹，或军人自幼曾依靠其抚养长大，现在又必须依靠军人生活的其他亲属。军属须执有军人所在部队团级以上的机构开的证明文件，始得享受优待。但因战争或地理条件限制，部队证明一时无法取得者，暂由村人民代表会或村政府证明，亦得享受优待。

2. 对军人家属的优待。《优待条例》规定了军属应享有的待遇，包括土改分配土地财物时，应予适当照顾；公有土地、房屋场所、器物，在分配、出借、出卖时，在与群众同等条件下，军属有优先权；军属子弟入学，有享受公费待遇优先权；公营工厂、商店雇工时，应优先雇佣军属；军属可减免医药费；军属有领取救济及借贷优先权；尊重军属并提高军属的社会地位。对军属生活的照顾，应以组织其生产、建立家务为组织军属参加各种农副业生产，帮助解决生产中的困难。当军属缺乏劳力而又无力雇人耕种时，还可予以代耕，并规定了相应的办法。①

（二）革命军人与参战民兵民工抚恤办法

各解放区的人民政府都相继制定了优待革命军人和抚恤烈士家属及参加支前民工的规定，其中主要有：

1. 革命军人牺牲抚恤条例。1949 年 1 月 25 日华北人民政府颁布了《华北区革命军人牺牲抚恤条例》，规定凡人民解放军的指战员，因参战牺牲，或因公牺牲，或被敌人杀害者，均称烈士，其家属称烈士家属，均得享受本《抚恤条例》规定之待遇。

烈属由政府发给《革命牺牲军人家属光荣登记证》，并按条例规定的标准发给一次抚恤。烈士抚恤费由下列家属依次继承：（1）在家居住之妻（或夫）；（2）在家居住之子女；（3）父母；（4）16 岁以下之弟妹；（5）抚养烈士长大而现在又需依靠烈士生活之其他亲属；（6）参加工作之直系亲属。并规定无上述烈属者不发。烈属还享受军属优待，在同样条件下，应先优待烈属。

凡因在革命工作中积劳成疾而致死亡者，不能称为烈士，但得按烈士规格予以安葬，同时由县政府按规定发给一定量的抚恤费。

为表扬烈士事迹，《华北区革命军人牺牲抚恤条例》规定各地得建立烈士纪念碑、塔、亭、祠、林、基等。并定清明节为烈士扫墓节。各级政府得组织烈士事迹编纂委员会，负责收集编纂烈士事迹，行署以上政府得设专人负责此项调查收集的工作。

2. 荣誉军人抚恤优待条例。为做好荣誉军人的优待抚恤工作，华北人民政府于 1948 年 11 月 23 日公布了《华北区荣誉军人抚恤优待条例》。规定凡人民解放军指战员因参战负伤致残废者，均称荣誉军人（简称荣军）。

荣誉军人依其残废轻重和失去劳作能力之大小，分为特等残废；一等残废；二等残废；三等残废。残废等级于荣军伤愈出院时，由医生据本《条例》规定填写《残废证明书》，经荣誉军人管理机关审核后处理安置。参加工作及住荣誉军人学校者，发给“荣誉证”。退伍回家或安家者，一律发给数量不等的抚恤费用。此外，还规定荣誉军人在城市就业、看病、

① 张希坡主编：《中国法制通史》（第 10 卷），法律出版社 1999 年版，第 542—543 页。

出战勤等方面的优待办法。

3. 年老病弱退伍军人待遇办法。1948 年 11 月 23 日公布的《华北区年老病弱退伍军人待遇办法》，详细规定了退伍军人所应享有的各项权益。该办法规定：年老病弱退伍军人，是指那些已取得军籍的人民解放军指战员，因年老或长期病弱确实不能担任部队工作，经医生证明，旅以上政治机构批准退伍回家的人。退伍军人退伍回家时，得依其入伍期长短按规定发给生产补助金。对年满 45 岁，入伍 5 年以上者还有特殊照顾。患严重慢性病久治不愈者，还可酌情加发补助金。家在华北区的退伍军人在该区安家者，可依《中国土地法大纲》分得土地。当地政府、群众应帮助退伍军人组织生产，家境贫困者，可优先取得贷粮贷款。

4. 民兵、民工伤亡抚恤办法。华北解放区民兵民工因参战而负伤致残或牺牲者，据《华北区民兵民工伤亡抚恤办法》的规定，均可享受抚恤。民兵民工因参战而牺牲者，应由县政府发给棺葬费，给予烈士称号。其家属称烈属，发给“革命牺牲民兵民工家属光荣纪念证”，得享受烈属之政治地位，并按规定一次发给抚恤费。民兵民工因参战牺牲后，村、乡政府应注意组织其家属生产，帮助解决生产中的困难。其个别家属劳力特别缺乏，生活又极困难者，经村人民代表会通过，由村政府呈请区公所批准后，酌情代耕其一部分土地。[①]

（三）对革命军人婚姻的特别规定

解放战争时期，各解放区人民政权制定了有关婚姻法规，重申保障革命军人的婚姻问题。如晋绥边区《关于保障革命军人婚姻问题的命令》（1946 年 4 月），华中行政办事处、苏北支前司令部联合发布的《关于切实保障革命军人婚姻的通令》（1949 年 4 月），绥远省《关于干部战士解除婚约及离婚手续的通令》（1949 年 8 月）。这些规定基本上沿用了抗战时期的规定，但也针对新出现的问题，作了许多重要补充。

各解放区政府在明令援用原有保护抗日军人婚姻的有关法规基础上，又作了一些新的具体规定。原则上“凡系革命军人妻室，不论已婚或未婚，在未得其丈夫本人同意正式宣布离婚或解除婚约前，任何人均不得与其非法结合。过去造成既成事实者，在法律上一概无效，并须追究责任；

---

① 张希坡主编：《中国法制通史》（第 10 卷），法律出版社 1999 年版，第 545 页。

如有故违，当事人男造方面应科以刑事处分。干部中如有违犯者，更须从严加倍论处”①。这是从限制第三者的角度来维护军婚。当时的华北人民政府司法部在《关于军属、干属及其他婚姻问题的解答》中，对许多具体问题作了说明。如“军属只是因为家庭困难而要求离婚，不能批准。其困难问题应责成村政府设法帮助解决之”。“男方为避免离婚而参军，无论其动机如何，毕竟是踏上了人民解放事业的光荣道路，与一般逃避离婚诉讼者不同，仍应照军属婚姻规定办理，对女方予以说服”。这是从限制军属（女方）的角度来维护军婚，对“解放军人与妻感情不合的”，如系长年不归，为了照顾女方前途幸福，可写信请求原县政府通知女方办理离婚。“如女方坚决不同意，只好等该军人回家后，再办理离婚”。这是从限制军人（男方）的角度来维护军婚。对于革命军属离婚及解约问题：“未到规定年限而提出离异者，则应努力劝说其照顾革命战争利益，继续维持婚姻关系。如女的坚决要求离婚而革命军人有下落的，应于取得军人同意后始可判离。至于军人超过规定年限仍无音讯，而经政府处理离婚后，军人却又复员回家向政府要人，则需说服军人放弃己见。如女的离婚后尚未再嫁且自愿与军人恢复原来的婚姻关系，自应从其所请。”②上述法规对稳定军心和军属支援前线，起到了积极的作用。

四、军事刑事法规

解放战争时期的主要任务是彻底摧毁国民党反动统治，肃清土匪恶霸等反动社会基础，建立和巩固人民民主政权。中国人民解放军和各解放区人民政府颁布了很多法令，《中国人民解放军宣言》《中国人民解放军布告》和中国人民解放军总部发布的《惩处惩治战争罪犯的命令》《华北人民政府解散所有会道门封建迷信组织的布告》等代表了这一时期最主要的军事刑事法规。1949 年 7 月华东军区、第 3 野战军制定的《暂行奖惩军律条例》共计 107 条，不仅对各种类型的军人渎职犯罪规定了比较具体的量刑标准和处罚幅度，而且体例合理、内容完整、罪罚相当，充分显

---

① 《华中行政办事处、苏北支前司令部关于切实保障革命军人婚姻的通令》（1949 年 4 月 4 日）。

② 1950 年 3 月 3 日，《最高人民法院对察哈尔省山阴县司法处 1949 年报告中提出处理婚姻案件存在的几个问题的批复》，http：//www. law-lib. com/law/law_ view1. asp？id = 43204。

示了中华人民共和国成立前夕的军事刑事立法技术已经日渐成熟，为中华人民共和国成立后的军事刑事立法工作提供了宝贵的经验。

（一）惩办战争罪犯

解放战争时期的军事刑事立法，是随着革命斗争形势的变化而发展，并紧紧为革命战争的胜利和各个阶段的中心工作服务的。1947 年 10 月 10 日《中国人民解放军宣言》明确指出："逮捕、审判和惩办以蒋介石为首的内战罪犯。"后来在《中共中央毛泽东主席关于时局的声明》中，也将"惩治战争罪犯"列为和平谈判八项条件的第一项。依照上述宣言，人民解放军总部在 1948 年 11 月 1 日发布《惩处战争罪犯命令》，具体规定了以战犯论罪的各种行为，成为打击各种战争犯罪行为的重要执法依据。

（二）取缔一切反动组织

1949 年 1 月 27 日《中共中央关于国民党、三青团及特务机关的处理办法的决定》指出：（1）由军管会或市政府出布告，明白宣布："中国国民党、三民主义青年团（当地如有中国青年党、民主社会党或其他反共、反人民、反民主的党派团体的组织与活动应一并列入）均为反动组织。""宣布中国国民党党员通讯局（原名国民党中央党部调查统计局）及其所属的一切组织，伪中央政府国防部保密局（原名军事委员会调查统计局）及其所属的一切组织，伪中央政府国防部第二厅及其所属的一切组织（当地如有其他与'中统''军统'性质相同的一切残害人民的特务组织亦一并列入），均为反动特务组织。"（2）所有这些反动党派、团体及特务机关的组织和机关，应一律解散封闭，并没收其所有的公产、档案，严禁其继续进行任何活动。（3）饬令上述一切反动党派团体的各级委员会成员及特务组织的每一个特务工作人员，向市政府或军管会所指定的专管机关（或公安局）进行登记（反动党团的普通成员，均免于登记）。（4）凡属上述应该依法登记的反动党团人员和特务工作人员，如有拒绝登记，或有破坏登记行为，或藏匿与毁坏武器、电台及重要证件、文件、档案，或履行登记手续后继续进行反革命活动者，均应受到法律的制裁。上述人员如对登记清查工作有特殊贡献者，得酌情减免其应得之罚刑，或给以奖励。依照上述决定，各地军管会发布具体实施办法，如上海市军管会于 1949 年 6 月 6 日分别发布关于解散反动党团和一切特务组织的布告。在人民解放军强大的军事威慑面前，各城市反动党团、特务分子纷纷自首登记。军管会对登记后的少数反动分子实行了管制，并逮捕了一批罪大恶极、血债累累的汉奸、特务和国民党官僚，各地公开的反革命分子基本上被肃清，初步安定了社会秩序。

（三）完善犯罪及刑罚制度

人民民主政权的主要刑罚有死刑、有期徒刑、拘役、罚金、剥夺政治权利、没收财产、劳役、撤职、训诫、驱逐出境、示众、管制等。管制是解放战争时期创立的新刑种，是责令反革命分子或其他犯罪分子向人民政府登记并交代罪行后，将他们交给基层政权机关和群众监督改造，并限制其人身自由，定期向指定机关报告思想与行动。1948 年 11 月 15 日《中共中央关于军事管制问题的指示》规定：对反动党团各级负责人员进行登记后，对其中少数分子“实行管制，每日或每星期须向指定的机关报告其行动”。随着解放战争的进展，在接管大批旧政权反革命分子的情况下，对改造罪犯和稳定政局起到了重要作用。

在这一时期，军事刑法有了显著的进步，例如在《陕甘宁晋绥解放军暂行惩罚条例》中区分了未遂和既遂的区别，并区分了一般未遂和不能未遂、中止未遂（也就是后来刑法上的犯罪中止）。在处理汉奸和其他战犯时还适用了假释、减刑和保释等刑罚措施。此外，解放战争时期人民军队还根据建设的实际需要制定了其他军事法规。如《关于爱护武器弹药的训令》（1947 年 10 月 10 日）、《中央关于军事管制问题的指示》（1948 年 1 月 15 日）、《关于新解放区军事管制条例》（草案）（1948 年 12 月）、《华东军区暂行军法条例草案》（1949 年），等等。

五、军事法规的特点和作用

解放战争时期人民军队的军事立法是与解放战争历史发展的进程相适应的，这一时期的时间虽然不长，但在人民军队军事法治建设史上写下了重要一页。

（一）以提高部队战斗力、取得解放战争胜利为军事立法的最高原则，军事立法为解放战争的胜利提供了重要保障

人民解放军的根本目的和首要任务就是为了创建革命政权，最后夺取全国政权。蒋介石在完成了内战的各项准备之后，撕毁了国共签署的停战协定和政治协商会议的决议，于 1949 年 6 月对解放区发动了大规模进攻。人民解放军在中共中央的领导下，奋起自卫。当时，国民党在兵力、武器

装备、战争资源上都占绝对优势。中共中央正确地估计了当时的形势，从军事上、政治上、经济上规定了战胜国民党军队进攻的方针、政策。确立了“一切服从战争是统一领导的最高原则”。在此期间所制定的一系列军事法律规范，包括人民战时服勤办法、拥军优属的决定，伤残死亡抚恤办法、保护军婚的办法等，都是直接或间接为战争服务的。因此，解放战争时期人民军队军事立法的一个鲜明特点就是为提高部队战斗力、取得解放战争的胜利服务。

1948 年 8 月颁布的《华北人民政府施政方针》是解放战争时期具有代表性的施政纲领，它反映了这个时期人民政权和军事法制的性质和特点。《施政方针》提出争取 3 年时间从根本上打败国民党反动统治，并指明了实现基本任务的各项方针和政策。在军事上，规定了华北人民政府的军事任务。为了消灭国民党反动派在华北的军事力量，拔掉它们在华北地区仅存的孤立据点，配合各兄弟解放区和人民解放军的胜利进攻，完成解放全中国的伟大任务，《施政方针》规定，要提高华北野战军的战斗力，加强部队攻坚战术教育，增强攻坚作战能力，巩固部队内部团结，密切军民联系，严格执行三大纪律八项注意，并支援全国人民解放战争，打倒蒋介石，解放全中国。

在革命进程中，战争的因素始终影响和决定着军事立法的方向，并使各野战军颁布的法律文件不可避免地带有战时性质，受到特定战争形势和条件的影响。如中国人民解放军于 1947 年 10 月发布宣言，反对任何外国帮助蒋介石打内战，要求撤退其威胁中国独立的驻华军队，废除一切卖国条约。主要任务：摧毁一切反动组织，镇压反革命分子，保证解放战争胜利。解放战争时期，为了壮大人民军队的队伍，人民解放军继续实行志愿兵役制，即由决心为中国人民解放事业献身的农民、工人、学生和其他劳动者，自愿参军，长期服役。在“打倒蒋介石，解放全中国”的号召下，各解放区进行了声势浩大的兵员动员工作，几百万翻身农民踊跃参军。为了激励部队战斗意志，以适应作战需要，中共中央专门发出《关于练兵的指示》指出：国民党除在东北扩大内战外，现正准备发动全面内战，我党必须有充分准备，坚决彻底粉碎国民党发动的内战。目前除精简老弱（复员）、充实部队外，必须抓紧练兵工作，将其看成决定胜负的关键之一。并规定“练兵内容：军事上练三大技术，练守城，练夜战；政治上提高战胜顽军，保卫解放区之决心和信心”。1947 年 10 月，解放军总部对实行多年的三大纪律八项注意的内容，作了统一规定，重行颁布，训令全军深入教育，严格执行。《中国人民解放军宣言》要求全军“必须提高纪律性，坚决执行命令，执行政策，执行三大纪律八项注意，军民一致，军政一致，官兵一致，全军一致，不允许任何破坏纪律的现象存在”。这些规定对严肃军纪、提高战斗力起到了重大作用，产生了深刻的影响。

为了瓦解敌军，争取敌军成建制地罢战、投诚、起义、接受改编，1945 年 10 月 25 日，中共中央书记处下达了《关于成立国军工作部的指示》，指出：国民党领先近二百万军队，作为他统治中国最重要的支柱，我们必须在这一军队中进行有力的系统的工作，方才能够达到战胜他的目的。为此，中央决定：中央在军委之内，专设国军工作部，在各中央局和分局之下设立国军工作部，专门进行国民党军队中的工作。在 3 年多的解放战争中，策动国民党军起义和接受和平改编的重大事件有 60 余起，153 个整师，177 万多官兵。这几近占国民党被歼 800 万军队的四分之一，对夺取解放战争的胜利起了战略性的作用。[①] 全面内战爆发后，随着人民解放军的不断胜利，国民党军俘虏数量逐渐增多。宽待与处理俘虏的问题上升到战略的高度，同样成为对解放战争全局有决定性影响的一个重大因素。1946 年 11 月 14 日，中共中央发出了《对俘虏工作指示》，对俘虏工作规定了新的方针政策。接着，晋冀鲁豫军区政治部颁布了《关于俘虏工作暂行条例》。中央军委于 1947 年 9 月 21 日制定了《对释放俘虏军官方针》。中央军委 1948 年 8 月在《关于兵员补充的指示》中指出：“解放区、老区、半老区经几次大动员补充部队后，壮丁已感缺乏，而前线野战军，因战斗频繁，经常要求补充，以便连续战斗，人是必须的，这种矛盾的解决，应从俘虏中、蒋军逃兵中及新区中设法，而俘虏与蒋军逃兵的增多，新区扩大，正是我兵员补充最好最大的来源，其中以俘虏为主要来源。”那时，除对俘虏的军官与“土顽”采取教育释放的政策以外，对俘虏士兵经过政治教育，大部分用于补充部队，小部分用于后方生产。在 3 年多的解放战争中，人民解放军俘虏国民党军队官兵数百万，其中大部分经过教育，补入人民解放军部队，这对于从根本上分化瓦解敌军和发展壮大自己起到了巨大的积极作用。

---

① 李泽、季强主编：《中国人民解放军政治工作史鉴》，北京大学出版社 1992 年版，第 142 页。

在一切为了前线、一切为了胜利的思想指导下，中央军委后勤部在总结历史经验的基础上，制定了《供给标准制度》《军需概则》（草案）、《运输工作概则》《军械工作条例》（草案）等，提高了后勤保障能力。1947 年 4 月，中央军委发出《关于节省人力物力支援长期战争的通令》，严肃指出："为争取自卫战争走向全国胜利，我解放区的一切战争动员工作，都应从长期打算，尤其是节省人力、物力，严禁浪费，成为支持长期战争的必要条件。"1948 年 12 月 22 日至 1949 年 1 月 13 日，在河北省平山县西柏坡连续召开了有各大军区和野战军后勤领导人参加的全军兵工、军械和后勤（供应及兵站）会议。会议要求有计划、有系统地组织大规模后勤体系，逐步做到全军后勤工作的集中统一。会议还制定了人民解放军历史上第一个全军统一的供给标准制度，确定了全军统一的服装样式，规定了 1949 年兵工生产任务，通过了《中国人民解放军各级后勤暂行组织大纲（草案）》，拟制了后勤各业务工作概则、制度草案。1949 年 3 月 20 日，中共中央《关于财政经济工作后方勤务工作若干问题的规定》指出："中央领导下的区域制，在相当一个长时期内仍然成为必要。关于财政经济工作及后方勤务工作的统一问题，应该是在分区经营的基础上，在可能与必需的条件下，有重点地、有步骤地走向统一。"这一指示不仅正确规定了当时后勤工作的体制，而且阐明了后勤向集中统一过渡的正确方向。从这次后勤会议之后直到解放战争结束，人民解放军后勤工作实行统一领导，分区负责，统一调度体制，适应了我军由战略决战向战略追击和向边疆进军的需要。随着解放战争的临近结束，中央军委统一调度的范围越来越广，不仅包括弹药、被装、银元、黄金、汽油等物资，还包括后勤干部、后勤部（分）队和支前民力。

可见，解放战争时期人民军队的军事立法，就是紧密地围绕并切实地服务于以中国共产党为领导的人民大众的反帝反封建的民主革命总任务的实现，这是贯穿于军事法治建设的一条红线，也是当时的法治建设所坚持的基本方向和最高准则。人民军队从当时的国内外阶级斗争的客观实际情况出发，牢牢把握这个基本方向，一刻也不偏离这一最高准则，这也是这一时期军事法治建设取得伟大成就的根本原因。

（二）完善党对武装力量的绝对领导制度，建立健全集中统一领导下的民主制度，保证人民军队的稳定和集中统一

人民军队的性质决定了解放军是执行党的革命政治任务的武装集团。

坚持党对军队的绝对领导是人民军队军事法制建设的一项最重要的原则和基石。中国工农红军创建之始，就坚定不移地确立了这一原则，并将其贯穿于红军法制建设的始终。解放战争时期，在人民解放军颁布的一系列军事法规中，特别重视党对武装力量的绝对领导制度，尤其是恢复和健全了党委制，加强了连队的党支部建设。1945 年召开的党的七大，重申了古田会议的建军原则，加强军队中党组织的建设，组建各级党委会。1945 年 11 月，晋冀鲁豫野战军司令部要求所属部队按中央的要求建立党的各级委员会，实行对军事、政治工作的一元化领导。1946 年 10 月，晋冀鲁豫军区政治部下发了《党的团委员会暂行工作条例（草案）》，规定在步、骑、炮各建制团中，均须成立统一领导军事政治工作的党的委员会。中共中央在 1947 年 2 月下发了《关于恢复军队中各级党委制的指示》，7 月下旬，中央军委总政治部颁布了《中国人民解放军党委员会工作条例》（初稿），规定了各级党委的机构及其职权，以及连队党支部的工作性质和任务。1948 年 10 月，中央军委总政治部批转了华东军区政治部拟定的《关于支部工作的条例草案》和《关于革命军人委员会的条例草案》，以法规制度的形式将党对军队的领导和政治工作的诸项原则加以规定。

党委制是实现党对军队绝对领导的根本制度。党对军队的绝对领导，是通过党在军队中的各级组织实现的，党委制为党领导军队规定了基本的行为规范，即规定了党委的根本职能和职权范围是统一领导军队工作；规定了党委领导的最高原则是集体领导；规定了党委决策的执行方式是首长分工负责制。这一制度，一方面确立了各级党委在各级部队中的领导核心地位，保证了集体智慧和集体作用的充分发挥，防止少数人的独断专行特别是个人野心家的非组织活动；另一方面又使军政主官个人的智慧和积极性、创造性得以充分发挥，能够形成强有力的集中统一指挥。这一制度把委员制和首长制两种领导体制的优点有机结合起来，把政治核心和权力机构有机统一起来。这不仅能集思广益，避免或减少决策失误，实施坚强有力的领导，保证党中央、中央军委的路线、方针、政策和命令、指示落到实处，而且能形成强有力的制约机制，相互监督、相互制约、集体把关，保证军队的稳定和集中统一。我军革命和建设的历史经验证明，党委制是保证党对军队绝对领导和我军的政治本色、保证履行我军职能的正确而有效的制度。我军的党委制，是中国共产党把马克思主义建党建军学说与中国的国情、军情相结合的产物，是党在领导革命斗争的实践中，经过反复探索才确立起来的富有中国特色的党领导军队的根本制度。

（三）将毛泽东思想体现在军事法规制度之中，对赢得革命战争的胜利和加速人民军队正规化建设的步伐起到重大作用

毛泽东是人民军队的主要缔造者，他的建军思想中贯穿了军事法治思想。毛泽东军事法治思想是人民军队建设和军事法治实践经验的总结，是党的集体智慧的结晶。在解放战争时期，军事立法始终将毛泽东思想与法规制度建设紧密结合起来，注重运用法治方式和手段，及时颁布法令指导军事斗争实践，毛泽东军事法治思想对军事立法起到了重要指导作用。

毛泽东历来重视军队的法规建设，强调用法规规范军内各个系统的职权，调整各种军事社会关系。1929 年毛泽东就提出，“编制红军法规”，以“明白地规定”红军内外的各种关系。以后又多次强调，要总结历史经验，“制定条例或章程，以普及全军，定为定制”。纪律是军队的命脉，是执行路线的保证。古今中外著名军事家都把严明纪律作为治军的通则。毛泽东非常注重加强纪律建设，并把“加强纪律性，革命无不胜”作为全军的行动口号，强调一切行动听指挥，做到令行禁止，步调一致。1947 年 10 月，为适应解放战争的需要，毛泽东亲自起草了《中国人民解放军总部关于重新颁布三大纪律八项注意的训令》，统一了军队纪律的内容，同时要求全体指战员遵照执行，“不允许任何破坏纪律的现象存在”。在毛泽东加强军队纪律的思想指导下，人民解放军以三大纪律八项注意为基础，形成了自己独具特色的纪律体系。

军事法治建设的重要任务就是确立科学的军事领导体制并确保其高效运行。早在中国共产党建立红军之初，如何正确调整党与红军的关系，明确军队的领导权和指挥权，就已成为人民军队法治建设首要的和根本性的问题。对此，毛泽东提出了“党指挥枪”的要求，确立了党对军队绝对领导的最高原则，并把这一原则确立为铁的制度纪律和法规。1948 年，毛泽东提出了要健全“保证集体领导，防止个人包办”的党委制度，随着党委制的健全和完善，毛泽东对这一制度又作了全面阐述。指出：“党委制是保证集体领导、防止个人包办的党的重要制度……今后从中央局至地委，从前委至旅委以及军区（军分会或领导小组）……都必须建立健全的党委会议制度，一切重要问题（当然不是无关重要的小问题或者已经会议讨论解决只待执行的问题）均须交委员会讨论，由到会委员充分发表意见，做出明确决定，然后分别执行。地委、旅委以下的党委亦应如

此……当然必须注意每次会议时间不可太长，会议次数不可太频繁，不可沉溺于细小问题的讨论，以免妨碍工作。在会议之前，对于复杂的和有分歧意见的重要问题，又须有个人商谈，使委员们有思想准备，以免会议流于形式或不能做出决定。委员会又须分别为常委会和全体会两种，不可混在一起。此外，还须注意，集体领导和个人负责，二者不可偏废。军队在作战时和情况需要时，首长有临机处置之权。”① 1949 年 1 月，毛泽东在《目前形势和党在一九四九年的任务》中指出：“在军委政治部领导下，做出关于‘新式整军运动’，‘党委制’，‘革命军人委员会’，‘连队支部工作’等项的总结，并制成条例或章程，以便普及全军，成为定制。”②在毛泽东这一思想的指导下，党委集体领导下的首长分工负责制被确立为我军的根本领导制度。

毛泽东认为，“战争的伟力之最深厚的根源，存在于民众之中”。他指出，人民群众是革命战争所需人力、物力的源泉。在毛泽东动员思想的指引下，人民军队积极动员群众、依靠群众、武装群众。《华北人民政府施政方针》规定：“继续建设和健全人民武装组织，参战、支前，并在军区和人民政府统一命令下，配合军警，担任巩固区域内部的警戒治安等工作。继续加强边沿区、接敌区的游击战争；自觉、有计划地配合主力，主动地打击敌人，保田、保家、保粮、保丁；继续发挥地方兵团、游击队、武工队对敌坚决斗争的精神，配合主力军作战。”这些内容都体现了毛泽东的人民战争思想。

（四）由于历史条件所限，军事立法内容、形式及立法技术较为简单

解放战争时期的军事法是在继承全面抗日战争时期军事法的基础上形成和发展起来的。其形式主要有两种：第一，包容在综合性法律规范中的军事法律规范。例如，《中国土地法大纲》《华北人民政府施政方针》，以及土地、选举、婚姻等其他立法中，都涉及对军事利益或军人权益的保护。第二，单行的军事法规。如《晋冀鲁豫野战军关于严申战场纪律的命令》《晋冀鲁豫军区政治部关于军区借粮条例》《中共中央关于军事管制问题的指示》《中共中央关于新区征借粮草的规定》《西北野战军入城

① 《毛泽东选集》（第四卷），人民出版社 1991 年版，第 1340—1341 页。

② 《毛泽东军事文集》（第五卷），军事科学出版社、中央文献出版社 1993 年版，第 475 页。

纪律》《解放军北平市军事管制委员会组织条例（草案）》及《中国人民解放军宣言》《中国人民解放军布告》《中国人民解放军惩办战争犯罪的命令》《中国人民解放军总部关于重行颁布三大纪律八项注意的训令》《陕甘宁晋绥解放军暂行惩罚条例》《晋察冀军区暂行军法条例》等。人民军队法治建设在适应解放战争时期建设特殊要求的同时，在一定程度上也受到历史条件的限制，军事立法难免存在某些缺陷和不足。如军事立法的内容往往带有应急性和不稳定性的特点，总体上不够协调；立法程序简便、实效性强、不尽规范；而且由于这一时期比以往更能体现党政军一体化的特点，很多法律法规都是由领导人以个人名义颁布和发行的，同时各集团军和兵团等也承担了一些重要事项的立法。这都是由于当时特殊的时代背景所决定的，带有战争年代的鲜明特点。但是，这一时期人民军队的军事法治建设，取得了很大成效，对夺取解放战争的最后胜利发挥了重要作用，也为中华人民共和国的军事立法积累了宝贵经验，提供了许多有益的启示，在我军乃至我国的法治建设史上写下了光辉的一页。

第三节　加强军事司法制度

军事司法制度始终是人民军队军事法治建设的重要内容。解放战争时期，由于战争进程发展非常迅猛，人民解放军及其新解放的区域迅速壮大，人民军队的军事司法工作和制度建设也适应了战争发展的需要，在军事司法机构、军事司法原则以及军事狱政建设方面都有了新的发展。到解放战争后期，人民军队的军事司法组织体系已经比较健全，军事司法机关在打击反革命分子，惩治犯罪军人、保卫革命胜利成果和提高军队战斗力方面发挥了重要作用，为建立中华人民共和国的军事司法制度提供了基础和框架。

一、完善军事司法机关

军事司法机关是打击和惩治军事犯罪行为的专门机构。人民军队的各级军事司法机关诞生于红军初创时期，到解放战争时期，人民军队的军事司法机关主要包括军事审判机关、军队保卫机关和军事检察机关。这一时期，军事司法机关密切配合战时对敌斗争的需要，加强军事司法工作，为保证解放战争的胜利，建立中华人民共和国做出了重要贡献。

（一）军事审判机关

解放战争时期，是中国革命的转折阶段，也是我军军事审判制度建设的创造性发展时期。抗战胜利后，中国社会主要矛盾转化为阶级矛盾，决定了人民解放军的任务是推翻国民党反动统治，建立新民主主义国家。由于解放战争发展非常迅猛，人民解放军迅速壮大，要求军事审判工作必须适应形势的发展，及时调整和加强军事审判机关。

1. 军法处。解放战争初期，军事审判工作仍沿袭抗战时期的组织体系和制度，军事审判机构也仍然使用全面抗日战争时期“军法处”称谓，实行“审检合署”，设置于旅（分区）以上部队的司令部或政治部，即在军、师、旅三级设军法处。随着解放战争后期人民军队体制编制的调整改变，原编制为军事审判机关的军法处体制，从组织机构到审判方式，都不能适应战争发展的需要，改进军事审判制度已经势在必行。1946 年 10 月，八路军、新四军、东北民主联军、华南抗日纵队等改称中国人民解放军。1947 年 3 月，陕甘宁晋绥联防军改为西北野战军，其他部队相继改编为华东野战军、东北野战军、晋察冀野战军。1949 年 1 月人民解放军整编为第一、二、三、四野战军。显然原编制下的军法处，从组织机构到审判方式，都不能适应战争的需要，改进军事审判制度势在必行。首先，增加军法处的设置。即在野战军一级设军法处，形成野战军、兵团、军、师四级，加大军事审判的覆盖面。其次，增强军法处审判职能。改变军法处和锄奸部“两块牌子，一套人马”现象，军法处单独列编，独立行使审判职能。再次，加强军法处组织建设。在军法处设办公室、审讯室、看守所、管理股、警卫排等组织。最后，设立军事法庭。即在已经解放的城市军管会内组建军事法庭，以镇压反革命分子，维护社会治安。军法处处长大都由参谋长、政治部主任或保卫部长兼任，个别的也有部队军政首长亲自兼任。军法处归属于同级部队的军政首长领导，下级军法处向上级军法处负责并报告工作。军法处负责审理军事犯罪案件，同时，各级军法处也受理地方对军队违法行为的案件。如《晋察冀中央局、军区关于军队贯彻整党整军及执行土地改革任务的决定（草案）》规定，“一切混入党内军内，企图篡军，保护地主、富农利益的阶级异己分子，一般送交地方处理，已有破坏军队行为证据确凿者，交军法处审判之。一切干涉农民翻身运动，侵犯人民的生命财产及民主自由的行为，均须受到法律的制裁，依具体情况，交由人民法庭或军法处审判”。同时又规定，“军队人员有阻挠与破坏土地改革行为的，由军队逮捕，交地方处理”。当时，由于军内未单独设置军事检察机关，办案时由军法处人员担任检察员，负责侦查和起诉工作。[①] 各级军事审判机关对公安、保卫机关起诉的各种案件，依法予以严厉惩处，有力地打击了犯罪分子的嚣张气焰，维护和巩固了人民民主专政政权。

毛泽东、王稼祥、谭政同志曾在《关于军队锄奸与司法机关应分开组织的指示》中提出：“（1）锄奸部为军队的政治保卫机关，对敌探奸细及国民党特务进行侦察逮捕及预审，向军法处提出诉讼与判决；不属于敌探奸细的一切军法案件（如贪污逃跑等），由军法处直接处理。（2）锄奸工作范围应注重军队本身，至于居民中的侦察，仅以涉及军队线索为限。至于地方锄奸工作应由公安局保安处及党的社会部担任，军队只处于协助地位，所以锄奸部中不必单设地方工作一科，以免部队线索与地方线索分割开来。”为此，解放战争时期，加强军法处组织建设，在军法处设办公室、审讯室、看守所、管理股、警卫排等组织。随着部队编制的扩大，军法机构的层次增多，数量也有所增加，审判工作逐渐规范。1949 年年初，东北各省军区及其军法处撤销后，司法部曾会同东北军区政治部共同商定军人违法案件处理办法，交东北各省人民政府、军事部和人民法院并转饬所属照办。[②]

2. 军事法庭。解放战争后期，为巩固新生政权和维持社会秩序，在新解放的大中城市实行了军事管制。为了镇压反革命分子，维护社会治安，人民解放军在已经解放的城市军管会内组建军事法庭并设立特别法庭。军事法庭是行使军事特殊审判职能的非常设机构，其诉讼程序不同于一般司法机关。其主要任务是审判重大反革命案件，目的是迅速果断地镇压反革命破坏活动，以维护革命秩序。这一时期军事法庭的使命不同于抗日战争之后设立的特别法庭，它的任务是维护革命秩序，保障人民权利，镇压重大反革命罪犯。军事法庭的组织与活动由各军事管制委员会颁布的法令规定。如根据 1949 年 7 月 1 日《太原市军事管制委员会特别法庭暂行办法（草案）》，特别法庭设庭长、审判长和审判官；并设检察处，由首席检察官和检察官 2 人组成。在名称上有的解放区称之为军事法庭，有

① 梁玉霞著：《中国军事司法制度》，社会科学文献出版社 1996 年版，第 28 页。

② 丛文胜著：《军事法制史》，解放军出版社 2001 年版，第 369 页。

的解放区称之为特别法庭。它们的职权范围和审判程序，在各个不同的历史阶段，由各解放区人民政府颁布的法律文件具体规定。

抗日战争胜利后，山东解放区同时设有军事法庭和特别法庭，并公布了《山东省各级军事法庭组织条例》。军事法庭设于山东省军区司令部，以及胶东、渤海、鲁中、滨海、鲁南等军区司令部和实行军事管制的各城市卫戍司令部。军事法庭设主席 1 人，检察员 1 人，司法员 2 人，书记 1 人。一般以各该军区政治部主任为主席，各该军管区之公安局长为检察员，各该军管区之司法负责干部为司法员，均由山东军区委任之。山东军区军事法庭审理日军大佐以上，伪军少校以上，伪警佐以上，及全省性的战争罪犯和汉奸。其他战争罪犯或汉奸，由各捕获之军区军事法庭审理。若该犯在其他地区作恶严重，也可解往该地审判。① 除军事法庭外，1945 年 5 月 24 日颁布的《山东省审判汉奸战犯暂行办法》规定，山东解放区还设有临时特别法庭。临时特别法庭和军事法庭在审判职权上的不同点在于，前者只审理叛国罪犯，后者既审判叛国罪犯，同时也审理日本战犯，而以审理日本战犯为主。组织领导上的不同点在于，前者是地方审判机关，后者虽有地方司法机关人员参加，但由军事机关直接统辖。结构上特别法庭为四级，分设于县、专署、行署及省。

在华中解放区的部分地区，如苏皖边区、苏中区等，审判汉奸、战犯的职权由临时组成的专门委员会行使。在苏皖边区称为惩治叛国罪犯委员会，在苏中区称为惩治战争罪犯及汉奸委员会。这类委员会由行政、司法、公安、参议会、群众团体所推举的代表组成，向同级的地方政府负责。在苏中区的区、分区、县三级惩治战犯及汉奸委员会均由同级政府首长任主任委员。审判活动由委员会组织的特别法庭和人民法庭主持，有权判处被告人有期徒刑、无期徒刑直至死刑，但均需呈请上级政府核准才能执行。

（二）军队保卫机关

军队保卫机关是人民军队司法机构的重要组成部分，其任务也是军队政治工作的一项重要内容。军队保卫部门在全面抗日战争时期称为锄奸部。1947 年后，军队内部的锄奸部门相继改为保卫部门。军区和军以上

---

① 张希坡主编：《中国法制通史》（第 10 卷），法律出版社 1999 年版，第 641 页。

政治机关设立保卫部，师设保卫科，团设保卫股，营党委、连支部设保卫委员。负责侦察及打击国民党特务和其他反革命分子对军队的破坏活动。保卫部门主要负责侦查、预审工作，并及时交军法处依法惩处。当时，在尚未建立人民政权组织的新解放的地区和城市，军队保卫部门临时执行地方公安机关的职权，镇压敌对分子，维护社会治安，既为建立地方公安机关做了准备，也为中华人民共和国建立、完善全军统一的军队保卫机关和军事司法体制提供了历史经验。中华人民共和国成立前夕，中央人民革命军事委员会于 1949 年 7 月 6 日决定，以原华北局社会部（华北公安部）为基础，组建中央军委公安部。9 月 8 日，中央军委公安部正式开始办公，下设侦察、保卫、治安、情报 4 个处，继续领导各地公安保卫机关的反特工作，为配合解放战争和巩固各地新生人民政权作出了突出贡献。

（三）军事检察机关

在人民军队创建初期，就设有专门的军事检察机构。1932 年 2 月 1 日，中华苏维埃共和国中央执行委员会颁布的《中华苏维埃共和国军事裁判所暂行组织条例》规定，在中央军委之下设立高级军事检查（察）所，并在红军的军、师、军区级军事裁判所的所在地，设立初级军事检查（察）所，检查和预审军犯，代表国家向法庭提出公诉。全面抗日战争时期，军队各级军法处都设立了军事检察员。由于当时处于战争环境，各部队的编制又不统一，还不可能建立比较完备的司法检察机构。解放战争时期，人民军队基本上是继续沿用抗战时期的检察体制，未单独设立军事检察机关，军法处也未配置检察人员，办案时由部队首长指定的军法处工作人员担任检察员，承办侦查和起诉工作。

解放战争时期，对于有些与军事有关的案件，如对战争犯罪的追究和惩处等也往往由解放区人民政权的司法机关受理，军事检察机关与政权公安机关相互配合。如这一时期，全国还没有统一的司法机关体系，各解放区自有建制，但基本上也是由最高法院、高等法院、地方法院三级组成。其中检察机关的某些职权在相当一些地区是由公安机关代行的，如 1948 年华北人民政府《关于汉奸特务与司法机关处理刑事案件权责的规定》中规定："关于汉奸特务及内战罪犯等案件，其侦查的责任，应属于公安机关，侦查的主要任务是：搜集罪犯的犯罪事实及证据，拟以起诉，如发现某人犯罪或确系有犯罪嫌疑，即加以侦查追究，并向司法机关提起公诉；假如侦查的结果嫌疑不足，或其行为不构成犯罪等，或纵系犯罪，但以不起诉为适当时，则公安机关均有权释放，不予起诉，司法方面不能干涉。”由公安机关代行公诉检察职权是解放战争时期检察制度的一个重要特点，也是当时战争条件下由行政机关强化司法权的必需。

二、确立军事司法原则

解放战争时期虽然没有颁布过专门的军事刑事诉讼法，但军事刑事诉讼程序较为系统，从侦查和预审、起诉、审判，一直到再审和审批都有较为详细的规定。军事刑事诉讼法原则散见于解放区人民民主政权和军事机关颁布的各种单行条例、训令之中，指导着军事司法和审判工作的开展。军事司法原则主要有以下几个方面的内容。

（一）军事司法机关依法行使职权原则

《陕甘宁边区宪法原则》规定：各级司法机关独立行使职权，除服从法律外，不受任何干涉。这在人民民主法制建设史上第一次提出司法机关独立行使职权的原则。此外，还规定了除司法机关、公安机关依法执行职务外，任何机关、团体不得有逮捕审讯的行为；人民有不论用任何方法控告失职的任何公务人员之权；对犯法人采用感化主义等原则。革命民主政权在注意采取有效措施保证司法机关统一行使职权的同时，还确立了废除肉刑和刑讯、重证据而不轻信口供原则。

（二）罪刑相适应原则

又称罪刑相均衡原则或罪刑等价原则，即刑罚性质与犯罪性质相适应，犯罪情况相同，处刑也应当相同。对犯罪分子的量刑轻重，以其对社会造成的危害大小为依据。解放战争时期，明确把罪刑相适应原则作为刑事司法的基本原则，保证了法律面前人人平等。

（三）军事刑罚宽严相济原则

古今中外军队都实行军法从严、战时从严的刑事原则。中国共产党一贯倡导区别对待的刑事司法政策，各级军法处把党的政策作为军事审判的依据，发挥政治工作优势，认真执行惩罚与教育相结合，逐步形成军事刑法宽严相济的基本原则。如对待逃兵问题，红军时期，敌强我弱，一个逃兵就可能影响整个部队的存亡，必须从严处罚。解放战争期间，人民军队兵员增加很快，国民党起义部队、经过教育的俘虏等大量补入，难免把雇佣思想带入部队，造成逃跑现象增多。这个时期逃跑的，“一般不予关押，只进行登记，查明原因，施以教育，送回原部队”。对情节严重判处刑罚的，也主要进行思想教育，有的还送往前线戴罪立功。刑事司法不仅是打击惩罚犯罪的武器，也起着教育改造罪犯的作用，力求做到预防和减少犯罪。为此，刑事司法摒弃惩罚主义、报复主义，而采取感化主义，故严禁打骂、侮辱、虐待罪犯。即使对判处死刑的罪犯，也尊重其人格，满足其合理要求。这是革命人道主义在刑事政策上的反映，对于惩罚和改造罪犯，争取和团结其家属，都有重要意义。随着解放战争的进展，在接管大批旧政权反革命分子的情况下，对改造罪犯和稳定政局起到了重要作用。

此外，人民军队司法机构还吸收西方近代先进的诉讼制度，包括陪审制度、辩护制度、公开审判制度等。这些原则和制度，为中国革命的胜利提供了法律保障，也为中华人民共和国军事法律制度的建立提供了在立法和司法等方面的经验。

三、改进军事狱政制度

解放战争时期，人民军队为了强化军事司法功能，充分发挥军事刑事审判的作用，重点打击日伪军、汉奸和国民党战争罪犯，保证军事刑罚的效果，还建立完善了军事狱政制度，以加大对罪犯的惩罚和教育改造力度。在抗日战争胜利后，随着人民抗日武装对大片国土的收复和解放区的迅速扩大，清理、惩治汉奸和教育改造各种刑事犯罪分子的任务也随之繁重起来，这就要求加强解放区的狱政建设。大批县城和部分中等城市获得解放，建立起比较稳定的根据地，为监所建设提供了有利条件。解放战争时期，解放区人民政府还创造了军地“联合看守所”“联合监狱”“俘虏军官教导队”“管训队”等新的监所形式，作为对汉奸、战犯及国民党政权中的反革命骨干分子，进行看守、审查和教育改造的机关。

（一）设立联合看守所

日本投降后，在收复中小城市的过程中，由地方公安机关、军队保卫部门采取联合行动，对日伪汉奸分子进行清理。为适应这种形势，在一些县、市设立了“联合看守所”，收押各有关部门逮捕的日伪汉奸分子对他们进行集中关押和审查。

（二）建立联合监狱

根据联合看守所的经验，有些地区还进一步建立了“联合监狱”，它建立于行署一级，由行署司法处、公安处、军分区保卫部等单位的负责人组成领导小组，对联合监狱的重大事项作出决定，指导全面工作。联合监狱主要收监已判决徒刑的汉奸犯和其他刑事犯，同时兼收所在地的未决犯。

（三）组建俘虏军官教导队

这是在人民解放军系统内建立的，对战争中俘虏的国民党军队中的战争罪犯及一定级别的军官，进行集中教育审查的机关。它和一般的看守所、监狱不同。首先根据优待俘虏的政策，给他们以较好的生活待遇。在管理上除严格警戒防止逃跑暴动外，在内部给以较多的活动自由。其次，它以政治思想教育，转变其政治立场为主。除对其中的战争罪犯、特务分子和其他反革命罪犯，将移送公安、司法机关处理外，绝大部分皆予以开释。

妥善接收和处理好原反动党团和国民党党政机关人员，这项工作直接牵动着社会的各个阶级、阶层，而且影响着社会安定、生产的恢复和人民生活，因此，各地军管会坚决贯彻中央规定的“清除少数的首要坏分子，改造多数的有用人员”的方针，尽可能地量才录用，使之成为国家建设人才，防止和克服了那种认为所有旧人员都要不得的“左”的倾向，和不问什么人，一味迁就照顾的“右”的倾向，实事求是地搞好审查，耐心细致地做好思想教育工作，就是开除或处理回乡的也发给路费，给以生活出路。①

解放区人民政府、人民军队对汉奸、战犯及国民党党政军骨干分子的教育改造，取得了巨大的成功，大批反动营垒的成员经过教育，放弃了反动立场，站到人民大众一边。绝大多数人坦白交待了他们的罪行，表达了悔改的愿望，得到了从宽处理。教育改造活动的成功，表现了中国共产党和人民政府政策的正确性和巨大威力，也是人民军队监所工作的伟大成就。

四、军事司法的主要特点

解放战争时期，人民军队的军事司法制度是与这一时期的革命战争发展进程相适应的，为夺取和巩固战争胜利服务方面发挥了重要作用。其主要特点是：

---

① 张希坡主编：《中国法制通史》（第10卷），法律出版社1999年版，第657页。

（一）废除旧法统，适用新法规

抗战时期，为了共同对敌，维护抗日民族统一战线，军事审判活动在一定范围适用国民党政权的法律。解放战争时期，国民党反动派充分暴露其反人民的罪恶本质，其制定的《六法全书》《惩治汉奸条例》等法律，代表大地主和官僚买办资产阶级利益，是用来镇压广大人民群众的工具，必须予以废除。1949 年 2 月，中共中央发布了宣布废除国民政府的《六法全书》，确立解放区的司法原则。指出：人民的司法工作在新的法律系统地发布以前，应该以共产党的政策及其人民解放军的其他纲领、政令作为依据。司法机关办事应遵循以下原则：有纲领、法律、命令、条例、决议规定者，从纲领、法律、命令、条例、决议之规定，无纲领、法律、命令、条例、决议规定者，从新民主主义的政策。同时，由于人民军队面临的任务更复杂，政策性更强，战线更长，战场更大等，需要反映人民意志和适合作战实际的法律法规，解放区政权机关和各野战军及时制定了相应的法规：一是健全定罪量刑方面的刑事法规。如第三野战军的《暂行奖惩军律条例》、陕甘宁晋绥的《破坏土地改革暂行惩治条例》、冀中军区的《暂行军法条例》；二是修订贯彻军纪条令方面的法规。如晋冀鲁豫野战军的《关于严肃战场纪律的命令》、邯郸军区的《新区借粮条例》、第一野战军的《切实优待回民俘虏各项守则》；三是制定保护革命成果的法规。如北平军管会的《接管人员工作条例及接管纪律》、西北野战军的《关于入城纪律守则的训令》、解放军总部的《惩处战争罪犯命令》等。这些军事法规，有的已经比较完备，有的则开拓了军事审判理论研究和实践新的领域。

（二）确立司法机关职权原则，实行侦审分开

红军时期的军事裁判所，抗战时期的军法处，实行侦查和审判合二为一的司法制度，这与人民军队初创时期战斗频繁，流动性大，机构必须精简相适应。随着人民军队的壮大，军队民主制度的发展，特别是官兵权利意识的增强，必然要求侦审分开。1946 年陕甘宁边区率先颁布《关于统一行使司法权的指令》，规定“除违警案件以外的其他人犯，公安机关必须于 24 小时内移交司法机关审理”①。华北人民政府规定：“公安机关对

① 杨和钰：《中国法制史教程》，中国政法大学出版社 1994 年版，第 374 页。

汉奸、特务及内战罪犯等案件，行使侦查权，及向司法机关提起公诉权，司法机关行使审判权，不得互相干涉。”① 这些规定维护了人权，发展了司法民主，也促进了军事审判职权原则的贯彻。

（三）军事司法作为政治工作的重要组成部分发挥作用

解放战争时期，军事司法权配置的重要特点是坚持共产党对军事司法工作的领导。军事司法机关设在军队政治部门，军事司法工作是军队政治工作的重要内容。这便于中国共产党从上至下的领导和管理，便于遵守和执行党关于司法工作的方针政策，也与部队高度集中、统一管理模式相适应。

（四）坚持镇压与宽大相结合原则

解放战争时期，斗争的对象主要是国民党反动势力。当中国人民解放军粉碎蒋介石的进攻，已大举反攻的时候，毛泽东反复指出，在向反动派的斗争中，必须坚决贯彻镇压与宽大相结合政策的思想。1947 年的《中国人民解放军宣言》宣布，对国民党人员采取区别对待方针，“本军对于蒋方人员，并不一概排斥，而是采取分别对待的方针。这就是首恶者必办，胁从者不问，立功者受奖”。“凡是已经做过坏事的人们，赶快停止作恶，悔过自新，脱离蒋介石，准其将功赎罪。”② “对于那些积极地并严重地反对人民民主革命和破坏土地改革工作的重要的犯罪分子，即那些罪大恶极的反革命分子和恶霸分子，判处死刑，是完全必要和正当的。不如此，就不能建立民主秩序。但是，对于一切站在国民党方面的普通人员，一般的地主富农分子，或犯罪较轻的分子，则必须禁止乱杀。”③ “除了可以和应当惩办那些为广大人民群众所痛恨的查有实据的罪大恶极的反革命分子和恶霸分子以外，必须实行对一切人的宽大政策，禁止任何的乱打乱杀。”④ 这体现了解放军尽量缩小打击面，扩大教育面，着重打击罪大恶极的犯罪分子，尤其是首恶分子，而对胁从分子适当从宽处理的思想，其目的是分化瓦解犯罪集团。1949 年 4 月 25 日《中国人民解放军布告》也宣布：除怙恶不悛的战争罪犯和罪大恶极的反革命分子外，凡属国民党中

---

① 杨和钰：《中国法制史教程》，中国政法大学出版社 1994 年版，第 374 页。
② 《毛泽东选集》（第四卷），人民出版社 1991 年版，第 1238 页。
③ 《毛泽东选集》（第四卷），人民出版社 1991 年版，第 1307 页。
④ 《毛泽东选集》（第四卷），人民出版社 1991 年版，第 1314 页。

央、省、市、县各级政府的大小官员，“国大”代表，立法、监察委员，参议员，警察人员，区镇乡保甲人员，凡不持枪抵抗、不阴谋破坏者，人民解放军和人民政府一律不加俘虏，不加逮捕，不加侮辱。责成上述人员各安职守，服从人民解放军和人民政府的命令，负责保护各机关资财、档案等，听候接收处理。这些人员中，凡有一技之长而无严重的反动行为或严重的劣迹者，人民政府准予分别录用。如有乘机破坏，偷盗，舞弊，携带公款、公物、档案潜逃，或拒不交代者，则须予以惩办。[①] 可见，镇压与宽大相结合原则，是人民军队刑事司法一贯坚持的基本原则，这对分化瓦解敌人，争取多数，反对少数，教育罪犯本人，争取罪犯亲属，都起到良好的作用。

（五）发挥军事刑法的强制作用，严肃军队纪律

严格的军事纪律是人民军队的优良传统，也是克敌制胜的法宝。如前所述，解放战争形势发展很快，兵员成分发生较大变化，一些补入解放军的国民党军队的军官和士兵，仍保留着旧军队的不良作风，若不尽快纠正，势必影响解放全中国的总任务。解放区政权机关在制定军事刑法中，注意运用法律的强制性，把一些严重违纪行为规定为犯罪，施以刑罚处罚，加强军队纪律建设。如 1947 年 9 月的《暂行军法条例》规定：“凡吸食毒品、聚赌宿娼、偷窃公物、酗酒滋事等行为，构成违反道德罪。”第三野战军的《暂行奖惩条例》，对违反群众纪律影响较大者，煽惑军人不执行职务或不守纪律者，扰乱地方秩序者，破坏行政制度者等，都规定了相应的刑罚处罚。

（六）推进军事审判制度民主化

解放战争时期的解放区与抗战边区不同，完全克服了国民党司法制度的束缚，在诉讼制度和诉讼程序上，进一步体现了司法民主原则。如规定“司法机关执行传讯、搜查和拘捕时，必须持有主管机关开具的传讯证、搜查证和拘捕证。逮捕人犯须经区以上机关批准，部队逮捕案犯，须有团、营以上证明文件”[②]。又如禁止对案犯使用肉刑逼供及变相肉刑。不能随便加人罪名，不得秘密杀人，对真正罪大恶极的，由人民法庭审判，

---

① 《毛泽东选集》（第四卷），人民出版社 1991 年版，第 1458 页。
② 杨和钰：《中国法制史教程》，中国政法大学出版社 1994 年版，第 374 页。

方可执行死刑。

第四节　实行战时军事管制

军事管制，产生于解放战争后期和中华人民共和国成立之初。1948年，解放战争进入战略决战后，随着中国人民解放军迅速击败国民党军队，全国大片地区和各大中城市陆续解放，由于这些地区和城市长期在国民党统治之下，情况十分复杂，如何接收和管好这些地区和城市，是一项非常复杂而艰巨的任务。

1949 年 3 月 5 日，毛泽东在中共七届二中全会报告中明确指出："从现在起，开始了由城市到乡村并由城市领导乡村的时期。党的工作重心由乡村移到了城市。""党和军队的工作重心必须放在城市，必须用极大的努力去学会管理城市和建设城市。"① 1949 年 9 月 29 日，中国人民政治协商会议第一次全体会议通过的，起到临时宪法作用的《中国人民政治协商会议共同纲领》第 14 条规定："凡人民解放军初解放的地方，应一律实施军事管制，取消国民党反动政权机关，由中央人民政府或前线军政机关委任人员组织军事管制委员会和地方人民政府，领导人民建立革命秩序，镇压反革命活动，并在条件许可时召集各界人民代表会议。""军事管制时间的长短，由中央人民政府依据各地的军事、政治情况决定之。"从此，军事管制制度以临时大法的形式正式确定下来。

在中华人民共和国成立之初，敌人的军事集团已被消灭，但残存的武装力量如特务、匪徒和持枪的散兵游勇还大批地存在，社会秩序比较混乱；广大人民群众还没有组织起来，人民的政权还没有系统地建立，尤其是革命的法庭、警察等专政工具还不健全。在这种特殊时期，执行人民解放军的军事管制就势在必然。由于城市解放时间的不同和具体情况的差异，结束军事管制的时间也不一样。东北地区解放较早，在中华人民共和国成立时，大部分城市已结束军管，选举产生了地方人民政府。其他解放较晚的地区，结束军管的时间也较晚。1952 年年底，镇压反革命和土地改革运动基本结束，大多数人民群众已经组织起来，各级人民代表会议和人民政府已比较健全。1953 年 1 月，中央人民政府委员会第 20 次会议通

---

① 《毛泽东选集》（第四卷），人民出版社 1991 年版，第 1427 页。

过《关于召开全国人民代表大会及地方各级人民代表会议的决议》，确定在 1953 年召开乡、县、省（市）各级人民代表大会，并在此基础上召开全国人民代表大会。地方各级政府权力机构建立后，城市军管工作在全国范围内遂告结束。

一、建立战时军事管制制度

为了顺利完成接收和管理好新解放地区及各大中城市的任务，使新生的人民政权得以巩固，社会安宁得到有效保证，并为中华人民共和国的建立奠定重要的政治、经济基础，中共中央和中央军委决定在新解放区实行军事管制。实行军事管制是中共中央和中央军委在解放战争时期采取的一项成功的制度。早在 1945 年 8 月，日本战败投降后，为了适应对新解放区的接收，淮海分区就曾颁布了《戒严条例》，提出了军事管制的任务，其中第一条规定："为适应新解放区环境，实施军事管制，维持社会秩序，确保集体安全起见，特制定本条例。"后来，随着解放战争的发展和大量城市的解放，对新解放区尤其是城市实行军事管制的任务又摆到了面前。1948 年 2 月，中央工委专门下发了《关于收复石家庄的城市工作经验》，随后，中央军委也批转和下发了《东北局关于保护新收复城市的指示》，确定了接收管理新解放城市的一些方针、政策，其中规定了要"在新占领城市实行短期的军事管理制度。在占领城市初期，必须由攻城部队直接最高指挥机关担任该城的军事管理，所有入城工作的地方党政机关及工作人员，一律听其指挥。为此，可以组织军事管理委员会，吸收地方党政负责人参加，将保护新占领城市的全部责任，交由军事管理机关担负"。1948 年 11 月 15 日中共中央专门发出《关于军事管制问题的指示》，指出："根据各地管理新解放城市的经验，实施军事管制的办法，甚为有效。"从此，在各新解放城市，开始实行军事管制制度。

1948 年 11 月，东北局常委、东北军区副政委陈云率领 4000 名干部接管了几个大城市，特别是担任了沈阳市军事管制委员会主任，全面总结了接管沈阳市的经验。1948 年 12 月 25 日，中共中央批转了陈云关于《接收沈阳的经验》的报告，认为这个报告甚好。在这个报告中提出了"各按系统，自上而下，原封不动，先接后分"的接收方法。各按系统，就是在军管会下设办公室、政务、财政、经济、后勤等处或委员会及市政府、公安局、卫戍司令部等部门，各按各的系统，对口接收新解放城市原有的各单位、部门；自上而下，就是军管会进城后，即以布告形式责成原有机关的主管人员负责办理移交手续，办理手续前，继续履行其职责；原封不动，就是旧机构的原有职员均按原职上班，工厂企业等只派去军代表，政权部门撤换负责人，不打乱原有的工作秩序；先接后分，就是各部门只有接收权，没有占有权和支配权，原有资产、档案等一律不准搬走。

城市军事管制委员会的任务是：肃清一切残敌和游散的反动武装；接收一切公共机关、产业和物资；恢复和维护社会秩序；收缴一切隐藏在民间的反动分子的武装及其违禁物品；解散一切反动党团组织，登记并管制其各级负责人员；逮捕战争罪犯和罪大恶极的反动分子，没收官僚资本；建立系统的政权机关和物资、生产管制机关及监督机关，建立临时的各界代表会议；把工人职员、青年学生及其他劳动群众组织起来，作为建立城市政权的可靠群众基础；整顿共产党在城市中的秘密组织，建立党的各级组织等。根据需要，军管会下设若干机构，负责城市的防卫、生产及其他各项工作与人员的接收和管理。

军管会的优越性有：第一，只有依靠人民解放军这种武装的集团，才能给敌人以巨大的威慑，迅速消灭国民党残余势力，摧毁国民党政权，把城市完整地交到人民手中。第二，军事管制又是一种军政合一的组织形式。它既担负着实施人民民主专政的职能，可以有效地打击敌人，同时又为发扬人民民主创造条件，成为大中城市解放初期，打碎反动统治阶级旧的国家机器和建立人民民主专政新的国家机器最好的组织形式。在对敌人实行专政的同时，对人民实行民主。军管会的许多干部同时就是各级人民政府的成员。人民解放军战斗队、工作队的光荣传统在这里得到了很好的体现。这种双重任务的完成正是新解放城市走向新民主主义和社会主义的需要。同时，只有解放军的军管会才能担负这种双重的使命。第三，军管会作为初级的过渡性的政权形式，还具有灵活性和试验性的特点。正如1948年11月《中央对新解放大中城市管制经验的通报》中指出的：在军事管制委员会之下，一方面，可成立委任式的临时政府，另一方面，凡带紧急性、临时性或试验性的处置，均可以军管会的命令实行之。行之有效者，将来以法令手续肯定之；行之不便需修改或废弃者，可以军管会命令改变或取消之；行之取得经验而须改进者，或即以军管会命令加以补充，或留待将来在法令上改进。此后，在中共中央转发的《华东局关于接管江南城市的指示草案》中，明确提出：对新收复的人口在5万人以上的城市或工业区，均应实行一个时期的军事管理制度；在占领城市初期，应指定攻城部队直接最高指挥机关军政负责同志与地方党政若干负责人，组织该城市的军事管理委员会；军管会为该城最高权力机关，凡入城部队及党政军民机关与各接管工作人员均须接受军管会的统一指挥。根据工作需要，军管会下设若干机构。采取的组织形式和步骤是：解放一个城市就接管一个城市；中央直辖市和重要的大城市的军管会领导人由中央和军委直接任命；省会城市及腹心地区和交通干线上的重要城市，都由所在各省、专区的兵团、军负责接管；其他中、小城市，则由驻该地区的师、团进行接管；各省会、专区市均成立军管会，由所在的兵团、军的主要领导，担任军事管制委员会的主要领导；城市接管工作均由军管会负责组织实施。

由于军管会对新解放的城市担负着紧急接管任务，因此往往在解放城市之前，中共中央和中央军委即开始了该城市的军管会的组成人选和筹划工作。如北平市是 1949 年 1 月 31 日解放的，1948 年 12 月 8 日中共中央和中央军委即任命了叶剑英为北平市军管会主任兼市长；天津市是 1949 年 1 月 15 日解放的，1948 年 12 月中央和军委就任命了黄克诚为天津市委书记兼军管会主任。上海市军管会主任陈毅在总结上海市军管会工作时说：我们在部署渡江解放宁沪时，即已着手接管上海的准备工作，成立了各种专门委员会从事专门研究。由于军管任务十分重要，中共中央和中央军委对军管会领导人的选任高度重视，军管会主任都是任命驻军的第一把手或重要军事领导人担任。例如，南京，作为国民党反动统治的中心，其地位十分重要。南京解放后，4 月 28 日，成立了中国人民解放军南京市军事管制委员会，对南京实行军事管制，由刘伯承任主任，宋任穷任副主任。由于这时解放战争仍在继续，全国一些地区还未解放，南京市委的主要负责人都是中国人民解放军的重要领导人，中共中央因工作需要，曾对南京市委负责人进行过多次调整。1949 年 6 月，中央决定中国人民解放军第二野战军进军西南，调粟裕、唐亮接替刘伯承、宋任穷的工作。1949 年 5 月 7 日成立的华东军区杭州市军管会由谭震林任主任，谭启龙、汪道涵任副主任。军管会是浙江省和杭州市军事管制时期的最高权力机关，凡入城部队、党政军民机关、接管工作人员，均须接受军管会的统一指挥。杭州市军管会的职责是：接管国民党政府各个部门及所属企事业和官僚资本主义企事业、学校等单位，凡属省及省以上系统的单位由军管会各部接管，属市的系统由市接收处理，但银行、工商局、报社、干部学校统一于军管会各部接管；负责部队的供给和支前；办理行政和发动群众事宜；领导各部门的一切工作及处理日常政务。杭州市军管会下设秘书处、军事部、公安部、财经部、文教部、政务部、工业部、职工部、市政府、警备司令部、公共房产管理委员会、联络处、交际处、干部学校。其中，秘书长：总揽军管会对内一切日常政务，并负责接管国民党省政府秘书长系统之单位及处理不属其他各部之事项。军事部：负责接管国民党省保安司令部、军管区司令部系统的一切团队机关单位，国民党中央国防部海、陆、空、联勤、京沪杭警备总司令部，各军师、宪兵等一切军事宪兵系统之团队机关单位。公安部：负责接管国民党省政府新闻处，警政系统、警保处系统之单位，党政军各部门特工系统之省级以上单位，立法院、司法院、国大、特种刑庭、司法行政系统之单位，等等。

1949年5月18日成立的中国人民解放军武汉市军管会，谭政任主任，陶铸任副主任。5月24日成立的西安市军管会，由贺龙任主任，贾拓夫、赵寿山、甘泗淇任副主任。5月27日成立的上海市军管会，由陈毅任主任、粟裕任副主任。8月17日成立的长沙市军管会，由肖劲光任主任，王首道、陈明仁任副主任。8月24日成立的福州市军管会，由韦国清任主任。8月26日成立的兰州市军管会，由张宗逊任主任。9月8日成立的西宁市军管会，由冼恒汉任主任，张国声任副主任。9月26日成立的银川市军管会，由杨得志任主任，马鸿宾、朱敏、曹又参任副主任。10月21日成立的广州市军管会，由叶剑英任主任，赖传珠任副主任。11月22日成立的贵阳市军管会，由苏振华任主任，赵健民任副主任。12月3日成立的重庆市军管会，由张际春任主任，陈锡联、张霖之任副主任。1950年1月1日成立的成都市军管会，由李井泉任主任，周士第、王新亭、阎秀峰任副主任。3月4日成立昆明市军管会，由陈赓任主任，周保中任副主任。

在军管会的统一领导下，新解放的城市普遍成立了警备司令部，由军队相当一级的领导任警备司令部司令员和政治委员。如南京警备司令部，由陈士榘任司令员，袁仲贤任政治委员。上海警备司令部，由宋时轮任司令员，郭化若任政治委员。杭州市警备司令部，由王建安任司令员，谭启龙任政治委员。西安市警备司令部，由张经武任司令员，徐立清任政治委员。武汉市警备司令部，由肖劲光任司令员，谭政任政治委员。兰州市警备司令部，由郭宝珊任司令员，李宗贵任政治委员。银川市警备司令部，由阮平任司令员，杨银生任政治委员。贵阳市警备司令部，由汪乃贵任司令员，胡居华任政治委员。重庆警备司令部，由王近山任司令员兼政治委员。成都市警备司令部，由张祖谅任司令员，袁子钦任政治委员。沈阳特别市卫戍司令部，由伍修权任司令员，陶铸任政治委员。

二、颁布军事管制法令

在全国解放战争迅速发展，解放区不断扩大的新形势下，为了有效地在新解放区实行军事管制，以巩固政权和稳定社会秩序，中共中央、中央军事委员会及中国人民解放军及时颁布了一系列关于实行军事管制的法令。中共中央、中央军委、中国人民解放军总部和各中央局、各野战军关于接管城市的方针、政策和纪律的指示、规定等，使中国人民解放军参加城市接管有了行动的准则和规范，为顺利实施军事管制提供了明确的政策和法规依据。

（一）中共中央、中央军委颁布的军事管制法令

这一时期，为了在新解放区有效实行和加强军事管制，中共中央和中央军委颁布的相关法令主要有：

1.《中共中央关于在新收复的大城市中实行军事管制的指示》（又称《关于军事管制问题的指示》）。1948 年 11 月 15 日，中共中央在《关于军事管制问题的指示》中明确提出："我们认为在新收复的大城市中进行军事管制，时间不能太短，不要以为军事管制的时间愈短愈好，取消得愈早愈好，而必须看我们进行军事管制的各项目的和任务是否达到，来决定军事管制的时期"，还明确提出了城市实施军事管制的九项任务：（1）完全肃清一切残余的敌人和散兵游勇以及任何进行武装抵抗的分子。（2）接收一切公共机关、产业和物资，并加以管制和监督。（3）恢复并维持经常的秩序，消灭一切混乱现象。（4）收缴一切隐藏在民间的反动分子的武装及其他违禁物品。（5）解散国民党、三青团、民社党、青年党及南京政府系统下的一切反动党派和团体，并收缴其各种反动证件，登记其各级负责人员，对登记后的少数反动分子实行管制（每日或每星期须向指定的机关报告其行动）。（6）逮捕那些应该逮捕的战犯及罪大恶极的反动分子，没收那些应该没收的官僚资本。（7）建立系统的革命政权机关，建立革命的警察、法庭、监狱，建立物资及生产的管制机关与监督机关，建立临时的各界代表会。（8）在各种工人职员中，在青年学生中，进行切实的宣传组织工作，在可靠的基础上（注意不要被暗藏的特务分子及

流氓投机分子所操纵）建立工会、学生会及青年团等，作为城市革命政权可靠的群众基础。（9）整理共产党在城市中的秘密组织，并建立党的组织。指示中还要求：必须在上述各项工作以及其他若干工作做好以后，才能依靠城市中的党和人民政府及群众团体进行统治，取消军事管制委员会，其时间，在大城市中约须三个月至六个月，甚至更长，在小城市中约须几个星期或二三个月。时间太短，是不能做好这些事的。10 万人以上人口的大城市取消军事管制须先得中央批准。在军事管制时期，一般应实行戒严，但戒严的目的是限制一切反动分子及破坏分子的行动自由，保证一切革命分子及革命群众的行动自由，绝不要因为戒严而妨害一切革命工作的进行。戒严也只在必要时临时断绝交通，或临时在夜间断绝交通，而不要经常断绝交通或进行封锁。

2.《中国人民解放军关于新解放区军事管制条例》。1948 年 12 月，中共中央根据各地军事管制的经验和意见，以人民解放军总部的名义颁布了《中国人民解放军关于新解放区军事管制条例》，该条例明确规定：“凡中国人民解放军新解放之一切地区，在解放后的最初一个时期内，均须由人民解放军的前线司令部或当地军区司令部负责实行军事管制。在人口达五万人以上的新解放城市或工业区，其军事管制由人民解放军前线司令部或当地军区司令部就城市及其近郊划定一定地区，设置军事管制委员会主持之。”并规定了军事管制的 11 项任务：（1）完全肃清一切残余敌人的武装部队、土匪武装部队及散兵游勇与任何进行武装抵抗的分子，消灭一切混乱现象，恢复并维持正常的社会秩序；（2）保护人民的生命财产，保证一切革命的人民团体及民主党派活动的自由，建立革命的秩序，建立人民警察及人民法院；（3）保证人民政府所属各机关接管一切公共机关、公共产业及其他一切公共财产；（4）收缴隐蔽在民间的一切反动分子的武器、弹药、无线电收发报机及其他违禁品；（5）镇压一切反革命暴动及反革命分子的活动，解散中国国民党、三民主义青年团、中国青年党、中国民社党及其他一切反动党派、团体和特务组织，严禁其继续活动，并收缴其各种反动证件，登记其成员，对其中少数重要分子，则在登记后实行一定时间的管制；（6）根据人民解放军总部所宣布的政策逮捕并审讯战争罪犯及罪大恶极的反动分子；（7）保障人民解放军的供给及人民生活必需品的供给，镇压经济反革命分子，取缔奸商的投机操纵与囤积居奇；（8）根据人民解放军总部所宣布的政策没收官僚资本；（9）根据人民解放军总部及当地人民政府所宣布的政策和法令实行减租减息与土地改革；（10）在政治上、组织上、物资上协助工人、农民、青年、学生、妇女，组织工会、农会、学生会及青年团体与妇女团体，并吸收这些团体中的积极分子参加人民民主政权的建立；（11）召集地方的临时人民代表会议。同时，还对军事管制委员会的权限和职责作了规定：（1）动员人民为革命战争及人民公共利益进行服务；（2）宣布戒严与解严；（3）暂时地断绝交通；（4）暂时地征用人民的运输工具；（5）暂时地征用人民的一部分房屋及其他用具；（6）为实行前条各项而宣布各种法令和命令。

3.《中国人民解放军关于新解放城市军事管制时期的各项政策》。根据中央的指示要求，中国人民解放军总部在 1948 年 12 月颁布的《关于新解放城市军事管制时期的各项政策》中，对军管的性质、任务、方式、期限等又作了更加明确的规定，从而使军事管制制度不断完善。其中规定了 21 项军事管制政策，主要有：（1）发动并领导工人及其他一切劳动人民、近郊农民、学生、自由职业者、一般公教人员、民族资产阶级及其他一切民主人士，为建设新民主主义的城市而奋斗；为支援前线，争取人民解放战争在全国范围内的彻底胜利而奋斗。（2）在军事过渡时期，军事管制委员会是统一领导全市军事和民政一切工作的权力机关。市临时人民政府、警备司令部及一切群众团体等均应服从军管会的领导。（3）保护人民的生命财产与民主自由，任何人不得非法侵犯。（4）剥夺各种反革命组织、反革命分子、人民敌人的一切自由；严惩战争罪犯，没收战争罪犯的土地财产，查封国民党党部、三青团团部及其他一切反革命组织和特务机关。（5）凡属国民党反动统治的政治机关、财经机关、文教机关及所经营的企业，所设立的公立学校等供职的人员，必须负责保护看管各该机关的房屋、资材、机器、账簿、卷宗、档案及其他一切公有财物，听候军管会派员接收。凡能为人民服务者，接收后，按原职原薪，予以录用。（6）动员并组织一切公私力量，沟通与建立城乡的正常的经济关系，解决城市之食粮煤炭的供应问题，严禁投机倒把，囤积居奇。（7）保护民族工商业，凡非操纵国民生计的民营工商业，一律予以保护，任何人不能非法侵犯。（8）没收官僚资本。凡属国民党反动统治机构中党政军特各系统及其他一切反革命组织所经营的经济机关，银行、矿山、工厂、商店等各种企业，以及官僚资产阶级以私人名义所经营的各种企业，均在没收之列。其中有民营资本者，民营资本部分不予没收。（9）凡属官僚资产阶级占有的房地产应予没收，原属公有的房地产，应由人民政府接收，其他之私有房地产不予没收。（10）废除蒋币。但为照顾人民的困难，得限期限额，按一定之比值，以本币收兑一部分蒋币，超过限额者，得采取封包出境的办法，或以递减之比值收兑之。（11）本公私兼顾，劳资两利，发展生产，繁荣经济之原则，迅速复工复业。（12）保护学校、医院，及各种文教卫生、体育娱乐、公园等建设及名胜古迹，任何人不得破坏。学校应即复课，其教育内容，除反共反人民的课程必须取消外，一般课程和学制暂不变更。（13）保护民营书店。对劳动人民的言论出版自由，更特别予以物质上的帮助和便利。一切反动的报纸杂志书店通讯社等，应予查封，严禁反共反人民及一切反革命的宣传，一切公私广播电台，在军事管制时期，一律由军管会接管。（14）奖励并帮助反帝反封建反官僚资本主义、有利于人民解放事业的社会教育事业。（15）依据男女平等原则，从政治经济文化上提高妇女在社会上的地位。（16）实行以工代赈组织游民进行生产，在生产中教育改造游民。（17）匿居城市的逃亡地主，其中罪大恶极的分子应由市公安司法机关逮捕法办。（18）发动近郊农民，消除潜藏的敌特分子、散兵游勇及一切宵小之徒，确保治安。（19）在城市及其近郊，如有少数民族集中居住之地区则应依据民族平等之原则，实行少数民族与汉族在政治、经济文化上的平等权利，成立少数民族自治区。（20）欢迎海外华侨回国投资工业生产，建设城市，并予以可能的奖励和帮助。（21）在尊重中国主权与遵守军管会和人民政府的法令下，保护教堂及外侨生命财产之安全。

此外，中共中央还根据第四野战军进驻北平、天津的经验，于1949年5月5日专门下达了《关于入城驻军纪律问题的决定》，规定：在城市解放初期，卫戍部队应适当分散在市内驻扎，以便保障社会治安与秩序，肃清流散的残余敌人，镇压反革命的特务活动，但不得借住或租住民房，而应驻扎在中外兵营、公共机关、庙宇、祠堂、公所及公馆等公共场所；部队进驻城市后，至少在一个相当时期内，不要接家眷来城居住。并重申：“严格禁止一切霸占、争夺、移走、拆毁公共房产家具、设备的行为。”

（二）各中央局和野战军颁布的法令

在中共中央、中央军委正式发出在新解放区实行军事管制的指示后，各中央局和野战军也根据中共中央、中央军委和人民解放军总部的指示，结合在当地实施军管的具体情况，颁布了一系列法令和指示，进一步明确了在接收和管理城市中，实行军事管制的各项政策和做法。如 1949 年 4 月 1 日，华东局下发了《关于接管江南城市的指示》，详细规定了军事管制委员会的设置、任务；对接管城市采取按照系统整套接收，调查研究逐渐改造的方针，以及对一切官僚资本的企业和其他各种公共企业、私人企业及民族工商业、一切反动组织、学校与文化教育机关、人民币的使用、税收、公房、国民党政府所承认的资本主义国家的一切外交机关和外交人员等一系列政策，指出：对收复的人口在 5 万人以上城市或工业区，均应实行一个时期的军事管理制度。规定军管会的任务是：镇压反革命分子之活动，肃清反动武装的残余势力，恢复并建立革命秩序，保护人民生命财产及一切正当的权利，建立革命政权，保证城市政策的正确执行与有秩序地进行各种接管工作，将工人职员、青年学生，及其劳动群众组织起来，作为城市革命政权可靠的群众基础。在上述基本任务大体完成，城市秩序安定，一切市政机关建立并经过上级批准以后，始能取消军事管制。

在该指示中，还规定了一切部队干部和接收人员必须坚决遵守的 10 项守则：（1）一切机关、部队、公营企业人员、采购人员、民兵、民工，凡未持有军管会所发之通行证或佩戴军管会特许之证章者，一律禁止出入市区及工厂区，严厉处罚一切破坏秩序，损坏公物及盗窃国家财产的分子；（2）一切接收人员与工作人员，必须严格遵守“三大纪律八项注意”，坚决执行人民解放军总部及华东军区所颁布的一切命令法规，严禁无纪律无政府现象；（3）入城部队只有保护城市工商业之责，无没收处理之权，除易于爆炸和燃烧的物资，应迅速疏散出城，并呈报军管会统一处理外，严禁搬运机器、物资和器材，严禁擅拆车辆零件；（4）除敌方武装散匪及其他持枪抵抗的人员应加俘虏，及重要特务、间谍与破坏分子和重要战犯应加逮捕外，严禁乱打人乱抓人的现象；（5）任何部队有收集散在战场上的弹药、武器、其他军用品及军用物资之责，但无单独处理之权，必须开列清单呈报军管会转报华东军区统一处理，严禁各部队后勤供给人员离开本身职务，投机取巧，乱抓物资或抢购物资；（6）一切入城的机关和部队，必须遵照军管会所指定的房屋管理处的管理与分配，并教育一切人员爱护公物及使用室内外一切新式设备与卫生设备的办法，严禁擅移器具设备及盗窃破坏国家财产，所有部队、机关一律不准驻在工厂、医院、学校和教堂；（7）在战斗结束后，除需要维持城市秩序一定数量的部队外，其他部队一律撤出城外，并在撤出前必须将任务移交清楚，一切驻在城市部队应制定适合城市生活的制度和规则，一切机关及部队人员不许在市内无故鸣枪，如需军事演习和练习射击，必须得到军管会的批准，并须到军管会所指定的郊外地点演习；（8）一切机关及部队人员应实行公平交易，不得强买强卖，所有汽车及其他车辆入城，必须遵守交通规则并服从交通警察之指挥；（9）一切机关及部队人员应保持艰苦朴素作风，不准私受馈赠、私取公物，反对贪污腐化堕落行为；（10）厉行奖罚制度，对遵守纪律、遵守城市政策有功者应给予精神的和物质的奖励，对违反纪律、违反城市政策的必须彻底追究，并依情节轻重依法处理。

各野战军还根据中共中央、中央军委和人民解放军总部的指示精神，分别制定了城市纪律守则。如西北野战军政治部于 1948 年 12 月 23 日，颁布了《关于入城纪律守则的训令》，规定了 17 条纪律，即遵守军管规定，不能越规行动；私人工商财产，绝勿滋扰侵犯；公营企业商店，人民政府接办；电灯公园车站，不准破坏打烂；学校医院教堂，不要驻扎里边；敌人仓库机关，反对乱搬乱翻；采买物资用品，强购必须严禁；逮捕管押人犯，要经专门机关；图书文件档案，不得焚毁撕乱；维护秩序治安，无故打枪严办；城市治安指挥，不得无理抗违；严守军事机密，不得胡说乱吹；注意军容风纪，穿衣戴帽整齐；接触少数民族，尊重他们风俗；爱护本军名誉，不准嫖逛娼妓；注意清洁卫生，不得到处便溺；遵守三大纪律，实行八项注意。

1949 年 4 月 1 日，第三野战军还颁布了《入城三大公约十项守则》，作为全军指战员、工作人员进入城市生活行动的准则。三大公约是：遵守军管会及人民政府的一切法令和各种规定；遵守城市政策、爱护城市建设；保持革命军人艰苦朴素的传统作风。十项守则是：无故不打枪；不住民房店铺，不准打扰戏院及一切娱乐场所；无事不上街，外出要请假；不准车马在街上乱跑；不准在街上吃东西，不得扶肩搭背，不准拥挤街头；买卖要公平；驻地打扫清洁，大小便上厕所；不准卜卦算命，赌博宿娼；不准封建结合，徇私舞弊；不准在墙上乱写乱画。5 月 5 日，第三野战军前委还专门颁布了《对外政策及城市纪律的具体规定》，要求凡属涉及外国人问题的任何细小事件，一定事先请示并得到前委以上机关批示后，方可去执行。任何人不得进入外国人住宅及使馆；不得向外国人表示有侮辱的言论与行动；负责保护外侨的部队，必须由主要干部率领；敌特在外国人住宅区行凶作恶时，应将其逮捕，以明真相，免被其嫁祸于人；外国人向我攻击时，我可采取自卫手段，但不先打第一枪；不住外国人的房屋和教堂；对奉公守法的外国人，不要干涉其行动自由，不要公开采取监视态度。

1949 年 5 月 13 日，第四野战军对进入江南各城市的部队，颁布了 12 条入城纪律，要求所有入城部队和接管城市的人员必须仿照进入北平、天津的榜样，切实遵守人民解放军“三大纪律八项注意”和《约法八章》与《入城守则》。这些纪律规定主要有以下方面：凡市内卫戍勤务、军风纪、交通规则、娱乐场所规则及公共卫生等，军队人员必须共同遵守，并服从当地军管会、警备司令部及公安局之指挥，不得借口隶属关系不同，而有丝毫违抗；保护城市人民生命财产，不许侵犯，除现行犯外，各机关部队不得擅自捕人；保护外侨，不加侮辱，凡遵守人民政府法令、与安分守己之外国侨民，一律予以保护，并尊重其人格，以礼貌相待之，其有违法或破坏行为者，报告上级及军管会处理，不得自行处理，一切有关外侨事务，不论大小均由最高机关办理，各部无权处理，没有命令不得进入外侨住宅，不准住外侨的房屋、教堂、学校，对外侨与外侨住宅无命令时不得施行室内检查与人身检查；各部人员不得接见中外新闻记者发表谈话；军人进入戏院、电影院、理发店、澡堂，看戏、看电影、理发、洗澡及进入公共娱乐场所游览及乘坐电车、公共汽车，均须照章买票、照章付钱，不得要求免票或半票付钱；不经上级许可，不得接收人民的慰劳，尤其要谢绝各阶层人士向军队个别人员所送的礼品和邀请吃饭赴宴；军队在城市，特别是大中城市驻扎时，不得借住或租住民房，以免引起城市居民的不便和不利，而应驻扎在兵营、公共机关、庙宇、祠堂、公所、会馆等公共场所，对公共房屋建筑及家具设备，必须爱护，不得移走、拆毁与破坏；军队之骡马大车不宜入城，必要时入城者可在将所运物资、弹药、粮食等装卸后即应出城，在城郊外择地喂养，禁止在市内树上拴牲口，以保护树木，不让牲口啃树皮，驻城市的牲口应以师或团为单位在市外组织马场喂养；不准乱放枪，如需举行军事演习或试枪者，须经警备司令部批准，事先通知，在城郊空旷地举行；组织营区内的文娱活动，不准上街乱跑，严格执行请假制度；整顿军容提倡礼节；部队担任警戒时，应认真履行职责，但对群众态度须好，不可横蛮无礼貌。

（三）各地区和城市军事管制委员会颁布的法令

根据中共中央、中央军委和上级关于军事管制的指示精神，各地区和城市军管会在实行军事管制过程中，还结合本地的实际情况颁布了一系列军事管制法令，对于迅速建立和巩固人民政权，稳定社会秩序发挥了重要作用。早在1945年抗日战争胜利后，党领导下的解放区有关军事部门就制定了在新解放区实行军事管制的有关法令。如1945年8月，淮海军分区司令部、淮海分区专员公署制定颁布的《淮海分区戒严条例》，要求本分区抗日部队进入敌伪侵占之城乡、市镇及要塞后，应即由该管军政机关规定区域，依本条例施行戒严，并宣告之。在戒严区域内，军政机关执行的职权是：（1）设置俘虏及日本居留民收容所，实施军事管制。（2）登记并逮捕战争罪犯及卖国贼。（3）控制一切机关、仓库、工厂、矿坑、学校、兵营及要塞，严禁自由出入。（4）控制一切船舶、火车、汽车、水陆码头，必须时得停止其交通，并得遮断主要道路及航线。（5）控制一切邮政、电话、电报、无线电机关，实施严格检查，必要时得扣留或没收之。（6）控制一切盐坨、银行及其仓库，派兵驻守，严行保护。（7）严防反动破坏分子及残留敌探汉奸进行活动，如有发现，应予严厉制裁。（8）通告居民不得藏匿未经办理自新手续之敌伪分子及其武器、物资，如有发现，应予严惩。（9）指挥居民中原有之秘密抗日武装组织，并点验其人数及武器。（10）对于一切建筑物、船舶、车辆及情形可疑之住宅，得施行检查。（11）必要时，得停止居民之集会结社。（12）管制粮食、煤炭，严禁奸商囤积操纵。在《戒严条例》中还明确规定，在戒严期间，有下列情形之一者，均以汉奸论罪：（1）制造谣言，煽动民心，破坏社会秩序者。（2）诱惑军队人员，破坏军事建设、军需及交通者。（3）服务敌方或以物资资敌者。（4）隐匿敌方人员及敌物资不报者。（5）进行秘密组织与秘密活动者。对于叛国汉奸罪犯，应送交淮南分区人民法庭审判，对于其他罪犯，仍应送交所在地司法机关审判。罪犯于捕获后，查有实据，而无法送交人民法庭或司法机关时，得由宣告戒严之军政机关团长或县长以上进行审理，依法紧急处置，并呈报上级备案。戒严期间紧急判处徒刑案件，解严后，虽逾上诉期间，仍得上诉。戒严期间紧急判处死刑案件和经发觉违法时，除主管官应负刑事责任外，其家属并得请求冤狱赔偿。无论何人，严禁在外招摇，藉端敛财，其有挟嫌报复、陷人于罪者，应依法惩处。

人民解放军进入新解放的城市后，立即以军管会的名义张贴各种布告，召开各界进步人士座谈会，宣传中国共产党和人民解放军的各项方针、政策，稳定人心。如早在济南战役发起前，中共中央及各级党组织就为济南的解放和接管做了大量的准备工作。1948 年 9 月 25 日，中国人民解放军华东军区济南特别市军事管制委员会正式公开宣告成立并颁发布告，就济南特别市实行军事管制的有关问题作了阐明，其主要内容有：（1）阐明了实行军事管制的目的及必要性，“为确立革命秩序，保障全体人民生命财产，维护社会安宁，暂时实行军事管制”；（2）宣布成立济南特别市军事管制委员会并明确其性质，“为该市军事管制时期之最高权力机关，统一全市军事、行政管理事宜”；（3）公布了军管会组成人员，军管会由谭震林、曾山等 7 人组成，谭震林为主任、曾山为副主任；（4）原则确定了实行军事管制的期限，“俟社会秩序安定，军事管制结束，该会即行撤销”。济南解放的当天，华东军区司令部、政治部即颁发《约法七章》的布告，声明本军保护城市各阶层人民生命财产和民主自由，保护民族工商业及私人资本，保护外国侨民及其财产。9 月 25 日，市军管会为严明机关部队人员入城纪律，颁布《入城守则》十一条。1948 年 7 月 10 日，山东兵团兖州军事管制委员会发出的《城市军管工作指示》中，要求收复城市后的军管期间，以军事管制委员会为最高领导机关，所有攻城部队、华东财办物资处理委员会、市委、市府、卫戍司令部等机关部队，归军管会统一指挥领导，进行各项工作。

1949 年 4 月 28 日，南京市军管会主任刘伯承、副主任宋任穷签发的《军管会成立布告》中指出：“奉中国人民解放军总部电令：‘南京已获解放，为保障全体人民生命财产，维护社会安宁，确立革命秩序，决定在南京市实行军事管制，成立中国人民解放军南京军事管制委员会，为该市军事管制时期的最高权力机关，统一全市军事、民政等管理事宜。’本会遂即于四月二十八日宣告成立。奉行中国共产党所制定的城市政策，遵照中国人民解放军约法八章，实施军事管制。特此布告周知。”同年 5 月，《南京市军事管制委员会布告》中特别指出：“本市解放以来，社会秩序渐趋安定，惟以市上仍有不少前国民党军遗留或溃散之官兵，流浪街头无一定正当职业，直接影响本市治安甚大。为了保障革命秩序的建立及正确处理此种流落本市之国民党军官兵及其家属起见，决定成立流散军人处理委员会，下设一总收容站，按各行政区分设一收容站，专门登记及处理上述人员，凡国民党之现役军人在本市并无户籍又无正当职业者，应就近向各收容站自动报到登记听候处理，本会将按实际情形资助回原籍或酌量留用。分会各收容站即日开始工作。特此布告通知。”还专门发布了《入城部队纪律》布告，对乘坐车辆和进娱乐场所须按规定购票等问题作了规定：要求“本军工作人员因公外出，务须按照规定手续，购票乘车，以维持社会秩序及本军优良纪律”，“如再有不购买车票，恃强乘车等事情发生，各该车辆负责人，得直接扭送本会，公开或秘密向本会及警备司令部控告，定当依法惩处”。还对入城部队人员进入娱乐场不买票的行为提出要求：“凡我军政人员及业务人员，各直接首长及主管负责人必须严加约束，不得自由外出，尤不得随便进入公私营娱乐场所、戏院、电影院等，如有必要，应报告上级首长与政治机关批准，遵照公私娱乐场所规则，购票入座，不得要求任何特殊待遇，如违反上述规定，除各该娱乐场所，得予拒绝入内，倘仍恃强闯入，各该娱乐场所负责人，得直接扭送本会及警备司令部，公开或秘密上控，依法予惩处外，并给各部主管负责人以应得处分。”

三、军事管制对于巩固人民政权发挥了重要作用

人民解放军对新解放城市以军事管制方式进行接收和管理，成为人民民主专政政权的一种最初形式。它对于顺利实现从旧政权到新政权的过渡，迅速恢复正常的社会秩序，促进国民经济的迅速恢复和各项社会制度改革工作的有序展开，发挥了十分重要的作用。

在新旧政权转换、社会剧烈变动的时期，通过军事管制建立和实行人民民主专政，同时担负着摧毁旧政权、建立新政权的双重任务。各城市的军管会，在全面系统地进行接管城市、建立人民政权的同时，还为维护治安、打击敌特、安定秩序、稳定人心和恢复生产，做了大量卓有成效的工作。

（一）颁布和执行党的军管政策

为了有效实施军管，人民解放军在入城市前都进行了认真的准备，对将要进入的城市的政治经济状况、社会风土人情等进行调查研究；抽调一批干部组成军管会的各级、各部门的领导班子，确定担任城市警备任务的部队；预制宣传中国共产党和人民解放军政策的布告、通行证、机关招聘、图章等；制订有关接管的计划和军管会工作要点等。军管会成立后，

即张贴各种布告，召开各界进步人士座谈会，宣传中国共产党和人民解放军的各项方针和政策，稳定人心。如1949年2月，西北局和第一野战军在进入西安市前就制订了《准备接收西安的初步计划》，要求城工部继续搜集、调查并编发关于西安各方面情况的材料，编发包括中共中央关于城市政策的决定、指示，各大城市的接收经验、接收情况在内的政策经验汇编材料。在《西安市军管会各处工作计划要点》中，明确规定了各处、各部门的任务和工作职责，其中还规定了警备司令部在军管会的直接领导下，负责警备区内一切城乡市镇治安与交通，及搜剿残敌散匪，安定社会秩序；看管警备区内一切敌伪机关、学校、工厂、公共场所、车站、仓库、飞机场和重要敌特战犯住宅等；纠察制止或依法逮捕一切不遵守纪律之人员和破坏、扰乱社会治安分子等。陈云指出，要保证接收得好，最重要的还必须对入城部队进行良好的纪律教育。1949年4月1日在华东局下发的《关于接管江南城市的指示》中明确规定，在军管会下要有足够的经过专门训练的、纪律良好的、有相当城市知识的专门的警备部队和公安武装，以便看守工厂、仓库、机关、公共建筑和巡逻街道，防止特务破坏。济南军管会及时公布和深入宣传党的各项政策，军政人员严格执行党的纪律，使市民逐步了解、认识了我们的党和军队，人心日趋稳定。

（二）按政策接收和处理国民党党政人员及资产

接收和处理国民党党政人员及资产工作直接牵动着社会的各个阶级、阶层，而且影响着社会安定、生产的恢复和人民生活。各地军管会坚决贯彻中央规定，依靠人民群众，对城市中原有的国民党政府各部门、企事业单位按照“各按系统，自上而下，原封不动，先接后分”的原则进行全面的接管；对反动党团组织和特务机关，明令其一律解散，没收其一切公产、档案，严禁其进行任何活动，并饬令其成员到军管会指定的专管机关进行登记。对国民党各级政府部门，采取彻底破坏，按其原有系统全部接收的方针，分别接收。对物资档案等进行清查整理，对旧公务人员，进行登记、审查、组织学习，并根据“清除少数的首要坏分子，改造多数的有用人员”的方针，尽可能地量才录用，使之成为国家建设人才，防止和克服了那种认为所有旧人员都要不得，和不问什么人，都一味迁就照顾的错误倾向，注重认真搞好审查，耐心细致地做好相关人员的思想教育工作，即使开除或处理回乡的也发给路费，给以生活出路。除少数劣迹昭著而为群众所不满者必须加以清理或依法处理外，一般均给予妥善安置，或教育后留用，或送一定的教育机关去学习，或协助转业、就业，或资遣还乡生产。在接管工商企业过程中，严格区分了民族资本与官僚资本的界限，对民族资本及中小工商业和手工业坚决给予保护和扶持；对官僚资本，严格执行了不打乱企业原有的组织系统的原则，只派军代表去进行监督和领导，但不直接管理生产，对其一切组织、制度、人员、待遇等均暂不变动，企业原有负责人，只要不是破坏分子，并继续愿意服务者，仍令其担任原职务；对一时搞不清其全部所有权性质的企业，则分别采取了军管、监理和代管的办法处理；对文教卫生部门，除撤换个别坚决反动的负责人，封闭反动的报刊、杂志，禁演内容极其反动的电影、戏剧外，均采取严格保护，暂维现状、逐渐改良的方针。

1949 年 6 月 4 日，上海市军管会主任陈毅、副主任粟裕发布工商字第 1 号《关于清查没收官僚资本与战犯企业财产的布告》，规定凡原国民政府的国营事业、官僚资本与战争罪犯财产，均应收归国有；凡与国民党党、政、军、特务机关、蒋宋孔陈四大家族及战争罪犯合资经营的工商金融业，都必须于 6 月份内向上海市军管会财政经济接管委员会工商处如实报告登记。凡曾与伪党、政、军、特务机关、四大家族及战争罪犯合资经营工商金融业者，均须据实于 6 月份内，务必向本会财经接管委员会工商处报告登记，如有化名隐匿不报者罚。凡代伪党、政、军、特务机关、四大家族及战争罪犯隐匿、窝藏物资财产而自动向本会财经接管委员会工商处报告献出者，不予追究，并酌情奖励。凡了解伪党、政、军、特务机关、四大家族及战争罪犯之企业投资与物资隐匿遗散情况者，人人有权向本会财经接管委员会工商处检举之；如经查明属实，本会一定给以优厚之奖励，并负责保守秘密。6 月 18 日，工商处在《解放日报》刊登了《对检举官僚资本及战犯财产的疑义解释》，指出，凡属于中国人民解放军 1948 年 11 月 1 日颁布的《惩办战争罪犯命令》所规定的犯罪行为之一者，均为战争罪犯；勾结帝国主义与封建势力，垄断和操纵国计民生的资本，或在国民党统治时期依仗政治特权、豪门势力而获得或侵占的资本、企业及财产，均属官僚资本；对逾期不报或隐匿不报的，坚决予以严惩；号召市民和知情者积极检举、报告，经查明属实的，给予优厚奖励。上海市军事管制委员会财政经济接管委员会工商处负责申报登记有关官僚资本主义企业、战争罪犯的财产。军管会工商处在工业管理科内设立密报组，专门负责登记、举报、调查、清理敌伪财产。同时，于 7 月 29 日发布

《清查官僚资本及敌伪战犯财产立功提奖暨惩处办法》。至年底，市工商局接待登记申报敌伪财产案 54 件；收到人民检举、报告的材料 549 件，其中属于官僚资本类的 342 件，隐匿物资类 155 件，房地产类 52 件。对人民检举、报告的材料，市工商局采取严格的保密措施，以保证检举、报告人的安全，同时落实专人进行调查、取证。9 月 20 日，市军管会财政经济接管委员会贸易处负责敌伪财产清查的综合组奉令与市工商局报密科合并办公，组成“敌产清查组”，后改建为市工商局敌伪资产清理处。按照政务院《关于没收战犯、汉奸、官僚资本家及反革命分子财产的指示》，对属于战犯、汉奸、官僚资本家的财产案件，经市军管会和华东区军政委员会批准，并报请中央人民政府核定，分别给予没收处理。登记清查敌伪财产的处理工作，直至 1955 年结束。

在接管过程中，由于各地军管会严格执行了中央和中央军委的方针政策，使得各项接管工作得以顺利完成。一般城市在 1 个月左右的时间内即可完成接管。例如济南市军管会作为一个严密的组织系统，其所属财粮部、金融部、工商部、实业部、无线电部、邮电部、交通部、工矿部、生产部、军械部、装具部、出版部、公安部、政务部、文教部、卫生部等进城后即迅速而又有条不紊地投入接管工作，使全市官僚资本之企业、铁路、矿山、工厂、银行、邮电、交通、机关均为我们基本上完全接管下来。南京市军管会共接管原国民党行政、立法、司法、党、宪、警等单位 749 个，原南京市政府及所属单位 174 个；文教机关、科研、大中学校 45 所，小学 173 所；工厂、银行、邮电、交通部门等 50 个，还有大量的军事装备、军火、财产和物资。安置、处理旧职员和失业人员 12 万人。上海市军管会接管了原国民党上海市政府所属 9 个局又 10 个处；银行、工厂、仓库等机构 411 个，黄金 2.46 万两，银元 36 万块等资财；大专院校 26 个；新闻出版单位 58 个。国民党军联勤系统 116 个单位，3.46 万人。广州市军管会行政部门接管原国民党政府系统的单位 137 个，财经部门接管银行、工厂、仓库等 78 个；交通电讯部门接管电业、工厂等 83 个；文教部门接管公立专科以上院校 8 所，中小学校 101 所，以及报馆、戏院等 29 个。军队系统接管医院、仓库等单位 87 个。重庆市军管会政务接管委员会接管原国民党政府系统单位 109 个；军事接管委员会接管单位 37 个；公安部门接管单位 24 个；后勤接管委员会接管单位 89 个，财经接管委员会接管单位 69 个，交通接管委员会接管单位 34 个；文教接管委员会接管单位217个，总计579个。接收黄金1.9万两，银元12.4万块，飞机30架，汽车2045辆，各种火炮480门，各种枪1.1万支，以及其他大量物资。①

（三）打击国民党特务和残余人员的各种反革命破坏活动，维护社会稳定

在解放初期，各城市均不同程度地存留有大量的国民党军的散兵游勇、警察、帮会组织、惯匪、小偷等，国民党也有计划地留下了一批特务。过去往往是战斗任务结束，部队即撤出城外，现在是既打又管，还要长期参加警备和建设，军管的任务十分艰巨。

1950年3月18日，中共中央专门发出《关于镇压反革命活动的指示》。各地军管会坚决贯彻这一指示，由军管会军法处和已建立的人民法院负责审理有关反革命案件。如济南市军管会成立后，便集中力量着手肃清在市内的一切残余敌人，镇压一切造谣、破坏、偷盗、抢掠等不法行为。同时，迅速成立了市地方法院、市公安局及80余个派出所，并暂时留用旧警人员，配合警备部队徒手服务，维持治安。通过上述措施，摧毁了旧社会遗留的残余反动势力，消除了社会动乱的隐患，全市出现了安定局面，工商业和城市社会秩序得到迅速恢复和稳定。如国民党在逃离南京前，留下了3万以上的特务与散兵游勇，还故意从监狱中放出了2000多名悍盗惯窃。上海解放后，国民党留下了8个特务组织3万余人，流散在社会上的官兵近2万人，还有大量的惯匪、流氓等。广州解放后，全市留有国民党散兵游勇10万余人，旧警察和常备自卫队员1万多人。重庆解放时，约有特务6000人至1万人。这些特务和残余人员不断地进行各种公开和秘密的破坏活动，有的公开持枪抢劫；有的建立反动武装；有的纵火、投毒和暗杀；还有的冒充军管会人员制造混乱等，无恶不作。据统计，1950年新解放区有4万干部和群众中的积极分子被反革命分子残杀。要使民心向党，安居乐业，必须整顿城市治安，建立革命新秩序。在军管会的领导下，各城市的警备部队加强城市警卫，依靠工人阶级和广大市民群众，采取紧急戒严与武装追捕、秘密侦破和公开搜查等方法，严厉打击敌特的破坏活动，并大量收容散兵游勇和其他影响社会治安的人员。这是一项相当艰巨复杂的任务。如上海警备部队在全市各重要目标设哨5000

---

① 《中国人民解放军全国解放战争史》（第5卷），军事科学出版社1997年版，第529页。

多个，在两个月内破获国民党“京沪杭警备总部”“反共救国军第 1 纵队”“东南反共救国军”“青年救国军第 5 纵队”等反动组织 40 余个，收容散兵游勇近 3 万人，资助疏散难民 30 余万人，并排除地雷 2.4 万个，拆除碉堡 1.8 万座，以秘密侦破和武装追捕等手段，严厉打击和镇压了国民党特务及坏分子的各种破坏活动，基本肃清了盘踞上海多达半世纪之久的黑社会势力。南京市军管会在解放后的 1 个月内，共破获重大特务案件 124 起，逮捕国民党特务分子 400 余人，缴获电台 23 部和大批枪支弹药、器材、密码文件等。重庆市警备部队在军管会的领导下，先后于 1950 年 1 月 18 日和 5 月 19 日在全市两次实行戒严，逮捕了包括 200 余名国民党中统区室主任、军统组长以上在内的 1300 余名匪特。经过几次整顿，重庆的社会秩序大为好转。西安市国民党军队溃逃后，留下了许多散兵游勇，还有 10 万失业和半失业人员，其中有六七万是全面抗日战争时期从河南逃来的难民。西安市警备部队配合公安机关在 20 多天里就捕获了大批特务，破获了 36 起抢劫案。并对散兵游勇进行了分别处理，对 10 万失业人员进行了登记，分别不同情况予以区别处理。经过一系列艰苦细致的工作，西安社会秩序渐趋好转。同时，各地还加强同暗藏的敌人作斗争，摸清敌特活动规律，协同公安部门和依靠广大群众，针锋相对地进行斗争。北平市在半年里处理流散军人 3.7 万余人，破获各种案件 1.4 万多件。其中，北京市军管会军法处审理的 1950 年国庆炮击天安门检阅台阴谋案影响最大。1950 年 9 月 26 日，在中华人民共和国第一个国庆节前夕，军事管制委员会成功破获了以李安东为首的美国间谍组织，粉碎了其企图炮轰天安门的恐怖计划。1951 年 8 月 17 日，中国人民解放军北京市军事管制委员会军法处对李安东、山口隆一等 7 名罪犯进行审判，李安东、山口隆一被处死刑。

（四）打击投机奸商，稳定市场物价

解放初期，很多城市都是畸形发展的消费城市，一进城，当务之急就要先抓好几万、几十万或几百万人的生活和生产问题，其复杂程度大大超过了农村。一些奸商、金融投机分子，趁机囤积物资，金融投机活动猖獗，造成恶性通货膨胀，物价飞涨，人心惶惶。由于敌人破坏和捣乱，许多城市时常出现停水、停电、停工、停课、交通中断、供应困难，严重危害着人民的生活和生命的安全。如上海市原本 1 块银元可兑换 100 元人民币，1 星期后就涨到 1400 元，物价几乎失控，不仅严重影响到市民生活

和社会稳定，而且直接影响到天津、北平和江浙几省物价，严重威胁经济的运转和社会安定。如何避免混乱，稳定城市秩序，顺利地完成由旧政权向新政权的过渡，成为当时亟待解决的重大问题。毛泽东在中共七届二中全会期间说，进入上海，中国革命要过一大难关。对于军队来说，如何接收城市还是一个新课题。针对这些情况，各城市军管会对金融投机分子进行了严厉的打击。1949 年 6 月 10 日，上海市军管会出动两个营的兵力和 400 余便衣公安人员，迅速查封了上海证券大楼，将在这个奸商和投机分子活动的大本营中的 250 名主犯一网打尽，物价在第二天就开始逐步平稳，并很快波及全国。南京市军管会查禁了银元交易所，查获违法买卖银元犯 1143 人。12 月 5 日，广州市军管会出动警备部队、公安总局和工人纠察队 5000 余人，分兵 8 路，搜查了地下钱庄中心地带的 130 余家地下钱庄和分布在全市各街道的 700 余家当铺，拘捕从事金融投机活动的老板 1100 多人，有力震慑了奸商，使物价迅速回落。各地军管会通过采取果断措施，有力地打击了奸商，迅速稳定了市场和物价，保证了人民群众的正常生活和社会安定。

（五）协助人民政府救助群众，恢复和发展生产

在国民党残酷压榨和掠夺下，旧中国的人民群众处在水深火热之中，工商业基础十分薄弱，再加上国民党在逃离各城市前对城市的疯狂破坏，使得各城市在解放时已基本上处于解体和瘫痪的状态。如上海市在解放前夕，1.2 万多家工厂中，只有 30% 维持开工，机器停工 80% 以上，面粉产量只是内战爆发前的 10%。面对这种情况，各城市军管会和人民政府从接管城市的第一天起，就把恢复和发展生产作为城市工作的中心任务。根据“公私兼顾，劳资两利，发展生产，繁荣经济”的指导方针，积极帮助与扶持私营企业、民族工商业恢复和发展生产。各城市军管会派出大批部队担任重要工矿企业的警卫任务，清除城市中影响生产的各种障碍，抢修被毁坏的发电厂、钢铁厂、粮食加工厂和被炸毁的铁路、公路、桥梁、港口、机场、通信设施和其他重要市政设施，还派出大批经过训练的干部到工矿企业担任领导职务或军代表。

济南是关内解放的第一个大城市，实行军管后一项刻不容缓的任务就是迅速恢复生产支援前线。为此，军管会采取接管与复工并重的原则，发动广大工人市民积极投入恢复生产的斗争中。在军管会组织发动下，电厂工人冒着生命危险排除了国民党军队埋在机房下面的 100 多斤炸药，迅速

抢修机器和锅炉，向广播电台、火车站、自来水公司等重点单位送电。此外，铁路、面粉、纺织服装、军兵工厂等也迅速恢复生产。许多企业的生产很快达到和超过了解放前的水平，有力地支援了解放战争。在军管会领导下，市政府先后拨粮 40 万斤、拨款 4.6 亿元（旧币），采取以工代赈和急赈的方法，一面救济战争中遭受灾难的市民，一面组织民工平复碉堡、掩埋尸体，恢复城市面貌。在军管期间，共救济贫苦市民 6244 户、20450 人；以工代赈中动员 10241 人，1000 余辆地排车，掩埋敌尸 5980 具，拆除地堡 1000 多个，收容转运重伤俘 1841 人。不仅迅速消除了战争创伤，而且使 3 万余人免于饥饿。武汉军管会组织部队和民工打捞与抢修被国民党军炸毁与破坏的船舶 6000 余吨，抢修平汉铁路郑州到汉口段被破坏的 11 座桥梁、170 余公里的电线。驻广州的铁道工程第 3 支队在铁路员工的配合下，奋战 6 个月，修复了国民党军队溃逃时炸毁的海珠大桥。①

1949 年 4 月 24 日成立的太原市军事管制委员会徐向前为主任，罗瑞卿、赖若愚、胡耀邦为副主任。太原解放前，国民党军纵火三天三夜，烧毁民房数百间，被烧死、烧伤、流离失所的灾民比比皆是。死尸和零散枪支弹药遍及全市各处。全城 20 余万饥民、灾民民不聊生，不少人家已断粮数日，吃树皮、草根、豆饼、麦麸度日。这样大数量的灾民，需要紧急赈济，任务确实繁重，关系到新政权能否站稳脚跟。市军管会发布第一号通令，号召全市居民在指定地点上缴零散的枪支弹药，不准隐匿，否则按私藏枪支弹药罪论处。收集、搬运、销毁各种弹药 4.3 万箱，清除地雷 6000 余颗，掩埋尸体 1200 余具，还先后发放赈灾粮 30 万斤，基本上清除了隐患，整洁了市容。

为了加快恢复和发展生产，各地军管会还发出了一系列相关通告，如 1949 年 5 月 31 日《北京市军事管制委员会关于本市辖区农业土地问题的决定》；1949 年 3 月 28 日《天津市军事管制委员会关于市郊农田土地问题暂行解决办法的决定》；1949 年 8 月 19 日《上海市军事管制委员会关于私复业复工纠纷处理暂行办法》；1949 年 8 月 19 日《上海市军事管制委员会关于私营企业劳资争议调处程序暂行办法》，等等，有效发挥了军管会在巩固政权，保障人民群众生活，恢复和发展生产的重要作用。

---

① 《中国人民解放军全国解放战争史》（第 5 卷），军事科学出版社 1997 年版，第 534 页。

第五节　加强政策法纪教育与作风整顿

“军无法不立，法无严不威；严则所向披靡，松则溃不成军”。从我军依法治军的历史经验看，每当重大历史关键期，各类矛盾问题集中凸显的时候，都会根据具体情况紧抓法纪教育，确保人民军队本色和优良作风。解放战争时期，根据形势变化，我军有针对性地加强政策法纪教育，增强政策和策略观念，加强组织纪律性，克服无纪律、无政府状态，在全军统一并重新颁布了《三大纪律八项注意》，做到全军纪律严明，步调一致，成为最终赢得战争胜利、建立中华人民共和国的关键。

一、创新政策法纪教育制度

解放战争时期，由于形势、任务、环境的复杂多变，为解决各个战略阶段广大指战员存在的模糊认识和思想问题，进行严格遵守三大纪律八项注意的教育，人民军队政策法纪教育制度与作战、管理教育、军政训练等工作密切结合，得到进一步发展。

（一）不间断开展形势任务教育

在过渡阶段，着重解决“和”“战”问题上的模糊认识，教育官兵认清国民党反人民的阶级本质，明确人民军队的任务，克服和平麻痹思想。在战略防御阶段，着重进行“一切反动派都是纸老虎”的教育，提高指战员战胜国民党军进攻的信心。在战略进攻和战略决战阶段，着重解决敢于进攻、敢于决战的问题。在战略追击阶段，着重进行“将革命进行到底”的教育。从战略防御阶段到战略追击阶段，把加强纪律性作为战略问题来抓，着重进行了加强集中统一的教育，普遍开展了反对无政府主义和无纪律状态的教育，并有针对性地进行城市政策和外交政策纪律教育。

（二）重点开展政策纪律教育

为了迎接全国胜利，对全军干部战士进行政治教育，特别是纪律教育，成为一项十分迫切的任务。1949 年 1 月，中原野战军政治部专门编写了《人民军队要作遵守纪律执行政策的模范》的教材，发至每个团，要求各个部队严格进行纪律整顿。针对一些人存在的地方主义、游击主义和不愿离开家乡去野战军和其他战略区的情况，着重进行全局观念和加强组织纪律性的教育；针对执行上级指示不坚决，作风纪律涣散的现象普遍开展反对无政府主义和无纪律状态的教育运动；占领城市后着重进行城市政策纪律和外交政策纪律的教育。

（三）发动开展阶级教育

全面内战爆发后，在全军部队开展团结互助运动，使不同出身、不同经历的战士能够互相取长补短，特别是有效提高了解放战士的政治觉悟，增强了部队团结，提高了部队战斗力。同时使战士充分体验到人民军队的温暖，有效地提高了他们的政治觉悟。进入战略进攻阶段，随着部队新成分的不断增加，特别是俘虏大量增多，部队出现了组织不纯、思想不纯、作风不纯等问题，为解决这一问题，开展了以诉苦、三查为主要内容的新式整军运动，使广大指战员真正懂得了为谁当兵、为谁打仗，从而提高了其政治觉悟，加速了把大批国民党军士兵改造为解放军战士的进程。

二、严格执行党的政策纪律

我军从诞生之初，就十分重视纪律建设问题，始终把人民群众的利益放在首位，与人民生死相依、休戚与共，在解放战争时期又有了新的创新发展。

（一）严格执行入城纪律

由于中国革命走的是农村包围城市的道路，到解放战争时期，特别是后期开始，革命即将取得最终胜利，大中型城市大量解放，如何维护进城纪律问题，是对我军人民军队本色的一大考验。为了完成毛泽东指出的“进城赶考”任务，中央还专门制定下达《关于入城驻军纪律问题的决定》。人民解放军各部队在解放与接管城市过程中，根据中共中央、中央军委和人民解放军总部的指示精神，并结合各地实际，分别制定了很多纪律守则。历史证明，人民军队经受住了这场特殊的考验，向人民交出了优秀的答卷。

人民军队在解放与接管城市的过程中，严格执行驻军纪律，维护了文明之师良好形象，涌现了许多先进典型，部队所到之处，留下了许多脍炙人口的感人故事。如有的部队自觉做到“五不走”：水缸不满不走，院子不净不走，借东西不还不走，损坏东西不赔不走，群众纪律不检查不走。辽沈战役中，著名的“塔山英雄团”就驻在老百姓的苹果园里，虽然大家饥渴难忍，但没一个人摘吃一个苹果。毛泽东同志说：“锦州那个地方出苹果，辽西战役的时候，正是秋天，老百姓家里很多苹果，我们战士一个都不去拿。我看了那个消息很感动。在这个问题上，战士们自觉地认为：不吃是很高尚的，而吃了是很卑鄙的，因为这是人民的苹果。”① 我们的纪律就建筑在这个自觉性上边。而同期的国民党军队，所到之处，强取豪夺，无恶不作，人民避而远之，这与我军走到哪里都受到群众热烈欢迎的情景形成了鲜明的对比。在解放上海后，华东野战军为了不惊扰市民，在蒙蒙细雨中，宁可露宿街头，也不入民宅，就睡在湿漉漉的路边上。正是有了铁的纪律和忠于人民的红心，人民的军队才能深得人民的拥戴，无往而不胜。

（二）严格执行党的路线、方针、政策

解放战争期间，党中央制定了新民主主义革命的总路线和总政策以及各方面具体的方针政策。毛泽东等领导人和党的各级组织和宣传部门通过各种途径和方法，宣传党的方针、政策和策略，教育党员和干部严格执行党的路线、方针、政策和策略，要求全体党员和广大干部认真学习、深刻了解和严格执行。1947 年 10 月 10 日中央以《中国人民解放军宣言》的方式公布了八个方面的基本政策，其中有新民主主义革命的政治纲领。1947 年 12 月毛泽东在中央工作会议上分析目前的形势和我们的任务，详细阐明了新民主主义革命的三大经济纲领。1949 年 4 月 25 日党中央以中国人民解放军布告的形式，约法八章，宣布了八大政策。1949 年 3 月 5 日至 13 日中央召开七届二中全会，确定了夺取全国胜利和建立新中国的方针政策，并在高级干部中统一了思想认识。伴随着每一项政策的出台，中央、各大区和地方党委以及各级宣传部门总要利用各种方式、方法组织党员干部学习、讨论。为了完整、正确地宣传、传播党的政策和策略，坚持宣传工作中的党性原则是极为重要的问题，毛泽东提出“党报必须无条件地宣传中央的路线和政策”②。中央还明确规定：党报必须坚持由各地党的负责人看大样制度，他们必须完全懂得党的原则和党的政策；党报的社论及编者对于新闻的政治性和政策性的按语等，必须有党委负责人审阅批准才能发表；“对于带有全国性或全党性的问题的言论，例如对解放区人民提出政策性的口号，对解放区土地政策、整党政策、城市政策、政

---

① 《苹果里面出精神》，新华网，http：//www.xinhuanet.com//comments/2017-06/28/c_1121223573.htm。

② 《毛泽东文集》（第五卷），人民出版社 1996 年版，第 127 页。

权政策提出主张，对于涉及外交事项的声明，对于号召敌军或敌区人民的传单布告等等，凡其内容有不同于中央现行政策和指示者，均应事前将意见和理由报告中央批准，否则，不得发表。其内容虽同于中央现行政策和指示，但其性质特别重要者，亦应事前向中央请示。”①

（三）努力克服无纪律、无政府现象

为了克服军队的一些无纪律和无政府现象，党中央着重从思想上、组织上、制度上加强党的建设。中共中央宣传部在 1948 年 6 月 1 日的《关于重印〈左派幼稚病〉第二章前言》中，强调了坚持党的铁的纪律和集中统一的重要性。中央决定，适当缩小各地方及兵团的自治权，将一切可能与必须统一的权力集中于党中央和中央委托的领导机关。同时要求全党同志，特别是党的负责同志必须认真学习列宁的著作和毛泽东的著作以及中央有关文件，与无纪律和无政府的现象作必要与适当的斗争。

1948 年 1 月 7 日，毛泽东为中共中央起草《关于建立报告制度》的党内指示，要求全党加强组织性和纪律性，规定各中央局和分局书记每两个月向中央和中央主席作关于军事、政治、土改、整党、经济、宣传和文化的综合报告，自己动手，不要秘书代劳。同年 3 月 25 日，中央又发出关于建立报告制度的补充指示，要求各地下发的一切有关政策及策略性的指示及答复，均须同时发给中央一份。6 月 5 日，中共中央作出《关于宣传工作中请示与报告制度的规定》，规定在宣传工作中也必须建立报告制度。9 月 8 日至 13 日，中共中央召开政治局会议，通过了《关于各中央局、分局、军区、军委分会及前委会向中央请示报告制度的决议》，对中央与地方的权限、请示、报告的事项都作了明确规定。请示报告制度的实行，克服了无组织无纪律无政府的现象，加强了党的团结和统一，为夺取战略决战的胜利和建立中华人民共和国奠定了坚实基础。

三、重视反贪污腐化制度建设

在解放战争时期，随着形势的发展和战争进入新的进程，军队面临的诱惑也越来越多，部分党员干部把我军的优良传统忘掉了，幻想到都市如何大吃大喝、住洋楼、坐汽车、怎样享乐。这些行为和现象虽然不是主流，但问题的性质和危害是极为严重的。因此，人民解放军以“建设廉

① 《中国共产党宣传工作文献选编》（1937—1949），学习出版社 1996 年版，第 698 页。

洁军队”为指向，通过“整党整风”、“反对贪污腐化”、开展新式整军运动、军队民主运动、突出纪律制度建设、倡导“两个务必”等措施加强军队反贪污腐化制度建设，严防各类腐朽思想侵蚀诱惑，保持人民军队纯洁性。

（一）严防军队贪污腐化

解放战争时期，人民军队廉政制度建设最重要的特点就是防止骄傲，防止夺取全国政权后贪污腐败现象的发生，尤其要警惕夺取全国胜利的前夕军队中可能出现的种种不良作风。1945 年 9 月 30 日，中共中央发出《关于加强军队纪律坚决执行城市政策的指示》，规定了党的城市政策和部队的入城纪律，从而有效地防止军队进城后堕落腐化。1947 年秋，人民解放军在攻克陕西省榆林高家堡时发生过一些违反政策和破坏纪律的行为，毛泽东就此发出指示，要求：“部队到任何地方，原则上都不许没收任何商店及向任何商人捐款……高家堡破坏纪律的行为，应追究责任，并向全军实行政策教育与纪律教育。”① 中共中央还连续颁布了《关于收复石家庄的城市工作经验》《关于注意总结城市工作经验的指示》《再克洛阳后给洛阳前线指挥部的电报》《中央批转东北局关于保护新收复城市的指示》等一系列文件，反复强调要严格部队的入城纪律，为此各部队普遍进行了系统的反贪污思想教育，着重强调了廉洁自律，克己奉公。

1949 年 3 月，中国共产党在河北省平山县西柏坡村召开了七届二中全会，会议指出，革命成功使得党内出现种种不健康思想，如骄傲自满、以功臣自居、贪图享乐等，许多党员可能会被资产阶级敌人的糖衣炮弹打败。毛泽东在会上作报告并指出必须预防这种情况，“务必使同志们继续地保持谦虚、谨慎、不骄、不躁的作风，务必使同志们继续地保持艰苦奋斗的作风，”② 并强调各部队要防止骄傲，善于运用批评与自我批评这个武器，时刻保持谦虚谨慎。中国共产党在面对全国革命胜利后国内外阶级斗争的新形势及党的社会地位的新变化，及时作出了警惕不良作风、严防可能出现的贪污腐化现象的决定，为保持人民军队本色，建设和巩固新生的人民政权作了思想上的充分准备。

人民军队在加强思想建设的同时，也积极完善各项规章制度。1946

---

① 《中共中央文件选集》（17），中共中央党校出版社 1992 年版，第 5 页。

② 《毛泽东选集》（第四卷），人民出版社 1991 年版，第 1438—1439 页。

年 10 月，晋冀鲁豫野战军对战争中军队缴获的物资作了规定，一切战利品作为公物，必须切实爱护，登记保管，呈报上级，以便妥为分配处理，不得有看作个别单位或少数人私有物，而私自隐瞒或任意损坏以致变卖等现象。1947 年 4 月中央军委还发出关于后勤工作的通令，通令要求各部队各地区节省人力物力，严禁浪费。此外，各个解放区也先后制定和颁布了一系列惩治贪污条例和法规，为军地共同开展反贪污斗争提供了法律依据。从 1947 年 5 月到 1949 年 9 月，东北行政委员会、晋冀鲁豫边区、淮海解放区和苏北解放区相继颁布了《东北解放区惩治贪污暂行条例》《晋冀鲁豫边区惩治贪污条例》《修正淮海区惩治贪污暂行条例》和《苏北区奖励节约惩治贪污暂行条例》等，上述条例对贪污罪及其惩处办法都作了详细、明确的规定。1949 年 9 月，华东人民解放军各部队清查了缴获物资的数量，对如何使用和分配缴获物资作出了具体规定，有效预防了贪污行为的发生。

（二）建立监察制度

1947 年 11 月，中国人民解放军总司令朱德在同冀中各经济部门负责同志的谈话中指出："冀中的经济部门包括工商局、银行、商店等，都要建立监察制度，监督贯彻执行党的政策情况，监督、教育所有人员好好工作，保证不贪污，不浪费，不造假账，不作假报告。"① 此后，华北人民政府成立了华北人民监察院，陕甘宁边区政府、苏皖边区政府等也相继成立了监察机构，负责检举和揭发公职人员贪污行为。1948 年 8 月，华北临时人民代表大会通过了《华北人民政府组织大纲》，规定"华北人民监察院为行政监察机关，设人民监察委员会，以院长及华北人民政府委员会任命之人民监察委员 5 人至 9 人组成之。其任务为监察、检举并决议处分各级行政人员、司法人员公营企业人员之贪污行为，并接受人民对上述人员之控诉。"1948 年 10 月，陕甘宁边区政府与中共中央西北局、陕甘宁晋绥联防军区司令部联合发布了《陕甘宁晋绥边区暂行审计条例》，确定了审计机构的基层组织为西北财经委员会下设审计处所属的各单位。陕甘宁边区的检查制度和审计制度得到了建立和完善，监察制度对有效防止和查处解放区党政军部门的贪污行为，支援解放战争都发挥了积极作用。

---

① 《朱德选集》，人民出版社 1983 年版，第 219 页。

1948 年 12 月至 1949 年 1 月，中央军委召开后勤会议，要求以审计制代替首长批示制，严格执行三级审计制度，克服贪污浪费现象。1949 年 6 月，中央军委颁布了《中国人民革命军事委员会后勤供给制度（草案）》，统一了全军的审计制度。各野战军按中央军委要求，依据所在解放区的规章，结合自身实际，制定了审计法规，建立健全了审计机构，开展了审计工作。

（三）开展重点地区整顿

解放战争时期，当时的渤海地区的物质条件并不丰厚，但一些领导干部仍然贪图享受甚至竞相追求特殊的生活待遇。一些中上层干部的生活远远超出了战士，而且上行下效，竞尚奢华，助长了贪污浪费，有的问题相当严重，引发了群众的不满。同时，本位主义成为影响很深又难以消除的“顽症”，在人员编配、财物管理等诸多方面都没有形成集中统一的坚强领导，没有形成令行禁止、步调一致的工作作风。陈毅对一些干部的“排场”十分反感，在华野后方干部会上他对当时的官僚主义给予了十分痛切的批评：“许多同志把自己打扮得很漂亮，前呼后拥，表示自己官气十足，这简直是种堕落。”① 1947 年 10 月，华东局工委召集驻渤海党政军各部门的 150 多名高级干部，用了 20 多天时间查找主客观方面的种种原因，发扬民主，集思广益，具体制订了三大方案：精简编制、调整供给标准、清理资财。为了加大华东野战军后方机关和部队的整顿力度，陈毅在给刘先胜、钟期光转各部负责同志的指示信中，明确提出贯彻三大方案，彻底整顿后方，专门指出军直及各后方部门清理中存在的问题，要求对野直及各纵后方继续加紧清理。陈毅以身作则，明确提出“我只须留一马，一骡，一马夫，望即执行”。以渤海地区为重点的后方整顿，就其思想改造和作风转变来讲，具有其深远的政治意义。正如华东局工委向中共中央和华东局的报告中所言：“贪污浪费现象已经揭穿，贪污浪费分子受到批评处分与枪毙，贪污资财已经缴出，朴素节省作风与遵守制度初步养成。指战员生活已接近平衡，因此人心大快。一般反映现在有点像共产

---

① 《解放战争时期陈毅领衔进行渤海整顿》，新华网，http：//news. xinhuanet. com/politics/2012-04/17/c_122990640_4. htm。

党了。”①

总之，解放战争时期我军反腐倡廉建设，不仅积累了成功的经验，而且为以后的法治监督建设提供了基本范式，如标本兼治、领导表率、发展民主、群众监督等。

第六节　依法惩处战争罪犯

惩处战争罪犯是国家战时军事司法活动的重要内容，体现着国家的主权和法律尊严。为了彻底推翻国民党的反动统治，建立中华人民共和国，中国共产党及其领导的人民解放军在解放战争进入取得最后胜利的关键时期，站在国家和全民族的立场上，再次明确提出了一系列惩办一切国内外战争罪犯的要求和法令。严正提出惩处战争罪犯，对于彻底推翻国民党的反动统治，加快解放战争的进程起到了重要作用。由于解放战争胜利迅速到来，对战争罪犯的惩处，包括审判、教育改造和宽大处理一直延续到中华人民共和国成立之后。

一、宣布惩处战争罪犯，彻底废除伪法统

1948 年秋，中共中央及时抓住了实行决战的有利形势，决定首先从东北战场开始进行战略决战。9 月 12 日，东北野战军以 70 余万兵力发起辽沈战役，经过 52 天的战斗，解放了东北全境。当年 11 月 6 日起，由华东、中原野战军以约 60 万兵力在徐州地区发起淮海战役，经过 66 天的战斗，解放了长江中下游以北的广大地区。11 月 29 日起，东北野战军会同华北野战军主力共 100 万兵力，联合发起平津战役，经过 64 天的战斗，解放了华北大部地区。三大战役在历时 142 天的战略决战中，共歼敌 154 万余人，占当时国民党军总兵力的 42%，为其第一线总兵力的 90%。加上在此期间其他战场的损失，国民党军队在短短的半年多时间内总计损失 231 万余人，占其决战开始时总兵力的 63%。国民党军队 5 大集团中的东北、徐州、华北 3 个主要集团已不复存在。国民党军队在长江以北的防线已经全面崩溃，在长江以南也无法在战略上组织有效的防御。1949 年 1 月末三大战役结束后，国民党军队的精锐部队已经被消灭殆尽，其总兵力

① 《解放战争时期陈毅领衔进行渤海整顿》，新华网，http：//news. xinhuanet. com/politics/2012-04/17/c_122990640_4. htm。

下降到200余万人，其中正规军只有227个师约115万人。

在我人民解放军的沉重打击下，国民党军队军心涣散，分崩离析。国民党统治区的经济已陷入总崩溃的状态之中，反动政府也处于四分五裂的境地。这时，人民解放军的总兵力已发展到358万人，其中有野战军188个师共218万人，武器装备也大为增强，特别是拥有远远超过国民党军队的炮兵。国民党政权赖以发动内战和维护其统治的主力部队基本上归于消灭，从而奠定了解放战争最后胜利的基础。各解放区已完全连成一片，总面积已达261万平方公里，总人口已达2亿，拥有县以上城市776座。中国人民革命力量空前壮大，国民党的统治已经从根本上动摇。在中国革命即将取得全国胜利的形势下，国民党再次玩弄起和谈阴谋。国民党反动政府为了保存长江以南的半壁江山，争取喘息时间，从1949年1月至4月间又一次大肆鼓吹“和谈”。这时，是将革命进行到底，向长江以南继续进军，还是就此止步，成为摆在中国共产党人面前的一个重大问题，也是全国解放战争最后阶段所面临的一个重大战略抉择。

（一）提出以惩办战争罪犯为首要条件的“八项和谈条件”

1949年1月14日，中国共产党提出的关于包括惩办战争罪犯在内的“八项主张”，既是推翻国民党反动统治的纲领性文件，也是这一时期惩办战争罪犯的总要求。1949年元旦，蒋介石发表文告，提出了以保存“宪法”“法统”和国民党军队等五项条件，同中国共产党进行和平谈判。

为了粉碎敌人的“和谈”阴谋，1949年元旦，毛泽东发出了“将革命进行到底”的号召，指出：“要使革命进行到底，那就是用革命的方法，坚决彻底干净全部地消灭一切反动势力，不动摇地坚持打倒帝国主义，打倒封建主义，打倒官僚资本主义，在全国范围内推翻国民党的反动统治，在全国范围内建立无产阶级领导的以工农联盟为主体的人民民主专政的共和国。”① 3天以后，毛泽东又发表《评战犯求和》，在严词批驳蒋介石“五项条件”的同时，明确提出了中国第一号战争罪犯是国民党匪帮首领蒋介石，“‘法统’还是要‘中断’，国民党匪帮还是要灭亡，一切大中小战犯还是要被捉拿治罪”②。1月14日，毛泽东以中共中央主席的

① 《毛泽东选集》（第四卷），人民出版社1991年版，第1375页。

② 《毛泽东选集》（第四卷），人民出版社1991年版，第1382页。

名义发表《关于时局的声明》，对蒋介石《新年文告》作出正式回应，声明说：虽然中国人民解放军具有充足的力量和充足的理由，确有把握，在不要很久的时间之内，全部地消灭国民党反动政府的残余军事力量；但是，为了迅速结束战争，实现真正的和平，减少人民的痛苦，中国共产党愿意和南京国民党反动政府及其他任何国民党地方政府和军事集团，在下列“八项条件”的基础之上进行和平谈判，这“八项条件”是：“（一）惩办战争罪犯；（二）废除伪宪法；（三）废除伪法统；（四）依据民主原则改编一切反动军队；（五）没收官僚资本；（六）改革土地制度；（七）废除卖国条约；（八）召开没有反动分子参加的政治协商会议，成立民主联合政府，接收南京国民党反动政府及其所属各级政府的一切权力。”① 中国共产党认为，上述各项条件反映了全国人民的公意，只有在上述各项条件之下所建立的和平，才是真正的民主的和平。这八条的中心点，是要国民党反动政府交出全部政权。蒋介石被迫于 1 月 21 日引退到幕后，以李宗仁代理总统继续要求和谈。

中国共产党于 3 月 26 日指派了以周恩来为首的谈判代表，和国民党的代表谈判以后，起草了和平协定草案。但是，国民党却拒绝在国共两党代表商定的和平协定修正案上签字，从而完全暴露了他们的和谈骗局。

（二）发布向全国进军，坚决惩办战争罪犯的命令

1949 年 3 月，毛泽东在中国共产党第七届中央委员会第二次全体会议上，向全党全军发出了“人民解放军永远是一个战斗队”的号召，提出了以“天津方式”“北平方式”和“绥远方式”分别解决国民党残余部队的设想。对于国民党政府提出的谈判要求，毛泽东在党内说明：“我们的方针是不拒绝谈判，要求对方完全承认八条，不许讨价还价。”指出：“这个谈判是全面性的，如能成功，对于我们向南方进军和占领南方各大城市将要减少许多阻碍，是有很大利益的。”②

1949 年 4 月 1 日，以张治中为首的国民党政府和平谈判代表团到达北平开始和中国共产党代表团进行谈判。谈判开始后，毛泽东向南京政府宣告：“两条路摆在南京国民党政府及其军政人员面前：一条是向蒋介石战犯集团及其主人美国帝国主义靠拢，这就是继续与人民为敌，而在人民

---

① 《毛泽东选集》（第四卷），人民出版社 1991 年版，第 1389 页。

② 《毛泽东选集》（第四卷），人民出版社 1991 年版，第 1436 页。

解放战争中和蒋介石战犯集团同归于尽；一条是向人民靠拢，这就是与蒋介石战犯集团和美国帝国主义决裂，而在人民解放战争中立功赎罪，以求得人民的宽恕和谅解。第三条路是没有的。”① 警告南京政府“抵抗中共八项和平条件，特别是抵抗惩办战争罪犯”是徒劳的，“这不是拿空话吓你们，无论你们签订接受八项条件的协定也好，不签这个协定也好，人民解放军总是要前进的”②。4 月 15 日，在国共代表团经过半个月谈判拟定了国内和平协定后，中国共产党代表团将“最后修正案”，提交南京政府代表团。其中第一条就是关于对战争罪犯的惩办条款，如第一款就明确规定：“对于发动及执行此次国内战争应负责任的南京国民政府方面的战争罪犯，原则上必须予以惩办”；同时还分别规定了对战犯宽大和严惩的政策，即“一切战犯，不问何人，如能认清是非，幡然悔悟，出于真心实意，确有事实表现，因而有利于中国人民解放事业之推进，有利于用和平方法解决国内问题者，准予取消战犯罪名，给以宽大待遇”；“一切战犯，不问何人，凡属怙恶不悛，阻碍人民解放事业之推进，不利于用和平方法解决国内问题，或竟策动叛乱者，应予从严惩办”③。同时，还规定在人民解放军到达和接收的地区及在民主联合政府成立以后，应即建立人民的民主的法统，并废止一切反动法令。但是，4 月 20 日，南京政府正式拒绝了该和平协定。

1949 年 4 月 21 日，中国人民革命军事委员会主席毛泽东、中国人民解放军总司令朱德发出了《向全国进军的命令》，要求人民解放军“奋勇前进，逮捕一切怙恶不悛的战争罪犯。不管他们逃至何处，均须缉拿归案，依法惩办。特别注意缉拿匪首蒋介石”④。要求全军将士必须坚决、彻底、干净、全部地歼灭中国境内一切敢于抵抗的国民党反动派，解放全国人民，保卫中国领土主权的独立和完整。

（三）声明要求严惩日本战争罪犯和国民党内战罪犯

抗日战争胜利后，1945 年 11 月 6 日，国民政府成立了以秦德纯为主任委员的战争罪犯处理委员会，负责颁布逮捕战犯的命令、调查提出战犯

---

① 《毛泽东选集》（第四卷），人民出版社 1991 年版，第 1445 页。

② 《毛泽东选集》（第四卷），人民出版社 1991 年版，第 1446 页。

③ 《毛泽东选集》（第四卷），人民出版社 1991 年版，第 1452 页。

④ 《毛泽东选集》（第四卷），人民出版社 1991 年版，第 1451 页。

名单，审核审判执行情况和引渡战犯。为统一审判由中国驻日代表团引渡和从全国各地法庭移交的日本战犯。国民政府于 1946 年 2 月 15 日正式成立国防部审判战犯军事法庭，任命石美瑜为庭长，王家楣为主任检察官，任命李波、徐乃堃、高硕仁、施泳等为检察官，陆起、李元庆、林建鹏、叶在增、孙建中、龙钟煌、张体坤等为审判官，统一审判由中国驻日代表团引渡和从全国各地法庭移交的日本战犯。其中，以南京国防部审判战犯军事法庭的审判最有名，影响最大。1947 年 2 月 6 日，国民政府国防部审判战犯军事法庭在南京励志社（现南京市中山东路 307 号）大礼堂开庭，对南京大屠杀首犯、侵华日军第六师团长谷寿夫开庭公审。参与旁听的多达上千人。庭长石美瑜宣布公审开始后，公诉人陈光虞宣读起诉书，指控谷寿夫在侵华战争，特别是在南京大屠杀中犯下的罪行。但谷寿夫拒不认罪。对此，中国司法人员早有准备。

在公审前，军事法庭就传讯了千余名中外证人，拿到了侵华日军为炫耀而拍摄的电影、写的日记、刊登的文章等证据，确定日军在南京一地屠杀了 30 余万中国人，当谷寿夫看到自己在屠杀现场指挥的镜头时，顿时瞠目结舌、哑口无言。最后，石美瑜作出庄严判决："谷寿夫在作战期间，纵兵屠杀俘虏及非战斗人员，并强奸、抢劫、破坏财产，处死刑。"1947 年 4 月 26 日中午，谷寿夫在南京雨花台被执行枪决。1947 年 7 月，国民政府公布了 261 人的重要战犯名单，并先后在南京、北平、上海、广州等地组织对日本战犯的审判。据不完全统计，从 1945 年底至 1949 年初，中国 10 处军事法庭判处日本战犯死刑 145 名，有期及无期徒刑 400 余名，而这仅仅是被拘留的战犯嫌疑犯总人数的约五分之一，被判死刑人数也仅占盟国乙级战犯审判判处日本战犯死刑总数的六分之一。[①]

对日本战犯的审判反映了全体中国人民的共同心声。但是，国民党对日本战犯的审判很不认真，很不彻底，主要表现在：一些罪恶昭著的战争犯罪分子没有被列为战犯，没有得到追究；一些战犯虽然被拘押，但没有认真审讯，结果无罪释放；甚至有的审判仅走了形式，欺骗人民，最后使战争罪犯逍遥法外。如太原法庭在阎锡山的控制下，装模作样地对日本第一军司令官澄田涞四郎和参谋长山冈道武审判了一下，旋即将其释放，并聘任他们为山西省总顾问和副总顾问。阎锡山还收留侵华日军为他打内

---

① 冯克龙、韩文宁著：《日本战犯审判》，南京出版社 2005 年版，第 146 页。

战，因此在山西作恶多端的日本战犯几乎没有受到制裁。再如，冈村宁次在日记中得意地写道：“广州军事法庭一次判处40人死刑，因太过分，经联络班向国防部恳切要求，乃将被告全部移交上海军事法庭再审，结果40人全部无罪返国。”由于蒋介石等人出于利用日军力量进行反共内战的考虑，对战犯的审判竭力施加影响，致使一些战犯逃脱了应受的惩处。特别是1949年1月26日，罪大恶极的原日军中国派遣军总司令官冈村宁次被上海军事法庭“无罪释放”。早在1945年12月，延安公布的日本战犯名单中，就被列为首要战争罪犯的冈村宁次，逃脱制裁这类事件并不是偶然的，是国民党政府长期坚持反共、反人民政策的又一次大暴露。

为此，1949年1月28日，毛泽东在《中共发言人关于命令国民党反动政府重新逮捕前日本侵华军总司令冈村宁次和逮捕国民党内战罪犯的谈话》中提出严正声明：日本战犯前中国派遣军总司令官冈村宁次大将，为日本侵华派遣军一切战争罪犯中的主要战争罪犯。今被南京国民党反动政府的战犯军事法庭宣判无罪；中国共产党和中国人民解放军总部声明：这是不能容许的。中国人民在八年全面抗日战争中牺牲无数生命财产，幸而战胜，获此战犯，断不能容许南京国民党反动政府擅自宣判无罪。全国人民、一切民主党派、人民团体以及南京国民党反动政府系统中的爱国人士，必须立即起来反对南京反动政府方面此种出卖民族利益，勾结日本法西斯军阀的犯罪行为。我们现在向南京反动政府的先生们提出严重警告：你们必须立即将冈村宁次重新逮捕监禁，不得违误。……我们有权命令你们重新逮捕冈村宁次，并依照我们将要通知你们的时间地点，由你们负责押送人民解放军处理。其他日本战争罪犯，暂由你们管押，听候处理，一概不得擅自释放或纵令逃逸，违者严惩不贷。[①] 同时指出，除了逮捕日本战犯冈村宁次以外，还必须立即动手逮捕一批内战罪犯，其中最主要的是蒋介石等43名战犯。我们认为只有逮捕这些战争罪犯，才是为了缩短战争时间，减轻人民痛苦，只要战争罪犯们还存在，就只会延长战争时间，加重人民痛苦。

1949年2月5日，中共发言人再次发表了《和平条件必须包括惩办日本战犯和国民党战犯的声明》，再次要求国民党反动卖国政府负责重新逮捕日本侵华罪魁冈村宁次，并押送人民解放军处理，并负责看管其他日

---

① 《毛泽东选集》（第四卷），人民出版社1991年版，第1394页。

本战犯勿令逃逸。指出，在中共要求予以重新逮捕冈村宁次以后，国民党又把他送往日本，并且把其他 260 名战犯也送往日本是犯了一次很严重的卖国罪。因此，我们认为必须在原来所提的八个条件的第一个条件中“增加惩办日本战犯一个项目。这样，这一条就有两个项目，即是：（甲）惩办日本战争罪犯；（乙）惩办国内战争罪犯。”① 这是反映全国人民意志的。全国人民都要惩办日本战犯。对这两类战犯都得惩办，而且这些战犯总是要逮捕的，任凭他们跑到天涯海角也是要逮捕的，而且必须要穷追务获，归案法办，决不宽恕。

二、公布严惩战争罪犯法令，震慑瓦解国民党军队

解放战争时期，为了有效地依法惩处战争罪犯，中共中央、中国人民解放军和各抗日根据地政权都先后颁布了一系列具有法律效力的，关于惩处战争罪犯的命令、布告、宣言和指示等。主要有：

（一）《中国人民解放军宣言》

1947 年 10 月 10 日，中国人民解放军在粉碎蒋介石的重点进攻，迅速转入战略反攻之际，发布了《中国人民解放军宣言》。在宣言中，明确提出打倒蒋介石，解放全中国的口号，并声明本军政策是代表中国人民的迫切要求，提出了包括“逮捕、审判和惩办以蒋介石为首的内战罪犯”和废除蒋介石统治的腐败制度，肃清贪官污吏，建立廉洁政治等内容在内的八项政策，作为中国人民解放军的基本政策。同时，“对于罪大恶极的内战祸首蒋介石和一切坚决助蒋为恶、残害人民、而为广大人民所公认的战争罪犯，本军必将追寻他们至天涯海角，务使归案法办”②。

（二）《惩处战争罪犯命令》

1948 年 11 月 1 日，中国人民解放军总部以总司令朱德、副总司令彭德怀名义发布《惩处战争罪犯命令》，指出我人民解放军自转入进攻以来，所向无敌，全国胜利，屈指可期，国民党反动派归于覆没的命运，近更绝灭人性，施放毒气，屠杀人民，破坏建筑，毁灭物资，作垂死的兽性的破坏。宣布应对战争罪犯彻底追究，予以严惩，凡国民党军官及国民党党部、政府各级官吏命令其部属进行下列各种罪恶行为中的任一种活动，

---

① 《毛泽东选集》（第四卷），人民出版社 1991 年版，第 1402 页。
② 《毛泽东选集》（第四卷），人民出版社 1991 年版，第 1238 页。

则皆以战犯论罪：（1）屠杀人民，抢掠人民财物或拆毁焚烧人民房屋者；（2）施放毒气者；（3）杀害俘虏者；（4）破坏武器弹药者；（5）破坏通信器材，烧毁一切文电案卷者；（6）毁坏粮食、被服仓库及其他军用器材者；（7）毁坏市政水电设备、工厂建筑及各种机器者；（8）毁坏海陆军交通工具及其设备者；（9）毁坏银行金库者；（10）毁坏文化古迹者；（11）毁坏一切公共资财及建筑者；（12）空袭轰炸已解放之人民城市者。该命令还指出，我军对待国民党反对派军政人员的政策是："首恶者必办，胁从者不问，立功者受奖"，上述战争罪犯应属于首恶者一类，必须追寻他们至天涯海角，务使归案法办，不容漏网。

惩处战争罪犯命令的公布，为人民解放军惩办战争罪犯提供了有效的法律依据，对于打击、震慑和瓦解国民党军队，加快解放战争进程，保证新解放地区的稳定发挥了重要作用。

（三）公布内战战犯名单

1948年12月5日，新华社发表"中共中央权威人士"声明，公布了首批43名战争罪犯名单。蒋介石作为首犯排在第一位，李宗仁名列第二，以下依次为：陈诚、白崇禧、何应钦、顾祝同、陈果夫、陈立夫、孔祥熙、宋子文、张群、翁文灏、孙科、吴铁城、王云五、戴传贤、吴鼎昌、熊式辉、张厉生、朱家骅、王世杰、顾维钧、宋美龄、吴国桢、刘峙、程潜、薛岳、卫立煌、余汉谋、胡宗南、傅作义、阎锡山、周至柔、杜聿明、桂永清、王叔铭、汤恩伯、孙立人、马鸿逵、马步芳、陶希圣、曾琦、张君劢等。特别强调：全部战争罪犯名单有待于全国各界根据实际情形提出。但举国闻名的上述头等战争罪犯，则是罪大恶极，国人皆曰可杀者。应当列入头等战犯名单的人，自然不止此数，这应由各地身受战祸的人民酌情提出。人民解放军为首先有权利提出此项名单者。例如国民党第12兵团司令黄维在作战中施放毒气，即已充分地构成了战犯资格。全国各民主党派，各人民团体皆有权讨论和提出战犯名单。并正告这个名单的确定和宣布，是要告诉蒋系将领和地方系军阀们，交出军队可摘掉战犯帽子受到宽待，继续顽抗只能按战犯受到惩办。

在43名战犯中后来起义的有2人，傅作义、程潜；回归祖国的有3人，翁文灏、卫立煌、李宗仁；被俘的1人，杜聿明。

（四）《中国人民解放军布告》

1949年4月25日，在国民党反动派拒绝接受和平条件，顽固坚持反民族反人民的战争立场的情况下，中国人民革命军事委员会主席毛泽东、中国人民解放军总司令朱德发布《中国人民解放军布告》，命令人民解放军消灭一切敢于抵抗的国民党反动派军队，逮捕一切怙恶不悛的战争罪犯，解放全国人民，保卫中国领土主权的独立和完整，实现全国人民所渴望的真正统一。在布告中宣布了包括惩处战争罪犯在内的八项法令，即"约法八章"。在第五项规定："除怙恶不悛的战争罪犯和罪大恶极的反革命分子外，凡属国民党中央、省、市、县各级政府的大小官员，'国大'代表，立法、监察委员，参议员，警察人员，区镇乡保甲人员，凡不持枪抵抗、不阴谋破坏者，人民解放军和人民政府一律不加俘虏，不加逮捕，不加侮辱。责成上述人员各安职守，服从人民解放军和人民政府的命令，负责保护各机关资财、档案等，听候接收处理。"在第八项规定了"一切外国侨民，必须遵守人民解放军和人民政府的法令，不得进行间谍活动，不得有反对中国民族独立事业和人民解放事业的行为，不得包庇中国战争罪犯、反革命分子及其他罪犯。否则，当受人民解放军和人民政府的法律制裁"。

（五）各解放区颁布的相关法令

抗日战争胜利后，党领导的抗日根据地就已经开始对各类战犯进行处理。如 1945 年 12 月 10 日，太行行署发布《对战犯处理的指示》中规定了对战犯处理的相关政策要求：（1）我们必须在观念上明确，处理战犯目的在于明确敌我界限，保证群众利益，发动群众。那么在处理战犯时，必须通过群众路线，听取群众反映。（2）对于不够死刑，但又比较严重之战犯，可以科以 15 年以下有期徒刑。在科刑之前经群众诉苦运动，该犯除分别包赔群众损失，向群众承认错误外，然后政府依据其犯罪情节之轻重，分别处以徒刑。（3）对于情节不甚严重分子，需要释放者，应通过群众，在群众大会上向群众低头，承认错误，经过群众批准予以释放，避免单纯由政府释放（的）脱离群众之方式（但为敌服役之技术人员不必采用此方式）。（4）对过去与我有关之战犯亦应功过分明，或释放后对争取有更大意义者，在释放时应通过群众，向群众耐心解释。（5）对过去判处徒刑之战犯，群众不十分痛恨者，可将其易科罚金。每日以 10—30 元为折合标准。对于一般战犯之后台，以及虽未直接掳掠压迫人民，但确系利用战争剥削起家者，尤应判刑后易科罚金（但应使其能维持生活）。（6）对于判处徒刑后，群众十分痛恨之战犯，必须严格执行其刑期。（7）对于战犯囚粮基本上应责令该犯自供，有些边沿地区看守所缺乏生产基础，囚粮缺乏，应积极从生产上想办法。①

全国各新解放城市的军管会，也根据中央和中央军委对惩处战争罪犯的有关指示，展开了对战争罪犯的搜捕和惩处工作，其间也通过布告、公告等颁布了相关具体政策规定。如 1949 年 6 月，上海市军事管制委员会布告中规定：凡属国民党伪政府的国营事业、官僚资本与战争罪犯财产，均应收归国有。

三、审判战争罪犯，教育改造成效显著

1949 年 10 月 1 日，中华人民共和国成立。从此，中国革命进入一个新的历史时期。随着解放战争全面胜利的迅速到来，对战犯的审判和教育改造工作也进入了在国家政权司法体制下组织进行的新阶段。中国成功地改造了战争罪犯。中国对日本侵华战犯、伪满洲国战犯、国民党战犯，乃至封建清王朝的末代皇帝，没有一人判处死刑。经过改造，1000 多名原日本战犯经宽大释放回国后，绝大多数积极参加反战、和平和促进中日友好的活动；伪满洲国战犯和国民党的战犯，其中包括末代皇帝溥仪，经特赦释放后，成为守法公民并且为国家和人民尽力做出了一些贡献。

（一）对国内战争罪犯的审判、改造

1949 年 9 月，中国人民政治协商会议通过的《共同纲领》对国家惩处战争罪犯作了明确规定，第 7 条：“中华人民共和国必须镇压一切反革命活动，严厉惩罚一切勾结帝国主义、背叛祖国、反对人民民主事业的国民党反革命战争罪犯和其他怙恶不悛的反革命首要分子。”中华人民共和国成立之初，当时的主要任务是巩固政权，维护社会稳定，医治战争创伤，着手经济恢复工作。不久，我国又全力投入抗美援朝战争中。这时，在解放战争时期被人民解放军俘虏的 900 多名战争罪犯，分别关押在全国各地监狱。各地监狱对这些罪犯成功地进行了改造，使其认识到自己对国家和人民犯下的严重罪行，纷纷表示要悔过自新、重新做人。他们立下决心要积极拥护党的领导和社会主义道路，永远跟着共产党走，在祖国的社会主义建设和解放台湾的斗争中，贡献出自己的全部力量和生命，这也成

---

① 韩延龙、常兆儒编：《中国新民主主义革命时期根据地法制文献选编》（第 3 卷），中国社会科学出版社 1981 年版，第 200 页。

为教育改造战争罪犯的一个成功典范。

当时，对于在解放战争中被俘以及中华人民共和国成立后在土地改革和镇压反革命运动中逮捕的国民党人员极为复杂，为确定战犯身份，公安部提出了一个战犯标准，即在解放战争期间，犯有严重战争罪行的国民党军队的将、校级军官，国民党政府省主席和厅局长级官员，国民党、三青团中央委员，省市党部书记长和委员，以及特务系统的处、站长以上人员，可列为战犯。根据这个标准，经当时初步审定，列为战犯的总数为 926 名，其中军队系统 736 名（中将 72 名，少将 388 名，校级 276 名），政府系统 46 名，党务系统 27 名，特务系统 117 名。

为加强对战犯的统一管理和改造，在 1956 年对全国各地的战犯实行大集中，分别关押在北京、抚顺、济南、西安、重庆、内蒙古 6 地的战犯管理所。战犯中的 200 多名原国民党高级将领，全部集中到北京功德林一号战犯管理所。功德林一号战犯管理所，位于北京德胜门外功德林路一号，占地近百亩，监房能容纳千人以上。这里原是一座叫功德林的庙宇。清朝末年，被改建成为一座监狱。1915 年，北洋军阀段祺瑞执政期间，司法总长罗文干最终完成了这座监狱的全部改造，后来成为国民党北平“第二模范监狱”。李大钊就是在这里被敌人杀害的。中华人民共和国成立后，这座监狱被国家公安部接管，成为关押和改造战犯的一座监狱。功德林一号关押的这些国民党战犯情况比较复杂，改造的难度很大。这些人长期为蒋介石国民党效劳，甚至直接参与了蒋介石集团的诸多重大决策，是蒋介石最可靠也最有实力的人物，反动思想根深蒂固。为加强对战犯的改造工作，管理所采取了多种办法。首先组织他们成立学习委员会，学习党的方针政策，学习《社会发展史》《中国革命与中国共产党》《人民公敌蒋介石》《中国共产党三十年》以及其他理论书籍和参考资料，中心是解决对蒋介石的认识问题。他们通过自己看书学习，进行探索和辩论，最后在大量的事实面前终于得出了正确的认识：蒋介石违背了孙中山的“联俄、联共、扶助农工”三大政策，在蒋介石统治下，使中国进一步沦为半封建半殖民地。结合理论学习，还组织他们到东北各大城市以及天津、武汉等地参观，让他们亲眼看看祖国社会主义建设的伟大成就。管理所还坚持思想改造与劳动相结合的方针，安排他们到北京远郊参加劳动。与此同时，周恩来还委托原国民党高级将领及爱国人士张治中、程潜、邵力子、章士钊、傅作义、蒋光鼐、张难先、郑洞国、侯镜如等先后到功德林看望他们，做说服开导工作。对战犯的生活管理，管理所采取既严肃认真又合情合理的原则，切实尊重他们应当享有的各种权利，严禁打骂体罚和侮辱人格的行为；注意他们的饮食、卫生，提供生活必需品，同时组织一定的文娱活动和体育锻炼；对他们的身体，定期进行检查，有病及时治疗。有的人病重或病危，管理所组织名医会诊、抢救，配备较强的力量进行护理，还帮助他们镶牙、配眼镜、安装假肢等。这样，从各方面给予人道主义的待遇，保证身体健康，使他们深受感动。

杜聿明是黄埔一期毕业生，深受蒋介石器重。解放战争时期，他曾任国民党东北保安司令长官，后任徐州“剿总”副司令。1948 年 12 月 17 日，毛泽东以中原、华东两人民解放军司令部名义写的《敦促杜聿明等投降书》，没有使他觉悟。他在淮海战役中被俘后，陈毅司令员与他谈话，他也拒绝谈任何问题。一直到他被送到山东济南解放军军官教导团，他仍不服罪。1950 年 11 月他从济南转到功德林时，被戴上了重重的脚镣。这次被送往北京，他认为自己罪恶深重，必被处死无疑。因此，他在棉裤里藏了 60 余片安眠药，企图等待适当时机自杀。管理人员在摸清了杜聿明怕死的思想原因之后，便有的放矢地对他进行正面教育，着重让他学习《国内和平协定》最后修正案第 1 条第 1 项的规定，明确指明一切战犯不问何人，只要能认清是非，幡然悔悟，确有实际表现的，必会得到宽大处理。同时，还反复以同是名列 43 名头等重要战犯之一的傅作义将军的事例，对他启发开导，渐渐地使他认识到只有幡然悔改，立功赎罪，争取重新做人，才是自己唯一的出路。由此，他打消了自杀的念头，并交待了私藏安眠药的来源。原来，他在山东解放军军官训练团期间，以失眠为由，多次向我军医零星地要来安眠药片，积少成多，并在深夜里偷偷拆开棉裤，把药片装入裤内缝好备用。多年来，监狱的管理干部对他关怀备至，为他治愈了多种疾病。这一切深深感动了杜聿明。一次，陈赓大将来功德林视察后，杜聿明含着热泪对管理人员说：“我和陈赓大将是黄埔一期同学，当年我俩是同窗好友，而我和他却走了截然相反的两条路。他走对了，而今他是千古名将，而我却走错了路，成为千秋罪人。”后来，又经过一系列的参观访问，促使杜聿明的立场和思想有了一个较大的转变，被第一批特赦释放。

在功德林一号管理所的国民党战犯黄维当初是表现最差的一个。黄维原是国民党 12 兵团司令，黄埔一期毕业生。十年内战时他爬到中将师长的地位以后，得到蒋介石的宠信，后来接任陈诚精心培植的第 18 军中将军长，死心塌地为蒋家王朝卖命。他被俘后，死抱着“不成功则成仁”的信条，对蒋介石忠贞不贰，下决心“君子不事二主”。他初到功德林时，抵触情绪很大，处处与管教人员对立。他认为自己所以成为阶下囚，就是因为打了败仗，“胜者为王，败者为寇”，自己“无罪可悔”。在学习中，不是沉默不语，就是大放厥词，而且，对其他认罪悔过的战犯，还大肆讥讽挖苦。在监狱管教人员耐心的帮助教育后，思想上开始有所改变，对过去从不愿意读的马列主义书籍和毛泽东的著作也有了兴趣。监狱还治好了他长期缠身的痼疾顽症，把他从死亡的边缘救了回来。黄维满怀深情地说：“是共产党给了我第二次生命，这样重的病，又病得这样久，若在过去，虽然我是国民党的高级将官，也得一命归西。”病好以后又到社会上去参观，受到生动的事实教育，思想上有了较大的转变。他说，我是罪大恶极的战犯，解放后受到宽大和改造，我现在低头认罪，诚心服法，老实学习，埋头改造，努力耕耘，不问收获，以从头改造，争取新生，希望在此以前的错误和罪行还能得到政府宽大，允许我有走向新生的机会。从此开始交代自己的历史罪行，进行脱胎换骨的改造。1975 年 3 月，黄维随最后一批战犯被特赦释放。特赦后任全国政协文史资料研究委员会专员，第五、六届全国政协委员。

鉴于国际国内形势的发展需要和对战争罪犯改造的效果，我国从 1959 年到 1975 年共分七批，将在押的国内战犯全部释放。这一重大举措是史无前例的。由于采取了正确的方针政策，对缓和两岸局势，增进海峡两岸的交流与了解，产生了重大而深远的积极影响。1956 年 4 月 25 日，毛泽东在中共中央政治局会议上作《论十大关系》的报告，进一步就宽大战犯的政策问题作了说明。毛泽东提出：党的政策总的精神是化消极因素为积极因素，杀了这些人，一不能增加生产，二不能提高科学水平，三对我们除四害没有帮助，四不能强大国防，五不能收复台湾。如果不杀或许对台湾还会产生影响。1959 年 9 月 14 日，毛泽东代表中共中央向全国人大常委会建议：中国共产党中央委员会认为，在庆祝伟大的中华人民共和国成立 10 周年的时候，对于一批确实已经改恶从善的战争罪犯、反革命罪犯和普通刑事罪犯，宣布实行特赦是适宜的。特别是党和人民政府对反革命分子和其他罪犯实行的惩办和宽大相结合、劳动改造和思想教育相结合的政策，已经获得伟大的成绩。在押各种罪犯中的多数已经得到不同程度的改造，有不少人确实已经改恶从善。对于一批确实已经改恶从善的战争罪犯、反革命罪犯和普通刑事罪犯，宣布实行特赦将更有利于化消极因素为积极因素，对于这些罪犯和其他在押罪犯的继续改造，都有重大的教育作用。这将使他们感到在我们伟大的社会主义制度下，只要改恶从善，都有自己的前途。9 月 17 日，全国人大二届九次会议讨论并同意毛泽东主席的建议，做出了《关于特赦确实改恶从善的罪犯的决定》。同日，中华人民共和国主席刘少奇发布特赦令。12 月 4 日，最高人民法院分别在各地的战犯管理所召开了有全体在押战犯参加的特赦释放大会，宣布了特赦释放的战犯名单，发放特赦通知书。在特赦大会上，被特赦的战犯表示非常感谢共产党和人民政府使他们改邪归正，从此获得新生，并决心继续改造思想，为社会主义建设贡献一份力量。未被特赦的战犯代表也表示要加速改造，争取早日获特赦。这次宣布的首批特赦战犯共 33 名。

1975 年 3 月 19 日，根据第四届全国人民代表大会常务委员会第二次会议的决定，最高人民法院特赦释放全部在押的战争罪犯。这次被特赦释放的战犯共有 293 名，其中包括原属于蒋介石集团的战犯 290 名，伪满洲国的战犯 2 名，伪蒙疆自治政府的战犯 1 名。至此，在押的战争罪犯，即全部处理完毕。当日，最高人民法院在战犯管理所召开了特赦释放大会，宣布了特赦释放的战争罪犯名单，发给他们特赦释放通知书。在特赦释放大会上，被特赦释放的战犯心情激动，纷纷感谢毛主席、共产党和人民政府对他们的教育改造和挽救，使他们获得新生。他们表示，今后决心努力学习，继续改造思想，为建设社会主义的祖国贡献力量。

最初确定的 926 名战犯中，有些人在服刑期间因病死亡，有些人在特赦前刑满释放，有 25 人经核实按起义投诚人员对待，有 10 人另案处理，实际特赦总数为 554 名，其中国民党高级将领 200 余名。这 554 名国民党战犯经过长期的改造，先后分七批被特赦释放，全部获得了新生。中共中央公开向他们宣布：特赦后，每人都给公民权；有工作能力的，安排适当的工作；有病的和我们干部一样治，享受公费医疗；丧失工作能力的，养起来；愿意回台湾的，可以去台湾，给足路费，提供方便，去了以后愿意回来的，我们欢迎。杜聿明、王耀武、宋希濂、范汉杰、沈醉、廖耀湘、郑庭笈、杨伯涛、周振强、李仙洲、罗历戎、李以劻、董益三、方靖、黄维、文强等先后担任了全国政协委员和常委，还有一批人被安排为地方政协委员、常委。他们参政议政，发挥了积极作用。绝大多数人担任了各级政协文史专员、秘书专员、工作员、资料员和参事。也有极少数在农村和工厂。他们都过着幸福的晚年生活。许多人还以严肃的态度写回忆录，以求后代有所借鉴，“前事不忘，后事之师”。

1975 年 9 月，继释放了全部在押的国民党战争罪犯和伪满、伪蒙战争罪犯之后，又宽大释放了在押的原国民党县团以上党政军特人员，在国内外产生了良好的影响。

1982 年 2 月 16 日，第五届全国人民代表大会常务委员会第二十二次会议，审议了国务院提出的关于宽大释放全部在押的原国民党县团以下党政军特人员的建议，决定为了进一步巩固和发展我国政治上的安定团结，调动一切积极因素，推动社会主义现代化建设，争取台湾早日回归祖国，对在押的原国民党县团以下 4237 名党政军特人员，全部予以宽大释放，并给予政治权利。

（二）对日本战争罪犯的审判和改造

1945 年 8 月，中国人民经过 14 年艰苦抗战取得了战胜日本帝国主义的胜利。中国人民抗日战争是世界反法西斯战争的重要组成部分，也是中国近代史上第一次取得完全胜利的伟大的民族解放战争。战后中国军事法庭审判日本战犯是依据《波茨坦公告》、纽伦堡国际军事法庭与远东军事法庭有关处理第二次世界大战战争罪犯的规定和中国的有关法律进行的。远东国际军事法庭审判对象是甲级战犯，即犯有“破坏和平罪”和“违反人道罪”者，而乙级（破坏人道罪）、丙级（直接责任罪）战犯，则由受害国组成的军事法庭审判。1945 年日本法西斯战败投降后，盟国对日本战犯进行了审判和惩处。其中，涉及侵华日本战犯的审判主要有三次：东京审判、南京国民政府组织的审判和中华人民共和国政府组织的军事审判，前前后后跨越 11 年。

为了彻底清算日军的侵华罪行，1956 年 4 月 25 日，全国人民代表大会常务委员会第 34 次会议，根据中共中央提出的建议，通过了《关于处理在押日本侵略中国战争中犯罪分子的决定》。根据这一决定，最高人民法院特别军事法庭于 1956 年 6—7 月，分别在沈阳和太原两地设立法庭，对在押的日本战争罪犯进行公审。在中国监禁的 1000 余名日本战犯，在侵略战争中追随日本军国主义政策，公然侵犯中国人民的自由、人权与尊严，践踏了国际法准则和人道主义原则，疯狂屠杀、掠夺和迫害中国人民，犯下了滔天罪行。日本战败投降后，一部分日本军人参加了阎锡山等国民党部队，继续与中国人民对抗，最后被中国人民解放军逮捕，这部分日本战犯共140人，被关押在山西省太原战犯管理所。1950年7月，苏联将出兵中国东北时逮捕的部分日本战犯移交中国，这部分战犯共969人，被关押在辽宁省抚顺战犯管理所。

对日本战犯的审判，是正义对邪恶、和平对战争、光明对黑暗的审判，也是中国军事法治史上具有特殊历史意义的重大事件。这次审判不同于欧洲纽伦堡审判，也不同于远东军事审判，而是依照国际法，由国内军事法庭审理，完全由中国人担任审判官，反映了深受战争重大灾难的中国人民的意志和愿望。鉴于1062名日本战犯（共关押1109人，关押期间死亡47人）在关押期间成功地进行了人道主义的教育和改造，对自己的罪行已有不同程度的悔改，中国政府决定仅对部分犯有严重罪行的日本战犯进行起诉审判，对次要和一般战犯不予起诉，宽大处理，并在1956年6—8月分三批对1017名职务较低、罪行较轻、悔罪表现较好的日本战犯宣布免予起诉，立即释放。

同时，最高人民法院特别军事法庭分别在沈阳和太原两地开庭，对45名罪行较重的日本乙、丙级战犯和伪满战犯进行公开审判。

沈阳是审判的主审地之一。沈阳审判分为两个阶段：1956年6月9—19日，最高人民法院特别军事法庭在沈阳对前日本陆军第117师团中将师团长铃木启久等8名侵华战犯进行公审，并判处铃木启久有期徒刑20年，其他7名战犯分别被判处13—18年有期徒刑。7月1—20日，沈阳特别军事法庭对前伪满洲国国务院总务厅长武部六藏等28名战犯进行了公审，这些战犯分别被判处12—20年不等的有期徒刑。

1956年6月9日8时30分，沈阳特别军事法庭第一次开庭，对原日军第117师团中将师团长铃木启久等8名主要战犯进行公审。庭审调查证实，铃木启久等8名战犯参与了日本军国主义对中国的侵略战争，实行了烧光、杀光、抢光的“三光政策”。他们有的命令部下残杀和集体屠杀和平居民，杀害战俘，制造多起严重的大惨案；有的命令部下掠夺和平居民的粮食和财产；有的命令部下把中国人当作训练刺杀的“活人靶”，对士兵进行“试胆训练”；有的把中国人当作战场上的“扫雷工具”；有的命令部下施放毒气和准备并进行细菌战等。他们对中国人民犯下了骇人听闻的滔天罪行。铃木启久供认，1941年12月到1944年10月，他在日本侵略军中任联队长和师团长时，指挥所属部队在河北、河南制造了六起集体屠杀和平居民的惨案（仅在河北滦县潘家戴庄一次就集体屠杀和平居民 1280 余人，烧毁民房 1000 多间，并在遵化、迁安沿长城一带制造了“无人区”）。原日军第 59 师团师团长藤田茂供认：自己曾多次训示部下以中国平民作为训练士兵刺杀的活靶子，1939 年曾下令将 8 名中国百姓当活靶子杀死，1945 年又在山东海阳县索家庄做“活人实验”，一次就杀死了 80 多人。原 731 部队第 162 支队少佐支队长榊原秀夫供述：他曾用伤寒菌对 4 名抗日人员进行活体试验。其余被告也一一供述了自己在中国所犯下的罪行。在众多的证人和铁一般的事实面前，日本战犯不得不承认自己侵略中国的残暴罪行。这些战犯在中国烧杀抢掠、无恶不作，残害百姓、罪行累累，都应该判处死刑。但判刑最重的是刑期 20 年（铃木启久），最轻的只有 12 年。当法官最终宣布审判结果时，这些日本战犯都齐刷刷地跪在了中国人面前，长跪不起、泪流满面，嘴里念叨着：“那么多的中国人都死了，可我这个罪人还活着。我对不起你们。我该死……”每一个受审的日本战犯都承认罪行，甚至痛哭流涕地跪倒在地请求严惩自己。铃木启久说：“对自己的残暴行为，起初曾企图隐瞒，但在中国人民对我人道主义态度的感召下，我进行了反省，认识了自己犯下的罪行。根据我的罪行，我在法庭上本无辩护的余地，但是，法庭给我指定了辩护人，还告诉了我在法庭上的权利，我感谢中国人民，诚恳地谢罪。”他在宣判后对记者说“在进行判决时，我按照我过去的罪行来判断，认为中国对我这样悖逆人道，违反国际公法的作法当然要从严处断，处以极刑。但是，结果，我只被判处 20 年徒刑，而且可以用被关押的时间折抵。这种宽大政策是从哪里产生出来的呢？我认为，这是由中国的真正的和平政策产生出来的。只有和平，人类才能幸福。我过去走过的道路完全是破坏人类幸福的道路，我认为，将来绝对不应该再对世界采取这种方式。”并表示：“今后我一定要成为保卫和平的一分子，参加到和平阵营，以我的余生进行努力。”[①] 在抚顺战犯监狱服刑期间，铃木启久服罪、认罪态度良好，1959 年被中国政府特赦释放回国。

1956 年 6 月 10 日，太原特别军事法庭依照审判程序对战犯富永顺太郎等 8 名战犯逐个进行审理，以铁的事实认定这些罪犯都犯有严重罪行。庭审调查证实，8 名日本战犯在日本侵华战争期间，犯有严重战争罪行。

① 廖春梅：《军法上将陈奇涵与审判 45 名日本战犯》，《党史文汇》，2014 年第 9 期。

他们有的策划组织和指挥多次“扫荡”；有的指挥残杀中国和平居民和被俘人员；有的以极残酷的手段刑讯中国和平居民以逼索情报；有的将被俘人员作为日军新兵“试胆训练”的“活人靶”；有的将妇女、儿童赶往窑洞纵火焚烧；有的毁灭城镇，进行经济掠夺；有的组织领导在华间谍活动，抓捕、刑讯、残害中国人民。日本投降后，上述战犯又犯有策划、组织和参与留在中国山西省的前日本军政人员破坏中国人民的解放事业，阴谋复活日本军国主义等罪行。8 名战犯分别被判处 8—18 年不等的有期徒刑。

这是继德国纽伦堡审判、日本东京审判，1946 年至 1947 年国民政府和 1949 年苏联伯力审判之后对二战战争罪犯的又一次正义的审判。中国政府不判处一个死刑和无期徒刑，判处有期徒刑的也只是极少数，全体受审战犯个个谢罪，无一赖罪，使昔日犯下滔天罪行的日本战犯，在我国特别军事法庭的正义审判面前低头认罪。这些都是国际审判史无前例的。

中华人民共和国成立后对日本战犯的宣判及改造，起到了很好的效用。1964 年 3 月 6 日，所有服刑的战犯除 1 名在服刑期间病亡之外，其余 44 人全部刑满释放或提前释放，回到日本。中国政府对日本战犯进行改造后，普遍给予人道主义的宽大处理，在国际社会上引起强烈的反响，同时也在日本引起积极的反应。刑满释放的战犯回到日本后，组成了一个叫“中国归还者联络会”的组织，定期进行宣传活动，用自己的亲身经历教育日本国民不要忘记那段侵略他国的罪恶历史。“中国归还者联络会”的成员以自身经历为主出版了上千种书籍，在日本各地举行各种形式的和平演讲和集会，揭露日本法西斯的暴行，与日本右翼势力歪曲、否认历史的行径进行了坚决的斗争。几十年来，他们为反对侵略战争、促进中日和平友好的事业做出了重要贡献，他们以自己的实际行动实践了自己为和平事业奋斗余生的誓言。1986 年，经公安部，外交部和中国人民解放军总政治部报请国务院批准，抚顺战犯管理所作为改造战争罪犯的旧址，正式对国内外开放，现已成为对外进行和平教育，对内进行爱国主义教育的重要基地。

第四章　中华人民共和国军事法治建设（上）

（1949 年 10 月—1978 年 12 月）

1949 年 10 月 1 日，中华人民共和国宣告成立。中国人民在中国共产党的领导下，经过 28 年艰苦卓绝的英勇奋斗，终于推翻了帝国主义、封建主义、官僚资本主义三座大山的统治和压迫，建立起了人民民主专政的国家政权。中华人民共和国把人民代表大会制度作为国家的根本政治制度，伴随着国家民主法治建设的发展，国家的军事法治建设也得到了逐步的发展和完善。

中华人民共和国成立后，国家的法治建设随着国际国内斗争形势的变化发展，经历了不同的发展阶段，大体可以分为三个发展时期：第一时期，从 1949 年 10 月 1 日中华人民共和国成立，至 1978 年 12 月党的十一届三中全会召开，为国家法治初步建立、曲折发展时期；第二时期，1978 年 12 月至党的第十八次全国代表大会召开，为国家法治建设重新焕发生机、全面建设发展时期；第三时期，2012 年 11 月党的第十八次全国代表大会后，为全面推进、深入发展时期。中华人民共和国的军事法治建设与国家法治建设的发展基本上是同步进行的，大体上也经历了三个不同的发展时期。从中华人民共和国成立到 1978 年 12 月，为社会主义国家军事法治的初步建立、曲折发展时期；从 1978 年 12 月到 2012 年 11 月，为社会主义国家军事法治建设全面恢复、不断发展完善时期；2012 年 11 月至今，为社会主义国家军事法治建设全面推进、深入发展时期。

中华人民共和国的军事法治是中国历史上第一个由人民当家做主国家的、代表着最广大人民根本利益的军事法治，具有鲜明的时代性和进步性。中华人民共和国成立后，党和国家政府十分重视军事法治建设，在继承革命根据地时期各种军事法律和制度的基础上，又制定了与国家政权建设相适应的各种军事制度，颁布了一系列军队现代化、正规化建设需要的军事法规，奠定了中华人民共和国军事法治全面发展的基础。其间由于受到1959年的反右斗争扩大化和1966年开始的十年“文化大革命”动乱的影响，军事法治遭受了严重干扰和破坏，军事立法陷于停顿，军事法治在曲折中前进。

第一节　确立国家军事领导体制

宪法是国家根本大法，国家确立军事领导体制首先必须遵循的是宪法和宪法性法律规范。中华人民共和国成立后，党和国家政府十分重视军事法治建设，在《中国人民政治协商会议共同纲领》和《中华人民共和国宪法》的指导下，在继承革命根据地时期各种军事法律和制度的基础上，又制定了与国家政权建设相适应的各种军事制度，颁布了一系列军队现代化、正规化建设需要的军事法规，奠定了中华人民共和国军事法治建设全面发展的基础。中华人民共和国成立以来，国家军事领导体制适应国家政治、经济、科技及军事发展和保障国家安全的需要，特别是适应历次宪法的制定、修改和完善，军事领导体制进行了多次调整改革，在实践中不断发展和完善。

从起到临时宪法作用的《共同纲领》到1954年第一部宪法和1975年宪法、1978年宪法，都分别对国家的军事领导体制作出了明确规定，这些宪法规定对国家军事领导体制的建立和发展发挥了重要作用，也反映出了我国军事领导体制在宪法指导下建设和前进的历程。

一、《中国人民政治协商会议共同纲领》建立的国家军事领导体制

中华人民共和国成立前夕，1949年9月21—30日，中国人民政治协商会议第一届全体会议在北平（今北京）召开。会议通过了《中国人民政治协商会议共同纲领》（以下简称《共同纲领》）。《共同纲领》是指导国家建设的法律基础，起到了临时宪法的作用，揭开了中华人民共和国国

防法治建设的序幕，奠定了国家军事领导体制的基础。

（一）关于国家军事制度

通过《共同纲领》科学地规定国家的军事制度，确立军事力量的最高领导机关在国家机构中的地位和作用，对组织和完善国家领导体制，加强国防和军队建设，保障国家的长治久安，都具有十分重要的意义。1949 年，党领导全国人民夺取解放战争的全面胜利后，为组建民主的联合政府，周恩来、董必武同志亲自主持起草政协共同纲领和中央人民政府组织法等宪法性文件。起草过程中，引起大家热烈讨论的一个重要问题，就是中华人民共和国实行什么样的军事制度。大家一致认为并确定，应总结新民主主义革命时期人民军队建设的成功经验，彻底肃清军阀割据的残余影响，建立新型的人民军队。这个军队的特点是，不搞地方武装，以新民主主义的精神统一全国军队，党的政治工作是军队的灵魂。1949 年 9 月 30 日通过的《共同纲领》包括序言、总纲、政权机关、军事制度、经济政策、文化教育政策、民族政策七章，在第一章总纲和第二章政权机关之后，专门设第三章军事制度，反映出对国家军事制度的高度重视。其中第 20 条明确规定："中华人民共和国建立统一的军队，即人民解放军和人民公安部队，受中央人民政府人民革命军事委员会统率，实行统一的指挥，统一的制度，统一的编制，统一的纪律。"这一规定确立了中央人民政府人民革命军事委员会的法律地位，它是中国人民解放军的最高统帅机关，是制定军事战略方针、领导国防和军队建设的最高指挥机构。

《共同纲领》中还规定：中国人民民主专政是中国工人阶级、农民阶级、小资产阶级、民族资产阶级及其他爱国民主分子的人民民主统一战线的政权，而以工农联盟为基础，以工人阶级为领导。由中国共产党、各民主党派、各人民团体、各地区、人民解放军、各少数民族、国外华侨及其他爱国民主分子的代表们所组成的中国人民政治协商会议，就是人民民主统一战线的组织形式。为建立一个新型的人民民主专政下的国家军事制度，根据共同纲领和中央人民政府组织法的规定，中央人民政府对外代表中华人民共和国，对内领导国家政权。中央人民政府委员会组织政务院，为国家政务的最高执行机关；组织人民革命军事委员会，为国家军事的最高统辖机关；组织最高人民法院和最高人民检察署，为国家最高审判机关和检察机关。国家建立统一的军队，受中央人民政府人民革命军事委员会统率，实行统一管辖和指挥。人民革命军事委员会设主席一人、副主席若干人和委员若干人。人民革命军事委员会领导成员，除中国共产党的著名军事将领外，还包括少数党外著名军事将领。人民革命军事委员会下设总参谋部、总政治部、总后勤部。

1949 年 10 月 1 日，中央人民政府委员会第一次会议任命毛泽东为中央人民政府主席和人民革命军事委员会主席，朱德为中国人民解放军总司令。10 月 19 日，中央人民政府委员会召开第三次会议，正式成立中央人民政府人民革命军事委员会（仍简称“中央军委”），决定毛泽东为主席，朱德、刘少奇、周恩来、彭德怀、程潜为副主席；任命贺龙、刘伯承、陈毅、林彪、徐向前、叶剑英、聂荣臻、高岗、粟裕、张云逸、邓小平、李先念、饶漱石、邓子恢、习仲勋、罗瑞卿、萨镇冰、张治中、傅作义、蔡廷锴、龙云、刘斐共 22 人为委员。中央军委日常工作由周恩来主持。任命徐向前为总参谋长、聂荣臻为副总参谋长（徐向前因病休养，聂荣臻任代总参谋长）。① 1951 年 11 月 5 日，中央人民政府委员会第十三次会议决定增补林彪、高岗为人民革命军事委员会副主席。从 1952 年起，军委日常工作由彭德怀主持。1954 年 6 月 19 日，中央人民政府委员会第三十二次会议决定增补刘伯承、贺龙、陈毅、罗荣桓、徐向前、聂荣臻、叶剑英为人民革命军事委员会副主席，徐海东为委员。

人民革命军事委员会统一管辖和指挥中国人民解放军及其他武装力量，是制定军事战略方针、领导国防和军队建设的最高军事统帅机关。成立中央人民政府人民革命军事委员会代替了原中共中央革命军事委员会（对外称中国人民革命军事委员会），党内未再设中央军事委员会，标志着党中央的军事领导机构正式纳入国家的政权系统，但中国共产党对中国人民解放军的绝对领导地位不变，体现了军事工作在国家政权系统的地位，与党中央对军事工作的领导是一致的，仍简称为“中央军委”。这是人民军队历史上继中央苏维埃政权以来，第二次把军事领导机关由中共中央系统改为政权系统。《中央人民政府组织法》第 7 条还规定，中央人民政府委员会行使的职权之一是，任免人民解放军的总司令和副总司令、总参谋长和副总参谋长、总政治部主任和副主任。据此，全国人大常委会于 1954 年曾根据国务院总理的提请，决定任命了总参谋长、总政治部主任

① 1949 年—1953 年军委总部领导机构序列包括：军委总参谋部、军委总政治部、军委总后方勤务部、军委总干部管理部。

等人员，以后又陆续通过了个别任免。这些都表明，中华人民共和国成立之初，我国武装力量的最高机关已成为国家机构的重要组成部分。在以后较长的时间里，以毛泽东、朱德、彭德怀等同志为主要领导人的中央人民政府人民革命军事委员会，领导人民军队卓有成效地开展了一系列军事活动，实现了国家境内的统一、和平与稳定，为尽快建立人民代表大会制度、实现人民当家做主创造了良好条件，也为新宪法进一步确立国家军事制度积累了经验。

（二）关于国家武装力量

《共同纲领》规定，中华人民共和国的武装力量，即人民解放军、人民公安部队和人民警察，是属于人民的武力，在中央人民政府人民革命军事委员会的领导下，实行统一的指挥，统一的制度，统一的编制，统一的纪律。同时规定，中华人民共和国中央人民政府应努力巩固和加强人民武装力量，建设现代化的陆军，并建设空军和海军，以巩固国防，使其能够有效地执行自己的任务。

《共同纲领》还规定了武装力量的各项制度。人民解放军建立政治工作制度，加强现代化建设，适时实行义务兵役制。第 21 条规定："人民解放军和人民公安部队根据官兵一致、军民一致的原则，建立政治工作制度，以革命精神和爱国精神教育部队的指挥员和战斗员。"第 23 条规定："中华人民共和国实行民兵制度，保卫地方秩序，建立国家动员基础，并准备在适当时机实行义务兵役制。"第 8 条规定，每个中华人民共和国公民均有保卫祖国、遵守法律、遵守劳动纪律、爱护公共财产、应征公役兵役和缴纳赋税的义务。第 52 条还规定，中华人民共和国境内各少数民族，均有按照统一的国家军事制度，参加人民解放军及组织地方人民公安部队的权利。《共同纲领》中还明确规定了国家对军人的优抚制度和政策。第 25 条规定，革命烈士和革命军人的家属，其生活困难者应受国家和社会的优待。参加革命战争的残废军人和退伍军人，应由人民政府给以适当安置，使能谋生立业。

（三）关于武装力量的各项任务

《共同纲领》规定了国家武装力量的各项基本任务。首先是保卫中国的独立和领土主权的完整，保卫中国人民的革命成果和一切合法权益。其次，《共同纲领》还结合国家正面临的新解放的特殊情况，提出了武装力量在巩固人民政权中的任务。要求凡人民解放军初解放的地方，应一律实施军事管制，取消国民党反动政权机关，由中央人民政府或前线军政机关委任人员组织军事管制委员会和地方人民政府，领导人民建立革命秩序，镇压反革命活动，并在条件许可时召集各界人民代表会议。在普选的地方人民代表大会召开以前，由地方各界人民代表会议逐步地代行人民代表大会的职权。军事管制时间的长短，由中央人民政府依据各地的军事政治情况决定之。凡在军事行动已经完全结束、土地改革已经彻底实现、各界人民已有充分组织的地方，即应实行普选，召开地方的人民代表大会。再次，《共同纲领》还规定，中华人民共和国的军队在和平时期，在不妨碍军事任务的条件下，应有计划地参加农业和工业的生产，帮助国家的建设工作。

二、1954 年《宪法》确立的国家军事领导体制

1954 年 9 月 20 日第一届全国人民代表大会，通过了第一部《中华人民共和国宪法》。这是一部成功的社会主义宪法，宪法对国家的军事权、军事机关和国家武装力量等均作出了明确规定，奠定了社会主义的军事制度。根据 1954 年宪法的规定，国家行使军事权的机构主要有：

（一）中华人民共和国全国人民代表大会

“中华人民共和国全国人民代表大会是最高国家权力机关”（第 21 条），它有权“根据中华人民共和国主席的提名，决定国防委员会副主席和委员的人选”，有权“决定战争和和平问题”（第 27 条），有权决定和罢免国家主席、国防委员会主席、副主席和委员；全国人大常委会是全国人民代表大会的常设机关，有权“规定军人和外交人员的衔级和其他专门衔级”，“在全国人民代表大会闭会期间，如果遇到国家遭受武装侵犯或者必须履行国际间共同防止侵略的条约的情况，决定战争状态的宣布”。“决定全国总动员或者局部动员”，“决定全国或者部分地区的戒严”等。这些规定以根本法的形式确立了军队在国家政权中的地位，表明它是国家机构的重要组成部分。这就从本质上确定，军队的最高指挥权为国家所有，实施军事指挥的机关由国家建立并从属于国家最高权力机关，其使命是完成国家规定的任务。

（二）中华人民共和国主席

1954 年宪法首次设置了国家主席一职。中华人民共和国主席作为国家机构中的一个重要组成部分，“统率全国武装力量，担任国防委员会主

席”（第 42 条），根据全国人民代表大会及其常委会的决定“发布戒严令、宣布战争状态，发布动员令”等；“在必要时还可召开最高国务会议，并担任最高国务会议主席”（第 43 条），研究国防和军队建设的有关问题，但最高国务会议对于国家重大事务的意见，必须经过国家最高权力机关及最高行政机关或者其他有关部门讨论并作出决定。

根据 1954 年宪法的立法原则，中华人民共和国主席必须始终接受国家最高权力机关的制约，全国人民代表大会有权罢免中华人民共和国主席。这一点与“总统制”的国家元首不同。“总统制”国家中，总统是武装力量统帅，与议会互相制衡，议会得弹劾总统；总统也可以宣布议会通过的法律无效，甚至解散议会。对于中华人民共和国主席，当时宪法起草委员会委员、选举法起草委员会主席刘少奇曾作过重要说明：“适应我国的实际情况，并根据中华人民共和国成立以来建设最高国家权力机关的经验，我们的国家元首职权由全国人民代表大会所选出的全国人民代表大会常务委员会和中华人民共和国主席结合起来行使。我们的国家元首是集体的国家元首。同时，不论常务委员会或中华人民共和国主席，都没有超越全国人民代表大会的权力。”①

（三）国防委员会

根据宪法，国家不再设中央人民政府人民革命军事委员会，设立国防委员会，由国家主席统帅全国武装力量，担任国防委员会主席。宪法未对国防委员会设专节予以规定。国防委员会的领导成员包括中国共产党和党外著名军事将领，它是一个带统一战线性质的名义上的国防领导机构。1954 年 9 月 20 日，毛泽东在第一届全国人大一次会议上当选国家主席并担任国防委员会主席。朱德、彭德怀、林彪、罗荣桓、刘伯承、贺龙、陈毅、邓小平、徐向前、聂荣臻、叶剑英、程潜、张治中、傅作义、龙云任副主席，国防委员会委员 81 人。会议还决定，撤销中国人民解放军总司令的设置，由彭德怀任国防部长。黄克诚、谭政、肖劲光、王树声、肖克、李达、廖汉生任副部长。

1954 年 9 月 28 日，中共中央政治局作出《关于成立党的军事委员会的决议》指出，必须同过去一样，在中央政治局和书记处之下成立党的

① 《关于中华人民共和国宪法草案的报告》，《刘少奇选集》下卷，人民出版社 1985 年版，第 157 页。

军事委员会，担负整个军事工作的领导，统一领导全国的武装力量。中国共产党党章规定，中共中央军事委员会组成人员，由中国共产党中央委员会决定。中共中央军事委员会负责党和国家的最高军事决策和军事指挥，根据党的路线、方针、政策和国家安全与发展的需要，确定军事战略，领导军事建设。党的中央军事委员会由毛泽东、朱德、彭德怀、林彪、刘伯承、贺龙、陈毅、邓小平、罗荣桓、徐向前、聂荣臻、叶剑英12人组成，毛泽东任主席，彭德怀主持军委日常工作。10月31日，黄克诚任中央军委秘书长，肖向荣任副秘书长。1956年11月，增补黄克诚、粟裕、陈赓、谭政、肖劲光、王树声、许光达、肖华、刘亚楼、洪学智为中央军委委员。建立中央军事委员会加强了党对军队的绝对领导。原军委办公厅改为“中国共产党中央军事委员会办公厅”，作为军委的办事机构，同时还兼任国防部办公厅，对外称“中华人民共和国国防部办公厅”，设秘书长，负责协调和处理总部及军委的日常工作事务。中央政治局、书记处和军事委员会有关军事工作的决定，可用军事委员会（以下简称军委）的名义由内部系统下达，其须公开发布的命令和指示，则用国务院或国防部的名义下达。新的中共中央军事委员会产生后，中央人民政府人民革命军事委员会遂告终止。

在新的国防和军事领导体制下，中共中央军事委员会领导整个军事工作，国务院领导武装力量建设，凡属军事、国防方面的重大决策都由中共中央政治局、书记处和中央军委同国家军事机构共同作出。毛泽东担任中共中央主席、国家主席、中共中央军委主席、国防委员会主席，是武装力量的最高统帅。彭德怀主持中共中央军委日常工作，并任国务院副总理兼国防部长和国防委员会副主席。1954年10月9日，军委办公厅通知，经中央书记处批准，中国人民解放军各统率机关原冠以“中央人民政府人民革命军事委员会”者，一律改称“中国人民解放军”字样，如“中央人民政府人民革命军事委员会总参谋部”改称“中国人民解放军总参谋部”等。至1958年7月以前，中共中央军事委员会领导下的人民解放军总部曾实行总参谋部、训练总监部、武装力量监察部、总政治部、总干部部、总后勤部、总财务部、总军械部八大总部的体制。1958年7月，中共中央军委扩大会议通过的《关于改变组织体制的决议》规定，中央军委是中共中央的军事工作部门，是统一领导全军的统率机关，军委主席是全军统帅。国防部是军委对外的名称。军委决定的事项，凡需经国务院批准，或需用行政名义下达的，由国防部长签署。中央军委领导下的总部体制仍恢复总参谋部、总政治部、总后勤部三总部体制。在 1959 年 4 月和 1965 年 1 月召开的第二、第三届全国人民代表大会上，刘少奇当选为国家主席和国防委员会主席，毛泽东不再担任上述两个职务，但仍担任中共中央主席和中共中央军委主席，统率着全国的武装力量。

（四）国务院

中华人民共和国国务院，即中央人民政府，“是最高国家权力机关的执行机关，是最高国家行政机关”（第 47 条），管理包括军事在内的一切国家政务；国务院“领导武装力量的建设”（第 49 条）。根据宪法的规定，设立国防部作为国务院负责领导和管理国防建设事业的职能部门。在确立武装力量最高指挥权的同时，1954 年宪法还规定国务院“领导武装力量的建设”，明确了管理和领导武装力量建设的职权是国家行政权的组成部分，从而将武装力量的建设纳入国家建设的体系中。应当说，1954 年宪法对国家军事制度的规定是符合当时实际情况的，特别是面对复杂的国际国内形势，作为执政党的中国共产党将武装力量建设的领导纳入国家制度体系，有利于动员国家人力、物力和财力加强武装力量建设，是富有远见的举措。

三、1975 年《宪法》规定的国家军事领导体制

1975 年 1 月 17 日，经第四届全国人民代表大会修改的第二部宪法，是受“文化大革命”的影响产生的，抛弃了 1954 年宪法中很多正确的东西，也是对 1954 年宪法的倒退。它几乎没有来得及实施，就随着“四人帮”的垮台而销声匿迹了。《宪法》规定：“全国人民代表大会是在中国共产党领导下的最高国家权力机关”（第 16 条）；全国人大“根据中国共产党中央委员会的提议任免国务院总理和国务院的组成人员”（第 17 条），更加突出了中国共产党对国家的领导。同时，1975 年宪法取消了国家主席的设置，将原国家主席的职权改由全国人大常委会行使，但对发布戒严令，宣布战争状态，发布动员令等涉及国防和军事的职权，应由哪些机关行使没有具体规定。

1975 年《宪法》进一步明确了共产党对武装力量的领导，规定：“中国人民解放军和民兵是中国共产党领导的工农子弟兵，是各族人民的武装力量。”由于不再设国家主席和国防委员会主席，又规定“中国共产党中

央委员会主席统率全国武装力量”（第15条）。这样，没有将武装力量作为国家机构的组成部分，没有规定它在国家中的应有地位，也没有完整地规定武装力量的领导机关及其组成，以及武装力量的建设，这就使得武装力量在根本法上游离于最高国家权力机关乃至整个国家政权体制之外。此外，根据宪法的规定，设立国防部作为国务院负责领导和管理国防建设事业的职能部门。

1975年《宪法》还规定了中华人民共和国武装力量的任务：“是保卫社会主义革命和社会主义建设的成果，保卫国家的主权、领土完整和安全，防御帝国主义、社会帝国主义及其走狗的颠覆和侵略。”而且规定：“中国人民解放军永远是一支战斗队，同时又是工作队，又是生产队。”带有明显的不符合现代军队建设基本要求的“文化大革命”时期痕迹。

四、1978年《宪法》调整的国家军事领导体制

1976年10月，粉碎“四人帮”，历时十年的“文化大革命”遂告结束。1977年8月，中共中央召开党的第十一次全国代表大会。会议提出了要在本世纪内把我国建设成为四个现代化的伟大社会主义强国。为了从政治上、组织上和法治上进一步保证党的宏伟目标的实现，第五届全国人民代表大会第一次会议1978年3月5日通过了我国的第三部宪法，即1978年宪法。这部宪法在结构上与1954年宪法和1975年宪法相同，除序言外，共四章，在条文上比1975年宪法增加一倍。1978年宪法在内容方面虽然比1975年宪法有了很大进步，但它仍然没有摆脱“文化大革命”的影响，存在着严重缺陷。由于当时是粉碎“四人帮”后不久颁布的，受历史条件的限制，还来不及对中华人民共和国成立30年来社会主义革命和建设的经验进行全面总结，来不及彻底清理“文化大革命”期间某些“左”的思想对宪法的影响，因而在当年底召开的党的十一届三中全会之后就不能适应现实生活需要了。这表明，1975年和1978年两次对宪法的全面修改，是不成功的，教训是深刻的。

1978年《宪法》再次规定了党对国家军事机关和武装力量的领导地位。对国家军事统率权规定为：“中华人民共和国武装力量由中国共产党中央委员会主席统率”。与1975年宪法相比只是换了个提法，没有明确武装力量在国家中的地位，仍然未再设国家主席和国防委员会。同时规定：“中国人民解放军是中国共产党领导的工农子弟兵，是无产阶级专政的柱石。国家大力加强中国人民解放军的革命化现代化建设，加强民兵建设，

实行野战军、地方军和民兵三结合的武装力量体制。”

1978 年《宪法》对国家武装力量的任务作了新规定：“中华人民共和国武装力量的根本任务是：保卫社会主义革命和社会主义建设，保卫国家的主权、领土完整和安全，防御社会帝国主义、帝国主义及其走狗的颠覆和侵略。”将防御“苏修”社会帝国主义的威胁放在帝国主义之前，反映出当时国防建设和军事防御任务的重点。

1978 年《宪法》对国家机构关于处理战争问题的职权，只是简单地恢复了 1954 年宪法的几项规定，规定全国人民代表大会决定战争和和平问题；全国人民代表大会常务委员会在全国人民代表大会闭会期间，如果遇到国家遭受武装侵犯的情况，决定宣布战争状态，但对动员制度未予明确。

第二节　颁布国家军事法律

中华人民共和国成立后，军事法治建设面临着崭新的历史条件。在军事法治建设中，军事立法具有重要地位。特别是国家层面的军事立法，是国防和军事法治建设的基本法律依据，更能体现国家在国防和军队建设及相应的法治建设方面的宏观思路和战略考虑。从 1949 年 10 月—1978 年 12 月，全国人民代表大会及其常务委员会制定的军事法律，主要为兵役、军官服役和勋章奖章制度等方面的法律，以及与国防和军队建设相关的决定及决议等法律性文件。如 1955 年颁行的第一部《中国人民解放军军官服役条例》、1963 年修订和重新颁布《中国人民解放军军官服役条例》、1978 年颁行的《中国人民解放军干部服役条例》；1955 年颁行的第一部《中华人民共和国兵役法》；1955 年通过的《关于规定勋章奖章授予中国人民解放军在中国人民革命战争时期有功人员的决议》《关于规定勋章奖章授予中国人民解放军在保卫祖国和进行国防现代化建设中有功人员的决议》《关于授予中国人民志愿军抗美援朝保家卫国有功人员勋章奖章的决议》《中华人民共和国授予中国人民解放军在中国人民革命战争时期有功人员的勋章奖章条例》等。

这一时期，我国的军事立法与国家法治建设的发展水平是一致的，可以说发展较快，但由于受到各种影响，军事立法尤其是国家层面的军事法律相对比较薄弱。该时期的军事法律虽为数不多，但地位重要、作用巨大，带动和促进了一大批军事法规、规章的制定和颁行，为加强国防和建设革命化、现代化和正规化的人民军队发挥了重要法律保障作用。

一、关于军官服役法律制度

军官服役法律制度是国防和军事制度的重要组成部分，是军事法治建设的重要内容。中华人民共和国成立后，为适应逐步建设一支强大的现代化、正规化革命军队的需要，国家和军队高度重视对人民军队的军官队伍建设，及时颁布了一系列有关军官服役的法律制度。

（一）1955 年《中国人民解放军军官服役条例》

中华人民共和国成立之初，我军就十分重视军官服役法律制度建设。1953 年 2 月 17 日，根据中央军委决定成立了全军军衔实施委员会，聂荣臻代总参谋长任主任，参与领导草拟《中国人民解放军军官服役条例》。1955 年 2 月 8 日，第一届全国人民代表大会常务委员会第六次会议通过《中国人民解放军军官服役条例》（以下简称《军官服役条例》），以中华人民共和国主席令的形式，由国家主席毛泽东签署并颁布实施。《军官服役条例》共 7 章 54 条，对现役军官的服役、军衔、任职和管理等方面进行了规范，是人民军队的军官服役、退役、任职、授衔和管理的最重要的法律依据。其主要内容包括：

1. 关于军官军衔制度。《军官服役条例》的核心内容是规定了我国的军衔制度。早在中华人民共和国成立前，我军曾经两次拟议过军衔制度，但由于处于战争环境和其他原因而未能实行。中华人民共和国成立后，为加强人民军队的正规化、现代化建设，实行军衔制度的问题很快被重新提上议事日程。1950 年 9 月总干部管理部成立时，就设置了“军衔奖励处”，并着手研究军衔制的问题。1952 年 11 月 26 日，总干部部（7 月改称“总干部部”）向毛泽东主席并军委的报告中，对实行军衔制度准备工作等问题，拟制了初步计划。1955 年 5 月 20 日，国防部部长彭德怀签署命令，根据《军官服役条例》的规定，特制定中国人民解放军各级指挥机关、工作机关，各军种、兵种的指挥机关、工作机关及所属学院、学校、部队和工作单位的编制军衔发布全军执行。1955 年 10 月，依据《军官服役条例》全军正式实行军衔制度。

（1）军官军衔等级的设置。军衔等级是军衔制度的核心内容，取决于各国军队的规模、军队编制、历史条件等因素。我军规模大、编制层次多，而且中华人民共和国成立初期许多军官经历过北伐战争、第二次国内革命战争、全面抗日战争和解放战争，几十年戎马倥偬，身经百战，功勋卓著，为中国人民的解放事业做出了特殊贡献，国家应该给予崇高的荣誉和衔阶，这也是全国人民和全军官兵的共同心愿。因此，条例对于我军军官军衔等级设置的规格很高。同时，鉴于当时我军军官队伍职务、资历、战功、德才等方面构成情况的多样性，为便于统筹兼顾，调节矛盾，军官军衔等级设置的层次也比较多。《军官服役条例》规定：我军军衔设 4 等 14 级，即元帅 2 级：中华人民共和国大元帅，中华人民共和国元帅；将官 4 级：大将、上将、中将、少将；校官 4 级：大校、上校、中校、少校；尉官 4 级：大尉、上尉、中尉、少尉。条例对于授予元帅军衔的条件规定得很高，《军官服役条例》第九条第一款规定："对创建全国人民武装力量和领导全国人民武装力量进行革命战争，立有卓越功勋的最高统帅，授予中华人民共和国大元帅军衔。"根据规定的条件，只有毛泽东有资格授予中华人民共和国大元帅军衔。但毛泽东不同意授人元帅。因此 1955 年未授大元帅衔。第九条第二款规定："对创建和领导人民武装力量或领导战役军团作战，立有卓越功勋的高级将领，授予中华人民共和国元帅军衔。"

（2）授予军衔的依据。《军官服役条例》明确规定："中国人民解放军的每一军官职务，均须在定员编制表内规定其相当的编制军衔。"国防部还下发了《中国人民解放军军官编制军衔》的命令和简表，规定军官编制军衔为一职一衔或一职二衔。条例要求"授予军官军衔时，一般不得高于编制军衔"。"在特殊情况下，可高于编制军衔一级"，但须经国防部批准。为了正确处理军官职务及其他条件的关系，力求使军衔评授公平合理，条例明确规定"授予军官军衔应以现行职务、政治品质、业务能力，在军队中服务的经历和对革命事业的贡献为依据"。可见，军官的职务是评授军衔的主要依据之一，但又不是唯一的依据。据此，1955 年首次授衔，条件掌握较严，普遍存在实际授予的军衔低于军官职务编制军衔和一职多衔的现象。为了调节职务和军衔两者的关系，处理好上级军官的军衔低于下级军官的军衔的现象，条例规定："军衔高的军官对军衔低的一切军人，均为上级。军衔高的军官在职务上隶属于军衔低的军官时，职务高者为上级。"鉴于军官职务编制军衔设一职一衔不易实行，1960 年国防部重新修订了《军官职务编制军衔表》，以一职多衔取代一职一衔。

（3）军衔的批准与授予权限。《军官服役条例》对军官军衔的批准与授予权限规定得比较高：第一次授予尉官军衔由国防部授予；少尉、中尉、上尉晋级时，由方面军或一级军区的司令员和政治委员命令授予；大尉、少校、中校、上校晋级时，由国防部命令授予；大校、少将、中将、上将晋级时，由国防部命令授予；元帅军衔，经全国人民代表大会常务委员会决定，由中华人民共和国主席命令授予。

（4）军官军衔的晋级、降级和剥夺。《军官服役条例》规定，军衔的晋级采取自然晋升和择优选升两种办法，少尉至上校自然晋升，大校以上择优选升。少尉晋中尉 2 年，中尉晋上尉 2 年，上尉晋大尉、大尉晋少校、少校晋中校、中校晋上校各 3 年，上校晋大校 4 年。《军官服役条例》特别规定：战时在前线担任战斗任务和勤务的军官，军衔晋级的期限应予缩短；在战斗或工作中有特殊功绩者，由于职务提升而军衔低于编制军衔者，可提前晋升；军官军衔晋级期限已满，因业务能力或其他原因不能晋升者，得延期晋升，延期 2 年仍不能晋升时，得调整其职务或转入预备役；军衔晋升必须是逐级晋升，特殊情况下需越一级晋升时，中校以下军官由国防部决定，上校至中将由国务院决定。关于军衔的降级和剥夺，条例规定：军衔降级可以作为一种惩戒，但以降一级为限；军官受降级惩戒后，对所犯错误已经改正或在战斗、工作中有显著成绩者，其军衔晋级的期限，得予以缩短。军衔是军官终身的光荣称号，非因犯罪经法院判决，不得剥夺。①

2. 关于军官的分类及其来源。《军官服役条例》规定，我军军官按兵役义务，分为现役军官和预备役军官；按业务性质分为指挥、政治、技术、军需、军医、兽医、军法、行政 8 类军官。现役军官平时由下列人员补充：中级军事学校毕业的军人；高级军事技术学校或其他专业学校毕业的军人；经中级军事学校考试合格或在国防部批准开办的训练班受训后可以任命为军官职务的军士；个别征召的预备役军官。现役军官战时由下列

① 1957 年 8 月，总政治部就试行《处理犯罪军人军衔的暂行规定（草案）》下发通知，依据该规定，犯罪军人具有下列情形之一，法院应该判决剥夺其军衔：1. 犯叛国罪和犯反革命罪的；2. 犯一般刑事罪依法判处死刑、无期徒刑和三年以上有期徒刑的；3. 开除军籍的。1963 年《中国人民解放军军官服役条例》规定：被剥夺尉官、校官军衔的人员，在服刑期满后，国防部部长有权重新授予军衔；被剥夺将官军衔的人员，在服刑期满后，应否重新授予军衔，由国务院决定。

人员补充：普遍征召的预备役军官；中级军事学校毕业的军人；高级军事技术学校或其他专业学校毕业的军人；各种训练班受训后可以任命为军官职务的军士；执行战斗任务中表现英勇机智、立有战功或在工作中有优良成绩可以任命为军官职务的军士和兵。

3. 关于军官职务的任免。选拔任免军官职务，应以政治品质和业务能力为依据。提升军官职务，应按编制缺额和提升顺序进行。军官因编制员额缩减或因健康关系，不能担任原职务时，得调任下级职务，但应保留其原军衔。降职可以作为一种惩戒，但以降一级为限。降职的惩戒不适用于排长或相当于排长的军官。条例还规定了任免军官职务的权限以及紧急情况免职的处置。

4. 关于军官的权利和义务。《军官服役条例》对军官的一般权利义务作了原则规范，特别规定了军官的休假、惩戒和获得勋章、奖章、荣誉称号的问题。关于军官服现役最高年龄，条例规定，少尉、中尉服现役最高年龄为 30 岁，上尉、大尉 35 岁，少校 40 岁，中校 45 岁，上校、大校 50 岁，少将 55 岁，中将 60 岁。上将以上按具体情况确定。

5. 关于现役派遣军官。现役派遣军官即根据非军事部门的聘请，并由国防部派往各该部门担任军事性质工作的现役军官。非军事部门调动现役派遣军官的职务时，须经国防部同意。派遣军官与军队中的现役军官有同样的权利和义务，并应按规定参加集训。《军官服役条例》还规定了现役派遣军官的薪金和军服供给问题。

6. 关于现役军官转入预备役和退役。《军官服役条例》规定，现役军官有下列原因之一者，得转入预备役：服满规定的现役年龄；伤病残废不适合服现役；由于军队编制员额缩减；被调任非军事性质的工作；由于业务能力或其他原因，不适合服现役；本人请求并经批准。有下列原因之一，应予退役：服满预备役的最高年龄；伤病残废完全不能服役。条例还规定了现役军官转入预备役和退役的批准权限及其后的军衔保留问题。

7. 关于预备役军官。预备役军官包括：现役军人转入预备役者；服现役期满的军士，经预备役军官考试合格授予预备役少尉军衔者；高等学校毕业的学生，按其军事知识考试合格或按其专业知识可以担任军官职务，授予预备役军官军衔者；在非军事部门服务，按其专业性质，可以担任军官职务，授予预备役军官军衔者。预备役军官须按期应招参加集训。根据国家需要预备役军官得被征集服现役；由本人提出申请批准者亦得服现役。条例还规定了预备役军官的军衔晋升、集训期间有犯罪行为者的审判以及军衔授予、降级和剥夺的权限。

（二）1963 年《中国人民解放军军官服役条例》

1963 年 9 月 28 日，第二届全国人民代表大会常务委员会第一〇二次会议在 1955 年《军官服役条例》的基础上修正通过，由中华人民共和国主席刘少奇签署，重新颁布了《中国人民解放军军官服役条例》（以下简称《军官服役条例》）。《军官服役条例》共 7 章 53 条，军官军衔制的内容未有大的变动。其主要变化是：

1. 在总则中增加了我军的性质、任务和军官必须具备的条件条款；增加了干部路线、干部政策和群众路线的工作方法条款。

2. 重新规定了军官军衔晋级期限。考虑到和平时期军官职务比较稳定，《军官服役条例》规定少尉至上尉各级军官军衔晋级期限为 3 年，大尉至中校各级军官军衔晋级期限均增加一年变为 4 年。上校以上军官晋级不规定年限，根据其所担任的职务及对作战和军事建设的功绩，实行选升。

3. 调整了军官服现役的年龄。《军官服役条例》规定陆、空军少尉服现役年龄为 28 岁，比原规定减少了两岁，中尉至中校的服现役年龄也作了相应调整，上校以上按原条例不变。海军军官服现役年龄修改较大，少尉由 35 岁改为 32 岁，中尉至上校的服现役年龄也作了相应的减少。

4. 新增加了对技术、军医、兽医军官以及守备部队、省军区、军以上机关及院校中的军官延长服役年龄的规定条款。

5. 补充了对任免职务、授予军衔和批准退役等权限规定。原《军官服役条例》只规定了国家主席、国务院总理、国防部部长对军官职务的任免权。新《军官服役条例》根据我军几年来已实行的办法，对各总部和军区以下首长对所属军官职务的任免作了原则规定，并对军官军衔授予权和现役军官转入预备役和退役的批准权分别作了修改。

6. 增加了被征召入伍的高等学校、中等技术学校毕业的学生，经一定时期的当兵或实习后，始可授予军官军衔的规定。

7. 规定了服预备役军官的年龄。原《军官服役条例》规定少尉至中将各级军官预备役的年龄都分为一、二两等，二等预备役年龄规定得很高，新《军官服役条例》取消了二等预备役年龄。

8. 把作为军官预备役重要来源的民兵干部写了进去。

9. 取消了原《军官服役条例》指挥军官和政治军官中的兵种区分，简化为陆军军官、空军军官和海军军官。①

（三）1978 年《中国人民解放军干部服役条例》

1978 年 8 月 18 日，《中国人民解放军干部服役条例》（以下简称《干部服役条例》），经第五届全国人民代表大会常务委员会第三次会议批准颁布。《干部服役条例》共 9 章 46 条，主要内容有：

1. 关于干部路线问题。总则中强调我军必须坚持“任人唯贤”的干部路线，强调了按照“三要三不要”（要搞马克思主义，不要搞修正主义；要团结，不要分裂；要光明正大，不要搞阴谋诡计）的基本原则和革命接班人的五项条件②选拔干部，强调了坚持党管干部。

2. 关于干部的任免和考核问题。《干部服役条例》吸收了 1972 年关于副师以下干部分别由军区和军、师、团及其相当单位任免，正军职以上干部由党中央主席任免，副军、正师职干部由中央军委任免的规定。《干部服役条例》对干部考核的内容和要求作了明确规定，并设专条规定了科学技术干部的职称、确定和提升职称的条件，以及他们的政治、物质待遇等。

3. 关于干部服现役的最高年龄。《干部服役条例》根据作战部队干部年轻化的要求，分别规定了陆、空军和海军作战部队各级正职干部服现役的最高年龄，作战部队军、师、团机关的干部可参照部队相当职务干部服现役最高年龄的规定执行。高级机关、院校、科研和省军区等单位干部因工作条件、性质不同，服现役最高年龄应有所区别，有些可以延长，有特殊专长的技术干部可长期服役。

4. 关于设置顾问和军事科学院研究干部问题。《干部服役条例》分别

---

① 《国防部关于军官服役条例（修正草案）的说明（1963 年 9 月 14 日）》，全军军衔办公室编著《中国人民解放军新军衔制》，军事科学出版社 1988 年版，第 184—186 页。

② 《干部服役条例》第四条规定：“我军干部必须高举毛主席的伟大旗帜，坚决听从华主席为首的党中央、中央军委的指挥；努力学习马列主义、毛泽东思想，坚持党的基本路线，坚持无产阶级专政下继续革命，认真贯彻执行新时期的总任务和党的方针、政策，自觉遵守党纪国法，坚决执行命令，遵守三大纪律八项注意；保持和发扬我党我军实事求是、群众路线、谦虚谨慎、艰苦奋斗、批评和自我批评、民主集中制等优良传统和作风；不断提高政治思想水平和组织指挥能力，精通业务和技术；英勇作战，积极工作，团结同志，以身作则，全心全意地为人民服务。”

各写一章，对其配备范围、条件、职责等进行了规定。

5. 关于干部退出现役问题。《干部服役条例》设专章对转业干部的职务分配、工资待遇、家属调动等方面作了规定，其中规定 1953 年 12 月 31 日以前入伍的干部（在本条例颁发后）转业后，按军队级别工资标准待遇。《干部服役条例》还规定安排一部分老干部（主要是指离休、退休干部）担任荣誉职务。

6. 关于预备役干部问题。《干部服役条例》继续对预备役干部的来源、最高服役年龄、主管部门、转入现役等进行了规定。①

（四）1965 年《关于取消中国人民解放军军衔制度的决定》

1965 年 5 月 22 日，全国人民代表大会常务委员会第九次会议讨论了国务院提出的取消中国人民解放军军衔制度的建议，发布了《关于取消中国人民解放军军衔制度的决定》。1965 年 5 月 24 日国务院还发布了《关于中国人民解放军新的帽徽、领章和部分军服样式的决定》。1965 年 6 月 1 日，人民解放军正式取消军衔制，② 全军官兵穿着“65 式军服”，佩戴全红帽徽、领章，同时按新的工资级别发薪，原军队干部级别废止。

二、关于国家兵役法律制度

兵役法律制度是指国家关于公民参加武装组织或在武装组织之外承担军事任务，接受军事训练的法律制度。中国共产党领导的人民军队，在历次革命战争时期一直实行志愿兵役制，即根据自愿的原则招收人员参加军队的制度。而且我国实行的实际上是“绝对的自愿制”，即一方面这种兵役制的性质是志愿兵役制，凡加入人民军队者皆出于本人自愿；另一方面，这种志愿兵役制是以不计报酬、不确定服役期限为条件的，是最彻底的志愿兵役制。志愿兵役制在革命战争中发挥了巨大的作用。彭德怀曾指出：自愿制在中国过去各个革命战争时期，对争取革命战争的胜利起了重要的作用，也是在当时体制下实行的优良制度。中华人民共和国成立伊始，全国解放战争尚未完全结束，龟缩到台湾的国民党军队不甘心失败，蒋介石集团企图卷土重来，抗美援朝战争又很快爆发，帝国主义国家对刚

---

① 总政治部副主任梁必业：《中国人民解放军干部服役条例说明》，全军军衔办公室编著《中国人民解放军新军衔制》，军事科学出版社 1988 年版，第 198—202 页。

② 1988 年 7 月 1 日，第七届全国人民代表大会常务委员会第二次会议通过了《关于确认 1955 年至 1965 年期间授予的军官军衔的决定》。

刚诞生的中华人民共和国疯狂地进行封锁和破坏，我军面临着用现代化装备武装起来的敌人侵略的严重威胁。当时若立即进行兵役制度的改革，势必会影响到军队的稳定，进而影响到国家的安全。因此自 1949 年后到 1955 年，国家仍沿用了革命战争年代的志愿兵役制。

（一）确立国家义务兵役制度的重要意义

从中华人民共和国成立到 1953 年，国民党在大陆的残余武装被完全消灭，抗美援朝战争胜局已定，但国内外的阶级斗争形势仍有其复杂而尖锐的一面。当时国家需要建立一支强大的正规化、现代化的军队，以应对国内外各种可能的局势，维护国家主权和领土完整，保卫新生的人民政权。建立强大的国家武装力量不但需要保持一支精干的现役部队，还需要储备大量的预备兵员；维护国家主权和领土完整，保卫国家安全是全体社会成员的共同责任。志愿兵役制带有较多的职业化色彩，其优点是可以使自愿服役者在军队较长时间服务，有利于熟练地掌握训练难度较大的技术装备，对于军队保留技术骨干和现代化建设，具有重要作用。但志愿兵制度没有定期的征集和退伍，难以使军队在战时保持足够的兵力，不便于积蓄强大的经过训练的预备兵员、后备力量。

第一，确立义务兵役制度是加强国家经济建设的需要。1954 年，国家顺利完成了国民经济恢复时期的任务，转入和平建设时期，大量的人力、物力、财力都要放到和平建设上来，以便发展生产，提高物质文化水平。中华人民共和国实行按劳分配的制度，与此相适应，人民军队在革命战争年代实行的基本平均且以实物为主的供给制，也应该由责任与物质利益直接挂钩的薪金制所取代。在这种情况下，如果继续实行志愿兵役制，则意味着人民军队的所有成员，不分干部战士都要实行薪金制。走职业化或半职业化的道路，国家就必须能够拿出足够多的钱来养兵。这对于百废待兴、百业待举的中华人民共和国来说，无疑是难以办到的。所以国家要尽力压缩常备军的数量，减少军费开支，促进国民经济发展。

第二，实行义务兵役制度的时机与条件已经成熟。中华人民共和国的成立，人民政权的建立，相对稳定的国内环境，全国各族人民有了安定团结的生活和进行社会主义和平建设的可能，为我军着手并加快实施现代化、正规化建设，提供了必要保障。新的兵役制度主要是义务兵役制，也称征兵制，是指公民在一定年龄内，按照国家相关法律法令的规定，必须承担一定期限军事任务的制度。公民承担的军事任务通常包括定期在军队中服役和在军外服预备役。义务兵役制实行定期征召和退役，可以使部队成员经常性、定期轮换，不断更新，始终保持旺盛的战斗力；可以为国家积蓄大量的经过训练的后备兵员，解决平时养兵少、战时用兵多的矛盾，满足战时兵员动员的需要。

第三，全国人民特别是青年迫切要求实行义务兵役制，轮流履行服兵役的义务，实现保卫祖国的愿望。实行义务兵役制度，士兵服现役期限短，公民的兵役负担比较合理，可以让更多的青年履行兵役义务，增强国防意识和能力，提高保卫祖国的责任心和光荣感，对振奋民族精神、增强国防力量具有战略意义。

为此，1952 年开始了拟制兵役法的筹备工作，1953 年成立兵役法委员会，1954 年 6 月 7 日—7 月 6 日，中央军委召开了全国兵役工作会议，各省军区司令员、参谋长、政治部主任等 300 余人与会，讨论了兵役法草案。后经广泛征求意见，反复讨论修改，于 12 月拟出了《中华人民共和国兵役法草案》。

1954 年 6 月 23 日，中央军委发布全国省以下各级兵役机构的编配方案。其编制为：省兵役局设办公室及动员、征集、统计、复原、民兵、兵役机关工作 6 个科，军分区可不设兵役机构。县、市兵役局按特、甲、乙、丙等县和二、三、四、五、六等市分设动员、征集、统计、预备役军官、民兵 5 个科；丁等县和七八等市可设兵役、民兵两科或不设科。① 同年 11 月，国务院决定按照义务兵役制原则在全国 25 个省和内蒙古自治区实行征集补充兵员，同时进行义务兵役制原则的宣传，受到了全国人民的热烈拥护。在试行征集兵员期间，全国报名应征的人数达到 1003 万余人，超过国家实征人数的 10 多倍。许多人称赞这个制度有“四不误”，即：不误国防，不误生产，不误婚姻，不误职业。有些原先不了解义务兵役制的老年人，后来也认为义务兵役制是“合情合理”“忠孝双全”②。

（二）1955 年《中华人民共和国兵役法》

1955 年 7 月 30 日，第一届全国人民代表大会第二次会议审议通过了《中华人民共和国兵役法》（以下简称《兵役法》）。这是中华人民共和国

---

① 钱辉、毕建林主编：《中华人民共和国法制大事记》，吉林人民出版社 1992 年版，第 1099 页。

② 《实行义务兵役制，保卫祖国社会主义建设》，人民出版社 1956 年版，第 6—7 页。

第一部兵役法，共 9 章 58 条。《兵役法》第一次比较完整和详细地规范了国家兵役制度，建立了定期征兵和退伍制度，规定了军官服役制度，确立了预备役制度和学校军事训练制度等。它的颁行，标志着国家兵役制度的重大改革，实现了从志愿兵役制到义务兵役制的转变。《兵役法》的主要内容有：

1. 定期征集制度。(1) 定期征集的年龄。《兵役法》规定，中华人民共和国年满 18 岁的男性公民，不分民族、种族、职业、社会出身、宗教信仰和教育程度，都有义务依照本法的规定服兵役。定期征集服现役的人是在每年 6 月 30 日以前年满 18 岁的男性公民。当这一年龄的应征公民不足以完成现役兵员的征集任务时，就应从第二类预备役军人中进行征补。全国每年征集多少人服现役，要由国务院根据国家需要和各地情况决定。(2) 定期征集的时间。考虑到我国幅员辽阔、气候不一等因素，为了不影响农业生产，兵役法规定：全国定期征集是在每年 11 月 1 日到下一年 2 月底的时间内进行。但国家战时征集兵员不受此限。(3) 服现役期限。如果服役期限过长，会给义务兵本人及家属带来一些实际困难；服役期限太短，又不利于保持部队战斗力。因此，《兵役法》规定，义务兵服现役的期限：陆军、公安军的军士和兵 3 年；空军、海岸守备部队、公安军舰艇中的军士和兵 4 年；海军舰艇部队的军士和兵 5 年。1965 年改为陆军 4 年；空军 5 年；海军 6 年。1967 年又恢复为陆军 3 年；空军 4 年；海军 5 年。当现役军人从一军种调往另一军种，则要随着改变他们服现役的期限。但他们在前一军种已经服过的现役时间，也应连续地计算进去。(4) 关于超期服役。国务院有权根据某部队正在执行某种任务或某种情况需要，适当延长该部队士兵的现役期限，但延长的时间不得超过 4 个月。服现役期满的军士，也可以继续留在军队中超期服现役。超期服现役有两个条件：一是根据军队需要；二是根据本人自愿。超期服现役的期限至少是 1 年。(5) 关于缓征问题。《兵役法》规定：应征公民因患病经检查证明暂时不能服现役的时候，可以缓征；正在高等学校就学的学生缓征。至于正在高级中学和相当于高级中学就学的年满 18 岁的学生，每年是否征集服现役或者缓征，由国务院在每年的征兵命令中加以规定。(6) 对于免征问题。《兵役法》规定，应征公民如果是维持他的家庭生活的唯一劳动力，或者是独子，在平时可以免服现役；但是必须经过县、市兵役委员会审查批准。但当他们的条件已经改变的时候，就不应再享受平时免服现役的优待，而自他们应征时期的5年内，仍应当被征集服现役。（7）关于不能服现役的问题。《兵役法》规定：一种是反革命分子和被剥夺政治权利的人，他们是根本不能服兵役的人，连预备役也不能参加；另一种是虽然经过兵役登记成为合格应征公民，但是以后因违犯国家法令而被逮捕被判处徒刑或被管制，在受法律惩治期间不能征集他们服现役，必须当他们受刑期满恢复公民的政治权利以后，才能征集他们服现役。（8）关于征集方法。首先要进行广泛深入的宣传教育，号召适龄青年响应国家征召，踊跃履行兵役义务。其次，依法对每年6月30日以前年满18岁的男性公民进行征集前的兵役登记。应该登记的公民，须亲自到兵役局指定地点履行登记手续，填写兵役登记表，并进行初步体格检查。经过兵役登记和初步体格检查合格的人，就称为“应征公民”，即应当被征集服现役的公民。宣布征集后，每一应征公民均须按照并依据规定的日期，在登记的征集区报到应征。第三，在征集的时候，要由兵役委员会组织当地国家卫生机关根据国防部规定的体格检查标准，对到指定地点报到的应征公民进行入伍体格检查。县、市兵役委员会根据体检结果分别不同情况作出相应的决定。第四，县、市兵役委员会确定服现役人选后，由兵役局下达入伍通知书。接到通知书的人应按时到接兵地点集中入伍。

2. 军官服役制度。（1）现役军官的条件和来源。现役军官必须是军事学校或军事技术专业学校毕业的军人；优秀的军士也要经过军事学校或在一定的训练班受训考试合格后，才能充任军官；只有在战时因为有了战斗经验，才可挑选英勇机智、立有战功或在工作中创有优良成绩的军士和兵充任军官。（2）军官的军衔。军官的军衔是国家根据军官的现任职务、政治品质、业务能力、在军队中服役的经历和对革命事业的贡献授予的。军衔晋级通常按规定的年限逐级晋升，特殊情况下也可以作超一级的晋升。如果军官晋级的期限已满，因业务能力或其他原因不够晋级条件时，得延期晋级。（3）军官服役期限。《兵役法》规定了军官服现役和预备役的最高年龄的原则是：军衔等级低的军官，现役和预备役期限就较短；军衔等级高的军官，现役和预备役期限就规定得较长。军官服满规定的现役年龄或因伤、病、残和其他原因不适合服现役，以及被调往担任非军事性质的工作的时候，即转入预备役。军官退出现役转入预备役或退役的时候，须给予一定的优待。

3. 预备役制度。预备役即公民在现役军队外履行兵役义务的一种兵役。（1）军士和兵的预备役。军士和兵的预备役分为第一类预备役和第二类预备役。在军队中受过正规军事训练、经过实际军事生活锻炼、服满了现役期限而退伍的军士和兵，即编入第一类预备役。在兵役法公布以前，已经复原的中国人民解放军的军人，国家也将按照兵役法的规定把他们中间仍适合服预备役的人编入第一类预备役。在定期征集中未被征集服现役的应征公民、平时免服现役的应征公民和依照《兵役法》第十二条规定进行了预备役登记的年满 18 岁到 40 岁的女性公民，都编入第二类预备役。但编入第二类预备役的人，自编入预备役时起的 5 年内，仍可以被征服现役。第一类预备役和第二类预备役都按年龄分为一、二两等。30 岁以下为第一等，40 岁以下为第二等。《兵役法》规定军士和兵服预备役的期限，到年满 40 岁为止，期满以后就退役。（2）军官预备役。预备役军官有四个来源：在军队服满现役退伍的军官，或者未服满现役已退伍的军官；挑选第一类第一等预备役军士加以集训；高等学校的学生经过学校内的军事训练，经考试及格而取得预备役尉官军衔；在非军事部门中服务的适合担任军官职务并授予预备役军官军衔的人。预备役军官也按年龄分为一、二两等，但是按照不同的军衔等级来划分的。如陆军少尉军官，一等预备役期限到 40 岁为止，二等预备役到 45 岁为止；少校军官一等预备役期限则到 50 岁为止，二等预备役到 55 岁为止。（3）预备役军人的集训。预备役军士、兵和预备役军官，都必须按照国防部的命令参加集训。所有预备役军人要积极参加预备役集训，提高自己的军事技能和政治觉悟，随时准备响应国家的动员征集，并且平时要在各个不同的工作岗位上模范地完成任务，积极参加维持地方治安工作。

4. 学校军事训练制度。《兵役法》第八章第一次从法律上专章规定了“高级中学以上学校学生的军事训练”，要求“高级中学和相当于高级中学以上的学校的学生，应当在学校内受征集前的军事训练”，对高等学校的学生提出了更高的要求，规定他们“应当在学校内受军事训练，并且准备取得预备役尉官军衔和准备担任尉官职务”。这两类学生的“训练的时间和科目由国务院规定”，其军事训练“由学校编制内的军事教员进行”。从 1955 年开始，国家在高级中学和高等院校对学生进行军事训练试点，至 1957 年暂停；1984 年的《中华人民共和国兵役法》又恢复完善了这一制度。

5. 战时征集制度。战时征集即战时动员，采取的是连续征集的办法，没有缓征和平时免服现役的规定。战时的征集，在国家发布动员令以后，由国防部部长根据国务院的决议下令进行。在国家发布动员令以后：所有现役军人应当继续执行职务，直到国防部命令解除服现役时为止；所有预备役军人应当准备应征，在接到直辖市、县、自治县、市兵役局的命令后，应当准时到指定地点报到。

我国的义务兵役制从1956年开始实行，到1957年，人民解放军基本上完成了由志愿兵役制向义务兵役制的转变。义务兵役制的实行，适应了军队武器装备的更新和军事训练水平的提高，促进了人民解放军正规化、现代化建设，同时有效地提高了后备力量的质量，有利于国家实现寓兵于民的国防发展战略，便于集中力量发展经济。特别是在苏美长期冷战的国际战略格局下，普遍的义务兵役制保证了历次自卫还（反）击作战的胜利，维护了国家的主权和领土的完整。

（三）1965年《关于军士和兵的现役期限的决定》

1965年1月19日，第三届全国人民代表大会常务委员会第一次会议通过了《关于军士和兵的服役期限的决定》，将义务兵的服役期限调整为：陆军的步兵军士和兵4年，陆军的特种兵和公安部队的军士和兵5年；空军的军士和兵5年；海军舰艇部队的军士和兵6年，岸上部队的军士和兵5年。1967年12月13日，中共中央、国务院、中央军委、中央文革小组发布关于缩短战士服役年限的命令，再次缩短了战士服役期限。

1967年11月，中央军委颁布了《中国人民解放军部分义务兵改为志愿兵的实施办法》。规定：义务兵超期服役满5年后，本人自愿申请，经批准可以改为志愿兵，服役期限一般为12—20年（含义务兵年限），年龄一般不超过40岁。

（四）1978年《关于兵役制问题的决定》

随着我国国防科研和兵器制造技术的提升，部队装备的现代化水平大幅度提高，许多关键技术岗位的士兵因服役期较短而很难胜任工作，军队建设和作战需要与义务兵役制之间的矛盾日益显现出来，对兵役制度的改革提上议事日程，方向是实行以义务兵为主体的义务兵与志愿兵相结合的兵役制度。1978年3月7日，第五届全国人民代表大会常务委员会第一次会议通过了《关于兵役制问题的决定》，国家进行了第二次兵役制度的重大改革，改行义务兵与志愿兵相结合的兵役制度。确切地说，决定中规定的兵役制度是义务兵为主体的义务兵与志愿兵相结合的制度，一则义务兵是人民解放军的主要成分；二则志愿兵役制以义务兵役制为基础，志愿兵不是直接从社会上招募，而是在义务兵中选改，义务兵是志愿兵的主要来源。该决定还将义务兵服役期限改为：陆军部队的战士 3 年；空军、海军陆勤部队和陆军特种技术部队的战士 4 年；海军舰艇部队、陆军船舶分队的战士 5 年。此外还规定：为了稳定和加强部队的技术骨干力量，部分超期服役的义务兵可以改为志愿兵，在部队长期服役。其服役期限一般为 15—20 年（含义务兵期限）。

1978 年 11 月，中央军委颁布了《中国人民解放军部分义务兵改为志愿兵的实施办法》，规定选留志愿兵的工作，从 1979 年春季退伍时开始进行。

三、关于军人勋章奖章法律制度

我国的勋章、奖章条例是根据中国人民解放军的历史发展情况以及革命战争时期立功运动、奖励工作的经验，并参照苏联等友好国家对军队颁发勋章、奖章的经验制定的。人民军队在长期的革命战争中，为中国人民的革命事业，立下了不朽的功勋。为了表彰战斗和工作中的有功人员，我军各部队在历次革命战争时期也曾颁发过奖章和纪念章以示奖励。但是过去由于受各种条件的限制，奖励标准不统一，奖励范围也有很大局限。中华人民共和国成立后，我军在 1955 年和 1957 年两次大规模地为革命战争时期的人民功臣颁发勋章。1955 年年初中央军委决定，要在年内将现役军官的授衔和授勋工作进行完毕。这两项工作都由总干部部具体组织实施。

1955 年 2 月 12 日，第一届全国人民代表大会常务委员会第七次会议通过《关于规定勋章奖章授予中国人民解放军在中国人民革命战争时期有功人员的决议》《关于规定勋章奖章授予中国人民解放军在保卫祖国和进行国防现代化建设中有功人员的决议》《关于授予中国人民志愿军抗美援朝保家卫国有功人员勋章奖章的决议》《中华人民共和国授予中国人民解放军在中国人民革命战争时期有功人员的勋章奖章条例》（以下简称《勋章奖章条例》等。其中《勋章奖章条例》是专门规定勋章、奖章授予办法的。）

《关于规定勋章奖章授予中国人民解放军在中国人民革命战争时期有功人员的决议》指出：根据宪法第三十一条第十四项规定，将八一勋章和八一奖章、独立自由勋章和独立自由奖章、解放勋章和解放奖章，分别授予在红军时期、抗日战争时期和解放战争时期参加革命战争有功的人员。《勋章奖章条例》规定，勋章每种分一、二、三级，奖章不分级。区分勋章奖章的依据，是参加人民革命战争时间的长短和当时职级的高低，以及是否坚持工作和确无重大过失。勋章由人大常委会决定，中华人民共和国主席授予；奖章由国务院批准，国防部部长授予。授予勋章、奖章的同时发给证书。为及时审批，授权各总部、军兵种等大单位首长批准授予团、营级干部的勋、奖章；授权军级首长批准授予连级以下人员的奖章。

八一勋章和八一奖章的中心图案是红星和“八一”，突出反映中国共产党于 1927 年 8 月 1 日独立领导革命武装的光辉史实；独立自由勋章和独立自由奖章的中心图案是红星和延安宝塔山，象征在中国共产党的领导下，革命圣地延安是中国人民抗日民族战争的革命大本营；解放勋章和解放奖章的中心图案是红星和天安门，象征中国共产党领导人民武装夺取全国胜利。

各级勋章、奖章的授予条件是：八一勋章和八一奖章，授予土地革命战争时期（1927 年 8 月 1 日—1937 年 7 月 6 日）参加革命战争有功而无重大过失的人员。一级八一勋章授予当时的师级以上干部。二级八一勋章授予当时的团级和营级干部。三级八一勋章授予 1935 年 10 月 20 日前参加红一方面军，1936 年 9 月 30 日前参加红二方面军和红四方面军，1935 年 9 月 30 日前参加陕北红军和红军第 25 军，1937 年 7 月 6 日前坚持各地游击战争和参加东北抗日联军的连级以上人员。八一奖章授予在 1937 年 7 月 6 日前参加中国工农红军的上述人员以外的人员。

独立自由勋章和独立自由奖章，授予抗日战争时期（1937 年 7 月 7 日—1945 年 9 月 2 日）参加革命战争有功而无重大过失的人员。一级独立自由勋章授予红军改编为八路军时的旅级和相当于旅级以上干部，红军改编为新四军时的支队级和相当于支队级以上干部，1945 年 9 月 2 日前在八路军、新四军中和在中国共产党领导的抗日游击队中相当于军级的纵队和新四军师级以上干部。二级独立自由勋章授予当时的旅级、团级及其相当干部，三级独立自由勋章授予当时的营级、连级及其相当干部。独立自由奖章授予参加八路军、新四军或脱产参加中国共产党领导的抗日游击队 2 年以上或参军虽不满 2 年但因作战负伤致残的排级以下人员。

解放勋章和解放奖章，授予在解放战争时期（1945 年 9 月 3 日—1950 年 6 月 30 日）参加革命战争有功而无重大过失的人员。一级解放勋章授予当时的军级以上及其相当干部。二级解放勋章授予当时的师级及其相当干部。三级解放勋章授予当时的团级、营级及其相当干部。解放奖章授予当时参加中国人民解放军 2 年以上，或参军虽不满 2 年但因作战负伤致残的连级以下人员。解放战争时期直接领导国民党军队起义建有重大功绩，但参加解放军不满两年的原国民党军队有功人员（含 1950 年 6 月 30 日以后直接领导起义的），根据其功绩大小，分别授予解放勋章或解放奖章：直接领导一个整军以上起义的授予一级解放勋章；直接领导一个整师起义的授予二级解放勋章；直接领导一个整团起义的授予三级解放勋章；直接领导一个整排到整营起义的授予解放奖章。

根据宪法规定颁发勋章、奖章，是对人民解放军在各个革命战争时期有功人员的国家荣誉褒奖，不仅体现了党和国家对立功受勋人员的关心，也是对中国人民解放军伟大历史功绩的肯定，对全军官兵具有巨大的教育和鼓舞作用。由于 1955 年勋章奖章的授予与军衔制的实施同时进行，所以勋章奖章制度被视为军衔制的组成部分。实际上，授予勋章奖章的工作困难而复杂。经过近两年复杂细致的工作，1957 年 6 月，中央决定再次授予中国人民解放军在人民革命战争时期有功人员勋章。这一年“八一”建军节前夕，人民解放军总部、各军种、兵种和各军区的领导机关及各部队，先后隆重举行了授勋典礼。国家建立统一的勋章奖章制度对推进国防和军队正规化建设具有重要而积极的意义。

第三节　完善军事体制编制

军事体制编制主要是指人民军队根据国家宪法和相关法律，通过制定和颁布军队条令条例，依法建立的军队领导指挥体制、军队组织机构和军队编制等军事制度体系，是国家武装力量组织体制的主要组成部分和军事法治建设的重要内容。

我军是中国共产党绝对领导下的武装力量，是为广大人民群众利益而战的新型人民军队。党指挥枪是我军领导体制的根本特征和最高原则。建立党委制、政治委员制和政治机关制，是我军体制编制的重要组成部分，它使党对军队的领导有了组织保证。这种组织形式是由我军的性质和根本任务决定的，它对于我军在长期艰苦卓绝的革命战争中战胜敌人起了重要作用。在社会主义建设时期，我军仍然要坚持党对军队的绝对领导，保持军队的无产阶级性质。因此，军队体制编制的调整与改革，既要适应高技术局部战争和军队现代化建设的实际需要，又要符合保持我军性质和特色的政治要求。

人民军队的体制编制是决定军队战斗力的关键因素之一，也是实现军事战略目标的组织保证。军队的体制编制从来不是一成不变的，是随着时代的发展而不断调整变化的。我军在长期的战争实践中，总是依据不同时期的军事战略目标和任务，适时地依法调整完善军队的组织体制和编组形式。中华人民共和国成立以后，人民军队的体制编制发展总体上是沿着正确的方向前进的，从 1949 年到 1978 年先后经过了多次大规模的调整，从实现的目标和任务来看主要可以分为三个基本发展阶段，都取得了显著的成就。主要是从体制编制上始终保持了党对军队的绝对领导，保持了全军的高度集中统一，适应了完成不同时期军事战略和任务的要求，贯彻了人民战争的思想，符合保持人民军队性质和特色，建设与国家的经济能力和科技水平相适应的正规化、现代化革命军队的要求。

一、以人民军队的职责任务为中心确立体制编制

中华人民共和国成立初期，国家和人民军队面前存在着许多困难，面临的形势是严峻的。从 1949 年到 1953 年，人民军队所担负的职责和任务有重大深刻变化，一方面要保卫新生的国家政权和巩固人民胜利的成果，继续解放全国三分之一被国民党军队控制的地区，肃清残余力量；另一方面要完成抗美援朝的任务。人民军队的体制编制就是以新的职责和任务为中心确立的，在确立新的体制编制和实行精简整编中始终坚持了通过及时颁布中央军委法规性文件和命令的方式依法进行。

（一）中央军委及总部领导体制

根据《中国人民政治协商会议共同纲领》的规定，国家成立了中央人民政府人民革命军事委员会统帅全国的武装力量，从而确立了以中央军委为核心的国家军事领导体制。人民革命委员会下设总参谋部、总政治部、总后勤部，作为执行中央军委战略决策和方针政策指挥机构，也是全军军事、政治、后勤和技术工作的最高领导机关。三总部体制虽然是在战争年代成立的，但其机构和作用与过去有很大不同。1949 年 10 月 19 日，

中央人民政府人民革命军事委员会成立后，徐向前任总参谋长，聂荣臻任副总参谋长（后任代总参谋长，徐向前有病休养）。总参各业务部门得到健全和充实。1950年4月中央人民政府人民革命军事委员会总政治部成立，罗荣桓任总政治部主任，傅钟、肖华任副主任，同时健全了各业务部门。各大军区和各军兵种也陆续建立了政治机关，形成了全军统一的政治工作领导体制。

1949年11月总后勤部称中央人民政府人民革命军事委员会总后方勤务部，杨立三任部长。1950年中央军委任命贺诚、宋裕和、张令彬为副部长，同时建立和充实各业务部门，使总后勤部能担负起领导全军后勤建设和组织全军后勤工作的重任。1950年6月人民革命军事委员会发出《关于由各大军区筹组总后勤部各部的通知》，指定各大军区分别为总后勤部组建一个完整的新的业务部，并规定总后勤部本部和卫生部所缺干部，由总部提名或指定职务从各军区抽调。按照《通知》，财务部由华北军区组建，军需部由华东军区组建，军械部由西南军区组建，运输部由中南军区组建，生产部由西北军区组建，营房部由东北军区组建。经过这次大批量的人员充实，总后机构日趋健全。1950年11月，军委决定将油料工作从运输部分出，组建油料部。年底又设秘书、计划、检查3个直属处。至此，总后勤部机关共设有财务、军需、军械、卫生、运输、油料、营房管理7个业务部及秘书、计划、检查3个直属处，军队后勤开始形成总部统一管理的体制。1952年6月，全军后勤部长会议召开。会议研究了后勤组织体制和整编问题，通过了《关于全军后勤组织原则与领导关系的决定（草案）》，并于7月由中央军委批准颁发全军执行。《决定（草案）》明确全军后勤系统实行在总后勤部统一领导下的陆、海、空三军垂直供应的体制，分陆、海、空军三个系统组织实施，各大军区后勤部除负责本区部队的后勤工作外，应成为总后勤部的补给基地。在战时，则按作战区域以陆军后勤部为主体，组成联合勤务指挥部，统一领导和指挥该战区陆、海、空军部队的后勤工作。总后勤部与各大军区及海、空军后勤部直接联系，不直接供应部队。国防部队（军、师等）由大军区后勤部负责供应，地方部队由省军区后勤部负责供应。军委海、空军后勤部与各大军区海、空军后勤部直接联系，驻扎在各大军区的海、空军部队由各大军区海、空军后勤部负责供应。1950年9月4日，中央人民政府人民革命军事委员会又设立总干部管理部，以加强对干部的管理和为实行军衔制做准备。罗荣桓兼任总干部管理部部长。1952 年 7 月 3 日，该部改称总干部部，其下属局改称部。军委总部机构建立和充实后，在军事训练工作、政治工作、干部工作、后勤工作等方面做了大量的工作，建立了一系列法规制度，对加强全军的统一领导，履行人民军队职能和完成任务发挥了重要作用。

（二）军区体制编制

大军区是根据国家的行政区域、地理位置和战略战役方向、作战任务等设置的军队一级组织，是战略区域内的最高军事领导指挥机关。随着军队建设的需要和体制编制的调整，军区的设置也不断变化。中华人民共和国成立后，根据军事斗争任务和军队建设的需要，人民解放军的大军区进行了多次调整，大体上分为三个时期：中华人民共和国成立初期的六大军区时期；1955—1985 年的十二大军区逐步调整为十大军区时期；1985 年至今的七大军区时期。早在 1948 年 11 月 1 日，中央军委发出通令，对全军的组织编制、番号作了统一规定，其中军区分为一级军区（即大军区）、二级军区、三级军区和军分区，实行四级军区体制，即在中央局相应的区域设一级军区，在中央分局相应的区域设二级军区，在省和行政区设三级军区，在地（专）区设军分区。这一体制一直延续到中华人民共和国成立初期。各级军区均以所在区域的地区或地点命名。解放战争后期，中央人民政府人民革命军事委员会直辖的一级军区共 5 个，即东北军区、华北军区、华东军区、华中军区、西北军区。

1949 年 10 月中华人民共和国成立时，在与中央局相应的设一级军区，与中央分局相应的设二级军区，在省和行政区设三级军区，在地（专）区设军分区。全国共设东北、华北、华东、中南、西北、西南六大军区。1950 年 1 月，华中军区改称中南军区；2 月，西南军区成立。至 1950 年 7 月，全国共有 6 个一级军区：东北、华北、华东、中南、西南、西北军区；18 个二级军区：山西、绥远、内蒙古、山东、浙江、福建、河南、湖北、湖南、江西、广东、广西、川东、云南、贵州、甘肃、陕西、新疆（1951 年 12 月又成立了西藏军区）军区；25 个三级军区：辽东、辽西、河北、平原、察哈尔、胶东、渤海、鲁中南、苏北、苏南、皖南、皖北、赣西南、湘西、海南、川南、川西、川北、西康、陕南、喀什、迪化、伊犁、宁夏、青海军区；4 个省军事部（军级）：热河、吉林、松江、龙江军事部。此时的一级军区与中央局和各大行政区的划分一致，二级军区已不再是中央分局所在区域。二级军区和三级军区已没有明显区别，二者隶属关系上是并列的，在级别上相差一级。二级军区领导机关大都由兵团机关兼，如许光达兵团（第 2 兵团）兼甘肃军区，杨得志兵团（第 19 兵团）兼陕西军区，杨勇兵团（第 3 兵团）兼贵州军区，等等；三级军区领导机关大都由军机关兼或改编，如第 1 军兼青海军区，第 2 军兼喀什军区，第 10 军兼川南军区，等等。各级军区的编制级别为：一级军区为野战军级、二级军区为兵团级、三级军区为军级、军分区为师级。二级军区和三级军区都隶属于一级军区，军分区隶属于二级军区和三级军区。

1951 年 5 月，中央军委正式颁发了军区编制表，一、二级军区领导机关设办公厅、司令部、政治部、后方勤务部、干部管理部、军法处。1951 年 10 月，中央军委和总参谋部规定，驻在各一、二级军区的陆军炮兵、装甲兵、工程兵和防空部队均归所在的一、二级军区建制领导。至此，一、二级军区领导机关就成为人民解放军合成军队战役指挥机构和领导所属陆军部队建设以及管理辖区内地方性军事工作的机构。1951 年 10 月和 1952 年 3 月，中央军委规定各军区领导机关和海军、空军领导机关对军区辖内的海军、空军部队实施双重领导，军区主要负责作战指挥。在此期间，各军区根据实际情况，相继成立了军区炮兵、摩托装甲兵、工兵、骑兵司令部和公安司令部，中南军区还建立了铁道兵司令部。1953 年 12 月，中央军委又进一步明确了军区领导机关在其管辖范围内执行领导、管理和指挥的职责。

（三）军兵种体制编制

组建新的军兵种在战争年代就开始了。中华人民共和国成立后，中共中央和中央军委审时度势，及时开始筹划正式组建新的军兵种。从 1949 年年底开始，中国人民解放军相继建立了军种、兵种领导机关。尤其是在抗美援朝战争中，新的军兵种“边打边建”迅速成长起来。到 1953 年，人民军队已经发展成为一支军兵种比较齐全的合成军队。

1. 人民海军体制编制。1949 年 4 月 23 日，华东军区和第三野战军遵照中共中央革命军事委员会关于“成立华东军区海军司令部”的指示，在江苏泰州白马庙乡成立了华东军区海军领导机构，组建了华东军区海军，宣告成立第三野战军东路渡江作战指挥部。这是人民军队第一支海军部队。张爱萍任司令员兼政治委员。后来，这一天被中央军委批准为中国人民解放军海军的诞生日。中华人民共和国成立后，中央军委就决定组建海军领导机构统一管理指挥各地海军部队。1950 年 4 月 14 日，根据中央人民政府人民革命军事委员会决定，人民海军司令部在北京正式成立，肖劲光任中国人民解放军海军司令员。海军领导机关的成立，标志着海军已经正式作为中国人民解放军的一个军种。海军机关设司令部、政治部，后增设后勤部和干部管理部、卫生部、军法处、秘书处。海军领导机关是中央军委领导海军的业务部门，同时又是海军部队、院校、科研和工程、后勤保障等单位的最高领导机关，负责海军的建设和海军单独遂行作战任务的指挥。海军在初期以海军航空兵部队、潜艇部队、鱼雷艇部队为主，其他兵种相应发展。1950 年 9 月，组建了海军青岛基地。1950 年 12 月，成立中南军区海军领导机关。1950 年年底，海军总人数已达 7.38 万人，共有舰艇 199 艘，海岸炮兵 9 个团和 2 个营。还建立了大连海校、南京海校、海军水鱼雷航空学校、鱼雷快艇学校和海岸炮兵学校等。1952 年 4 月，成立海军航空部、海军岸炮兵部（后改称海岸防御兵部）、军械部、舰船修造部、工程部、学校管理部等。

2. 人民空军体制编制。1949 年 3 月 17 日，中央军委决定成立航空局统一领导管理航空事业。1949 年 8 月，成立了一个飞行中队。同年 10 月 25 日，任命刘亚楼为空军司令员，肖华为空军政治委员兼政治部主任，王秉璋为空军参谋长。1949 年 11 月 11 日，正式成立中国人民解放军空军司令部。这一天被中央军委确定为人民解放军空军成立日。空军领导机关由中国人民解放军第 14 兵团和军委航空局人员组成，简称军委空军。初建时设置司令部、政治部、训练部、工程部、后勤部、干部部 6 个部门。军委空军是中央军委领导管理空军的业务部门，同时是空军部队、院校、科研和工程、后勤保障等单位的最高领导机关。1950 年 8 月，中央军委决定设立军区空军领导机关，下设司令部、政治部、后勤部、航空工程部、干部部、军法处。各大军区司令部航空处陆续扩建为军区空军司令部，空军组织指挥领导体系也逐步健全。军区空军是空军的战役兵团，受军委空军和所在军区的双重领导和指挥。随即，东北军区空军司令部，华东军区空军司令部，中南军区空军司令部，西南军区空军司令部，华北军区空军司令部，西北军区空军司令部先后成立。1953 年 1 月，为加强空军院校建设，空军领导机关增设学校管理部。从 1951 年开始，各战役方向还相继建立了空军军和相当军一级的空军指挥所。1950 年 10 月到 1954

年年初，人民解放军空军航空兵共建立了 28 个师 70 个团，拥有各型飞机 3000 余架，形成了一支包括歼击、强击、轰炸、侦察、运输航空兵在内的空中力量。

3. 炮兵体制编制。在革命战争年代特别是解放战争中，炮兵已经发展成为人民解放军最主要的技术兵种。1949 年 12 月，中央军委决定组建全军炮兵领导机关。1950 年 3 月，中央军委任命苏进为中国人民解放军炮兵副司令兼参谋长，4 月任命陈锡联为司令员。1950 年 8 月 1 日，中国人民解放军炮兵司令部在北京正式成立。此后，军委炮兵机关逐步充实，相继建立健全了司令部、政治部（一度设政委办公室）、后勤部、干部管理部、军械部、马政局等机构。随着各军区炮兵司令部的相继成立，陆军军、师设炮兵主任，自上而下形成了统一的炮兵领导指挥体系。当时针对国民党空军经常袭扰沿海地区的情况，优先发展高射炮兵，1950 年年底，即由中华人民共和国成立时的 16 个高射炮兵团发展到 29 个团。1951 年下半年，炮兵领导机构进行了调整，建立了财务处。同时，根据中央军委决定，将马政局拨归总后勤部；将总后勤部军械部拨归炮兵建制，改称军委军械部，统一掌管全军的军械工作。解放军炮兵机关成立初期，统一领导全军炮兵建设，并直接领导预备炮兵部队。1951 年 11 月，总参谋部决定将炮兵机关直接领导的部队改归各军区管理。抗美援朝战争开始后，炮兵的重点转向地面炮兵。从 1950 年 11 月起，军委先后抽调了 8 个步兵师和一些机关及分队共 9 万余人组建大批炮兵部队。到 1953 年年底，全军预备炮兵达 23 个师 88 个团又 22 个独立营，军、师队属炮兵团达 100 余个，炮兵的装备也大大改善。

4. 装甲兵体制编制。中华人民共和国成立时，人民解放军坦克部队已经发展成为一支拥有近万人、410 余辆坦克、360 余辆装甲车的装甲突击力量。1949 年 12 月，中央军委决定由第 1 野战军第 2 兵团司令员许光达负责组建装甲兵。1950 年 6 月，中央军委任命许光达为摩托装甲兵司令员。1950 年 9 月 1 日，中国人民解放军摩托装甲兵司令部在北京正式成立，统一领导全军装甲兵部队的建设。装甲兵正式成为人民解放军的一个军种。1950 年 11 月，中央军委决定将坦克旅改为坦克师。同时，军区组建独立坦克团。1951 年 9 月开始，在步兵师中增编坦克自行火炮团，向步兵机械化合成体制迈进。1951 年 7 月 16 日改称中国人民解放军装甲兵司令部。机关先设司令部、技术部和干部管理处，后又成立了政治部、后勤部。1951 年 2 月，干部管理处改为干部管理部，后改称干部部。10 月，撤销后勤部，改设财务计划处。

5. 防空部队体制编制。1950 年 9 月，中央军委决定成立中国人民解放军防空司令部。10 月 23 日，中央军委发布建立防空部队领导机构的命令，任命周士第为司令员，钟赤兵为政治委员。12 月 16 日，根据人民革命军事委员会主席毛泽东的命令，中国人民解放军防空司令部在北京成立。机关设司令部、政治部、后勤部、干部部、军法处等机构。所有担负城市要地防空任务的部队，以及正在组建的高射炮、雷达、探照灯等部队，一律划归防空部队建制领导。1950 年 1 月—1952 年 6 月，华东、东北、华北、中南军区相继成立了防空司令部。这期间，还组建了上海防空司令部、广东军区防空司令部、华南军区防空司令部、安东防空司令部等。

6. 工程兵体制编制。早在革命战争年代，南昌起义部队中就有工兵营，广州起义、百色起义等都有工兵参加。工兵部队一直在革命战争中发挥着重要作用。中华人民共和国成立后，为统一领导全军工兵部队，中央军委决定建立工兵领导机关。1950 年 12 月 25 日，中央军委决定以中南军区工兵司令部人员为基础，成立解放军工兵领导机关。1951 年 3 月，中国人民解放军工兵司令部在北京正式成立，工兵成为人民解放军的一个兵种。同年 9 月陈士榘任司令员。机关设司令部、干部管理部、直属政治处。从 1949 年 10 月到 1952 年年底，全军工兵团由 8 个发展到 28 个，总兵力达 7 万余人；陆军军、师、团分别建立了工兵营、连、排。1953 年 9 月，全军 28 个工兵团按任务区分为工程工兵团、舟桥工兵团和建筑工兵团，统一了编制序列。

7. 铁道兵体制编制。中华人民共和国成立前，中央军委将东北铁道纵队改为铁道兵团，隶属中央军委建制，兵团司令员和政治委员由军委铁道部部长滕代远兼任。1950 年 6 月 10 日，根据中央军委命令铁道兵团缩编为 3 个师，1 个直属桥梁团、1 个直属汽车团，编制定员 2.5 万人。为了抗美援朝的需要，又以直属桥梁团为基础组建铁道兵第 4 师。1953 年 9 月 9 日，中央军委决定以铁道兵团为基础，组建解放军铁道兵领导机关，铁道兵正式成为中国人民解放军的一个兵种。同时，志愿军在朝鲜的 6 个铁道工程师正式划归军委系统，与铁道兵团的 4 个师、1 个独立团，统一编为“中国人民解放军铁道兵”。1954 年 3 月 5 日，中国人民解放军铁道兵司令部在北京正式成立，机关设司令部、政治部、工程部、后方勤务部、干部部和计划处、军法处、财务处。解放军铁道兵机关是中央军委领导铁道兵部队的业务部门，又是铁道兵部队、院校等单位的领导机关。

8. 院校体制编制。中共中央和中央军委在革命战争年代就十分重视军队院校建设。到中华人民共和国成立时，人民解放军各类院校已有 29 所，包括航空、海军、炮兵、通信、工兵、测绘、供给、医务等院校，初步形成了适应当时军队建设需要的院校体系。1950 年 7 月，中央军委会议研究了军事院校的建设问题，把创办军队院校和培养现代作战人才作为一项重要的战略任务。毛泽东批准的方案确定，“以战争年代创办的学校为基础，改建、新建一批适应培养现代作战人才的各类院校”①，包括创办一所全军性综合陆军大学、将各战略区原有的军政大学、军政干部学校和各部队的随营学校改建为高级步兵学校、初级步兵学校和专业技术学校，各军兵种新建一批专业学校等。创办各类军事院校，初步形成军队院校教育体制。1951 年 1 月，中国人民解放军军事学院在南京成立，刘伯承任院长兼政治委员。1952 年 7 月，以第一高级步校和高级后勤学校合并组建的中国人民解放军后勤学院在北京成立，李聚奎任院长。1952 年 6 月，中央军委颁布了调整全军军事学校的命令，规定全军编总高级步兵学校 1 所，高级步兵学校 2 所，步兵学校 9 所，炮兵学校 8 所，军械学校 3 所，炮兵摩托学校 1 所，战车学校 2 所，工兵学校 2 所，通信学校 3 所，雷达专修学校 1 所，防化学兵学校 1 所，防空学校 2 所，测绘学校 1 所，俄文专科学校 1 所，后勤系统的财务、军需、运输、油料、兽医学校各 1 所，协和医学院 1 所，军医大学 7 所，军医中学 15 所。除此以外，空军增建了 2 所航空学校，海军增建了海军预科学校、政治干部学校和后勤学校各 1 所，各大军区增建了政治学校。从 1952 年年初到年底，全军建立文化学校 99 所。1953 年 9 月，在哈尔滨成立了中国人民解放军军事工程学校。1955 年，人民解放军院校总数增加到 253 所，其中包括文化学校 98 所、士兵学校 16 所。为了加强对军队院校的统一领导，还在总部设立了军队院校管理机构。

为加强对全军院校的统一领导，1950 年 9 月，成立了隶属于总参谋

---

① 军事科学院军事历史研究部著：《中国人民解放军的七十年》，军事科学出版社 1997 年版，第 391 页。

部军事训练部的军事学校管理局。各军区、军兵种也设置了相应的院校管理部门。随着军队院校的发展，1952 年 12 月，中央军委决定成立总参谋部军事学校管理部，张宗逊副总参谋长兼任军校部部长。

（四）精简整编

中华人民共和国成立初期，人民解放军已经发展到 550 多万人。大规模战争结束，为了国家经济建设的需要，也与军队担负新的职责任务相适应，军队开始精简整编。1950 年 2 月，中共中央政治局决定军队进行大规模的精简整编，计划将总人数压缩到 400 万人。1950 年 3 月，中央军委在《关于军事问题大纲》中规定，在本年度“完成缩军至 400 万人的任务”。在 1950 年 5 月召开的全军参谋会议上，部署了整编工作，明确整编的中心任务是实行复员和统一全军编制，缩减陆军，尤其是步兵员额，加强空军、海军及各特种兵部队。确定了全军分期分批复员或转业百万余人的精简整编方案。同年 6 月 30 日，毛泽东主席和周恩来总理发布中国人民解放军复员 150 万人的决定，是中华人民共和国成立后人民解放军的第一次大规模精简整编。1950 年 6 月，全军实行统一整编，撤销步兵兵团和四个野战军番号。陆军分为国防军和公安部队。1950 年 9 月 22 日，中央人民革命军事委员会发布《关于成立公安部队领导机构》的电令，决定将全国公安部队统一整编为中国人民解放军公安部队，并以第 20 兵团机关为基础成立领导机构。1950 年 10 月 1 日，为了统一全军编制，人民革命军事委员会主席毛泽东颁发命令，公布了《中国人民解放军军区暂行编制表》和《中华人民共和国国防军陆军部队暂行编制表》。在军区暂行编制表中规定，一级军区（大军区）、二级军区（相当于兵团级或由兵团兼任）、三级军区（相当于军级或由军兼任）均统一设司令部、政治部、后勤部（三级军区为处）、干部管理部、军法处。国防军陆军部队暂行编制表规定，撤销野战军番号和兵团机构，野战军一级分别与各军区指挥机构合并。国防军以军为指挥单位，实行三三制编制，即每军辖三个步兵师，师辖三个步兵团，营辖三个步兵连，陆军军编有步兵师、教导大队、工兵营、通信连，以及各种勤务保障分队。1950 年 10 月 1 日，颁布了《国防军陆军部队军暂行编制表》。到 1954 年，经调整合并，仅保留山东、福建、云南、西藏、新疆 5 个二级军区，其他省军区均为三级军区。由于朝鲜战争爆发，这次精简整编计划未能完全实现，到 1951 年年初全军精简整编基本结束，共精简了 94 万人。1951 年年底，朝鲜战场形势基本稳定后，中共中央决定再次进行精简整编。1952 年 1 月 5 日，中央军委颁布《军事整编计划》，规定国防军分二期精简，取得了较大成效。到 1952 年 10 月底，共精简 19 个军部、73 个师，205 万人。通过这次精简整编，撤销了野战军和绝大部分兵团一级领导机构。全国还统一成立省军区、军分区和县（市）人民武装部，领导地方武装工作。通过精简，陆军人数减至 189 万人，特种兵增至 30 余万人，同时，海军、空军和院校得到了加强。1953 年 2 月 20 日，中央军委颁布《对全军执行编制的几项规定》。1953 年 4 月，中央军委又分别颁布了《国防军陆军军部编制表》和《国防军陆军步兵师编制表》，根据新的编制，全军陆军的编制得到进一步统一，技术兵种得到加强，初步完成由分散领导向集中统一指挥、从单一步兵体制向诸兵种合成体制的转变。

二、以人民军队的正规化建设为重点调整体制编制

依法建设现代化、正规化的革命军队始终是党中央、中央军委高度关注的重点。中华人民共和国成立后，从人民军队建设的历史和现实出发，大力加强正规化建设成为实现军队现代化的重点。1951 年 1 月，中央人民政府人民革命军事委员向全军发出号召“为建设正规化、现代化的国防军而奋斗”①。1952 年 7 月 10 日，毛泽东又进一步强调指出：“在中国人民尚未获得全国胜利之前，由于客观物质条件的限制，其军事建设又尚处于比较低级的阶段，也就是处于装备的简单低劣，编制、制度的非正规性，缺乏严格的军事纪律和作战指挥的不集中、不统一及带游击性等等，这些在过去是必然的，不可避免的，因而也是正确的。可是，自从中国人民获得了全国范围的胜利之后，这种客观情况已经起了基本上的变化，我们现在已经进到了建军的高级阶段，也就是进到掌握现代技术的阶段，客观条件已完全具备了这种可能，只需加上不疲倦的主观努力，就一定可以实现。”“与现代化装备相适应的，就是要求部队建设的正规化。”② 从此，人民军队全面展开了正规化建设。

1953 年 12 月 7 日—1954 年 1 月 26 日，中央军委在北京召开了全国军事系统党的高级干部会议，参加会议的有军委、各总部、各大军区、各

---

① 1951 年 1 月，中央军委给军事学院的赠词。

② 《毛泽东军事文集》（第六卷），军事科学出版社、中央文献出版社 1993 年版，第 313—314页。

军兵种、各直属院校的主要领导人共123人。朱德致开幕词和闭幕词，彭德怀代表中央军委作了《四年来的军事工作总结和今后军事建设上的几个基本问题》的报告和会议总结。这次会议在人民解放军建军史上是一次划时代的会议，标志着人民军队由长期战争状态下的发展建设转变为和平时期的建设和发展，是军队由低级阶段向高级阶段发展的里程碑。会议明确了军队建设的总方针和总任务是：建设一支优良的现代化、正规化革命军队，以保卫中国社会主义建设，防御帝国主义侵略。会议还明确了正规化是建设现代化军队绝不可缺少的基本条件，会议指出，正规化就是要把全军的各方面用正式的规格——即条令的规定，彻头彻尾地统一起来，做到“统一的指挥、统一的制度、统一的编制、统一的纪律、统一的训练”，把这些制成条令，作为每个军人遵守的法典，建立相适应的高度“组织性、计划性、准确性和纪律性”。会议确定，用5—10年左右的时间，逐步达到武器装备现代化，编制体制合理化，干部培养标准化，军事制度和军事训练正规化。会议还审议通过了聂荣臻提交的《关于组织和编制报告提纲》，决定军队在前4年整编的基础上，再进行一次大规模的精简整编，进一步改进军队编制，达到定额、定型、定员的目标。这次会议作出的战略决策和规划的蓝图，使人民军队有了一个宏伟的奋斗目标，对指导人民解放军由低级阶段向高级阶段的伟大转变，加速现代化建设的进程，起了重大的指导作用。由于当时各方面条件的限制，军事系统党的高级干部会议制定的规划没有完全得到实现。但这次会议以后，全军进行了一系列卓有成效的军事建设。

（一）调整军委总部领导体制

1954年9月，第一届全国人民代表大会第一次会议通过的第一部《中华人民共和国宪法》，对国家军事领导体制作了新的规定。中华人民共和国国家主席统率全国武装力量，设立国防委员会和国防部，撤销中国人民解放军总司令设置。9月28日，中共中央政治局作出《关于成立党的军事委员会的决议》，指出：中央政治局认为，必须同过去一样在中央政治局和书记处之下成立一个党的军事委员会，来担负整个军事工作的领导。

根据宪法取消中央人民政府人民革命军事委员会，经中共中央书记处批准，1954年10月中国人民解放军各统率机关，原冠以“中央人民政府人民革命军事委员会”者，一律改冠“中国人民解放军”字样。随后，总部机构和领导成员也进行了调整：总参谋长粟裕，副总参谋长张宗逊、李克农、陈赓、王震、许世友、邓华、彭绍辉、张爱萍、杨成武、韩先楚；总政治部主任罗荣桓，副主任谭政、傅钟、肖华、甘泗淇；总干部部部长罗荣桓，副部长宋任穷、赖传珠、徐立清；总后勤部部长兼政治委员黄克诚，副部长洪学智、张令彬，副部长兼副政治委员邱会作。此外，还借鉴苏军体制，在 1954 年 11 月—1955 年 8 月，先后组建了 4 个新的总部：中国人民解放军总军械部，王树声任部长；中国人民解放军训练总监部，刘伯承任部长（未到职，由叶剑英代理）；中国人民解放军武装力量监察部，叶剑英任部长；中国人民解放军总财务部，余秋里任副部长，主持工作，加上原有的四个总部，形成了“八总部”领导体制。由于分工太细，1957 年 5 月 27 日—7 月 22 日，中央军委召开扩大会议，通过了《关于改变组织体制的决议（草案）》，决定将训练总监部、通信兵部、防化学兵部划归总参谋部；将总干部部划归总政治部；将军械部（总军械部于 1957 年 7 月 1 日改称总参谋部军械部）改属总后勤部。此前，总财务部已于 5 月 15 日并入总后勤部，改称中国人民解放军总后勤部财务部。翌年 11 月 1 日，武装力量监察部也被撤销。这样，又恢复到人民解放军传统的三总部体制。

（二）调整军区领导体制

1955 年 2 月，国务院、中央军委决定将原来的 6 个大军区改划为 12 个大军区。将原来的四级军区体制调整为大军区、省军区、军分区三级军区体制。大军区在中央军委领导下，负责领导、指挥、管理本战区内的野战军、省军区及地方武装，并与海军、空军领率机关共同领导本战区内的海、空军部队。沈阳军区（司令员邓华、政治委员周桓）、北京军区（司令员杨成武、政治委员朱良才）、济南军区（司令员杨得志、第一政治委员谭启龙、第二政治委员王新亭）、南京军区（司令员许世友、政治委员唐亮）、广州军区（司令员黄永胜、政治委员陶铸）、武汉军区（司令员陈再道、政治委员王任重）、昆明军区（司令员兼政治委员谢富治）、成都军区（司令员贺炳炎、政治委员李井泉）、兰州军区（司令员张达志、政治委员冼恒汉）、新疆军区（司令员兼政治委员王恩茂）、西藏军区（司令员张国华、政治委员谭冠三）、内蒙古军区（司令员兼政治委员乌兰夫）。1956 年又增设了福州军区，司令员兼政治委员叶飞，全国的大军区达到 13 个。

省军区（卫戍区、警备区）隶属于军区建制，同时是中国共产党省（自治区、直辖市）委员会的军事工作部门和省（自治区、直辖市）政府的兵役工作机构，受军区和省（自治区、直辖市）党委、政府的双重领导。设有司令部、政治部、后勤部等领导机关。下辖若干个军分区，有的还辖一定数量的部队。主要负责所在省（自治区、直辖市）的民兵、兵役、动员工作，有的还担负边防、海防守备任务。中华人民共和国成立后，按照全国的行政区划，中国人民解放军在各省（除台湾外）、自治区、直辖市陆续成立了省级军区。随着全国行政区划的变动，省军区的名称和数量也作了相应的调整。各省、自治区军区冠以所在省或自治区名称；首都则称平津卫戍司令部，1949 年 6 月成立，后改称京津卫戍司令部，1959 年 1 月改为北京卫戍区；其他直辖市称警备区。军分区隶属于省军区，同时是中国共产党地区（地区级市、自治州、盟）委员会的军事工作部门和地区行政公署（地区级市、自治州、盟政府）的兵役工作机构。在各地区（地区级市、自治州、盟）普遍设立的军分区，受省军区和同级地方党委、政府的双重领导。50 年代初期，许多军分区曾由解放军部队的师机关兼任。随着国家行政区划的变动，军分区的设置一般都相应进行调整。地区和地级市原则上设军分区，个别情况特殊的城市称警备区。警备区、军分区设有司令部、政治部、后勤部等领导机关，辖若干个县、旗、区人民武装部，有的还辖一定数量的部队、分队。主要负责辖区内的民兵、兵役、动员工作和预备役部队建设，有的还担负边防守备、城市警备等任务。军分区下辖的人民武装部，是根据中华人民共和国的县（旗）、大城市的区和某些县级市的区划设立的。人民武装部既是中国共产党同级地方委员会的军事工作部门，又是军队的民兵、兵役、动员工作部门。人民武装部几经易名，1954 年 6 月，县（旗、县级市、市辖区）人民武装部改为兵役局。1958 年 4 月，撤销兵役局，恢复人民武装部。1961 年起，在公社、大中型厂矿、大专院校等也设立人民武装部，属地方建制，配备专职人民武装干部。

（三）调整军兵种体制

为适应现代化条件下作战的需要，加强合成军队建设，人民解放军对军兵种体制也进行了调整。1955 年 7 月和 8 月，还先后将公安部队改为公安军，防空部队改为防空军，使之成为人民解放军的两个军种。1957 年以后，防空军与空军合并，公安军番号撤销，又恢复为陆、海、空三个军种。

1. 海军。1954 年 6 月成立了第一支海军潜艇部队。1955 年 8 月，华东军区海军、中南军区海军分别改称东海舰队、南海舰队。1955 年底海军航空兵已经编有水鱼雷轰炸机、歼击机、混合机和水上飞机等不同机种部队共 6 个航空师。1958 年组建了海军航空兵部，作为独立的兵种领导机关。1960 年 8 月，以海军青岛基地为基础，组建了中国人民解放军海军北海舰队。舰队是担负战略海区作战任务的海军建制单位，下辖海军基地、舰艇部队、岸防兵部队、航空兵部队等。初建时设司令部、政治部、后勤部、岸防兵部（处）、舰船修理部、防空兵部、工程部等部门。到 1955 年年底，海军已经拥有战斗舰艇 500 余艘，勤务船只 300 余艘、各种飞机 500 余架。2. 空军。1955 年年底空军装备的飞机已达 4400 余架。空军领导机关下设司令部、政治部、后勤部、干部部、军事训练部、学校管理部、工程部、订货部、修建部、财务部、高射炮兵指挥部、对空情报兵指挥部（后改称雷达兵部）、探照灯兵指挥部、直属政治部、军事法院、军事检察院等。1957 年 6 月以后，对机关部门进行了调整，先后将财务部、修建部并入后勤部，订货部并入工程部，探照灯兵指挥部并入高射炮兵部，干部部、军事法院、军事检察院并入政治部。同时，为加强对空军科研工作的领导，先后成立了军事科学研究部和技术部。1957 年 9 月，空军司令部通信处改为空军通信兵部。

1957 年 4 月，空军陆战第一旅改称中国人民解放军空军空降兵师。1957 年 5 月，防空军高射炮兵部队已经发展到 11 个师部，36 个团又 4 个营，并入空军后，成为空军一个兵种。1957 年，军区空军和军区防空军合并后，军区空军机关也作了相应的调整，下设司令部、政治部、工程部、干部部、后勤部、高射炮兵指挥部、探照灯兵指挥部（处）、对空情报兵指挥部（处）、军事法院、军事检察院。

3. 防空军。1955 年 5 月，根据总部命令，东北、华北、华东、中南军区防空司令部分别更名为沈阳、北京、南京、广州军区防空司令部。1955 年 9 月，驻福州原公安部队第十二师改编为中国人民解放军防空军第一军。1955 年 8 月，防空司令部改称防空军司令部。防空部队的番号改称为“中国人民解放军防空军”，成为人民解放军的一个军种。1957 年 2 月，中央军委决定，防空军与空军合并，撤销防空军番号。5 月 17 日，军委空军、防空军领导机关正式合并。合并时，共有 4 个军区防空司令部和 1 个防空军军部。

4. 炮兵。1954 年至 1956 年，炮兵部队先后组建了炮兵仪器侦察营、炮兵气象站和炮兵校射飞机大队等专业分队，增建了军属炮兵、改装师属炮兵，充实团营属炮兵。至 50 年代末，共组建和装备了几十个军属炮兵团和上百个师属炮兵团。50 年代末，炮兵机关增设炮兵技术部，负责筹建战略导弹部队，后合并到第二炮兵。

5. 装甲兵。1955 年 4 月，装甲兵部队编组为坦克师、机械化师、独立坦克团和步兵师属坦克自行火炮团，基本形成了直属总部和军区建制的独立坦克部队和军以下部队建制的队属坦克部队的体制。① 1958 年 3 月，装甲兵领导机关进行调整，设司令部、政治部、技术部、干部部。1959 年 5 月，干部部归政治部建制。

6. 工程兵。1955 年 8 月，工兵领导机关改称为中国人民解放军工程兵司令部。1956 年 2 月，原直属军委领导的军事建筑部划归工程兵建制。这时的军委工程兵领导机关设有司令部、国防工程建筑部、干部部、器材部、政委办公室以及军训处、军校处等部门。1957 年 8 月精简机构时，撤销了国防工程建筑部，将司令部技术处扩编为工程兵科学研究会。调整后，解放军工程兵领导机关设司令部、政治部、干部部（后并入政治部）、器材部、科学研究会（1959 年改为科学研究部）、财务处。以后经过几次调整，1965 年 7 月兵种机关形成司令部、政治部、后勤部三大部体制。

7. 通信兵。1956 年 4 月，通信部改称中国人民解放军通信兵部，兵种机关于 13 日在北京成立。机关设司令部、政治部、干部部、训练部、科学技术部、器材部。同时，将各军兵种、各军区、志愿军及兵团、军、师、团的通信处（科、股）均改称为通信兵处（科、股）。1959 年 3 月，通信兵部改归总参谋部建制。同年 12 月，中央军委决定，通信兵部仍作为一个兵种进行建设，执行兵种领导机关职权。1961 年 2 月，中央军委又决定，总参谋部通信兵部改称中国人民解放军通信兵部。兵部机关经多次调整，到 1970 年 1 月，设有司令部、政治部、后勤部。1975 年 3 月，通信兵部重归总参谋部建制，称总参谋部通信部。

---

① 军事科学院军事历史研究部著：《中国人民解放军的七十年》，军事科学出版社 1997 年版，第 457 页。

8. 铁道兵。1955 年 10 月，铁道兵机关进行了充实调整。调整后设司令部、政治部、干部部、施工技术部、机械部、材料部和后方勤务部、计划处、军事法院。1958 年 12 月，铁道兵机关体制作了较大调整，确立了司令部、政治部、后勤部三大部体制。60 年代初期以后，根据施工任务的需要，先后组建了西南指挥部（后改称第一指挥部）、东北指挥部（后改称第二指挥部）、地铁指挥部、第三指挥部（1975 年 2 月成立）等领导机构。

9. 防化兵。1955 年 4 月，中央军委决定成立解放军防化兵领导机构。1956 年 1 月 1 日，中国人民解放军防化学部在北京成立，为总参谋部的一个业务部。1957 年 5 月，改称中国人民解放军防化学兵部。此时，防化学兵部为兵种领导机关，统一领导全军防化兵建设。机关设司令部、政委办公室、干部部、器材部。1959 年 4 月，国防部决定防化学兵部改属总参谋部建制，增设科学技术研究处。1960 年 10 月，机关部门的编制作了较大调整，设司令部、政治部、科学研究部、器材部，干部部并入政治部，后又增设后勤处。1961 年 1 月，中央军委又决定，总参谋部防化学兵部改称中国人民解放军防化学兵部。兵部机关经过多次调整，到 1962 年确立为司令部、政治部、后勤部三大部体制。1969 年 6 月，再次改为总参谋部防化学部，作为总参谋部管理全军防化学兵军事工作的业务部门。

10. 基本建设工程兵。1958 年 1 月 21 日，中国人民解放军基本建设工程兵领导机关在北京成立。机关设指挥部、政治部、工程部、后勤部。基建工程兵在国务院、中央军委双重领导下，主要担负国家基本建设重点工程和国防工程的施工任务。由国家建委负责抓总，党政、军事、后勤工作由军委各总部负责，经费由国家基本建设费中直接划拨，其编制人数不计算军事实力，所属部队包括冶金、石油、交通、煤炭、水电、化工、建工、地质、矿山等支队，若干支队编为一个指挥部。

11. 第二炮兵领导机关。1957 年 12 月，中国人民解放军开始筹建战略导弹部队，在军委炮兵领导机关中设置了管理战略导弹部队的机构。为了适应现代条件下反侵略战争的需要，1966 年 6 月中央军委和毛泽东主席批准组建战略导弹部队领导机关。领导机关的名称，根据周恩来提议命名为“第二炮兵”。同年 7 月 1 日，中国人民解放军第二炮兵领导机关在北京正式成立。机关设司令部、政治部、后勤部。1975 年 12 月，为了加强武器装备的管理和科学技术研究工作，增设了科技部（后改称技术装备部）。第二炮兵领导机关负责对所属部队、院校和科研单位实施全面领导，而部队的建设、部署、调动，特别是作战，都必须极端严格、准确地遵照中央军委的命令执行。

（四）军事院校和科研体制

1956年后文化学校逐步取消。1956年3月，以军事学院政治系为基础，成立了中国人民解放军政治学院。1957—1959年，根据中央军委的决定，以军事学院战役系为基础，建立高等军事学院；以军事学院海军、空军、炮兵和装甲兵等系为基础，分别建立海军、空军、炮兵和装甲兵学院等；以军事学院基本系、情报系、防化系等为基础，改建为中级军事学院。1956年9月，为研究马克思主义军事理论，总结古今中外的战争经验，编写合成军队的条令条例，探索现代建军和作战的重要问题，以适应国防现代化和未来作战的需要，中央军委决定建立军事科学研究机关。12月3日，军委批准成立以叶剑英元帅为主任的军事科学院筹备委员会，负责军事科学院的筹建工作。1957年7月，中央军委确定军事科学研究机关的编制，设军事史、军事学术、军事技术三个学部和学术秘书处、办公室、行政事务管理处、政治处、干部处、翻译处等部门。1957年10月24日，国防部发布命令，公布军事科学院名称，正式命名为“中国人民解放军军事科学院”。1958年1月25日，国防部长彭德怀批准军事科学院的组织规程和组织系统。指出，军事科学院直接隶属于中央军委和国防部，是全军军事科学研究的计划指导机关和学术研究机关。1958年3月15日，军事科学院在北京正式成立，编制为大军区级，直属中央军委领导，叶剑英任院长兼政治委员。此后，各军区、军兵种、军事院校都相继成立了军事学术研究机构，组织起一支研究队伍。1960年，全军拥有各级军事研究机构160余个，专业研究队伍2000余人。到1959年，全军院校调整为129所。同时，根据军队建设的需要，确定了各级各类院校的学制。指挥院校为3年；政治院校为2年；专业技术和医学院校的本科为4—5年，中专为2年左右；飞行学校为2年，预校为1年以内。至此，军队院校教育初步形成了一个初、中、高相衔接、专业门类齐全的比较完整的培训体系。1955年4月，训练总监部成立后，军事学校管理部并入训练总监部，改称军事学院和学校部。1958年12月，训练总监部撤销后，军事学院和学校部划归总参谋部建制领导，称学校管理部。自60年代初开始，中央军委对全军院校进行了统一调整，重点加强了工程技术院校的建设。同时，还针对全军院校编制不统一，教学体制和学制不尽合理等问题，统一规定了院校工教人员与学员的基准编制比例，调整了教学体制和学制，院校的基本编成状况得到了明显的改善。1960 年 4 月以后，根据 1959 年 12 月中央军委《关于调整军事工程学院任务和分建各军兵种工程学院问题的决定》，军事工程学院所属的炮兵、装甲兵、工程兵、防化兵 4 个工程系先后分出，成立了炮兵、装甲兵、工程兵、防化兵 4 个工程学院；从军种系中分出一部分成立了海军、空军高级专科学校，并组建了海军工程学院和空军工程学院。另外，还成立了后勤工程学院、雷达工程学院。至此，全军工程技术学院调整到 31 所。1961 年 12 月，中央军委批准《关于院校工作若干问题的决定》，将一部分指挥院校和文化学校改为工程技术院校及其预备学校。总参谋部和总政治部根据中央军委决定于 1962 年 1 月和 9 月两次发出对部分军队院校进行调整的通知。到 1962 年年底，全军院校总数调整为 119 所，其中工程技术院校为 74 所。在这次调整中，还针对院校编制标准不一、机构设置不精干等情况，本着减少重叠的机构和行政人员，重点保留教员队伍的原则，制定了全军统一的工教人员与学员、教员与学员的基准比例，使院校的编制有了依据，并得到相对的稳定。与此同时，对院校体制和学制也作了相应调整，明确规定指挥院校按初、中、高三级培训。1962—1968 年，全军院校总数大体保持在 120—125 所。

（五）再次进行精简整编

1954 年至 1958 年年底，人民解放军按照全国军事系统党的高级干部会议确定的精简整编规划和贯彻党的第八次全国代表大会精神，又进行了两次大的精简整编。一次是从 1954 年 2 月至 1955 年年底，全军总员额减为 350 万人，精简比例为 12.2%。一次是从 1956 年 11 月至 1958 年年底，全军成建制集体转业或移交地方的有 1 个军部、46 个师、30 余所医院和 30 余所院校。全军总员额降至 240 余万人，是中华人民共和国成立后，人民解放军人数最少的时期。虽然军队数量比以前大大减少，但由于加强了海军、空军及陆军特种兵的比重，军队的质量有了很大提高，军队体制编制进一步合理。同时还按照德才并重的原则提拔干部，有效地提高了军队干部的质量。据统计，从 1950 年到 1956 年，全军从战士中提拔了 100 万名干部，同时也逐级提拔了大批干部，加上从地方上吸收了大量知识分子，扣除向地方输送的 83 万名干部，军队干部总人数从 1949 年年底的 46 万人增加到 94 万人，使干部数量不足问题得到了解决。① 军队通过两次精简整编，空军、海军和炮兵、装甲兵、工程兵、铁道兵、通信兵和防化兵等均得到相应的发展，到 1958 年，空军发展到占全军人数的 12.2%，海军占 5.8%，炮兵占 4.8%，装甲兵占 2.3%，人民解放军已经初步完成了由陆军为主体向诸军兵种合成军队发展的转变。同时，减少了经费，有力地支援了国家经济建设。

（六）制定配套的法规制度

从 1954 年至 1959 年，中央军委根据军队精简整编和现代化建设的要求，对全军院校进行了及时调整，完善了门类齐全的初、中、高级院校相衔接的军官培训体系，更加重视部队的正规化训练。1954 年，总参谋部规定了 8 种训练制度，即请示报告制度、检查制度、训练会议制度、教学法集训制度、学习制度、司令部训练制度、指挥员训练制度、校阅制度。这些制度尽管还不够完善，但为训练正规化展开奠定了基础。1964 年 4 月，成立了全军比武筹备委员会，广泛开展了群众性的大练兵、大比武活动。参加比武和表演的部队、民兵 13700 人，参观比武的干部 87000 余人，参加个人项目比武的 2843 人次，分队比武项目 1420 个，获个人奖的有 2257 人，分队集体奖的 1212 个，党和国家领导人观看了表演并给予高度评价。通过比武，对部队起到了示范推动作用，带动了部队群众性军事训练的开展，提高了官兵素质，促进了部队战斗力提高。人民解放军为解放台湾加紧进行训练准备，有针对性地进行了部队战术技术训练，把现代条件下的抗登陆作战和登岛作战训练作为军事训练的重要课题。军队组织了方面军级的陆海空参加的抗登陆演习，这是人民解放军第一次大规模的诸军兵种联合演习。这一时期还进行了海军和空降兵协同的、歼灭濒海集团敌人的方面军进攻战役的准备和实施陆军的渡海登陆演习。以建立正规秩序为基本条件，以战术技术训练为主要内容的军事训练高潮的兴起，大大提高了我军现代化建设水平。

此外，为了提高军队建设的正规化程度，还通过制定以条令条例为主体的军事法规建立正规的军事制度、打下正规化、现代化坚实的基础。

---

① 姜思毅主编：《中国共产党军队政治工作七十年史》（第 4 卷），解放军出版社 1991 年版，第 197 页。

1951 年 2 月，总参谋部将中国人民解放军的《内务条令（草案）》《纪律条令（草案）》《队列条令（草案）》颁布全军试行，1953 年 5 月中央军委正式颁发试行。随后又以苏军条令、条例为参照，颁发了一系列包括《步兵战斗条令》《骑兵战斗条令》《高射炮战斗条令》《空军战斗条令》《海军战斗条令》等条令、条例、教令、教程、教范等，对规范军队现代化建设起了基础性作用。1958 年修改后的纪律、队列、内务三大条令正式颁布。1958 年，根据毛泽东的指示，又开始着手编写我军自己的战斗条令，实行统一正规的军事教育训练。

1954 年 12 月 22 日，总政治部发出《关于实行义务兵役制、薪金制、军衔制和颁发勋章奖章的工作指示》。从 1955 年开始，人民解放军根据国家颁布的有关法律、条例，逐次实行了义务兵役制、薪金制、军衔制和颁发勋章奖章四项制度。四项制度的实行和三大共同条令的贯彻，使人民军队进一步走向正规，部队面貌发生了根本性的变化。此外，政治工作、后勤工作和后备力量建设方面的一系列新制度也相继建立，使整个军队建设初步实现了规范化、制度化。这一时期的正规化建设，对中国人民解放军来说，具有承前启后、继往开来的重大意义，在中国人民解放军发展史上是一个新的里程碑。从 1958 年至 1965 年以及以后的“文化大革命”十年，中国军队现代化建设经历了几次比较大的曲折。第一次是 1958 年 5 月批判军队建设上的“教条主义”和“资产阶级军事路线”，错误地批判了刘伯承等同志在院校教育和部队训练中实行的一套正规化做法。第二次是 1959 年 8 月批判彭德怀同志的“资产阶级军事路线”，全面否定了彭德怀主持军委工作期间所建立的一系列正规化制度。第三次是 1959 年 9 月林彪主持军委工作，用所谓“突出政治”的革命化反对现代化和正规化，特别是“文化大革命”期间，破坏纪律，践踏法治，把军队许多行之有效的规章制度诬蔑为“资产阶级军事路线”加以批判，使军队的正规化、现代化建设受到严重的挫折和损失，延缓了正规化、现代化建设的步伐。这一时期，人民军队的体制编制也经历了曲折的发展，出现了严重影响人民军队加快实现正规化、现代化建设的各种问题和障碍，至使部队编制膨胀，制度松懈，纪律松弛，正规化建设遭到破坏。教训是极为深刻的。但从整体上看，党对军队的领导占据主导，正确的建军思想占据主流，人民军队的体制编制保证了党对军队的绝对领导，我军现代化建设在这一时期仍有新的发展。

三、以人民军队的现代化建设为目标改革体制编制

20 世纪 70 年代，随着现代科学技术在战争中的广泛应用，军队的数量与质量关系发生了深刻的变化。军队的数量已不再是衡量国防力量的主要标准。控制并逐步减少军队数量，加快高技术武器装备的发展更新，调整编制结构，强化教育训练，提高人的素质，已成为世界军队发展的基本趋势。20 世纪的军制变革，在内容上涵盖了从国防领导指挥体制、武装力量体制、武器装备管理体制到后备力量建设体制、兵役制度、动员制度；从军队规模、领导指挥体制、军兵种编制到后勤保障体制、训练体制等各个方面。依法建立科学完善的军队体制编制也是世界各国军事法制建设的重要内容。20 世纪的战争史表明，有了先进的作战手段，具备了技术和武器装备上的优势，但如果不能通过军事组织体制的变革而使之与先进的军事理论联结起来，先进作战手段的作用和技术优势即使不被全部抵消，至少会大大减弱。因此，建立科学、合理的体制编制，是军队现代化建设的重要内容，有利于推进军队的现代化建设。我国在“文化大革命”后期，军队的最高员额发展到 600 多万人，军队膨胀严重阻碍现代化建设的步伐。

1975 年 1 月，经毛泽东提议，党的十届二中全会选举邓小平为中共中央副主席、政治局常委，并担任中央军委副主席兼总参谋长。1975 年 2 月，经中共中央批准，取消了军委办公会议，恢复军委常委会，由叶剑英、邓小平担负起中央军委日常工作的领导责任。在邓小平主持下，开始纠正“文化大革命”给军队建设造成的损害，推行以加快实现现代化为目标的体制编制调整改革。

（一）坚定提出精简整编

1975 年邓小平主持军委工作后，在总参谋部机关团以上干部会议上指出：“从一九五九年林彪主管军队工作起，特别是在他主管的后期，军队被搞得相当乱。现在，好多优良传统丢掉了，军队臃肿不堪。军队的人数增加很多，军费开支占国家预算的比重增大，把很多钱花费在人员的穿衣吃饭上面。更主要的是，军队膨胀起来，不精干，打起仗来就不行。”“所以毛泽东同志提出军队要整顿。军队的总人数要减少，编外干部太多

要处理；优良传统要恢复。”① 邓小平同志在分析国内外形势的基础上，针对我军的现状，深思熟虑，作出了军队实行精简整编和体制改革的战略决策。同时，邓小平同志也指出：“军队人员过多，也妨碍军队装备的现代化。减少军队人员，把省下来的钱用于更新装备，这是我们的方针。”② 武器装备的现代化，是军队现代化的重要标志，是战胜敌人、提高军队战斗力的重要途径。改善武器，更新装备，需要军费开支。而减少军队员额，恰好可以节省部分军费。这是我们改进、更新装备的重要途径。事实证明，军队精简整编以后，人头费开支减少了，一些陈旧、落后的装备淘汰了，我军装备的现代化水平提高了。50 年代，军队开始大规模减少数量，全面提高质量。但是，从 1959 年到 1965 年，军队数量又有部分增加，质量建设开始受到冲击。尽管当时确定加强质量建设的方针结出了丰硕成果，拥有了包括原子弹在内的比较先进的武器装备，但由于“左”的政治指导及“立足于早打、大打、打核战争”的军事指导，使军队员额比苏、美两国军队加起来的总数还要多。过多的冗员，不仅给国家财政造成很大困难，而且使军队臃肿不堪，各部队不同程度地存在着“肿、散、骄、奢、惰”的现象。大量军费用于人员开支，武器装备的现代化水平与发达国家的差距越来越大。20 世纪 70 年代中期，邓小平对国际战略格局作了全方位的透视之后，提出“战争可能延缓爆发”的战略预测。随后他又多次阐述“小的战争不可避免”，但“在较长时间内不发生大规模的世界战争是有可能的，维护世界和平是有希望的”重要论断，把精简整编置于现代战争条件下军队建设的普遍规律之中加以思考和筹划。邓小平抓精简整编，目的不仅仅在于减人，而是要加速提高军队的革命化、正规化、现代化水平，把军队建设成为能应付强大作战对手的精兵。以精简整编为契机，加速武器装备建设。邓小平强调，要减少军队人员，把省下来的钱用于更新装备，这是我们的方针。邓小平强调精简整编，出要解决好，更重要的是解决进的问题。在邓小平看来，选拔和造就大批具有高度政治觉悟、掌握现代军事技术、懂得现代战争指挥艺术的优秀人才，是精简整编的重要内涵，是实现军队现代化、赢得战争胜利的战略性工程。

---

① 《邓小平文选》（第二卷），人民出版社 1994 年版，第 1 页。

② 《邓小平文选》（第二卷），人民出版社 1994 年版，第 285 页。

（二）依法实施精简整编

完善的军事法规体系，不仅是依法治军的前提，也是军队精简整编的法制保障。1975 年 6 月 24 日—7 月 15 日，中央军委扩大会议在北京召开，各总部、各军兵种、各大军区、国防科委、国防工办、军事科学院、军委直属院校的负责人共 70 余人出席会议。会议在叶剑英、邓小平主持下，集中讨论了军队整顿和精简整编问题。会议通过了《关于压缩军队定额、调整编制体制和安排超编干部的报告》。中央军委决定，在三年内将军队定额从 610.8 万人压缩到 450 万人。会议确定要精简机关，裁并重叠机构，安排超编干部，减少保障部队和普通兵员，淘汰陈旧装备和有重点地加强特种兵部队的建设等。邓小平反复强调："有了编制，定额才能压下来，秘书、公务员才能减下来。""要编制管定额，不是定额管编制，要在明确编制的基础上才能精简。"① 1975 年 7 月 14 日，邓小平在军委扩大会议上又一次严肃指出："这一次编制要严格搞，要切实遵守编制。可以说编制就是法律。"② 1975 年 7 月 19 日，中共中央批转中央军委《关于压缩军队定额、调整编制体制和安排超编干部的报告》。《报告》提出在军内采用增编顾问、做研究工作、送学校培养、离职休养等方法安排大部分师以上干部和部分团以下干部。其余干部退出现役由地方安排。1975 年 8 月 23 日，中央军委颁布《关于组织编制审批权限的规定》，对组织编制审批权作出规定，凡增加定额和组建团（导弹部队营）以上部队和相当师以上机关、学校等单位，报军委审批。营和相当团、营的机关直属单位以及县、市人武部的增减调整，在不增加全军定额的原则下，由总参谋部审批。各军、兵种师以上部队和各军区、各军区兵种、各总部、国防科委机关、军事科学院、军政大学编制表，由军委批准颁发。各军区、兵种独立团、营，各军区地方部队独立师、团和守备、边防部队的编制表；省军区、军分区、军区空军、海军舰队、基地和其他相当军、师一级的机关、院校编制表；各军区、各军兵种、国防科委机关的直属单位以及仓库、医院、疗养院编制表，由总参谋部批准颁发。总部机关的直属单位编制表，分别由各总部批准颁发。其余单位的编制表由各军区、各军兵种和国防科委在规定的定额内批准颁发。同年 9 月 7 日，总参谋部根据军委扩

---

① 《邓小平军事文集》（第三卷），军事科学出版社、中央文献出版社 2004 年版，第 12 页。

② 《邓小平文选》（第二卷），人民出版社 1994 年版，第 20 页。

大会议精神制定的《压缩军队定额调整体制编制的方案》，经中央军委批准，在全军贯彻执行。方案规定全军总人数精简 26.2%，其中全军机关、保障部队所占比例减少，战斗部队、院校和科研单位所占比例增大；陆军所占比例减少，海、空军所占比例增大。

在中央军委的领导下，人民解放军从 1975 年到 1978 年，先后进行了几次大的精简整编。1977 年 12 月，中央军委通过了《关于军队编制体制的调整方案》。这个方案肯定了 1975 年规定的精简整编任务。精简的重点是各级领导班子和领导机关，首先是总部和各军兵种、大军区、省军区领导机关等，并决定铁道兵、工程建筑部队（不包括舟桥、野战工兵部队）不计军队定额，将地方警卫部队交公安部门改为武装警察。精简整编方案从 1978 年开始实施。1978 年 9 月 19 日，中央军委又颁发《关于加强军队组织编制管理的规定》，要求各单位严格控制定额，实行以块为主的管理原则，强调编制就是法规，必须坚决执行。同年，1 月 21 日，中央军委决定，成立基本建设工程兵领导机关。基本建设工程兵为中国人民解放军一个兵种，在国务院、中央军委统一领导下，由国家建委负责抓总，党政、军事、后勤工作由军委各总部负责。经费由国家直接划拨，不计算军事实力。

1975 年 5 月，中央军委转发总参谋部、总政治部、总后勤部《关于院校编制若干问题的报告》。《报告》明确了各类院校的训练分工、学员定额比例；规定院校机关设训练部、政治部、院（校）务部；各院校设校、队两级，学员比较多的或专业比较复杂的院校，设校、大队（系）、队三级；教研室一般设在训练部和政治部，有的设在大队（系），或把部分教员编配在队。1977 年 11 月 7 日，中央军委批转了中央军委教育训练委员会提出的《关于调整和增建军队院校的报告》。决定在已有院校的基础上，再增建 28 所院校。到 20 世纪 70 年代末，全军院校发展到 116 所，其中指挥院校 40 所、政治院校 5 所、技术院校 54 所、飞行院校 17 所，大体恢复到“文化大革命”前的规模。

（三）实现精简整编目标

邓小平主持军队工作后，一直在有计划、有步骤地进行裁减员额和调整体制编制的工作。这一时期的精简整编为军队在 1978 年以后的精简整编奠定了基础，开启了更大规模裁军整编的大门。从 1975 年到 1989 年的十几年间，人民解放军进行了多次精简整编。对于努力推进中国特色军事变革，实现人民军队由机械化向信息化的转型，加速做好军事斗争准备，具有十分重要的意义。

1980 年 3 月，中央军委召开常委扩大会议，决定针对军队仍然臃肿庞大，难以适应军队现代化建设的要求的状况，再次对全军进行精简整编，以减少部队数量，提高部队质量；改革不合理的编制体制，压缩非战斗人员和保障部队。1982 年 2 月 12 日，中央军委又发出《成立军委体制改革、精简整编领导小组的通知》，1982 年 9 月中央军委颁布了《军队体制改革精简整编方案》，根据邓小平关于部队精简整编要用革命的办法，用改良的办法根本行不通的指示精神，决定在 1980 年精简整编的基础上进一步调整全军的编制体制，将中国人民解放军炮兵、装甲兵、工程兵领导机关缩编为总参谋部的业务部门，各军区所属的上述 3 个兵种领导机关，也作了相应改编；将铁道兵与铁道部合并，撤销基建工程兵；撤销省军区的地方部队；部分边防部队移交公安部门，新组建人民武装警察部队。1983 年人民解放军完成了方案规定的任务。1985 年 5 月，中央军委根据邓小平同志的指示，制订《军队体制改革精简整编方案》，决定裁减军队员额 100 万。至 1990 年，实际裁减 109. 3 万人。在裁减员额的同时，精简机关，充实部队，仅 1985 年精简中，撤销大军区 4 个（大军区由 11 个改为 7 个），减少军级单位 31 个，师和团级单位 4054 个，县市人武部划归地方建制 2592 个。同时撤并了部分军队院校，军事学院、政治学院、后勤学院合并为国防大学。三总部机关精简人员比较多，总参谋部机关减少 60%，总政治部机关减少 30. 4%，总后勤部机关减少 52%。

科学合理的编制体制是逐步实现军队正规化和现代化的迫切需要。通过精简整编和体制改革，使人民军队变得精干，编组和体制更加科学和合理，这是提高我军战斗力的有效措施。加强了特种兵和技术兵种，海军、空军、二炮的装备结构有了较大的发展，陆军重点发展了装甲摩托化部队、机械化部队、炮兵、通信兵、电子对抗技术兵；深化战役战术单位的合成，组建集团军，提高编制的合成性；根据地理环境和任务整编部队，建立山地部队、应急部队、特种部队，实行不同类型的编制，提高编制体制的针对性；建立动员转换机制，建立预备役，实行民兵和预备役相结合的制度，在全国建立了 2000 多个民兵训练基地，提高体制编制的高效性，从而使军队体制编制向精兵、合成、高效的方向大大前进了一步。此后，人民军队一直在不断压缩体制编制和裁减军队员额①，走有中国特色的精兵之路取得实质性进展。

第四节　制定军队条令条例

军队条令条例是人民军队法治建设的重要基础，在我国军事法规体系中居于主体地位。在以国家宪法为核心、军事基本法律为骨干的军事法体系中，很大一部分是条令条例。中华人民共和国成立后，为推进人民解放军现代化、正规化建设，中央军委制定颁布了一批军队条令条例。

从 1949 年 10 月至 1978 年 12 月，人民军队的条令条例建设受国家政治和法治建设的影响，大体经历了创建、繁荣发展和相对停滞三个阶段。其中，20 世纪 50 年代到 60 年代初期是人民军队条令条例建设的创建和发展繁荣时期，此后，由于受到各种因素影响，尤其是经历了“文化大革命”，军队的条令条例建设受到严重干扰和损害，与人民军队的正规化、现代化建设的实际需要脱节，出现了严重滞后的状况。1978 年以后，在党中央和中央军委的高度重视下，人民军队的条令条例建设又进入了一个新的快速发展时期。

一、高度重视军队条令条例建设，奠定人民军队法治建设基础

军队条令条例主要是指军事机关按照国家宪法和法律规定的立法权限，根据军队作战和建设的需要所制定的军事法规的统称。军队条令条例把军队建设和作战的成功经验，以法的形式固定下来，成为定制。人民军队的条令条例集中体现了军队的性质宗旨、国家战略方针、军事思想以及建军和作战的原则，体现着军事科学理论研究的最新成果，反映了军事活动的丰富经验和客观规律。其中，条令是军队独有的法规形式，它是用简明条文规定并以命令形式颁布的关于军队战斗、训练、工作或生活方面的共同行为准则的军事法规；条例是以命令形式颁布的，全面、系统规范国

① 在 1997 年党的十五次全国代表大会上，江泽民宣布：“在 80 年代裁减军队员额 100 万的基础上，我国将在今后 3 年内再裁减军队员额 50 万。”2003 年 9 月，胡锦涛宣布在“九五”期间减裁军队员额 50 万人的基础上，2005 年前军队再裁减员额 20 万人。2015 年 9 月 3 日，习近平在纪念中国人民抗日战争暨世界反法西斯战争胜利 70 周年大会上宣布，中国将裁减军队员额 30 万人。人民军队历次裁减军队员额的任务都如期完成。

防和军队建设某一领域或专项活动的军事法规。我军的条令主要是指共同条令、战斗条令、军兵种条令；条例主要是指各项专业条例，如司令部条例、后勤条例、院校工作条例等。条令条例是建设革命化、现代化、正规化军队的基石和重要法规依据，在人民军队的全面建设中发挥着极为重要的作用。

（一）提出“五统”“四性”和编写条令条例的任务

毛泽东等老一代革命家、军事家一直十分重视加强军队的条令条例建设。早在创建红军初期，毛泽东就高度重视用条令条例来规范红军的建设和作战，明确提出了“编制红军法规”的任务。全国解放以后，随着国家由战争状态转入和平建设时期，人民军队所处的环境和所承担的任务相应地发生了根本性的变化，建设现代化、正规化的革命军队成为军队建设的主要任务。1949 年 9 月，中国人民政治协商会议第一届全体会议通过的《共同纲领》明确提出：军队要统一指挥、统一制度、统一编制、统一纪律。这一要求自然地成为人民军队建设的纲领。1951 年中央军委制定了“建设正规化、现代化的国防军”的建设方针。毛泽东等党的老一代革命家、军事家及时根据军队任务发生重大转变的历史时机，指导人民军队实行战略性转变，把建设现代化、正规化的革命军队作为建军高级阶段的总目标和总任务。毛泽东在 1952 年 7 月 10 日给军事学院的训词中明确指出：“我们现在已经进到了建军的高级阶段，也就是进到了掌握现代技术的阶段……”，“与现代化装备相适应的，就是要求部队建设的正规化，就是要求实行统一的指挥、统一的制度、统一的编制、统一的纪律、统一的训练，就是要求实现诸兵种密切的协同动作。为此，就需要克服在过去时期曾经是正确的，而现在则是不正确的那种不集中、不统一、纪律不严、简单现象和游击习气等等，而必须加强整个工作上、指挥上，而首先又应该是从教育训练上来培养的那种组织性、计划性、准确性和纪律性”。他强调说：“这同样是建设正规化、现代化的国防部队所不可缺少的重要条件之一。”[①]“五统”“四性”是全面加强军事法制和军队条令条例建设的重要指导和核心内容，正确反映了我军正规化建设的内在规律，是我军正规化建设经验的科学总结，也是正规化建设史上的一个里程碑。

---

① 《毛泽东军事文集》（第六卷），军事科学出版社、中央文献出版社 1993 年版，第 314—315页。

实行“五统”“四性”，首先要靠以军队条令条例为主体的军事法规，对部队的指挥、制度、编制、纪律、训练等作出准确明晰的规定，形成严格的法规制度体系，以保证其顺利实现。

（二）以建设现代化、正规化的革命军队为目标，加快制定条令条例

1953 年 12 月 7 日—1954 年 1 月 26 日，在北京召开了全国军事系统党的高级干部会议。会议明确规定把建设一支强大的现代化、正规化革命军队，以保卫社会主义建设，防御帝国主义侵略作为军队建设的总方针、总任务。根据建设现代化革命军队的要求，会议明确了正规化是建设现代化军队不可缺少的基本条件，正规化就是要全军做到“统一的指挥、统一的制度、统一的编制、统一的纪律、统一的训练”，和与此相适应的高度的“组织性、计划性、准确性和纪律性”。

此后，在要“建设一支强大的现代化、正规化革命军队”的会议精神指导下，全军突出强调了条令条例在军队正规化建设中的作用。从一定意义上讲，正规化就是条令化，没有条令条例就没有军队的正规化。当时主持军委工作的彭德怀，对军队条令在正规化建设中的作用作了更为系统的集中的论述，他指出：“正规化就是要把全军的各方面用正式的规格，即条令的规定彻头彻尾地统一起来。”[①] “共同条令是建立我军正规生活、巩固纪律、保证部队训练的根本法典。贯彻执行共同条令，是我军走向正规化的重要关键。”[②] 刘伯承元帅曾经指出：“最具体的正规军队的生活秩序，就是各种条令。” “军队生活秩序能依照条令办事，像一部大机器，车间与车间，这一齿轮与那一齿轮，能有准确的规律，向共同的生产目标协同动作。这就是正规化。否则，无组织，不准确，就无正规可言，更无诸兵种协同动作可言。”[③] 他还指出：“条令是一种军队行动的常则和法律，必须坚决贯彻之。条令的贯彻就是军队现代化正规化重要的建设，绝不可视为末节。”[④] 聂荣臻元帅也强调，操典、内务条令、纪律条令，是军队走向正规化的重要内容。这些论述十分清楚地说明，科学、完善的条令条例，是实现军队正规化的基础和保证。在以后的年代里，毛泽东等老

---

① 《全国军事系统党的高级干部会议总结》，1954 年 1 月 26 日。
② 《彭德怀军事文选》，中央文献出版社 1988 年版，第 532 页。
③ 《刘伯承军事文选》，解放军出版社 1992 年版，第 633、634 页。
④ 《老一辈无产阶级革命家论军队建设》，军事科学出版社 1993 年版，第 434 页。

一代党和军队领导人一再要求全军指战员遵守革命的法制，遵守部队的条令条例，只有这样，全军才能够成为一部协调运转的大机器，形成强大的战斗力。

（三）编写第一代作战条令

20 世纪 50 年代末 60 年代初，诞生了人民解放军第一代作战条令，为全军各部队平时组织训练、进行战备工作和战时的组织指挥、作战行动等提供了基本依据。1958 年 3 月，叶剑英在向毛泽东主席呈送的报告中，提出要“采取批判的学习态度研究苏军的各种条令，以便吸取其先进经验，充实我军现代战争的知识，编写出我军的作战条令”的建议。这一建议很快得到毛泽东主席和其他中央领导同志的赞同，1958 年 6 月 29 日，毛泽东主席在中央军委扩大会议上提出：“军队训练已经八年多了，连一本战斗条令都没有搞出来，这次要集中一些有丰富工作经验和战斗经验的同志，搞出一本自己的战斗条令来。”① 遵照毛泽东主席的指示，军事科学院成立后第一件大事，就是编写军队的战斗条令。同年底，经中央军委批准，军事科学院院长兼政治委员叶剑英元帅在武汉主持召开了有军委各总部、各军种、各大军区领导同志参加的编写条令座谈会。1959 年 1 月，在中央军委统一组织领导下，召开了全军科学研究工作会议，会议把编写我军的战斗条令，确定为全军当前科学研究工作的中心，明确了编写的方针和任务，确定了编写的方法和范围。会后出现了全军动手抓科研、编条令的热潮。叶剑英提出首先编写合成军队战斗条令概则，然后编写军、师两级的战斗条令，之后再编写团、营和连以下战斗条令，并先由军事科学院、军事学院和南京军区、沈阳军区等单位写出 6 本合成军队战斗概则草案，然后对其进行分析比较，取长补短，综合成一个本子。1959 年 7 月，各大单位编写的合成军队战斗条令概则草案完成后，在南京召开了编写战斗条令概则专业会议，经反复研讨修改，最后形成一个比较成熟的文本。在发动全军相关军事职能部门和专业人员修改概则的同时，编写军、师战斗条令和团、营战斗条令以及连以下战斗条令的工作也逐步展开。拟出各项法规草案后，分别在北京、吉林、武汉等地进行汇稿和修订，使之日臻完善。截至 1959 年年底，全军共起草编写出空军、海军、

① 《毛泽东军事文集》（第六卷），军事科学出版社、中央文献出版社 1993 年版，第 376 页。

炮兵、装甲兵、防化兵、通信兵、铁道兵战斗概则和条令，以及司令部、后方勤务条令等 20 余种。

1961 年 4 月，中央军委在广州召开条令验收会议，军委和总部还分别组织了检验我军战斗条令的试验。叶剑英在中央军委条令验收委员会第一次会议上的总结报告中说：我军条令的产生，是“以我为主”思想的体现。我们有几十年丰富的作战经验，在几十年的作战中，我们创造出一整套的全军共同承认的战法，全军共同承认的制度，这都是在毛泽东主席领导下，在斗争中产生和发展起来的，是我军的光荣传统。在叶剑英主持下，经过军事科学院和全军各有关单位的共同努力，我军第一代战斗条令相继诞生。

从 1961 年至 1965 年，我军第一代作战条令先后经军委批准颁发全军试行，中国人民解放军有了自己的作战条令。我军第一代作战条令是在党和国家领导人亲自指导下，经过全军上下包括许多著名将帅和军事科学院等单位条令条例专家的共同努力和反复修改编写完成的。当时军事科学院参加编写战斗条令的 75 人中，就有叶剑英元帅，粟裕、王树声两位大将，宋时轮、彭绍辉、杨至诚、王新亭、钟期光五位上将，全军还有部分少将军官和中将以上军官撰写了自己组织领导作战的体会。可以说，我军第一代战斗条令是元帅和高级将领们组织领导并亲自编写完成的。这批战斗条令的颁布，使我军的条令条例建设形成了一定规模，是我军建军史上的一个创举，也是军队法治建设的“重头戏”。

二、颁布军队条令条例，建立人民军队条令条例体系

人民军队在革命战争年代就已经建立了各种以条令条例为主体的军事法规制度，但都是由各战略区自己制定的，不太统一，也没有形成体系。中华人民共和国成立后，人民解放军开始了正规化现代化建设，迫切需要全军统一的条令条例。中央军委着眼全局、统筹规划，先后制定和颁发了共同条令、战斗条令、军兵种条令条例、专业条例等一系列条令条例，基本形成了门类众多、层次分明、内容协调的军队条令条例体系。

（一）共同条令

中国人民解放军的条令一般分为战斗条令和共同条令①。“共同条令”

---

① 1953 年中央军委组织成立了纪律、内务、队列、警备条令委员会，负责对四大条令的修改和制定工作。

作为一种通俗提法，主要针对在军队管理方面需要全军共同执行、具有最高层级的军事法规。共同条令主要是规定军人的基本职责、权力、相互关系、生活制度、活动方式、队列行动、执勤方法、奖惩和纪律等军队内部关系和规范军人的行为举止，也是特指《中国人民解放军内务条令》（简称《内务条令》）、《中国人民解放军纪律条令》（简称《纪律条令》）、《中国人民解放军队列条令》（简称《队列条令》）以及1997年以后颁布并多次修订的《警备条令》。共同条令对军队内务建设、纪律建设、队列和警备纠察活动等作了全面、明确的规定，是军队建立正规生活，巩固纪律，培养优良作风，保证部队完成训练和作战等各项任务的根本法典，覆盖了陆、海、空三军和人民武装警察部队，是从领导机关到基层连队，从高级将领到普通士兵都要遵照执行的基本军事法规。“如果说军营内主要以《内务条令》《队列条令》对军人行为进行规范和管理教育，那么营区外则主要依据《警备条令》对外出军人和军车的遵纪守法情况进行管理监督，并通过《纪律条令》的强制性约束力，把国家法律法规和军队条令条例规定的军人行为模式落实到军人具体行为中。可见，《内务条令》《队列条令》《纪律条令》《警备条令》4部条令相互衔接、相辅相成，共同构成我军营区内外日常管理的完整规范体系，通称为军队共同条令。”①

1.《中国人民解放军内务条令》。《内务条令》是规定军人基本职责、军队内部关系和日常生活制度的法规，是军队生活的准则、行政管理的依据，目的在于建立和维护团结统一的内部关系、紧张有序的生活秩序、严整的军容、优良的作风和严格的组织纪律，以巩固和提高战斗力，保证作战及其他任务顺利进行。从中华人民共和国成立到1978年，人民军队从军队建设的实际出发先后5次对《内务条令》作了修订。中华人民共和国成立之初，为了克服我军战争年代那种不集中、不统一和游击习气等现象，建设正规化、现代化的国防军，中央军委把“制定《内务条令》，统一全军的纪律和制度”，作为刚成立的军训部在短期内要办好的三件事之一。1950年夏，朱德总司令和聂荣臻代总参谋长指示，要在几个月内首先把《纪律条令》《内务条令》《队列条令》编写出来。在军事学院院长刘伯承主持下，开展了《内务条令》等三大共同条令的审查修改工作。1951年1月，中央人民政府人民革命军事委员会代总参谋长聂荣臻签署

---

① 丛文胜:《〈警备条令〉也是共同条令》,《解放军报》2013年10月13日，第6版。

命令，颁布全军试行。条令颁布试行后不久，人民解放军的编制和装备都发生了很大变化，显得与实际不相适应。于是军委批准成立了共同条令编写委员会，根据部队试行的意见对条令进行了进一步的修改，由彭德怀同志主持中央军委会议审议后，又呈报毛泽东主席。毛主席逐段审阅，重要地方还亲自作了修改。1953 年 5 月，中央革命军事委员会颁布全军施行。在系统总结建军和作战经验的基础上，产生的这部条令对于人民军队建立正规的生活秩序，克服游击习气，明确军人职责，提高官兵责任心，改善军容风纪，减少事故等都起了重要作用。50 年代中期，军队先后实行义务兵役制、军衔制、薪金制，部队进行改装和驻进营房等，为适应这些新变化，1957 年 8 月再次修订颁布了《内务条令》。

1963 年 1 月又重新修订颁发了《内务条令》，在章节、文字和内容上作了大幅度的压缩。1975 年 11 月，中央军事委员会再次修订颁发了《内务条令》。条令内容作了很大充实，并阐述了人民军队的建军思想和原则，强调了党对军队的绝对领导，更加符合我军实际。该条令共 12 章，71 条。大致可分为四个组成部分。第一部分总则，重点讲的是我军的性质、宗旨和任务，强调人民军队必须置于党的绝对领导之下；第二部分军人相互关系，强调必须坚持官兵一致、政治平等的原则；第三部分军人一般职责和各级人员的职责，强调努力学习马列主义、毛泽东思想，各负其责，完成分工的任务；第四部分规定了我军的日常生活制度和各种规则，强调建立良好的内务秩序，养成优良的作风。

2.《中国人民解放军纪律条令》。《纪律条令》是规定军队纪律的法规。其目的在于培养军人高度的组织性、纪律性，执行命令，服从指挥，令行禁止，协调一致，以巩固和提高部队战斗力，保证部队训练、战备、作战等任务的顺利进行。从 1949 年中华人民共和国诞生至 1978 年，《纪律条令》进行了 5 次修改。1951 年 2 月 1 日，经中央军委毛泽东主席批准，总参谋部颁布了《中国人民解放军纪律条令（草案）》，在全军试行。

新颁布的纪律条令作为全军进行管理教育，养成优良作风，维护和巩固纪律，实施奖励和处分的依据。但是，这部条令中有很多规定侧重了照顾过去各战略区自定的法规和习惯。条令颁布试行后不久，人民解放军的编制和装备都发生了很大变化，经军委批准成立了共同条令编写委员会，根据部队试行的意见对条令进行了进一步的修改，由彭德怀主持军委进行讨论，报请毛泽东主席审阅。毛泽东主席逐段审阅，重要的地方还进行了修改。条令不到一个星期就批回来了，最后经军委审议通过，于 1953 年 5 月 1 日中央人民革命军事委员会正式颁布了经过修改的《纪律条令（草案)》。该条令共分概则；对破坏军纪的惩治；对陆、海、空军战士及班级人员的惩戒；陆、海、空军各级首长对所属战士及班级人员的惩戒权；对陆、海、空军排级以上干部的惩戒；陆、海、空军各级首长对所属排级以上干部的惩戒权；特殊情况的惩戒；惩戒实施程序；对陆、海、空军战士及班级人员的奖励；陆、海、空军各级首长对所属战士及班级人员的奖励权；对陆、海、空军排级以上干部的奖励；陆、海、空军各级首长对所属排级以上干部的奖励权；对陆、海、空军单位的奖励；陆、海、空军团以上各级首长对所属单位的奖励权；惩戒与奖励的登记；控诉与告发等 16 章，另有 8 个附录。纪律条令颁布之后，全军将士从元帅到士兵认真执行，对我军正规秩序的建立和加强组织性纪律性都起了重要作用①。此外，1955 年 4 月，国防部颁布《关于授予英雄称号的规定》，明确各兵种、军种、部队今后一律不得自行批准授予英雄称号。如对建有卓越功绩的人员，需授予英雄称号时，必须由各级党委讨论审查后上报国防部，再由国防部报请国务院转请全国人大常委会决定后，由主席授予。

1957 年 8 月修订颁布的《纪律条令》，共分总则、奖励、惩戒、控告与申诉、附则 5 章，75 条。主要内容包括三个方面：一是我军纪律的性质、纪律的目的和意义，以及我军纪律的基本内容，维护和巩固纪律的原则和要求。二是奖惩的目的、原则、项目、条件，各级首长实施奖惩的权限及程序。三是控告与申述。随着军队正规化建设水平提高和军事立法速度加快，纪律条令于 1964 年 2 月 1 日、1975 年 11 月 25 日又进行了二次修改和重新颁布，《纪律条令》通过多次修改，规范日趋稳定和统一，内容也日渐完善。这对巩固人民军队的整训成果，强化组织纪律性，维护军队的集中统一和促进正规化建设，发挥了重要作用。

此外，还专门制定颁布了立功、奖励条例。1952 年 1 月 21 日，为加强对立功创模运动的领导，统一全军的奖励工作，中央人民政府人民革命军事委员会颁布《中国人民解放军立功与奖励工作条例（草案)》，确定在中央人民政府颁发全国性的勋章、奖章前，先统一制发战功奖章、荣誉

---

① 1957 年叶剑英经过调查研究后提出，并经军委决定，在全军废除了《纪律条令》中规定的禁闭制度。

奖章和英雄纪念章、模范纪念章，分别授予立有各种不同功绩和评选为英雄模范的人员。在朝鲜战场上，志愿军政治部《中国人民解放军立功与奖励工作条例（草案）》，制定了《志愿军立功条例（草案）》，统一了全军的立功标准和评功、报功、批功、奖励、贺功的步骤以及授予各级英雄称号的做法。1963 年 9 月 2 日，解放军总政治部颁布了《中国人民解放军战时立功条例（草案）》，规定了授予立功奖章或英雄（模范）奖章的等级、标准、批准权限和评功、奖励办法。

3.《中国人民解放军队列条令》。《队列条令》是规范军队队列活动和队列训练的法规，是军队队列生活的准则和队列训练的基本依据。其中的队列动作、队列队形和队列指挥是基本内容，也是军人、分队和部队进行队列活动的三个要素。在革命战争年代我军始终没有《队列条令》，为了规范队列训练和队列生活曾颁布了一部《步兵操典》。中华人民共和国成立后，我军第一部《队列条令》是 1951 年 2 月 1 日颁布的。《队列条令》适应我军由革命战争年代转换到正规化建设的新时期，从人民军队优良作风培养和技术、战术训练的实际需要出发，对军队的队列训练和队列生活作了具体规范，全体军人必须严格执行条令，加强队列训练，培养良好军姿、严整军容、过硬作风、严格纪律和协调一致的动作，促进我军正规化建设，巩固和提高战斗力。《队列条令》要求全体军人必须参加队列训练，并在日常生活中，自觉地严格执行条令的规定，做到队列动作标准化、生活队列正规化。此后，随着军队建设发展对队列活动的新要求，从 1953 年至 1978 年又先后 4 次修改《队列条令》，使其逐步完善。从 5 次对《队列条令》的修订，可以看出军队建设的发展在队列活动中的体现。一是突出以操场为主的队列动作，逐步减少战术、技术动作。1951 年颁发的《队列条令》中包括卧倒、匍匐前进、滚进、跃进、战斗队形、射击投弹等战术、技术动作；1953 年颁发的《队列条令》中又增加了机炮分队的阵地占领与变换，步兵连与敌突然袭击时的动作等；此后 1958 年、1964 年、1972 年三次修改的队列条令，主要是修订补充操场队列动作的内容，逐渐减少了战术技术动作的内容。二是突出徒手队列动作，逐步减少持操枪（炮）的动作。1951 年、1953 年、1958 年颁发的《队列条令》中，包括机枪、迫击炮、火箭炮、无坐力炮教练；1964 年、1972 年颁发的《队列条令》，除保留少数轻武器的队列教练内容外，其他较重火器的队列教练内容大都删除。三是突出基本的常用队形，逐步减少其他队形种类。1972 年之前颁发的《队列条令》，队形种类较为繁多，队形变换也较为复杂。如排横队分为一列横队，连横队也有一列横队，班横队的连纵队等；1972 年颁发的《队列条令》只规定了横队、纵队、并列纵队三种队形。四是突出适应我军正规化建设的需要，不断完善队列活动规范。这些规定反映了部队队列生活的发展和特点，是加强部队正规化建设的必要形式。随着我军正规化建设的发展，部队的队列生活已成为衡量其正规化水平的一个重要方面。因此，按照正规化建设的需要，科学规范部队的队列动作，成为修订《队列条令》的一个特点和发展趋势。

（二）政治工作条例

《中国人民解放军政治工作条例》是根据《中国共产党章程》和《中华人民共和国宪法》制定的，是规范我军政治工作，保证党对军队绝对领导的一部重要法规，也是我军最早颁布、修订次数较多的条例之一。抗美援朝战争结束后，国内外形势发生了很大的变化。国际上，美帝国主义由于侵朝战争的失败，陷于内外交困的境地，短期内无力再发动大规模的侵略战争，中国进行和平建设的外部环境有了保证。在国内，经济恢复已经完成，社会秩序基本稳定。人民解放军经过四年的建设，在步兵的基础上，建设了空军、海军和各特种兵部队，武器装备得到了改善。从 1953 年起，中国共产党制定了过渡时期总路线，并开始执行国民经济发展第一个五年计划，全国将进入有计划的经济建设和发展时期。这些都为人民解放军的现代化、正规化建设提供了有利条件。为了贯彻落实 1953 年 12 月 7 日至 1954 年 1 月 26 日在北京召开的全国军事系统党的高级干部会议精神，加强新时期的军队政治工作，1954 年 4 月 15 日，中共中央、中央人民政府人民革命军事委员会颁布了中华人民共和国成立以后第一部《中国人民解放军政治工作条例（草案）》。条例包括总则和中国共产党军队委员会、政治委员、总政治部、一级军区政治部、省军区政治部、军政治部、师政治部、团政治处、营政治教导员、政治协理员、连队政治指导员、中国共产党连队支部、中国新民主主义青年团连队支部、连队俱乐部、学校政治部（处）、海军舰艇部队政治工作、空军飞行大队政治工作、医院政治工作、革命军人代表会议条例 19 个单项工作条例。这一条例草案是由罗荣桓、陈毅、谭政等主持制定的，条例的颁布实施，是人民解放军建军史和政治工作史上的一件大事。毛泽东主席亲自审定修改了“总则”部分，在审批条例草案时，特别加写了“中国共产党在中国人民解放军中的政治工作，是我军的生命线”的内容，把政治工作的重要地位鲜明地提了出来。这个政工条例继承了人民解放军政治工作的优良传统，结合部队现代化、正规化建设的实际，同时借鉴了苏军政治工作的经验，对军队政治工作的性质、任务、职责、组织形式、工作方法、政治工作与其他工作的关系以及军队建设中的一些重大问题都作了明确规定。政工条例明确规定，在军队中设立党的各级委员会，实行党委统一的集体领导下的首长分工负责制，是党领导军队的根本制度。政工条例的颁布，保证了党对军队的绝对领导，继承和发扬了我党我军的优良传统，回答了部队进行现代化、正规化建设的新形势下政治工作的地位和作用问题，对于纠正忽视政治工作的倾向、完善政治工作制度起了重要作用，使部队进行政治建设和开展政治工作有章可循。此后，历次军队政治工作条例的修改，都是以这部条例为基础的。

1961 年 3 月 10 日，总政治部还颁发了《省军区政治部工作条例（草稿修改稿)》《军分区政治部工作条例（草案)》和《县（市）人民武装部政治工作条例（草案)》三个政治工作条例，并发出通知要求各省军区、军分区、县（市）人民武装部可以根据这些条例进行政治工作，并请大军区指定一个省军区将试行结果报总政，再正式颁发。1961 年 10 月 18 日—11 月 4 日，总政治部召开全军政治工作会议，讨论通过了基层政治工作的 4 个条例:《中国人民解放军连队指导员工作条例》《中国共产党连队支部工作条例》《中国共产主义青年团连队支部工作条例》《中国人民解放军连队革命军人委员会工作条例》。1961 年 11 月 17 日，中共中央批示同意“总政治部关于全军政治工作会议的综合报告和会议通过的四个条例”。这些条例使军队政治工作进一步走上法制的轨道。

1963 年 3 月 27 日，中共中央重新颁布了修订后的《中国人民解放军政治工作条例》。这个条例是在 1954 年《政治工作条例（草案)》基础上，根据中国共产党第八次全国代表大会通过的党章、1960 年中央军委扩大会议通过的《关于加强军队政治思想工作的决议》，经过充实、修改而成的，将《军政治部工作条例》和《师政治部工作条例》合为一个条例，增加了《军分区政治部、县（市）人民武装部政治工作条例》和《连队革命军人委员会条例》，撤销了《革命军人代表会议条例》和《连队俱乐部工作条例》等，仍是由 19 个单项工作条例组成。该条例总体是好的，但由于当时林彪主持军委日常工作，条例的一些提法和规定在一定程度上受到了“左”的指导思想影响。例如，条例删去了 1954 年条例（草案）中关于“实现我军现代化建设”“保证军队的正规化建设”“保证提高军队的军事素养”和“不断提高全军人员的文化水平”等正确的内容，增加了“把政治工作放在第一位”等错误内容。

1975 年 2 月，经中共中央副主席、中央军委副主席叶剑英同志提议，总政治部开始组织对《政治工作条例》进行修订，但由于受到各种干扰，直到 1976 年 10 月粉碎“四人帮”后，1977 年 8 月起，总政治部又着手组织进行修改，并于 1978 年 5 月完成。

1978 年 7 月 18 日，中共中央批准颁发了再次修订的《中国人民解放军政治工作条例》，并通过了《中共中央军委关于加强军队政治工作的决议》。《决议》指出，“我军政治工作的任务就是：高举毛主席的伟大旗帜，坚持党对军队的绝对领导，坚持用马列主义、毛泽东思想和党的路线教育部队，保持我军的无产阶级性质，领导和保证完成抓纲治军、准备打仗的任务，提高部队战斗力，为实现新时期的总任务而奋斗”。《决议》批判了林彪、“四人帮”反军乱军的阴谋活动，肯定了叶剑英副主席和邓小平副主席提出的“军队要整顿”“要准备打仗”为纲加强军队建设的一系列方针、政策和措施。这部条例由总则和 19 个单项条例构成，增加了中国共产主义青年团团（营）工作委员会工作条例。条例强调了坚持党对军队的绝对领导，写进了加强教育训练、提高部队战斗力等内容，在当时对加强军队的政治工作和整个军队建设发挥了一定的积极作用。但由于受当时历史条件的限制，条例中沿用了“抓纲治国”“坚持无产阶级专政下的继续革命”等错误提法。1978 年党的十一届三中全会召开之后，这部条例即被停止执行。1983 年 12 月，中国人民解放军总政治部修订了《中国人民解放军政治工作条例》，印发全军试行。

（三）战斗条令

战斗条令是规定军队作战指挥和战斗动作的法规，是规范各类军事人员战斗行动的准则。它体现了一个国家和军队的战略方针、军事思想以及建军和作战原则，集中了军事活动的丰富经验和军事理论的最新成就，反映了军事活动的客观规律。因此，“战斗条令”历来为各国军队所重视，成为指导军队作战和训练的重要准则。人民军队经历了数以万计的大小战斗，然而在革命战争年代却没有自己的战斗条令。编写适合我军情况和需要的战斗条令，对于全面地总结我军建军经验和作战经验，广泛地开展学术研究，发展我军军事科学，将起到促进作用，已成为中华人民共和国成立后军队建设的当务之急。因此，毛泽东主席在 1958 年 6 月的军委扩大会议上明确提出，要搞出一本自己的战斗条令来。根据这一指示，在军事科学院院长兼政委叶剑英的主持领导下，军事科学院组织各级研究机构，在全军抽调近万人，开始了我军第一代战斗条令的编写工作。经过两年多努力，编写出了我军第一批战斗条令，《合成军队战斗条令概则》和《步兵战斗条令》于 1961 年 5 月 1 日经中央军委颁布全军执行。此后，《合成军队师战斗条令》和《合成军队团营战斗条令》于 1963 年 5 月向全军颁布，开创了我军编修作战条令的历史。这些战斗条令吸收全军高级军官所写的作战经验总结，集中全军的智慧，成为我军多年来作战经验的结晶。随后，各军兵种依据合成军队战斗条令的基本原则和精神，又编写了各种战斗条令。至 1965 年，各军兵种也陆续编写并颁布了 18 本战斗条令，其中陆军兵种战斗条令 11 本，海军兵种战斗条令 3 本，空军兵种战斗条令 4 本。

编写我军自己的战斗条令，是我军建军史上的一个创举。我军打了几十年仗，有丰富的作战经验，在中国共产党和毛泽东主席领导下，制定了正确的作战指导原则，战胜了国内外敌人。只是由于长期处于战争环境，还没有来得及写成条令。这次战斗条令的编写，系统总结了我军长期的、丰富的战争经验，体现了人民军队人民战争的原则，党的领导和政治工作。第一代作战条令的颁发，为全军各部队平时训练、战备和战时的组织指挥、作战行动提供了依据，为开展军事训练并掀起大规模群众性练兵热潮创造了条件，对提高人民解放军战斗力，加强部队全面建设，起到了巨大的推动作用。

1970 年至 1979 年，我军开展了第二代作战条例的编修工作。因受到“文化大革命”影响，遭到严重干扰。其间，全军修订颁布了包括《中国人民解放军步兵战斗条令（连、排、班、组、战士）》（1974 年 12 月 1 日中央军委颁布）等在内的 18 本战斗条令。从 2004 年开始的编修工作结束后，我军颁布了第四代作战条令，形成了较为完整的作战条令体系。

（四）其他方面的专项条令条例

专项条令条例，主要是指专门规范全军某一项工作或活动的专业性法规和规章，在军事法中数量最大、种类最多，有的名称虽然不叫条令条例，但也具有同样法律效力。

1. 司令部工作方面的法规。司令部工作是随着军队的产生而产生、随着军队的发展而发展的。中华人民共和国成立以后，我军进入了正规化、现代化建设阶段，对司令部建设和工作提出了更高要求。1952 年，毛泽东指出：为了组织这种复杂的、高度机械化的、现代的战役和战斗，非有健全的、具有头脑作用的、富于科学的组织和分工的司令部机关不可。1958 年，中共中央军委扩大会议通过的《关于加强司令部工作的决议（草案）》指出：为进一步加强司令部的建设，使各级司令部成为健全的、有能力的、具有头脑作用的，又富于科学组织和分工的司令机关，具有特别重要意义。1964 年，叶剑英要求全军：必须加强司令部建设，加强参谋业务基本功（会写、会画、会传、会读、会记、会算）的训练，为司令部建设进一步指明了方向。在这种思想指导下，选调大批优秀干部充实到各级司令部机关。

2. 政治工作方面的法规。中华人民共和国成立后，中央军委和总政治部除了制定颁发了以《中国人民解放军政治工作条例》为主体的法规制度外，还颁布了一系列有关军队政治工作方面的法规和决议、指示等法规性文件。如 1949 年 12 月，总政治部颁布了《中国人民解放军革命军人委员会条例（草案）》，规定："在连队（机关伙食单位）建立革命军人委员会组织。"其"任务是在本单位行政首长领导下，进行连队（机关伙食单位）中政治、经济、军事、文化的民主生活"①。

1950 年 10 月，总政治部发出《关于目前部队青年工作的指示》，要求各级党委要加强对青年团工作的领导，把建团工作作为当前的中心任务之一，自上而下地建立各级青年部门。同年 12 月，中国人民志愿军第十九兵团政治部发布《赴朝作战守则》，《守则》分为遵守政策纪律守则、团结守则和优待俘虏守则 3 章 26 条。

1951 年 4 月，总政治部根据中共中央和政务院、最高人民法院指示，向全军发出《关于军队继续执行镇压反革命工作的指示》，要求全军"认真清理内部，纯洁组织，对反革命分子坚决执行镇压"。同年 6 月，总政治部发出《关于处理在管押的战俘军官的指示》，根据我军既定的"首恶必办，胁从不问，立功受奖"的政策，对管押的战俘军官分别提出了不

① 军事科学院军事历史研究部编：《中国人民解放军六十年大事记》，军事科学出版社 1988 年版，第 480 页。

同的具体处理意见。

1955 年 1 月，总政治部作出《关于在部队中建立青年团工作委员会的决定》，指出：为适应实行义务兵役制后，部队中青年团员和青年将要增多，青年工作任务更加繁重的情况，决定在全军的团一级、舰艇一级、独立营、相当于团的直属队以及有相当数量的青年团员和青年群众的学校、医院，均设立青年团工作委员会。根据这一决定，全军青年团工作委员会相继成立。

1956 年 1 月，总政治部发出《关于执行中央对干部政治理论教育的新制度的指示（草案）》，对各级军官分别规定了学习任务。同年 2 月 29 日，总政治部又颁发了《关于军官政治理论教育集训的暂行办法（草案）》，对军官政治理论教育集训和举办马列夜校的具体办法作了规定。

1957 年 9 月 4 日，根据中共中央指示，总政治部发出《关于在连队中进行社会主义教育的指示》，全军开展社会主义教育运动。

1960 年 9 月 14 日　10 月 20 日，中央军委召开扩大会议，讨论加强军队政治思想工作问题，作出了《关于加强军队政治思想工作的决议》。会议提出，在全军青年中开展以政治思想好、军事技术好、三八作风好①、完成任务好、锻炼身体好为内容的五好战士运动。

1961 年 11 月 17 日，经中共中央批准，总政治部发布《中国共产党连队支部工作条例》。1972 年 1 月 1 日，根据毛泽东关于全民皆兵的思想，总政治部发出《认真贯彻执行毛主席关于解放军学习全国人民的指示的通知》，以增进军政、军民之间的团结，加强人民武装工作。

1977 年 1 月 15 日，总政治部发出《一九七七年全军政治工作安排意见》，强调深入揭批“四人帮”罪行，加强党的建设和部队建设。1978 年 2 月 14 日，总政治部发出《一九七八年全军政治工作要点》，提出要把学习雷锋、学习“硬骨头六连”和学习航空兵一师党委的群众运动提高到一个新的水平。

---

① “三八作风”指中国人民解放军在长期革命斗争中养成的优良作风。三句话是：“坚定正确的政治方向，艰苦朴素的工作作风，灵活机动的战略战术”；八个字是：“团结、紧张、严肃、活泼”，通称“三八作风”。

3. 干部人事方面的法规。[①] 1950 年 10 月 5 日，中央军委发布《关于调动干部和任免干部的几项规定》。1951 年 2 月 15 日，中央人民政府人民革命军事委员会颁发了《中国人民解放军干部任免暂行办法》，其中规定："各级领导机关在任免干部和请示任免干部时，事先须经各该级党委讨论决定后，以军政首长名义发布命令或上报。"1951 年 2 月，中央军委在《关于干部评级工作指示》中，规定了人民解放军任用干部的标准是德才兼备："德，就是对人民革命事业无限忠诚"，"才，就是完成工作的能力"。

1951 年 2 月和 1952 年 3 月，中央军委先后发出《关于干部评级工作指示》和《评定各级干部等级指示》，确定将干部等级区分为 21 级，即军委主席为一级，副主席为一级，大军区司令、政委、军委委员为一级，兵团、军、师、团各分为正、副、准三级，营、连、排各分为正、副二级。提出评定干部级别，应按"以德、才为主，资为次，但又必须是互相结合"的原则。

1953 年 2 月 10 日，中央人民政府人民革命军事委员会主席毛泽东签署命令，颁布《中国人民解放军干部任免暂行条例》，自同年 4 月 1 日起实施，1954 年 6 月再次修订颁布。1953 年 6 月总政治部发出《关于调整参军知识分子职务与级别问题的指示》，要求全军团以上党委和领导机关认真检查一次党对知识分子政策的执行情况，定出改正措施。

1954 年 11 月 9 日，中华人民共和国国防部颁布《中国人民解放军薪金、津贴暂行办法》，规定从 1955 年 1 月起，全军干部由供给制改为薪金制。薪金由级薪和军龄补助组成。士兵仍实行供给制，另发给津贴费。

1960 年 5 月 10 日，中央军委批准颁布《中国人民解放军军官职务任免办法》，自公布之日起实施，以往所颁发的有关任免方面的规定与之相抵触者，均按此实施。

这一时期，党和国家、军队在干部制度方面颁布了一系列相关法律和法规，例如，1950 年 6 月 30 日，人民革命军事委员会、政务院联合作出《关于人民解放军一九五〇年的复员工作的决定》。《决定》指出：全国解

① 根据人民军队的党管干部原则，干部人事工作始终是军队政治工作的重要内容。为突出体现我军的干部人事法规制度和表述方便，此处单独作为一个部分，但实际与政治工作是分不开的。

放战争已基本结束，除台湾和西藏尚待解放外，人民解放军将从战争状态转入正规建设的新时期，一方面必须继续加强军队建设，以捍卫人民共和国；另一方面必须复员一部分人员，去参加国家经济建设工作，以帮助国民经济的恢复和发展。为此，中央决定复员武装人员 150 万。复员工作的总原则，是服从国家经济建设与国防军建设的需要，并使二者联系起来。《决定》还规定了复员的程序、复员军人的待遇等具体规定。1953 年 1 月 9 日，中央人民政府政务院通过《授予八一奖章条例》和《授予荣誉奖章条例》。

4. 后勤方面的法规。中华人民共和国成立后，中国人民解放军开始实行全军统一的后勤供应体制。从 1949 年 12 月—1950 年 7 月，总后勤部先后召开了财务、军需、军械、营房、运输和卫生等工作会议，研究讨论了统一的后勤法规、制度问题。中央军委和总后勤部制定颁布了一批专业勤务供给标准和规章制度。1952 年 4 月，总后勤部从各大军区和海军、空军后勤部抽调人员，对全军标准制度进行了清理，并全面进行了修改和补充，共制定出各种标准制度 80 多件。

1954 年以后，全军陆续制定了一大批后勤规章制度，如总后勤部 1954 年、1955 年颁发的《中央、一级军区、省军区仓库工作条例（草案)》《中国人民解放军后方勤务条令（草案)》。1956 年，总后勤部统一组织编写了各级合成军队战斗条令的后方勤务部分和《中国人民解放军合成军队后方勤务条令（草案)》《中国人民解放军连队后勤工作条例(草案)》《中国人民解放军后勤仓库工作条例》《中国人民解放军兵站工作条例（草案)》等 5 种后勤条令条例，总后勤部各业务部和军兵种后勤部也制定了一批业务管理条例草案，以后又陆续颁发了几十种后勤条令条例，初步形成具有中国特色的后勤条令条例体系。1959 年 3 月，总后勤部决定，从各业务部门和后勤学院抽调 26 名干部组成总后勤部条令编写办公室，专门起草制定后勤工作方面专项条令条例。此项工作的开展与经验的积累，为 1995 年第一部《中国人民解放军后勤条例》的诞生打下了基础。

5. 军事训练方面法规。中华人民共和国成立不久，人民军队的训练法规建设就进入了创立阶段，当时主要是全面借鉴苏军的训练法规。

1950 年军委军训部正式成立。同年 11 月，总参召开全军第一次军事学校和部队训练会议，确定了军事训练的基本方针，提出了“统一战略、战术、意志，统一教材、典范，统一训练机构、教育制度、学校管理，提高工作效率和战斗力”的要求。会后，各部队加快了正规化军事训练的准备工作。1951 年 11 月 29 日，中央军委发出《关于一九五二年军队训练的指示》，规定全军除海、空军和雷达部队有文化者外，均执行以文化教育为主的方针，军事训练时间为 30%，政治教育时间 20%，文化教育 50%。特种兵部队根据各自情况自行规定。1954 年《陆军训练大纲》指出：熟悉训练计划和根据训练计划去阅读有关的条令、教范，是掌握和完成全军全期全阶段全月全周训练的先决步骤。此期间，全军组织力量翻译苏军最新条令、教令、教范、教程，下发部队参考。参照苏军做法，总参谋部统一规定了八种训练制度：请示报告制度、检查制度、训练会议制度、教学法集训制度、演习制度、司令部训练制度、指挥员训练制度、校阅制度。这些训练法规和制度，对我军正规化训练起到了重要的促进和保证作用。

20 世纪 50 年代后期，发生了对所谓“教条主义”的批判，致使正规化训练和现代化建设受到干扰，军事训练法规制度建设也受到严重冲击和影响。60 年代，我军训练法规建设从学习和借鉴苏军为主，转到以我为主，从实际出发建立我军新的训练法规体系上来。一批新的训练法规诞生，更加符合我军训练的实际，对训练水平的提高发挥了重要作用。但是，1964 年年底，林彪提出“突出政治”的口号，把开始不久的轰轰烈烈的全军性军事训练高潮打了下去。1966 年又发生了“文化大革命”，使我军建设特别是军事训练受到严重损失，训练法规基本被废止。1971 年 7 月，为了克服当时军队存在的“只搞文不搞武”的状况，全军作战部长会议提出，全训部队每年军事训练时间，步兵不少于 60 天，技术兵不少于 80 天，航空兵不少于 50 小时。之后，毛泽东同意了周恩来提出的步兵训练 90 天，技术兵训练 120 天的标准，将会议的报告转发全军。为了适应这一需要，对原有的训练规章进行了初步清理，并根据武器装备的发展和当时训练的需要，制定了一些新的训练规章。如关于冬季野营拉练的指示；通用训练弹药和训练专用弹药管理规定；关于物资油料的供应关系和修建训练场地的解决办法等。此外，还制定了《战备训练工作纲要》《连队战备训练十条》等。70 年代的训练法规建设，带有恢复的性质。其中，1976 年以后恢复工作成效更为明显。

1977 年 8 月 23 日，邓小平在军委座谈会上进一步阐述军队要把教育训练提高到战略地位。1977 年 9 月 19 日，中央军委教育训练委员会成立，宋时轮任主任。1977 年 12 月 12—31 日，中央军委召开全体会议，总结揭批“四人帮”的经验，讨论加强军队建设、准备打仗的问题。全会还通过了《关于加强部队教育训练的决定》《关于办好军队院校的决定》《关于加强军队组织纪律性的决定》《中国人民解放军保守国家军事机密条例》《关于加速我军武器装备现代化的决定》《关于军队编制体制的调整方案》《关于兵役问题的决定（草案）》《关于加强军队工厂、马场、农副业生产管理的决定》《关于整顿和加强军队财务工作的决定》9 个文件。《关于加强部队教育训练的决定》要求全军把教育训练提高到战略地位，对教育训练的指导思想、内容、干部在职训练、开展群众性的练兵运动等问题作出了明确规定。《关于办好军队院校的决定》对军队院校的政治教育、军事教育和作风培养等方面的问题，提出了必须遵循的原则和要求。1978 年 12 月 19 日，总参谋部、总政治部、总后勤部联合发出通知，要求全军各部队从 1979 年起把科学文化教育列为部队教育训练的一项内容。

6. 院校工作方面法规。1950 年 8 月 1 日，人民革命军事委员会发出《关于在军队中实施文化教育的指示》。《指示》规定，全军规模的文化教育从 1951 年 1 月正式开始，要求各部队按照在职与离职教育同时进行，以在职教育为重点的方法，举办各种文化学校，采取速成的、联系实际但有正规的教育方针，组织干部战士参加文化学习。要求在三年之内，使一般战士及初级小学程度以下的干部达到高级小学的水平，使一般相当于高级小学程度的干部达到初级中学的水平，然后再继续提高。1950 年 11 月 5 日，召开全军军事学校和部队训练会议，讨论确定教育方针、教育计划、教育制度、教材及学校编制等问题。

为了加速国防建设，人民革命军事委员会、政务院于 1950 年 12 月 1 日和 8 日以及 1951 年 6 月 24 日先后发布《关于招收青年学生青年工人参加各种军事干部学校的联合决定》《关于规定各种军事干部学校学员条件的通告》《关于各种军事干部学校招收学生的决定》，规定了全国各种军事干部学校在全国范围内统一招生，军事干部学校学员在思想政治、道德品质、文化程度、身体素质等方面应具备的条件。广大知识青年积极响应号召，踊跃报名参加各种军事干部学校，两次报考人数达 58 万余人。1955 年颁发的《中国人民解放军军官服役条例》规定，现役军官必须经过军事学校、军事专业技术学校或一定的训练班培训考试合格，才能担任。1959 年 1 月 14 日，总政治部发出《关于在干部中普及中等教育及高等教育的指示》，要求从 1959 年起，以 10 年为限，在全军干部中普及中等教育和高等教育。《指示》发出后，全军掀起了向文化进军的热潮，使干部的文化水平有了新的提高。

1963 年 3 月 19 日，国防部颁发了《中国人民解放军院校工作条例》，共 10 章 65 条。主要包括以下几方面内容：（1）总则。包括院校的根本任务、院校工作指导方针及具体工作原则。（2）全军院校的体制与管理。全军院校分为指挥、政治和技术院校，军事院校在军委统一领导下，由各总部、各军种、兵种和各军区分工管理。（3）院校的组织机构与主要职责。一般军事院校分为院（校）、系（大队）、学员班（队）三级，飞行学校是校、团、大队三级，同时规定了院校机关及教研室的职责与主要任务。（4）教学工作。规定了训练时间、课程设置、教材建设及教学方法等内容。（5）科学研究工作。明确了院校科研的任务，同时对教员、学员参加科研作出了规定。（6）教员。明确了教员的基本任务，加强教员队伍建设的规定。（7）学员。明确了对学员的基本要求、学员管理教育等事项。（8）政治思想工作。政治思想工作的基本任务，院校党委、政治机关在政治思想工作中的作用。（9）三八作风。对院校培养“三八作风”明确了要求及做法。（10）物质保障工作。对院校物质保障工作的根本任务、要求、内容予以了规定。

1969 年 2 月 19 日，军委办事组以中央军委名义颁发《军队院校调整方案》，脱离军队建设实际需要，将全军 125 所学校大幅缩减为 43 所，给军队干部的培训和部队建设造成了严重损失。1972 年 4 月 19 日，中央军委发出《关于办好教导队加速轮训部队基层干部的指示》。1973 年 12 月 8 日，中央军委转发经中共中央批准的全军院校调整领导小组《关于全军恢复和增建四十一所院校的报告》。《报告》提出了恢复和增建院校的原则和方案，对学制、校址、定额等问题作出了明确的规定。

1977 年 12 月 28 日，中央军委发布的《关于办好军队院校的决定》指出，办好军队院校，是我军革命化现代化建设的一项具有重要现实意义和深远影响的工作，全军院校必须坚决执行中央军委的指示，彻底消除林彪、“四人帮”在我军院校工作方面所造成的危害和影响，努力办好院校，以适应部队建设和未来反侵略战争的需要。《决定》对教育方针原则、院校体制、整顿配备院校领导班子、建设又红又专的教员队伍、招生条件、学制、军政教育时间比例、编写教学大纲和教材、教学方法、教学保障工作等作出了规定，提出了要求。《决定》要求各总部、各军兵种、各军区党委必须加强对院校的领导，把院校工作摆到重要议事日程上，分工专人掌管院校，每年要集中深入抓几次，平时要及时研究解决院校的问题，切实把所属院校办好。《决定》的颁布，使院校教育的地位重新得到肯定。

7. 情报和保密工作方面法规。保密工作是事关全党全军全国人民利益的大事。我军历来十分重视保密工作。1951 年 6 月 18 日，毛泽东主席批准颁布《中国人民解放军保守国家军事机密暂行条例》和《军事系统各级保密委员会组织条例》。1952 年 4 月 10 日，中央军委颁布《关于统一、调整、加强机要工作的规定》。1953 年 2 月 1 日，中央人民政府人民革命军事委员会主席毛泽东签署命令，颁布《中国人民解放军秘密文件保密工作细则》，共 9 章 73 条。同年 4 月，总政治部颁发《关于部队报纸、刊物保守国家军事机密的试行办法》。

1956 年国防部颁发了《中国人民解放军保守国家军事机密条例》，并于 1963 年 10 月 12 日、1978 年 1 月 18 日进行修改和补充后重新颁发。保密条例对全军的保密工作提出了要求和规定，强调了保守国家军事机密的意义和原则，指出中国人民解放军担负着保卫祖国安全，保卫社会主义革命和社会主义建设的伟大任务。条例要求全军一切人员严格遵守下列守则：（1）不该说的机密，绝对不说；（2）不该知道的机密，绝对不问；（3）不该看的机密，绝对不看；（4）不在私人通信中涉及机密事项；（5）不在非保密本上记录机密事项；（6）不在不利于保密的场合谈论机密；（7）不带机密材料游览公共场所和探亲访友；（8）不得在家属子女面前，谈论党、国家和军队的机密；（9）不用公用电话、明码电报、普通邮局办理机密事项。条例要求机要、保密、档案、首脑要害部位的工作人员，严格遵守不得将机密文件私自带离工作场所，不得将机密文件私自给无关人员阅读，不得利用工作方便私看机密文件、私听机密事项、私抄机密材料、私自复印文件、电报，不得乱交朋友、乱拉关系和搞资产阶级派性，不得利用档案材料、机密文件搞非法活动等规定。①

8. 国防后备力量建设方面法规。1950 年 10 月 6—20 日，人民革命军事委员会人民武装部在北京召开全国人民武装工作会议，确定全国人民武装工作的基本方针和任务，决定自上而下地建立人民武装的领导机构，并制定了《民兵组织条例》，确定了各级人民武装工作人员的供给办法和民兵经费开支规定。1951 年 3 月 24 日，人民革命军事委员会发布《关于各级人民武装部组织编制问题的决定》，要求从军委起至区一级止，均建立人民武装部，以加强民兵建设。1952 年 12 月 4 日，中共中央发出《关于建立各级人民武装委员会的决定》。《决定》指出，为了加强党对人民武装建设的领导，特决定在人民革命军事委员会下建立各级人民武装委员会。各中央局、中央分局、省委、地委、县委、区委及地方支部，均须吸收有关部门的主要干部，组成各该级人民武装委员会，各大行政区以下的人民武装委员会主任由同级党委书记兼任。1952 年 12 月 11 日，人民革命军事委员会、政务院联合颁布《中华人民共和国民兵组织暂行条例》。《条例》指出：民兵是不脱离生产的、人民群众的武装组织。凡年满 18 岁至 40 岁的男性公民，身无残疾或精神病者，均有参加民兵的权利和义务。实行了普遍民兵制度的地区，要建立民兵的入队、出队制度。《条例》还规定了民兵的任务、组织编制和纪律等。

1958 年 9 月 29 日，中共中央作出《关于民兵问题的决定》，要求在全国范围内把能拿武器的男女公民武装起来，实行全民皆兵。当天，毛泽东在对新华社记者谈话时提出："我们不但要有强大的正规军，我们还要大办民兵师。"② 从 1958 年起，全国掀起了大办民兵师、加强国防后备力量建设的热潮。各个市、县、厂矿、公社、大专院校等单位都建立民兵师、团、营、连，到 1958 年年底，全国建立民兵师 5175 个。③ 但是，大办民兵师中出现了一些过激现象，许多民兵组织都是一哄而起，没有做细致的组织工作和政治思想工作，民兵工作出现了以民兵组织代替劳动组织，片面追求所谓"军事化"的形式主义现象，使民兵队伍质量建设受

---

① 1978 年 1 月 18 日，中央军委重新颁布修订后的《中国人民解放军保守国家军事机密条例》。

② 军事科学院军事历史研究部著：《中国人民解放军的七十年》，军事科学出版社 1997 年版，第 512 页。

③ 《当代中国民兵》，中国社会科学出版社 1988 年版，第 34 页。

到了影响。针对这些问题，1959 年 11 月，中央军委召开会议，对民兵工作的战略地位、战略布局、指挥机构、训练方针、干部工作、武器管理、经费开支、民兵代表会议以及加强对民兵工作的领导九个方面的问题，作了明确的规定，这九条规定被称为民兵工作的“九条方针”，对于纠正民兵工作中的问题起到了重要作用。

1961 年 12 月，中共中央、国务院颁布了《民兵工作条例》，共 7 章 30 条。《条例》从民兵组织的建立条件和方法、配备原则，到民兵组织的工作任务、工作作风以及管理办法等各个方面，都作了明确的规定。《条例》还专门规定，选配民兵干部，必须坚持的“四条原则”是：一、严格条件；二、专职兼职相结合；三、保证党支部对民兵分队的领导；四、民主管理，优先从复员、退伍军人中选拔思想上、身体上、军事上和文化上等素质优秀的民兵干部。条例还修改了民兵的年龄，将男民兵最高年龄由 50 岁改为 45 岁，女民兵由 50 岁改为 35 岁。基本上是以保留基干民兵为主，全国民兵的数量也随之减少了几千万。《民兵工作条例》的颁布，使民兵工作有了可依据的法律制度。1962 年 6 月 19 日，毛泽东发出民兵工作“三落实”指示，指出“民兵工作要做到组织落实，政治落实、军事落实”。遵照上述指示，各级地方党委和各级军区、县、市人民武装部做了大量工作，使民兵工作走上了健康发展的轨道。

9. 纪检工作方面的法规。纪检工作一直是党的工作和军队政治工作的重要内容。1949 年 11 月 9 日，中共中央颁布《关于成立中央及各级党的纪律检查委员会的决定》。同年，12 月 16 日，中共中央给各野战军前委指示，决定在野战军团以上各级均设立纪律检查委员会；12 月 27 日，中共中央又发出《关于部队中党的纪律检查委员会组织问题的指示》，对军队党的纪律检查委员会的人员组成、领属关系等作了规定。

1950 年 6 月 29 日，中共中央作出《关于各级军区应成立纪检会给各前委、军区等的指示》，决定各级军区单独成立党的纪律检查委员会。根据上述决定和指示，全军团以上单位于 1950 年相继成立了党的纪律检查委员会。同年 12 月 10 日，中共中央作出《关于军队各级纪律检查委员会与地方各级纪律检查委员会关系的决定》，明确了各级纪律检查委员会的领导关系，规定军队各级纪委在同级党委和上级纪委指导下进行工作；军区、省军区、军分区纪委并接受同级地方纪委的指导；野战军兵团、军、师兼任地方军区任务者，其纪委与同级地方党委及上级军队纪委的关系如同前述，不兼任者，则受同级党委领导及上级纪委的指导。全军党的纪律检查工作，在中央军委和中央纪委领导下，由总政治部主管[①]。

1952 年 4 月，总政治部发布《关于军队党内处分的暂行办法》，1953 年 1 月总政治部《关于党内处分几个问题的解释》，对军队党内处分的实施作了规定。

1954 年 3 月 5 日和 8 月 9 日，总政治部先后作出《关于纪律检查委员会可设立常委会的指示》和《关于军队各级党的纪律检查委员会的任务与职权的规定》，明确了纪委设立常委会的程序和纪委的职权。根据该《指示》，各级党的纪律检查委员会根据实际需要，经上一级党委批准可设立常委会，但一切重要案件和重要工作问题，仍须由纪委全体会议讨论决定，党委批准，不应以常委会代替全体委员会。根据该《规定》，军队党的纪律检查委员会的职权主要是：（1）及时检查、纠正、处理党组织和党员违反党章、党的路线方针政策和决议，损害党的团结，违反国家的法律和法令，损害群众利益的工作违犯党纪的案件和错误行为；（2）决定和审批对党组织及党员的处分或取消处分；（3）接受和处理党组织和党员对党内处分提出的申诉，以及党员和非党群众对党组织和党员的检举、控告；（4）检查和指导下级纪委和纪检机关的工作；（5）对党员进行党的纪律教育，加强党员的组织性、纪律性；（6）研究党内的错误思想及其根源，经常向党委反映，提出纠正错误思想的建议，保障党委决议和上级党的纪律检查委员会的指示的贯彻执行。[②] 1954 年 8 月，中央军委和总政治部下发《关于制止某些高级干部腐化堕落违法乱纪行为的指示》，指出：为坚决纠正胜利之后某些高级干部受资产阶级思想侵蚀滋长的极端严重的个人主义，骄奢淫逸，腐化堕落倾向，要求加强党对高级干部的领导与监督，严肃党的纪律。

1955 年 9 月 17 日，总政治部发出《关于军队成立党的监察委员会的通知》，规定全军团和相当于团以上的单位成立党的监察委员会，并明确了监察委员会的组织原则、任务和工作范围。据此成立的“中共中国人民解放军监察委员会”，在党的中央监察委员会及中央军委、总政治部领

---

① 此时，尚未设立中央军委纪律检查委员会。

② 王秉山主编：《〈中国共产党军队纪律检查委员会工作条例〉学习辅导》，解放军出版社 2012 年版，第 7—8 页。

导下开展工作，在内部会议上也称作“解放军党的监察委员会”。军队各级党的监察委员会成立后，原纪委职能由监委代替。各级党的监委在上级党的监委和同级党委领导下进行工作，不设专门办事机构，其日常工作由各级政治机关组织部门办理。1957 年 9 月，解放军监委根据中共八大通过的党章，结合军队实际情况，制定了《关于军队各级党的监察委员会工作概则（草案）》，对监委的领导体制、任务、职权以及工作制度都作了具体规定。同时，解放军监委还颁发了《关于军队党内处分批准权限和手续的规定（草案）》，对军队各级党组织处分党员的批准权限和手续作出了规定。1960 年 5 月，总政治部发布《关于处理贪污问题的规定》。1962 年 12 月，为贯彻八届十中全会《关于加强党的监察机关的决定》，中央军委作出《关于加强军队中党的监察工作的指示》，要求扩大监委名额，军以上党的各级监委均设常委会。1965 年 5 月，总政治部发布《关于部队社会主义主义教育运动中若干具体政策问题的规定》，明确了军队纪检工作相关事项。“文化大革命”期间，军队党的监察机关被取消。1978 年 9 月 25 日，中央军委发出《关于团以上各级党委成立纪律检查委员会的通知》，规定了各级纪律检查委员会的组织原则、人选要求和工作任务等事项。

三、人民军队条令条例建设的经验启示

人民军队的条令条例是军事法治建设的重要内容，在建设现代化、正规化的革命军队中发挥着十分重要的作用。条令条例也是教育和规范全体军人言行，增强纪律观念，做到有法可依，有章可循，依法办事，令行禁止的重要保证。在革命战争年代，人民军队的条令条例建设受到很大限制。但是随着中国革命战争的胜利，中国人民解放军面临着如何结束游击状态和加快转入正规化现代化建设的任务。中华人民共和国成立后，人民军队及时转变工作重点，在加强军事法治建设和通过制定颁布一系列条令条例等军事法规，加快建设现代化、正规化的革命军队方面取得了宝贵的经验和启示。

（一）必须始终把加强军队条令条例建设放在重要位置上

高度重视和充分发挥条令条例在军队建设中的作用，是加强人民军队的革命化、现代化和正规化建设的一条最重要的经验，也是全面加强军队建设，实现依法治军的基本规律。老一辈党和人民军队的领导历来非常重

视军队的条令条例建设，运用马克思主义基本理论，结合人民军队建设的实际，提出了一系列加强军队条令条例建设的重要理论和指导原则，使我军逐步建立和完善了以条令条例为主体的军事法规体系，保证了军队建设质量的逐步提高。过去，人民解放军长期处于游击战争环境，残酷的斗争使各部队必须独立自主，各自为战。虽然总的战略指导思想是统一的，但从指挥上、制度上、编制上、纪律上都是根据当时当地战争的传统习惯制定的。当时各大战略区都有自己的条令，这在战争年代是十分必要的，但是在全国政权建立后，这种情况已经不适应要求。

中华人民共和国成立初期，为适应现代化正规化建设的需要，人民军队就着手编制各种条令、条例，在军队建设中发挥了重要作用。如1951年2月，内务、队列、纪律三大条令草案相继颁发试行。1953年中央军委组织成立了纪律、内务、队列、警备条令委员会，负责对四大条令的修改和制定工作。1954年4月，颁布了《中国人民解放军政治工作条例（草案）》。1955年为保证干部薪金制、义务兵役制和军衔制等三大制度改革顺利进行，及时颁布了相关法规制度。1958年年底，遵照毛泽东“一定要搞出我们自己的战斗条令来”的指示，从全军抽调力量，于1963年后陆续颁布了《合成军队战斗条令概则》和各种战斗条令、勤务教令，从而结束了我军沿用外军战斗条令的历史。通过一系列军队条令条例和规章制度的颁布与实施，奠定了人民军队建设的法制基础，使部队的作战、训练、工作和生活秩序等诸方面，都有了规范和准绳，进而保证了军队的组织机构、体制编制的统一和正规教育训练的开展，推进了人民军队革命化、现代化和正规化建设的步伐。

但是，从20世纪50年代末期到“文化大革命”期间，人民军队的法治建设逐步受到干扰和破坏。尤其在1958年反“教条主义”和1959年批判“资产阶级军事路线”中，许多正规化现代化的措施被当作“形式主义”“教条主义”和资产阶级军事路线而遭批判。从此，正规化不提了。一些条令、条例和规章制度受到冲击和被废止。在“文化大革命”期间，军队条令条例建设受到了更大的危害，必要的条令、条例和规章制度被诬蔑为是“条条框框”，贯彻执行条令、条例是“管、卡、压”等，严重地干扰和破坏了我军以条令条例为主要内容的法治建设，削弱了部队战斗力，影响和阻碍了人民军队的建设与发展。

我军的法治建设从正反两方面证明，完善以条令条例为主体的军事法规，坚持依法治军，是加强军队建设，提高我军质量的重要保证。人民军队的各种军事法规，包括条令、条例和规章制度，是用革命先烈的鲜血和生命换来的宝贵财富，是马列主义、毛泽东军事思想的结晶，是人民军队性质、宗旨和优良传统的高度概括，也是人民军队建军与作战原则、经验、规律的总结与揭示。经过不断完善和修订，适应军队建设发展的各项军队条令条例，必将对我军的革命化、现代化、正规化建设发挥重大作用。

（二）要正确借鉴外军条令条例建设的有益经验，建立中国特色的条令条例体系

中华人民共和国成立初期我军颁布的条令条例，注意了借鉴外国军队，特别是苏军的经验。当时全军组织翻译了外国陆海空三军各种条令和教材 7100 多种。早在革命战争年代，我军就积极借鉴外军尤其是苏军的条令条例。被誉为“军事翻译家”的刘伯承元帅把条令看作是过去作战经验的结晶，是未来战争制胜的指南。因此，他翻译了许多外军条令来指导我军作战训练。1930 年至 1931 年年初，刘伯承参加和主持翻译了《苏军步兵战斗条令》。1933 年在反“围剿”的紧张斗争中，他又摘译了苏军《步兵战斗条令（第一部）》中关于“对空防御动作”一节、《苏联红军野外作战条令》中的游击队动作部分，选译了《苏联红军司令部野外勤务教令》。在红军长征途中，他一直珍藏着长达 300 余页的《苏联红军司令部野外勤务教令》，1935 年八九月间，他又续译了这部教令的剩余部分，将它奉献给红军官兵。1938 年 12 月，苏联红军颁布了新的《步兵战斗条令（第一部）》。为吸取苏联红军的作战经验，战胜日本侵略者，刘伯承与左权合作翻译了这部条令。他在翻译和介绍苏联红军战斗条令时，特别注意弄清这些条令产生的背景和条件，从中体会马克思、恩格斯、列宁、斯大林的军事思想和研究苏联红军战胜德国法西斯的作战经验，并且紧密结合我军建设和作战的实际，精心撰写“前言”“后记”“附言”。引导大家从我军作战的实际出发，灵活地运用这些条令。

中华人民共和国成立后，人民解放军没有统一的条令条例，各野战军有的自编，有的翻译外国的，有的借用国民党军队的。有的内容十分复杂，有的又过于简单。为尽快实现正规化，中央军委决定翻译借用苏军条令条例。1950 年 1 月，中国人民解放军总部翻译出版了《苏军纪律条令》《苏军内务条令》；1950 年 4 月，翻译出版了《苏军步兵操典》《苏军警

备勤务条令》；1955 年 1 月，翻译出版了《苏联军事刑法》。这些条令下发全军部队，发挥了很大的作用。但是，在试用中也出现苏军条令条例并不完全符合人民解放军的实际情况。

中央军委决定成立条令条例编审委员会，尽快编写出适合中国人民解放军正规化建设的条令条例。根据中央军委的指示，条令编审委员会在参照苏军条令条例的基础上，于 1950 年 10 月编写出中国人民解放军的《纪律条令（草案）》《内务条令（草案）》《队列条令（草案）》。但是，人民解放军颁布自编条令（草案）以后，部队仍难以适应。因为条令要求比较高，而人民解放军装备差、正规化程度低。于是，中央军委再次决定：以苏军条令为蓝本，同时照顾到革命战争时期各根据地自行制定和使用的法规的传统习惯，修改三大条令。1951 年 1 月，第一次修改的三大条令由总参谋部颁发部队使用。刘伯承担任军事学院院长，工作非常繁忙，仍然亲自校译条令。尤其感人的是在 1953 年夏天，他在大连休假时重新校译《苏联红军野战条令（草案）》。这本条令军训部已经翻译出版，并依据条令的内容编写了教材，用于教学。但刘帅对校译稿不够满意，他说："条令是军事学院最基本的教材，非常重要，一定要翻译得十分准确，不能有含糊其词的地方，不能有丝毫差错。"① 当时他已 61 岁，仅有的一只好眼睛又患上了青光眼，但他仍拿着放大镜逐段逐句推敲修改，20 多万字的译稿他修改了三遍。第一遍用墨汁改，第二遍用蓝墨水改，第三遍用红墨水修改定稿。一丝不苟，精益求精。在他严格要求，精心组织下，付印的条令做到了不错一个字，不错一个标点符号。

1953 年年初，人民解放军实行正规化建设的条件进一步成熟，中央军委再次决定修改三大条令。中央军委强调：修改以改装师和新编制作基础，同时照顾正规化建设，着重以苏军条令作蓝本；条令的体系和各种规定，只要现在行得通，就采用苏军的，尤其是关于技术、战术及技术管理方面，更要如此。经过修改，1953 年 5 月 1 日，由中央军委颁发了第二次修订的《纪律条令》《内务条令》《队列条令》。1958 年，毛泽东提出一定要有自己的战斗条令。于是，各军区、各军兵种全面展开条令条例和教材的编写或修改工作，逐步由主要借用苏军的法规过渡到使用自己的军事法规。

---

① 转引王安：《老一辈革命家与我军条令条例》，《解放军报》2006 年 4 月 2 日，第 4 版。

借鉴外军条令，尤其对我军新成立军种的建设有积极的促进作用。中华人民共和国成立后，我们有了自己的空军，然而当时许多飞行员都是由陆军到空军的，在没有任何战争实践经验的情况下，我们利用苏军提供的各种条令、教程、教范和技术资料进行训练，在较短的时间内人民空军掌握了许多高级的飞行技术，出现了一批全天候飞行员，培养出了大批较有经验的飞行教员，工程机务、领航、雷达、通信、场站供应等各种勤务工作也取得了很大的进步。这与积极借鉴苏联空军的条令条例是分不开的。我军条令条例建设参考苏联经验或以苏军条令为蓝本的时期，使我军的训练有了可靠的依据，缩短了摸索的过程，少走了许多弯路，避免了许多可能发生的事故，对于加速人民解放军正规化、现代化建设起了重要作用。

中国人民解放军建设的实践证明：军队正规化建设，一方面要遵循现代战争和现代军队建设的一般规律，大胆吸收借鉴世界发达国家军队正规化建设的有益经验，向毛泽东曾指出的“世界型”军队转变；另一方面又不能盲目照搬外国军队的做法，而要从我国我军的实际出发，立足于我国国防与军队建设的特殊规律，采取符合我军特点的制度和办法。这种共性与个性、一般与特殊的关系，始终是贯穿我军正规化建设的一个重要问题。在中国人民解放军的正规化建设史上，曾发生过两种偏向。一种是不顾自己的实际情况，机械地搬用外国军队的经验。如 20 世纪 30 年代初期的红军正规化，在王明“左”倾教条主义路线统治下，照搬苏联红军的做法，过分强调了红军的集中，取消了团以上的党委制，甚至照搬苏军的编制，要在红军中编炮兵、通信兵、高射炮兵和航空队，要像苏联红军那样统一佩戴制式袖标、兵种领章和指挥官等级符号，等等。所有这些，有的因缺少物质条件而只是一纸空文，有些因强行贯彻而给部队建设造成损失。在 50 年代的正规化建设中，开始也提出过诸如对苏联军队要“不走样地学”的口号，并且搬用了苏军“五大军种”和“八大总部”的体制。另一种是闭关自守，拒绝接受国外有益的东西。这种情绪在战争年代和 50 年代都有所表现，“文化大革命”中又被推向了极端，把向外国学习一律斥为“崇洋媚外”“洋奴哲学”，而对于我们自己的经验又肆意歪曲。历史上的这两种倾向都是应该防止的。彭德怀在 1952 年 12 月召开的全军参谋长、政治部主任联席会议上指出：“我们学习苏联先进的军事经验，又必须与中国的实际相结合，与学习中国共产党建军的历史相结合。”“任何企图把苏联的先进军事科学和毛泽东的军事思想对立起来的观点都是错误的；同样，任何把学习苏联的先进军事经验与学习和总结中国的军事经验、朝鲜战争中的实际经验分割开来的想法，也都是错误的。”① 黄克诚也曾指出：“对如何学习苏联经验，我们还是有自己的考虑，并不一律照搬。我们不会不考虑自己的国情和历史，决不轻易丢掉自己的好经验、好传统。对苏联的经验我们从实际出发，或采用、或不用、或修改后再采用。我们的方针是：以我为主、学习先进。”“我们没有学习苏联的‘一长制’。中央军委于1953年9月，正式确定我军的领导体制为：党委领导下的首长分工负责制。司令员和政委有分工之别，无上下之差；意见有分歧，特别是对待关系重大的问题，由党委会作决定。有的还需报上级党委请示。”② 条令条例的建设也如此，借鉴外军经验可以少走很多弯路，避免外军建设中已经出现的错误，从而加快军队正规化建设速度；但如果不切实际的照搬外军的条令条例，则会因为外军条令不符合我军实际而阻碍正规化建设。我们要坚持实事求是，从实际出发，走中国特色的军队法治化建设之路。

（三）要根据国情军情的变化，与时俱进，适时制定和修订条令条例

军队的各项工作和军人的一切行动都必须以条令条例为准绳，并达到条令条例所规定的标准。军队条令条例是在军事斗争实践中产生的，它既来自实践、指导实践，又受军事实践活动的检验，需要通过实践不断修订和完善。军队条令条例的制定受多方面条件的制约，例如武器装备的更新，组织编制的变动，军事理论的发展，以及军队管理对象、作战对象、战区条件的变化，等等。正因为如此，随着军队新情况新问题的出现，要适时修改或制定条令条例。早先军队武器装备简陋，兵种少，军队条令条例也比较简单。后来出现了海军、空军、装甲兵，舰艇条令、飞行条令、装甲兵条令便应运而生。当核、化学、生物等大规模杀伤武器出现之后，就相应出现了有关指导核、生、化条件下作战、训练和管理的新的条令条例。可见，军事科学技术和装备发展到什么程度，就必然产生相应的条令条例。在我军众多的条令条例中，颁布最早、修改次数最多的条令条例是

---

① 彭德怀：《学习苏联先进经验建设现代化的国防军》，人民革命军事委员会《八一杂志》1953年第25期。

② 《黄克诚自述》，人民出版社1994年版，第245页。

《政治工作条例》和《纪律条令》。这两种条令条例在我军初创时期就曾首次制定和颁布。中国工农红军第四军1929年12月召开的古田会议，提出了“编制红军法规”的任务后，在当时作战那样频繁、环境极其艰苦的条件下，10个月后，即1930年10月，我军就颁布了《中国工农红军政治工作暂行条例草案》《中国工农红军纪律暂行条例草案》。可以说，这两部条例的颁布，标志着我军依法治军的开端。中华人民共和国成立后，我军进入了建军的高级阶段，即掌握现代化技术和装备的阶段。这就使全面加强正规化建设提到了议事日程，军事立法的速度加快，立法水平不断提高。如，我军于1951年2月1日、1953年5月1日、1957年8月1日、1964年2月1日、1975年11月25日先后5次修订了《中国人民解放军纪律条令》，都是根据军队建设不断变化的实际出发而及时修订颁布的，以适应部队的需要。此后，在1984年1月27日、1990年6月9日、1997年10月7日、2002年3月23日又根据变化的情况，先后4次修订颁布《中国人民解放军纪律条令》；从1954年4月15日、1963年3月27日、1978年7月18日、1983年12月、1991年1月1日、1995年5月10日、2003年12月5日先后7次修订颁布了《中国人民解放军政治工作条例》。这些都说明，必须要及时根据变化了的新情况对军队的条令条例进行修订，以保证条令条例对军队建设的规范性、严肃性和实效性，充分发挥军队条令条例应有的作用。当然，作为一定时间内规范军队行动的法规，也需要保持相对的稳定，条令条例的立、改、废必须经过严格的法律程序，任何违背法定的程序擅自改变军队条令条例的做法或随意不执行条令条例规定的行为都是错误的，也是违法的。

第五节　建立国家军事司法制度

中华人民共和国成立后，人民军队的基本任务已由争取民族独立和人民解放转变为保卫和参加祖国的经济建设。全军进入了建设强大的现代化、正规化革命军队的新时期。军事司法工作为适应我军根本任务的转变，也转变到为巩固新生的人民民主专政国家政权服务，为恢复社会秩序和生产秩序，争取国家财政经济状况的好转，建设强大的国防和人民军队服务。从1949年10月到1978年12月，人民军队的军事司法制度作为军事法治建设的重要内容和国家司法制度的重要组成部分，其发展大体经过了三个阶段。

一、在国家司法体制下建立军事司法制度

1949 年 9 月通过了具有临时宪法作用的《中国人民政治协商会议共同纲领》（以下简称《共同纲领》）。中华人民共和国根据《共同纲领》建立了人民司法制度。在革命战争年代形成的人民军队的军事司法制度也成为中华人民共和国人民司法制度的重要组成部分。从 1949 年 10 月到 1956 年 12 月，是人民军队的军事司法制度在国家司法体制下建立发展的重要阶段，过去长期在战争年代形成的隶属于军事指挥权的军事司法权也成为国家司法权的重要组成部分。

（一）加强组织建设，健全组织机构

中华人民共和国成立后，军队的相关司法机构在国家司法体制下得到逐步完善。

1. 健全军队保卫组织。1949 年 11 月，国家公安部成立，下设六个局，其中第五局为武装保卫局，主管军队的保卫工作和公安部的保卫工作。1950 年 4 月，中央人民政府人民革命军事委员会总政治部成立，武装保卫局改由总政治部和公安部双重领导，在军队内部称为总政治部保卫部，业务上领导全军侦查工作。同年底，总政治部保卫部将公安部队的党政工作移交给新组建的中国人民公安部队领导管理。为适应领导全军安全保卫工作的需要，总政治部保卫部组织上调整为三处一室，即一处为教育处，内设干部科和政策研究科；二处为侦查处，内设陆军侦查科和特种兵侦查科；三处为警卫、审讯处，内设机关保卫科和预审科；一室为总政保卫部办公室。1952 年经总政治部批准，警卫、审讯处分设为两个处，即三处为审讯处，四处为警卫处。1952 年 11 月，总政保卫部将编制调整为五处一室一组一所，即一处为陆军保卫处，二处为海军保卫处，三处为空军保卫处，四处为后勤保卫处，五处为机关学校保卫处，以及秘书室、技术组和看守所。此后根据工作需要，总政保卫部的组织编制又做过多次调整。1956 年以后，保卫部完全划归总政治部领导，全军各级保卫部门相继进行了调整。在大军区、兵团政治部设保卫部，军（省军区）政治部设保卫处，师（军分区）政治部设保卫科，团政治处设保卫科、股或专职保卫干部，营党委和连党支部设保卫委员，并坚持了党委和政治机关领导的原则。

2. 组建军事检察和军事审判机构。中华人民共和国成立初期，军事司法组织名称仍沿用军法处，实行的是“审检合署”，设置在师以上政治机关内。1951 年年初，各部队根据新颁发的国防军编制，在团一级机关内设置了军法干事，从组织上进一步加强军事司法工作。团军法干事是奉上级机关任命到团或相当于团的机关、部队、学校进行军法工作的。其基本职责是：（1）依据上级指示、决定、计划，在团政治处主任直接领导和上级军法部门指导下，监督与执行部队纪律，保证一切作战任务及政策法令的彻底实现；（2）经常在部队中进行遵纪守法教育；（3）发现与受理部队一切违抗命令、贪污腐化、违反政策、破坏纪律等违法乱纪案件；（4）组织临时的军事法庭或公审大会，处理需要经过这种形式教育部队和群众的案犯；（5）负责所处罚的苦工犯和上级分配到本团执行劳役或立功赎罪人犯的管理、教育、登记工作；（6）协同地方组织动员逃亡战士归队，并对逃亡战士进行登记、审查和教育工作；（7）协助上级机关代为调查某一案件材料；（8）搜集部队违犯命令、破坏政策纪律的材料，及时向党委及军政首长汇报，给其当好参谋；（9）按时向领导汇报自己的工作，并提出一定时期的工作意见；（10）定期进行工作总结和各种统计，写出书面报告。这种编制设置，是新民主主义革命各个时期的军事审判机构组织所没有的。①

1952 年，中央军委根据军事司法机关在长期实践中积累的经验，参考苏军的一些做法，决定将军法处与政治部分建，列为单独序列；军法处实行双重领导关系，即既受同级党委和军政首长的领导，又受上级军法处的领导。虽然这个时期统一领导全军军事司法工作的军事审判机关尚未建立，但军事司法组织已经明显加强。各省军区、军分区、野战军、师及与之相关的部队军法处，从机构组织到人员编制都有了不同程度的加强，为建立统一的军事司法机构体系准备了条件。同年，有的部队还根据政务院关于“三反”运动中成立人民法庭的规定，在团以上部队内组织了人民法庭。人民法庭以已成立的各级节约检查委员会为基础，吸收军法、保卫、组织、宣教等部门人员参加，也适当吸收部分运动中的积极分子参加。具体参加人员先由各级检查委员会提出名单，经各级党委批准后，正

① 钱辉、毕建林主编：《中华人民共和国法制大事记》，吉林人民出版社 1992 年版，第 1091 页。

式组成人民法庭。人民法庭设正、副审判长，均由各级首长充任。下设核实、追赃、调查等若干小组，实行联合办公、分工负责的工作制度。人民法庭处理案件实行公开审判制。人民法庭处理案件的基本方针是：多数从宽，少数从严；过去从宽，今后从严；坦白从宽，抗拒从严；一般情节从宽，情节严重、恶劣者从严。

1954 年 1 月，中央军委为了适应我军现代化、正规化建设的需要，决定在解放军总部成立中国人民解放军军事法庭，统一管理全军军事审判工作。同年 2 月 28 日，陈奇涵被中央军委任命为军事法庭庭长，着手筹建军事法庭。

3. 纳入国家司法体制。1954 年 9 月，我国第一部宪法和人民法院组织法、人民检察院组织法颁布，规定在国家司法体系中设立军事法院、军事检察院，为专门人民法院、专门人民检察院。因而，解放军原有的军法处的组织形式，已不适应国家法律的要求。为了适应国家法治建设的新形势，1954 年 11 月 1 日，中央军事委员会命令颁布军事法院编制表，将解放军军事法庭改为中国人民解放军军事法院，陈奇涵任院长。1955 年 8 月 31 日，国防部发出《关于全军各级军法处改称为军事法院的通知》，据此，各级军法处全部改为军事法院。

1955 年 9 月 2 日，最高人民检察院军事检察院始建，下设研究处、审判监督处、特种刑事案件监督处、侦查处、一般监督处和办公室①，人民解放军师以上单位相继设立军事检察院。同年 11 月 10 日，第一届全国人大常委会第 26 次会议决定，任命黄火星中将为最高人民法院副检察长兼军事检察院检察长。1956 年 1 月 9 日，中央军委会议批准黄火星检察长向军委呈报的《关于建立各级军事检察院的初步意见的报告》和《中国人民解放军军事检察院及下属一、二、三级军事检察院临时编制表（草案）》；1956 年 2 月 25 日，中央军委发出《关于建立各级军事检察院机构的通知》，并批准颁布了《中国人民解放军军事检察院及下属一、二、三级军事检察院临时编制表（草案）》。全军共编 273 个检察院，1623 名检察干部。至同年 8 月，各级军事检察院的组建工作已基本就绪，

① 孙宗明主编：《中国军事百科全书（第二版）学科分册军队政法工作》，第 83—84 页。

干部配备了 80% 以上。[①] 军事法院和军事检察院在组织上属于军队建制，受军队党委领导，在司法工作上受最高人民法院和最高人民检察院监督和领导。原来被作为军队内部司法机关的军法处，由此被正式纳入国家的司法体系，与同期成立各级军事检察院一起成为国家设立在军队内部依法独立行使司法权的专门人民法院和专门人民检察院。

1956 年 2 月，最高人民法院副院长高克林写信给国防部长彭德怀和中央军委，认为应将中国人民解放军军事法院改为最高人民法院军事审判庭。中央军委于 1956 年 12 月 6 日决定，同意将解放军军事法院改名为最高人民法院军事审判庭，作为对外名义，但对内的职责仍旧不变，组织领导、工作关系归总政治部，并同意由钟汉华任庭长、袁光任副庭长。1957 年 6 月 17 日，总政治部下发《关于军事法院、军事检察院在军队内部受政治部领导的通知》，《通知》指出：经军委扩大会议确定，并经最高人民法院、最高人民检察院同意，军事法院、军事检察院分别受最高人民法院、最高人民检察院领导外，在军队内部归总政治部领导。

随着各级军法处改为军事法院以及军事检察院的建立，军事司法机构设置也随之正规和统一。根据 1954 年颁布的《人民法院组织法》《人民检察院组织法》和解放军军事法院、军事检察院拟定的有关暂行组织条例的规定，结合军队的组织编制体制序列，军事司法机关确定为四级编制，即中国人民解放军军事法院和军事检察院和一级军事法院和军事检察院，二级军事法院和军事检察院，三级军事法院和军事检察院（分别设在大军区、军、师级单位）。

军事审判的终审权是中华人民共和国最高人民法院，实行五级二审终审制。在建立和健全军事司法体系的同时，军事法院和军事检察院内部组织制度也进一步得到健全，比如各级军事法院和军事检察院均成立了审判委员会和检察委员会[②]；按照人民法院组织法关于审判案件实行合议制的规定，二级以上的军事法院都按照组成二审合议庭的法定人数确定了编制。由于军队当时未设司法行政机关，军事法院同时也兼管司法行政工

① 中国人民解放军总政治部历史资料丛书编审委员会编：《军事检察工作》卷，解放军出版社 2001 年版，第 10 页。

② 1955 年 12 月 27 日，中央军委联席会议讨论了解放军军事法院呈报的《关于成立审判委员会的意见》，同意各级军事法院成立审判委员会，参见钱辉、毕建林主编《中华人民共和国法制大事记》，吉林人民出版社 1992 年版，第 1109 页。

作。解放军军事法院是军队中最高级别的审判机关，不服其一审判决和裁定的，可以上诉或抗诉到最高人民法院。

（二）加强制度建设

1950年11—12月，总政治部和公安部召开了第一次全军保卫工作会议，1952年8月又召开了第一次全军侦查工作会议，之后，全军增加了一大批保卫干部，加强了侦查力量。1953年8月，第三次全军保卫工作会议着重讨论了预防犯罪问题。这期间，军队保卫部门在全军先后开展了三次规模较大的内部肃反清理运动，组织清理了混入军内的间谍特务、匪首惯匪、地方恶霸、反动党团骨干、反动会道门头子等反革命分子，清查了暗藏的武器弹药和电台，澄清了一些同志的一般政治历史问题。

1. 工作制度。中华人民共和国成立初期，军事司法实行“保审检合署”办公。为加强制度建设，为统一全军的定罪量刑工作，总政治部根据《中国人民政治协商会议共同纲领》第7条与第10条的规定，在1951年5月17日制定了《中国人民解放军暂行军法条例（草案）》，在1952年4月制定了《关于部队执行〈中央关于在“三反”运动中对于贪污分子量刑的指示〉的若干规定》，在同年5月制定了《关于刑事处分几个具体问题的意见》。各大军区和军种也相继制定了一批刑事性规定，如1950年6月30日华东军区、第三野战军制定的《中国人民解放军华东军区暂行军法条例（草案）》，海军司令部、政治部于1953年6月10日制定的《关于执行逮捕、审判批准权限与拘押时间暂行规定》，海军军法处于同年11月制定的《关于军法案件处理与量刑的暂行规定》，中国人民志愿军第9兵团于1951年3月制定的《战时法纪军律暂行规定（草案）》。同时，各大军区的军法处根据实际情况，制定了一些工作制度，如专题报告制度、统计工作制度、上报备案制度、总结报告制度等。

2. 组织制度。军事法院系统在建立后，积极加强军法干部业务培训和开展军事法规的草拟工作。1954年12月，解放军军事法院完成了《中国人民解放军各级军事法院暂行组织条例（草案）》，该条例根据《人民法院组织法》和部队的实际需要制定，包括总则、军事法院的组织和职权、军事法院审判人员和其他人员3章共41条。总则部分共18条，主要规定了制定该条例的法律依据，军事法院的性质、任务、分级、设置与撤销，管辖范围和审判权限，审判原则和制度，审判组织与审判委员会的任务等。组织和职权部分共18条，规定各级军事法院的机构设置、人员组成和审判权限等。审判人员和其他人员部分共 5 条，主要规定院长、审判员、助理审判员的资格，助理审判员的地位，陪审员的资格和职权及产生办法，书记员的职责任务等。

3. 相关军事审判制度。1954 年 12 月，解放军军事法院编写了《中国人民解放军军事刑罚暂行条例（草案）》，并发各总部、有关部门和各级军法处征求意见。该草案是根据我国宪法的原则和我国各种刑事单行法规，全国人大常委会、国务院及最高人民法院有关军法方面的各种命令和决议，解放军的各种条令、条例等拟定的，分为总则和分则两部分，共 11 章 78 条。总则部分包括两章，规定了立法根据、任务及效力范围、军人犯罪适用刑罚及实施程序。分则部分 9 章，分别对叛国罪，逃避兵役罪，侵害、盗窃军用证件与军用物资罪，违反各种条令条例罪，业务上失职罪，泄露军事秘密罪，在作战区、戒严区之军事犯罪，违反国际法罪等，规定了具体的罪名和处刑标准。条例草案虽然未能正式颁布执行，但对于加强刚刚建立的各级军事法院的业务建设，产生了积极的影响。

1955 年 8 月，解放军军事法院草拟了《中国人民解放军各级军事法院暂行审判程序与审判办法（草稿）》。该草稿是根据我军的现实状况和工作特点，按照宪法和人民法院组织法的原则，参照苏联刑事诉讼法，结合近年来各级军事法院试行公判中的经验制定的。制定该草稿的目的，是在国家尚无刑事诉讼法的情况下，为统一全军各法院的办案程序，保证各级军事法院完成审判任务，提高工作效率与办案质量。草稿包括前言、起诉与预审、公判、上诉与再审、执行五个部分。前言部分主要是阐述军事法院在刑事诉讼中的地位和任务，类似总则的性质；起诉与预审部分，主要是规定军事法院受理案件后，如何组织预审庭，对起诉的根据和理由进行审查，及预审庭的具体程序；公判部分，将公判规定为准备、调查、辩论、被告人最后陈述和宣判数个阶段，并对每个阶段的具体程序作了详尽的规定；上诉与再审部分，对上诉和抗诉的条件、期限、程序、审级，再审的提起、程序作了具体规定；执行部分，对被判处徒刑或死刑案犯的执行程序、手续和死刑犯的未经判决没收的财产处理问题，作了具体规定。1956 年解放军军事法院根据最高人民法院关于《各级人民法院刑事案件程序总结》，对草拟审判程序与审判办法进行了修改与补充，并于 1957 年 7 月下发试行。之后，由于发生了“左”的错误，该程序与办法未能得到全面实行。

1955年12月12日，总政治部向中央军委呈报《关于在部队中实行军人陪审员制度的规定》，经中央军委第五十六次会议通过，12月31日，总政治部印发全军执行。《规定》要求，部队中各级军事法院审判第一审案件，除轻微的刑事案件和法律另有规定的案件外，应实行军人陪审员制度，并对军人陪审员产生办法、数量及职权、任期等作出了规定。1958年1月31日，总政治部又发出《关于改选军人陪审员的通知》。在维护被告人权益方面，1957年2月24日，司法部、解放军军事法院发出《关于军事法院审理的案件，受审的被告人有权委托律师为他作辩护人出庭参加诉讼的通知》。《通知》规定：在军事法院受审的被告人同样享有宪法和法律规定的辩护权，军事法院审理前应向被告人详细交代其享有的辩护权，如被告人要求委托律师辩护时，军事法院应当允许并给予便利。律师为被告人辩护时，有权查阅有关该案起诉罪行的全部案卷材料、接见被告人和向有关方面进行访问，但应严守工作中得知的国家军事秘密。

4. 相关军事检察制度。1955年11月各级军事检察院成立后，也进行了大量建章立制工作。根据1956年2月的军事检察院编制方案，军事检察院分为四级，最高一级为最高人民检察院军事检察院；下属的检察机关依次分为：大军区（军兵种）军事检察院；军（省军区）军事检察院；步兵师（军分区）军事检察院①。1963年6月，总政治部颁布了《关于在“五反”运动中案件批捕、起诉问题的通知》。军事检察院印发了《关于审查批捕、审查起诉、出庭支持公诉工作的试行规定》《防止军人因婚姻问题违法犯罪的意见》《战时检察工作的意见》《关于战时部队批捕权限的暂行规定》等。为了同严重违法乱纪行为作斗争，又先后下达了《坚决制止某些单位乱关乱押人的通报》《关于执行清理政策和看管、拘留等若干问题的规定》，以及《贯彻执行最高人民检察院关于严肃查处侵

① 1957年8月12日，国防部批复同意军事检察院改称为“最高人民检察院军事检察院”；1961年1月16日，总政治部发出《关于保卫、军检、军法三个部门合署办公的通知》，对外保留三个部门名义，实际由保卫部门统管；1962年5月24日，国防部《各大军区机关基本组织体制编制系统表》，将军检、军法从保卫部门分出，单独列编；1965年5月，最高人民检察院军事检察院改称“中国人民解放军军事检察院”；1966年开始“文化大革命”，各级军事检察机关名存实亡，1969年年底，全军各级军事检察机关被撤销，职权由保卫部门行使；1978年3月至12月开始筹备重建军事检察院，1979年1月25日，解放军军事检察院开始办公。

犯人权案件的通知》，依法保障了广大官兵的合法权益。

5. 军事司法队伍建设与管理制度。1955 年 5 月，解放军军事法院根据中央军委会议决议，代军委草拟了《军委关于建立和健全军事法院工作的指示》，强调要配备得力干部充实和加强各级军事法院机构，改变过去那种军法主管领导采用兼职的不适当做法，抽调党的优秀干部充任各级军事法院的正副院长。同时也要抽调一些品质优良、政治文化水平较高的一般干部来充实这一部门。根据编制要求，全军共编军法干部 2000 名。为了有计划地提高现有干部的政策业务水平，使之能有效掌握和运用法律武器，正确执行党的形势政策，部队各级党委和干部部门按照国防部新颁发的编制，为各级军事法院配备了较强的干部（如北京军区、沈阳军区、广州军区、武汉军区军事法院都是少将任院长），并注重抓紧军法干部队伍的培养工作。同年 6 月，解放军军事法院向军委叶剑英副主席报送了《军法干部培养训练计划》，拟在三年内将所有军法干部分别送中央政法干校和东北分校、中南政法学院轮训。12 月召开的全军军法工作座谈会还把加强干部培训作为 1956 年全军军法工作的三项任务之一。军法干部的轮训开始走上经常化、制度化轨道，仅 1957、1958 两年，全军即有 198 名军法干部到政法学院学习，改善了军法干部队伍的知识结构，提高了业务水平。

1956 年 2 月，总政治部、总干部部联合发出《关于军法干部划归政治机关管理的通知》，规定解放军军事法院和军事检察院的干部，统一由各级政治部的干部部门管理。1958 年 5 月 10 日，总政治部、总干部部发出《关于军事检察院、军事法院干部的任免和各级军事法院审判委员会委员的审批问题的通知》，规定军法干部任免手续由干部部门承办，各级军事法院审判委员会委员系非行政职务，不需办理任免手续，只需审查批准即可。一级军事法院审判委员会委员由军区和特种兵政治部报总政治部审查批准；二级和三级军事审判委员会委员由各军区和特种兵政治部主任审查批准。

（三）有效地开展军事司法工作

中华人民共和国成立初期的军事司法工作，是紧紧围绕巩固新生的革命政权、建立新型社会秩序和生产秩序，巩固国防力量这一中心任务进行的。这一时期军事司法组织主要进行了以下工作：

1. 严厉惩办反革命分子。1950 年 7 月 23 日，中央人民政府政务院和最高人民法院颁发了《关于镇压反革命活动的指示》，1951 年 2 月 20 日，中央人民政府根据《中国人民政治协商会议共同纲领》第 7 条的规定，为惩治反革命罪犯，镇压反革命活动，巩固人民民主专政，制定了《中华人民共和国惩治反革命条例》，该条例于次日公布施行。各级军法处在镇反运动中，主要负责关押、审判、处理在蒋介石部队中有军职的特务和有血债的反动军官，以及我军中蜕变、坠落成反革命的犯罪分子，同时也适当受理了一些军地互涉的反革命案件和其他与军事和国防利益有关的反革命案件。对于公安、保卫机关起诉的反革命案件，各级军法处都认真进行了复审，力求镇压得稳、准、狠。在坚决镇压那些重大反革命分子的同时，对犯罪集团中的从犯、情节一般的反革命分子，则贯彻惩办与宽大相结合的政策，进行了宽大处理。通过这次运动，打击了反革命分子，保护了人民群众参加土地改革、清匪反霸斗争的积极性。

2. 严厉惩办危害国家安全的重大犯罪案件。1951 年 8 月 17 日，北京军管会军法处对充当美国间谍、阴谋武装暴动、危害中国国家安全的李东安（意大利人）、山口隆一（日本人）、马迪儒（意大利人）、魏智（法国人）、哲立（意大利人）、甘斯纳（德国人）、马新清 7 名罪犯进行了判决。[①] 1954 年 11 月，最高人民法院军事审判庭审理了美国中央情报局驻日本厚木的间谍机关的间谍特务分子约翰·托马斯·唐奈、美国间谍机关空投到我国大陆的特务分子许广智等 11 人，以及美国中央情报局用以空投间谍特务分子的“五一八空中补给与通讯连队”的上校司令官约翰·诺克斯·阿诺德等 11 人两批美国间谍在我国进行阴谋破坏活动、危害中国安全的重大犯罪案件，依法对这两批间谍特务分子分别判处死刑、无期徒刑和有期徒刑。对于这一严正判决，美国政府通过英国驻华代办杜维廉致函我外交部章汉夫副部长提出所谓抗议，章汉夫副部长复函杜维廉，拒绝美国政府文件，并将其退回。[②] 这类案件的审判，及时打击了境内外间谍机构及其人员，对维护中华人民共和国的国家安全具有重大意义。

---

① 钱辉、毕建林主编：《中华人民共和国法制大事记》，吉林人民出版社 1992 年版，第 1093 页。

② 钱辉、毕建林主编：《中华人民共和国法制大事记》，吉林人民出版社 1992 年版，第 1102 页。

3. 惩办各种普通刑事犯罪分子。在中华人民共和国成立后的和平环境中，破坏军纪案件、贪污等普通刑事案件增多，各级军法处根据驻防地区的环境条件，把每个时期的突出犯罪列为军事司法工作的重点，着力惩办。如新中国成立初期烟毒犯罪严重，为此中央人民政府于 1950 年制定了关于严禁鸦片烟毒的通令，1952 年 9 月军委总政治部发出了《关于配合全国运动的指示》，部分大军区根据中央政务院通令制定了禁毒办法、规定等，各级军法处贯彻执行有关规定，通过惩罚吸毒、贩毒、窝藏和出售烟毒的犯罪分子，起到了切实保护人民健康、巩固社会治安的作用。再如，许多部队进入城市后，贪污腐化案件增多，中央人民政府于 1952 年 4 月公布施行了《中华人民共和国惩治贪污条例》，对贪污罪及其刑罚作了明确规定。军队许多团以上机关成立了人民法庭，以审判部队“三反”中的案件。各级军法处和人民法庭对于送来的贪污案件，一般都进行了重新调查核实，在审讯后做了实事求是的处理。

4. 教育改造犯罪分子。中华人民共和国成立后，军法处继续负责对犯罪分子的押解、看守和劳动改造工作。各级军法处认真贯彻“惩罚管押与思想改造相结合”“改造第一、生产第二”的方针，重视教育改造，实行分开关押，效果较好。如对轻犯与重犯、新犯与旧犯、已决犯与未决犯、政治犯与纪律犯、共同犯与集团犯，采取不同的管理办法。1951 年 12 月 31 日，军委制定了《犯罪人待遇之规定》，使犯人生活待遇的改善有章可循。1952 年 6 月 9 日，军委直属党委还颁发了《对贪污分子被告机关管制的暂行办法》，对贪污分子判处机关管制，在机关群众监督下，给予学习和工作的机会，使其戴罪立功。

为适应军队整编需要，军委总政治部、中央公安部于 1951 年 3 月 31 日和 7 月 4 日先后联合发出《关于军队中的劳改犯人的补充指示》和《对交接劳改犯的补充指示》，决定除大军区保留可容纳 200 人左右犯人的劳改机构，以便于进行经常性的工作外，将劳改犯人一律移交公安部门管理；但有下列情形之一者，均不交接：（1）平时表现较好，犯法确因一时过失，现仍保留军籍的军人犯；（2）历史上曾有一定功绩，仅在一定阶段上犯有严重罪行，而今又得到一定改造的军人犯（团以上干部一律不交）；（3）高等战俘团；（4）刑期将满留之无用的军人犯与放之无害的政治犯，可结合整编提前处理清洗回家。1952 年 6 月 9 日，军委总政治部、公安部发出《关于军事系统在“三反”中判为刑事处分之贪污犯交接规定》，将军事系统在“三反”中判为刑事处分的贪污犯，除机关管制、1 年以下有期徒刑、劳动改造者外，统一划归公安机关执行劳动改造。1957 年 10 月 14 日，最高人民法院军事审判庭根据《中华人民共和国劳动改造条例》，结合军队实际，制定了《管训队工作细则（草案）》，规定管训队实行以劳动改造与政治思想教育相结合的工作方针，贯彻国家劳改政策，对犯罪者实施严格管制，通过劳役和军事、政治教育，把他们改造成为能够继续服兵役的革命军人。同月，最高人民法院军事审判庭在《对今后军队管教工作的几点意见》中提出，在对犯人实施改造的过程中，应严格禁止侮辱、虐待和打骂犯人的现象，因捆绑或使用械具使犯人伤亡残废者，应根据情节作严肃处理。

5. 开展了抗美援朝战争中的军事司法工作。1950 年 10 月，中国人民志愿军开赴朝鲜作战，各师、军及志愿军总部都设有军法处。在作战初期，为精简机构，有的部队的军法处与保卫部合署办公，即在保卫部里设军法干事，办案时用军法处名义。志愿军首次军法工作会议制定了《军法工作方针与任务（草案）》，规定了教育重于惩治、惩治贯彻教育的审判工作方针，以及进行法纪教育、惩治违法乱纪分子、镇压反革命活动三项任务。

志愿军军事司法工作打击的重点是特务间谍、叛变投敌、逃跑自伤、强奸妇女等犯罪案件，其中以特务间谍案件最为突出，对此志愿军各级军法机关坚决从严从重打击。对于涉及朝鲜方面的案件，我国政府和志愿军明确志愿军在朝鲜国土上不搞治外法权，尊重朝鲜民主主义人民共和国的主权，要求把涉及朝鲜方面的案件交由朝鲜司法部门处理，并商议具体移交这类案件的司法程序。朝鲜方面表示，充分理解中国政府和志愿军的意见，考虑两国两军之间的团结战斗关系，这类案件仍由志愿军军法部门处理，相信志愿军军法部门在不违反朝鲜国家法律前提下，严格按照中国有关法律正确处理这类案件。①

1951 年 5 月，志愿军政治部作出了《关于各兵团设立军法委员会处理间谍的决定》，军法委员会分审讯、执行两个组，审讯组由志愿军保卫、敌工部门与朝鲜人民军政治安全部派人组成，执行组由志愿军军法处

① 唐培贤、杨九根著：《中国人民解放军军事审判工作史概述》，人民法院出版社 1989 年版，第 92 页。

和朝鲜人民军检察局、裁判所派人组成。委员会之外另设军事法庭，由朝鲜同志组成。审讯组查清事实，执行组审查提出处理意见，军法委员会统一意见后，报兵团政治部同意，再报志愿军总部批准，处决布告以朝鲜人民军署名。

在打击战时犯罪方面，1953 年 2 月，23 军初上阵地时，199 团排长冯继武，在小部队活动中贪生怕死，违抗命令，造成战斗失利，使我方伤亡 13 人，该军立即召开公审大会，将冯继武判处死刑，对全体指战员教育很大。该军直至撤出阵地，再未发生类似案件。[①] 志愿军在严厉打击反革命犯罪和严重刑事犯罪的同时，对一般的犯罪则判处较轻的刑罚，以保持部队战斗力。1954 年《宪法》和《人民法院组织法》颁布后，志愿军各级军法处改称军事法院，志愿军军事法院及其所属各军、师单位的军事法院的组织与职权依次相当于国内大军区和军、师单位的军事法院。

6. 进行了第一次全军性案件复查工作。1956 年 7 月，中央召开全国公安厅（局）长、检察院检察长、法院院长会议，讨论部署了检查 1955 年机关肃反中处理案件的遵守法律问题。总政保卫部、解放军军事法院、军事检察院根据会议精神和指示，在 8 月上旬召开了全军司法工作座谈会，研究布置复查全军 1955 年以来判处的肃反案件和刑事案件，清理历史上遗留下来的积案，以及检查改进狱政工作。会议确定的复查工作基本指导思想和原则是，对复查的问题，本着实事求是、严肃审慎的精神，做到全部错了全部改判、部分错了部分改判；原判事实清楚、定性准确、仅是量刑上偏轻偏重的，一般不再改判，畸轻畸重的，一般应改判；执行政策上偏差过大的应予纠正；宪法颁布后没有办理法律手续，尚未判决的，应补办法律手续；错案、假案平反后，被告人的薪金应予以补发；狱政工作应着重纠正偏差，总结经验，修改不合理的规章制度。各级部队对复查工作都很重视，复查过程中保、检、法三个部门统一部署，分工负责，联合组成复查办公室或复查小组，共同研究处理有关问题，重要问题报请党委讨论。1956 年年底，复查工作基本结束。

7. 审判日本战犯。1956 年 4 月 25 日，第一届全国人大常委会第 34 次会议通过了《全国人民代表大会常务委员会关于处理在押日本侵略中

---

① 钱辉、毕建林主编：《中华人民共和国法制大事记》，吉林人民出版社 1992 年版，第 1097 页。

国战争中战争犯罪分子的决定》，同日，全国人大常委会任命庭长1人、副庭长2人、审判员8人组成最高人民法院特别军事法庭。解放军军事法院派出9人参加特别军事法庭的工作。在押日本战犯中，有1017名次要的或者悔罪表现较好的日本战争犯罪分子获得宽大处理，由最高人民检察院宣布免予起诉并立即释放，并且交由中国红十字会移交给日本红十字会等团体，协助遣送回日；罪行严重的45名战犯被分为4个案件（铃木启久、武部六藏、富永顺太郎和城野宏等四案）由最高人民检察院向最高人民法院特别军事法庭提起公诉，最高人民法院特别军事法庭于1956年6月9—19日、7月1—20日两次在沈阳，6月10—11日、6月12—20日两次在太原依法对战犯进行了审判，分别判处了不同年限的有期徒刑。至1956年8月18日，在中国在押的1062名日本战争罪犯全部审判完毕，通过法律途径伸张了正义，维护了中国的主权，显示了中华人民共和国的尊严。沈阳审判分别以袁光为审判长，对铃木启久、滕田茂等8名日本战犯，以贾潜为审判长，对武部六藏、古海忠等28名日本战犯进行了审判。

二、军事司法工作在曲折中发展

自1957年开始至1965年，我国军事司法制度建设随着反右派、大跃进、突出政治等运动和浪潮的冲击，走过了一段曲折发展的道路。

（一）军事司法干部思想出现混乱

1957年夏季，全国范围内出现了反右斗争扩大化的错误，军队政法部门对当时阶级斗争的形势作了过于严重的估计。军事法院和军事检察院对当时认为存在右倾偏向的反革命、奸情、盗窃、杀人、伤害和申诉案件等，提出了严肃处理意见，1958年在以“共产风”为代表的“左”倾思想影响下，打击面偏宽的倾向有所发展，判案率进一步猛增，全年判处的案件是判案较多的1957年的3倍，其中反革命案件的增长尤为突出。在普通刑事案件中，奸情、贪污、盗窃等案件也都成倍增加。在混淆敌我、罪与非罪界限的同时，一些正确的法治原则和司法程序也遭到了批判与否定，司法工作的优良传统和作风遭到了破坏，给广大军事司法干部在理论上和思想上造成了混乱。

（二）受“左”的错误思想影响

1958年的“大跃进”运动中，各级军事检察院、军事法院在“左”倾错误思想影响下提出了一些不切实际的口号，如“一年之内在90%的连队消灭行凶、强奸、贪污、盗窃、自杀、投敌叛变六类案件”，“破除清规戒律，提高办案速度，一般案件 3 天办完，复杂案件 5 天办完，全过程不超过 15 天”。这些口号提出后，工作中也出现了浮夸风，不少军事检察院、军事法院在检察、审判工作中片面追求及时，任意简化程序，改变诉讼规则，如以独任制取代合议制，以法庭批斗压制被告人为自己辩护，以一庭多案追求办案速度，以缩短上诉期，限制被告人上诉，进而发展到保、检、法联合办案，相互代替，职能混淆。这些做法严重降低了办案质量，造成了不少冤假错案，给军队法治建设造成了损失。

由于指导思想上“左”的错误继续地发展，给军事司法制度建设造成越来越大的危害，终于导致军队保、检、法三机关于 1958 年制定出台了《关于加强保卫、军检、军法三部门工作协定的规定》，它的执行严重削弱了三机关分工负责、互相配合、互相制约的制度。1960 年 11 月，根据中共中央关于政法机关精简机构和改变体制的决定，中央军委批准军队保卫、军检、军法三个部门合署办公，对内由总政保卫部统一管理，对外仍保留三个部门的名义。1961 年 1 月，根据中央关于公、检、法合署办公的决定精神和总政《关于保卫、军检、军法三个部门合署办公的通知》，总政保、检、法三部门合署办公，使军事法院、军事检察院事实上成为保卫部门的组成部分，而不再是独立的审判机关和检察机关。合署办公后，总政保卫部共编 10 处 3 室，一处为陆军保卫处，二处为海、空军保卫处，三处为机关学校保卫处，四处为技术侦察处，五处为尖端军事科学技术保卫处，六处为刑事侦察处，七处为保密检查处，八处为警卫处（由军委办公厅和总政保卫部双重领导），九处为政治侦察处，十处为国防尖端科学保密检查处（由总政保卫部兼管）。3 个室为总政保卫部办公室、军事检察院办公室和军事审判庭办公室。随之工作中出现了“一长代三长”“一员代三员”“下去一把抓，回来再分家”的做法，严重违背了保卫、军检、军法三部门分工负责、互相配合、互相制约的原则。但在军事司法人员的努力下，军事司法工作在一些局部的、具体的问题上，在当时形势所能允许的范围内，仍坚持了一些正确的做法。如在“大跃进”中一些程序、制度遭到破坏的形势下，曾强调要坚持必要的法律程序和制度，使程序和制度能够为审判工作服务，为教育群众服务，为对敌斗争服务。保、检、法三部门合署办公后，针对合署的弊端，最高人民法院军事审判庭要求各级军事法院在审判工作中必须严格履行自己的职责，切实把好审判关口，三道工序不能互相代替，必要的程序、制度和法律文书必须认真坚持，审判权属于法院，不允许非审判人员办案。

（三）调整军事司法机构

军事司法工作中存在的上述“左”的错误，直到1962年1月召开的中央工作扩大会议后，才逐步得到克服和纠正。1962年5月24日，国防部颁发《各大军区基本组织体制编制系统表》，将军事法院和军事检察院从保卫部门分出，重新单独列编。9月3日，中央军委决定保卫、军检、军法三个部门正式分署办公，撤销总政保卫部内的军检、军法办公室，军事法院和军事检察院又成为独立存在的审判机关和法律监督机关。

1963年4月3日，总政治部发出《关于军检、军法设置、人员编制和案件管辖范围的通知》。5月，最高人民检察院同意总政提议，最高人民检察院军事检察院改名为中国人民解放军军事检察院，原名称保留备用，但实际上对外及行文仍沿用原名称。1965年6月1日，最高人民检察院提议，中央军委批准，最高人民检察院军事检察院正式改名为中国人民解放军军事检察院，原名称不再使用。

1965年4月21日，最高人民法院、总政治部联合向中央报告，建议将最高人民法院军事审判庭恢复为中国人民解放军军事法院。报告认为，自解放军军事法院改为最高人民法院军事审判庭以来，从实践方面看是不适当的。主要是实际工作中还存在一些问题不好解决：一是取消了中国人民解放军军事法院，在军事法院系统中没有全军一级的军事法院，军区和省军区两级军事法院的一审案件，都要向最高人民法院上诉，其中有的是士兵犯罪案件，从案件管辖范围上来说是不适当的。二是用最高人民法院军事审判庭的名义，对各级军事法院的审判活动进行监督和指导，有许多不便。三是由于改变了军事法院的名义，最高人民法院军事审判庭的审判人员的任免，在军委和总政批准后，还要按法定程序再报全国人大常委会任命。同年5月22日，中共中央批复同意将最高人民法院军事审判庭恢复为中国人民解放军军事法院。

1965年5月，总政保卫部不再兼任中央公安部第五局（即武装保卫局）。6月，总政保卫部第五处改为国防科委政治部保卫部，此后保卫部组织编制共为8处1室，这一编制一直延续到“文化大革命”开始。

为了纠正司法工作中存在的问题，解放军军事法院和军事检察院这一时期先后制定和编发了一批有关司法工作的条例、规定、案例等，主要有

《关于几类案件定罪处刑的意见（草案）》[①]《关于区分和处理各类奸情案件的政策界限问题》《关于开除军籍的政策界限问题》《关于几类主要犯罪案例选编》《关于一审案件审判程序》等，这些文件对于克服和纠正审判工作中“左”的错误，提高办案质量起了一定的指导作用。特别是 1965 年 1 月，经总政治部批准下发各军事法院参考的《关于几类案件定罪处刑的意见（草案）》，事实上已成为各级军事法院处理案件的主要依据。

（四）以“突出政治”取代法律

1964 年年底，林彪提出“突出政治”，受“政治统帅一切”浪潮的影响，解放军军事法院、军事检察院提出了一系列关于如何在司法工作中“突出政治”的意见。1965 年 1 月 12 日，解放军军事法院在传达最高人民法院召开的第七次全国司法工作会议精神时提出：“毛泽东思想就是最高的法律，没有政治头脑的人不可能把案件办好，军事法院需要更多的政治院长、政治审判员，不需要两耳不闻天下事的法律专家。”2—3 月，总政治部整顿机关，解放军军事法院根据整顿情况，在整改意见中提出：“毛泽东思想是最高的法律，群众的意志就是法律，要与旧的习惯势力，与神秘主义作斗争，使法律为广大群众所掌握。”8 月，解放军军事法院起草了《关于突出政治、改进案卷工作的意见》，9 月 3 日，该意见以总政保卫部、解放军军事检察院、解放军军事法院的名义印发到全军军以上保卫、军检、军法部门贯彻执行。由于“突出政治”在军事司法机关的普遍推行，一批法律书籍被收缴，原先制定的法规性文件被废除，使军事司法工作又一次受到严重冲击。

三、军事司法制度受到严重破坏

从 1966 年开始的“文化大革命”到 1978 年，这一时期是军事司法制度遭受破坏最严重的历史时期。在社会上“砸烂公检法”等反动口号的鼓动下，军事法院和军事检察院作为履行司法职能、打击犯罪的专门军事

---

① 1965 年 1 月 31 日经总政治部常委第 152 次会议讨论通过。“几类案件”包括：一、反革命案件；二、行凶杀人案件；三、奸淫案件；四、贪污盗窃、投机倒把案件；五、盗窃武器案件；六、过失案件。该《意见（草案）》成为当时各级军事法院处理案件的主要依据。参见钱辉、毕建林主编《中华人民共和国法制大事记》，吉林人民出版社 1992 年版，第 1128 页。

司法机构，一开始就成为“文化大革命”冲击的重点对象。

（一）军事司法机关开展“文化大革命”

1966 年 8 月，解放军军事法院和军事检察院正式开展“文化大革命”。大军区以下各级军事法院和军事检察院的“文化大革命”，与所在的同级部队同期开展。军事法院和军事检察院的“文化大革命”，首先是从发动群众批判军事司法部门所谓的走资本主义道路的当权派开始，进而全面否定军事司法工作的原则和制度，把矛头直接指向人民法院组织法、人民检察院组织法中规定的社会主义法制原则和司法制度，说什么“两个组织法”是“封资修大杂烩”，“法律面前人人平等是阶级斗争熄灭论在法律观点上的反映，是彻头彻尾的修正主义”。认为“法院独立进行审判，只服从法律”是脱离党的领导，脱离群众路线。认为保检法三机关“分工负责、互相配合、互相制约”是互相推诿、互相扯皮。因而诬蔑军事法院、军事检察院过去执行的是一条修正主义政法路线，对军事司法工作有造诣的同志被扣上“资产阶级军法权威”的帽子进行批判，使不少同志蒙受了不白之冤。这种批判和斗争不仅将军事司法工作的正确路线、方针和思想否定，也为砸烂军事司法机关准备了条件。

（二）全军军事司法机构被撤销

1967 年 7 月，林彪提出了“彻底砸烂总政阎王殿”的反动口号，在总政治部掀起了大抓“阎王”“小鬼”的恶风，迫使解放军军事法院和解放军军事检察院停止办公，彻底中断了对下级军事法院和军事检察院的业务指导，各大单位军事法院报批的死刑案件，由军委办事组政工组审批。大军区以下各级军事法院，以毛泽东思想为法律，自己处理所受理的各种案件。1968 年 11 月，解放军军事法院和解放军军事检察院被“军管”，1969 年年底“军管”结束，解放军军事法院和解放军军事检察院被撤销。1970 年 1 月，总政治部重新组建，但军事法院、军事检察院的机构没有恢复，在总政治部保卫部设立案审处，行使原解放军军事法院的职能，以解放军军事法院名义处理案件。其他各级军事法院、军事检察院的机构也被撤销，由军以上单位的保卫部门行使检察权和审判权。由于作为军事司法工作依据的法规和法规性文件被批判与否定，以言代法、以权代法的现象严重，混淆敌我的现象尤为突出，特别是把矛头指向广大干部和人民群众，大抓反革命。在“文化大革命”期间，全军被按反革命罪判刑的占同期判案总数的23.8%，其中1968年和1969年特别严重，分别占当年处案总数的50.8%和45%。复查结果表明，“文化大革命”期间判处的反革命案件，冤假错案率高达89%。

但我们也应当看到，军事司法机关及其工作制度、原则、程序等虽被破坏殆尽，但是军事司法工作作为军队的一项专门工作，由于其优良传统深入人心，加上军以下部队保持了基本稳定，军事司法工作始终还在进行，特别是军队保卫工作，一直都在运转，这对于顺利完成党和国家赋予的各项任务，保障部队稳定仍起到了重要作用。军事法院、军事检察院被撤销以后，部队所发生的各类案件的处理也未曾中断过，对各类刑事案件的检察、起诉和审判是由军以上保卫部门以军事法院、军事检察院名义进行。这可以说是不幸中的大幸，为以后军事法院、军事检察院的组织恢复和军事司法工作的重振留下了种子。

（三）全军军事司法机构开始恢复

1976 年 10 月“文化大革命”结束后，由于主客观方面的原因，我国的政法工作未能很快摆脱“左”的影响，军事司法工作也未被放到应有的地位加以重视。1978 年 1 月，为了适应国家法治建设的新形势，中央军委颁发《关于军队编制体制的调整方案》，决定恢复解放军军事法院、军事检察院和各大单位的军事法院、军事检察院。1978 年 7 月，总政治部批转《关于贯彻执行中共中央批转的第八次全国人民司法工作会议纪要的意见》时指出：“各大单位军事法院和军事检察院应迅速恢复，以保障完成新宪法赋予的各项任务。”9 月，中央军委任命郝苏为解放军军事法院院长。10 月，总政治部向全军军以上政治机关发出通知：“中国人民解放军军事法院已恢复，定于 1978 年 10 月 20 日开始办公。”

党的十一届三中全会提出了发展社会主义民主、加强社会主义法制的一整套方针政策，我国法治建设重新走上健康发展的道路，军事司法工作也进入了一个新的发展时期。根据十一届三中全会精神和新宪法，军委决定，总参、总政发出了《关于重新设置军事检察院》的联合通知，解放军军事检察院开始恢复重建。1978 年 12 月 25 日，中央军委任命于克法为解放军军事检察院副检察长。1979 年 1 月 25 日，解放军军事检察院开始办公，2 月 25 日，中央军委任命曹广化为解放军军事检察院检察长。

（四）经验教训

中华人民共和国成立后到十一届三中全会召开之前军事司法工作的这

段历史，既有极其宝贵的经验，也有刻骨铭心的教训，深刻地总结经验、吸取教训，对推动今后军事司法工作的健康发展是非常必要的。

1. 必须加强和改善党对军事司法工作的领导。军事司法工作作为军队政法工作的一部分，必须置于党的领导之下，这是军事司法工作的一项基本原则。同时，要处理好坚持党的领导与依法独立行使职权的关系，坚决反对和纠正以言代法、以权压法、违法干预军事司法机关正当行使职权的现象。“文化大革命”时期的军事司法史充分说明，只有坚持马列主义的正确路线，防止“左”或右的错误思想，才能保证军事司法工作的正确方向，充分发挥军事司法的功能，这是以史为鉴得出的首要结论。

2. 必须健全和完善军事司法组织。历史经验告诉我们，不断健全和完善军事司法机构和组织，是推动军事司法制度健康发展的重要组织保障。1956 年后的一段时期，随意撤销、合并军事司法机构和组织，给军事司法工作带来极大的损害。因此，必须高度重视军事司法组织建设，这是人民军队开展军事司法工作和发挥军事司法职能作用的基本条件。

3. 必须加强军事司法制度建设。军事司法制度是开展军事司法工作的依据，有了一套完善的军事司法制度，军事司法工作才能有条不紊地进行。中华人民共和国成立初期，我们对军事司法制度建设是非常重视的，许多制度从无到有，军事司法工作也逐渐走向正规。但是，由于受到“文化大革命”的严重破坏，优良的制度建设未能继续发展下去，导致了军事司法工作停步不前，还造成了大量冤假错案，给军队建设造成了极大损失，也严重影响了军事司法机关的形象。因此，必须高度重视军事司法制度建设，充分维护军事司法制度的权威性和严肃性，在继承中不断发展完善军事司法制度，使军事司法工作能充分发挥其职能作用，为人民军队的建设和发展发挥好司法保障作用。

历史是一面镜子，回顾历史是为了更好地明确前进的目标。我们要不断地学习、研究，以史为鉴，加大军事司法改革力度，不断理顺和健全军事司法体制，完善军事司法制度，加快提升国防和军队建设法治化水平。

第五章　中华人民共和国军事法治建设（中）

（1978 年 12 月—2012 年 11 月）

1978 年 12 月 18 日至 22 日，中国共产党召开的十一届三中全会，在中国共产党历史上是一次非常重要的会议，不论在中华人民共和国法治建设史上，还是军事法治建设史上都是一个非常重要的里程碑。会议决定把全党的工作重点转到社会主义建设上来，明确指出："宪法规定的公民权利，必须坚决保障，任何人不得侵犯。为了保障人民民主，必须加强社会主义法制，使民主制度化、法律化，使这种制度和法律具有稳定性、连续性和极大的权威，做到有法可依，有法必依，执法必严，违法必究。从现在起，应当把立法工作摆到全国人民代表大会及其常务委员会的重要议程上来。检察机关和司法机关要保持应有的独立性；要忠实于法律和制度，忠实于人民利益于事实真相；要保证人民在自己的法律面前人人平等，不允许任何人有超越法律之上的权力。"① 按照党的十一届三中全会确立的正确方针，中国社会主义法制走上了健康发展的道路。这一时期高度重视加强社会主义法制建设，充分发挥法制在国家和国防军队建设中的规范作用，实际上是作为法治的一种方式来运用的，通过全面推进法制可以为实现社会主义法治和人民军队法治建设奠定坚实基础。随着国家社会主义

---

① 《中国共产党第十一届中央委员会第三次全体会议公报》，《人民日报》1978 年 12 月 24 日，第 1 版。

法制建设的恢复和发展，尤其是1982年宪法的颁布实施，我国军事法治也进入了全面建设发展的新时期。1982年通过的宪法在继承了前几部宪法，特别是“五四”宪法成功经验的基础上又有了新的创新和发展。正如胡锦涛指出的：“二十年来的实践证明，我国宪法是一部符合国情的好宪法，在国家政治、经济、文化和社会生活中发挥了极其重要的作用。”① 宪法作为国家的根本法，既是依法治国、建设社会主义法治国家的最高法律依据，也是依法治军、加强国防和军队法治建设的最高法律依据。现行宪法中有许多创新和发展，其中突出特点之一就是对国家的国防和军事领导体制、武装力量建设等方面作出了明确规定，成为新时期军事法治建设不可或缺的重要宪法依据。

第一节　宪法对军事法治建设的指导

中华人民共和国宪法是我国的根本法，是保持国家统一、民族团结、经济发展、社会进步和长治久安的法律基础，是中国共产党执政兴国、团结带领全国各族人民建设中国特色社会主义的法制保证。宪法以法律的形式确认了我国各族人民奋斗的成果，规定了国家的根本制度、根本任务和国家生活中最重要的原则，具有最大的权威性和最高的法律效力。全国各族人民、一切国家机关和武装力量、各政党和各社会团体、各企业事业组织，都必须以宪法为根本的活动准则，并负有维护宪法尊严、保证宪法实施的职责。

一、现行宪法规定了人民代表大会制度在军事法治建设中的重要地位和作用

人民代表大会制度是我国的根本政治制度，是在我国长期的革命和建设实践中产生和发展起来的，是符合我国国情、具有中国特色的，在国家生活中发挥着重大作用。在我国进行社会主义现代化建设和实行依法治国的新时期，人民代表大会制度不仅在国家政治生活和民主法治建设中具有重要作用，而且在军事法治建设中的地位作用也愈加突出。根据1982年宪法的规定，人民代表大会制度在国防和军事法治建设上的重要作用，主

① 胡锦涛：《纪念中华人民共和国宪法公布施行二十周年大会上的讲话》，《十六大以来重要文献选编》（上），中央文献出版社2004年版，第69页。

要是通过全国人民代表大会及其常务委员会行使以下职权来体现的：

（一）全国人民代表大会及其常务委员会具有对国家国防和军事事务的最高立法权

1982 年宪法扩大了全国人大常委会的职权，特别是它的立法权，规定全国人大制定基本法律，全国人大常委会有权制定其他法律，并有权监督宪法的实施。军事法律体系是国家法律体系的重要组成部分。全国人民代表大会及其常务委员会拥有宪法规定的，包括制定军事基本法律和军事法律在内的最高国家立法权，体现了国家法治的完整统一。全国人民代表大会及其常务委员会在军事法治建设中的地位和作用主要是通过修改宪法和制定、审议批准有关国防和军事的基本法律和法律体现的。

1. 修改宪法。现行宪法对国家国防和军事方面的基本制度、重大原则都作出了明确规定，是进行国防和军事法治建设的最高法律依据。在我国的宪法中，有许多具体条款和基本原则都直接规定或涉及国家国防和军事的基本原则，都集中反映和代表了全体人民的根本利益，在国家的各项军事和国防活动中都必须严格遵守。不论是宪法的明文规定，还是宪法中确立的基本原则都是军事法治建设和军事立法活动的重要法律依据，在制定军事法律规范中必须严格坚持这些宪法规定和宪法原则。同时，全国人民代表大会还可以根据实际需要，按照法定程序对宪法中不相适应的部分进行修改，包括重新确定国家的国防和军事方面的重大方针和原则。

2. 制定、修改军事基本法律和军事法律。宪法中仅是规定了有关国防和武装力量建设的基本方针和原则，要进一步贯彻和落实这些原则与方针还需要制定具体的军事法律，包括全国人民代表大会及其常委会通过的军事基本法律和军事法律。军事基本法律由全国人民代表大会制定和修改，规定和调整军事和国防领域中具有根本性和全局性的社会关系。全国人民代表大会常务委员会有权对军事基本法律进行部分修改和补充。军事法律是由全国人民代表大会常务委员会制定和修改，是规定和调整军事和国防活动中某一方面重要关系和重大措施的规范性法律文件。军事法律与军事基本法律相比，其调整的对象比较具体，规范性和操作性也较强。根据我国宪法规定的立法权限和立法程序，军事基本法律由全国人民代表大会、军事法律由全国人民代表大会常务委员会制定后，由国家主席明令颁布。军事基本法律和军事法律都具有在全国范围内一体遵行的法律效力。

（二）全国人民代表大会及其常务委员会享有国防和军事事务的最高决定权

全国人民代表大会是国家的最高权力机关，具有对国家一切重大政治、经济、文化、外交和国防等事宜的最高决策和决定权。我国宪法规定：中华人民共和国的一切权力属于人民。人民行使国家权力的机关是全国人民代表大会及其常务委员会，包括地方各级人民代表大会及其常务委员会。全国人民代表大会及其常务委员会是人民行使管理国家权力的最高代表机关，有权依照宪法的规定，决定国家一切重大事务，包括对重大国防和军事事务的发言权和决定权。

由全国人民代表大会决定国家重大的国防和军事事务具有重要进步意义。在古代奴隶主和封建君主专制统治的社会里，不论是军事、国防，还是其他事务，都是完全按照奴隶主或封建君主个人的意志决定的。国家的命运全部掌握在一人或少数人手里，广大人民没有发言权，更没有决定权。中华人民共和国成立后，人民当家做了主人，人民代表大会制度在国家的国防建设中发挥重要作用，这既是现代社会主义民主与法治社会的显著特征，也是加强国防和军队建设的重要保证。全国人民代表大会对重大国防和军事事务的主要决定权有：

1. 重要人事决定权。主要是：（1）选举决定中央军事委员会主席；（2）根据中央军事委员会主席的提名，决定中央军事委员会副主席和中央军事委员会委员的人选。因此，全国人民代表大会负有考察和决定最适合担任领导国家国防和军事力量的有关领导人的职责。在全国人民代表大会闭会期间，全国人民代表大会常务委员会的重要人事决定权是：（1）根据中央军事委员会主席的提名，决定中央军事委员会其他组成人员的人选；（2）根据最高人民法院院长的提请，任免中国人民解放军军事法院院长；（3）根据最高人民检察院检察长的提请，任免中国人民解放军军事检察院检察长。

2. 审查和批准国民经济和社会发展计划及计划执行情况的报告，其中包括审批有关军工企业和国防科技发展计划等和计划执行情况。人民代表大会可以根据国防建设发展全局的需要，督促国防工业和相关军工企业的发展；根据在市场经济条件下，巩固国防和稳定军队的需要，加大对现役军人合法权益的保护和对转业退伍军人及伤病残军人的安置与优待的力度等。在全国人民代表大会闭会期间，全国人民代表大会常务委员会可以审查和批准国民经济和社会发展计划、国家预算，在执行过程中可以作出有利于加强国防和军队建设所必需的适当调整。

3. 审查和批准国家的预算和预算执行情况的报告。国防预算、军费开支往往在国家预算中占有重要分量和比例。全国人民代表大会应从国家建设的长远利益出发，在保证优先发展经济建设的同时，适当合理地重视和兼顾国防和军队建设的发展与需要。全国人民代表大会行使对国防预算和开支执行情况的审批权，可以从国家全局的利益出发，把有限的经费使用在刀刃上，保证国防建设按照人民的意愿健康地发展。

4. 决定战争与和平问题。任何一个国家对可能发生的战争，不论是局部战争还是全面战争，都必须预有准备，这是保卫国家安全的重要措施。根据宪法的规定，全国人民代表大会有权“决定战争和和平的问题”。战争与和平是直接关系到国家生死存亡的大问题，必须由能代表全国人民共同利益的全国人民代表大会决定。这样就保证了最高权力机关在战争与和平等重大问题上的民主决策权。同时，坚持这种制度和体制也可促使全国人民代表大会对国家的防务和军事能力心中有数，在作出决定时能够充分维护国家的最高利益，符合国家国防能力的实际情况，得到广大人民群众的理解和拥护，从而永远立于不败之地。

5. 宣布国家进入战争状态。我国宪法规定，全国人民代表大会常务委员会有权“在全国人民代表大会闭会期间，如果遇到国家遭受武装侵犯或者必须履行国际间共同防止侵略的条约的情况，决定战争状态的宣布”，并“决定全国总动员或者局部动员”。在这种情况下，中华人民共和国主席根据全国人民代表大会常务委员会的决定，宣布战争状态。依照全国人民代表大会常务委员会关于宣布战争状态的决定，国务院和中央军事委员会在各自的职责范围内组织实施动员，集中人力、物力和财力，领导全国军民保卫祖国，抵抗侵略。

6. 决定全国总动员或者局部动员。我国宪法明确规定，全国人民代表大会常务委员会有权决定全国总动员或者局部动员。动员是指由平时状态转化为战时状态，也是国家在战争状态下一种紧急权力的行使。通常国家在宣布战争状态后，就可以采取动员的方式举全国的人力和物力来投入战争，以取得战争的最终胜利。

7. 决定全国或者个别省、自治区、直辖市进入紧急状态。1982 年宪法规定了戒严制度。根据宪法规定，中华人民共和国成立以来，新疆地区的多次戒严、特别是北京和拉萨的戒严证明，宪法规定的戒严在维护国家安全和稳定中发挥了重要作用。2004 年第十届全国人民代表大会第二次会议通过的宪法修正案将 1982 年宪法中关于戒严的规定改为紧急状态，标志着我国紧急状态制度的正式确立。紧急状态制度实际上是将戒严、动员、军事管制、紧急命令、战争等紧急权力行使都纳入紧急状态制度之中，通过严格的实体与程序规范使国家紧急权力的行使既能有效地维护国家安全与稳定，又能在法制的统一规范下进行。①

8. 其他职权。宪法还规定了全国人民代表大会常务委员会有权“规定军人和外交人员的衔级制度和其他专门衔级制度”；有权“规定和决定授予国家的勋章和荣誉称号”；“决定特赦”，以及“全国人民代表大会授予的其他职权”等，这些宪法规定都与国家的国防和军事建设有密切关系。如根据宪法，全国人大常委会先后制定了《中国人民解放军军官军衔条例》和《中华人民共和国预备役军官法》，对军人和预备役人员的衔级制度作了规定。

（三）全国人民代表大会及其常务委员会负有对国防和军事事务的最高监督权

宪法序言规定：“全国各族人民、一切国家机关和武装力量、各政党和各社会团体、各企业事业组织，都必须以宪法为根本的活动准则，并且负有维护宪法尊严、保证宪法实施的职责。”在宪法中，把国家机关、国家武装力量、政党和社团组织必须遵守宪法作为一项“根本的活动准则”来规定，是总结中华人民共和国成立以来制定和执行宪法的经验教训得出的重要结论。

全国人民代表大会及其常务委员会行使的监督是国家最高权力机关的监督，具有最高的法律权威。全国人大及其常委会对国家的国防和军事事务活动实行监督和指导是宪法赋予的重要职责和权力。主要有：

1. 法律监督。宪法规定了全国人民代表大会常务委员会负有对宪法实施和法律违宪的监督权力与职责。宪法规定全国人民代表大会监督宪法的实施；全国人民代表大会常务委员会解释宪法，监督宪法的实施。全国

---

① 从文胜：《对我国宪法将“戒严”修改为“紧急状态”的理解》，《国防》2004 年第 5 期。

人民代表大会及其常务委员会监督宪法实施的职权是最高的法律监督权，体现了国家法制统一的原则。以人民军队为主体的国家武装力量严格自觉地遵守国家宪法和法律，既是人民军队性质的内在要求和体现，同时对于保障国家民主与法制建设，实现依法治国的宏伟目标，保证国家的长治久安，都具有重大而深远的意义。

为保证宪法规定和宪法原则在国防和军事活动中的有效遵守和实施，全国人民代表大会及其常务委员会依据宪法行使监督权。

（1）监督宪法中关于对国防和武装力量建设条款的具体规定的执行情况。我国宪法规定了国家的基本军事制度和国防体制，明确了国防建设的任务、方针和原则，确认了我国武装力量的性质、地位和作用，规定了军队和军人的各项基本权利和义务，等等。这些内容的执行情况应当受到国家权力机关的有效监督。

（2）监督宪法对事关国防和武装力量建设的基本原则的落实情况。宪法中确立的一些对国防和武装力量建设也同样适用的基本原则，也是制定军事法的基本依据和准则。如“国家维护社会主义法制的统一和尊严”和“一切法律、行政法规和地方性法规都不得同宪法相抵触”，也是具有权威性、纲领性、全局性、指导性和不可违背性。

（3）监督各项军事法律的实施情况，包括对与宪法规定相抵触的军事法规和军事行政法规依法实行监督。全国人民代表大会及其常务委员会是军事法的最高立法机关，因而也应当是军事法的最高监督机关，有权对军事法的制定和实施实行法律监督。由于在现行宪法中没有明确规定中央军事委员会的立法权，因而也没有对中央军事委员会制定的军事法规的相应审查和撤销权作出规定。而实际上，中央军事委员会为了履行宪法规定的“领导全国武装力量”的职责，在其职权范围内，一直是在行使军事法规的立法权。1990 年 4 月 16 日，中央军事委员会发布了《中国人民解放军立法程序暂行条例》。该条例以宪法关于国家立法体制和武装力量领导体制的规定为依据，对军事法规、军事规章的制定、修改、废止程序作了比较具体的规定，而且还解决了一些军队立法中长期没有明确而又与立法程序直接相关的实体问题，如军事机关立法权限的划分，制定军事法规、军事规章的技术要求等，为军事机关的立法活动提供了基本依据，有利于加强军队立法工作的科学化、制度化和规范化。应当看到，《中国人民解放军立法程序暂行条例》作为军队第一部立法程序规范，对军事机关制定军事法规和军事规章的有关规定，目的是规范军事机关的立法活动，更好地发挥军事法规、军事规章对军队建设的保障作用。但它是在国家有关立法制度的法律尚不健全的情况下所作的暂行规定，有些还带有过渡的性质，应当随着国家立法制度的完善逐步纳入国家的立法体制。[①] 1997 年 3 月 14 日，第八届全国人民代表大会第五次会议通过的《中华人民共和国国防法》第 13 条中规定，中央军事委员会“根据宪法和法律，制定军事法规，发布决定和命令”。由此，从国家基本法律上确认了中央军事委员会的军事法规立法权。2000 年 3 月 15 日，第九届全国人民代表大会第三次会议通过的《中华人民共和国立法法》又进一步对中央军委的立法权作了规定：“中央军事委员会根据宪法和法律，制定军事法规”，各总部、军兵种、军区制定军事规章，军事法规和军事规章在武装力量内部实施。[②]

2. 工作监督。根据《中华人民共和国宪法》第 67 条的规定，全国人民代表大会常务委员会监督国务院、中央军事委员会的工作。全国人民代表大会常务委员会作为国家最高权力机关的常设机关有权对国家最高行政机关和最高军事机关的工作实行监督，只有有效地加强监督，才能充分地行使宪法赋予全国人民代表大会及其常务委员会的最高权力，保证国家行政机关和国家军事行政机关在宪法和社会主义法制的轨道内运行。全国人大常委会对事关国防和军事事务的工作监督主要有两个方面：

（1）对国务院在领导和管理国防建设事业方面的监督。领导和管理国防建设事业是宪法规定的由国务院行使的重要职责，对国务院履行这项职责，完成这项工作任务的情况必须进行监督。

（2）对中央军事委员会工作的监督。根据《宪法》规定，中央军事委员会实行主席负责制，中央军事委员会主席对全国人民代表大会和全国人民代表大会常务委员会负责；全国人民代表大会常务委员会监督中央军事委员会的工作。这两项规定是统一的，协调一致的，贯彻这一宪法规

① 2003 年 4 月，中央军委颁发《军事法规军事规章条例》，同时《立法程序暂行条例》废止；2017 年 5 月，中央军委颁发《军事立法工作条例》，同时《军事法规军事规章条例》废止。

② 2015 年 3 月 15 日，全国人大通过的《中华人民共和国立法法》（2015 年修正），对中央军委立法权规定的条文没有变化，仅是增加了中国人民武装警察部队可以制定军事规章。

定，对加强国家的国防和武装力量建设具有重要意义。

3. 人事监督。宪法规定全国人民代表大会及其常务委员会有选举、决定和任免国务院、中央军事委员会以及中国人民解放军军事法院和军事检察院有关组成人员的权力。这就说明国家最高权力机关享有人事监督权。由于上述人员是由人大选举或决定产生，也必然要对人大负责，接受人大的监督。《中华人民共和国宪法》第 3 条规定："国家行政机关、监察机关、审判机关、检察机关都由人民代表大会产生，对它负责，受它监督。"因此，从法理上说，全国人大应当有权对其选举、决定或任免的其他国家机关的负责人包括军事机关的负责人实行监督，考察其是否胜任职责、是否依法行使职权、是否是合格的人民公仆。

二、现行宪法确立了国家军事领导体制

现行《宪法》第 93 条规定："中华人民共和国中央军事委员会领导全国武装力量。"中央军事委员会由主席、副主席若干人、委员若干人组成。中央军事委员会实行主席负责制。中央军事委员会主席由全国人民代表大会选举产生或者撤换、罢免，并对全国人民代表大会及其常务委员会负责。中央军事委员会其他组成人员由全国人民代表大会或全国人民代表大会常务委员会（在全国人民代表大会闭会期间），根据中央军事委员会主席的提名决定其人选。中央军事委员会其他组成人员由全国人民代表大会及其常务委员会（在全国人民代表大会闭会期间）撤换或者罢免。这是以宪法规定的形式确立了国家的军事领导体制。

（一）国家军事领导体制

根据现行《中华人民共和国宪法》的规定，我国的国防和军事领导体制是由全国人民代表大会、中华人民共和国主席、国务院和中央军事委员会共同行使领导职责。

1. 全国人民代表大会。这是我国最高国家权力机关，它有权选举中央军事委员会主席；有权根据宪法对国防、建军、作战等方面的重大问题制定法律。全国人民代表大会常务委员会在全国人民代表大会闭会期间，有权决定中央军事委员会其他组成人员的人选；如果遭受武装侵犯或者必须履行国际间共同防止侵略的条约的情况，有权决定战争状态的宣布；有权决定全国总动员或者局部动员；有权决定全国或个别省、自治区、直辖市进入紧急状态。

2. 中华人民共和国主席。国家主席根据全国人民代表大会的决定和全国人民代表大会常务委员会的决定，行使国家元首职责，包括公布法律、宣布进入紧急状态，宣布战争状态、发布动员令；有权授予国家勋章和各种荣誉称号；有权发布特赦令。

3. 中华人民共和国国务院。国务院即中央人民政府，是我国最高国家行政机关，也是国家最高权力机关的执行机关。它负责领导和管理国防建设事业，编制国防建设发展规划和计划；制定国防建设方面的方针、政策和行政法规；领导和管理国防科研生产；管理国防经费和国防资产；领导和管理国民经济动员工作和人民武装动员、人民防空、国防交通等方面的有关工作；领导和管理拥军优属工作和退出现役的军人的安置工作；领导国防教育工作；会同中央军委对武装力量的体制、编制、作战、训练、执勤以及与加强武装力量建设和国防建设有关的方面制定各种军事行政法规，包括与中央军事委员会共同领导中国人民武装警察部队、民兵和征兵、预备役工作以及边防、海防、空防的管理工作。国务院下面专设负责领导和管理国防建设事务的国防部。根据国防法规定，国务院和中央军事委员会可以根据情况召开协调会议，解决国防事务的有关问题。会议议决的事项，由国务院和中央军事委员会在各自的职权范围内组织实施。

4. 中华人民共和国中央军事委员会。它是我国最高军事领导机关，领导和统帅全国武装力量。根据现行宪法的规定，我国从 1983 年 6 月第六届全国人民代表大会开始，设立了中华人民共和国中央军事委员会。设立中华人民共和国中央军事委员会，是在新的历史条件下国家政治体制和军事体制的重大改革，确立了由党和国家共同行使领导职责的最高国防领导体制。中华人民共和国中央军事委员会和中国共产党中央军事委员会同设一个机构，均简称为中央军委，其职能和成员都是同一的，两个机构融为一体，既是中国共产党中央委员会的军事机关，又是中华人民共和国国家机构的组成部分，充分体现了以人民解放军为主体的中华人民共和国武装力量，既是中国共产党绝对领导下的武装力量，也是中华人民共和国国家的武装力量的一致性，这是中国军队领导体制所具有的特色。其组成人员和对军队的领导职能完全一致。这样，既体现了党对武装力量和国防建设事业的领导，又进一步明确了军事系统在国家机构中的地位，有利于充分发挥国家机构领导全国武装力量、领导和管理国防建设事业的职能，对于国家加强武装力量的革命化、现代化、正规化建设，增强国防力量，实现国防现代化的宏伟目标，是强有力的组织保证。

中央军事委员会负责党和国家的最高军事决策和军事指挥，根据党的路线、方针、政策和国家的安全与发展的需要，确定军事战略，统一领导国家武装力量建设。根据宪法制定的《国防法》规定，中央军事委员会领导全国武装力量，行使以下职权：统一指挥全国武装力量；决定军事战略和武装力量的作战方针；领导和管理中国人民解放军的建设，制定规划、计划并组织实施；向全国人民代表大会或者全国人民代表大会常务委员会提出议案；根据宪法和法律，制定军事法规，发布决定和命令；决定中国人民解放军的体制和编制，规定总部、军区、军兵种以及其他军区级单位的任务和职责；依照法律、军事法规的规定，任免、培训、考核和奖励武装力量的成员；批准武装力量的武器装备体制和武器装备发展规划、计划，协同国务院领导和管理国防科研生产；会同国务院管理国防经费和国防资产。

（二）武装力量领导体制

《宪法》第 93 条规定："中华人民共和国中央军事委员会领导全国武装力量。"国家武装力量由中国人民解放军现役部队和预备役部队、中国人民武装警察部队、民兵组成。中国人民解放军现役部队是国家的常备军，主要担负防卫作战任务，必要时可以依照法律规定协助维护社会秩序；预备役部队平时按照规定进行训练，必要时可以依照法律规定协助维护社会秩序，战时根据国家发布的动员令转为现役部队。中国人民武装警察部队担负国家赋予的安全保卫任务，维护社会秩序。民兵在军事机关的指挥下，担负战争勤务、防卫作战任务，协助维护社会秩序。

这一时期，我国的武装力量领导体制只是有个别微调，并没有做大的调整。中国人民解放军由陆军、海军、空军和第二炮兵组成，在全国范围内设立 7 个军区。中央军委对以中国人民解放军为主体的全国武装力量的领导都是通过中央军事委员会下设的中国人民解放军总参谋部、总政治部、总后勤部和总装备部来实施的。同时，国务院设立国防部，一切需要由政府负责的军事工作，则经国务院作出决定，可以通过国防部或以国防部的名义组织实施。国防部虽属国务院建制，但它在接受国务院领导的同时也接受中央军事委员会的领导。这样的领导体制，既能体现和保证中国共产党对中国人民解放军具有绝对领导权和指挥权，使这支军队能够牢牢地掌握在党和人民的手中，永远保持人民军队的性质和本色不变，又能通过国家机器，全面加强中国人民解放军的建设，加快国防现代化的步伐，有效地保卫国家安全，保障社会主义的现代化经济建设。

1. 中国人民解放军总参谋部。中国人民解放军总参谋部是中央军委的军事工作机关，负责全国武装力量建设和实施作战指挥的军事领导机关，是中国人民解放军的总司令部。总参谋部除设若干职能部门外，还辖有一些直属单位和军事院校。根据《中国人民解放军司令部条例》等现行军事法规的有关规定，总参谋部的基本任务是：贯彻落实中共中央和中央军委提出的关于建军、作战方面的方针政策；组织协调全国的国防建设和武装力量建设；组织指挥全国武装力量军事行动；领导全国战备工作；战时负责作战组织指挥的实施。其主要职权是：掌握、分析和研究国际战略形势的发展变化和有关国家、地区的军事动向及其对我国安全的现实和潜在威胁影响，结合国情和军情实际，向中央军委提出国防战略、国防建设、武装力量军事建设和军事斗争方针、原则、任务、措施等重大问题的建议；编制军队建设和全军军事建设方面的规划、计划，并组织贯彻执行；拟制军事工作的法律法规和规章，并监督执行；组织全军战备工作，拟制战备建设规划，制订全军作战计划，掌管全军部队的部署和调动，组织指挥各军区、军兵种部队的作战和重大抢险救灾行动；领导和管理全军军事训练、组织全军院校教育和学位工作，指导军事科学研究；组织领导全军侦察情报、通信、机要、测绘、信息对抗、信息化建设、保密和档案工作；领导和管理全军组织编制工作、全军兵员、行政管理、警备勤务工作，掌管全军定额和军事实力；领导炮兵、装甲兵、工程兵、陆军航空兵和侦察、通信、防化、电子对抗等特种部队的建设；指导全军各级司令部的业务工作和机关建设；组织领导动员工作、民兵、兵役工作和全军预备役部队军事建设，会同国务院有关部门负责全国动员的准备、组织和实施；组织领导全军外事工作，组织对外军事交流与合作，负责对外军事援助、军备控制、履行有关条约和参与国际维和行动等工作；负责协调与国务院有关的国防和军事工作；以及中央军委授予的其他职权。

2. 中国人民解放军总政治部。中国人民解放军总政治部是中央军事委员会的政治工作机关，是全军政治工作的领导机关。总政治部机关设有办公厅、组织部、干部部、宣传部、保卫部、纪检部、联络部、中国人民解放军军事法院、中国人民解放军军事检察院等。中国人民解放军军事法院和中国人民解放军军事检察院是国家设在军队的审判机关和法律监督机关，除在总政治部的领导下进行工作外，还分别接受最高人民法院和最高人民检察院的领导。除上述职能部门外，还辖有一些直属政治院校、新闻、出版和文体单位。根据 2003 年 12 月《中国人民解放军政治工作条例》的规定，总政治部的基本职能是在中共中央、中央军委的领导下，负责管理全军党的工作，组织进行政治工作。贯彻落实中共中央、中央军委的决议、命令和指示，保证党的路线方针政策和国家的宪法、法律在军队的贯彻执行。包括制定军队政治工作方针、政策和制度，拟制政治工作法规；领导全军的组织工作、干部工作、宣传教育工作、保卫工作、文化工作、群众工作、联络工作；会同中央军委纪律检查委员会领导全军党的纪律检查工作；指导全军的军事审判工作、军事检察工作；领导军事训练和执行任务中的政治工作、战时政治工作、全军院校政治工作、预备役部队和民兵政治工作；领导全军政治机关和政治干部队伍建设、全军政治工作研究、全军司法行政工作，管理军队律师，指导法律服务工作等。并根据中共中央、国务院、中央军委的有关规定，负责管理中国人民武装警察部队党的工作，领导进行政治工作。

3. 中国人民解放军总后勤部。中国人民解放军总后勤部是全军后勤工作的领导机关，在中央军委的领导下主管全军联勤工作，组织实施军队的各种后勤保障。中国人民解放军总后勤部除设若干职能部门外，还辖有一些后勤院校、科研单位和专业保障部（分）队。根据我军现行军事法规的规定，总后勤部的基本任务是：根据中央军委关于国防建设和作战的方针、计划，按照国防建设与国民经济建设相适应、坚持国防建设与经济建设协调发展的原则，依靠国家提供的人力、物力和财力，组织领导全军联勤工作和联勤建设，提高现代高技术作战条件下的联勤保障能力。其在联勤工作方面的职责主要是：根据作战方针、原则和任务，拟制联勤工作方针、政策、法规和规划，制订联勤工作计划和规章，并组织实施、监督执行；组织领导全军经费和物资供应的计划；组织平时、战时的卫生防病和医疗救护；组织实施军事交通运输；组织营房建设，负责基本建设归口管理；负责全军后方基地建设，部署联勤力量，储备应急战备物资；拟制联勤保障方案，组织实施战时联勤动员；组织领导全军联勤教育训练、科学研究和后勤装备工作；协调解决联勤中的重大问题；中央军委赋予的其他联勤职责。

4. 中国人民解放军总装备部。为加强对武装力量的武器装备建设的统一领导，以适应打赢未来高技术条件下的现代战争的需要，1998 年 4 月，经中央军委批准成立了中国人民解放军总装备部。中国人民解放军总装备部是全军武器装备工作的领导机关，在中央军委的领导下，主管全军装备工作，为中国人民解放军的四总部之一。根据我军现行军事法规的规定，总装备部的基本任务是：编制全军装备建设的规划计划和装备体制，拟制装备工作的政策、法规和规划，制定全军性的装备工作规章，并组织实施和监督执行；组织领导全军装备保障和勤务工作，归口管理全军装备订货、储存保管、使用管理、技术保障、质量、退役和报废等；组织领导全军装备科研、技术革新、科技信息、专业技术人员培训工作；掌管装备经费，负责装备经费的划拨、预算、决算，并实施监督、检查和审计；组织战略武器、部分常规武器试验和航天器的发射、测控、回收等工作；组织领导全军装备机关业务建设和装备理论研究工作；组织协调与国务院有关的装备工作，协同国务院有关部门负责军品科研、生产等有关工作；中央军委赋予的其他职责。

三、现行宪法明确了国防和军事法治建设的目标与任务

现行宪法规定了国家国防和武装力量建设的总目标和总任务，同时也确立了国防和军事法治建设的基本目标和根本任务。国防和军事法治建设的各项任务和目标，必须紧紧围绕宪法规定的国防和武装力量建设的任务和目标来确定，通过有效运用法律手段，确保国防和武装力量建设的任务和目标顺利实现。

（一）宪法指明的军事法治建设基本目标

军事法治建设始终要为实现宪法规定的武装力量建设的总目标服务。因此，宪法规定的武装力量建设的总目标也是军事法治建设的基本目标。《宪法》第 29 条明确规定："国家加强武装力量的革命化、现代化、正规化的建设，增强国防力量。"从军事法治建设上来说，就是要为实现宪法确立的武装力量建设的总目标而奋斗，通过建立和完善军事法治来加快宪法规定的任务和目标的实现。

革命化是我军建设的方向，主要是解决政治方向、精神境界和思想道德问题。加强军队的革命化建设，从军事法治建设上说，最重要的就是要始终坚持党对军队绝对领导原则，始终保证人民军队的根本性质和宗旨不变，永远忠于党，忠于人民，忠于社会主义国家；始终确保党对国家武装

力量的绝对领导。现代化就是要加快军队的质量建设，要坚持科技强军，改善更新装备，努力提高武装力量在现代高技术战争中的作战能力。现代化，是军队战斗力水平最直接的反映，是决定军队战斗力强弱的核心因素。军队建设必须以现代化为中心，加快实现军队由机械化、半机械化向信息化、机械化发展，努力完成机械化和信息化建设的双重历史任务，实现我军现代化的跨越式发展。正规化体现了武装力量建设的总体水平，包括完善体制编制，通过精简整编实现由数量规模型向质量效能型、由人力密集型向科技密集型的转化，进一步理顺指挥体制、合理编成和用完善的法律、法规把武装力量建设的方方面面科学地规范起来。正规化建设是一项根本性、经常性的基础建设。总之，革命化是军队建设的政治方向，现代化是军队建设的中心任务，正规化是军队建设的重要基础。军事法治建设必须始终围绕着保证和实现宪法确立的革命化、现代化、正规化建设的总目标而进行。

（二）宪法规范的军事法治建设根本任务

军事法治建设的根本任务是为宪法规定的武装力量建设总任务服务，通过不断完善法制和运用法律手段保证国家武装力量有效完成宪法规定的总任务，履行好宪法赋予的神圣使命。《中华人民共和国宪法》第 29 条规定："中华人民共和国的武装力量属于人民。它的任务是巩固国防，抵抗侵略，保卫祖国，保卫人民的和平劳动，参加国家建设事业，努力为人民服务。"在宪法中明确规定武装力量的性质和任务，对于武装力量更好地保持和发扬人民军队的优良传统，坚决履行宪法赋予的职责和使命，具有重要意义。中国人民解放军是国家的常备军，是国家武装力量的主体，它来自人民，服务于人民，是人民的武装。这是我国武装力量区别于其他国家，特别是西方国家武装力量的显著特点之一。中国人民解放军要在全面加强革命化、现代化和正规化建设中，增强国防实力，确保国家的和平与安全，保卫国家的领土、主权完整和不受侵犯。

军事法治建设是国家法治建设的重要组成部分，是为了保证落实宪法规定的国家武装力量建设总任务的实现而不断发展完善的。因此，宪法规定的武装力量建设的总任务也必然成为军事法治建设的根本任务。军事法治建设必须紧密围绕着保证武装力量完成宪法赋予的任务和使命进行。军事法治建设为实现宪法对武装力量规定的任务，必须在国家法治的轨道上全面系统地加强和完善，包括国防和武装力量法治建设的方方面面。如武装力量的军事工作、政治工作、后勤工作、装备工作以及兵役制度、国防动员、国防经济、国防科技、国防教育、战场准备、民防以及战备交通、电信等各方面的建设，不仅门类繁多、涉及面广，而且互相交叉、渗透、制约、促进。必须按照国防和军队建设发展的规律和现代国防、现代战争的要求，加强统一筹划、领导和管理。

（三）宪法赋予人民军队神圣使命和职责

宪法赋予了人民军队维护宪法尊严、保证宪法实施的神圣使命。宪法确立的国防和武装力量建设的任务、目标是人民军队必须时刻牢记的职责。新世纪新阶段，我军要肩负起宪法赋予的维护国家安全、统一、稳定和保障国家建设事业的神圣使命，就要适应形势发展的新变化，适应党的新要求，为党巩固执政地位提供重要的力量保证，为维护国家发展的重要战略机遇期提供坚强的安全保障，为维护国家利益提供有力的战略支撑，为维护世界和平与促进共同发展发挥重要作用。我军是社会主义的建设者和捍卫者，维护国家发展的重要战略机遇期，是我军的重大政治责任。我们一定要牢记我军根本职能，坚持把国家主权和安全放在第一位，履行好宪法赋予的维护国家主权、统一和稳定的神圣职责，为创造一个有利于全面建设小康社会、加快推进社会主义现代化的长期安全环境作出应有贡献。

国家利益始终是确定人民军队使命的前提。我军从诞生那天起，就把自己的命运同伟大祖国的利益和命运融为一体，始终不渝地为着祖国的独立、统一、安全稳定和繁荣富强而英勇奋斗。无论形势怎么变化，我军的根本职能不能变，我军担负的保卫国家安全、捍卫祖国统一和领土完整，维护国家利益和社会稳定的神圣使命不能变。中华人民共和国成立 60 多年来，我军不仅坚持按照这个神圣职责的要求建设和锻造着自己，而且按照这个神圣职责的要求忠实履行着自己的使命。在新世纪新阶段，中国人民解放军作为社会主义祖国的钢铁长城，必须始终把保卫国家安全，维护国家领土、领海、领空主权和海洋权益，保卫人民的和平劳动，作为义不容辞的神圣职责和使命，必须要努力适应现代战争的需要，注重质量建设，全面提高打赢能力，更好地担负起保卫国家权益，维护祖国统一和安全的神圣使命。要确保在祖国需要的时候，能够拉得出、冲得上、打得赢，不辱使命。

我国宪法明确规定，必须同敌视和破坏我国社会主义制度的国内外的敌对势力和敌对分子进行斗争。作为国家武装力量的人民军队负有维护宪法尊严、保证宪法实施的职责，担负着维护社会秩序，镇压叛国和打击其他危害国家安全的犯罪活动的重要使命。我国是一个多民族的国家，国家统一、民族团结、社会稳定始终是国家安全和发展的重要前提。维护社会和政治稳定，实现国家长治久安，是国家发展需要的国内环境，也是国家安全需要的国内环境。要依法强化军队维护社会稳定和反恐职能，加强反恐力量建设，决不让各种分裂势力和西方敌对势力分化我国、破坏我国主权和领土完整的图谋得逞。

《宪法》规定："台湾是中华人民共和国的神圣领土的一部分。完成统一祖国的大业是包括台湾同胞在内的全中国人民的神圣职责。"保卫国家领土主权完整，早日完成祖国统一大业更是人民军队义不容辞的神圣职责。制止分裂，维护国家主权和领土完整，是宪法和法律赋予我军的神圣使命和职责。建设和保卫祖国，抵抗侵略，维护统一，反对分裂，是我国国防政策的出发点和立足点。2005 年 3 月 14 日，第十届全国人民代表大会第三次会议根据宪法通过了《反分裂国家法》。反分裂法是为了维护宪法原则而制定的。根据宪法制定的《反分裂国家法》，再次明确规定：世界上只有一个中国，大陆和台湾同属一个中国，中国的主权和领土完整不容分割。维护国家主权和领土完整是包括台湾同胞在内的全中国人民的共同义务，完成统一祖国的大业是包括台湾同胞在内的全中国人民的神圣职责。并庄严重申："'台独'分裂势力以任何名义、任何方式造成台湾从中国分裂出去的事实，或者发生将会导致台湾从中国分裂出去的重大事变，或者和平统一的可能性完全丧失，国家得采取非和平方式及其他必要措施，捍卫国家主权和领土完整。"通过立法的形式把国家有关对台工作的方针政策法律化，有利于动员包括台湾同胞在内的全中国人民共同推动祖国和平统一的大业，有利于"以法制独"、遏制"台独"分裂势力把台湾从中国分裂出去的活动，有利于维护台湾海峡地区乃至亚太地区的和平稳定，也更有利于依法使用国家武装力量制止分裂、维护国家的主权和领土完整。

我军是保卫祖国的钢铁长城，肩负着保卫国家安全和领土完整，维护祖国统一的神圣职责。在解决台湾问题的进程中，我们将尽一切可能实现和平统一。中国人民解放军完全有决心、有信心、有能力、有办法依据国家宪法和法律，维护国家主权和领土完整，决不容忍、决不姑息、决不坐视任何分裂祖国的图谋得逞，绝不允许“台独”分裂势力把台湾从祖国分割出去。祖国的完全统一是任何“台独”势力也抗拒不了的历史潮流。人民军队必须牢记使命，增强做好现实军事斗争准备的责任感和紧迫感，随时为维护国家主权和领土完整做出应有的贡献。为了保证有效履行宪法使命，军事法治建设的重心必须要为做好军事斗争准备，以武止独、维护国家统一服务。当祖国需要时，人民军队将按照宪法和法律赋予的职责，坚决捍卫国家安全统一和领土主权完整，坚决粉碎任何分裂祖国的图谋，圆满完成党和人民赋予我们军队的使命。

第二节　贯彻依法治军方针

党的十一届三中全会以后，党的解放思想、实事求是的马克思主义思想路线得到进一步确立，国家的民主法治和军事法治建设得到迅速恢复发展。人民军队法治建设的一个重大创新发展就是确立和实行了依法治军方针。依法治军是改革开放的新时期，在党中央、中央军委的高度重视领导下正式确立的，是全面加强人民军队革命化、现代化、正规化建设的根本方针和重要法治保证，是国家实行依法治国方略的重要组成部分。

一、依法治军方针的形成

依法治军方针的形成和提出经过了一个较长的发展阶段。了解依法治军方针的形成和提出，有助于对在新世纪新阶段全面贯彻依法治军方针重要性的理解。我军要走依法治军之路，严格说来，在中华人民共和国成立初期就提出来了。中华人民共和国成立后，废除了国民党的反动法统，开始了社会主义法制建设，为我国国防和军队法制建设的全面发展提供了良好的环境[①]。1949 年 9 月 29 日，中国人民政治协商会议第一次全体会议通过的《中国人民政治协商会议共同纲领》，设专章规定了国家的军事制度，开始将军事法制建设纳入了国家法制建设的轨道。为此，毛泽东不失时机地要求我军必须克服“那种不集中、不统一、纪律不严、简单现象

① 虽然在这一历史时期，还没有正式提出“法治”的概念，但这一时期的法制建设的内容和成果，都决定了是通向法治的一个重要历史阶段，很多理念、指导思想和内容都是一脉相承，具有历史继承性，奠定了实行法治的坚实基础，因而也是法治发展史上不可割裂的重要有机组成部分，在提法上也没有将法制与法治截然割裂开来。

和游击习气”，要“走向正规化的建设”。“与现代化装备相适应的，就是要求部队建设的正规化，就是要求实行统一的指挥、统一的制度、统一的编制、统一的纪律、统一的训练，就是要求实现诸兵种密切的协同动作”①。刘伯承提出：“正规化的生活秩序，就是各种条令。”彭德怀更是明确指出：“正规化建设就是要把全军的各个方面用正式的规格，即条令的规定彻头彻尾地统一起来”，把条令条例“作为每个军人遵守的法典，以适应统一指挥，协同作战的需要。”②

中华人民共和国成立之初，老一辈无产阶级革命家反复强调要依据全军统一制定的条令条例治军，是为了适应三个重大转变：一是我军已经由野战军、游击队转变为保卫中华人民共和国的统一的正规军，原先组织编制分散、法规制度不一、思想作风各异的状况必须纠正；二是由武器简单落后的单一兵种转变为具有现代化武装的诸兵种的合成军队，对法规制度建设提出更高的要求；三是国家正在抓紧建立社会主义法制，军队作为国家政权的主要部分必须与此相适应。在以毛泽东为首的党中央、中央军委的重视下，50 年代中期开创了军事法治建设的一个新局面：国家颁布了《兵役法》《军官服役条例》等一批军事法律，军队立法工作全面启动；军事法院、军事检察院全面纳入国家司法体系，有了组织上的保证；军法干事编配到部队建制团，基层法制建设有了坚实的群众基础；军事司法工作步入正轨，办案质量不断提高，等等。据不完全统计，从 1951 年以三大共同条令试行为契机至 1956 年，全军共先后制定和翻译条令、教程、教范达 7122 种，出版条令和教材约 3310 万册。然而，遗憾的是，“从 1959 年林彪主管军队工作起，特别是在他主管的后期，军队被搞得相当乱”③。刚刚迈上依法治军之路的军队，开始受到了“人治”和“法律虚无主义”的严重干扰和影响。许多行之有效的军事法规、规章被废弃，部队纪律松懈，作风涣散，各种事故和不良倾向屡屡发生，军事司法机关被砸烂，冤假错案层出不穷。据有关资料披露，仅“文化大革命”期间被按“反革命罪”判刑的军队人员就达 3000 多人，占同期判案总数的

① 《毛泽东军事文集》（第六卷），军事科学出版社、中央文献出版社 1993 年版，第 314 页。

② 杨秀山：《军队建设必须恢复正规化的内容》，《解放军报》，1981 年 10 月 7 日，第 1 版。

③ 《邓小平文选》（第二卷），人民出版社 1994 年版，第 1 页。

23.8%，其中冤、假、错案率高达89%。共有8万多人遭到诬陷迫害，1169人被迫害致死。[①] 80年代初，徐向前沉重地指出："建国以来，我们军队吃了两个大亏，一是反对正规化吃了亏，二是反对教条主义吃了亏。"聂荣臻也指出："一反教条主义就把条例、条令统统推翻，也不讲内务条令了。部队稀稀拉拉，不像个样子，也没有人去管。兵役制，过去服役两年，以后改为三年，实际触动极大。实际上不少人当了七八年兵，这就搞得很混乱。"[②] 党的十一届三中全会明确提出："为了保障人民民主，必须加强社会主义法制，使民主制度化、法律化，使这种制度和法律具有稳定性、连续性和极大的权威。"1980年党的十一届五中全会重申"发扬社会主义民主和健全社会主义法制，是我们党的坚定不移的方针"。这是我们党对于加强社会主义法制建设，在思想认识上的一次历史性飞跃。1982年党的十二大第一次把"党必须在宪法和法律的范围内活动"写进党章，并规定："中国共产党领导人民发扬社会主义民主，健全社会主义法制。"党中央所确立的一系列加强民主法制建设的战略方针，无疑对我军传统的治军方针和原则触动很大。尤其是身为军委主席的邓小平同志在此期间关于法制建设作出的一系列重要论述，为依法治军方针的孕育并形成起到了一定的催化作用。

20世纪80年代以来，邓小平结合军队建设的一些重大问题，在不同场合、针对不同情况，多次阐述国家法制建设与军队法制建设的辩证关系，逐步形成了比较完整、成熟的依法治军思想。如1980年12月他指出："在党政机关、军队、企业、学校和全体人民中，都必须加强纪律教育和法制教育。""全党同志和全体干部都要按照宪法、法律、法令办事，学会使用法律武器（包括罚款、重税一类经济武器）同反党反社会主义的势力和各种刑事犯罪分子进行斗争。这是现在和今后发展社会主义民主、健全社会主义法制的过程中要求我们必须尽快学会处理的新课题。""必要的法律设施，加上全党的思想政治工作、报刊宣传和学校教育的配合，就可以形成全党全军全民的共同行为准则。"[③] 他高度重视加强法制

① 唐培贤，杨九根著：《中国人民解放军审判工作史概述》，人民法院出版社1989年版，第147页。

② 《解放军报》，1981年10月7日，第1版。

③ 《邓小平文选》（第二卷），人民出版社1994年版，第360页、371页。

建设在我国“四化”建设和我军“三化”建设中的地位和作用，强调搞四个现代化（其中包括国防现代化）一定要有两手，只有一手是不行的。所谓两手，即一手抓建设，一手抓法制。1986 年年初，他在中央政治局常委会上提出著名的“两手抓”理论之后，又接着指出：“我们国家缺少执法和守法的传统，从党的十一届三中全会以后就开始抓法制，没有法制不行。”“加强法制重要的是要进行教育，根本问题是教育人。”① 他认为，党有党规，国有国法，军有军纪，军队所有的领域，所有方面，都要完善立法，制定章程，以便“统一认识，统一行动”。“对全军指战员都要进行必要的法制教育”，“对一切无纪律、无政府、违反法制的现象，都必须坚决反对和纠正”②。邓小平关于军队法制建设的思想，言简意赅，意义深远，揭示了新的历史时期加强军事法治建设的客观必然性，阐明了军事立法、执法、司法、法制教育等方面的内容，再次为依法治军方针的形成提供了重要的理论依据。

80 年代中期，在邓小平民主与法制思想的推动下，军队依法治军的呼声日渐高涨。伴随着国家法制建设不断发展的大好形势，军内一些部队、单位率先提出了“依法治军”“依法带兵”等口号，在向军委、总部反映的一些材料中，反复出现了“依法治军”“以法治军”的提法。但是，在当时的情况下，这不免引起军队相当一些同志的顾虑。有的同志担心，提依法治军会“容易被人片面理解为‘以罚治军’，乱施惩罚，从而损害我军的优良传统，影响官兵之间和上下之间的关系”，“会混淆我军的性质，引起部队思想上的混乱”。有人甚至将依法治军的提法与党对军队的绝对领导对立起来，认为提依法治军与我军的性质、传统、作风相悖，会损害党在军队中的领导作用。因此，当“依法治军”刚被提出时，便有人主张在军队内部不宜提“依法治军”“依法带兵”等。

军队建设需要不需要搞法治？能否提依法治军？当时军队内部在这类问题上之所以还存在种种思想顾虑和错误认识，主要源于长期以来我军传统的治军方法、习惯的影响和束缚，渊源于治军思想观念的陈旧与落后。显而易见，对依法治军的最大障碍就是“人治”思想根深蒂固。长期以来受“长官的意志就是部属的法律”的影响，军内业已形成的言重于法、

① 《邓小平文选》（第三卷），人民出版社 1993 年版，第 163 页。

② 《邓小平文选》（第二卷），人民出版社 1994 年版，第 360 页。

权高于法、情大于法等现象，容不得“法治”的生成与存在，游击习气、长官意志，按土政策、土章法办事的习惯做法，更难有“依法治军”的生成氛围和环境。在当时的历史条件下，军队各级领导和机关尚未将“法治”的观念牢固树立起来，严格依法办事尚未成为大家自觉的行动，邓小平关于加强民主法治建设理论未被军队内部的人们所充分认识和理解，依法治军口号的提出遇到较大阻力也是不难理解的。

然而，应当肯定，20 世纪 80 年代中期，是依法治军方针孕育的最初阶段。在此时期，正是邓小平关于加强军队法治建设的论述，已经震动了军队各级领导，触动了人们治军思想观念的更新。在新的历史条件下，如何贯彻邓小平军事法制思想，进一步加强军队的法治建设，把军队建设全面纳入法治化轨道，切实地实现依法治军，已经历史性地摆在全军的面前，成为军队高层领导必须思考并加以正视的重大课题。

二、“依法治军”的正式提出

1987 年党的十三大系统阐述了邓小平提出的“社会主义初级阶段”理论观点，明确要求“社会主义民主与社会主义法制不可分割”，标志着我们党在改革开放指导思想上的一次大解放，也为我们进一步清除思想障碍，高扬起“依法治军”的旗帜，起到了应有的作用。

80 年代后期，我国法学理论研究以邓小平民主法制思想为指导，冲破了一系列思想桎梏，形成了十分可喜的学术氛围，带来了人们思想观念的重大变化，造就了包括依法治国（依法治军）在内的现代法治观臻于成熟的理论基础。从法是阶级斗争的工具转向法是社会利益调整的手段；从依政策治国转向依法治国；从重人治、轻法治转向重视法治；从法律虚无主义转向法律权威；从权力至上转向法律至上；从重义务轻权利的义务本位转向权利义务并重；从息讼贱讼转向诉讼权利；从重实体法轻程序法转向二者并重等，不仅触动了国家从人治到法治的社会变革，也为中央军委审时度势，确立依法治军的方针，提供了必要的条件。

当时在军队内部提出依法治军问题并非易事，要求思想观念、管理制度、领导方法等方面有一个深刻的变革。在这个大变革中，军队的一些同志由于受陈旧观念和传统习惯的束缚，难免在思想认识上出现偏差，对提依法治军产生顾虑。因此，统一全军认识，转变思想观念，特别是转变各级领导干部的思想观念，成为贯彻依法治军方针必须首先需要解决的问题。

依法治军方针的提出和确立，与深刻理解邓小平民主法制思想分不开，也是“依法治军的本质是坚持党对军队的绝对领导，有利于党对军队的绝对领导”逐步取得共识的必然结果。相当长的一个历史时期以来，军队的同志对提依法治军的口号有顾虑，其主要原因是自觉或不自觉地把实行法治与坚持四项基本原则，特别是坚持党对军队的绝对领导的原则割裂开来甚至对立起来，似乎强调依法治军，就必然否认党对军队的绝对领导。众所周知，形成于战争年代的以长官意志为主导的人治体制和习惯对军队影响很大。在革命战争时期，由于历史条件的限制，我们党不可能制定能够在全国范围内适用的、相对稳定的法律，军队也是如此，只能更多依靠党和领导人决策、制定政策、发布命令等形式来实行对解放区和军队的领导。中华人民共和国成立初期，基本沿袭了这种靠领导人意志和政策办事的人治体制，特别是 1957 年之后，国内各类政治运动不断出现，导致全党、全军的法治思想削弱，人治思想上升，对党和国家、军队的影响更大。

在我国进入改革开放和现代化建设时期，在实行人治还是实行法治的治国方略的选择上，邓小平主张实行法治。他认为：“我们过去发生的各种错误，固然与某些领导人的思想、作风有关，但是组织制度、工作制度方面的问题更重要。这些方面的制度好可以使坏人无法任意横行，制度不好可以使好人无法充分做好事，甚至会走向反面。即使像毛泽东同志这样伟大的人物，也受到一些不好的制度的严重影响，以至对党对国家对他个人都造成了很大的不幸。”① 为此，他果断提出，必须使我们的“制度和法律不因领导人的改变而改变，不因领导人的看法和注意力的改变而改变”，要求实行法治，反对人治，党领导人民应当从依靠政策办事，逐步过渡到不仅依靠政策，而且还必须建立和健全革命法治，从而确立加强民主法制建设的方针等。

80 年代中后期全军开始兴起的学习《邓小平文选》的高潮，为依法治军方针的提出营造了浓厚的氛围。广大官兵认为，民主法治建设理论和军队建设理论一样，都是邓小平理论的重要组成部分。党的十一届三中全会以来，我们党一方面领导人民修改宪法和许多重要的法律；另一方面又强调包括共产党在内的一切政党都必须在宪法和法律的范围内活动，所有

---

① 《邓小平文选》（第二卷），人民出版社 1994 年版，第 333 页。

党的干部和党员都必须带头遵守宪法和法律。这样做，并不会削弱和否定党的领导，而恰恰会更好地实现党的领导，更有效地治理国家。特别是在我们的党成为执政党之后，依法治军与党对军队的绝对领导是两个不同含义、不同层次的提法，二者并行不悖，不存在一个否定另一个的问题。在此期间，《解放军报》连续发表文章，对依法治军的理论与实践问题进行了充分的论述，逐步澄清了一些领导同志思想观念上的模糊认识。

为了加强军队的法制建设，适应我军革命化、现代化、正规化的需要，中央军委于1988年5月4日决定成立中华人民共和国中央军事委员会法制局，明确其为“中央军委领导军事法制建设的办事机构，归口管理全军法制工作的职能部门，业务上直接对中央军委负责”。1988年9月5日，中央军委在《关于加快和深化军队改革的工作纲要》中指出：“军事法规是正规化建设的依据和标志。军队改革要与军事立法结合起来，以改革促进法制建设，通过立法推动改革和巩固改革成果”，“国防建设和军队建设要逐步走向正规化、法制化道路”。表明了军委已经高度重视法制建设在军队建设中的地位和作用，为依法治军方针的正式提出作出了必要的铺垫。

在1988年10月首次召开的全军立法工作研讨会上，军委领导接见与会代表时，多次提出要依法治军，要从领导干部和领导机关做起的问题。这是中华人民共和国成立以来，在军委领导的讲话中，首次出现“依法治军”的提法。同年12月27日，中央军委在《关于1989年全军工作指示》中明确提出：全军工作以正规化建设为重点，要从严治军，依法治军，运用思想教育、法规制度、行政管理等多种手段，综合治理军队的松散乱现象。把“依法治军”正式写进安排全军主要工作的文件中，这是我军建设史上的第一次，也是军队最高领率机关对法治建设认识上的一次重大跨越。

在中央军委的高度重视下，1988年军队法治建设全面起步。国防和军队立法取得了丰硕的成果，共颁布了10件国防法律及法律性决定、法规，其数量之多、影响之大，不仅超过邓小平同志赞叹军事立法工作取得显著进展的1977年，而且也超过新中国成立以来的任何一年。此外，在这一年里，编制军事立法规划、召开全军立法工作研讨会、全面部署清理军事法规工作、军队特邀律师队伍的形成、军事法学专著的出版等，预示着依法治军迎来明媚的春天。从不让提、不敢提到明确提出依法治军，并率先在制定军队建设大政方针中初见端倪，有所体现，这一切都表明，邓小平法制思想，是依法治军方针的理论基础；党中央加强社会主义民主法制建设的战略方针，是依法治军方针的政治基础；国家社会主义民主与法制建设的迅速发展，是依法治军方针的社会基础；军队建设指导思想的战略性转变，为依法治军方针奠定了实践基础。越来越多的军队同志认为，依法治军是党和国家对军队的客观要求，是邓小平关于“两手抓”思想的必然，同时也是军队“三化”建设的客观需要和重要途径。坚持依法治军，有利于加强党对军队的绝对领导，有利于军队“三化”建设的实现，有利于提高部队战斗力，有利于维护国家军事利益，保护军队和军人的合法权益。“应当理直气壮地提依法治军”，不仅使之成为广大官兵的强烈意愿，而且成为军队领率机关的自觉行动。从 20 世纪 80 年代后期起，军队在厉行法治、坚定不移地贯彻党的十一届三中全会确立的加强民主法制建设方针方面，开始迈出坚实的步伐，并走在全社会的前列。

三、依法治军方针的确立和全面贯彻执行

任何一个方针的产生和形成都不是偶然和主观臆想的，而是建立在历史经验和客观现实相统一的基础之上的。20 世纪 80 年代末 90 年代初，人民军队的法治建设着手解决“有法可依”的问题，中央军委先后颁布了《中国人民解放军立法程序暂行条例》《中国人民解放军军事训练条例》《中国人民解放军武器装备管理条例》等 11 个军事法规。

1992 年 10 月，党的十四大确立了要建立社会主义市场经济，对法制建设提出了新的要求，作出了要使社会主义民主和法制有一个较大的发展的重大决策，给军队法治建设特别是依法治军方针如何在实践中深化、创新与发展提出了新的课题。特别是 1997 年召开的党的十五大不仅确立了邓小平理论作为党的指导思想，而且确立了依法治国是党领导人民治理国家的基本方略，这是我们党进一步解放思想、政治上更加成熟的重要标志，是推进我军建设与改革的重要依据，也是我军法治建设跨世纪发展的行动指南。依法治国方略的提出，是对军队十多年来依法治军的理论与实践的充分肯定，极大地激励全军官兵坚定不移地走依法治军之路，在依法治国方面继续走在全社会前列。江泽民同志深刻阐述了依法治军方针的丰富内涵：

一是从思想上澄清将依法治军与党对军队的绝对领导割裂开来的模糊认识。1989 年 9 月 26 日担任中共中央总书记的江泽民第一次会见记者，

并回答《纽约时报》记者的提问时说，我们绝不能以党代政，也绝不能以党代法。我们一定要遵循法治的方针。[①] 他认为，严格按照法律法规治理军队，能够有效地保证党对军队的领导，保证党对军队领导权和指挥权的实现。他明确指出："党领导人民制定宪法和法律，又自觉地在宪法和法律的范围内活动，严格依法办事，依法管理国家，这对实现全党和全国人民意志的统一，对维护法律的尊严和中央的权威，具有重大而深远的意义。"[②] 他进一步阐述："依法治军，把党关于国防建设和武装力量建设的主张，通过法定程序上升为国家意志，使党的领导同依法办事统一起来，目的是从制度上和法律上保证党对军队的绝对领导，保持人民军队的性质，推动军队现代化建设。我们党在长期革命斗争实践中积累了丰富的治军经验，形成了一系列卓有成效的治军方式和方法，是我们建军治军的宝贵财富。思想政治教育、党的政策指导、优良作风建设、党纪政纪约束等，对军队建设和管理具有十分重要的作用，必须始终坚持和发扬。同时，我们治军也必须充分运用法律手段。法制作为一种规范的强制的方式，可以成为发扬我们党治军的优良传统、巩固治军成功经验的有力保障。依法治军作为一种治军方式，不仅不排斥也不取代我们长期建设和管理军队积累的成功方式和方法，而且可以通过法定程序使其规范化、制度化，从而更好地发挥作用。"[③] 他的这些重要论述，极大地消除了我们军队各级领导的思想疑虑，进一步坚定了我们依法治军的信念。

二是从立法上明确依法治军方针，为依法治军方针提供法律保障。1990 年 6 月 9 日发布的《中国人民解放军内务条令》中，第一次出现了"依法治军"的表述。该条令规定："坚持从严治军、依法治军，实行严格科学的行政管理。"同年 12 月 1 日，江泽民在总参召开的工作会议上强调指出：严格管理，要有章程，要依法治军。这几年，军队颁布了一系列条令条例等法规，总参还进行了教学法和条令集训，做了许多工作，要继

① 《江泽民等答中外记者问》，《人民日报》1989 年 9 月 27 日，第 1 版。

② 任建新主编：《社会主义法制建设基本知识》，法律出版社 1996 年版，第 2 页。

③ 《江泽民主席在解放军代表团全体会议上发表重要讲话要求全军站在党和国家工作大局和现代化建设全局高度努力推进人民军队跨世纪发展》，《解放军报》1999 年 3 月 13 日，第 1 版。

续抓下去。[①] 在 1991 年年初召开的军委扩大会议上，中央军委在制定“八五”期间军队建设计划纲要时，郑重确定：全军要继续以正规化建设为重点，坚定不移地贯彻依法治军的方针，从而在 1988 年、1989 年军委扩大会议提出依法治军重要思想的基础上，确立了依法治军方针在军队建设中的地位和作用，对我军建设产生了极其重大的影响。1997 年 3 月 14 日，第八届全国人大五次会议审议通过的《中华人民共和国国防法》第 18 条明确规定：“中华人民共和国的武装力量必须遵守宪法和法律，坚持依法治军。”这是我国现行法律中首次出现“依法治军”的提法。同年 6 月 30 日和 1999 年 12 月 19 日，发布的《中国人民解放军驻香港部队进驻香港特别行政区的命令》《中国人民解放军驻澳门部队进驻澳门特别行政区的命令》均明确要求进驻香港、澳门的官兵要“坚持人民解放军全心全意为人民服务的宗旨，发扬优良传统，忠实履行职责，遵纪守法，依法治军”。此后，国家和军队颁布的军事法律、法规中，经常出现“依法治军”的内容，反映了依法治军方针法律地位的逐步确立。

三是突出强调依法治军是依法治国的重点。根据马克思主义观点，所谓国家，是指一个阶级统治另一个阶级的专政工具，它由军队、警察、监狱、法庭等组成。因此，依法治国，说到底，就是依法治理国家机器，这是江泽民的一个鲜明观点。他担任军委主席以来，尤其是 1996 年 2 月明确提出依法治国方略的问题之后，曾多次在视察部队、主持会议等场合，反复强调：“要坚持依法从严治军”“要进一步加强依法治军”“军队的编制管理要搞好，就要坚持依法治军。依法管理编制，是依法治军的重要方面，是军队正规化的重要标志”[②]。他要求广大官兵能够增强依法治军观念，自觉地依法规范自己的行为，促使全军法制化、正规化程度的提高。在党的十五大报告中，要求军队在精神文明建设走在全社会前列，同时指出“法制建设同精神文明必须紧密结合，同步推进”，对军队的依法治军提出了更高的要求。

四是全面、系统地阐述了依法治军方针的完整内涵。1999 年 3 月，江泽民在九届全国人大二次会议解放军代表团发言中，全面、系统地阐述

① 《江泽民在总参工作会议上强调 把部队建设提高到一个新水平》，《人民日报》1990 年 12 月 5 日，第 1 版。

② 《中国军法》，1998 年第 4 期，第 12 页。

了依法治军方针的内涵。他指出："党的十五大明确提出，依法治国是党领导人民治理国家的基本方略。这次全国人大会议审议通过宪法修正案草案后，这一重要思想将写入宪法。全军同志要适应社会主义民主法制建设的这一重要发展，更加自觉地贯彻依法治军的方针，把国防和军队建设事业全面纳入法制的轨道，做到有法可依，有法必依，执法必严，违法必究。""依法治军，必须坚决维护军事法律法规和条令条例的权威性和严肃性。'令严方可以肃兵威，命重始足于整纲纪'，军事法律法规和条令条例，是我军建设的法律依据。不论是谁，都要自觉遵守，严格执行。一旦违反了，都必须依法追究，严肃处理。""搞好依法治军，首先要提高全军各级领导干部依法办事的能力"① 等，将依法治军的内涵完整、准确地概括为立法、执法、法律意识、法制宣传教育等诸方面，并提出了十分具体的要求。2000 年 12 月 21 日，江泽民在军委扩大会议上的讲话中，再次提出："军队的正规化建设也要大力加强，坚持依法治军、从严治军，按条令条例、规章制度办事。各级都要强化依法治军观念，下决心解决有法不依的问题，克服主要靠会议、文件、讲话指导工作的习惯做法。今后，凡是军事法律法规和规章有明确规定的，就不要再发文件、作指示。马克思主义军事思想、军事理论的创新成果和新鲜的成功的治军经验要及时纳入法律法规。"②

胡锦涛担任党的总书记和中央军委主席主持军委工作时，高度重视依法治军，反复强调要在推进中国特色军事变革的过程中，自觉按照依法治军的要求，把军队建设逐步纳入法制化的轨道。要有针对性地加强军事立法工作，进一步完善具有我军特色的军事法规体系，使军队各项建设和工作有章可循、有法可依。要抓好条令条例和规章制度的落实，克服有法不依、执法不严、违法不究的现象。要求各级领导机关必须坚持依法治军，在军事、政治、后勤、装备等各个领域、各个方面，都要依法开展和指导工作，维护部队正规的战备、训练、工作和生活秩序。明确提出，要进一步强化全军官兵的法制意识，增强各级领导干部依法办事的能力，不断提

① 《江泽民主席在解放军代表团全体会议上发表重要讲话要求全军站在党和国家工作大局和现代化建设全局高度努力推进人民军队跨世纪发展》，《解放军报》1999 年 3 月 13 日，第 1 版。

② 《江泽民文选》（第三卷），人民出版社 2006 年版，第 166 页。

高依法治军水平。

依法治军方针日益深入军心，军队法治建设取得重大进展。这充分体现在：一是从立法上全面确立了依法治军方针在军队建设中的地位和作用，实现了我军治军思想划时代的飞跃；二是编制中央军委立法规划、计划工作实现制度化、规范化管理，军事立法工作有了可靠的法律保障，以《国防法》为龙头的一批军事法律、法规、规章的出台，使国防和军队建设的主要方面已经逐步实现了“有法可依”；三是军事执法和执法监督检查工作全面展开，有力地促进了军事法的贯彻落实；四是全面、系统地开展了清理中华人民共和国成立以来的军事法规、规章工作，增补了中华人民共和国成立以来我国、我军没有军事法规汇编的空白；五是军事司法机构不断加强，加大了部队预防犯罪打击犯罪的力度；六是军队法律服务工作蓬勃兴起，有效地维护了军队和军人的合法权益；七是法制宣传教育成效显著，广大官兵法律意识进一步增强；八是军事法学理论研究活动空前活跃，为国防和军队法治建设提供了重要的理论依据；九是加强了与国际军法界的联系与交往，扩大了我国军法在国际上的影响；十是军事法教学纳入有计划、有组织发展的轨道，一大批军事法律人才茁壮成长。所有这些成就，不仅令世人瞩目，而且也为关注国家法治建设的人们所称道。

第三节　军事立法不断完善

1978 年党的十一届三中全会以后，随着党和国家工作重点的转移，军事立法工作也开始全面恢复和快速发展，军事立法不断完善，中国特色的军事法规体系初步形成。这一时期军事立法的发展可以分为三个阶段。

一、军事立法全面恢复，纳入国家法治轨道

从 1977 年至 1989 年，军事立法得到了全面恢复和发展。突出特点是，伴随着国家法制建设的恢复与发展，国防和军队立法全面启动，军事立法取得突破性进展，军事法治建设进入了一个新的发展时期。

1977 年 12 月召开的军委全体会议，不仅提出了全军 10 项战斗任务，而且还通过了 9 个决定、条例。“解决的问题之多，方面之广，内容之丰富，是过去多少年来没有过的。这次会议，对我们军队几乎所有的领域，

所有的方面，都订出了章程。”① 1978 年 6 月召开的全军政治工作会议，讨论和修改了政治工作条例、干部服役条例等。1978 年至 1982 年，一些重要的军事法律、军事法规相继出台，特别是 1982 年 12 月，新修改的宪法在总结中华人民共和国成立以来历史经验的基础上，确立了国防和武装力量建设的领导体制、基本原则、中央军事委员会的机构设置、地位和职权等，为国防和军队法治建设的全面发展提供了新的宪法依据。新的国防领导体制既能保证中国共产党对中国人民解放军的绝对领导，又通过国家机器加强人民军队的建设，建设现代化的国防，也便于全国军民在必要时迅速转入战时体制，有效地保卫国家安全，保障社会主义建设事业的顺利进行。同时，有力地推进了军事法治建设进程，促进了国防和军事立法体制不断完善和确立。

1988 年 9 月，根据中央军委决定，新成立的中央军委法制机构组织全军各大单位有关部门，对中华人民共和国成立以来由全国人大及其常委会、国务院、中央军委和全军各大单位颁布或者批准颁布的军事法规进行全面清理，并在此基础上编辑军事法规汇编。其中《中华人民共和国军事法规汇编》分为军事卷、政治卷、后勤卷、国防科技卷和其他卷。收录全国人大及其常委会、国务院、中央军委颁布或批准颁布的继续有效的军事法规；《中华人民共和国军事规章汇编》由各总部、各军区、各军兵种、国防科工委独立设卷，收录各大单位自行颁布或批准颁布的继续有效的军事规章。两种《汇编》共 19 卷、52 本，全面系统地清理中华人民共和国成立以来的军事法规，在我军历史上尚属首次。这对于摸清中华人民共和国成立以来我国的军事立法数量，进一步加强和改进军事立法工作，提高军事立法质量，起到了重要作用。

1988 年 10 月 10—23 日，经中央军委批准，全军首次召开军事立法研讨会议。这在我军历史上尚属首次。参加会议的有各大单位的法制干部和部分担负法规编写任务的干部共计 59 人。这次会议学习了国家权力机关和行政机关的立法经验，讨论修改了《军事法规制定程序暂行办法》和《2000 年前军事立法规划》，研究部署了 1989 年全军的法制建设任务。1989 年 10 月 23 日—11 月 3 日，经中央军委批准，召开了第二次全军军事立法工作研讨会。全军各大单位的军事法规起草骨干和军事法制科研、

---

① 《邓小平文选》（第二卷），人民出版社 1994 年版，第 72 页。

教学工作人员共 64 名与会，在学习立法理论和知识的基础上，总结交流了 1989 年的立法工作经验，研究了 1989 年全军立法计划，并就法规清理、法制宣传教育、法制机构设置等问题进行了专题研究。洪学智、刘华清等军委领导接见了参加会议的全体人员，并作了重要指示，给军队法制工作者以极大鼓舞，有力地推动了军事立法工作的开展。两次军事立法工作讨论会的召开，在一定程度上扭转了军队立法工作起步晚、队伍新、经验少、力量弱的局面，在全军范围内初步形成了一支以军事立法为核心的军事法治建设的骨干队伍，有力地促进了军事立法质量的提高，为全军法治工作的开展奠定了较好的基础。

这一阶段军事立法的主要特点是：

（一）1982 年宪法对我国国防和武装力量的规定，为加强新时期军事立法工作提供了宪法依据

党的十一届三中全会以后，发展社会主义民主，健全社会主义法制，改革和完善党和国家领导制度，成为全党和全国各族人民的共同要求。为了适应这一要求，必须对原先制定的宪法作全面和重大的修改。军事制度作为国家制度的重要组成部分，如何在新宪法中予以体现，成为全党、全军关注的焦点。

中华人民共和国成立以来，军队在国家体制中的地位长期没有明确。1954 年宪法曾规定，我国的武装力量由中华人民共和国主席统率。1975 年宪法废止了国家主席的设置，改为中共中央主席统率全国武装力量，这不仅混淆了国家和党的不同职能，混淆了国家和党领导的不同方式，而且使武装力量在国家体制中的地位显得含混不清。自 1980 年 9 月中共中央向五届全国人大第三次会议提出修改宪法和成立宪法修改委员会的建议后，军内外不少同志建议成立国家的中央军事委员会。在宪法草案的讨论中，又有人建议，如要设立国防委员会，可否考虑和中央军委统一起来，在党内是中央军委，在国家体制上是国防委员会。经过一年多的广泛讨论，在听取各方面意见的基础上，1982 年春，中央果断作出决策：设立中华人民共和国中央军事委员会，领导全国武装力量；中央军事委员会实行主席负责制，中央军委主席由全国人民代表大会选举和罢免，对全国人大及其常委会负责；国防建设事业，由国务院领导和管理。这一重大决策不仅在党内而且在军内引起强烈反响。同年 4 月 22 日，彭真在五届全国人大常委会第 23 次会议上作《关于中华人民共和国宪法修改草案的说

明》时指出：这样做，“就明确了军队在国家体制中的地位，有利于加强武装力量的革命化、现代化、正规化的建设，同时也便于应付当前世界动荡不定的局势”。

为了统一全党、全军的思想认识，经党中央决定，并以中共中央的名义，于1982年5月15日向全军发出《关于宪法修改草案中设立中央军事委员会的通知》。《通知》明确三个重大问题：一是军队是国家机构的重要组成部分，作为国家根本大法的宪法，对军队在国家体制中的地位应当有所规定，否则，就很不完备。二是设立国家的中央军事委员会，决不是取消或者削弱党对军队的领导，而是从组织上和制度上保证了党对军队的领导。三是《宪法修改草案》规定中央军委主席统率全国武装力量，在一切重大决策问题上领导全军的工作。同时，国务院设立国防部。这样的领导体制便于运用国家机器，加强军队各方面的工作，加强军队的革命化、现代化、正规化建设。《通知》在军内逐级传达和解释后，对于统一全军思想认识，教育全军自觉维护新宪法的权威性，保证国防和军队建设的根本制度在新宪法中得以确立起到了重要作用。

1982年12月5日制定的现行宪法在前三部宪法的基础上，认真总结中华人民共和国成立以来的历史经验，根据我国的现实情况和建设社会主义民主政治和法制国家的需要，围绕武装力量在国家政权中的地位、作用以及与此相关的问题作了明确规定。宪法确定：设立国家的中央军事委员会，领导全国武装力量；中央军委实行主席负责制；军委主席由全国人大选举产生，对全国人大及其常委会负责，从而明确了中央军事委员会与国家最高权力机关的关系。与此同时，对国防建设和武装力量建设作了以下九个方面的规定：（1）规定了我国武装力量的性质，即中华人民共和国的武装力量属于人民；（2）规定了武装力量的基本任务，即巩固国防，抵御侵略，保卫祖国，保卫人民的和平劳动，参加国家建设事业，努力为人民服务；（3）规定了武装力量的活动原则，即必须遵守宪法和法律，以宪法为根本活动准则；（4）规定了武装力量建设的总目标，即加强革命化、现代化、正规化建设，增强国防力量；（5）规定了军队在国家最高权力机关的法律地位和行使权力的方式，即全国人民代表大会由省、自治区、直辖市和军队选出的代表组成；（6）规定了国家最高行政机关对国防建设的领导权，即国务院领导和管理国防建设事业；（7）规定了军事法院、军事检察院的设置；（8）规定了公民的国防义务，即服兵役和参加民兵组织的义务，维护国家统一、安全、荣誉和利益的义务；（9）规定了国家对残废军人、烈士家属和军人家属的抚恤优待原则等。这些规定，基本覆盖了国防和军队建设的主要方面，其内容的广泛性超出了在此之前颁布的四部宪法。1982 年宪法对我国国防和武装力量所作的这些规定，不仅为国防和武装力量建设确定了基本原则，提供了充分的宪法依据，而且将国防和军队建设纳入国家民主与法制建设的大系统，有助于依照宪法和法律管理国防建设和军队建设事业，为新时期军事法治建设的全面发展和军事立法工作的加强奠定了基础。

（二）军委法制工作机构的成立，标志着军事立法工作有了可靠的组织保障

1988 年 5 月 4 日，中央军委决定成立军委法制局。军委法制局是中央军委领导军事法制建设的办事机构和归口管理全军法制工作的职能部门，其主要任务：一是编制军事立法的规划、计划，组织有关部门实施；二是审查各部门向中央军委呈报的法规草案；三是协助全国人大常委会法制工作委员会、国务院法制局做好军事立法方面的协调工作；四是组织起草某些重要法规；五是检查监督军队法规执行情况；六是组织清理军事法规，编辑军事法规汇编；七是协助有关部门拟制军队法制干部的培训计划；八是研究军事法学理论，开展学术交流等。根据中央军委决定，解放军三总部、军兵种也同时编配专职法制秘书负责本系统的法制行政工作。在中央军委、三总部、军兵种设立专门负责军事法制工作的职能部门或专职法制秘书，这在我军历史上还是第一次，它不仅是加强军事法治建设，完善军队法制工作的一项意义深远的组织措施，而且也是我军立法工作开始走上统一组织、协调发展轨道的重要标志。

（三）军事立法工作开始起步，并取得突破性进展

从 1978 年起至 1988 年，由军队起草、经中央军委提交全国人大及其常委会审议或者通过的军事法律及其法律议案有 9 件。如《惩治军人违反职责罪暂行条例》《兵役法》《现役军官服役条例》《军官军衔条例》《中国人民解放军选举全国人大代表和地方各级人民代表大会代表的办法》《中华人民共和国中央军事委员会关于授予离休干部中国人民解放军功勋荣誉章的规定》等。同时，经军委、总部提出建议，在《中华人民共和国婚姻法》《中华人民共和国刑法》等法律中也明确规定了维护军队

和军人权益方面的内容。

在国家军事立法不断加强的同时，军队的立法工作也开始得到全面恢复和展开，军事法规开始覆盖军队建设的各个方面。1978 年 12 月至 1988 年年底，中央军委陆续制定了 200 多件军事法规及法规性文件，其中有《合成军队军、师战斗条令》《司令部工作条例》《保守国家军事机密条例》《机要工作条例》《审计工作条例》等法规，使部队的战备、训练、工作、生活秩序逐步纳入法制轨道。与此同时，中央军委还与国务院共同制定了一批军事行政法规及规范性文件。如《征兵工作条例》《军人抚恤优待条例》《退伍义务兵安置条例》《中国人民解放军驻厂军事代表工作条例》《人民防空条例》等，涉及兵役工作、后备力量建设、经济动员、人民防空、军需保障、国防科研、军工生产、交通战备、边防管理等方面。截至 1988 年年底，全军施行的军事法规中有 50% 是 1979 年以后颁布或重新颁布的。此外，三总部、各大单位制定和发布的军事规章也日益增多，并逐步形成规模。如根据邓小平关于要把训练提高到战略地位，并作为一个制度问题加以解决的要求，针对新时期军事训练工作出现的新情况、新问题，总部和各军兵种先后修改和制定了新的训练法规和规范性文件。如关于加强部队教育训练的决定、教导团训练工作条例、全军电化教育工作若干规定、舰艇部队军事训练工作条例、飞行训练大纲、第二炮兵训练工作条例等。据统计，仅 1978 年至 1988 年，全军就制定各种训练法规、规章达 1300 多件。总后勤部 1979 年之后至 1987 年制定的规章及规范性文件达 970 余件，约等于中华人民共和国成立后至 1978 年前 20 年间总后系统制定的规章文件总和。军事立法的不断加强，不仅为新时期的国防和军队建设提供了法律依据，而且也为建立和完善军事法规体系，形成具有中国特色的军事立法体制提供了实践基础。

例如，军人职务犯罪，往往给国家的军事利益造成极大危害，历来是军事审判工作的打击重点。中华人民共和国成立以来直至“文化大革命”期间，对军人违反职责方面的犯罪，基本上是按照内部规定和习惯做法惩处的。1979 年 8 月，随着《中华人民共和国刑法》的颁布，总政治部根据彭真的委托，成立了军职罪条例起草小组，开始起草工作。在全国人大常委会法制委员会和总政治部的领导下，解放军军事法院主持了这个法律草案的起草工作。起草小组认真研究了我军 50 年代起草制定的一系列有关军事刑法草案，结合长期以来与军人违反职责罪作斗争的历史经验，在此基础上，经过一年零十个月的努力草拟出条例草案，广泛征求军内外各有关方面的意见后，又经过反复讨论、修改，于 1981 年 5 月完成了第 15 次送审稿，同年 6 月 10 日，第五届全国人大常委会第十九次会议讨论通过。自 1982 年 1 月 1 日起施行。《条例》共计 26 条，30 多个罪名，其所涉及的范围，仅限于刑法分则中没有列入的军人违反职责罪的定罪处刑问题，将对国防和军事利益造成重大危害的犯罪行为作为惩治重点。对破坏武器装备和军事设施的，以暴力阻碍指挥人员执行职务的，造谣惑众动摇军心的，贪生怕死投降敌人等 10 类犯罪行为，都规定了较重的刑罚。同时，还根据军人违反职责罪的特点，在有些条款中规定了军人在战时犯罪的，处罚要严于平时；军人与其他公民犯同一类罪的，处罚要严于其他公民。《条例》在体现从严惩办的一面外，对不属于危害重大的犯罪，也体现了宽大的一面，如规定了战时缓刑的办法，允许某些犯罪军人戴罪立功。《条例》是中华人民共和国成立以来由我军具体组织起草并得到颁布的第一部军事刑事法律，它解决了刑法分则中没有包括对军人违反职责罪的认定和处罚问题，结束了我军长期以来靠内部规定和惯例处理军人违反职责罪的历史，为军事法院审理军人违反职责罪提供了法律依据，也为完善军事法规体系做出了贡献。

又如，中华人民共和国成立后，1953 年我军为实行军衔制度，曾经起草《中华人民共和国人民解放军军衔条例（草案）》稿，1955 年将军衔条例草案稿有关军官军衔制度的内容作为一章写入了《中国人民解放军军官服役条例》并立法颁布，同年我军实行军衔制度。1965 年取消军衔制度，《军官服役条例》随之废止。为适应新时期建设一支现代化、正规化革命军队的需要，我军决定重新实行军衔制度。总政治部参考 1953 年的军衔条例草案稿和 1955 年、1963 年两部《军官服役条例》的有关内容，起草了《中国人民解放军军官军衔条例（草案）》，并于 1988 年 7 月 1 日由第七届全国人大常委会第二次会议审议通过，同日公布《中国人民解放军军官军衔条例》，自公布之日起施行（1994 年 5 月 12 日，第八届全国人大常委会第七次会议作了修正）。

再如，1955 年颁布的《兵役法》，已经先后在 1984 年、1998 年和 2011 年作了三次修改。2011 年 10 月 29 日第十一届全国人民代表大会常务委员会第二十三次会议修正的《兵役法》，包括总则、平时征集、士兵的现役和预备役、军官的现役和预备役、军队院校从青年学生中招收的学员、民兵、预备役人员的军事训练、普通高等学校和普通高中学生的军事训练、战时兵员动员、现役军人的待遇和退出现役的安置、法律责任、附则等 12 章，共 74 条。每一次修改都是兵役制度的重大创新和完善。现行的《兵役法》，体现了兵役制度更加科学合理，让兵员征集更有质量、让军队对人才更有吸引力、让军人退役之路更加宽广、让兵役法的执行更加有力。

二、军事立法快速发展，形成中国特色军事立法体制

自 20 世纪 90 年代以来，党中央、中央军委大力倡导依法治国、依法治军，高度重视军事立法工作，国防和军队法治建设进入了一个新的历史发展时期。

1990 年—2000 年是军事立法快速发展阶段，军事立法十分活跃。据不完全统计，截至 2000 年 12 月，由全国人大及其常委会审议通过的直接调整国防和武装力量建设的法律和有关法律问题的决定达 13 件，其中《国防法》《军事设施保护法》《人民防空法》《现役军官法》《预备役军官法》《香港特别行政区驻军法》《澳门特别行政区驻军法》等都是 20 世纪 90 年代以来审议通过的。特别是《国防法》《香港特别行政区驻军法》、《澳门特别行政区驻军法》等的制定和实施，受到中外广泛好评和赞誉。此外，在国家制定的《刑法》《刑事诉讼法》《立法法》《律师法》《婚姻法》等许多重要法律中，都有调整国防和武装力量建设方面的内容。2000 年 3 月九届全国人大第三次会议通过的《中华人民共和国立法法》，首次以国家基本法律的形式，对中央军委以及各总部、军兵种、军区的立法权作出明确规定：中央军委根据宪法和法律，制定军事法规；各总部、军兵种、军区，可以根据法律和中央军委的军事法规、决定、命令，在其权限范围内，制定军事规章；军事法规、军事规章在武装力量内部实施；军事法规、军事规章的制定、修改和废止办法，由中央军委依照该法规定的原则规定。这一规定，确立了军事立法在国家立法体制中的重要地位。

从 1989 年 11 月起，在不到半年的时间里中央军委先后颁布了军队《立法程序暂行条例》《军事训练条例》《武器装备管理工作条例》等 10 个军事法规，对于促进和保障部队军事训练、武器装备管理等，发挥了重要作用。其中，以《立法程序暂行条例》为依据，中央军委每年年初编制下发年度立法计划，并先后制定了“八五”“九五”期间立法规划，使

军队立法工作纳入有组织、有计划的轨道，有力地推进了军事立法的进程。如《征兵工作条例》《现役士兵服役条例》《民兵工作条例》《国防交通条例》《民兵武器装备管理条例》等相继颁发。全军各大单位根据中央军委的统一要求，制订本单位的军事立法计划。许多法规，各总部、军兵种和军区制定的军事规章达 2000 多件，其中属于 1990 年以来发布施行的占 90% 以上。特别是《内务条令》《纪律条令》《警备条令》《司令部条例》《政治工作条例》《后勤条例》等一批军事法规的颁布施行，使军队建设的主要方面实现了有法可依。一个以《国防法》颁发为标志，与国家法律制度相适应，涵盖国防和军队建设各方面、框架初步形成基本满足国防和军队现代化建设需要的具有中国特色的军事法规体系已经初步建立起来。1999 年 3 月，江泽民在九届全国人大二次会议解放军代表团会议上指出："党的十一届三中全会以来，我军法制建设取得了历史性的进步，制定和颁布了一系列军事法律、军事法规和军事规章，有力地促进和保障了军队建设和改革的顺利进行。"

这一阶段军事立法的主要特点是：

（一）军事立法有了法规保障，军事立法走上制度化、规范化轨道

自 1989 年起，中央军委对立法工作加强了宏观指导，统一组织、统一计划。特别是 1990 年 4 月 15 日，发布了《中国人民解放军立法程序暂行条例》（以下简称《立法程序暂行条例》），这是我军第一部规范军队立法活动的重要法规。《立法程序暂行条例》的施行，对于提高军事立法工作的计划性和有效性，保证军事法规、军事规章的起草质量，加快军事立法步伐起到了重要作用。全军各大单位根据中央军委的统一要求，制订了本单位的立法计划。1991 年 5 月，中央军委法制局在成都军区召开了全军军区立法工作座谈会，交流了各大军区的立法工作经验，在此基础上规范了军区立法的程序。会后各大军区普遍编配了法制秘书，初步形成了法制工作网络，保证了全军立法工作的协调和统一。1992 年 4 月，《中央军委"八五"期间立法规划》第一次将军事立法纳入五年规划，提出了"八五"期间军事立法的目标。

（二）国防和军队建设的基本法——《国防法》制定公布

1993 年 4 月，全国人大常委会副委员长秦基伟，中央军委委员、国务委员兼国防部部长迟浩田在北京主持召开了全国人大常委会及其专门委

员会中的军队委员和三总部有关部门领导参加的国防立法座谈会，促进了国防和军队立法步伐的加快。改革开放以来，随着国家和军队法制建设的飞速发展，军事立法取得了重要进展，颁布了大量有关国防和军队建设方面的法律、法规及规章。但是，还缺乏一部指导和规范国防、军队建设的“母法”，即基本法。以江泽民为核心的第三代领导集体十分重视国防立法，1992 年 4 月 11 日，《国防法》正式列入《中央军委“八五”期间立法规划》。1993 年 9 月 22 日，国务院、中央军委批准成立国防法起草委员会，中央军委委员、国务委员兼国防部部长迟浩田任起草委员会主任。根据八届全国人大常委会立法规划的要求和国务院、中央军委的指示，国防法起草委员会在有关单位的支持下，经过反复研究、调查论证和广泛征求意见，拟出了《中华人民共和国国防法（草案）》，于 1996 年 4 月 2 日，由国务院、中央军委提请全国人大常委会审议。八届全国人大常委会第 19、第 23 次会议对草案进行了审议，1997 年 3 月 14 日通过。其中《国防法》第 13 条第 5 项明确规定，中央军委“根据宪法和法律，制定军事法规，发布决定和命令”。首次从国家基本法律上确认了中央军委的立法权。《国防法》的颁布施行，填补了国防立法的空白，为建立具有中国特色的军事法体系奠定了基础，同时也是国防建设史上的里程碑。

（三）军事立法体制初步形成，并得到国家的确认

截至 20 世纪 90 年代末，军事立法坚持从国家和军队的实际情况出发，大胆实践，勇于探索，同时大胆借鉴和参考国外军事立法经验，已经逐步形成了具有中国特色的军事立法体制。根据宪法和有关法律、法规的规定，我国的军事立法在此时期已经逐步形成了以下三个基本层面：

一是全国人民代表大会及其常委会行使国家军事立法权。其制定的军事基本法律和法律，主要包括国防和武装力量建设中带根本性、全局性的重大问题。如国家军事机关的组织和职权、军事司法制度和军人的衔级制度；国防动员制度、兵役制度、国防经济制度、国防教育制度；涉及军人政治权利、犯罪和刑罚、限制人身自由的处罚；以及全国人大及其常委会认为应当制定军事法律的其他事项和内容。

二是中央军委制定的军事法规或与国务院联合制定的军事行政法规。国务院根据宪法和法律制定行政法规，属于中央立法权限范畴，也是国家立法的重要组成部分。国务院是最高国家行政机关，行使《宪法》和《国防法》赋予的领导和管理国防建设事业的职权，可以发布国防方面的

行政法规。国务院、中央军委根据宪法和法律，联合制定军事行政法规，不仅有明确的法律依据，而且在立法实践中已经形成定势。在此期间，中央军委制定的军事法规或与国务院联合制定的军事行政法规不仅数量众多，而且涉及范围比较广泛。

三是军委各总部、军兵种、军区制定军事规章或与国务院有关部门联合制定的军事行政规章。根据《立法法》的规定，各总部、军兵种、军区可以根据法律和中央军事委员会的军事法规、决定、命令，在其权限范围内，制定军事规章，也可与国务院有关部委联合制定军事行政规章。截至 1999 年年底，一个以《中华人民共和国国防法》为龙头，由 13 部专门规范国防和军队建设的法律以及有关法律问题的决定、80 多件军事法规、40 多件军事行政法规、1000 多件军事规章构成的军事法体系已经初步建立，全面涵盖了国防组织体制、国防科研生产、国防动员、战备训练、军事勤务、行政管理、政治工作、后勤保障等各主要方面，使国防和军队建设基本实现了“有法可依”。

1998 年 7 月由中华人民共和国国务院新闻办公室发表的《中国的国防》明确指出：“1982 年后，中国的国家立法体制中进一步健全了军事立法体制，即全国人民代表大会及其常委会制定国防和军队建设的法律；中央军事委员会制定军事法规，或者与国务院联合制定军事行政法规；各总部、各军兵种、各军区制定军事规章，或者与国务院有关部门联合制定军事行政规章。”

（四）地方性的涉军立法活动蓬勃发展，有力地促进了国防和军队建设

除了国家立法、军队立法外，在此时期，军事立法还有一个显著特点，就是地方性军事立法活动也得到一定的发展。随着国家公布了一批涉及国防和军队建设的法律、法规，地方各级党委、人大和政府也十分注重运用法规调整和解决当地国防建设领域中出现的新情况、新问题。据不完全统计，2000 年前，全国 31 个省、自治区、直辖市先后制定和颁布了拥军优属、国防教育、民兵预备役、人民防空、军事设施保护、军人复退安置等地方性法规数百件，内容明确而具体，具有很强的针对性和可操作性。各地通过贯彻落实国防法律、法规和相关政策，军事设施得到了有效的保护，军队转业干部、退伍战士得到了妥善安置，军人合法权益受到了尊重和维护，进一步维护了军政、军民团结。如 1999 年 9 月 24 日内蒙古

自治区人大常委会通过的《内蒙古自治区实施〈中华人民共和国人民防空法〉办法》，1999 年 10 月 22 日福建省人大常委会通过的《福建省人民防空条例》；1996 年 7 月 6 日黑龙江省人大常委会通过的《黑龙江省义务兵征集、优待、退役安置条例》，1999 年 11 月 10 日云南省政府发布的《云南省退役士兵安置管理规定》；1998 年 7 月 30 日湖南省政府发布的《湖南省拥军优属若干规定》，1998 年 11 月 16 日重庆市政府发布的《重庆市拥军优属工作若干规定》；1991 年 12 月 4 日浙江省人大常委会通过的《浙江省军事设施保护实施办法》，1999 年 11 月 30 日山西省人大常委会发布的《山西省军事设施保护条例》等。

三、军事立法不断完善，中国特色军事法规体系初步形成

进入新世纪新阶段以来，军事立法工作在邓小平理论和“三个代表”重要思想指导下，全面落实科学发展观，紧紧围绕党中央、中央军委的决策部署，开拓创新、扎实进取、全面推进，为保障军队建设计划的落实，加速推进中国特色军事变革，发挥了重要作用，取得了显著成效。

（一）军事立法步伐加快，具有中国特色的军事法规体系初步形成

随着我国社会主义民主与法制建设和国防与军队建设的深入发展，军事立法步伐明显加快。本世纪的头五年，全国人大常委会、国务院和中央军委共制定和修改军事法律、军事行政法规和军事法规 99 件，立法数量比“九五”期间有较大幅度的增长（“九五”期间共制定和修改军事法律、军事行政法规和军事法规 76 件）。在此期间，各总部、军兵种、军区和武警部队还制定军事规章近 900 件。在上述军事法律、法规中，有些属于对构建中国特色的军事法规体系具有支撑作用的重点立法项目，如《国防教育法》《政治工作条例》《中国共产党军队委员会条例》《中国共产党军队支部条例》《军事训练条例》等。有些属于调整关系复杂的难点立法项目，如《军队参加抢险救灾条例》《军人抚恤优待条例》《民用运力国防动员条例》《军队转业干部安置暂行办法等》。随着“十五”期间军事立法数量的增多，填补了国防和军队建设一些重要领域的立法空白，为落实 2002 年 11 月党的十六大报告提出的“健全军事法规体系，提高依法治军的水平”任务，到 2010 年基本形成覆盖全面、结构合理、内部协调、科学严谨的军事法规体系奠定了坚实基础。

据不完全统计，仅在 2012 年党的十八大前 3 年内，就先后颁布了一批在建设中国特色军事法规体系中具有重要支撑作用军事法律法规：

1. 新颁布的军事法律主要有：《中华人民共和国人民武装警察法》（2009 年 8 月 27 日，第十一届全国人大常务委员会第十次会议通过）；《中华人民共和国国防动员法》（第十一届全国人民代表大会常务委员会第十三次会议于 2010 年 2 月 26 日通过，自 2010 年 7 月 1 日起施行）；《中华人民共和国军人保险法》（第十一届全国人民代表大会常务委员会第二十六次会议于 2012 年 4 月 27 日通过，自 2012 年 7 月 1 日起施行）等。

2. 修订的军事法律主要有：《中华人民共和国国防法》（2009 年 8 月 27 日，第十一届全国人大常务委员会第十次会议修订）；《中华人民共和国兵役法》（根据 2009 年 8 月 27 日第十一届全国人大常务委员会第十次会议《关于修改部分法律的决定》第二次修正《兵役法》；2011 年 10 月 29 日第十一届全国人民代表大会常务委员会第二十三次会议第三次修正《兵役法》）；《中华人民共和国军事设施保护法》（根据 2009 年 8 月 27 日第十一届全国人大常务委员会第十次会议修正）；《中华人民共和国预备役军官法》（2010 年 8 月 28 日第十一届全国人民代表大会常务委员会第十六次会议修正）；《中国人民解放军选举全国人民代表大会和县级以上地方各级人民代表大会代表的办法》（2012 年 6 月 30 日第十一届全国人民代表大会常务委员会第二十七次会议修正）等。

3. 新颁布的军事法规和军事行政法规主要有：《关于加强军队单位对外有偿服务管理若干问题的意见》（中央军委批准，2009 年 11 月 13 日）；《武器装备科研生产许可管理条例》（国务院、中央军委，2008 年 4 月 1 日）；《军服管理条例》（国务院、中央军委，2009 年 1 月 13 日）；《军工关键设备设施管理条例》（国务院、中央军委，2011 年 6 月 24 日）等。

4. 修订的军事法规和军事行政法规主要有：《军队基层建设纲要》（中央军委，2009 年 6 月 12 日）；《中国人民解放军内务条令》《中国人民解放军纪律条令》《中国人民解放军队列条令》（中央军委，2010 年 6 月 15 日起施行）；《中国人民解放军政治工作条例》（中共中央、中央军委，2010 年 8 月 9 日）；《中国人民解放军现役士兵服役条例》（国务院、中央军委，2010 年 8 月 1 日起施行）；《武器装备质量管理条例》（国务院、中央军委，2010 年 11 月 1 日起施行）；《军人抚恤优待条例》（国务院、中央军委，2011 年 7 月 29 日）等。

（二）立法与改革同步，促进军队建设与改革的法规制度建设成果明显

军事立法工作着眼中国特色军事变革的内在要求，促进了军队建设与各项改革的顺利进行。许多单位在部署军队建设与改革的各项工作中，注重与立法工作紧密结合起来，一方面以立法促进军队的建设与改革，另一方面把军队建设与改革的成果用法规的形式确定下来，使各项改革举措具有明确的规范要求，为我军各项建设与改革的顺畅、有序进行提供了可靠依据。《军队转业干部安置暂行办法》的制定，作为党和国家干部人事制度的一项重大改革，首次采用立法的形式改变了长期以来单一的指令性计划分配的传统安置模式，规定了军转干部实行计划分配与自主择业相结合的军转安置方式，同时对军队转业干部的安置地点、工作安排和待遇、退役金标准，以及社会保险、经费保障、家属子女的安置等，作出了具体规定，从政策制度上理顺了军队干部队伍的进出关系，拓宽了军队转业干部的安置渠道，进一步增强了部队的凝聚力和吸引力，为军转安置工作的进一步改革提供了较大的发展空间。

国务院、中央军委联合颁发的《中国人民解放军文职人员条例》（2005 年 6 月 23 日颁发，8 月 1 日起实施）、《军队文职人员管理规定》（中央军委批准，2012 年 8 月 30 日发布，2013 年 1 月 1 日起施行）、《军队公勤人员聘用管理规定》（中央军委批准，2004 年 4 月 5 日颁布并实施）等法规，适应了社会主义市场经济条件下人才社会化的客观趋势，对于创新我军人员管理机制，改革我军力量构成和用人制度，保证非现役文职人员和公勤人员“聘得进、管得住、用得好”，提高军队用人效益起到了应有作用。总装备部积极适应新的管理体制的要求，做到边调整、边建设、边立法，先后制定了武器装备管理条例、装备采购条例、装备科研条例、装备预先研究条例、装备科技信息工作条例等，逐步建立符合武器装备发展规律、反映社会主义市场经济要求，与新的管理体制和运行机制相适应的装备法规制度，进一步巩固了我军装备领导体制调整改革的重大成果。征兵工作条例、军人抚恤优待条例、内务条令、纪律条令、警备条令、军事训练条例、机关公文处理条例等法规的修订，具有与时俱进、改革创新的时代特色，保障了兵役制度、军人待遇保障、行政管理、军事训练、文秘制度等一系列相关改革的顺利进行，使立法与改革相得益彰，在

军内外产生良好的反响。

（三）军事立法制度不断完善，立法质量进一步提高

随着军事立法的体制、机制建设取得突破性进展，有效保证了军事立法的质量。2000 年 3 月全国人大通过的《中华人民共和国立法法》，首次以国家立法形式确认中央军委及其各总部、军兵种、军区的军事立法权后，2003 年 4 月中央军委根据《中华人民共和国立法法》确定的原则，结合军队立法工作实际，对 1990 年、1993 年制定的《中国人民解放军立法程序暂行条例》和《军事规章、军事行政规章备案规定》进行修改，重新制定了《军事法规军事规章条例》，首次从法规上明确划分了军委、总部、军兵种、军区制定军事法规、军事规章的权限，进一步规范了军事立法的程序和要求，将军事立法活动完全纳入法制化、规范化轨道。

在立法实践中，立法单位普遍重视按照立法程序和要求，采取各种措施，严把法规起草质量关。一是改变由业务主管部门包揽起草工作的做法，充分发挥军队院校、科研机构和有关专家学者的作用，聘请他们参与立法工作；二是注重调查研究，通过召开座谈会、研讨会、论证会等形式，认真听取基层单位和广大官兵意见；三是起草对国防和军队建设有重大影响且难度较大的有关法律、法规时，成立由军内外各有关部门负责人参与的起草工作领导机构，加强了协调机制，增强了解决立法疑难问题的能力。由于制度完善，措施得力，军事法规、军事规章的科学性、适用性、规范性显著增强，立法质量不断提高。各总部、军兵种、军区在做好军事规章制定、修改工作的同时，严格执行军事规章备案制度，仅“十五”期间，就有近 900 件报送中央军委备案的军事规章通过审查，确保了规章质量，有效地维护了军事法制的统一。此外，军委法制工作机构和各单位负责法制工作的部门在军事立法的制度建设、业务培训、工作机制等方面，还积极探索和总结了一些行之有效的经验做法，促进了军事立法工作的全面、协调、创新发展。

在此期间，伴随着国防和军队建设整体推进、协调发展的进程，军事立法取得显著成就，2010 年，以《国防法》为龙头，涵盖国防和军队建设各个方面、能够指导和规范司政后装各项工作、具有中国特色的军事法规体系基本形成。截至 2012 年 2 月，全国人大及其常委会公布军事法律 17 部，国务院和中央军委发布军事行政法规 98 部，中央军委发布军事法规 228 部，各军区、军兵种和武警部队发布军事规章 3000 多件，有力地

促进了国防和军队建设科学发展，有效地推动了部队的革命化、现代化、正规化建设。

这一阶段军事立法的主要特点：

（一）加强宏观指导，注重统筹规划，军事立法工作的计划性明显增强

在认真总结“九五”期间军事立法工作成功经验和做法的基础上，中央军委制定了此后每个五年计划中的立法规划，确立了每一阶段军事立法工作的指导思想、基本原则和主要任务，以及落实规划的具体要求和措施等。中央军委每年年初通过制订下发年度立法计划，保证了立法规划的具体落实。如2002年党的十六大报告提出“健全军事法规体系，提高依法治军的水平”的重要任务后，中央军委和全军各大单位紧紧围绕构建具有中国特色的军事法规体系这一宏伟目标，结合国防和军队建设的现实需要，积极组织有关单位对未列入“十五”立法规划的一些重点立法项目进行研究论证。在此基础上，军委编制、下发了专项立法规划，批转军委法制工作机构关于进一步加快军事立法工作的意见。

各总部、军兵种、军区根据军委立法规划、计划的具体部署和要求，将军事立法工作纳入重要议程日程，各级党委、首长高度重视，加强组织领导，指导和督促所属机关、部门认真履行职责，按时完成法规起草任务，大大增强了军事立法的组织性、计划性。

（二）围绕大局，突出重点，军事立法的作用日益突出

在此期间制定的军事法规，适应实现军队建设战略目标和我军履行新世纪新阶段历史使命的现实需要，在促进和保障军队革命化、现代化、正规化建设中发挥了重要作用。其中，军队政治工作的法规制度建设得到加强。《政治工作条例（修订）》《中国共产党军队党委委员会工作条例》《中国共产党支部工作条例》《中国人民解放军共青团工作条例》《中国人民解放军军人委员会工作条例》《中国人民解放军思想政治教育大纲》《军事训练条例（修订）》《战役装备保障纲要》《合成军队战斗装备保障条令》《关于开展联教联训试点的通知》《中国人民解放军装备维修部队分队战时保障条令》《中国人民解放军装备仓库战时保障条令》《中国人民解放军装备修理工厂战时保障条令》《中国人民解放军特种装备勤务部队分队战时保障条令》等法规的制定和修订，从法律制度上确保党

对军队的绝对领导，进一步促进军事斗争准备各项工作的落实；《征兵工作条例（修订）》《中国人民解放军文职人员条例》《军队文职人员管理规定》《装备采购条例》《军队物资采购监督管理规定》《关于进一步推进军民一体化装备维修保障建设工作的意见》等法规的制定和修订，顺应了社会主义市场经济发展和中国特色军事变革形势的要求，有效保证了军队建设与改革的顺利进行；《中国人民解放军监察工作规定》《安全工作条例》《预防犯罪工作条例》《关于加强小散远直单位建设的意见》等法规的发布施行，大大强化了部队严格管理，加大了从严治军的力度，确保了军队的高度稳定和集中统一；《关于进一步加强军队基层干部队伍建设的意见》《中国人民解放军指挥军官考核评价纲要》《中国人民解放军指挥军官考核评价实施办法》《中国人民解放军指挥军官考核评价标准（试行）》《中国人民解放军专业技术人才奖励规定》《军队高层次科技创新人才工程实施办法》《中国人民解放军军事科学技术奖励工作规定》《军队干部选拔任用工作程序规定》《关于进一步加强士官队伍建设的若干意见》等的出台，有力推进了军队干部和士官队伍建设；《军事设施保护法实施办法》《军人抚恤优待条例》《现役军官休假探亲规定》《伤病残军人退役安置规定》《军人伤亡保险规定》《关于军队统一为现役军人购买人身意外伤害保险的通知》《军队疗养工作规定》等法规的制定、修订，依法维护国家军事利益和军人的合法权益，调动了广大官兵爱军练兵的积极性，增强了军队的凝聚力；《军队处置突发事件总体应急预案》《军队支援地方抢险救灾条例》等为军队执行非战争军事行动提供了相应的法律依据；《关于加强新形势下军队心理服务工作的意见》等，则对推动部队心理服务工作、科学加强部队建设的经常性基础性工作发挥了重要作用。一些长期以来由于各种原因未能出台的重点、难点立法项目，如《国防教育法》《国防动员法》《民用运力国防动员条例》《军队转业干部安置暂行办法》等，在党和国家的重视下陆续颁发实施，填补了国防和军队建设一些重要领域立法的空白，在社会上产生了良好的反响。

（三）立改并重，与时俱进，军事立法工作创新发展

按照树立和落实科学发展观的要求，军事立法在改进方法、创新机制等方面有新的起色。许多立法项目紧密结合国防和军队建设面临的形势与任务，及时将党和国家的大政方针、改革决策、制度创新与军事立法内容

有机结合起来，做到立法工作的与时俱进。各单位在制定新法规、规章的同时，也注重对现行规定的修改工作，做到立、改、废并举，形成军事立法工作的协调发展，同步推进。如“十五”期间，仅军委颁发的法规中，修改的法规数量占总数的一半左右，充分体现军事立法工作的时代特色。解放和武警部队自2004年1月开始，根据军委指示，开展了第四次军事法规清理和汇编活动，对2003年年底以前制定的军事法规、规章和规范性文件进行全面清理，废止已过时的法规、规章和规范性文件近1500件，编辑出版现行有效的军事法规、军事规章汇编19卷，有效地保证了依法治军、从严治军方针的贯彻落实。

军事立法立改并重，也有力推进了条令条例的体系化发展。以司令部条例为例，2006年3月20日，中央军委发布修订了《中国人民解放军司令部条例》（自2006年4月1日起施行），共12章90条，另有两个附录。该条例是第五代司令部条例，根据体制编制的调整变化，调整规范了各级各类司令部及其所属部门的职责；着眼军队应对多种安全威胁、完成多样化军事任务的需要，拓展了司令部组织领导建设的内容；针对信息化条件下作战特点，修改完善了司令部组织指挥作战的有关内容与方法；适应军队应急处突的新形势新要求，充实了司令部组织指挥处置突发事件行动的内容。2009年12月1日，又发布了中国人民解放军新一代司令部条例“子本”，标志着信息化条件下我军司令部工作、建设法规体系已经形成。新一代司令部条例体系由1个“母本”和9个“子本”组成。“母本”即《中国人民解放军司令部条例》；9个“子本”分别为《中国人民解放军军区（战区）司令部工作条例》《中国人民解放军陆军集团军和兵种专业部队司令部工作条例》《中国人民解放军省军区军分区预备役部队司令部工作条例》《中国人民解放军海军司令部工作条例》《中国人民解放军空军司令部工作条例》《中国人民解放军第二炮兵司令部工作条例》《中国人民解放军后勤司令部工作条例》《中国人民解放军装备司令部工作条例》和《中国人民武装警察部队司令部工作条例》，规范主体覆盖全军各级各类司令部，“子本”也由原来的41个大幅精减为9个。①

（四）党规军法一体，强化法纪监督，军事立法针对性有所增强

① 《胡锦涛签署命令发布解放军新一代司令部条例“子本”》，新华社，http：//cpc. people. com. cn/GB/64093/64094/10496637. html-12/02/content_12573901. htm。

这一时期，随着改革开放的深入，社会上一些不正之风和各种消极腐败现象也在军队中滋生蔓延，强化纪检监察，完善法规制度，成为加强军队党的组织建设和健全军事法治体系的重要任务。

党的十一届三中全会将“维护党规党法，切实搞好党风”作为纪委的根本任务。全党纪检制度建设的重点从解决政治问题转向解决经济问题和作风问题，纪检制度建设重点转向党风建设，并在党的十四大后实行纪检监察合署办公。

1980 年 1 月，中国共产党中国人民解放军纪律检查委员会成立，同年 10 月改称中国共产党中央军事委员会纪律检查委员会并设立办事机构。军委纪委在中央军委和中央纪委的领导下进行工作，是全军最高纪律检查机关。与此同时，全军团以上党委普遍成立了纪委。

1982 年党的十二大确立了纪委的双重领导体制，并正式确立“党风问题是关系执政党生死存亡问题”的观点。1982 年 12 月，总政治部作出《关于军队执行十二大党章几个具体问题的规定》，明确了军队各级纪委的产生方式、人员名额及常委会设立问题。1990 年 6 月，军委纪委办事机构并入总政编制序列，成立总政纪检部。同年 7 月，军委纪委通过《关于中央军委纪律检查委员会工作任务、职权范围和工作制度的暂行规定》，明确了军委纪委的五项工作任务和四项职权范围，将“抓好廉政建设和党风建设”作为一项重要任务。

1991 年 1 月，中央军委颁发的《政工条例》，以正式条例的方式规定了军队各级纪委的性质和双重领导工作体制，即各级纪委是各单位维护和执行党的纪律的检查机关，在同级党委和上级纪委的双重领导下进行工作，并对纪委的组织、各级纪委的任务、职权等作了明确规定。

1993 年 5 月，为贯彻落实党的十四大关于纪检监察合署办公、加强纪检工作的要求，中央军委决定军队行政监察工作的职能也由各级纪检部门担负。1995 年 5 月颁发的《政工条例》专设“中国共产党在军队中的纪律检查机关”一节，规定总政同军委纪委一起领导全军党的纪律检查工作，同时领导全军的行政监察工作，制定行政监察的政策规定，检查和处理职权范围内的违犯政纪的案件。2002 年 2 月，中央军委批复各大单位纪检部同时称“监察部”，履行行政监察职能，并恢复了过去撤销的一些军级单位的纪检处。

党的十六大召开至党的十八大之前，党对反腐倡廉建设的工作规律有了更为深刻的认识，在提出和推进惩治和预防腐败体系建设的同时，更加注重治本，注重预防，特别是注重制度建设，积极拓展从源头上防治腐败的领域。[①] 军队纪检监察制度及相关党内监督规范也取得积极进展。党的十六大对党章作出修改，将协助党委组织协调反腐败工作新增为纪委的主要任务之一，并将对党员领导干部行使权力进行监督和保障党员权利列入纪委的经常性工作。十七大党章对此进行了重申。党和政府先后出台了几个具有标志性意义的法律法规，如 2003 年《中国共产党纪律处分条例》和《中国共产党党内监督条例（试行）》、2004 年《中国共产党党员权利保障条例》、2005 年《建立健全教育、制度、监督并重的惩治和预防腐败体系实施纲要》及全国人大常委会批准的《联合国反腐败公约》、2009 年《中国共产党巡视工作条例（试行）》、2010 年《中国共产党党员领导干部廉洁从政若干准则》。[②]

军队纪检监察法规制度建设得到加强。一是军队纪检监察机构地位提升，职能拓展。如 1991 年 1 月，中央军委重新修订颁发的《中国人民解放军政治工作条例》在框架结构上作了较大变动，采用党章样式，将各个单项条例组合改变为一部条例的章节结构，把协助党委加强党风建设、协助政治机关对党员进行党性党风党纪教育规定为军队各级纪委的重要任务；1995 年 5 月中共中央修订颁发的《中国人民解放军政治工作条例》，把协助党委加强廉政建设作为军队各级纪委的重要任务；2003 年 12 月中共中央修订颁发的《中国人民解放军政治工作条例》规定，给军队各级纪委增加了“组织协调反腐败工作”和“对党员领导干部行使权力进行检查和监督”的任务。二是对有关党法党规和国家反腐败法律法规，军队不仅适用，还作出了补充规定、专门规定和其他配套制度规定。如

---

① 党的十六届四中全会提出了我国反腐倡廉工作“标本兼治、综合治理、惩防并举、注重预防”的 16 字基本方针，并写入了党的十七大、十八大报告。

② 2003 年 12 月颁布的《中国共产党党内监督条例（试行）》，标志着党内监督的法制化及纪检机关作为党内监督专门机关的地位的正式确立；2004 年 9 月修订出台的《中国共产党党员权利保障条例》，标志着党内监督与党内民主的统一；2005 年年初颁布的《建立健全教育、制度、监督并重的惩治和预防腐败体系实施纲要》，标志着我国的反腐倡廉建设有了完整战略和长远规划；2005 年 10 月全国人大常委会批准的《联合国反腐败公约》，标志着我国反腐倡廉建设的国际合作化；2010 年 1 月中共中央印发的《中国共产党党员领导干部廉洁从政若干准则》，标志着党员领导干部廉洁从政步入规范化阶段。

1988 年 5 月军委纪委发布《关于加强军队党内纪律监督的暂行规定》、1988 年 10 月军委纪委发布《关于实行抓党风责任制的暂行规定》。2005 年 7 月，为落实《中国共产党纪律处分条例》，中央军委印发了《军队贯彻执行〈中国共产党纪律处分条例〉的补充规定》[①]，《中国人民解放军监察工作规定》（2005 年 7 月总政治部发布），《建立健全军队惩治和预防腐败体系实施意见》（2006 年 1 月中央军委发布），《关于对军队领导干部进行诫勉谈话和函询的暂行办法》（2006 年 10 月总政治部、军委纪委发布），《关于军队党员领导干部述职述廉的暂行规定》（2006 年 10 月总政治部、军委纪委发布），《军队党组织实施党内监督的规定（试行）》（2010 年 12 月中央军委印发），《军队党员领导干部廉洁从政若干规定》（2011 年 5 月中央军委印发），《〈军队党员领导干部廉洁从政若干规定〉实施办法》（2012 年 3 月总政治部、军委纪委印发），《关于军队领导干部报告个人有关事项的规定》（2012 年 5 月总政治部、军委纪委印发）。三是制定出台纪检监察工作条例，规范纪检监察工作。如 1990 年 7 月军委纪委发布《关于中央军委纪律检查委员会工作任务、职权范围和工作制度的暂行规定》、2000 年 7 月总政治部发布《军队政纪案件审理暂行办法》、2005 年 10 月总政治部发布《中国人民解放军监察工作规定》、2006 年 5 月军委纪委发布《中央军委纪律检查委员会工作规则》。2010 年 8 月 31 日，中央军委颁布的《中国共产党军队纪律检查委员会工作条例（草案）》，自 2010 年 9 月 26 日起实施。《条例》立足军队实际，对纪委工作中同级党委和上级纪委双重领导的具体内容，对纪委以及纪委书记、副书记、委员的职责，对各级纪委的组成人数和纪委书记、副书记的设置都作出了明确规定；对纪委协助同级党委组织协调反腐败、开展党性党风党纪

---

① 《补充规定》共 30 条，在处分条件和量纪标准上体现军队遵守党的纪律的特殊要求，突出了维护政治纪律。明确规定，对反对党对军队绝对领导，参加危害国家、军队安全活动的，一律开除党籍。对擅自成立军队条令条例规定以外的团体、组织，参与宗教、迷信活动，编造或者传播、私藏有严重政治问题的信息，组织、参与或者支持社会上的游行、示威、静坐、请愿、串联上访活动的行为，坚决予以严惩。《补充规定》加大了对易发多发违纪违法问题的惩处力度。对插手军队工程建设、物资采购、报废装备器材处理，转让、出卖、租赁军队房地产，出借军用车辆、军车号牌，以及授意指使部属违反岗位职责等行为的纪律处分，作出了明确规范。《补充规定》还对公款吃喝、私设“小金库”等问题的处理，设置了处分条款，对战时违纪行为的处理作出了规定。

教育、实施监督、查处案件、处理申诉等工作的内容、程序和要求作出了具体规定。《条例》对必须由纪委集体讨论决定的事项作了明确，并对纪委议事和决定的程序作出了具体规定，规范了确定议题、会前准备、集体讨论、会议表决、形成纪要、决定实施六个步骤，为在纪委议事决策中贯彻民主集中制原则提供了制度保证。《条例》还规范了纪委学习、会议、请示报告、检查、调查研究和形势分析五项制度，将纪委的日常工作和自身建设纳入制度化、法治化轨道。同时，《条例》还对纪委及其成员违反本条例行为的责任追究与处理作了具体规定。四是针对重点问题出台规章制度，明确纪检监察执法依据。如1987年12月中央军委发布《关于严格控制和管理军队干部出国问题的具体规定》、1989年10月中央军委发布《关于违反财经法规处罚的暂行规定》、2006年6月四总部发布《关于军队开展治理商业贿赂专项工作的实施意见》等。2006年10月3日，总政治部、军委纪委发布《关于对军队党员领导干部述职述廉的暂行规定》，加强了对军队党员领导干部的管理和监督；2006年10月25日，四总部颁发《关于加强军队战备工程建设廉政监督的意见》，以确保战备工程建设优质高效廉洁，防止违纪违法问题；又如2007年6月19日四总部联合下发的《军队旅团级单位加强民主监督有关事务办事公开的规定》、2007年12月14日四总部颁发的《关于加强军队经费使用管理廉政监督的意见》等。

此外，2009年3月，为加强军纪委建设，经中央军委批准，总政保卫部长、解放军军事法院院长、解放军军事检察院检察长参加军委纪委工作，担任委员，军委纪委成员增至13人。大单位纪委成员组成也作了相应调整，增加了纪委的组织力量。这些措施既有利于促进军队反腐败领导体制和工作机制的落实，也有利于军队进一步发扬党内民主，加强党内监督。

第四节　军事司法制度得到加强

1978年以来的军事司法制度建设是与国家法治建设快速发展的大背景相一致的，既体现了依法治国的需要，也反映了依法治军的特点和规律。军事司法机关在司法实践活动中，积极履行宪法法律赋予的职能，保证了宪法法律在军队的正确统一实施，维护了军队和官兵的合法权益，纯洁了部队，巩固提高了部队战斗力。党的十一届三中全会以后，国家加快了民主法制建设的步伐，“文化大革命”期间处于瘫痪状态的公安机关、检察机关和审判机关开始恢复办公。随着国家改革开放和社会主义民主法制建设发展的进程，我国的军事司法制度也逐步得到恢复和发展，人民军队司法制度进入了正规化和法制化建设的轨道，并在全面贯彻依法治军方针的过程中逐步得到加强。人民军队的军事司法制度建设在军队保卫制度、军事检察制度、军事审判制度和军事司法行政制度等方面取得了显著的进步，为新世纪新阶段人民军队的建设发展提供了坚实的法治保障。

一、完善军队保卫制度

军队保卫工作及其相关制度是维护部队安全稳定和纯洁巩固的重要基础，也是军事司法活动和军事司法制度建设的重要内容，在严密防范、严厉打击各类违法犯罪活动和确保部队中心工作任务的完成中发挥了重要作用。

（一）军队保卫机关的机构设置

1978年以来，军队保卫机关的设置相对稳定，在总政治部设保卫部，大军区级单位政治部设保卫部，军（省军区）级单位政治部设保卫处，师（军分区）级单位政治部设保卫科，团级单位政治处设保卫股，其发展变化主要是总部及大军区级单位保卫部门内设机构的调整。根据1978年1月中央军委关于恢复军事法院的决定，军队保卫部门将案审科（处）拨归军事法院建制，同时增编了保密检查科（处）和警卫科（处），保卫部门内设机构为保卫科（处）、侦查科（处）、保密检查科（处）和警卫科（处）。1979年11月，根据总参谋部、总政治部通知，保卫部门增设技术科（处）。1985年全军百万大裁军，保卫部门内设机构相应调整为保卫处（局）、侦查处（局）和技术处（局）。1992年根据中央军委调整精简的指示，保卫部门增设警卫处（局），同时将侦查处（局）和技术处（局）合并，成立侦查技术处（局）。2000年根据总参谋部、总政治部通知，保卫部门增设安全处（局）。2003年，根据总参谋部和总政治部通知，大单位联勤部及其分部和省军区、军分区序列的保卫处（科）与宣传处（科）合并为宣传保卫处（科）。

军队保卫机关按五级设置：1. 总政治部保卫部，是中国人民解放军最高政治机关中的保卫机关，内设安全保卫局、刑事侦查局、警卫局等部门，由部长、副部长、局长、副局长、干事等若干人组成。2. 大军区级单位政治部保卫部，包括军委各总部、各军区、各军兵种、国防科工委、军事科学院、国防大学、武警总部政治部保卫部，一般内设安全处、刑事侦查处、保卫处和警卫处，由部长、副部长、处长、干事等若干人组成。3. 军级单位政治部保卫处（或宣传保卫处），包括大军区级单位所属集团军、军级院校、省军区或其他相当于军级单位的政治部保卫处（或宣传保卫处），由处长、副处长、干事等若干人组成。4. 师级单位政治部保卫科（或宣传保卫科），包括大军区级或军级单位所属师级部队、院校、军分区或其他相当于师级单位的政治部保卫科（或宣传保卫科），由科长、副科长、干事等若干人组成。5. 团级单位政治处保卫股，包括军级单位或师级单位所属团级部队或相当于团级单位的政治处保卫股，由股长、干事等若干人组成。

（二）军队保卫机关的职能

有关军队保卫部门职能的规定，主要有1996年3月17日《中华人民共和国刑事诉讼法》，1994年5月12日《中华人民共和国国家赔偿法》、1993年12月29日全国人大常委会《关于中国人民解放军保卫部门对军队内部发生的刑事案件行使公安机关的侦查、拘留、预审和执行逮捕的职权的决定》，1993年6月19日最高人民检察院《关于对由军队保卫部门、军事检察院立案的地方人员可否采取强制措施问题的批复》，1994年3月7日总政治部《关于印发〈中国人民解放军劳动教养暂行规定的通知〉》，1997年3月26日总参谋部、总政治部、总后勤部《印发〈军队基层预防犯罪工作暂行规定〉》，1998年7月21日中央军委《关于军队执行〈中华人民共和国刑事诉讼法〉若干问题的暂行规定》，2003年《中国人民解放军政治工作条例》，2007年11月24日《中国人民解放军预防犯罪工作条例》（中央军委，新条例规定了思想教育、政治考核、管理控制、心理疏导、矛盾化解和技术防范6项措施，明确了形势分析、安全检查、骨干工作、情况报告和军地协作5项制度）等一系列法律法规、司法解释和军事规章等。根据上述文件的规定：军队保卫机关，是司法机关的特定组成部分，是掌管军队安全保卫工作的专门机关，既是军队内部维护军事秩序的治安机关，又是刑事案件的侦查机关。其基本职责是：贯彻执行党和国家的政法工作方针、政策和相关法律法规，预防、制止和侦查危害国家安全的犯罪和其他刑事犯罪行为；制止危害军事秩序的各种违法行为，维护军队安全稳定，保护国防军事利益，巩固提高部队战斗力；保护军事人员、军事设施和军队财产的安全，保护军人的民主权利、人身权利和其他合法权益；执行军事法院的刑事判决和裁定，管理、教育和改造犯罪人员。

（三）军队保卫机关的任务

根据国家法律和军事法规规章及相关司法解释的规定，军队保卫机关的任务主要包括以下几个方面：

1. 安全保卫工作。主要有：（1）预防犯罪工作。即在党委和政治机关的领导下，坚持积极预防的方针，采取各种有效的手段，消除犯罪原因和条件或者限制这些原因和条件的滋生，保证在军队中预防和减少犯罪。具体内容是：以军内全体人员为对象，综合运用教育、行政、管理等多种手段，提高干部战士的素质，堵塞各种容易诱发犯罪的漏洞，从根本上预防和减少犯罪；以具有犯罪危险的重点人员、预防工作薄弱的单位、容易发生犯罪的场所、经常发生的案件和事故为对象，采用消除隐患、防止与制止犯罪行为发生的各种手段，在一定时间、一定空间内达到预防和减少犯罪的目的；应用各种报警器、电视监视系统和其他安全保险装置等现代科学技术，运用综合性技术方法，对有关目标进行防护，防范犯罪分子破坏，保障部队安全。（2）隐蔽斗争工作。即保卫机关同国内外敌对势力和敌对分子等隐蔽敌人的破坏活动作斗争，确保国家军事利益安全的一项专门性工作。其主要内容是：严格政治审查，认真掌握所属人员，特别是首脑要害部门人员的政治背景；积极开展线索查证和专情调研工作；加强首脑要害部位的反渗透、反窃密、反策反工作，确保首脑要害部门和重要军事机密的安全。（3）警卫工作。即军队保卫机关对特定场所、部位、人员的安全保卫工作。其主要内容是：指导警卫部队以及警卫人员的教育和训练；协同有关部门做好调入机关和要害部位人员的政治审查；做好首脑要害部门的警卫和首长的随卫工作，确保安全；协同有关部门，做好军事行动、重要会议、大型集会活动和营区的安全保卫与警戒工作以及其他警卫工作。

2. 犯罪侦查工作。主要有：（1）安全侦查工作。即对军内间谍、故意泄露军事秘密等危害国家安全的政治性案件进行侦查的一项专门工作。其方针是突出重点，积极侦查，严密控制，适时破案。（2）刑事侦查工作。即对军内刑事案件进行侦查，以揭露犯罪、证实犯罪、查缉犯罪分子的一项专门工作。其主要内容是：现场勘查、搜集和扣押物证；摸底排队，调查访问；追击堵截、通报通缉和控制销赃；使用秘密侦查手段、专门手段和刑事科学技术手段；研究刑事犯罪活动的特点和规律，发现漏洞，采取措施，做好犯罪预防。（3）预审工作。即军队保卫机关依法在犯罪侦查中，对军队中的犯罪嫌疑人进行审讯和调查，从而查明案件全部事实真相的一项专门工作。主要内容是：查明被告人的全部犯罪事实；查清同案犯，挖掘其他犯罪线索；为结案处理准备充分的证据；保障无罪的被告人不受法律追究；教育有罪的被告人认罪服法；提出定性处理意见。

3. 劳改、劳教和看守工作。主要有：（1）劳改工作。即依法对军事法院判处的罪犯执行刑罚、强迫其改造的专门业务。其主要内容是：在罪犯刑罚的有效期内，将罪犯与社会隔离，限制其自由，实行严格管制，迫使其接受法律的制裁，阻断其继续犯罪的条件；通过教育和劳动改造等手段，消除罪犯的犯罪意念和恶习，将其改造为对社会有用的人。（2）劳教工作①。即对有严重违法行为但尚不够刑事处罚的军内人员实行强制性教育改造的专门工作。（3）看守工作。即对被依法逮捕、拘留正处于预审、起诉、审判阶段的军内犯罪嫌疑人实行看管守护的专门业务。其主要内容是：严密看管犯罪嫌疑人，保证看守所安全；对犯罪嫌疑人进行教育，促使其转化；管理犯罪嫌疑人的生活卫生；对收押的已决罪犯，还要强迫其接受惩罚和改造。

4. 国家赔偿工作。对保卫机关及其工作人员行使职权过程中侵犯公民、法人和其他组织合法权益造成损害的行为，依据法律规定决定是否予以赔偿，包括行政赔偿工作和刑事赔偿工作。（1）行政赔偿工作。行政赔偿是保卫机关及其工作人员行使行政管理职权过程中，因违法实施罚款、非法拘禁、违法采取限制他人人身自由的行政强制措施等行为，侵犯公民、法人和其他组织的合法权益，保卫机关作为赔偿义务机关所应承担的行政赔偿责任。（2）刑事赔偿工作。刑事赔偿是指保卫机关在刑事案件侦查过程中，对没有犯罪事实或没有事实证明有犯罪重大嫌疑的人错误

---

① 2013 年 11 月 15 日，《中共中央关于全面深化改革若干重大问题的决议》提出，废止劳动教养制度。2013 年 12 月 28 日，全国人大常委会通过了《关于废止有关劳动教养规定的决定》，决定规定，劳教废止前依法作出的劳教决定有效；劳教废止后，对正在被依法执行劳动教养的人员，解除劳动教养，剩余期限不再执行。

实施拘留、实施刑讯逼供或暴力殴打等行为致公民身体伤害或者死亡、违法使用武器警械造成公民身体伤害或者死亡等行为，保卫机关作为赔偿义务机关所应承担的刑事赔偿责任。

2012 年，总政、总后联合印发《军队贯彻实施〈中华人民共和国国家赔偿法〉刑事赔偿有关问题的规定》，明确了军队刑事赔偿范围、赔偿义务机关、赔偿程序以及费用保障等，切实维护公民和军人的合法权利，促进了军队司法机关依法行使职权。

（四）军队保卫机关刑事案件的管辖分工

有关军队保卫部门案件管辖问题的规定，主要有《刑事诉讼法》，1996 年《中华人民共和国香港特别行政区驻军法》，1999 年《中华人民共和国澳门特别行政区驻军法》，中央军委《关于军队执行〈中华人民共和国刑事诉讼法〉若干问题的暂行规定》，1982 年 11 月最高人民法院、最高人民检察院、公安部、总政治部《关于军队和地方互涉案件几个问题的规定》，1987 年最高人民检察院、公安部、总政治部《关于军队和地方互涉案件侦查工作的补充规定》，1998 年中国人民解放军总政治部保卫部、解放军军事法院、解放军军事检察院《关于〈中华人民共和国刑法〉第十章所列刑事案件管辖范围的通知》，2009 年两高、公安部、国家安全部、司法部、总政治部印发《办理军队和地方互涉刑事案件规定》等法律法规。具体内容包括：

1. 职能管辖。（1）立案侦查除应当由军事检察院直接侦查和军事法院直接受理的案件以外的普通刑事案件。（2）立案侦查香港、澳门驻军人员的犯罪案件。但驻军人员非执行职务的行为，侵犯香港、澳门居民和驻军以外的其他人的人身权、财产权及其他违反特别行政区法律构成犯罪的案件，由特别行政区执法机关管辖。（3）立案侦查《刑法》第十章“军人违反职责罪”规定的战时违抗命令，隐瞒、谎报军情，拒传、假传军令，投降，战时临阵脱逃，阻碍执行军事任务，军人叛逃，非法获取军事秘密，为境外窃取、刺探、收买、非法提供军事秘密，故意泄露军事秘密，战时造谣惑众，战时自伤，逃离部队，武器装备肇事，盗窃、抢夺武器装备和军用物资，非法出卖和转让武器装备，遗弃武器装备，遗失武器装备，战时残害居民和掠夺居民财物，私放俘虏等案件。

2. 级别管辖。（1）军级以下单位保卫部门按照侦查权限分工，管辖副团职、专业技术八级、文职副处级以下人员的犯罪案件。（2）副大军区级单位的保卫部门管辖正团职、专业技术七级、文职正处级以下人员的犯罪案件。（3）大军区级单位的保卫部门管辖正团职、副师职、专业技术七级至四级、文职正处级和副局级人员的犯罪案件。（4）总政治部保卫部管辖正师职、专业技术三级、文职正局级以上人员的犯罪案件。

3. 专属管辖。（1）现役军官、文职干部、士兵和有军籍的军校学员、军内在编职工、军队管理的离退休干部、军队劳改场所服刑人员的犯罪案件，由军队保卫部门立案侦查。（2）下列案件由军队保卫部门立案侦查：军内人员在地方作案的；军内人员和地方人员在部队营区共同作案中的军内人员；军内人员和地方人员共同作案涉及军事秘密的；军人退役后发现其在服役期间犯有违反军人职责罪的；已办理转业、复员、退伍手续，尚未离开部队营区又在营区作案的。

4. 管辖权变更。（1）上级保卫部门可以侦查下级保卫部门的案件，也可以将自己侦查的案件委托下级保卫部门侦查。（2）军队保卫部门和香港、澳门特别行政区执法机关对各自管辖的驻军人员的犯罪案件，认为由对方管辖更为适宜的，经协商一致后，可以移交对方管辖。

（五）军队保卫机关的刑事诉讼程序

军队保卫机关进行刑事诉讼活动的基本依据是《刑事诉讼法》和中央军委《关于军队执行〈中华人民共和国刑事诉讼法〉若干问题的暂行规定》。其基本程序是：

1. 立案。是指军队保卫机关在对报案、控告、举报和自首的材料进行审查的基础上，根据事实和法律，决定是否作为案件进行侦查的诉讼活动。军队保卫部门立案的案件，应当是属于自己管辖的案件；不属于自己管辖的案件，在受理有关材料后，应移送有管辖权的军事检察机关和审判机关处理。军队保卫机关决定立案的，应当制作立案请示报告，经主管领导批准后立案，并制作立案决定书。对决定不立案的，应当制作不立案通知书，写明不立案原因和理由，送交控告人或举报人，并告知其有申请复议的权利。

2. 侦查。侦查是指军队保卫机关在办理案件过程中，依法进行的专门调查工作和所采取的强制措施。侦查的主要任务是收集、审查证据，查明犯罪事实，查获犯罪嫌疑人，为打击和预防犯罪，保证刑事诉讼的顺利进行提供可靠的依据。侦查手段包括讯问犯罪嫌疑人、询问证人、勘验检查、搜查、扣押物证书证、鉴定、通缉、决定拘留、执行逮捕等。军队保卫机关通过一系列的侦查活动，认为案件事实清楚、证据确实充分，足以认定犯罪嫌疑人是否有罪和应否追究刑事责任，即可决定侦查终结，并制作侦查终结报告。侦查终结后，对不构成犯罪或不应当追究刑事责任的犯罪嫌疑人，军队保卫部门应当撤销案件。

3. 移送审查起诉。军队保卫机关认为犯罪嫌疑人的犯罪事实清楚，证据确实充分，依法应当追究刑事责任的，应当制作起诉意见书，按照案件管辖的规定，将全案证据材料移送有管辖权的军事检察机关审查起诉。在军事检察机关审查案件过程中，保卫机关有义务根据军事检察机关的要求，对案件进行补充侦查或者补充提供证据。

二、恢复和发展军事检察制度

1978 年 12 月 6 日，根据宪法和中央有关文件精神，总参谋部、总政治部发出《关于重新设置军事检察院的通知》，恢复重建解放军军事检察院和各军区、军兵种、总参、总后、国防科工委等 22 个单位的军事检察院。

（一）军事检察机关的机构设置

1979 年 11 月 7 日，总参谋部、总政治部根据中央军委的决定，发出关于全军各级军检、军法、保卫技术机构编制的通知，恢复兵团和军级单位军事检察院，已成立的军事检察院，除撤销炮兵、装甲兵检察院以外，全军军事检察机构的设置比较完备，军事检察干部在编人数得到了充实。1980 年 12 月，根据中央军委精简整编精神，撤销海军、空军和铁道兵下属的若干个军事检察院，其他各级军事检察院的编制员额也相应作了裁减。

1982 年 9 月，中央军委印发军队体制改革精简整编方案的通知，规定全军军事检察院按三级设置：即解放军军事检察院为一级；各大军区和海、空军军事检察院为一级；省军区、海军舰队、军区空军军事检察院为一级。撤销总参、总后、国防科委、第二炮兵军事检察院和陆、空军部队的军级、海军基地军事检察院。确定总参、总后、国防科委和第二炮兵驻京单位的刑事案件由解放军总直属队军事检察院受理，其驻京外单位的刑事案件由驻地所在军区军事检察院受理。

1985 年百万大裁军，7 月 12 日，根据总参谋部通知，撤销了部队军级单位的军事检察院，按片设置陆军基层军事检察院，全军军事检察院和军事检察干部又有所减少。1987 年 8 月 20 日，根据总参谋部关于军事法院、军事检察院增编副职的通知，恢复解放军军事检察院和大单位军事检察院的副检察长编制。1990 年 12 月，根据军委指示，省军区、部分集团军组建军事检察院，从而全军军事检察院总数又有所增加。

1996 年 5 月 25 日，根据中央军委关于武警部队组建军事法院、军事检察院问题的批复，武警部队成立两级军事检察院。1996 年 7 月 23 日，根据总参谋部关于驻香港部队编设军事法院和军事检察院的通知，驻香港部队成立军事检察院。1997 年 10 月 24 日，总参谋部通知，军委批准成立解放军总直属队第二军事检察院，执行大军区级检察院的权限。1998 年 10 月，根据中央军委文件的规定，全军各级军事检察院的编制体制、员额作了新的规定，全军设解放军军事检察院和军区、海军、空军、总直属队军事检察院和基层军事检察院。

2004 年 7 月，全军各级军事检察院的编制体制、员额再次作了新的调整，撤销了部分基层军事检察院。军事检察机关按三级设置，即中国人民解放军军事检察院（正军级）；大军区、海军、空军、总直属队和武警部队军事检察院（正师级）；海军舰队、军区空军军事检察院（副师级）和省军区（含南疆军区）、驻香港部队及武警部队设立的基层军事检察院（正团级）。解放军军事检察院的内设机构有刑事检察厅、法纪经济检察厅、民事检察厅和秘书室。大军区级单位军事检察院的内设机构有刑事检察处、法纪经济检察处和直属军事检察院。

（二）军事检察机关的职能

根据 1979 年 7 月《中华人民共和国人民检察院组织法》、1991 年 4 月《中华人民共和国民事诉讼法》《刑事诉讼法》《国家赔偿法》，中央军委《关于军队执行〈中华人民共和国刑事诉讼法〉若干问题的暂行规定》《中国人民解放军政治工作条例》《军队预防职务犯罪工作若干规定》（2006 年 1 月，四总部联合下发），《关于进一步加强新形势下军队预防职务犯罪工作的意见》（2009 年 1 月，四总部联合下发了《关于进一步加强新形势下军队预防职务犯罪工作的意见》，明确了总体要求、方法措施、制度建设、打击惩处以及组织领导等具体内容，从而健全了惩防职务犯罪工作体系，形成了各级重视、合力抓建的良好局面）及相关司法解释的规定，军事检察院属于国家的人民检察院，是国家设置在军队的法律监督机关，依法行使下列职权：

1. 对于叛国案、分裂国家案以及严重破坏国家的政策、法律、政令统一实施的重大犯罪案件，行使检察权。

2. 对于直接受理的国家工作人员利用职权实施的犯罪案件，进行侦查。

3. 对于保卫部门侦查的案件进行审查，决定是否逮捕、起诉或者不起诉，并对侦查机关的侦查活动是否合法实行监督。

4. 对于刑事案件提起公诉，支持公诉；对于军事法院的刑事判决、裁定是否正确和审判活动是否合法实行监督。

5. 对军事法院的民事判决和裁定是否正确和审判活动是否合法实行监督。

6. 对于监狱、看守所等执行机关执行刑罚的活动是否合法实行监督。

（三）军事检察机关的任务

根据法律法规和相关司法解释的规定，军事检察院按照法律规定承办刑事案件侦查、审查逮捕、审查起诉工作，承办民事检察监督工作，组织开展预防职务犯罪工作等业务。

1. 承办接待和受理报案、控告和举报，接受犯罪人的自首；受理不服军事检察机关不批准逮捕、不起诉、撤销案件及其他处理决定的申诉；受理不服军事法院已经发生法律效力的刑事判决、裁定的申诉；受理军事检察机关负有赔偿义务的刑事赔偿案件等工作。

2. 承办对国家工作人员的贪污、贿赂、挪用公款等职务犯罪进行立案侦查等工作。

3. 承办对国家工作人员的渎职犯罪和国家机关工作人员利用职权实施的非法拘禁、刑讯逼供、报复陷害、非法搜查、暴力取证、破坏选举等犯罪进行立案侦查等工作。

4. 承办对保卫部门和军事检察院侦查部门提请批准逮捕的案件审查，决定是否逮捕；对保卫部门和军事检察院侦查部门提请延长侦查羁押期限的案件审查，决定是否延长；对保卫部门应当立案侦查而不立案的及侦查活动是否合法实行监督等工作。

5. 承办对保卫部门和军事检察院侦查部门移送起诉或不起诉的案件审查决定是否提起公诉或不起诉，出席法庭支持公诉。

6. 对军事法院的刑事、民事、经济审判活动实行监督，对确有错误的判决、裁定提出抗诉等工作。

7. 承办对刑事判决、裁定的执行和监管活动进行监督，直接立案侦查虐待被监管人罪、私放在押人员罪、失职致使在押人员脱逃罪和徇私舞弊减刑、假释、暂予监外执行罪案，对监外执行的罪犯和劳教人员再犯罪案件审查批捕、起诉等工作。

8. 承办刑事赔偿案件，对检察机关及其工作人员行使职权侵犯公民、法人和其他组织合法权益造成损害的行为，依据法律规定决定是否予以赔偿。

9. 组织开展预防职务犯罪工作，贯彻落实党中央、中央军委反腐倡廉的战略方针，促进部队党风廉政建设。

10. 领导下级军事检察院的工作，建立和规范军事检察工作制度。

11. 通过行使检察职能，维护部队的管理秩序、训练秩序、战备秩序和生活秩序，维护国家军事利益，保护军内人员的人身权利和民主权利及其他合法权益。

12. 通过行使检察职能，向部队官兵宣传法制，提高官兵法律意识，坚定依法治国、依法治军理念，增强他们遵纪守法的自觉性，积极同违法犯罪行为作斗争。

（四）军事检察机关刑事案件的管辖分工

有关军事检察机关案件管辖的规定，主要有《刑事诉讼法》《香港特别行政区驻军法》《澳门特别行政区驻军法》，中央军委《关于军队执行〈中华人民共和国刑事诉讼法〉若干问题的暂行规定》，总政保卫部、解放军军事法院、解放军军事检察院《关于〈中华人民共和国刑法〉第十章所列刑事案件管辖范围的通知》等法律法规。具体包括：

1. 职能管辖。（1）《刑法》第 8 章规定的贪污贿赂犯罪案件。（2）《刑法》第 9 章规定的渎职犯罪案件。（3）军内人员利用职权侵犯公民人身权利和民主权利的犯罪案件，包括非法拘禁、非法搜查、刑讯逼供、暴力取证、虐待被监管人、报复陷害、破坏选举等案件。（4）《刑法》第 10 章军人违反职责罪中的擅离、玩忽军事职守，指使部属违反职责，违令作战消极，拒不救援友邻部队，过失泄露军事秘密案，擅自改变武器装备编配用途，擅自出卖、转让军队房地产，虐待部属，战时拒不救治伤病军人等案件。（5）香港、澳门驻军人员前述（1）至（4）项所列犯罪案件，分别由驻香港部队军事检察院和广州军区直属军事检察院管辖。但驻军人员非执行职务的行为，侵犯香港、澳门居民和驻军以外的其他人的人身权、财产权及其他违反特别行政区法律构成犯罪的案件，由特别行政区执法机关管辖。（6）军内人员利用职权实施的其他重大的犯罪案件，需要由军事检察院受理的，经解放军军事检察院决定，可以由军事检察院立案侦查。

2. 级别管辖。（1）军级单位的军事检察院管辖副团职、专业技术八级、文职干部副处级以下犯罪人员可能判处无期徒刑以下刑罚的案件。副大区级单位的军事检察院（大军区空军、海军舰队、新疆军区）管辖正团职、专业技术七级、文职干部正处职以下人员犯罪可能判处无期徒刑以下刑罚的案件。（2）大军区级单位的军事检察院管辖正团职、副师职、专业技术七级至四级、文职干部正处职和副局级人员的犯罪案件，以及军级和副大区级单位军事检察院所管辖人员犯罪可能判处死刑的案件。（3）解放军总直属队军事检察院管辖副师职、专业技术四级、文职干部副局级以下人员犯罪的案件。（4）解放军军事检察院管辖正师职、专业技术三级、文职干部正局级以上人员的犯罪案件。

3. 地域管辖。（1）在编制序列上属于陆军人员的犯罪案件，由本区域内的省军区军事检察院管辖。但总参谋部、总政治部、军事科学院、国防大学、国防科学技术大学编制序列所属人员的犯罪案件，以及总后勤部、总装备部和第二炮兵编制序列内驻北京地区单位所属人员的犯罪案件，分别由总直属队第一、第二军事检察院管辖；总后勤部、总装备部和第二炮兵编制序列内驻北京以外地区单位发生的案件，由部队驻地省军区军事检察院管辖。（2）在编制序列上属于海军、空军、武警人员的犯罪案件，分别由本区域内在海军、空军和武警军事单位设置的军事检察院管辖。

4. 管辖权变更。（1）上级军事检察院在必要的时候，可以直接侦查起诉下级军事检察院管辖的刑事案件，也可以将本级管辖的刑事案件交由下级军事检察院侦查起诉。（2）下级军事检察院认为案情重大、复杂，需要由上级军事检察院侦查、起诉的案件，可以请求移送上级军事检察侦查、起诉，是否接受移送，由上级军事检察院决定。（3）军事检察机关和香港、澳门特别行政区执法机关对各自管辖的驻军人员的犯罪案件，认为由对方管辖更为适宜的，经协商一致后，可以移交对方管辖。

（五）军事检察机关的刑事诉讼程序

军事检察机关进行刑事诉讼活动的基本依据是《刑事诉讼法》和中

央军委《关于军队执行〈中华人民共和国刑事诉讼法〉若干问题的暂行规定》以及1997年1月最高人民检察院《人民检察院刑事诉讼规则》。其基本程序是：

1. 立案和立案监督。（1）军事检察机关在对报案、控告、举报和自首的材料进行审查的基础上，认为属于应当由自己直接立案侦查的案件范围的，应当制作立案请示报告，经检察长批准后，制作立案决定书。对于不属于自己管辖的案件，应当在受理后移送军队保卫部门或军事法院处理。军事检察机关决定不立案的，应当制作不立案通知书，写明不立案原因及理由，送交控告人或举报人，并告知其有申请复议的权利。（2）立案监督。军事检察机关认为军队保卫部门应当立案侦查的案件而不立案的，或者被害人认为军队保卫部门应当立案侦查而不立案、向军事检察机关提出的，军事检察机关有权要求军队保卫部门说明不立案的理由。军事检察机关认为保卫部门不立案的理由不成立的，有权通知保卫部门立案，军队保卫部门接到通知后应当及时进行立案侦查。

2. 侦查和侦查监督。（1）侦查。军事检察机关对于自己直接立案的案件，必须依法进行侦查。其侦查的任务、侦查手段和措施及案件侦查终结的处理与前述军队保卫机关是一致的。（2）侦查监督。军事检察机关对于军队保卫部门侦查的案件和本院立案侦查的案件，有权对侦查活动是否合法进行监督，发现违反法律规定的，应当及时纠正。

3. 审查批准逮捕。军队保卫部门或军事检察机关侦查部门对有证据证明有犯罪事实，可能判处徒刑以上刑罚的犯罪嫌疑人、被告人，采取取保候审、监视居住等方法，尚不足以防止发生社会危险性，而有逮捕必要的，应当制作提请批准（决定）逮捕意见书，送军事检察机关有权承办逮捕部门审查。军事检察机关应当指派专人依据法律规定的审查内容进行审查，审查完毕后，承办人应当制作审查逮捕案件意见书，提出批准逮捕或不批准逮捕的意见，经检察长批准后，制作批准逮捕的法律文书，送军队保卫部门执行。军队保卫部门认为军事检察机关不批准逮捕的决定有错误的，可以申请复议；意见不被接受的，还可以向上级军事检察机关申请复核。

4. 审查起诉。军事检察机关对军队保卫部门移送起诉和本院侦查部门移送起诉的案件，应当指派专人依据法律规定进行审查。审查案件过程中，承办人应当制作公诉案件审查报告，提出起诉或不起诉的意见，经检察长批准后，制作起诉书或不起诉决定书。决定不起诉的，应当将不起诉决定书送达军队保卫部门；有被害人的案件，还应当将不起诉决定书送达被害人。军队保卫部门认为军事检察机关的不起诉决定是错误的，可以申请复议，意见不被接受的，可以向上级军事检察机关提请复核。被害人对军事检察机关的不起诉决定不服的，可以向上级军事检察机关申诉，请求提起公诉；上级军事检察机关维持不起诉决定的，被害人可以直接向军事法院起诉；被害人也可以不经申诉直接向军事法院起诉。

5. 提起公诉。军事检察机关认为犯罪嫌疑人的犯罪事实已经查清，证据确实充分，依法应当追究刑事责任的，应当作出提起公诉的决定，并制作起诉书，按照审判管辖的规定，向军事法院提起公诉，并随案移送诉讼文书、证据目录、证人名单和主要证据复印件。

6. 出庭支持公诉。军事检察机关对于移送起诉的案件，应当派员出席法庭支持公诉，指控犯罪，出示证据证实犯罪，分析阐述被告人所犯罪行及应当承担的刑事责任等，并对法庭审判活动是否合法进行监督。

7. 审查判决和裁定。案件宣判后，军事检察机关应指派专人对军事法院的判决和裁定进行审查，查明犯罪事实是否清楚、证据是否确实充分，定性是否准确，量刑是否适当，审判程序是否合法。如果发现军事法院的判决和裁定有事实不清、证据不足、定性错误、量刑畸重畸轻、审判程序违法等情形，应当及时提出抗诉的处理意见，是否抗诉，由检察长或检察委员会研究决定。

8. 对军事法院裁判的执行进行监督。军事法院的判决和裁定生效后，军事检察机关应当适时进行监督，查清被告人是否收监执行，被宣判无罪的人是否释放，军事法院的减刑、假释裁定等是否合法，军事监狱对犯人的监管活动是否合法等。

（六）军事检察机关的民事检察监督工作

民事检察监督，是指人民检察院对人民法院民事审判活动是否合法实施的法律监督。1991 年 4 月的《中华人民共和国民事诉讼法》第 14 条规定："人民检察院有权对民事审判活动实行法律监督"，并将此作为民事诉讼活动的一项基本原则。2001 年 6 月，最高人民法院授权军事法院办理军内民事纠纷案件，目前军事法院已经普遍开展了军内民事审判工作。这就给军事检察机关提出了新的任务。军事检察机关是国家设立在军队的专门法律监督机关，开展军内民事检察工作，是军事检察机关法律监督职能的延伸，是军事检察业务的扩充，是新形势下军事检察工作创新和发展的客观要求。开展军内民事审判监督工作，全面履行检察机关的法律监督职能，也是完善军事司法制度的一项新举措，对于进一步加强军队法制建设，健全和完善军事司法制度，都有着十分重要的意义。军事检察院对民事审判活动进行监督的具体程序有两种：

1. 对民事诉讼违法行为的监督程序。军事检察院通过接待群众来信来访、申诉，特别是民事诉讼参与人及其家属的控告、申诉，了解到军事法院审判人员在民事诉讼中违反民事法律规定，或者民事审判人员在审理案件时有贪污受贿、徇私舞弊、枉法裁判等行为时，应进行审查。对于一般违法行为，通过口头或者书面向军事法院提出纠正意见；情节较重的，应建议有关部门给予纪律或者行政处分；情节严重构成犯罪的，军事检察机关应立案侦查，追究其刑事责任。

2. 民事抗诉监督程序。军事检察院通过审查军事法院已生效的民事判决、裁定，或者接待来信来访、受理申诉，认为军事法院的判决、裁定确有错误时，应当按照审判监督程序提出抗诉。最高人民检察院对各级军事法院已经发生法律效力的民事判决、裁定，上级军事检察院对下级军事法院已经发生法律效力的民事判决、裁定，认为确有错误的，按照审判监督程序提出抗诉。各级军事检察院对同级军事法院已经发生法律效力的民事判决、裁定，认为确有错误的，应当提请上级军事检察院依照审判监督程序提出抗诉。

三、恢复和发展军事审判制度

1978 年 1 月，中央军委颁布关于军队编制体制的调整方案，决定恢复解放军军事法院和各大单位军事法院。各大军区、军兵种、国防科委、第二炮兵军事法院的建制也正式恢复。

（一）军事审判机关的机构设置

1979 年 11 月，经中央军委批准，总参谋部、总政治部联合发出通知，决定恢复兵团级和军级单位的军事法院，并对已成立的军事法院机构和编制作了调整，形成了军级、兵团级、大军区级和总部四级军事法院组成的军事法院系统。1982 年 9 月，中央军委印发军队体制改革精简整编方案的通知，规定全军军事法院按三级设置：即解放军军事法院为一级；各大军区和海、空军军事法院为一级；省军区、海军舰队、军区空军军事法院为一级。撤销总参、总后、国防科委、第二炮兵军事法院和陆、空军部队的军级、海军基地军事法院。1982 年 11 月，总参谋部、总政治部发出关于总参、总后、国防科委、第二炮兵军事检察院、军事法院案件移交问题的通知，确定总参、总后、国防科委和第二炮兵驻京单位的刑事案件由解放军总直属队军事法院受理，其驻京外单位的刑事案件由驻地所在军区军事法院受理。1985 年全军百万大裁军，7 月 12 日，根据总参谋部通知，撤销集团军和省军区的军事法院，改设大军区所属地区军事法院，全军军事法院和军事审判干部又有所减少。1987 年 8 月 20 日，根据总参谋部关于军事法院、军事检察院增编副职的通知，恢复解放军军事法院和大单位军事法院的副院长编制。1990 年月 12 月，根据军委指示，省军区、部分集团军组建军事法院，从而全军军事法院总数又有所增加。1996 年 5 月 25 日，根据中央军委关于武警部队组建军事法院、军事检察院问题的批复，武警部队成立两级军事法院。1996 年 7 月，为保障驻港部队顺利开展司法工作，总参谋部决定驻香港部队编设军事法院，为正团级单位，编设院长、审判员及审判员兼书记员。1997 年 10 月 24 日，总参谋部通知，军委批准成立解放军总直属队第二军事法院，执行大军区级军事法院的权限。1998 年 10 月，根据中央军委文件的规定，全军各级军事法院的编制体制、员额作了新的调整，全军设解放军军事法院和军区、海军、空军、总直属队军事法院和基层军事法院。

2004 年 7 月，全军各级军事法院的编制体制、员额再次作了新的调整，撤销了部分基层军事法院。军事审判机关按三级设置，即中国人民解放军军事法院（正军级）；大军区、海军、空军、总直属队和武警部队军事法院（正师级）；海军舰队、军区空军军事法院（副师级）和省军区（含南疆军区）及武警部队设立的基层军事法院（正团级）。解放军军事法院的内设机构有刑事审判庭、民事审判庭、审判监督庭和秘书室。大军区级单位军事法院的内设机构有第一审判庭、第二审判庭和直属军事法院。

（二）军事审判机关的职能

根据《刑事诉讼法》《民事诉讼法》《人民法院组织法》《国家赔偿法》、中央军委《关于军队执行〈中华人民共和国刑事诉讼法〉若干问题的暂行规定》《中国人民解放军政治工作条例》、1992 年 10 月 4 日最高人民法院《关于军事法院审理军内经济纠纷案件的复函》、2001 年 6 月 26

日最高人民法院《关于军事法院试行审理军内民事案件问题的复函》、2012年8月28日最高人民法院《关于军事法院管辖民事案件若干问题的规定》及有关司法解释的规定，军事法院是国家设在军队的人民法院，其主要职能是：

1. 依法审判军内各种刑事案件，惩办危害国家和军队建设的犯罪分子，确保部队的安全稳定和纯洁巩固。

2. 依据法律规定和授权，依法审理军内经济纠纷和民事纠纷案件，维护军内正常的经济和民事法律关系。

3. 通过公开公正执法，保护官兵的人身权利和民主权利，保证无罪的人不受法律追究，维护案件当事人的合法权益。

4. 通过审判活动，充分发挥军事法院的业务特长，在法律宣传教育、法律咨询、解决涉法问题等方面，为部队和官兵提供法律服务。

5. 通过审判活动，教育军人忠于祖国，严守职责，遵守国家宪法和法律，自觉同违法犯罪行为作斗争，维护军队的高度集中统一和内部纯洁。

（三）军事审判机关的任务

根据法律法规及相关司法解释的规定，军事法院的基本任务是：通过对军队内部刑事案件和民事、经济纠纷案件及国家赔偿案件的审判活动，惩办危害国家安全与损害国防力量建设的刑事犯罪分子，解决军队内部民事、经济纠纷案件和国家赔偿案件，宣传社会主义法制，教育军队全体人员忠于祖国，积极地同违法犯罪行为作斗争，以保卫人民民主专政制度，巩固国防和提高部队战斗力，维护社会秩序和军队秩序，保护军事利益和其他公共利益，保护军人和其他公民的合法权益，保证国家社会主义建设和军队革命化、现代化、正规化建设的顺利进行。其具体任务是：

1. 依法审理军队内部的刑事案件，惩办危害国家安全和国家军事利益的刑事犯罪分子，维护军队的秩序和稳定，巩固国防，提高部队战斗力。

2. 依法审理军队内部民事、经济纠纷案件，调整军事社会关系，维护国家军事利益和军人合法权益。

3. 作为赔偿义务机关，办理军事法院及其工作人员违法行使职权、错误裁判等侵害公民、法人和其他组织的人身权利和财产权利而引发的刑事赔偿案件。

4. 作为国家赔偿案件的审判机关，审理赔偿请求人不服赔偿义务机关赔偿决定的行政、刑事赔偿案件。

5. 依法办理军事监狱提请给予罪犯减刑、假释的案件。

6. 处理来信来访，审查申诉案件。

7. 对下级军事法院的审判活动进行监督，指导下级军事法院的审判工作。

8. 开展法律服务工作，协调地方人民法院开展维护国防利益和军人军属合法权益工作。

9. 根据上级指示，组织开展法律战工作，发挥政治工作作战功能，完成战时政治工作中的法律战任务。

10. 结合审判活动开展法制教育，教育全体军人忠于祖国，严守职责，自觉遵纪守法，积极同违法犯罪行为作斗争。

（四）军事审判机关刑事案件管辖分工

有关军事审判机关案件管辖的规定，主要有《刑事诉讼法》《香港特别行政区驻军法》《澳门特别行政区驻军法》，中央军委《关于军队执行〈中华人民共和国刑事诉讼法〉若干问题的暂行规定》，总政保卫部、解放军军事法院、解放军军事检察院《关于〈中华人民共和国刑法〉第十章所列刑事案件管辖范围的通知》等法律法规。具体包括：

1. 职能管辖。（1）直接受理自诉的案件。包括侮辱和诽谤案、暴力干涉婚姻自由案、虐待案、侵占案、军人违反职责罪中的虐待俘虏案。（2）军事检察院没有提起公诉，但被害人有证据证明的轻微刑事案件。包括故意伤害案、非法侵入他人住宅案、侵犯通信自由案、重婚案、遗弃案、生产销售伪劣商品案、侵犯知识产权案等。（3）被害人有证据证明被告人侵犯自己的人身权利、财产权利应当依法追究刑事责任，而军队保卫部门或者军事检察院已经作出不予追究的书面决定的案件。（4）香港、澳门驻军人员前述（1）至（3）项所列犯罪案件，分别由驻香港部队军事法院和广州军区直属军事法院管辖。但驻军人员非执行职务的行为，侵犯香港、澳门居民和驻军以外的其他人的人身权、财产权及其他违反特别行政区法律构成犯罪的案件，由特别行政区法院管辖。

2. 级别管辖。军事法院的级别管辖与军事检察院的级别管辖相对应。（1）军级单位的军事法院管辖副团职、专业技术八级、文职干部副处级以下犯罪人员可能判处无期徒刑以下刑罚的案件。副大区级单位的军事法院（大军区空军、海军舰队、新疆军区）管辖正团职、专业技术七级、文职干部正处职以下人员犯罪可能判处无期徒刑以下刑罚的案件。（2）大军区级单位的军事法院管辖正团职、副师职、专业技术七级至四级、文职干部正处职和副局级人员的犯罪案件，以及军级和副大区级单位军事法院所管辖人员犯罪可能判处死刑的案件。（3）解放军总直属队军事法院管辖副师职、专业技术四级、文职干部副局级以下人员犯罪的案件。（4）解放军军事法院管辖正师职、专业技术三级、文职干部正局级以上人员的犯罪案件。

3. 地域管辖。（1）在编制序列上属于陆军人员的犯罪案件，由本区域内省军区军事法院管辖。但总参谋部、总政治部、军事科学院、国防大学、国防科学技术大学编制序列所属人员的犯罪案件，以及总后勤部、总装备部和第二炮兵编制序列内驻北京地区单位所属人员的犯罪案件，分别由总直属队第一、第二军事法院管辖；总后勤部、总装备部和第二炮兵编制序列内驻北京以外地区单位发生的案件，由部队驻地省军区军事法院管辖。（2）在编制序列上属于海军、空军、武警人员的犯罪案件，分别由本区域内在海军、空军和武警军事单位设置的军事法院管辖。

4. 管辖权变更。军事法院和特别行政区法院对各自管辖的驻军人员的犯罪案件，认为由对方管辖更为适宜的，经协商一致后，可以移交对方管辖。

（五）军事审判机关的刑事诉讼程序

军事审判机关进行刑事诉讼活动的基本依据是《刑事诉讼法》和中央军委《关于军队执行〈中华人民共和国刑事诉讼法〉若干问题的暂行规定》及 1998 年 6 月最高人民法院《关于执行〈中华人民共和国刑事诉讼法〉若干问题的解释》。军事审判机关的审判程序有第一审程序、第二审程序、审判监督程序和死刑复核程序等。

1. 第一审程序。第一审程序包括以下环节：（1）立案。依据法律有关管辖的规定，对应当由军事法院直接受理的自诉案件和军事检察机关提起公诉的案件依法进行审查，符合立案条件的，应当立案并决定开庭审判。（2）开庭审理前的准备。军事法院决定开庭审理的案件，应当做好审理前的准备工作，包括确定合议庭组成人员，送达起诉书副本，通知开庭时间、地点，送达传票和通知，确定开庭形式，布置法庭和落实安全保卫措施等。（3）开庭审理。开庭审理包括宣布开庭、法庭调查、法庭辩论、被告人最后陈述、合议庭评议和宣判五个阶段。（4）送达判决书和裁定书。法庭宣判后，审判人员应及时将判决书或裁定书送达军事检察机关、自诉人及其法定代理人、被告人及其辩护人、附带民事诉讼的当事人及其诉讼代理人。

2. 第二审程序。被告人、自诉人及其法定代理人对第一审军事法院的判决、裁定不服的，可以在法律规定的期限内提起上诉；被告人的辩护人和近亲属，经被告人同意也可以提出上诉。附带民事诉讼的当事人及其诉讼代理人，对军事法院第一审判决、裁定中的附带民事诉讼部分不服的，可以提出上诉。军事检察机关发现第一审军事法院的判决、裁定确有错误的，可以在法律规定的期限内提出抗诉。被告人、自诉人提出上诉或军事检察机关提起抗诉后，刑事案件审理即进入第二审程序。第二审军事法院应当对第一审军事法院判决、裁定认定的事实、证据和适用法律等问题进行全面审查，并按照下列情形分别处理：原判认定事实清楚、证据确实充分，适用法律正确，量刑适当的，裁定驳回上诉或者抗诉，维持原判；原判认定事实没有错误，但适用法律有错误或者量刑不当的，应当依法改判；原判事实不清或者证据不足的，可以在查清事实后改判，也可以裁定撤销原判，发回原审军事法院重新审判。

3. 审判监督程序。审判监督程序是指军事法院、军事检察院对已经发生法律效力的判决或裁定，发现在认定事实上或适用法律上确有错误时，依法提出对案件进行重新审理所应遵循的程序。审判监督程序提起的情形为：当事人及其法定代理人、近亲属提出申诉，经军事法院审查确有新证据证明原审判决、裁定认定的事实错误，或据以定罪量刑的证据不确实、不充分及主要证据之间存在矛盾，或原判决、裁定适用法律确有错误，或审判人员审理该案时贪污受贿、徇私枉法、枉法裁判的；各级军事法院院长对本院已经发生法律效力的判决和裁定，发现认定事实或适用法律上确有错误，经院长提请审判委员会决定；最高人民法院对各级军事法院已经发生法律效力的判决、裁定，上级军事法院对下级军事法院已经发生法律效力的判决、裁定，发现确有错误的，均有权提审或指定再审；最高人民检察院对各级军事法院已经发生法律效力的判决、裁定，上级军事检察院对下级军事法院已经发生法律效力的判决、裁定，发现确有错误的，有权按照审判监督程序向同级军事法院提出抗诉。按照审判监督程序进行再审的案件，必须另行组成合议庭重新开庭审理。原来为一审的，按第一审程序进行，所作判决和裁定可以上诉或抗诉；原来为二审的，按第二审程序进行，所作判决和裁定即为生效判决和裁定。

4. 死刑复核程序。死刑案件由最高人民法院核准。1979 年 7 月，第五届全国人民代表大会第二次会议通过了刑法和刑事诉讼法，修订了人民法院组织法，规定死刑案件除由最高人民法院判决的以外，应当报请最高人民法院核准。①

大军区级单位军事法院判处死刑的第一审案件，没有上诉、抗诉的，应当报解放军军事法院复核；解放军军事法院复核同意判处死刑的，应当报最高人民法院核准；解放军军事法院复核不同意判处死刑的，可以依法改判或发回重审。解放军军事法院判处死刑的第一审案件，没有上诉、抗诉的，以及判处死刑的第二审案件，均应报最高人民法院核准。大军区级单位军事法院和解放军军事法院判处死刑缓期二年执行的第一审案件，没有上诉、抗诉的，均由解放军军事法院核准。②

2006 年 10 月 31 日，十届全国人大常委会第 24 次会议通过了关于修改人民法院组织法的决定，从 2007 年 1 月 1 日起，最高人民法院统一行使死刑案件核准权。根据 2006 年 12 月 13 日最高人民法院审判委员会通过的《最高人民法院关于统一行使死刑案件核准权有关问题的决定》，自 2007 年 1 月 1 日起，死刑除依法由最高人民法院判决的以外，解放军军事法院依法判决和裁定的，应当报请最高人民法院核准。

5. 判决、裁定的执行程序。判决裁定生效后，军事法院应及时将罪犯交付执行机关执行。死刑判决由原审军事法院依据最高人民法院院长签署的执行死刑命令，在七日内将罪犯交付执行。死刑缓期二年执行、无期徒刑、有期徒刑、拘役等判决，由军事法院将罪犯和相关法律文书送军事监狱或其他执行机关执行。对被判处 3 年以下有期徒刑宣告缓刑及判处管制的罪犯，由军事法院将罪犯及相关法律文书送罪犯原所在单位保卫部门执行，由罪犯所在单位予以考察。对罪犯附加剥夺政治权利的，在罪犯主刑执行完毕后，由罪犯原所在单位保卫部门或地方公安机关执行；对罪犯

---

① 1980 年 2 月，面对严峻的治安形势，根据全国人大常委会的决定，最高人民法院下放部分死刑核准权。

② 1997 年 9 月 26 日《最高人民法院关于授权高级人民法院和解放军军事法院核准部分死刑案件的通知》，解放军军事法院对杀人、强奸、抢劫、爆炸以及其他严重危害公共安全和社会治安判处死刑的案件具有核准权。

附加或单处罚金、没收财产的，由军事法院执行。对在军队执行刑罚的犯罪分子，需要予以减刑或假释的，由监狱管理部门提出意见，军事法院依法办理，军事检察院进行监督。

（六）军事审判机关的民事审判工作

军事审判机关开展民事审判工作的依据主要有：《民事诉讼法》、最高人民法院《关于军事法院审理军内经济纠纷案件的复函》、最高人民法院《关于军事法院试行审理军内民事案件问题的复函》、最高人民法院《关于军事法院管辖民事案件若干问题的规定》等法律和相关法律文件。

1. 军事审判机关受理民事案件的范围。20 世纪 90 年代初，军事法院在民事案件受理范围上只限于试办双方当事人都是军队内部单位的经济纠纷案件，2001 年 6 月 26 日，最高人民法院复函，将军事法院试行审理民事案件的范围确定为以下两项：（1）双方当事人都是现役军人、部队管理的离退休干部、军队在编职工或者军内法人的民事案件。（2）申请宣告军人失踪、申请宣告军人死亡的案件，申请人向军事法院提出的，军事法院可以受理。

2012 年 8 月 28 日，《最高人民法院的关于军事法院管辖民事案件若干问题的规定》（2012 年 9 月 17 日起施行），进一步明确了军事法院管辖民事案件的范围：（1）双方当事人均为军人或者军队单位的案件，但法律另有规定的除外；（2）涉及机密级以上军事秘密的案件；（3）军队设立选举委员会的选民资格案件；（4）认定营区内无主财产案件。同时，还规定，下列民事案件，地方当事人向军事法院提起诉讼或者提出申请的，军事法院应当受理：（1）军人或者军队单位执行职务过程中造成他人损害的侵权责任纠纷案件；（2）当事人一方为军人或者军队单位，侵权行为发生在营区内的侵权责任纠纷案件；（3）当事人一方为军人的婚姻家庭纠纷案件；（4）民事诉讼法第三十四条规定的不动产所在地、港口所在地、被继承人死亡时住所地或者主要遗产所在地在营区内，且当事人一方为军人或者军队单位的案件；（5）申请宣告军人失踪或者死亡的案件；（6）申请认定军人无民事行为能力或者限制民事行为能力的案件。此外，当事人一方是军人或者军队单位，且合同履行地或者标的物所在地在营区内的合同纠纷，当事人书面约定由军事法院管辖，不违反法律关于级别管辖、专属管辖和专门管辖规定的，也可以由军事法院管辖。

2. 军事审判机关受理民事案件的原则。除上述四类完全由军事法院管辖的民事案件外，当事人向军事法院提起民事诉讼实行自愿原则，即原告既可以向军事法院起诉，也可以向地方人民法院起诉。当事人向军事法院起诉的，地方法院不再受理；当事人向地方法院起诉的，军事法院亦不再受理；当事人同时向地方法院和军事法院起诉的，由当事人选择确定最后管辖的法院。

3. 军事审判机关审理民事案件的特点。（1）军事法院审理部分民事案件先期是由最高人民法院指定和试办，后期转为依法正式受理相关民事案件。（2）军事法院受理民事案件的主体范围有严格限定。（3）军事法院受理民事案件部分情形实行当事人自愿原则。

4. 军事法院审理民事案件的程序。《中华人民共和国民事诉讼法》是军事法院审理民事案件的基本程序规范，其诉讼活动必须遵循民事诉讼法的规定，具体程序包括第一审普通程序、简易程序、第二审程序、特别程序、审判监督程序、督促程序、公示催告程序、企业法人破产还债程序、执行程序等。以第一审普通程序为例，其诉讼阶段包括（1）起诉和受理。（2）开庭审理前的准备。包括送达诉讼文书、成立审判组织、审核诉讼材料、收集必要的证据、组织双方当事人交换证据等工作。（3）法庭审理。包括开庭、法庭调查、法庭辩论、庭上调解、评议宣判等阶段。（4）判决裁定的执行。包括执行开始、执行担保、执行措施、执行和解、执行中止、执行终结、执行回转等程序规范。

四、创新军队司法行政制度

1979 年 9 月，中央决定恢复建立国家司法部，我国的司法行政工作开始走上了健康发展的轨道，法律服务工作得到了迅速发展，军队的司法行政制度和司法行政工作也逐步建立和开展起来。目前，军队的司法行政制度主要包括军队司法行政和军队法律服务两大方面。

（一）军队司法行政和法律服务机构的设置

1978 年以来，军队的司法行政机构和法律服务机构得到了恢复、建立和发展。

1. 军队司法行政机关的设置。1978 年 1 月，中央军委颁发《关于军队编制体制的调整方案》，决定恢复解放军各级军事法院，同时也恢复了军队司法行政工作机构，即在解放军军事法院设立司法行政处。至 1985 年 10 月司法行政处从解放军军事法院撤编，此后，军队司法行政工作归口军队司令部机关管理。军队司法行政机关分为三级设置：（1）总政治部司法局，是全军最高的司法行政工作机关，由局长、副局长、司法秘书等若干人组成。（2）大军区级单位政治部司法办公室，包括各总部、各军区、各军兵种、国防科工委、武警总部等单位政治部司法办公室，由主任、副主任、司法秘书等若干人组成。（3）部分军级单位政治部司法办公室，由主任、司法秘书组成；未设司法办公室的军级单位政治部，设司法秘书。

2. 军队法律服务机构的设置。随着国家和军队民主法治建设的不断加强，军队律师制度逐步走上正规化、规范化发展的道路，已经成为军队司法制度的重要方面，是军事法治建设的重要内容，在全面推动依法治军方针贯彻落实，保障各级领导和机关依法决策，维护国家军事利益，保障军队军人及其家属的合法权益，促进部队全面建设中，发挥出越来越重要的作用。

军队律师制度是国家律师制度的重要组成部分，是军事司法工作和军队政法工作制度体系的重要内容，它包括军队律师的性质、任务、组织和资格、服务范围、管理体制、权利义务、活动原则，以及如何为军队单位和人员提供法律服务的各项规章制度。中华人民共和国成立之初，在新的律师制度萌芽和初创阶段，军队就着手研究如何开展司法行政工作和军队律师工作，并在解放军军事法院设立“司法行政处”，代总政治部管理全军的司法行政和军队律师工作。十一届三中全会以后，随着国家律师制度的恢复和重建，为了严格执行国家法律，切实保障被告人的各项诉讼权利，军队政法机关根据部队建设的需要，重新开展了军队律师工作的尝试。军队司法行政主管部门除积极与地方法律顾问处取得联系，聘请地方律师为军人辩护外，还在部队选拔一批政策思想水平高、作风正派、办事公道的军官担任刑事辩护人，以便在军事法院的审判活动中，认真听取被告人的供述和辩解，充分保障被告人依法应当享有的辩护权。1984 年 4 月 14 日，司法部答复总政治部的《关于军队离退休干部可以担任特邀律师的批复》，开始允许军队政法部门离休、退休干部在地方律师事务所或法律顾问处担任特邀律师，既可为社会、也可为军队提供法律服务，其律师证件由地方司法行政机关审批。这是军队人员第一次取得律师身份，在政策上是一个突破。1985 年 2 月，海军率先探索军队法律服务管理法制化的路子，并在海军司令部直属政治部设立了军事法律顾问处。1986 年

10 月，总参军务部通知海军正式开展军事法律顾问的试点工作。1987 年 5 月，兰州军区成立了法律顾问处，组织军队政法部门离休、退休干部开展律师工作。随后沈阳军区、北京军区、济南军区、空军、总后等大单位，先后建立起了本单位的法律顾问处。对此，总政及时加强指导，在调查研究的基础上，向司法部提出了关于组织军内符合律师条件的离退休人员到军内法律顾问处工作，并以军内律师名义开展律师业务的意见。1988 年 3 月，总参正式批准海军军事法律顾问处列编于司令部办公室，继续深入开展试点工作。1988 年 8 月 15 日，司法部复函同意总政治部的意见，并由总政审批颁发《军内律师（特邀）工作证件》。从此，全军各大单位政治机关普遍成立了法律顾问处，培训军内律师骨干，广泛探索开展军队律师工作。

1989 年 2 月 27 日，中央军委批转总政治部《关于加强军队政法工作的意见》的通知，明确将法律服务工作纳入军队政治工作和政法工作，并要求全军加强法律服务工作，建立健全法律服务机构，广泛开展群众性的法律咨询服务工作。明确军以上单位可以成立法律顾问处，师以下部队可以成立法律咨询站（组），其成员可由具有法律知识的在职人员和离退休干部兼任。1989 年 2 月 28 日，司法部、中国人民解放军总参谋部《关于军事法律顾问工作有关问题的通知》提出：军事法律顾问工作，是在我国不断健全社会主义法制的新形势下产生的新事物。军队经过三年的试点证明，建立军事法律顾问制度，是军队在新时期适应改革开放的需要，是加强军队法制建设和行政管理的一项重要措施。它是国家法律服务工作和部队行政管理的重要组成部分。（1）解放军军事法律顾问办公室在司法部的指导下进行工作，并负责全军军事法律顾问工作的业务指导。（2）军事法律顾问是以法律管理军队行政工作和维护军队及军人合法权益的法律工作者，其职责是：为军事机关和首长提供法律咨询；接受军事机关和首长的委托，处理军事行政工作领域的民事、经济、行政等法律事务；为军队内部人员提供法律服务。（3）军事法律顾问的资格由解放军军事法律顾问办公室审查，合格者发给军事法律顾问证书。军事法律顾问的基本条件是：具有律师资格或国家承认的法学大专以上学历，有较强的处理法律事务能力的中尉以上军衔的军官。其他属特殊需要并有处理法律事务能力的人，可从严被批准为特邀军事法律顾问。（4）经解放军军事法律顾问办公室审查合格的军事法律顾问，在依法执行公务时受国家法律保护。

（5）军事法律顾问的管理办法，由解放军军事法律顾问办公室制订，报司法部和总参谋部批准后实施。（6）各部队军事法律顾问工作受上级军事法律顾问工作机构及驻地司法厅（局）的业务指导；各地司法厅（局）应对驻军军事法律顾问工作给予支持。解放军军事法律顾问办公室于 1989 年 2 月 1 日起开始办公。全军各大单位在司令部办公室设立了法律顾问处。1991 年中央军委新颁发的《中国人民解放军政治工作条例》，首次将司法行政工作和法律服务工作规定为各级政治机关的一项基本职责和任务，以法规的形式把军队法律服务工作列为军队政治工作和政法工作的主要内容之一。

1992 年 9 月，总政治部办公厅印发了《关于当前军队司法行政工作的几点意见》，要求各单位尽快完善军队律师工作机构，充实军队律师队伍。1993 年 3 月，司法部和总政治部联合发出了《关于军队法律服务工作有关问题的通知》，确定在军队建立律师制度，将军队律师纳入国家法律服务体系，明确规定部队军以上单位的法律顾问处是军队律师执行职务的工作机构，师以下单位的法律咨询站（组）是军队基层法律服务组织；军队法律顾问处的工作人员称律师、律师助理，凡取得国家律师资格，并从事军队律师工作的人员，发给《中华人民共和国律师工作证（军队）》；军队律师是国家律师队伍的组成部分，在执行职务时，依法享有国家法律规定的律师权利，承担相应的义务，并受国家法律保护。1993 年 6 月，总政治部颁发了《军队法律服务工作暂行规定》，对军队律师工作和基层法律服务工作实行规范化管理，对军队法律服务工作有关具体问题作出了规定。1993 年 7 月，司法部和总政治部印发了《军队系统律师工作证件管理办法》，对军队律师工作证件的取得、注册等问题作了具体规定，为军队律师工作的深入、健康发展奠定了良好的基础。1995 年 12 月，司法部和总政治部又联合发出了《关于为军队基层法律服务工作人员统一颁发证件的通知》，规定军队基层法律服务人员进行业务活动时，统一使用中华人民共和国司法部印制的《法律服务执照》。1996 年 5 月 15 日，第八届全国人大常委会第十九次会议审议通过的我国第一部《律师法》第 50 条明确规定："为军队提供法律服务的军队律师，其律师资格的取得和权利、义务及行为准则，适用本法规定。对军队律师的具体管理办法，由国务院和中央军事委员会另行制定。"这一规定，从根本上确立了军队律师的法律地位，为健全和完善军队律师制度提供了必要的立法依据，它标志着一个与国家律师制度整体框架相适应的军队律师制度基本建立，这在军队律师制度发展史上具有里程碑意义，对军队法律服务工作将产生重要而深远的影响。

1997 年 9 月，党的十五大提出了依法治国，建设社会主义法治国家的治国基本方略。九届人大二次会议将这一方略载入了我国宪法，标志着我国民主法制建设进入了一个新的发展阶段。国家和军队法治建设的大好形势，既为军队律师工作注入了巨大动力，也为这项工作的进一步发展提供了广阔的空间和良好的机遇。根据党中央关于党政机关和军队停止生产经营的决定，军队律师工作的重点转移到为各级首长、机关决策服务和为部队官兵解决涉法问题上来。这是一个历史性转变，进一步确立了军队律师工作的重点和方向。1998 年，总政发出《关于加强军队律师管理工作的通知》，要求进一步明确军队律师工作的指导思想，理清工作思路，全心全意为部队建设服务；要始终坚持军队律师工作姓“军”的性质，规定军队律师不再办理有偿经济案件，帮助部队和官兵解决涉法问题实行无条件服务和无偿服务；要始终坚持为基层服务与为领导机关决策服务，在不断提高基层法律服务水平和质量的同时，注意研究探索为首长机关决策提供服务和保障的有效途径，努力提高军队律师工作的层次，在部队建设中发挥更大的作用。同时，要求各级政治机关对军队律师工作提供更多的人力、物力和经费保障。1999 年，全军政治工作会议形成了《关于改革开放和发展社会主义市场经济条件下加强军队思想政治建设若干问题的决定》，专门用一章的篇幅，阐述法规制度和法律服务工作在巩固、增强思想政治教育效果，维护国家军事利益和部队、官兵合法权益，促进部队全面建设方面的作用，将军队律师工作提高到加强军队思想政治建设的高度，为军队的法规制度建设和军队律师工作进一步发展指明了方向。根据全军政治工作会议《决定》精神，全军各级司法行政部门组织军队律师广泛展开了部队官兵涉法问题调研，分析了涉法问题的成因、种类、性质和特点，研究了涉法问题给部队安全稳定和全面建设带来的影响，提出了解决涉法问题的基本对策，为军委、总部和国家有关部门决策提供了重要的和有价值的参考意见。同时，结合实际，协调军队和地方政府有关部门建立共同维护军人军属合法权益、协作解决部队官兵涉法问题的工作机制，探索出一条在社会主义市场经济条件下稳军心、固长城的法律服务保障体系。

2000 年 4 月，经中央军委批准，我军首次在陆军集团军军、师、旅政治机关正式编配了军队律师。军队律师既是政治工作干部，也是专门的法律工作者。军队律师队伍是新世纪新阶段全面贯彻落实依法治军方针，加强军队法制建设的重要力量，对于有效地维护国家军事利益、维护军队和军人的合法权益，确保部队的安全稳定，促进部队全面建设，都有很重要的作用。为此，总政办公厅发出通知，要求担任军队律师的人员应熟悉党的路线方针政策和国家法律法规、军队的条令条例，具有大专以上学历，有较深厚的法律知识基础；热爱军队律师工作，有全心全意为部队和官兵服务的思想；具有国家律师资格；有处理部队和官兵涉法问题的实际能力；熟悉部队工作，有一定的基层工作经历。通知规定，军队律师的基本职责是：（1）担任部队首长和机关的法律顾问。（2）运用法律手段维护国家军事利益和部队、官兵的合法权益。（3）依照国家法律法规和军队有关规定，开展各项律师业务活动。（4）按照党委、机关的要求，指导部队的基层法律咨询和服务工作，结合工作开展经常性的法制教育。（5）完成领导、机关交办的其他事务。各级党委和政治机关要加强对军队律师工作的领导，将军队律师统一纳入政治干部队伍的培养、教育和管理，做好律师业务指导和执业行为的监督管理，搞好军队律师培训，建立和完善规章制度，并在经费物资等方面给予必要的保障，为军队律师开展工作创造良好的条件，努力建设一支政治坚定、道德纯洁、纪律严明、业务精通、作风优良、公正清廉的军队律师队伍。

军队律师第一次被列入了军队编制序列，是加强人民军队法治建设的重要步骤。军队律师经历了 20 多年的发展，在军队建设中发挥了重要作用。一是运用所掌握的法律知识和业务技能，努力当好首长、机关的法律参谋，及时为领导和机关决策提供法律资料和咨询意见，特别是在我军后勤保障社会化改革、装备、物资、工程招标采购的制度设计、军事科研合同化管理、军队资产管理、国防专利制度的制定和完善等方面，提出了很多法律建议，被决策部门采纳。二是为军委重大决策的贯彻执行和部队重大任务的完成提供法律保障。例如，1998 年，军委作出军队停止生产经营的决策后，军队律师及时调整工作重点和思路，积极围绕军委决策开展业务工作，主动协助有关部门清理被撤销和移交单位的债权债务，处理各种遗留涉法问题和纠纷，促进了军委决策的贯彻落实。军队律师可以积极协助妥善处理涉及的征用和补偿等各种法律问题，协助部队解决涉法问题。三是在部队的日常教育管理中，军队律师也注意发挥自身专业优势，广泛开展法制宣传教育，提高广大官兵的法制观念和法律意识，提高各级领导干部依法管理部队的能力和水平。四是军队律师为做好军事斗争法律准备服务，取得了初步成绩。总政连续3年在西安政治学院举办军队律师武装冲突法培训班，对全军各大单位骨干律师进行轮训，开展对国际法、战争法（武装冲突法）的学习研究。加强与红十字国际委员会的业务联系，请他们派人为军队律师授课，派出军队律师赴意大利圣雷莫国际人道法学院学习战争法（武装冲突法），与其他国家的军队律师共同研究探讨军事行动中的法律问题。军队律师还可以根据担负的作战任务，就作战方式的选择、作战区域的划定、攻击目标的确定、武器的使用及对平民和文化遗产保护等方面的问题提出法律意见和建议。

2005年6月，在陆军集团军的军、师、旅三级部队编设军队律师基础上，第二炮兵旅级以上部队也开始正式编设军队律师。同时，在总装备部和海军设置国防专利、海事等专业性法律顾问处。军队律师在支持军队首长和机关依法决策、担任刑事诉讼被告人的辩护人、代理民事案件维护军队单位和军人合法权益方面，发挥了积极作用。

（二）军队司法行政机关和法律服务机构的职能

国家法律和军事法规的规定，分别确定了军队司法行政机关和法律服务机构的职能。

1. 军队司法行政机关的职能。根据《中国人民解放军政治工作条例》、1993年1月总政治部《军队法律服务工作暂行规定》、1993年3月司法部和总政治部《关于军队法律服务工作有关问题的通知》，军队司法行政机关是军队管理司法行政工作的职能部门，在司法部的指导下负责军队法律服务工作的业务指导。其基本职能是：管理军队律师、公证工作等司法行政工作，组织开展法律服务工作；根据国家的法律、法规和军队的条令条例，为首长机关提供法律咨询和建议，保障依法决策、依法管理，促进依法治军方针的贯彻落实；依靠和运用法律手段，解决部队和官兵中的各种涉法问题，维护国防军事利益，维护军队和军人军属的合法权益，促进部队的安全稳定和战斗力的提高；通过履行法律服务职能，组织开展法制教育和军营普法活动，营造军营法律文化，促进部队、官兵的法律素质和依法办事能力的增强。

2. 军队法律服务机构的职能。根据1996年《中华人民共和国律师法》、司法部和解放军总政治部《关于军队法律服务工作有关问题的通知》、总政治部《军队法律服务工作暂行规定》等法律法规的规定，军队法律服务工作由各级政治机关领导和管理，军队法律顾问处是军队律师执行职务的工作机构，其基本职能是：担任部队首长和机关的法律顾问；依照国家法律法规和军队有关规定，开展各项律师业务活动，维护国家军事利益和部队、官兵的合法权益；按照党委、机关的要求，指导部队的基层法律咨询和服务工作；结合工作开展经常性的法制教育。

1998 年，根据军委关于部队停止生产经营的决策，总政办公厅及时下发《关于加强军队律师管理工作的通知》，要求军队律师停止办理与军队军人无关的有偿经济案件，为部队和官兵一律实行无偿服务。2003 年 7 月，根据军队律师管理的具体情况，总政司法局制定下发《关于加强军队法律顾问处和军队律师管理的通知》，重申军队法律顾问处和军队律师要始终坚持为部队和官兵服务的正确方向，法律顾问处要严格各项制度，加强对律师收案的管理，军队律师不得办理与军队军人无关的地方案件。

2012 年四总部联合下发《关于进一步加强军队律师工作的意见》，明确军队律师工作的职能作用主要是为党委领导决策当好法律参谋、做好执行多样化军事任务中法律服务保障工作、帮助部队和官兵解决涉法问题、积极参与经常性法制教育和政策法规制度建设、组织开展基层法律服务；同时要求建设一支高素质的军队律师队伍，并加强军队律师执业管理和监督。

由于坚持正确的工作指导思想，军队律师工作形成了为部队和官兵无条件服务和无偿服务、服从服务于部队中心工作、与经常性思想工作和经常性管理工作相结合等原则和传统，为部队服务、为基层服务的观念已经在广大军队律师的头脑中扎根，并转化为他们的实际行动。在军事司法活动中，保证犯罪嫌疑人和被告人享有充分的辩护权利，是军队律师的重要职责，也是社会主义法制的具体体现和军事司法活动顺利进行的客观要求。军队律师自产生以来，与军队保卫部门、军事检察机关、军事审判机关相互配合、相互制约，各司其职，通过在军事司法活动中开展各项业务工作，为保证国家法律在军队的贯彻实施，维护社会正义，实现司法公正，做出了自己的贡献。

（三）军队司法行政机构和法律服务机构的任务

这一时期，军队司法行政机构和法律服务机构承担着为人民军队的革命化、现代化和正规化建设提供坚实可靠法律服务保障的重要任务。

1. 军队司法行政机关的任务是：（1）为部队党委和机关提供法律咨询和法律服务，为党委、机关依法决策当好参谋。（2）协助政治部领导对军队法律顾问处、法律咨询站和军队律师等法律服务机构和人员进行管理，为军队法律服务人员办理相关证件年检和注册手续。（3）组织军队人员参加全国司法资格考试和相关业务培训，提高军队法律服务人员的业务能力和水平。（4）加强对军队法律服务人员的思想道德教育，对违反职业道德的军队法律服务人员，依据国家和军队的法律法规进行处罚。（5）协助部队党委和机关抓好军事训练法规、军队政治工作法规、军事行政管理法规和后勤装备法规的贯彻落实，为依法治军，加强军队正规化建设服务。（6）协助有关业务部门开展法制教育，强化官兵法制观念，提高官兵依法办事的能力。（7）帮助部队和官兵解决涉法问题，维护部队、官兵及军属的合法权益，维护部队安全稳定。（8）加强与地方司法行政机关的联系，互相支持，密切配合，更好地为国家和军队现代化建设服务。

2. 军队法律服务机构的任务是：（1）担任军队法律顾问，为首长和机关决策提供法律服务。（2）接受军内单位和人员委托担任代理人，参加民事、经济、行政案件的诉讼、调解、仲裁等活动。（3）接受委托担任辩护人或代理人，依法参加刑事诉讼活动。（4）接受首长委派及军内单位和人员委托，办理非诉讼法律事务。（5）接受聘请担任军队保障性企业、事业单位及个人的常年法律顾问或者专项法律顾问。（6）为军内单位和人员提供法律咨询，代写法律文件。（7）通过开展法律服务工作，对部队进行经常性的法制教育。（8）代行某些特定条件下的公证职能。（9）接受部队或军人委托，向公证处申请代办公证事项等。各级法律顾问处和军队律师始终致力于解决部队和官兵的涉法问题，注意抓住严重侵害部队和官兵合法权益、在社会有重大影响的疑难案件和纠纷，全力以赴，重点突破，成功解决和处理了一些久拖不决、影响恶劣的涉法问题，有力地维护了部队和官兵的合法权益。据统计，全军各级法律服务组织和法律服务人员，平均每年为部队和官兵代理刑事辩护及刑事案件 400 余件，代理民事诉讼 1000 余件，经济诉讼 900 余件，行政诉讼 50 余件，挽回经济损失 2 亿多元，避免经济损失 5 亿多元。

根据全军基层建设座谈会精神和军委、总政领导指示，全军法律顾问处和军队律师要进一步以帮助基层解决涉法问题为重点，推动军队律师工作创新发展。一是建立解决官兵涉法问题的协作机制。经总政领导批准，2006 年总政办公厅下发《关于建立解决基层涉法问题协作机制试点工作的通知》，在沈阳、北京、南京、广州和成都军区指定 1 个法律顾问处，专门负责处理所在省（区、市）籍官兵的涉法问题。从试点情况看，各单位高度重视，人员组织得力，工作开展积极，集中处理了 96 起涉法问题，达到了先行探索、提供经验的目的，深受基层部队欢迎。在此基础上，2007 年总政治部下发《关于依托省军区系统法律服务组织建立健全解决基层涉法问题协作机制的通知》，正式建立了在军队司法行政部门指导和协调下，法律服务机构之间协同处理官兵涉法问题的工作机制；并明确规定了解决基层涉法问题协作机制的主要任务，即代理重大疑难案件诉讼，配合地方有关部门依法处理官兵涉法问题，协同部队和地方应急处理重大突发性涉军案件。二是在全军政工网开设“律师在线”。从 2006 年 10 月 8 日起，“律师在线”面向全军部队开通，各大单位司法办公室选拔 150 多名军队律师轮流值班和在线服务，在网上“键对键”“一对一”地实时解答广大官兵提出的涉法问题，提高了军队律师法律咨询的及时性、互动性和有效性，每天网上律师解答 20 多个问题，点击率在 7000 人以上，已成为全军政工网的一个亮点。三是组织开展全军性的“送法下基层”活动。截至 2007 年，全军共集中 400 多名军队律师、上千名法律骨干，分赴基层部队为官兵提供法律服务，基本覆盖全军 2/3 以上的旅团单位。全军性“送法下基层”活动力量组织得力，形式生动活泼，注重实效，受到了部队和官兵的欢迎。

五、军事司法制度建设的基本经验

我军军事司法制度恢复建立以来，军事司法活动在为国家和军队现代化建设提供法治保障，推进国防和军队建设法治化进程方面发挥了重要作用，取得了明显效果，积累了丰富经验。

（一）必须始终坚持党对军事司法工作的领导

党对军队的绝对领导，是由我军性质和宗旨所决定的。军事司法工作也必须始终自觉地置于党的领导之下。坚持党的领导，是军事司法机关履行法律职责的基本前提和根本保证，也是军事司法工作不断发展完善的重要支撑和动力来源。军事司法工作坚持党的领导，就是要贯彻执行党的路线、方针和政策，自觉在党的领导之下开展工作。事实证明，军事司法工作从创立到逐步发展完善，每前进一步都是坚持党的领导，正确贯彻党的路线、方针、政策的结果，坚持党对军事司法工作的领导，就能保证军事司法工作的正确方向。军事司法机关高度重视加强干部队伍的社会主义法治理念教育、思想道德建设和作风纪律建设，坚持把党对政法工作的领导放在首位，牢固树立民主法治、公平正义、服务中心、执法为兵和为部队建设服务的思想，保证了军事司法工作的正确方向。

（二）必须严格执行和遵守国家法律法规，把军事司法制度建设纳入法治化的轨道

1978年以来，随着国家检察机关、审判机关、司法行政机关和律师制度的恢复与建立，军事检察机关、军事审判机关、军事司法行政机关和军队律师制度也逐步得到了恢复和发展，军事司法制度已成为国家司法制度的重要组成部分，国家相关法律法规也是军事司法机关执法行为的基本法律依据。虽然随着新的形势和任务的发展，军队体制编制曾经进行过多次调整和精简，军事司法机关及其内设机构也出现多次调整和变动，但始终是在国家宪法和法律法规的原则指导下进行的，整体上保持了军事司法体系的稳定，军事司法机构的设置更趋精干和合理，适应了依法治军的需要。军事司法机构的恢复完善，对于打击危害国家安全的犯罪分子和其他刑事犯罪分子，维护军事秩序，维护部队安全稳定，保护军内人员的人身权利、民主权利及其他合法权益，促进人民军队革命化、正规化、现代化建设起到了重要的推动作用。随着军事司法制度的恢复和发展，中央军委、解放军四总部及军队司法机关为实现公正执法、维护军事司法的公平正义，依据国家法律和相关司法解释的精神，结合军队实际，逐步建立和完善了一系列规范军事司法行为的军事法规和工作制度。如中央军委《关于军队执行〈中华人民共和国刑事诉讼法〉若干问题的暂行规定》、总政治部《关于军人违反职责罪立案标准的规定（试行）》、司法部和总政治部《关于军队法律服务工作有关问题的通知》、总政治部《军队法律服务工作暂行规定》、总政治部《军队保卫部门侦查工作细则》《军事监狱工作细则》和《军队看守所工作细则》、军事检察机关的《主诉检察官办案责任制实施办法（试行）》《军事检察机关实行军人监督员制度的规定》《关于下级军事检察院立案侦查的案件由上一级军事检察院审查决定逮捕的通知》和军事审判机关的《军事法院审理刑事附带民事诉讼案件

若干问题的意见》，以及检务公开制度、军人监督员制度、军人陪审员制度等等。上述法规制度的建立，进一步明确了军事司法机关的职责权限，规范了执法行为，确保了军事司法的公开、公平和公正，使军事司法工作沿着法治化的轨道健康发展。

（三）必须坚持实事求是，严格依法办事

实事求是是军事司法工作必须始终坚持的思想路线。“以事实为依据，以法律为准绳”是党的实事求是的思想路线在军事司法活动中的具体体现。坚持实事求是，依法办事，就是要正确认定事实，准确适用法律。要正确认定事实，就必须严格遵守从实际出发、实事求是、调查研究、重证据而不轻信口供等工作原则，全面搜集、调查、核实证据。要准确适用法律，就是要依照国家法律的规定，准确判明当事人的法律责任，做到罚当其罪、罚当其错，严格区分罪与非罪的界限，保障无罪的人不受非法追究。坚持实事求是，依法办事，还必须在军事司法工作中发扬民主，创造和谐的工作环境，培养司法干部坚持真理，刚正不阿、忠于事实和法律的工作作风。

（四）必须坚持专门机关与群众路线相结合

军事司法工作必须坚持走从群众中来、到群众中去的工作路线。一是深入发案单位，向官兵了解核实案件事实和证据，避免和减少查办案件的盲目性。二是主动征求部队党委、机关和广大官兵对案件的处理意见，以便在法律规定的范围内准确把握案件的裁量标准和处罚幅度，更好地体现党和国家的司法政策和官兵意愿。三是改进军事司法机关的工作作风，查办案件过程中，要及时听取官兵的意见和反映，积极帮助发案单位查找问题，排除隐患，增强办案的社会效果。四是严格依法办事，注重吸收思想政治素质好、熟悉法律知识的部队官兵参与办案工作，培养基层法律骨干。五是要自觉把军事司法工作置于党委、机关和部队官兵的监督之下，提高办案的透明度，真正做到司法公开、公平和公正。

（五）必须树立为部队全面建设服务的理念

军事司法工作履行的是打击犯罪，教育部队，保障部队和官兵合法权益，维护国家军事利益，为部队全面建设服务的综合性工作。一方面，军事司法机关在及时打击犯罪，化解军内矛盾和纠纷，维护国家军事利益和官兵合法权益，维护部队安全和稳定等方面发挥着特殊重要作用；另一方面，军事司法机关要从部队建设大局出发，紧紧围绕中心开展工作，面向部队、面向基层，积极参加预防犯罪综合治理，广泛开展法律服务工作，提高部队官兵遵纪守法的自觉性，保证依法治军方针的落实。因此，军事司法工作必须摆正局部与全局、业务工作与中心工作的关系，打牢执法为兵的思想基础，做到服从中心、服务中心，通过发挥军事司法工作的职能作用，为巩固提高部队战斗力服务。

（六）必须全面提高军事司法干部的素质

加强军事司法干部队伍建设，是提高军事司法工作质量的根本条件。军事司法工作要开拓创新，与时俱进，就必须培养和造就一支德才兼备的军事司法干部队伍。军事司法干部要自觉加强政治理论学习，不断提高政策理论水平和执行党的路线方针政策的自觉性，坚定社会主义法治理念和依法治军的责任心。军事司法干部要具有较高的科学文化水平，具有深厚的法学理论根底和扎实的法律专业知识，具有科学的思维方式和较强的逻辑判断能力，具有一定的组织能力和较强的实际工作能力。军事司法干部要自觉加强职业道德修养，增强事业心、责任感和牢固的公平正义观念，严守司法工作人员的行为准则和职业纪律，坚持原则，清正廉洁，秉公执法。同时，各级军事司法机关要严格把握军事司法干部的选任标准和条件，积极从地方政法院系和军队院校选调法律方面的专门人才，加大对军事司法干部的在职培训力度，采取送院校深造、在岗培训、以案代训等多种渠道，不断提高军事司法干部的业务素质和执法能力水平。2004 年 10 月，根据国家《检察官法》和《法官法》的规定，总政治部干部部和解放军军事法院、军事检察院联合发布了《关于军事法院、军事检察院首次评定法官、检察官等级若干具体问题的处理意见》，首次在全军范围内评定了检察官和法官的等级，军事法官、军事检察官实行三等十一级的专业等级制度，保持了与国家司法政策制度的统一和衔接，使军事司法队伍更加专业化，进一步调动了军事司法干部的积极性，为加强对军事司法干部的培养和管理提供了良好的条件。

第五节　建立健全军事审计制度

军事审计制度是国家审计法律制度的重要组成部分，也是军事法治建设的重要内容。在改革开放和依法治国、依法治军的新世纪新阶段，充分发挥军事审计制度监督保障的作用，对于加强和完善人民军队的法治建设，保障和推动军队建设的全面、健康发展具有极为重要的作用。

一、建立军事审计制度

军事审计制度是确保国家投入的军费能够合法、合理、有效使用的重要保证，在人民军队的革命化、现代化和正规化建设中发挥着不可或缺的重要作用。人民军队的审计制度产生于建军初期的战争年代。随着人民军队的发展壮大，中国人民解放军审计也不断发展。1950 年年初，按照中央军委的统一部署，统一全军财务管理，在总部，各军区、军种、兵种，各级部队财务部门内部设立审计机构，团以上部队党委设财审委员会，组织领导审计工作，办理日常业务。1955 年以后撤销审计部门，审计工作改由财务部门办理。1985 年，中央军委依据《中华人民共和国宪法》规定，重新建立中国人民解放军审计机构。1985 年 7 月 31 日，中央军委批准成立中国人民解放军审计局。1985 年 7—10 月，国防科工委、海军、空军、第二炮兵和沈阳、北京、兰州、济南、南京、广州、成都军区相继成立审计局，军级单位相继成立审计处。1992 年 8 月 26 日，经中央军委批准，中国人民解放军审计局更名为中国人民解放军审计署。①

随着国家和军事法律监督体制的不断完善，军队审计制度受到党中央、中央军委的高度重视，军队审计机构的作用和职能不断扩大。2005 年 1 月，中共中央下发了《建立健全教育、制度、监督并重的惩治和预防腐败体系实施纲要》，在“加强对权力运行的制约和监督，确保权力正确行使”部分第十五项专门提出：“充分发挥各监督主体的积极作用，提高监督的整体效能。综合运用多种监督形式，努力形成结构合理、配置科学、程序严密、制约有效的权力运行机制。”要“强化审计监督，逐步推行效益审计，突出对重点领域、重点部门、重点资金和领导干部经济责任的审计。依法实行审计公告制度”。2005 年 9 月 16 日，在中央军委批准颁布的《中国人民解放军监察工作规定》第十五条规定：“纪律检查（组织）部门在办理违犯军队纪律案件中，可以提请军务、干部、保卫、财务、审计等部门予以协助；被提请协助的部门，应当积极配合。”在国家和军队颁布的相关监督法律法规中，都把各级审计部门作为重要的监督职

---

① 李景春主编：《中国军事后勤百科全书》，2002 年版，第 8 页。

能机构。伴随国家和军队法治建设的不断完善和发展，军队审计部门在军队发展和军事法治建设中的重要地位和作用还将越来越突出。

（一）宪法对军事审计制度的法律定位

军事审计制度是国家审计制度的重要组成部分。军事审计履行着国家审计的职能，是在国家宪法和法律的规范和指导下开展工作的。国家宪法是根本大法，具有最高的法律权威和法律效力，一切其他法律包括军事法律法规都必须以宪法为根本依据。现行宪法对国家审计制度和审计监督作了明确规定，同时也是开展军事审计监督的宪法依据。

1.《宪法》对国家审计制度的规定。《宪法》第 91 条规定：“国务院设立审计机关，对国务院各部门和地方各级政府的财政收支，对国家的财政金融机构和企业事业组织的财务收支，进行审计监督”；“审计机关在国务院总理领导下，依照法律规定独立行使审计监督权，不受其他行政机关、社会团体和个人的干涉。”国务院审计署是国家的最高审计机关，履行的是国家的审计职权，同时也是国务院的一个职能部门。审计署在国务院总理的领导下，主管全国的审计工作，对国务院负责并报告工作。我国地方各级审计机关实行双重领导体制，在本级行政首长和上一级审计机关的领导下，负责本行政区域内的审计工作，对本级人民政府和上一级审计机关负责并报告工作，审计业务以上级审计机关领导为主。这样可有效保证审计工作的权威和统一。《宪法》还规定：审计长为国务院组成人员，审计长的人选由国务院总理提名，全国人民代表大会或常务委员会决定，国家主席任免。说明国务院审计署并不仅是负责国务院自身的审计工作，而是根据宪法授权负责全国的审计工作。

2.《宪法》是建立军事审计制度的根本依据。国家审计法是根据宪法制定的，不论最高行政部门还是最高军事部门都要执行。同时，军事审计法规又是根据国家审计法律的授权和规定制定的，因而军事审计法的最高依据还是宪法。宪法的最高权威性决定了开展军事审计工作的最高法律权威性，决定了军事审计机构作为国家审计职能部门组成部分的宪法地位。可以说，在国家不同行政和军事部门中的审计机构都是在共同履行着宪法规定的国家审计职责。

（二）国家法律对军事审计制度的规定

1994 年 8 月全国人大会常委会通过的《中华人民共和国审计法》

（2006 年 2 月 28 日第十届全国人民代表大会常务委员修订）第一条规定："为了加强国家的审计监督，维护国家财政经济秩序，提高财政资金使用效益，促进廉政建设，保障国民经济和社会健康发展，根据宪法，制定本法。"第二条规定国家实行审计监督制度。2010 年 2 月 2 日，国务院重新修订了《中华人民共和国审计法实施条例》（5 月 1 日起施行）。

国家建立审计监督制度，国家自然包括国防和军队。按照我国宪法规定的国家体制，国务院是国家最高行政机关，中央军委是国家最高军事机关，两者互不隶属。国务院不能对中央军委进行审计。但是国务院中设了国防部。根据宪法，国务院有领导和管理国防建设事业的职责，既然要履行领导和管理国防建设事业的职责，就必然要有包括对相应的国防经费的保障和审计措施。国家审计署不仅要履行国务院赋予的审计工作，同时也是国家的专门审计机构，是依法履行国家的审计职能，国家的财政和审计都应当在党的统一领导下进行。[①] 因此，有关国家审计制度方面的规定还需要根据国防和军队审计的实际需要，作进一步发展和完善。在国家审计法的第五十三条规定："中国人民解放军审计工作的规定，由中央军事委员会根据本法制定。"其中国家审计法中的许多原则和规定，军队审计也是要执行的。比如第五条规定："审计机关依照法律规定独立行使审计监督权，不受其他行政机关、社会团体和个人的干涉。"第六条："审计机关和审计人员办理审计事项，应当客观公正，实事求是，廉洁奉公，保守秘密。"这些都是所有审计机关和审计人员都要遵守的。

（三）军事法规对军队审计制度的相关规定

改革开放以后，人民军队依据宪法和法律建立了军事审计制度和审计机构。1985 年成立中国人民解放军审计局，名为中央军委审计局，后改为解放军审计署，编制在总后勤部[②]。与此相适应，总参谋部、总政治部、总装备部和大军区也成立了审计局。1987 年 1 月我军颁发了《中国人民解放军审计工作条例（试行）》。1995 年 4 月 10 日中华人民共和国中央军事委员会又正式通过了《中国人民解放军审计条例》。《条例》的发

① 从文胜：《军队审计制度的法制保障》，《军事经济法研究》，海潮出版社 2005 年版。

② 2014 年 11 月解放军审计署划归中央军委建制；根据 2016 年 1 月 1 日，中央军委《关于深化国防和军队改革的意见》，解放军审计署更名为中央军委审计署，纳入中央军委直属机构。

布施行，对于推动军队审计工作的发展，充分发挥审计监督的职能作用，具有重要的意义。这是中国人民解放军组织实施审计监督的基本法规，共7章46条，包括军队审计机构和人员，审计部门的职责，审计部门的职权，审计工作程序，奖励与处罚，附则等内容。其中第一条就规定："为了加强军队的审计监督，维护军队财经秩序，提高军事经济效益，促进军队革命化、现代化、正规化建设，根据《中华人民共和国审计法》和军队实际情况，制定本条例。"这进一步说明，国家审计法是军队制定审计法规的直接法律依据。第二条规定，军队实行审计监督制度。第七条规定："中国人民解放军审计署，在中央军事委员会的领导下，主管全军的审计工作。"军队负责审计事务的最高机构是中国人民解放军审计署，审计署是对中央军委负责，并对包括军委各总部机关在内的一切部门的相关业务进行审计。第三条规定："一切有经济活动的军队单位和部门，依照本条例规定接受审计监督。"明确了军队审计部门依照本条例规定的职权和程序，对各级各部门、各企业事业单位的财务收支、国有资产，以及其他有关经济活动的真实、合法和效益，进行审计监督。而且军队审计部门依法独立行使审计监督权，不受其他部门和个人干涉。军队审计部门作出的审计决定，被审计单位和有关单位必须执行，并应当向审计部门报告执行情况。我军《审计条例》不仅规定了审计制度和机构，还赋予军队各级审计部门具有实施监督检查权和对被审计单位、个人的行政处理权及经济处罚权。

为保证军队审计工作的有效开展，该法规还规定军队审计采取双重领导体制，即"对本级首长和上一级审计机关负责"。各单位的审计部门对本级首长负责并报告工作，日常工作由本级后勤机关领导，未设置审计机构的单位，审计工作由本单位财务部门负责，各级审计部门的审计业务都要以上级审计部门领导为主，下级审计部门应当如实向上级审计部门报告工作。中央军委颁布审计条例，从军事法规上进一步确立了我军现行的审计制度，对军队审计机关的职能和权力作出的明确规定。各总部、军兵种和大军区制定的审计规章都是依据中央军委颁布的审计法规制定的，如1997年4月总后勤部制定的《中国人民解放军装备审计规定》第一条规定："根据《中国人民解放军审计条例》制定本规定。"

二、颁布军事审计法规和规章

中央军委和总部领导十分重视军队审计工作，颁布了一系列军事法规、法规性文件和规章，有力地规范、指导和推动了军事审计工作的依法进行，取得了明显成效。据统计，到 2012 年 8 月底，制定颁布了现行有效的军队审计法规、法规性文件和规章等 90 余件。

（一）法规类

1995 年 4 月 17 日，根据国家审计法制定颁布了《中国人民解放军审计条例》。该条例是对 1987 年中央军委主席邓小平签发颁布的《中国人民解放军审计工作条例》作了重新修订形成的，是我军按照国家《宪法》和《审计法》关于建立与实行审计监督制度的要求，保障军队审计实现法治化、制度化、规范化的又一个根本性法规，也为制定和颁布军事审计规章提供了立法依据。2007 年 1 月 15 日，中央军委主席胡锦涛签署命令，发布新修订的《中国人民解放军审计条例》。《条例》以《中华人民共和国审计法》为依据，对于进一步强化军队审计监督，维护军队财经秩序，提高军事经济效益，促进部队全面建设发挥了重要作用。新修订的《条例》从 2007 年 3 月 1 日起施行，1995 年发布施行的原《条例》同时废止。新修订的《条例》共 8 章 58 条，涵盖了军队审计的各个方面，包括军队审计工作的原则、基本任务、领导体制、机构和人员、审计职责、审计职权、审计程序以及审计管理等。《条例》明确规定，军队审计工作遵循党委领导、按级负责，依法审计、客观公正、服务大局、突出重点，注重效率、保证质量的原则。各级审计部门对本单位党委、首长和上一级审计部门负责并报告工作，审计业务工作以上一级审计部门领导为主，日常工作由本单位后勤（联勤）机关领导。

2008 年 9 月 15 日，经中央军委批准，四总部发布《军队单位和人员财经违法行为处理规定》，自 2008 年 10 月 1 日起施行。《规定》积极适应新形势下加强军队财经管理的新要求，注重借鉴国家处理财经违法行为的做法，从军队实际出发，对财经违法行为处理的执法主体与职权、处理方式与方法以及法律责任等作出了新的调整充实。《规定》强调各有关职能部门对在履行职责中发现的有财经违法行为的单位和个人，应当依据职权实施处理。审计部门作出审计决定后，送交有处理权的主管部门处理。

2011 年 8 月，经中央军委主席胡锦涛批准，中央军委印发了《关于进一步加强军队审计工作的意见》。该意见共七个部分，包括认清审计工作的重要意义、全面发挥审计监督职能、大力推进审计工作改革创新、健全完善审计工作运行机制、积极推动审计结果运用、注重抓好审计力量建设、切实加强党委对审计工作的领导等内容，对于进一步加强和改进新形势下军队审计工作提供了重要遵循，有利于进一步发挥审计监督职能，提高审计工作质量效益。

此外，如1986年10月25日，中央军委批准转发了中国人民解放军总参谋部、总政治部、总后勤部、军委纪委联合制定的《关于财经纪律大检查中若干问题的处理规定》（现已废止）。这是第一个有关军事审计的法规性文件。1987年1月24日，中央军委主席邓小平签署命令颁发全军试行《中国人民解放军审计工作条例》（现已废止）。它的颁布试行使军队审计纳入了法治化、制度化、规范化的轨道，迈上了新的台阶，树立了审计的权威，增强了审计的规范性和强制性，为新时期落实质量建军方针、强化军队管理、促进军队各项建设的发展做出了应有的贡献。

（二）规章类

各总部根据军事法规制定颁布的审计军事规章，是军队审计法规制度的重要组成部分。主要有20余项。例如，1989年8月16日，针对当时部队生产经营有较大发展的实际，按照中央军委批发的《关于改革军队生产经营的总体方案》的要求，中国人民解放军总后勤部制定颁发了《加强生产经营审计监督的通知》（现已废止）。1989年10月7日，根据国务院《关于违反财政法规处罚的暂行规定》，为维护财经纪律，保护国家和军队的财产，促进军队廉政建设，总参谋部、总政治部、总后勤部联合颁布《中国人民解放军关于违反财经法规处罚的暂行规定》。同年，解放军审计局、总后财务部下发《对〈中国人民解放军关于违反财经法规处罚的暂行规定〉有关条款的解释》，为规范处罚提供了操作依据。1994年6月28日，中央军委批转中国人民解放军总参谋部、总政治部、总后勤部《关于加强军队审计工作的意见》（现已废止）。该意见的颁发和执行，是审计工作适应市场经济的发展和新时期军事战略方针要求的重要措施，对于当时形势下做好审计工作具有较强的针对性和指导意义。1994年12月9日，总参谋部、总后勤部颁布《中国人民解放军装备经费支付审计规定》；1994年12月21日，总后勤部颁布了《军队生产经营收益分配使用审计暂行规定》（现已废止）；1994年12月10日，总后勤部颁布《军队财务结算资金调剂审计暂行规定》；1995年2月15日总后勤部颁布《军队审计事务所管理规定》；1995年8月14日总后勤部颁布《中国人民解放军企业审计规定》；1995年11月30日总后勤部颁布《中国人民解放军基本建设审计规定》。

从 1996 年到 2000 年为我军审计法规建设的发展阶段。军委、总部和解放军审计署根据我军军事经济发展的要求，总结了我军审计机关成立以来的经验，借鉴国家审计立法的有益成果，先后制定了《军队预算审计规定》《军队经费决算审计暂行规定》等多个专项规定，由四总部颁发全军施行；全军性审计准则 40 多个，由解放军审计署颁发全军审计部门执行。在这些法规和规章中，有综合性的审计条例、专业审计规定和审计制度规范，初步形成了具有我军特色的审计法规体系。这段时期制定颁布的主要军事审计规章，包括现已废止的主要有：《军队审计工作程序规定》（1996 年 4 月 16 日），由总参谋部、总政治部、总后勤部颁发全军施行。《军队预算审计规定》《军队经费决算审计暂行规定》（1996 年 4 月 25 日），经总后勤部颁发全军施行。这两项规定是对全军团以上单位和部门的预算、预算执行和决算情况进行审计的规范性文件，是军队审计规章的组成部分。《中国人民解放军装备审计规定》（1997 年 4 月 4 日），总参谋部、总政治部、总后勤部颁发；《军队物资审计暂行规定》（2000 年 2 月 3 日），总后勤部颁发；《军队预算外经费审计暂行规定》（2000 年 6 月 7 日），总后勤部颁发；《中国人民解放军驻香港部队审计规定》（2000 年 1 月 24 日），总参谋部、总政治部、总后勤部、总装备部发布实施。

2001 年以来，是我军审计法规建设的逐步完善阶段。这一期间，根据新军事变革对军队审计提出的新要求，先后颁布了《军队领导干部经济责任审计规定》《军队物资、工程、服务采购审计规定》《军队预算执行审计规定》等多个专项规定，《军队审计工作质量考评制度》《军队审计事务所九项制度》等十几个全军性的审计规定。与此同时，各大单位及其审计部门还结合本单位实际，颁发了各类审计制度规定 300 多个。这些审计法规和规定，全面涵盖了军事经济活动的方方面面。目前，我军已基本上建立了以《宪法》和《审计法》为依据，以《中国人民解放军审计条例》等审计军事法规为核心，以军事审计规章为配套的军队审计法律规范体系。军队审计工作基本走上了法治化、制度化、规范化的轨道，军队审计立法不断趋于完善。例如，《关于加强总后直属单位审计工作的通知》（2001 年 2 月 23 日），总后勤部颁发；《军队物资、工程、服务采购审计规定》（2002 年 2 月 4 日），总后勤部颁发；《军队保险基金和住房资金审计暂行规定》（2002 年 3 月 5 日），总后勤部颁发；《军队单位对外有偿服务审计规定》（2002 年 12 月 3 日），总后勤部颁发；《军队领导干部经济审计评价标准（试行）》（2005 年 1 月 1 日），总政治部、总后勤部颁发；《济南战区联勤审计工作规定》（2005 年 3 月 2 日），总后勤部颁发；《军队预算执行审计规定》（2005 年 6 月 15 日），总参谋部、总政治部、总后勤部、总装备部颁发；《军队审计档案规定》（2006 年 8 月 14 日），总后勤部颁发。

《军队预算执行审计规定》依据《中国人民解放军审计条例》《军队预算编制改革实施方案》和中央军委《关于利用计算机信息系统开展审计工作的通知》制定的。这是适应军队预算编制改革要求，完善预算执行审计法规，加大预算执行审计力度的重要举措。《规定》进一步完善了审计内容，突出了预算执行审计在预算审计工作中的地位，并在以前颁发的相关审计规定基础上，增加了“预算指标批复、下达和预算资金划拨情况、预留机动经费分配情况以及预算管理措施落实情况”等重要审计内容，以考核年度预算编制质量，强化预算审计监督。同时，针对项目经费跨年度执行，周期比较长，项目结束时间不确定等特点，明确规定了军队预算执行审计既可在预算执行中进行，也可在预算执行后进行，或者结合决算审计一并实施，有效地解决了预算执行审计与决算审计在时间上的矛盾。

2006 年 12 月 12 日，总参谋部、总政治部、总后勤部、总装备部联合签署命令，发布施行《军队审计回访规定》，这标志着我军审计工作法制化、规范化建设又迈上了一个新台阶。建立军队审计回访制度，对于强化审计监督职能，督促被审计对象整改问题，检验执法质量，规范审计工作，发挥了重要作用。2011 年 7 月 23 日，总政治部、总后勤部颁发《军队审计人员廉洁从审规定》立足军队审计实际，明确了军队审计人员廉洁从审的适用范围和基本要求，围绕审计独立性和客观性，对审计人员廉洁从审提出了“十不准”要求。

此外，解放军审计署还紧密结合全军审计工作实际，依据军事审计法规和规章，制定颁发了一些军队审计制度规定，有力地指导了全军各项审计工作的开展。例如，1987 年 4 月 1 日，中国人民解放军总参谋部、总政治部、总后勤部颁发了在全军试行的一项综合性的审计法规《中国人民解放军审计制度（试行）》（现已废止）。该制度的颁布，对贯彻落实试行的《中国人民解放军审计工作条例》起到了积极的作用；《军队领导干部经济责任审计实施细则》（1995 年 8 月 8 日）；《中国人民解放军审计基本准则》（1998 年 6 月 26 日）；《军队审计证据准则》（1998 年 6 月 26 日）；《军队审计部门计算机辅助审计办法》（1998 年 6 月 29 日）；《军队经费预算审计办法》（1998 年 6 月 30 日）；《军队经费决算审计办法》（1998 年 6 月 30 日）；《军队财务结算审计办法》（1998 年 6 月 30 日）；《军队装备购置费审计办法》（1998 年 6 月 29 日）；《军队装备维修管理费审计办法》（1998 年 6 月 29 日）；《军队装备科学研究费审计办法》（1998 年 6 月 29 日）；《军队装备价格审计办法》（1998 年 6 月 29 日）；《军队战备物资储备审计办法》（1998 年 6 月 29 日）；《军队装备经费支付审计办法》（1998 年 6 月 29 日）；《军队基本建设项目竣工决算审计办法》（1998 年 6 月 30 日）；《军队企业财务审计办法》（1998 年 7 月 7 日）；《军队审计部门审计实施强制性措施规程》（1998 年 6 月 29 日）；《军队预算外经费审计实施办法》（2000 年 6 月 13 日）；《军队审计建设“十五”计划和 2010 年前发展规划》（2001 年 3 月 20 日）；《关于利用计算机信息系统开展审计工作的通知》（2002 年 6 月 6 日）和《关于加强军队体制编制调整改革期间审计监督工作的意见》（2003 年 8 月 22 日）；《领导干部经济责任审计工作方案》（2006 年 4 月 10 日）等。

三、加大军事审计监督力度

在现行宪法和法律指导下建立的军事审计制度，在充分发挥军事审计的法律监督作用，加大监督的力度上发挥了重要作用。各级审计部门认真履行审计监督职权，加大审计执法力度，积极开展各项审计监督活动，完成了数以千亿元资产的各项军事审计，取得了显著成效。截至 2005 年年底，取得经济成果 230 多亿元，依法查出和参与查处贪污、贿赂等违法违纪案件 570 起，提请司法机关处理 315 人，移交纪检部门处理 314 人，严肃了财经纪律，维护了军事经济秩序，提高了军事经济效益，促进了党风廉政建设。“十五”期间，全军审计部门不断加大审计监督力度，共审计单位、项目 7.7 万个，审计负有经济责任的团以上领导干部 7890 名，取得直接经济效益 68 亿元，规范了军事经济秩序，提高了军事经济效益，逐步摸索出一条适应市场经济和军事经济发展要求、具有我军特色的审计路子。

军队审计的各类项目涵盖了军事、政治、后勤、装备建设和各级财务系统有关的方方面面，包括年度预算及其执行和决算，财务收支、会计核算和资金管理，工程建设、房地产开发，对外有偿服务，物资和装备及器材采购，资产管理、家底经费管理、债权债务和经济遗留问题处理，等等。其中出包工程审计是直接经济效益最多的一块业务，最多审减预算达到35%—40%。这种事前审计有效地防止了军费资源的浪费。解放军军事审计体系，除了有各级审计机构外，还有中介性质的审计事务所，吸纳了大量注册会计师和注册审计师。审计事务所主要负责出包工程审计、有偿服务审计等与军队系统联系较多的社会审计业务。随着国家军费投入和军事开支的增加，解放军审计署需要审计的军费金额逐年攀升，目前每年的审计规模已超过千亿元，仅从2001年至2004年，通过对出包工程、物资采购以及其他装备建设的预算审计，而减少的军费开支高达45亿元。军费使用效益直接关系到国家的军事安全与发展，关系到军队建设的成效，建立健全有效的监督机制意义十分重大。

开展军队领导干部经济责任审计。军队各级领导干部对军事经济活动的合法和效益负有重要责任，加大对军队领导干部经济责任的审计监督是新时期加强对领导干部监督管理的重大举措，也是军事法律监督的重要内容。尤其是在军事斗争准备和军队现代化建设的任务十分繁重的情况下，军队各级领导干部特别是高中级领导干部，担负的经济责任越来越大，如何加强监督制约，促使领导干部正确行使手中的权力，依法、合理、有效地分配和管理使用军事资源，从机制与源头上预防和治理腐败，已成为我党我军建设的一个重大课题。

早在1995年1月1日，总参谋部、总政治部、总后勤部就颁布了《军队领导干部经济责任审计暂行规定》（现已废止）在全军施行。这是第一部统一规范全军领导干部经济责任审计活动的规章。该规定首次明确了“凡承担经济责任的团以上单位和部门的领导干部，均应依照本规定接受审计监督”，并就审计组织领导、审计方式、审计内容等分别进行了规定。军队刚开始进行经济责任审计时，提出的审计级别是团以上领导，到2000年审计级别上升为军职干部。2004年11月4日，经中央军委批准，总参谋部、总政治部、总后勤部、总装备部颁布了《军队领导干部经济责任审计规定》，并于2005年1月1日施行（现已废止）。该规定是在1995年的《军队领导干部经济责任审计暂行规定》基础上修订的。《规定》提出，“军队团级以上单位和机关部门负有经济责任的领导干部，在任现职两年以上、即将离任、干部考核或经济方面有反映的情况下，都应当按照规定接受审计。对军区级正职领导干部的经济责任审计，根据中央军委的授权组织实施”。新规定提高了监督层次，深化了监督内容，把军区级领导纳入审计监督范围，而且军区级副职领导纳入了常规的经济责任审计，无须经军委授权；明确审计之后还要填写《军队领导干部经济责任审计报告表》，在各方签字后装入干部的人事档案中。《规定》还提出，编设审计部门的单位，要成立领导干部经济责任审计工作领导小组，负责指导、协调、检查本单位的领导干部经济责任审计工作；审计部门具体组织实施，干部部门负责提供应当审计的领导干部名单和情况，纪检部门负责提供被审计领导干部及其所在单位廉政建设情况，财务部门负责提供被审计领导干部在经济活动中履行职责的情况，从而将职责、分工一一划清。《规定》将对领导干部的经济责任审计评价结果分为好、较好、一般、差四个等次，按照总政治部、总后勤部制定的《军队领导干部经济责任审计评价标准》执行。

审计主要针对领导干部在本单位、本部门的经济行为，若涉及其他单位、部门，还可以进行延伸审计。2004 年全军共审计团以上领导干部 1000 多名，其中军职数十名，师职数百名，团职千余名。审计表明，被审计的领导干部中，履行经济责任好和较好的占 94.8%，差和有经济问题的占 5.2%。2004 年全年审计直接经济效益便突破 15 亿元。也有少数领导干部目无法纪，滥用职权，贪污受贿。有的利用职务之便，采取假协议、假票据、假借款等手段，贪污军事训练费、营建工程款等各种经费，有的收受商业贿赂等。经审计发现后，分别移交纪检或司法机关，依法追究责任。实践证明，开展军队领导干部经济责任审计，对于加强军队廉政建设、整肃军队财经纪律以及军队反腐败，很有必要。2007 年全军对 1778 名团以上领导干部进行了经济责任审计，首次对 1 名副大军区职领导干部实施了经济责任审计，拓展了审计范围，提升了监督层次，扩大了审计影响，同时还对 26 名军职、295 名师职领导干部进行了审计，在规范军事经济秩序、提高经费物资使用效益、加强干部教育管理、促进党风廉政建设等方面发挥了积极作用。[①] 2009 年全军共审计单位 1521 个、项目 17063 个、负有经济责任的团以上领导干部 1749 名，查出违规金额 35.67 亿元，审减施工企业不合理收费 34.8 亿元，压减超财力建设和行

① 《全军展开领导干部经济责任审计成效显著》，《解放军报》2008 年 1 月 23 日，第 1 版。

政消耗性开支预算8.26亿元。[①]

加强军事审计工作是推动军队革命化、现代化、正规化建设协调发展的有效保证，是新形势下提高科学管理水平的必要手段，是促进军队党风廉政建设的重要举措。2006年开始的“十一五”期间，军事审计要始终把工作的着力点放在保障和服务于做好军事斗争准备这个龙头上。在全面实施军事审计的同时，将突出抓好战备工程、军事装备、战备储备和领导干部经济责任等“3+1”项目审计，为促进军事斗争准备、提高领导干部依法行政能力，最大限度地发挥军费使用效益提供服务。

开展战备工程审计。亿元以上的大型工程，由审计署负责审计；亿元以下的工程，由各军区、军兵种审计部门负责审计。对特大型建设项目，实行审计派驻，全程监督。对工程建设计划执行、工程采购、经费使用等情况，实行不定期的审计巡查，并对工程结算和招投标实行跟踪审计，确保战备工程建设的质量和效益。同时，要开展军事装备审计。对重点部门、装备和科研项目，实施全过程监督。分期开展装备型号研制和国防科研专项经费、装备采购计划执行及价格管理、新型装备维修价格的审计监督。开展战储物资审计。依据军事斗争准备战备物资储备计划，重点审计储备计划落实和滚动采购项目合同的订立情况；突出抓好重点方向战备物资储备基金和储备计划、订购、管理、轮换、淘汰、报废等情况的审计。开展领导干部经济责任审计。在审计对象上，突出对师以上单位主官的审计，对掌管经费物资较多和负责重大建设项目的领导干部，优先安排审计；在审计结果运用上，切实把审计结果与干部考核任用结合起来，为正确评价和使用干部提供重要依据。”2006年7月20日，经中央军委批准，全军领导干部经济责任审计工作领导小组在北京成立，这标志着军队对领导干部经济责任的审计监督提升到一个更高的层次。2006年审计领导干部近千名，把军队领导干部经济责任审计工作推向一个新水平。审计领导小组的成员来自解放军四总部，主要职责包括：负责领导干部经济责任审计工作的总体筹划和组织领导工作，指导各总部和大单位经济责任审计工作，抓好经济责任审计法规建设并督促落实，组织交流和通报经济责任审计工作情况，审批经济责任审计工作计划和重要审计报告，研究解决经济责任审计工作中的有关问题。要把领导干部经济责任审计作为审计工作的

---

① 《充分发挥全军审计职能作用》，《解放军报》2010年1月21日，第1版。

重点，摆在突出位置，审计的重点内容包括：年度预算、工程建设、装备物资器材采购、大项投资、房地产开发、有偿服务等决策程序是否科学、民主、规范；有无超预算开支、挪用经费、违规存款、应收未收、收不入账和“小金库”等问题；领导干部是否按规定程序、权限和标准办事，有无插手敏感经济事项、挥霍浪费、贪污贿赂等问题。2012 年 4 月 6 日，经中央军委批准，全军审计工作领导小组成立并召开第一次会议。领导小组的成立有利于对军队审计工作领导力量、领导方式、领导职能的全面深化、拓展和加强，有利于强化党管审计的原则，有利于强化审计职能作用，有利于依法治军、从严治军方针的贯彻落实。

第六节　研究和运用国际法及战争法

战争法是国际法的重要组成部分。在人民军队夺取政权和巩固政权的长期革命斗争中，模范地遵守和运用了相关国际法及战争法，对于争取国际社会的支持和理解，完成党和人民赋予的各项神圣使命发挥了重要作用。我国进入改革开放新时期后，在国防和军事领域研究和运用国际法成为我国军事法治建设的重要内容。这主要体现在：党和国家领导人高度重视在军事斗争中研究和运用国际法，我国积极参与军事领域的国际立法活动，我国国内的军事立法工作十分重视有关国际法的适用，我军在军事行动中运用国际法的能力不断提高，军队院校和部队普遍开展有关国际法及战争法的教育和训练，军内外专家学者对军事领域的国际法及战争法问题开展了深入研究和国际交流活动，取得丰硕的成果。

一、党和国家领导人高度重视在军事领域研究和运用国际法及战争法

在这一时期，党和国家领导人对研究和运用国际法作了许多精辟论述，提出了很高的要求，这些论述和要求对在国防和军事领域研究运用国际法起着根本的推动和指导作用。1978 年年底，邓小平在中央工作会议上的讲话中指出：“我们还要大力加强对国际法的研究。”① 1996 年 12 月 9 日，江泽民在中共中央举行主题为“国际法在国际关系中的作用”的法制讲座上要求：我们的领导干部特别是高级干部都要注意学习国际法知

① 《邓小平文选》（第二卷），人民出版社 1994 年版，第 147 页。

识，努力提高运用国际法的能力。在处理国家关系和国际事务中，在开展政治、经济、科技、文化领域的交流与合作中，在反对霸权主义和强权政治的斗争中，都要善于运用国际法这个武器，来维护我们的国家利益和民族尊严，伸张国际正义，牢牢掌握国际合作与斗争的主动权。他指出：早在 1978 年，邓小平就提出，要大力加强对国际法的研究。近年来，中央多次强调，为了适应我们面临的形势和肩负的任务，做好各方面的工作，各级领导干部要努力学习法律知识，这当然包括国际法知识在内。[①] 胡锦涛也多次强调人民军队在军事活动中要认真研究和运用国际法、海洋法。党和国家领导人提出的关于要加强对国际法的研究和运用的论述及要求，有力地推动和指导了国家和军队在军事法治建设上对国际法，特别是战争法的研究和运用。

（一）注重运用国际法及战争法是党和国家领导人的一贯思想

老一辈无产阶级革命家在指导军事斗争中一向十分重视运用国际法，并有着丰富的思想和实践，也形成了人民军队的光荣传统。早在革命战争年代，人民军队就模范地遵守和执行了关于保护外交使馆和外交人员、外国侨民和优待俘虏等涉及国际法、战争法的法规政策。中华人民共和国成立初期，在出兵抗美援朝时，毛泽东主席、周恩来总理根据公认的国际实践，以“中国人民志愿军”的名义赴朝参战，在符合国际法的框架内妥善界定出兵性质，避免了与美国形成直接的交战关系。1958 年我军炮击金门等岛屿时，针对美军介入的情况，毛泽东主席亲自确定了“打蒋舰不打美舰”的原则，准确划定内战与“外战”的界限，占据了国际法理的主动地位，给美军退兵的机会，避免了将内战打成“外战”。1962 年，在中印边境自卫反击战中，人民军队严格遵守了国际法及战争法的相关规定，对印军的侵略行为予以坚决反击，并在对待印军俘虏时严格遵守日内瓦公约，赢得国际社会的赞誉。1969 年，在珍宝岛事件中，我国政府允许外国记者到珍宝岛现场采访，用事实有力地揭露了苏联侵犯我国领土、违反国际法的行径。这些丰富的斗争实践表明，老一辈无产阶级革命对于在军事斗争中运用国际法有着深刻的思想。党和国家领导人关于研究和运用国际法的论述、要求和实践是一脉相承的，是人民军队在新时期注重国

---

① 中华人民共和国司法部、全国普法办公室编：《中共中央法制讲座汇编》，法律出版社 1998 年版，第 156、159 页。

际法及战争法研究和运用的重要指导思想，也是加强军事法治建设必须遵循的基本原则。

（二）对学习、研究和运用国际法提出了更高要求

改革开放后，党和国家领导人对学习、研究和运用国际法提出了新的更高的要求。邓小平提出要大力加强对国际法的研究。江泽民同志提出的要求更为明确和具体。他指出："所有代表国家从事政治、经济、文化、司法等工作的同志，也都要学习国际法知识。有些地方和部门的干部，由于缺乏国际法知识，在实际工作中吃了不少亏。这种教训应该引以为戒。办法就是加强学习，加深了解国际法所确认的基本原则、通行惯例及发展趋势。"① 胡锦涛明确要求领导干部特别是高级干部要学习、研究和运用有关的国际法。2011 年 6 月 10 日，胡锦涛在对哈萨克斯坦、俄罗斯进行国事访问前夕，接受了当地媒体的书面采访，在谈到打击恐怖主义时，他强调"国际社会应该按照《联合国宪章》及其他公认的国际法和国际关系准则，加强国际合作，共同打击恐怖主义。应该采取政治、经济、外交等综合手段，标本兼治，努力消除恐怖主义滋生的土壤。②。

（三）对国际法的学习、研究和运用深入发展

邓小平 1978 年基于对我国将实行改革开放政策的战略部署，提出要建立必要的法律，他列举了六个法律名词，并且说要研究国际法，不懂外法，国际交往越多，将来要栽很大跟头③。江泽民对研究和运用国际法的重要意义作了全面而丰富的论述。他认为，当代国际法规范、调节的内容和范围正在不断扩充，涵盖的领域包括政治、经济、贸易、环境保护、自然资源、海洋开发、科学技术、外层空间、军事和司法等。一方面国际格局朝着多极化的方向发展，国际形势总的趋向缓和，和平与发展是时代的两大主题；另一方面世界各种力量在经济、政治等方面的竞争和斗争仍然十分激烈，霸权主义和强权政治依然存在。这样的国际形势，为各国注重

---

① 《中共中央举行国际法知识讲座 江泽民主持并讲话》，人民网，http：//politics. people. com. cn/GB/8198/5183649. html。

② 《胡锦涛分别接受哈萨克斯坦、俄罗斯媒体书面采访》，中央政府门户网站，http：//www. gov. cn/ldhd/2011-06/11/content_1881732. htm。

③ 《1978 年邓小平嘱咐："有些人不能重用"》，人民网，http：//henan. people. com. cn/n/2015/0828/c356998-26154502-3. html。

运用国际法来调整对外关系和处理国际事务，提供了需要和可能。胡锦涛也提出世界各国“应该遵循联合国宪章宗旨和原则，恪守国际法和公认的国际关系准则，在国际关系中弘扬民主、和睦、协作、共赢精神……安全上相互信任、加强合作，坚持用和平方式而不是战争手段解决国际争端，共同维护世界和平稳定”。① 从以上论述可以看出，新时期党和国家领导人显然丰富和发展了老一辈无产阶级革命家运用国际法的思想。

党和国家领导人对研究和运用国际法的论述和要求，对于新时期国防和军事活动中研究与运用与军事有关的国际法起着重要的推动及促进作用。尽管现代国际社会仍然充满强权政治、霸权主义和各种破坏国际法的现象，但国际法基本准则的正义性和国际条约的约束力毕竟得到国际社会的普遍承认。研究和运用国际法不但在政治、外交、经济、文化等领域的国际事务中具有重要意义，而且在军事领域的国际斗争和合作中同样具有不可忽视的重要意义。在党和国家领导人阐述的重要思想的指引下，国家和军队许多部门、许多领导干部和专家学者越来越认识到研究和运用国际法的重要性，在研究和运用国际法方面做了许多工作，取得了前所未有的成绩。

二、积极参与军事领域的国际立法活动

与军事有关的国际法，范围很广，包括战争法（武装冲突法）、裁军与军备控制法、国际维持和平行动法、联合国集体安全制度等，还包括海洋法、空间法、和平解决国际争端制度、国际刑法、国际反恐怖法等领域中与军事有关的内容。20 世纪 80 年代以前，我国已经批准、加入了许多与军事有关的国际公约，其中有的是在 1949 年前由旧中国政府批准加入的，有的是在 1949 年后由中华人民共和国政府批准加入的。进入新时期以来，我国政府以更加积极的姿态参与有关国际法的立法活动。主要有以下方面：

（一）立法数量快速增加

我国参与国际立法、批准加入有关国际公约的数量明显增加、步伐明显加快。据初步计算，在 20 世纪 80 年代前，我国平均每 3 年半左右批准加入一个与军事有关的国际公约，在此之后，平均不到 1 年半就批准加入

① 《胡锦涛文选》第二卷，人民出版社 2016 年版，第 650 页。

一个与军事有关的国际公约。从 1904 年中国清朝政府加入第一个关于在战时实行人道主义保护的日内瓦公约——1864 年《改善战地武装部队伤者境遇公约》，到 1949 年，旧中国政府批准加入了约 18 个战争法领域的国际公约。中华人民共和国成立后至 1979 年，中华人民共和国批准加入了大约 6 个战争法领域的国际公约。据不完全统计，从 1980 年至 2006 年，我国批准加入了 20 多个涉及军事领域的国际公约。

（二）立法内容更加全面丰富

30 多年来，我国批准加入了许多与军事有关的重要国际公约。例如，1982 年，中国批准《禁止或限制使用某些可被认为具有过分伤害力或滥杀滥伤作用的常规武器公约》（简称《特定常规武器公约》）；1983 年，中国加入 1948 年《防止及惩治灭绝种族罪公约》[①]、1967 年《关于各国探测和利用包括月球和其他天体在内外层空间活动的原则条约》（简称《天体条约》）[②] 以及 1977 年关于 1949 年日内瓦四公约的两个附加议定书；1984 年，中国加入 1972 年《禁止细菌（生物）及毒素武器的发展、生产及储存以及销毁这类武器的公约》（简称《生物武器公约》）；1988 年，中国批准加入 1984 年《禁止酷刑和其他残忍、不人道或有辱人格的待遇或处罚公约》[③] 和 1986 年《南太平洋无核区条约第二和第三号附加

---

① 该公约于 1951 年 1 月 12 日生效。1983 年 4 月 18 日中华人民共和国政府向联合国秘书长交存批准书。批准书中载明，对公约第九条持有保留，并声明：台湾当局于 1951 年 7 月 19 日盗用中国名义对公约的批准是非法的和无效的。本公约于 1983 年 7 月 17 日对我国生效。见赵永琛主编：《国际刑法约章选编》，中国人民公安大学出版社 1999 年版，第 301 页。

② 该条约于 1967 年 1 月 27 日订于伦敦、莫斯科、华盛顿，于 1967 年 10 月 10 日生效。中华人民共和国政府分别于 1983 年 12 月 30 日，1984 年 1 月 6 日和 1 月 12 日向美国政府、苏联政府和英国政府交存加入书，同时声明：台湾当局于 1967 年 1 月 27 日和 1970 年 7 月 24 日盗用中国名义对该条约的签署和批准是非法的，无效的。该条约自 1983 年 12 月 30 日起对我生效。见国家信息中心《国家法规数据库》。

③ 该公约于 1987 年 6 月 26 日生效。中华人民共和国政府于 1986 年 12 月 12 日签署本公约，同时声明对公约第二十条和第三十条第一款予以保留。本公约于 1988 年 11 月 3 日对我国生效。见赵永琛编：《国际刑法约章选编》，中国人民公安大学出版社 1999 年版，第 374 页。

议定书》[1]；1991 年，中国批准加入 1971 年《禁止在海床、洋底及其底土安置核武器和其他大规模毁灭性武器条约》[2]；1992 年，中国加入 1968 年《不扩散核武器条约》[3]；1995 年 10 月 13 日和 1996 年 5 月 3 日，《禁止或限制使用某些可被认为具有过分伤害力或滥杀滥伤作用的常规武器公约》所附的“关于激光致盲武器的议定书”（第四号议定书）和《禁止或限制使用某些可被认为具有过分伤害力或滥杀滥伤作用的常规武器公约》所附的“禁止或限制使用地雷、诱杀装置和其他装置的修正议定书”（修正的第二号议定书）正式签署[4]；1997 年，中国批准加入 1993 年的《关于禁止发展、生产、储存及使用化学武器以及销毁这类武器的公约》（简称《化学武器公约》）[5]；1998 年，中国批准加入《〈禁止或限制使用某些可被认为具有过分伤害力或滥杀滥伤作用的常规武器公约〉所附的〈禁止或限制使用地雷、诱杀装置和其他装置的修正议定书〉》（修正的第二号议定书）和《〈禁止或限制使用某些可被认为具有过分伤害力或滥杀滥伤作用的常规武器公约〉附加议定书》（第四号议定书）[6]。

2001 年 6 月 15 日，上合组织在上海签订了《打击恐怖主义、分裂主义和极端主义上海公约》，中国于 2001 年 10 月 27 日正式批准加入；2002 年 6 月 7 日，《上海合作组织宪章》和《上海合作组织成员国关于地区反

---

① 该公约于 1986 年 8 月 8 日订于苏瓦，1986 年 12 月 1 日开放签署，于 1988 年 3 月 21 日原苏联批准之日起生效。中华人民共和国政府代表于 1987 年 2 月 10 日签署本议定书，1988 年 10 月 21 日交存批准书，同时声明：签署此议定书不意味改变对《不扩散核武器条约》和《部分禁止核试验条约》的原则立场；如其他有核国家和条约缔约国严重违反条约和议定书，改变无核区地位并危及我安全利益，保留重新考虑所承担义务的权利。该议定书于 1988 年 10 月 21 日对我国生效。见国家信息中心《国家法规数据库》。

② 该公约于 1971 年 2 月 11 日订于伦敦、莫斯科和华盛顿，并同时开放供签署，于 1972 年 5 月 18 日生效。中华人民共和国政府于 1991 年 2 月 28 日交存批准书，同日公约对我国生效。见国家信息中心《国家法规数据库》。

③ 该公约于 1968 年 7 月 1 日订于伦敦、莫斯科和华盛顿，并同时开放供签署，1970 年 3 月 5 日生效。中华人民共和国政府 1992 年 3 月 9 日递交加入书，同时对中国生效；1992 年 3 月 16 日向美利坚合众国和俄罗斯联邦政府递交加入书，1992 年 3 月 9 日起对中华人民共和国生效。见国家信息中心《国家法规数据库》。

④ 我国均于 1998 年 11 月 4 日交存批准书，并于 1999 年 5 月 4 日开始生效。

⑤ 我国全国人大于 1996 年 12 月 30 日批准加入该公约，1997 年 4 月 25 日交存批准书。见国家信息中心《国家法规数据库》。

⑥ 以上公约未专门注明中国批准和加入情况出处的，均见王铁崖等编：《战争法文献集》，解放军出版社 1986 年版。

恐怖机构的协定》签署，中国于2002年6月7日签署这两份文件，并分别于2002年8月29日和12月28日由人大常委会作出批准决定；2001年12月21日，《禁止或限制使用某些可被认为具有过分伤害力或滥杀滥伤作用的常规武器公约》第一条经过修正，中国于2003年6月28日正式批准，同年8月11日递交了批准书。2006年10月27日，中国签署《亚洲地区反海盗及武装劫船合作协定》，该协定于当年11月26日对中国生效；2007年12月29日第十届全国人大常委会第三十一次会议决定批准《儿童权利公约关于儿童卷入武装冲突问题的任择议定书》，该议定书谴责在武装冲突情况中以儿童为目标，以及直接攻击受国际法保护的物体，包括学校和医院等一般有大量儿童的场所的行为；2008年11月6日，上海合作组织成员国签订的《关于合作查明和切断在上海合作组织成员国境内参与恐怖主义、分裂主义和极端主义活动人员渗透渠道的协定》正式生效,[①]；2010年5月3日，《上海合作组织成员国政府间合作打击非法贩运武器、弹药和爆炸物品的协定》正式生效[②]。

（三）在参与立法中，加大对国际法及战争法的研究力度

我国积极参与有关国际法及战争法的立法活动，本身就是研究和运用国际法的重要实践。参与国际立法活动是一项艰苦的工作，它实质上是法律领域的一种国际斗争。

1954年《关于发生武装冲突时保护文化财产的公约》，中国早已签署，但至今尚未批准。主要原因是公约规定的受特别保护的文化财产须经国际登记；此类文化财产同大工业中心、机场、港口、火车站、主要交通线、广播站、国防设施要有一定的距离；如果此类文化财产位于上述军事目标附近，须保证在战时不使用这些军事目标。由于中国是一个文明古国，按照公约规定可以登记为受特别保护的文化财产数量很大，而且许多文化财产都位于上述目标附近，要使文化财产同上述目标保持距离几乎是不可能的。这样，如果中国不将这些文化财产进行登记，就得不到特别保护；如果进行登记，就要在战时放弃对上述目标的使用，这对中国的经济

---

① 我国政府于2012年5月21日决定核准，2012年7月交存核准书，2012年7月10日对我国生效。

② 我国政府于2012年5月24日决定核准，2012年7月交存核准书，2012年7月10日对我国生效。

利益和军事利益影响很大。我国全国人大常委会已多次讨论是否批准该公约的问题，但在上述问题上还需要仔细斟酌。

我国对1968年《战争罪及危害人类罪不适用法定时效公约》规定的主要内容并无异议，但公约规定缔约国应当依国际法引渡公约所称犯罪之人，这就使中国加入该公约遇到障碍，因为中国只与各国专门签订引渡条约，尚未加入普遍的引渡公约。1963年《禁止在大气层、外层空间和水下进行核武器试验条约》，以及1977年《禁止为军事或任何其他敌对目的使用改变环境的技术的公约》，我国也没有批准加入，这是因为中国的武器发展水平尚不先进，批准加入此类公约需要看武器技术先进的国家是否能够率先约束自己的武器发展水平，否则对中国的国防利益将有损害。

1998年《国际刑事法院规约》是世纪之交武装冲突法发展的重大事件，中国积极参与了这个规约的起草和谈判全过程，但是，由于罗马外交大会通过的规约对一些重大问题的规定与中国的立场差距太大，中国代表团投了反对票。《国际刑事法院规约》已于2002年7月1日生效，但我国加入这个规约仍需要慎重考虑，因为这个规约与中国的重要利益有多方面的抵触。比如，规约将非国际性武装冲突中的战争罪纳入国际刑事法院管辖范围，这为西方国家借法院干涉中国保卫国家统一和领土完整等内政问题提供了可能；规约规定国际刑事法院具有普遍管辖权，即使对在非缔约国内发生的罪行也具有管辖权，使非缔约国也承担义务，这与国际法关于国家主权的理论相违背；规约在对侵略罪的判定问题上，排斥安理会的权力，对安理会终止法院运作的权力规定了期限，而且不能行使否决，这是违背联合国宪章精神的；规约规定的国际刑事法院检察官自行调查的权力过大，缺少制约条件，难以防止检察官对国家公务人员或军人进行滥诉的情况；规约还把适用于战时的反人类罪适用于平时，增加了人权内容，有违建立国际刑事法院的真正目的。尽管我国没有批准加入上述国际公约，但对这些公约并不持完全否定的态度，仍将积极参与有关国际公约的立法活动，并考虑在条件成熟时批准加入这些国际公约。我们已经充分认识到，只有积极参与国际立法活动，才能把我们的国家利益尽最大可能反映到国际法中，争取最大的主动权。2008年2月12日，中国与俄罗斯在日内瓦共同向裁军谈判会议（裁谈会）全体会议提交了“防止在外空放置武器、对外空物体使用或威胁使用武力条约”草案，提出通过谈判达成一项新的国际法律文书，防止外空武器化和外空军备竞赛，维护外空的和平与安宁。

三、军事立法工作高度重视国际法及战争法的适用

20 世纪 80 年代以来，我国在国内立法中履行我国批准加入的与军事有关的国际公约义务，取得了前所未有的成就。通过制定国内法履行国际法义务，既是遵循国际法基本准则的必然要求，也是研究和运用国际法的重要内容。国内立法同批准加入的国际公约良好衔接，是一个国家主权统一、法制完善、内政外交协调、政府工作高效的表现，有利于正确地履行国际公约规定的义务，准确地贯彻国家批准加入国际公约的意图，因而是一个国家法治建设比较完善的重要标志。我国近 30 年来与涉及军事领域的国际法相关的国内法主要有以下几个方面：

（一）一般法律原则

1997 年 3 月 14 日公布施行的《中华人民共和国国防法》第六十七条明确规定："中华人民共和国在对外军事关系中遵守同外国缔结或者加入、接受的有关条约和协定。"《国防法》是我国有关国防和军队建设的一部基本军事法律。《国防法》的上述规定，从法律上明确中国政府和军队履行中国批准加入的有关国际公约。2007 年 10 月 18 日，国务院、中央军委修订了《中华人民共和国飞行基本规则》，该规则第一百二十一条明确规定"中华人民共和国航空器在本国领海以外毗连区、专属经济区和公海上空飞行，中华人民共和国缔结或者参加的国际条约同本规则有不同规定的，适用国际条约的规定；但是，中华人民共和国声明保留的条款除外。"

（二）军控方面

我国积极参与缔约过程、签署或批准了几乎所有的多边军控条约，并通过国内立法，切实地履行条约义务，为推动国际军控与裁军事业的发展做出了应有贡献。1984 年我国加入《禁止生物武器公约》后，自 1987 年以来，我国一直按公约审议会的决定，逐年向联合国报告与《禁止生物武器公约》有关的建立信任措施方面的资料和情况。1995 年 12 月，在我国批准《禁止化学武器公约》的前一年，国务院发布《中华人民共和国监控化学品管理条例》，规定有关化学品进出口由国务院化学工业主管部门统一归口管理，指定专门的公司经营，随后于 1996 年发布了《各类监控化学品名录》和《中华人民共和国监控化学品管理条例实施细则》，认

真履行《禁止化学武器公约》规定的各项义务，按时完整地递交初始宣布和年度宣布，接受了公约组织的多次核查，并参加了公约组织的各次执行理事会和缔约国大会。我国加入《不扩散核武器条约》后，国务院于1997年9月发布《中华人民共和国核出口管制条例》，该条例规定，不得向未接受保障监督的核设施提供任何帮助，核出口由国务院指定的单位专营，任何其他单位或个人均不得经营，国家对核出口实行许可证制度。1997年10月，国务院、中央军委联合发布《中华人民共和国军品出口管理条例》，规定我国的武器出口实行许可证制度，境内一切军品转让均由政府授权的部门和经政府批准注册的公司对外经营，这些部门和公司须严格按照政府批准的项目从事经营活动，军品转让合同需经政府有关主管部门批准后才能生效，重大武器的出口报国务院、中央军委批准。1998年6月，国务院发布《中华人民共和国核两用品及相关技术出口管制条例》，对与核有关的两用品及相关技术的出口实行严格控制。2002年8月，国务院公布《中华人民共和国导弹及相关物项和技术出口管制条例》；2002年10月，国务院发布《中华人民共和国生物两用品及相关设备和技术出口管制条例》；2002年10月，对外贸易经济合作部、国家经济贸易委员会、海关总署联合发布《有关化学品及相关设备和技术出口管制办法》；2003年12月，商务部、海关总署联合发布《敏感物项和技术出口许可证暂行管理办法》；2005年6月，中国加入《禁止为军事或任何其他敌对目的使用改变环境的技术的公约》；2010年6月，中国对《禁止或限制使用某些可被认为具有过分伤害力或滥杀滥伤作用的常规武器公约》所附的《战争遗留爆炸物议定书》（第五号议定书）交存批准书；[①] 中国严格履行《特定常规武器公约》及其议定书规定的各项义务，按要求提交公约所附《地雷议定书》年度履约报告，积极参加集束弹药问题政府专家组谈判工作。2010年4月，中国批准公约所附《战争遗留爆炸物议定书》。[②]

（三）海洋法方面

根据《联合国海洋法公约》的规定，外国可以在我国管辖的海域内

① 2014年5月签署，2015年4月全国人大常委会批准《中亚无核武器区条约》议定书。

② 中华人民共和国国务院新闻办公室2011年3月发表的《2010年中国的国防》白皮书，（十、军控与裁军）。

从事合法的军事活动，同时也必须根据国际法接受我国的管理。我国批准加入《联合国海洋法公约》前后，制定了一系列相应的法律法规，规范外国军用舰机在我国管辖海域内的活动。我国 1992 年公布的《领海及毗连区法》规定我国的领海和毗连区的宽度从领海基线量起，分别为 12 海里和 24 海里。《领海及毗连区法》第六条规定：“外国非军用船舶，享有依法无害通过中华人民共和国领海的权利。外国军用船舶进入中华人民共和国领海，须经中华人民共和国政府批准。”该法第七条规定：“外国潜水艇及其他潜水器通过我国领海，必须在海面航行，并展示其旗帜。”外国军用潜艇通过我国领海必须完全按照这一规定执行。该法第八条规定：“外国船舶通过中华人民共和国领海，必须遵守中华人民共和国法律、法规，不得损害中华人民共和国的和平、安全和良好秩序。我国政府有权采取一切必要措施，防止和制止对我国领海的非无害通过。”该条规定的“一切必要措施”同样适用于外国军用船舶通过我国领海的行动。该法第九条规定：“为维护航行安全和其他特殊需要，中华人民共和国政府可以要求通过中华人民共和国领海的外国船舶使用指定的航道或者依照规定的分道通航制航行，具体办法由中华人民共和国政府或者其有关主管部门公布。”根据这一规定，在我国政府有关主管部门规定或指定的情况下，外国通过我国领海的军用船舶应当按照指定或者规定的航道行使。该法第十条还规定：“外国军用船舶或者用于非商业目的的外国政府船舶在通过中华人民共和国领海时，违反中华人民共和国法律、法规的，中华人民共和国有关主管机关有权令其立即离开领海，对所造成的损失或者损害，船旗国应当负国际责任。”此外，我国其他法律法规也规定了可以适用于外国军用舰机在我国管辖海域活动的条款。例如，我国《专属经济区和大陆架法》第十一条规定：“任何国家在遵守国际法和中华人民共和国的法律、法规的前提下，在中华人民共和国的专属经济区享有航行、飞越的自由。”据此，外国军用船舶和飞机在遵守国际法和中华人民共和国法律、法规的前提下，在我国专属经济区航行和飞越是自由的。我国《海上交通安全法》第十一条规定：“外国籍非军用船舶，未经主管机关批准，不得进入中华人民共和国的内水和港口。但是，因人员病急、机件故障、遇难、避风等意外情况，未及获得批准，可以在进入的同时向主管机关紧急报告，并听从指挥。外国籍军用船舶，未经中华人民共和国政府批准，不得进入中华人民共和国领海。”这一规定表明，外国军用船舶即使在人员病急、机件故障、遇难、避风等意外情况下，也必须经中华人民共和国政府批准才能进入中华人民共和国领海。《海上交通安全法》第三十九条规定："外国派遣船舶或飞机进入中华人民共和国领海或领海上空搜寻救助遇难的船舶或人员，必须经主管机关批准。"这一规定同样适用于外国军用船舶和飞机进入我国领海进行海上救援活动，这种活动必须经过我国主管机关的批准。我国《海洋环境保护法》第五条还规定："军队环境保护部门负责军事船舶污染海洋环境的监督管理及污染事故的调查处理。"所以，如果外国军用船舶在我管辖海域内造成污染事故，应当由中国人民解放军的环境保护部门负责调查处理。

2010 年 3 月 1 日起施行的《中华人民共和国海岛保护法》对我国海岛保护工作进行了规定。其中第九条第一款规定"国务院海洋主管部门会同本级人民政府有关部门、军事机关，依据国民经济和社会发展规划、全国海洋功能区划，组织编制全国海岛保护规划，报国务院审批。"第二十二条第一款规定"国家保护设置在海岛的军事设施，禁止破坏、危害军事设施的行为。"第三十八条第二款规定"禁止将国防用途无居民海岛用于与国防无关的目的。国防用途终止时，经军事机关批准后，应当将海岛及其有关生态保护的资料等一并移交该海岛所在省、自治区、直辖市人民政府。"第五十二条规定"破坏、危害设置在海岛的军事设施，或者损毁、擅自移动设置在海岛的助航导航、测量、气象观测、海洋监测和地震监测等公益设施的，依照有关法律、行政法规的规定处罚。"

（四）人道主义保护方面

日内瓦四公约第一附加议定书和《儿童权利公约》均规定，不得征募不满 15 岁的儿童加入武装部队，我国在修改兵役法时，已经落实公约的规定，即由国务院、中央军委发布年度征兵命令时，明确应征青年的年龄不得小于 17 岁。根据第一附加议定书关于正当使用红十字标志的规定，我国于 1996 年制定了《中华人民共和国红十字标志使用办法》，明确规定："红十字标志是国际人道主义保护标志，是武装力量医疗机构的特定标志，是红十字会的专用标志。"这些规定在民众中进行了广泛的宣传教育，并对不正当使用红十字标志的做法进行了有效的检查和纠正。

（五）惩治战争犯罪方面

日内瓦第一公约第 49 条、第二公约第 50 条、第三公约第 129 条、第四公约第 146 条均规定："各缔约国应当制定必要的立法，对本身犯有或使他人犯有严重破坏本公约行为的人，予以有效的刑事制裁。"我国在刑事立法中，对涉及严重破坏日内瓦四公约及两个附加议定书的行为，确定为犯罪，并予以刑事处罚。1981 年 6 月，全国人大常委会通过的《中华人民共和国惩治军人违反职责罪暂行条例》第 20 条和第 21 条规定，对军人战时在军事行动地区残害无辜居民、掠夺无辜居民财物、虐待俘虏的犯罪行为予以惩处。1997 年 3 月修订的《中华人民共和国刑法》废止该条例，将上述条款的内容规定纳入刑法第 446 条和第 448 条。第 446 条规定："战时在军事行动地区，残害无辜居民或者掠夺无辜居民财物的，处 5 年以下有期徒刑；情节严重的，处 5 年以上 10 年以下有期徒刑；情节特别严重的，处 10 年以上有期徒刑、无期徒刑或者死刑。"第 448 条规定："虐待俘虏，情节恶劣的，处 3 年以下有期徒刑。"1949 年日内瓦四公约和 1977 年日内瓦公约第一附加议定书所列的严重破坏公约的犯罪行为（故意杀害；酷刑或不人道待遇，包括生物学实验；故意使身体及健康遭受重大痛苦或严重伤害；无军事上的必要，非法和恣意地广泛破坏和侵占财产；强迫战俘或其他被保护人在敌国部队中服役；故意剥夺战俘或其他被保护人应享有的公允及合法审判的权利；非法驱逐出境或迁移或非法禁闭；劫持人质等），根据我国 1997 年修订的《刑法》均为犯罪并受严厉的刑事处罚。例如，我国《刑法》第 232 条规定，故意杀人的，处死刑、无期徒刑或者 10 年以上有期徒刑。第 234 条规定，故意伤害他人身体的，处 3 年以下有期徒刑、拘役或者管制；致人重伤的，处 3 年以上 10 年以下有期徒刑；致人死亡或者以特别残忍手段致人重伤造成严重残疾的，处 10 年以上有期徒刑、无期徒刑或者死刑。第 247 条规定，在审讯中使用酷刑的，处 3 年以下有期徒刑或者拘役；致人伤残、死亡的，以"故意伤害罪""故意杀人罪"定罪从重处罚。第 238 条规定，非法拘禁他人或者以其他方法非法剥夺他人人身自由的，处 3 年以下有期徒刑、拘役或者剥夺政治权利；具有殴打、侮辱情节的，从重处罚；致人重伤的，处 3 年以上 10 年以下有期徒刑；致人死亡的，处 10 年以上有期徒刑；使用暴力致人伤残、死亡的，以"故意伤害罪""故意杀人罪"定罪处罚。对严重违反战争法的其他犯罪行为，可分别适用我国《刑法》有关"强奸罪""强迫卖淫罪""强制猥亵、侮辱妇女罪""猥亵儿童罪""侮辱罪""诽谤罪""故意毁坏财物罪""故意损毁文物、名胜古迹罪""破坏环境资源保护罪”“遗弃伤病军人罪”“战时拒不救治伤病军人罪”“违反武器装备使用罪”“擅自改变武器装备编配用途罪”等规定进行定罪惩处。

（六）法治教育和法律服务方面

日内瓦公约第一附加议定书第82条规定，缔约国应当在武装部队中设置法律顾问，对武装部队进行战争法教育。这些规定我国已在相当程度上予以落实，并且继续逐步加以完善。2000年4月，经中央军委批准首次在陆军集团军的军、师、旅政治机关正式编配了军队律师。这是加强军事法治建设的一项重要举措。目前，全军共有注册律师约2000人，他们向各级指挥员和机关提供包括国际法在内的法律咨询和其他服务。2012年3月，中央军委四总部下发了《关于进一步加强军队律师工作的意见》，《意见》明确了军队律师工作的职能作用主要是为党委领导决策当好法律参谋，做好执行多样化军事任务中法律服务保障工作，帮助部队和官兵解决涉法问题，积极参与经常性法制教育和政策法规制度建设，组织开展基层法律服务。①

四、人民军队运用国际法及战争法的能力不断提高

人民军队在革命战争年代创立了著名的“三大纪律八项注意”，它与国际法特别是国际人道主义法的基本原则和规则是相通的，可以说，我军实际上早已创造性地运用了国际法的人道主义原则。进入改革开放的新时期以来，我军把继承和发扬光荣革命传统与运用国际法紧密地结合起来，在运用战争法方面又有了新发展。在中越边境自卫反击战中，人民军队十分注意运用国际法及战争法进行有理、有利、有节的斗争。我军按照日内瓦公约的规定，给予越军战俘人道主义待遇。我军在作战部队的连级以上指定专门军官，负责管理俘虏和保护平民工作。在作战部队的师一级单位有专门负责对战俘管理情况进行检查、监督的部门，并设有战俘转运站。在战区一级单位设战俘管理所。我军给予战俘的生活待遇通常与我军官兵一样，有时还高于我军官兵。对于受伤的越南战俘和平民，及时给予治疗。受伤战俘抢救无效死亡的，均认真填写死亡证明书，连同他们的遗

① 《进一步加强新形势下军队律师工作》，新华网，http：//news. xinhuanet. com/politics/2012-03/12/c_122820477. htm。

体、遗物交还对方。在条件允许时，力求及时通知对方将其死者遗体运回，并为其提供收运遗体的安全条件。无法通知对方运回的，进行登记、掩埋，并做标记，待战后及时移交对方。同时，我军按照日内瓦公约的规定，及时通过中国红十字会将战俘情况通报对方，战后，我国也及时通过中国红十字会遣返战俘，移交遗骸。

人民军队还依据《联合国宪章》等国际法的有关规定，积极参与了维护和平与安全、打击恐怖主义和联合行动等多项国际行动。根据2004年我国国防白皮书公布的资料，我国1990年首次向联合国维和行动派遣军事观察员，1992年，我国首次派遣部队参加维持和平行动。我军分两批共派遣800名官兵赴柬埔寨参加维和行动，在18个月内完成了机场、公路、桥梁等多项工程建设和维修任务，其中修复和扩建机场4个，修复公路4条共640公里，新架设和修复桥梁47座，并完成了其他大量的勤务工程，为保障联柬维和部队行动的顺利实施做出了贡献。[①]

根据2010年我国国防白皮书：2001年，我国成立国防部维和事务办公室。2002年，加入联合国一级维和待命安排机制。2002年10月，中国和吉尔吉斯斯坦两国边防部队和特种部队在中吉边境举行联合反恐军演，此次联合军演是中华人民共和国成立以来人民解放军首次出境与外国军队举行的实兵演习，拉开了我国国际联合军演的序幕。2009年，组建国防部维和中心。截至2010年12月，共参加19项联合国维和行动，累计派出维和官兵17390人次，9名维和官兵在执行任务中牺牲。中国维和部队发扬特别能吃苦、特别能战斗、特别能奉献的优良作风，以高度负责的职业精神投入工作，新建、修复道路8700多公里、桥梁270座，排除地雷和各类未爆物8900多枚，运送物资60多万吨，运输总里程930多万公里，接诊病人7.9万人次，圆满完成联合国赋予的各类维和任务。截至2010年12月，中国人民解放军有1955名官兵在9个联合国任务区遂行维和任务，中国是联合国安理会常任理事国派遣维和人员最多的国家。根据联合国安理会有关决议，中国政府于2008年12月26日派遣海军舰艇编队赴亚丁湾、索马里海域实施护航。主要任务是保护中国航经亚丁湾、索马里海域的船舶、人员安全，保护世界粮食计划署等国际组织运送人道主

① 中华人民共和国国务院新闻办公室：《中国的国防》白皮书（1998年7月发布），第36页。

义物资船舶的安全，并尽可能为航经该海域的外国船舶提供安全掩护。截至2010年12月，海军已派出7批18艘次舰艇、16架直升机、490名特战队员执行护航任务。中国海军护航行动主要采取伴随护航、区域巡逻和随船护卫等方式，先后为3139艘中外船舶提供安全保护，其中解救被海盗袭击船舶29艘、接护船舶9艘。

截至2010年12月，人民解放军已与外国军队举行44次联演联训，对促进互信合作、借鉴有益经验和加强军队现代化建设具有积极作用。例如，2005年、2007年、2009年、2010年，与俄罗斯等上合组织成员国举行“和平使命”系列联合反恐军事演习；2007年、2009年，中国海军舰艇先后参加由巴基斯坦海军主办的海上多边联合军事演习；2007年，中国海军舰艇赴新加坡参加西太平洋海军论坛海上联合军事演习；2010年，与泰国举行首次中外海军陆战队联合训练。还与巴基斯坦、印度、新加坡、蒙古、罗马尼亚、泰国等国举行反恐、安保、维和、山地作战、两栖作战等课目的联合训练，探索实施混合编组、共同施训的新模式。2009年，首次派遣卫勤分队远赴非洲与加蓬举行卫勤联合行动，开展医疗培训和救援演习，为当地民众提供医疗救助。2010年，派遣医疗队赴秘鲁举行人道主义医疗救援联合作业，共同开展突发事件应急医疗救援演练，提高应对紧急人道主义危机的能力，等等。①

党的十八大以来，随着综合国力的显著增强，中国为联合国维和行动提供了更加强有力的支持。目前，中国已成为联合国五个常任理事国中派出维和部队最多的国家，2507名中国军人正在联合国7个任务区和联合国维和行动部执行任务，其中包括13支维和分队的2419名维和官兵以及88名军事观察员和参谋军官。中国军队先后参加了24项联合国维和行动，新建、修复道路1．4万余公里，排除地雷及各类未爆炸物9800余枚，接诊病人20余万人次，运送各类物资器材135万吨、运输总里程1300余万公里，被国际社会誉为“维和行动的关键因素和关键力量”。②2015年9月，中国宣布加入新的联合国维和能力待命机制，率先组建常

① 中华人民共和国国务院新闻办公室：《2010年中国的国防》白皮书（九、建立军事互信）。

② 《维护和平的大国担当——中国参与联合国维和行动28周年记事》，新华网，http：//www. xinhuanet. com/2018-05/30/c_1122914221. htm。

备成建制维和警队，并建设 8000 人规模的维和待命部队。

我军在外国境内执行任务时，注意遵循国际法的有关规定，提高了运用国际法的能力。根据国际实践，军队在外国境内执行任务，既不是享有外交机构和外交人员的法律地位，也不是享有普通外国人的法律地位，而是通过双边或多边协议的方式确定介于两者之间的法律地位，形成“特定的法律地位”。在不受侵犯的特权方面，基本享有类似外交机构和外交人员的特权，驻地不受侵犯，交通工具以及驻地内的营房、设备、财产免受搜查、征用、扣押和强制执行；通信自由，公文和邮袋不受侵犯，信使人身不受侵犯。但是，军事机关、军人的行动和旅行自由受到约束，特别是不得随意调动部队或携带武器旅行；部队和军人在入境时，通常不能像外交人员那样免除人身检查和行李检查。在管辖豁免权方面，通常仅在对等的条件下享有适当的刑事、民事及行政管辖豁免权，而不是像外交人员那样直接根据公约的规定享有管辖豁免权。特别是在执行任务时造成接受国国民损害的，通常不能免除赔偿责任[①]；军队在外国境内执行任务的组织指挥需要通过协定来确定，但坚持一个基本原则：不论是参加维和行动、灾害救助行动还是国际军事合作，一国军队只能作为一个整体接受指挥或协调。一国军队之上或之外的指挥协调机构，不论是接受国政府或军事机关，还是国际组织或其指定的军事机关，都不能直接指挥或协调一国军队内部的任何层级或军人。一国军队在外国境内执行任务时，需要得到执行任务所需要的保障，包括入境和出境的便利，物资和经费的供应等。对此，也需要通过协定确定。一般来说，接受国在入出境的程序方面会提供便利、快捷的服务，在营房、水电、交通、卫生等各个方面都会进行协调，提供必要的保障。

2007 年 6 月 29 日，十届全国人大常委会第二十八次会议批准《中华人民共和国和俄罗斯联邦关于举行联合军事演习期间其部队临时处于对方领土的地位的协定》。该协定规定了派遣方和接受方的权利义务等内容，为保障出国官兵合法权益提供了有力的法律支持。我军在执行国际任务

① 派遣方对接受方国有财产造成损害的，通常免赔偿；对自然人或法人造成损害，如果是由于执行公务造成的，由接受方负责赔偿；如果是由于非执行公务造成的，由派遣方赔偿。对于应受本国处罚而不受别国处罚的行为，处罚国有专属管辖权；对于应当双方处罚的行为，派遣国行使优先管辖权。参见叶俭彤：《国家间举行联合军事演习涉及的若干法律问题》，《中国军法》2005 年第 6 期。

中，运用国际法的能力得到了很大的锻炼和提高。

此外，2006年4月3日，中国和土库曼斯坦签署《中华人民共和国和土库曼斯坦关于打击恐怖主义、分裂主义和极端主义的合作协定》。2006年6月15日，上海合作组织成员国在打击恐怖主义等“三股势力”方面签订了《上海合作组织成员国打击恐怖主义、分裂主义和极端主义2007年至2009年合作纲要》的决议、《关于在上海合作组织成员国境内组织和举行联合反恐行动的程序协定》、《关于查明和切断在上海合作组织成员国境内参与恐怖主义、分裂主义和极端主义活动人员渗透渠道的协定》等文件。2006年12月12日，中国与巴基斯坦互换了2005年4月5日在伊斯兰堡签署的《中华人民共和国政府和巴基斯坦伊斯兰共和国政府关于打击恐怖主义、分裂主义和极端主义的合作协定》的批准书，并签署了互换批准书的证书。2008年12月27日第十一届全国人民代表大会常务委员会第六次会议决定批准2007年6月27日签署的《上海合作组织成员国关于举行联合军事演习的协定》。2009年3月27日，上海合作组织成员国和阿富汗伊斯兰共和国发表了《关于打击恐怖主义、毒品走私和有组织犯罪的声明》，并签署了《打击恐怖主义、毒品走私和有组织犯罪行动计划》。2009年5月18日，上海合作组织成员国首次公安内务部长会议签署了《上海合作组织成员国首次公安内务部长会议关于打击跨国犯罪的联合声明》。2009年6月15日至16日，上海合作组织元首理事会第九次会议签署了《叶卡捷琳堡宣言》和《反恐怖主义公约》等重要文件。2011年12月31日第十一届全国人民代表大会常务委员会第二十四次会议决定批准了《中华人民共和国和俄罗斯联邦关于打击恐怖主义、分裂主义和极端主义的合作协定》。这些文件的签署为我军参加联合反恐演习、打击恐怖主义等行动提供了法律依据和法律保障。

五、军队院校和部队普遍开展有关国际法及战争法的教育训练

日内瓦四公约两个附加议定书均规定，缔约方应当在平时和战时尽可能广泛地在国内传播日内瓦四公约及其附加议定书，特别要对武装部队进行日内瓦四公约及其附加议定书的教育。我国政府和军队遵守这些规定，做了大量工作。我军在中国红十字会和红十字国际委员会的协助下，定期举办武装冲突法讲习班。1991年以后，我军连续举办了武装冲突法讲习班，每期讲习班的参加人数约60—80人。讲习班为我军培训了一大批熟悉日内瓦公约的军官，有力地促进了日内瓦公约及其附加议定书在人民解

放军中的传播。

我军各院校均已将法律课程作为必修课，其中包括与军事有关的国际法及战争法。一些文科类军队院校还把战争法（武装冲突法）、国际人道主义法和军控与裁军法等课程作为教学的内容。国防大学每年都为军师职以上的在校学员举办战争法（武装冲突法）专题讲座。

解放军西安政治学院设立了军事法学系，培养武装冲突法方向的硕士研究生。我军各部队每年的教育训练大纲都列入保护平民、宽待俘虏等有关战争法、国际人道主义法的内容。新兵入伍补入连队前，也进行这方面的系统教育。我军从 1986 年起，在全军范围内连续实施五个“五年”普法教育，普法内容也包括与国际法及战争法有关的内容，结合中国的悠久历史文明和我军的光荣革命传统进行军事领域的国际法及战争法教育。

2003 年 12 月新颁布的《中国人民解放军政治工作条例》明确提出了舆论战、心理战、法律战的任务。将开展法律战作为人民军队战时政治工作的一项重要内容。全军部队认真学习贯彻政治工作条例的新要求，把有关国际法及战争法的学习和运用纳入了部队的各级训练及演习之中。军委总部机关和各军兵种、各大军区陆续组织开展了对法律战的教育学习和演练，举办了不同层次各类学习培训班。国防大学成立了法律战研究咨询中心，南京政治学院和西安政治学院设立了法律战研究中心，开展研究和学术研讨。为适应法律战教育训练的需要，全军有关单位和专家学者先后编写了各种法律战训练教材。2006 年 9 月，军委法制局、总参办公厅、解放军法院、海军、空军、各大军区、武警总部和军事科学院、国防大学、国防科技大学等单位的专家学者编写了《法律战讲座》（李晓峰、丛文胜主编），由解放军出版社出版。《法律战讲座》以《中国人民解放军政治工作条例》为根据，以部队开展法律战的基本需求为重点，是一本适合军队开展法律战学习、教育和训练的知识性、实用性的普及读物。它是根据新时期军事战略方针和新世纪新阶段我军肩负历史使命的新要求，适应打赢信息化战争和加强军事斗争准备的需要，着眼世界新军事变革和战争形态的深刻变化，着眼现代国际法及战争法的发展，结合法律战在战争和武装冲突中的运用实践，在吸收借鉴国内外法律战研究最新成果的基础上，探索了现代战争中法律战的特点和规律，对法律战基础理论知识和实践运用问题进行了系统的研究、归纳和阐述，较好地回答了现代军事斗争法律战运用的一些重大理论和现实问题。还有一些专家学者以服务于部队教育训练为目的，编写了一些相关读本，如《法律战经典案例评析100例》[①]《法律战教育训练读本》[②]《法律战》[③]《现代战争中的法律战》[④]《法律战讲座》[⑤]和《法律战知识读本》[⑥]等。

在全军部队各个层次的军事演习中，都把国际法及战争法的运用等作为重要内容，包括陆战、海战和空战中对作战手段和方式的运用、打击目标选择、人道主义保护和有关战争规则遵守等；开设俘虏收容所，对战场俘虏的收容、救治、保护和管理等进行演练；设立群众工作组，对遵守群众纪律、保护平民生命和财产的情况进行检查和监督等。

六、军事领域的国际法及战争法研究和学术交流深入开展

20世纪80年代中期以来，我国军内外对军事领域的国际法及战争法研究不断深入，相关的国内外学术交流活动逐步开展，取得了丰硕的研究成果，有力地推动了人民军队对国际法及战争法的研究和运用，强化了国际法及战争法在军事法治建设中的地位和作用。

（一）对国际法及战争法的研究和运用受到军委、总部的高度重视

随着国际社会的发展进步，国际法及战争法在现代战争中的地位和作用越来越重要，受到了世界各国的普遍关注。对国际法及战争法的运用成效直接关系和影响到战争的进程和结果，20世纪90年代以来更受到了军委、总部领导的高度重视，成为人民军队做好军事斗争准备的重要内容。军委、总部多次组织有关国际法及战争法的学术讲座，确定国际法及战争法的研究任务，设置专项研究课题，开展了一系列学术研讨活动。经总部批准，先后在北京、济南、南京、广州战区和西安、三亚等地召开了有军委、总部和陆、海、空作战部队，军事科学院、国防大学等军事院校专家学者参加的各种国际法运用和战争法的理论与实践研讨会，编辑出版了《军事斗争准备中的法律问题研究》（西安政治学院科研部）、《战争法对策研讨》（国防大学科研部）等一系列专题研讨会论文集。

---

① 丛文胜、王新建、钟琦编著：《法律战经典案例评析100例》，解放军出版社2004年版。

② 冷少杰、王海平编著：《法律战教育训练读本》，白山出版社2004年版。

③ 王霞著：《法律战》，军事谊文出版社2005年版。

④ 荀恒栋著：《法律战经典案例评析100例》，解放军出版社2005年版。

⑤ 李晓峰、丛文胜主编：《法律战讲座》，解放军出版社2006年版。

⑥ 刘克鑫主编：《法律战知识读本》，国防大学出版社2006年版。

（二）国际法及战争法研究取得丰硕成果

虽然我国对军事领域的国际法及战争法的研究仍然比较薄弱，但已经形成良好的发展势头，研究水平不断提高。我国权威的学术研究机构编写出版了有关军事领域的国际法及战争法辞书，军内外专家学者撰写出版了一批有关国际法及战争法研究的学术文章和著作。地方专家学者对国际法及战争法的研究带动了军内的专家学者。1986 年 9 月，解放军出版社出版了由北京大学、中国人民大学 5 位国际法教授翻译编辑的《战争法文献集》。1986 年，由国家司法部组织编写的高等院校国际法统编教材包含了和平解决国际争端、战争法等与军事有关的章节。此后，统编教材多次修订，有关国际法、战争法的内容始终予以保留并得到充实。各高等院校编写出版的国际法教材也包含国际法及战争法（武装冲突法）、国际人道主义法、和平解决国际争端、军控与裁军法等内容，如王铁崖主编的《国际法》[①] 和邵津主编的《国际法》[②] 等。军内专家学者及时整理编写了各类国际法及战争法的文献资料和教材，撰写了大量相关文章和理论专著。其中书籍和著作类主要有：《战争法概论》[③]《中国军事百科全书·国际军事约章分册》[④]《战争法资料选编》[⑤]《海上战争法》[⑥]《海军国际法手册》[⑦]《海战法概论》[⑧]《军事斗争法律法规选编》[⑨]《海上军事行动法手册》[⑩]《战争法条约集》[⑪]《武装冲突法》[⑫]《国际法与战争》[⑬]《中立

---

① 王铁崖主编：《国际法》，法律出版社 1995 年版。

② 邵津主编：《国际法》，北京大学出版社、高等教育出版社 2000 年版。

③ 顾德欣主编：《战争法概论》，国防大学出版社 1986 年版。

④ 军事科学院编：《中国军事百科全书·国际军事约章分册》，军事科学出版社 1993 年版。

⑤ 沈阳军区军事法院编：《战争法资料选编》，白山出版社 1994 年版。

⑥ 李铁民等著：《海上战争法》，军事谊文出版社 1995 年版。

⑦ 沈中昌主编：《海军国际法手册》，解放军出版社 1995 年版。

⑧ 张召忠编著：《海战法概论》，解放军出版社 1995 年版。

⑨ 总政办公厅司法局编：《军事斗争法律法规选编》，解放军出版社 2001 年版。

⑩ 西安政治学院战争法研究所编：《海上军事行动法手册》，海潮出版社 2001 年版。

⑪ 西安政治学院战争法研究所编：《战争法条约集》，西安政治学院训练部编印 2001 年版。

⑫ 俞正山主编：《武装冲突法》，军事科学出版社 2001 年版。

⑬ 张景恩著：《国际法与战争》，国防大学出版社 1999 年版。

法》[①]《战争法原理与实用》[②]《战争法知识讲座》[③]《海军海上行动法教程》[④]《武力的边界——21世纪前期武装冲突中的国际法问题研究》[⑤]《联合国维持和平行动法律问题研究》[⑥]《战争法在空军军事斗争中的运用》[⑦]《战争罪》[⑧] 等，新的书籍和著作不断出版。

此外，一些有关军事领域的国际法及战争法的外国著述在我国翻译出版。如法国国际法学者夏尔·卢梭著《武装冲突法》[⑨]、德国马克斯·普朗克比较公法及国际法研究所主编《国际公法百科全书·第三专辑·使用武力、战争、中立、和约》[⑩]、英国詹宁斯、瓦茨修订的《奥本海国际法》[⑪]、国际法学奠基人格劳秀斯著《战争与和平法》[⑫]。有的学者还翻译介绍了外国学者关于军事领域国际法及战争法的学术文章，如清华大学教授李兆杰主编《国际人道主义法文选》[⑬]；中国人民大学教授朱文奇主编《国际人道法文选》[⑭] 等。

（三）开展国际交流活动

我军研究机构和院校的专家学者积极开展国际法领域的国际学术交流，通过各种形式的学术交流来影响军事领域的国际法及战争法的立法活动。1987年，中国红十字会和中国人民解放军总政治部派员参加红十字国际委员会主办的国际人道主义法研讨会。1991年，我国加入国际军事法与战争法学会，派专家担任学会理事，参加学会组织的学术研讨活动，

---

① 肖凤城著：《中立法》，中国政法大学出版社1999年版。
② 丛文胜著：《战争法原理与实用》，军事科学出版社2003年版。
③ 吕北安、宋云霞编著：《战争法知识讲座》，解放军出版社2003年版。
④ 吕北安、宋云霞编著：《海军海上行动法教程》，解放军出版社2003年版。
⑤ 盛红生、杨泽伟、秦小轩著：《武力的边界——21世纪前期武装冲突中的国际法问题研究》，时事出版社2003年版。
⑥ 盛红生著：《联合国维持和平行动法律问题研究》，时事出版社2006年版。
⑦ 空军政治部办公室编：《战争法在空军军事斗争中的运用》，蓝天出版社2004年版。
⑧ 朱文奇、冷新宇、张膑心编著：《战争罪》，法律出版社2010年版。
⑨ ［法］夏尔·卢梭著：《武装冲突法》，中国对外翻译出版公司1987年版。
⑩ ［德］马克斯·普朗克比较公法及国际法研究所主编：《国际公法百科全书·第三专辑·使用武力、战争、中立、和约》，中山大学出版社1992年版。
⑪ ［英］詹宁斯、瓦茨修订：《奥本海国际法》，中国大百科全书出版社1995年版。
⑫ ［荷］格劳秀斯著：《战争与和平法》，上海人民出版社2005年版。
⑬ 李兆杰主编：《国际人道主义法文选》，法律出版社1999年版。
⑭ 朱文奇主编：《国际人道法文选》，商务印书馆2004年版。

就“武装部队与民众的关系”“法律顾问在武装部队中的作用”“对违反武装冲突法行为的侦查、检控和惩处”等主题提交了研究报告。此后，我国政府和军队经常派员参加由红十字国际委员会、国际军事法与战争法学会等国际组织举办的各类有关武装冲突法、国际人道主义法的国际研讨会和讲习班，先后参加了国际军事法与战争法学会第十二次国际大会以来的历次国际大会和许多专题学术研讨会，参加了红十字国际委员会协办的东盟地区论坛各次武装冲突法研讨会，参加国际人道主义法学会举办的第四、第五、第六次海战法研讨会等。自从 1991 年 10 月英国军法署原署长、国际军事法与战争法学会名誉主席詹姆斯·史密斯先生首次来华访问后，世界各国的军事法官员和专家学者开始陆续访问中国。1995 年 10 月 17—21 日，国际军事法与战争法学会主席克鲁格·斯伯林格尔博士应中国法学会军事法学研究会的邀请，在北京与我国军事法学界进行了学术交流，介绍了德国的军事法律制度以及国际军事法与战争法学会的有关情况，并就国际军事法与战争法理论研究的有关问题进行了研讨。1997 年 9 月，美国陆军军法署署长沃尔特·哈夫曼少将率领的美国陆军军法代表团，应中国人民解放军军事法院的邀请，来我国进行工作访问。访问期间，代表团分别与解放军军事法院、中央军委法制局、总政办公厅司法局和济南军区军事法院的领导进行了座谈，交流了两军司法、立法、法律服务等方面的工作情况。2006 年 7 月，德国国防部部长法律顾问兼法律司长迪特尔·因格特纳等来访，与军事科学院军事法专家座谈军事法治建设的有关问题，双方进行了广泛深入的学术交流。2011 年 11 月，国际军事法和战争法学会、军事科学院在北京共同主办了“国际军事法和战争法学会国际研讨会”，来自中、美、英、德等 23 个国家军法界近百名专家学者，围绕联合国维护和平行动背景下国际人道法的适用与发展进行了研讨。中国军事法和战争法学者与国外学者的学术交流活动日益增多，交流领域、研究项目和人员范围不断扩大。

通过这些活动，了解了国际动态，扩大了我国的影响，进一步促进了与红十字国际委员会、国际军事法与战争法学会等国际组织以及专家学者的密切合作交流，加强了与有关国家军事法治机构和部门之间的联系，增强了我国在国际法学和军事法学界的声音，有力推动了我国政府和军队对军事领域国际法的教育、研究和运用水平。

第七节　军事法学研究繁荣发展

我国军事法学是伴随着国家法治和军事法治建设的不断发展而建立起来的。在古今中外的法治发展史上，军事法治始终与国家法治共同发展。国家法治和军事法治的建立与完善为军事法学研究提供了必要条件，奠定了坚实的发展基础。

一、军事法学成为国家法学学科的重要组成部分

军事法学是研究军事法这一特定社会现象及其发展规律的科学，是军事学与法学的交叉学科。它主要是对军事法及其调整的军事领域社会关系进行研究。军事法学研究的主要内容包括：军事法律制度、军事法律规范、军事法律关系、军事法律秩序、军事法律实践、军事法律理论、军事法思想、军事法历史、外国军事法、战争法及国际人道主义法等。军事法学的分支学科主要有军事法理学、军事立法学、军事司法学、国防法学、兵役法学、国防动员法学、军事组织法学、军事行政法学、军事刑法学、军事诉讼法学、军事经济法学、军事教育法学、军事管理法学、军事法制史、军事法律思想史、比较军事法学、国际军事法学及战争法或武装冲突法等。军事法学研究的任务是完善学科理论体系，揭示军事法与军事法治建设的一般规律，为维护国家军事利益、依法规范国防和军队建设、保障军人的合法权益提供法理依据。

军事法学是国家法学体系的重要组成部分，国家法学研究的繁荣是军事法学研究发展的土壤和基础。国家法学研究的许多问题同时也是军事法学研究的重要内容。因此，军事法学研究是与国家的法学研究一同发展的，依附于国家法治和法学研究的完善与发展。但是，由于国家法治建设和法学研究曾经走过了曲折的道路，我国的军事法学研究起步较晚，理论成果十分薄弱，甚至理论体系存有大片空白。1978 年以后，国家法治建设和法学研究出现了前所未有的繁荣发展，也为军事法学研究的快速发展奠定了坚实的基础，提供了良好的发展前景。

我国军事法学作为国家法学门类中的一门独立的分支学科，始创于 20 世纪 80 年代中后期。1978 年改革开放后，随着党、国家对法治建设和法学研究的高度重视，军事法治建设不断恢复和完善，军事立法得到重视，军事法学研究也开始逐步发展起来，相关的著作、文章等学术研究成

果不断涌现。在 1984 年出版的《中国大百科全书（法学卷）》中，我国著名法学家张友渔、潘念之在序言中提出军事法是同属于法学研究的范围，而其作为一个独立的部门法，必然要产生与之相适应的军事法学这门法学分支学科。军事法学在法学领域中，占有相当重要的位置，是一门必须认真对待和加以探索的新的学科。这是第一次明确强调军事法学的重要地位，并将其列为法学的一个部门学科。这些论述拓展了国家法学界和军事法工作者的视野，受到了军内外法学专家学者的普遍关注。1986 年 9 月，在《解放军报》社召开的“海军法律顾问处与军事法制建设座谈会”上，军内外学者共同呼吁“关心、研究军队的法制问题，创立军事法学理论”。1986 年 11 月，军事科学院组织专门课题组在《1986 年至 2000 年的国防建设规划研究报告》的国防立法课题研究中，开始涉及对军事法学领域一些基础理论问题的探讨，提出加强军事法学研究，可以为国防立法和军事法治的建设提供理论基础，培养人才，促进军事法的完善。并建议我军有关院校开设军事法班系，为部队培养军事法治建设的研究和管理人才。建议军事科学院设立军事法治研究所（或研究室），进行军事法学的研究，为领导提供军事法理念咨询，并承担部分军事法规的拟制、修改和论证等任务。同年 12 月，国防大学在《1986 年至 2000 年国防建设规划课题研究》（国防立法）中提出，军事科学院设立军事法研究部，从事军事法理论研究，提出立法建议，起草有关法律。建议国防大学设立军事法学教研室或军事法学研究所，开设军事法学课，加强对军事法学理论的研究。还建议国家法律研究部门和地方大学开展对国防法律的研究，以便把我国国防法学的理论和实践推向一个新的阶段。

1987 年 5 月，在军内外对军事法学研究高度重视和共同推动下，国家教委将军事法学正式列入我国法学类的一门分支学科。从此，国内的军事法学研究迅速开展起来，我国军事法学研究开始进入繁荣发展的新时期。同年，《中国军事百科全书》框架设置首次会议在军事科学院举行，并决定将军事法学列为该书 57 个分支学科之一。1987 年 10 月，在军事科学院首次召开了军事法基本理论座谈会，为军事法学学科的设立进行广泛而深入的论证。1987 年 11 月，《解放军报》召开“贯彻十三大精神，加强军队法制建设”座谈会，同年 12 月，国防大学召开了“军事法学座谈会”等，都进一步有力地推动了军事法学研究的深入开展。同年，一些国外的军事法学著作《军事法学》① 《武装冲突法》② 等也先后在国内出版。

从 1985 年起，一批带有填补空白特点的有关军事法学的专著、论文、文章陆续问世，出现了军事法学研究的一个高潮，为军事法学理论的成熟与发展提供了学术积累。1985 年 11 月起，《解放军报》开辟了“军人与法”专栏，这个栏目为我国军事法学的创立、繁荣、发展做出了贡献。1988 年 4 月，由张建田、仲伟钧和钱寿根撰写的我国第一部具有代表性的军事法学专著《中国军事法学》在国防大学出版社出版，而后一批批各具特色的军事法学著作陆续问世，硕果累累，军事法学研究逐步深入，军事法学理论体系日臻完善，军事法学研究领域不断拓展，进入了一个空前繁荣发展的新时期。例如，在全面探讨军事法一般理论和内容的基础性研究成果、重点探讨我国法治建设重大问题的对策性成果方面的主要著作有（不完全统计）：《国防与立法》（任佩瑜著，国防大学出版社 1989 年）；《中国人民解放军审判工作史概述》（唐培贤、杨九根著，人民法院出版社 1989 年）；《军事法概论》（莫毅强、钱寿根、陈航主编，中国人民公安大学出版社 1990 年）；《军事法学》（夏勇、汪宝康著，黄河出版社 1990 年）；《军事设施保护法简论》（张纪孙、张柔桑主编，法律出版社 1990 年）；《战争法概论》（顾德欣编著，国防大学出版社 1990 年）；《军事刑法探讨及其他》（刘世珠、左连壁、谢丹著，远距离教育出版社 1990 年）；《军事法学教程》（图们主编，法律出版社 1992 年）；《中国军事百科全书（军事法分册）》（军事科学出版社 1993 年）；《军事法学词典》（杨福坤、朱阳明主编，国防大学出版社 1993 年）；《外国紧急状态法律制度》（徐高、莫纪宏主编，法律出版社 1993 年）；《军事法学》（陈学会主编，解放军出版社 1994 年）；《海战法概论》（张召忠编著，解放军出版社 1995 年）；《中国军事司法制度》（梁玉霞著，社会科学文献出版社 1996 年）；《中华人民共和国香港特别行政区驻军法释义》（中央军委法制局编著，解放军出版社 1997 年）；《国防法知识问答》（图们、许

① ［苏］A·Γ·戈尔内主编，何希泉、高瓦、袁坚译：《军事法学》，解放军出版社 1987 年版。

② ［法］夏尔·卢梭著，张凝、辜勤华、陈洪武、童新潮译：《武装冲突法》，中国对外翻译公司 1987 年版。

安标主编，红旗出版社 1997 年）；《军事法史纲》（周健著，海潮出版社 1998 年）；《中华人民共和国国防法释义》（杨福坤、张春生主编，法律出版社 1998 年）；《中外军事刑法比较》（夏勇、徐高著，法律出版社 1998 年）；《意大利刑法典》（黄风译，中国政法大学出版社 1998 年）；《军事法制教程》（方宁等编著，军事科学出版社 1999 年）；《中国军事法制史》（陈学会主编，海潮出版社 1999 年）；《军队条令条例教程》（王安主编，军事科学出版社 1999 年）；《国际法与战争》（张景恩著，国防大学出版社 1999 年）；《〈中华人民共和国国防教育法〉释义》（国防教育法起草办公室编著，金盾出版社 2001 年）；《军事法制史》（丛文胜著，解放军出版社 2001 年）；《军事法学》（张山新主编，军事科学出版社 2001 年）；《军事法学》（陆海明、钱寿根主编，解放军出版社 2001 年）；《武装冲突法》（俞正山主编，军事科学出版社 2001 年）；《国防法学》（钱寿根、王伟伟主编，解放军出版社 2001 年）；《兵役法学》（侯庆贤主编，解放军出版社 2001 年）；《军事立法学》（周健、曹莹著，军事科学出版社 2002 年）；《军事审判学》（田龙海著，解放军出版社）；《中国军事法的传统》（周健著，海潮出版社 2002 年）；《中国军事法学研究的回顾与思考》（张建田著，法律出版社 2003 年）；《军事法研究》（张山新主编，军事科学出版社 2003 年）；《战争法原理与实用》（丛文胜著，军事科学出版社 2003 年）；《军事经济法学》（陈耿主编，军事科学出版社 2003 年）；《军事检察学》（李昂主编，军事科学出版社 2003 年）；《军事法理学》（钱寿根著，国防大学出版社 2004 年）；《法律战经典案例评析 100 例》（丛文胜、王新建、钟琦编著，解放军出版社 2004 年）；《军事法学原理》（李佑标等著，人民法院出版社 2005 年）；《军事刑法学》（钱寿根、王继主编，国防大学出版社 2007 年）；《军事司法制度比较研究》（田龙海主编，军事科学出版社 2008 年）；《国防行政法与军事行政法》（田思源、王凌著，清华大学出版社 2009 年）；《中华人民共和国国防动员法释义》（张汝涛主编，中国法制出版社 2010 年）；《战争法：当代战争对传统战争法与武装冲突法的挑战与思考》（王俊杰编著，云南大学出版社 2010 年）；《国防法律制度：宪法视角下的国防法律制度研究》（丛文胜著，解放军出版社 2012 年）；《国防资产法律规制研究》（李载谦著，军事科学出版社 2012 年）。中央军委法制局还组织完成了一系列军事法规规章的汇编，如《中华人民共和国军事法规汇编》（1949—1988）、《中华人民共和国军事法规汇编》（1999—2003）、《中国人民解放军军事规章汇编》（1989—1993）、《中华人民共和国军事法选编》（1949—1995）、《中华人民共和国军事法规选编》（1949—2002）、《中华人民共和国军事法选编》（2009—2013）等多种卷本，由解放军出版社出版。此外，在军事法学研究领域还出现了一大批高质量的军事法学学术论文和研究报告等优秀科研成果。每年都有各类军事法学研究文章在《中国法学》《中国军事科学》《法学杂志》《中国军法》《南京政治学院学报》《西安政治学院学报》等国家和军队的重点学术期刊和《解放军报》《法制日报》等军内外各大报纸发表，在国家和军事法学研究领域均有重要影响，为军事法学研究的进一步发展和创新打下了坚实基础。2001 年 2 月 7 日，经中央军委批准的《中国军事科学体系研究》将军事法学列为 14 个一级学科之一，并设置了军事法理学、军事立法学、军事管理学、军事司法学、国际军事法学等 5 个二级学科。经过 30 多年来军内外专家学者的共同努力，作为国家法学门类中的一门较为年轻、理论基础相对薄弱的军事法学学科，得到了快速发展，取得了颇为丰硕的研究成果，在我国的法学体系中已经占据了一席之地，在国家和军事法治建设中发挥着不可或缺的重要作用。

二、建立主管开展军事法学研究的部门和机构

我国军事法治建设的迅速发展，为军事法学研究提出了一系列重大理论课题。为了有效加强对全军军事法学研究的统一指导，推动军事法学研究的健康深入发展，主管全军军事法学研究的一些部门和机构也陆续建立起来。这一时期，军事法学研究的一个突出特点，就是先后成立了主管和负责军事法学研究、交流工作经验的职能部门及专门研究团体。

（一）设立中央军委法制局

1988 年 6 月 8 日，中华人民共和国中央军事委员会法制局正式成立，简称中央军委法制局。军委法制局作为中央军委领导军事法制建设的办事机构和管理全军法制工作的职能部门，承担着军委赋予的 9 项任务：编制军事立法规划、计划，组织有关部门实施；审查各部门向中央军委呈报的法规草案；协助全国人民代表大会常务委员会法制工作委员会、国务院法制局做好国防立法和军事立法方面的协调工作；组织起草某些重要军事法规；检查监督军事法规的执行情况；组织清理、汇编和编纂军事法规；协助有关部门拟制军事法治工作干部的培训计划，培训法治工作干部；研究

军事法学理论，开展学术交流；办理中央军委交办的其他有关事项。其中一项重要任务就是“研究军事法学理论，开展学术交流”，充分表明军事法学研究受到高度重视。

中央军委法制局成立后，在较短时间内就相继组织开展了“全军军事立法工作研讨会”（1988 年 10 月）、“军事法制建设理论座谈会”（1988 年 10 月）等学术活动，军事法学研究开始有组织地全面启动。为了进一步推动和开展全军的军事法学研究，军委法制局还报经总政治部和中国法学会批准，在 1991 年 12 月具体负责组建了中国法学会军事法学研究会。

中央军委法制局成立以来，坚决贯彻党的路线方针政策，大力宣传依法治国方略和依法治军方针，深入探讨国防和军队法治建设的理论和实践问题，积极开展对内对外的学术交流，在组织领导军事法学研究、繁荣军事法学、推动国防和军队法治建设方面做了大量卓有成效的工作，并为今后的发展奠定了良好基础。从 1991 年 12 月 30 日到 2003 年 5 月，军事法学研究会一直挂靠在中央军委法制局，在军委法制局的直接领导下，具体组织全军军事法学研究活动的开展。军委法制局在主管学会工作期间，领导和组织召开了一系列学术研讨活动，在加强军事法学基础理论和现实问题研究，促进军事法学的繁荣与发展上做了大量卓有成效的工作。1992 年 11 月在北京召开了“宪法与武装力量建设学术研讨会”。1994 年 11 月在北京召开了“中国法学会军事法学研究会年会暨《国防法》立法学术研讨会”。1996 年 6 月在北京召开了“中国法学会军事法学研究会年会暨军队正规化建设与军事法制学术研讨会”。1998 年 5 月在西安政治学院召开了“中国法学会军事法学研究会年会暨军事执法与军队质量建设学术研讨会”。2000 年 5 月在长沙国防科技大学召开了“中国法学会军事法学研究会年会暨依法治军的理论与实践学术研讨会”。这期间，军事法学研究会还先后出版了《军事法学辞典》《军事法制建设研究》《国防立法理论研究》《军队正规化建设与军事法制》《军事执法与军队质量建设》《依法治军的理论与实践》等专著和论文集。1992 年还创办了军事法学研究会主办的《中国军法》杂志，在推动军事法学研究和交流上发挥了重要作用。

（二）成立中国军事法学研究会

1991 年 12 月 30 日，经中国法学会和总政治部批准，中国法学会军事法学研究会在人民大会堂召开成立大会及第一次会员代表大会。参加大会的有全国人大常委会副委员长、中国法学会名誉会长王汉斌，全国人大内务司法委员会副主任、中国法学会会长邹瑜，全国人大法律委员会副主任委员宋汝棼，全国人大法律委员会委员黄玉昆、邓家泰、段苏权，全国人大常委会法制工作委员会副主任顾昂然，最高人民法院副院长林准，最高人民检察院副检察长梁国庆，国务院法制局副局长曹康泰，中国法学会常务副会长朱剑明，中国法学会副会长王叔文、孙琬钟、王家福、罗豪才、高铭暄、陈光中、巫昌祯，总政治部副主任周文元，中央军委办公厅主任李际均等领导同志，还有军内外专家、学者以及会员代表，共计200多人。

王汉斌、邹瑜、黄玉昆等领导同志在成立大会上讲了话。王汉斌说，我祝贺中国法学会军事法学研究会正式成立。希望我国的军事法学研究能够取得更好的进展，为我军的革命化、现代化、正规化建设做出更大的贡献。邹瑜说，军事法学在中国法学领域中占有重要地位。当前，我国军事法学面对国际的复杂形势和国内的繁重任务，应当努力贯彻依法治军的方针，以宪法为依据，研究如何进一步加强军事法制建设，以保证党对军队的绝对领导，保持军队的高度稳定和集中统一，把我军建设成为一支强大的现代化、正规化的革命军队。他衷心祝愿军事法学研究会在中央军委的关怀、领导下，团结和组织广大军事法学、法律工作者，切实担当起历史的责任，为坚持和发展马克思主义军事法学做出贡献。中央军委秘书长杨白冰、著名法学家张友渔给成立大会发了贺词。杨白冰的贺词是："军事法学研究会的成立，标志着军队法制建设的发展进步，标志着国家法制建设的日臻完善，我表示热烈的祝贺！希望学会坚持以马克思主义为指导，遵循党的基本路线，贯彻依法治军方针，积极开展学术活动，大力繁荣军事法学，更好地为国防现代化服务，为建设具有中国特色的现代化、正规化革命军队服务。希望学会成为团结军队法制工作者的纽带，联系社会法学界的朋友的桥梁，全军官兵学法用法的良师益友。预祝大会圆满成功。"张友渔的贺词是："欣闻中国法学会军事法学研究会成立，这是我国法学界的一件盛事，更是军事法学界的一件盛事。谨表示热烈的祝贺！军事法学是法学的一个独立学科，在我国社会主义法学体系中占有重要地位。中国法学会军事法学研究会的成立，对于振兴法学研究事业，拓宽法学研究领域，完善法学体系，推进我国社会主义法制建设和军事法制建设，将发挥积极作用。希望学会坚持马列主义的政治方向，发扬理论联系实际的良好学风，为广泛联系社会法学界的朋友，为繁荣我国法律科学服务，为加强国防和军队建设服务！”

大会审议并通过了《中国法学会军事法学研究会章程》，选举产生了中国法学会军事法学研究会第一届理事会（39 人）和常务理事会（8 人），选举中央军委法制局局长杨福坤为会长，中央军委法制局副局长朱阳明为常务副会长，总参办公厅副主任党中奎、总政保卫部部长杨朝宽、解放军军事法院副院长张振民、解放军军事检察院副检察长刘宝臣、军事科学院军制部副部长雷渊深为副会长，总后法律顾问处副主任张纪孙为副会长兼秘书长。大会还推选总政治部副主任周文元为中国法学会军事法学研究会名誉会长。成立大会还收到了中国法学会宪法学研究会、中国法学会法理学研究会、中国法学会行政法学研究会、中国法学会刑法学研究会、中国法学会民法学经济法学研究会、中国国际法学研究会、中国人民解放军海军司令部、政治部，中国人民解放军空军司令部、政治部，中国人民解放军第二炮兵，中国人民解放军国防科学技术工业委员会办公厅，中国人民解放军军事法院，中国人民解放军军事检察院，中国军事科学学会，解放军报社等军内外有关单位的贺信。《解放军报》《光明日报》《法制日报》等军内外重要报刊还报道了军事法学研究会成立的消息。

军事法学研究会是中国法学会的一个分支学科研究会，是全国性的军事法学学术团体，全称为中国法学会军事法学研究会（1996 年经中国法学会正式批准第二名称为“中国军事法学会”，在对外交往中使用）。军事法学研究会的宗旨是：坚持四项基本原则，贯彻“百花齐放、百家争鸣”的方针，繁荣我国军事法学，促进军事法制建设的发展，为国防和军队建设服务。任务是指导、协调和组织学会团体会员和个人会员学习贯彻党的路线方针政策和国家、军队的有关法律法规，坚持正确的政治方向，就我国军事法制建设中的重大理论和实践问题进行学术研讨，提出军事法制建设方面的意见和建议，为部队和广大官兵提供多种形式的法律服务，并有计划地开展国际间的军事法学学术交流与合作。

为有利于加强军事法学理论研究和交流，1992 年中国法学会军事法学研究会创办了《中国军法》杂志（双月刊），由中央军委法制局主管，是全国唯一的综合性军事法治刊物。杂志作为军事法治宣传、教育的阵地，军事法学理论研究的园地，以及军委、总部各级领导机关指导部队工作的助手，自创办以来，坚持了正确的办刊方向，先后刊载了军委、总部和各军兵种、各大军区领导同志对工作具有指导意义的重要文章，开设了“军事法学”专栏，刊登了军事法学研究优秀学术成果，刊登了富有教育意义和研究价值的生动实例，报道了军事法治建设的重大成就，探讨了军事法学理论，宣传了军事法院、军事检察院、军队保卫部门和其他军事执法部门，以及军队律师、法律顾问和军事法学人才教育培养的工作经验与先进事迹，密切配合了国家和军队的重要工作部署。《中国军法》杂志受到全军广大官兵的喜爱，得到军委和总部领导机关的充分肯定，被总部机关列为重点刊物和基层连队必订刊物。该刊物在军事法治建设中，较好地发挥了宣传、教育、研究、服务作用。

1997 年 5 月 21 日，中国法学会军事法学研究会第二次会员代表大会在北京举行。80 多名会员代表参加会议，中国法学会常务副会长孙琬钟出席会议并讲话。这次会议是军事法学研究会自 1991 年 12 月成立以来的又一次盛会，也是总结学会初创阶段的成绩和经验、迎接世纪之交艰巨任务的继往开来的会议。原副会长雷渊深主持会议，会长杨福坤作了《第一届理事会工作报告》，副会长钱海皓作了《修订章程的说明》，尔后分组讨论了工作报告和《章程修订草案》。会议总结了学会成立 5 年多来取得的可喜成绩。5 年多来，学会贯彻中央军委依法治军方针，紧密联系国防和军队建设的实际，开展以军事法学研究为重点的各项工作，取得了丰硕的成果。1992 年 12 月，在《宪法》颁布 10 周年之际，召开了“宪法与武装力量建设学术研讨会”，从学习领会《宪法》入手，探讨武装力量建设问题，会议的学术成果为促进武装力量建设产生了积极的影响。1994 年和 1995 年，为配合《国防法》起草工作，两次召开学术研讨会，对制定《国防法》提出了很多意见和建议，许多成果在《国防法》中得到了体现。1996 年，根据中央军委关于加强正规化建设的指示精神，召开了“军队正规化建设与军事法制学术研讨会”，圆满完成了中国法学会“八五”期间赋予的研究课题，编写出版了《军事法学辞典》和历届年会论文集，具有较高的学术价值。学会多次参加国际军事法与战争法学会的国际性学术研讨活动，并邀请该会领导人来华进行学术交流。还参加了红十字国际委员会等其他国际组织举办的武装冲突法学术研讨会。

会议提出了学会今后 5 年的主要任务。学会把深入贯彻中央军委依法治军方针作为学会的根本任务，把提高公民的国防法制观念和军人的法律素质作为工作的重点。学会将紧密配合军事立法工作开展学术研究，在“九五”期间，配合《国防动员法》《国防教育法》《国防科研生产法》等重要军事法律的起草工作，召开专题学术研讨会，促进军事法律、法规的出台和质量的提高；加强对执法和执法监督检查的研究，促进军事法律、法规的贯彻实施；加强对预防犯罪工作的研究，推进精神文明建设，促进部队稳定。军事法学研究会还将对军事法体系进行总体研究，提出建立科学、完备的军事法体系的构想，并着重研究军事法学理论中的重点、难点和基本问题，形成初步完整的学科理论体系。会议选举产生了第二届理事会 76 人、常务理事 16 人。杨福坤再次当选为会长，朱阳明等 11 人为副会长、常务理事 2 人、秘书长 1 人、副秘书长 1 人。常务理事会决定第二届常务理事会将每年轮流从军事科学院、总参、总政、总后和军委法制局担任副会长的同志中推选一位执行会长，具体组织领导学会工作。

2003 年 5 月 8 日，根据总政治部批复，同意中国法学会军事法学研究会的挂靠单位由军委法制局变更为军事科学院军制研究部（2004 年改为军队建设研究部）。军事法学研究会挂靠单位的变更，体现了军委和总部对军事科学院的高度信任。军事科学院各级领导高度重视，并专门成立了学会办公室，负责学会日常工作，顺利地完成了学会挂靠移交等报批交接手续。军事法学研究会于 2003 年 7 月 18 日专门召开了第二届七次常务理事会，及时对学会领导成员进行了调整，增补了学会常务副会长、副会长和秘书长，研究了学会的各项工作。为便于推动学会工作开展，学会办公室创办了《学会通讯》，作为不定期刊物，登载学会活动信息、交流学术思想、反映学术动态。

2003 年 10 月 18 日，中国法学会军事法学研究会在北京召开了第三次会员代表大会。中央军委法制局、四总部机关、海军、空军、二炮、各大军区、军事科学院、国防大学、国防科技大学、武警和有关院校的领导和代表等 91 人出席了会议。这是军事法学研究会的挂靠单位由军委法制局变更为军事科学院后举行的第一次会员代表大会。中国法学会党组书记刘飏同志到会发表祝词，代表中国法学会对军事法学研究会第三次会员代表大会的成功举行表示热烈祝贺，并借此机会向全军广大法学工作者和法律工作者致以诚挚的问候和崇高的敬意。会议由军事法学研究会副会长、中央军委法制局副局长朱建业大校主持。军事法学研究会常务副会长、军制研究部部长曾庆洋少将作《军事法学研究会第二届理事会工作报告》，对学会六年多来的工作作了总结，并提出了对今后工作的建议。军事法学研究会副会长、总政治部副秘书长姚文怀少将作《军事法学研究会“军事斗争与法制建设”征文优秀论文评选的说明》和宣布37名获奖人员名单，并由学会领导颁奖。军事法学研究会秘书长、军事科学院军制研究部研究室副主任兼学会办公室主任丛文胜大校作《军事法学研究会第三届理事会选举工作说明》。经无记名投票选举产生出由91名理事组成的中国法学会军事法学研究会第三届理事会，选举产生了由会长1人、常务副会长1人、副会长11人、常务理事3人、常务理事兼秘书长1人、兼副秘书长2人等19人组成的第三届常务理事会。

会议总结了第二次会员代表大会以来的工作。6年来，学会在军委领导和总部机关首长的关心支持下，坚持以邓小平理论和“三个代表”重要思想为指导，认真落实党中央、中央军委关于加强军队法制建设的一系列重要指示，紧密联系国防和军队建设的实际，始终保持了学会工作的正确方向。在贯彻依法治军的方针，积极开展学术研究，繁荣和发展我国军事法学，促进新时期国防和军队法制建设等方面做出了积极的贡献。学会积极组织开展各种学术活动，为促进军事法学的繁荣与发展，为依法治军和军事斗争准备服务。1998年5月召开了“军事执法与军队质量建设学术研讨会”，以党的三代领导核心关于依法治军的论述为指导，就加强军事执法对军队质量建设的作用和意义、强化军事执法的措施以及古今中外在军事执法方面的经验教训等，进行了广泛的理论探讨，会后出版了《军事执法与军队质量建设》论文集。2000年5月召开了“依法治军的理论与实践学术研讨会”。会议从不同的角度对依法治军方针的形成、意义和贯彻执行等问题进行了广泛深入的理论探讨，提出了许多重要观点。这次研讨活动所集中反映的近10年来关于依法治军的学术研究成果，编入《依法治军的理论与实践》论文集。军委领导对这次会议给予了高度评价，张万年副主席、迟浩田副主席都作了重要批示，指出：依法治军研讨会开得很成功，好就好在高举邓小平理论伟大旗帜，认真学习江主席关于依法治军的一系列论述，揭示了新形势下依法治军的特点和规律，为“打得赢、不变质”提供了充分的论据和建议。所提建议，应该抓紧运作。

会议提出了今后5年军事法学研究会的主要工作。会议指出，21世纪的前20年，是我军建设发展的重要战略机遇期。适应世界军事变革的趋势，积极推进各项改革，努力完成机械化和信息化建设的双重历史任务，实现军队现代化的跨越式发展，是时代赋予我军的光荣使命。随着依法治国和依法治军方针的深入贯彻，我国军事法制建设将步入一个更快的发展时期，将会有更多、更重要的研究任务需要我们去完成。一要不断坚持学会的正确方向，努力开创工作新局面。我们要牢记使命和责任，始终在“三个代表”重要思想的指导下，坚持正确的发展方向，将党对军队绝对领导的原则贯彻到学会工作的各个方面。二要紧紧围绕新军事变革和军事斗争准备的需求，开展军事法学研究。军事法学研究会的工作重点，必须放在对重大现实问题的研究上，紧紧围绕军委、总部关注和军事法制建设与军事斗争准备急需的重大理论和现实问题展开研究，应对世界军事变革的挑战。三要突出学会特点、办出特色。学会要紧密结合军事法制建设的实际需要，配合职能部门，发挥“第二管道”的作用，积极开展学术活动。今后，学会要紧密配合国防和军队建设需要的重要法律、法规的制定工作，积极参与军事立法活动，提出有价值的意见和建议，促进法律、法规出台和立法质量的提高。要加强对外学术交流活动。要充分利用好学会所有具有民间性、社会性和广泛性的优势，采取“走出去、请进来”的办法，加强与国外军事法及战争法学术团体和相关研究机构的联系。还要加强学会自身建设，鼓励会员多出高质量的研究成果，充分发挥学会的桥梁和纽带作用。

中国法学会军事法学研究会会长、军事科学院副院长徐根初出席并讲话。他指出，这次会议是一次换届的大会，是一次承前启后、继往开来、团结奋进的大会。在中央军委、总部机关和中国法学会的领导和关怀下，学会一定能够团结和组织全体会员，以更饱满的政治热情、高度的责任感和严谨的治学精神，投入到我国的国防和军队法制化建设中去，为国防和军队建设做出更大的贡献。今后，一是要坚持坚定正确的政治方向。坚持党的领导，这是学会工作成败的关键。二是要加强军事法学的理论研究。坚持军事法学基础理论研究的不断创新，积极推动军事法学形成系统、完善的理论体系，为国防和军队的改革发展提供法律保障。要积极开展军事改革中的现实问题研究，对国防和军队法制建设与军事斗争准备急需解决的重大现实问题进行重点研究，为国防和军队法制建设、军事斗争准备提供法律参考。三是要努力营造良好的学术氛围。要有组织地开展经常性学术活动，加强学术交流，积极为广大会员进行思想交流和学术争鸣创造条件，鼓励求真务实的科学精神和严谨创新的治学态度，最大限度地发扬学术民主，调动和发挥广大会员的积极性与创造性，推出高质量的研究成果。四是要大力加强对外交流。利用学会具有的民间性、社会性和广泛性优势，加强与国内外法学界学术团体和研究机构的联系。通过学会这个窗口，积极宣传我国的军事法理论和我军法制建设取得的成就，交流科研成果，扩大我军影响。同时积极关注当前国外的军事立法活动，有选择地吸收外军的法学理论、国防和军队法制建设思想，以及国内地方法制建设的有益经验，做到为我所用。五是要紧紧依靠广大会员。广大会员的热情参与、各大单位的积极支持，是学会开展工作、有所作为的重要条件。

（三）组建北京市军事法学会

1990年2月17日，北京市法学会军事法学会（北京市军事法学会）在总后勤部礼堂举行成立大会。来自军内外的从事法学、军事法学理论研究、教学和实际工作者80余人出席了成立大会。大会由北京市法学会副秘书长彭尔琨主持，中央军委法制局局长图们作了《勇于开拓，加强军事法理论的研究》的发言。他回顾了党的十一届三中全会以来我国军事法学研究事业取得的成果及发展现状和存在差距，指明当前军事法学这门学科面临的形势和基本任务，并提出了今后加强本学科研究工作的重点选题和方法。北京市法学会顾问、北京市法学会党组书记张旭到会并讲话。中国法学会会长王仲方、北京市人大常委会副主任封明为、全国人大常委会法工委副主任杨景宇、国务院法制局局长孙琬钟、解放军总后勤部副部长宗顺留等领导同志到会祝贺。大会一致通过了《北京市军事法学会章程》，选举产生了由万发扬等54人组成的第一届理事会和14人组成的常务理事会。经理事会推举，图们为会长。会议聘请张友渔、封明为为顾问。学会成立了研究、联络和发展三个工作部，负责学会具体工作。在1990年创办了《军事法学通讯》。北京市军事法学会成立以来，积极开展学术活动，组织了一系列军事法学术研讨会。

三、积极开展军事法学研究活动

在国家法治建设日新月异的发展和军事法治建设不断完善的推动下，在中央军委法制局和中国法学会军事法学研究会的组织领导下，全军广大军事法工作者和法学研究者勤奋创新，开拓进取，军事法学研究十分活跃，研究的广度、深度和领域都有了长足的进步，呈现出美好的发展前景。

（一）召开军事法学研讨会

中国法学会军事法学研究会和北京市军事法学会成立以来，紧扣时代主题，研究军事法治建设的重大理论和现实问题，组织召开了多次军事法学术研讨会，对于聚集军内外的研究力量，广泛调动热衷于军事法学研究人员的积极性，为推动国家和军队的法治建设和军事法学研究起到了重要作用。军事法学研究会经常结合国家、军队的重要立法和重大现实问题及时召开有关专家学者进行学术研讨，召开的主要学术研讨会有：

1. 1992 年“宪法与武装力量建设学术研讨会暨中国法学会军事法学研究会年会”。1992 年 11 月 18—20 日，由中央军委法制局和中国法学会军事法学研究会，在北京共同组织举办了纪念 1982 年宪法公布 10 周年学术纪念活动。这是军事法学会成立以来召开的第一次大型学术会议，到会的军内外专家学者有 80 多人。会议以党的十四大精神为指导，重点讨论了宪法与武装力量建设的许多重大问题，还总结了学会成立　年来的工作，初步研究了学会 1993 年的任务。研讨会共收到论文 40 多篇。学习和研究探讨宪法与武装力量建设问题，在我军历史上尚属首次。与会学者围绕宪法与武装力量建设这个主题，进行了交流和研讨，取得了共同认识：宪法规定了武装力量的领导体制；规定了武装力量的性质、任务和建设方针；规定了武装力量在国家政治生活中的地位；规定了武装力量的活动原则；规定了公民在国防方面的权利和义务；规定了国防建设的领导和管理体制；规定了全国总动员、局部动员和战争状态的宣布；规定了实行戒严的职权划分；规定了国家和社会对伤残军人及军人家属的优抚政策；规定了军事审判机关和检察机关的设置等。与会学者普遍认为，这些规定构成了我国基本的国防和军事制度，是新时期武装力量建设的根本准则，也是制定军事法律、法规的基本依据。这次学术研讨会主题突出，内容丰富，作者广泛，对于进一步认识宪法的基本精神，深刻认识宪法的地位、作用和对我国武装力量建设的指导意义，增强宪法意识，促进我国的宪法学、军事法学的繁荣发展，都具有重要的现实意义。

2. 1993 年“邓小平军事法制思想与军队法制建设研讨会”。1993 年 10 月 26 日，北京市军事法学会在北京召开“邓小平军事法制思想和军队法制建设研讨会”，来自军内外的 30 多位专家学者在会上进行了交流。研讨会上，学者们探讨了邓小平军事法制思想的主要内容，对邓小平的军事法制思想作了较为全面、系统的归纳和分析，并运用邓小平的有关重要论述，研究了新时期军队法制建设的主要任务以及与军队建设的辩证关系。有的学者从法学视角研究了军队质量建设，探讨了法律在军队质量建设中的作用，分析了在建立社会主义市场经济形势下，对军队法制建设和军事法学研究提出的重大任务，还专门研讨了市场经济与军事立法、执法、法制教育，以及军队改革与法制建设的关系等问题。

3. 1994 年“中国法学会军事法学研究会年会暨《国防法》立法学术研讨会”。会议于 1994 年 11 月 23—25 日在北京召开。会议的主要任务是配合《国防法》起草工作，探讨《国防法》立法协调中需要研究解决的一些理论问题和现实问题。参加会议的有军事法学会理事、提交论文的部分作者和部分会员代表共 93 人。会议共收到论文 42 篇，评选出 31 篇获“《国防法》立法研究优秀论文”。这些论文针对《国防法》立法中的若干重大问题进行了多角度、多侧面的探讨。主要有我国的国防概念、国防定义初探、论军事立法权的依据、国防行为若干基本理论问题、国防行为的内容和分类、试论我国新时期的国防政策、我国国防活动的指导原则、国防资产的概念及其立法研究、军人权益保护的立法研究、我处理国际军事关系的对策及立法研究、国防法法律责任的立法构成、危害国防利益罪立法研究和试论人民代表大会制度在国防中的地位和作用等。会议的许多成果为 1997 年颁布的《国防法》所吸收和借鉴。会上还研究部署了该会 1995 年的工作任务。中国法学会党组书记、常务副会长朱剑明到会讲话并为获优秀论文奖的作者颁发证书。会后出版了《国防法立法理论研究》论文集（雷渊深、朱阳明主编，军事科学出版社 1995 年）。

4. 1996 年“依法治军理论与实践学术研讨会”。1996 年 1 月 16 日，由北京市军事法学会主办的“依法治军的理论与实践”研讨会在北京举行。首都 40 多位军内外专家学者就依法治军的理论体系、结构及内涵与外延等问题进行了热烈讨论。会议收到论文 20 多篇。在研讨中，许多专家学者在充分肯定近几年来，尤其是中央军委明确提出依法治军方针以来，军事法制建设所取得的成就，同时也分析了依法治军中需要解决的一些问题，指出了继续加强军事立法，尤其要加大执法力度，建立健全军事法律监督体系的重要性。

5. 1996 年“中国法学会军事法学研究会暨军队正规化建设与军事法制学术研讨会”。1996 年 6 月 12—14 日，由中国法学会军事法学研究会组织召开的年会暨军队正规化建设与军事法制学术研讨会在北京召开。这是我军历史上首次从军事法制的角度探讨军队正规化建设的问题。会议收到 56 篇论文。这些论文以党的领导人关于军事法制建设的论述和中央军委依法治军的方针为指导，分别从军队正规化建设和军事法治建设的基本理论、军队正规化建设与军事法制建设的关系上等角度，探讨了新时期加强军队正规化建设的问题，从军事法制与正规化建设的关系上，提出了把我军建设提高到一个新水平的措施。大家一致认为，加强军事法制建设是实现正规化建设的必由之路，实现正规化建设有赖于军事法制建设的健全与完善。到会 100 多位专家学者，来自军委总部和全军各大单位，还对如何繁荣军事法制建设理论研究，提出了许多好的意见和建议。论文编入《军队正规化与军事法制建设》论文集（朱阳明、钱海皓主编，解放军出版社 1996 年）。

6. 1998 年“中国法学会军事法学研究会年会暨军事执法与军队质量建设学术研讨会”。1998 年 5 月 11—13 日在西安政治学院召开本次会议。来自军委、总部以及全军各大单位、院校、部队的 60 多位专家学者参加了研讨会。会议收到论文 71 篇，其中评选出 49 篇优秀论文。会议围绕着“如何把握新时期的治军特点与规律，加强军事执法、全面推进军队质量建设”主题进行了热烈讨论，与会代表从不同角度探讨了邓小平、江泽民关于执法的论述对军队质量建设的指导意义、加强军事执法对军队质量建设的作用和强化军事执法的措施，以及古今中外在军事执法方面的经验教训，以求从法治的角度把握新时期治军的特点和规律，并提出了一些对策建议。会后编辑出版了《军事执法与军队质量建设》论文集（杨福坤、钱海皓主编；方宁、杨建平执行主编，法律出版社 1998 年）。

7. 2000 年“中国法学会军事法学研究会年会暨依法治军的理论与实践学术研讨会”。研讨会是为了总结中央军委 1991 年提出依法治军方针近 10 年的理论和实践经验，于 2000 年 5 月 17—19 日在国防科技大学政治学院召开。参加本次年会研讨会的有来自军委和总部机关、部队院校和科研等单位的 60 多位专家学者。会议收到论文 97 篇，经过严格的评审程序，选出优秀论文 55 篇。这批成果，从不同角度对依法治军方针的内涵与外延，依法治军方针的形成、意义和贯彻，以及依法治国与依法治军的关系等进行了广泛深入的理论研讨；有的回顾了我军治军的历史发展过程，阐述了江泽民同志关于依法治军的论述是对毛泽东军事思想和邓小平理论的继承与发展；有的分析了依法治军方针形成的历史背景，指出依法治军方针的确立是历史发展的必然趋势；有的阐明了邓小平民主法制思想和新时期军队建设思想是提出依法治军方针的理论基础，党中央关于加强社会主义法制建设的一系列重要部署是提出依法治军方针的政治依据，国防和军队建设面临的形势和任务是提出依法治军方针的需要；有的提出必须高度重视宪法和法律对依法治军的指导作用，牢固树立法治理念；有的借鉴外军的有益做法，指出依法治军是新形势下治军的客观规律和必由之路；还有的论文对依法治军与军事斗争、政治建设、军事训练、法制教育、后勤保障、装备建设等关系的具体问题作了研究探讨。大家一致认为，全军首次以依法治军为题召开的学术研讨会，对于促进军事法学理论的繁荣与发展，提高理论指导国防和军队法治建设的现实作用，已经产生重要影响。中央军委领导和中国法学会对这次研讨会的成果给予了高度评价和充分肯定。会议成果编辑出版了《依法治军的理论与实践》论文集（杨福坤、王文成主编；杨建平、丛文胜执行主编，法律出版社 2001 年）。

8. 2003 年“军事斗争与法制建设学术研讨活动”。为了进一步贯彻依法治军方针，加强与军事斗争准备有关的军事法制建设研究，军事法学会于 2001 年 4 月向会员发出“关于撰写军事斗争与法制建设学术研讨会论文的通知”，截至 2003 年 7 月 8 日，共收到来自军委四总部和各大单位、部队、院校的论文 105 篇，经过专家严格评审选出优秀论文 37 篇。这些学术论文，涉及军事斗争准备中法制建设的方方面面，内容涉及革命领袖关于军事斗争与法制建设的思想与实践、“三个代表”重要思想对军事法制建设的指导、军事斗争与法制建设的基本理论问题、军事斗争准备中的各种涉法问题、古今中外军事斗争与法制建设的比较等问题，其中提出了许多新的观点和重要的建议，对认识和把握军事斗争中的法律问题，进一步做好军事斗争的法律准备，具有重要的理论指导意义和现实意义。在军事法学会第三次会员代表大会上为优秀论文作者颁奖，论文经全军保密委员会审查后，编辑出版《新时期军事斗争与法制建设》论文集（曾庆洋、姚文怀主编；石成林、丛文胜执行主编，军事科学出版社 2004 年）。

9. 2004 年“中国军事法学会年会暨新军事变革与军事法制建设学术研讨会”。研讨会于 2004 年 10 月 19—20 日在重庆后勤工程学院召开，来自军委法制局、四总部、海军、空军、二炮、军事科学院、国防大学、国防科技大学、武警部队和有关院校的代表 70 人参加了会议，其中师以上领导干部 41 人。研讨会收到论文 133 篇，经过严格的匿名评审有 109 篇被评为三等奖以上优秀论文。这次年会是首次专门研讨军事变革中军事法制建设的理论和实践问题，从不同角度研究了党的领导关于新军事变革与军事法制建设的思想与实践、新军事变革与军事法制建设的基本理论问题、新军事变革与军事法律制度建设、新军事变革与依法治军、新军事变革与军事斗争准备、新军事变革与国际法及战争法，以及新军事变革与外军军事法制建设比较等诸多方面，从国防和军事立法、执法、司法及国际法、战争法的运用等方面广泛开展研究，反映了我军研究新军事变革与军事法制建设的最新成果。论文编入《新军事变革与军事法制建设》论文集（刘继贤等主编；执行主编丛文胜、昌光水，解放军出版社 2005 年）。

10. 2005 年“从严治军与军事法制建设研讨活动”。根据 2004 年 10 月中国军事法学研究会三届三次常务理事会的决定，拟于 2005 年 10 月在烟台召开“2005 年年会暨从严治军与军事法制建设研讨会”。学会发出 2005 年年会的征文通知，并拟定了 16 个方面的选题范围和 77 项参考题目。截至 2006 年 8 月，共收到来自军委、总部和海军、空军、二炮、武警、军事科学院、国防大学，各大军区、部队、院校等单位的论文 223 篇。这是军事法学研究会成立以来，历次年会暨学术研究会收到论文最多的一次，充分反映出军委、总部领导机关的高度重视，全军广大军事法工作者、军事法学研究者的高度热情和积极性。经过评审选出优秀论文 82 篇。这些学术论文，涉及从严治军与军事法制建设的方方面面，内容涉及党和军委领导关于从严治军与军事法制建设的思想与实践、从严治军与依法治军和加强军事法制建设的基本理论问题、从严治军与依法加强部队的全面建设和做好军事斗争准备的关系，古今中外从严治军与军事法制建设等，对认识和把握从严治军与军事法制建设具有重要的理论指导意义和现实意义。论文编辑出版《从严治军与军事法制建设》（张东辉主编；丛文胜、徐新执行主编，军事科学出版社 2006 年）。此后，军事法学会又结合军事法治建设的实际需要，多次组织召开军事法学术研讨会，对推进军事法学研究发挥了积极作用。

此外，军委、总部和军队有关院校还经常组织相关军事法的理论研讨活动。例如，2010 年 9 月 25 日，中央军委法制局邀请中国社会科学院、中国法学会、北京大学、清华大学、中国人民大学、中国政法大学、军事科学院、国防大学的专家学者召开了“军事法与中国特色社会主义法律体系”座谈会。与会的专家学者围绕会议主题，从宪法、立法制度、立法理论和当代军事法治实践等不同层面和角度对军事法作为社会主义法律体系的独立法律部门发表了意见，形成了军事法应当是社会主义法律体系中独立的法律部门共识。《解放军报》《法制日报》都作了长篇专题报道，2010 年 9 月 27 日的《解放军报》还专门在第 1 版发表《军事法应当作为一个独立的法律部门》。

与此同时，一些地方院校也相继举办了军事法学术研讨活动，例如，2007 年 11 月，中国政法大学法学院与军事法研究中心共同创立了“中国军事法治前沿论坛”。2010 年 5 月，中国政法大学成立了“东方毅”军事法研究中心。中国政法大学法学院与中国政法大学“东方毅”军事法研究中心，每年都确定不同的主题，举办“中国军事法治前沿论坛”活动，至 2016 年 12 月已经举办了第十届论坛活动。2011 年 5 月 21 日，首届中国军事法学青年学子论坛在南昌理工学院召开，主题是“国防行政法的理论与实践———以中国特色法律体系的形成为背景”；2012 年 5 月 15 日，第二届在湘潭大学召开，主题是“21 世纪的战争与法律：问题、挑战与前景”，至 2017 年 5 月已经召开了第七届论坛。军地各院校举办的军事法学术论坛都积极推动了军事法理论研究者、实务工作者和青年学子的理论研究和学术交流。

（二）开展对内对外学术交流活动

军事法学研究会作为中国法学会的学科分会，自成立以来积极参加了中国法学会组织的活动，参加了各有关学科研究会的组织和学术研讨活动，包括参与学术研讨、立法咨询、课题合作等。军事法学会还根据中国法学会的统一组织，承办了推荐“杰出中青年法学家”的活动。2005 年 8 月，北京人民大会堂举行《当代中国法学名家》首发式，国家有关部委领导出席，最高人民法院院长肖杨发表讲话。此次是从全国近 3000 位法学家中遴选了第一批法学名家 207 人，其中有军队 5 人。军事法学会召开的历次会员代表大会，中国法学会的领导都亲自到会祝贺。军事法学会派出代表参加了中国法学会第三、四、五、六次会员代表大会，军事法学会推荐的理事候选人，先后有多人当选为中国法学会第三、四、五、六届理事会的理事和常务理事。军事法学会还积极开展对外交往活动，取得了较好的国际影响。经军委领导批准，1991 年 5 月 23 日至 6 月 3 日，中国军事法学会代表团赴比利时布鲁塞尔参加国际军事法和战争法学会第 12 届大会，受到来自 38 个国家的 240 多名代表们的热烈欢迎。该学会前身称“军事刑法与战争法学会”，于 1956 年由西欧部分专家学者倡议成立，总部设在法国斯特拉斯堡；1988 年其总部迁至比利时布鲁塞尔，制定了学会章程，改名为“国际军事法与战争法学会”。该学会是一个非政治性的非政府组织，是目前世界上唯一的军事法与战争法方面的国际性非官方学术团体，从 2000 年起，还获得了联合国咨商地位（即可应联合国要求，就军事法与战争法问题向联合国提供咨询意见）。学会的目的是研究军事法和战争法的重大问题，探讨军事法和战争法的最新发展，推动国际法在各国国内的实施。国际大会由全体成员国每三年举行一次。1958 年举行第一届国际军事法大会。自 1991 年起，中国军事法学会已连续派代表团参加了六届国际大会（第 12 届“和平和战争期间的军民法律关系”、第 13 届“维和与军控”、第 14 届“对违反战争法行为的侦查、检控和惩处”、第 15 届“军队向民事当局提供军事支援问题”、第 16 届“国际刑事法院和各国国内法律制度”、第 17 届“和平行动中的法律规则”）。从 1994 年第 14 届大会起还成为该会的理事国。

军事法学会一直重视与国际军事法与战争法学会、红十字国际委员会的联系与合作，注意在各种国际场合宣扬我军法治建设的成就，表达中国学者对有关国际军事法律问题的观点和看法，取得了较好的国际影响。军事法学会还多次组团参加国际军事法及战争法学会的有关学术研讨会。如应国际军事法与战争法学会的邀请，中国军事法学会代表团于 2004 年 9 月 29 日至 10 月 1 日到比利时布鲁塞尔皇家军事学院参加了该会组织的“非政府组织在解决国际问题中的作用”国际研讨会，提交了论文。这次会议很重要，研讨的内容是当前国际法及战争法面临的热点研究问题，有来自欧洲、非洲、拉丁美洲、北美洲和大洋洲等 40 多个国家的 146 名国际法及军事法学界的代表出席了会议。会议恰逢中华人民共和国成立五十五年国庆日，大会秘书长首先宣布，今天是中华人民共和国成立五十五年国庆日，全体与会者向出席本次大会的中国代表团朋友表示热烈祝贺。全体会议代表长时间热烈鼓掌，充分显示出中国的良好影响和声望。2011 年 11 月 10 日，由国际军事法和战争法学会、中国人民解放军军事科学院共同主办的“国际军事法和战争法学会”国际研讨会在北京开幕。这是该学会首次在亚洲举行研讨会。各国专家、学者以“和平行动中的国际人道法”为主题，围绕如何进一步推动国际人道法自身的完善发展，如何更好地在维和行动中实施国际人道法等国际社会普遍关注的重大现实问题，进行了和平行动的法律框架、武装冲突的界定、联合国部队及授权行动、武器使用限制等 7 个专题的交流研讨。

（三）培养军事法学人才

随着军事法治建设和军事法学研究的深入发展，1991 年 9 月，为了培养军事法制人才，加强全军的军事法学研究，经中央军委批准在国防大学举办首期军事法制轮训班，来自全军的 43 名学员，经过系统学习军事法学理论，在各自岗位上发挥了重要的作用。从 1991 年起我军院校正式开设军事法课程。1993 年 2 月，解放军西安政治学院创建了专门培养军事法学人才的军事法学系。同年 6 月，该院创办了军事法学研究所，12 月，国务院学位委员会批准西安政治学院建立军事法学专业硕士学位授予点。西安政院根据军事法学教学的需要，编写了各类军事法学教材，开展了大专、本科和研究生的教学、科研工作，对推进我国军事法学的教学，构建具有中国特色的军事法学学科体系，繁荣和发展军事法学理论研究事业，培养现代军事法人才都发挥了重要作用。此后，军队一些院校也陆续开展起军事法本科和研究生的教学工作，军事科学院依托军事学硕士和博士点培养军事法人才，南京政治学院、大连海军舰艇学院、海军理工大学等一批军队院校也先后开展了军事法大专、本科教学，设立了军事法学硕士、博士点等，成为军事法学研究事业人才辈出的“摇篮”。2002 年，总部正式批准军事法学专业进入军队重点建设学科专业，军队各级院校培养的军事法律人才大部分成为全军政法战线和依法治军的骨干，在各自的工作岗位上发挥着重要作用。

军队还根据实际需要，经国家教委批准开设了全军高等教育自学考试军事法专业和律师专业的大专、本科课程，分别由南京陆军指挥学院（2001 年）和西安政治学院（2002 年）承担。他们组织和聘请军内专家学者编写了适合军队特点的高质量教材，为培养各个层次的军事法治人才做出了积极贡献。其中国家高等教育自学考试、军事法专业由军内专家编写的 5 门教材有：《军事法学》《国防法学》《兵役法学》《军队条令条例概论》《军事法制史》（由总参谋部全军高等教育自学考试委员会组织教材编写）。律师专业编写的教材有《军事法学》《国防法学》《军事立法学》《军事检察学》《军事经济法学》《军事审判学》等 10 门。除军队单位和院校外，一些地方单位和院校也开始重视军事法的教学与研究，有的加大对军事法学研究的支持，有的设立军事法研究中心或机构，招收军事法学硕士、博士研究生，推动了军事法学理论研究和应用。如 2001 年，中南财经政法大学法学院成立了军事法研究所。2003 年 11 月，中国政法大学在地方高等院校中率先成立了军事法研究中心，招收军事法学硕士生、博士生，为国家和军队培养了一批军事法人才。吉林大学、华东政法大学等也成立了军事法研究机构，招收培养军事法学研究生。地方院校还聘请了一些军内军事法专家参加科研和培养军事法硕士、博士研究生，有力地促进了我国军事法学研究事业的繁荣和发展。

为适应现代战争中对战争法学习和遵守的需要，从 1991 年开始在西安政治学院举办战争法学习班。1999 年 3 月 16—19 日，由红十字会国际委员会和总政治部联合举办的“中国人民解放军第一期国际战争法教官讲习班”，是在 1991 年、1993 年、1995 年和 1997 年前 4 期战争法讲习班的基础上举办的。来自全军各类军事院校从事军事、政治、后勤、法律和卫生勤务教学的教官及西安政治学院军法系的部分学员参加培训，听取红十字国际委员会东亚地区办事处主任格鲁耐克和国际红十字会军事教官费雷蒂先生授课。本次授课主要内容是《战争法与武装部队》《国际人道主义法与红十字国际委员会》《武装冲突的控制》《作战行动》等，参与培训的人员讨论了战争法与战争的关系、关于在武装部队普及战争法、战争法的核心理论等问题。通过举办讲习班，不仅有助于我军参训教官了解战争法的基本内涵，掌握先进的教学法，而且对更广泛地传播战争法，学会应用人道主义法的有关法规和原则捍卫国家权益，促进我军对战争法的教学、传播和运用具有积极的推动作用。2003 年 12 月《中国人民解放军政治工作条例》明确提出开展法律战的任务后，为适应部队各级开展法律战教育训练的需要，各战区、军兵种都先后举办了的各种法律战学习训练班，并组织编写有关法律战的教材和学习资料，使人民军队对懂国际法及战争法的军事法律人才的重视和培养达到了新的水平。

第六章　中华人民共和国军事法治建设（下）

（2012 年 11 月—2017 年 8 月）

党的十八大以来，习近平高度重视全面加强中国特色社会主义法治建设，将依法治军、建设法治军队作为依法治国方略的重要组成部分和重要战略目标，使我国的国防和军队法治建设进入了一个新时代。“经过 5 年努力，人民军队实现了政治生态重塑、组织形态重塑、力量体系重塑、作风形象重塑，人民军队重整行装再出发，在中国特色强军之路上迈出了坚实步伐。”①

党的十八大强调要“实现国家各项工作法治化”。党的十八届四中全会专门对全面推进依法治国包括依法治军作出了重大部署，其中构建完善的中国特色军事法治体系，提高国防和军队建设法治化水平是一项前所未有的时代任务。以国防和军队建设法治化为牵引，加快提高国防和军队建设法治化水平，快速增强国防和军队打赢现代战争的能力，既是党的十八大提出的建设与我国国际地位相称、与国家安全和发展利益相适应的巩固国防和强大军队的重要任务，也是落实全面推进依法治国总体部署，依法治国、建设社会主义法治国家的重要组成部分和重要战略支撑，具有十分重大而深远的理论和现实意义。

---

① 习近平：《在庆祝中国人民解放军建军 90 周年大会上的讲话》，《解放军报》2017 年 8 月 2 日，第 1 版。

第一节　习近平关于新时代依法治军重要论述

习近平关于新时代依法治军重要论述立意高远，内涵丰富，思想深刻，全面阐明了新时代依法治军、从严治军，建设法治军队的重要战略地位、根本原则和目标任务，科学回答了新时代依法治军从严治军和建设法治军队的重大理论和实践问题，丰富发展了党的军事法治建设指导理论，是新时代深入推进依法治军、从严治军的科学指南和根本遵循。深入学习习近平关于新时代依法治军重要论述，对于深刻领会党的依法治国理论、深化依法治军、全面建设法治军队，构建完善的中国特色军事法治体系，加快推进国防和军队法治化建设进程具有十分重要的意义。

一、依法治军、从严治军，建设法治军队，加快提升国防和军队建设法治化水平

党的十八大以来，习近平深刻把握国防和军队建设的历史方位和阶段性特点，站在新的历史高度对加强依法治军从严治军，建设法治军队作出了一系列重要指示。习近平指出："一个现代化国家必然是法治国家，一支现代化军队必然是法治军队。深入推进依法治军、从严治军，是全面推进依法治国总体布局的重要组成部分，是实现强军目标的必然要求。"[①]"要增强全军法治意识，加快构建中国特色军事法治体系，加快实现治军方式根本性转变。"[②] 明确要求人民军队必须紧紧围绕党的强军目标，着眼全面加强革命化现代化正规化建设，对国防和军队建设全方位进行严格规范，建立一整套符合现代军事发展规律、体现我军特色的科学的组织模式、制度安排和运作方式，构建完善的中国特色军事法治体系，提高国防和军队建设法治化水平。

（一）牢记依法治军、从严治军这个强军之基

习近平指出，要充分认识"依法治军从严治军是强军之基，是我们

① 中共中央文献研究室：《习近平关于协调推进"四个全面"战略布局论述摘编》，中央文献出版社 2015 年版，第 109 页。

② 习近平：《在庆祝中国人民解放军建军 90 周年大会上的讲话》，《解放军报》2017 年 8 月 2 日，第 1 版。

党建军治军的基本方略”[①]，2012 年 12 月 8 日至 10 日，习近平在广州战区考察时就提出，要牢记依法治军、从严治军是强军之基。2013 年 3 月 11 日，习近平在出席十二届全国人大一次会议解放军代表团全体会议时提出，建设一支听党指挥、能打胜仗、作风优良的人民军队，是党在新形势下的强军目标。同年，习近平在主持党的十八届三中全会决定起草时，明确提出健全军事法规制度体系的要求。2014 年又在主持党的十八届四中全会决定起草时，明确要求把依法治军、从严治军问题单列一块写进去。随后，习近平亲自决策起草、亲自审定《中央军委关于新形势下深入推进依法治军从严治军的决定》，并对有关重大问题提出明确要求，为新形势下深入推进依法治军从严治军提供了科学指南和遵循，标志着我军法治建设站上新起点。

习近平高度重视依法治军从严治军在建设和实现法治军队中的重要作用，就深入推进依法治军从严治军的时代背景、基本原则、目标要求和重点任务等作出了系统论述。

关于深入推进依法治军从严治军的时代背景，习近平指出，要充分认识当前，我国发展仍处于可以大有作为的重要战略机遇期，“我们比历史上任何时期都更接近中华民族伟大复兴的目标，比历史上任何时期都更有信心、有能力实现这个目标”[②]；“我们从来没有像今天这样接近强军梦想，更加有信心、有能力实现强军目标”[③]。他强调，“全军要深刻认识军队在国家安全和发展战略全局中的重要地位和作用”[④]，“牢牢把握党在新形势下的强军目标，全面加强军队革命化现代化正规化建设，为建设一支听党指挥、能打胜仗、作风优良的人民军队而奋斗”[⑤]。

关于深入推进依法治军从严治军的基本原则，习近平指出：“深入推进依法治军、从严治军，必须紧紧围绕党在新形势下的强军目标，着眼全

① 《深入推进依法治军从严治军的重大战略举措》，《解放军报》2015 年 2 月 27 日，第 1 版。

② 中共中央文献研究室：《十八大以来重要文献选编》（上），中央文献出版社 2014 年版，第 83 页。

③ 《习近平总书记系列讲话读本》九、建设一支听党指挥能打胜仗作风优良的人民军队——关于加强国防和军队建设，《人民日报》2014 年 7 月 14 日，第 16 版。

④ 习近平：《习近平谈治国理政》，外文出版社 2014 年版，第 216 页。

⑤ 习近平：《习近平谈治国理政》，外文出版社 2014 年版，第 220 页。

面加强革命化现代化正规化建设，坚持党对军队绝对领导，坚持战斗力标准，坚持官兵主体地位，坚持依法和从严相统一，坚持法治建设和思想政治建设相结合，创新发展依法治军理论和实践，构建完善的中国特色军事法治体系，提高国防和军队建设法治化水平。”① 依法治军是涵盖国防和军队全面建设的系统工程，涉及国防和军队法治建设的诸多领域，必须加强顶层设计、全面统筹、系统推进。

关于深入推进依法治军从严治军的目标要求，习近平特别强调要强化全军法治信仰和法治思维，按照法治要求转变治军方式。他指出，“深入推进依法治军、从严治军，首先要让法治精神、法治理念深入人心，使全军官兵信仰法治、坚守法治。没有这一条，依法治军、从严治军是难以推进的。”② 推进依法治军，必须坚持法治建设与思想政治建设相结合，一手抓法治建设，一手抓思想政治建设，既重视发挥法律的规范作用，又重视发挥政治工作生命线作用。习近平指出，“深入推进依法治军从严治军，要求我们的治军方式发生一场深刻变革；按照法治要求转变治军方式，努力实现从单纯依靠行政命令的做法向依法行政的根本性转变，从单纯靠习惯和经验开展工作的方式向依靠法规和制度开展工作的根本性转变，从突击式、运动式抓工作的方式向按条令条例办事的根本性转变，在全军形成党委依法决策、机关依法指导、部队依法行动、官兵依法履职的良好局面。”③ 关于深入推进依法治军从严治军的重点任务落实，习近平指出，我们要深入掌握党的军事指导理论的科学内涵、精神实质、基本要求，用以指导新的历史条件下军队建设和军事斗争准备，始终保持国防和军队建设正确方向，研究新情况、解决新问题、总结新经验，开拓马克思主义军事理论和当代中国军事实践发展新境界，尤其要围绕构建系统完善、严密高效的军事法规制度体系、军事法治实施体系、军事法治监督体系、军事法治保障体系，拿出实实在在的举措。他还强调，要“坚持立法同改革相衔接，抓紧做好法规制度立改废释工作，确保改革在法治轨道

① 《习近平关于协调推进“四个全面”战略布局论述摘编》，中央文献出版社 2015 年版，第 109 页。

② 《习主席国防和军队建设重要论述读本（2016 年版）》（提高国防和军队建设法治化水平），《解放军报》2016 年 5 月 27 日，第 4 版。

③ 《〈中央军委关于新形势下深入推进依法治军从严治军的决定〉要点释义》，《解放军报》2015 年 4 月 22 日，第 7 版。

上推进”[①]；要充分认识深化国防和军队改革与按照法治要求转变治军方式具有内在一致性，必须坚持立法与改革相衔接，做好军事法规制度的立改废释工作。

此外，习近平还多次在不同场合紧密结合深入推进依法治军从严治军实践工作，提出了一系列的具体举措要求。如在 2012 年 12 月指出：“我们要深入研究和把握新形势下治军带兵特点规律，切实把依法治军、从严治军方针贯彻落实到部队建设的全过程和各方面，始终保持部队正规的战备、训练、工作和生活秩序。”[②] 2014 年 4 月，在听取空军工作汇报后的讲话中指出：“要坚持依法治军、从严治军，推进管理理念、机制方法手段创新，提高管理科学化、规范化、法制化水平。”[③]

（二）加快建设与现代法治国家相适应的法治军队

依法治军、从严治军，建设法治军队是国家和军队法治化水平的集中体现，是建设法治中国的重要组成部分和显著标志，是建设法治中国的重要任务和基础性工程，也是一项涉及国防和军队建设改革创新方方面面的系统工程，是提升现代国防和军队法治化水平的必由之路。

一是与新时代中国特色社会主义国家法治建设目标相一致。习近平针对我国国防和军队建设面临的时代特点和战略机遇期，深刻揭示了依法治军、从严治军在实现党在新时代的强军目标中的基础地位和基石作用，并着眼于国防和军队建设法治化与国家法治化建设同步推进。他指出“深入推进依法治军、从严治军，是全面推进依法治国总体布局的重要组成部分，是实现强军目标的必然要求。”[④] 他特别强调，现在“整个国家都在建设中国特色社会主义法治体系、建设社会主义法治国家，军队法治建设不抓紧，到时候就跟不上趟了”[⑤]。要“以党在新形势下的强军目标为引

---

① 中共中央党史和文献研究院编：《十八大以来重要文献选编》下册，中央文献出版社 2018 年版，第 26 页。

② 中共中央文献研究室编：《习近平关于全面深化改革论述摘编》，中央文献出版社 2014 年版，第 114 页。

③ 《习近平在空军机关调研时强调 坚持依法治军从严治军提高管理科学化规范化法制化水平》，《法制日报》，2014 年 4 月 15 日第 1 版。

④ 《奏响人民军队法治建设时代强音——以习近平同志为核心的党中央领导和推进强军兴军纪实之五》，新华网，http：//www. xinhuanet. com/2017-09/18/c_1121684015. htm。

⑤ 中共中央文献研究室编：《习近平关于协调推进“四个全面”战略布局论述摘编》，中央文献出版社 2015 年版，第 109 页。

领，贯彻新形势下军事战略方针，全面实施改革强军战略，着力解决制约国防和军队建设的体制性障碍、结构性矛盾、政策性问题，推进军队组织形态现代化，进一步解放和发展战斗力，进一步解放和增强军队活力，建设同我国国际地位相称、同国家安全和发展利益相适应的巩固国防和强大军队，为实现‘两个一百年’奋斗目标、实现中华民族伟大复兴的中国梦提供坚强力量保证”①。

二是推进国防和军队建设法治化。习近平指出：“法治是一个国家文明进步的重要标志，也是一支现代军队的鲜明特征。实现国家治理体系和治理能力现代化，必然要求建设法治国家，必然要求建设法治军队”，“军队越是现代化，越是信息化，越是要法治化。”② 在全面推进依法治国的背景下，建设法治国家、法治政府和法治社会也必然要求建设一支法治军队。因此，依法治军、建设法治军队必须在党的绝对领导下，纳入依法治国的总体部署和规划，与依法治国和法治中国的建设进程同步发展，努力建设一支与法治国家、法治政府、法治社会相适应的法治军队。

三是法治建设要为实现党的强军目标服务。习近平指出：“深入推进依法治军、从严治军，是全面推进依法治国总体布局的重要组成部分，是实现强军目标的必然要求。”③ 实现党的强军目标、把人民军队全面建成世界一流军队，必须扭住能打仗、打胜仗这个关键，在备战打仗上有一个大的加强。要为巩固党的领导和社会主义制度提供战略支撑，为捍卫国家主权、统一和领土完整，维护国家日益拓展的海外利益，促进世界和平与发展提供战略支撑。习近平强调：“军队是要准备打仗的，一切工作都必须坚持战斗力标准，向能打仗、打胜仗聚焦。”④ “我们捍卫和平、维护安全、慑止战争的手段和选择有多种多样，但军事手段始终是保底手段。”⑤ 新时代军队使命任务，要求我军全面提高应对多种安全威胁、完成多样化

---

① 习近平《全面实施改革强军战略坚定不移走中国特色强军之路》，《人民日报》2015 年 11 月 27 日。

② 《习主席国防和军队建设重要论述读本（2016 年版）》（提高国防和军队建设法治化水平），《解放军报》2016 年 5 月 27 日，第 4 版。

③ 《习主席国防和军队建设重要论述读本（2016 年版）》（提高国防和军队建设法治化水平），《解放军报》2016 年 5 月 27 日，第 4 版。

④ 习近平：《决胜全面建成小康社会　夺取新时代中国特色社会主义伟大胜利——在中国共产党第十九次全国代表大会上的报告》，《解放军报》2017 年 10 月 28 日，第 1 版。

⑤ 《习近平谈治国理政》（第二卷），外文出版社 2017 年版，第 416—417 页。

军事任务的能力。

认真学习掌握国际法、维护国际社会公认的国际法准则也是提升人民军队建设法治化水平的重要内容。进入新时代，习近平深刻指出："中国将始终做国际秩序的维护者，坚持走合作发展的道路。中国是第一个在联合国宪章上签字的国家，将继续维护以联合国宪章宗旨和原则为核心的国际秩序和国际体系。"① 同时，"我们要充分发挥联合国及其安理会在止战维和方面的核心作用，通过和平解决争端和强制性行动双轨并举，化干戈为玉帛。"② 随着社会的发展，国际军事交流逐渐扩大，需要全人类共同应对的问题日益增多，更促进了各国军事力量的经常性合作，共同以国际法为准则构建新型国际关系，打造人类命运共同体。

（三）全面推进依法治军、从严治军，是实现国防和军队建设法治化的根本路径

根据党的十八届四中全会决定，把党关于国防和军队建设主张和治军成功经验从制度上、法律上确定下来，纳入法治中国建设总体布局，军队法治建设按下"快进键"、进入"快车道"。依法治军、从严治军是新时代全面加强国防和军队建设的重要保证。习近平高度重视依法治军、从严治军在建设和实现法治军队中的重要作用。习近平关于依法治军从严治军的重要论述，深刻阐明了新的历史条件下依法治军从严治军的战略地位、根本原则和目标任务，科学回答了新时代依法治军从严治军一系列重大理论和实践问题，丰富发展了党的军事指导理论，是新时代深入推进依法治军从严治军的科学指南和根本遵循。③ 习近平深刻阐明了我军现代化战略转型对治军方式的时代要求，明确了新形势下深入推进依法治军从严治军的重要着力点，必将推动我军治军方式实现深刻变革。

习近平还多次全面、系统地论述了依法治军、从严治军的基本内容，提出了依法治军、建设法治军队的全面要求和总体布局，主要有：要深化对依法治军重大意义的认识，构建完善中国特色军事法治体系，为推进强军事业提供重要保障；要以强军目标为引领，贯彻新形势下军事战略方

---

① 《习近平谈治国理政》（第二卷），外文出版社2017年版，第526页。

② 《习近平谈治国理政》（第二卷），外文出版社2017年版，第523页。

③ 《〈中央军委关于新形势下深入推进依法治军从严治军的决定〉要点释义》，《解放军报》2015年4月22日，第7版。

针，深入推进政治建军、改革强军、依法治军，坚定信心，狠抓落实，开创强军兴军新局面；要坚持依法和从严相统一，坚持法治建设和思想政治建设相结合，用强军目标审视和引领军事立法，创新发展依法治军理论和实践，构建完善的中国特色军事法治体系，提高国防和军队建设现代化水平；坚持依法治军、从严治军，坚持把改革创新作为军队建设发展的根本动力，坚持以人为本的建军治军理念，特别要坚持官兵主体地位，要始终把工作重点放在基层，关心关爱基层官兵，注意把人力物力财力向边防、向基层、向一线倾斜。

军事人力资源政策制度，是军队政策制度改革的重头戏，关系广大官兵切身利益。要着眼建立中国特色军官职业化制度，抓住军官服役、分类管理、任职资格制度等关键性问题，科学设置各类人才成长路径，努力在重要领域和关键环节实现突破。“要着眼于开发管理用好军事人力资源，推动人才发展体制改革和政策创新，形成人才辈出、人尽其才的生动局面。坚持党管干部、党管人才，完善人力资源分类，整合人力资源管理职能，加强军事人力资源集中统一管理，努力使军事人力资源能够转化为实实在在的战斗力。深化军队院校改革，健全三位一体的新型军事人才培养体系。推进军官、士兵、文职人员等制度改革，深化军人医疗、保险、住房保障、工资福利等制度改革，完善军事人力资源政策制度和后勤政策制度，建立体现军事职业特点、增强军人职业荣誉感自豪感的政策制度体系，以更好凝聚军心、稳定部队、鼓舞士气”，并“在国家层面加强对退役军人管理保障工作的组织领导，健全服务保障体系和相关政策制度。下决心全面停止军队有偿服务。”① 同时，我们要深入研究和把握新形势下治军带兵特点规律，切实把依法治军、从严治军方针贯彻落实到部队建设的全过程和各方面，要增强各级法治观念、依据法规制度指导和开展工作，防止和克服政出多门、工作随意性大等问题。还要根据形势和任务的发展变化对现有法规制度进行清理，包括抓紧修订兵役法、军官法和政治工作条例、基层建设纲要、军队党委工作条例等。在习近平依法治军、从严治军重要论述的指引下，我国的国防和军队建设正在依法治军、从严治军的新起点上迈出坚实的历史性步伐。

---

① 习近平：《全面实施改革强军战略 坚定不移走中国特色强军之路》，《解放军报》2015 年 11 月 27 日，第 1 版。

二、依法治军、建设法治军队与依法治国方略同步推进

深化国防和军队改革离不开国防和军队法治化的保障作用，国防和军队法治化也是深化国防和军队改革的重要目标。党的十八届四中全会明确提出，要“以全面深化改革推动各项工作，注重从思想上、制度上谋划涉及改革发展稳定、内政外交国防、治党治国治军的战略性、全局性、长远性问题”。习近平在对党的十八届四中全会决定的说明中进一步指出：“全面推进依法治国涉及改革发展稳定、治党治国治军、内政外交国防等各个领域，必须立足全局和长远来统筹谋划。”[①] 这一表述，在依法治国的总体布局中，将治党治国治军、内政外交国防同时三者并列强调，充分体现了国防和军队建设法治化在推进法治中国建设中的重要地位。

（一）建设法治军队是建设法治中国的重要组成部分

全面建成小康社会、实现中华民族伟大复兴的中国梦，全面深化改革、完善和发展中国特色社会主义制度，就必须在全面推进依法治国上作出总体部署、采取切实措施、迈出坚实步伐。习近平指出，国防和军队改革是全面改革的重要组成部分，也是全面深化改革的重要标志，必须纳入全面深化改革的总盘子。应当看到，国防和军队建设法治化也是一场整体性、革命性变革，推进力度之大、触及利益之深、影响范围之广，前所未有。党的十八届三中全会专门将“深化国防和军队改革”作为一个重要部分，着重提出了“深化军队体制编制调整改革”“推进军队政策制度调整改革”“推动军民融合深度发展”三大领域的各项具体任务，全面覆盖了国防和军队改革的所有重要方面。这是首次在中央决定中专门对国防和军队改革做出周密详细的部署，说明国防和军队改革成为新形势下党的一项重要中心任务，国防和军队改革成为国家深化改革的重要组成部分，更是法治中国建设的重要内容。因此，国防和军队建设法治化必须及时抓住历史性的战略机遇期、直面国防和军队建设长期积累又难以革除的各类重大难点问题，勇于应对各种挑战，下定决心推进军队改革，同时必须运用法治思维和法治方式，以高度的法治自信，全面提升国防和军队建设法治化水平。

---

① 习近平：关于《中共中央关于全面推进依法治国若干重大问题的决定》的说明，《人民日报》2014 年 10 月 29 日，第 2 版。

正如习近平指出的："推进国防和军队建设改革是全党全国人民的共同事业。要调动全党全国力量，齐心协力做好工作。要坚定不移走军民融合式创新之路，在更广范围、更高层次、更深程度上把军事创新体系纳入国家创新体系之中，实现两个体系相互兼容同步发展，使军事创新得到强力支持和持续推动。"[①] 这些重要论述，从全面深化改革的视野，进一步体现了将国防和军队法治化纳入法治中国建设总进程的重要意义，充分体现了深化国防和军队改革在全面深化改革总体布局中的重要地位。

（二）将法治军队建设纳入法治中国建设总进程

维护社会主义法治统一是我国法治建设的基本要求，必须从国家战略上对依法治军从严治军与依法治国一体推进，作出统一部署。习近平指出："法治和人治问题是人类政治文明史上的一个基本问题，也是各国在实现现代化过程中必须面对和解决的一个重大问题。综观世界近现代史，凡是顺利实现现代化的国家，没有一个不是较好解决了法治和人治问题的。相反，一些国家虽然也一度实现快速发展，但并没有顺利迈进现代化的门槛，而是陷入这样或那样的'陷阱'，出现经济社会发展停滞甚至倒退的局面。后一种情况很大程度上与法治不彰有关。"[②] 党的十八届四中全会《决定》体现了深化依法治国、建设法治国家的思想，指出了努力方向，但在贯彻落实《决定》过程中，还有许多具体的理论和实践问题需要解决。比如，军事法治与国家法治的有机结合，法治中国与法治军队建设的相互协调，军事立法与国家立法的密切衔接，军队的法治实施体系、监督体系与国家的法治实施体系、监督体系的统一推进问题以及军队法治建设区别于国家法治建设的特殊性如何把握问题，等等，必须认真研究探讨，拿出对策措施。深入推进依法治军从严治军、提高国防和军队建设法治化水平，必须按照全面推进依法治国的总体部署，从国防和军队建设实际出发，把依法治国的总体要求贯彻落实到国防和军队建设领域，保证依法治军从严治军的指导思想、基本原则、基本要求、工作推进都与依

① 《习近平在中共中央政治局第十七次集体学习时强调：准确把握世界军事发展新趋势 与时俱进大力推进军事创新》，《解放军报》2014 年 8 月 31 日，第 1 版。

② 习近平：《在中共十八届四中全会第二次全体会议上的讲话》（2014 年 10 月 23 日），参见：中共中央文献研究室编：《习近平关于全面依法治国论述摘编》，中央文献出版社 2015 年版，第 12 页。

法治国相协调、相促进，实现全面推进依法治军从严治军与建设法治中国两个进程的同步发展。2015 年 2 月《中央军委关于新形势下深入推进依法治军从严治军的决定》，进一步明确了深入贯彻习近平关于国防和军队建设法治化的重要论述，将法治军队建设纳入法治中国建设总进程的任务要求和举措部署。

一是与国家法律体系相衔接，不断健全完善具有我军特色的军事法规制度体系。军事法规制度是军队建设和部队行动的基本依据，是规范官兵行为的基本准则。习近平指出："要完善立法规划，突出立法重点，坚持立改废并举，提高立法科学化、民主化水平，提高法律的针对性、及时性、系统性。"① 要用强军目标审视和引领军事立法，提高军事法规制度的针对性、系统性、操作性。要通过完善法规制度体系，为确保党对军队绝对领导提供坚强法治保障。按照这一指示要求，新形势下我国军事立法工作，必须坚持与实现强军目标和履行我军使命任务相适应，与深化国防和军队改革相协调，与国家法律体系相衔接，不断健全完善具有我军特色的军事法规制度体系。

二是按照法治要求，加大军事法规制度执行力度。依法治军从严治军，重在严格执法。习近平指出："各级领导干部要带头依法办事，带头遵守法律，始终对宪法法律怀有敬畏之心，牢固树立法律红线不能触碰、法律底线不能逾越的观念。"② 因此，必须着力推进军队领导管理模式和运行机制法治化，完善执法制度，健全执法监督机制，严格责任追究，坚持有法必依、执法必严、违法必究，使厉行法治、严肃军纪成为铁律。

三是健全完善军队法治工作体制，强化军队法治工作机构职能作用。习近平深刻指出："我军法治专门机构体制机制不顺、力量薄弱、职能不完备，法律服务保障力量分散，严重制约了职能作用发挥。要拿出有效举措，在健全军事法制工作体制、深化军事司法体制改革、调整纪检监察和审计体制机制、完善军事法律人才培养管理机制等方面取得实质性进展。建立军事法律顾问制度，为党委首长决策和部队行动提供法律咨询保

---

① 《习近平谈治国理政》，外文出版社 2014 年版，第 144 页。

② 《习近平关于党风廉政建设和反腐败斗争论述摘编》，中央纪律检查委员会、中共中央文献研究室编，中央文献出版社、中国方正出版社 2015 年版，第 126 页。

障。”[①]。在《中央军委关于新形势下深入推进依法治军从严治军的决定》中明确要求：“要健全完善军队法治工作体制，强化军队法治工作专门机构职能作用。”[②] 因此，要加快完善军队法治工作体制，健全依法治军领导组织机构，深化军事司法体制改革，建立军事法律顾问制度，调整纪检监察和审计体制机制和加强军事法律人才的培养管理。

四是强化官兵法治理念和法治素养。习近平提出，要“强化全军法治信仰和法治思维。法律必须被遵守，法治必须被信仰，否则就形同虚设。深入推进依法治军、从严治军，首先要让法治精神、法治理念深入人心，让全军官兵信仰法治、坚守法治，把法治内化为政治信念和道德修养，外化为行为准则和自觉行动。要在全军深入开展法治教育训练，把培育法治精神作为强军文化建设的重要内容，引导广大官兵把法治内化为政治信念和道德修养，外化为行为准则和自觉行动。”[③] 在《中央军委关于新形势下深入推进依法治军从严治军的决定》中，明确要求：要强化官兵法治信仰和法治思维，深入开展法治教育训练，领导干部要做尊法学法守法用法的模范。习近平多次强调要着力增强法规制度执行力，狠抓条令条例和规章制度落实，坚决杜绝有法不依、执法不严、违法不究的现象。要把纪律建设作为核心内容，强化官兵号令意识，培养部队严守纪律、令行禁止、步调一致的良好作风。

五是切实维护和保障好官兵利益。习近平指出，“人，是军队法治化最关键的那把‘钥匙’——掌握这‘钥匙’，需要一种‘合法性思维’”，一事当前首先考虑循法律、遵规矩、守纪律；掌握这“钥匙”，需要一种“权利义务思维”，坚持权责对等、行使多少权力就负起多少责任；掌握这“钥匙”，需要一种“程序性思维”，按照法律程序办事，确保公平正义。做到这“三位一体”，才真正掌握了这把“钥匙”，才是真正意义上的“法治思维”，“坚持官兵主体地位，坚持依法和从严相统一，坚持法

---

① 《习主席国防和军队建设重要论述读本（2016 年版）》（提高国防和军队建设法治化水平），《解放军报》2016 年 5 月 27 日，第 4 版。

② 《经习近平主席批准中央军委印发关于新形势下深入推进依法治军从严治军的决定》，中国军网，http：//news. mod. gov. cn/headlines/2015-02/26/content_4571775. htm。

③ 解辛平：《努力实现治军方式的根本性转变 —论新形势下深入推进依法治军从严治军》，《解放军报》2015 年 5 月 19 日，第 2 版。

治建设和思想政治建设相结合”①。他要求“各级要满腔热忱关心关爱官兵，主动为官兵解决实际困难，把官兵练兵备战积极性、主动性、创造性充分发挥出来，齐心协力把强军事业推向前进。”② 因此，坚持依法治军、从严治军，要始终把工作重点放在基层，关心关爱基层官兵，注意把人力物力财力向边防、向基层、向一线倾斜。六是坚持在法治轨道上积极稳妥推进国防和军队改革。习近平指出，“凡属重大改革都要于法有据。在整个改革过程中，都要高度重视运用法治思维和法治方式，发挥法治的引领和推动作用，加强对相关立法工作的协调，确保在法治轨道上推进改革。”③，尤其是“各级领导干部要提高运用法治思维和法治方式深化改革、推动发展、化解矛盾、维护稳定能力，努力推动形成办事依法、遇事找法、解决问题用法、化解矛盾靠法的良好法治环境，在法治轨道上推动各项工作。”④ 深化国防和军队改革需要法治保障。必须贯彻重大改革于法有据要求，充分发挥法治的引领、推动和规范作用。为此，《中央军委关于新形势下深入推进依法治军从严治军的决定》要求：坚持重大改革依法决策，建立健全科学规范、行之有效的改革决策机制、专家咨询机制和官兵有序参与机制；坚持改革与立法衔接协调，健全改革工作机构与法制工作机构协调配合机制，保证重大改革项目都有明确的法规制度立改废方案；坚持以法的强制力保障改革任务的圆满完成，严肃改革纪律，严格责任追究。贯彻落实这些举措，有利于改革与法治同步推进，增强改革的穿透力，确保改革在法治轨道上有力有序推进。⑤

（三）加强军民融合深度发展法治保障

党的十八大以来，习近平深刻总结我国经济建设和国防建设协调发展的规律，从国家安全和发展战略全局出发，对军民融合的深度发展做出了

---

① 《习主席国防和军队建设重要论述读本（2016 年版）》（提高国防和军队建设法治化水平），《解放军报》2016 年 5 月 27 日，第 4 版。

② 《习近平：全面加强练兵备战 加快提升打赢能力》，新华网，http：//www. xinhuanet. com//politics/2018-09/29/c_1123505155. htm。

③ 《习近平：把抓落实作为推进改革重点 重大改革都要于法有据》，新华网，http：//www. xinhuanet. com//politics/2014-02/28/c_119558018. htm。

④ 《习近平谈治国理政》，外文出版社 2014 年版，第 142 页。

⑤ 《中央军委关于新形势下深入推进依法治军从严治军的决定》要点释义》，《解放军报》2015 年 4 月 22 日，第 7 版。

一系列重要论述，首次指出把军民融合发展上升为国家战略，是我们长期探索经济建设和国防建设协调发展规律的重大成果，是从国家安全和发展战略全局出发做出的重大决策，明确提出今后一个时期军民融合发展，总的是要加快形成全要素、多领域、高效益的军民融合深度发展格局，丰富融合形式，拓展融合范围，提升融合层次。要强化大局意识，军地双方要树立一盘棋思想，站在党和国家事业发展全局的高度思考问题、推动工作，做到责任到位、措施到位、落实到位。因此，国防和军队建设法治化必须深刻领会党中央、习近平主席关于推进军民融合深度发展的重大战略部署，加快实现全要素、多领域、高效益的军民融合，加强军民融合深度发展的法治保障，这是国防和军队建设法治化的一项重要任务。

1. 国防和军队建设必须坚持走军民融合发展道路。2012 年 11 月 23 日，习近平指出："在国防和军队建设长期实践中，我们不仅取得了举世瞩目的伟大成就，也积累了十分丰富的建军治军经验，我们要认真总结归纳，进一步完善提高。比如……坚持依法治军、从严治军，坚持把改革创新作为军队建设发展的根本动力，坚持以人为本的建军理念，坚持走军民融合式发展路子。"① 同年 12 月 26 日，习近平指出："我们实现了国防和军队现代化建设三步走发展战略第一步目标，机械化建设有了较好基础，信息化建设取得明显进步，基本建成以第三代装备为骨干、第二代装备为主体的武器装备体系，信息化条件下威慑和实战能力显著增强，全面建设现代后勤取得重要阶段性成果，培养了一大批高素质新型军事人才，初步走出一条中国特色军民融合式发展路子。"②

2. 把国防和军队建设融入国家经济社会发展体系。2013 年 3 月 11 日，习近平在十二届全国人大一次会议解放军代表团会议上对经济建设和国防建设的关系作出重要论述，他说："经济建设和国防建设的关系是社会主义现代化建设必须正确认识和处理的重大课题。经济建设是国防建设的基本依托，只有国家经济实力增强了，国防建设才能有更大发展。国防建设是我国现代化建设的战略任务，只有把国防建设搞上去了，经济建设

① 《深入学习贯彻党的十八大精神军队领导干部学习文件选编》，中央文献出版社 2014 年版，第 174 页。

② 《深入学习贯彻党的十八大精神军队领导干部学习文件选编》，中央文献出版社 2014 年版，第 214 页。

才能有更加坚强的安全保障，同时加强国防建设对经济社会发展也具有重要的拉动作用。实践反复证明，经济建设和国防建设的关系处理不好，就会走弯路、吃苦头。”① 他同时指出，“走军民融合式发展路子，是实现富国和强军相统一的重要途径。要进一步把军民融合式发展这篇大文章做好，充分发挥市场在资源配置中的基础性作用，引导国家经济社会资源更好服务国防和军队建设，注重从体制机制上解决军民融合式发展存在的矛盾和问题，努力形成基础设施和重要领域军民深度融合的发展格局。”②

2013 年 11 月，党的十八届三中全会确立了“推动军民融合深度发展”目标和任务后，习近平进一步强调：“要推动军民融合深度发展。这次三中全会关于这方面的部署，涵盖了国防科技工业、武器装备、人才培养、军队保障社会化、国防动员等领域。要在国家层面加强统筹协调，发挥军事需求主导作用，更好把国防和军队建设融入国家经济社会发展体系。”③

2014 年 3 月，在十二届全国人大二次会议解放军代表团全体会议上，习近平又一次指出：“实现强军目标，必须同心协力做好军民融合深度发展这篇大文章，既要发挥国家主导作用，又要发挥市场的作用，努力形成全要素、多领域、高效益的军民融合深度发展格局。军队要遵循国防经济规律和信息化条件下战斗力建设规律，自觉将国防和军队建设融入经济社会发展体系。”④ 同年 8 月，习近平在中共中央政治局第十七次集体学习时讲道：“要坚定不移走军民融合式创新之路，在更广范围、更高层次、更深程度上把军事创新体系纳入国家创新体系之中，实现两个体系相互兼容同步发展，使军事创新得到强力支持和持续推动。”⑤

3. 加强军民融合深度发展法治保障。2014 年 10 月，党的十八届四中全会通过《中共中央关于全面推进依法治国若干重大问题的决定》，作出

---

① 《深入学习贯彻党的十八大精神军队领导干部学习文件选编》，中央文献出版社 2014 年版，第 302 页。

② 《习近平在十二届全国人大一次会议解放军代表团会议上的讲话》，《解放军报》2013 年 3 月 11 日，第 1 版。

③ 《习近平关于全面深化改革论述摘编》，中央文献出版社 2014 年版，第 125 页。

④ 《中国军民融合发展报告 2015》，国防大学出版社 2015 年版，第 126 页。

⑤ 《习近平在在中共中央政治局第十七次集体学习时的讲话》，《解放军报》2014 年 8 月 31 日，第 1 版。

“加强军民融合深度发展法治保障”的战略部署。同年 12 月 14 日，习近平在视察部队时强调要统筹经济建设和国防建设，推进基础建设和重要领域军民深度融合，构建具有时代特色、符合战区特点的军民融合新格局。2015 年 2 月，习近平在视察驻西安部队时再次指出：“各级领导干部要带头维护军政军民团结，牢记我军根本宗旨，严守群众纪律，自觉拥政爱民，推动军民融合深度发展，为经济社会建设贡献力量。”① 在这次讲话中，习近平肯定了军民融合发展的成绩，指出了当前军民融合发展的难题，在解决难题的“四个强化”中，明确指出要强化军民融合的法治保障。

2015 年 3 月 12 日，习近平在十二届全国人大三次会议解放军代表团全体会议上的讲话中指出：要强化改革创新，着力解决制约军民融合发展的体制性障碍、结构性矛盾、政策性问题，努力形成统一领导、军地协调、顺畅高效的组织管理体系，国家主导、需求牵引、市场运作相统一的工作运行体系，系统完备、衔接配套、有效激励的政策制度体系。要强化战略规划，拿出可行办法推动规划落实，加强督导检查、建立问责机制，强化规划刚性约束和执行力。要强化法治保障，善于运用法治思维和法治方式推动军民融合发展，充分发挥法律法规的规范、引导、保障作用，提高军民融合发展法治化水平。

2016 年 3 月 13 日，习近平在十二届全国人大四次会议解放军代表团全体会议上谈到：“要把军队创新纳入国家创新体系，大力开展军民协同创新，探索建立有利于国防科技创新的体制机制，推进军民融合深度发展。”② 同年 10 月 19 日，习近平就深入实施军民融合发展战略提出明确要求，要继续推动体制机制改革创新，从需求侧、供给侧同步发力，从组织管理、工作运行、政策制度方面系统推进，继续把军民融合发展这篇大文章做实，加快形成军民深度融合发展格局，切实打造军民融合的龙头工程、精品工程，为实现中国梦强军梦做出新的更大的贡献。2017 年 1 月 22 日，中共中央政治局召开会议，决定设立中央军民融合发展委员会，

---

① 《军民融合发展的三个看点》，国防部网，http：//news. mod. gov. cn/headlines/2015-03/17/content_4575244_4. htm。

② 《习近平在十二届全国人大四次会议解放军代表团全体会议上的讲话》，《解放军报》2016 年 3 月 13 日，第 1 版。

由习近平任主任。该委员会是中央层面军民融合发展重大问题的决策和议事协调机构，统一领导军民融合深度发展，标志着我国军民融合发展走进一个崭新时代。

一是加强军民融合的顶层设计和战略规划。2016 年 10 月，习近平在参观第二届军民融合发展高技术成果展时强调指出，军民融合是国家战略，关乎国家安全和发展全局，既是兴国之举，又是强军之策。军民融合实质上是各种资源的整合，整合的本质是利益调整，只有把军民融合上升到国家战略层次，将国防和军队建设规划的宏观需求纳入经济社会发展规划统筹考虑，用好市场和政府“两只手”，将军事创新体系纳入国家创新体系相互兼容同步发展。2016 年 3 月，党中央、国务院、中央军委发布《关于经济建设和国防建设融合发展的意见》，为当前及今后一段时期包括法治建设在内的军民融合发展战略实施，绘就了宏伟蓝图，我国将以《宪法》《国防法》为依据，以法治为途径，强化国家主导，注重融合共享，通过改革创新破除军民二元体制结构，通过军民融合实现有关国防和军队建设的国家、社会各要素资源大整合。

二是加强国防科技、武器装备和军事人才等的军民融合法治保障。武器装备是战斗力生成的重要因素，国防科技又是包含武器装备研发在内的强军兴军技术支撑，是军民融合发展战略的重要领域。2014 年 12 月 3 日，习近平指出：“要坚持军民融合深度发展，结合深化改革，加快建立推动军民融合发展的统一领导、军地协调、需求对接、资源共享机制，扎实推动国防科技和装备领域军民融合深度发展。要搞好装备建设顶层设计，切实把规划制定好，努力形成科学完备的发展规划体系。”① 2015 年 12 月 31 日，习近平在向陆军、火箭军、战略支援部队授予军旗仪式上的训词中指出：“战略支援部队全体官兵要坚持体系融合、军民融合，努力在关键领域实现跨越发展，高标准高起点推进新型作战力量加速发展、一体发展，努力建设一支强大的现代化战略支援部队。”② 2017 年 3 月，习近平在十二届全国人大五次会议解放军代表团全体会议上强调了科技领域的军民融合，指出要加快建立军民融合创新体系，下更大气力推动科技兴

① 《习近平在出席全军装备工作会议时的讲话》，《解放军报》2014 年 12 月 5 日，第 1 版。

② 《习近平在向陆军、火箭军、战略支援部队授予军旗仪式上的训词》，《解放军报》2016 年 1 月 2 日，第 1 版。

军，坚持向科技创新要战斗力，推动国防科技和武器装备军民融合，并要求坚决拆壁垒、破坚冰、去门槛，破除制度藩篱和利益羁绊，构建系统完备的科技军民融合政策制度体系，为加快武器装备军民融合式发展的研制、维护、动员提供法治保障。军事人员素质是部队战斗力的决定性因素，人才是推动科技兴军必需的第一资源。习近平在十二届全国人大五次会议解放军代表团全体会议上强调推动军地合力培育军事人才，进一步阐明了人才在科技兴军中的重要作用，为走军民融合道路培养军事人才指明了方向。

三是加强军队保障军民融合法治化发展。2015 年 11 月 24 日，习近平在中央军委改革工作会议上指出："要着眼于贯彻军民融合发展战略，推进跨军地重大改革任务，推动经济建设和国防建设融合发展……在国家层面加强对退役军人管理保障工作的组织领导，健全服务保障体系和相关政策制度。"[①] 军队保障的社会化和法治化是国防和军队建设现代化和法治化的必然要求，是推进军民融合的重要内容。习近平对于军队保障体系的建设高度重视，对相关政策制度的完善提出了明确要求，对以军民融合方式创新对国防和军队建设的保障做出了一系列重要指示，国防和军队建设保障社会化的领域和范围正不断拓展。如 2015 年国务院、中央军委批准了《关于推进商业保险服务军队建设的指导意见》，从国家层面对商业保险服务国防和军队建设作出制度安排，填补了国家政策空白，有利于建立健全军民结合的多层次、多渠道风险保障体系。

三、依法治军、建设法治军队必须始终坚持党对军队的绝对领导

坚持党对军队的绝对领导是我国宪法和法律确立的国家基本军事制度。中国共产党的领导地位是为我国宪法所确立的，是历史形成的，是人民的选择。坚持党的领导，是社会主义法治的根本要求和根本保证，也是中国特色社会主义政治制度和军事制度的重要组成和本质特征。习近平强调，"坚决听党指挥是强军之魂，必须毫不动摇坚持党对军队的绝对领导"[②]，"在这个根本政治原则问题上，我们要头脑特别清醒、态度特别鲜

① 《中国军民融合发展报告 2016》，国防大学出版社 2016 年版，第 158 页。

② 习近平：《习近平谈治国理政》，外文出版社 2014 年版，第 219 页。

明、行动特别坚决，决不能有任何动摇、任何迟疑、任何含糊。”①

（一）宪法是保证党对军队绝对领导的最高法律依据

习近平指出：“我国宪法以国家根本法的形式，确立了中国特色社会主义道路、中国特色社会主义理论体系、中国特色社会主义制度的发展成果，反映了我国各族人民的共同意志和根本利益，成为历史新时期党和国家的中心工作、基本原则、重大方针、重要政策在国家法制上的最高体现。”②“宪法是国家的根本法，是治国安邦的总章程，具有最高的法律地位、法律权威、法律效力，具有根本性、全局性、稳定性、长期性。”③坚持党对军队的绝对领导，不仅植根于人民军队的历史渊源、光荣传统和人民的信任，体现着党和人民对军队的根本政治要求；更重要的是源于国家宪法和法律的规定，是我国宪法、国防法确立的国家基本军事制度。《宪法》赋予了党对国家的领导原则，是党对国防和军队建设实施领导的最高法律依据，《国防法》也明确规定党领导国家武装力量。因此，依法治军从严治军，必须始终在党的领导下组织实施、深入推进。

《中共中央关于全面推进依法治国若干重大问题的决定》提出“宪法是党和人民意志的集中体现，是通过科学民主程序形成的根本法。坚持依法治国首先要坚持依宪治国，坚持依法执政首先要坚持依宪执政。全国各族人民、一切国家机关和武装力量、各政党和各社会团体、各企业事业组织，都必须以宪法为根本的活动准则，并且负有维护宪法尊严、保证宪法实施的职责”，将宪法在依法治国中的地位和作用提升到一个崭新的高度。这就为在国防和军队建设中全面推进宪法实施，奠定了坚实的理论和政策依据。我们党领导的国防和军队建设事业，是中国特色社会主义建设事业的重要组成部分，是我国现代化建设的战略任务，同样必须以宪法为根本的活动准则。

在国防和军队建设中全面推进宪法实施，是将国防和军队建设法治化纳入法治中国建设的根本保证和具体体现。依法治军和建设法治军队，在

---

① 《习近平总书记系列重要讲话读本》九、建设一支听党指挥能打胜仗作风优良的人民军队——关于国防和军队建设，《人民日报》2014 年 7 月 14 日，第 16 版。

② 《习近平谈治国理政》，外文出版社 2014 年版，第 136 页。

③ 《习近平在首都各界纪念现行宪法公布施行 30 周年大会上的讲话》，新华网，http://news.xinhuanet.com/politics/2012-12/04/c_113907206.htm。

任何时候、任何情况下都不能离开宪法和法律的制约与规范，必须在宪法和法律的规范指导下运行。习近平指出，我军是人民民主专政的坚强柱石，对外抵御侵略、捍卫国家主权和领土完整，对内防止敌对势力颠覆破坏、保卫人民和平劳动，这是宪法赋予我军的神圣职责。同时，我国人民民主专政的社会主义制度和人民代表大会制度，也决定了我国的国防和武装力量建设必须在社会主义宪法的统一规范下，纳入国家法制的轨道。

习近平提出的："全面贯彻实施宪法，是建设社会主义法治国家的首要任务和基础性工作。"① 推进依据宪法和法律治军是国防和军队建设法治化的重点内容和必然要求。因为治军是与治党治国一体推进的，因此，依法治军必须按照治国治党治军一体推进的战略部署，严格遵循宪法原则，把宪法作为治军的最高法律依据，以推进宪法实施为重点，并按照依法治国的总要求，将依宪治国、依宪执政和依宪治军有机结合、相互衔接、一体谋划，同步推进。

宪法明确规定实行军委主席负责制。全国武装力量必须由军委主席统一领导和指挥，这是中国特色社会主义的重要政治制度、军事制度，严格落实军委主席负责制是依宪坚持党对军队绝对领导的核心要求。严格落实军委主席负责制是党对军队绝对领导的最高实现形式。实行军委主席负责制有利于军委主席对全军实施集中统一领导和高效指挥，有利于加强军委班子自身建设和高级领导干部教育管理，有利于全军全面准确、及时有效地贯彻落实军委主席的决心意图和决策指示，对于保证党中央、中央军委牢牢掌握军队最高领导权指挥权具有关键性、决定性作用。

（二）党指挥枪是我军的立军之本和建军之魂

习近平明确指出，我军是执行党的政治任务的武装集团，保证党对军队的绝对领导，关系我军性质和宗旨、关系社会主义前途命运、关系党和国家长治久安，是我军的立军之本和建军之魂。必须坚持把党对军队绝对领导作为核心和根本要求，要使坚持党对军队的绝对领导在官兵思想中深深扎根，确保全军在任何时候任何情况下都坚决听从党中央、中央军委指挥，确保党从思想上、政治上、组织上牢牢掌握部队，始终高举旗帜、听党指挥。

---

① 习近平:《宪法的生命和权威在于实施》，在首都各界纪念现行宪法公布施行 30 周年大会上的讲话，《人民日报》2012 年 12 月 5 日，第 2 版。

依法治军从严治军，是以法治方式确保党对军队的绝对领导。在深入推进依法治军从严治军进程中，坚持把党对军队的绝对领导作为核心和根本要求，就是要从法理上坚决捍卫党对军队绝对领导的根本原则，坚持和完善党对军队绝对领导的一整套制度，善于运用法律法规的特有功能，通过军队政治工作坚定全军官兵党对军队绝对领导的政治自信和政治自觉，实现党对军队绝对领导的规范化、制度化、法治化。对此，习近平强调，“各级党委要把落实党对军队绝对领导的制度作为第一位责任，把党领导军队一系列制度贯彻到部队建设各领域和完成任务全过程，确保党指挥枪的原则落地生根”①，要坚持坚定正确的政治方向，通过一系列体制设计和制度安排，把党对军队绝对领导的根本原则和制度进一步固化下来并加以完善，强化军委集中统一领导，更好使军队最高领导权和指挥权集中于党中央、中央军委。

（三）坚持党对军队的绝对领导是最高的政治纪律

要始终把思想政治建设摆在军队各项建设首位，使坚持党对军队的绝对领导在官兵思想中深深扎根，确保全军在任何时候、任何情况下都坚决听从党中央、中央军委指挥。要加强军队党的建设，确保党从思想上、政治上、组织上牢牢掌握部队掌握部队思想动态，有针对性抓好思想教育，引导官兵坚决听党指挥，争做“四有”新时代革命军人，要“有的放矢加强意识形态工作，组织官兵认真学习国史党史军史，着力增强思想政治教育的时代性和感召力，坚定党对军队绝对领导的政治自信和政治自觉，打牢官兵高举旗帜、听党指挥的思想政治基础”②。习近平还强调指出，党对军队的绝对领导有一系列根本原则和制度，无论战争形态怎么演变、军队建设内外环境怎么变化、军队组织形态怎么调整，都必须始终不渝坚持，要把这一根本制度作为最高的政治要求来遵守，作为最高的政治纪律来维护，确保党的意志主张和决策部署在军队得到不折不扣贯彻执行，保证部队绝对忠诚、绝对纯洁、绝对可靠；还要健全和完善党领导军事法治

---

① 《习近平在古田出席全军政治工作会议并发表重要讲话强调 发挥政治工作对强军兴军的生命线作用，为实现党在新形势下的强军目标而奋斗》，《解放军报》2014 年 11 月 2 日，第 1 版。

② 《习近平总书记系列重要讲话读本》，九、建设一支听党指挥能打胜仗作风优良的人民军队——关于加强国防和军队建设，《人民日报》2014 年 7 月 14 日，第 16 版。

建设的各项制度包括工作机制和程序，保证党的领导制度的全面落实。郭伯雄、徐才厚以坚持党的领导为名，行个人领导之实，拉帮结伙，排斥和架空党的领导，对党法党规采取选择性适用，往往是以军队特殊为名再搞一套，导致一些党内法规制度不经其批准就不能直接在军队中贯彻和适用；他们置国家和军队根本利益而不顾，弄权压法，大肆谋取个人私利，党的各项制度规范对其根本不起作用，不仅给国防和军队建设造成了极大危害，也败坏了党的形象，破坏了党法党规的权威性和严肃性。这些反面教训说明，在坚持党对军队的绝对领导上，不能再热衷于做形式主义的表面文章，搞好看不中用的花拳绣腿；不能再出现以军队特殊为名，选择性执行党法党规，必须排除各种公开与隐蔽的干扰和破坏，对于哪些党法党规在军队建设领域的适用及执行必须由中央作出决定，必要时由中央主导制定在国防和军队建设领域的实施细则，将党的领导原则真正落到实处。

四、依法治军、建设法治军队必须坚持战斗力这个唯一的根本的标准

军队的根本职能是能打仗、打胜仗。战斗力是古往今来任何一支军队的立身之本，深入推进依法治军从严治军、提高国防和军队建设法治化水平的重要目标和根本标准就是提高战斗力。习近平紧紧抓住发挥人民军队职能作用的核心功能，明确提出要“牢固树立战斗力这个唯一的根本的标准”①，坚持把依法治军、建设法治军队落实到全面提高部队战斗力上。

（一）必须把提高军队战斗力作为出发点和落脚点

依法治军、建设法治军队的根本目的之一是要为提高部队战斗力服务，听党指挥是灵魂，能打胜仗是核心。习近平特别提出，军队建设必须把提高战斗力作为出发点和落脚点，向能打仗、打胜仗的要求聚焦。我军核心军事能力的根本标志是基于信息系统的体系作战能力。现代信息化战争，核心军事能力是制胜之要、打赢之本，加强和提升核心军事能力是军队职能所系、使命所在，是当务之急，刻不容缓。

（二）要切实把战斗力标准贯彻到部队建设全过程和各方面

军队战斗力标准是国防和军队综合实力的集中体现，涉及国防和军队

---

① 《习近平总书记系列重要讲话读本》九、建设一支听党指挥能打胜仗作风优良的人民军队——关于加强国防和军队建设，《人民日报》2014 年 7 月 14 日，第 16 版。

建设的各个方面。习近平强调，我们必须扭住能打仗、打胜仗这个强军之要，切实把战斗力标准贯彻到部队建设全过程和各方面，特别是“要着眼于打造精锐作战力量，优化规模结构和部队编成，推动我军由数量规模型向质量效能型转变。坚持精简高效的原则，裁减军队员额30万人，精减机关和非战斗机构人员，使军队更加精干高效。调整改善军种比例，优化军种力量结构，根据不同方向安全需求和作战任务改革部队编成，推动部队编成向充实、合成、多能、灵活方向发展。推进以效能为核心的军事管理革命，树立现代管理理念，完善管理体系，优化管理流程，不断提高军队专业化、精细化、科学化管理水平”①，要求军队党的建设必须紧紧围绕能打仗、打胜仗来展开，成为部队战斗力的增强剂和功放器。要强化战斗队思想，把战斗力标准贯彻到军队党的建设各个方面，明确要求带兵打仗、指挥打仗是军委的基本职责；能打仗、打胜仗首先是对军委的要求，军委能做到能打仗、打胜仗，全军才能做到能打仗、打胜仗。

（三）要让一切战斗力要素的活力竞相迸发

提升军队战斗力是一项系统工程，既包括国防实力，也包括形成战斗力的体制编制、组织指挥、教育训练、后勤保障、武器装备和政策制度等涵盖物质和人的两大构成要素。军事法治建设必须紧紧围绕决定军队战斗力的水平的各类要素构建规范体系，保证军队战斗力的有效提升，将战斗力全要素的提升作为国防和军队法治建设的根本目标任务。长期以来，国防和军队法治建设的着力点不够清晰，往往侧重面上的理论研究、政策制度设计，条令条例编修等立法规划注重宏观性、原则性、事务性的立法多，对决定战斗力提升的立法尤其是联合作战立法和紧缺人才培养与保留重视不够，战斗力生成机制不健全。习近平指出，要针对影响和制约战斗力生成的薄弱环节，“抓住制约战斗力建设的重难点问题，在领导指挥体制、力量结构、政策制度等方面的改革上狠下功夫”②，“以重点突破带动整体推进，让一切战斗力要素的活力竞相迸发，让一切军队现代化建设的

---

① 习近平：《全面实施改革强军战略　坚定不移走中国特色强军之路》，《解放军报》2015年11月27日，第1版。

② 《改革强军 奋楫中流——习主席和中央军委运筹设计深化国防和军队改革纪实》，《人民日报》2015年12月31日，第6版。

源泉充分涌流”[①]，“要着眼于抢占未来军事竞争战略制高点，充分发挥创新驱动发展作用，培育战斗力新的增长点”[②]。我们要加快重要领域和关键环节改革步伐，进一步解放和发展战斗力，进一步解放和增强军队活力，为实现强军目标提供体制机制和政策制度保障，有效履行宪法法律和人民赋予军队的重要使命任务。

为此，国防和军队建设法治化必须按照战斗力这个唯一的根本的标准，依法建立健全一整套适应现代军队建设和作战要求的组织模式、制度安排和运作方式，为加快推进军队组织形态管理形态现代化、构建中国特色现代军事力量体系、部队履行使命任务提供法律支撑，并将部队战备、训练、作战、指挥等各环节纳入法治轨道，以法治思维和法治方式破解制约部队战斗力建设的重点难点问题，推进领导指挥体制、力量结构、政策制度等方面的深化改革，以重点突破带动整体推进，全面规范和推进战斗力的发展生成，有效履行保卫祖国安全和人民和平生活的神圣职责，承担起维护国家发展利益和世界和平的神圣使命。

五、依法治军、建设法治军队必须厉行法治严肃军纪

古往今来，纪律都是任何一支军队力量的来源和生命力的保证。习近平高度重视军队的纪律建设，提出要夯实依法治军、从严治军这个强军之基，坚持以纪律建设为核心，下大气力整肃军纪，培养官兵自觉而又严格的组织纪律观念，坚决克服管理松懈、作风松散、纪律松弛现象。加强军事法治建设，提高法规制度执行力，坚决克服有法不依、执法不严、违法不究现象，“努力培养有灵魂、有本事、有血性、有品德的新一代革命军人，锻造具有铁一般信仰、铁一般信念、铁一般纪律、铁一般担当的过硬部队”。[③]

（一）严肃军纪，是治军带兵的铁律

习近平指出：“厉行法治，严肃军纪，是治军带兵的铁律，也是建设

---

① 习近平：《以改革创新精神开拓国防和军队建设新局面 为实现党在新形势下的强军目标而努力奋斗》，《人民日报》2014 年 3 月 12 日，第 1 版。

② 《习近平在中央军委改革工作会议上强调全面实施改革强军战略 坚定不移走中国特色强军之路》，《解放军报》2015 年 11 月 27 日，第 1 版。

③ 习近平：《深入推进政治建军改革强军依法治军，坚定信心狠抓落实开创强军兴军新局面》，《解放军报》2016 年 1 月 8 日，第 1 版。

强大军队的基本规律。”① 因此，要着力加强作风纪律建设，抓好依法治军、从严治军方针落实。要把纪律建设作为核心内容，强化官兵号令意识，培养部队严守纪律、令行禁止、步调一致的良好作风。“军无法不立，法无严不威，定了规矩就要执行。各级要强化执行力，维护法规制度权威性，让铁规生威，铁纪发力”②，特别是“要提高制度执行力，让制度、纪律成为带电的‘高压线’，使查处违纪违法问题制度化、经常化，使党员、干部心有所畏、言有所戒、行有所止”。③

习近平提出，要着力加强作风纪律建设，抓好依法治军、从严治军方针落实，要严肃各项纪律，确保政令军令畅通；要全面彻底肃清郭伯雄、徐才厚流毒影响，严肃政治纪律和政治规矩，确保部队在任何时候任何情况下都坚决听从党中央和中央军委指挥。他多次强调军队要把党的纪律作为刚性标准，必须正风肃纪，保持正风肃纪的高压态势，对任何违反纪律特别是政治纪律、组织纪律、财经纪律的行为都要严肃处理，特别要扎紧制度的“笼子”，防止党的纪律成为“稻草人”“纸老虎”，有力维护了党纪军纪的严肃性，促进了军队作风纪律建设的明显好转，形成了全军上下遵守纪律的良好风气。

（二）运用法治手段纠风肃纪

习近平指出，作风建设由治标向治本转变也要靠法治，善于运用法治手段纠风肃纪，以刚性的制度规定和严格的制度执行实现作风建设规范化、常态化、长效化，特别是领导干部要牢记法律红线不可逾越、法律底线不可触碰，带头遵守法律、执行法律，带头营造办事依法、遇事找法、解决问题用法、化解矛盾靠法的法治环境。谋划工作要运用法治思维，处理问题要运用法治方式，说话做事要先考虑一下是不是合法。各级领导干部在推进依法治国方面肩负着重要责任，要牢固树立法律红线不能触碰、法律底线不能逾越，这一条必须在全军牢固树立起来。要把制度约束作为刚性约束，决不允许“上有政策、下有对策”，决不允许有令不行、有禁

① 《习近平在视察南京军区机关时强调扎实推进依法治军从严治军 厉行法治严肃军纪是铁律》，《法制日报》2014 年 12 月 16 日，第 1 版。

② 习近平：《深入推进政治建军改革强军依法治军，坚定信心狠抓落实开创强军兴军新局面》，《解放军报》2016 年 1 月 8 日，第 1 版。

③ 《习主席在全军政治工作会议上的重要讲话新思想新观点新论断新要求解读》，《解放军报》2014 年 11 月 24 日，第 1 版。

不止，决不允许在贯彻执行中央决策部署上打折扣、做选择、搞变通。他特别强调，没人能当“铁帽子王”，横下一条心纠正“四风”，不定指标、上不封顶，对一切违反党纪国法军纪的行为，都必须严惩不贷，决不姑息，决不手软；不论什么人，不论其职务多高，只要触犯了党纪国法军纪，都必须受到严肃追究和严厉惩处，真正做到党纪面前人人平等，执行纪律没有例外，防止和克服惩治不力、亲疏有别、宽严失度等错误倾向，使心存歪念者不敢越雷池一步，确保党和军队的纪律刚性运行。

（三）强化纪律监督，要抓住治权这个关键

依法治军、建设法治军队必须强化纪律监督。深入推进依法治军从严治军、提高国防和军队建设法治化水平，必须从法规制度上有效地强化和保证官兵的民主监督权，加大对各级行政权力的监督和制约，重点是“要抓好领导干部这个‘关键少数’，各级特别是领导干部要带头尊法学法守法用法，做到心有所畏、言有所戒、行有所止，按规则正确用权、谨慎用权、干净用权。要抓住治权这个关键，把权力运行制约和监督体系搞严实”。[①]

高中级干部是治军带兵的骨干，必须加强教育、管理、监督，严格考核和选拔任用。同时，强化纪律监督还要充分依靠和发挥法治的重要作用，领导干部要自觉培养法治思维，带头学法尊法守法用法，自觉做依法治军的带头人，“任何人违反了党纪国法，都要依法惩治，决不能手软”。[②]在习近平依法治军、建设法治军队必须大力强化纪律监督和推进国防与军队建设领域反腐败思想的指导下，军队纪律监督和反腐败斗争取得了重要成果，纪律监督的作用和力度不断强化，一批军中“老虎”现形：从 2012 年至 2017 年，全军共立案审查 4000 多起，给予纪律处分 1.3 万余人，有效遏制了腐败滋生蔓延势头，赢得了党心军心民心。

六、依法治军、建设法治军队必须把遏制腐败作为重点完善监督机制

推进党风廉政建设和反腐败斗争，是新时代我们党进行具有许多新的

① 习近平：《深入推进政治建军改革强军依法治军，坚定信心狠抓落实开创强军兴军新局面》，《解放军报》2016 年 1 月 8 日，第 1 版。

② 《习近平关于党风廉政建设和反腐败斗争论述摘编》，中央纪律检查委员会、中共中央文献研究室编，中央文献出版社、中国方正出版社 2015 年版，第 93 页。

历史特点的伟大斗争的重要方面，也是依法治军、从严治军的重要着力点。习近平深刻指出："我们的权力是党和人民赋予的，是为党和人民做事用的，姓公不姓私，只能用来为党分忧、为国干事、为民谋利。要正确行使权力，依法用权、秉公用权、廉洁用权，做到法定职权必须为，法无授权不可为，保持如临深渊、如履薄冰的谨慎，做到心有所畏、言有所戒、行有所止，处理好公和私、情和法、利和法的关系。"①

（一）思想上筑牢防腐拒变的坚定信念

习近平为了发扬人民军队的优良传统，保持人民军队的本色，增强新形势下拒腐防变的能力，提出要"贯彻依法治军、从严治军方针，紧紧围绕我军政治工作的时代主题，加强和改进新形势下我军政治工作，充分发挥政治工作对强军兴军的生命线作用"②，其中崇高的理想、坚定的信念是革命军人的灵魂，是克敌制胜、拒腐防变的决定性因素。

军队遏制和反对腐败，首先要从思想上深刻认识权力的本质。我们对腐败问题要"零容忍"，做到弊绝风清，要正确行使权力，依法用权、秉公用权、廉洁用权。针对党内军内出现的严重腐败现象，习近平指出，这就说明选人用人制度上存在漏洞，预防和惩治腐败体系不健全，给腐败提供了滋生蔓延的土壤。选人用人不当是贪腐源头之一，选错一人，为害一方；必须严明组织纪律，严肃查处用人上的不正之风和腐败问题。他还深刻总结了历史上的教训：历史上多少战功卓著的军队最后都是被腐败搞垮的，要有腐必反、有贪必肃，坚持"老虎""苍蝇"一起打；同时要加强对权力运行的制约和监督，把权力关进制度的笼子里；并要以踏石留印、抓铁有痕的劲头抓工作作风。习近平特别强调："军委的同志要旗帜鲜明反对腐败，带头遵守廉洁自律各项规定，带头遵守中央关于领导干部工作和生活待遇等方面的规定"③，明确提出不要一讲依法治军就眼睛向下，认为法治是"领导治部属""上级治下级""官治兵"的手段，依法治军关键是依法治官，依法治权，"我们要坚决不搞特殊化、坚决不搞特权，

---

① 习近平：《做焦裕禄式的县委书记》，中央文献出版社 2015 年版，第 10 页。

② 《发挥政治工作对强军兴军的生命线作用 为实现党在新形势下的强军目标而奋斗》，《人民日报》2014 年 11 月 2 日，第 1 版。

③ 《习近平关于党风廉政建设和反腐败斗争论述摘编》，中央纪律检查委员会、中共中央文献研究室编，中央文献出版社、中国方正出版社 2015 年版，第 93 页。

坚决不搞不正之风，坚决不搞腐败。只有给全军作出表率了，我们抓全军作风建设才有底气”。①

（二）军队更不能有腐败分子的藏身之地

习近平深刻指出，军队是拿枪杆子的，更不能有腐败分子的藏身之地。“要着眼于深入推进依法治军、从严治军，抓住治权这个关键，构建严密的权力运行制约和监督体系。按照决策、执行、监督既相互制约又相互协调的原则区分和配置权力，重点解决军队纪检、巡视、审计、司法监督独立性和权威性不够的问题，以编密扎紧制度的笼子，努力铲除腐败现象滋生蔓延的土壤。组建新的军委纪委，向军委机关部门和战区分别派驻纪检组，推动纪委双重领导体制落到实处。调整组建军委审计署，全部实行派驻审计。组建新的军委政法委，调整军事司法体制，按区域设置军事法院、军事检察院，确保它们依法独立公正行使职权。”② 还要建立军事法律顾问制度，为党委首长决策和部队行动提供法律咨询和保障；要完善执法制度，健全执法监督机制，严格责任追究，违法者要军法从事。

他特别强调，要重点在解决“四风”问题、纠治发生在士兵身边的不正之风方面下功夫，旗帜鲜明反对腐败、反对特权，着力在纠治官兵反映强烈的突出问题上见到成效，在解决深层次矛盾和问题上见到成效，在构建规范化、制度化的长效机制上见到成效，保持人民军队长期形成的良好形象，尤其对腐败问题“必须坚持零容忍的态度不变，猛药去疴的决心不减，刮骨疗毒的勇气不泄，严厉惩处的尺度不松”③。要坚持关口前移，防微杜渐，强化对权力运行的制约和监督，加大从源头上防治腐败工作力度；要坚持有案必查、有腐必惩，对一切违反党纪国法军纪的行为，都必须严惩不贷，决不姑息，决不手软，特别是对投机取巧，徇私枉法、违法乱纪的，决不能让那些法治意识不强、无法无天的人一步步升上来，这种人官当得越大，对党和国家危害就越大。

（三）构建严密的权力运行制约和监督体系

要加快建立和完善军队反腐制度体系，“要善于用法治思维和法治方

---

① 《习近平关于党风廉政建设和反腐败斗争论述摘编》，中央纪律检查委员会、中共中央文献研究室编，中央文献出版社、中国方正出版社 2015 年版，第 74 页。

② 《习近平谈治国理政》（第二卷），外文出版社 2017 年版，第 408 页。

③ 《零容忍的态度不变 猛药去疴决心不减 刮骨疗毒的勇气不泄 严厉惩处的尺度不松》，《人民日报海外版》2015 年 1 月 14 日，第 1 版。

式反对腐败，加强反腐败国家立法，加强反腐倡廉党内法规制度建设，让法律制度刚性运行。扬汤止沸，不如釜底抽薪”①。要坚持和完善反腐败领导体制和工作机制，发挥好纪检、监察、司法、审计等机关和部门的职能作用，共同推进党风廉政建设和反腐败斗争，并要求军队纪检、巡视、审计、司法等相关部门要加强协同配合，努力形成反腐败的严密网络体系。

习近平深刻指出，权力是需要监督的，没有监督的权力就会异化，绝对权力导致绝对腐败，“要加强对权力运行的制约和监督，把权力关进制度的笼子里，形成不敢腐的惩戒机制、不能腐的防范机制、不易腐的保障机制”②，如果今天违反一条纪律，明天违反一条纪律，那党和军队事业的大厦迟早也会被搞塌的！讲规矩是对党员、干部党性的重要考验，是对党员、干部对党忠诚度的重要检验。为了强化监督机制，习近平进一步提出，深化党的纪律检查体制改革，加强制度创新，强化上级纪委对下级党委和纪委的监督，推动纪委双重领导体制落到实处。要推动党的纪律检查工作双重领导体制具体化、程序化、制度化，强化上级纪委对下级纪委的领导，明确规定查办腐败案件以上级纪委领导为主；要完善巡视制度，加强巡视力量建设，加大巡视工作力度，实现巡视全覆盖。“巡视作为党内监督的战略性制度安排，不是权宜之计，要用好巡视这把反腐‘利剑’。”③ “纪检、巡视、审计部门要利剑高悬，履行好监督职能。”④ 党的十八大以来，中央军委机关先后在选人用人、经费物资管理、行业风气、福利待遇等方面，制定出台了《关于加强新形势下选人用人工作监督的意见》《军队领导干部秘书管理规定》《厉行节约严格经费管理的规定》《严格军队党员领导干部纪律约束的若干规定》等几百项制度规定，犹如牢不可破的篱笆桩，为权力套上管束之笼。

① 《习近平关于党风廉政建设和反腐败斗争论述摘编》，把权力关进制度的笼子里，中共中央纪律检查委员会，中共中央文献研究室编、中国方正出版社 2015 年版，第 121 页。

② 《把权力关进制度的笼子——健全权力制约与监督体系》，人民网——中国共产党新闻网，http：//theory. people. com. cn/n/2014/1125/c_390916-26090667. html。

③ 《党的文献》刊发：习近平关于巡视工作的一组重要论述，人民网——中国共产党新闻网，http：//theory. people. com. cn/n/2015/0112/c_40531-26370204. html。

④ 习近平：《深入推进政治建军改革强军依法治军，坚定信心狠抓落实开创强军兴军新局面》，《解放军报》2016 年 1 月 8 日，第 1 版。

第二节　全面推进国防和军队建设法治化

2012 年 11 月，党的十八大报告指出，法治是治国理政的基本方式，为实现国防和军队现代化建设有一个大的发展，必须“加大依法治军、从严治军力度，推动正规化建设向更高水平发展”①。2014 年 10 月，党的十八届四中全会通过《中共中央关于全面推进依法治国若干重大问题的决定》，提出要“创新发展依法治军理论和实践，构建完善的中国特色军事法治体系，提高国防和军队建设法治化水平”②。全面推进国防和军队建设法治化被摆在更加突出的战略位置，开启了全面推进国防和军队建设法治化的崭新时代，取得了明显成效。

一、构建完善的中国特色军事法治体系

党的十八大特别是十八届四中全会关于全面推进依法治国的各项重大举措，是对中华人民共和国成立以来尤其是改革开放以来，社会主义法治建设艰难探索所取得成果和经验的深刻总结，全面拓展了社会主义法治建设的深度和广度，并首次将建设中国特色军事法治体系作为建设中国特色社会主义法治体系的任务一并提出，成为建设中国特色社会主义法治体系的重要组成部分，纳入了全面推进依法治国的总目标。这充分体现了党在全面推进依法治国进程中，将治党治国治军一体推进的战略部署，在我国的军事法治建设上具有划时代的意义，是军事法治建设的重大历史性机遇。

2014 年 12 月 26 日，习近平在军委扩大会议上首次深刻指出，“一个现代化国家必然是法治国家，一支现代化军队必然是法治军队”③。在全面推进依法治国、建设法治中国的新时期，必须明确将依法治军的战略目标定位在努力建设一支与法治国家相匹配的现代法治军队；依法治军、建设法

---

① 胡锦涛：《坚定不移沿着中国特色社会主义道路前进 为全面建成小康社会而奋斗——在中国共产党第十八次全国代表大会上的报告》（第九部分），载《人民日报》2012 年 11 月 18 日，第 4 版。

② 《中共中央关于全面推进依法治国若干重大问题的决定》，《人民日报》，2014 年 10 月 29 日，第 1 版。

③ 《习近平关于协调推进“四个全面”战略布局论述摘编》（四），全面依法治国，中共中央文献研究室编，人民网——中国共产党新闻网，http：//theory. people. com. cn/n/2015/1112/c40531-27806556. html。

治军队是国家和军队法治化水平的集中体现，是建设法治中国的重要组成部分和显著标志，也是建设法治中国的重要任务和基础性工程。

“国防和军队建设法治化，是全面依法治国总体部署的重要组成部分，是实现强军目标的必然要求，是深化国防和军队体制改革的重要保障，是确保部队有效履行使命任务和高度集中统一的坚强保证。”① 实现国防和军队建设法治化是强军兴军的时代课题，其根本任务要全面建立和实行以宪法为核心的国防和军事制度，牢固确立运用法治思维和法治方式调整和规范一切军事法律关系，要求军事法律关系的合理化、军事社会关系的法定化、军事人员行为的合法化，军事活动的规范化。从根本上讲，是要建设一支听党指挥、能打胜仗的法治军队；这既是法治中国的应有之义和有机组成部分，也是实现法治中国和百年中国梦的根本保障，更是通向法治梦、强军梦和中国梦的战略部署和支撑。有了与依法治国和法治中国建设进程同步发展，与法治国家、法治政府、法治社会相称的法治军队，就能为巩固党的执政地位，保证人民当家做主、保证宪法和法律实施，全面推进和实现依法治国方略提供可靠保障，就能始终保持人民军队的本色，始终有效履行使命任务，维护国家发展利益和保卫国家领土主权完整统一。②

国防和军队建设法治化是一个宏大的系统工程，必然要求全面推进依法治军、建设法治军队，牢固确立依法治军和建设法治军队在军队建设中的全局性、基础性、战略性地位，着眼加快国防和军队各项工作的法治化进程，使国防和军队建设跟上国家法治建设的步伐，被纳入法治的轨道，从而构成法治中国不可或缺的完整科学体系，不断提升国防和军队建设法治化水平。2015 年 2 月，中央军委着眼于深入推进依法治军从严治军的总体要求，印发《关于新形势下深入推进依法治军从严治军的决定》，对深入贯彻党的十八届四中全会精神、加强军队法治建设做出全面部署，强调新形势下深入推进依法治军从严治军，就要紧紧围绕党在新形势下的强军目标，创新发展依法治军从严治军理论和实践，构建完善中国特色军事法治体系，形成系统完备、严密高效的军事法规制度体系、军事法治实施体系、

① 丛文胜等著：《国防法治——国防和军队建设法治化》，解放军出版社 2016 年 3 月版，第 109—110 页。

② 丛文胜等著：《国防法治——国防和军队建设法治化》，解放军出版社 2016 年 3 月版，第 1—13 页。

军事法治监督体系、军事法治保障体系，提高国防和军队建设法治化水平。“要求全军用强军目标引领军事法治建设，强化法治信仰和法治思维，按照法治要求转变治军方式，形成党委依法决策、机关依法指导、部队依法行动、官兵依法履职的良好局面，提高国防和军队建设法治化水平。”[①] 2016 年 6 月，为确保法治化水平的不断提升，国防和军队改革的新体制顺畅高效运行，经习近平主席批准，中央军委印发《关于深化国防和军队改革期间加强军事法规制度建设的意见》，对在深化国防和军队改革期间加强军事法规制度建设、提升国防和军队建设法治化水平做出了具体部署。

（一）构建军事法规制度体系

“军事法规制度体系是以宪法军事条款、军事法律、军事法规、军事规章为主体，以军事规范性文件和基层管理规定为补充的制度规范体系，是军事法治体系的基础。”[②] 完善中国特色军事法治体系要以构建完备的军事法规体系为重要前提，通过健全军事法制工作机构，完善军事立法程序和工作机制，强化对军事法规、军事规章和规范性文件的审查监督，提高军事立法的标准化、规范化水平，加快推进军事法规制度体系建设的法治化。

党的十八大以来，国防和军队法治化建设以前所未有的速度推进，一批国防和军队建设发展急需的法律、法规陆续制定颁布或者修订实施，中国特色军事法规制度体系不断完善。“仅国家和军地之间有关国防事务的联合立法，据不完全统计，自 2013 年以来，全国人大及其常委会制定或修改颁布的涉及国防和军事事项的法律及法律决定 16 件；国务院、中央军委联合制定的有关国防和军队建设的国防行政法规及规范性文件 7 件；还有国务院有关部委单独或与中央军委有关部门联合制定的国防行政规章及规范性文件 12 件。”[③] 这仅仅是从 2013 年到 2016 年年初的三年多时间内在国家和军地之间有关国防事务联合立法的统计数据，充分体现出党和国家对国防军队建设立法工作的高度重视，也反映出在军事法规制度体系构建上仍然有较大的完善空间。

---

① 《中央军委印发关于新形势下深入推进依法治军从严治军的决定》，新华网，http：//news. xinhuanet. com/mil/2015-02/26/c_1114446426. htm。

② 丛文胜等著《国防法治——国防和军队建设法治化》，解放军出版社 2016 年 3 月版，第 157 页。

③ 丛文胜《两会前瞻：加快推进国防和军队建设法治化》，中国网，http：//news. china. com/2016lh/news/11176754/20160226/21609729. html。

据不完全统计，2012 年以来，与国防和军队建设密切相关的重要法律、有关法律问题的决定、军事法规及行政法规类立法主要有：

法律类：（1）《中华人民共和国军人保险法》（2012 年 4 月 27 日，第十一届全国人民代表大会常务委员会第二十六次会议通过）；（2）《中国人民解放军选举全国人民代表大会和县级以上地方各级人民代表大会代表的办法》（2012 年 6 月 30 日，第十一届全国人民代表大会常务委员会第二十七次会议修正）；（3）《中华人民共和国军事设施保护法》（2014 年 6 月 27 日，第十二届全国人民代表大会常务委员会第九次会议修正）；（4）《中华人民共和国反间谍法》（2014 年 11 月 1 日，第十二届全国人民代表大会常务委员会第十一次会议通过）；（5）《中华人民共和国航道法》（2014 年 12 月 28 日，第十二届全国人民代表大会常务委员会第十二次会议通过）；（6）《关于修改〈中华人民共和国立法法〉的决定》（2015 年 3 月 15 日，第十二届全国人民代表大会第三次会议通过）；（7）《中华人民共和国国家安全法》（2015 年 7 月 1 日，第十二届全国人民代表大会常务委员会第十五次会议通过）；（8）《中华人民共和国反恐怖主义法》（2015 年 12 月 27 日，第十二届全国人民代表大会常务委员会第十八次会议通过）；（9）《中华人民共和国国家勋章和国家荣誉称号法》（2015 年 12 月 27 日，第十二届全国人民代表大会常务委员会第十八次会议通过）；（10）《中华人民共和国境外非政府组织境内活动管理法》（2016 年 4 月 28 日，第十二届全国人民代表大会常务委员会第二十次会议通过）；（11）《中华人民共和国航道法》（2016 年 7 月 2 日，第十二届全国人民代表大会常务委员会第二十一次会议修正）；（12）《中华人民共和国国防交通法》（2016 年 9 月 3 日，十二届全国人民代表大会常务委员会第二十二次会议表决通过）①；（13）《中华人民共和国网络安全法》（2016 年 11 月 7 日，中华人民共和国第十二届全国人民代表大会常务委员会第二十四次会议通过）；（14）《中华人民共和国国家情报法》（2017 年 6 月 27 日，第十二届全国人民代表大会常务委员会第二十八次会议通过）。

有关法律问题的决定：（1）《全国人大常委会关于确定中国人民抗日战争胜利纪念日的决定》（2014 年 2 月 27 日，第十二届全国人民代表大会常务委员会第七次会议通过）；（2）《全国人民代表大会常务委员会关

---

① 党的十八大之后通过的第一部军事法律。

于设立南京大屠杀死难者国家公祭日的决定》（2014 年 2 月 27 日，第十二届全国人民代表大会常务委员会第七次会议通过）；（3）《全国人民代表大会常务委员会关于设立烈士纪念日的决定》（2014 年 8 月 31 日，第十二届全国人民代表大会常务委员会第十次会议通过）；（4）《关于军官制度改革期间暂时调整适用相关法律规定的决定》（2016 年 12 月 25 日，第十二届全国人民代表大会常务委员会第二十五次会议通过）。

此外，还颁布了一系列有关国防和军队建设的法规规章。例如，2013 年 9 月 3 日，中央军委主席习近平签署命令，发布新修订的《中国人民解放军警备条令》（自 2013 年 10 月 1 日起施行）；与 1997 年 10 月 7 日发布的警备条令相比较，新条令适应了国家和军队改革发展的新形势，紧密结合警备工作的现实需要，在立法体例结构和规范内容上都有较大调整和充实，进一步理顺了警备工作领导体制及管理权限，厘清了警备工作的职能定位和主要任务，充实了警备司令部职责和工作制度，完善了警备执勤的组织实施程序、方法要求及奖惩措施，对维护外出军人的合法权益，加强对外出军人、军车的管理以及依法打击假冒军人、军车和军队单位的各项规定更加规范和明确，具有较强的指导性、操作性①；2012 年 8 月 30 日，总参谋部、总政治部、总后勤部、总装备部制定，并经中央军委批准《军队文职人员管理规定》；2013 年，总参谋部、总政治部、总后勤部、总装备部修订《军队基层文化建设规定》；同年 10 月，中央军委印发《中央军委关于开展巡视工作的决定》，印发《中央军委巡视工作规定（试行）》，成立中央军委巡视机构，从此巡视正式成为人民军队正风反腐的铁拳头；同年 11 月 6 日，中国人民解放军总参谋部、中国民用航空局印发《通用航空飞行任务审批与管理规定》；2014 年 1 月，中国人民解放军总政治部发布《2014 年全军思想政治教育意见》；2014 年 1 月 17 日，国务院公布《中华人民共和国保守国家秘密法实施条例》；2014 年 6 月 30 日，中央军委修订发布《中国人民解放军计划生育条例》；2014 年 12 月 30 日，中共中央向全党全军转发《关于新形势下军队政治工作若干问题的决定》；2015 年 2 月，中央军委新修订的《军队基层建设纲要》开始实施；2015 年 4 月，中央军委印发《严格军队党员领导干部纪律约束的

① 这是习近平担任中央军委主席后签署的第一部共同条令。2013 年 11 月 23 日，中华人民共和国国防部发布《中华人民共和国政府关于划设东海防空识别区的声明》；

若干规定》；2015年7月2日，四总部下发《关于进一步规范基层工作指导和管理秩序若干规定》；2016年1月1日，中央军委发布《中央军委关于深化国防和军队改革的意见》；2016年9月，司法部、中央军委政法委员会联合印发《军人军属法律援助工作实施办法》；2016年11月，中央军委印发《加强实战化军事训练暂行规定》；2016年11月11日，国务院、中央军委修订《中华人民共和国无线电管理条例》；2016年12月，中央军委重新修订《军队审计条例》，自2017年1月1日起施行；2017年7月，中央军委发布新修订的《军队机关公文处理工作条例》，自2017年10月1日起施行等。①

目前，中国特色军事法规体系包括20件军事法律（决定）、约400件军事法规和4000件军事规章。可以说，当前我国军事法规制度的数量已达到一定规模，基本能够覆盖国防和军队建设各个领域和主要方面；骨干法律法规逐步齐全，构建了军事法规制度体系的基本框架；法律规范协调统一、衔接配套，形成有机整体。

2014年10月23日，党的十八届四中全会强调，要“健全适应现代军队建设和作战要求的军事法规制度体系，严格规范军事法规制度的制定权限和程序，将所有军事规范性文件纳入审查范围，完善审查制度，增强军事法规制度的科学性、针对性、适用性。”② 2015年3月15日，我国新修订的《立法法》第103条规定：“中央军事委员会根据宪法和法律，制定军事法规。中央军事委员会各总部、军兵种、军区、中国人民武装警察部队，可以根据法律和中央军事委员会的军事法规、决定、命令，在其权限范围内，制定军事规章。军事法规、军事规章在武装力量内部实施。军事法规、军事规章的制定、修改和废止办法，由中央军事委员会依照本法规定的原则规定。”

为强化和推进军事立法的清理工作，中央军委对军队的党内法规制度也作了清理：2014年4月25日，中央军委发布《关于废止和宣布失效一批军队党内法规和规范性文件的决定》；5月1日，总政治部发布《总政

---

① 这期间颁布的军事法规规章还有很多，不一一列举，相关内容在本书其他部分也有介绍。

② 《中共中央关于全面推进依法治国若干重大问题的决定》，人民出版社2014年版，第37页。

治部关于废止和宣布一批党内法规和规范性文件的决定》。两个《决定》对中央军委和总政治部、军委纪委 1978 年 1 月 1 日至 2012 年 6 月 30 日制定的 361 件军队党内法规和规范性文件进行认真审核，废止 55 件，宣布失效 34 件，其余 272 件继续有效，其中 18 件将作出修改。2014 年 12 月，中央军委再次发布《关于再废止和宣布失效一批军队党内法规和规范性文件的决定》，同时，总政治部也发布了《总政治部关于再废止和宣布一批党内法规和规范性文件的决定》，在军队第二阶段的党内法规和规范性文件清理中，由中央军委、总政治部和军委纪委制定的 379 件文件中，有 128 件被废止，183 件宣布失效，68 件继续有效。两个《决定》的发布，为妥善处理军队党内法规与军事法规、规章的衔接，加强军事法规的清理工作，确保军事法规体系内部的一致性创造了必要条件。

2016 年 4 月，中央军委印发《关于深化国防和军队改革期间加强军事法规制度建设的意见》，重新规定了军事立法权限，改革创新了“中央军委—战区、军兵种、武警部队”两级军事立法体制。2016 年 7 月，中央军委印发军队贯彻《中共中央关于加强党领导立法工作的意见》的实施办法，健全完善了党领导军事立法工作的制度机制。

2017 年 5 月 8 日，中央军委主席习近平签署命令颁布《军事立法工作条例》①。《军事立法工作条例》适应国防和军队改革的新体制，对军事立法工作作了全面规范，对于保证军事立法质量，构建完善的中国特色军事法规制度体系，提升国防和军队建设法治化水平都将发挥积极促进作用。

此外，《立法法》在国防立法上也有重大突破。该法第七十条第二款规定：“有关国防建设的行政法规，可以由国务院总理、中央军事委员会主席共同签署国务院、中央军事委员会令公布。”将有关国防建设的法规归入行政法规，实际上将国务院和中央军委联合颁布的军事行政法规纳入国务院颁布的行政法规范畴。“国防行政法规”这一新亮点、新概念、新提法，对于完善国防立法体制、强化国防立法、提升我国国防和军队法治

① 《军事立法工作条例》共 12 章 78 条，原 2003 年发布的《军事法规军事规章条例》同时废止。

化水平，健全社会主义法治体系都具有重大意义。①

（二）健全军事法治实施体系

“广义上的军事法实施，即军事法运用和实现的活动，包括守法、执法、司法、法律监督、法律服务等活动内容。狭义上或一般意义上的实施则专指军事法的遵守和执行等活动。”② 军事法治实施体系建设对实现国防和军队建设法治化具有十分重大的意义。中央军委《关于新形势下深入推进依法治军从严治军的决定》中特别强调要建立起系统完备、严密高效的军事法治实施体系。

党的十八大以来，我国军事执法主体的法治意识不断强化，军事执法权限逐步明晰，军事执法体制逐步健全，军事执法行为和程序日益规范，军事司法体制改革取得明显成效。

一是推进治军方式根本转变，严格依法运转。为了建设与现代化法治国家相适应的现代化法治军队，必须紧紧围绕党在新形势下的强军目标，着眼全面加强革命化现代化正规化建设，对军队各方面进行严格规范，建立一整套符合现代军事法治发展规律、体现我军特色的科学的组织模式、制度安排和运作方式，切实实现从单纯依靠行政命令的做法向依法行政的根本性转变，从单纯靠习惯和经验开展工作的方式向依靠法规和制度开展工作的根本性转变，从突击式、运动式抓工作的方式向按条令条例办事的根本性转变，在全军形成党委依法决策、机关依法指导、部队依法行动、官兵依法履职的良好局面。③ 党的十八大以来，适应新的军事领导体制、新的武器装备管理和后勤保障机制的构建，人民军队在治军方式上严格按照“三个根本性转变”的要求，着力于摆脱人治、实现法治，治军方式的转变取得很大进展，部队作风尤其是领导干部作风建设成效显著。全军团以上干部下连当兵、蹲连住班的人次每年数以万计，为基层办实事蔚然成风。仅在2013年，全军就有军以上领导800多人次自觉到基层一线亲

① 从文胜：《国防行政法规开辟国防立法新领域》，《法制日报》2015年4月16日，第9版。

② 从文胜等著：《国防法治——国防和军队建设法治化》，解放军出版社2016年3月版，第197页。

③ 从文胜：《建设法治军队的原则与路径探析》，载于《南京政治学院学报》2016年第2期。

自推动和加强基层部队的作风建设。[①] 在军队领导干部的率先垂范下，部队风气大大好转，法规制度执行力不断提高，基层官兵在教育训练、执行任务等各个环节更加投入，部队的正规化、革命化和现代化不断提升，部队战斗力不断增强。

二是积极开展专项活动，加大军事法规制度执行力。为加大法规制度的执行力，中央军委部署了一系列专项执法活动，执法检查深入推进，军队和军人合法权益得以维护。如开展的军队住房清理活动、财务审计专项清查活动、军队和武警部队全面停止有偿服务等专项活动，极大地促进了军队法治化进程。军队各级领导机关依法办事的意识越来越强，工作运行和部队管理越来越规范，“办事依法、遇事找法、解决问题用法、化解矛盾靠法”成为广大官兵的自觉行为。

2015 年 4 月 16 日，中央军委印发《严格军队党员领导干部纪律约束的若干规定》，规定了军队党员领导干部纪律约束的“十个必须”，即必须把听党指挥落实到行动上，必须保持坚定正确的政治信仰，必须防止和纠正政治上的自由主义，必须认真贯彻民主集中制原则，必须落实党的组织生活制度，必须严格执行请示报告制度，必须纠治选人用人上的不正之风，必须严守财经纪律，必须持续反“四风”改作风，必须破除特权思想和特权现象。该规定是新形势下严格党员领导干部纪律约束、加强军队纪律建设的重要指导性文件，对以铁的纪律确保部队高度集中统一和纯洁巩固，凝聚实现强军目标的强大意志力量具有重要意义。

2016 年 3 月，中央军委印发《关于军队和武警部队全面停止有偿服务活动的通知》，军队和武警部队全面停止有偿服务工作正式启动。中央军委有计划分步骤停止军队和武警部队一切有偿服务活动，主要包括军队房地产、军队医院、仓库、码头、建筑工程、军队院校、军队科研机构、新闻出版等系统的有偿服务行为[②]，中央军委改革工作会议以来，军队和武警部队把全面停止有偿服务作为一项重大政治任务，全军各部队立即行动，坚决按照军委要求清理各类有偿服务，军委后勤保障部还专门成立了全面停止有偿服务工作

① 《十八大以来全军和武警部队贯彻落实习主席重要指示加强作风建设》，人民网，http：//military. people. com. cn/n1/2016/0203/c1011-28106938-2. html。

② 丛文胜、邹强伦主编：《军队和武警部队全面停止有偿服务相关法律问题及实务指引》，中国出版集团、中国民主法制出版社 2016 年版。

领导小组办公室，组织了全军专项培训，解放军和武警部队清理有偿服务工作顺利进行。

三是推进军事司法体制改革，发挥军事司法在法治实施中的作用。“军事司法通常是指设置在军队中的军事司法机关依照法定权限和程序处理涉诉案件的专门执法活动，即各级军事法院、军事检察院、军队保卫部门和司法行政部门，依照法定权限和程序办理案件的专门执法活动。”[①] 军事司法是国家司法的重要组成部分，军事司法体制机制改革是实现国防和军队建设法治化的重要内容。党的十八届四中全会着重指出，要改革军事司法体制机制，完善统一领导的军事审判、检察制度，维护国防利益，保障军人合法权益，“这是首次在党的重要文件中正式提出了改革军事司法体制机制的要求”[②]。2015 年 2 月，中央军委在《关于新形势下深入推进依法治军从严治军的决定》中明确指出，要贯彻中央深化司法体制改革的部署要求，着眼确保军事司法机关依法独立公正行使审判权检察权，改革军事司法体制机制，合理设置各级军事法院、军事检察院。

在 2015 年 11 月举行的中央军委改革工作会议上，习近平指出“组建新的军委政法委，调整军事司法体制，按区域设置军事法院、军事检察院，确保它们依法独立公正行使职权。”[③] 2016 年 1 月，成立新的中央军委政法委，为中央军委 15 个下设职能部门之一。2016 年 4 月，最高人民法院发布《最高人民法院关于重新编制发布军事法院代字的通知》，重新编制发布军事法院代字表。[④]

2016 年 5 月，中央军委政法委在北京召开全军军事法院、军事检察院调整组建大会，明确了军事检察院由过去按照军兵种和武警系统设置调整为区域化设置。中央军委同期出台了军队政法委设置方案，明确中央军

① 丛文胜等著：《国防法治——国防和军队建设法治化》，解放军出版社 2016 年 3 月版，第 229 页。

② 丛文胜等著：《国防法治——国防和军队建设法治化》，解放军出版社 2016 年 3 月版，第 229 页。

③ 《军队政法委方案出台 战区与军兵种政法委职责不同》，法律图书馆网，http：//www. law-lib. com/fzdt/newshtml/fzjd/20160726094359. htm。

④ 根据《最高人民法院关于重新编制发布军事法院代字的通知》，解放军军事法院的法院层级是“高级”，东南北中四大战区军事法院、西部战区第一、第二军事法院以及解放军总直属军事法院的法院层级是“中级”。《最高人民法院关于重新编制发布军事法院代字的通知》，参见最高人民法院网，http：//www. court. gov. cn/fabu-xiangqing-22812. html。

委政法委由书记、专职副书记和委员组成，委员由解放军军事法院、军事检察院领导和军委政法委员会机关各局主要领导担任。同时，根据新体制的要求，战区党委政法委和军兵种等其他单位党委政法委担负不同职责。2016 年 12 月 22 日，继军事法院民事案件管辖权扩大[①]后，也在开始探讨开展军事行政审判工作的试点[②]。2016 年 12 月 22 日，最高人民法院作出《关于同意解放军军事法院在广州、北京等军事法院开展行政审判试点工作的批复》（法函）［2016］448 号)，标志着开展军内行政诉讼进入实质性试点阶段。探索建立军事行政诉讼制度，是贯彻落实习近平主席关于深入推进依法治军从严治军、加快实现治军方式“三个根本性转变”重要指示精神的实际举措，是军队法治建设进程中的一件大事，对于进一步规范和制约权力运行、促进各级依法履职、维护官兵合法权益、巩固和提高部队战斗力，具有重大而深远的意义。

（三）创新军事法治监督体系

军事法治监督体系，主要由“监督规范体系、监督实施体系、监督

① 2012 年 8 月 20 日，《最高人民法院关于军事法院管辖民事案件若干问题的规定》由最高人民法院审判委员会第 1553 次会议通过，对于军事法院民事案件管辖范围的确定做出三个方面的新规定：将专门管辖的范围扩大到涉及机密级以上军事秘密案件，以及适用特别程序审理案件；明确地方当事人可以自主选择由军事法院管辖的案件（包括：军人或者军队单位执行职务过程中造成他人损害的侵权责任纠纷案件；当事人一方为军人或者军队单位，侵权行为发生在营区内的侵权责任纠纷案件；当事人一方为军人的婚姻家庭纠纷案件；申请宣告军人失踪或者死亡等案件）；遵从民事诉讼法协议管辖的规定，明确当事人一方是军人或者军队单位，且合同履行地或者标的物所在地在营区内的合同纠纷案件，当事人书面约定由军事法院管辖，不违反法律关于级别管辖、专属管辖和专门管辖规定的，可以由军事法院管辖。

② 经中央军委批准，并经最高人民法院批复同意，军事行政诉讼试点工作正式启动。探索建立军事行政诉讼制度，先行试点、逐步推广，是中央军委《军事司法体制改革实施方案》明确的任务。按照方案，广州军事法院、北京军事法院为试点基层法院，受理第一审军事行政案件。在试点基层法院管辖范围内，军人或军队单位认为军级以下军事机关及其工作人员的军事行政行为侵犯其合法权益的，可以依法提起诉讼。当事人不服一审裁判的，可以分别向南部战区军事法院、中部战区军事法院提出上诉。试点期间，最高人民法院、解放军军事法院将依法加强监督指导，确保试点工作积极稳妥推进。通过试点，为探索建立军事行政诉讼制度积累经验、创造条件。参见《解放军报》2017 年 7 月 3 日，第 1 版。

保障体系、监督评价体系架构而成”①，是国防和军队建设法治体系的重要组成部分。习近平多次强调要加强对权力运行的制约和监督，把权力关进制度的笼子里，形成不敢腐的惩戒机制、不能腐的防范机制、不易腐的保障机制。“要着眼于深入推进依法治军、从严治军，抓住治权这个关键，构建严密的权力运行制约和监督体系。按照决策、执行、监督既相互制约又相互协调的原则区分和配置权力，重点解决军队纪检、巡视、审计、司法监督独立性和权威性不够的问题，以编密扎紧制度的笼子，努力铲除腐败现象滋生蔓延的土壤。”② 为了强化监督机制，习近平进一步提出，推动党的纪律检查工作双重领导体制具体化、程序化、制度化，强化上级纪委对下级纪委的领导；明确规定查办腐败案件以上级纪委领导为主，各级纪委书记、副书记的提名和考察以上级纪委会同组织部门为主。“这既坚持了党对反腐败工作的领导，坚持了党管干部原则，又保证了纪委监督权的行使，有利于加大反腐败工作力度”。③

党的十八届四中全会将“严密的法治监督体系”和“完善的党内法规体系”都作为中国特色社会主义法治体系的重要组成部分同步推进，要求深入开展党风廉政建设和反腐败斗争，严格落实党风廉政建设党委主体责任制和纪委监督责任，确立了高压反腐态势，反腐败监督力度不断加大，军队反腐工作取得重大突破。如党中央、中央军委果断决策，郭伯雄、徐才厚等军内腐败分子被绳之以法，近百名违纪违法的军以上领导干部受到严厉查处；另外，中央军委领导深入部队调研指导，推动专项清理整治落地见效。仅 2015 上半年，全军清退多占住房 1000 余套、超占兵员 5000 余人，行政消耗性开支、公务接待费等明显下降……④

以干部选拔任用为重点，强化监督管理的法治措施不断完善。2015 年 2 月，包括中央军委印发的《关于加强新形势下选人用人工作监督的意见》《军队领导干部秘书管理规定》，总政治部印发的《关于严格落实

① 丛文胜等著：《国防法治——国防和军队建设法治化》，解放军出版社 2016 年 3 月版，第 368 页。

② 《习近平在中央军委改革工作会议上强调 全面实施改革强军战略坚定不移走中国特色强军之路》，载于《人民日报》，2015 年 11 月 27 日，第 1 版。

③ 丛文胜：《建设法治军队的原则与路径探析》，《南京政治学院学报》2016 年第 2 期。

④ 《正风肃纪，海晏河清气象新——党的十八大以来全军和武警部队贯彻落实习主席重要指示加强作风建设纪实》，《解放军报》2016 年 2 月 3 日，第 1 版。

军队干部任职回避制度若干问题的规定（试行）》《军队后备干部工作规定（试行）》《作战部队指挥军官任职资格规定（试行）》在内的军队干部选拔任用工作监督管理五项制度印发全军，极大地强化了对部队干部选拔任用的监督管理力度。有关严格干部管理监督的法规制度不断出台，以修改军官法为契机的现代职业化军官队伍建设、管理和监督制度正逐步完善。

严把财经纪律，强化审计监督法规制度。2013 年 6 月，总政治部、总后勤部联合颁布《关于建立党委管审议审制度的通知》，对党委管审议审的主要内容、工作制度和基本要求做出规范，为审计监督职能的充分发挥提供了制度保证。2014 年 11 月 6 日，解放军审计署由总后勤部划归中央军委，主管全军审计工作，对中央军委负责并报告工作。为规范军队审计工作，加强审计监督，维护军队财经秩序，促进军队党风廉政建设，中央军委在 2016 年 12 月发布的新修订的《军队审计条例》从 2017 年 1 月 1 日起实施，军队审计监督的独立性和权威性不断强化。

军队党内监督制度化、规范化不断增强。自 2010 年 9 月《中国共产党军队纪律检查委员会工作条例》颁布以来，军队纪律检查工作迈上新的台阶，在军队反腐工作中发挥了重要作用。2013 年《中央军委关于开展巡视工作的决定》和《中央军委巡视工作规定（试行）》的印发对军队建立巡视制度、设置巡视机构，开展巡视工作做出总体部署；同年，中央军委《关于成立中央军委巡视工作领导小组的通知》和《关于军队和武警部队巡视工作机构编制问题》的通知，对军队巡视工作作出全面部署。巡视制度的建立，标志着军队巡视工作站上新的历史起点。

巡视是新时期加强党内监督的一项重要制度创新。建立巡视工作领导体制，逐步完善巡视工作机制，科学设置巡视力量架构，形成了中央军委与军兵种和武警部队上下贯通、全军一盘棋的巡视监督格局。军队廉政监督力度逐步加大，党风廉政法规制度建设稳步推进，监察监督取得明显成效，2013 年 7 月，中央军委印发《军队实行党风廉政建设责任制的规定》，结合军队实际，明确规定了各级党委、纪委和领导干部在党风廉政建设中的具体责任，以及检查监督和责任追究的制度措施；2015 年 4 月《严格军队党员领导干部纪律约束的若干规定》印发全军。此外，群众监督范围不断扩大，民主监督渠道不断拓展，各类监督都在军事法治监督中发挥了重要作用。2016 年军队领导指挥体制改革实施后，着眼构建严密的权力运行制约和监督体系，在陆军、海军、空军、火箭军和战略支援部队党委设立巡视机构，全面开展巡视工作，2017 年又明确有关副战区级和军级单位开展巡察工作。军队横向到边、纵向到底的巡视监督体系正式立起来了。

新修订的《中央军委巡视工作条例》，专门增加对落实党的组织生活制度、开展重大学习教育活动等方面情况的监督检查，强化了巡视监督功能；强力推进对中央军委巡视对象常规巡视和回访巡视“两个全覆盖”，真正做到了无禁区、无特殊地带，围绕部队根本职能和中心工作、重大任务开展巡视，紧跟改革步伐实施全程监督，在特殊时期发挥了关键作用；突出对违反政治纪律和政治规矩特别是顶风违纪问题的监督检查，发现重要典型问题及时移交，促进了高压严治；坚持“老虎”“苍蝇”一起打，发现基层“微腐败”问题，及时提醒、督促纠治，并安排巡视抽查，对整改不力的督促严肃追责；既重视发现领导干部违纪违法问题，又注重了解单位和行业领域倾向性突出问题，提出标本兼治的对策建议。这些新的思路举措，使巡视工作不断在实践中增强实效。

抓体制机制创新。探索形成了一些富有我军特色、行之有效的做法：习近平主席和中央军委决定，中央军委巡视工作领导小组组长由 1 名中央军委副主席担任，副组长及其他成员由中央军委机关有关部门领导担任，体现巡视工作由中央军委直接领导，有利于更好发挥巡视工作领导体制优势，增强中央军委巡视工作的权威性；中央军委巡视组实行编设固定组长与建立组长库相结合，既有利于非巡视期间加强对巡视专员的教育管理，又符合巡视“一次一授权”规定；中央军委巡视组编配正军职巡视专员，常规巡视担任副组长，专项巡视担任组长，有利于发挥领导骨干作用；中央军委巡视工作领导小组办公室履行“两个办事机构”职能，既是中央军委巡视工作领导小组日常办事机构，也担负中央军委巡视组办事机构职责、参加中央军委巡视组巡视，具有组办合一的特点，实现了巡视机构的精简精干，便于加强对巡视干部的管理，也有利于灵活编组、实施回避；坚持巡视工作与纪检工作“两条线”运行，体现中央军委巡视组由中央军委派出、代表中央军委实施监督，与中央军委纪委既优势互补又相互监督制约。①

（四）完善军事法治保障体系

军事法治保障体系是中国特色军事法治体系的重要组成部分，对于深入推进依法治军从严治军，提高国防和军队建设法治化水平具有重要的服务保障作用。构建军事法治保障体系，重点在于加强军事法治理论建设、军事法律人才队伍建设和军事法治文化建设。

创新发展军事法治理论。党的十八大以来，军事法治理论研究成果不断涌现，也越来越得到军委领导和有关部门的高度重视。各类智库和专家为构建完善的中国特色军事法治理论体系出谋划策，深入研究依法治军从严治军重大理论和实践问题，有的直接参与重要立法和重大政策决定的制定，推出了一批具有原创性的重大理论成果。

造就高素质军事法律人才队伍。近年来，国家重视加强顶层谋划，科学设定军事法律人才队伍建设的目标要求、人才规模、素质标准、类型结构，注重完善军事法律人才培养机制，健全军事法律教育和咨询机构，走依托国民教育培育军事法律人才路子，培养了一批既具有战略素养又精通军事规则制定的高端军事法律人才。以军队律师为例，2000 年 5 月，我军正式在集团军、师、旅三级部队政治机关编制军队律师。2012 年 1 月，总参、总政、总后、总装联合下发《关于进一步加强军队律师工作的意见》，系统提出军队律师工作的总体要求、目标任务和职能作用，明确规范军队律师编配、岗位设置和经费保障等。截至 2015 年 8 月，全军有法律顾问处 268 个，法律咨询站 1600 多个，军队律师 1400 多名。

大力发展先进军事法治文化。军事法治文化是法治文化的重要组成部分，体现着与军事法律规范、军事法治建设相适应的军事法治理念和精神。”发展我军特色先进军事法治文化对于贯彻落实依法治军、从严治军方针，夯实强军之基具有十分重要的作用。发展先进军事法治文化首先要始终把保持我军政治本色放在第一位。坚持党对军队的绝对领导是我军法治文化发展的特色所在，也是党的十八大以来我们一直坚持的重要原则；保证党对军队的绝对领导，关系我军性质和宗旨、关系社会主义前途命运、关系党和国家长治久安。习近平指出：“坚决听党指挥是强军之魂，

---

① 《发挥巡视工作利剑作用 促进人民军队重塑良好政治生态》，《解放军报》，2017 年 8 月 21 日，第 1 版。

必须毫不动摇坚持党对军队的绝对领导，任何时候任何情况下都坚决听党的话、跟党走。”①

发展先进军事法治文化还要着力于强化官兵法治信仰和法治思维，提高官兵法治素养和依法办事能力。《关于新形势下深入推进依法治军从严治军的决定》指出，强化官兵法治信仰和法治思维，提高官兵法治素养和依法办事能力，是深入推进依法治军和从严治军的基础和保证。

2013 年 4 月下旬至 8 月中旬，解放军法院先后赴全军 15 个大单位开展“高中级领导干部运用法治思维和法治方式推动国防和军队建设”专题法制教育巡回宣讲。同年 9 月至 11 月，针对新兵入伍时间调整、征集对象发生重大变化的情况，全军军事法院系统紧贴新兵实际，扎实开展新兵法纪教育活动，强化了新兵的法治信仰和法律意识。2014 年 12 月 4 日，全军许多单位组织官兵进行了“宪法日”主题教育活动，让官兵更加深刻体会到宪法作为根本大法的重要意义，增强了官兵的宪法意识。在这些军事法治教育活动中，在教育功能上突出预防案件事故，在方式上注意纳入经常性思想政治教育，在路径上采取自上而下开展的模式，在对象上侧重战士和基层，在内容上强调义务性规范、禁止性规范，效果明显，法治信仰、法治思维日益深入人心。

随着法治军队建设进程的加快，我军官兵法治信仰和法治思维不断强化，法治文化与官兵日常生活日益融合，法治意识开始融入官兵血脉，逐渐成为一种思维方式、生活方式、工作方式和治理方式。高度自觉的法治理念和良好的法治氛围为国防和军队建设法治化的实现提供了可靠保障。

二、以宪法为依据，全面落实军委主席负责制

我国《宪法》第 93 条规定：“中华人民共和国中央军事委员会领导全国武装力量”，“中央军事委员会实行主席负责制”，这是以国家根本法的形式确立了军委主席负责制在中国特色社会主义军事制度中的核心地位。

完善和落实军委主席负责制是国防和军队建设法治化的核心内容、根本任务，是实现党对军队绝对领导的关键体现和法治保证。“军委主席负责制，其核心要义是：全国武装力量由军委主席统一领导和指挥，国防和

① 习近平：《习近平谈治国理政》，外文出版社 2014 年版，第 219 页。

军队建设的一切重大问题由军委主席决策和决定，中央军委的全面工作由军委主席主持和负责。贯彻军委主席负责制，既是政治要求，也是铁的纪律。”① 深入推进国防和军队改革，实现国防和军队建设法治化就必须以宪法为依据，全面落实军委主席负责制。

（一）在依法治军实践中强化军委主席负责制

深入推进依法治军，必须坚持和维护党对军队绝对领导的原则和制度，确保军委主席负责制贯彻落实，以法治强制力确保党指挥枪原则落地生根。党的十八大以来，在深入推进依法治军、深化国防和军队体制改革过程中，宪法确立的军委主席负责制得到不断强化。2014 年 10 月，全军在福建上杭古田镇召开的政治工作会议，再次强调要依法治军从严治军，坚持党对军队的绝对领导，坚定自觉维护和贯彻军委主席负责制，要围绕贯彻军委主席负责制，完善和落实相关制度机制，确保全军一切行动听从党中央、中央军委和习近平主席指挥。同时，郭伯雄、徐才厚等人破坏党对军队领导制度，践踏军委主席负责制的罪行和流毒影响得到了逐步肃清，军委主席负责制得到高度重视和进一步落实。

2016 年 3 月，中央军委办公厅印发的《关于开展改革强军主题教育活动和“学党章党规、学系列讲话，做合格党员”学习教育的意见》指出，要“毫不动摇坚持党对军队绝对领导的根本原则和制度，认真贯彻落实军委主席负责制，坚决听从党中央、中央军委和习主席指挥”。②

2017 年 2 月，经中央军委批准，中央军委办公厅发出通知，要求全军和武警部队认真学习贯彻习近平主席在省部级主要领导干部学习贯彻十八届六中全会精神专题研讨班上重要讲话。通知要求，要把讲话提出的新部署新要求落实到军队党的建设实践中，扭住维护党中央权威、维护核心、维护和贯彻军委主席负责制这个根本，从党内政治生活管起严起，提高贯彻民主集中制质量，加强执纪监督问责，深化正风肃纪反腐，全面彻

---

① 丛文胜：《建设法治军队的原则与路径探析》，载于《南京政治学院学报》，2016 年第 2 期。

② 经习近平主席批准 中央军委办公厅印发《关于开展改革强军主题教育活动和“学党章党规、学系列讲话，做合格党员”学习教育的意见》，新华社。

底肃清郭伯雄、徐才厚流毒影响，努力推动军队政治生态根本好转。[①] 2017 年 2 月 28 日，中央军委纪委扩大会议在北京召开，会议强调，要突出维护权威、维护核心、维护和贯彻军委主席负责制，把加强政治监督、严肃政治纪律政治规矩作为首责首要，突出高层班子和高级干部，确保部队高度集中统一和纯洁巩固。随着依法治军进程的不断深化，中央军委主席负责制的根本要求不断强化，理顺以军委主席负责制为主导的军事领导体制，保证军委主席对军队重大事务决策的领导权，构建保障军委主席负责制高效运行的体制机制，从实践环节落实和推进军委主席负责制已经成为实现国防和军队建设法治化重要内容。

（二）在法规制度建设中保障军委主席负责制

为保证军委主席负责制的有效落实，必须强化法规制度建设的保障作用。“目前，我国《宪法》对军委主席负责制只是原则性的规定，没有具体规定军委主席的任职条件、任期和职权范围及相关程序。宪法的规定还需要在专门法律中加以规范。”[②] 党的十八大以来，在健全法规制度保障落实军委主席负责制的方面取得新的进展。

2012 年 11 月，习近平在新一届中央军委第一次常务会议上，亲自主持审议修订《中央军事委员会工作规则》，使军委的工作职责更加明确，工作程序更加规范。2014 年 4 月，中央军委《关于贯彻落实军委主席负责制建立和完善相关工作机制的意见》中明确指出，为确保军委主席决策指示的贯彻执行，确保军委主席及时掌握国防和军队建设情况、领导指挥军事斗争准备和重大军事行动，必须建立和完善请示报告、督促检查、信息服务工作机制。2015 年 2 月，中央军委《关于新形势下深入推进依法治军从严治军的决定》中强调，军委主席负责制是宪法明确规定的重大制度，是党对军队绝对领导的最高实现形式，必须健全和完善贯彻军委主席负责制的体制机制，严格落实军委主席负责制的各项制度规定。2017 年 11 月，中央军委印发《关于全面深入贯彻军委主席负责制的意见》对

① 《中央军委办公厅发出通知要求 全军和武警部队认真学习贯彻习近平主席在省部级主要领导干部学习贯彻十八届六中全会精神专题研讨班上重要讲话》，新华社，http://news.xinhuanet.com/politics/2017-02/26/c_1120532105.htm。

② 丛文胜：《强化宪法确立的军委主席负责制》，载于《中国社会科学报》，2015 年 7 月 29 日第 5 版。

全军各级全面深入贯彻军委主席负责制提出了具体要求，指出中央军委实行主席负责制，是党和国家军事领导制度长期发展的重大成果，凝结着我们党建军治军的宝贵经验和优良传统。全面深入贯彻军委主席负责制，关系人民军队建设根本方向，关系新时代强国强军事业发展，关系党和国家长治久安，关系中国特色社会主义前途命运。[①]

三、深入推进军民融合发展战略法治化

党的十八大报告明确提出，要“坚持走中国特色军民融合式发展路子，坚持富国和强军相统一，加强军民融合式发展战略规划、体制机制建设、法规建设”。2013 年 11 月，党的十八届三中全会进一步将“推动军民融合深度发展”作为全党的一项重要任务，要在国家层面建立推动军民融合发展的统一领导、军地协调、需求对接、资源共享机制。

2015 年 3 月，习近平在出席十二届全国人大三次会议解放军代表团全体会议时强调，把军民融合发展上升为国家战略，是我们长期探索经济建设和国防建设协调发展规律的重大成果，是从国家安全和发展战略全局出发做出的重大决策。同年 10 月，党的十八届五中全会通过《中共中央关于制定国民经济和社会发展第十三个五年规划的建议》，指出要“推动经济建设和国防建设融合发展。坚持发展和安全兼顾、富国和强军统一，实施军民融合发展战略，形成全要素、多领域、高效益的军民深度融合发展格局”，将经济建设与国防建设之间的关系，由“统筹发展”“协调发展”提升到“融合发展”。2016 年 3 月，中共中央政治局召开会议，审议通过了《关于经济建设和国防建设融合发展的意见》。同年 7 月，中共中央、国务院、中央军委印发了《关于经济建设和国防建设融合发展的意见》，提出了推进军工企业专业化重组、扩大引入社会资本、推进混合所有制改革、推进低空空域改革等八大举措，促进军民融合发展战略落地。2016 年 11 月，军委战略规划办设立军民融合局。2017 年 1 月 22 日，中共中央政治局召开会议，决定设立中央军民融合发展委员会，由习近平任主任。

2017 年 3 月，在十二届全国人大五次会议解放军代表团全体会议上，习近平充分肯定了过去一年军队建设取得的成绩，并重点从军民融合发展

① 中央军委印发《关于全面深入贯彻军委主席负责制的意见》，《人民日报》2017 年 11 月 6 日，第 1 版。

的角度，就推进科技兴军作了系统阐述，深入分析了世界主要国家依托社会资源开展国防科技创新的新形势，我国推进科技领域军民融合面临的机遇和挑战，提出“四个推动”明确要求。[①] 加快建立军民融合的武器装备科研生产体系、军队人才培养体系、军队保障体系和国防动员体系是军民融合发展战略关注的重要领域，实现军民融合发展法治化就要实现武器装备科研生产体系军民融合法治化、军队人才培养体系军民融合法治化、军队保障体系军民融合法治化和国防动员体系军民融合法治化。

（一）武器装备科研生产体系军民融合法治化

武器装备是形成军队战斗力的核心要素之一。武器装备科研生产体系关系国家安全，是综合国力的重要体现。武器装备科研生产体系军民融合法治化就是要把武器装备领域的军民融合科研生产体系纳入法治轨道，依法决策、依法管理、依法运转、依法保障，积极构建军民两用技术共同发展的科技创新体系，统筹军地双方资源与技术优势，促进军事科研生产经济效益的提高和国家经济的共同发展。2014 年 12 月，习近平在出席全军装备工作会议时强调，要坚持军民融合深度发展，结合深化改革，加快建立推动军民融合发展的统一领导、军地协调、需求对接、资源共享机制，扎实推动国防科技和装备领域军民融合深度发展。

党的十八大以来，武器装备生产领域法治化进程加快，相关法律制度不断出台，实施领域逐步扩大。国家相继颁发了《关于建立和完善军民结合、寓军于民武器装备科研生产体系的若干意见》《关于鼓励和引导民间资本进入国防科技工业领域的实施意见》等文件。2013 年 11 月，中央军委主席习近平签署命令，发布施行新修订的《中国人民解放军装备管理条例》。2016 年 3 月，国防科工局为加快推进国防科技工业军民融合深度发展，在更好支撑国防和军队建设、保障武器装备科研生产的同时发挥军工优势推动国家科技进步和服务经济社会发展，制订 2016 年国防科工局军民融合专项行动计划，并于同月印发《涉军企事业单位改制重组上市及上市后资本运作军工事项审查工作管理暂行办法》。同年 8 月，国家质检总局、国家标准委、工业和信息化部印发《装备制造业标准化和质量提升规划》。为推动军工开放，营造“军转民”“民参军”良好政策环

① 《加快建立军民融合创新体系 下更大气力推动科技兴军》，《解放军报》2017 年 3 月 16 日，第 1 版。

境，国防科工局深入研究拟制了《推动国防科技工业军民融合深度发展的意见》；公布新版武器装备科研生产许可目录，减少许可审批范围，新版目录许可项目比旧版目录减少了 62%；印发《关于非国有企业申报军工固定资产投资项目有关事项的通知》，打通了民营企业申报军工固定资产投资项目的渠道。2017 年 2 月 25 日，为深入贯彻落实军民融合国家战略和习近平主席关于军民融合深度发展的一系列重要论述，军委装备发展部针对当前装备领域军民融合工作面临的突出矛盾，结合工作实际，部署制定了 12 条举措 45 项任务，推动武器装备建设军民融合在更广范围、更高层次、更深程度上发展①。军地之间发布的一系列法规政策，在制度层面上为武器装备科研生产体系军民融合的推进提供了法规政策保障。

2016 年，国防科技工业贯彻军民融合深度发展战略，打造了国家北斗地基增强系统、三峡升船机、高分辨率对地观测系统应用综合信息服务共享平台等军民融合精品工程。同年 10 月 20 日，第二届军民融合发展高层论坛在北京举行，据新华社报道，"近年来，中央军委装备发展部围绕'市场准入、信息互通、公平竞争、过程监管、配套保障'等环节，大力推进装备领域军民融合发展。其中，32 项'民参军'措施意见进展顺利，已完成 15 项；'全军武器装备采购信息网'累计发布信息 5000 余条，实现军地需求对接 1.5 万余次；依托全军军事代表机构建立了 40 余个流程简化、门槛降低的装备承制单位资格审查申请受理点；科研生产许可范围未开放项目由 2000 余项压减至 700 余项，预研领域发布第一批 1550 余项项目指南，收到合理意见建议 12700 余份；出台了《装备竞争性采购管理规定》《装备承制单位资格审查管理规定》等制度规定……"②

（二）军事人才培养体系军民融合法治化

军事人才培养体系军民融合法治化主要是探索依法将军事人才培养与国家各专业人才培养渠道、方式相结合，包括把军事人才培养纳入国民教育法治体系，与国民教育结合起来，借助国民教育资源和国家人才资源渠道，依法实施和保障军事人才培养体系的有效运转，以满足军队作战和全

---

① 《军委装备发展部制定 12 条举措持续推进军民融合深度发展》，《解放军报》2017 年 2 月 25 日，第 3 版。

② 《第二届军民融合发展高层论坛在京举办 装备领域军民融合取得阶段性成果》，国防部网，http://www.mod.gov.cn/topnews/2016-10/20/content_4750651.htm。

面建设的人才需要。

党的十八大发出“培养大批高素质新型军事人才”的号召，党的十八届三中全会提出要改革完善依托国民教育培养军事人才的任务，进一步指明了我国军队人才培养体系军民融合的发展方向①。2013 年 8 月，习近平在视察沈阳战区部队时强调，要拓展军民融合的领域和范围，积极推进国防经济和社会经济、军用技术和民用技术、部队人才和地方人才兼容发展。党的十八大以来，国家军队人才培养领域相关立法及政策的出台为军队人才培养体系军民融合法治化提供了制度基础，军地人才培养体系的协调运转保证了军队人才培养体系军民融合法治化进程的顺利实施，军队人才培养和储备工作成效显著。

在各项军民融合人才培养法规制度的保障下，国家和军队有关部门积极落实相关政策，军事人才培养军民融合法治化格局正在形成。2011 年 4 月，中央军委颁布的《2020 年前军队人才发展规划纲要》，选拔培养国防生的相关工作纳入了 2011 年 10 月修订的《中华人民共和国兵役法》。2017 年，根据国防和军队改革有关部署，对国防生制度进行改革，由定向招录、全程培养逐步调整为面向地方院校毕业生直接选拔招录，即 2017 年起不再从普通高中毕业生中定向招收国防生，也不再从在校大学生中考核选拔国防生，以进一步拓宽军民融合培养军事人才的路子，更加广泛地利用国家教育资源，为更多地方优秀人才进入军队提供宽阔平台。2012 年，为加快培养军队现代化建设需要的高素质士官人才，总参谋部、国家教育部面向全国 7 省（区、市）11 所地方高校开展依托地方普通高等学校定向培养直招士官工作，直接从高中毕业生挑选优秀苗子成为士官。教育部、原四总部相继制定招生选拔、军政训练、教育管理、分配派遣、组织建设等 10 余份配套政策文件，政策机制日趋完善。2016 年 6 月，为加快培养军队信息化建设需要的高素质士官人才，国家教育部、军委政治工作部、军委国防动员部联合下发《关于做好 2016 年定向培养士官试点工作的通知》，就继续依托地方普通高等学校定向培养士官的报考条件、招收计划、招生办法、联合培养、入伍办理、任命和待遇等事项进行了明确。这是贯彻落实军民融合发展战略，创新军事人力资源生成渠

---

① 2000 年，《国务院、中央军委关于建立依托普通高等教育培养军队干部制度的决定》，提出建立依托普通高等教育培养军队干部制度。

道，提高士官人才培养质量效益的重大举措。空军在探索与清华大学联合培养飞行学员的基础上，分别与清华大学、北京大学、北京航空航天大学联合招收培养“双学籍”飞行学员。2016 年 4 月，空军航空大学 56 名飞行学员成功放飞蓝天。

（三）军队保障体系军民融合法治化

军队保障体系军民融合法治化是国防和军队建设法治化的重要内容，是完善实战化的军民融合军队保障运行机制的必然要求。军队保障体系军民融合法治化就是依据相关的法规政策和技术标准规范将军队和地方的保障资源融为一体，满足军队作战训练和各项建设的需要，形成与国防军队建设需求和社会主义市场经济发展相适应的新型保障体系，形成军费投入少、保障效益高的保障模式。党的十八大以来，我国军队保障体系军民融合法治建设取得显著成效。2016 年 9 月 13 日，中央军委联勤保障部队成立大会在北京八一大楼举行，中共中央总书记、国家主席、中央军委主席习近平向武汉联勤保障基地和各联勤保障中心授予军旗并致训词。军队联勤改革目标之一，就是要坚持走军民融合的路子，推进社会化、集约化保障，精简军队后勤保障机构和人员，提高联勤保障整体效益。联勤改革以来，各联勤保障中心“高效运用驻地交通、医疗、物资等雄厚民用资源，在空中救护、海上运输、兵力投送等领域打造保障联合体，探索走开了一条深度军民融合的联勤保障新路”。[①] 2016 年 10 月，全国首个军民融合式应急投送保障基地在河南高效运行。同年 12 月，西藏军区与西藏自治区能源局、卫计委、西藏大学和西藏某农业发展股份有限公司等 13 个政府部门、事业单位和民营企业签订《西藏军民融合战略合作框架协议》。根据协议，军地双方将在军事用地保障、粮油应急保障、特需食品保障、交通建设、医疗服务等数十个方面展开深度合作。2017 年 1 月，军委机关事务管理总局在京西宾馆召开军委机关营房保障军民融合发展签约座谈会，与北京市发展和改革委员会等 4 个政府部门建立了军民融合发展协调机制，与国家电网北京市电力公司等 5 家国有市政企业签订了战略合作框架协议。军队保障的军民融合事务蓬勃发展。

---

① 《揭秘中央军委联勤保障部队：地铁运新兵高铁投送部队》，中国青年报，http：//news. qq. com/a/20170119/002010. htm。

（四）国防动员体系军民融合法治化

国防动员，是国家为应对战争或者其他军事威胁，采取非常措施将社会诸领域全部或部分由平时状态转入战时状态，使国防潜力转化为国防实力而进行的准备、实施及其他相关活动。国防动员体系与国家应急管理体系的有机融合可以加强国防动员能力建设，实现资源的统筹利用，有效保障国家应对战争能力和应急管理能力的需要。国防动员体系军民融合法治化是国防和军队建设法治化的重要组成部分。

我国2010年2月通过的《中华人民共和国国防动员法》规定："国家加强国防动员建设，建立健全与国防安全需要相适应、与经济社会发展相协调、与突发事件应急机制相衔接的国防动员体系，增强国防动员能力。""国防动员坚持平战结合、军民结合、寓军于民的方针，遵循统一领导、全民参与、长期准备、重点建设、统筹兼顾、有序高效的原则。"党的十八大以来，国防动员体系军民融合法治化进程进展迅速。

2015年5月，国务院新闻办公室发表国防白皮书《中国的军事战略》指出，要"健全国防动员体制机制。加强国防教育，增强全民国防观念。加强后备力量建设，优化预备役部队结构，增加军兵种预备役力量和担负支援保障任务力量的比重，创新后备力量编组运用模式。"同年7月，第十二届全国人民代表大会常务委员会第十五次会议通过《中华人民共和国国家安全法》。该法规定，"维护国家安全，应当与经济社会发展相协调"。"国家根据经济社会发展和国家发展利益的需要，不断完善维护国家安全的任务。"2016年7月，军委国防动员部制定下发《省军区系统军事训练问责暂行办法》。该《办法》以强军目标为引领，以党、国家和军队有关法律法规和纪律为依据，是抓好省军区系统军民融合实战化训练的重要抓手。

2016年9月，为贯彻军民融合发展国家战略，建立利益引导机制，强化市场导向作用，调动公民和组织参与国防交通活动的积极性，促进交通运输领域的军民融合深度发展，第十二届全国人大常委会第二十二次会议通过了《中华人民共和国国防交通法》。这部法律从政策原则到体制机制、组织程序、技术措施等，通篇都贯彻了军民融合思想，在法律层面实现了交通领域全要素、多系统、全过程的军民深度融合。2016年12月，国家民航局出台《关于鼓励社会资本投资建设运营民用机场的意见》，创新民用机场建设和运用融资方式，加大政府和社会资本合作的政策，全国首家民营货运机场专设军民融合部。

随着深化国防和军队改革的推进和省军区系统领导体制、职能任务等的调整，国防动员工作在军民融合式发展上有了新发展，按照平时服务、急时应急、战时应战的要求，统筹兼顾、突出重点、整体推进，从思想认识、体制机制、法律法规等方面全面提升国防动员建设质量效益。2016 年 12 月，河北某预备役炮兵师联合地方出台了《预备役部队军民融合发展规划》，先后与 5 所院校建立通信、计算机、数字控制等高新技术人才培养机制，与 20 余家单位签订《军民通用车辆预征协议》，与 6 家装备技术单位签订《军民通用技术保障协议》，在地方设立了 23 个生活保障、车辆维修、油料供应站点，成立了 8 支以编兵单位为主力的应急救援运输车队，组建了伪装防护、道路抢修、通信保障等 11 支保障分队。现在，部队组织训练演练、参加应急救援，在地方预征的通用装备、预储的专业队伍全力保障，确保了部队应急应战行动高效顺畅。①

四、提升军人权益保障法治化水平

维护国防利益和军人军属合法权益，是党和国家的一贯政策和优良传统。党的十八大以来，在着力构建和完善中国特色军事法治体系、深入推进依法治军从严治军中，从军事法律制度层面强化军人权益的立法保障，依法保障军人权益和开展涉军维权工作，加大有效监督等方面取得新进展，有效提升了军人权益保障的法治化水平。

（一）健全法规制度，强化军人权益的立法保障

党的十八届四中全会明确将保障军人合法权益作为全面推进依法治军的一项重要任务。

党的十八大以来，党和国家先后出台了一系列法规制度，保障军人合法权益。如 2013 年 3 月，民政部、中国残疾人联合会发布《关于残疾军人享受社会残疾人待遇有关问题的通知》，就残疾军人享受社会残疾人待遇有关问题做出规定；2013 年 7 月 10 日，为贯彻落实《中华人民共和国兵役法》《退役士兵安置条例》，有序推进退役士兵安置改革，国务院办公厅、中央军委办公厅转发民政部总参谋部等部门《关于深入贯彻〈退役士兵安置条例〉扎实做好退役士兵安置工作意见的通知》；2013 年 10

① 轩向阳、牛元忠《一份份预征协议凝聚一发发炮弹威力》，国防部网，http://www.mod.gov.cn/mobilization/2016-12/05/content_4765658.htm。

月18日，为做好军人随军家属就业安置工作，国务院、中央军委发布《关于批转人力资源社会保障部总参谋部总政治部军人随军家属就业安置办法的通知》，这是贯彻落实国家有关优待军人随军家属就业安置法律法规增强部队凝聚力战斗力的实际举措；2014年4月8日，中央政法委、总政治部联合印发《关于加强维护国防利益和军人军属合法权益工作的意见》；2014年6月，民政部、财政部、总参谋部颁布《关于士兵退役移交安置工作若干具体问题的意见》，对退役士兵安置改革推进实施过程中军地各有关部门反映的一些具体问题及时予以明确；2014年9月，国务院、中央军委发布《国务院、中央军委关于进一步加强军人军属法律援助工作的意见》（国发〔2014〕37号），有效解决军人军属的法律援助需求；2014年6月17日，总政治部、总后勤部《关于调整军人配偶随军未就业期间基本生活补助标准的通知》；2014年10月，最高人民法院发布《关于进一步发挥职能作用维护国防利益和军人军属合法权益的意见》，提出加强新形势下涉军维权工作力度，维护国防利益和军人军属合法权益，全面推进人民法院涉军维权工作；2015年3月，经中央军委主席习近平批准，总参谋部、总政治部、总后勤部印发了《关于规范完善军队人员有关福利待遇的若干规定》，对现行福利待遇制度之外，政策规定不明确、不易把握的相关待遇问题予以明确，明确了官兵应当享受的合理福利待遇及标准；2015年6月24日，中共中央办公厅、国务院办公厅印发了《关于完善法律援助制度的意见》，对进一步加强法律援助工作、完善法律援助制度作出全面部署，其中对加强军人军属法律援助工作提出明确要求；2015年8月，国务院中央军委批准《关于推进商业保险服务军队建设的指导意见》，推进商业保险服务军队建设，是保障军人权益的重要举措；2015年9月，人力资源和社会保障部、财政部、总参谋部等颁布《关于军人职业年金转移接续有关问题的通知》，建立多层次养老保险体系，维护军人养老保险权益；2016年8月，中央13号文件对深化国防和军队改革期间军转安置做出“四个放宽”规定：放宽安置地去向条件，放宽师职干部转业年龄条件，放宽自主择业军龄和职级条件，放宽在艰苦边远地区和特殊岗位服役干部到地级城市安置条件，体现了国家对特殊背景下保障军人权益的重视；2016年9月，司法部和中央军委政法委员会制定实施《军人军属法律援助工作实施办法》，重点针对军人军属法律援助工作，维护国防利益和军人军属合法权益，提出了具有针对性操作性的措施办法，对于切实做好军人军属法律援助工作，依法维护国防利益和军人军属合法权益以及提高军人军属法律援助工作制度化水平具有指导作用。

据不完全统计，从 2012 年至 2014 年，军地各级维权组织共处理各类涉军纠纷和问题 9500 余件，提供法律咨询 2.5 万人余次，挽回经济损失 9.87 亿元。截至 2015 年年底，各地法律援助机构依托省军区（卫戍区、警备区）、军分区、人民武装部建立军人军属法律援助工作站 2914 个，较上年度增长 209%。截至 2016 年 7 月底，全国已有 19 个省（区、市）军区（卫戍区、警备区）与省（区、市）政府、省军区政治部与省司法厅联合出台了实施意见等规范性文件。截至 2016 年 12 月，各级涉军维权机制共为 76 万余名军人及军属提供法律咨询，接待来信来访 12 万人次，处理各类涉军纠纷 9.8 万件；人民法院审理涉军案件 3.4 万件。仅 2012 年至 2016 年 12 月，全国检察机关共受理侦查机关提请批准逮捕危害国防利益的犯罪案件共 1136 件，有力维护了国防利益和军人军属的合法权益。

此外，地方各级政府还出台了一批维护军人权益的法规规章。如《浙江省军人军属权益保障条例》（2015 年 3 月 27 日，浙江省第十二届人民代表大会常务委员会第十八次会议通过，自 2015 年 5 月 1 日起施行），《安徽省拥军优属条例》（2016 年 4 月，安徽省十二届人大常委会第三十七次会议通过，自 2017 年 8 月 1 日起施行），《山东省军人抚恤优待办法》（2016 年 4 月，山东省政府第 76 次常务会议通过，自 2016 年 7 月 1 日起施行），《江西省军人军属权益保障条例》（2016 年 12 月 1 日，江西省第十二届人民代表大会常务委员会第二十九次会议通过，自 2017 年 1 月 1 日起施行）等。这些地方立法立足于支持国防和军队建设，规范军人军属权益保障工作，维护军人军属合法权益，是军人权益保障法治体系的重要组成部分。

（二）多措并举，提升军人权益保障法治化水平

党的十八大以来，在强化军人权益立法保障工作的同时，国家和军队有关部门多措并举，出台大量保障军人权益的政策制度，不断提升军人权益保障的法治化水平。2016 年 10 月 1 日起，民政部、财政部再次提高对伤残人员、“三属”“三红”等优抚对象抚恤和生活补助标准。这是自改革开放以来，国家第 23 次提高残疾军人残疾抚恤金标准，第 26 次提高“三属”定期抚恤金标准和“三红”生活补助标准，并首次实现“三属”

定期抚恤金标准的城乡统一。2017 年 3 月，军委后勤保障部卫生局就 2017 年度全军干部健康体检工作作出部署，明确推出“持军人保障卡体检、订制个性化体检方案、应用新版体检软件”等措施。全国各地军人权益保障工作依法开展，在退役安置、优待抚恤、法律援助工作等方面成效显著。例如，为保障退役士兵合法权益，山东严禁以劳务派遣等形式代替接收安置，并为自主就业的退役士兵提供免费职业教育或技能培训机会。同时，他们还按照省政府 2015 年出台的《山东省退役士兵安置办法》的规定，严格落实国有、国有控股和国有资本占主导地位的企业，在新招录职工时应提供不少于招收聘用人员数量 5% 的工作岗位用于安置退役士兵的措施。

此外，全国各地高度重视对军人的法律援助工作。2016 年 4 月 10 日，全国首家专门为军人军属提供法律援助和理论研究的民办非企业单位——北京荣德军人军属法律援助与研究中心在京组织召开“军人军属法律援助年度观察报告（2015）座谈会”，来自军地各大单位及北京市各法律援助机构、律师事务所近百名嘉宾出席。2017 年 4 月 27 日，中共辽宁省委办公厅辽宁省人民政府办公厅印发《关于完善法律援助制度的实施意见》的通知，要求建立军地法律服务网络，完善军人军属法律援助工作机制。

（三）深入推进涉军维权，促进军人权益司法保障

2014 年《中共中央关于全面推进依法治国若干重大问题的决定》指出，要“改革军事司法体制机制，完善统一领导的军事审判、检察制度，维护国防利益，保障军人合法权益，防范打击违法犯罪”。党的十八大以来，涉军司法维权工作逐步走向深入，有效地维护和保障了军人合法权益。

2014 年 4 月，中央政法委、总政治部联合印发《关于加强维护国防利益和军人军属合法权益工作的意见》，明确进一步建立健全维护国防利益和军人军属合法权益的长效机制。按照通知要求，各级军事法院把涉军维权工作作为一件大事来抓，扎实有效开展涉军维权工作，依法处理了一大批涉及国防建设、军事斗争准备和军人军属合法权益的案件，有效维护了国防利益和军人军属合法权益。解放军军事法院还于 2014 年 3 月至 11 月，在全军部队组织开展重大涉法问题集中清理活动，重点清理涉及部队战备执勤、训练演习、国防工程建设、国防科研实验、军用土地权属及非

战争军事行动等方面的纠纷和历史遗留问题，以及军人军属在婚姻家庭、人身损害、征地拆迁、劳资关系等方面遇到的重大疑难复杂纠纷和案件，切实维护国防利益和军人军属合法权益，促进部队安全稳定和社会和谐，为实现党在新形势下的强军目标提供有力法律保障。

2014 年 10 月 31 日，最高人民法院发布《关于进一步发挥职能作用维护国防利益和军人军属合法权益的意见》，就进一步发挥人民法院职能作用，加强新形势下涉军维权工作力度，维护国防利益和军人军属合法权益，全面推进人民法院涉军维权工作提出要求。仅 2016 年一年，人民检察院与中央军委政法委共同修订加强和完善军地检察协作的意见，支持军事检察机关充分发挥职能作用，起诉破坏军用设施、冒充军人招摇撞骗、破坏军婚等犯罪 301 人，坚决维护了国防利益、军事利益和军人军属合法权益。[①] 人民法院也深入开展涉军维权工作，大力推广了涉军维权工作的“信阳模式”“鄂豫皖模式”，积极推进各战区涉军维权军地协作机制建设，军事法院和地方法院依法审理破坏军事设施、泄露军事秘密、破坏军婚等案件 1678 件，切实维护了国防安全和军人军属合法权益。[②]

五、创新军事法学理论研究

军事法学理论研究聚集国防和军队建设法治化，对深入推进依法治军、从严治军，全面提高国防和军队建设法治化水平，具有重要的理论指导意义。党的十八大以来，党和国家高度重视创新军事法学理论研究，军事法学学术交流平台进一步拓展，军事法治理论不断创新，为国防和军队建设的法治化发展做出了积极的贡献。

（一）党和国家高度重视军事法学理论研究

党的十八大以来，党和国家把创新发展依法治军理论和实践作为全面推进国防和军队建设法治化的重要内容予以高度重视。

2014 年 10 月，《中共中央关于全面推进依法治国若干重大问题的决定》明确指出，要“紧紧围绕党在新形势下的强军目标，着眼全面加强军队革命化现代化正规化建设，创新发展依法治军理论和实践，构建完善

---

① 《最高人民检察院工作报告》，http：//www. npc. gov. cn/npc/xinwen/2017-03/15/content_2018937. htm。

② 2018 年 7 月，解放军军事检察院赋予石家庄军事检察院为期 1 年的公益诉讼试点任务，为全军检察公益诉讼工作摸索方法路子。

的中国特色军事法治体系，提高国防和军队建设法治化水平”“加强军事法治理论研究”，这是新的历史条件下，党对中国特色社会主义法治理论建设提出的新要求。2015 年 2 月，《中央军委关于新形势下深入推进依法治军从严治军的决定》进一步强调：要“坚持法治建设与思想政治建设相结合，创新发展依法治军从严治军理论和实践”。2016 年 1 月，《中央军委关于深化国防和军队改革的意见》指出，要“贯彻科技强军战略，充分发挥军事理论创新、军事技术创新、军事组织创新、军事管理创新的牵引和推动作用”①。同年 3 月，习近平在出席十二届全国人大四次会议解放军代表团全体会议时指出，要把创新摆在我军建设发展全局的重要位置，必须全面实施创新驱动发展战略，坚持战斗力标准，下大气力抓理论创新、抓科技创新、抓科学管理、抓人才集聚、抓实践创新。军事法治理论创新是理论创新的重要内容。

全面深化国防和军队改革需要法治保障，全面推进国防和军队建设法治化进程更要有科学的军事法学理论作指导。要以习近平关于依法治军的重要论述和新时代习近平强军思想为指导，将国防和军事领域的一系列重要立法和重大政策制度创新，作为国防和军队法治建设理论研究的重点，加强统筹规划，注重理论与实践的结合，密切军地合作，在深入推进依法治军和全面提升国防和军队建设法治化水平上取得创新性突破。

（二）军事法学学术交流活动不断深入

军事法学学术交流形式多样，研究平台不断拓展。如 2013 年 5 月 30 日，解放军军事法院、中国法学会军事法学研究会与西安政治学院联合举办了“多样化军事任务法律支持与保障”理论研讨会，着重就“按照能打胜仗要求加强军事斗争法律战准备”等专题进行了广泛深入的探讨；2014 年 11 月 28 日，中国法学会军事法学研究会 2014 年年会暨深入推进依法治军从严治军研讨会在军事科学院召开；2016 年 11 月 12 日至 13 日，全军首届军事卫生法学论坛在第四军医大学举行，就构建与完善中国特色军事卫生法制体系进行了探讨。这些论坛和研讨会的举办为广大军事法学领域专家学者提供了军事法治理论交流的平台，积极推动了我国军事法学理论的持续健康发展。

---

① 新华网：《中央军委关于深化国防和军队改革的意见》，http：//www. xinhuanet. com//mil/2016-01/01/c_ 1117646695. htm。

同时，一些地方也积极主办军事法学交流活动。中国政法大学从 2008 年起每年坚持举办“中国军事法治前沿论坛”，2013 年 6 月 22 日，“第七届中国军事法治前沿论坛”主题为“夯实强军之基与军事法创新发展——以适应国家发展和安全战略新要求为背景”；2014 年 12 月 6 日，“第八届中国军事法治前沿论坛”主题为“国防和军队改革的法治问题”；2015 年 12 月 12 日，“第九届中国军事法治前沿论坛”主题为“构建完善的中国特色军事法治体系”；2016 年 12 月 17 日，“第十届中国军事法治前沿论坛”主题为“改革强军战略与国防法的完善”，通过论坛，军地专家学者就军事法治前沿问题展开研讨，对促进军事法治理论研究起到了积极的作用，2013 年 11 月 30 日，华东政法大学军事法研究中心成立后，多次举办军事法学术研讨会，2015 年 9 月 29 日举办了《纪念世界反法西斯战争及中国抗战胜利 60 周年研讨会和军事法理论前沿研讨会》，取得重要学术成果。2011 年开始的“中国军事法学青年学子论坛”，在 2013 年 11 月 9 日，由中国人民武装警察部队学院举办了“第三届中国军事法学青年学子论坛”，主题是“边海防法律制度研究”；2014 年 8 月 23 日，吉林大学法学院举办“第四届中国军事法学青年学子论坛”，论坛主题为“东北亚军事法律现象研究”；2015 年 11 月 28 日，南京政治学院举办“第五届中国军事法学青年学子论坛”，主题为“中国国防和军队改革法治保障问题”；2016 年 5 月 7 日，国防科学技术大学举办“第六届中国军事法学青年学子论坛”，主题是“构建完善中国特色军事法治体系”；2017 年 4 月 28 日，华东政法大学举办“第七届中国军事法学青年学子论坛”，主题是“构建完善中国特色军事法治体系”。青年学子论坛为发展军事法学人才队伍，培养军事法学学科建设力量，创新军事法学理论研究发挥了积极推动作用。

2014 年 10 月 18 日，中国宪法学研究会成立“国防与军事法律制度研究专业委员会（研究中心）”。这是中国宪法学研究会继宪法学教学研究专业委员会、人民代表大会制度研究委员会、两岸及港澳法制研究专业委员会之后成立的第四个专业委员会。2014 年 11 月 1 日，在北京召开“宪法与国防和军队建设法治化”专题研讨会；2015 年 10 月 25 日，在贵阳召开“宪法在国防和军队建设中的全面实施”专题研讨会；2016 年 10 月 23 日，在保定召开“宪法与军民融合发展战略”专题研讨会；2017 年 8 月 29 日，在长春召开“宪法与军事立法”专题研讨会。

（三）军事法学理论研究成果丰硕

党的十八大以来，军事法学理论研究蓬勃发展，研究成果丰硕。各类军事法学理论研究著作、研究报告、学术论文等成果的出版、发表对推动国防和军队改革，加快国防和军队建设法治化进程具有理论指导意义。

军事法学理论研究教材和著作。据不完全统计，2012 年以来，解放军西安政治学院陆续推出军队“2110”工程重点建设学科军事法学系列丛书暨研究生教学用书，包括《军事行政法研究》《军事立法研究》《国际军事法研究》《武装冲突法研究》《军事经济法研究》《军事法学研究综述》等。2012 年 8 月，《国防法律制度——宪法视角下的国防法律制度研究》（丛文胜著，解放军出版社）；2014 年 8 月，《军事占领制度研究》（李强著，法律出版社）；2014 年 7 月，《军队条令条例学》（丛文胜主编，中央广播电视大学出版社）；2014 年 8 月，《中国军事法学研究的历史回顾（第二版）》（张建田著，法律出版社）；2015 年 5 月，《军事法的精神》（周健，法律出版社）；2015 年 10 月，《当代中国依法治军发展报告》（张本正、陈耿、张山新、傅达林、谭正义等，法律出版社）；2015 年 12 月，《国防法治理论研究》（张桂英，上海社会科学院出版社）；2016 年 3 月，《军事法学（第二版）》（薛刚凌、肖凤城主编，法律出版社）；2016 年 3 月，《国防法治——国防和军队建设法治化》（丛文胜等著，解放军出版社）；2016 年 9 月，《2015 年军事法治发展报告》（陈耿、傅达林、王卫军、谭正义等，法律出版社）；2017 年 1 月，《军事法基本理论研究》（管建强等主编，法律出版社）等。中国政法大学从 2007 年以来开始编纂《中国军事法学论丛》，2013 年 6 月，《中国军事法学论丛（第 6 卷）：海空安全、信息化建设和军民融合式发展》，人民出版社出版；2014 年 12 月，《中国军事法学论丛（第 7 卷）：国家安全法律问题》，人民出版社出版；2015 年 12 月，《中国军事法学论丛（第 8 卷）：国防与军队改革的法治问题》，人民出版社出版。此外，解放军西安政治学院自 2003 年以来编纂《军事法论丛》，为军事法学理论成果的交流和理论研究的创新发展提供了学术平台。2016 年 1 月，《中国军事百科全书（第二版）》（中国大百科全书出版社），共 19 卷，分别为军事思想卷、战略卷作战卷、国防建设卷、军事工作卷、政工卷、军事后勤卷、军事装备卷、军事技术卷、军事法卷、国际军事卷、军事历史卷、军事著作卷、军事环境卷以及附录卷，是军事法学研究的重要工具书。

第三节　加强党对军队绝对领导的法治保障

党对军队的绝对领导是我军建军治军的根本原则和制度，坚持党对军队绝对领导是我军的强军之魂、命脉所在，也是依法治军从严治军、建设法治军队的核心和根本要求。深入推进依法治军必须坚持党对军队的绝对领导，这是中国特色军事法治建设的最本质特征和最显著的优势。

2016 年 1 月中央军委印发《关于深化国防和军队改革的意见》，强调指出坚持正确的政治方向是深化国防和军队改革必须坚持的首要基本原则，要求巩固完善党对军队绝对领导的根本原则和制度，保持人民军队的性质和宗旨，发扬我军的光荣传统和优良作风，全面落实军委主席负责制，确保军队最高领导权指挥权集中于党中央、中央军委。

听党指挥是强军之魂，依法治军从严治军是强军之基，二者统一于实现党的强军目标，统一于强军兴军的伟大实践。铸牢军魂既要靠教育，更要靠法治，唯有注重发挥法治的权威性和强制性作用，始终坚持和不断完善我党在长期革命和建设实践中形成和确立的党对军队绝对领导的一系列制度，并及时把党关于建军治军的新理念新成果以法的形式固定下来，变成国防和军队建设的基本依据，官兵行为的基本遵循，从法规制度上确保党的主张贯彻到国防和军队建设的方方面面，才能为新形势下坚持党对军队绝对领导提供坚实法治保障。

一、完善党对军队绝对领导的制度保障

全面贯彻军委主席负责制是坚持党对军队绝对领导的首要原则，是加强党对军队绝对领导的法治保障的核心内容。

坚持党对军队绝对领导的法治保障，需要有一整套基本制度作保证。这些制度主要包括：保证军队的最高领导权和指挥权集中于党中央和中央军委，全面贯彻军委主席负责制；实行党委制、政治委员制、政治机关制；实行党委统一的集体领导下的首长分工负责制；实行支部建在连上。这些根本制度横向到边、纵向到底，相互支撑、相互作用，在长期的军队法治建设实践中，为党对军队绝对领导提供了坚如磐石的制度保证。尤其是军委主席负责制，从体制上保证了军权的高度集中统一，保证了人民军队始终置于党的绝对领导之下，保证了枪杆子始终牢牢掌握在党的手里，有利于全军全面准确、及时有效地贯彻落实军委主席的决心意图和决策指

示，对于确保党中央、中央军委牢牢掌握军队最高领导权指挥权具有根本性、决定性作用。

军委主席负责制，是指全国武装力量由军委主席统一领导和指挥，国防和军队建设一切重大问题由军委主席决策和决定，中央军委全面工作由军委主席主持和负责；中央军委实行主席负责制，是党对军队绝对领导的最高实现形式。党委、政治委员和政治机关是党从思想上政治上组织上建设和掌握部队的重要组织支撑。党委制、双首长制、政治委员制是一种制度安排，更是一种政治设计，奠定了我们党政治建军方略的制度基础，确保部队始终置于党的绝对领导之下。党委统一的集体领导下的首长分工负责制是党领导军队的根本制度。党委制和政治委员制、政治机关制相互连接，相互支持，构建起党对军队绝对领导制度架构体系的“四梁八柱”，这是我军的鲜明特色和根本优势所在，也是中国特色基本军事制度与西方军事制度的根本区别所在。支部建在连上是党指挥枪原则落地生根的坚实基础，作为党在军队最基层的一级组织，党支部是我们党掌握士兵群众最直接最重要的形式，是党的力量增长的源泉，是党在军队全部工作和战斗力的重要基础。

二、依法规范党的组织建设

党的力量来自组织，组织能使力量倍增。以法规制度规范优化党的组织结构，强化组织功能，提高决策水平，确保军队各级党组织在实现党对军队绝对领导、团结巩固部队和完成各项任务中的领导核心和战斗堡垒作用，是加快完善党对军队绝对领导法治保障体系的首要任务。

依法规范军队各级党的组织建设是加强党对军队绝对领导法治保障的重点。2015 年 2 月中央军委印发的《中央军委关于新形势下深入推进依法治军从严治军的决定》，明确要求完善思想政治建设法规制度，健全军队党内法规制度、增强政治工作法规制度的时代性；推动建立党委决策法律咨询保障制度，探索实行党委决策重大事项事先进行合法性审查；建立军事法律顾问制度，完善重大决策和军事行动法律咨询保障制度，为党委首长决策和部队行动提供法律咨询保障。《决定》的要求，为依法规范军队各级党的组织建设提供了基本遵循。

（一）加强部队“三型”党组织建设

党的十八大报告提出要建设学习型、服务型、创新型的“三型”马克思主义执政党；党的十八届三中全会《决定》继十八大《报告》之后再次强调，建设学习型、服务型、创新型的马克思主义执政党，提高党的领导水平和执政能力。对军队建设而言，“学习型”就是要求部队各级党组织把认真学习、切实掌握马克思主义理论尤其是党的创新理论作为一种政治自觉和精神追求，在学习中强化政治意识、锤炼政治品格、提升政治素养、坚定政治方向。“服务型”就是要求部队党的组织始终牢记、积极践行人民军队根本宗旨，发挥政治优势、永葆政治本色，在服务人民、服务官兵中密切军民关系、官兵关系。“创新型”就是要求部队党组织在深化改革、锐意进取中担当政治责任、履行政治使命，在创新实践中弘扬时代精神、增添发展动力。

为推动部队建设“三型”党组织活动深入进行，2013 年新年刚过，经中央军委批准，“坚定信念、铸牢军魂”主题教育活动在解放军和武警部队展开，这是贯彻落实习近平主席重要指示精神、加强思想政治建设的有力举措，是深入学习贯彻党的十八大精神、实现走在前列要求的实际步骤，是持续培育当代革命军人核心价值观、不断强化官兵精神支柱的重要途径，对于高举中国特色社会主义伟大旗帜，确保党对军队的绝对领导，努力建设一支听党指挥、能打胜仗、作风优良的人民军队，具有十分重要的意义。与此同时，全军团以上党委机关广泛开展“学习贯彻党章、弘扬优良作风”教育活动。这两项重大教育活动，都朝着铸牢军魂这一共同目标聚焦用力，极大推进了学习型党组织建设。

2015 年 1 月，中共中央转发《关于新形势下军队政治工作若干问题的决定》，明确要求“建设学习型政治机关、培养学习型政治干部，着力提高政治素养、军事素养、信息素养、人文素养，增强掌握思想、抓建组织、服务中心、帮带解难、言传身教的能力”。同时，中央军委新修订颁布的《军队基层建设纲要》也明确要求“加强学习型、服务型、创新型基层党组织建设，增强解决自身问题的能力、领导单位全面建设的能力和带领官兵遂行多样化军事任务的能力”。同年 5 月，经中央军委批准，总政治部印发《2015—2017 年军队高中级干部学习规划》，要求全军和武警部队认真抓好贯彻执行。《规划》深入贯彻习近平主席系列重要讲话精神，着眼牢固确立强军兴军的基本遵循和科学指南，注重提高军队高中级领导干部政治素养、理论素养、战略素养、军事素养和科技素养，增强履行职能使命和带领部队完成各项任务的能力，坚持体系化设计、工程化推进，以3年为一个周期，把强军兴军必备的知识素养作为一个整体，对学习总的要求、主要内容、途径载体、管理考评等作出明确规范，提出具体要求。

在建设服务型党组织方面，2014年5月，中共中央办公厅印发《关于加强基层服务型党组织建设的意见》，明确了基层服务型党组织建设的重要意义和总体要求、主要任务、方法措施及组织领导。结合军队实际，建设服务型党组织主要是紧紧围绕实现新形势下的强军目标，在聚焦中心保障打赢中强化服务功能，在破解基层发展难题中强化服务功能，在促进官兵全面发展中强化服务功能，同时突出为民务实清廉要求，强化作风建设，如完善党组织议战议训制度，以专题议和经常议的方式为军队中心工作提供有力组织保障；完善重大决策征询论证制度，对政策性、法规性、技术性强的重大问题，组织专家或者专门机构进行风险评估、合法性审查和可行性论证，提升科学决策、民主决策、依法决策水平。通过《中国人民解放军政治工作条例》《中国共产党军队委员会工作条例》等重要法规的修订，将对军队加强“三型”党组织的建设要求纳入法治化轨道。

党的十八大以来，军队各级党组织注重依法依规建设，以突出“三性”确保各项组织生活制度的严格落实。一是制度落实突出“刚性”。实践证明，靠人管人，只能管一时一事，管不了长久，只有依靠组织、依靠制度管人，才能使管理形成良性的运行机制。各级党组织要严格按照《中国人民解放军政治工作条例》《中国共产党军队委员会工作条例》《中国共产党军队支部工作条例》等规定落实组织生活制度，在抓规范和抓检查上下实劲。主要包括建立党员教育培训学时制度，“党日督查”“党课周报”等督查检查机制，对组织制度落实不好、管理功能发挥差的单位通报批评，责令整改，切实用“刚性”要求保证制度的落实，增强组织管理效能。二是组织活动突出“定性”。针对党日活动存在盲目无计划，有些党日成了机动日、娱乐日、劳动日的现象，坚决纠正认识偏差，鲜明强调党日活动不是“自由活动”，组织活动必须要有“组织”，明确指出党日活动是党的组织生活十分重要的经常性制度，细化到每周，量化到每个项目，用确定性解决盲目性。三是行为约束突出“党性”。党员是基层党组织管理功能的最终实施者和接受者，党性观念的淡化是最大的迷失，就会导致行为约束的自由化，因此在涉及党的组织生活的相关规范中，都强调要增强党性。如2014年9月总政治部印发的《2014—2018年军队党员教育培训工作实施意见》将增强党性列入党员教育培训工作的指导思想和基本原则，同时将“增强党内生活的政治性原则性战斗性”作为加强和改进党员教育培训工作的八项主要措施之一；2015 年 1 月新修订的《军队基层建设纲要》“加强以党支部为核心的组织建设”中，特别要求“严格落实组织生活制度……增强党内生活的政治性原则性战斗性”。实践中，各级党组织认真落实上述规定要求，加强党性引导，对涉及“面子”、利益等情况时，严格程序不随意变通、严格标准不随意放松、严格监督不随意放任，防止“个性”大于“党性”，不断增强组织管理功能，严肃党纪规定。[①]

此外，党的十八大以来，军队多次调整薪酬标准并予以补发，随即产生了党费补交问题。于是，根据 2008 年 3 月 26 日总政治部印发的我军第一部系统规范党费收缴、使用和管理的专门法规《关于军队党费收缴、使用和管理的办法》，全军多次组织党费补交工作，这也是严格依法落实组织生活要求的重要体现。[②]

（二）强化政治工作功能

开展政治工作是人民军队的光荣传统，党组织通过坚强有力的政治工作将党的纲领路线和先进的政治精神贯注于军队之中，从思想上政治上建设和掌握军队，确保党对军队的绝对领导和人民军队性质的永不改变。政治机关是军队政治工作的领导机关，是保证党领导和掌握军队工作的主体力量。党在军队中的组织建设与政治机关领导的军队政治工作都是确保党对军队绝对领导的组织机制和实现形式，也是人民军队军事法治建设的重要内容。因而，军队党组织建设与军队政治工作密不可分，以制度力量加强和改进军队党组织建设和政治机关建设，为军队政治工作提供强有力的组织保障，是新时期确保党对军队绝对领导的基础性工程。2015 年 4 月中央军委印发《关于建设对党绝对忠诚、聚焦打仗有力、作风形象良好政治机关和政治干部队伍的意见》，明确了政治机关和政治干部队伍建设的时代主题、指导思想、基本要求、组织协调，为建强政治工作主体力量

---

① 《2014—2018 年军队党员教育培训工作实施意见》，国防部网，http：//news. mod. gov. cn/headlines/2014-09/05/content_4535330. htm。

② 《关于军队党费收缴、使用和管理的办法》，中国共产党新闻网，http：//dangjian. people. com. cn/n/2012/1019/c349309-19316909. htm。

提供了科学指南和根本遵循。《意见》指出，加强政治机关和政治干部队伍建设，是贯彻落实习近平主席重要决策指示、确保党从思想上政治上建设军队的重要举措，是践行政治工作时代主题、在强军兴军中充分发挥生命线作用的必然要求，是严肃整治问题积弊、重焕政治工作威信威力的迫切需要。要充分认清加强政治机关和政治干部队伍建设的重要意义，把握目标要求，加强组织领导，努力建设对党绝对忠诚、聚焦打仗有力、作风形象良好的政治机关和政治干部队伍。

《意见》强调，要着眼践行军队政治工作时代主题，坚持以思想建设为根本、能力建设为核心、作风建设为重点、制度建设为保障，突出整风整改、着力除疴祛弊，弘扬优良传统、锐意改革创新，把理想信念、党性原则、战斗力标准、政治工作威信牢固立起来，不断提高政治机关和政治干部队伍建设水平，为推进新形势下政治建军提供坚强组织保证和力量支撑。《意见》要求，各级党委要把政治机关和政治干部队伍建设作为重要政治任务和长期战略任务，加强统一领导、统一部署、统一协调，科学制定规划计划，推动各项工作落实。党委正副书记、政治部（处）主任要切实履行好抓建职责，上级政治机关对下级政治机关建设要搞好业务帮带。要加快推进政治工作信息化建设，真诚关心政治干部工作、学习和生活，积极帮助解决各种实际困难和问题，营造安心政工岗位、激情干事创业的良好环境。全军各级政治机关按照《意见》要求，不断提高政治机关和政治干部队伍建设水平，为推进新形势下政治建军提供了坚强组织保证和力量支撑。①

（三）健全党内法规制度

健全党内法规制度是实现党对军队绝对领导法治化的基础工程和根本保障，是人民军队法治建设的重要内容。军队党内法规制度是中国共产党党内法规体系的重要组成部分。1990 年颁布的《中国共产党党内法规制定程序暂行条例》在党的规范性文件中首次使用“党内法规”的概念。1992 年中共十四大修改通过的《中国共产党章程》正式把“党内法规”概念纳入党章中。2012 年，被称为“党内立法法”的《中国共产党党内法规制定条例》颁布实施。2014 年，中共十八届四中全会将党内法规体

① 中央军委印发《关于建设对党绝对忠诚、聚焦打仗有力、作风形象良好政治机关和政治干部队伍的意见》，《人民日报》2015 年 4 月 20 日，第 1 版。

系纳入中国特色社会主义法治体系，标志着依规治党和依法治国共同成为中国共产党治国理政的新理念新模式。在《中央党内法规制定工作五年规划纲要（2013—2017 年）》《中央党内法规制定工作第二个五年规划（2018—2022 年）》中明确提出，到建党一百年时形成比较完善的党内法规制度体系。”[①] 党的十八大以来，党中央、中央军委高度重视军队党内法规制度建设，按照完善党内法规体系的总要求，及时颁布和制定了一系列党内法规制度，覆盖了国防和军队建设的方方面面。在军队政治工作方面，正在全方位创新发展，以军队干部队伍建设为例：

一是依党内法规确立军队党员干部队伍建设的原则。2015 年 1 月，中共中央转发以新古田会议上习近平主席重要讲话为基础，结合会议讨论而形成的《关于新形势下军队政治工作若干问题的决定》。《决定》确立了军队党员干部队伍建设的基本原则，就是要做到党管干部、组织选人和“两个坚持”，要求强化党管干部、组织选人功能，规范党委、领导和政治机关在选人用人中的权责，坚持用制度管住选人用人关键环节，加强选人用人监督问责，并坚持德才兼备、以德为先，坚持五湖四海、任人唯贤；确立了军队干部队伍建设的导向就是要做到“三个注重”，落实“注重基层、注重实干、注重官兵公认”的要求，选准配强建军治军骨干。根据这一精神，2015 年 1 月修订的《军队基层建设纲要》也明确要求按照“三个注重”导向做好基层干部选拔任用、调动交流、送学培训、转业复员等工作，建设过硬干部队伍，从而使“三个注重”纳入基层建设的基本法规。针对古田全军政治工作会议指出的制度建设弊端和漏洞，全军坚持废改立并举，边清理边规范，推动形成全链条全流程、可操作可监督可问责的法规制度体系。《严格军队党员领导干部纪律约束的若干规定》《关于加强军队基层风气建设的意见》《厉行节约严格经费管理的规定》《关于规范完善军队人员有关福利待遇的若干规定》《关于规范军队人员看望慰问工作的通知》等各种政策制度密集出台，作风建设成果不断固化，由治标向治本挺进。

二是依法明确军队党员干部考核标准。2014 年 2 月，总政治部印发

---

① 2020 年中共中央印发的《法治中国建设规划（2020—2025 年）》进一步强调，加快形成覆盖党的领导和党的建设各方面的党内法规体系，增强党依法执政本领，提高管党治党水平，确保党始终成为中国特色社会主义事业的坚强领导核心。

《关于进一步加强和改进干部考核工作的意见》，全面规范干部考核工作，对健全完善党员干部考核选拔任用机制，提高选人用人科学性、准确性、公信度，在新的历史起点上推进领导班子和党员干部队伍建设意义重大。2015年1月中共中央转发的《关于新形势下军队政治工作若干问题的决定》确立了对党忠诚、善谋打仗、敢于担当、实绩突出、清正廉洁的新形势下“军队好干部五条标准”。2015年2月中央军委印发的《中央军委关于新形势下深入推进依法治军从严治军的决定》明确指出，各级领导干部在推进依法治军从严治军方面肩负着重要责任，要把能不能遵守法律、依法办事作为领导干部选拔任用的重要条件，纳入干部考核评价体系，建立领导干部推进法治建设实绩的考核制度；在相同条件下，优先提拔使用法治素养好、依法办事能力强的干部，对不学法不懂法不依法办事的领导干部要严肃批评教育，不改正的调离领导岗位。

三是依法完善党员干部选拔任用机制。继2014年1月中共中央修订颁布《党政领导干部选拔任用工作条例》后，2015年2月，中央军委、总政治部印发了5个法规文件，又称“五项制度规定”，对加强选人用人监督管理工作提出了刚性要求，进一步健全完善了权力运行和监督体系，始终确保有权必有责、用权受监督、失职要问责、违法要追究。如中央军委印发的《关于加强新形势下选人用人工作监督的意见》从监督范围、监督措施、监督实施、监督问责等方面，明确了具体思路举措和要求。在总体要求上，提出了“三严四查”；① 在监督重点上，突出选人用人风气，明确了七个方面的突出问题和具体表现；② 在监督方式方法上，坚持综合施策，提出四项举措；③ 在问责追究上，从严格实施责任倒查、严厉惩处违纪人和事、严肃追究失职渎职三个方面提出具体要求，明确高压线，以及失职渎职行为的具体情形和处理措施。中央军委办公厅印发的《军队领导干部秘书管理规定》则针对当前部队反映的“一些领导干部的亲属和身边工作人员，管人、管钱、管物的人员，用得多、提得快、安排得好”的问题，以专门规范的形式，重点对领导干部秘书配备的职数职级、

---

① 即围绕严明组织纪律、严格用人制度、严肃责任追究，加强选人用人风气督查、制度执行情况检查、群众反映问题核查、官兵满意度调查。

② 即任人唯亲、结党营私，跑官要官、买官卖官，插手干预、私下授意，封官许愿、跑风漏气，本位主义、分散主义，把关不严、迁就照顾，违规操作、突破底线七个方面。

③ 即常态核查、集中检查、巡视督查、自查自纠。

遴选程序、调整使用、主要职责、纪律要求、工作作风和管理监督等作出规定。总政治部印发的《关于严格落实军队干部任职回避制度若干问题的规定（试行）》重点对领导干部亲属和身边工作人员任职回避的范围对象、制度落实、审核办理、纪律要求、责任追究等提出明确要求。总政治部印发的《后备干部工作规定（试行）》全面规定了后备干部工作的原则、后备干部的资格条件、数量和结构、推荐和审定权限、选拔程序、培养和管理等问题。与以往规定相比，主要变化有三个方面：（1）在遴选条件、数量上，一是对干部任职年限作了调整，由以往规定任现职级时间 1 年以上调整为 2 年以上，特别优秀、发展潜力大的干部，也可以任现职级 1 年以上。这样调整，干部任职时间相对长一点，有利于能力素质提高和经验积累，也可以防止干部提升时间不长就想进后备的浮躁心理；二是大幅增加了师级以上后备干部数量，有利于把更多优秀干部纳入后备干部队伍，更利于发挥制度的培养和激励功能。（2）在遴选程序上，一是在研究预选对象人选上，规定政治机关应当统筹考虑、合理分配名额。这样规定，进一步强化了政治机关在遴选后备干部中的职能作用，通过统一调配和分配名额，有效解决一些单位后备干部分布不合理的问题；二是民主推荐方式由以往会议推荐一种，调整为会议推荐或个别谈话、听取意见等多种方式，更有利于提高发扬民主质量；三是明确形成后备干部预选名单后，由党委书记、副书记共同听取每名常委的意见，这样便于正副书记及时沟通协商，集中多数人意见，更好地统一思想、形成共识，把人选准用好。（3）在动态管理上，新规定提出，每年选拔调整一次后备干部，并明确需要调整后备干部名单的具体情形。通过每年选拔调整，使优秀干部能够及时进入后备干部名单，同时把一些不符合条件或者发生问题的干部调整出去，防止进入后备干部就进了“保险箱”，保持后备干部一池活水。

此外，为整肃、纠治选人用人上的不良风气，2015 年，全军开展了干部工作大检查。围绕 48 个项目 165 个问题情形，分八个方面进行检查：一是贯彻决策指示方面；二是选拔任用方面；三是干部调配和培训方面；四是专业技术干部和文职人员管理方面；五是退役安置和待遇保障方面；六是干部档案管理方面；七是干部工作检查监督方面；八是干部部门作风形象方面。上半年各单位组织自查自纠，下半年军委对各大单位进行普查。

四是中共中央办公厅2013年2月24日印发《关于加强新形势下发展党员和党员管理工作的意见》，结合军队实际，印发《关于加强新形势下军队发展党员和党员管理工作的意见》，明确了新形势下发展党员和党员管理工作的总体要求，并对提高发展军队党员质量、健全军队党员管理机制、加强军队发展党员和党员管理工作的组织领导等一系列问题提出了要求。《意见》强调，要严格发展党员的标准和程序，始终把政治标准放在首位，认真搞好入党积极分子培养教育，扩大发展党员工作中的民主，严格工作程序和纪律，加强入党材料管理，提高发展党员质量；坚持按比例有计划发展党员，制订和落实发展党员计划，注重改善党员队伍结构，保持军队党员队伍适度规模；贯彻从严要求，严明政治纪律，严格党性锻炼，严肃党内生活，严抓作风改进，确保党员队伍先进性纯洁性；健全党员管理机制，加强和改进临时外出党员管理，健全激励关怀帮扶党员机制，及时处置不合格党员，加强党员组织关系管理，激发党员队伍生机活力。同时要求，各级党委和政治机关要把发展党员和党员管理工作摆到重要位置，纳入党建工作责任制，作为党员队伍建设的经常性基础性工作来抓，领导和机关要结合挂钩帮带、检查调研、当兵蹲连等时机，搞好对基层党支部的面对面指导，对发展党员工作不正规、党管党员功能不强的要重点帮建。建立和落实发展党员和党员管理工作检查督导机制，及时总结宣传发展党员和党员管理工作的经验做法，推动工作创新发展。①

2015年4月2日，总政治部修订印发《军队党组织发展党员工作规定》，这次修订是继1999年、2004年两次修订之后的第三次修订。修订后的《规定》在贯彻落实上述《意见》要求的基础上，对军队发展党员工作作出全面细致规范，共8章48条，主要修订内容包括：依据党章和《细则》等党内法规制度，调整充实了发展党员工作的总体要求和原则，将“紧紧围绕党在新形势下的强军目标”②“控制总量、优化结构、提高质量、发挥作用的总要求”和“有灵魂、有本事、有血性、有品德的新一代革命军人标准要求”写入总则，整合发展党员比例规定，严格发展党员标准，加强入党积极分子和发展对象培养教育考察，增加从非现役人

① 《关于加强新形势下军队发展党员和党员管理工作的意见》，《人民日报》2013年9月14日，第1版。

② 党的十九大以后，统一表述为“党在新时代的强军目标”。

员中发展党员有关规定，严格预备党员的接收和审批程序，规范入党材料管理和审查，强化党组织的领导责任和把关作用。其中，贯彻中央有关规定，将“始终把政治标准放在首位”列为发展党员工作“四条原则”之首，并充分体现到发展对象政治要求、培养教育、政治考核中；调整完善发展党员的程序机制，使发展党员工作程序更加严格、科学、规范。

五是严格奖励经费管理。军队政治机关的组织部门，也是各级党委工作部门，负责奖励经费的管理和使用。2014 年 12 月 19 日，总政治部组织部印发《关于加强专项奖励管理的通知》，规范了专项奖励的条件、比例、对象及专项奖励的承办程序，明确了专项奖励主要是针对执行重大任务的一线部队官兵实施，各级领导机关人员从严控制，军区级以上机关人员通常不实施奖励；指出不属于战备执勤、军事演习、抢险救灾、反恐维稳、维护权益、安保警戒、国际维和、国际救援八大任务的，完成任务不圆满或未取得明显成绩的，执行重大任务准备未进入等级战备状态的，进入三、二、一级以上战备状态但持续时间分别不足 6、4、2 个月的，不应申报专项奖励。《通知》细化了《军队奖励和表彰管理规定》中关于执行重大任务立功受奖的规定，为专项奖励的发放管理提供了基本依据。2014 年 11 月 10 日，总政治部组织部印发《关于奖励费使用范围的说明》，又对旅团级单位计领的奖励费、军区级单位计领的奖励费、师级以上单位奖励业务工作费的使用范围进行规范。

二、强化军队党的纪律检查工作

军队党的纪律检查工作是确保党对军队绝对领导的制度保障，也是军事法治建设的重要内容；加强党对军队的绝对领导，必须强化军队党的纪律检查工作，为实现党的任务提供坚强有力的纪律支持和法治保证。党的十八大以来，面对党风廉政建设和反腐败斗争的新形势，国家和军队全面深化改革的新考验，人民军队更加注重以法治保障党对军队的绝对领导，强力推进党风廉政建设和纪律检查工作，深入反腐败，全力营造风清气正的政治生态，使我军在新的历史时期始终铸牢军魂，保持人民军队本色。2005 年 10 月，总政治部颁布了《中国人民解放军监察工作规定》，其中第二条，对军队纪检和监察工作体制作了明确规定：“总政治部是全军监察工作的领导机关。团级以上单位政治机关是本级监察工作的领导机关。总政治部纪律检查部是全军监察工作的主管部门。团级以上单位政治机关纪律检查（组织）部门是本级监察工作的主管部门”。据此，军队纪检工作和军队监察工作在同一职能部门领导下一体推进。

（一）调整组织机构，做好组织保障

军队党的各级纪律检查委员会是在军队维护和执行党的纪律的检查机关，是党内监督的专责机关，按照党章规定，担负着维护党的章程和其他党内法规，检查党的路线、方针、政策和决议的执行情况，协助党的委员会加强党风建设和组织协调反腐败工作的重要任务。党的十八大以来，党中央、中央军委着眼于深入推进依法治军、从严治军，抓住治权这个关键，积极构建严密的权力运行制约和监督体系，按照决策、执行、监督既相互制约又相互协调的原则区分和配置权力，将军队纪检独立性和权威性不够列为重点问题加以解决，对军队纪检机关组织设置作出重大改革调整，为强化军队党内监督，强力推进反腐败工作提供了可靠的组织保障。

1. 组建新的军委纪委。2016 年 1 月 1 日，新的军委纪委正式成立。军委纪委是军队党的最高纪律检查机关，根据“军委管总”的原则，负责贯彻落实党中央、中央军委和中央纪委关于纪律检查工作的决策部署，指导全军党风廉政建设和反腐败工作，监督监察全军重大演训活动等任务执行情况等。

2. 纪委专设机关与非专设机关相结合。新的军委纪委在军委、军兵种本级和战区军兵种一级设有机关，军委纪委还设有专职书记、副书记；在战区以及上述三类之外的其他团以上单位一般没有设专门的机关。军队纪委机关的调整设置是军队党的纪律检查工作体制机制的一项重大历史性突破，是从制度安排上增强纪委监督执纪问责效能、保证纪委监督权的相对独立性和权威性的实践创新，也必将为军队各级纪委聚焦主责主业，深化标本兼治，强力推动反腐倡廉建设，在改革强军实践中精准发力、精确落地提供保障。

3. 设置派驻纪检组。中央军委改革工作会议明确要求军委纪委向军委机关部门和战区分别派驻纪检组。派驻纪检组是军委纪委派出的专门监督机构，向军委纪委负责并请示报告工作，主要履行对驻在部门全面从严治党的监督责任，加强对驻在部门本级机关和直属单位的监督检查。2016 年 5 月，军委纪委派驻纪检组全体干部在京集训，除了学习《党章》和党纪党规外，还邀请中央纪委负责人做“加强派驻机构建设、做好派驻监督工作”专题辅导授课，围绕派驻纪检组的职责使命、如何履职尽责、怎样开局起步进行研讨交流，并组织了纪检监察、案件审理、巡视等有关业务解析。这次集中培训标志着军队派驻纪检组正式进入监督序列，标志着中国军队纪检监察体制改革又向前推进一步。培训结束后，军委纪委采取单独派驻和联合派驻的方式，10 个派驻纪检组奔赴各驻在部门召开进驻见面会，军队派驻监督工作正式展开。军队派驻纪检是中央军委加强军队纪检工作的重大举措，用上级监督取代过去的自我监督，以有效克服以往各大单位纪检工作的本位主义，对纪检组独立行使纪检职能，以改革推进军队反腐倡廉新机制构建意义重大。

为从源头上清除作风之弊，必须把权力关进制度的“笼子”。中央军委印发《中央军委关于开展巡视工作的决定》《中央军委巡视工作规定（试行）》，在军队建立巡视制度、设置巡视机构、开展巡视工作。

（二）改进工作机制，突出监督责任

纪委工作机制是纪律检查工作顺畅高效开展的重要保障。为保证纪委有效履行党内监督职责，军队在改革中注重完善各级纪检工作机制，推进了纪检工作的制度化、规范化进程。

1. 依法保障纪委的党风廉政建设“监督责任”。2013 年 11 月 12 日，党的十八届三中全会通过的《中共中央关于全面深化改革若干重大问题的决定》第一次明确提出，落实党风廉政建设责任制，党委负主体责任，纪委负监督责任。党的十八届中央纪委三次全会公报也指出，各级党委（党组）要切实担负党风廉政建设主体责任，各级纪委（纪检组）要承担监督责任。中央军委于 2013 年 7 月 13 日印发《军队实行党风廉政建设责任制的规定》，明确规定了各级党委、纪委和领导干部在党风廉政建设中的具体责任和检查监督措施，强化对各级领导干部的管理监督，要求纪委协助党委加强党风廉政建设和组织协调反腐败工作，协助党委开展对党风廉政建设责任制执行情况的检查考核，还应当将执行党风廉政建设责任制的情况作为年度工作总结和工作报告的重要内容；如纪委违反或者未能正确履行有关职责，应当根据具体情况追究相应责任，并对区分集体责任和个人责任、主要领导责任和重要领导责任等做出了较为细致的规定，为有效保障纪委在党风廉政建设方面履行监督责任提供了基本遵循。

2. 改善纪委领导体制确立“两个为主”。党的十八届三中全会《决定》明确要求：“推动党的纪律检查工作双重领导体制具体化、程序化、制度化，强化上级纪委对下级纪委的领导。查办腐败案件以上级纪委领导为主，线索处置和案件查办在向同级党委报告的同时必须向上级纪委报告。各级纪委书记、副书记的提名和考察以上级纪委会同组织部门为主。”党的十八届中央纪律检查委员会第三次全体会议公报也强调指出，要“制定党的纪律检查工作双重领导体制具体化、程序化、制度化意见，强化上级纪委对下级纪委的领导”。2016 年《中国共产党党内监督条例》第 26 条明确规定：“落实纪律检查工作双重领导体制，执纪审查工作以上级纪委领导为主，线索处置和执纪审查情况在向同级党委报告的同时向上级纪委报告，各级纪委书记、副书记的提名和考察以上级纪委会同组织部门为主”，“强化上级纪委对下级纪委的领导，纪委发现同级党委主要领导干部的问题，可以直接向上级纪委报告”。军队党的纪律检查工作领导体制进行了重新调整，严格落实“两个为主”。执纪审查工作以上级纪委领导为主，改变了原来下级纪委发现所辖范围内重大案件线索或者执纪审查必须先向同级党委报告，得到主要领导同意后才能进行初核或查处的做法，加大了上级纪委对下级党委的有效制约；纪委书记、副书记提名和考察以上级纪委会同政治工作部（局、处）为主，有利于强化纪委书记、副书记同上级纪委的沟通和联系，为其更加大胆地履行监督职责提供了制度保障。

3. 纪委工作规范系列化有序出台。党的十八大以来，伴随着军队纪检体制改革，军队出台了一系列纪委工作规范。如 2013 年 1 月军委纪委会议议事规则；2014 年 8 月 6 日总政治部、军委纪委印发的关于规范进一步规范纪委向同级党的代表大会、党的委员会报告工作的通知；2016 年 1 月 23 日军委纪委印发的中央军委纪委党委会议议事规则和军委纪委党委加强自身建设的措施；2016 年 4 月军委纪委书记专题会议议事规则和军委关于调整和规范对军以上党员干部纪律审查有关批准权限等，对军委纪委各类会议的议事内容、程序、原则、要求，以及纪委报告工作制度等内容做出了具体规定。又如 2016 年 1 月 27 日军委纪委机关对外沟通协调规定，明确了军委纪委办公厅与中央办公厅、军委办公厅、中央纪委办公厅、军委机关各部门、各大单位，军委纪委各局（办）与中央纪委有关部门沟通协调业务，以及军地有关单位和部门商情军委纪委办理事项的有关规范。2016 年 6 月和 7 月印发了关于加强军委纪委派驻纪检组建设和军委纪委机关联系指导派驻纪检组办法，分别对派驻纪检组的主要职责、监督权限、与军委纪委以及与驻在部门党委和纪委的工作关系、基本制度、工作要求、组织领导和管理保障，对军委纪委机关联系指导派驻纪检组的基本原则、指导协调、情况报送、管理监督等工作机制作出了明确规范。这些规范已成为强化军队党内监督、深化军队纪律检查体制改革、规范军队各级纪委工作的重要依据。

（三）健全纪律规范，完善执纪依据

军队出台的各项党纪规范是军队各级纪委履行监督执纪职责的基本依据。党的十八大以来，我军在健全纪律规范方面主要开展了以下几项工作：

1. 出台中央军委作风建设十项规定。为贯彻落实党的十八大精神和 2012 年 12 月 4 日出台的《十八届中央政治局关于改进工作作风、密切联系群众的八项规定》，中央军委于 2012 年 12 月 18 日下发通知，印发《中央军委加强自身作风建设十项规定》，依据“八项规定”，按照从严、从紧、高标准的要求，结合军队实际制定改进作风的具体措施，充分体现了中央军委带头发扬我党我军光荣传统和优良作风的鲜明态度，体现了中央军委严于律己、狠抓作风建设的坚定决心。该规定从改进调研工作、大力改进会风、减少事务性活动、精简文件电报刊物简报、规范出访活动、改进警卫工作、简化新闻报道、严格文稿发表、切实改进接待工作、严格廉洁自律十个方面对中央军委的作风建设提出了明确要求，从调研轻车简从、简化迎来送往，到少开会、开短会，少讲话、讲短话；从一般不出席庆祝会、研讨会、首映式、首发式，到精简文件、压缩内部刊物；从严格限制出访次数、陪同人数，到缩小警戒范围、减少扰民扰兵；从压缩重要会议和活动报道字数和时长，到发表讲话文章须报批准；从接待不挂标语口号、不安排宴请，到严格住房、车辆配备，对下级党委权限内的干部使用工作不插手、不打招呼，规定言简意赅、明确具体、切中要害、便于监督，具有很强的针对性和可操作性。同时，该规定还强调军委每年年底要对执行规定的情况进行检查，各总部、各大单位对军委落实规定情况予以监督，并参照执行。“十项规定”的颁布实施，是中央军委坚持从军委、总部严起，以高中级干部为重点，以解决突出问题为突破口，从官兵反映强烈的问题改起，以上率下，持续用力，加强军队作风建设的重大举措，对继承和发扬我党我军光荣传统和优良作风，进一步加强和改进军队作风建设，具有重大而深远的意义。军队各级党委和领导干部深入学习贯彻习近平主席有关重要指示精神，充分认识加强作风建设的极端重要性，全军上下力戒形式主义、官僚主义，坚决落实习近平主席和中央军委提出的各项要求，对照检查自身在作风建设方面存在的不足和差距，制定改进措施和办法，一抓到底，强力监督，确保各项规定不折不扣落实，以领导干部的清风正气带动了部队作风的明显进步。①

2. 制定军队惩治和预防腐败体系建设五年规划。在反腐倡廉制度建设中，我军十分注重党风廉政建设、惩治预防腐败的整体规划和布局。2014年4月中央军委根据中共中央《建立健全惩治和预防腐败体系2013—2017年工作规划》，结合军队实际，制定《贯彻中央〈建立健全惩治和预防腐败体系2013—2017年工作规划〉精神深入推进军队惩治和预防腐败体系建设工作规划》。《工作规划》首先对推进军队惩治和预防腐败体系建设提出了总体要求，在建设目标上，要求全军官兵高举旗帜、听党指挥更加坚定自觉，拒腐防变思想道德防线不断强固；领导机关作风和基层风气明显好转，“四风”问题得到有效解决；惩治腐败力度进一步加大，震慑和警示作用充分彰显；预防腐败工作扎实开展，党员干部不想腐、不能腐、不敢腐的有效机制基本形成，广大官兵的满意度显著上升。在上述总体要求下，《工作规划》对五年的军队惩治和预防腐败体系建设提出了明确的工作规划，要求把加强作风建设作为反腐败的治本之策，持续深入抓好军队党的作风建设，确保在纠治官兵反映强烈的突出问题上，在解决深层次矛盾和问题上，在构建规范化、制度化的长效机制上见到成效；要求始终保持惩治腐败高压态势，有案必查、有腐必惩；要求注重关口前移、防微杜渐、抓源治本、综合施策，更加科学有效预防腐败，特别是在深化干部选拔任用制度，物资采购、装备管理制度，军用土地、住房和房地产管理，医疗卫生、社会化保障工作等重点领域改革中探索建立廉政风险防控机制，增强反腐败工作实效；要求加强党委统一领导、发挥纪委职能作用，切实增强对军队党风廉政建设和反腐败工作组织领导。2016年12月28日，中央军委制定出台《军队党风廉政建设和反腐败工作“十三五”计划》，对“十三五”期间军队党风廉政建设和反腐败工作提出了总体要求和建设目标，并要求从坚决维护军委主席负责制、党章党纪党规等方面严明党的政治纪律和政治规矩，彻底肃清郭伯雄、徐才厚流毒影响，通过常态化监督和专项整治活动坚持不懈反对“四风”，始终保持高压反腐态势，探索和完善派驻纪检工作机制，规范和改进巡视工作，并

① 《中央军委印发关于加强自身作风建设十项规定》，新华网，http://news.xinhuanet.com/politics/2012-12/21/c_114116965.htm。

加强有关宣传教育和法规制度建设。

3. 加强党员领导干部纪律约束规范。2015 年 4 月 16 日中央军委印发《严格军队党员领导干部纪律约束的若干规定》，规定了军队党员领导干部纪律约束的“十个必须”，即必须把听党指挥落实到行动上，必须保持坚定正确的政治信仰，必须防止和纠正政治上的自由主义，必须认真贯彻民主集中制原则，必须落实党的组织生活制度，必须严格执行请示报告制度，必须纠治选人用人上的不正之风，必须严守财经纪律，必须持续反“四风”改作风，必须破除特权思想和特权现象。该规定是新形势下严格党员领导干部纪律约束、加强军队纪律建设的重要指导性文件，对以铁的纪律确保部队高度集中统一和纯洁巩固，凝聚实现党的强军目标的强大意志力量具有重要意义。

（四）结合教育整治，强化执纪监督

党的十八大以来，全军为加强作风建设和党风廉政建设，组织开展了一系列教育实践活动和专项整治工作，各级纪委以此为契机，加大从严执纪监督力度。

1. 扎实开展党的群众路线教育实践活动。按照党的十八大提出的围绕保持党的先进性和纯洁性，在全党深入开展以为民务实清廉为主要内容的党的群众路线教育实践活动要求。自 2013 年 6 月起，全军开展党的群众路线教育实践活动，围绕实现党在新形势下的强军目标，贯彻“照镜子、正衣冠、洗洗澡、治治病”的总要求，突出反对形式主义、官僚主义、享乐主义和奢靡之风。全军深入开展党的群众路线教育实践活动，为在新的起点上推进作风建设和强化纪律监督检查提供了重大契机，对于牢固树立宗旨意识和马克思主义群众观点，贯彻党的群众路线，持续有力解决作风方面存在的突出问题，保持人民军队性质、宗旨和本色，全面履行党和人民赋予的使命任务，具有重大意义。

2. 深入开展“三严三实”专题教育整顿。2014 年 3 月 9 日，习近平总书记提出“既严以修身、严以用权、严以律己；又谋事要实、创业要实、做人要实”的“三严三实”重要论述。① 2015 年 1 月伊始，全军和

① 2014 年 3 月 9 日，习近平总书记在中华人民共和国第十二届全国人民代表大会第二次会议安徽代表团参加审议时，关于推进作风建设的讲话中，提到“既严以修身、严以用权、严以律己；又谋事要实、创业要实、做人要实”的重要论述，称为“三严三实”讲话。

武警部队团以上党委机关普遍开展了“三严三实”专题教育整顿。全军各级按照党中央和中央军委的部署要求，始终聚焦古田全军政治工作会议提出的10个方面问题，贯彻整风整改基调，突出党委班子和领导干部重点，以抓本级、正自身为主，深入开展“8个专项清理整治”，全面深入彻底肃清郭伯雄、徐才厚案件影响，坚持教育与整治两手并用，自查与督查同向发力，立规与执纪一体推进，推动专题教育整顿持续深入落实。“三严三实”专题教育整顿是巩固拓展党的群众路线教育实践活动成果，是军队落实全面从严治党要求、重塑良好政治生态的一项重要举措，也是一次大力弘扬严实精神、凝聚强军兴军强大正能量的成功实践。

3. 开展改革强军主题教育和“两学一做”学习教育活动。2016年3月，中央军委办公厅印发《关于开展改革强军主题教育活动和“学党章党规、学系列讲话，做合格党员”学习教育的意见》，就在全军开展改革强军主题教育活动，在全军党员中开展“学党章党规、学系列讲话，做合格党员”学习教育作出部署。“两学一做”学习教育要把党的思想建设放在首位，把政治纪律和政治规矩教育作为重点突出出来，以尊崇党章、遵守党规为基本要求，以党支部为基本单位，以七项组织生活制度为基本形式，以落实党员教育管理制度为基本依托，突出正常教育，突出问题导向，突出领导干部重点，教育引导党员自觉按照党员标准规范言行，在推进政治建军、改革强军、依法治军实践中发挥先锋模范作用。这项教育活动对全党全军统一思想、统一步调，整齐队伍、纯洁组织，保障和推进军队改革发挥了重要作用。

4. 深入推进各类专项清理和整治。从2015年开始，全军和武警部队依据国家和军队的法律、法规、规章，结合各个领域和部门存在的问题，集中开展干部工作大检查、财务工作大清查、清房清车清人、基层风气等8个“专项清理整治”，逐项过筛子查纠，拉网式起底严治，对违规提升、涂改档案等问题的当事人和相关责任人，分别作出组织处理和纪律处分。2015年，军委纪委对4000余名拟提升使用、调整交流的干部逐一审核，对部分人员有针对性提出暂缓使用或不宜纳编等意见。① 仅古田全军政治工作会议后一年间，全军就清退不合理住房9632套、压减公务车辆

① 《全军和武警部队扎实开展正风肃纪反腐工作述评》，新华网，http：//www.xinhuanet.com/mil/2016-04/11/c_128881818_4.htm。

24934 辆，军以上机关行政消耗性开支同比下降 50% 以上，对一批违规提升使用的干部作出降职、推迟任职起算时间等处理……①

全面的专项整治主要包括：围绕端正训风演风考风，加强军事训练监督监察，严格训练考核，促进年度训练任务完成，坚决防止和纠正训为看、演为看、以牺牲战斗力为代价消极保安全等问题；搞好厉行节约专项检查，严格控制机关行政消耗性开支，进一步压减会议接待、业务办公、福利补贴等费用，纠治滥发福利、私买公报、转移开支等问题；深入推进违规住房、用车清理，着力纠治多处占用公寓房、重复购买房改房和超面积建房等问题，纠治超编超标使用车辆、违规借用占用车辆和使用军车号牌等问题；持续抓好办公用房清理整改，切实解决超面积使用、出租出借办公用房等问题；扎实开展基层风气专项整治，大力纠治官兵关系庸俗化、处事不公、收受钱物、侵占士兵利益、打骂体罚士兵、插手干预基层敏感事务，以及超编使用、违规借用、长期占用基层兵员等问题。在此期间，中央军委办公厅印发《全军财务工作大清查实施方案》（2015 年 2 月）、《军队经济适用住房建设项目专项清理整治有关问题的处理意见》（2016 年 7 月）等指导性规范文件，有效保障了专项整治依法实施。

5. 发挥监督作用，查处“老虎”“苍蝇”。伴随着这些教育实践活动和专项整治，军队各级纪委加强监督执纪问责，在维护党章和其他党内法规，检查党的路线、方针、政策和决议的执行情况，协助党委加强党风建设和组织协调反腐败工作等方面积极作为，取得显著成效。首先是军队的反腐攻坚战打响并取得突破性进展，以郭伯雄、徐才厚为线索清理了一批官兵深恶痛绝的军中“大老虎”。仅 2015 年 1 月、3 月和 6 月，军队就分别三次公开通报 2014 年以来军队查处的 16 名、14 名和 2 名军级以上干部重大贪腐案件情况，贪腐人员涉及中央军委、总后勤部、多个大军区及省军区、军事院校及二炮部队等单位。这样大规模、高频度的将军队反腐成果公之于众，是历史上从未有过的，既显示了党中央、中央军委坚决惩治军队腐败、厉行依法从严治军的决心，也向全社会表明了反腐无禁区、执法无特例的态度，使全军官兵真正从“强国必先强军，强军必先反腐”“贪腐不除，未战先败”的高度，深刻理解和认识军队高压反腐常态化对实现

---

① 《以习近平同志为核心的党中央领导和推进强军兴军纪实之二》，新华网，新华社，http：//www.xinhuanet.com/politics/2017-08/30/c_1121571413.htm。

强军目标的重大时代意义，大大提升了军队的凝聚力、战斗力。此外，新的军委纪委成立后，连续两个春节期间，军委纪委都部署了明察暗访工作，加强组织领导，层层压实责任，采取不定单位、不打招呼、直奔现场、直插末端等方式，对违反中央八项规定、军委十项规定精神的情况、四风问题等深入实地开展监督检查。为畅通监督渠道，军委纪委还开设了信访举报专线电话和专用信箱，在突出抓好团以上领导和机关党风廉政建设的同时，把压力向基层传导，切实纠正发生在士兵身边的不正之风。

三、大力加强军队政法工作

军队政法工作是国家政法工作的重要组成，也是军事法治建设的重要内容，旨在运用法律手段防范与打击军内违法犯罪和境内外敌对势力、敌对分子的渗透破坏活动，维护国防利益和军队、军人、文职人员、军属合法权益，维护部队纯洁巩固和安全稳定。军队各级党委政法委是党领导和管理政法工作的职能部门，是实现党对政法工作领导的重要组织形式。健全军队各级党委政法委，加强党对军队政法工作的领导，对确保军队政法部门始终贯彻落实党中央、中央军委有关政法工作的决策部署，维护社会主义法治的尊严和统一，提高国防和军队建设法治化水平具有重要意义。

（一）调整组织机构，强化党的领导

我军从 1982 年开始设立政法工作领导机构，2003 年团以上单位普遍成立政法工作领导小组，2007 年改称政法委员会。长期以来，军队各级政法委员会在维护部队纯洁巩固、安全稳定和集中统一中发挥了重要作用。新的历史时期，军队改革对政法组织机构依法进行重大调整，从根本上发挥军队政法机关的职能作用，强化党对军队政法工作的领导。

1. 军委政法委成为实体化机构统管全军政法工作。2015 年 11 月，中央军委改革工作会议明确要求组建新的军委政法委，作为中央军委 15 个职能部门之一。2016 年 6 月军委办公厅印发各级党委政法委员会设置方案，着眼适应新的领导指挥体制，对各级党委政法委员会进行了系统设置和体系优化，坚持党对政法工作的领导不动摇，坚持党委政法委的职能定位不偏移，坚持作为职能部门的机构性质不改变，从组织制度上确保党对军队政法工作的集中统一领导，确保宪法法律在军队的统一正确实施，确保部队纯洁巩固和安全稳定。军队各级党委政法委员会按照精简、统一、效能原则进行设置。在人员组成上，既保持与中央和地方各级党委政法委

员会人员组成方式基本一致，又遵循军队政法工作特点规律，从统筹政法工作力量、构建大预防工作格局出发，科学合理确定人员组成。中央军委政法委员会由书记、专职副书记和委员组成，委员由解放军军事法院、军事检察院领导和军委政法委员会机关各局主要领导担任。其他各级党委政法委员会书记由本单位政治副职领导担任，未编设政治副职的由政治主官担任，副书记由参谋部门和政治工作部门领导担任，委员由政法部门及相关业务部门主要领导担任。

2016 年 1 月，新的军委政法委成立，成为军委领导和管理全军政法工作的职能部门，在中央军委的领导下，指导全军保卫工作、军事审判工作、军事检察工作、司法行政和法律服务工作。新组建的军委政法委实行实体化设置，从组织上最大限度地强化了党对军队政法工作的领导，是全面加强军委对军队政法工作集中统一领导的现实需要，是健全完善权力运行制约和监督体系的制度安排，有利于进一步彰显政法工作在依法治权中的功能作用；是推进依法治军从严治军基本方略落地生根的长远设计，有利于以法律的强制力推进治军方式法治化；是整合优化军队政法资源的重要举措，有利于攥紧惩治和预防犯罪的力量拳头，对建立健全军队政法工作新体系、推进政法工作创新发展必将产生重大而深远的影响。①

2. 各级党委政法委职责分工各有侧重有效保障党的领导。按照原 2007 年军委印发的《关于进一步加强军队政法工作的意见》和 2008 年总政治部印发的《军队各级政法委员会工作规则》，原有的军队各级政法委自上而下只有编制、级别上的分工，工作内容事项基本一致。新的《各级党委政法委员会设置方案》按照“军委管总、战区主战、军种主建”总原则，考虑到军事法院、军事检察院区域化设置实际，战区级以下单位党委政法委机构虚设、职能实定、身份兼职，且战区党委政法委员会和军兵种等其他单位党委政法委员会主要职责有所不同，战区党委政法委员会重点负责战时和重大军事行动中政法工作，牵头协调执法办案和区域协作，军兵种等其他单位党委政法委员会重点负责预防犯罪综合治理，维护部队纯洁巩固和安全稳定。这样定位，使战区和军兵种党委政法委员会对战区军种以下部队政法工作的指导各有侧重，关系顺畅，既符合新体制新要求，又统筹强化了平时与战时党对军队政法工作的领导。而在职责分工

① 王凌等：《建立健全军队政法工作新体系》，《解放军报》2016 年 7 月 25 日，第 2 版。

各有侧重的同时，各级党委政法委又都以贯彻落实党中央、中央军委的有关政法工作决策部署或指示为首要职责，充分体现出军队各级政法部门都是通过政法委的组织形式，在党的领导下依法有序开展工作。2016 年 12 月 1 日，为规范和加强军队各级党委政法委工作，军委政法委制定颁布军队各级党委政法委员会工作规则（试行），对军队各级党委政法委的性质与上下级关系、指导思想和工作原则、机构设置和职责、议事决策、制度机制、与相关部门的工作关系等做出规定，成为军队各级党委政法委开展工作的直接依据。据此，坚持听党指挥、看齐追随，坚决维护和贯彻军委主席负责制，在军事规章层面被确立为各级党委政法委工作的首要原则；实体化设置的军委政法委负有组织拟制军队政法工作政策法规的重要职责，有权以自身名义或与有关部门联合发布与其职责相关的军队政法工作方面的规范性文件。如 2017 年 1 月，最高人民检察院和中央军委政法委员会联合下发《关于进一步加强和完善军事检察机关与地方检察机关协作工作的意见》，意见对 2012 年 7 月最高人民检察院和原总政治部联合下发的《关于加强军事检察机关与地方检察机关协作工作的意见》作出修订，强调严厉打击冒充军人招摇撞骗，伪造、买卖武装部队公文、证件、印章等危害国防利益的犯罪活动，依法维护军人军属合法权益；同时，从原总政治部独立出来的解放军军事法院、解放军军事检察院由军委政法委领导管理，各级军事法院、军事检察院的人员调整使用也由军委政法委负责办理。由此，党对军队政法工作的领导得到进一步加强。①

3. 按区域设置军事法院和军事检察院。根据党的十八届四中全会精神和《中央军委深化国防和军队改革的意见》的要求，对军事审判和军事检察组织体制进行了重要改革。2016 年前，我国的军事法院和军事检察院实行区域管辖和系统管辖相结合的原则划分为三级设置。各级军事法院和军事检察院与地方法院和检察院按照行政区划设置不同，主要按照行政隶属关系编设在军队行政编制序列之内，并设于相应级别的政治工作部门，虽然有利于部队管理和军事指挥，但无法完全适应广大官兵对保证司法公正和优化司法职权配置的要求，也存在司法资源浪费及效率低下等问题。因此，按照《中央军委关于新形势下深入推进依法治军从严治军的决定》和相应的改革要求，本次军队体制编制调整实现了军事法院和军

---

① 王凌等：《建立健全军队政法工作新体系》，《解放军报》2016 年 7 月 25 日，第 2 版。

事检察院的区域化设置。2016 年 4 月 28 日，最高人民法院发布《最高人民法院关于重新编制发布军事法院代字的通知》，重新编制发布军事法院代字表。解放军军事法院的法院层级是“高级”，东南北中四大战区军事法院、西部战区第一、第二军事法院以及解放军总直属军事法院的法院层级是“中级”，其他 26 个军事法院为“基层”。2016 年 5 月，军委政法委在北京召开全军军事法院、军事检察院调整组建大会，明确了军事法院、军事检察院由过去按照军兵种和武警系统设置调整为区域化设置，统一管辖区域内的各军兵种和武警部队的司法案件；同时在军事法院、军事检察院内部增设立案、执行、诉讼监督、案件管理和法官、检察官管理办公室等机构。新的军事司法组织体制，打破了过去主要按照行政隶属关系设置军事法院和军事检察院的固有模式，较好解决了长期以来军法军检两院体制不顺、力量不足、要素不全等突出问题，对于排除各类干扰，解决同案不同判、量刑畸轻畸重等问题，提升军事司法的统一性、公平性、效率性意义重大。

（二）崇尚专业精神，加强队伍建设

党对军队政法工作的领导是通过思想领导、政治领导和组织领导来实现的。随着中央决定在地方人民法院和检察院开展法官、检察官单独职务序列试点工作，军队司法人员的职业化问题提上议事日程。党的十八届三中全会《决定》提出，要建立符合职业特点的司法人员管理制度，健全法官、检察官、人民警察统一招录、有序交流、逐级遴选机制；完善司法人员分类管理制度，健全法官、检察官、人民警察职业保障制度。党的十八届四中全会《决定》要求推进法治专门队伍正规化、专业化、职业化建设，提高职业素养和专业水平；完善法律职业准入制度；加快建立符合职业特点的法治工作人员管理制度，完善职业保障体系，建立法官、检察官、人民警察专业职务序列及工资制度；建立法官、检察官逐级遴选制度。为落实党中央指示精神，《中央军委关于新形势下推进依法治军从严治军的决定》明确指出，将军事法律人才队伍建设规划纳入军队人才建设总体部署统筹推进；建立既符合军事职业要求又体现法律职业特点的军事法律人才管理制度；完善军事法律人才分类管理制度和职业保障制度，建立军事法官、军事检察官、军队专职律师职务序列等。按照军委的统一部署，军事司法体制和人事制度改革正深入进行，对军事法官和军事检察官的任用将更加注重司法执业资格和职业化特点，严把准入条件，军事司

法干部队伍建设正走向正规化、专业化、职业化。

2016 年 10 月，中央军委批准成立全军干部考评委员会。这是从国防和军队建设事业全局出发作出的重大决策，是贯彻军委主席负责制，确保精准科学选人用人的重要举措，是适应领导指挥体制改革，提升选人用人公信度、权威性的新探索。

（三）树立法治思维，加强党的领导

军队政法工作作为“党指挥枪”的重要保障，必须将“坚持党的领导”同“加强、改善党的领导”结合起来。要始终坚持党对军队政法工作的领导不动摇，尤其要运用法治思维加强改善党对军队政法工作的领导，不断提高党依法领导军队政法工作的水平和能力，将党的意志、政策和主张贯彻落实到政法工作实践中去，确保军队司法体制改革和军队政法工作沿着正确方向发展。

1. 正式废除军队劳动教养制度。我国的劳教制度肇始于 20 世纪 50 年代的“肃反”运动，1957 年正式确定。随后，近百处劳教场所相继建立，劳教对象范围不断扩大。尽管劳教制度在“文化大革命”期间陷入暂停状态，但 1979 年国务院《关于劳动教养问题的补充规定》延续了 1957 年《关于劳动教养问题的决定》的效力。1980 年，国务院发布《关于将强制劳动和收容审查两项措施统一于劳动教养的通知》。1982 年，经国务院批准转发公安部《劳动教养试行办法》，确立了由行政权力主导的“劳动教养管理委员会”制度。1987 年 8 月 14 日，总政治部、公安部联合下发《关于军内执行国务院〈劳动教养试行办法〉几个问题的通知》，使劳动教养作为我国的一项法律制度在军内被确立。1994 年 3 月 7 日，总政治部印发施行《中国人民解放军劳动教养暂行规定》，又以军事规章的形式对军队劳动教养性质、适用条件、适用程序和执行等问题作出明确规定，将军队劳动教养适用范围扩大至全军官兵、在编职工和由军队管理的离退休干部，具体由军队保卫部门负责实施。

劳动教养并非依据法律，更不属于刑法规定的刑罚，而是依据国务院劳动教养相关法规的一种行政处罚，在执行过程中有的对公民权利造成严重损害。2013 年 11 月 12 日党的十八届三中全会全体会议通过《中共中央关于全面深化改革若干重大问题的决定》明确提出废止劳动教养制度。同年，12 月 28 日，全国人大常委会通过了《关于废止有关劳动教养法律规定的决定》，规定“劳教废止前依法作出的劳教决定有效；劳教废止后，对正在被依法执行劳动教养的人员，解除劳动教养，剩余期限不再执行”，标志着已实施 50 多年的劳教制度被依法废止。根据《决定》的要求，军队劳教制度正式废止，这是新的历史时期我们党在建设法治军队道路上，以法治思维改善党对军队政法工作领导的直接体现，也是军队政法委贯彻落实党中央、中央军委决策指示的实际行动。

2. 依法强化对重点领域的预防犯罪工作。2013 年 3 月 28 日，最高人民检察院、总政治部联合颁发《军人违反职责罪立案标准的规定》。以此为依据，2014 年 11 月，解放军军事检察院牵头起草，并由四总部（总参、总政、总后、总装）联合颁发了《军队重点领域预防职务犯罪工作细则》，自同年 12 月 1 日起在全军和武警部队施行。细则紧紧抓住重点领域权力运行关键环节，梳理问题隐患，细化思路举措，明确目标要求，对军队人事管理、财经管理、工程建设、油料管理、物资和装备采购、医疗卫生、房地产管理、招（接）待服务中的预防职务犯罪工作作出规范，为各级开展重点领域预防犯罪工作提供了基本遵循。

3. 正确处理坚持党的领导和确保军事司法机关依法独立公正行使职权的关系。“我国的国家司法机关是在中国共产党的领导下，在宪法确立的全国人民代表大会制度下，根据宪法规定独立履行国家司法职责，这与西方司法体制下的所谓‘司法独立’是根本不同的。”[①] 正确处理坚持党的领导和确保军事司法机关依法独立公正行使职权是一致的。党的十八大以来，国家司法体制改革深入推进，党中央特别强调和注重正确处理坚持党的领导和确保司法机关依法独立公正行使职权的关系。2015 年 3 月，中共中央办公厅、国务院办公厅印发《领导干部干预司法活动、插手具体案件处理的记录、通报和责任追究规定》，以确保司法机关依法独立公正行使职权，其中第 9 条、第 10 条将《中国人民解放军纪律条令》列入了对领导干部和司法人员违反本规定的纪律处分依据之一。解放军军事法院转发了该《规定》，并对此提出了一些具体要求，制定了相应措施。[②]

在对军队各级党委政法委员会的工作要求中，将“厉行法治、依法

① 丛文胜：《“两高报告”彰显我国司法机关护航法治中国》，央广网，http：//news.cnr.cn/theory/gc/20170314/t20170314_523655795.shtml。

② 《中共中央办公厅、国务院办公厅印发《领导干部干预司法活动、插手具体案件处理的记录、通报和责任追究规定》，人民网，http：//politics.people.com.cn/n/2015/0330/c1001-26773279.html。

办事，注重运用法治思维和法治方式指导开展工作”作为军队各级党委政法委工作原则之一；在军委政法委、战区党委政法委、军兵种党委政法委的主要职责中明确规定，要支持政法各部门依照宪法法律各司其职、相互配合开展工作，或者协调配合军事法院、军事检察院依法查办案件；将各级党委政法委与政法各部门的工作关系确定为：各级党委政法委应当支持政法各部门依照宪法法律独立负责、协调一致开展工作，政法各部门应当分工负责，互相配合，互相制约，保证准确有效执行法律；特别规定战区党委政法委应当支持战区军事法院、军事检察院，新疆军区、西藏军区及省军区（卫戍区、警备区）党委政法委应当支持基层军事法院、军事检察院依法独立公正行使审判权、检察权，不得插手、干预各类案件办理。

四、发挥军事审计监督作用

军事审计制度是军队的一项重要监督制度，是确保党对军队绝对领导的重要经济监督手段，是维护军事经济安全、规范军事经济秩序、提高军事资源效益、促进军队反腐倡廉建设的重要途径，也是军事法治建设的重要内容。党的十八大以来，我军着力强化审计制度建设，改革完善军队审计体制机制，军队审计部门突出抓好战备工程、武器装备、战储物资和领导干部经济责任审计，加强经费源头、军事训练费、医院收支和改革项目审计，为规范财经秩序、提高保障效益、促进党风廉政建设，提供了特有的监督服务保障，为实现党在新形势下的强军目标发挥了重要作用。同时，各级审计机构突出领导干部这个“关键少数”，加强对经济权力行使的全方位监督。审计对象上，突出审班子、审主官、审后备，重要岗位领导干部“五年轮审一遍”；监督内容上，除经济决策、法规执行、建设成效外，还把领导干部住房、用车、公勤人员使用等纳入范围，促进领导干部廉洁自律、做好样子；成果运用上，推动审计结果进入干部考核评价、选拔任用、问责惩处等制度机制，成为从严治官、从严治权的重要依据。

（一）调整组织机构，实现全面派驻

军队审计机构是依法对军队单位的经济活动和各级领导干部履行经济责任情况进行审计监督的专门机构，其设置方式和审计模式直接关切军事审计的工作成效和作用发挥。党的十八大以来，党中央、中央军委将军队审计作为构建严密权力运行制约和监督体系的重要内容，改革优化军队审

计机构设置和审计模式，为强化军队审计监督、强力推进反腐败工作提供了有力保障。

1. 调整组建军委审计署。1985 年解放军审计局成立，1992 年改称解放军审计署，一直以来均归属后勤部建制。[①] 2014 年 11 月 6 日，中央军委主席习近平签署命令，解放军审计署由总后勤部划归中央军委建制，在中央军委领导下主管全军审计工作，对中央军委负责并报告工作，其党的建设、政治工作和行政管理由军委办公厅领导。2015 年 11 月 24 日至 26 日，中央军委改革工作会议在京召开，习近平强调，要着眼于深入推进依法治军、从严治军，抓住治权这个关键，构建严密的权力运行制约和监督体系，并将“调整组建军委审计署，全部实行派驻审计”作为其中重要一环。2016 年 1 月 11 日，军委机关调整组建确定成立中国共产党中央军事委员会审计署（军委审计署），主要履行军队审计监督职能，组织指导全军审计工作。由此，军委审计署作为军委机关 15 个职能部门之一，成为与纪检、司法相并列的军队监督链上的重要监督机构，与军委后勤保障部等管理部门再无隶属关系，在军委的直接领导下，其军事审计的独立性和权威性得到极大提升，为军队审计发挥监督功能和服务功能提供了可靠的组织保障。

2. 实行区域设置、统管统派的审计监督体制。按照党的十八届四中全会精神和中央军委一系列指示，军事审计方式不断创新，区域审计、派驻审计、跟踪审计、交叉审计、联合审计、远程审计等一系列新的审计模式，为完善审计监督体制积累了丰富实践经验。2016 年 1 月 7 日，中央军委审计署正式组建；5 月 31 日，完成对全军审计机构和人员的转隶接收；6 月 1 日起，全军审计系统按“区域设置、统管统派”的新体制正式运行。在此基础上，中央军委以实现全面派驻审计、审计全覆盖为目标，

---

① 1985 年 7 月，中央军委设军委审计局，对外称中国人民解放军审计局。1987 年 2 月，中央军委颁布的《中国人民解放军审计工作条例（试行）》第 6 条规定：“各级审计机关的审计业务工作归单位首长领导，建制归后勤部。”1995 年 4 月，中央军委颁布的《中国人民解放军审计条例》第 7 条规定：“中国人民解放军审计署在中央军事委员会的领导下，主管全军的审计工作，对中央军事委员会负责并报告工作，日常工作由总后勤部领导。”2007 年 1 月中央军委修订颁布的《中国人民解放军审计条例》第 10 条规定：“解放军审计署在中央军委的领导下，主管全军审计工作，对中央军委负责并报告工作，日常工作由总后勤部领导。”

着力推动解放军审计署转隶后的审计监督体制优化完善，逐步将以往的建制审计为主改革为区域设置、统管统派。新的体制明确中央军委审计署及其直属、派驻审计机构在中央军委领导下履行审计监督职能，将各级党委、领导的职责由领导本单位审计工作调整为支持配合审计机构工作，以及抓好问题整改、问责和审计结果运用；这次体制调整实现了军队审计的全面派驻、垂直管理，意味着审计机构作为中央军委直接掌握的重要监督力量，对全军经济权力运行实施全方位、全过程、全要素审计监督，使得军队审计真正成为保证军费投向投量向能打胜仗聚焦的“导流槽”，成为提高经费使用效益的“倍增器”，成为打击违法违纪行为的“高压线”，为构建依法建审、依法施审、依法治审的良好格局，进而为确保强军目标的实现提供了坚实的制度保障。2016 年 8 月，军委审计署某直属审计中心首次对武警部队本级经费收支进行审计，标志着武警部队被全面纳入全军审计机构监督范围。各级审计机构已基本实现对全军副战区级以上机关、集团军、联勤保障单位的审计全覆盖，对省军区、武警总队、院校和科研训练机构等单位的审计全覆盖也在当年内完成，2017 年还首次将驻外武官处纳入审计计划。截止 2017 年 8 月，“近五年，共审计全军和武警部队单位（部门）3 万多个（次）、团以上领导干部 9000 多名，一批责任人被严肃问责……为强军兴军提供了有力监督服务保障”。①

（二）加快法规建设，编密制度笼子

党的十八届四中全会《决定》明确要求，“完善审计制度，保障依法独立行使审计监督权”，“对公共资金、国有资产、国有资源和领导干部履行经济责任情况实行审计全覆盖”，“推进审计职业化建设”②。2015 年 2 月中央军委印发的《中央军委关于新形势下深入推进依法治军从严治军的决定》要求改革完善军队审计体制机制，优化各级审计机构设置，推动实现对全军所有单位的经济活动实现审计全覆盖，建立审计计划立项、审计实施、审计项目审理相分离制度，健全审计通报、审计约谈、审计移送等问责惩处制度。

1. 建立党委管审议审制度。2013 年 6 月，总政治部、总后勤部联合

① 《我军审计改革建设谱写新篇章》，《解放军报》2017 年 8 月 5 日，第 1 版。

② 《中共中央关于全面推进依法治国若干重大问题的决定》第一、二、七部分，《人民日报》2014 年 10 月 29 日，第 3 版。

颁布《关于建立党委管审议审制度的通知》。《通知》围绕全面落实中央军委《关于进一步加强军队审计工作的意见》，认真总结吸收近年来各级党委管审议审的经验做法，明确了党委管审议审的重要意义、主要内容、工作制度和基本要求；强调军队审计是确保党对军队绝对领导的重要经济监督手段，加强对审计工作的组织领导，是各级党委必须履行的重要责任，各级党委要对审计工作实施统一领导，其内容包括审定规划计划、支持依法审计、抓好审计整改、落实审计问责和重视审计建设等各方面，党委要完善学习培训、教育宣传、集中审议、征求意见和结果运用等各项管审议审工作制度，审计结果将作为单位评先、干部使用和改进财经管理的重要依据，为充分发挥审计监督职能提供了坚强的组织领导和制度保证。军队各级党委从政治和全局的高度，充分认清加强党委管审议审，是落实依法治军从严治军方针、确保政令军令畅通的重要保证，是规范军事经济秩序、提高军事资源保障效益的重要途径，是加强干部管理监督、促进反腐倡廉建设的重要举措。唯有切实增强党委管审议审的责任感和自觉性，真正做到重视审计、运用审计、关心审计，才能充分发挥审计工作在国防和军队建设中的特殊保障作用。①

2. 完善领导干部经济责任审计制度。党的十八大以来，我军特别注重军队领导干部的经济责任审计制度建设，出台了一系列军事法规、规章和规范性文件：

一是 2013 年 9 月中央军委颁发《关于加强和改进军队领导干部经济责任审计工作的意见》。该《意见》深入贯彻习近平主席关于加大从严治党、从严治军、从严治官力度，把权力关进制度的笼子里等一系列重要指示，明确了领导干部经济责任审计的监督范围、重点内容、组织方式、评价标准、审计处理和结果运用，为进一步加强和改进新形势下军队领导干部经济责任审计工作提供了重要遵循，对强化领导干部管理监督、促进作风建设和反腐倡廉建设具有重要而深远的意义。该《意见》主要明确和强调了以下四项内容：（1）军队队列单位和机关部门领导干部、军队事业单位和保障性企业负责人，以及负责专项经济工作的领导干部，应当依法接受审计监督。积极推行先审后提、先审后离制度，对拟列入后备的或

① 《总政总后通知要求各级党委管审议审 发挥监督职能》，人民网，http：//politics. people. com. cn/n/2013/0613/c1001-21828461. html。

列入后备拟提升的团职以上领导干部，优先安排审计；对即将达到平时任职最高年龄或最高年限的领导干部，拟调整交流或转业复员的领导干部，在离任前应安排审计。（2）经济责任审计要以促进领导干部推动本单位本部门全面建设科学发展为目标，以领导干部任职期间履行经济责任的全面、规范和有效为基础，以领导干部经济决策权、经费审批权、物资调配权、资产处置权、合同签批权等经济权力行使情况，以及个人住房、用车、公勤人员使用情况为重点审计内容，不断增强审计监督效果。（3）要建立完善审计抄报通报制度、审计约谈制度、审计处罚制度、审计移送制度，不断加大审计惩戒处理力度。对履行经济责任优秀、业绩突出的领导干部，可以给予通报表彰，同等条件下优先提升使用；对履行经济责任称职的领导干部，干部考核时应当结合审计情况评定干部考核结果等次；对履行经济责任不称职的领导干部，应当进行诫勉谈话，视情调整工作岗位，已经确定为后备干部的应当取消后备干部资格，有严重违规违纪问题的应当免除其现任职务，并追究相关责任。（4）各级党委要把财经政策法规和领导干部履行经济责任相关知识纳入党委中心组学习计划，列为高中级领导干部本级培训的教材内容，适时组织经济责任知识考试和法规纪律集中教育，切实增强各级领导干部法规意识，提高正确履行经济责任能力。各级审计工作领导小组成员单位要按照职责任务，各司其职、各负其责，加强协调、积极配合，形成监督合力。各级审计部门要坚持铁面无私、秉公执法，敢于较真碰硬，不断创新审计方法手段，完善审计法规制度，促进领导干部经济责任审计工作高效、规范运行。①

二是2013年9月25日中央军委印发了《关于加强和改进军队领导干部经济责任审计工作的意见》，为把权力关进制度的笼子，进一步领导干部经济审计责任的监督范围、重点内容、组织方式、评价标准、审计处理和结果运用等。2014年9月，解放军四总部修订颁发了《军队领导干部经济责任审计规定》，随后总政治部、总后勤部修订颁发《军队领导干部经济责任审计评价标准》，主要体现在以下方面：（1）《规定》明确将军队负有经济责任的领导干部全部纳入审计范围，其中任现职一年以上，掌管经费物资较多、具有保障资源分配权与调节权、负责大项工程建设与大

① 《中央军委下发〈关于加强和改进军队领导干部经济责任审计工作的意见〉》，新华网，http：//news. xinhuanet. com/mil/2013-09/24/c_125438854. htm。

宗物资采购的团级以上领导干部，列入或者拟列入后备的团级以上领导干部，拟提升使用的团级以上领导干部，一年内达到平时服现役最高年龄或者任职最高年限的团级以上领导干部，群众反映不履行或者不正确履行经济责任的领导干部作为重点审计对象，使审计范围实现全覆盖的同时又突出重点。（2）为进一步增强审计独立性，新修订的《规定》调整了任务分工，强化了业务领导。各级审计部门的审计权限，按照行政隶属关系和审计管辖范围确定。解放军审计署负责对军区级领导干部、总部机关军级领导干部，军兵种、军区和相当等级单位司令机关、政治机关、后勤（联勤）机关、装备机关领导干部实施经济责任审计。其他各级审计部门负责对本级机关业务部门领导干部，所属单位及其机关领导干部实施经济责任审计。对事业单位和保障性企业负责人的经济责任审计由其管理单位审计部门负责，对临时机构负责人的经济责任审计由其派出单位审计部门负责；未编设审计部门的单位，其所属领导干部的经济责任审计由上级单位审计部门负责；上级审计部门可以对下级审计部门审计权限范围内的领导干部直接进行审计。（3）关于经济责任审计的重点内容，主要从经济决策、经济管理、法规执行、事业成效、廉洁自律五个方面作出规定，包括：领导干部在经费物资分配、装备物资采购、工程建设立项、有偿服务、房地产处置等经济活动中，决策依据、决策程序、决策成效等情况；领导干部在计划预算执行、经费物资审批、工程招标、合同签批等经济管理中，贯彻国家和军队财经方针政策，落实上级和本单位经济决策部署，执行规定权限和程序等情况；领导干部执行全军统一的财经法规制度、建立完善本单位本部门财经管理制度以及督促、指导、检查财经法规制度落实等情况；领导干部在组织保障战备训练、人才培养、后勤建设、装备科研等方面，贯彻上级和本单位规划计划、落实战技术指标和质量标准、执行节约资源和保护环境要求及其效果等情况；领导干部在经济权力行使，公共财物使用，公务接待，住房、用车、公勤人员使用等方面遵守廉洁自律规定情况。（4）在经济责任审计程序方面，调整了形成审计报告的时机，增加了审计报告的复查复核制度，明确了经济责任审计现场督导制度，建立了审计报告复议制度。[①]（5）经济责任审计评价标准，突出了警示性、体现了严肃性、增强了操作性，主要是重新划分了领导干部人员类型，调整了责任区分，调整了评价等次，增加了评价的刚性指标。[②]（6）经济责任审计在加大惩戒处理力度方面，建立了审计约谈制度，强化了审计移送制度，严格了审计处罚制度，不以对“事”的整改代替对“人”的问责，强化了审计处理。[③] 这些规章制度的出台是新形势下加强和改进

---

① 审计程序调整的内容比较多：一是调整了形成审计报告的时机，现场审计结束后，审计组将审计发现的问题和审计意见，书面告知被审计领导干部及其所在单位，督促抓好整改，依据整改情况，形成审计报告。二是增加了审计报告的复查复核制度，被审计领导干部或者其所在单位对审计报告有异议的，可以向原审计部门书面申请复查；对复查决定仍有异议的，可以向上一级审计部门申请复核。三是明确了经济责任审计现场督导制度，上级审计部门根据工作需要，在下级审计部门组织实施领导干部经济责任审计时，对落实审计程序、执行评价标准、问题定性处理等情况进行监督指导。四是建立了审计报告复议制度，审计部门对下一级审计部门报送的审计报告要进行复议，对问题定性处理、评价等次确定不符合规定的，应当责令纠正。

② 这次修订的审计评价标准：一是重新划分了领导干部人员类型，将军队领导干部划分为单位领导干部、机关领导干部、部门领导干部、总部机关局长和大单位机关处长、事业单位和保障性企业负责人、临时机构负责人六个类型，并分别制定了审计评价标准。二是调整了责任区分，对领导干部应当承担的责任，由原来的直接责任、领导责任两种，调整为直接责任、主管责任、领导责任三种，并分别确定了责任区分的情形，特别是明确党委会、办公会研究经济事项时，会议召集主持人在多数人不同意的情况下直接决定或者批准的，应当承担直接责任。三是调整了评价等次，将原来的好、较好、一般、差四个等次，调整为优秀、称职、不称职三个等次，与干部考核评价等次相一致，有利于审计评价结果的运用。四是增加了评价的刚性指标，对任期内决策失误造成损失浪费的，超预算办事、超标准花钱、超财力建设的，单位本级违规违纪问题数额较大且负有直接责任的，以及本级发生财经违法违纪案件的，有一种情形则不得评价为优秀；对截留、挪用、克扣经费，擅自调整改变经费用途，超计划搞工程建设，擅自转让军队房地产等违规违纪金额达到规定比例的，有一种情形则评价为不称职。

③ 这次修订，一是强化了审计移送制度，对达到刑事案件立案标准和符合党纪军纪处分条件的，要求坚决移送检察机关和纪检部门调查处理。二是严格了审计处罚制度，对违法违纪问题，依法应当给予审计处理、处罚的，审计部门要下达审计决定，该退还的款项、该收缴的经费、该没收的违法所得、该中止的工程建设、该撤销的经济合同等，都要依法监督落实到位。三是建立了审计约谈制度，对违规数额或者经济损失数额较大，问题性质比较严重，或者因内部控制制度不健全，重大经济活动存在管理隐患，可能导致严重后果的，要对被审计领导干部和其他负有责任的领导干部进行审计约谈，约谈对象未按要求整改的，要在适当范围内进行通报，并提请有关主管部门对约谈对象作出处理。

军队领导干部经济责任审计工作、强化对权力运行制约和监督的重要举措，对于确保军队领导干部依法行使经济权力，推动军队作风纪律建设和反腐倡廉建设发挥了重要作用。①

3. 重修军事审计“基本法”。审计条例是军队审计工作的基本依据。2016 年 12 月 17 日，中央军委发布新修订的《军队审计条例》，自 2017 年 1 月 1 日起施行。2007 年《中国人民解放军审计条例》和 2014 年《军队领导干部经济责任审计规定》同时废止。此次修订，本着把握根本遵循、注重继承创新、厘清权力责任、坚持统筹兼顾的总体要求，对 2007 年的原条例作出了较大幅度的修改，由 8 章 58 条扩充为 11 章 77 条，实质性修订 220 多处，把贯彻习近平主席系列重要讲话精神、落实军委主席负责制等写入条例；按照审计监督全覆盖的要求，新增了政策法规审计、无形资产审计、价格行为审计、军民融合项目联合审计等内容；建立干预审计工作行为登记报告制度，细化审计回避的具体情形；明确廉洁从审纪律，完善审计信访制度，强化对审计权力行使的监督。修订的主要内容：一是确立了审计工作指导思想。为确保审计工作正确方向，规定军队审计工作必须深入贯彻习近平主席系列重要讲话精神，坚决落实军委主席负责制，以党在新形势下的强军目标为引领，贯彻新形势下军事战略方针，着眼推进政治建军、改革强军、依法治军，坚持全面覆盖、问题导向、严格依法、客观公正，发挥审计的监督、服务、防范和评价作用。二是调整了条例适用范围。鉴于改革后武警部队审计机构全部撤销，对武警部队的审计监督工作由中央军委审计署统一负责，明确“对武警部队所有单位和各级领导干部的审计，按照对军队单位和领导干部审计的规定执行”。三是明确了新的审计体制。结合改革实际，明确中央军委审计署及其直属、派驻审计机构在中央军委领导下履行审计监督职能；将各级党委、领导的职责由领导本单位审计工作，调整为支持配合审计机构工作，以及抓好问题整改、问责和审计结果运用。四是拓宽了审计事项范围。按照审计监督全覆盖的要求，新增了政策法规审计、无形资产审计、价格行为审计、军民融合项目联合审计等内容，明确军队单位可以委托社会审计机构进行工

---

① 《健全和完善经济责任审计制度 强化对权力运行的制约和监督——就修订颁发军队领导干部经济责任审计规定、评价标准和实施办法专访解放军审计署审计长李清和》，国防部网，http：//news. mod. gov. cn/headlines/2014-10/16/content_4544335_3. htm。

程、物资、服务等采购价格审计，军队审计机构有权对其审计结果进行核查。五是强化了审计职权。根据新形势下审计机构履行职责的需要，新增了采集数据权，拓展了检查权和查询权的行使范围，明确军队审计机构履行职责时可以向国家和军队有关单位提请协助。六是健全了审计履职保障机制。为确保审计工作的独立性、公正性，建立了干预审计工作行为登记报告制度，细化了审计回避的具体情形，规定审计机构不得参加无关的议事协调机构。七是完善了审计程序和工作制度。为规范审计行为、强化审计管理，将原条例审计程序一章拆分为审计计划、审计准备、审计实施、审计终结四章，进一步细化和优化了审计工作流程。同时，明确审计机构和人员应当依法接受监督，遵守廉洁从审“十不准”等审计纪律，并建立了复核、审理和复审等审计质量管控制度。伴随着国防和军队改革不断深化、军队党风廉政建设和反腐败斗争扎实推进，军队审计体制由“党委领导、按级负责”调整为“区域设置、统管统派”，改革力度之大前所未有，给审计职能定位、领导关系、管理模式等带来重大变化，亟须根据改革与立法相衔接的要求，对审计职责权限、工作程序、方法手段、管理要求、制度机制等作出新的调整和规范，切实把体制优势转化为工作优势。在这样的背景下修订《军队审计条例》，是推动审计改革落地落实的实际举措，对于进一步拓展审计职能、强化审计职权、加大审计力度、发挥审计作用，以法治方式推进依法施审、依法建审，以刚性的制度执行实现审计监督规范化、常态化、长效化具有十分重要的意义。①

（三）强力落实制度，震慑服务并举

随着军事审计体制机制的调整完善，全军审计部门紧紧围绕保打赢、促改革、正作风、反腐败，在聚焦揭露问题、督察整改、问责惩戒监督职能等方面，取得了明显的政治效益、军事效益和经济效益，为实现强军目标提供了有力的监督保障。

1. 突出抓好工作重点，加大审计监督力度。原解放军四总部联合印发《厉行节约严格经费管理的规定》，要求按战斗力标准花钱办事，确保每一分钱都用在能打仗、打胜仗上。各级审计部门紧紧围绕服务能打仗打胜仗，突出抓好作战准备重点项目审计，有效促进了有限资源向战斗力聚

---

① 《军委审计署审计长郭春富就新修订的〈军队审计条例〉答记者问》，中国军网，http：//www.81.cn/dblj/2016-12/21/content_7416856.htm。

焦转化。军队各级审计机构紧盯战场设施建设、武器装备科研、战备物资储备、重大演习演训等作战准备项目，实施派驻审计、跟踪审计和审计调查，规范建设秩序，提高投资效益，促进有限资源向备战打仗聚焦转化。一是紧盯战场建设投入，运用审计辅助决策。主要是对重大战场建设、全军“十二五”战备工程和新组建扩编部队营房建设进行审计调查，指出战备工程建设进度滞后、工程计划执行不严格和建设项目安排不合理等倾向性问题，为军委、总部加强战备工程建设提供了决策依据。二是扭住重点型号项目，积极开展专项审计。主要是对一批重要武器装备建设经费进行专项审计，促进重大装备项目计划落实和经费管控。三是实施军费预决算审计，优化军费管理。首次对 2013 年军费预算执行和总决算实施审计，从制度机制层面提出加强和改进军费管理的意见建议。连续两年对四总部机关事业部门分项预算、团以上单位预算安排和执行以及财务管理情况进行审计，共审减基本建设和一般性支出预算 189.7 亿元，调增战备训练和基层建设投入 33 亿元，优化了经费投向投量。四是围绕强化权力监督制约，深化拓展领导干部经济责任审计，全面推开军政主官同步审计、党委班子集中审计，建立审计结果抄报通报和审计约谈制度，积极走开领导干部先审后提、先审后离的路子。据统计，仅党的十八大召开后两年，全军共审计 4024 名团以上领导干部，包括军职以上 82 名、师职 854 名，其中共有 61 名履行经济责任不力、单位财经秩序混乱的领导干部被依法评价为“不称职”，21 名领导干部被免职，77 名领导干部受到诫勉谈话和审计约谈，144 名领导干部调整工作岗位。五是持续加强问题易发多发领域审计，着力正规财经秩序。军队审计部门先后对全军 480 个军用土地使用权转让项目进行审计调查，查出自行转让土地、军队利益受损、经费管理混乱等一系列问题。主要有：对 19 个单位物资采购进行审计调查，严肃查处虚假采购、虚报价格等严重违法违纪行为；对 19 个科研单位装备科研经费进行审计调查，严肃指出经费开支混乱等问题；对 480 个后勤和装备财务部门实施审计，强化了财务部门把关守口的意识和责任；对 3250 项出包工程结算和军品采购价格进行审计，审减地方不合理收费 66.85 亿元，有力维护了军队经济权益。①

---

① 《在新起点上推动军队审计工作创新发展——全军和武警部队聚焦强军目标加强审计工作综述》，《解放军报》2015 年 1 月 29 日，第 1、4 版。

2. 强化违纪违法问责，形成强大震慑效应。军队各级审计部门坚持把督察问题整改、强化问责惩戒作为重要职责，严肃查纠“闯红灯”“越底线”“搞变通”等违纪违规问题。一是加大问题通报力度。对查出的问题进行分类梳理，党的十八大召开后连续两年在全军范围内进行通报，指名道姓揭短亮丑，严肃提出整改要求，涉及单位183个、问题822个、金额574亿元，起到较好的警示教育作用。二是加大督导整改力度。建立审计约谈制度，严肃指出问题，明确整改要求和整改责任；改进领导干部经济责任审计评价办法，实行先整改后评价，推动纠正存在问题；认真落实审计回访制度，对发现的问题拉单列表、照单销号、直至改完；从而挽回各类损失121亿元，撤销银行账户34个，清偿借垫款8.5亿元，退回滥发补贴1243万元。三是加大移送惩处力度。对审计发现的违纪违法问题，特别是党的十八大后仍然不收手不收敛、顶风作案的人和事，一律依法移送相关部门查处。仅2014年，各级审计部门向保卫、纪检和检察部门移送涉嫌违纪违法线索的数量，超过了此前30年移送线索的总和。截至2015年1月，审计部门向保卫、纪检和检察部门移送216起问题线索中，已有60多人被立案调查，158人受到党纪政纪处分。①

3. 发挥审计免疫功能，加大有效服务力度。审计监督只是手段，服务才是目的。在深化国防和军队改革的背景下，审计机构着力做好“四个围绕”：一是围绕服务军委管总，加大对涉及军事经济资源配置的规划计划、政策标准的监督力度，跟踪重大改革举措落实情况，严查执行中的变形走样问题，促进军委决策部署落地见效；同时，对改革中有关制度措施不科学、不完善、不配套的问题，也要及时提出改进的对策建议。二是围绕服务战区主战，积极采取专项审计、伴随审计等方式，着力查找影响制约各项投入向战斗力转化的突出矛盾问题，推动保障资源向战斗力生成转化聚焦。三是围绕服务军种主建，高度关注经费使用、物资采购、工程建设、房地产管理等重点领域，在查纠问题、规范秩序的同时，及时掌握和反映部队建设中存在的矛盾问题，积极协调有关部门给予政策扶持和财力支持；对部队财经管理中一些好经验好做法，也要注意总结宣传和推广运用，促进提高财经管理的科学化水平。四是围绕服务官兵，坚持把住房

---

① 《在新起点上推动军队审计工作创新发展——全军和武警部队聚焦强军目标加强审计工作综述》，《解放军报》2015年1月29日，第1、4版。

配售、军人保险、津贴补贴、保障社会化等，涉及官兵切身利益的改革项目和福利待遇问题纳入审计视线，严查发生在官兵身边、侵占官兵利益的“微腐败”，推动修订完善相关制度规定，切实保障广大官兵合法权益。[①] 从实践中看，全军各级审计机构在严肃揭露反映问题的同时，注重发挥审计保障军事经济健康运行的“免疫系统”功能，及时督促各级抓好问题整改，同时对军事经济领域中存在的普遍性、倾向性问题，深入剖析原因，找出风险点，从堵塞管理漏洞、完善政策制度层面，提出完善防控机制、提高保障绩效的意见建议。仅 2014 年一年，军事审计指出的 6711 个具体问题，至 2015 年 1 月已纠正 4572 个，压减行政消耗性等开支 32. 78 亿元、调增战备训练等经费预算 8. 32 亿元，终止物资采购、房地产转让合同 50 余项 13. 35 亿元，修订完善相关制度 622 项，审计的建设性作用得到有效发挥。[②] 五是从高层领率机关抓起，从高级领导干部严起。2015 年初，解放军审计署按照习近平主席和中央军委指示，首次对原四总部机关进行全面审计，对所有二级部逐个“过筛子”；随后又紧跟改革进程，首次对原 7 个军区机关展开全面审计，首次对军区主官实施经济责任审计调查。这两次审计，实现了总部、军区机关“两个覆盖”，领导干部数量、职级“两个突破”，层次之高、范围之广、力度之大前所未有，在全军产生重大影响。

第四节　聚焦使命任务，依法提升战斗力

新时代国防和军队法治建设的基本出发点和落脚点，是要瞄准为实现党的强军目标和加快提高军事能力，建设世界一流军队提供坚实法治保障。2013 年 3 月 11 日，习近平在出席十二届全国人大一次会议解放军代表团全体会议时提出新形势下强军目标是建设一支听党指挥、能打胜仗、作风优良的人民军队。其中，听党指挥是灵魂，能打胜仗是核心，作风优良是保证。军事法治建设必须要围绕强军目标，用法治的方式和手段推进

---

① 郭春富：《在落实创新驱动中立起军队审计新形象》，《解放军报》2016 年 5 月 9 日，第 6 版。

② 《在新起点上推动军队审计工作创新发展——全军和武警部队聚焦强军目标加强审计工作综述》，《解放军报》2015 年 1 月 29 日，第 1、4 版。

军队建设、改革和军事斗争准备，把国防和军队建设提高到一个新水平。

一、将战斗力全要素的提升作为推进国防和军队建设法治化的重要目标任务

党的十八大以来，习近平站在实现中华民族伟大复兴中国梦的高度，强调指出，“要扭住能打仗、打胜仗这个强军之要，强化官兵当兵打仗、带兵打仗、练兵打仗思想，牢固树立战斗力这个唯一的根本的标准，按照打仗的要求搞建设、抓准备，确保部队召之即来、来之能战、战之必胜。”① 推进国防和军队建设法治化建设要着力于扎实备战，为中国梦强军梦提供坚强有力的支撑。党的十八大以来，党和国家高度重视在推进国防和军队建设法治化的进程中提高军队作战能力，充分发挥法治建设对全面提升军队战斗力的重要支撑保障作用，做好战争准备。

（一）聚焦实战，提高打赢能力

聚焦实战，提高打赢能力是全面提升国防和军队建设法治化水平的重要内容。2016 年 1 月 11 日，习近平在接见调整组建后的军委机关各部门负责同志时再次强调，“军委机关要把谋打赢作为最大职责，强化随时准备打仗的思想，集中精力研究军事、研究战争、研究打仗。要坚持战斗力这个唯一的根本的标准，坚持用是否有利于生成提高部队战斗力来检验工作成效，积极适应作战指挥体系和指挥方式的全方位、深层次变化，在谋划打仗、保障打仗、服务打仗中找准定位、发挥作用，尽快形成顺畅高效的联合作战指挥体系。”② 国防和军队建设法治化必须聚集“能打仗、打胜仗这个强军之要”持续、深入推进。

2014 年 3 月 11 日，习近平在出席十二届全国人大二次会议解放军代表团全体会议时特别指出，要“坚持贯彻能打仗、打胜仗要求，坚持以军事战略创新为先导，进一步解放思想、更新观念，进一步解放和发展战斗力，进一步解放和增强军队活力，为实现强军目标提供体制机制和政策制度保障”;③ 同年 12 月 14 日，习近平在视察南京军区机关时也强调，

① 《习近平在解放军代表团全体会议上强调 牢牢把握党在新形势下的强军目标》，新华网，http：//www. xinhuanet. com//video/2014-03/11/c_ 126252440. htm_515347857. html。

② 《习近平：讲政治谋打赢搞服务作表率 努力建设“四铁”军委机关》，新华网，http：//news. xinhuanet. com/politics/2016-01/11/c_1117739283. htm。

③ 《“平语”近人——习近平谈强军》，新华网，http：//www. xinhuanet. com//politics/xxjxs/2016-03/13/c_128794646. htm。

“要把依法治军、从严治军抓得更加扎实有效。厉行法治、严肃军纪，是治军带兵的铁律，也是建设强大军队的基本规律。”①

2014年3月17日，总政治部下发《关于深入开展战斗力标准大讨论的通知》。要求全军和武警部队围绕“牢记强军目标、献身强军实践”，深入开展战斗力标准大讨论。2015年4月2日，经中央军委批准，总政治部印发《关于在党委领导工作中贯彻落实战斗力标准的意见》。《意见》指出，“党委在部队建设中处于主导地位、起着关键作用、负有全面责任。把战斗力标准在全军牢固立起来，关键是要充分发挥党委在战斗力建设中的领导核心作用，确保战斗力标准在部队建设各个领域、各项工作中贯彻落实，确保部队全部心思向打仗聚焦、各项工作向打仗用劲。”② 为了激励和促进广大官兵以提高战斗力为目标，向实战靠拢，2014年7月10日，四总部颁布的《军队奖励和表彰管理规定》明确，奖励和表彰管理工作应当牢固树立战斗力这个唯一的根本的标准，实施奖励和表彰向能打仗、打胜仗聚焦，向战备训练、遂行重大任务和作战部队倾斜；适当提高对驻边远艰苦地区部队的奖励比例，调整新型作战力量基层单位的审批权限，大幅压缩对领导干部和机关的奖励表彰。2015年2月25日，经中央军委批准，总政治部印发《作战部队指挥军官任职资格规定（试行）》，对作战部队指挥干部的选拔任用进行了规定。

联合作战是新军事变革的时代要求，是信息化条件下作战方式转变的发展方向。聚焦实战，提升部队打赢能力要求传统的作战方式向联合作战方式转变。《关于深化国防和军队改革的意见》明确指出，联合作战指挥体制改革重在“适应一体化联合作战指挥要求，建立健全军委、战区两级联合作战指挥体制，构建平战一体、常态运行、专司主营、精干高效的战略战役指挥体系。重新调整划设战区”。③

习近平指出：“要解放思想、实事求是，一切以提高作战指挥能力为根本目的，一切以能打仗、打胜仗为根本标准，扭住制约联合作战指挥的矛盾和问题寻求突破。要适应联合作战指挥体制改革，抓紧理顺有关重大

---

① 《习近平在视察南京军区机关时强调 贯彻全军政治工作会议精神扎实推进依法治军从严治军》，《解放军报》2014年12月15日，第1版。

② 《总政印发〈意见〉要求在党委领导工作中贯彻落实战斗力标准》，中国军网，http://www.81.cn/jmywyl/2015-04/02/content_6427003.htm。

③ 《中央军委关于深化国防和军队改革的意见》，《人民日报》2016年1月2日，第1版。

关系，健全完善联合作战指挥运行机制。”[①] 2016 年 2 月 1 日，中国人民解放军战区成立大会在北京八一大楼隆重举行。习近平向东部战区、南部战区、西部战区、北部战区、中部战区授予军旗并发布训令，强调建立东部战区、南部战区、西部战区、北部战区、中部战区，组建战区联合作战指挥机构是党中央和中央军委着眼实现中国梦强军梦做出的战略决策，是全面实施改革强军战略的标志性举措，是构建我军联合作战体系的历史性进展，对确保我军能打仗、打胜仗，有效维护国家安全，具有重大而深远的意义。[②] 2016 年 9 月 13 日，中央军委联勤保障部队成立大会在北京八一大楼隆重举行，习近平向武汉联勤保障基地和无锡、桂林、西宁、沈阳、郑州联勤保障中心授予军旗并致训词。组建联勤保障基地和联勤保障中心，是党中央、中央军委和习近平主席着眼于全面深化国防和军队改革做出的重大决策，是深化军队领导指挥体制改革、构建具有我军特色的现代联勤保障体制的战略举措，标志着具有我军特色的现代联勤保障体制正式建立。[③]

生成和提高战斗力、增强实战能力、打赢现代化战争，需要充分发挥军事法规的引领和规范作用。2016 年 6 月 1 日，中央军委印发《关于深化国防和军队改革期间加强军事法规制度建设的意见》，《意见》明确指出，要及时制定完善联合作战法规、战备法规、部队建设管理主干法规、改革配套法规等法规制度。按照“战区主战”的指导思想，围绕提高联合作战能力，各战区制定了一系列法规和规范性文件。东部战区制定的《加强战区联指中心建设的意见》，采取集中教学和个人自学相结合的方式，加强法规规定、业务知识学习与技能训练。[④] 制定了《战区联合作战人才核心素质能力标准》，“明确联合作战指挥人才、参谋人才等不同类型人才应达到的素质模型，为干部成长成才提供清晰的目标指向。”[⑤] 西

---

① 《习近平在军委联合作战指挥中心视察时强调 抓住改革机遇 锐意开拓创新 聚力攻坚克难 加快构建具有我军特色的联合作战指挥体系》，《解放军报》2016 年 4 月 21 日。

② 《强军路上新跨越——军事专家盘点深化国防和军队改革一年间重大举措》，新华社，http：//military. people. com. cn/n1/2016/1128/c1011-28901260. html。

③ 《强军路上新跨越——军事专家盘点深化国防和军队改革一年间重大举措》，新华社，http：//military. people. com. cn/n1/2016/1128/c1011-28901260. html。

④ 《东部战区开展“四个基本”学习训练活动推动能力升级》，《解放军报》2016 年 12 月 19 日，第 2 版。

⑤ 《东部战区聚焦主战职能加速推进新型作战指挥人才培养》，《解放军报》2016 年 9 月 1 日。

部战区制定《战区联合参谋人才培养计划方案》，对联合参谋人才的培养进行了规划。[①] 南部战区“紧贴战区使命任务，研究制定《战区联合作战指挥人才培训方案》《战区首长机关“双学双练”方案》等，不断强化战略战役素养，锤炼联合作战指挥能力。”[②] 该战区还制定出台了《南部战区直属（附属）单位管理工作领导小组人员组成、基本职责及工作机制》《南部战区直属（附属）单位管理暂行办法》《南部战区机关管理暂行办法》，为提高联合作战指挥效能，增强联合作战能力奠定了基础。北部战区聚焦带兵打仗，按照急用先立的原则于 2016 年 4 月初，制定了《北部战区军事规章汇编》，该《汇编》共包括“44 项军事规章，横向涵盖气象水文、联合训练、国防动员、战备工作等领域，纵向包括表彰奖励、干部管理、选人用人等方面，项项紧贴主战职能、突出打仗急需。”[③] 制定《北部战区政治工作部机关公文处理有关规定》，使机关公文处理工作更好地适应战区新体制运行特点规律，“充分体现平战一体、常态运行、专司主营、精干高效等要求，字里行间体现出聚焦主战职能的鲜明导向。”[④] 该战区还“围绕值班流程、注意事项、交接班程序等内容，制定《联合作战值班规定》，确保联合作战值班高效运行；挖掘战区国防动员潜力，研究论证与地方统计部门协作机制，制定征用共享等相关规定”。[⑤] 中部战区研究出台了《战区党委工作暂行规定》实施细则，“明确了党委对联合作战的领导问题，并加强党委对日常战备和军事行动中统一领导，积极贯穿到战区组织的演习演练中”。[⑥] 该战区还制定了《中部战区规章制度体系建设意见》，“构建起关于战备训练、政治工作、日常业务、管理保障 4 类 34 件规章制度体系框架。”在这一《意见》指导下，“一批战备急

---

① 《西部战区机关干部以时不我待精神提升打赢本领》，《解放军报》2016 年 2 月 18 日，第 2 版。

② 《南部战区打造“没有围墙的联合作战学院”》，《解放军报》2016 年 8 月 15 日。

③ 《北部战区建章立制推动主战职能落地生根》，中国新闻网，http：//www.chinanews.com/mil/2016/04-10/7828851.shtml。

④ 《北部战区从严治军 军官率先汇报家庭财产、婚姻状况》，央广网，http：//news.cnr.cn/native/gd/20160417/t20160417_521896422.shtml。

⑤ 《北部战区从严治军 军官率先汇报家庭财产、婚姻状况》，央广网，http：//news.cnr.cn/native/gd/20160417/t20160417_521896422.shtml。

⑥ 《中部战区开展“四靠一排”教育提高联合作战指挥能力》，人民网，http：//military.people.com.cn/n1/2017/0204/c1011-29058084.html。

需、建设急用的规章制度已建立运行，比如《战区联合作战指挥中心值班暂行规定》和《战区联合参谋部建设和运行规则（试行）》”。[①]

习近平强调：“作战条令是规范军队作战行动的法规，是部队打仗和训练的主要依据。当前，我军联合作战条令建设严重滞后，要以联合作战指挥体制改革为契机，抓紧推进新一代联合作战条令制定工作。”[②] 2014年7月，由总参谋部牵头组织的全军信息化条件下战法创新研讨活动在军事科学院举办。“此次研讨活动以‘创新发展作战理论、研究解决作战重难点问题’为主题，紧贴部队作战任务，基于战法创新实践，采取指令性与自主性研究相结合、全面研究与重点交流相结合的方法，研究论证和研讨交流信息化条件下作战的指导思想、制胜机理、行动方式、基本流程、能力指标和标准规范，引领和推动战法创新深入发展，为编修作战条令提供理论支撑。”[③] 2016年2月，由军事科学院编写的《作战条令概论》顺利通过专家鉴定。“这项成果的推出，打破了我军作战条令编修无书可看、无据可依的局面，堪称我军作战条令编修理论的奠基之作。”[④] 除军事法规的立改废外，军内专家学者还针对作战法规开展了研讨，编写了相关著作。

为保证军队把主要精力放在军事科研、训练和聚焦打仗上，2013年以来，部队逐步开始做清理对外有偿服务方面的工作。2013年7月，发出《关于清理军队单位对外有偿服务发放劳务补贴的通知》，决定在全军范围内开展对外有偿服务单位发放劳务补贴情况清理。2015年4月17日，全军对外有偿服务管理工作领导小组印发《全面开展军队对外有偿服务清理摸底工作实施方案》，同时经军委批准，开展全军对外有偿服务清理整顿。2015年11月26日，中央军委改革工作会议提出下决心全面停止军队有偿服务。2016年3月，中央军委印发《关于军队和武警部队

① 《中部战区出台联合作战值班和参谋部建设规定 年内共将制定4类34件规章》，新华网，http：//news. xinhuanet. com/mil/2016-04/06/c_128868066. htm。

② 《以法规形式固化军事理论 进一步推动作战训练》，人民网，http：//military. people. com. cn/n1/2016/0412/c1011-28269257. html。

③ 《全军研讨战法创新，为编修作战条令准备》，新华网，http：//news. xinhuanet. com/mil/2014-07/06/c_126716921. htm？prolongation=1。

④ 《〈作战条令概论〉推出，为作战条令编修奠基》，中国军网，http：//www. 81. cn/jmywyl/2016-02/16/content_6909902. htm。

全面停止有偿服务活动的通知》，军队和武警部队全面停止有偿服务工作正式启动。2016 年 4 月，军队和武警部队全面停止有偿服务工作领导小组印发《军队和武警部队全面停止有偿服务活动试点方案》。“截至 2016 年 11 月底，有偿服务项目已停止 40%，取得阶段性成果”。[①]

（二）强化联合作战军事训练

联合作战是新军事变革的时代要求，是信息化条件下作战方式转变的发展方向，进一步提升联合作战水平迫切要求加快指挥体制改革和军事训练内容、训练方式的转变。提升联合作战水平除了领导指挥体制上的变革外，还必须强化以实战为目标的军事训练。

党的十八大以来，习近平从实现党在新时代的强军目标战略高度，多次就提高军事训练实战化水平作出一系列重要指示，明确强调要牢固树立战斗力这个唯一的根本的标准，全部心思向打仗聚焦，各项工作向打仗用劲，确保部队召之即来、来之能战、战之必胜。三军将士闻令而动，以高昂的士气扎实练兵备战，持续兴起大抓实战化训练热潮。习近平指出，“全军要坚持把军事训练摆在战略位置，坚持从实战需要出发从难从严训练，不断提高部队实战化水平。”[②]“要坚持练兵备战，在提高本领、砥砺血性上下功夫。针对不同作战任务从难从严抓训练，在实战条件下摔打磨炼官兵，砥砺过硬的军事素质，培养一不怕苦、二不怕死的战斗精神。”[③]

2013 年 1 月，总参谋部颁发《2013 年全军军事训练指示》，要求全军和武警部队强化打仗思想，增强忧患意识、危机意识、使命意识；做好打仗准备，从实战需要出发从难从严训练部队；提高打仗能力，解决影响实战化训练的重难点问题；坚持打仗标准，按照实战要求检验衡量训练成效。

2014 年 3 月，中央军委颁发《关于提高军事训练实战化水平的意见》，系统提出了当前和今后一个时期提高军事训练实战化水平的指导思想、总体思路、主要任务和措施要求，强调要以创新的思路和办法从体制

---

① 《军队和武警部队有偿服务项目已停止 40%》，中国军网，http：//www. 81. cn/jmywyl/2017-01/17/content_7456101. htm。

② 《锻造面向未来的胜战之师——习主席和中央军委领导推进军队战斗力建设纪实》，人民网，http：//cpc. people. com. cn/n1/2016/0926/c64387-28739238-2. html。

③ 《从十五句话领略习近平治军智慧》，新华网，http：//news. xinhuanet. com/politics/2015-07/31/c_128080701. htm。

机制上解决军事训练领域深层次矛盾问题，把军事训练改革纳入新一轮国防和军队改革统筹推进，不断深化训练管理体制机制、联合训练体制机制和先训后补训练体制改革，扎实推进新型院校体系完善、人才培养模式优化和教学科研创新，为开展实战化训练提供有力保证，具体包括：1. 建立联合训练运行机制。成立全军联合训练领导小组，试验形成军以下部队联合训练组织实施暂行规定、联合实兵演习协同规则，颁发全军联合战役训练暂行规定。2. 推行军事训练监察制度。总部和各军区、各军兵种、武警部队分别建立监察组织机构，开展军事训练职责、法规、质量和作风监察。3. 打造信息化“中军帐”。颁发《关于努力建设听党指挥、善谋打仗的新型司令机关的意见》，构建基于信息系统的联合作战指挥模式。4. 创设实战化练兵环境条件。统筹推进大型训练基地和专业化模拟蓝军建设，面向全军开放共享训练场地资源，推动训练基地职能作用向诸军兵种联合训练、复杂条件下对抗训练、新型力量新型领域训练、设计战争引领训练拓展。5. 推进作战条令和训练大纲编修。组织全军信息化条件下战法创新集训观摩和战法研讨，进一步廓清了现代战争制胜机理、深化了克敌制胜招法研究，细化了作战相关程序标准，推动战法创新成果进入条令大纲。①

2015 年 2 月 1 日，中央军委颁布了新修订的《军队基层建设纲要》（以下简称《纲要》）。《纲要》明确要求“把军事训练作为部队经常性中心工作和提高战斗力的根本途径，坚持按纲施训、依法治训，从实战需要出发从难从严训练，确保人员、内容、时间、质量落实。”② 同年 3 月，经军委批准，总参谋部下发了《关于加强和改进战役战术训练的意见》，通过科学系统、严格正规的训练，解决战役战术训练组织不规范、不严格等问题，旨在要求全军和武警部队突出以战役战术为重点的实战化训练，提高部队履行新时期军队使命任务的能力。《意见》和新版《纲要》的出台，为部队依法从难从严训练提供了指导和依据，有利于部队贴近实战加强军事训练，不断提升战斗力。

---

① 《十八大以来军队全部心思聚焦打仗 有力纠治沉疴痼疾》，人民网，http：//military. people. com. cn/n1/2015/1215/c1011-27929179. html。

② 《军队基层建设纲要》（全文）中国军网，http：//www. 81. cn/jmywyl/2015-02/04/content_6339018. htm。

2015 年 3 月，经中央军委批准总政印发了《关于在党委领导工作中贯彻落实战斗力标准的意见》。这是深入贯彻习近平主席系列重要讲话精神，推动战斗力标准落地生根的一项重要举措。《意见》下发以来，全军部队各级党委领导认真抓好贯彻落实，充分发挥党委在战斗力建设中的领导核心作用，有效推动了各项建设和工作向能打仗、打胜仗聚焦用力。[①]

2015 年 3 月，经中央军委批准总参印发了《关于加强和改进战役战术训练的意见》。《意见》指出，战役战术训练是最贴近实战的练兵活动，要按照能打仗打胜仗核心要求，统筹设计、系统规范，按级负责、整体推进，研练创新战役战术训练方法路子。各级每年必须对所属部队战役战术训练进行考核，突出考核指挥员特别是军政主官，军政主官作战指挥技能和教学组训能力考核达不到优秀，单位不能评为军事训练一级。[②] 4 月，全军展开长达半年之久的跨区基地化对抗训练，重点解决“五个不会”问题。各大单位围绕解决“五个不会”上演连台好戏：北京军区出台《加强实战化训练十七条措施》，对中心居中、选人用人、量责定罚、领导带头等作出硬性规定；海军坚持把组训参训作为第一责任，指挥员特别是军以上指挥员到训练场、抓考比拉、教战训法、当示范员蔚然成风；成都军区常委带头参加军事业务轮训，带动部队兴起练兵热潮……党的十八大以来，全军部队召之即来、来之能战、战之必胜的核心能力显著提升，军队真正有了军队的样子。

2016 年 12 月，中央军委颁发《加强实战化军事训练暂行规定》，从 2017 年 1 月 1 日起正式施行。《规定》对落实实战化军事训练提出刚性措施、作出硬性规范，强势开展训练打假治虚，并针对训练作风不实问题，提出了明令禁止的若干事项，细化了具体落实标准。[③] 2016 年 7 月，军委国防动员部制定下发了《省军区系统军事训练问责暂行办法》。该《办法》以党、国家和军队有关法律法规和纪律为依据，总结实践经验，健全问责机制，为抓好省军区系统实战化训练，有效解决部分单位训风演风考风不实问题提供了重要抓手。各战区结合自身特点，开展了有针对性的

---

① 《总政治部印发关于在党委领导工作中贯彻落实战斗力标准的意见》，《解放军报》2015 年 4 月 3 日，第 1 版。

② 《总参下发关于加强和改进战役战术训练的意见》，《解放军报》2015 年 3 月 27 日，第 1 版。

③ 《推动实战化军事训练深入发展》，《解放军报》2016 年 12 月 8 日，第 2 版。

联演联训。2016 年 3 月，西部战区按照“军兵种一体互动，各层级立体联动”思路，组织了联合作战应急指挥拉动演练。相隔数千公里的地域上，战区陆军、空军、火箭军和各省军区围绕演练内容密切协同，一体联动，指挥顺畅。[①] 2017 年 4 月，北部战区针对担负的任务特点，开展了陆军、海军、空军、火箭军四个军种专业作战指挥联训，对作战指挥、协同、保障等环节进行全程评估与监察，提升了各级应对安全威胁、履行任务的能力。[②]

为了解决训风演风考风不实的问题，我军展开了一系列改革创新和探索实践，出台了一系列法律法规和规范性文件。2014 年年初，总部出台《加强军事训练作风建设的十六条措施》，要求部队对训练不严不实现象看到就批、露头就打，下大力端正训风演风考风。[③] 2014 年 4 月，总参谋部下发通知，要求建立军事训练监察制度、开展军事训练监察工作。通知要求各单位紧紧围绕党在新形势下的强军目标，着眼推进训练与实战一体化，坚持依法治训、从严治训，建立军事训练监察制度，开展部队训练监察和院校教育督察。这是全军深入贯彻习近平主席关于要从体制机制上研究解决提高军事训练实战化水平问题的重要指示，落实中央军委《关于提高军事训练实战化水平的意见》的一项重要举措，对全军今后依法从严训练具有重要意义。

2016 年 12 月出台的《加强实战化军事训练暂行规定》对落实实战化军事训练提出了刚性措施、作出了硬性规范。全军和武警部队深入落实军委的该项规定，着力查找训练中与实战不符的思想和行为。2016 年 12 月，军委训练管理部印发《军事训练监察清单》，针对军事训练中指标软、内容旧、能力弱、形式虚、训练假、治训松等与实战要求不符的问题，以表格形式将监察类别、项目、标准和依据逐条列出，包括 16 类 61 项工作 203 条监察清单，既是军事训练监察规范化的监督依据，也是部队和院校军事教育训练的考核评价指标，有助于从刚性标准上治愈实战化训

---

① 《西部战区集约高效抓作战指挥体系建设》，新华网，http：//news. xinhuanet. com/mil/2016-03/27/c_128837182. htm。

② 《北部战区四大军种联训，提升应对突发威胁能力》，央视网，http：//news. cctv. com/2017/04/15/ARTIqVwzyXZZE5LEWrp4CYzM170415. shtml。

③ 《演兵场上响惊雷——党的十八大以来全军部队贯彻落实习主席重要指示大抓实战化训练综述之一》，《解放军报》2015 年 12 月 15 日，第 1 版。

练不落实的痼疾。2016 年 12 月 28 日，中央军委办公厅印发《关于 28 起违反军事训练制度规定问题的通报》。2016 年 12 月 30 日，中央军委训练管理部公布了全军军事训练违规违纪问题举报方式，确定自 2017 年 1 月 1 日起，依托全军训练管理网站开设举报信箱，受理官兵举报军事训练违法违规问题。2017 年 3 月 21 日，针对实战化军事训练的实施状况，经中央军委批准，军委训练管理部、军委纪委通报了 28 起违反军事训练制度规定问题的处理结果，并以军委训练管理部、军委纪律检查委员会的名义联合下发《关于对违反军事训练制度规定问题处理结果的通报》，"陆军、海军、空军、火箭军党委和军委训练管理部对通报问题组织逐条核查，深入剖析根源，严肃追责问责，对有关责任单位和责任人作出处理，共涉及 57 个单位、99 名干部，其中 39 个单位、58 人向上级作检查，14 个单位、7 人被通报批评，23 个单位、8 人被取消评先评优资格，16 人受到党纪军纪处分。"① 体现了加大军队法治实施的决心和力度。

（三）依法规范武器装备科研生产

党的十八大之后，国家高度重视高科技武器装备研发工作。针对武器装备科研生产工作先后出台了一系列法律规范，以法治手段解决制约武器装备科研生产的各种制度瓶颈，不断提升武器装备生产的水平和质量，一大批先进武器装备和作战平台进入国际先进水平。

1. 坚持质量第一的品质追求。习近平深刻指出，现代高新技术武器装备是大国地位的重要支撑，是维护国家安全的利器。② 武器装备的质量一定程度上决定着战斗力的强弱，决定着现代军事斗争的成败。为了贯彻"质量第一"的要求，2014 年 5 月和 7 月，总装备部先后出台了《装备通用质量特性管理工作规定》和《竞争性装备采购管理规定》，严把武器装备质量关。

2. 坚持开放式发展的武器装备生产格局。从古今中外的战争实践来看，科学技术的重大突破都首先运用于军事领域，现在这一趋势正在发生变化，许多高新技术率先在民用领域得到突破和运用，吸纳与利用民用先

---

① 《军委训练管理部军委纪委通报 28 起违反军事训练制度规定问题处理结果》，新华社，http：//www. mod. gov. cn/topnews/2017-03/21/content_4776131. htm。

② 《专家访谈：创新驱动是决定我军前途命运的关键》，中国军网，http：//www. 81. cn/jwgz/2016-03/21/content_6968336_2. htm。

进技术是大势所趋。党的十八大以来，国家十分重视发挥民营经济和民用技术对国防和军队建设的重要作用，积极建立和完善军民结合、寓军于民的武器装备科研生产体系，确立了“军民融合发展”的国家战略，完善相关立法，为“民参军”提供便利。2014 年 5 月 20 日，总装备部和国防科技工业局、国家保密局联合制定颁发了《关于加快吸纳优势民营企业进入武器装备科研生产和维修领域的措施意见》；2015 年 1 月，国务院联合中央军委发布了《关于建立和完善军民结合、寓军于民武器装备科研生产体系的若干意见》；同年 4 月，总装备部修订了《中国人民解放军装备承制单位资格审查管理规定》；9 月 8 日，国防科工局和总装备部联合公布了新版武器装备科研生产许可目录。该目录与 2005 年版许可目录相比减少约 2/3。“许可管理范围的大幅缩小，对推动军工开放，充分利用优质社会资源，加快吸纳优势民营企业进入武器装备科研生产和维修领域，促进有序竞争，推动军民融合深度发展具有重大意义。”① 2016 年 3 月 2 日，国防科工局印发《涉军企事业单位改制重组上市及上市后资本运作军工事项审查工作管理暂行办法》，在保证军工能力安全、完整、有效和国家秘密安全，规范涉军企事业单位改制、重组、上市及上市后资本运作行为等方面提供了重要依据。

2016 年 10 月 19 日，习近平在北京参观第二届军民融合发展高技术成果展时强调，军民融合是国家战略，关乎国家安全和发展全局，既是兴国之举，又是强军之策。军民融合不断取得阶段性成果，呈现出加快发展良好态势。要继续推动体制机制改革创新，从需求侧、供给侧同步发力，从组织管理、工作运行、政策制度方面系统推进，继续把军民融合发展这篇大文章做实，加快形成军民深度融合发展格局，切实打造军民融合的龙头工程、精品工程，为实现中国梦强军梦做出新的更大的贡献。2017 年 3 月 5 日，财政部《关于 2016 年中央和地方预算执行情况与 2017 年中央和地方预算草案的报告》中指出：2017 年要继续支持深化国防和军队改革，建设同我国国际地位相称、同国家安全和发展利益相适应的巩固国防和强大军队。落实军民融合发展资金保障，推动军民融合深度发展。

3. 坚持依法管装用装。随着大批高新技术武器装备陆续配发部队，

---

① 《新版武器装备科研生产许可目录公布》，中国政府网，http：//www. gov. cn/xinwen/2015-09/08/content_2927018. htm。

如何管装用装，使武器装备发挥最大作战效能，减少和防范违规违法操作造成的事故等成为制约战斗力提升的重要瓶颈。2013 年 11 月，总政治部、总装备部联合颁布了《军队装备经费管理违规问题处理办法》，该办法自 2014 年 1 月 1 日起施行，为装备经费使用管理违规问题处理提供了重要遵循，进一步促进了装备使用和管理的规范化。2013 年 12 月 1 日，中央军委主席习近平签署命令，发布施行新修订的《中国人民解放军装备管理条例》。该条例围绕打赢信息化条件下局部战争，针对装备管理的新形势、新情况、新特点，进一步明确了装备管理内涵，充实了装备管理职责和工作制度，完善了装备战备、训练和信息管理要求，是我军新时期依法管装用装的重要依据。2015 年 3 月，空军电磁频谱领域的首部法规《空军电磁频谱管理规定》正式施行。该法规“改变了以往电磁频谱粗放式管理的局面，从资源统筹规划、使用管理、监督问责等方面，明确了空军电磁频谱管理的任务分工、职责权限”。[①]

二、不断提升执行多样化军事任务法治化水平

多样化军事任务是指军队为完成军事任务而进行的有组织的活动，分为战争行动和非战争军事行动。随着时代发展和国家安全环境的变化，人民军队使命任务不断拓展。在做好军事斗争准备，提高打赢军事能力的同时，承担的包括非战争军事行动在内的多样化军事任务也日益增多。2015 年 5 月，国务院发布了《中国的军事战略》白皮书，明确指出中国军队主要担负以下战略任务：“应对各种突发事件和军事威胁，有效维护国家领土、领空、领海主权和安全；坚决捍卫祖国统一；维护新型领域安全和利益；维护海外利益安全；保持战略威慑，组织核反击行动；参加地区和国际安全合作，维护地区和世界和平；加强反渗透、反分裂、反恐怖斗争，维护国家政治安全和社会稳定；担负抢险救灾、维护权益、安保警戒和支援国家经济社会建设等任务。”2014 年 4 月，习近平在视察新疆部队时强调，要发挥战斗队工作队生产队作用，促进新疆社会稳定和长治久安。当好战斗队，就是要坚决保卫边防、坚决打击暴力恐怖活动，捍卫国家政治安全、政权安全，维护祖国统一和民族团结。要积极协助地方党委和政府做好反恐维稳各项工作，坚持凡“恐”必打、露头就打，给暴力

---

① 《空军施行首部电磁频谱管理法规》，央广军事网，http：//military. cnr. cn/gfzc/20150318/t20150318_518034210. html。

恐怖势力以毁灭性打击，坚决把暴力恐怖分子嚣张气焰打下去，坚决挤压暴力恐怖活动空间，坚决遏制其蔓延升级势头，切实维护社会稳定、保障人民安居乐业。同时也对军队遂行多样化军事任务提出了新的更高要求。

提升军队执行多样化任务法治化水平既要规范战争行动，为军队提高打赢能力，依法完成反侵略、反颠覆、反分裂等核心军事任务提供法律支持和保障，也要为反恐维稳、安保警戒、抢险救灾、军舰出访、联合军演、保交护航、海外撤侨、国际维和、国际人道主义救援等各类非战争军事行动提供应有的法律规范，确保此类军事行动的顺利实施。

（一）着眼打赢能力提升法治化水平

军队的核心能力是打赢能力，军事行动的核心内容是作战行动。因而建立完善的军事行动法治体系，首先必须着眼打赢能力提升，搞好军事作战行动的法律法规制度建设。一是完善联合作战指挥体制立法。现代战争是信息化条件下的一体化联合作战，要求对传统军事组织体制进行改革创新，以适应信息化联合作战战场信息高度融合、作战行动协调精准、作战保障精确高效的特殊需求。二是抓好基本指挥体系核心立法工作。即按照建设世界一流军队改革基本思路，结合我国国情军情做好有关军事法的制定修改工作，构建军委联合作战指挥和战区联合作战指挥两级高层作战指挥体系。三是围绕打赢现代战争统筹规划军事行动法规体系。当前，主要应抓紧制定新一代联合作战条令，完善联合作战、联合指挥、联合保障、联合训练以及战时政治工作、战时管理法规制度，加快新型安全领域、军事力量走出去和非战争军事行动立法，修订战备工作和边海空防法规制度，为部队执行作战任务和战备、执勤提供法律保障。

（二）划设防空识别区①，依法维护国家主权和海洋权益

防空识别区是指沿海国为维护本国主权和领土安全，在本国领空之外一定范围的国际空域建立的预警区域，对所有进入该区的航空器进行识别、监视、管制和处置，留出预警时间，保卫空防安全。自20世纪50年代以来，陆续建立防空识别区的国家已经有法国、美国、加拿大、日本、韩国、澳大利亚等20多个国家。为保证我国沿海空海防安全，更好地维护国家主权和海洋权益，我国也将逐步建立健全防空识别区制度。2013

---

① 2000年，军事科学院就完成了第一份《关于建立防空识别区》的建议。

年 11 月 23 日，中华人民共和国国防部发布："中华人民共和国政府根据一九九七年三月十四日《中华人民共和国国防法》、一九九五年十月三十日《中华人民共和国民用航空法》和二〇〇一年七月二十七日《中华人民共和国飞行基本规则》，宣布划设东海防空识别区。"① 中国政府按照国际通行做法，划设东海防空识别区，目的是捍卫国家主权和领土领空安全，维护空中飞行秩序。我国东海防空识别区的正式划设并公布，是党的十八大之后，党中央、国务院、中央军委着眼国家安全形势发展作出的重大决策部署，是强化我防御空间、领海领空管制的重大举措，是海空战略的重大突破，对于有效维护国家领土领空主权和安全具有十分重要的意义。划设东海防空识别区，符合《联合国宪章》等国际法和国际惯例，完全是基于维护国家主权安全的防御、自卫目的，既不会对他国构成威胁，也不会影响国际空域正常航行和飞越自由，具有充分的法理依据。人民解放军在东海防空识别区内进行空中巡逻，实施有效管控，并根据不同空中威胁采取相应措施，保卫空防安全，维护海洋权益，捍卫国家主权、安全和发展利益。

（三）应对自然灾害、抢险救灾能力明显提升

抢险救灾，是指"武装力量参加中央或地方政府组织的对重大自然灾害及事故进行救援的非战争军事行动。"② 2013 年 4 月发布的《中国武装力量的多样化运用》白皮书指出，中国武装力量始终是抢险救灾的突击力量，承担最紧急、最艰难、最危险的救援任务……中国武装力量在历次重大抢险救灾中，都发挥了生力军和突击队作用。通过实践经验总结以及平时有针对性的综合演练，军队和武警部队的应急专业力量建设显著加强。截至 2016 年年底，"军队建立了 9 类 5 万人的国家级应急专业队伍和 9 类 4.5 万人的省级应急专业队伍，武警部队建立了水电、交通 2 支国家级应急救援队，33 支省级地震灾害应急救援队，12 支地质灾害调查评估队和 47 支应急医疗救援队，构建了规模适度、布局合理、功能完备的应急专业力量体系。"③

① 《中华人民共和国政府关于划设东海防空识别区的声明》，新华网，http://news.xinhuanet.com/mil/2013-11/23/c_125750439.htm。

② 《中国人民解放军军语》，军事科学出版社 2011 年版，第 164 页。

③ 《"十二五"时期中国的减灾行动》，国家减灾委员会办公室，2016 年 10 月。

应急救援体系的建设，除了专业力量建设外，还需要完善的法律制度作为保障。武装力量参加抢险救灾行动，涉及国家、社会各领域，离不开多方力量的协同配合，如人力动员、军需后勤的保障、物资器材的供给、征收征用后的补偿等。党的十八大以来，国家十分重视加强灾害管理和应急救援方面的法律法规和政策制度建设，先后出台了一系列法律规范和政策文件，完善抢险救援体系，提高应急救援工作的法治化和规范化水平。其中涉及军队参加抢险救灾行动的主要包括：2014 年 4 月 24 日全国人民代表大会常务委员会修订的《中华人民共和国环境保护法》、2014 年 8 月 31 日全国人民代表大会常务委员会修订的《中华人民共和国安全生产法》、2015 年 4 月 24 日全国人民代表大会常务委员会修订的《中华人民共和国防洪法》、2016 年 11 月 7 日全国人民代表大会常务委员会修订的《中华人民共和国海洋环境保护法》等法律以及由武警总部制定颁布，从 2016 年 2 月 29 日起正式施行的《中国人民武装警察部队处置突发事件、反恐怖、抢险救援财务保障规定》等规章。此外，2016 年 12 月 19 日，中共中央和国务院联合发布了《关于推进防灾减灾救灾体制机制改革的意见》，同年 12 月 29 日，国务院办公厅印发了《国家综合防灾减灾规划（2016—2020 年）》。一系列法律法规和政策性文件的出台，为武装力量参加抢险救灾提供了行动遵循和法律依据，有效提升了非战争军事行动能力和水平。同时，抢险救灾能力的提升也促进了部队军事行动能力的提升。

（四）反恐维稳实效显著

反恐维稳是新时期武装力量遂行多样化军事任务的一项重要内容。武装力量通过依法参与打击“三股势力”[1]、处置暴恐活动、以及举行反恐演练、反恐救援演习等各类非战争军事行动任务，反恐维稳活动日益走上法治轨道。党的十八大以来，习近平多次对反恐维稳工作进行重要部署。2014 年 3 月 2 日，云南昆明火车站发生暴力恐怖案件后，习近平主席指示要深刻认识反恐形势的严峻性复杂性，强化底线思维，以坚决态度、有力措施，严厉打击各种暴力恐怖犯罪活动。[2] 2014 年 3 月 4 日参加政协少数民族界委员联组会时，习近平再次指出要坚决反对一切危害各民族大团

---

① “三股势力”是指暴力恐怖势力、民族分裂势力、宗教极端势力。

② 《国家治理的底线思维和战略定力》，求是网，http：//www. qstheory. cn/zhuanqu/bkjx/2015-04/30/c_1115143062. htm。

结的言行，要坚决依法惩处和打击暴力恐怖活动，筑牢民族团结、社会稳定、国家统一的铜墙铁壁①；4 月 9 日，习近平在为武警部队“猎鹰突击队”授旗后的讲话中强调，武警部队作为国家反恐维稳的重要力量，要认真贯彻党中央决策部署，坚决有力打击各种暴力恐怖犯罪活动，维护国家安全和社会稳定，保障人民安居乐业②；4 月 25 日，习近平在主持中央政治局第十四次集体学习时指出，要建立健全反恐工作格局，完善反恐工作体系，加强反恐力量建设。要坚持专群结合、依靠群众，深入开展各种形式的群防群治活动，筑起铜墙铁壁，使暴力恐怖分子成为“过街老鼠、人人喊打”③。这一系列的重要讲话和指示，充分表明以习近平同志为核心的党中央对反恐维稳工作高度重视以及当前形势下做好反恐维稳工作的重要性和紧迫性。

2015 年 7 月 1 日，第十二届全国人民代表大会常务委员会第十五次会议通过了《中华人民共和国国家安全法》，该法第二十八条规定：“国家反对一切形式的恐怖主义和极端主义，加强防范和处置恐怖主义的能力建设，依法开展情报、调查、防范、处置以及资金监管等工作，依法取缔恐怖活动组织和严厉惩治暴力恐怖活动。”2015 年 12 月 27 日，第十二届全国人民代表大会常务委员会第十八次会议通过了《中华人民共和国反恐怖主义法》（以下简称《反恐怖主义法》），该法是我国第一部反恐怖主义方面的专门法律，为完善社会主义法治体系，依法打击恐怖主义活动提供了法律依据。特别是该法还赋予中国人民解放军、中国人民武装警察部队防范和处置恐怖活动的职责，允许军队赴海外执行反恐任务，体现了我国依法打击恐怖活动的力度和决心。此外，还颁布了一些涉及武装力量反恐维稳的地方性法规和规范性文件等，如 2016 年 8 月 1 日，新疆维吾尔自治区第十二届人民代表大会常务委员会结合自治区的特点，制定颁布了《新疆维吾尔自治区实施〈中华人民共和国反恐怖主义法〉办法》，为自治区各级各类单位和人员，尤其是驻军开展反恐怖主义活动提供了法律依

① 《习近平：坚决反对一切危害各民族大团结的言行》，新华网，http：//news. xinhuanet. com/politics/2014-03/04/c_119605935. htm。

② 《习近平视察武警部队特种警察学院并为“猎鹰突击队”授旗》，新华网，http：//www. xinhuanet. com/politics/2014-04/09/c_1110171089. htm。-24866004. html。

③ 《习近平：要使暴力恐怖分子成为“过街老鼠 人人喊打”》，新华网，http：//news. xinhuanet. com/politics/2014-04/26/c_1110426715. htm。

据。2017 年 1 月 15 日，中共中央办公厅和国务院办公厅联合印发了《关于促进移动互联网健康有序发展的意见》，明确了军队强化移动互联网管理、打击网络暴力恐怖犯罪的职责。

反恐维稳更需要开展国际合作，我国一直致力于与世界有关国家和地区联合开展反恐行动。如 2008 年 6 月 28 日，上海合作组织成员国在杜尚别签署了《上海合作组织成员国组织和举行联合反恐演习的程序协定》（我国于 2013 年 6 月 29 日核准该协定，并于 2013 年 11 月 29 日正式生效）；2009 年 6 月 16 日，上海合作组织成员国在叶卡捷琳堡签订了《上海合作组织反恐怖主义公约》（我国于 2014 年 12 月 28 日决定批准，但声明暂不适用香港）；2013 年 7 月 4 日，我国与伊朗签署了《中华人民共和国政府和伊朗伊斯兰共和国政府关于打击跨国犯罪的合作协议》；2015 年 7 月 10 日，上合组织成员国共同签署了《上合组织成员国边防合作协定》（我国于 2017 年 4 月 27 日，第十二届全国人大常委会第二十七次会议批准通过），该协定为上合组织成员国加强外部边界安全，有效打击毒品和武器走私、贩卖人口，防范恐怖组织人员和极端分裂分子提供了合作依据。这些条约、协议的签署为我国加强与世界各国各地区的反恐合作奠定了良好基础，对于打击国际恐怖主义具有十分重要的作用。

（五）国际联合军事演习效果明显

军事是政治的延伸。随着我国与友好国家在政治、经济、文化等领域合作交流的不断扩大，相互之间军事合作交流活动也不断增加。从“2002 年 10 月，中国和吉尔吉斯斯坦两国边防部队和特种部队在中吉边境举行联合反恐军演，此次联合军演是中华人民共和国成立以来我军首次与外国军队举行的实兵演习，是中国人民解放军历史上第一次出境演习。”① 自此，我国拉开了国际联演的序幕，各类联合军事演习日渐增多。

“和平使命”系列反恐军事演习是上海合作组织例行的联合军事演习，从 2005 年至今已举行十余次。为了确保联演的顺利进行，方便解决联演过程中遇到的各类问题，我国与联演国家签订了一系列法律文件，其中比较有代表性的包括《中华人民共和国和俄罗斯联邦关于举行联合军事演习期间其部队临时处于对方领土的地位的协定》《上海合作组织成员

---

① 《上合组织这些年》，新华网，http：//news. xinhuanet. com/world/2013-10/09/c_125499664_2. htm。

国关于举行联合军事演习的协定》《上海合作组织成员国合作打击恐怖主义、分裂主义和极端主义构想》《政府间合作打击非法贩运武器、弹药和爆炸物品的协定》《上海合作组织成员国国防部合作协定》《关于在上海合作组组织成员国境内组织和举行联合反恐行动的程序协定》等这些法律文件虽然签署时间比较早，但至今发挥着重要作用。其中，《中华人民共和国和俄罗斯联邦关于举行联合军事演习期间其部队临时处于对方领土的地位的协定》是有长期法律效力的规范性文件，该协定于 2007 年 6 月 29 日，第十届全国人民代表大会常务委员会第二十八次会议批准通过，其第 24 条第 2 款规定："本协定无限期有效，任何一方书面通知本协定的另一方关于解除协定的意向时，本协定在收到通知之日起九十日后失效。"

随着反恐怖主义任务的日益艰巨以及国际联演的任务需要，2015 年 12 月 27 日，第十二届全国人民代表大会常务委员会第十八次会议通过的《中华人民共和国反恐怖主义法》，第七十一条明确规定："经与有关国家达成协议，并报国务院批准，国务院公安部门、国家安全部门可以派员出境执行反恐怖主义任务。中国人民解放军、中国人民武装警察部队派员出境执行反恐怖主义任务，由中央军事委员会批准。"这是我国首次通过立法的形式允许军队赴海外执行反恐任务，从而为军队参加国际联演奠定了法律基础。

在一系列法律文件的规范和保障下，我军参加国际联演的规模不断扩大，内容逐步拓展，各参演国家武装部队之间的友谊与了解不断深化，国家间的政治互信也进一步增强。

（六）维和行动成绩斐然

维和行动，即联合国维持和平行动，特指根据联合国安理会授权使用非武力方式协助控制和解决争端、维持和平的集体安全行动。执行维和任务通常是根据联合国安理会或联合国大会决议、并经当事国同意、向国际冲突地区派遣防止局部争端扩大化和维持和平的以联合国名义的部队或军事观察组。我国参加维和行动的官兵在执行各项任务期间，除了需要遵守当事国（地区）的国内法之外，主要的行动依据是《联合国宪章》《联合国秘书长关于联合国维持和平部队遵守国际人道主义法的公告》《United Nations Peacekeeping Operations：Principles and Guidelines》（联合国维持和平行动：原则和准则）、联合国安全理事会或联合国大会的其他相关决议以及1990年的《维持和平行动部队地位协定范本》、1991年的《联合国与提供联合国维持和平行动人员和装备的会员国之间的协定范本》、1994年的《联合国人员和有关人员安全公约》等。[①] 2016年3月11日，联合国安理会通过一项新的决议，授权联合国在一支维和部队存在大规模或系统性性侵犯或性剥削行为时，终止这支维和部队的任务。决议同时要求，在出兵国不采取任何措施调查以及惩处犯有相关罪行的维和人员时，联合国秘书长可以替换该出兵国的所有维和人员。这是安理会首次通过关于维和人员性剥削、性虐待问题的决议。[②] 到目前为止，我军参加联合国维和行动的国内法依据主要是《中华人民共和国国防法》第66条以及2012年5月颁布施行的《中国人民解放军参加联合国维持和平行动条例（试行)》以及与其他国家和地区签订的双边或多边协定，如2016年10月16日，我外交部网站发布了《中华人民共和国和孟加拉人民共和国关于建立战略合作伙伴关系的联合声明》，该声明第十六条指出双方同意保持和加强两军各层级交流与合作，深化在人员培训、装备技术、联合国维和等领域合作。

我国自1988年12月加入联合国维持和平行动特别委员会以来，一直在《联合国宪章》下致力于维持冲突国家和地区的和平稳定。截至2017年1月31日，我国正在境外参加联合国维和行动任务的人员一共2594人，约占世界各国维和人员总人数的2.6%。其中，维和警察150人，军事专家33人，维和部队2411人。

2015年9月，习近平在出席联合国成立70周年系列峰会期间，郑重宣布中国将加入新的联合国维和能力待命机制，将率先组建常备成建制维和警队，并建设8000人规模的维和待命部队。[③] 按照这一承诺，2016年6月20日至24日，中国国防部维和事务办公室组成的中方工作组对联合国进行了工作访问，就中国维和待命部队建设与联合国维和部进行工作对

---

① 贾万宝：《联合国维和行动中的法律责任问题探析》，西安政治学院学报，2009年第6期。

② 《联合国首次通过维和人员性侵问题决议》，《法制日报》2016年3月14日，第4版。

③ 《习近平在第七十届联合国大会一般性辩论时的讲话（全文）》，新华网，http://news.xinhuanet.com/world/2015-09/29/c_1116703645.htm。

接；[①] 2016年10月10日，赴苏丹达尔富尔维和直升机分队配套装备物资由天津港启运，这标志着我军首支维和直升机分队已正式展开部署；[②] 2016年12月22日，经国务院和中央军委批准，公安部常备维和警队在山东省东营市挂牌成立，该警队由公安部边防管理局负责组建，所属队员均从全国公安边防部队严格选拔。常备维和警队、维和待命部队以及首支维和直升机分队的成立，标志着我军遂行多样化军事任务能力有了较大提升。

2013年12月，中国派出首批赴马里维和部队，其中警卫分队是我军派出的首支安全部队。2015年1月，中国首支维和步兵营前往南苏丹任务区执行任务。随着我国参加联合国维和行动涉及的国家和地区越来越多，派遣的军兵种越来越丰富，执行的维和任务也越来越复杂，但纪律严明、严格依法执行各种勤务，受到了联合国和当事国（地区）的高度评价。如第二支赴利比里亚维和警察防暴队制定的《中国维和警察防暴队装备物资管理使用标准》得到了联合国的认可，并在联合国总部备案推广。

（七）海外护航依法履职

海外护航是军队遂行多样化军事任务的重要形式，是我国使用军事力量赴海外维护国家发展利益、履行国际人道主义义务的重要举措。“对于展示我国作为负责任大国的形象和我军和平文明之师的良好形象具有重要意义，对我国海军履行使命任务能力也是一次重大锻炼和检验”。[③] 截至2016年12月，“海军先后派出25批护航编队、78艘次舰艇、21000余人次官兵，执行护航任务1000次，安全护送了近6300艘中外船舶，成功解救、接护和救助了60余艘遇险中外船舶”。[④] 这些成绩的取得，既源于我军官兵良好的个人素质和优良的武器装备，也得益于军事法治建设取得良

① 《中方就联合国维和待命部队建设与联合国方面开展工作对接》，中华人民共和国常驻联合国代表团网站，http：//www. fmprc. gov. cn/ce/ceun/chn/hyyfy/t1375178. htm。

② 《我军首支维和直升机分队部署启动》，中国军网，http：//www. 81. cn/jmywyl/2016-10/11/content_7294638. htm。

③ 《大国担当 中国形象——中国海军护航档案》，国防部网，http：//www. mod. gov. cn/action/2016-12/24/content_4767726. htm。

④ 《大国担当 中国形象——中国海军护航档案》，国防部网，http：//www. mod. gov. cn/action/2016-12/24/content_4767726. htm。

好成效，为海外护航提供了可靠保障。

一是海外护航法律法规体系初步建立。目前，我军执行海外护航任务的法律依据主要包括国际法和国内法两方面。在国际法方面，主要法律依据有《联合国宪章》《联合国海洋法公约》《制止危及海上航行安全非法行为公约》《国际海上避碰规则》等以及相关国际协议和当事国国家法律法规；在国内法方面，主要法律依据有《宪法》《国防法》《海上战备巡逻细则》《海军兵力赴亚丁湾索马里海域护航行动教令》《海军非战争军事行动纲要》等。此外，国家颁布的《中国的军事战略》《中国武装力量的多样化运用》《军队非战争军事行动能力建设规划》《国家海洋事业发展“十二五”规划》等战略性文件，也为军队执行海外护航任务提供了指导遵循。

二是护航官兵法治意识进一步增强。执行护航任务是一项政策性、涉外性、涉法性非常强的军事活动，这就对官兵的法治意识提出了更高要求。自开展护航任务以来，我军十分重视加强对官兵法治意识的培养，通过各种形式开展法治教育。如第十八批护航编队在亚丁湾护航期间，部署开展了以“弘扬宪法精神，推进依法护航新常态”为主题的“护航法规学习周”活动。他们还“依据《联合国海洋法公约》《国际海上避碰规则》《靠泊期间管理规定》等法律法规和上级政策，制定完善了《护航行动指挥手册》《护航编队安全管理规定》，下发官兵学习使用”,[①] 进一步强化了官兵依法护航的意识和能力。

三是法律顾问发挥作用明显。《中央军委关于新形势下深入推进依法治军从严治军的决定》提出，建立军事法律顾问制度，完善重大决策和军事行动法律咨询保障制度；在各级领导机关建立以法制工作机构人员为主体、吸收专家和法律工作者参加的军事法律顾问队伍，为党委首长决策和部队行动提供法律咨询保障。建立军事法律顾问制度，是加强军事法治建设的创新之举，是完善军事法制工作体制的重要内容，是转变治军方式、构建依法运转工作机制的重要保障。[②] 2008 年 12 月 26 日，海军护航

---

① 《亚丁湾护航编队组织“护航法规学习周”活动》，中国新闻网，http：//www. chinanews. com/mil/2014/12-05/6850983. shtml。

② 《中央军委关于新形势下深入推进依法治军从严治军的决定要点释义》，《解放军报》2015 年 4 月 22 日，第 7 版。

编队首次赴亚丁湾、索马里海域执行护航任务时配备了随舰法律顾问。近年来，随着护航期间涉法问题的增多，法律顾问的作用也发挥得愈发明显，包括对所执行任务开展法律风险评估、为领导决策提供咨询、妥善处置涉外军情等，从而为官兵依法护航提供了有力保障。

三、依法开展国际军事合作

国际军事合作是国与国之间减少对立，增强互信，维护军事安全的重要方式，也是以军事安全合作方式保障和促进国家间政治、经济安全的重要手段。我国始终奉行独立自主的和平外交政策，坚持总体国家安全观，积极维护各领域国家安全，构建中国特色的国家安全体系。

2016 年 1 月 11 日，按照军委管总、战区主战、军种主建的总原则，军委总部制改为多部门制。依托原国防部外事办公室调整组建了军委国际军事合作办公室，主要负责对外军事交流合作，管理和协调全军外事工作等。军委国际军事合作办公室的组建体现了我国高度重视国际军事合作，致力于扩大对外军事交流合作、维护世界和平稳定的真诚意愿。

《中国的军事战略》白皮书阐明："中国军队坚持共同安全、综合安全、合作安全、可持续安全的安全观，发展不结盟、不对抗、不针对第三方的军事关系，推动建立公平有效的集体安全机制和军事互信机制，积极拓展军事安全合作空间，营造有利于国家和平发展的安全环境。"① 2015 年 7 月 1 日第十二届全国人民代表大会常务委员会通过的《中华人民共和国国家安全法》（以下简称《安全法》），对维护国家安全的任务进行了列举，其中第十八条明确规定："开展国际军事安全合作，实施联合国维和、国际救援、海上护航和维护国家海外利益的军事行动，维护国家主权、安全、领土完整、发展利益和世界和平。"② 1997 年 3 月 24 日颁布的《中华人民共和国国防法》对对外军事关系进行了专章规定，明确指出："中华人民共和国坚持相互尊重主权和领土完整，互不侵犯、互不干涉内政、平等互利、和平共处五项原则，独立自主地处理对外军事关系，开展军事交流与合作"，"中华人民共和国支持国际社会采取有利于维护世界

---

① 《中国的军事战略（全文）》，国防部网，http://www.mod.gov.cn/auth/2015-05/26/content_4586723.htm。

② 国际军事合作与非战争军事行动中的反恐维稳、国际联合军事演习、维和行动等都有内在的密切联系，为方便阐述，将国际军事合作单列。

和地区和平、安全、稳定的与军事有关的行动，支持国际社会为公正合理地解决国际争端、军备控制和裁军所做的努力”，“中华人民共和国在对外军事关系中遵守同外国缔结或加入、接受的有关条约和协定。”

在依法开展国际军事合作方面，中国军队主要做了以下工作：

（一）参与国际军事安全合作规则的制定

国际军事安全合作规则是国际社会为稳定国际军事秩序、提高军事合作效率、密切军事安全合作、促进共同发展而建立的有约束性的制度或规则。这些制度或规则既有双边的，也有多边的；既有成文的，也有不成文、约定俗成的。参与国际军事合作规则和标准的制定，既可以照顾和体现我国的国家利益、军事利益，也可以提高军事合作的水准，增强我军参与军事合作的积极性和主动性。

2014 年 5 月 22 日，亚洲相互协作与信任措施会议第四次峰会在上海举行，习近平发表主旨讲话时指出，中国是亚洲安全观的积极倡导者，也是坚定实践者。中方将一步一个脚印加强同各方的安全对话和合作，共同探讨制定地区安全行为准则和亚洲安全伙伴计划，使亚洲国家成为相互信任、平等合作的好伙伴。① 2014 年 4 月 22 日，第 14 届西太平洋海军论坛年会，包括中国在内的各成员国一致同意通过《海上意外相遇规则》。该规则对海军舰机的法律地位、权利义务以及海军舰艇或海军航空器在不期而遇时应采取的安全措施和手段做了规定，有利于各成员国通过和平方式协商解决海上矛盾争端，避免冲突扩大化，危及地区安全稳定。

2016 年 9 月 7 日，在老挝万象举行的第 19 次中国—东盟领导人会议上，与会国家领导人审议通过了《中国与东盟国家关于在南海适用〈海上意外相遇规则〉的联合声明》，使《海上意外相遇规则》的使用范围和影响力进一步扩大，为我国增强国际军事安全、拓宽国际军事安全合作领域奠定了良好基础。新的历史时期，中国军队将在“一带一路”倡议下，继续与亚太地区国家以及其他地区国家在军事安全方面展开合作，发展更紧密的军事关系，以共同维护国家安全和发展利益。

（二）构建国际军事互信机制

军事互信是指“国家、国家集团或政治集团之间为避免相互猜疑、

---

① 《习近平在亚洲相互协作与信任措施会议第四次峰会上的讲话（全文）》，新华网，http：//news. xinhuanet. com/world/2014-05/21/c_1110796357. htm。

敌视而在军事领域建立信任措施的活动。包括加强沟通与理解、设置军事限制，对协议遵守情况进行监督和检查等。”[①] 可以说，国际军事互信机制的建立和完善是国际军事安全合作的前提和基础。近年来，除了在联合军事演习、人道主义救援、反恐、反海盗、海上联合搜救、联合国维和等领域深化交流和合作外，我国增强国际军事互信的措施还体现在法律法规和相关文件的完善上。

一方面，我国坚持定期发布国防白皮书，向世界阐述中国的国防政策和武装力量建设情况，增加中国军事发展的透明度。尤其是党的十八大以来，《中国武装力量的多样化运用》（2013 年 4 月）和《中国的军事战略》（2015 年 5 月）两部国防白皮书向世界展示了中国始终不渝走和平发展道路，始终坚持防御性国防政策的决心和信心，增进了中国和世界其他国家的军事信任度。另一方面，我国与一些国家签署了相关国际法文件，涉及加强军事合作和建立军事互信的内容。例如，2013 年 9 月 9 日，我国与乌兹别克斯坦签订了《中华人民共和国和乌兹别克斯坦共和国友好合作条约》。同年 12 月 5 日，与乌克兰签署了《中华人民共和国和乌克兰友好合作条约》。2013 年 10 月 11 日，我国与文莱签署了《中华人民共和国政府和文莱鲁萨兰国政府关于海上合作的谅解备忘录》。2013 年 10 月 23 日，我国与印度签订了《中华人民共和国政府和印度共和国政府边防合作协议》。2016 年 4 月 26 日和 2017 年 4 月 24 日分别是中俄哈吉塔五国共同签署《关于在边境地区加强军事领域信任的协定》和《关于在边境地区相互裁减军事力量的协定》20 周年。至此，在中国与俄罗斯、哈萨克斯坦、吉尔吉斯斯坦和塔吉克斯坦四国毗邻的边境地区，已不存在攻击性武器装备的部署。这一良好氛围的取得，得益于中哈吉俄塔五国在军事政治方面达到了高度互信。2017 年 4 月 27 日，全国人大常委会表决通过了关于批准《上海合作组织成员国边防合作协定》的议案，该协定是上合组织成员国在边防合作领域的重要条约，为上合组织成员国边防合作提供了法律基础。

2014 年 11 月，中美两国共同签署了“建立重大军事行动相互通报信任措施机制谅解备忘录”和“海空相遇安全行为准则谅解备忘录”，这“两个互信机制”的谅解备忘录为中美两军加强对彼此战略意图了解、增

① 《中国人民解放军军语》，军事科学出版社 2011 年版，第 1064 页。

强战略互信奠定了良好基础。在此基础上，2015 年 9 月 18 日，中美双方又在“两个互信机制”的基础上，新增了“军事危机通报”附件和“空中相遇”附件，并正式签署确认，这标志着“两个互信机制”建设取得了新的成果①；2017 年 4 月 7 日，中美双方领导人在美国佛罗里达州海湖庄园举行两国元首第二场正式会晤。习近平指出，两军关系是中美关系的重要组成部分。军事安全互信是中美战略互信基础。双方要保持两军各级别交往，继续发挥好中美国防部防务磋商、亚太安全对话等对话磋商机制作用，用好将建立的联合参谋部对话机制新平台，落实好双方已经商定的年度交流合作项目，用好并不断完善重大军事行动相互通报信任措施机制和海空相遇安全行为准则两大互信机制。双方要共同努力，不断增进两军互信和合作。②

（三）参与制定战争法规则

随着世界经济的融合发展和国际合作交流的扩大，世界各国对维护和平、反对侵略、禁止或限制武力使用的《联合国宪章》都给予了高度评价，以《联合国宪章》为基础构建的国际秩序得到了普遍遵守，但战争或武装冲突依然对国际和平和人类安全造成严重危害。制止战争和限制战争危害性的战争法已经成为各国军队“必须遵守的具有强制约束力的法律规则。这是由战争法的国际习惯法性质所决定的，即不论当事国是否加入或承认都需要严格遵守，违反者都要追究相应法律责任。”③ 在和平发展成为主流的时代背景下，继续强调并发展完善战争法规则仍然十分必要。中国坚持全方位的国家安全观，致力于与世界各国一起维护世界和地区和平，积极参与战争法规则的制定和完善。

禁止使用武力原则是《联合国宪章》的重要内容，也是现代战争法的核心。使用武器尤其是核武器是对禁止使用武力原则的侵犯。为了减少或避免武器带来的损害，我国积极与世界其他国家和地区签署条约或协议，积极参与地区安全事务。2014 年 5 月 6 日，中国、美国、俄罗斯、

---

① 中美签署“军事危机通报、空中相遇”两个互信机制附件》，国防部网，http：//www. mod. gov. cn/jzhzt/2015-09/24/content_4622197. htm。

② 《习近平同特朗普举行中美元首第二场正式会晤》《解放军报》2017 年 4 月 9 日，第 1 版。

③ 丛文胜：《遵守战争法是各国军队的共同承诺和行为准则》，《解放军报》2012 年 8 月 2 日，第 6 版。

英国、法国五个核武器国家和哈萨克斯坦、吉尔吉斯斯坦、塔吉克斯坦、土库曼斯坦和乌兹别克斯坦五个《中亚无核武器区条约》缔约国在联合国总部举行《中亚无核武器区条约》议定书签署仪式。我国于 2015 年 4 月 24 日正式批准该议定书，并于 8 月 17 日正式对我国生效。在朝鲜半岛核问题上，中国始终本着对半岛和平和地区稳定负责任的态度，为推动谈判解决半岛核问题作出了不懈努力，发挥了特有作用。尤其是根据半岛形势的发展，提出了“双轨并行”思路和“双暂停”倡议。“‘双轨并行’是指按照同步对等原则，并行推进实现半岛无核化和建立半岛和平机制两条轨道，最终予以一并解决。‘双暂停’倡议则是通过朝鲜暂停核导活动，美韩暂停大规模军演，推动双方回到谈判桌前，启动“双轨并行”的第一步。”①

① 《王毅在朝鲜半岛核问题安理会部长级公开会上的发言（全文）》，新华网，http://www.xinhuanet.com//2017-04/29/c_1120893451.htm。

第七章　人民军队法治建设 90 年的历史经验

（1927 年 8 月—2017 年 8 月）

马克思主义认为，军队是国家机器的重要组成部分，任何革命阶级要夺取政权和巩固政权都必须建立强大的革命军队。同时，对革命军队也必须有不同于旧军队的纪律和管理办法，必须实行先进的军事法律制度。建设强大的人民军队是我们党的不懈追求，我们党在领导革命、建设和改革的各个历史时期，始终高度重视用严格的法规、严明的纪律建军治军，形成了一系列关于人民军队法治建设的理论指导、基本原则和光荣传统，确立了中国特色的军事法规制度体系，积累和创造了许多宝贵经验，为人民军队的建设和发展发挥了极为重要的作用。认真总结、继承发展人民军队法治建设 90 年的历史经验，对于新形势下深入推进依法治军从严治军、建设法治军队，提高国防和军队建设法治化水平，具有重大的现实意义。

第一节　党的领导人高度重视加强人民军队法治建设

我军是党缔造和领导的人民军队。我们党在领导人民军队发展壮大的实践进程中，将马列主义军事理论基本原理同中国革命战争、人民军队和国防建设实践相结合，科学总结实践经验，形成了包括毛泽东军事思想、邓小平新时期军队建设思想、江泽民国防和军队建设思想、胡锦涛国防和军队建设思想和习近平强军思想在内的党的军事指导理论。其中，党的历代领导人关于人民军队法治建设的思想是党的军事指导理论的重要内容。90 年来，以党的军事指导理论和人民军队法治建设的思想为指导，人民军队法治建设取得了巨大成就，为建设强大人民军队奠定了坚实的法治基石。

一、毛泽东人民军队法治建设思想

20 世纪 20 年代后，以毛泽东为主要代表的中国共产党人，在创建人民军队的过程中，把马列主义的普遍原理与中国革命的具体实践相结合，在革命斗争和战争实践中逐步形成了关于人民军队法治建设的重要思想，有效地指导了人民军队法治建设的顺利开展，奠定了人民军队法治建设的理论和实践的重要基础，保证了人民军队建设始终沿着法治化的正确道路健康发展。毛泽东人民军队法治建设思想内容非常丰富，主要有：

（一）在革命斗争中确立了党对军队绝对领导原则，成为人民军队法治建设的核心内容

选择走农村包围城市、武装夺取政权的道路，中国共产党必须建立一支直接指挥和领导下的新型人民军队。

早在 1927 年 9 月“三湾改编”中，在毛泽东的直接领导下，工农红军第 1 军第 1 师第 1 团开始确立党直接指挥和领导人民军队的一系列制度。这些制度主要包括军队的指挥权集中于党中央和中央军委，部队各级党委坚持贯彻民主集中制的组织原则，实行党委统一的集体领导下的首长分工负责制，团以上单位设立政治委员和政治机关制度，把支部建在连上。在军队内部关系上，实行政治、军事和经济三大民主制度，禁止军官打骂士兵，提倡官兵待遇平等。凡属部队的一切重大问题，均须经党组织集体讨论决定。“三湾改编”后，党领导人民军队的一系列制度建立健全了起来，从而确保了中国共产党在军队中的领导地位。

在 1929 年的古田会议时，毛泽东写下了《关于纠正党内的错误思想》一文，认为中国的红军是一个执行革命的政治任务的武装集团，必须绝对服从党的领导，必须全心全意地执行党的路线、纲领和政策，也就是为着全国人民的利益而奋斗。

红军长征途中，张国焘利用自己在红四方面军中的职权，直接向党中央要全部红军的指挥权，直接挑战党对军队的领导。当时，毛泽东准确把握局势，及时做出正确的决策，带领部队继续北上，才打乱了张国焘的图

谋和部署。后来，毛泽东在《战争和战略问题》一文中指出："外国的资产阶级政党不需要各自直接管领一部分军队。中国则不同，由于封建的分割，地方或资产阶级的集团或政党，谁有枪谁就有势，谁枪多谁就势大。处在这样环境中的无产阶级政党，应该看清问题的中心。"针对红军长征中，张国焘向党争兵权的问题，毛泽东特别强调了"党指挥枪"这一根本制度。实现这一根本制度，是以党在军队中建立健全的一系列制度作保证的。建军90年来，我党紧紧抓住"党指挥枪"这一人民军队法治建设的核心和灵魂，将一切有利于加强党对军队绝对领导的制度、办法用法律形式固定下来，并以此为最高执法准则，坚决同任何向党闹独立、争兵权的行为作斗争，确保了党对军队的绝对领导。

（二）运用法规明确军队的任务、职能及军内外关系

为了纠正单纯的军事观念，肃清旧式军队的影响，毛泽东明确提出要"编制红军法规，明白地规定红军的任务，军事工作系统和政治工作系统的关系，红军和人民群众的关系，士兵会的权能及其和军事政治机关的关系"①。在毛泽东的倡议、主导和影响下，先后颁布实施了一大批专门的军事法规。这些军事法规的颁布，为红军的发展壮大，确保部队的高度稳定和集中统一，调动官兵的积极性，提高部队的战斗力，发挥了积极的作用。

全面抗日战争时期，颁布了《军政委员会条例》《中国国民革命军第十八集团军（八路军）政治工作条例（草案）》《抗战时期惩治盗匪条例》《优待抗日军人家属条例》等法规，规定在八路军、新四军各级部队建立政治制度，实行党委统一集体领导下的首长分工负责制，惩处部队和根据地内的犯罪活动，优待抗日军人家属，对于保证我军的政治本色，战胜严重困难，坚持敌后抗战发挥了积极的作用。

（三）要严格执行命令、政策和纪律，不允许任何破坏纪律的现象

毛泽东组织发动秋收起义失利后，带领队伍上了井冈山，把目标转向了具有广阔活动空间的农村。为了在农村建立一支中国共产党领导的新型人民军队，改变旧军队中存在的欺压百姓的陋习，必须严格执行纪律和各项制度。毛泽东开始亲手为部队制定易于口头传授的纪律，他指示将军纪

① 《毛泽东选集》第一卷，人民出版社1991年版，第88页。

军规编成通俗入理的歌谣，在官兵中广泛传唱。当时要求官兵对待人民群众要说话和气，买卖公平，不拉夫，不打人，不骂人。后又规定“行动听指挥、不拿群众一个红薯、打土豪要归公”三项纪律。1928年4月，针对部队中纪律松弛、作风不正等情况，进一步提出了“上门板、捆铺草、说话和气、买卖公平、借东西要还、损坏东西要赔”六项注意。后来发展为著名的“三大纪律八项注意”，并成为我军历代纪律条令的重要内容。毛泽东一贯强调纪律的严肃性，对任何违反三大纪律八项注意的行为，都要追究处理。如1930年毛泽东和朱德签署发布的红四军第三号训令规定：“务望各官兵一体遵照三条纪律六大注意”，“凡违反军风纪者，无论大小，必予查究”。红军在1935年9月29日制定的《奖惩条例》，是我军第一部奖惩条例，是我军第一部奖惩条例，要求各级首长和人员必须负责的认真的毫不放松的极严格的来维持部队中的纪律，甚至为着执行纪律而采取最严重的手段，比1933年纪律条令多了罚站、枪毙和降级惩戒。[①]。在毛泽东主持起草的古田会议决议中，也把纪律教育列为士兵政治训练的基本内容之一。

1937年10月，抗日军政大学黄克功队长因逼婚而开枪打死女学员一事，当时在党、边区政府和部队内部有两种不同的意见，一种意见认为应该对黄克功依法予以处决。另一种意见认为，黄克功少年参加红军，参加过井冈山斗争，经过了二万五千里长征，有过光荣的历史，为革命屡立战功；在民族危亡的时候，黄克功杀了刘茜，已经损失了一个人，现在再杀了黄克功，又将损失一个人，不如让他戴罪立功，在战场上将功赎罪。黄克功本人特意上书毛泽东，希望允许他上前线杀敌，愿死在敌人的枪弹下。接到陕甘宁边区高等法院转呈的书信后，毛泽东专门给审理此案的雷经天审判长写了一封信，要求在审判大会上当众宣读。在信中，毛泽东指出正因为黄克功不同于一般普通人，正因为他是一个多年的共产党员，是一个多年的红军，所以不能不执行比较一般平民更加严格的纪律。毛泽东从无产阶级和广大人民群众的整体利益出发，要求革命队伍中的各种成员、特别是其中的先进分子，各类领导成员毫无例外地遵守革命的纪律和法律，不允许任何人有丝毫的特权，从而有力地维护法律法规的权威与尊严，促进了革命根据地和人民军队的纪律建设，也为中华人民共和国的军

① 从文胜主编：《人民军队法制建设八十年》，军事科学出版社2007年版，第44页。

事法治和军队纪律建设奠定了坚实的基础。

解放战争时期，毛泽东特别重视纪律教育，明确强调："任何部队，在每一次行动前，必须进行一次公开的全体的纪律教育，并以按照当前具体情况应当注意的具体事项，在不泄露机密的条件下，明确地告诉一切指战员，方能于行动时使一切指战员遵守政治纪律，给人民以良好影响。近来仍有部分部队，由于事先忘记进行此项教育，或在进行此项教育时未采取认真的严肃的态度，或以为过去进行过此项教育，在新的行动时不必再做，或仅使少数人知道，未能由部队首长举行全体讲话，以致在进入城市时发生破坏纪律之事，实属不好。望各部队首长责成政治机关对此予以检讨，加强一切部队的纪律教育，是为至要。"① 在我军顺利南下、解放区域日益增多的大好形势下，毛泽东亲自起草了《中国人民解放军宣言》，明确要求全军指战员必须提高纪律性，不允许任何破坏纪律的现象存在。告诫全军官兵保持严明的纪律，是取得战争胜利的重要保证。在解放战争期间，我军官兵所到之处，纪律严明，令行禁止，受到了人民群众的拥护和支持。

在志愿军入朝前和到朝鲜后，毛泽东多次叮嘱我军官兵要严格遵守军事纪律和政治纪律，爱护朝鲜的一山一水一草一木，不拿朝鲜人民的一针一线。随着我军正规化建设的全面展开，教育训练成为部队的中心任务，对部队官兵自觉执行法规和纪律提出了更高的要求。毛泽东等领导同志把法规纪律教育的重点放在增强官兵的条令意识上，为此，1954 年年底的中央军委扩大会议特别强调军队统一集中和纪律的绝对性，提出在军事训练中应加强纪律教育，坚持一切按条令办事，对任何违反条令的行动，均应给予条令规定的纪律处分，以养成军人服从命令、遵守条令的习惯，克服部队中军事纪律严重松懈的现象。同时他指出要及时发现守法、护法典型，树立榜样，通过在部队开展宣传运动，将军事法律制度内化为官兵道德规范和生活准则的一部分，将自觉遵纪守法内化为军队自觉行动的一部分。

人民军队的纪律与其他旧军队的一个显著区别，就在于它是建立在广大官兵高度自觉基础上的。毛泽东在强调要严格执行命令和遵守军规军纪的同时，认为"也要伴之以说服教育，单靠行政命令，在许多情况下就

① 《毛泽东文集》第四卷，人民出版社 1996 年版，第 154 页。

行不通”[①]。毛泽东十分重视启发人的自觉性作为守法的基础，主张通过耐心细致的宣传教育，把军规军纪内化为全体官兵的自觉行动。“这个军队之所以有力量，是因为所有参加这个军队的人，都具有自觉的纪律。”[②]他认为，战士是最懂得革命道理的人，只要把道理讲清楚，他们就会自觉遵守纪律。在各个革命历史时期，毛泽东等领导同志都十分注重通过深入细致的法规纪律教育，使广大官兵懂得可以做什么，必须做什么和禁止做什么，养成遵守法纪的良好习惯，从而使自己的行为符合我军的法规和纪律，并把法规纪律教育作为经常性思想政治工作的重要内容。“我们的纪律就建筑在这个自觉性上边。这是我们党的领导和教育的结果。人是要有一点精神的，无产阶级的革命精神就是由这里头出来的。”[③]

（四）高度重视军事立法，矢志建设正规化的人民军队

人民军队建设的一个首要问题，就是如何把一支以农民为主要成分的落后武装，改造为共产党领导的无产阶级性质的革命军队。治军先治典，为了肃清旧式军队的影响，改正部队的游击习气，毛泽东在创建人民军队时，就强调加强军事立法，按照法规的要求统一和规范军队的行为，正确规定和严格区分军内各个系统的职责和权力，有效调节军内外各种军事社会关系。

自红军时期开始，到以后的全民族抗日战争、解放战争以及新中国成立后的和平建设时期，毛泽东都相应提出了许多军队正规化、加强法治建设的思想和理论，主持制定和颁布了许多方面的军事法规，逐步把军队作战和建设的各个方面都纳入了“法”的轨道，保证了我军圆满完成党和人民赋予的各个时期的历史使命。

1929年，毛泽东明确指出要“编制红军法规，明白地规定红军的任务，军事工作系统和政治工作系统的关系，红军和人民群众的关系，士兵会的权能及其和军事政治机关的关系”[④]。1931年11月，党中央正式设立中央革命军事委员会作为全国红军的最高领导指挥机关。对此，毛泽东认为，这是由散漫的游击队行动，进到正规的与大规模的红军部队的行动的

---

① 《毛泽东文集》（第七卷），人民出版社1999年版，第210页。

② 《毛泽东选集》（第三卷），人民出版社1991年版，第1039页。

③ 《毛泽东文集》（第七卷），人民出版社1999年版，第162页。

④ 《毛泽东选集》（第一卷），人民出版社1991年版，第88页。

重要关键。解放战争后期，为适应新形势下军队建设的需要，毛泽东提出“必须使野战军进一步正规化”，1948 年全军进行了整编。

据不完全统计，在毛泽东的领导下制定和以他的名义颁发的我军各种法律制度达数十种：在我军政治工作法律制度方面，有《红四军各级政治工作纲领》《中国工农红军政治工作暂行条例（草案）》《中国国民革命军第十八集团军（第八路军）政治工作条例（草案）》《中国人民解放军连队支部工作条例（草案）》《中国人民解放军革命军人委员会条例（草案）》《中国人民解放军政治工作条例（草案）》等；在军队行政管理法律制度方面，有《三大纪律八项注意》《红军纪律暂行条令》《工农红军奖惩条例》《中国人民解放军总部关于重行颁布“三大纪律八项注意”的训令》《内务条令》《纪律条令》《队列条令》等；在军事工作法律制度方面，有《保守国家军事机密暂行条例》、“十大军事原则”以及一些战斗条令；在战争法律制度方面，有《处理伪军伪组织人员办法》《中国人民解放军宣言》《人民解放军惩办战争罪犯的命令》以及由毛泽东起草签发的我军在战争时期的一些布告等；在军事刑事法律制度方面，有《红军惩罪条例》《八路军军法条例》《新四军奖惩暂行条令》《陕甘宁晋绥解放军暂行惩罚条例》《志愿军军法条例（草案）》《战时军法纪律暂行规定》等。

中华人民共和国成立后，国防和军队建设从过去正规化、法治化程度比较低的阶段开始向高级阶段发展，客观上需要改变当时军队在编制、制度上的非正规性，需要改变当时某些部队缺乏严格的军事纪律和作战指挥的不集中、不统一及带游击性的现象。1949 年 9 月 30 日通过的《共同纲领》包括序言、总纲、政权机关、军事制度、经济政策、文化教育政策、民族政策七章，在第一章总纲和第二章政权机关之后，专门设第三章军事制度，反映出对国家军事制度的高度重视。其中第 20 条明确规定：“中华人民共和国建立统一的军队，即人民解放军和人民公安部队，受中央人民政府人民革命军事委员会统率，实行统一的指挥，统一的制度，统一的编制，统一的纪律。”这一规定确立了中央人民政府人民革命军事委员会的法律地位，它是中国人民解放军的最高统帅机关，是制定军事战略方针、领导国防和军队建设的最高指挥机构。1949 年通过的《共同纲领》对国家军事制度和建立统一的军队作了明确规定，奠定了新中国国防和军事制度的法制基础。1952 年 7 月 10 日，时任中央人民政府革命军事委员会主席的毛泽东同志，及时地提出实行统一的指挥、统一的制度、统一的编制、统一的纪律、统一的训练。要克服在过去时期曾经是正确的，而现在则是不正确的那种不集中、不统一、纪律不严、简单现象和游击习气等等，而必须加强整个工作上、指挥上，而首先又应该是从教育训练上来培养的那种组织性、计划性、准确性和纪律性。[①] 毛泽东强调“五统四性”，就是要把部队建设纳入规范化、制度化的轨道，也就是法治化的轨道，就是用以条令条例为主体的军事法规把全军的各个方面有效统一起来。全军按照毛泽东关于建设现代化、正规化军队的要求，数次精简整编、统一编制体制，先后建立了海军、空军、炮兵、工兵、装甲兵、铁道兵等新的军兵种，成立了国防科研机构和军工企业，组建了各类军事院校，开展了大规模的军事训练，使我军以崭新的面貌屹立于世界军事之林。1954 年，毛泽东亲自主持制定的《宪法》，对国防和军事制度以及国家武装力量等都作出了明确规定，为全面建设中国特色社会主义国防和军队奠定了宪法基础。1958 年 6 月 29 日，毛泽东主席在中央军委扩大会议上提出：“军队训练已经八年多了，连一本战斗条令都没有搞出来，这次要集中一些有丰富工作经验和战斗经验的同志，搞出一本自己的战斗条令来。”[②] 截至 1959 年年底，全军共编写出空军、海军、炮兵、装甲兵、防化兵、通信兵、铁道兵战斗概则和条令，以及司令部、后方勤务条令等 20 余种。此后又经过不断的制定、修订颁发了共同条令、战斗条令、军兵种条令条例、专业条例等一系列各类条令条例，基本形成了门类众多、层次分明、内容协调的军队条令条例体系，为确保部队的高度稳定和集中统一，提高部队的战斗力发挥了重要的作用。

（五）维护官兵合法权益，尊重官兵民主权利

毛泽东从创建红军时，就高度重视依法维护官兵的合法权益，建立了军队各项民主制度，保障和实现军人应享有的各项民主权利，尊重保护人权，尤其是注重保护士兵的利益。早在 1929 年发布的《红军第四军司令部布告》中就规定：“军队待遇，亟须改订，发给田地，士兵有份。”在

---

① 《毛泽东军事文集》（第六卷），军事科学出版社、中央文献出版社 1993 年版，第 314 页。

② 《毛泽东军事文集》（第六卷），军事科学出版社、中央文献出版社 1993 年版，第 376 页。

《士兵政治训练问题》一文中，毛泽东主张要“改良待遇”,“废止辱骂”,“优待伤病兵”，“恢复每月发草鞋钱大洋四角的制度”。他专门写下《优待伤病兵问题》，阐述对伤病兵权益的特别保护。同时，毛泽东还在红军中建立士兵会制度，战士可以通过各级士兵代表会主张、行使、维护自己的民主权利和合法权益，充分体现了人民军队的民主法制思想。

毛泽东提出“军队也需要民主主义”① 的思想，在长期的革命实践中，逐步演变成了以政治、军事、经济三大民主为主要内容的人民军队的民主制度，这是毛泽东人民军队法治建设思想的重要内容。在政治生活中，毛泽东强调官兵平等、实行军内民主，官兵之间只有职务的分别，没有阶级的分别，官长不是剥削阶级，士兵不是被剥削阶级。主张保障士兵有开会说话的自由，有权对干部和部队工作提出批评和建议。在经济生活中，由士兵选出代表建立经委会，监督经济开支，实行经济民主，防止侵占士兵利益现象发生。在军事训练中，实行官兵互教、兵兵互教的民主制度。这些民主制度，有效调整了官兵关系，增强了官兵团结。毛泽东还倡导法律面前人人平等，反对特权，尤其是在军事执法领域，不因职务高低、功劳大小而执法不一，在军事刑罚的适用上，主张处罚与教育相结合，对于违反军法军纪行为的惩处，反对用酷刑、极刑，并亲自发起废除肉刑运动。在《废止肉刑问题》一文中，毛泽东认为肉刑是封建时代的产物，明确主张要“坚决地废止肉刑”，“举行废止肉刑运动”，并阐述了“废止肉刑的法律程序”。1941 年，由毛泽东增加和改写的《陕甘宁边区施政纲领》第七条又明确规定：“改进司法制度，坚决废止肉刑，重证据不重口供。”这些规定不仅在当时革命根据地和军队中适用，而且也被中华人民共和国成立后的刑事政策所采纳。

各革命根据地和人民军队在土地革命、全面抗日战争和解放战争的不同时期，在毛泽东关于依法维护军人权益的思想指导下，都制定了各类维护军人合法权益的法规制度，极大地调动了广大官兵英勇杀敌和广大人民群众参军参战的热情。中华人民共和国成立后，国家和军队先后制定了一系列维护军人合法权益和各项民主权利的法律法规，依法维护军人的各项合法权益已经成为各个时期人民军队法治建设的重点和重要内容。

---

① 《毛泽东选集》（第一卷），人民出版社 1991 年版，第 65 页。

二、邓小平人民军队法治建设理论

邓小平主持军委工作以来，总结了人民军队建设的历史经验，在继承毛泽东人民军队法治建设思想的基础上，对新时期人民军队建设和重大现实问题进行了深入思考，提出了一系列关于加强军事法治建设的新理论和新认识，从国防体制、军队编制、战备训练、兵役制度到军费开支、装备供应、后勤保障，从军事立法到军事执法、司法、守法以及法制宣传教育等，都提出了一整套军事法治建设的理论和方针原则，创造性地解决了新时期我军军事法治建设中的一系列重大问题，丰富和发展了毛泽东人民军队法治建设思想，成功地解决了我军进行革命化、现代化和正规化建设的问题，至今仍然是加强人民军队法治建设的重要行动指南。

邓小平作为党的第二代中央领导集体的核心，对加强军事法治建设有一系列论述。主要包括：一是军事法治必须始终坚持人民军队性质，军队要听党的话，不能打自己的旗帜。二是一手抓建设，一手抓法制，把法制建设摆到与国防和军队建设同步发展的战略高度。三是要建立健全必要的规章制度，在国防和军队建设的所有领域、所有方面都制定出章程，做到有法可依。四是治军要严，要加强执法和执法监督检查，严厉打击各种违法乱纪行为。五是要加强法制教育，使人人知法、守法，尤其是领导干部要带头学法、执法，做遵纪守法的模范。邓小平针对新时期军队建设面临的形势和任务，提出了恢复和加强军事法治建设的理论和原则，奠定了新时期实行依法治军的基础，为依法治军、从严治军指明了发展方向。正如江泽民指出的："邓小平同志一直强调要加强军队的法制建设，使军队建设的各个方面有法可依，有章可循。依据邓小平同志的思想，军委将依法治军的要求鲜明地提到了全军面前。"①

（一）重视依法确立党对军队绝对领导的原则

保证党对军队的绝对领导，是在我国长期的革命斗争实践中，用鲜血和生命换来的宝贵经验，是必须始终坚持的根本原则。早在1975年邓小平就明确指出："我们这个军队是党指挥枪，不是枪指挥党。"② 以后他又反复强调党要管军队，因为军队始终是党领导的；军队要听党的话，军队

---

① 江泽民：《论国防和军队建设》，解放军出版社2003年版，第431页。

② 《邓小平文选》（第二卷），人民出版社1994年版，第1页。

永远是党领导下的军队，军队不能打自己的旗帜。“我们的军队能够始终不渝地坚持自己的性质。这个性质是，党的军队，人民的军队，社会主义国家的军队。这与世界各国的军队不同。就是与别的社会主义国家的军队也不同，因为他们的军队与我们的军队经历不同。我们的军队始终要忠于党，忠于人民，忠于国家，忠于社会主义。”① 邓小平反复强调党领导的原则决不能动摇。1989 年 9 月 4 日，邓小平即将从中央军委主席岗位退休，在其“职务交待”时，再次谆谆告诫全党、全军、全国人民：“我们的传统是军队听党的话，不能搞小集团，不能搞小圈子，不能把权力集中在几个人身上。军队任何时候都要听中央的话，听党的话，选人也要选听党的话的人。军队不能打自己的旗帜。”② 为使党对军队保持绝对领导这一根本原则成为我军永远不变的军魂，邓小平果断将其与军队法治化建设联系起来，力求在法律制度上彻底解决问题。1982 年 12 月 4 日，在邓小平亲自主持制定的我国“八二宪法”中，规定了中国共产党的领导地位和中国人民解放军是在中国共产党领导之下的人民军队性质。依据我国现行宪法和《中国共产党章程》制定的《中国人民解放军政治工作条例》规定，“中国人民解放军必须置于中国共产党的绝对领导之下，其最高领导权和指挥权属于中国共产党中央委员会和中央军事委员会。”同时也明确规定了我军一系列政治工作制度。在新时期以法律法规形式确立党对军队绝对领导的原则，不仅彻底粉碎了国内外敌对势力竭力鼓吹煽动的“军队非党化、非政治化”“军队国家化”等图谋，而且为建立健全具有我军特色的军事法律法规体系并进而推进新军事变革和依法治军提供了根本保证。

（二）要完善法制，靠好的制度来解决军队建设的重大问题

1975 年 1 月，邓小平出任中央军委副主席兼总参谋长后，目睹林彪、“四人帮”一伙的干扰破坏给军队建设造成的严重危害，决心迅速扭转这一局面。当时，他果断地提出“整顿军队”③，恢复我军从井冈山时起建

---

① 《邓小平军事文集》（第三卷），军事科学出版社、中央文献出版社 2004 年版，第 320 页。

② 《邓小平军事文集》（第三卷），军事科学出版社、中央文献出版社 2004 年版，第 312 页。

③ 《邓小平文选》（第二卷），人民出版社 1994 年版，第 1 页。

立起来的非常好的制度和作风。军队要像军队的样子，从领导机关做起，要增强党性，消除派性，加强纪律性，提高工作效率。同年 7 月，他在提出军队整顿任务的同时，提出了“编制就是法律”① 的重要论断。主张用抓军队编制体制的办法，来解决当时军队建设中存在的机构臃肿、人浮于事、职能不分、效率不高、官僚主义作风严重等弊端。1977 年 12 月，他在中央军委全会上的讲话中，又提出了要用军事法规“统一认识，统一行动”② 的重要思想。这些论述，说明了军队要整顿，必须建章立制，也就是要恢复法制，健全法制。在短短的时间里，邓小平在对军队进行整顿的同时，大力恢复和健全法制，很快扭转了军队建设的混乱状况。这是我军历史上妥善处理军队建设和军事法治建设关系的成功范例。

1978 年 12 月，邓小平在中共中央工作会议闭幕会上作了题为《解放思想，实事求是，团结一致向前看》的重要讲话，其中有两句名言，至今仍然对我国军队法治建设起着十分重要的指导作用：一句是必须使民主制度化、法律化，使这种制度和法律不因领导人的改变而改变，不因领导人的看法和注意力的改变而改变；另一句是有法可依，有法必依，执法必严，违法必究。前一句名言，已经成为党的十五大确定的依法治国方略的基本内涵，后一句名言则成为社会主义法治建设的基本方针。

1980 年有的同志提出，根据各军区的特点和武器装备不断改进的情况，可以搞些合成军、合成师，这样不仅便于平时部队的合成训练和指挥员熟悉特种兵的指挥，而且还能把平时训练和战时使用结合起来，免得临时配属不习惯。针对这种具体的意见，邓小平指出：“这些问题都要当作制度问题、体制问题提出来，作进一步的研究。研究时可能还要接触到别的体制问题。”③ 由此可以看出，邓小平不是就事论事，而是就事论制度、论体制，依靠法治。在这种思想的影响下，中央军委于 1985 年决定依法定编，精简军队员额 100 万，减少军队的领导机构层次，撤销了一些兵种机关和几个大军区机关，并且将炮兵、装甲兵、工程兵等诸兵种部队与步兵有机地结合在一起，编组了作战效能强的合成集团军，提高了军种之间的协同作战能力，从而把我军的质量建设推进到了一个新的发展阶段。

---

① 《邓小平文选》（第二卷），人民出版社 1994 年版，第 20 页。

② 《邓小平文选》（第二卷），人民出版社 1994 年版，第 72 页。

③ 《邓小平文选》（第二卷），人民出版社 1994 年版，第 228 页。

（三）依法规范军事领导体制，把党和国家的军事领导体制统一起来

我军是党缔造和领导的人民军队。邓小平明确指出，党的领导是四项基本原则的核心，这个必须坚持，“并且要用适当的法律形式加以确定”①。邓小平揭示了一个深刻的道理：健全军事法制，把党和国家的军事领导体制统一起来，是坚持党对军队绝对领导的重要保证。

1982 年宪法修定时，邓小平的理论在党内已经取得了指导性地位。因此，在宪法中规定了国家军事领导体制，在国家机构中设立了中央军事委员会，由该委员会负责领导全国武装力量，并实行主席负责制。这种国家军事领导机构的设置，与党的中央军事委员会是一致的，体现了党领导军队与国家领导军队的一致性，使党对军队的领导获得了国家宪法的保障。邓小平把党、人民和国家三者之间的关系有机地统一起来，而不是把他们之间密切的关系割裂开来、对立起来，从国家根本法律制度上奠定了军事法治建设的坚实基础。

（四）全面建章立制，在军队所有的领域和方面建立法规制度

1977 年春，邓小平再次恢复了党政军领导职务之后，在军队法治建设上作出了许多重要决策。在当年 12 月召开的中央军委全体会议上，他强调一定要建立和健全必要的规章制度，在国防和军队建设的所有领域、所有方面都制定出章程。此次会议根据邓小平的意见，制定了《关于加强部队教育训练的决定》《关于办好军队院校的决定》《关于加强军队组织纪律性的决定》《中国人民解放军保守国家军事机密条例》《关于加速我军武器装备现代化的决定》《关于军队编制体制的调整方案》等九个决定和条例，为当时的军队建设提供了重要的法律规范。邓小平欣慰地说：“解决的问题之多，方面之广，内容之丰富，是过去多少年来没有过的。这次会议，对我们军队几乎所有的领域，所有的方面，都订出了章程。”②他认为有了这些章程，我们就有章可循，就能够统一认识，统一行动。

在政治工作方面，邓小平重视改革不合时宜的干部工作制度，主张建立有利于提拔年轻干部的制度，用这种方法来保证干部队伍的革命化、年轻化、知识化和专业化。他要求建立军衔制度、军官服役退役制度、文职

---

① 《邓小平文选》（第二卷），人民出版社 1994 年版，第 358 页。

② 《邓小平文选》（第二卷），人民出版社 1994 年版，第 72 页。

干部制度、专业技术职务制度，健全干部的选拔、招考、任免、考核、弹劾、轮换和监督制度。在这种思想的影响下，我军实行了新的军官服役制度、军衔制度、军官离休退休制度和文职干部制度，在干部的选拔、考核、培养、任免、交流、奖惩、转业安置等各个环节上制定了比较明确的行为规范，排除了干部工作中任人唯亲、搞小圈子等陈旧观念和消极因素的影响，初步形成了公平、公正和科学管理军队干部工作的运行机制。

在军事工作方面，邓小平要求把教育训练提高到战略地位，并作为一个制度问题加以解决。他强调用制度保证教育训练的落实，各级军官都必须经过军事院校的教育与训练，"从排长起，各级军官都必须经过军官学校的训练"①，排、连干部要初级军事院校毕业，营、团干部要经过中级军事院校培训，军、师干部要进高级军事院校学习；要建立院校推荐干部的制度，以激励干部入学和在校学习的积极性和主动性；要制定统一的教材、教范、教令，实现教育训练内容的系统化和规范化"，他要求全军指战员"要贯彻条令，内务条令，纪律条令，还要加强训练。这样才能出纪律，出战斗力"②。邓小平把教育训练作为一种制度加以解决的一系列论述，深刻揭示了和平时期加强军队现代化、正规化建设的客观要求，反映了新时期提高部队战斗力的根本途径，反映了新的历史条件下加强军队建设的客观规律。在这种思想的影响下，我军恢复和重建了一批军事院校，形成了一批在国内外有影响的重点院校、重点学科和重点实验室，把部队的教育训练纳入了法治建设的轨道，从而有效地排除了人的主观随意性对军事教育训练的干扰和破坏，克服了过去军队教育训练经常存在的大起大落现象。

在后勤工作方面，邓小平认为随着军事科学技术的发展和我军装备的逐步改善，后勤工作也出现了很多新情况，过去我们是小米加步枪，对后勤依赖还不算很大，现在情况不同了，无论是军需给养、武器弹药、装备器材，都得靠强大的后方供应。"怎么把整个后勤工作管好，也是个新问题，需要有适应新情况的一系列制度和解决办法，同破坏财务制度、铺张浪费的现象作斗争。"③ 军队要考虑在国家财政开支确定的比例范围内精

---

① 《邓小平文选》（第二卷），人民出版社1994年版，第289页。

② 《邓小平关于新时期军队建设论述选编》，八一出版社1993年版，第135页。

③ 《邓小平文选》（第2卷），人民出版社1994年版，第121页。

打细算，合理地用好军费，真正用在提高和加强部队战斗力上。后勤干部要严格遵守财经纪律，同违反财经纪律的现象作斗争，同假公济私的现象作斗争。在这种思想的指引下，中央军委颁布了《后勤条例》《基层后勤管理条例》，在审计、会计、物资供应、卫生、营房、营具等方面建立了一系列后勤工作制度，使我军后勤工作开始步入制度化、规范化的发展轨道。

在武器装备工作方面，过去我们照搬苏联的管理制度，束缚了我国武器装备的发展。邓小平提出要从苏联制度中解放出来，国防工业要实行军民结合、平战结合、军品优先、以民养军的方针，建立与社会主义市场经济相适应的武器装备管理体制，要统一规划和领导，力求在现有国力允许的情况下加速我军武器装备的发展。他提出武器装备的科研应该走在部队建设的前面，要统筹规划国防科技工业建设，要恢复总工程师、总设计师、总工艺师等岗位制度，出了武器装备的质量事故，要严格追究个人的责任，尽可能地把质量事故减少到最低限度。他认为，在新的历史条件下生产不少落后的装备不顶用，是个很大的浪费，应该把过去实行的计划供应关系改成军事订货关系，国防科研生产企业事业单位应该与军队有关部门实行合同制，做到保质保量保期限。军队可以向承担国防科研生产任务的企业事业单位提出武器装备生产项目和要求，把科研经费交给这些企业事业单位，由他们独立地进行研究，在合同约定的范围内承担法律责任。要使国防科研生产企业事业单位之间在公平的条件下相互竞争，军队要择优购买。在武器装备的质量上，凡不合格的武器装备都不能接收，军队要在这个问题上寸步不让。以后搞法律的人要多起来，法院要管辖和审理这类案件，把武器装备的争议纳入司法途径来解决。

（五）严明军队的纪律，开展法制教育

邓小平认为，我们这个军队，历来强调一切行动听指挥，强调自觉遵守革命纪律，这是战胜强大敌人的重要条件，是坚持党对军队的绝对领导的重要保证，是贯彻执行党的路线方针政策的重要保证，是加速我军革命化现代化正规化建设的重要保证。对中央军委作出的各项决定，必须坚决贯彻执行。军队干部一定要服从命令听指挥，首先要从老干部开始，带头遵守纪律。军队要有民主，没有民主就不可能有自觉的纪律。党委本身又有集中，又有民主，不是一个人说了算。连队支部要发挥很好的作用，三大民主要坚持。

邓小平认为，领导干部特别是高级干部以身作则非常重要。群众对干部总是要听其言、观其行的。连长指导员不以身作则，就带不出好兵来；“领导干部不做出好样子，就带不出部队的好风气，就出不了战斗力”①。治军要严，首先对领导班子要严，对高级干部要严。强调从严执法，从严执纪，要做到在纪律和法规面前人人平等。“对一切无纪律、无政府、违反法制的现象，都必须坚决反对和纠正。”② 他强调指出，“军队非讲纪律不可，纪律松弛是不行的”，对那些不遵守纪律又不执行命令的人，“有的开除军籍，有的降级，要执行纪律。如果军队连这一条都办不到，还叫什么军队！”③ 对于违反党纪的，不管是什么人，都要执行纪律，做到功过分明，赏罚严明，伸张正义，打击邪气。不允许任何人搞特殊，不能对任何人姑息迁就。

邓小平认为，必须注意发挥法规纪律的教育引导作用，不能搞不教而诛和简单粗暴管理。加强法制重要的是要进行教育，根本问题是教育人。他要求在党政机关、军队、企业、学校和全体人民中，都必须加强纪律教育和法制教育。战士从入伍起，就要学习和服从各自所必须遵守的纪律。要通过学习教育，使各级领导干部都知法、懂法。通过法制宣传教育，真正使人人懂得法律，使越来越多的人不仅不犯法，而且能积极维护法律。

在邓小平主持军委工作期间，从 20 世纪 80 年代中期起，全军连续开展了规模浩大的第一个五年普法教育活动，部队形成了学法、守法和用法的良好氛围，广大官兵的法治观念明显得到增强。邓小平提出的加强军队法制教育，增强广大官兵法律意识的思想，为推动全军法制教育制度化、经常化起到了重要作用，为今天深入推进依法治军从严治军奠定了良好的群众基础。

三、江泽民关于人民军队法治建设重要论述

进入 20 世纪 90 代后，我国国防和军队建设所处的历史条件发生了巨大变化。对外开放日益扩大，社会主义市场经济体制改革深入进行，发达国家军队竞相争取高技术质量优势，对我国国防和军队建设提出了崭新的

---

① 《邓小平文选》（第二卷），人民出版社 1994 年版，第 124 页。
② 《邓小平文选》（第二卷），人民出版社 1994 年版，第 360 页。
③ 《邓小平文选》（第二卷），人民出版社 1994 年版，第 82 页。

课题。江泽民主持军委工作以来，把依法治军纳入到依法治国的总体格局中，提出了一系列关于依法治军的指导思想和原则。

（一）贯彻依法治军方针，把国防和军队建设纳入法制的轨道，建设现代化、正规化的革命军队

在1991年年初召开的军委扩大会议上，中央军委确定要坚定不移地贯彻依法治军方针。1999年通过的第三次宪法修正案，肯定了党的十五大提出的依法治国方略。为了适应社会主义民主与法制建设的这一重要发展，江泽民在九届全国人大二次会议解放军代表团全体会议上的讲话中明确提出，要坚持依法治军，保障我军建设更好更快地发展。“全军同志要适应社会主义民主法制建设的这一重要发展，更加自觉地贯彻依法治军的方针，把国防和军队建设事业纳入法制的轨道，做到有法可依，有法必依，执法必严，违法必究。”[①] 在人民军队的发展史上，江泽民鲜明地提出依法治军、从严治军，把它视为我军的优良传统，视为军队建设必须遵循的重要规律，并且进行专门的论述，进一步丰富了人们在法治方面的理性认识。

在长期的军队建设实践中，有些人在思想观念上，总是把法与党的领导、优良传统对立起来。江泽民针对这种错误认识深刻指出，把党关于国防建设和武装力量建设的主张，通过法定程序上升为国家意志，使党对人民军队的领导同依法办事统一了起来，目的是从制度上和法律上保证党对军队的绝对领导，保持人民军队的性质，推动军队现代化建设。“我们党在长期革命斗争实践中积累了丰富的治军经验，形成了一系列卓有成效的治军方式和方法，这是我们建军治军的宝贵财富。思想政治教育、党的政策指导、优良作风建设、党纪政纪约束等，对军队建设和管理具有十分重要的作用，必须始终坚持和发扬。同时，我们治军也必须充分运用法律手段。法制作为一种规范的强制的方式，可以成为发扬我们党治军的优良传统、巩固治军成功经验的有力保障。依法治军作为一种治军方式，不仅不排斥也不取代我们长期建设和管理军队积累的成功方式和方法，而且可以

---

① 《江泽民主席在解放军代表团全体会议上发表重要讲话要求全军站在党和国家工作大局和现代化建设全局高度努力推进人民军队跨世纪发展》，《解放军报》1999年3月13日，第1版。

通过法定程序使其规范化、制度化，从而更好地发挥作用。”①

建设现代化、正规化的革命军队，是我国《宪法》确定的军队建设目标。江泽民在《二十年来军队建设的历史经验》中指出：“正规化建设的一项重要任务，就是把革命化、现代化建设的基本成果和经验，用法规和条令条例的形式确定下来，使军队各项建设都有明确的规范，做到依法治军、从严治军。要按照政治合格、军事过硬、作风优良、纪律严明、保障有力的总要求，加强军队的全面建设，使革命化、现代化、正规化建设的目标贯彻到军队各项工作中去。革命化、现代化、正规化建设相互联系，相互促进，不能把它们割裂开来、对立起来，必须统一考虑，全面推进。”② 这一重要论述，直接揭示出法制在实现军队建设总目标中的重要作用。

（二）逐步建立适应社会主义市场经济发展要求，符合现代军事发展规律，能够体现我军性质和优良传统的军事法规体系

改革开放以来，国家加强了军事立法活动，先后制定和颁布了一系列军事法律、军事法规和军事规章，有力地促进和保障了军队建设和改革的顺利进行。在这个基础上，江泽民明确提出：“我们要继续抓紧军事立法工作，逐步建立适应社会主义市场经济发展要求，符合现代军事发展规律，能够体现我军性质和优良传统的军事法规体系，使军队的各项建设工作都有章可循、有法可依。”③ 在江泽民担任党的总书记、国家主席和中央军委主席期间，全国人大及其常委会、国务院和中央军委加快了军事立法的步伐，《国防法》《人民防空法》《军事设施保护法》《现役军官法》等一批填补空白的法律陆续出台，《兵役法》等也重新修改颁发施行；《司令部条例》《政治工作条例》，以及《内务条令》《纪律条令》《队列条令》《警备条令》和各种作战条令等，还有大量的军事规章或军事行政规章也陆续制定或修订颁布施行，初步建立起了与国家法律制度相适应，基本满足国防和军队现代化建设需要的具有中国特色的军事法规体系，保证了军队更好地履行职能。

在新时期需要军事立法解决的问题很多，江泽民认为应当在重点问题

① 江泽民：《论国防和军队建设》，解放军出版社 2003 年版，第 366—367 页。

② 《江泽民文选》（第二卷），人民出版社 2006 年版，第 275 页。

③ 江泽民：《论国防和军队建设》，解放军出版社 2003 年版，第 367 页。

上有所突破。在军队结构方面，要立足于长远，进一步完善军队体制编制，解决军队领导指挥体制、军队结构和官兵比例等方面存在的问题。在部队建设方面，要通过深化改革，努力使我军形成一套适应社会主义市场经济发展要求的政策制度，以利更好地调动和发挥全军各方面的积极性。在干部制度方面，要真正形成有利于优秀年轻干部脱颖而出的机制，保证干部队伍始终保持活力；要适应社会主义市场经济发展的要求，逐步改革现行的军人安置办法，尽早建立起有中国特色的军队干部转业安置制度。在后勤保障制度问题上，要适应社会主义市场经济发展的要求，改进物资筹措、供应办法，提高经费和物资使用效益；要加强后勤动员工作，逐步形成军民兼容的后勤保障体系。在国防后备力量建设方面，要适应未来军事斗争的特点和发展社会主义市场经济的要求，注重提高质量，完善后备力量建设的组织体制及相关的政策制度。预备役部队和民兵要保持适度规模，优化结构，提高快速动员能力和训练水平，真正做到召之即来，来之能战。要按照“平战结合、军民结合、寓兵于民”的方针，进一步调整和完善国防动员体制，提高国防动员能力。

（三）严格按照条令条例和规章制度管理部队，维护军事法律法规和条令条例的权威性和严肃性

在过去的几十年建设中，人民军队是以严格教育、严格管理、严格纪律著称的。在长期的和平环境下，容易出现管理松懈、作风松散、纪律松弛的现象，江泽民强调必须始终坚持严格训练、严格管理，指出“在新的形势下，一定要坚持从严治军，强化官兵的纪律观念，做到令行禁止，一切行动听指挥。”①。在军队的革命化、现代化、正规化建设中，江泽民认为，强调加强纪律建设，必须依法实施正规化管理。“一定要坚持严格训练，严格管理，用条令、条例和规章制度来规范和约束官兵的言行，做到令行禁止，赏罚严明。”② 他指出，“各级领导机关和领导干部，要进一步强化正规化意识，强化法制观念，强化条令条例意识，摒弃管理工作中的随意性，带头学条令条例、用条令条例，严格按照条令条例和规章制度管理部队，建立正规的战备、训练、工作和生活秩序，不断提高我军的正

---

① 江泽民：《论国防和军队建设》，解放军出版社 2003 年版，第 145 页。

② 中央军委办公厅编：《毛泽东、邓小平、江泽民关于军队建设论述选编》，解放军出版社 1997 年版，第 435 页。

规化水平”[①]。军事法律法规和条令条例，是我军建设的法律依据，不论是谁，都要自觉遵守，严格执行。一旦违反了，都必须依法追究，严肃处理。

部队中出现案件或事故，纪律松弛是一个重要原因，与有法不依、有章不循密切相关。江泽民强调要把加强纪律建设摆在部队管理工作的重要位置，切实纠正纪律方面存在的突出问题。全军要进一步强化纪律观念，养成严守纪律、令行禁止的好作风，保证政令、军令的畅通。“严明纪律不能只盯着基层，应该既盯着下面的基层官兵，又盯着上面的领导干部、领导机关，而且要首先从领导干部、领导机关严起。”[②] 解决官兵关系中存在的问题，主要在干部，主要在干部对待战士的态度。不论情况如何变化，官兵一致的原则绝不能变。要把密切官兵关系作为新形势下的一项政治任务，作为部队的一项经常性、基础性工作，认真抓好。尊干爱兵的教育要增强针对性，搞得更有成效，打好官兵一致、官兵团结的思想政治基础。同时要发扬三大民主，落实士兵参与部队管理的民主制度。对于打骂体罚士兵、侵占士兵利益的人和事，必须严肃查处，绝不能袒护姑息。

在江泽民担任中央军委主席期间，建立健全了军事执法体制和司法体制，强化和扩展了军队各级保卫部门、检察机关和审判机关的司法职能，使国防和军队建设中法律规范得到了有效的贯彻实施。在师（旅）级以上机关编配律师，使军队各级领导机关的决策和部队官兵涉法问题的解决有了充分的法律服务保障。连续进行大规模的普法教育活动，统一部署军队内部的普法教育，在院校设立专门的法律课程，使军人的法治观念有了明显增强，保证了法律在军队内部得到有效的实施。

（四）各级领导干部要努力学习法律知识，严格按照法规、制度和纪律办事

随着社会主义市场经济的发展和国家法制建设水平的提高，部队与外部的很多联系都会通过法律关系体现出来。妥善处理新时期的军政军民关系，管好部队带好兵，除了依靠教育和行政的手段外，还必须依靠法律的

① 中共中央文献研究室编：《十四大以来重要文献选编》（下册），人民出版社1999年版，第2145页。

② 中共中央文献研究室编：《十四大以来重要文献选编》（下册），人民出版社1999年版，第2145页。

手段。各级领导干部要努力学习法律知识，增强法制观念和依法办事的能力，学会用法规制度教育、引导和管理部队，协调和处理内外关系和各种矛盾，“有的干部不懂法律，自己违法，有的自己‘立法’搞土政策。这种现象必须坚决纠正”①。

在新的形势下，有少数高中级领导干部放松对自己的要求，经受不住灯红酒绿的考验，走上了违法犯罪的道路。针对这种现象，江泽民明确指出，“治军要严，首先对高级干部要严。高级干部要成为听从指挥、严守纪律、严格执行规章制度的模范。要不折不扣地贯彻执行党中央、中央军委的决策、命令、指示，保证政令、军令的畅通”②。“我们的领导干部千万不要以为自己入党几十年了，不需要改造思想了。谁不注意改造思想，谁就会栽跟头、犯错误。我们一定要自觉地将自己置于党和群众的监督之下，增强自我约束能力，同时还要教育好自己的亲属子女，管好身边的工作人员，严格按照法规、制度和纪律办事”③。领导干部要从自身严起，处处率先垂范，以良好的形象影响和带动部队。领导干部要带头增强组织纪律观念，做到令行禁止。无论哪一个高中级干部发生了问题，都要严肃查处，决不能大事化小，小事化了，更不能捂着不报，养痈遗患。

（五）学习掌握国际法这个斗争武器

江泽民十分重视运用政治、经济、法律手段来调整对外关系和处理国际事务，重视利用国际法来保护我国的权益。江泽民指出，国际法是一个斗争武器，不了解国际法，说话就没有准头，人家一听就知道你不懂。如果我们对国际法研究得比较透，在国际上进行斗争就有依据了。否则，就会老是“挨打”，老是处于被动地位，本来有理的，有时也变得没有理了。仅仅有斗争精神是不够的，我们还要斗智。要知己知彼，掌握国际法，才能斗得有理、有利、有节。

只有掌握国际法，才能充分利用这个武器为我所用。江泽民指出，“所有代表国家从事政治、经济、文化、司法等工作的同志，也都要学习国际法知识。有些地方和部门的干部，由于缺乏国际法知识，在实际工作

① 江泽民：《论国防和军队建设》，解放军出版社2003年版，第140页。

② 中共中央文献研究室编：《十四大以来重要文献选编》（上册），人民出版社1996年版，第826页。

③ 江泽民：《论国防和军队建设》，解放军出版社2003年版，第133页。

中吃了不少亏。这种教训应该引以为戒。办法就是加强学习，加深了解国际法所确认的基本原则、通行惯例及发展趋势。”[①]。在国际法的学习上，江泽民强调领导干部要加强对国际法的研究，利用现代传媒开展法律战，争取政治主动和军事斗争的胜利，尤其是“要善于运用国际法这个武器，来维护我们的国家利益和民族尊严，伸张国际主义，牢牢掌握国际合作与斗争的主动权。”[②]

四、胡锦涛关于人民军队法治建设重要论述

胡锦涛主持中央军委工作以来，站在时代前沿和战略高度，就新形势下如何依法治军、从严治军和全面加强人民军队的法治建设，先后作出了一系列重要论述。这些重要论述是党和国家加强人民军队法治建设理论和实践经验的科学结晶，是对毛泽东、邓小平、江泽民人民军队法治建设理论的继承、丰富和发展。

（一）要始终不渝地坚持党对军队绝对领导的根本原则和制度，自觉按照依法治军的要求，把军队建设逐步纳入法制化的轨道

2004年12月，胡锦涛在中央军委扩大会议上，在论述如何把中国特色军事变革推向前进的重大课题时，特别强调在推进中国特色军事变革的进程中，我们要高度重视军事法制建设，自觉按照依法治军的要求，把军队建设逐步纳入法制化的轨道。

近几场局部战争和武装冲突，凸显了发达国家军队的高技术优势。以高技术为支撑的现代武器装备投入实战，促使人们把目光集中在推进国家的军事变革上。推进国家的军事变革，不仅仅依靠现代科学技术，而且还必须重视发挥好法律的规范、促进和保障作用。必须通过立法、执法、司法和守法等活动，把军事变革过程中涉及的各种因素和环节有机地统一起来，把高技术应用、编制体制和作战指挥等有机地联结起来，使之成为推进军事变革的重要手段和实现途径。

为了更好发挥军事法治建设在加快推进军事变革中的作用，实现依法治军，胡锦涛多次要求，全军同志要正确认识形势，坚决履行新世纪

---

① 江泽民：《在中共中央举行的法律知识讲座上关于国际法的讲话（摘要）》，《中国国际法年刊》（1996年），法律出版社1997年版，第4页。

② 《中共中央举行国际法知识讲座》，（1996年12月9日），《人民日报》1996年12月10日，第1版。

新阶段党和人民赋予的历史使命，要不断增强政治责任感，增强忧患意识，密切关注世界战略格局的发展，关注台海局势的走向，关注社会各种不稳定因素的影响，做到居安思危、常备不懈。尤其是要“始终不渝坚持党对军队绝对领导的根本原则和制度”①，“真正贯彻和体现到党的思想、组织、作风、制度建设各个方面，充分发挥党委的核心领导作用、党支部的战斗堡垒作用和共产党员的先锋模范作用，确保部队在任何时候任何情况下都坚定地听党的话、跟党走。”② “要把坚持党的领导、人民当家作主和依法治国有机统一起来，不断改革和完善党的领导方式和执政方式，不断提高党的执政能力和领导水平”③，加快实现人民军队建设法制化。

（二）进一步完善具有我军特色的军事法规体系，加强军队正规化建设

实现军队正规化必须依靠法治化，法治化是军队正规化的核心要素，是实现正规化的必由之路和法治保障。为此，必须加快构建作为法治基础的军事法规体系。完善军事法规体系是指国家和军队的直接调整军事领域各种社会关系的法律、法规和规章，能够形成一个统一的形式完备、门类齐全、结构严谨、内容和谐的有机整体。胡锦涛指出，要有针对性地加强军事立法工作，进一步完善具有我军特色的军事法规体系，使军队各项建设和工作都有章可循、有法可依。要抓好条令条例和规章制度的落实，克服有法不依、执法不严、违法不究的现象。“要把依法治军作为正规化建设的基本要求，加强军事法制建设，把革命化、现代化建设和部队管理中创造的成功治军经验及时用法规形式确定下来，完善军事法规体系，依照条令条例和规章制度规范军队各项建设和工作，使军队建设进一步走上法制化的轨道。”④

中国特色军事变革的一项重要任务，就是在推进军队现代化的进程中加强军队正规化建设。我们要以加强军队正规化建设为目标，保持部队正规的战备、训练、工作和生活秩序。2006 年 3 月 11 日，胡锦涛主

---

① 《胡锦涛文选》第三卷，人民出版社 2016 年版，第 465 页。

② 胡锦涛：《坚决履行好党和人民赋予的神圣使命》，《解放军报》2005 年 4 月 15 日，第 1 版。

③ 《胡锦涛文选》第三卷，人民出版社 2016 年，第 461 页。

④ 《胡锦涛文选》第三卷，人民出版社 2016 年，第 393 页。

席出席十届全国人大四次会议解放军代表团全体会议，在发表的重要讲话中明确指出："要深入研究信息化条件下和社会主义市场经济环境中建军治军的特点规律，贯彻依法治军、从严治军的方针，推动正规化建设向更高水平发展。"新的历史条件赋予我军正规化建设新的时代内涵，提出了新的任务和标准。我们要"解放思想、实事求是、与时俱进，着力推进军事组织体制创新和军事管理创新，切实解决关系军队长远发展、关系广大官兵切身利益的实际问题，积极探索具有我军特色的科学管理模式，不断提高现代管理水平"，① 使我军的正规化建设不断地向更高的阶段发展，形成一整套既继承我军优良传统又体现时代特征、既有中国特色又符合现代军队建设一般规律的成熟的组织模式、制度安排和运行方式。

胡锦涛认为，在体制编制上，我军今后体制编制调整改革总的方向，是逐步建立起适应武器装备现代化发展水平和信息化条件下作战方式变化的新型体制编制。在兵役、工资、住房上，兵役制度、军人转业退伍安置制度以及工资福利制度、住房制度、医疗保障制度和军人社会保险制度，都要根据社会主义市场经济发展和国家劳动人事制度、公务员制度、社会保障方式改革的趋势，积极主动地同国家有关部门协调，逐步进行调整改革；在训练和教育上，为了提高我军的现代化联合作战能力，必须大力加强联合训练，建立和完善有利于开展联合训练的体制机制；在装备管理上，要加快建立和完善适应社会主义市场经济特点和武器装备发展规律的竞争、评价、监督和激励机制，积极推进装备采购制度改革，努力提高装备建设的质量和效益。

（三）做到用制度管权、用制度管事、用制度管人，抓好条令条例和规章制度的落实

2005年3月13日，胡锦涛在《十届全国人大三次会议解放军代表团全体会议上的讲话》中指出："要严格执行条令条例和各项规章制度，认真抓好作风纪律养成，切实解决管理松懈、作风松散、纪律松弛的问题，确保部队高度稳定和集中统一，不断提高部队的正规化建设水平。"他还提出，要提高制度建设的质量和水平，着力提高制度的科学性、系统性、

---

① 胡锦涛：《坚持把科学发展观作为重要指导方针推动国防和军队建设又快又好地发展》，《解放军报》2006年3月12日，第1版。

权威性，做到用制度管权、用制度管事、用制度管人。[①]。

军队条令条例是军事法规的重要表现形式，是一种从属于宪法和军事法律的规范性文件。中央军委颁布了一系列有关军事、政治、后勤和装备工作的条令条例。胡锦涛认为，抓从严治军，很重要的一条就是要抓好条令条例和规章制度的落实，克服有法不依、执法不严、违法不究的现象。要坚持依法治军，依据条令条例和规章制度来指导和开展工作。对于法规制度已经有明确规定的经常性、基础性工作，主要是抓好落实。开会和发文电，要重在解决实际问题，不能过多、过滥。大项工作安排，一定要实事求是，充分考虑部队的实际承受能力，各级机关不能层层加码。军队建设中存在的不合理、不规范、低效率的问题，从根本上来说，需要寻找一种好的法规制度，使其发挥长期、稳定的规范、促进和保障作用。但从部队发生的一些问题看，我们在求真务实上还有一些差距和不足，形式主义、官僚主义在一些单位还程度不同地存在。主要表现在：有的工作指导思想不够端正，热衷于做表面文章，甚至弄虚作假；有的工作浮在面上，对部队的真实情况不深入了解，对基层的一些困难和问题关心、解决不够；有的工作方式不科学，对基层的实际考虑不够，会议多、文电多、工作组多，使基层难以集中精力抓落实；有的精神不够振奋，工作缺乏高标准，敷衍了事，回避矛盾，得过且过。这些问题如不切实解决，再好的政策部署都会落空。军队是要打仗的，我们抓各项工作，任何时候都要硬碰硬、实打实，来不得半点飘浮和虚假，否则一旦打起仗来就要吃大亏，就会付出惨痛的代价。

（四）要进一步强化全军官兵的法制意识，增强各级领导干部依法办事和依法指导开展工作的能力，不断提高依法治军水平

官兵有了自觉地认识法律、自觉地遵守法律的意识，才能够在实践中自觉地履行法定的职责，自觉选择符合法律规定的行为，力戒不法行为，主动地同违法犯罪作斗争。胡锦涛指出，要进一步强化全军官兵的法制意识，增强各级领导干部依法办事的能力，不断提高依法治军水平。在新的形势下，有意识地强化全军官兵的法制意识，增强各级领导干部依法办事的能力，对于贯彻依法治军、从严治军的方针，具有非常重要的现实意义。

---

① 《十六大以来重要文献选编》（下），中央文献出版社2008年版，第182页

我军团以上部队和相当团以上部队的单位设立的党的委员会，是各级单位统一领导和团结的核心。胡锦涛要求各级党委要高度重视决策工作，树立现代决策理念，掌握和运用现代决策方法，“要坚持科学决策、民主决策、依法决策”；“努力提高科学决策、民主决策、依法决策的水平，保证重大决策的正确性”；“要建立健全科学决策机制，完善决策规则和程序，克服决策的随意性和片面性。重视发挥专家和咨询机构的作用，实行领导决策与专家辅助决策相结合”；“各级党委要自觉以国家的法律法规和军队的规章制度作为决策的基本依据，坚决防止和克服言重于法、权高于法、情大于法等错误倾向，杜绝有法不依、有章不循和集体违规现象发生。对严重违法和造成重大损失的决策，应追究决策者的责任”①。

（五）要把从严治军与依法治军统一起来，从严治军作为全局性、基础性、长期性工作紧抓不放

从严治军具有全局性、基础性、长期性。保障从严治军方针的落实，是人民军队法治建设的重点。我军是由数百万人组成的武装集团，任何一名官兵的行为偏离法律的规范，都有可能损害正规的战备秩序、训练秩序、工作秩序和生活秩序。胡锦涛强调指出，要把从严治军作为全面性、基础性、长期性工作紧抓不放，坚决贯彻到军事、政治、后勤、装备建设的各个领域，贯彻到部队工作的方方面面，贯彻到战斗力建设的全部过程；要坚持以作风纪律建设为核心，以领导干部和机关为重点，严格按照条令条例管理部队，要严格执行条令条例和规章制度，从根本上克服管理松懈、作风松散、纪律松弛的现象，确保部队的高度稳定和集中统一。

2005 年 3 月 13 日，胡锦涛在十届全国人大三次会议解放军代表团全体会议上，论述了如何坚决履行新世纪新阶段我军历史使命，开创国防和军队现代化建设新局面的问题。他明确指出从严治军是军队建设的铁律，治军不严，祸患无穷。要紧密结合新的形势和任务，在加强部队思想政治教育的针对性、实效性上下功夫，在抓基层、打基础上下功夫，在克服形式主义、官僚主义上下功夫，把从严治军真正落到实处。从严治军要从领导机关抓起，从领导干部特别是高中级干部做起，努力为部队做好样子。各级领导和机关要始终把工作重心放在基层。基层是军队全部工作和战斗

① 胡锦涛：《切实提高部队各级党委贯彻落实科学发展观的能力》，《树立和落实科学发展观理论读本》，解放军出版社 2006 年版。

力的基础。基础不牢，地动山摇。这个道理要反复讲。要按照《军队基层建设纲要》抓好基本教育和基本队伍、基本制度、基本设施建设，加大经常性、基础性工作落实的力度。深刻理解胡锦涛关于依法治军、从严治军的一系列重要论述，切实按照其精神和实质，把法律规范作为每一名官兵的行为准则，把依法办事作为开展工作的基本方针，把懂法知法作为个人的基本素质，把落实规章制度作为领导干部和机关的基本职责。

（六）充分尊重官兵的主体地位，维护官兵的合法权益

针对新形势下官兵关系出现的问题，胡锦涛多次强调，在军队建设中，必须充分尊重官兵的主体地位和创造精神，心系基层、情系官兵，切实维护好官兵权益，不断改善官兵的物质文化生活条件。"在制定重大决策过程中，要充分发扬民主，群策群力，集思广益，在确保军事秘密安全的前提下增强决策的透明度和公开性。""坚持以人为本，对军队自身建设来说，就是要尊重官兵主体地位，发挥他们在军队建设中的主体作用。""要维护官兵正当民主权益，加强新形势下军队内部政治民主、经济民主、军事民主建设。官兵一致、尊干爱兵是我们党建军的重要原则。要认真研究解决新形势下官兵关系出现的新情况新问题，广泛深入地开展尊干爱兵教育，增强基层干部和骨干依法带兵、以情带兵、文明带兵、科学带兵的意识和能力，进一步巩固和发展我军团结、友爱、和谐、纯洁的内部关系。"①。要把关心官兵个人发展与从严治军统一起来，严格制度、严格纪律、严格训练、严格管理，做到令行禁止。要把尊重官兵权益与确保一切行动听指挥统一起来，教育广大官兵正确认识军人的义务和权益，自觉地为祖国、人民和军队多做贡献。要坚持以人为本，真心实意地为基层办实事、解难事、做好事。

五、习近平关于新时代依法治军重要论述

党的十八大以来，以习近平同志为核心的党中央着眼建设一支听党指挥、能打胜仗、作风优良的人民军队，鲜明提出依法治军、从严治军是强军之基，是我们党建军治军的基本方略，领导我军加快构建中国特色军事法治体系，加快实现治军方式根本性转变，奏响了人民军队法治建设的时

---

① 《胡锦涛文选》第三卷，人民出版社2016年，第399—400页。

代强音。①习近平关于新时代依法治军的重要论述是习近平强军思想的重要内容，是改革开放以来党的军事指导理论和依法治军方略发展的最新成果，为坚持政治建军、改革强军、科技兴军、依法治军，在法治轨道上积极稳妥推进国防和军队改革，全面提升国防和军队建设法治化水平，加快实现党在新时代的强军目标提供了根本引领和科学指南。习近平高度重视全面加强中国特色社会主义法治建设，全面提出了加强法治中国建设的战略构想和新时代依法治军战略思想，深刻阐明了人民军队法治建设的战略地位、根本原则和目标任务，丰富发展了党的军事法治指导理论。

（一）将依法治军上升为党的建军治军基本方略

在人民军队建设发展的长期实践中，我们不仅取得了举世瞩目的伟大成就，也积累了丰富的建军治军经验，坚持依法治军就是其中一条重要经验。依法治军与从严治军紧密相连、互为倚重、相辅相成，习近平明确提出依法治军从严治军是我们党建军治军的基本方略，要求全军官兵要牢记依法治军、从严治军这个强军之基，坚持以纪律建设为核心，下大气力整肃军纪，培养官兵自觉而又严格的组织纪律观念，坚决克服管理松懈、作风松散、纪律松弛现象。加强军事法制建设，提高法规制度执行力，坚决克服有法不依、执法不严、违法不究现象。习近平指出，要把依法治军、从严治军抓得更加扎实有效。厉行法治、严肃军纪，是治军带兵的铁律，也是建设强大军队的基本规律。②

2013 年 3 月 11 日，习近平在出席十二届全国人大一次会议解放军代表团全体会议时提出，建设一支听党指挥、能打胜仗、作风优良的人民军队，是党在新形势下的强军目标。依法治军从严治军，是实现党对军队绝对领导的重要保证。依法治军从严治军必须为党的强军目标服务。习近平指出，深入推进依法治军、从严治军，必须紧紧围绕强军目标，着眼全面加强革命化现代化正规化建设，坚持党对军队绝对领导，坚持战斗力标准，坚持官兵主体地位，坚持依法和从严相统一，坚持法治建设和思想政治建设相结合，创新发展依法治军理论和实践，构建完善的中国特色军事

---

① 《奏响人民军队法治建设时代强音——以习近平同志为核心的党中央领导和推进强军兴军纪实之五》，新华社，http：//www. xinhuanet. com//2017-09/18/c_ 1121684015. htm。

② 《习近平：贯彻全军政治工作会议精神 扎实推进依法治军从严治军》，新华网，http：//www. xinhuanet. com//politics/2014-12/15/c_ 1113651315. htm。

法治体系，提高国防和军队建设法治化水平。习近平提出，一个现代化国家必然是法治国家，一支现代化军队必然是法治军队。军队越是现代化，越是信息化，越是要法治化。只有进一步把党关于国防和军队建设主张和治军成功经验从制度上、法律上确定下来，健全完善军委主席负责制的军事领导体制机制，才能确保党的意志主张和决策部署得到不折不扣贯彻执行，确保部队绝对忠诚、绝对纯洁、绝对可靠。

2015 年 2 月，经习近平主席批准，中央军委印发的《关于新形势下深入推进依法治军从严治军的决定》，对加强军队法治建设作出全面部署，要求全军用强军目标引领军事法治建设，强化法治信仰和法治思维，按照法治要求转变治军方式，形成党委依法决策、机关依法指导、部队依法行动、官兵依法履职的良好局面，提高国防和军队建设法治化水平。[①]习近平特别强调要强化全军法治信仰和法治思维，按照法治要求转变治军方式，首先要让法治精神、法治理念深入人心，使官兵信仰法治、坚守法治。

为全面推进依法治军从严治军任务目标的落实，习近平指出，我们要深入掌握党的军事指导理论的科学内涵、精神实质、基本要求，用以指导新的历史条件下军队建设和军事斗争准备，始终保持国防和军队建设正确方向，研究新情况、解决想问题、总结新经验，开拓马克思主义军事理论和当代中国军事实践发展新境界。他还强调，要坚持立法同改革相衔接，抓紧做好法规制度立改废释工作，确保改革在法治轨道上推进；要充分认识深化国防和军队改革与按照法治要求转变治军方式具有内在一致性，必须坚持立法与改革相衔接，做好军事法规制度的立改废释工作。这就需要适应打赢信息化时代战争的需要，加快建立一整套符合现代军事发展规律、体现我军特色的科学的组织模式、制度安排和运作方式，推动军队正规化建设向更高水平发展。

（二）加快实现国防和军队建设法治化

2012 年 11 月，党的十八大提出要“加快建设社会主义法治国家”[②]，

---

① 《中国军队深入推进依法治军从严治军》，新华网，http：//www.xinhuanet.com/mil/2015-02/26/c_1114446607.htm。

② 中国共产党十八大报告：《坚定不移沿着中国特色社会主义道路前进 为全面建成小康社会而奋斗》。

2014年10月十八届四中全会首次提出国防和军队建设法治化的目标任务，指出“创新发展依法治军理论和实践，构建完善的中国特色军事法治体系，提高国防和军队建设法治化水平。”[①] 习近平深刻指明深入推进依法治军从严治军是实现国防和军队建设法治化的基本路径，从而使不断提高国防和军队建设法治化水平成为新形势下全面加强国防和军队建设的重要战略目标。党和国家高度重视国防和军队法治建设，将其作为国家法治建设的重要组成部分，与法治国家建设一体推进。2015年2月中央军委专门作出《关于新形势下深入推进依法治军从严治军的决定》，进一步明确了全面提高国防和军队建设法治化水平的目标要求。党的十九大再次将“全面从严治军，推动治军方式根本性转变，提高国防和军队建设法治化水平”[②] 作为重要任务。

加快实现国防和军队建设法治化是习近平新时代依法治军战略思想的重要内容，也是一个庞大的复杂系统，在横向构成上既包括国家武装力量内部的法治建设，也包括与军事相关的其他国防领域的法治建设，其覆盖领域和范畴涉及对国家国防领域包括武装力量建设和政府、社会、公民等各类国防行为的法治规范。在全面推进依法治国的背景下，建设法治国家、法治政府和法治社会必然要求建设一支法治军队。因此，依法治军必须纳入依法治国的总体部署和规划，与依法治国和法治中国的建设进程同步发展，努力建设一支与法治国家、法治政府、法治社会相称的法治军队。建设法治军队是依法治军的核心内容，也是国防和军队建设法治化的基本目标，其根本目的在于以国防和军队法治化引领和推进国防和军队改革，通过坚持法治思维和法治方式改进治军方式，全面提高部队的战斗力，保证党的新时代强军目标的实现。

《中央军委关于新形势下深入推进依法治军从严治军的决定》，深入贯彻习近平关于依法治军的重要论述，明确了将法治军队建设纳入法治中国建设总进程的任务要求和举措部署。

一是与国家法律体系相衔接，不断健全完善具有我军特色的军事法规制度体系。军事法规制度是军队建设和部队行动的基本依据，是规范官兵

---

① 《中共中央关于全面推进依法治国若干重大问题的决定》。

② 中国共产党十九大报告：《决胜全面建成小康社会 夺取新时代中国特色社会主义伟大胜利》

行为的基本准则。习近平指出："要完善立法机制，规范立法权限，加强立法顶层设计，把立法质量提高到一个新水平。"①。他还深刻把握军事法治建设规律，审时度势，鲜明提出构建完善的中国特色军事法治体系，形成系统完备、严密高效的军事法规制度体系、军事法治实施体系、军事法治监督体系、军事法治保障体系。这些重要决策指示，立起了军队法治建设的"四梁八柱"，为构建中国特色军事法治理论体系提供了科学依据。

二是按照厉行法治要求，加大军事法规制度执行力度。依法治军从严治军，重在严格执法。习近平要求"要坚持法治、反对人治""领导干部要讲政德"②，必须抓住领导干部这个"关键少数"，既讲法治又讲德治，把法律和道德的力量、自律和他律紧密结合起来，形成以上率下的"头雁效应"，牢固确立法律红线不能触碰、法律底线不能逾越的观念。因此，必须着力推进军队领导管理模式和运行机制法治化，完善执法制度，健全执法监督机制，严格责任追究，坚持有法必依、执法必严、违法必究，使厉行法治、严肃军纪成为铁律。

三是健全完善军队法治工作体制，强化军队法治工作机构职能作用。"党的十八大以来，党中央把政法工作摆到更加重要的位置来抓，作出一系列重大决策，实施一系列重大举措，维护了政治安全、社会安定、人民安宁，促进了经济社会持续健康发展。"③ 军改前，我军法治专门机构体制机制不顺、力量薄弱、职能不完备，法律服务保障力量分散，严重制约了职能作用发挥。因此，加快健全军队法制工作体制、深化军事司法体制改革、调整纪检监察和审计体制机制、完善军事法律人才培养管理机制等方面取得实质性进展。"要加强和改进对政法工作的领导，选好配强政法机关领导班子，不断提高政法队伍思想政治素质和履职能力，培育造就一支忠于党、忠于国家、忠于人民、忠于法律的政法队伍，确保刀把子牢牢

① 《奏响人民军队法治建设时代强音——以习近平同志为核心的党中央领导和推进强军兴军纪实之五》，新华社，http：//www. xinhuanet. com/politics/2017-09/18/c_ 1121684015. htm。

② 《新华社评论员：厉行法治 常修政德》，新华网，http：//www. xinhuanet. com/comments/2018-03/11/c_ 1122518547. htm。

③ 《习近平出席中央政法工作会议并发表重要讲话》，新华网，http：//www. xinhuanet. com/politics/leaders/2019-01/16/c_ 1123999899。

掌握在党和人民手中"①。同时，指出了与国家法治建设协调发展、健全完善军队法治工作体制的重点工作。《中央军委关于新形势下深入推进依法治军从严治军的决定》明确要求，要健全完善军队法治工作体制，强化军队法治工作专门机构职能作用，在健全军事法制工作体制、深化军事司法体制改革、调整纪检监察和审计体制机制、完善军事法律人才培养管理等方面取得实质性进展。

四是强化官兵法治理念和法治素养。习近平多次强调弘扬社会主义法治精神、增强全社会学法尊法守法用法意识。他指出，法律必须被遵守，法治必须被信仰，否则就形同虚设了。着眼于国防和军队建设法治化与国家法治化建设同步推进，习近平还强调"要增强全军法治意识"，"深入推进依法治军、从严治军，首先要让法治精神、法治理念深入人心，使全军官兵信仰法治、坚守法治"，"要提高运用法治思维和法治方式深化改革、推动发展、化解矛盾、维护稳定能力"②，着力增强法规制度执行力，狠抓条令条例和规章制度落实，坚决杜绝有法不依、执法不严、违法不究的现象。要把纪律建设作为核心内容，强化官兵号令意识，培养部队严守纪律、令行禁止、步调一致的良好作风；要在全军深入开展法治宣传教育，把法治教育训练纳入部队教育训练体系，把培育法治精神作为强军文化建设的重要内容，引导广大官兵把法治内化为政治信念和道德修养，外化为行为准则和自觉行动。

五是坚持在法治轨道上积极稳妥推进国防和军队改革。这次深化国防和军队改革，要建立健全一整套适应信息化战争和履行军队使命任务要求的体制编制、管理模式、制度安排、运作方式，完善和发展中国特色社会主义军事制度。习近平指出："凡属重大改革都要于法有据。在整个改革过程中，都要高度重视运用法治思维和法治方式，发挥法治的引领和推动作用，加强对相关立法工作的协调，确保在法治轨道上推进改革。"③ 深化国防和军队改革与按照法治要求转变治军方式具有内在一致性，必须坚

① 《"平语"近人——习近平心中的政法工作》，新华网，http：//www. xinhuanet. com/politics/ 2016-01/23/c_ 128659704. htm。

② 《奏响人民军队法治建设时代强音——以习近平同志为核心的党中央领导和推进强军兴军纪实之五》，新华社，http：//www. xinhuanet. com/politics/2017-09/18/c_ 1121684015. htm。

③ 《习近平：把抓落实作为推进改革工作的重点 真抓实干蹄疾步稳务求实效》，《人民日报》2014年3月1日，第1版。

持立法同改革相衔接，做好军事法规制度的立改废释工作，确保深化国防和军队改革在法治轨道上积极稳妥推进。我们要着力处理好改革和法治的关系。改革和法治相辅相成、相伴而生。在法治下推进改革，在改革中完善法治，必须坚持重大改革依法决策，建立健全科学规范、行之有效的改革决策机制、专家咨询机制和官兵有序参与机制；坚持改革与立法衔接协调，健全改革工作机构与法制工作机构协调配合机制，保证重大改革项目都有明确的法规制度立改废方案；坚持以法的强制力保障改革任务的圆满完成，严肃改革纪律，严格责任追究。贯彻落实这些举措，有利于改革与法治同步推进，增强改革的穿透力，确保改革在法治轨道上有力有序推进。

（三）全面深入推进依法治军

在系统阐述依法治军在国防和军队建设以及全面推进依法治国战略布局中的地位和作用的基础上，习近平还紧紧围绕实现党在新时代的强军目标，对深入推进依法治军、不断提升国防和军队建设法治化水平提出了明确要求。

1. 深入推进依法治军、从严治军，必须坚持把党对军队绝对领导作为核心和根本要求。党的十八大以来，习近平扭住坚持党对军队绝对领导这个关键，作出一系列重大决策指示，通过一系列体制设计和制度安排，进一步完善了党对军队绝对领导的根本原则和制度。我国宪法确立了中国共产党的领导地位，这是历史形成的，是人民的选择。坚持党的领导，也是社会主义法治的根本要求，是中国特色国防和军事制度的最本质特征，是社会主义法治最根本的保证。坚持从思想上政治上建设部队，是我军建设的一条基本原则。军队思想政治建设的根本，是毫不动摇地坚持党对军队的绝对领导。坚持党对军队的绝对领导，是我军永远不变的军魂，对巩固党的执政地位、保证社会主义红色江山永不变色具有极其重要的意义。习近平指出：“坚持党对人民军队的绝对领导。建设一支听党指挥、能打胜仗、作风优良的人民军队，是实现“两个一百年”奋斗目标、实现中华民族伟大复兴的战略支撑。”①

依法治军从严治军，是党对军队绝对领导的法律保障。深入推进依法

① 《习近平：坚持党对人民军队的绝对领导》，中国军网，http：//www. 81. cn/jmywyl/2017-10/18/content_ 7791373. htm。

治军从严治军进程中坚持把党对军队绝对领导作为核心和根本要求，就是要善于运用宪法、法律和法规的特有功能，实现党对军队绝对领导的法治化、制度化、规范化。坚持党对国防和军队法治建设的领导不仅是植根于人民军队的历史渊源、光荣传统和人民的信任，更重要的是源于国家宪法和法律的规定。宪法赋予了党对国家的领导原则，是党对国防和军队法治建设实施领导的最高法律依据。

习近平明确指出，我军是执行党的政治任务的武装集团，“我军之所以能够战胜各种艰难困苦、不断从胜利走向胜利，最根本的就是坚定不移听党话、跟党走。这是我军的军魂和命根子，永远不能变，永远不能丢。军队党的建设的首要任务是确保党对军队的绝对领导，这也是对军队党的建设的根本要求”①，要“要把铸牢军魂抓得紧而又紧，确保部队在任何时候任何情况下都坚决听从党中央、中央军委指挥”②，始终高举旗帜、听党指挥，这是党和人民对军队的根本政治要求。。习近平还强调指出，党对军队的绝对领导有一系列根本原则和制度，无论战争形态怎么演变、军队建设内外环境怎么变化、军队组织形态怎么调整，都必须始终不渝坚持，要把这一根本制度作为最高的政治要求来遵守，作为最高的政治纪律来维护。“必须毫不动摇坚持党对军队的绝对领导，确保人民军队永远跟党走。党对军队的绝对领导是中国特色社会主义的本质特征，是党和国家的重要政治优势，是人民军队的建军之本、强军之魂。”③

要坚持党对军队绝对领导的根本原则和一系列制度。我们党在长期实践中形成的一整套领导军队的原则制度，对于保证我军经受住血与火的洗礼、经受住重大政治考验发挥了重要作用，必须始终坚持，绝不含糊。要坚决维护党的政治纪律。政治纪律是最重要、最根本的纪律。必须不断强化官兵的政治意识、大局意识、核心意识、看齐意识，确保政令军令畅通，确保任何时候任何情况下都坚定地与党中央、中央军委保持高度一

① 《坚持党对军队的绝对领导，习主席这些重要论述请牢记》，中国军网，http：//www. 81. cn/jwgz/2018-08/28/content_ 9265480_ 2. htm。

② 《习近平：贯彻全军政治工作会议精神 扎实推进依法治军从严治军》，新华网，http：//www. xinhuanet. com//politics/2014-12/15/c_ 1113651315. htm。

③ 《在庆祝中国人民解放军建军 90 周年大会上的讲话》，《解放军报》2017 年 8 月 2 日，第 1 版。

致，确保坚决听党指挥。要认真贯彻党中央、中央军委关于理论学习的一系列制度要求，深化培育当代革命军人核心价值观，推动理论武装制度化。要通过严格落实学习制度和理论武装制度，坚定党对军队绝对领导的政治自信和政治自觉，打牢官兵高举旗帜、听党指挥的思想政治基础。

2. 深入推进依法治军从严治军，必须坚持战斗力这个唯一的根本的标准。军队的根本职能是能打仗，打胜仗。战斗力是古往今来任何一支军队的立身之本。因此，深入推进依法治军从严治军、提高国防和军队建设法治化水平的重要目标和根本标准就是提高战斗力。

习近平紧紧抓住发挥人民军队职能作用的核心功能，明确提出“听党指挥是灵魂，决定军队建设的政治方向；能打胜仗是核心，反映军队的根本职能和军队建设的根本指向”①，坚持把依法治军、建设法治军队落实到全面提高部队战斗力上。他反复强调，依法治军、建设法治军队的根本目的之一是要为提高部队战斗力服务，“要扭住能打仗、打胜仗这个强军之要，强化官兵当兵打仗、带兵打仗、练兵打仗思想，牢固树立战斗力这个唯一的根本的标准，按照打仗的要求搞建设、抓准备，确保部队召之即来、来之能战、战之必胜。”② 我们必须扭住能打仗、打胜仗这个强军之要。战场打不赢，一切等于零。军队是要准备打仗的，一切工作都必须坚持战斗力标准，向能打仗、打胜仗聚焦。依法治军必须向提高战斗力聚焦用力，切实把战斗力标准贯彻到部队建设全过程和各方面，特别是要创新军事力量运用政策制度，适应国家安全战略需求，聚焦能打仗、打胜仗，创新军事战略指导制度，构建联合作战法规体系，调整完善战备制度，形成基于联合、平战一体的军事力量运用政策制度，全面履行新时代我军使命任务。”③ 习近平强调，“实现党在新时代的强军目标、把人民军队全面建成世界一流军队，必须扭住能打仗、打胜仗这个关键，在备战打仗上有一个大的加强”，“军队是要准备打仗的，军委必须懂打仗、善谋

① 《习近平：努力建设一支听党指挥能打胜仗作风优良的人民军队》，中国军网，http：//www. 81. cn/qjrlxjp/2017-02/16/content_ 7488412. htm。

② 《习近平：努力建设一支听党指挥能打胜仗作风优良的人民军队》，中国军网，http：//www. 81. cn/qjrlxjp/2017-02/16/content_ 7488412. htm。

③ 习近平：《认清推进军事政策制度改革重要性和紧迫性建立健全中国特色社会主义军事政策制度体系》，《解放军报》2018 年 11 月 15 日，第 1 版。

略、会指挥，军委工作一开始就要把备战打仗的指挥棒立起来。”① 军委能做到能打仗、打胜仗，全军才能做到能打仗、打胜仗。

要针对影响和制约战斗力生成的薄弱环节，以重点突破带动整体推进，让一切战斗力要素的活力竞相迸发，让一切军队现代化建设的源泉充分涌流，“要着力创新战争和作战筹划，紧跟战争形态和作战方式演变，紧贴作战任务、作战对手、作战环境，大兴作战问题研究之风。要着力加强联合作战指挥体系和能力建设，解放思想，创新实践，加大工作力度，打造坚强高效的战区联合作战指挥机构。要着力深化实战化军事训练，坚持仗怎么打兵就怎么练，打仗需要什么就苦练什么，把官兵积极性、主动性、创造性充分激发出来，在全军兴起大抓军事训练热潮。”“全军要强化忧患意识、危机意识、打仗意识，全部心思向打仗聚焦，各项工作向打仗用劲，尽快把备战打仗能力搞上去”②，有效履行宪法法律和人民赋予军队的重要使命任务。

3. 深入推进依法治军从严治军，必须坚持依法与从严相统一。古往今来，纪律都是任何一支军队力量的来源和生命力的保证。习近平高度重视军队的纪律建设，提出要夯实依法治军、从严治军这个强军之基，坚持以纪律建设为核心，下大气力整肃军纪，培养官兵自觉而又严格的组织纪律观念，坚决克服管理松懈、作风松散、纪律松弛现象。加强军事法制建设，提高法规制度执行力，坚决克服有法不依、执法不严、违法不究现象，“人民军队必须用铁的纪律凝聚铁的意志、锤炼铁的作风、锻造铁的队伍。”③ 因此，要着力加强作风纪律建设，抓好依法治军、从严治军方针落实，要把纪律建设作为核心内容，强化官兵号令意识，培养部队严守纪律、令行禁止、步调一致的良好作风。“厉行法治、严肃军纪，是治军带兵的铁律，也是建设强大人民军队的基本规律”，“要以纪律建设为核心，下大气力整肃军纪，强化号令意识，培养部队令行禁止、步调一致的

---

① 习近平：《强化备战打仗的鲜明导向 全面提高新时代打赢能力》，《解放军报》2017年11月4日，第1版。

② 习近平：《强化备战打仗的鲜明导向 全面提高新时代打赢能力》，《解放军报》2017年11月4日，第1版。

③《奏响人民军队法治建设时代强音——以习近平同志为核心的党中央领导和推进强军兴军纪实之五》，新华社，http://www.xinhuanet.com/politics/2017-09/18/c_1121684015.htm。

严明纪律。”[①] 特别是要提高制度执行力，让制度、纪律成为带电的高压线，使查处违纪违法问题制度化、经常化，使党员、干部心有所畏、言有所戒、行有所止。深入推进依法治军从严治军、提高国防和军队建设法治化水平，必须从法规制度上有效地强化和保证官兵的民主监督权，加大对各级行政权力的监督和制约。习近平强调，高中级干部是治军带兵的骨干，必须加强教育、管理、监督，严格考核和选拔任用。要深入推进作风建设，坚决抓好问题整改和调查处理，巩固和发展群众路线教育实践活动成果，不断取得官兵满意的实效。[②] 同时，强化纪律监督还要充分依靠和发挥法治的重要作用，作风建设由治标向治本转变也要靠法治，善于运用法治手段纠风肃纪，以刚性的制度规定和严格的制度执行实现作风建设规范化、常态化、长效化。习近平深刻指出权力是需要监督的，没有监督的权力就会异化，绝对权力导致绝对腐败，要“狠抓全面从严治党、全面从严治军，坚持党对军队绝对领导，坚持以整风精神推进政治整训，坚持以理论武装凝心聚魂，坚持把党组织搞坚强，坚持贯彻军队好干部标准，坚持正风肃纪、反腐惩恶，带领全军寻根溯源、革弊鼎新，推动管党治党从宽松软走向严紧硬。”[③] 为了强化监督机制，习近平进一步提出，深化党的纪律检查体制改革，加强制度创新，强化上级纪委对下级党委和纪委的监督，推动纪委双重领导体制落到实处，要推动党的纪律检查工作双重领导体制具体化、程序化、制度化，强化上级纪委对下级纪委的领导，明确规定查办腐败案件以上级纪委领导为主；要完善巡视制度，加强巡视力量建设，加大巡视工作力度，实现巡视全覆盖”；“要深入推进我军党风廉政建设和反腐败斗争。对享乐主义、奢靡之风要穷追猛打，对形式主义、官僚主义要坚决破除。要加快转变治军方式，按法定职责权限履职用权，依据条令条例和规章制度开展工作。要深入开展纪律教育，严格纪律

---

① 《奏响人民军队法治建设时代强音——以习近平同志为核心的党中央领导和推进强军兴军纪实之五》，新华社，http：//www. xinhuanet. com/politics/2017-09/18/c_1121684015. htm。

② 《习近平：贯彻全军政治工作会议精神 扎实推进依法治军从严治军》，新华网，http：//www. xinhuanet. com//politics/2014-12/15/c_1113651315. htm。

③ 《习近平：全面加强新时代我军党的领导和党的建设工作 为开创强军事业新局面提供坚强政治保证》，新华网，http：//www. xinhuanet. com/politics/leaders/2018-08/19/c_1123292948. htm。

执行，用铁的纪律推动全面从严治党、全面从严治军。”[①]“各级要树立过紧日子思想，严格执行中央八项规定精神和军委十项规定，发扬艰苦奋斗优良作风，把钱用在刀刃上。要严肃财经纪律，加强经费管理，加大纪检、巡视、审计监督力度，从严查处不正之风和腐败行为。”[②]

在实现国防和军队建设法治化的过程中，要重点解决军队纪检、巡视、审计、司法监督独立性和权威性不够的问题，以编密扎紧制度的笼子，努力铲除腐败现象滋生蔓延的土壤。组建新的军委纪委，向军委机关部门和战区分别派驻纪检组，推动纪委双重领导体制落到实处。调整组建军委审计署，全部实行派驻审计。领导干部要牢记法律红线不可逾越、法律底线不可触碰，带头遵守法律、执行法律，带头营造办事依法、遇事找法、解决问题用法、化解矛盾靠法的法治环境。谋划工作要运用法治思维，处理问题要运用法治方式，说话做事要先考虑一下是不是合法。要牢固树立法律红线不能触碰、法律底线不能逾越，这一条必须在全军牢固树立起来。对一切违反党纪国法军纪的行为，都必须严惩不贷，决不姑息，决不手软。不论什么人，不论其职务多高，只要触犯了党纪国法军纪，都必须受到严肃追究和严厉惩处，真正做到党纪面前人人平等，执行纪律没有例外，防止和克服惩治不力、亲疏有别、宽严失度等错误倾向，使心存歪念者不敢越雷池一步，确保党和军队的纪律刚性运行。

还要建立军事法律顾问制度，为党委首长决策和部队行动提供法律咨询和保障。要完善执法制度，健全执法监督机制，严格责任追究，违法者要军法从事。“各级领导干部要带头依法办事，带头遵守法律，牢固确立法律红线不能触碰、法律底线不能逾越的观念，不要去行使依法不该由自己行使的权力，更不能以言代法、以权压法、徇私枉法。”[③]领导干部在推进依法治国方面肩负着重要责任，要牢固树立法律红线不能触碰、法律底线不能逾越，这一条必须在全军牢固树立起来。

依法治军、建设法治军队必须强化纪律监督。习近平多次强调军队要

---

① 《习近平出席中央军委党的建设会议并发表重要讲话》，新华网，http：//www. xinhuanet. com//mil/2018-08/20/c_129935640. htm。

② 《习近平出席解放军和武警部队代表团全体会议》，新华网，http：//www. xinhuanet. com//politics/2019lh/2019-03/12/c_1124227000. htm。

③ 《“平语”近人——习近平心中的政法工作》，新华网，http：//www. xinhuanet. com//politics/2016-01/23/c_128659704. htm。

把党的纪律作为刚性标准，必须正风肃纪，保持正风肃纪的高压态势，对任何违反纪律特别是政治纪律、组织纪律、财经纪律的行为都要严肃处理；特别要扎紧制度的“笼子”，防止党的纪律成为“稻草人”“纸老虎”，有力维护了党纪军纪的严肃性，促进了军队作风纪律建设的明显好转，形成了全军上下遵守纪律的良好风气。

习近平还指出，作风有所好转，“四风”问题有所收敛，但树倒根存，有些成果是在高压态势下取得的，仅仅停留在“不敢”上，“不想”的自觉尚未完全形成，“在肯定成绩的同时，我们也要看到，滋生腐败的土壤依然存在，反腐败形势依然严峻复杂，一些不正之风和腐败问题影响恶劣、亟待解决。全党同志要深刻认识反腐败斗争的长期性、复杂性、艰巨性，以猛药去疴、重典治乱的决心，以刮骨疗毒、壮士断腕的勇气，坚决把党风廉政建设和反腐败斗争进行到底。”① 对一切违反党纪国法军纪的行为，都必须严惩不贷，决不姑息，决不手软。不论什么人，不论其职务多高，只要触犯了党纪国法军纪，都必须受到严肃追究和严厉惩处；真正做到党纪面前人人平等，执行纪律没有例外，防止和克服惩治不力、亲疏有别、宽严失度等错误倾向，使心存歪念者不敢越雷池一步，确保党和军队的纪律刚性运行。

4. 深入推进依法治军从严治军，必须把遏制和反对腐败作为重要任务。习近平为了发扬人民军队的优良传统，保持人民军队的本色，增强新形势下拒腐防变的能力，提出要“要坚持不懈抓好党风廉政建设和反腐败斗争，抓好高中级领导干部教育管理监督，严格按照军队好干部标准选人用人，纯净部队政治生态”，“营造政治上的绿水青山”②；其中崇高的理想、坚定的信念，是革命军人的灵魂，是克敌制胜、拒腐防变的决定性因素。

军队遏制和反对腐败，首先要从思想上深刻认识权力的本质。习近平深刻指出：“我们的权力是党和人民赋予的，是为党和人民做事用的，只能用来为党分忧、为国干事、为民谋利”，决不能异化为谋取私利的工

---

① 《习近平：使纪律真正成为带电的高压线》，新华网，http：//www. xinhuanet. com/politics/2014-01/14/c_118967450. htm。

② 《从三次视察看习近平的治军思路》，新华网，http：//www. xinhuanet. com//politics/2016-10/09/c_1119677342. htm。

具。我们对腐败问题要“零容忍”，做到弊绝风清，“要正确行使权力，依法用权、秉公用权、廉洁用权。”①

习近平深刻地指出：“从党的十八大以来查处的中管干部违纪违法案件看，腐败分子往往集政治蜕变、经济贪婪、生活腐化、作风专横于一身。党的十八大以来，党中央反复强调领导干部要严守政治纪律和政治规矩，但有的置若罔闻，搞结党营私、拉帮结派、团团伙伙，一门心思钻营权力；有的明知在换届中组织没有安排他，仍派亲信到处游说拉票，搞非组织活动；有的政治野心不小，扬言‘活着要进中南海，死了要入八宝山’；有的在其主政的地方建‘独立王国’，搞小山头、拉小圈子，对党中央决策部署阳奉阴违，为实现个人政治野心而不择手段。”②

针对党内军内出现的严重腐败现象，习近平指出，这就说明选人用人制度上存在漏洞，预防和惩治腐败体系不健全，给腐败提供了滋生蔓延的土壤，“强军之道，要在得人。要把培养干部、培养人才摆在更加突出的位置，着力锻造忠诚干净担当的高素质干部队伍，着力集聚矢志强军打赢的各方面优秀人才。要坚持德才兼备、以德为先、任人唯贤，突出政治标准和打仗能力，深入解决选人用人突出问题，把强军事业需要的人用起来，把合适的人放到合适岗位上。”③ 他还深刻总结了历史上的教训：历史上多少战功卓著的军队最后都是被腐败搞垮的。要坚持有腐必反、有贪必肃，反腐没有禁区，执法没有特例，坚决破除“军队特殊论”，要强化对权力运行的制约和监督，从源头上防治腐败。

他特别强调：“推进依法治军，必须坚持官兵主体地位，发挥官兵主体作用，充分相信官兵，紧紧依靠官兵，尊重官兵首创精神，维护官兵合法权益，调动和发挥广大官兵投身军事法治建设的积极性主动性创造性。”④ “要以永远在路上的执着和韧劲，坚持严字当头、全面从严、一严

---

① 《习近平论“三严三实”：领导干部要知晓为官做事的尺度》，新华网，http：//news.xinhuanet.com/politics/2015-06/08/c_127890862.htm。

② 《习近平在中纪委第六次全体会议上的讲话（全文）》，新华网，http：//www.xinhua-net.com//politics/2016-05/03/c_128951516.htm。

③ 《习近平：全面加强新时代我军党的领导和党的建设工作 为开创强军事业新局面提供坚强政治保证》，新华网，http：//www.xinhuanet.com//politics/2018-08/19/c_1123292948.htm。

④ 《奏响人民军队法治建设时代强音》，新华网，http：//www.xinhuanet.com/mil/2017-09/18/c_129707066.htm。

到底，深入推进我军党风廉政建设和反腐败斗争。对享乐主义、奢靡之风要穷追猛打，对形式主义、官僚主义要坚决破除。要加快转变治军方式，按法定职责权限履职用权，依据条令条例和规章制度开展工作。要深入开展纪律教育，严格纪律执行，用铁的纪律推动全面从严治党、全面从严治军。”[①] 军队是拿枪杆子的，更不能有腐败分子的藏身之地，要坚持关口前移，防微杜渐，强化对权力运行的制约和监督，加大从源头上防治腐败工作力度。要坚持有案必查、有腐必惩，对一切违反党纪国法军纪的行为，都必须严惩不贷，决不姑息，决不手软。他指出：“反腐败斗争必须坚定不移抓下去，不会变风转向。要坚持无禁区、全覆盖、零容忍，坚持重遏制、强高压、长震慑，坚持受贿行贿一起查，健全完善权力运行制约和监督体系，扎紧制度笼子，不给权力脱轨、越轨留空子”,[②] 并要求军队纪检、巡视、审计、司法等相关部门要加强协同配合，努力形成反腐败的严密网络体系。

习近平特别强调：“军委机关的领导干部要带头践行‘三严三实’，自觉用党规党纪规范自己、约束自己、警示自己，自我要求更严格、更苛刻，做到忠诚、干净、担当，为全军做好样子、立起标杆。”[③] 领导干部要自觉培养法治思维，带头学法尊法守法用法，自觉做依法治军的带头人，各级“军队领导干部必须对党忠诚、听党指挥，必须善谋打仗、能打胜仗，必须锐意改革、勇于创新，必须科学统筹、科学管理，必须厉行法治、从严治军，必须作风过硬、作出表率。”[④] 这六个“必须”的要求指明了军队高级干部贯彻新时代党的强军思想的关键和带兵治军的根本遵循。习近平还指出，“我军高级干部是强军事业的中坚力量，身上千钧重担，身后千军万马，必须对党忠诚、听党指挥，必须善谋打仗、能打胜

---

① 《习近平：全面加强新时代我军党的领导和党的建设工作 为开创强军事业新局面提供坚强政治保证》，新华网，http：//www.xinhuanet.com/politics/leaders/2018-08/19/c_1123292948.htm。

② 《习近平：全面加强新时代我军党的领导和党的建设工作 为开创强军事业新局面提供坚强政治保证》，新华网，http：//www.xinhuanet.com/politics/leaders/2018-08/19/c_1123292948.htm。

③ 《习近平接见军委机关各部门负责同志并发表重要讲话》，中国军网，http：//www.81.cn/sydbt/2016-01/11/content_6852672.htm。

④ 《习主席对军队高级干部提出6个“必须”》，中国军网，http：//www.81.cn/xuexi/2017-10/29/content_7804063.htm？from=groupmessage

仗，必须锐意改革、勇于创新，必须科学统筹、科学管理，必须厉行法治、从严治军，必须作风过硬、作出表率，以饱满的精神状态和奋斗姿态为党工作，忠实履行好职责。”① 进入新时代，“坚决反对腐败，防止党在长期执政条件下腐化变质，是我们必须抓好的重大政治任务。反腐败高压态势必须继续保持，坚持以零容忍态度惩治腐败。对腐败分子，发现一个就要坚决查处一个。”② 党的十八大以来，军队反腐败斗争取得了重要成果，一批军中“老虎”现形，赢得了党心军心民心。

第二节　构建党对军队绝对领导的坚实法治基础

人民军队90年成长壮大的历史证明，没有中国共产党的领导，就没有能够克服各种艰难险阻、战胜一切敌人而不屈服的人民军队。党对军队绝对领导，是建军之本、强军之魂。坚持党对军队的绝对领导是人民军队建设的根本原则，也是人民军队法治建设必须坚持的根本原则。90年来，人民军队的法治建设紧紧围绕坚持党对军队绝对领导这个核心任务，不断发展完善，为依法确立、巩固和完善党对军队的绝对领导奠定了坚实法治基础。

一、依法确立和巩固党对军队的绝对领导地位

从“三湾改编”确立党对军队的绝对领导地位，到党的领导地位依法不断巩固发展的今天，我党我军一直把坚持党对军队的绝对领导作为我军军事法治建设的核心任务，坚持把确立和巩固党的领导地位作为加强军事法治建设的重要内容，不断通过立法的完善以法律的形式确立和巩固党对军队的绝对领导地位。

（一）根据宪法确立党对军队的绝对领导地位

中华人民共和国成立至今，党对军队的绝对领导原则遭遇过各种思潮的挑战。我党我军坚持同各种削弱、否定、放弃、危害党对军队绝对领导的思想和行为进行斗争，确保党对军队的绝对领导，使我军能够始终保持

① 《习近平出席军队领导干部会议并发表重要讲话》，新华网，http：//www. xinhuanet. com/2017-10/26/c_129727477. htm。

② 《习近平：使纪律真正成为带电的高压线》，新华网，http：//www. xinhuanet. com/politics/2014-01/14/c_118967450. htm。

统一的意志、钢铁的纪律和强大的战斗力，成为一支为广大人民衷心拥戴的雄师劲旅，最重要的原因之一是我们有宪法作坚强的法律后盾。

从1949年的《共同纲领》到1982年制定的现行宪法，每一部宪法有关武装力量的原则规定，都以最高法律的形式确定和巩固了党对军队的绝对领导，为坚持党对军队的绝对领导提供了最有力的宪法依据。当然，党对军队绝对领导的具体形式是依据国家发展及所处的社会历史条件的不同而变化。无论采取什么样的组织形式，坚持党对军队的绝对领导，坚持党的军队、人民的军队、国家的军队三者的统一都是有宪法作为根本依据。正是因为有了国家宪法的根据，坚持党对军队的绝对领导原则才能有如此强大的生命力，成为加强人民军队法治建设的基本原则。

（二）军事法律保证党对军队的绝对领导关系

依据宪法的原则规定，在我国相关军事法律中，更加具体地规范了党对军队的绝对领导，进一步以法律的形式明确了党对军队的绝对领导地位。

1997年3月14日，第八届全国人民代表大会第五次会议通过的《国防法》第十九条明确规定："中华人民共和国的武装力量受中国共产党领导。武装力量中的中国共产党组织依照中国共产党章程进行活动。"这一规定不仅使"坚持党对军队的绝对领导"有了国家基本法律的保障，同时也确定了党的各级组织在武装力量中的法律地位，把"党指挥枪"的原则法律化。

新世纪，我军肩负的任务更加艰巨，面临的环境更加复杂。保持部队政治上的坚定性和思想道德上的纯洁性，保证人民军队的性质、本色和作风不变，在任何时候、任何情况下都置于党的绝对领导之下，必须把军官的政治条件放在第一位，确保枪杆子永远听党的话。2000年12月，全国人大常委会在原《中国人民解放军现役军官服役条例》的基础上进行修改完善，颁布了《中华人民共和国现役军官法》，这是加强我军革命化、现代化、正规化建设的重要举措，顺应了世界军事变革的发展趋势，为培养和造就适应新世纪发展需要的新型军事人才提供了可靠的法律保证。《中华人民共和国现役军官法》把提高人民军队各级军官的政治素质放在第一位。明确规定：军官"必须忠于祖国，忠于中国共产党，有坚定的革命理想、信念，全心全意为人民服务，自觉献身国防事业"。这一规定，从军队干部队伍建设上确保了党对军队的绝对领导。在国家其他军事法律中，也都坚持和维护了党对军队的领导原则。

（三）军事法规强化党对军队绝对领导的贯彻落实

人民军队建军90年来，制定了大量的军事法规和规章，尤其是健全了一整套人民军队的政治工作制度，有力地保证了党对军队绝对领导的有效实施。其中人民军队各个时期的《政工条例》发挥了极为重要的作用，它集中规范了党领导军队的根本原则、根本制度和组织体制，是我军政治工作的根本法规。1930年10月，中共中央制定颁布了《中国工农红军政治工作暂行条例（草案）》，这是人民军队最早的一部《政工条例》，明确阐述了红军政治工作的目的就是要巩固无产阶级先锋队——中国共产党在红军中的领导。此后随着形势的发展，先后进行过多次修订。1932年9月，中国工农红军总政治部第一次明确提出，政治工作要"保障党在红军中绝对领导"①。全面抗日战争时期，为了保证党对军队的绝对领导，中共中央、中央军委还采取一系列重要措施，从领导体制、组织制度上保证党对军队绝对领导的实现。1937年10月，中央军委决定成立军委总政治部，任弼时为主任。随后又根据朱德、彭德怀、任弼时的建议，决定恢复政治委员制度，先后任命各师、旅政治委员，并撤销了各级政训处，恢复师、旅政治部和团政治处。八路军、新四军各师、各支队在继承红军光荣传统和作风的基础上，结合敌后抗战的实际情况，逐渐形成了一整套行之有效的政治工作制度。主要有：政治工作的定期报告制度、巡视与检查制度、会议制度、政治机关的工作制度（包括组织工作中的统计制度、干部工作中的档案制度、宣传工作中的干部教育与训练制度等）以及优待俘虏、瓦解敌军等项制度。这些制度的建立和实施，不仅明确了全面抗日战争时期我军政治机关、政工人员的工作范围、工作权限职能以及政治工作与其他工作的关系，而且对于在复杂条件下加强党的集中统一领导、监督检查部队政治工作、总结交流政治工作经验起了很好的推动作用；这些制度的绝大多数体现了我军政治工作的基本性质，为后来历次颁布的军队政工条例和有关文献所确认和肯定。1995年修订颁布的《政工条例》，对于加强新时期我军政治工作、推进部队思想政治建设、坚持党对军队的绝对领导、保证部队战斗力的提高和各项任务的圆满完成发挥了重要作

① 《军队政治工作历史资料》第2册，中国人民解放军战士出版社1982年版，第531页。

用，2003 年、2010 年根据形势任务的发展变化，党中央、中央军委又对《政工条例》进行了重新修订。修订《政工条例》充分贯彻了党的领导人关于国防和军队建设思想，体现了依法治军和高技术战争对政治工作的新要求。

除此之外，我军在制定其他法规时，也适时地加入了坚持党对军队绝对领导的相应规定。如 2001 年 12 月 18 日，为了深入贯彻我党我军新时期建军思想及军事战略方针，做好新形势下军事斗争准备中的政治工作，指导战时政治工作实践，中央军委颁布了我军第一部系统规范战时政治工作的法规，《中国人民解放军战时政治工作纲要》，其中明确规定："战时政治工作是中国共产党在中国人民解放军作战期间的思想工作和组织工作，是用马克思主义军事理论和党中央、中央军委关于作战的方针、原则和命令、指示教育参战军民，为作战提供政治保证、人才支持和精神动力的活动。""战时政治工作是实现党对军队绝对领导，巩固、提高部队战斗力和夺取作战胜利的根本保证，是战时一切工作的生命线。"2004 年 4 月 15 日，为加强和改进中国共产党军队各级委员会的领导，推进党委工作科学化、制度化、规范化，中央军委根据《中国共产党章程》和《中国人民解放军政治工作条例》，制定颁布《中国共产党军队委员会工作条例（试行）》，其中明确规定："中国人民解放军是中国共产党绝对领导下的人民军队，最高领导权和指挥权属于中国共产党中央委员会和中央军事委员会。党委工作必须坚持党对军队绝对领导的根本原则和根本制度。"2005 年 12 月 1 日，中央军委又颁布了《中国共产党军队支部工作条例》，为加强和改进党在军内的支部建设提供了具体详尽的依据，使党支部这一党在军队中的基层组织，能够更加充分地发挥其战斗堡垒的作用。

在经过历次修改的《内务条令》《纪律条令》《军队基层建设纲要》等法规中，都始终坚持了党对军队的绝对领导原则。2010 年 6 月 3 日修订的《内务条令》第七条规定："中国人民解放军的内务建设，必须坚持政治工作的生命线地位。坚持党对军队的绝对领导。发挥党委的领导核心作用和党支部的战斗堡垒作用"，"使部队在思想上、政治上、行动上与党中央保持一致"。2010 年 6 月 3 日修订的《纪律条令》，对中国人民解放军纪律的第一项要求是"执行中国共产党的路线、方针、政策"。2015 年，中央军委发布《军队基层建设纲要》，规定军队基层建设要"（1）理想信念坚定。坚定马克思主义信仰，拥护党的理论和路线方针政策，忠于党、忠于社会主义、忠于祖国、忠于人民。（2）军魂意识牢固。落实党对军队绝对领导的根本原则和制度，严守政治纪律和组织纪律，在思想上政治上行动上与党中央、中央军委保持高度一致，绝对忠诚、绝对纯洁、绝对可靠。”

2015 年 1 月，中共中央转发《关于新形势下军队政治工作若干问题的决定》，强调探索创新党对军队绝对领导的实现形式，坚决贯彻确保军委主席负责制有效落实的制度机制，明确了在新的历史条件下党从思想上政治上建设军队的重大问题。军委、总部先后出台或修订了《中央军事委员会工作规则》《中国共产党军队委员会工作条例》《军队党员领导干部参加党的组织生活若干规定》《严格军队党员领导干部纪律约束的若干规定》《军队党组织发展党员工作规定》等一系列法规制度。

人民军队的一系列法规制度都确立了党对军队的绝对领导地位，规范了党对军队的领导制度，推进了党的领导的科学化、制度化和规范化，使党对军队的领导地位更加巩固。根据我党我军坚持和加强党对军队绝对领导的经验，新形势下，我们必须把坚持党对军队的绝对领导作为人民军队法治建设的根本原则，并依靠不断健全的法治保证和巩固党对军队的绝对领导。我们要把思想政治建设始终摆在军队各项建设的首位，从思想上、政治上、组织上、制度上、作风上保证党对军队的绝对领导。只有如此，我们的军队才能抵御一切风险，克服一切困难，战胜一切敌人，始终保持人民军队的政治本色。

（四）“依法治军”方针保证党对军队绝对领导的严格实施

在 1991 年年初召开的军委扩大会议上，中央军委在制定“八五”期间军队建设计划纲要时，郑重提出：全军继续以正规化建设为重点，坚定不移地贯彻依法治军的方针。从此，人民军队在党中央、中央军委的领导下，伴随着依法治国的进程，坚定不移地贯彻依法治军方针，并开始迈出坚实的步伐。

在我军内部，对于“依法治军”与“党的绝对领导”两者之间的关系问题，也曾经存在两种错误认识：一是片面强调依法办事，削弱党的领导；另一种是片面强调党的领导而否定依法办事。针对上述两种错误认识，我党我军及时进行了纠正，使党对军队的绝对领导地位更加巩固。江泽民在九届全国人大二次会议解放军代表团会议上指出：“依法治军，把党关于国防建设和武装力量建设的主张，通过法定程序上升为国家意志，使党的领导同依法办事统一起来，目的是从制度上和法律上保证党对军队的绝对领导，保持人民军队的性质，推动军队现代化建设。”[①] 这一论述明确了坚持党的绝对领导和依法治军的关系。一方面，法律的制定必须接受党的领导。法律的内容必须体现党的意志和主张，为党的路线、方针、政策服务；另一方面，党的领导要依法进行。党应善于把自己的意志、主张、方针和政策转化为法律，使它具有高度的法律权威性和约束力。

二、建立和完善党对军队绝对领导的各项法规制度

依法治军首要的就是要从制度上和法律上确保党对军队的绝对领导，确保我军永不变质。党对军队的绝对领导，不只是政治上、思想上、组织上的要求，而且是制度上、法律上的规范。通过有效运用法规制度的规范作用，就能从根本上保证我们的军队在任何时候、任何情况下始终置于党的绝对领导之下，同党中央、中央军委保持高度一致。正如邓小平指出的：“领导制度、组织制度问题更带有根本性、全局性、稳定性和长期性”，“这些方面的制度好可以使坏人无法任意横行，制度不好可以使好人无法充分做好事，甚至会走向反面。”[②] 90 年来，人民军队通过不断制定和加强相关法规制度建设，确立和完善了党对军队绝对领导的一系列根本制度，为坚持党的领导发挥了积极有效的作用。

（一）通过建立和完善组织机构保证人民军队的最高领导权和指挥权始终集中于党中央、中央军委

军队的最高领导权和指挥权属于党中央、中央军委，是坚持党对军队绝对领导的一条最重要的政治原则和根本制度，是我军的一条重要的政治纪律。我军坚持党的绝对领导，最主要的就是坚决维护党中央、中央军委的权威，服从党中央、中央军委的领导，听从党中央、中央军委的指挥。早在第一次国内革命战争失败后，中共中央意识到了发展军事斗争的重要性，先后成立了中央军事部和军事委员会，并于 1930 年将二者合并为中央军事委员会，直接归中央政治局领导。到 1931 年 11 月中华苏维埃共和国临时政府成立时，又组成了中华苏维埃共和国中央革命军事委员会

---

① 《江泽民主席在解放军代表团全体会议上发表重要讲话要求全军站在党和国家工作大局和现代化建设全局高度努力推进人民军队跨世纪发展》，《解放军报》1999 年 3 月 13 日，第 1 版。

② 《邓小平文选》第二卷，人民出版社 1994 年版，第 333 页。

（即中革军委），使中革军委作为红军最高领导指挥机关第一次正式隶属政权系统。1937年7月全面抗日战争爆发后，党领导的人民军队改编为八路军和新四军。中共中央在8月召开的政治局扩大会议上，决定成立中共中央革命军事委员会（以下简称中央军委），从此中央军委由政权系统恢复到党的系统，加强了党中央对军队的领导。这一制度经历了数次发展变革，中华人民共和国成立后的法治建设发展也见证了党对军队领导制度的发展过程。1954年9月在第一届全国人民代表大会第一次会议上，通过了我国第一部社会主义宪法，这部宪法在国家体制设置上未设中央军委，而设国防委员会。同年9月28日，中共中央政治局作出决定成立中央军事委员会，由毛泽东任主席。这期间毛泽东同志既是国家主席，同时又是中共中央主席、中央军委主席，国家主席是全国武装力量的最高统帅，实际上，党仍是军队直接的和唯一的领导。1958年7月召开的中共中央军委扩大会议，通过了《关于改变组织体制的决议（草案）》，规定：军委是党中央的军事工作部门，是统一领导全军的统帅机关，军委主席是全军统帅。这一领导体制实行了25年。1982年我国现行宪法规定设立中华人民共和国中央军事委员会。据此，1983年6月召开的六届人大一次会议，选举成立了国家中央军事委员会。国家中央军委成立后，与中共中央军委同时存在，即所谓“一个机构、两块牌子”。这种党的军委和国家军委并存的体制，既贯彻了党对军队的绝对领导的根本原则，又适应我军已成为国家机器主要组成部分的实际，体现了党领导军队和国家领导军队的一致性。历史事实表明，无论形式如何变化，我军坚持最高领导权和指挥权属于党中央、中央军委，坚决服从党的领导这一制度都没有变化。

（二）建立和发展民主集中制度

民主集中制是坚持党对军队绝对领导的重要保证。党对军队的绝对领导从根本上讲，是党的各级组织按照民主集中制原则对部队实施统一的集体领导。毛泽东明确指出：“必须在党内施行有关民主生活的教育，使党员懂得什么是民主生活，什么是民主制和集中制的关系，并如何实行民主集中制”，“在我们军队中的党组织，也须增加必要的民主生活，以便提高党员的积极性，增强军队的战斗力”①。军队的各级党组织只有坚持严

① 《毛泽东选集》（第二卷），人民出版社1991年版，第529页。

格执行民主集中制，才能确保党中央、中央军委的决策和指示在部队得到全面有效的贯彻落实，圆满完成党交给的任务。

我军历来高度重视内部民主制度建设，在人民军队建设和发展各个历史时期都建立了相应的民主机构和制度。在军队中实现官兵平等是建立民主制度的一个重要标志。红军时期的“三湾改编”将民主问题作为一项重要的政治工作原则，在建立各级党组织的基础上，又采取了一系列革命措施在军队中确立民主制度，为人民军队民主制度建设奠定了一个坚实基础。1927年10月1日，工农革命军第一军第一师第一团士兵委员会正式在三湾村成立。红军经过改编提出：反对军阀主义、废除旧习俗和旧制度，经济公开、官兵待遇平等，官长不准打骂士兵，士兵有开会说话的自由，废除烦琐的礼节，在连以上建立由士兵群众民主选举产生的士兵委员会，实行民主管理。其中士兵委员会是改编后秋收起义部队所表现出的最主要的民主特征。士兵委员会主席和委员由士兵民主选举产生，士兵委员会在党代表指导下工作，其职权和任务是：代表士兵权益，参加部队管理，维护部队纪律，监督部队经济开支和伙食管理，开展文体、娱乐和卫生活动，做宣传组织群众工作等。士兵委员会有很大的权力，军官要受士兵委员会的监督，做错了事，要受士兵委员会的批评，甚至制裁。士兵委员会是我军的独创，是我军建军史上的一件大事。此后，其他红军部队也陆续建立了士兵委员会组织，创造了新型官兵关系。1930年9月25日，红一方面军总政治部还专门颁布了《红军士兵会章程》，这是我军士兵委员会组织的第一部法规。毛泽东在《井冈山的斗争》一文中深刻指出：“红军的物质生活如此菲薄，战斗如此频繁，仍能维持不敝，除党的作用外，就是靠实行军队内的民主主义。”① 然而，建立后不久的士兵委员会由于缺乏经验，在一些部队中没有很好地掌握民主与集中的关系，滋长了极端民主化的倾向，因此在一段时期内曾被取消。为此，毛泽东在古田会议决议中，根据中央关于在军队中“绝不能动摇指挥集中这个原则。军队中民主化只能在集中指导下存在”② 的精神，进一步从理论上全面阐述了民主与集中、民主与纪律的辩证关系，他指出：“极端民主化的危险，在于损伤以至完全破坏党的组织，削弱以至完全毁灭党的战斗力，使党担

① 《毛泽东选集》（第一卷），人民出版社1991年版，第65页。

② 《周恩来军事文选》（第二卷），人民出版社1997年版，第100页。

负不起斗争的责任，由此造成革命的失败。”① 全面抗日战争时期，我们党特别重视正确处理军队内部民主与集中的关系，强调只有首先搞好党内的民主集中制，才能真正实现军队的民主集中制。鉴于张国焘严重破坏纪律的行为，毛泽东还明确规定了民主集中制的纪律，“（一）个人服从组织；（二）少数服从多数；（三）下级服从上级；（四）全党服从中央”②。1937 年 8 月 1 日《总政治部关于新阶段的部队政治工作的决定》中强调：为了加强红军中党的组织及其作用，应当改善党的生活，充分发扬军队中所能允许的党内民主，发扬党内的自我批评。此后，在全军开展的尊干爱兵运动，进一步推动了人民军队民主制度建设的发展。解放战争时期，人民军队的民主集中制又有了新的创造和新发展，形成了在充分发扬民主基础上的高度集中统一。1947 年 7 月 28 日，总政治部颁布的我军历史上第一个党委员会条例《中国人民解放军党委员会条例草案（初稿）》中，强调党委会是部队领导和团结的核心，它必须实行民主集中制原则。1948 年 1 月，毛泽东为中央军委起草了《军队内部的民主运动》的党内指示，第一次把我军民主制度的基本内容概括为政治、经济、军事三大民主，明确指出：“部队内部政治工作方针，是放手发动士兵群众、指挥员和一切工作人员，通过集中领导下的民主运动，达到政治上高度团结、生活上获得改善、军事上提高技术和战术的三大目的。”1948 年，中央军委总政治部颁布了《关于革命军人委员会条例（草案）》，1949 年 12 月军委总政治部颁布试行了《中国人民解放军革命军人委员会条例（草案）》。中华人民共和国成立后，为了加强人民军队的民主制度建设，使各项民主生活制度化、规范化，并全面贯彻实施，人民军队根据形势任务的需要，又颁布了一系列相关条令条例，如 1961 年 11 月正式颁布了《中国人民解放军革命军人委员会条例》，1990 年 1 月中央军委批准颁发《军队基层建设纲要》，并多次修改颁布《中国人民解放军政治工作条例》，都对军队内部的民主制度进行了明确的规定。2003 年修订的《中国人民解放军政工条例》，根据新时期政治工作的任务和要求，再次对有关军队民主制度建设的内容进行了充实和完善，进一步扩大了军人和基层的民主权利。事实证明，坚持党对军队的绝对领导，就要坚持充分发扬民主，不断继承和发扬

---

① 《毛泽东选集》（第一卷），人民出版社 1991 年版，第 88 页。

② 《毛泽东选集》（第二卷），人民出版社 1991 年版，第 528 页。

人民军队民主作风和优良传统，这样才能把我军各级党委建设成为部队团结统一的核心，发挥各级党组织和广大党员的积极性创造性，使部队官兵在思想上、行动上与党中央、中央军委保持高度一致，保证党的路线、方针、政策在军队的贯彻执行，确保党对军队的绝对领导。

（三）坚持党委统一领导下的首长分工负责制

首长分工负责是党委统一的集体领导下的首长分工负责制，是党对军队领导的根本制度，是民主集中制在我军的具体运用，它明确规定了军队党委的领导范围、领导原则和领导方式。党委统一的集体领导下的首长分工负责制也是党委决策的执行原则。党委作出决定后，由军政首长分工负责贯彻执行。军政首长必须服从党的委员会的领导，执行党委的决议。

党委统一的集体领导下的首长分工负责制，有一个形成与发展的过程。这一制度产生于北伐战争时期的国民革命军中。当时，党代表（政治委员）的派遣、政治机关的设立等，基本上沿用苏联红军的做法。尤其是毛泽东在领导秋收起义部队上井冈山后，不仅创造性地实行“支部建在连上”的制度，而且将高级军事机构中的党委制（如八一南昌起义的前敌委员会）推行到各级党组织，由党的各级委员会对所属部队实施全面领导，使人民军队的党委制有别于苏联红军。到了王明“左”倾路线统治时期，在推行“左”的政治路线的同时，也推行“左”的组织路线。他们首先取消了作为党对红军根本领导制度的党委制，指责它是犯“包办主义错误”，“削弱了政治委员和政治部代表党和政府的制度”，反复强调政治委员是党和苏维埃政权在红军中的“全权代表”，与同级军事指挥员发生争执时“有停止军事指挥命令之权”，全盘照搬了苏联红军曾实行的“政治委员的最后决定权”，以个人领导代替集体领导。这就为张国焘、夏曦等人在其领导的部队全面推行“左”倾路线创造了条件。

遵义会议后，我军逐步恢复了党委制。抗战爆发之初，在国民党的干涉下，曾一度取消八路军的政治制度，中共中央就决定在师以上及独立行动的部队，组织军政委员会实施集体领导。中央明确指出，军政委员会是党的组织，它指导全部的军事和政治及党的工作。同时还决定，在团以上政治机关中设党务委员会，连队健全党支部。1937 年 10 月，中央军委下令恢复政治首长，团以上部队称为政治委员，营为政治教导员，连为政治指导员，负责部队中的党的工作和政治工作。1938 年颁布的《国民革命军第十八集团军政治工作暂行条例（草案）》中规定“政治委员是中国共产党在十八集团军的代表，在军事指挥员有违犯了党的路线或不实行上级命令情况时政治委员有停止军事指挥员命令之权，军事指挥员必须依照政治委员的意见执行”。1942 年在重新颁布的《政治委员工作条例》中，将后一句改为“政治委员在与同级军事指挥员有争执时，除属于作战方面的行动由军事指挥员决定之外，其他由政治委员作最后决定”。1941 年 2 月 7 日中央革命军事委员会正式颁布《军政委员会条例》，阐明了集体领导、个人负责的原则，并规定在军、师、旅、团及纵队、支队、军区、军分区成立军政委员会，作为党的领导机关，集体讨论决定重大问题，领导部队的军事和政治工作。各级军政委员会一般由军政首长和参谋长、政治部（处）主任等主要负责人组成，政治委员担任主席。鉴于抗战爆发以来，八路军、新四军在发展过程中出现的新军阀主义、游击主义习气以及干部成分复杂、党的领导削弱、党员质量下降、党内生活不正常的状况，八路军总部、中央军委和总政治部先后发出了整军训令，要求建立党的一元化领导，进一步从组织制度上完善党对军队的绝对领导，将加强党的建设放在首位。经过整军，先后在部队中建立起党员的经常审查制度、按月鉴定制度、政治文化教育制度和党日制度，同时还强化了基层党组织。1942 年 10 月颁布的《中国国民革命军第十八集团军（第八路军）政治工作条例（草案)》，对军政首长的职权作了更明确细致的分工。这样，从体制上确保了党对军队绝对领导的实现。为克服敌后抗日根据地出现的严重困难，1942 年毛泽东主持中央政治局作出了《关于统一抗日根据地党的领导及调整各组织间关系的决定》，提出党的一元化领导的思想，规定军队除保持军队系统上下级隶属关系和接受本系统上级直接领导外，还需接受所在地区地方党委的一元化领导，中共中央代表机关（中央局、分局）及各级党委（区党委、地委）为各该地区的最高领导机关，各地军事政策与军事行动的大政方针，须交党委讨论，但具体军事行动由部队首长决定。分局、区党委、地委书记兼任军区、分区（师或旅）政委，另设副书记管理党务工作等等。这一组织制度的实施，对于保证抗日战争乃至解放战争的胜利，发挥了巨大作用。1944 年，谭政在《关于军队政治工作问题的报告》中讲到政治工作应有其适当地位时，从理论上做了总结：“在内战后期，曾经不适当地强调政治委员制度，不适当地强调政治工作的地位和权力；并且在实际上不适当地强调军事工作人员与政治工作人员的党性差别，对于军事工作者与政治工作者之间缺乏合作精神的提倡。”由于全面抗日战争实行统一战线的特殊情况，曾经一度以军政委员会的名义代行党委会的职能，但到1945年党的七大时，决定全军按照古田会议的原则，恢复军队中各级党的委员会。1946年10月，晋冀鲁豫军区在刘伯承、邓小平领导下制定了《党的团委员会暂行条例（草案）》，得到中央的肯定和推广。1947年7月，总政治部颁发了《中国人民解放军党委员会条例草案（初稿）》。这是我军第一个党委会条例，它规定了党的委员会的性质、组织机构、职权与工作等，发各部队征求意见。

1948年9月，中共中央作出了《关于健全党委制的决定》，进一步总结了党内认真实行集体领导的成功经验，从而使我军的党委制更加成熟。它针对当时有些领导机关个人包办和个人解决重要问题的习气甚为浓厚的错误倾向，要求从“前委至旅委以及军区（军分会或领导小组）”“都必须建立健全的党委会议制度，一切重要问题（当然不是无关重要的小问题或者已经会议讨论解决只待执行的问题）均须交委员会讨论，由到会委员充分发表意见，做出明确决定，然后分别执行”。旅委以下的党委亦应如此，并指出“集体领导和个人负责，二者不可偏废。军队在作战时和情况需要时，首长有临机处置之权”①。

1954年4月，中共中央、中央军委颁布的《中国人民解放军政治工作条例（草案）》，将经过历史实践检验的这一制度表述为：“中国共产党在中国人民解放军中设立的各级委员会，作为部队统一领导的核心；并确定党委统一的集体的领导下的首长分工负责制，为党对军队的领导制度。”直到今天，这一表述除个别文字改动外，基本没有改变。

1995年的《中国人民解放军政治工作条例》第九条规定：“中国共产党对中国人民解放军实行领导的根本制度，是党委统一的集体领导下首长分工负责制。部队党的各级委员会和连队党支部，是各部（分）队统一领导和团结的核心。部（分）队军政首长在党的委员会（党支部）领导下，按分工履行职责，对所属部（分）队共同负责”，对这一制度的表述更为具体详尽。2003年的《中国人民解放军政治工作条例》，对党的委员会的领导制度又进行了充实和完善。在坚持这一制度的基础上，增加了“遵循集体领导、民主集中、个别酝酿、会议决定的原则”，使军队党委领导制度体现了党的民主集中制理论和实践的创新发展。同时，根据党章

① 《毛泽东选集》（第四卷），人民出版社1991年版，第1340—1341页。

的要求和党组织建设与时俱进的需要，明确规定“党的委员会应建立健全民主科学的决策程序”。2010 年的《中国人民解放军政治工作条例》，第二十五条则表述为：“党的各级委员会必须坚持民主集中制，贯彻执行党委统一的集体领导下的首长分工负责制，遵循集体领导、民主集中、个别酝酿、会议决定的原则”。

（四）完善党委、政治委员和政治机关制度

党对军队的绝对领导，归根到底就是依据军队的体制编制，通过设立各级党委、政治委员和政治机关，自下而上地构成一个完整的政治工作体系，党通过这个体系从思想上、政治上、组织上对军队实施领导。因此，党委制、政治委员制和政治机关制也是实现党对军队领导的根本制度。为了从组织上保证党对军队的绝对领导，党在军队设立了科学、系统、完整、严密的组织体系，即在我军团以上部队和相当于团以上部队的单位设立党的委员会，在营和相当于营的单位设立党的基层委员会，在连和相当于连的单位设立党的支部；在团级以上单位设立政治委员，营设立政治教导员，连设立政治指导员；在团级以上单位设立政治机关。这一制度也经历了一个建立、中断、恢复和发展的历史过程，其间伴随着人民军队法治建设的发展而不断完善。

党从 1927 年“八一”南昌起义起，就在多次较大的起义中建立了党的前敌委员会，作为领导起义的最高领导机关。“三湾改编”第一次在军队中有了比较完整的党的组织领导系统，建立了营、团党委和连队党支部。1928 年 7 月以后，根据党的六大的决定，陆续将连、营、团及团以上各级党代表分别改称政治指导员、政治教导员和政治委员。《古田会议决议》强调在红军中建立党的领导中枢的重要意义，从理论与实践的结合上进一步强化了党委制。1931 年 11 月，在王明“左”倾教条主义错误的影响下，中央苏区党的第一次代表大会（即“赣南会议”）通过的《关于红军问题决议案》，取消了红军各级党的委员会，党委制由此中断，由政治委员作“党的全权代表”，享有“监督一切军事行动军事行政的权力”。当时，在师以上政治部设有党务委员会，但它只是负责处理日常党务的工作机关。1934 年后，党中央和中央军委为使某些单独执行任务的部队保持党的集体领导，曾先后在红六军团、红十军团和西路军等部队设立了党的军政委员会，统一领导军队和地方的工作。1935 年 1 月，遵义会议结束了“左”倾错误领导后，党中央为逐步恢复党的集体领导制度，又先后在二、六军团和留在中央苏区的部队建立了党的军事委员会分会。进入全面抗日战争阶段，为了在新形势下坚持和加强党对军队的绝对领导，中央在1937年7月决定在军、师及独立行动之单位组织军政委员会。1941年2月7日，中央军委颁发了《军政委员会条例》，规定在军、师、旅、团及纵队、支队、军区、军分区等各级成立军政委员会，作为各级集体领导机关，从而建立了由上而下、体系完整、具有党委性质的各级组织机构。

随着战争形势的发展变化，党中央于1942年9月1日作出《关于统一抗日根据地党的领导及调整各组织间关系的决定》，使各抗日根据地建立起以“一切服从战争为最高原则”的一元化领导体制。这是在残酷复杂的战争环境中，加强党对人民军队领导的又一重大举措，进一步从组织制度上保证了党对人民军队的绝对领导。在党委制中断期间，军政委员会作为对所属部队实行统一领导的机构，实际上具有党委员会的性质。其内部按照党的民主集中制原则，实行集体领导。但它与党委制又不尽相同，主要是没有建立起自上而下的党的统一领导体系，同基层党组织的关系不够明确。同时，军政委员会的成员均是同级军政主要领导干部，容易把党的军政委员会同领导干部的行政会议混同起来。个别军政首长独断专行的现象时有发生。有鉴于此，1945年5月召开的党的七大，决定根据《古田会议决议》的原则，恢复军队中各级党的委员会。

1947年2月，中共中央专门发出了《关于恢复军队中各级党委制的指示》，要求全军各部队迅速建立党的委员会，以加强党对军队的领导。从此，全军团以上各级党的委员会陆续重建起来，军政委员会随之撤销。1948年9月，毛泽东为中共中央起草了《关于健全党委制》的决定，这一决定对健全党的委员会制度，加强集体领导，起到了重大的指导和推动作用。1949年12月，在广泛征求意见的基础上，我军正式颁发了《中国人民解放军党委员会条例（草案)》，指出“必须更加巩固与加强共产党对军队的绝对领导。其组织形式，即在军队中建立各级党委员会，作为对军队之一切领导与团结的核心”。1954年4月，中共中央、中央人民政府人民军事革命委员会以命令的形式，正式颁布《中国人民解放军政治工作条例（草案)》，这个条例第三条规定：“中国共产党在中国人民解放军中设立党的委员会，作为部队统一领导的核心；并确定党委统一的集体的领导下的首长分工负责制，为党对军队的领导制度。”这样，党委制就以法规的形式确定下来。1963年以后的政治工作条例，又把党委制作为党对军队领导的根本制度，加上“根本”二字，就是强调这一制度不是一般的制度，是根本制度，动摇不得。

党的十一届三中全会以来，我军在党中央、中央军委的领导下，继承党的优良传统，解放思想，勇于创新，使党委制在新的历史时期得到了进一步的完善和发展。2004年4月15日中央军委颁发了《中国共产党军队委员会工作条例（试行）》，这是中华人民共和国成立后我军第一部专门规范党委工作的党内法规，加强和改进新形势下军队党的建设的重要举措，标志着党委工作进一步走上科学化、制度化、规范化的轨道，我军党委制建设在新形势下有了新的发展。其中明确规定：“中国人民解放军是中国共产党绝对领导下的人民军队，最高领导权和指挥权属于中国共产党中央委员会和中央军事委员会。党委工作必须坚持党对军队绝对领导的根本原则和根本制度。”2011年2月，中央军委发布了新修订的《中国共产党军队委员会工作条例》，在第二条继续沿用了这一表述。

（五）实行军队基层党支部制度

党支部是党在军队中的基层组织，支部建在连上是我军的一条重要建军原则。党支部的各项组织生活制度是开展党的活动，实施党支部对连队统一的集体领导，发挥战斗堡垒作用的重要保证，是我军政治工作长期积累的经验。

“三湾改编”中，毛泽东创造性地提出并实行了“支部建在连上”。1928年11月，毛泽东在写给中央的报告《井冈山的斗争》中总结说：“红军所以艰难奋战而不溃散，‘支部建在连上’是一个重要原因。”“红军那时一无兵役制，二无粮饷，而且物质条件极困难，形势极紧张，靠什么维持军队，使他们能忍饥耐寒，英勇作战呢？只有党的领导和阶级教育，提高政治自觉这一个办法。”支部设到连队，使得最基层的士兵都能感受到党的领导，使得政治教育渗透到每个士兵当中，真正起到教育团结基层官兵的战斗堡垒作用。直到今天，它依然是我军建设所坚持的重要思想和原则。

人民军队在长达90年的建设实践中逐步将“支部建在连上”制度化，成为人民军队法治建设的重要内容。1929年10月的《古田会议决议》中肯定了连队建立党支部是红军党组织的一个原则，1930年10月底，中国共产党中央委员会第一次颁布了《中国工农红军中党的支部及团委工作暂行条例（草案）》，对连队党支部的性质、任务作了明确规定。1935年5月2日，中国工农红军总政治部在支部工作的训令中，对如何加强党支部建设及其领导作用都作了说明。全面抗日战争时期，人民军队各部队普遍开展了对支部书记、支委、党小组长的培养训练，先后建立健全党支部的会议制度、汇报制度和选举制度等一系列规章制度。1942年10月我军颁布了《连队党支部工作条例》，强调“支部是党在军队中的基本单位，是连队中的堡垒”，使连队党的建设有了可靠的依据。这是对毛泽东在红军初创时期确立的“支部建在连上”原则的丰富和发展。1954年以后颁布的《中国共产党连队支部工作条例》，对连队党支部的性质、任务、组织原则和领导方法都作了具体规定。连队党支部在部队军事生活中地位的确定，使政治工作成为我军日常工作的重要内容，是讲政治这一传统得以保持连续性的组织保证。

2003年，为改变1995年《中国人民解放军政治工作条例》规范的党支部七项组织生活制度，落实起来比较困难的情况，对该条例的相关内容进行了修改。如对党支部的组织生活制度作了新的规定，适当调整了活动的时间和次数，将支部党员大会由“一般每月一次”，改为“每季度不少于一次”；党日由“每周半天”，改为“每周用半天时间进行党的活动，必要时可相对集中使用，但每月不得少于两次”；党课由“每月进行一至两次”，改为“每月进行一次”；报告工作由“按季度”，改为“每半年或按工作阶段”；党员汇报由“每月一次”改为“每两个月一次”，把外出“书面汇报”改为“及时汇报”。这样，使党支部七项组织生活制度更加符合部队实际，有利于制度更好地落实。2005年12月1日，中央军委又颁布了《中国共产党军队支部工作条例》，为加强和改进党在军队的支部建设提供了具体详尽的依据，使党支部这一党在军队中的基层组织，能够更加充分地发挥其战斗堡垒的作用。

三、运用法规制度规范和开展人民军队的政治工作

坚持党对人民军队的绝对领导，除了要不断建立和完善党对军队领导的各项政治工作制度以外，还必须学会运用法规制度规范和开展政治工作，不断加强党的自身建设，提高各级党组织依法指导和开展工作的能力。政治工作是人民军队的生命线。政治建军是无产阶级治军的根本原则，是区别于一切旧式军队的主要标志。中国共产党创立的军队，一开始就具有无产阶级性质。但军队的主要成分是农民，又长期在农村环境，受

着落后生产方式的局限，因此克服和改造各种非无产阶级思想，就成为这支军队能否保持无产阶级革命性质和完成革命任务的严重问题。克服各种非无产阶级思想，不能靠打骂、处罚或旧式军队的管理方法，而要靠强有力的革命政治工作。毛泽东强调：政治工作是我军的生命线，无此则不是真正的革命军队。毛泽东起草的《古田会议决议》，集中解决了人民军队政治建军和健全军队内部一系列民主制度问题，奠定了人民军队政治工作的基础。在实践中，毛泽东把军队政治工作逐步完善起来，形成了人民军队政治工作的三个基本原则：官兵一致原则、军民一致原则、瓦解敌军和宽待俘虏原则。为调动全体指战员的积极性，毛泽东指出，军队也需要民主主义，要实行政治、军事和经济三大民主。

（一）依法规范军队政治工作

人民军队政治工作的首要任务是在全军贯彻坚持党对军队绝对领导的根本原则。人民军队在党的领导下，一向重视依法规范和开展政治工作，尤其是在人民军队实行依法治军的新时期，更进一步提出应实现军队政治工作法治化。

早在1929年12月底，毛泽东起草的《古田会议决议》提出了制定有关政治工作法规的思想。1930年6月，红四军政治部制定了《红军第四军各级政治工作纲要》，这是我军创建以来关于政治工作制度的第一个文件。1932年7月21日，中共中央在《给中区中央局及苏区闽赣两省委信》中指出："必须充实现有军队中的政治工作，实现中央政治工作条例。"[①] 同年10月，中共中央修订颁发了《中国工农红军政治工作暂行条例（草案）》。这部暂行条例为军队政治工作法规的完善奠定了初步基础。全面抗日战争时期，为适应我军政治工作在抗日形势下的迫切需要，1938年，八路军政治部颁发了《国民革命军第十八集团军政治工作暂行条例（草案）》，同时中央革命军事委员会还颁发了《军政委员会条例》。解放战争时期，我军也先后制定、修改、颁发了多项有关政治工作条例。如1947年和1948年颁布的《中国人民解放军党委员会条例（草案）》《中国人民解放军连队支部工作条例（草案）》《中国人民解放军革命军人委员会条例（草案）》。这三个条例总结吸收了新式整军运动、实行党委制

① 《中央给中区中央局及苏区闽赣两省委信》，中国共产党新闻网，http://cpc.people.com.cn/GB/64184/64186/66638/4489808.html。

等新经验，从制度上保证了党的路线方针政策在军队中的贯彻执行。中华人民共和国成立后，毛泽东亲自对1954年4月颁布的《中国人民解放军政治工作条例（草案）》总则作了审定修改。这是一部综合性条例，是中华人民共和国成立后第一部人民军队的政治工作基本法规。1963年，经中共中央批准，对此条例又作了适当调整和增删。把军政治部工作条例和师政治部工作条例合为一个条例，增加了县（市）人民武装部政治工作条例，恢复了连队革命军人委员会条例，撤销了连队俱乐部工作条例。这部政治工作条例的内容在一定程度上反映了当时“左”的指导思想的影响。1978年7月，中共中央修订颁发了《中国人民解放军政治工作条例》，增加了《中国共产主义青年团团（营）工作委员会工作条例》，但内容中某些提法也受到当时历史条件的限制。1983年12月，总政治部修改并印发团以上单位试行的《中国人民解放军政治工作条例（试行本）》，又增加了《中国共产党军队纪律检查委员会条例》和《中国共产党机关支部工作条例》两个单项条例，在内容上删去了一些错误的不恰当的提法，充实了许多新内容。但由于没有经过中共中央和中央军委审批，因此，一直未正式颁发。1985年我军建设的指导思想实行战略性转移。1986年制定了《中央军委关于新时期军队政治工作的决定》，1989年制定了《关于新形势下加强和改进军队政治工作的若干问题》两个法规性文件，进一步加强对新形势下军队政治工作的规范。1991年1月1日，中央军委以法规的形式又一次颁布了《中国人民解放军政治工作条例》，这标志我军的政治工作迈上法治化的轨道。此后，我军又在1995年、2003年和2010年对《中国人民解放军政治工作条例》做了重大修改，使军队政治工作法治化进程不断加快。

2015年1月，总政治部印发《中国人民解放军执行重大任务中政治工作规定》，明确了执行重大任务中政治工作的基本定义、指导思想、基本原则、组织领导，重点区分“思想教育和现场鼓动”“党组织设置和作用发挥”“干部调整配备和考察培养”“新闻宣传和舆论管控”“群众工作”“安全保卫和纪检监察”“褒奖激励”等方面，对各项工作的程序内容、标准要求作了具体规定；强调指出，做好执行重大任务中政治工作，是各级党委、政治机关和政治干部的重要职责。

（二）依法加强军队干部队伍建设

“政治路线确定之后，干部就是决定的因素”。我军党管干部的制度，创建于战争年代。军队历次颁布的政治工作条例，都强调了党管干部的原则。坚持党管干部的制度，可以更好地保证党的路线、方针的贯彻落实；可以更好地执行党的干部政策，防止不正之风；可以更好地任用干部，审慎地处理干部的重大问题；可以有效地管理和监督干部，保证干部健康地成长发展。军队干部工作是军队政治工作的一项重要内容。人民军队干部队伍建设状况如何，直接关系到军队各项工作的开展和党对军队的绝对领导。

我军在初创时期，就十分重视依据法规制度加强军队干部队伍建设问题，在各个不同革命历史时期都制定和颁布了一系列关于军队干部工作的法规性文件。如在 1930 年 10 月颁布的《中国工农红军政治工作暂行条例（草案）》中，第一次对各级政治机关和各类政治干部的工作职责和工作范围作了明确规定，这是关于政治干部队伍建设的第一部军事法规。以后在全面抗日战争、全国解放战争时期，人民军队制定过一系列有关加强军队政工干部队伍建设的重要法规，其中以《政治工作条例》为主体。这些文件的下发和贯彻，不仅促进了军队政治干部队伍的成长发展，也为中华人民共和国军队政治干部队伍建设法治化奠定了基础，提供了经验。

中华人民共和国成立之初，为适应军队现代化建设的需要，人民军队干部管理开始把战争年代积累的丰富干部管理经验和优良传统，以法规制度、条令条例的形式固定下来，为依法规范和做好军队的军事、政治、后勤、装备和技术等干部工作提供了明确的法规依据。同时，也较好地处理了国家经济建设和军队建设、军队革命化现代化与正规化、干部的奉献精神与物质利益诸方面的关系。人民军队分别于 1955 年、1963 年两度制定颁布了《军官服役条例》。1978 年十一届三中全会后，随着改革开放的深入发展，国家和社会的各个方面都开始步入社会主义法治化的轨道，军队干部工作也出现了依法管理的新局面。在 20 世纪 80 年代，国家和军队制定和完善了一大批军队干部人事管理方面的法律规范，仅全国人大常委会、国务院和中央军委制定和颁布的法律法规就有《中国人民解放军军官军衔条例》《中国人民解放军现役军官服役条例》《中国人民解放军文职干部暂行条例》和《军人抚恤优待条例》等近 30 件。此后，在加快建设社会主义法治国家的大背景下，军队干部工作法治化有了进一步发展，先后颁布了《中华人民共和国现役军官法》《中华人民共和国预备役军官法》和《中国人民解放军现役军官任免条例》《军队转业干部安置暂行办法》等，并对一些军队干部管理法规进行了修改，进一步完善了军队干部的选拔任用、干部来源及培训、退役安置等各项制度。

人民军队建军90年来，军队的干部工作向法治化迈出了坚实的步伐，已经形成了一个以现役军官法、军官军衔条例、文职干部暂行条例和预备役军官法等法律法规为主体，以对干部工作某一方面进行专门规范的单项法规规章为补充的军队干部工作法规体系。其中收入总政治部干部部编辑的《干部工作文件汇编》第1—5辑的就达1479件。这些法规规章和规范性文件，在军队依法指导和开展干部管理工作中发挥了重要作用。特别是党的十八大以来，在习近平强军思想指引下，军队干部工作和人才队伍建设革弊鼎新、守正创新，贯彻军委主席负责制，坚决肃清郭伯雄、徐才厚、房峰辉、张阳流毒影响，鲜明树立起军队好干部标准，用人风气根本扭转；重树为战育人鲜明导向，深入纠治和平积弊，扎实推进军事斗争人才准备；重塑军官政策制度体系，实质推开军官职业化制度，激发了强军兴军内生动力。

（三）依法推进军队党风廉政建设

不论是在长期的革命战争年代，还是在改革开放和实行依法治国、依法执政以及依法治军的新时期，党风廉政建设始终是党和国家以及人民军队政治工作建设的重要内容，也是保证和坚持党对军队绝对领导的必要条件。党的作风，关系党的形象，关系人心向背，关系党的生命。要坚持党对军队的绝对领导，就必须把党风廉政建设作为军队党建的重点。正是因为突出了这个重点，我军才能在长期的革命斗争和改革开放的各项严峻考验之下，始终坚定党对军队绝对领导的信念。

党和人民军队历来重视依据法规制度加强党风廉政建设。早在斗争环境十分艰苦的土地革命时期，党和红军就把依法规范党风廉政建设放在十分重要的位置上，大力整肃各种贪腐行为，保证了人民军队的政治思想和作风建设，建立和巩固了苏区革命根据地政权。在全面抗日战争时期，在敌后根据地所处的特殊政治和自然环境、尤其是经济条件十分恶劣的情况下，抗日政权的廉政建设也经受住了严峻考验。在抗战初期，国共合作开始后，国民党以高官厚禄引诱共产党员，使军队中的党员干部面临被腐蚀和官僚化的严重危险；随着相持阶段的到来，各根据地不同程度地出现贪污腐化现象。这些腐败现象虽然不普遍，但严重损害了军政和党群关系，影响全民抗战的顺利进行。毛泽东对此高度重视，针对少数人不愿继续过艰苦生活的现象，他深刻地指出，要防止国民党对共产党干部所施行的升官发财酒色逸乐的引诱。据此，全党全军始终把党风廉政建设作为重要任务，采取有力措施，防微杜渐，保证了党和人民军队的民主和廉洁。我党我军高度重视自身建设，先后颁布了一系列廉政建设的法规，这些法规对党领导的抗日民主政权和人民军队建设都是适用的。如 1937 年，党在《抗日救亡十大纲领》中明确提出了："铲除贪官污吏，建立廉洁政府"的建政目标。1938 年，陕甘宁边区政府颁布了《惩治贪污暂行条例》，规定克扣、侵吞、浪费公用财物、虚报账目、收受贿赂、违法收税等十种行为皆为贪污罪，并规定了严厉的惩治标准：贪污数目在 1000 元以上者，处以死刑；贪污 500 元以上者，处 5 年以上有期徒刑或死刑；贪污 300 元以上者，处 3 年以上 5 年以下徒刑；贪污 100 元以上 300 元以下者，处 1 年以上 3 年以下有期徒刑；100 元以下者，处 1 年以下有期徒刑或苦役。1939 年边区政府公布的《陕甘宁边区抗战时期施政纲要》明确提出："发扬艰苦作风，厉行廉洁政治，肃清贪污腐化，铲除鸦片赌博。"① 1941 年中共中央正式批准并公布了具有根据地宪法权威性质的《陕甘宁边区施政纲领》。之后，边区政府又相继颁布了《陕甘宁边区政务人员公约》《各级干部奖惩条例》《保障人权财产条例》等一批廉政建设的法规。《陕甘宁边区公务人员公约》要求公务人员"要在品行道德上成为模范，为民表率"，"要知法守法，不滥用职权，不假公济私，不贪污，不受贿，不赌博，不腐化，不堕落"②。这些法规使党和军队的廉政建设有了根本的法律保障，对防止公务人员以权谋私具有重要意义。曾担任边区高等法院院长的董必武指出：党决不允许在社会上有特权阶级，对腐败分子违法必究、执法必严，保证了廉政建设的健康发展。1939 年边区高等法院受理贪污案件 84 件，1940 年受理 115 件，查处乡级问题干部 150 人，区级以上问题干部 27 人。

中华人民共和国成立后，我军更加坚持不懈地加强党风廉政建设，依靠法规制度深入持久地开展反腐败斗争。尤其是在 1978 年实行改革开放

---

① 张希坡、韩延龙主编：《中国革命法制史》（上），中国社会科学出版社 1987 年版，第 42 页。

② 《陕甘宁边区政务人员公约》，载于《中国共产党历史资料丛书·陕甘宁边区抗日民主根据地文献卷》（下），中共党史资料出版社 1990 年版。

以后，我军针对建立社会主义市场经济体制过程中出现的新情况、新问题，总结党风廉政建设和反腐败的经验，制定了一批加强军队党风廉政建设的法规和制度。1985 年 5 月，国务院、中央军委批准并转发了总参谋部、总政治部、总后勤部《关于军队从事生产经营和对外贸易的暂行规定》，要求全军在生产经营和对外贸易中要严守党和国家、军队的有关政策、法令和纪律，端正方向，放手发展，把生产经营和对外贸易搞好搞活，以生产经营来补助生活，把国家拨给的军费重点用于现代化建设，并为国家经济建设多做贡献。1986 年 10 月 25 日，经中央军委批准，总政治部、总后勤部、军委纪委发布《关于财经纪律大检查中若干问题的处理规定》，对全军财经纪律大检查中查出的违纪违法问题，如贪污、盗窃、受贿，单位投机倒把谋取不正当利益，违反外汇管理规定，出租出借银行账户，挪用公家经费，设“小钱柜”，擅自购买进口小轿车和其他专控商品，处理退役汽车变卖房地产等，提出了处理意见。

1988 年 11 月，军委批准下发了《中央军委纪委关于实行抓党风责任制的暂行规定》，对推进军队党风廉政建设起到了重要作用。为加强军队党风廉政建设，明确党委、纪委、机关部门和领导干部在党风廉政建设中的责任，保证党中央、中央军委关于党风廉政建设的决策和部署的贯彻落实，促进军队全面建设，1999 年 7 月，中央军委根据党中央、国务院关于实行党风廉政建设责任制的规定精神，总结吸取军队近几年反腐倡廉工作经验，结合军队实际，制定颁发《军队贯彻执行中共中央国务院〈关于实行党风廉政建设责任制的规定〉的实施办法》。这是从制度上保证各级党委、纪委、机关部门和领导干部履行党风廉政建设责任的重大举措，对于坚持“两手抓，两手都要硬”的方针，进一步加大党风廉政建设和反腐败工作力度，具有十分重要的意义。

中央军委适应新形势新使命新要求，以高度的政治责任感抓好军队党风廉政建设，不断开创军队党风廉政建设的新局面。各级党委、纪委始终把高举旗帜、听从指挥作为维护和严守政治纪律的根本性问题，摆到突出位置，紧抓不放，全军广大党员的政治信念更加坚定，政治纪律建设进一步加强；高中级干部教育管理工作的力度加大，领导干部的自律意识和表率意识增强；一批重大事故案件得到认真查处，严肃维护了党和军队的各项纪律；纠正部队反映强烈的一些不正之风，部队风气建设进一步加强；不断推进制度创新，人财物监管工作更加严格规范。各大单位结合自身实际，对党委议事规则及相关制度规定进行了修订和完善，促进了党委工作的科学化、制度化、规范化。总参以管好主官为重点，建立健全了对人财物管理的监督制约机制。总政直属党委制定下发了《关于加强总政直属党委常委会自身建设的措施》等。总后制定了《关于加强总后直属单位党委理财的意见》。总装制定了《关于实行诫勉谈话制度的暂行办法》。广州、成都和兰州军区等分别就团以上领导干部述职述廉、重大事项办事公开和人财物等重点部位的监管作出了明确规范，使领导干部的决策、用权得到有效监督。

2006年11月，经中央军委批准，总政治部、军委纪委颁发了《关于对军队党员领导干部进行诫勉谈话和函询的暂行办法》（以下简称《办法》）和《关于军队党员领导干部述职述廉的暂行规定》（以下简称《规定》）。《办法》规定了对党员领导干部进行诫勉谈话的九种情况，要求诫勉谈话时应向谈话对象说明谈话原因，认真听取其对有关问题的解释和说明。诫勉谈话后，纪委、政治机关要采取适当方式了解谈话对象对自身问题的改正情况。对反映领导干部在政治思想、工作作风、廉政勤政等方面的问题，党组织可以用书面形式进行函询。《规定》明确了党员领导干部述职述廉的适用范围和七个方面主要内容，要求在述职述廉前，党委应当组织征求部队官兵和机关干部对领导干部的意见，并将意见如实反馈给本人。述职述廉后，党委应当组织民主评议或者民主测评，并在一定范围内公布测评结果。对参加民主评议或者民主测评的人员有1/3以上认为不称职的领导干部，应当进行诫勉谈话。这是贯彻落实胡锦涛关于从严治军、从严治官重要指示的具体举措，是贯彻执行《关于加强军队高中级干部教育管理的若干规定》的重要配套法规。

预防职务犯罪工作，是军队政治工作的重要内容，也是军队反腐倡廉建设的重要组成部分。2007年12月，军委重新修订颁发的《中国人民解放军预防犯罪工作条例》，健全了预防犯罪综合治理工作体系，细化了各级党委、军政主官、分管首长、政法委员会、机关和党支部（基层党委）、保卫委员、思想工作骨干的工作职责，强调了以思想教育为主体的基本工作措施，规范了预防犯罪工作运行的基本制度，明确了奖励和处分的具体要求。2009年1月13日，四总部联合颁发了《关于进一步加强新形势下军队预防职务犯罪工作的意见》，从预防教育、制度落实、监督检查、组织领导等方面作了规定。

党的十八大以来，中央军委着眼实现党的强军目标，进一步加大依法治军、从严治军力度，颁布一系列规定整饬军纪，正本清源，纠正军队长期存在的形式主义、官僚主义、弄虚作假、奢侈浪费等问题。印发《中央军委加强自身作风建设十项规定》《厉行节约严格经费管理的规定》，按照从严、从紧、高标准要求，大刀阔斧整肃军风军纪。

2015 年，经中央军委批准，中央军委办公厅印发《全军财务工作大清查实施方案》，用一年时间对全军 2013 年和 2014 年度各项经费收支使用管理情况进行全面清查，着力纠治财经违规违纪问题。通过查清经费资金流向、支出凭证、内部接待场所和预算外经费管理情况，着力治理虚报冒领挪用经费、假发票、转移开支、“小金库”等问题。此次全军财务工作大清查按照动员部署、自查自纠、上级检查、常态运行 4 个阶段实施，既要抓好已有问题的整改，更要注重完善政策制度，健全防范违规违纪问题的长效机制。

自 1999 年军队住房制度改革以来，由于执行政策不严、监管力度不够，出现了超计划超面积建房、低价内售和违规外售等问题，扰乱了住房建设管理秩序，影响了部队风气建设。2014 年 5 月 30 日，解放军总参谋部、总政治部、总后勤部、总装备部、军委纪委联合发出通知，要求各级单位“清房、清车、清人”。凡是隐瞒实情、拒不整改的，将点名道姓向全军通报。对工作不力、进展缓慢的单位，将严肃追究相关领导责任。

2015 年，经中央军委批准，总政治部、总后勤部、军委纪委联合发出通知，利用两年时间，在全军和武警部队组织开展经济适用住房建设项目专项清查整治，旨在妥善解决住房建设管理中存在的遗留问题，彻底纠治住房方面的腐败问题和不正之风，坚决维护政策纪律的权威性和严肃性。2015 年全军清退不合理住房 9632 套，压减公务用车 24934 辆，其中，清理违规车辆 12000 余辆。①

2016 年 12 月 28 日，中央军委印发《军队党风廉政建设和反腐败工作“十三五”计划》，对“十三五”期间军队党风廉政建设和反腐败工作提出了总体要求和建设目标，要求通过常态化监督和专项整治活动坚持不懈反对“四风”，始终保持高压反腐态势，探索和完善派驻纪检工作机制，规范和改进巡视工作，并加强有关宣传教育和法规制度建设。

---

① 《在中国特色强军之路上阔步前行》，《解放军报》2016 年 3 月 1 日，第 1 版。

（四）依法强化军队的党内监督作用

党内监督，即党运用自身力量，依据党纪军纪和国法进行自我监督和约束，其目的是保持党的先进性和纯洁性，这是马克思主义党的学说的重要内容，同时也是中国共产党自身建设的一个重要特点。把军队各级党组织、党员锤炼得更加纯洁、坚强，是坚持党对军队绝对领导不动摇的重要保证。历史证明，缺乏监督的领导，必然导致妄为；缺乏监督的权力，必然导致腐败。所以强化监督机制也是坚持党对军队的绝对领导的重要保障之一。我党我军历来重视通过法律形式完善党内监督制度，强化党内监督。

党内监督最早可以追溯到1921年，中国共产党第一次代表大会通过《中国共产党纲领》，其中就涉及党内监督的一些规定。如第四条规定："党员派到其他地区工作或到党外进行活动，必须受当地党的执行委员会最严厉的监督。"此后，党领导下的人民军队在战争年代和社会主义建设中，一直十分重视党内监督的理论和实践探索，不仅模范地执行党章中关于党内监督的思想和规定，还坚持以军队条令条例和法规规定等形式总结规范军队的党内监督制度，健全监督机制，推进党内监督。

中华人民共和国成立以来，党和军队制定颁布了一大批加强党内监督的法规和规范性文件，使我军党内监督工作初步实现了"有法可依"。到目前为止，我军实行党内监督的法规依据已经初成体系，即《中国共产党党内监督条例》《中国共产党廉洁自律准则》《关于重申和建立党内监督五项制度的实施办法》《中国共产党党员权利保障条例》《关于领导干部报告个人重大事项的规定》《关于厉行节约制止奢侈浪费行为的若干规定》《关于提高县以上党和国家机关党员领导干部民主生活会质量的意见》《中国共产党纪律检查机关案件检查工作条例》《军队政纪案件审理暂行办法》《军队行政监察工作暂行办法》《中国共产党纪律处分条例》《军队贯彻执行〈中国共产党纪律处分条例〉的补充规定》《总政治部、军委纪委关于军队领导机关工作人员插手干预基层敏感事务的处理规定（试行）》《总政治部、军委纪委关于军队干部违反党纪军纪参与经商活动的处理规定》等。

只有建立健全各项法规制度和有效的监督体系，才能从源头上遏止腐败现象发生。我军在坚持党对军队绝对领导，贯彻党内监督政策、法规的同时，也根据党在不同时期的任务和要求，不断地强化军队党内监督，完善军队党内监督组织体系。革命战争年代，我军党的纪律检查工作一直由党务委员会或政治机关管理。1949 年 12 月，党中央作出成立中央和各级党的纪律检查委员会的决定后，军队相继在团以上单位设立了党的各级纪律检查委员会。1955 年 3 月，根据党的全国代表会议的决定，我军纪律检查委员会改为党的监察委员会。党的十一届三中全会后，中央选举产生了纪律检查委员会，军队也设立中央军委纪律检查委员会，并根据党章在团以上单位设立了党的各级纪律检查委员会。这样，连同党的支部委员会和总支部委员会设的纪律检查委员，使军队中党的纪律检查组织成为自上而下的完整系统。

1981 年 1 月 9 日，中央军委批准发布《中央军委纪律检查委员会工作任务和职权范围的暂行规定》。1986 年 8 月 29 日，总政治部、中央军委纪委联合发布《关于归口办案几个问题的通知》，指出：为了加强法制，树立法制观念，遵照邓主席、杨副主席关于党的纪律问题由党管、法律问题由国家和政府管的讲话精神，根据《中华人民共和国刑事诉讼法》及中央纪委、最高人民法院、最高人民检察院、公安部有关规定，结合部队的实际情况，对犯罪案件、违反党纪案件，以及一时难以判定性质的一般案件和重要案件，在归口办案问题上作了具体明确的规定。1988 年 5 月 26 日，经中央军委批准，中央军委纪律检查委员会印发了《关于加强军队党内纪律监督的暂行规定》。

1990 年 6 月 4 日中央军委决定并经党中央批准，将军委纪委办事机构并入总政治部编制序列，成立纪律检查部；同年 7 月 4 日，第三届中央军委纪律检查委员会全体会议通过了《关于中央军委纪律检查委员会工作任务、职权范围和工作制度的暂行规定》。1990 年 12 月 9 日，国务院总理李鹏签署第 69 号国务院令，发布经国务院常务会议通过的《中华人民共和国行政监察条例》。1993 年 5 月，中央军委将军队行政监察工作的职能赋予各级纪检（组织）部门，自此纪检部门除履行党纪检查职能外，同时要承担行政监察的职能。行政监察是通过执法监察、廉政监察和效能监察，督促监察对象依法行政和正确履行职责；军队行政监察机关是军队履行行政监察职能的专门机构，由各级纪检部门和未设纪检部门的团以上单位组织部门组成。行政监察工作在加强部队建设中，具有党纪监督、审计监督、群众监督等不可替代的作用；为加强军队行政监察工作，军队及时制定了《军队行政监察工作暂行办法》，并在 2005 年颁布了《中国人民解放军监察工作规定》和《军队政纪案件审理暂行办法》。

2003年12月新修订的《中国人民解放军政治工作条例》在体例上的一个重大变化，就是把“党的各级纪律检查委员会”单独作为一章，凸显了军队纪律检查工作的重要性。该《条例》结合军队特点和军队建设的实际需要，在保留原条例中关于纪律检查机关六条主要任务的基本内容的同时，增加了“组织协调反腐败工作”“经常对党员进行遵守纪律的教育”“对党员领导干部行使权力进行检查和监督”等内容；其中在规范党的纪律检查机关中的一个重要创新点，就是把原条例中有关对各级纪律检查机关工作及对各级纪委成员的要求进行了归纳，提出了党的各级纪律委员会进行工作必须遵循的五条原则。2010年《中国人民解放军政治工作条例》在“党的各级纪律检查委员会”的任务中规定了“协助党的委员会加强党风廉政建设和组织协调反腐败工作”“经常对党员进行党性党风党纪教育和反腐倡廉教育”“对党员领导干部履行职责、行使权力和廉洁自律情况进行监督”。2010年12月总政治部、军委纪委发布《军队党组织实施党内监督的规定》（试行），建立了决策监督、重要情况通报、请示报告、民主生活会和述职述廉等制度。

新形势下，面对复杂多变的国际形势，面对改革开放和发展社会主义市场经济出现的新情况新问题，面对建设信息化军队、打赢信息化战争的新任务新要求，我军必须始终不渝地坚持自己的性质，忠实履行党和人民赋予的使命，这关键取决于加强军队党组织的监督作用。当前反腐倡廉、加强党内监督仍然是军队党组织自身建设的重要任务，要充分发扬人民军队的民主传统，健全法治，以法规制度防治各种腐败现象。2013年7月13日，中央军委印发《军队实行党风廉政建设责任制的规定》，明确规定了各级党委、纪委和领导干部在党风廉政建设中的具体责任、检查监督和责任追究的制度措施，要求纪委协助党委加强党风廉政建设和组织协调反腐败工作，协助党委开展对党风廉政建设责任制执行情况的检查考核。

2016年1月，根据国防和军队改革方案，中央军委纪律检查委员会与原总政治部分开单独设立，中央军委下属15个职能部门之一。军委纪委在新体制下，建立与职能相适应的运行机制和制度规定，构建严密纪检监督体系，实行派驻纪检组，开展巡视工作，围绕强化权力制约监督构建体系完备、科学严密、运行顺畅的监督网络，严肃纠正查处违反政治纪律、组织纪律、人事纪律、财经纪律、保密纪律、群众纪律等问题，为依法治军、建设法治军队提供可靠的纪律保证。

（五）依法保障党的路线、方针、政策在军队的贯彻执行

坚持党的领导，就是要坚决贯彻党的路线、方针、政策，保证党法党规和充分体现党的路线政策的法律法规在军队中的贯彻执行。尤其是随着依法治国方略和依法治军方针的贯彻实施和深入推进，加强党对军队的领导，正逐步走上法治的轨道。早在土地革命战争时期，我党我军就十分注意在总结工作经验的基础上，通过制定条例、纲要等，把党对军队工作的基本原则、制度和内容固定下来，用以规范各级党组织、政治机关和政工干部的工作。在 1933 年 2 月 26 日颁布的《中华苏维埃共和国工农红军暂行法规》中指出：“工农红军是中国共产党领导下的，中国历史上有觉悟的革命战士所组成的武装集团”，是“为工农阶级推翻帝国主义国民党统治，建立并巩固工农兵苏维埃政权——直到无产阶级专政和社会主义建设最后胜利的工具”①。在战争年代的不同历史时期，党领导下的人民军队都结合不同形势和任务的需要，及时制定了一系列相关法规和文件，从制度上保证了党的路线、方针、政策在军队中的贯彻执行。

中华人民共和国成立后，中共中央、中央军委及时颁布和修订《中国人民解放军政治工作条例》，还颁布了一系列单项条例。党的十一届三中全会以后，党中央、中央军委更加重视新时期政治工作的法规建设，采取了一系列重大步骤，保证党的路线、方针和政策在军队中贯彻落实，多次修订完善《政工条例》，并三次颁发《军队基层建设纲要》。1987 年中共中央批转的总政治部《关于新形势下加强和改进军队政治工作的若干问题》，成为新时期军队思想政治建设的纲领性文件。2001 年 10 月，中央军委提出《关于贯彻〈中共中央关于加强和改进党的作风建设的决定〉的意见》，2004 年 5 月颁发了《中国共产党军队委员会工作条例（试行）》。2006 年 1 月 25 日，总政治部、军委纪委发出了《关于开展学习党章遵守党章贯彻党章维护党章活动的意见》。在全军开展学习党章、遵守党章、贯彻党章、维护党章活动，是加强军队思想政治建设的重要举措，对于维护党中央、中央军委的权威，保证政令军令畅通，保持人民军队性质、本色和作风，推进军队党风廉政建设，有效履行人民军队历史使命都

---

① 军事科学院军事历史研究部著：《中国人民解放军的七十年》，军事科学出版社 1997 年版，第 80 页。

具有重大意义。2006年8月经中央军委批准，总政治部发出《关于军队保持共产党员先进性长效机制的意见》，体现了加强和改进党对军队的领导，依法保证党的纲领、路线和方针政策在军队中的贯彻执行。

2014年召开的全军政治工作会议明确提出，要着力提高军队政治工作法治化水平。会议深入贯彻党的十八届四中全会精神，把军队政治工作纳入全面推进依法治国总布局和深入推进依法治军从严治军的总目标中，为推进政治工作运行模式和指导方式现代化提供了制度保证，充分体现了习近平对新形势下治军特点规律的深刻把握，彰显了习近平运用法治思维创新治军模式、实现强军伟业的政治自信。2014年12月30日，中共中央向全党全军转发的《关于新形势下军队政治工作若干问题的决定》，着力回答和解决了在新的历史条件下党从思想上政治上建设军队的重大问题，汇聚了在古田召开的全军政治工作会议的重要成果。

2016年，中央进行“学党章党规、学系列讲话，做合格党员”学习教育部署。广大官兵充分认识到，“两学一做”学习教育是全党全军统一思想、统一步调的战略之举，是全面从严治党向基层延伸、落实到每个支部每名党员的有力抓手，是整齐队伍、纯洁组织的再接力再发力，是增强组织力、托举中国梦强军梦的内在要求。习近平指出：“党章就是党的根本大法，是全党必须遵循的总规矩。在各级党组织的全部活动中，都要坚持引导广大党员、干部特别是领导干部自觉学习党章、遵守党章、贯彻党章、维护党章，自觉加强党性修养，增强党的意识、宗旨意识、执政意识、大局意识、责任意识，切实做到为党分忧、为国尽责、为民奉献。”①“维护中央权威，贯彻落实党的理论和路线方针政策，是政治纪律，是绝对不能违反的。”② 对于军队而言，尤其要强调政治纪律的重要性。“军队守纪律首要的是遵守政治纪律，守规矩首要的是遵守政治规矩，并且标准要更高、要求要更严。”③

从我军政治工作法规制度的发展沿革中，可以清楚地看出我军政治工

① 习近平：《认真学习党章，严格遵守党章》，引自《习近平关于严明党的纪律和规矩论述摘编》，中央文献出版社、中国方正出版社2016年版，第3页。

② 习近平：《在参加河北省委常委班子专题民主生活会时的讲话》，引自《习近平关于严明党的纪律和规矩论述摘编》，中央文献出版社、中国方正出版社2016年版，第17页。

③ 习近平：《在全军政治工作会议上的讲话》，引自《习近平关于严明党的纪律和规矩论述摘编》，中央文献出版社、中国方正出版社2016年版，第24页。

作法治建设发展的历史轨迹，充分反映了我军在依法保证和贯彻执行党的路线方针政策方面的优良传统和宝贵经验，也必定在坚持继承的基础上不断完善和创新发展。

第三节　遵守国家宪法和法律，实行依法治军

人民军队法治建设90年的基本经验之一，就是建立中国特色的军事法治体系，严格实行依法治军，依法严格军事纪律，依法全面规范和建设部队，把军队建设的方方面面纳入法治化的轨道。

中国特色的军事法治体系是在党的正确领导下，从中国革命和国防与军队建设的实际出发建立起来的，符合中国的国情和国防与军队建设发展的现实需要，也是党领导和建设人民军队的成功经验，必须进一步继承和发扬。新形势下，全面推进依法治国，努力建设一支听党指挥、能打胜仗、作风优良的人民军队，必然对人民军队建设在国家宪法和法律的规范指导下，深入推进依法治军、从严治军提出更高的标准和要求。

一、坚持以宪法原则指导人民军队建设

根据我国宪法规定，一切国家机关和武装力量都必须以宪法为根本的活动准则，必须无条件地遵守和服从宪法，任何严重背离或违反宪法的行为都要受到国家强制力的追究和制裁。宪法作为具有最高法律效力的国家根本大法，不可能把有关国防和军事方面的各个方面都规范到。但是宪法提出和规定的有关国防和军队建设的基本原则，都是新形势下加强国防和军队建设的重要法律指导。

（一）保证党对军队的绝对领导原则

马克思主义学说认为，无产阶级政党只有通过建立和掌握无产阶级的军队才能夺取和巩固政权。但是在无产阶级政党掌握了国家政权的情况下，如何加强和保证党对军队的领导权，如何以国家宪法和法律的形式进一步规范党对军队的领导，如何正确处理好国家与军队的关系和国家对军队的责任等，使党对军队的领导实现法律化和制度化，是社会主义法治建设的一项重要任务。

中国人民解放军是中国共产党缔造和领导的人民军队，坚持党对军队的绝对领导，是毛泽东等老一辈无产阶级革命家把马克思主义的建党学说

和军队建设理论同中国革命的具体实践相结合，创造性提出的一条建军根本原则，也是中国特色军事法治体系的核心。尤其是在建立国家政权的情况下，党及时通过国家宪法及法律确立和保证党对军队的绝对领导是中国军事法治建设的最主要特色。

1. 在宪法中确立党对军队的领导原则。党对军队绝对领导，是我军区别历史上一切旧军队和任何资本主义国家军队的一个根本标志，是我军优良传统的核心和无敌于天下的特有政治优势，也是确保我军紧紧跟上新军事变革潮流，跻身世界强师劲旅之林的根本政治保证。我国现行宪法明确规定了“中国各族人民将继续在中国共产党领导下”等四项基本原则。宪法确认的党的领导原则，是全国各族人民、一切国家机关、武装力量、各政党和各社会团体等都必须遵循的，这既是党的要求，也是国家宪法和法律的要求。对军队建设来说，就是必须坚持党对军队绝对领导的原则，这是人民军队建军的根本政治原则，是永远不变的军魂，在任何时候都不能动摇，使国防和军队建设的各项建设与发展都始终在党的绝对领导下进行。坚持党对军队的绝对领导是保证实现党的宗旨和完成党的任务的需要。党创立和领导的人民军队是为了实现党的纲领、宗旨和任务而奋斗的武装集团。毛泽东在《战争和战略问题》一文中指出，“我们的原则是党指挥枪，而决不容许枪指挥党”①。“党指挥枪”是我军在血的历史经验基础上所形成的一项根本制度。中国人民解放军必须在中国共产党的绝对领导之下，模范地贯彻执行党的路线方针政策，同党中央、中央军委在思想上、政治上和行动上保持一致，坚决听从党中央、中央军委的指挥，这样就能从根本上保证我们的军队在任何时候、任何情况下始终置于党的绝对领导之下，保持人民军队的性质。党领导人民制定宪法和法律，同样也要模范地执行宪法和法律。在新的历史条件下，党的执政方式发生重要改变，特别强调党也要在宪法和法律的范围内活动，要依法执政。因此，严格贯彻和遵守宪法原则，也是在党执政条件下，坚持党对军队的绝对领导的重要保证。

2. 依照宪法建立保证党对军队绝对领导的军事制度。社会主义国家军事领导体制的最显著特点是执政党对军队实行直接的领导，并在军队中建立党的组织系统。通过宪法规定和建立体现党领导的军事机关和制度是

---

① 《毛泽东选集》（第二卷），人民出版社1991年版，第547页。

中国军事法治建设的一大特色。中华人民共和国成立以来，前三部宪法中，对我国军事机关的宪法地位和武装力量的领导体制都作过不同的规定。其中“五四宪法“规定中华人民共和国主席统率全国武装力量，而“七五宪法”和“七八宪法”由于当时的历史条件，都规定由中国共产党中央委员会主席统率全国武装力量。1982 年宪法总结了中华人民共和国成立以来的历史经验，根据新时期的实际情况和需要，在坚持党领导全国武装力量的同时，规定国家设立中央军事委员会，领导全国武装力量，这是在新的历史条件下国家政治体制和军事体制的重大创新。党领导的中共中央军事委员会与国家军事委员会融为一体，既是党的军事机关，也是国家的机构，体现了党对军队的领导和军队作为国家武装力量的一致性。党章和宪法规定的军队最高领导体制，把党的领导和国家的领导有机地融为一体，并以法律的形式固定下来，这是对军队传统领导体制的重大改革和发展。宪法确立的国家军事制度，能够保证党在最高法律保障下加强党对军队的绝对领导。

3. 根据宪法建立党对军队绝对领导的配套制度体系。加强党对军队绝对领导，就是要善于运用和发挥宪法、法律和法规特有的功能，实现党对军队绝对领导的法治化。“依法治军，把党关于国防建设和武装力量建设的主张，通过法定程序上升为国家意志，使党的领导同依法办事统一起来，目的是从制度上和法律上保证党对军队的绝对领导，保持人民军队的性质，推动军队现代化建设。”① 在长期革命斗争和建设实践中，我们党将马克思主义军事理论同武装斗争和军队建设实践相结合，形成了一整套确保党对军队绝对领导的行之有效的法律制度，是党对军队绝对领导的法律制度保障。早在我军建军初期就采取了以法规和条令条例的形式，明确规定坚持党的领导和与军事工作的关系。先后制定了《中国工农红军编制（草案）》《中国工农红军纪律暂行条例》《奖惩条例》《中国工农红军暂行内务条令（草案）》《中国工农红军纪律条令（草案）》等一大批条令条例，明确规定在人民军队中建立党的政治工作制度，党中央对军队的最高领导和指挥权，党在军队中的各级组织与各级军事组织的领导指挥关系，初步形成了中国特色的军事法规体系。中华人民共和国成立以后，党仍然高度重视依法加强党对军队的绝对领导，重视“从制度上和法律上

---

① 江泽民：《论国防和军队建设》，解放军出版社 2003 年版，第 366 页。

保证党对军队的绝对领导，保持人民军队的性质”[①]。在改革开放的新时期，依靠和运用法治手段是实现和保证党对军队绝对领导的基本方式。根据宪法建立起配套的军事法规制度和党法党规，包括建立完善的政治工作制度，是加强党对军队绝对领导的重要制度保障。党对军队和武装警察部队等武装力量的绝对领导，主要是通过中共中央军事委员会及党在军队和武警部队中的各级组织来实现的。这方面的制度主要有：（1）军队的最高领导权和指挥权集中于党中央、中央军委。党中央是全党的最高领导和决策机构，中央军委是党在军队中的最高统帅机构。（2）党在团以上和相当于团以上部队的单位设立党的委员会；营和相当于营的单位设立党的基层委员会。党的各级委员会是各该单位统一领导和团结的核心。（3）根据民主集中制原则，实行党委统一集体领导下的首长分工负责制。（4）全军设总政治部，在团以上部队和相当于团以上单位设政治委员、政治机关，营设政治教导员，连队设政治指导员。（5）党在连队和相当于连队的基层单位设立党的支部。党的支部是党在军队中的基层组织，是各该单位统一领导和团结的核心。禁止除共产党和共青团以外的任何党派、团体在军队中建立组织和开展活动。这些制度，形成了党领导军队的制度体系，实现了党的组织与军队建制的有机结合，实现了党对军队绝对领导与军事行政领导的有机统一，为坚持党对军队绝对领导提供了根本保证。这些制度，已经在我军深深扎根，必须一以贯之地加以坚持和维护。同时，还要结合新的形势和任务，根据贯彻依法治军、从严治军方针提出的新要求，加强军队党组织能力建设提出的新任务，信息化条件下党委领导和指挥作战的新特点，积极探索贯彻执行党领导军队的一系列制度的有效途径和方式，使这些制度在军队建设发展的新实践中得到更好的坚持和贯彻，确保在任何时候、任何情况下军队都始终置于党的绝对领导之下。

（二）依法治军的原则

1999年通过的宪法修正案首次提出了：“中华人民共和国实行依法治国，建设社会主义法治国家”的任务。党的十五大明确提出：依法治国是党领导人民治理国家的基本方略。我们党强调依法治国，就是号召广大人民群众在中国共产党的领导下，依照宪法和法律，通过各种途径和形式

---

① 江泽民：《论国防和军队建设》，解放军出版社2003年版，第366页。

管理国家事务，保证国家长治久安。我国社会主义法治的统一性，决定了依法治军与依法治国的一致性。习近平指出："推进国家治理体系和治理能力现代化，必须坚持依法治国，为党和国家事业提供根本性、全局性、长期性的制度保障。"① 党的十八届四中全会通过《中共中央关于全面推进依法治国若干重大问题的决定》，全会把深入推进依法治军从严治军纳入依法治国总体布局，提出明确要求。这是党中央深刻总结治党治国治军经验作出的战略决策，是着眼新的形势任务要求，加强国防和军队建设的战略举措。新形势下深入推进依法治军从严治军，是全面推进依法治国的内在要求，是实现强军目标、履行使命任务的坚强保证，是深化国防和军队改革的迫切需要。

宪法作为国家的根本大法，所提出的依法治国方针是一切国家机关和政府部门在处理国家重要事务中都必须严格遵循的，它同样也适用于军事机关。我国的人民民主专政的社会主义制度和人民代表大会制度，也决定了我国的国防和武装力量建设必须在社会主义宪法的统一规范下，纳入国家的法治轨道进行。国防和军队建设在任何时候、任何情况下都不能离开宪法和法律的制约与规范，必须在宪法和法律允许的范围内。因此，军队和国防建设必须要在宪法的依法治国原则指导下，坚持实行依法治军的方针。可以说，"依法治军"是"依法治国"的一个重要方面和不可分开的组成部分，为实现依法治国方针，必须贯彻落实依法治军方针。依法治军必须紧紧围绕着宪法规定的国防和武装力量建设的任务和目标来确定，加快人民军队的革命化、现代化和正规化建设，通过有效运用法律手段，通过建立和完善军事法治建设来加快宪法确定的任务和目标的实现。

军队作为国家政权的重要组成部分，必须与国家的社会主义民主法治建设的步伐相一致，必须将贯彻实施宪法放在重要位置。依法治国首先要依宪治国，依法执政首先要依宪执政。只有全面学习理解和贯彻实施宪法，坚持贯彻实施宪法和贯彻实施军队法规的统一，才能履行好我军根本职能，推进中国特色军事变革，完成好党赋予军队的光荣历史使命。2012年，习近平在首都各界纪念现行宪法公布实行30周年大会上的讲话中强调："我国宪法以根本法的形式，确立了中国特色社会主义道路、中国特

① 习近平：《在中共十八届四中全会第二次全体会议上的讲话》，参见《习近平关于严明党的纪律和规矩论述摘编》，中央文献出版社、中国方正出版社2016年版，第3页。

色社会主义理论体系、中国特色社会主义制度的发展成果，反映了我国各族人民的共同意志和根本利益，成为历史新时期党和国家的中心工作、基本原则、重大方针、重要政策在国家法制上的最高体现。”我们要通过认真学习贯彻宪法，增强宪法意识，自觉维护宪法权威，进一步提高全民族的民主法治观念和依法治军的水平。学习军事法规，首先要学习宪法；贯彻军事法规，首先要贯彻宪法；遵守军事法规，首先要遵守宪法；维护军事法规，首先要维护宪法。应当说，宪法意识既是做合格的现代领导者的必备素质，也是做合格的现代公民和做合格的现代军人的基本要求。现在，我军已经实现了治军方略的重大转变，在依法治军上取得了显著成果。

依法治军的本质是坚持党对军队的绝对领导，有利于党对军队的绝对领导。依法治军与坚持党对军队绝对领导不是互相对立、互相排斥的，而是完全一致的，任何把依法治军与党对军队绝对领导对立起来的认识都是错误的。长期以来，我军在党的领导下，为夺取政权和巩固政权发挥了不可磨灭的重要作用，始终是在党的绝对领导下的人民武装力量，始终是以党的指示为最高指示，以党提出的任务为根本任务，以完成党的使命为最神圣的使命。坚持党的领导这一最根本的优良传统和作风在新世纪新阶段还必须始终牢固坚持。同时，我们也应当看到，在新世纪新阶段，党的领导方式和执政方式也发生了重大转变，党也非常重视要在宪法和法律的范围内活动。党领导人民制定了充分体现党的路线、方针、政策的宪法和法律，也要通过依法执政来维护国家宪法和法律在建设社会主义法治国家中的重要地位和权威性。也就是说，党的执政地位是通过制定、遵守和贯彻执行宪法和法律来实现的，我们遵守和服从国家的宪法和法律与坚持党的领导是完全一致的。相反，如果不遵守国家的宪法和法律就会违背党的领导原则，损害党的形象和利益，甚至会影响到党的执政地位的巩固。同时，我国的宪法和法律都是以坚持“四项基本原则”为首要前提的，人民军队模范地遵守宪法和法律正是维护党的领导、坚持党的领导的重要体现。

根据依法治军的原则，我们党要从过去主要依靠行政和政策手段管理军队，向主要依靠法治手段领导管理军队转变。要根据军队现代化建设的需要，进一步健全和完善军事法规体系，丰富我军军事法规的内容，提高军事立法的质量，尤其要尽快健全信息化条件下军队建设和作战急需的法律法规，将国防和军队建设纳入法治的轨道。要努力探索如何在新形势下充分发挥法规制度的作用，依法加强部队建设的思路、对策和措施，学会运用法规制度开展工作和解决部队建设中的各种矛盾和问题。要紧紧抓住部队建设的中心任务，从法律上和制度上确保军事斗争准备各项工作的落实。要严格按照法律法规和条令条例管理教育部队，加强部队正规化建设。在实际工作中，要坚决维护军事法律法规和条令条例的权威性和严肃性，克服执法执纪不严的现象；特别是领导干部、领导机关要不断增强法治观念，提高依法办事、依法行政的能力，从自身做起，率先垂范。要做到在法律面前人人平等，任何人都不能有不受法律约束的特权；要杜绝“以言代法”“以权代法”“以情代法”的现象，凡是不依法办事，随意违反法规制度和规定，甚至违法违纪的都要受到相应的处罚和制裁。依法治军贵在严，也难在严，因此必须不断强化依法治军观念，加强法规制度和条令条例建设，切实做到领导严格依法决策，机关严格依法指导工作，部队严格依法正规运转，官兵严格依法规范言行，保证部队的战备、训练、工作和生活依法有序运行。

（三）坚持民主原则

现行宪法中规定要“发展社会主义民主，健全社会主义法治”，“把我国建设成为富强、民主、文明的社会主义国家”，同时还规定了：“中华人民共和国的国家机构实行民主集中制的原则”和“民主选举”“民主管理”等规定。这些都充分体现了我国宪法的民主原则。我国宪法的民主原则保证了人民当家做主和行使管理国家的权利。邓小平始终把“人民拥护不拥护”“人民赞成不赞成”“人民高兴不高兴”“人民答应不答应”作为制定各项方针政策的出发点和归宿。胡锦涛把“民主执政”与“科学执政”“依法执政”一起，列为我们党执政成功的重要经验和在新形势下更好地执政的根本要求。党的十六届六中全会再次提出了要实行民主法治和公平正义，并把民主法治和公平正义作为党执政总要求。党的十八届四中全会强调，要坚持依法治国、依法执政、依法行政共同推进，坚持法治国家、法治政府、法治社会一体建设。新形势下，在新世纪新阶段，人民军队要实现依法治军必须在落实民主法治的观念上，在强化社会主义法治理念上，在建立和完善以人为本、充分体现民主法治、公平正义理念的军事法治建设上有所新的发展或开创。人民军队与历史上一切反动的军队的一个本质的区别就是实行了民主，我军在战争年代就已形成了一整套的政治、军事、经济等民主制度，实行民主制度也是我军保持人民军队性质的一个重要标志。这种民主制度在新的历史条件下应该得到进一步的发展。宪法所确立的民主原则在依法治军中同样是应当坚持和遵循的。毛泽东指出："军队应实行一定限度的民主化，主要的是废除封建主义的打骂制度和官兵生活同甘苦。这样一来，官兵一致的目的就达到了，军队就增加了绝大的战斗力，长期的残酷的战争就不患不能支持。"① 2006年3月，胡锦涛在十届全国人大四次会议解放军代表团全体会议上提出，要加强军队内部政治民主、经济民主、军事民主建设，深入开展尊干爱兵教育，进一步巩固和发展我军团结、友爱、和谐、纯洁的内部关系。因此，我们必须要抓好宪法、法律和《党章》规定的各项民主建设，落实好《政治工作条例》《军队基层建设纲要》等法规的相关规定，全面加强新形势下军队内部政治、经济、军事民主建设，进一步巩固和发展我军团结、友爱、和谐、纯洁的内部关系；要把集体领导下的民主和民主基础上的集中有机结合起来；要保证决策的民主化、科学化，防止和克服凭个人经验主观臆断；要保证官兵法定的民主权利，对一切涉及官兵切身利益的敏感事项，要逐步推行办事公开制度，保证基层官兵对连队重大事务、重大决策、重大开支的知情权、参与权和监督权；还要自觉破除等级特权、以权代法、权力崇拜、人身依附等等封建人治思想的残余，真正使宪法确立的民主原则在依法治军中得到全面实现，尤其不能认为民主是上级给的，给多少由领导随意定，甚至可以随时收回去，而应当知道民主是宪法赋予的权利，不是任何人都可以随意限制的。随意侵犯干部战士和党员的民主权利也是违法的。当然民主也是有限度的，尤其是在军队不能随意以民主作为不服从管理、不服从上级命令和指示的借口。部队不能没有民主，也不能没有集中和服从，必须要有严格的纪律和管理。要按照毛泽东提出的，创造一个既有民主，又有集中，既有自由，又有纪律，还要有个人心情舒畅的生动活泼的政治局面。

（四）坚持精简和效率原则

宪法明确规定：一切国家机关实行精简的原则，实行工作责任制和不断提高工作质量、工作效率，反对官僚主义。宪法提出的精简和效率原则

---

① 《毛泽东选集》（第二卷），人民出版社1991年版，第511页。

对军队的各项建设都是适用的，也是必须坚持的。为了保证军队改革事业的顺利进行，进一步理顺军队的体制编制，切实克服和清除各种严重危害军队建设的官僚主义，提高军队各级机关和部门的工作效率，必须严格遵循宪法的精简和效率原则。减少数量、提高质量和效率是军队现代化建设的一条基本方针。尤其是在现代高技术战争条件下，指挥反应迅速、机构运转高效是军队战斗力的体现和生命力的保障。在军队的各项立法和制度改革任务中，都要把提高效率作为一条重要的原则和标准。在和平建设时期，军队的革命化、现代化、正规化建设包括军事训练和日常的管理等工作都要遵循效率的原则。国防和军队法治建设也要为落实宪法规定、贯彻精简和效率原则，全面提升部队战斗力服务，将精简和效率原则作为军事法治建设的重要任务和目标。在新的历史时期，人民军队法治建设正努力为加强军队质量建设，走中国特色的精兵之路，建设一支中国特色的革命化、现代化、正规化的人民军队提供法治保障。军队建设必须贯彻精兵、合成、高效的原则。我国正处于并将长期处于社会主义初级阶段，国家尚不富裕，要解决好军队建设需求和国防投入不足的矛盾，把有限的资源最大化地转化为国防实力和战斗力，必须加强科学管理，走出一条效益较高的国防和军队现代化建设路子。军队编制体制改革的主要任务是贯彻精兵原则，减少军队数量，提高质量；贯彻提高效能的原则，合并机构，精简机关；贯彻合成原则，调整军队编组；贯彻平战结合的原则，区别情况，组建不同类型的现役和预备役部队。因此，必须从宪法的高度贯彻落实精简整编任务，必须严格遵守编制法规和人事纪律，不能随意扩大或增减编制和人员，有效避免在体制编制调整中出现减了又增、增了又减等不科学、不严肃、不正常或违规现象。中华人民共和国成立以来，人民军队顺利地进行了多次重大精简整编，如 1952 年精简整编全军裁减员额 204 万余人，1957 年精简整编全军裁减员额 143 万人，1985 年精简整编全军裁减员额 100 万人，1998 年精简整编全军裁减员额 50 万人。2005 年年底，我军完成了中华人民共和国成立以来的第十次重大精简整编，如期完成裁减员额 20 万人的任务，全军精简干部 17 万人，军队规模现保持 230 万人。压缩军队规模。陆军部队是精简重点，共减少编制员额 13 万余人。军区机关和直属单位、省军区系统，裁减 6 万余人。通过调整，海军、空军和第二炮兵占全军总员额的比例提高了 3.8%；陆军部队的比例下降了

1.5%，占总员额比例降至历史最低。[①] 2016年1月，中央军委《关于深化国防和军队改革的意见》指出，要坚持走中国特色精兵之路，加快推进军队由数量规模型向质量效能型转变。裁减军队现役员额30万人，军队规模由230万人逐步减至200万人。优化军种比例，减少非战斗机构和人员。压减军官岗位。优化武器装备规模结构，减少装备型号种类，淘汰老旧装备，发展新型装备等，都是体现了宪法规定的效率和精简的原则。

（五）坚持维护和保障权利原则

维护和保障权利原则是宪法的一个根本原则。宪法中专门用一章的篇幅规定了公民的各项基本权利和义务，并明确规定："国家尊重和保障人权。"列宁说，"宪法就是一张写着人民权利的纸"[②]。

我国是人民民主专政的社会主义国家，广大官兵来自人民，是人民的子弟兵，也是社会主义国家的主人，同样享有国家宪法和法律赋予的各项基本权利。我国宪法赋予公民的基本权利，对军人也是在不同的程度上适用的，如宪法规定公民享有的选举权和被选举权等政治权利，人身自由和人格尊严不受侵犯的权利，批评、建议、申诉、控告、检举的权利和任何人不得压制、不得打击报复，在年老、疾病或者丧失劳动能力时有从国家和社会获得物质帮助的权利以及保护公民婚姻、家庭和受教育、休息的权利等等，除了军人职业的特殊需要外，这些权利都不能随意侵犯或非法剥夺。宪法还明确规定国家和社会保障残废军人的生活，抚恤烈士家属，优待军人家属。在国防和军队建设中必须以人为本，注重保障和维护军人的合法权益，不能把依法治军和实行法治与保障官兵的合法权益对立起来，尤其要把关爱士兵、服务基层、尊重官兵的人格尊严和尊重官兵的正当要求、听取官兵的呼声和合理建议、维护官兵的合法权益放在重要位置上，有效维护军人在政治、经济、社会保障以及人身、人格和隐私权等各方面所应享有的宪法权利，并加快相应的立法，完善相关法律制度，使军人的合法权利都能得到有效的法律保障。非法侵犯军人合法权利的行为必须要受到法律的追究，受到非法侵害的军人也应当得到相应的法定抚慰或补偿。在宪法原则的指导下，军事立法工作在充分尊重和维护军人合法权益方面取得了快速发展，一批维护军人及军人家属权益的军事法律法规和相

① 国务院新闻办公室：《2006年中国的国防》，2006年12月29日。

② 《列宁全集》第12卷，人民出版社1987年版，第50页。

关政策规定不断出台，在有效维护和保障军人权益上发挥了重要作用。

（六）坚持监督原则

监督是任何一种法律制度都不可缺少的重要组成部分，是保证其法律制度正常运转的重要措施。在国防和军队建设中切实有效的监督同样是不可缺少的。我国宪法不仅规定了严格的国家监督制度，包括对国防和军队建设的法律监督，而且还强调："一切国家机关和国家工作人员必须依靠人民的支持，经常保持同人民的密切联系，倾听人民的意见和建议，接受人民的监督，努力为人民服务。"宪法确立的这一原则，对军队各级机关和各级干部尤其是领导干部都是完全适用的。不断加强和完善切实有效的法定监督，既是国防和军队建设的现实需要，也是宪法确立的一项重要原则。为了保证宪法监督原则的有效落实，必须加强相应的法规制度建设，不断强化和完善宪法规定的监督机制，使各类监督机构真正做到有职、有权、有责，使现有的宪法和法律规定的国家权力机关的监督、军事司法监督、军事行政监督、党内监督以及各种群众监督、民主监督和社会监督，都能有效地发挥出应有的监督制约作用，确保宪法和法律规定的各项监督得以有效地行使和实施，确保国防和军队建设的顺利进行。

历史的经验告诉我们，没有监督或者没有有效的监督必然导致法治的巨大破坏和权力的滥用，滋生以权谋私等大量腐败现象。党的十八大以后，人民军队根据中央文件制定了一系列法规制度和规定，已经建立了卓有成效的法治监督体系，从纪检监察部门、检察院、审计机构到党内民主和群众监督都较好地发挥了监督的作用，挽回和避免了国防和军队建设的较大经济损失，清除和处理了一批军内的腐败分子和犯罪分子。

二、根据宪法和法律将军事法治建设纳入国家法治的轨道

军事法治是指根据国家宪法和法律建立的，有关国防和武装力量建设的法律和制度，包括军事立法、军事行政执法、军事司法、军事法治监督等各个方面。当今世界各国，尽管其军队的性质、宗旨各有不同，但都遵循着一个共同原则和基本规律，那就是通过军事法的制定、实施、监督、服从和教育等机制，运用法律手段把国防和军事活动纳入法治的轨道。

我军从创建之日起就注重法治建设。早在红军时期，就注重军事立法和用法规制度保障军队行动的顺利进行。毛泽东强调要"编制红军法规，明白地规定红军的任务，军事工作系统和政治工作系统的关系，红军和人

民群众的关系，士兵会的权能及其和军事政治机关的关系”[①]。经过土地革命战争、全面抗日战争、解放战争时期和中华人民共和国成立以来的长期发展，已经初步形成了中国特色的军事法治。尤其是党的十一届三中全会以来，我国军事法治建设得到了前所未有的发展，有力地促进了军队的革命化、现代化和正规化建设。军事立法工作日益规范，立法步伐加快，先后制定颁布的军事法律、法规和规章，基本覆盖了国防与军队建设的各个领域和方面，初步建立起以宪法为最高规范，以国家法律和军队条令条例为主体的军事法体系。军事法治建设成为国家法治建设的重要组成部分，在国家宪法和法律的规范指导下得到了进一步完善发展。

1999年3月12日，江泽民在第九届全国人民代表大会第二次会议解放军代表团会议上的讲话中明确地指出：“全军同志要适应社会主义民主法治建设的这一重要发展，更加自觉地贯彻依法治军方针，把国防和军队建设事业纳入法制的轨道。”[②]国家社会主义法治的统一性和权威性，决定了国防和军队建设必须纳入国家法治的轨道。目前，我国国防和军队建设已经基本纳入了国家法治的轨道。2000年3月，九届全国人大三次会议通过的《中华人民共和国立法法》，首次以国家基本法律的形式，确立了中央军委以及各总部、军兵种、军区的立法权限。为规范军事立法工作，2003年4月，中央军委在《中国人民解放军立法程序暂行条例》的基础上，修改颁布了《军事法规军事规章条例》。2017年5月8日，中央军委又在《军事法规军事规章条例》的基础上，修改颁布《军事立法工作条例》，为完善军事法规体系提供了更为充分的法律依据。

根据国家宪法和法律，我国现行的军事法从效力等级和位阶上主要可以分为五个层面：一是宪法相关规定。宪法是我国的根本大法，治国安邦的总章程，在我国法律体系中居于最高的地位，具有最高的法律效力。宪法是军事法的制定和实施的最高依据。宪法关于国防、武装力量领导体制和建设等军事问题的原则规定，同宪法其他规定一样具有在全国范围内一体遵行的最高法律效力，是军事法制定和实施的最高和最直接的依据。二

---

① 《毛泽东选集》（第一卷），人民出版社1991年版，第88页。

② 《江泽民主席在解放军代表团全体会议上发表重要讲话要求全军站在党和国家工作大局和现代化建设全局高度努力推进人民军队跨世纪发展》，《解放军报》1999年3月13日，第1版。

是军事基本法律。军事基本法律是由全国人民代表大会制定发布，是规定和调整军事领域中带根本性和全局性军事关系的法律，它通常以法典的形式颁布。其法律地位和效力仅次于宪法，三是军事法律。全国人大常委会制定和修改的是军事法律，是规定和调整军事领域某一方面重要军事关系和重大措施的规范性法律文件，全国人大常委会有权对军事基本法律进行部分修改和补充，其法律效力低于军事基本法律。根据我国宪法规定的立法权限和程序，基本法律、法律由全国人大或全国人大常委会通过后，由国家主席明令颁布，两者都有在全国范围内一体遵行的法律效力。四是军事法规和军事（国防）行政法规。它是指国家最高行政机关和最高军事机关根据宪法和法律赋予的权限，对国防建设、武装力量建设方面的某一问题和某项措施单独或联合制定颁布的法律规范的总称。其具体名称主要有条令、条例等。它是我国军事法的主要表现形式，其法律地位和效力低于宪法、基本法律和法律，高于军事规章和军事（国防）行政规章，它在军事法中占有重要地位和较大比重。五是军事规章和军事（国防）行政规章。2017 年 5 月 8 日，中央军委《军事立法工作条例》颁布施行前，军事规章和军事（国防）行政规章是由国务院各部委和军委各总部、各军兵种、各大军区、武装警察部队依照军事法律和法规，在授权的范围内联合或单独制定颁布的、具体贯彻实施军事法津和法规的法律规范的总称。其范围涉及某一方面、某一部门或某一措施，其形式包括概则、规定、规则、办法、训练大纲、教令、细则、标准等，在我国军事法中，军事规章的数量是最多的，其法律地位和效力低于宪法、军事法律、军事法规和军事（国防）行政法规。

中央军委颁布的《军事立法工作条例》，为贯彻落实军委主席负责制，适应军队领导指挥体制改革的需要，对军事立法主体作了调整，主要是“中央军委制定、修改、废止、解释军事法规，战区、军兵种制定、修改、废止、解释军事规章”，军委机关不再享有原四总部的军事规章制定权，同时“经中央军委批准，军委机关部门可以与中央国家机关有关部门联合制定规章或者规范性文件”。在立法的名称上，《军事立法工作条例》第七十一条规定：“军事法规的名称通常称“条令”“条例”；规范事项比较单一、专业，不宜使用“条令”“条例”的，也可以称“规定”“办法”“大纲”“纲要”。军事规章的名称通常称“规定”“办法”“细则”；除规范作战行动的军事规章可以称“条令”外，军事规章不得称“条令”“条例”。我国军事法是国家法律体系的重要组成部分，构成了国家法治的基本内容，从法律规范上保证了将军事法治纳入国家的法治轨道。从军事法律覆盖和规范的主要内容看，军事法治在以下方面基本纳入了国家法治的轨道：

（一）军事基本法律制度

我国军事基本法律制度是由国家宪法和基本法律规范、是调整国防建设和军队建设领域基本社会关系的法律制度，对国防和军队建设具有全面性、根本性的规范作用，主要由宪法中有关国防及军事制度的基本规定和国防法组成。宪法中已经对国家的国防和军事领导体制和基本制度等作了原则规定。1997 年 3 月 14 日第八届全国人大第五次会议通过的《国防法》，又根据宪法对有关国防和军事活动的基本问题作出进一步规定，如规定了国防活动的基本原则，国家机构的国防职权，武装力量的性质与构成，边防、海防与空防，国防科研生产和军事订货，国防经费和国防资产，国防教育，国防动员和战争状态，公民、组织的国防义务和权利，军人的义务和权益，对外军事关系等。《国防法》是调整国防建设和武装力量建设领域中，各种最基本的社会关系的法律规范，是国家加强国防和武装力量建设的基本法律依据，在军事法律体系中占有重要地位。

（二）兵役法律制度

兵役法律制度是指国家制定的关于兵役制度和公民兵役义务的法律规范和制度的总称。它是国家军事制度的重要内容，也是军事法的一个重要分支部门。兵役方面的法律规范主要有宪法和国防法中的相关部分，兵役法、现役军官法、预备役军官法以及征兵工作条例、民兵条例等，其主要内容包括：国家兵役制度，武装力量组成，公民服兵役的条件、形式和期限，兵员的征集和动员，公民服兵役的权利与义务以及奖惩等。

兵役是一个国家的大事，它事关国家的安全与稳定。我国在 1955 年 7 月，第一届全国人民代表大会第二次会议，通过了第一部《中华人民共和国兵役法》。根据兵役法的规定，中国人民解放军由志愿兵役制改为义务兵役制，这样就使人民解放军有了可靠的常备兵源和积蓄雄厚的经过训练的预备役兵员，加速了人民解放军正规化建设的进程。1984 年 5 月 31 日，第六届全国人大二次会议通过了新的《中华人民共和国兵役法》，对进一步完善我国兵役制度，保障公民履行兵役义务，加强军队建设和后备力量建设，具有重要意义。1998 年、2009 年和 2011 年，全国人大常委会对《中华人民共和国兵役法》做了三次修改。

现行《兵役法》确立了我国兵役基本制度，一是在现役制度中，实行义务兵役制与志愿兵役制相结合的制度，二是在预备役制度中，实行民兵与预备役相结合的制度。其中主要规定了国家兵役制度和公民兵役义务、兵役工作机构、兵员征集和动员方式、现役军人的优待和退出现役的安置、现役军官和预备役军官的选拔与任用等问题。《兵役法》是实行兵役制度，公民依法服兵役，确保武装力量中常备军和后备力量建设的法律依据，也是我国在新的历史时期建设现代化、正规化的革命军队和现代化国防的重要法律依据。

（三）国防动员法律制度

国防动员法律制度是指国家关于由平时体制转为战时体制，统一调度、指挥、管理一切可以利用的人力、物力、财力，使军事、政治、经济、文化、教育、科技、外交等一切活动服从战争需要的法律规范和制度的总称。它是国家实施动员、动员准备与动员实施的法律依据。其形式包括：动员法律、法规、规章及有关的法律解释。其范围包括：武装力量动员、后备兵员动员、政治动员、民防动员、国民经济动员、战略物资动员、武器装备动员、军事工业生产动员以及动员机构的设置、职责、权限，动员的实施，动员的方针、原则、计划等。其法律规范应包括《国防动员法》《人民防空法》《戒严法》和武装力量动员法、兵员储备动员条例、紧急状态法、军事管制法、民防法、紧急征用法、动员组织条例、邮电通信动员条例、科学技术动员条例、军事装备武器储备动员条例等。我国宪法明确规定了国家在紧急情况下可以实行全国总动员和局部动员。动员通常在国家宣布战争状态后，就可以采取动员的方式举全国的人力和物力来投入战争，以取得战争的最终胜利。我国宪法规定，如果遇到国家遭受武装侵犯或者必须履行国际间共同防止侵略的条约的情况，全国人大常委会可以决定战争状态的宣布。当宣布进入战争状态后，就要全国总动员，运用国家的一切力量保卫国家，国家的一切活动包括经济、文化等建设活动都要服从国家的战争动员和战争需要，以夺取战争的主动权。在我国宪法和国防法、兵役法、人民防空法、国防交通条例等法律法规中已有不少有关动员的规定，也颁布了一些专门性的动员条例，如国务院和中央军委 2003 年 9 月 11 日颁布了《民用运力国防动员条例》。

2010 年，十一届全国人大常委会第十三次会议通过了《中华人民共和国国防动员法》，该法规定了国防动员的组织领导机构、预备役人员的储备与征召、战略物资储备与调用、战争灾害的预防与救助等事项。该法的制定实施，对于依法加强国防动员建设，增强国防潜力，维护国家安全与发展具有十分重要的意义。

（四）国防科技法律制度

国防科技法律制度是国家关于国防科技的发明、研制、生产、使用和管理的法律规范和制度的总称。它是国防科学技术与武器装备管理的基本依据，主要包括国防专利、国防计量、国防科技情报、军工产品质量、军用标准化规定等。其主要形式有国防科技法律、法规和规章以及有关的法律解释。其内容应包括在以下法律规范中：《中华人民共和国科技法》《国防科学技术情报工作条例》《国防科技成果管理条例》《国防专利管理条例》《国防计量监督管理条例》《国防科技保密解密条例》《人造卫星研制计划与合同经费条例》《国防科技合同管理条例》《战略武器定型工作条例》《装备维修管理条例》《关于加速我军武器装备现代化的决定》《武器装备研制设计师系统和行政指挥系统工作条例》《军工产品定型条例》《中国人民解放军驻厂军代表条例》《民兵武器管理规定》《关于军队退役和报废装备处理办法》等。

（五）军事司法法律制度

军事司法法律制度主要是指根据国家宪法和法律建立的，规范军队各级保卫机关、军事法院、军事检察院以及军事司法行政部门分别行使侦察、审判、诉讼等职权及律师业务方面的法律和制度，包括军事刑法、军事诉讼法和律师法等。根据宪法规定，我国的军事法院和军事检察院都分别是国家审判和法律监督机关的重要组成部分，军事法院院长和军事检察院检察长都是分别由最高人民法院院长和最高人民检察院检察长提请全国人民代表大会常务委员会任免。

军事刑法作为国家刑法典的一个组成部分，是关于军人违反职责罪和公民危害国防利益罪及其刑法处罚的法律规范的总称。它是对军人犯罪和公民犯危害国防利益罪的认定和处罚的基本依据。主要包括：《中华人民共和国刑法》和有关的军事法律、军事法规中的刑事罚则等。所谓危害国防利益罪，是指公民或者单位出于故意或者过失，违反国防法律法规，拒不履行国防义务或者以其他形式危害国防利益，依法应受刑法处罚的行为，包括阻碍军人执行职务罪、破坏武器装备、军事设施、军事通信罪等21个罪名。军人违反职责罪，是指军人违反职责，危害国家军事利益，依照法律应受刑法处罚的行为，包括战时违抗命令罪，隐瞒、谎报军情罪等31个具体罪名。对于以上两种犯罪，我国刑法规定了具体的刑法处罚。

军事诉讼法是指有关军队和军人参加刑事、民事、经济诉讼活动的法律规范总称，是军队和军人进行各种诉讼活动的法律依据。包括军事诉讼活动中的原则和制度，诉讼的法定程序和活动步骤及方式，军事司法机关和诉讼参与人在诉讼中的权利和义务关系，诉讼活动的法律后果等。1998年中央军委制定了《关于军队执行〈中华人民共和国刑事诉讼法〉若干问题的暂行规定》，这是军事刑事诉讼的主要根据。1992年最高人民法院颁发了《关于军事法院审理军内经济纠纷案件的复函》，2001年最高人民法院颁发了《关于军事法院实行审理军内民事案件问题的复函》，赋予军事法院一项新的职能，初步建立起军内民事诉讼制度。军队律师是根据国家《律师法》，参加全国统一司法考试取得资格，并经国家司法部批准注册的，也是国家律师的组成部分，主要承担维护当事人的合法权益的任务。当前，全军的师（旅）级以上机关都编配了律师。积极探索和发挥律师在军队建设中的作用，已经成为建立和完善中国特色军事法治体系的重要内容。

（六）军事经济法律制度

军事经济法律制度是保障和调整军事需要、准备战争和保障战争实施等军事经济活动的法律规范和制度，是国家领导、组织、管理国防经济和军队开展经济工作的基本依据。军事经济法规制度是依据国家的相关法律制定的，其内容主要包括国防资产管理法、军事经济保障法、军事采购法，军事交通运输法、军事工业法、审计法和军事审计条例、会计法和军事会计条例等。

（七）国防教育法律制度

国防教育法律制度是调整国防教育活动中所发生的各种社会关系的法律规范和制度的总称。它是我国军事法体系中的重要组成部分，是国家对全民实施国防教育，提高全民族国防意识和国防素质的法律依据。其形式包括有关国防教育的宪法条款、国防教育法律、法规、规章及有关的法律解释。2001 年 4 月 28 日第九届全国人大常委会第 21 次会议通过的《中华人民共和国国防教育法》，是我国进行国防教育的基本法律依据。该法对国防教育的方针、原则、组织机构及其责任，学校国防教育，社会国防教育，国防教育的保障，以及法律责任等问题作出了具体规定。除此之外，全国人民代表大会常务委员会关于设立全民国防教育日（每年 9 月的第三个星期六）的决定和省、自治区、直辖市颁布的国防教育条例等，都是各地开展国防教育活动的依据。

（八）军人优抚法律制度

军人优抚法律制度是国家对现役军人、军人家属、离退休军人、残疾军人实行优待、安置、抚恤和保险等法律规范和制度的总称，它是我国军事法的一个分支部门，是国家对军人实行优待、抚恤的基本依据。主要有宪法、国防法、兵役法中的有关规定和相关法规、规章。其内容包括在以下法律规范中：《革命烈士家属革命军人家属优待暂行条例》《革命残废军人优待抚恤暂行条例》《革命军人牺牲、病故褒恤暂行条例》《革命工作人员伤亡褒恤暂行条例》《民兵、民工伤亡抚恤暂行条例》（以上为中央人民政府政务院 1950 年 12 月批准，中央人民政府内务部颁发）；《革命烈士褒扬条例》（1980 年 6 月国务院发布）；《军人抚恤优待条例》（1988 年 6 月国务院发布）等。以上法律规范主要是关于保护伤残军人生活、抚恤烈士家属、优待革命军人及其家属的规定。其中，2004 年经国务院和中央军委重新修改颁布的《军人抚恤优待条例》，是目前这方面最重要的法规，对军人抚恤优待的方针与原则、死亡抚恤、伤残抚恤、优待、法律责任等问题进行了具体规定。

（九）军人婚姻法律制度

军人婚姻法律制度，是调整军人婚姻关系和家庭关系的法律制度体系，是我国军事法的一个组成部分。它是处理军人婚姻、家庭关系的基本依据。其形式有法律、法规、规章和规范性文件及有关司法解释等。主要内容包括军人恋爱、军人结婚、军人离婚以及军人家庭关系等规定。军人婚姻始终受到国家法律的特殊保护，在我国现行刑法中专门设有对军婚的保护条款。

（十）军事设施保护法律制度

军事设施保护法律制度是指国家为保护军事设施的安全，保障军事设施的使用效能和军事活动的正常进行，调整人们在军事设施保护、管理活动中发生的各种军事社会关系的法律规范和制度的总称。它是保护国家军事设施的基本依据。其形式包括军事设施保护法律、法规和规章以及有关的地方性法规和法律解释。其内容包括在以下的法律规范中：《中华人民共和国军事设施保护法》《军事设施保护法实施办法》《关于保护通信线路的规定》《关于保护海底电缆的规定》《关于保护机场净空的规定》《关于保护军用港口、码头的规定》《军用机场管理条例》《国防工程管理》《中国人民解放军营产管理条例》《关于军民合用机场的若干暂行规定》。以上内容主要涉及的保护对象包括：机场、港口、作战阵地、军用管线、试验和训练场、部队营房等。1990 年 2 月 23 日，经第七届全国人大常委会第十二次会议审议，正式通过的《中华人民共和国军事设施保护法》，是共和国成立 40 年后我国第一部保护军事设施的国家法律。该法对保护军事设施的范围，军事禁区、军事管理区的划定，军事禁区的保护，军事管理区的保护，没有划入军事禁区、军事管理区的军事设施的保护，军事设施管理机构的管理职责及法律责任等问题进行了规定。这一法律的诞生，适应了国防和军队建设发展的大趋势，适应了维护国家安全的新形势，标志着我国军事设施保护工作走上法治轨道。2014 年 6 月 27 日，第十二届全国人民代表大会常务委员会第九次会议通过修改《中华人民共和国军事设施保护法》的决定，补充完善了军事设施保护的内容范围，细化完善了军事设施保护机制和措施，充实完善了奖励和法律责任条款；还首次明确军事禁区、军事管理区、军事禁区外围安全控制范围、作战工程安全保护范围的划定标准等。

（十一）有关特别行政区驻军的法律制度

根据宪法规定，香港和澳门是特别行政区。为了保证人民解放军在特别行政区的驻防，国家制定了特别行政区驻军法律制度。这些法律制度是人民解放军行使职权的法律依据，主要有香港特别行政区驻军法和澳门特别行政区驻军法。这些法律赋予了人民解放军负责国家特别行政区防务的职责。

（十二）有关对外军事关系和战争方面法律制度

对外军事关系方面的法律制度主要是规范我国与外国军事关系的法律规范和制度的总称，是国家开展对外军事交往的法律依据。主要有国防法的有关规定，以及军援、军贸和处理边防事务方面的法律法规，如军品出口管理条例、军队边防会谈会晤条例等。战争法是关于战争或武装冲突期间，以条约和惯例的形式调整交战国之间、交战国与中立国之间、交战国与非交战国之间关系，以及作战行为的法律原则、规则和制度。其内容主要包括：关于战争开始及结束的原则和规则；关于限制战争手段、作战方法以及保护平民、战争受难者和战斗员的原则和规则；关于交战国和非交战国权利和义务的原则、规则；关于禁止从事侵略战争和非法使用武力以及惩处战争罪犯的原则和规则等。我国正式批准加入了大多数战争法公约，这些公约也成为我们需要遵守的法律规范。

当发生危害国家利益的紧急状态时，军队还要执行和遵守国家在战时制定的一系列法律和制度，又称为战时特别法。主要有宪法和国防法中有关国家对战争与和平的决定、紧急状态的宣布等规定，以及戒严法、防暴条令等。

三、依据国家宪法和法律完善人民军队法治建设

坚持宪法原则和将军事法治建设纳入国家法治的轨道，其根本目的是为了进一步完善人民军队的法治建设，实现依法治军，建设与法治国家相适应的法治军队。依法治军已成为当今世界各国国防和军队建设的共同规律。当今世界各国特别是发达国家，为了适应国防和军队现代化建设的需要，无不通过军事法的制定、实施、监督、服务、教育、研究等机制，把国防和军队的活动纳入法治的轨道。

我军在长期革命斗争实践中形成了一系列卓有成效的依法治军方式和方法，有许多重视和依靠法治加强军队建设的优良传统，必须始终加以坚持。中华人民共和国成立之后，毛泽东曾多次要求我军必须克服“那种不集中、不统一、纪律不严、简单现象和游击习气”，要“走向正规化的建设”，要依法治军，依法建军。在改革开放和建设社会主义法治国家的新时期，我们党领导人民已经从依靠政策办事，逐步过渡到不仅依靠政策，而且还必须依靠建立、健全法治，完善社会主义的民主法治和依法执政。邓小平多次提出，党有党规，国有国法，军有军规，军队所有的领域，所有方面，都要完善立法，制定章程，以便统一认识，统一行动，对一切无纪律、无政府、违反法治的现象，都必须坚决反对和纠正。江泽民指出：“我们要继续抓紧军事立法工作，逐步建立适应社会主义市场经济发展要求，符合现代军事发展规律，能够体现我军性质和优良传统的军事

法规体系，使军队的各项工作都有章可循、有法可依。”[①] 胡锦涛指出：在推进中国特色军事变革的过程中，我们要高度重视军事法制建设，自觉按照依法治军的要求，把军队建设逐步纳入法制化的轨道。新形势下，习近平进一步强调，“军队越是现代化，越是信息化，越是要法治化”[②]，对人民军队法治建设提出了新的更高要求。

依法治军，不仅是依法治国的必然要求，也是中央军委确定的新时期军队建设的一项重要方针，其实质就是要把国防和军队建设纳入法治轨道，使国防和军队建设的各个领域、各个方面、各个环节都有法可依，有法必依，执法必严，违法必究，从制度和法律上保证党的基本路线与基本方针在国防与军队建设领域的贯彻实施。依法治军是一个系统工程。从横向上看，依法治军涵盖了军事、政治、后勤、装备工作等部队建设的各个领域。就军队建设而言，依法治军包括依法开展思想政治工作、依法执行和管理编制、依法决策、依法行政、依法带兵、依法施训、依法治校、依法理财、依法管装等诸多方面；就国防建设而言，依法治军包括依法调整经济建设与国防建设关系、依法规范军政军民关系、依法落实兵役制度、依法进行国防动员、依法进行国防科学技术研究与武器装备研制、依法保护军事设施、依法开展国防教育等一系列的内容。从纵向上看，依法治军集立法、执法和法律监督于一体，其范围既涉及健全军事法规方面的内容，又涉及严格执法、保证军事法规及时准确实施的内容，还包括完善执法监督、保障军事法规严格执行的内容。作为领导者应充分认识转变管理模式的重要意义，在管理部队带兵方面，突破“依法治军就是单纯抓管理”的狭隘意识，自觉转变治军方式，依法决策，依法行政，依法执行军事、政治、后勤、装备等各级各类法规制度，从根本上解决部队管理中的各种矛盾。

国家民主法治建设步伐的加快和建设信息化军队的新军事变革不断深入发展，对军队的现代化建设和军事法治建设也提出了新的要求。为了适应国家法治建设的发展，保证人民军队建设的健康、有序、高效、快速地向前发展，必须大力加强军事法治建设，进一步强化国家宪法和法律对军队建设的保障作用。军事法治建设涉及国防和军队建设的方方面面，是一

① 丛文胜主编：《新中国国防法制建设六十年》，军事科学出版社 2009 年版，第 55 页。

② 孙季鸿：《越是信息化，越要法治化》，《解放军报》2015 年 12 月 6 日，第 6 版。

个系统工程，每一个环节都要有相关的严格法律规定。“经过多年努力，我军正规化建设取得了长足进步，法治建设也取得许多成果，制定了一大批军事法规，颁布了一系列条令条例。这为依法治军、从严治军提供了依据。”① 党的十八大以来，以习近平同志为核心的党中央着眼建设一支听党指挥、能打胜仗、作风优良的人民军队，鲜明提出依法治军、从严治军是强军之基，是我们党建军治军的基本方略，领导我军加快构建中国特色军事法治体系，加快实现治军方式根本性转变，奏响了人民军队法治建设的时代强音。② 根据国家宪法和法律的规定，军事法规的制定主体是中央军事委员会。《军事立法工作条例》明确规定了军事法规、军事规章的制定主体、权限和程序。该法第七条规定了应由中央军委根据宪法和法律，制定军事法规的事项（除制定法律作出规定外）：中国人民解放军的体制和编制；军委机关部门以及战区、军兵种和其他大单位的任务和职责；中国人民解放军作战指挥和建设管理的基本制度；中国人民解放军的奖惩制度；军队人员的基本权利义务；为执行法律规定需要制定军事法规的事项；其他需要由军事法规规范的事项。军事法规和军事规章只能在军队内部施行。如果军事法规的制定涉及地方事务，需要地方遵守和执行，应当由国务院和中央军事委员会联合颁布军事（国防）行政法规，这时它的性质并不仅仅是军事法规，同时具有行政法规的性质。同样，如果军事规章制定涉及地方事务，需要地方遵守和执行，也应当由军委有关部门会同国务院有关部门联合制定军事（国防）行政规章。

军队的各项条令条例构成了军事法规的主体部分，是人民军队法治建设的主体和骨干内容，凝结了军队建设和治军的客观规律，也是依法治军的基本依据。条令是军队独有的法规形式，它是用简单明了的条文规定并以命令形式颁布的关于军队战斗、工作或生活方面的法规。条例是国家或军队制定的以命令形式颁布的关于某项工作的法规。俗话说，没有规矩不成方圆。对于军队来讲，条令条例就是全军官兵行为的规矩，是保证全军统一行动的方圆，是加强军队正规化建设的基本依据。历史和现实都已证

① 丛文胜：《完善中国特色的国防法制体系——新中国国防法制建设基本经验回顾》，《法制日报》2009年7月26日，第4版。

② 《奏响人民军队法治建设时代强音——以习近平同志为核心的党中央领导和推进强军兴军纪实之五》，参见新华网，http：//www.xinhuanet.com/2017－09/18/c_1121684015.htm。

明，只有依靠条令条例的规范指引，才能构建军队的正规秩序，形成战斗力。

我军历来重视用条令条例管理和建设部队。全军先后颁发了一系列作为“军中法典”的条令条例，逐步形成了具有人民军队特色的条令条例体系。2004年国务院新闻办公室发表的《中国的国防》白皮书中指出：人民解放军贯彻依法治军、从严治军方针，加强军事法治建设，提高正规化水平，增强部队战斗力。注重把治军的优良传统和中国特色军事变革的要求用法规的形式确定下来，规范军队建设的各个方面。在新的历史时期，军队先后颁布和修订了《中国人民解放军内务条令》《中国人民解放军纪律条令》《中国人民解放军队列条令》《中国人民解放军警备条令》《中国人民解放军司令部条例》《中国人民解放军政治工作条例》《中国人民解放军后勤条例》《中国人民解放军装备条例》《中国人民解放军军事训练条例》以及新一代作战条令等一大批军事法规，已基本形成以条令条例为主体的军事法规体系。

人民军队不断加强和完善法治建设，主要体现在严格制定和贯彻落实以条令条例为主体军事法规上。我军条令条例已经形成了一个门类齐全、层次分明、内容和谐的有机整体，包括战备训练、军事勤务、行政管理、政治工作、后勤保障等各个方面。其中主要有：

（一）共同条令

主要指《中国人民解放军内务条令》《中国人民解放军纪律条令》《中国人民解放军警备条令》《中国人民解放军队列条令》四大共同条令。共同条令以立法的形式规定了军队日常活动，包括建立战备、训练、工作、生活秩序最基本的行为规范，它们之间相互补充、共同组合成相对完整的规范体系，是全军将士共同执行的基本法规，是我军横跨平时战时，覆盖各个军、兵种的“令中之令”。我军历来十分重视共同条令的编修。早在土地革命战争时期，就颁布了第一部《中国工农红军纪律暂行条令》，全面抗日战争时期，我军先后三次修订和颁发《纪律条例》或《纪律条令》；1936年8月，我军颁布了第一部内务建设的法规《中国工农红军暂行内务条例》，1942年重新修改颁发了《内务条令》和《内务制度》；解放战争时期我军颁发过具有队列条令性质的《步兵操典》。但由于战争环境的制约，那时建立起来的条令还比较简单。中华人民共和国成立后，现代化的军队建设迫切要求建立正规的军事生活秩序和队列动作准则。1950年秋季，在刘伯承元帅主持下，总参谋部以苏军条令为蓝本，编写了《内务条令》《纪律条令》《队列条令》，于翌年2月1日颁发全军试行。1953年5月1日，三大条令经修改后正式颁发，1997年颁布了第一部《警备条令》[①] 成为四大共同条令。此后，我军共同条令根据形势发展需要进行了9次大的修订。《内务条令》明确了我军内务建设的指导思想和原则，规范了我军建立在政治平等基础之上的内部关系以及具有我军特色的管理制度。现行的《纪律条令》对我军纪律的基本内容和要求，奖励的目的与原则、项目与条件、权限与程序，处分的目的与原则、项目与条件、权限与程序，以及维护纪律的特殊措施、控告和申诉、首长责任和纪律监察等，都作出了明确规定，是维护纪律、实施奖惩的基本依据。《队列条令》对我军队列制度的使用范围、队列训练的基本要求、队列训练的主要内容、队列纪律、阅兵等都作出了明确规定，是军队队列活动和军人队列生活的行为准则。2002年3月又对《内务条令》《纪律条令》的部分内容作了修订，新增加了“严禁军人涉足不健康场所”，限制军人使用移动电话、寻呼机，军人非因公外出应当着便服等规定。2010年6月对《内务条令》《纪律条令》《队列条令》作了全面修订，[②] 全军部队严格按照修订后的条令要求，建立和规范战备、训练、工作和生活秩序。这“四个秩序”反映了部队正规化管理的基本特征，揭示了部队正规化建设和管理的内在联系，是部队正规化建设水平的综合体现，对加强和改进部队的管理教育工作，实现军事管理的规范化、制度化和法治化，具有十分重要的意义。2013年9月对《警备条令》作了全面修订。修订后的共同条令紧密结合新时期我军建设的实际需要，总结了我军在内务、纪律、队列和警备工作方面的科学经验及有效做法，吸收了部队建设和管理的最新成果，创新发展了我军条令条例的制度规范[③]，共同条令的效力覆

---

① 《警备条令》作为军队按照区域组织实施的对军人、军车在营区外活动实施管理监督的基本法规，是我军共同条令的重要组成部分，是全军官兵必须严格遵守的基本法规，是依法治军、从严治军基本依据。2013年修订的《警备条令》充分体现了习近平依法治军、从严治军重要思想。参见《警备条令》修改组组长丛文胜谈：《与时俱进的新一代〈警备条令〉》，《国防》2013年第10期。

② 中华人民共和国中央军事委员会命令军令〔2018〕58号，发布新修订的《中国人民解放军内务条令（试行）》《中国人民解放军纪律条令（试行）》《中国人民解放军队列条令（试行）》，自2018年5月1日起施行。

③ 丛文胜主编：《军队条令条例学》，中央广播电视大学出版社2014年版，第13页。

盖了陆、海、空、火箭军、战略支援部队和人民武装警察部队，是从领导机关到部队分队、从高级将领到普通士兵都必须严格遵守的基本法规，是维护部队正规秩序的基石。

（二）战斗条令

战斗条令是规定军队作战指挥和战斗动作的法规，主要指我军联合战役纲要、军种战役纲要、合成军队战斗概则以及各级各类部队作战法规的统称，是军队战备、训练和作战的基本依据。战斗条令既是现代战争先进经验和军事科研最新成果的提炼，也是各个部队作战经验的科学总结，世界各国都将战斗条令视为军队战斗力的保障，不断从实战经验中总结出适合不同作战特点的战斗条令。1958 年毛泽东同志指出：我们应该集中一批有丰富战斗经验的同志，搞出一本自己的战斗条令来。1959 年夏，时任军事科学院院长兼政治委员的叶剑英元帅，对全军编写的六本战斗条令概则中上百个条文，数十万字，边看边改，逐字逐句推敲，经常熬到深夜。当时军事科学院参加编写战斗条令的 75 人中，还有粟裕、王树声两位大将及其他 5 位上将。可以说，我军第一代战斗条令是由元帅和高级将领亲自领导和具体组织编写的。经过几年的艰苦努力，至 1963 年，我军颁布了合成军队、空军、海军等一系列的战斗条令，后经过 20 世纪 70—90 年代的不断修订完善，数量达 80 余部。现行战斗条令除有合成军队战斗条令外，从海军、空军、火箭军，到炮兵、装甲兵、工程兵、通信兵、防化兵、陆军航空兵、战略支援部队等各军兵种也都有自己的战役纲要和战斗条令，已经形成了由战役纲要（联合战役纲要和军种战役纲要）和战斗条令（合成军队战斗概则、军兵种战斗条令）两大部分、不同层次组成的战斗条令体系。这些战斗条令根据中央军委“覆盖全军、系统配套、结构科学、便于使用”的原则编修，详细规范和统一了全军的作战思想、作战原则和作战行动，是我军作战行动必须遵循的基本法规依据。

（三）专项条令条例

专项条令条例是专门规范全军某一项工作或活动的条令条例。在司令部工作和建设方面，有中国人民解放军司令部条例和军区、集团军、省军区、军分区等各级各类司令部条例[①]；在军事训练方面，有中国人民解放军军事训练条例等；在后勤工作方面，有中国人民解放军联勤条例、中国人民解放军基层后勤管理条例以及军需、油料、审计、卫生、传染病防治、房地产管理、工程建设管理、环境保护、绿化、计划生育等条例；在装备工作方面，有中国人民解放军装备、武器装备管理工作和民兵武器装备管理条例等；在干部人事管理方面，有中国人民解放军现役军官、预备役军官任免条例和文职干部条例、文职人员条例等；在国防动员方面，有征兵工作和民兵战备工作条例等；在情报和保密工作方面，有保密条例和技术安全保密条例等；在院校教育方面，有院校教育条例和院校教学条例等。以上专项条例种类繁多，覆盖了我军建设的方方面面，是我军一切有关的组织、人员在各项工作和活动中必须遵守的行为准则。

（四）军兵种条令条例

军兵种条令条例是专门规范某一军种或兵种工作和活动的行为准则，大多以军事规章的形式出现。如海军有舰艇条令、海军军港管理条例、海军机场管理条例等；空军有飞行条令、飞行训练工作条例等；火箭军、战略支援部队以及炮兵、装甲兵、工程兵、通信兵、防化兵等都有关于技术工作、勤务工作、管理工作的条令条例。这些条令条例构成了各军兵种建设的基本法规，具有各军兵种内部遵循的法律效力和强制实施的权威性，不仅为本军种、兵种建设提供了有力的法律依据，而且还为本军种、兵种其他法规、规章的制定提供了直接的法律依据。在我军建设和发展史上，几乎每建立一个新的军种都要制定与之相适应的规章制度。将反映各军兵种建设特殊规律的规章制度用条令条例的形式固定下来，是各军兵种战斗力建设的法治保障，对军兵种部队的革命化、现代化、正规化建设具有重要价值。

（五）政治工作条例

政治工作条例是一项特殊的专门性工作条例，既是国家的军事法规，同时又是中国共产党的党内法规。它由中共中央和中央军委共同颁布，调整的主要是党与军队的关系以及军队党组织的内部关系，集中规范了中国

---

① 2016年国防和军队改革后，七大军区改编为五大战区、18个集团军改编为七十一至八十三集团军，新的司令部条例等法规还正在组织编修中。

共产党对军队如何实施政治、思想、组织领导，规定了党对军队绝对领导的根本原则、根本制度和组织体制，阐明了军队思想政治建设的一系列根本性问题，是我军政治建设的基本法律依据。我军历来十分重视政治工作，早在1930年10月，就制定颁布了我军历史上第一部政治工作条例《中国工农红军政治工作暂行条例（草案）》；中华人民共和国成立后，毛泽东同志亲自审定修改了《中国人民解放军政治工作条例（草案）》的“总则”部分，1954年4月15日由中共中央、中央人民政府人民革命军事委员会颁布。后来，根据形势和任务的发展变化，在1954年政工条例的基础上，先后经历了1963年、1978年、1983年、1990年、1995年、2003年、2010年几次大的修改，在内容上进一步科学、规范和严谨。2010年9月修订颁布的《政工条例》，对新形势下我军的使命任务、建设目标和政治工作的指导思想、基本任务、工作原则、根本作风、主要内容以及党的领导制度、政治机关的主要职责等方面的规定，作了充实和完善。

自从党的十六大明确提出了“健全军事法规体系，提高依法治军的水平”的任务后，军事立法进度大大加快，军事立法质量显著提高。一个适应社会主义市场经济发展要求，符合军队现代化建设发展规律，体现人民军队性质和优良传统的以条令条例为主体的军事法规体系已经初步建立。

第四节　牢固确立以保证和提高军队战斗力为根本标准

纵览我军90年历史，牢固确立战斗力为根本标准，是军事法治建设取得辉煌成就的又一条重要经验。当前，我国面临的安全环境发生深刻变化，安全问题的综合性、复杂性、多边性显著增强，维护国家主权、领土完整、海洋权益面临的挑战十分严峻，对军队的战斗力提出了高要求。

人民军队的法治建设在党的领袖关于军事法治建设思想指导下，始终以战斗力为根本标准，全面加强军事法治建设，依法保证党对军队的领导，依法规范军队的军事、政治、后勤和装备制度，依法完善军队组织体制编制，依法提高指挥员和战斗员的战斗技能、战斗精神和战斗意志，提高各级指挥员的作战指挥能力和管理能力，依法指导和开展部队的各项教育和训练，依法将加强国防和军队建设、保证和提高军队战斗力纳入法治化的轨道。

一、保持以战斗力为根本标准这一人民军队法治建设的光荣传统

以毛泽东同志为核心的第一代领导集体，在创立红军时期为建立一支强大的新型人民军队制定了一系列重要法规制度，这些法规制度有效加强了人民军队建设，保证和提高了军队的战斗力。我军从创建起就高度重视对军队的建章立制，加强战斗力。自1930年起，陆续制定了《中国工农红军编制（草案）》《中国工农红军纪律条例（草案）》《中国工农红军政治工作暂行条例（草案）》《中华苏维埃共和国工农红军暂行法规》《中华苏维埃共和国中央苏维埃组织法》等。这些法规，确定了红军的名称、军旗、官兵服饰、军徽样式；以“三三制”原则确立全军军团、师、团、营、连体制，规定了团以上各级机关设置和军团以下各级编制和定额；阐明红军纪律的重要性，明确了各级奖励的权限；规定了红军政治工作的原则；规定了人民委员会下设革命军事委员会，负责颁布军事法令，统一对红军的领导指挥，协调各红军部队互相配合的作战行动等；还对苏维埃代表大会中红军代表、对外宣战媾和、军队的组织指挥、军队人民委员、军事法庭设置等作了明确规定。它们的基本内容及其发布施行，确保了红军能有统一的名称和相互衔接的编制序列，大体一致的服装样式，使得各战略区的红军虽然分散在不同的根据地，通信联络并不顺畅，也能相互呼应，达成战略上的相互支援；确保实行红军各级编成，使得红军具有中国历史上没有、与当时世界先进军队相比也毫不逊色的编制；而政治工作制度的法规化，更使得红军具有了战胜强敌的体制优势等等。这都充分表明我军建军初始，其法治建设即完全服从服务于提高战斗力，以战斗力为根本的标准。

全面抗日战争时期，毛泽东等老一辈革命家高度重视法治建设，在立法上，领导制定了《陕甘宁边区抗战时期施政纲领》《危害军队及妨碍军事工作条例》《国民革命军第十八集团军政治工作暂行条例（草案）》《八路军各级司令部（军、师、旅、团）暂行工作条例（草案）》等等。这些法规，虽然是在实行国共合作，建立统一战线，红军改编为国民革命军等大背景下制定的，但是其内容仍然秉承我党我军一些独特的制度，如我党坚持争夺并掌握抗日统一战线中的领导权；经过很短时间试验后，在八路军和新四军中迅速恢复并坚持实行政治委员制度；强调八路军和新四军有别于国民党军队的纪律；坚持独立自主的山地游击战等等，这些对八

路军、新四军保持和发扬红军时期独特的战斗力和作风，具有重要的影响。

中华人民共和国成立后，我军开始走向建设现代化、正规化的革命军队之路，陆续制定了队列条令、战斗条令等到一系列法规，使军队在正规化建设的轨道上稳步前进，军队战斗力也随之稳步上升。此后至1978年期间，人民军队建设受到各种思想干扰，战斗力水平也受到一定影响。1975年1月，邓小平出任中央军委副主席兼总参谋长后，明确提出必须对军队存在的“肿、散、骄、奢、惰”状况进行整顿。整顿的重要途径之一，就是恢复和健全军事法治。他反复提到军队各个方面都要建立章程，甚至具体到军队要搞出军官服役条例，建立退役制度；还提出“要贯彻条令，内务条令、纪律条令，还要加强训练。这样才能出纪律，出战斗力”①。根据上述重要法治思想，20世纪70年代末至80年代初，我军陆续制定了一系列法规或法规性文件。这些法规或法规性文件，几乎涵盖了军队建设的所有主要方面，它们的基本内容都是围绕着提高军队战斗力而展开的，也完全达成了邓小平所说的“所有这些章程，都是整顿军队、准备打仗所必需的。有了这些章程，我们就有章可循，就能够统一认识，统一行动”②。

1978年党的十一届三中全会以后，以邓小平为核心的第二代中央领导集体高度重视军事法治建设，制定了一系列相关法律法规，使人民军队的战斗力有了进一步提高。之后，以江泽民为总书记的党中央审时度势，确立了依法治军方略，我军法治建设取得了重大成就。江泽民指出，“从严治军，这是毛泽东、邓小平同志一贯强调的思想。我们的军队一向是以严密的组织，严明的纪律、严肃的作风著称的，这是我军所以有强大战斗力的一个重要原因”③。党的十六大后，以胡锦涛为总书记的党中央高度重视加强人民军队战斗力建设。他多次指出要把依法治军贯彻到部队工作的方方面面，贯彻到战斗力建设的全部过程，要不断提高部队的凝聚力和战斗力。2006年3月11日，胡锦涛在十届全国人大四次会议解放军代表

① 中央军委办公厅编：《毛泽东、邓小平、江泽民关于军队建设论述选编》，解放军出版社1997年版，第431页。

② 《邓小平文选》第二卷，人民出版社1994年版，第72页。

③ 中央军委办公厅编：《毛泽东、邓小平、江泽民关于军队建设论述选编》，解放军出版社1997年版，第433页。

团全体会议上强调，要“围绕建设信息化军队、打赢信息化战争的目标，进一步实施科技强军战略，依靠科技进步和创新，加快战斗力生成模式转变”。“努力提高我军应对危机、维护和平，遏制战争、打赢战争的能力，切实履行好新世纪新阶段我军历史使命。”①

党的十八大，习近平担任总书记、中央军委主席后，紧紧抓住发挥人民军队职能作用的核心功能，明确提出要“牢固树立战斗力这个唯一的根本的标准”②，坚持把依法治军、建设法治军队落实到全面提高部队战斗力上。他反复强调，核心问题是打仗，打仗能力是军队的核心军事能力，依法治军、建设法治军队的根本目的之一是要为提高部队战斗力服务③，“能打胜仗是核心，反映军队的根本职能和军队建设的根本指向”。④

二、依法规范司令部建设，强化司令机关的组织指挥能力

司令机关是军队的军事工作机关，是各级军事指挥的中枢，它的建设情况如何在很大程度上决定着组织指挥能力的强弱和军队战斗力水平。2016年1月开始的国防和军队改革，对军队各级的司令部编制体制作了新的调整，⑤ 中央军委成立了联合参谋部，各战区组建的联合参谋部和各军兵种、武警部队的各级参谋部履行相应的原司令部职责。新组建的联合参谋部和参谋部法规亟待重新制定，包括对相应的原司令部工作法规作出相应调整规范和修订。现代司令机关通常由参谋长领导，下设作战、训练、侦察、通信、军务、动员、电子对抗、机要、气象、测绘等部门，并

① 胡锦涛：《坚持把科学发展观作为重要指导方针推动国防和军队建设又快又好地发展》，《解放军报》2006年3月12日，第1版。

② 《习近平总书记系列重要讲话读本》九、建设一支听党指挥能打胜仗作风优良的人民军队——关于加强国防和军队建设，《人民日报》2014年7月14日，第16版。

③ 丛文胜等著：《国防法治——国防和军队建设法治化》，解放军出版社2016年版，第89页。

④ 《习近平总书记系列重要讲话读本》九、建设一支听党指挥能打胜仗作风优良的人民军队——关于加强国防和军队建设，《人民日报》2014年7月14日，第16版。

⑤ 2016年1月10日，军委机关调整组建确定成立中央军委联合参谋部。中央军委联合参谋部是在中国人民解放军总参谋部基础上改革组建成立的中央军委部门之一，也是中国共产党中央军事委员会联合参谋部和中华人民共和国中央军事委员会联合参谋部的简称，主要履行作战筹划、指挥控制和作战指挥保障，研究拟制军事战略和军事需求，组织作战能力评估，组织指导联合训练、战备建设和日常战备工作等原司令部的工作职能。

编配一定的参谋人员和技术保障人员。部门间分工而精细，人员的专业和职责分明，各类人员及部门的活动直接影响部队的行动，对部队的日常军事工作和作战行动具有重大影响。在这种情况下，参谋长及参谋人员的职责如何明确划定，部门职责如何分清，司令机关日常工作程序及内部运作如何规定，司令机关如何组织部队建设及自身建设，特别是司令机关如何组织指挥作战行动等等，都必须依法予以明确，以确保司令机关建设有序展开，确保部队军事工作正常进行，确保部队的组织指挥能力不断提升。司令部条例是军事工作以及司令部工作和建设的基本法规，对军队战斗力生成，特别是对军队组织指挥能力的生成和战斗力的提高具有重要保证作用。司令部条例规范的每个方面，规定的每一个条款，事实上对战斗力生成和发展都会产生重大的影响。我军一向十分重视司令部条例制定和修改。红军成立伊始，毛泽东同志即在《红军军事系统与政治系统关系问题》一文及《中国工农红军编制（草案)》等文件中，从确立红军建军的核心制度方面考虑，明确了司令部和参谋长的地位作用。在一定意义上说，它是司令部条例的萌芽。

随着军事法治建设的逐步展开，我军先后于不同的时代，多次制定或修改司令部条例，分别是1938年12月颁发的《八路军各级司令部（军、师、旅、团）暂行工作条例（草案)》；1977年6月由总参谋部颁发了合成军队野战司令部工作条例（此前还发布了一些兵种司令部条例)；1983年12月由军委批准、总参颁发了军队各级司令部工作条例；1996年11月以后陆续以军委或总参名义发布的数十本司令部条例；2000年2月18日，中央军委发布《中国人民解放军司令部建设纲要》。该纲要系我军司令部建设史上的第一部。第五代则是2006年3月以军委名义发布的《中国人民解放军司令部条例》以及随后将陆续发布的后勤、装备或军种司令部条例。2008年7月22日，中央军委颁发新修订的《中国人民解放军司令部建设纲要》，进一步明确了新形势下我军司令部建设的指导思想、目标任务和措施要求。对司令部建设的指导思想、目标与标准、信息化条件下参谋人员的能力素质要求、信息化条件下规范和加强司令部建设的主要措施、各级各部门组织领导司令部建设的职责和要求作出了新的调整充实。2009年12月1日，中央军委主席胡锦涛签署命令，发布中国人民解放军新一代司令部条例“子本”，标志着信息化条件下我军司令部工作、建设法规体系已经形成。新一代司令部条例体系由1个“母本”和9个

"子本"组成。"母本"即《中国人民解放军司令部条例》；9个"子本"分别为《中国人民解放军军区（战区）司令部工作条例》《中国人民解放军陆军集团军和兵种专业部队司令部工作条例》《中国人民解放军省军区军分区预备役部队司令部工作条例》《中国人民解放军海军司令部工作条例》《中国人民解放军空军司令部工作条例》《中国人民解放军第二炮兵司令部工作条例》《中国人民解放军后勤司令部工作条例》《中国人民解放军装备司令部工作条例》和《中国人民武装警察部队司令部工作条例》，规范主体覆盖全军各级各类司令部。

三、制定作战条令，规范军队的作战行动，提高军队联合作战能力和水平

作战条令主要指我军联合战役纲要、军种战役纲要、合成军队战斗概则以及各级各类部队作战法规的统称，是军队战备、训练和作战的基本依据。

作战条令是一支军队将其在战争中所积累的血与火的经验，或者在平时大量的军事演习、演练和训练中所总结出来的经验、教训，加以准确的概括，形成法条，上升为要求全体军人必须遵循的条令，以确保取得未来战争的胜利。作战条令与军队的战斗力关系至为紧密：一方面，作战条令的完善与否，或者说水平高低，直接反映一支军队既往历史尤其是当前现实中战斗能力的强弱；另一方面，作战条令对战斗力的生成和发展有巨大的牵引作用，它发布施行后的应用，直接影响军队未来战斗力形成和发挥，直接影响能否取得未来作战的胜利。

我军在成长壮大历史上，一贯高度重视并善于总结战争中历次战役战斗的经验，并制定相应的作战条令，为战斗力的生成发挥了巨大牵引作用。如红军时期就有著名的游击战十六字诀："敌进我退、敌驻我扰、敌疲我打、敌退我追"；1938年八路军专门制定《关于战术原则的训令》等；以及由毛泽东等总结土地革命、全面抗日战争和解放战争中历次战役战斗经验得出的下列原则：慎重初战；你打你的，我打我的（打得赢就打，打不赢就走）；战略的内线持久的防御战，战役战斗的外线速决的进攻战；主动性、灵活性、计划性；战略上藐视敌人，战术上重视敌人和"十大军事原则"等等，它们是我军历次作战遵循的基本规则，也是战争年代事实上的"作战条令"，并因此成为日后我军制定作战条令时，自觉遵循的核心思想和基本原则。

中华人民共和国成立后，为总结战争年代积累的宝贵经验，并指导打赢可能面临的战争，我军陆续制定出大量作战条令，包括对合成军队和有关兵种可能面临的战斗样式，作战的指导思想、基本原则和基本要求，作战指挥、保障和实施等内容进行了系统规范，在当时极大地促进了我军战斗力的提高。我军第一代战斗条令是由元帅和高级将领亲自领导和具体组织编写的。此后，中央军委针对现代战争的新情况、新特点，陆续组织修订并颁布了《战役纲要》《战斗条令》，为军队建设实现跨越式发展提供了有力支撑。我军除有合成军队战斗条令外，从海军、空军、战略导弹部队，到炮兵、装甲兵、工程兵、通信兵、防化兵等各军兵种也都有自己的战役纲要和战斗条令，已经形成了由战役纲要（联合战役纲要和军种战役纲要）和战斗条令（合成军队战斗概则、军兵种战斗条令）两大部分、不同层次组成的战斗条令体系。新一代战斗条令立足现实、着眼发展，正确贯彻了中央军委积极防御的战略方针，继承发展了我军传统经验，吸取了近期世界局部战争和我军作战经验，结构合理，内容丰富，形成较完整的战役、战术法规性理论体系，使我军新时期合同训练和作战有了重要依据。

随着新时期军事战略方针的确立，新一代作战条令体系逐步形成，标志着我军的作战思想、作战方式、作战的指导原则等都进到了全新的境界和层次，既为我军未来作战，也为通过军事训练增强我军的作战能力、打赢高技术条件下的局部战争提供了基本依据。

四、健全军队管理法规，严明军纪，确保正规化水平，养成战斗力

人民军队从诞生之日即确立了纪律在建军中的核心地位，随后又制定了内务、纪律、队列和警备四大共同条令，逐步形成了以共同条令为核心的军队管理法规制度体系，积累了从严明军纪和管理中养成战斗力的成功经验。

我军自始至终高度重视纪律建设，坚持把铁的纪律作为建军的核心制度。我军是执行革命的政治任务的武装集团，要坚决贯彻党的政治路线和军事路线，就必须以钢铁般的纪律作保证。“军纪问题是红军一个很大的政治问题”①，同时，纪律本身也是军队战斗力的一个重要因素和来源。

① 《毛泽东军事文集》（第一卷），军事科学出版社、中央文献出版社1993年版，第75页。

正是基于这些认识，红军初创时期，就提出和逐步形成了三大纪律八项注意，它确立了在军队中任何人的一切行动都必须服从命令、听从指挥。

在强调纪律的同时，我军开始制定内务条令、纪律条令，逐步朝着建立军队管理基本法规的方向前进。1930 年 9 月，中央军委扩大会议通过的《中国工农红军纪律条令（草案）》《中华苏维埃共和国军制（草案）》，以及随后制定的《中国工农红军暂行内务条令》，开启了我军三大条令建设的发端。全面抗日战争时期，重新修订发布了适用于八路军的纪律条令和内务条令。解放战争时期，在执行纪律条令和内务条令的同时，还在《中国人民解放军宣言》中明确要求全军将士“必须提高纪律性，坚决执行命令，执行政策，执行三大纪律八项注意，军民一致，军政一致，官兵一致，全军一致，不允许任何破坏纪律的现象存在”。并提出“军队向前进，生产长一寸，加强纪律性，革命无不胜”的著名口号。

随着中华人民共和国的成立，我军的正规化建设有了新发展，逐步建立了以内务条令、纪律条令、队列条令等共同条令为基础的军队管理法规体系，通过部队管理的正规化养成战斗力。1951 年，总参谋部颁发《内务条令（草案）》《队列条令（草案）》《纪律条令（草案）》试行，并于 1958 年颁发全军正式施行。共同条令历经了多次修改，版本众多，包括：1963 年版内务条令、1964 年版纪律条令、队列条令；1972 年版队列条令、1975 年版内务条令、纪律条令；1983 年版队列条令、1984 年版内务条令、纪律条令；1990 年版内务条令、纪律条令、队列条令；1992 年警备勤务暂行条令；1997 年版内务条令、纪律条令、队列条令、警备条令；2002 年版内务条令、纪律条令；2010 年版内务条令、纪律条令、队列条令、2013 年版警备条令。可以看出，共同条令是我军法治建设史上历史悠久、修改次数多的条令之一，构成独具我军特色的管理法规体系，其内容十分丰富。它从明确军人职责，培养团结一致对敌的战斗精神和战斗意志，严格军队纪律，明确奖励处分，建立正规整齐秩序等方面，对单个军人以至整个军队的战斗力的生成和发展产生了巨大的推动作用。

随着时代的发展，我军管理法规体系在规范的领域和范围上又有了进一步的拓展，主要标志是 1997 年军委发布了警备条令，2003 年军委发布了安全工作条例，2006 年军委发布了战时管理条例。它们的基本内容及其发布施行，从更深、更广、更多的领域对战斗力产生积极的影响。这些条令的基本内容是：

（一）《内务条令》

《内务条令》主要从五个方面对军队内务建设作了必要的规范：一是规范了军队的每个人的使命和职责；二是规范了明确、协调的军队内部关系；三是规范了军人一般行为准则；四是规范了适合军队特点的工作和生活制度；五是规范了部队正常的日常管理规则和日常勤务。围绕战斗力方面，主要是明确了内务建设的基本原则之一是必须坚持以提高战斗力为根本标准，在军人誓词中明确了在党的领导下，服从命令，严守纪律，英勇战斗，不怕牺牲等，特别是围绕服从命令、听从指挥、勇敢顽强、坚决完成任务等，明确了各级各类人员的职责，对战斗精神和职业道德提出了基本的要求；明确了军官、士兵依行政职务和军衔，构成首长和部属、上级和下级以及同级的关系，以及首长下达命令的方式，部属执行命令的要求，共同执行任务的不同建制的军人应服从上级指定负责人的指挥等要求。这些规定，围绕战斗力标准对各类人员的职责提出了要求，对强化官兵战斗意志和战斗精神具有重要的影响。

（二）《纪律条令》

《纪律条令》明确规定，中国人民解放军的纪律，是建立在政治自觉基础上的严格的纪律，是军队战斗力的重要因素；制定纪律条令的目的之一，即为加强革命化、现代化、正规化建设，巩固和提高战斗力；奖励和处分项目的设置、符合奖励或者构成处分的条件、实施的权限、维护纪律的特殊措施，等等，对于平时严格纪律的养成，进而对战斗力的生成都具有极大的激励或者惩戒作用。

（三）《队列条令》

《队列条令》强调通过加强队列训练，培养良好的军姿、严整的军容、过硬的作风、严格的纪律性和协调一致的动作，促进军队正规化建设，从而达到巩固和提高战斗力的目的。整齐划一、令行禁止、动作协调、军容严整，通过这些队列训练中的基本要求，统一部队的意志，培养部队的整体行动的能力，从官兵正规、统一、有序的行动中促进战斗力的提高。

（四）《警备条令》

《警备条令》规定的警备工作，是区域性管理监督工作，即警备机构对辖区内的驻军单位和过往军人、军车，不论军兵种和编制级别高低、在警备工作方面遂行管理职能，包括对外出军队人员和车辆实施纪律监督，以严明军队纪律，维护军容风纪，加强正规化管理；同时打击制止损害军队、军人形象的行为，包括查处假冒军人、军车和军队单位的行为。如军容风纪是军队精神风貌的集中体现，是军队素质和战斗力的组成部分，维护军容风纪是增强战斗力的重要环节，它与军队和军人的作风、纪律紧密相联系，是其军政素质的外在表现。现代信息战争要求军队和军人在战时瞬间表现出来的高度组织纪律性和近乎本能的快速反应，都离不开平时军容风纪的严格养成；没有平时的从军容风纪入手的积累，培养严格作风与纪律就是一句空话。从这个意义上讲，《警备条令》对战斗力的养成也发挥着巨大作用。

（五）《安全工作条例》

《安全工作条例》是从预防事故，强化安全意识和责任的角度，规范各级各类人员在安全工作中的职责和任务，力争预防并减少责任事故，确保军队人员、装备、财产的安全，从而保证军队战斗能力不受无谓损耗，为战斗力的顺利生成从安全制度上奠定法治保障。

（六）《战时管理条例》

《战时管理条例》是直接为战争胜利服务的。它的基本任务是督促参战人员认真履行职责，维护战时纪律和秩序，培养战斗作风，直接为夺取战争胜利提供保证。它要求所有参战人员必须严格遵守战时纪律，坚决执行命令，一切行动听指挥；指挥员尤其要模范遵守战时纪律，以身作则，坚决执行上级命令和指示，积极主动完成任务。

五、建立教育训练法规体系，依法按纲施训，优化战斗力生成和创新

战斗力来自严格的教育训练，历代著名军事家无不强调教育训练的重要性。如孙子强调，治军要“令之以文，齐之以武”，对士卒要严格训练，主张“令素行以教其民”。曾国藩建湘军时则强调“精练勤训”为提高战斗力的重要措施，指出不练之兵断不可用，训练不精，不可征战，要求营官坚持不懈抓好部队训练。我军在成长历程中，尤其重视军队的训练。红军时期，朱德提出创造铁的红军的条件之一即为政治训练、统一的指挥和统一的训练。他还提出，要从智力、体力、技术三个方面进行练兵，“勇敢加技术”才能形成过硬的战斗力。毛泽东也多次提出要实行

“统一的训练”。1977 年，邓小平更是指出，“军队要把教育训练提高到战略地位”。为此，“一个方面是部队本身要提倡苦学苦练……另一个方面是通过办学校解决干部问题”①。这些思想和认识都十分精辟，充分说明了教育训练的重要性。那么，通过什么样的方式、方法和途径，以什么样的手段确保教育训练的质量，进而实实在在通过教育训练提高战斗力呢？逐步将军事教育训练纳入法治化轨道，走依法施训的道路，是我军总结历史经验得出的正确结论。

走依法施训来提高战斗力的道路，首要的是完善军事教育训练法规体系，为训练质量的提高打下坚实的法规基础。我军自 20 世纪 50 年代末至 60 年代中期，开始实施“以我为主”的训练方针，恢复和发扬传统的练兵方法，并总结训练经验，组织编写条令、条例、教材和训练大纲，至今已形成以《中国人民解放军军事训练条例》《中国人民解放军院校教育条例》和军事训练大纲为核心的训练法规体系。三者既相互独立，又紧密联系，对部队训练和院校教育的方方面面均作出了详细的规范，从而对训练教育，并进而对战斗力的生成产生深远影响。

（一）建立军事训练法规体系

1990 年 4 月，中央军委颁布《中国人民解放军军事训练条例》，2002 年 9 月，该条例经修改后以军委的名义颁布施行。它的颁布施行，标志着军事训练法规体系的基本确立。随后，制定出台了一系列配套规章，包括陆续发布的军事训练条例和炮兵、装甲兵、工程兵、防化兵军事训练实施细则等等，它们与作为“母法”的《中国人民解放军军事训练条例》一起构成完整的军事训练法规体系，对军事训练方方面面的内容作出了规范。2014 年 3 月，中央军委印发《关于提高军事训练实战化水平的意见》，紧紧围绕实现党在新形势下的强军目标、不断提高部队能打仗打胜仗能力，系统提出当前和今后一个时期提高军事训练实战化水平的指导思想、总体思路、主要任务和措施要求，为全军和武警部队从实战需要出发，从难从严训练提供了重要依据。2016 年 7 月，军委国防动员部制定下发《省军区系统军事训练问责暂行办法》，针对存在的主要问题，确定对“训练领导、训练奖励、训练管理、训练人员、训练时间、训练内容、

---

① 《邓小平文选》（第二卷），人民出版社 1994 年版，第 60、61 页。

训练绩效、训练保障、训风考风”等 10 个方面的情形进行问责，明确党委、军政主官在职责范围内负有全面领导责任，分管领导承担主要领导责任，机关业务部门承担指导、协调和抓落实的责任。2016 年 11 月，中央军委颁发《加强实战化军事训练暂行规定》，明确了实战化军事训练的内涵要求，坚持以联为纲抓实训练，真难严实贯穿训练全程，创设实战化军事训练保障条件，强势开展训练打假治虚，牢固树立奖惩问责鲜明导向。

2017 年 12 月 29 日，中央军委主席习近平签署命令，发布新修订的《中国人民解放军军事训练条例（试行）》，自 2018 年 1 月 1 日起施行。这是一部与人民军队新时代使命任务相适应、与新体制相协调、与战斗力生成规律相符合的军事训练基本法规，共 11 章 77 条。《条例》按照“军委管总、战区主战、军种主建”总原则，构建军委统一领导下归口统筹、分工负责的军事训练管理模式，科学划分各级职能界面，整体重塑军事训练管理体系。《条例》按照打仗要求创新训练方式，瞄准强敌对手发展训练标准，优化新形势下人民军队军事训练基本布局，明确各层次各领域训练的目的要求、组训主体、参训对象、主要内容和实施步骤，立起实战实训刚性规范，推进训练与实战达到一体化，对于提高我军军事训练实战化水平、推动军事斗争准备深入发展具有重要意义。

（二）建立院校教育法规体系

中华人民共和国成立前，我军即十分重视通过正规院校教育提高军官的素质和能力，红军时期随营学校，抗战时期的抗日军政大学等都为我军输送了大批优秀人才。中华人民共和国成立后，党和军队领导人特别重视军事院校建设，相应的院校教育法规也逐步建立并日渐发展。1952 年，国防部颁布了第一部《陆军军事学校教学工作暂行条例》，此后多次修订颁发。至 2000 年 2 月，中央军委颁布《中国人民解放军院校教育条例》①，标志着院校教育法规体系基本建立。此后，总参谋部、总政治部、总后勤部、总装备部又发布一系列规章，构成了具有我军特色的院校法规体系。

中国人民解放军院校教育法规体系，对各级机关的职责，院校教育的

① 中央军委新修订的《军队院校教育条例（试行）》，自 2020 年 7 月 1 日起施行。该条例共 11 章 90 条，整体重塑院校教育管理体系，科学划分各级职责界面，推动落实院校优先发展战略。

基本制度，教员、学员及其他教育工作者，教学工作，科学研究，政治工作，行政管理，教学保障等方方面面的内容做了全方位的规范，为发展院校教育事业，培养高素质军事人才，促进军队革命化、现代化、正规化建设，奠定了坚实的法规和制度基础。它们的发布施行，各军事院校的教学活动，牢牢抓住培养高素质的军事人才这个关键，对提高军队的战斗力发挥着深远的影响。

（三）建立与军事训练法规体系相配套、注重具体操作性内容的军事训练大纲体系

在战争时期，我军没有统一的训练大纲，但根据部队实际需要下达过一些训练指示和要求，各根据地也根据实际制定过一些训练方面的规定。中华人民共和国成立后，在总结作战训练实践经验的基础上，借鉴苏联等国家军队的经验，1955 年即制定发布了我军第一部战斗训练大纲。1957 至 1989 年，先后四次修订发布训练大纲，按军种分别制定了陆军、海军、空军和第二炮兵军事训练大纲。1993 至 1995 年，为适应现代条件下部队训练的需要，规范军事训练的内容、时间和要求，实现训练的正规化，制定颁布了新一代军事训练大纲，重新制定总则，统一制定陆军、海军、空军和第二炮兵的训练大纲。2015 年 3 月，总参谋部下发《关于加强和改进战役战术训练的意见》，明确指出：要遵循战斗力生成规律和训练指导规律，按照“理论讲解、战法研究、态势摆布、实兵演练”的基本施训程序，紧密结合各军兵种部队实际，在实践中规范完善各类型、各层次部队战役战术训练方法路子。坚持由低到高、先分后合、全面训练、对抗检验，扎扎实实打牢战役战术训练基础，做到逐级训练、逐级合成、逐级形成实战能力。

六、完善体制编制立法，科学构建战斗力

体制编制是军队建立和发展的基础，它把战斗力的两个最基本元素——人和武器装备紧密联结在一起，是战斗力得以充分发挥的桥梁和纽带，对形成战斗力具有不可估量的重要作用和影响。我军自建军至今，体制编制经常随着建军形势和任务的变化而调整，始终在法治化的轨道上稳步前行，对战斗力的生成与发展发挥了重要的作用。

战争年代，我军逐步形成了符合战争要求和特点的体制编制。土地革命时期，我党在反动派统治相对薄弱的地方，发展革命武装，进行武装斗

争。即使在交通不便、联络困难的情况下，当时的军委也尽最大努力建立相对正规的红军体制编制。首先是名称的正规化，将全国各根据地的武装统一称为工农红军；其次是尽可能统一苏区各战略区红军的编制序列，实行方面军、军团、师、团、营、连、排、班建制；三是将支部建在连上制度化，在编制上予以保证，每连设指导员，营、团以上设党代表，实行以党委书记为最后决定权人的双首长制等等。这种体制编制使红军能够实行高度灵活机动的游击战略战术，各战略区能够尽量做到相互声援，甚至直接配合作战，并不断取得反围剿的胜利，逐步从弱小走向强大。正如毛泽东当时指出的，编制改变了，使红军在组织上增加了力量。通过强化红军编制法治建设，实行集中统一指挥，严格执行纪律和各项制度，使红军走上了铁的正规的革命武装队伍的道路。全面抗日战争时期，在统一战线的前提下，八路军、新四军成为我党武装力量的主要组成部分，其基本的体制编制与红军时期没有大的不同，确保了抗日战争时期我军力量的壮大。解放战争后期，我军进行统一的整编后，建立了四大野战军，全军按顺序组建了几十个兵团和军，更进一步实现了全军体制编制的正规化，并确保我军取得一个又一个伟大胜利，最终赢得了决定性的胜利，建立了中华人民共和国。

中华人民共和国成立后，军队的体制编制随着国际形势、国家的国防政策和军事战略等变化而做了多次具有重大影响的精简整编，先后进行了十次体制编制调整。从领导体制上看，1953年12月起，重新设立中央军事委员会，设立国防委员会和国防部，并形成八总部（即总参谋部、总政治部、总干部部、总后勤部、总财务部、总军械部、训练总监部、武装力量监察部）领导体制，同时还将东北、西北、华北、华东、中南、西南6大军区改划为12大军区（即沈阳、北京、济南、南京、广州、武汉、昆明、成都、兰州、内蒙古、新疆、西藏军区，后又组建福州军区，发展为13大军区），将军区体制由四级改为三级（即军区、省军区、军分区，并延续至今），并决定先后成立了10个军兵种领导机关，分别是空军司令部、海军司令部、通信兵部、炮兵司令部、装甲兵司令部、公安军司令部、防空军司令部、工程兵司令部、铁道兵司令部、防化兵部。到1957年1月中央军委召开扩大会议，讨论通过了《关于裁减军队数量加强质量的决定》，确定恢复三总部（即总参谋部、总政治部、总后勤部）体制，撤销公安军、防空军，将防空军与空军合并，同时设立军事科学院和国防部国防科学技术委员会。1966 年 6 月，解放军成立了战略导弹部队——第二炮兵。

1975 年 7 月，邓小平在提出军队整顿任务的同时，提出了“编制就是法律”[①] 的重要论断。主张用抓军队编制体制的办法，来解决当时军队建设中存在的机构臃肿、人浮于事、职能不分、效率不高、官僚主义作风严重等弊端。邓小平指出：“这些问题都要当作制度问题、体制问题提出来，作进一步的研究。研究时可能还要接触到别的体制问题。”[②] 1982 年 6 月 19 日，中共中央决定将中国人民解放军担任内卫勤务的部队和武装、边防、消防警察统一组建为中国人民武装警察部队。1982 年 9 月，铁道兵和基建工程兵两个兵种在解放军序列中消失。到 1985 年 7 月 11 日，中共中央、国务院、中央军委批转《军队体制改革、精简整编方案》，将 11 个大军区合并整编为沈阳、北京、济南、南京、广州、成都、兰州 7 个，成立了全军最高学府——国防大学，将直属中央军委和大军区的通信兵部、炮兵司令部、装甲兵司令部、工程兵司令部、防化兵部，分别缩编合并为总参谋部和大军区司令部所属的业务部。到 2000 年，在三总部的基础上，增设总装备部，形成中央军委、四总部为统率机关，军区、海军、空军、第二炮兵等构成的领导体制。

从编成上看，陆军从中华人民共和国成立之初的以步兵为主的军、师、团、营、连、排、班，到目前改集团军下的师、旅、团、营、连、排、班，增设电子对抗、陆军航空兵等各类技术兵种；海军、空军、第二炮兵均是从无到有，基本编成没有大的起伏变化。从总体规模看，中华人民共和国成立时，总兵员 550 万人；到 1951 年 10 月，总人数增加到 627 万人，是我军历史上兵力最多的时期；至 1953 年 9 月底，全军部队人数减到 420 万人左右；随后又进一步减少，到 1957 年，确定全军总人数再裁减 1/3，即从 383 万人中裁减 130 万人左右，保持在 250 万人的规模；1966 年以后，军队员额又有扩大，到 20 世纪 70 年代中期，全军员额又突破了 600 万人，随后又精简减少一部分；到 1982 年 10 月 27 日，据国家人口普查公报指出，现役军人 423. 821 万人；1985 年开始，实行百万大裁军，至 1987 年年初基本完成，共裁员 100 万人，到 1990 年，实际裁

---

① 《邓小平文选》（第二卷），人民出版社 1994 年版，第 20 页。

② 《邓小平文选》第二卷，人民出版社 1994 年版，第 288 页。

减103.9万人；1997年9月，江泽民在党的十五大上指出，我国将在今后3年内再裁减军队员额50万人，保持在250万人。坚定不移地走中国特色的精兵之路，是我军建设的既定方针。压缩军队员额，是不断适应世界新军事变革发展趋势，服从服务于国家经济建设大局的需要。随着现代科技特别是信息技术的发展，国际军事领域的竞争更加激烈，战争形态正在由机械化战争向信息化战争转变，军队的信息化作战能力越来越具有决定性作用；我们进一步压缩军队规模，有利于集中有限的战略资源，加快我军信息化建设步伐。

从2003年开始，人民军队再裁减军队员额20万人，使军队总规模降至230万人。根据党中央批准的军队体制编制调整改革方案，全军体制编制调整改革工作从2003年展开。截至2005年12月31日，3年间我军圆满完成军队体制编制调整改革方案确定的任务，如期裁减员额20万，军队总员额下降为230万人。经过这次体制编制调整改革，海军、空军和第二炮兵占全军总员额比例，作战部队占全军总员额比例均明显上升；陆军部队占全军总员额的比例已下降至历史最低点。海军撤销了航空兵机关，基地改编为保障基地；空军撤销了军（基地）机关，实行区域性指挥；第二炮兵撤销、合并部分建制单位，优化了作战部队编成。这次调整改革，保障摊子大幅度收缩，撤销了重复设置的机构；减少了领导机关层次、机构和人员，机关直属单位，非作战部队，办学效益不高的院校，保障摊子，农副业生产机构，物资机构以及文体单位；撤销了所有非编单位、机构；增编了联合作战指挥机构、高技术部队。这次体制编制调整改革，精简干部是重点，几十种管理岗位和专业技术岗位，原来由干部担任，改为士官履职，部分文职干部改为文职人员；全军精简干部17万人，优化了官兵比例结构。为此，我军推出了新的制度支持改革。从2006年开始，实行文职人员和非现役公勤人员制度，改革了我军力量构成和用人制度。这次体制编制调整改革，进一步压缩了军队规模，优化了编成结构，充实了作战力量，精干了领导机关，收缩了保障摊子，推进了制度改革，正朝着规模适度、结构合理、机构精干、指挥灵便、战斗力强的目标迈进。

总体看，自中华人民共和国成立以来军队编成相对变化较小，领导体制和总体规模变化则比较大，总人数几乎隔几年一变，精简之后膨胀，膨胀之后又精简，陷入不良循环。虽然受到了当时的国际环境、国内条件等客观原因影响，但游击习气、不正规、领导意志、人治为主、法治不健全、“需要就是编制”等造成的主观过失也不容忽视。1975年以后，邓小平在对军队进行全面整顿的同时大力恢复和重建法治，针对林彪提出的“需要就是编制”的影响，明确提出“这一次编制要严格搞，要切实遵守编制。可以说编制就是法律”①；要求编制一旦定下来，就必须如同执行法律一样，不折不扣地施行，从而奠定了我军体制编制步入法治化轨道的基石。

在体制编制调整的历史进程中，随着“编制就是法规”的思想日益深入人心，我军组织编制法规体系也逐渐开始建立并完善，同时对战斗力生成产生积极影响。自20世纪70年代后，我军陆续出台了一系列关于组织编制方面的法规性文件，如1978年9月发布的关于加强军队组织编制管理的规定，规定了组织编制必须认真贯彻毛主席的建军路线和党中央的指示这一基本原则，强调要严格控制军队定额；明确组织编制工作由司令机关归口承办，对建制单位的组建和撤销、建制单位的等级权限和番号名称、编制表的拟制和审批颁发等组织编制方面的权限作了明确规定；还特别强调要严格执行编制，强调编制就是法规，强调组织编制工作要由党委统一领导、统一管理、严格把关。此外，还发布了大量的关于各类部队、人员、车辆等方面的编制标准，就具体的单个的编制问题作出明确规定，它们都具有必须严格遵守的法规效力，充分表明组织编制的法规建设有了长足的进步。特别是到1999年5月，中央军委发布了组织编制条例，标志着组织编制法规体系构建的基本完成，也标志着以丰富完善的法规体系来指导组织编制的调整，确保严格执行编制标准和编制表，从而使军队战斗力的生成和提高有了坚实的法规制度基础。

新形势下，习近平深刻指出，深化国防和军队改革是回避不了的一场大考，军队要坚决推进各项改革，为实现强军目标提供强大动力和体制机制保证。2015年9月3日，习近平在纪念中国人民抗日战争暨世界反法西斯战争胜利70周年大会上郑重向全世界宣布，中国将裁减军队员额30万人。裁减军队员额30万人，是经过充分酝酿准备和科学论证后的重大决策，是实现强军目标的重大战略举措，标志着人民解放军新一轮改革的启动。坚定不移地走中国特色的精兵之路，是我军建设的既定方针，压缩

---

① 《邓小平文选》（第二卷），人民出版社1994年版，第20页。

军队员额，是不断适应世界新军事变革发展趋势，服从服务于国家经济建设大局的需要。我们进一步压缩军队规模，有利于集中有限的战略资源，加快我军信息化建设步伐。2016年1月，新一轮国防和军队改革开始：中央军委机关调整组建，由原来的总参谋部、总政治部、总后勤部、总装备部4个总部，改为7个部（厅）、3个委员会、5个直属机构共15个职能部门，即军委办公厅、军委联合参谋部、军委政治工作部、军委后勤保障部、军委装备发展部、军委训练管理部、军委国防动员部、军委纪委、军委政法委、军委科技委、军委战略规划办公室、军委改革和编制办公室、军委国际军事合作办公室、军委审计署、军委机关事务管理总局。人民军队体制一新、结构一新、格局一新、面貌一新，迈出了构建中国特色军事力量体系的历史性步伐。

七、健全作战、后勤、装备保障法规，全方位提升战斗力

军队战斗力的发挥离不开强大的保障能力做支撑。作战保障能力、装备保障能力和后勤保障能力，是军队整体战斗力的重要组成部分。

我军在革命战争年代的武器、装备、物资等保障主要是“因粮于敌”，从敌人手中获取，相关的武器装备、物资器材方面生产、运输、使用、保养和科研等方面的法规制度建设很不配套，只是在使用、保养武器装备方面制定了一些制度规定，在情报、通信、机要、气象、测绘等作战保障方面的法规建设也很薄弱。

中华人民共和国成立后，随着人民军队革命化、现代化、正规化建设的不断深入和武器装备水平的不断提高，建立健全配套的保障法规体系，是提高部队整体作战能力的迫切需要，一批相关保障法规也陆续颁布。尤其是在改革开放和实行依法治军的新时期，军队的作战保障、装备保障和后勤保障方面法规建设也逐渐完善，并逐步形成了较为完备的保障法规体系，进而促进了军队战斗力的提高。

（一）作战保障法规

1. 情报保障法规。情报保障法规主要包括合成军队侦察情报、无线电技术侦察、技术侦察科技情报工作、技术侦察敌情分析工作和通信信号与空间目标侦察工作等方面的法规和规章。它们从规范情报工作，进而提高情报侦察能力，为战役战斗行动提供有力情报支持的角度，确保充分发挥战斗力。

2. 通信保障法规。通信保障法规主要包括军队涉外通信、无线电管理、计算机信息网络国际联网管理、节日战备通信保障、指挥自动化建设等方面的法规和规章。它们从规范通信工作，提高通信保障能力等方面，确保战斗力的充分发挥。

3. 机要保障法规。机要保障法规主要包括：机要工作、机要装备管理、密码电报管理、机要事故处理等方面的法规和规章。它们从规范机要工作，提高机要保障能力方面，确保战斗力的充分发挥。

4. 电子对抗保障法规。电子对抗保障法规主要包括规范电子对抗工作，提高电子对抗能力方面，确保战斗力的充分发挥。

5. 测绘保障法规。测绘保障法规主要包括地图供应管理、供应标准、以及测绘成果管理等方面的规章。它们从规范测绘工作，提高测绘保障能力方面，确保战斗力的充分发挥。

（二）后勤保障法规

后勤保障法规包括各类管理制度、标准、办法等法规性文件，以及联勤、基层后勤管理、后勤装备、经费使用审批权限、预算外经费管理等大量的财务、军需、物资、卫生、军交运输、军事设施建设、审计等方面的法规和规章。它们对于规范后勤各个方面的工作，提高后勤保障能力，确保战斗力的充分发挥具有重大意义。

（三）装备保障法规

装备保障法规主要包括部队武器装备管理、武器装备技术革新、科技成果转让、以及侦察装备、通信装备、机要装备、气象装备、装备采购、武器装备管理、装备维修工作、计量工作、军品出口管理、武器装备型号研制报批程序、装备采购计划管理、国家军用标准制定工作等方面的法规和规章。它们对于加强装备建设，确保装备工作规范有序进行，增强我军的装备保障能力，进而极大提高我军整体作战能力具有重要作用。

八、依据国防动员法规，建设后备力量，保证和发展战斗力

国防后备力量，是指国家除常备国防力量以外可以依法转化为国防实力的人力、物力、财力等各种后备力量的总称。国防后备力量反映着国家战争潜力的大小以及满足战争直接需求的能力，是国家整体作战能力的重要组成部分，也是人民军队战斗力的基本组成部分和重要来源。

在土地革命、全面抗日战争以及解放战争时期，我党在没有取得国家

政权的情况下，进行武装斗争，夺取了中国革命的伟大胜利，靠的是革命根据地党、政、军、民的共同努力。解放战争时期，党领导下的人民武装力量在广大人民群众的支援下，逐步形成了野战军、地方军、民兵（赤卫队）相结合的战时体制。各革命根据地积极动员了一切人力、物力资源和各种后备力量为保障和实现战争的胜利服务。

中华人民共和国成立以后，党取得了全国政权，国家的国防后备力量建设在革命战争时期历史经验基础上，适应时代的发展，将国防和后备力量建设纳入国家法治的轨道。国家的国防动员体制确立了军民结合、平战结合、寓军于民的方针原则；建立精干的常备军与强大的后备力量相结合、民兵和预备役部队相结合等原则，初步形成了以宪法为最高依据，以《国防法》《兵役法》《国防动员法》《国防交通法》和其他有关国防动员法律法规等为法律依据的国防后备力量动员体制，以保证军队战斗力持续生成和发展的需要。

（一）《国防法》

《国防法》于 1997 年 3 月以中华人民共和国主席令的形式发布施行。它对国防的定义、国防战略、国防领导体制、国家机构的国防职权等国防领域的重要内容做了规范；还明确规定预备役部队是中国人民解放军的组成部分，民兵是我国武装力量的组成部分；我国的兵役分为现役和预备役；还对国防教育，国防动员和战争状态，公民、组织的国防义务和权利等方面的内容做了具体规范，是国防和后备力量建设的基本法律。

（二）《兵役法》

现行《兵役法》于 1984 年 5 月第六届全国人民代表大会第二次会议通过，根据 1998 年 12 月第九届全国人民代表大会常务委员会第六次会议的决定修正。它对士兵的预备役、军官的预备役、民兵、预备役人员的军事训练、高等院校和高级中学的军事训练、战时兵员动员等后备力量建设的主要方面和重点内容做了全面规范，是建设强大后备力量的基本法律。2011 年 10 月 29 日，全国人大常委会修订《兵役法》增加了军人基本待遇的规定，规定了现役军人的工资制度、保险制度和休假、疗养、住房等生活福利待遇，充实了现役军人以及伤残军人、退役军人和烈士、因公牺牲、病故军人遗属以及现役军人家属的抚恤优待政策。

（三）《国防动员法》

我国现行的《国防动员法》于2010年由第十一届全国人大常委会第十三次会议通过，该法规定了国防动员的组织领导机构、预备役人员的储备与征召、战略物资储备与调用、战争灾害的预防与救助等事项，为国防动员的准备、实施以及相关活动提供了法律依据。

（四）《国防交通法》

国防交通是国家经济社会发展和保障军队执行各类军事任务的双重支撑。为了加强国防交通建设，促进交通领域军民融合发展，保障国防活动顺利进行，2016年9月3日，第十二届全国人民代表大会常务委员会第二十二次会议通过了《国防交通法》。该法规定了国防交通规划、交通工程设施、民用运载工具、国防运输、国防交通保障、国防交通物资储备、法律责任等，主要体现在五个方面：一是贯彻了军民融合发展的国家战略。二是增加了国防交通规划、战略投送、会商制度、平战转换、战时组织指挥等新的内容。三是完善了市场导向、政策支持、利益引导、责权利统一、激励与约束等工作机制。四是明晰了经费保障、国防运输运价确定的原则，突出和完善了民用运载工具贯彻国防要求的法律规范。五是进一步调整了国家与组织、公民的关系。这是党的十八大以来第一部国防立法，对于规范国防交通活动、提升战略投送能力、维护国家安全和发展利益，具有重要作用。

（五）《国防教育法》

国防教育是建设和巩固国防的基础，是增强民族凝聚力、振奋民族精神的重要途径。2001年4月28日，第九届全国人大常委会第二十一次会议通过了《中华人民共和国国防教育法》，这是我国第一部全面调整和规范国防教育的重要法律。该法对国防教育的领导体制和工作机制、学校国防教育、社会国防教育、国防教育的保障、法律责任等内容进行了规范。这部法律的公布施行，对于普及和加强国防教育，增强公民的国防观念，激发广大人民群众的爱国热情，促进国防建设和社会主义精神文明建设，具有十分重要的意义。随后，26个省、自治区、直辖市制定的国防教育条例、国家国防教育办公室组织起草的国防教育大纲等等，规定了国家以公务人员、青少年学生、民兵预备役人员为重点开展全民国防教育，强化公务人员履行国防职责的意识；将国防教育内容纳入各级各类学校教学课程，高等学校、高级中学和相当于高级中学的学校的国防教育，应当将课堂教学与军事训练相结合，对青少年学生进行国防知识和爱国主义教育；高等学校学生在就学期间，必须接受基本军事训练；为加强对全国学生军训工作的指导，全军学生军训工作办公室会同教育部制定了全国学生军训工作规划；全国各地利用重大节日、纪念日和征兵等时机，举办展览、演讲、文艺演出、知识竞赛、军事夏令营等国防教育活动；报刊、电台、电视、网络等媒体普遍开设国防教育专栏或专题节目等等，为开展全民国防教育打下了坚实的法律基础。

（六）人民防空法规

现行《中华人民共和国人民防空法》是 1996 年 10 月第八届全国人大常委会第二十二次会议审议通过，于 1997 年 1 月 1 日起施行。[①]。该法规定了人民防空实行人民政府和军事机关共同领导的体制，县级以上地方人民政府和军事机关领导本行政区域的人民防空工作，其基本任务是，平时组织人民防空建设，战时组织指挥人民群众防空袭斗争。还规定了人民防空的经费来源、防护重点、人防工程建设和维护、通信警报、疏散、群众防护组织、防空教育及法律责任等方面的内容，标志着人民防空工作逐步走上法制化轨道。配套的《人民防空工程建设规定》《人民防空组织指挥工作规定》等部门规章，对人防指挥体制，城市防空袭方案，城市防空预警报知网络，工程防护设施，重要经济目标的防护和疏散地域建设，群众防空专业队伍，平战结合民防体制等作出规范，并进而对人民防空事业的发展发挥巨大作用。

（七）民兵建设法规

中华人民共和国成立以来，先后制定了《民兵工作条例》《民兵武器装备管理条例》《民兵战备工作规定》《民兵参战支前规定》《民兵参战立功奖励暂行办法》等等，对民兵工作作出了较为全面的规定。在领导体制方面，规定全国的民兵工作，由国务院、中央军委统一领导；省军区（卫戍区、警备区）、军分区（警备区）和县、自治县、市、市辖区的人民武装部负责本区域的民兵工作；乡、民族乡、镇、街道人民武装部负责

---

① 2009 年 8 月 27 日，根据《全国人民代表大会常务委员会关于修改部分法律的决定》修订。

本区域的民兵工作；企业事业单位根据国家有关规定设立的人民武装部，负责本单位的民兵工作；未设立人民武装部的企业事业单位，确定一个部门或者专门人员负责办理民兵工作。在军事训练方面，规定基干民兵在18—22岁期间，参加30—40天的军事训练，其中专业技术兵的训练时间，按照实际需要适当延长。全国民兵的军事训练任务，经中央军委批准后，由总参谋部下达；民兵军事训练主要在县级行政区内的民兵军事训练基地、专业技术兵训练中心或者人民武装学校进行。此外，还对民兵武器装备的管理，民兵参战的组织指挥程序、经费来源、优待抚恤及评功评奖办法、专业技术分队和对口专业分队建设等，都作出了较全面的规定，切实将民兵队伍建设、管理、使用纳入了法治化轨道，也为民兵战斗力的提高打下了坚实的法治基础。

（八）预备役部队建设法规

组建预备役部队20多年来，先后制定了《预备役军官法》，以及《预备役部队军事训练条例》《预备役部队军事训练大纲》《预备役部队快速动员能力建设规定》《中国人民解放军动员工作条例》等法律法规，规定了预备役部队实行军队与地方党委、政府的双重领导制度；陆军预备役部队平时归省军区（卫戍区、警备区）建制领导，海军、空军、第二炮兵预备役部队平时由省军区（卫戍区、警备区）和军兵种现役部队共同领导；战时动员后归指定的现役部队指挥的领导体制。还规定了预备役部队战备工作、军事训练、快速动员时的组织领导、职责分工、经费及其他保障、奖励处分等方方面面的工作，切实保证预备役部队建设纳入法治化轨道。

除以上八大方面外，我军还逐步开始建立和完善相关的军事执法和执法监督机制职能，在相关的法律法规中明确规定执法、执法检查监督等内容，以为军队战斗力的生成和发展提供更为有效的法治保障。同时，在相关的军事法规中，规范了战斗力评估机制和方法，特别是研究和探索了如何进一步依法规范信息化时代军队战斗力的生成、考核和评估等，以有效保证和提高信息化军队的战斗力。

九、加强非战争军事行动法律保障

人民军队担负的非战争军事行动重任越来越多，从抗击南方特大雨雪冰冻灾害、汶川大地震救灾到玉树地震救灾、抗击舟曲特大泥石流灾害，从拉萨、乌鲁木齐维稳行动到奥运、世博和广州亚运安保等，人民军队经受了重大考验，圆满完成了各项任务。

非战争军事行动的顺利完成离不开法律法规保障。为保障部队遂行非战争军事行动任务能够顺利完成，在2005年6月7日，国务院、中央军委公布《军队参加抢险救灾条例》，对军队参加抢险救灾的主要任务、动用军队的权限和程序、军地联合指挥和经费物资保障等都作出了明确规定。2006年新修订的《中国人民解放军司令部条例》中，专门增加了“组织指挥处置突发事件”部分，为军队各级司令机关和部队依法履行处置突发事件职能提供了法规依据。2007年8月30日全国人大常委会通过《突发事件应对法》，规定了中国人民解放军、中国人民武装警察部队和民兵组织依照本法和其他有关法律、行政法规、军事法规的规定以及国务院、中央军事委员会的命令，参加突发事件的应急救援和处置工作。2009年1月5日，中央军委发布了《军队非战争军事行动能力建设规划》，这一指导性文件为军队遂行非战争军事行动和专业力量建设提供了基本遵循。2010年11月，中央军委批准发布《军队处置突发事件应急指挥规定》，对军队参加维护社会稳定及处置其他各类突发事件的组织指挥、力量使用、综合保障和军地协调等问题进一步作出明确规定。

2009年8月27日，第十一届全国人大常委会第十次会议通过了《中国人民武装警察法》，规定了武警部队担负国家赋予的安全保卫任务以及防卫作战、抢险救灾、参加国家经济建设等任务；规定调动使用武警部队执行安全保卫任务应当坚持严格审批、依法用警的原则；明确了执勤目标单位与武警部队的执勤业务指导关系；明确了武警部队的义务权利及其执行任务的保障措施；规定了人民政府及其有关部门、公民、法人和其他组织对武警部队依法执行任务情况的监督检查以及相关法律责任等。

2015年颁布的《国家安全法》规定：实施积极防御军事战略方针，防备和抵御侵略，制止武装颠覆和分裂；开展国际军事安全合作，实施联合国维和、国际救援、海上护航和维护国家海外利益的军事行动，维护国家主权、安全、领土完整、发展利益和世界和平。从而为我国的武装力量开展国家军事合作提供了法律依据。

在参加联合国维和行动方面，2012年发布《中国人民解放军参加联合国维持和平行动条例（试行）》，该条例涵盖了我军参加联合国维和行动的各个方面和主要环节，主要包括总则、职责、派遣与回撤、教育与训练、管理和保障、奖励与处分等内容。2008 年 12 月 27 日，全国人大常委会通过了《上海合作组织成员国关于举行联合军事演习的协定》，为上合组织成员国军队之间关系的进一步发展奠定了较为坚实的法律基础。2015 年 12 月 27 日全国人大常委会通过的《反恐怖主义法》规定，中国人民解放军、中国人民武装警察部队派员出境执行反恐怖主义任务，由中央军事委员会批准。

第五节　依法加强军政军民团结，保护人民群众根本利益

党领导下的人民军队成长壮大、不断发展的历史充分证明，无论是战争年代还是和平建设时期，大力开展拥军优属和拥政爱民，加强军政军民团结始终是人民军队夺取胜利的重要法宝。依法密切军政军民关系，加强军政军民团结也是人民军队法治建设的一项重要内容和根本经验之一。军民一致、军政一致，拥军优属、拥政爱民，是国防和军队建设一贯坚持的基本原则。

一、依法密切军民关系是人民军队的光荣传统

人民军队的性质决定了人民军队必须始终把维护和保护最广大人民群众的根本利益放在重要位置上。保护人民群众的利益始终是人民军队军事法治建设的重要内容。革命战争年代形成的拥军优属、拥政爱民光荣传统，在中国人民的解放事业中显示了巨大力量。

（一）土地革命时期

早在 1927 年 8 月 1 日，南昌起义的《八一革命宣传大纲》中就提出，起义军“对于民众尤其对于一般贫苦工农大众，应加以保护”。人民军队初创时期，各地红军建立后，都根据实际需要，陆续制定了一些具有军事法性质的群众纪律，使人民军队的任务、纪律逐步明确和制度化，其中三大纪律八项注意（最初是六项注意）最具代表性。1927 年 9 月，毛泽东领导湘赣边秋收起义时，就要求部队官兵对待人民群众说话和气，买卖公平，不拉夫，不打人，不骂人。1927 年 10 月，毛泽东领导湘赣边界秋收起义部队在在江西省遂川县荆竹山动员部队向井冈山进发时，当时是红薯收获季节，在助民劳动中，有的官兵吃老乡的红薯。对此，毛泽东给部队

规定了不拿老百姓一块红薯的纪律。部队在打土豪时又有个别官兵将没收的财物据为己有。于是，毛泽东就人民军队的行为以及与人民群众的关系，郑重地向部队宣布了三条纪律：一、行动听指挥；二、不拿群众一个红薯；三、打土豪要归公。这是我军纪律法规建设史上的伟大创举和光辉范例。1928年3月，毛泽东率工农革命军第1师第1团从井冈山运动到湖南南部的桂东县，准备接应湘南暴动的朱德部队，于30日来到桂东沙田镇。该镇是湘南的三大农村圩镇（在湖南地区称集市为圩）之一。镇上有数百间店铺，平时人来人往，逢圩时，更是熙熙攘攘。可是，当毛泽东带红军到达时，却家家店门紧闭，镇上空寂无人。原来，以前到该镇的军队都烧杀抢掠，无恶不作。1927年，王佐部队到过沙田，虽然不打穷人，但这支部队却取了老百姓的门板和稻草铺床，第二天不上门板，不捆铺草，走了还要拉几个民夫，帮他们扛行李；再加上反动派大肆宣传，污蔑工农红军见屋就烧，见人就杀，见物就抢。深受兵匪之害的群众听信了谣言，都逃进了深山野林。1928年4月3日，毛泽东向全体官兵正式宣布三大纪律六项注意，将“不拿群众一个红薯”，改为“不拿工人农民一点东西”，毛泽东将过去陆续制定的纪律和注意事项合在一起，并作简单修改补充，正式定为三条纪律六项注意予以颁布。三条纪律为：一、不拿工人、农民、小商人一点东西；二、打土豪要归公；三、一切行动听指挥。六项注意为：一、上门板；二、捆禾草；三、讲话和气；四、买卖公平；五、借东西要还；六、损坏东西要赔。三条纪律六项注意鲜明地体现了人民军队的本质特征。1929年毛泽东在率领红四军向赣南和闽西进军时，又将六项注意改为八项注意，增加了“洗澡避女人”，“不搜俘虏腰包”；后来根据形势发展和部队建设的实际经验，将“不拿工人农民一点东西”改为“不拿群众一针一线”，“打土豪归公”改为“筹款要归公”，后又改为“一切缴获要归公”，“上门板”“捆铺草”改为“不打人骂人”“不损坏庄稼”，“洗澡避女人”改为“不调戏妇女”，“不搜俘虏腰包”改为“不虐待俘虏”。对此，红军第四军的代表在1930年5月全国红军代表大会上，向党中央、中央军委和其他地区的红军代表作了报告与说明。其中说，三条纪律六项注意，是红军“四、五、六军及闽西、赣西南各地赤卫队共同用的政治纪律”。具体为：“不拿工人、农民、小商人一点东西。”“着重在一点上，如一根草也是一点”；“上门板”，是“指宿营时借老板的门板走时要上好才走”；“捆禾草”，是“指宿营时借老板的禾草，走时要捆好才走”；“讲话和气”，是“指买卖东西不许强买强卖”；“借东西要还”，是“指借老板的任何东西都要送还才走”；“损坏东西要赔”，是“指损坏了老板的任何东西，要赔偿他才走”。1930 年 5 月以后，毛泽东和朱德又对六项注意作了修改，增加了“七、不得胡乱屙屎；八、不搜敌兵腰包”，从而发展为三大纪律八项注意，并写进了 1930 年 9 月 25 日红一方面军颁布的《红军士兵会章程》中。1931 年，中共中央代表欧阳钦在向党中央报告中央苏区情况时，具体地报告了红一方面军的三大纪律八项注意。此后，三大纪律八项注意的条文措辞略有改动，并成为全军和地方武装的纪律。1947 年 10 月，解放战争进入战略大反攻的关键时期，为了适应大兵团作战的需要，我军修订和统一了三大纪律八项注意的内容，由中国人民解放军总部颁布了毛泽东起草的《关于重新颁布三大纪律八项注意的训令》，对其内容作了统一规定，并要求全军“深入教育”，“严格执行”。中华人民共和国成立后，我军多次颁布的纪律条令，都把三大纪律八项注意作为我军纪律的主要内容写进条令，而且这 61 个字始终一字未改。

三大纪律八项注意，是毛泽东等在第二次国内革命战争中为中国工农红军制定的纪律，其具体内容在不同时候和不同部队略有出入。这些纪律曾经是红军以及后来的八路军、新四军、人民解放军政治工作的重要内容，也是人民军队最重要的军事法规之一，对于人民军队的建设，对于正确处理军民关系、加强军政军民团结都起了重大的作用。毛泽东认为，“使军队在民众眼睛中看成是自己的军队，这个军队便无敌于天下”①。他在井冈山斗争时期，为工农红军规定了打仗消灭敌人，打土豪筹款子，宣传群众、组织群众、帮助群众建立工农革命政权三项任务，要求苏区政府和人民支援红军，优待红军家属，并出现了初始形态的“双拥”活动。在敌强我弱的形势下，开创了苏区人民群众踊跃支前参战，军民团结、众志成城的历史新篇。

1934 年 10 月，红军突破第五次“围剿”，实行战略大转移时，始终牢记着全心全意为人民服务是党和人民军队的唯一宗旨，即使在长征极端艰苦的条件下，党和红军都从来没有忘记践行这一根本宗旨。北上抗日战略方针的确定，向抗日前线阵地的伟大进军，集中体现了党和红军始终把

① 《毛泽东选集》（第二卷），人民出版社 1991 年版，第 512 页。

人民利益、民族利益放在至高无上的地位。红军严格执行党的民族宗教政策，坚持宣传群众、组织群众、武装群众；自觉遵守“三大纪律八项注意”与人民群众同呼吸、共命运、心连心。每到一地，红军都开仓济贫，废除群众深恶痛绝的苛捐杂税，为百姓伸冤除害，使群众从自己的切身利益中感受到共产党好、红军好，真正懂得了“只有红军的道路，才是解放他们的道路”。各族群众自发地起来为红军筹粮筹物，当向导送情报，救护安置伤病员，协助红军作战，积极报名参加红军。正如毛泽东所说：长征是宣传队，“不因此一举，那么广大的民众怎会如此迅速地知道世界上还有红军这样一篇大道理呢?”正是得益于人民群众的衷心拥护和大力支持，党和红军才最终完成了战略转移。

（二）全面抗日战争时期

全面抗日战争时期形成了全民族的抗日统一战线，在中共中央的正确领导下，人民军队与各抗日民主根据地政府和广大人民群众建立了密切的军民鱼水关系，出现了轰轰烈烈的军队拥政爱民、政府和民众拥军优属的“双拥”运动。“双拥”在延安和整个陕甘宁边区广泛开展，成为中国共产党人在中国革命史上一项崭新的创造，谱写了一曲军政军民团结一心、战胜困难、夺取胜利的恢宏交响曲。

早在 1940 年 1 月，毛泽东在陕甘宁边区农业展览会上讲话时，就通俗而深刻地说明了军民合作的道理：八路军也就是老百姓，故军队不要忘本，本就是工农。老百姓是主人，我们要军民合作。大家亲亲密密团结起来，日本一定会被打倒的。8 月 5 日，八路军总政治部专门发出《关于严整纪律改善军政民关系的训令》；13 日，中央军委、总政治部对野战政治部召集的政治工作会议及军区干部会议的指示中指出，应当与军队中破坏对居民纪律的行为，不爱护根据地，浪费人力物力，不尊重政府及地方党以及一切脱离党的政策的行为，作严肃的斗争。20 世纪 40 年代初，由于边区政府受到国民党当局的经济封锁，拥军观念在不少干部和群众中逐渐淡薄，片面考虑自身困难，对军队的支持援助相对减少，优抗工作也有所松懈，甚至被动应付和埋怨军队。军队方面也出现不尊重地方，侵犯群众利益的现象，个别同志的军阀主义倾向、本位主义观念依然存在。为了增进军政军民之间的团结，在延安整风运动期间，召开了西北局高干会议和军政干部会议。军政军民各方以整风的精神，进行公开的自我批评，互相尊重，互相体谅，总结了经验教训，提出了改进措施。1942 年 9 月 1 日，中共中央作出《关于统一抗日根据地党的领导及调整各组织间关系的决定》，指出："要在全党中说明，假如军队削弱，假如战争失败，则根据地无法存在，党政军民都会塌台，因此，党委、政府、民众团体以及全体人民，都有巩固军队，加强其战斗力的任务"，"在军队本身、则应深深了解，没有党、政府、民众团体的配合，光靠军队是一天也不能支持抗战的。因此，必须加强部队中的教育，做到能爱惜根据地，爱惜人力物力，尊重党政，加强军纪，给党政民以必要的帮助。"深刻阐述了军民、军政之间的密切关系，为加强彼此间的团结指明了方向，提出了严格要求。中共中央决定在边区开展一个军队"拥护政府、爱护人民"（以下简称拥政爱民），党政机关、群众团体"拥护军队、优待抗日军人家属"（以下简称拥军优抗）的运动。

1943年，新年伊始，边区政府便颁布《关于拥护军队的决定》。《决定》指出："拥护军队是各级政府与全体人民应有的责任和义务"，要求各级政府充分认识拥军的深远意义和重要性，积极改善和加强拥军工作，并定期进行检查，成绩优良者予以奖励，对此工作漠不关心毫无成绩者给予批评、指责和惩罚。边区政府主席林伯渠在元月15日《解放日报》上撰文《造成拥军热潮，增强拥军工作》，强调"军队的利益和人民的利益是血肉相联而不可分开的"，"拥护军队的利益实际上也是拥护人民自己的利益"，同时宣布边区政府把每年的1月25日—2月25日定为边区的拥军运动月。随后边区政府还发布了《拥军月具体办法》，决定开展军队"拥护政府、爱护人民"和地方"拥护军队、优待抗日军人家属"活动，掀起了新的拥军高潮。陕甘宁边区各级政府领导人民普遍开展了拥军优属活动。从分区到县、区、乡政府，都分别举行了扩大的政务会议，邀请驻军代表参加，开展自我批评。1943年春节前后，边区政府主席林伯渠、副主席李鼎铭将62300余元（边币）慰劳金送给延安驻军、干部医院、休养所、抗日军人家属和退伍军人；2月，林伯渠主席率慰问团来到八路军一二〇师三五九旅驻地南泥湾劳军，受到王震旅长和全体指战员的热烈欢迎，该旅特地举行了阅兵式和军事表演。在慰问部队的同时，各地、各单位还通过各种方式慰问抗属，如送贺年钱、贺年物，举行抗属、退伍军人联欢会，邀请抗属会餐等。据延安等9县统计，1943年慰问抗属的现金、物品折价达103000余元（边币）。此后，"双拥"运动迅速在冀鲁豫等十多个根据地推广开来。人民群众积极参加八路军、新四军，奔赴抗日前线，到处都有“母亲叫儿打东洋”“妻子送郎上战场”的感人场面。广大军民发挥无穷的智慧，创造了地道战、地雷战、麻雀战、破袭战等巧妙战法，造成了陷敌于灭顶之灾的汪洋大海。

驻陕甘宁边区的八路军留守兵团司令部和政治部，也于 1943 年 1 月 25 日发布了《关于拥护政府爱护人民的决定》《关于拥政爱民运动月的工作指示》。2 月 1 日，陕甘宁晋绥联防军司令员贺龙同志在《解放日报》发表评论文章《开展拥政爱民运动》，向部队发出了号召，揭开拥政爱民运动新的一页；同日，八路军留守兵团公布了《拥政爱民公约》十条，这是人民军队历史上第一个拥政爱民公约，并决定 2 月 5 日—3 月 4 日为“拥政爱民运动月”。公约的主要内容是：服从政府法令；保护政府，帮助政府，尊重政府；爱惜公共财物；不得侵犯群众利益；借物要送还，损失了要赔偿；积极参加生产，减轻政府和人民的负担；帮助人民春耕秋收和冬藏；帮助人民进行清洁卫生运动；了解民情风俗，尊重民情风俗；向人民宣传，倾听人民意见。这些文件和专论的发表，确定了拥军优属和拥政爱民运动的方针、政策和具体做法，成为“双拥”运动成熟完善的正式标志，“双拥”运动轰轰烈烈地开展起来。

陕甘宁边区出现了军队拥政爱民的热潮，边区人民拥护军队，优待抗日军人家属的运动也蓬勃开展起来。边区各部队认真开展了拥政爱民教育，采用各种会议主动进行了自我思想检讨与反省，普遍进行登记旧案工作，清理过去军政民关系上的案件，发现有损害政府和群众利益的行为，即坚决予以赔偿、退还、道歉；举行多种联欢活动，增进与人民群众的感情。军队努力增加生产，减轻政府和人民负担，并热情帮助人民群众发展经济，解决日常生活困难，训练民兵，自觉维护和执行政府法令，保护人民生命、财产安全，军民关系日益密切。边区政府又相继颁布了一些法规，如《新订陕甘宁边区优待抗日军人家属条例》《优待抗日工作人员家属暂行办法》《边区动员潜逃及逾期不归战士归队暂行办法》《陕甘宁边区抗属离婚处理办法》《陕甘宁边区调整军政民关系，维护革命秩序办法》《边区优恤优待条例》等；边区政府委员会还在通过的《简政实施纲要》中具体规定了拥军工作的 5 条方针，并通过了《加强荣誉工作案》，使这项运动更加制度化、法治化，使“双拥”运动日趋深化。拥政爱民与拥军优抗互为呼应，互为推动，消除了军政、军民之间的某些隔阂和误会，进一步密切了军政军民关系，增进了军政、军民团结。

八路军留守兵团拥政爱民和陕甘宁边区拥军优抗的成功经验很快被推广到敌后各抗日根据地。1943 年 5 月 8 日，《解放日报》发表《拥军运动和拥政爱民运动的经验》的社论，号召各抗日根据地部队学习和借鉴陕甘宁边区部队开展拥政爱民运动的做法。1943 年 10 月 1 日，毛泽东在为中共中央起草的《开展根据地的减租、生产和拥政爱民运动》的党内的指示中指出：“各根据地党委和军政领导机关，应准备于明年阴历正月普遍地、无例外地举行一次拥政爱民和拥军优抗的广大规模的群众运动。军队方面，重新宣布拥政爱民公约，自己开检讨会，召集居民开联欢会（当地党政参加），有损害群众利益者，实行赔偿、道歉。群众方面，由当地党政和群众团体领导，重新宣布拥军优抗公约，举行热烈的劳军运动。”① 同日，《解放日报》全文发表中共中央政治局《关于减租生产拥政爱民及宣传十大政策的指示》。10 月 14 日，毛泽东在西北局高级干部会议上又强调：一切问题的中心是老百姓的问题，武装的人民（军队）与非武装的人民要打成一片，必须要有政策来实现，只要军队能拥政爱民，政与民是会爱军队的。

1944 年，随着全国抗战形势的好转和边区各项工作长足进步，“双拥”运动也开展得如火如荼：元旦，西北局发出《关于拥军爱民及拥军工作的决定》，要求更加深入地开展“双拥”运动，使之“更加成为部队中和广大人民中真正的自觉群众运动，成为广大群众的思想教育运动”；在杨家岭大礼堂举行的新年干部晚会上，朱德总司令员发表“开展拥军爱民运动”的讲话。6 日，《解放日报》又发表了陕甘宁边区拥军公约，使军政军民团结更为密切。共产党领导人民军队，依靠坚强的军政军民团结，从农村走向城市，从根据地走向全中国，取得了革命和建设的重大胜利，也铸就了“双拥”的优良传统。

（三）解放战争时期

抗战胜利后，随着新的历史时期的到来，边区的“双拥”运动也转入新的历史阶段。1946 年 1 月 8 日，西北局发出《关于拥政爱民和拥军优抗的指示》，强调军民更加团结，同心协力，消灭敌人，争取自卫战争的胜利。此次拥军月活动成了当年区政府进行自卫战争动员的重要环节。

---

① 《毛泽东选集》（第三卷），人民出版社 1991 年版，第 913 页。

11月11日，中共中央召开保卫边区、保卫延安干部动员大会。朱德和彭德怀号召全边区60多万名青壮年以“抢我一粒粮，还我一滴血”的精神参军参战，彻底粉碎国民党军队的进攻。

解放战争时期，全国军民“一切为了前线，一切为了胜利”，“双拥”工作全面发展。陕甘宁边区人民由此掀起参军参战热潮。据统计，从1946年7月至1948年1月，陕甘宁边区共有5万余人参加人民解放军，另有1.4万余人加入我地方干部队伍。边区人民还竭尽所能，支援前线。据不完全统计，1948年—1949年，边区人民动员支前担架21708副，支前民工总工数11772432个，支前畜力总工数1746326个，运输车辆工数487751个，各界妇女共做军鞋929000多双。“双拥”运动在保卫延安、保卫边区、转战陕北的烽火里，经受了血与火的洗礼，军民关系进一步密切，鱼水之情更浓。1945年4月，毛泽东在《论联合政府》的报告中明确指出：“紧紧地和中国人民站在一起，全心全意地为中国人民服务”，是人民军队的唯一宗旨，为“双拥”工作的全面发展指明了方向。人民解放军牢记我军宗旨，严格执行各项群众纪律，处处关心人民群众的疾苦和利益，以解放和帮助广大人民群众为己任，甚至宁愿自己作出各种牺牲也不能让百姓受苦。解放区各级政府也普遍建立拥军优属组织，大力开展拥军支前活动。最具代表性的是，在辽沈、平津、淮海三大战役中，数百万民工，随军转战千里，奋勇支前，部队打到哪里，人民就支援到哪里，绘成了一幅宏伟壮观的人民战争的画卷，因此有人形象地说，三大战役的胜利，是人民群众用小车推出来的。这期间，涌现了一大批军爱民、民拥军，军民团结如一人的可歌可泣的生动感人事迹。

1949年后伴随着人民军队向全国的胜利进军，“双拥”运动也以日益丰富的内容与形式，围绕党的中心工作在全国各地蓬蓬勃勃地发扬光大起来。

二、依法加强军政军民团结是人民军队法治建设的重要内容

在革命战争年代，人民军队法治建设在加强军政军民团结方面，主要是通过军队的纪律和相关法规制度建设体现的。在取得国家政权以后，人民军队在维护军政军民团结方面的法治建设，主要是依据国家宪法和军事法律、军事法规的规定进行的。依法规范和密切军政、军民关系，实行军政一致、军民一致，是人民军队的光荣传统和人民军队克敌制胜的法宝，也是人民军队法治建设的重要内容。

尤其是在改革开放和依法治国的新形势下，运用法律的手段调整军民关系和处理军民矛盾的问题，是新的历史时期对人民军队加强军政军民团结思想的又一创新性发展。自改革开放以来，国家、军队和各地政府相继颁布了一系列的法律和法规，建立和完善了调整军政军民关系的法规体系，为用法律加强军政军民关系，依法规范军地日常交往活动，依据法律处理军地矛盾和纠纷，提供了法律规范和依据。但是，我们也应当看到，我国的军政军民关系是在长期的革命斗争历史中形成的，不仅是一种法律关系，而首先是一种政治关系和思想情感关系；军政军民之间出现了矛盾和纠纷，首先应该依据党的政策和法律规定，平等协商，互谅互让，绝不能单纯依靠法律手段来解决。我们要正确理解和运用依法办事的原则，依法建立新时期的新型军政军民关系。

（一）国家宪法的规定

中华人民共和国成立后，全国军民致力于维护和实现国家安全与发展的根本利益，“双拥”工作不断创新和发展。国家民政部和解放军总政治部在每年元旦、春节和“八一”建军节期间都联合发出通知，对拥军优属、拥政爱民工作进行部署。在1954年颁布的中华人民共和国第一部宪法中就明确规定了国家武装力量属于人民，以宪法确定了人民军队的性质。军队在第一个五年计划期间，成建制地调动一些师、团参加经济建设，加强了工业、交通、能源、建筑部门的力量，出动大批人员，兴修农田水利，并在新疆、黑龙江、云南、海南岛等地创建军垦农场，为国家提供了大量的粮、棉和急需的轻工业产品。在改革开放的新时期，“双拥”工作进入新的发展阶段。

1982年现行宪法再次明确规定：中华人民共和国的武装力量属于人民。它的任务是巩固国防，抵抗侵略，保卫祖国，保卫人民的和平劳动，参加国家建设事业，努力为人民服务。军民一致，军政一致，拥军优属，拥政爱民，是军队和人民在党领导下的一个伟大创造，是经过长期斗争而形成和发展起来的一个优良传统。早在红军初创时期，毛泽东就指出，我们这支军队是执行党的政治任务的武装集团，“红军决不是单纯地打仗的，它除了打仗消灭敌人军事力量之外，还要负担宣传群众、组织群众、武装群众，帮助群众建立革命政权以至于建立共产党的组织等项重大的任务”①。1945年毛泽东在党的七大上所作的《论联合政府》报告中，再次对人民军队的建军宗旨做了科学而精辟的概括：“紧紧地和中国人民站在一起，全心全意地为中国人民服务，就是这个军队的唯一宗旨。”② 这一表述从我军性质和宗旨的高度阐述了军政军民团结的极端重要性。在长期艰苦的革命战争年代，人民军队装备低劣，补给困难，在敌强我弱、力量对比悬殊的情况下能够最终赢得胜利，一个重要原因，就是军队和人民紧紧团结在党的旗帜下，鱼水相依，患难与共。世界上没有任何一支军队能像我军这样与人民群众水乳交融、血肉相连。中国革命和人民军队的胜利归根结底是人民的胜利，是人民战争思想的胜利。这充分说明，战争伟力之最深厚的根源存在于民众之中。正如毛泽东指出的，“军民团结如一人，试看天下谁能敌”，人民群众永远是我们这支军队生长的土壤、发展的根基、力量的源泉，人民军队必须始终把维护军政、军民团结作为加强军事法治建设的一项重要任务。

在社会主义建设和改革开放的新时期，军政军民的坚强团结，是促进民族团结统一的强大凝聚力量，是推动社会发展进步的伟大创造力量，也是遏制国内外敌对势力颠覆破坏活动、维护国家安全和社会稳定的巨大威慑力量。邓小平明确指出：“我确信，我们的军队能够始终不渝地坚持自己的性质。这个性质是，党的军队，人民的军队，社会主义国家的军队。这与世界各国的军队不同。”③ 他要求官兵发扬老红军的光荣传统，自觉尊重地方党和政府及其人民群众，搞好军民共建社会主义精神文明、创建模范城（县）等活动，密切军政军民关系。20世纪80年代初，北京军区某部与驻地开展军民共建活动，邓小平亲笔为这一新事物题词：“发扬我军拥政爱民的光荣传统，军民共建社会主义精神文明。”中央也向全国各地发出通知，充分肯定这一新生事物，军民共建活动迅速在全国展开，其参加人数之多，持续时间之长，影响范围之大，成效之显著，都是前所未有的，成为新时期军民团结的重大创新发展。拥军优属是地方各级人民政府、社会团体和人民群众开展的拥护军队、优待现役军人亲属及革命烈士

① 《毛泽东选集》（第一卷），人民出版社1991年版，第86页。
② 《毛泽东选集》（第三卷），人民出版社1991年版，第1039页。
③ 《邓小平文选》（第三卷），人民出版社1993年版，第334页。

亲属的活动。拥政爱民是人民军队开展的以拥护政府、热爱人民为主要内容的群众工作。1991 年“双拥”模范城（县）创建活动开展以来，各地各部队紧紧围绕中心工作服务大局，把拥军优属与拥政爱民相结合，把发展社会生产力与提高部队战斗力相结合，有力促进了社会经济发展和军队现代化建设。实践证明，创建活动是新时期双拥工作的一个创举，是双拥工作内容与形式的有机统一，是巩固和加强军政军民团结的重要途径。在我国军地之间开展的拥军优属、拥政爱民工作，即“双拥”活动，是“拥护人民军队，优待烈军属”和“拥护政府，热爱人民”工作的简称。它是中国共产党在领导武装斗争、创建人民军队、巩固人民政权过程中，运用马克思主义原理，结合中国革命的特点创立和发展起来的一项带有全局性、战略性的社会政治工作。双拥工作的产生与发展，是中国革命和建设富有特色的重要内容之一，也是中国革命和建设事业取得胜利的一个重要保证。双拥工作以正确处理和调节政府与军队、军队与人民之间关系为主要内容，以密切军政军民关系、增进军政军民团结为根本目的，是人民共和国和人民军队性质、宗旨的重要体现，是党的群众路线的具体运用。据不完全统计，军队服从服务于国家建设大局，先后腾让上百个机场和军港、码头，支援地方经济建设，出动官兵 5 亿多人次，援建省以上重点工程 5000 多项，转让科技成果 5000 多项，创造了显著的经济效益和社会效益。同时，地方积极支持国防和军队建设，建立科技拥军基地 9000 余个；部队建立了扶贫联系点 3 万多个，帮助 300 多万贫困群众走上致富道路；援建希望学校 2800 多所，帮助 50 多万少年儿童重返校园；培养各类科技人才 100 多万人，军地合力抗御自然灾害，保护人民群众生命和财产安全，先后出现了 300 多个全国双拥模范城（县），还有 600 多个“双拥”模范城（县）被省、自治区、直辖市命名。

历史表明，拥军优属、拥政爱民，是实现各个时期历史任务的坚强保证，“人民军队为人民”，是保持人民军队性质、密切军民血肉联系的必然要求；服从大局、服务中心，促进社会生产力发展和部队战斗力提高始终是“双拥”工作的主要任务；加强军政军民团结，是人民军队不断发展壮大、从胜利走向胜利的力量源泉。

（二）军事法律的规定

在宪法原则的指导下，国家法律也对加强军政军民关系作出了明确规定。1997 年作为国家基本法律的《中华人民共和国国防法》第七条明确规定："国家和社会尊重、优待军人，保护军人的合法权益，开展各种形式的拥军优属活动。中国人民解放军和中国人民武装警察部队开展拥政爱民活动，加强军政、军民团结。"

这是第一次将开展双拥活动上升到国家基本法律的明确规定。首先，双拥工作的实质，是遵循军民一致的原则，正确处理军政军民关系。我国军民有着共同的理想、信念和奋斗目标，有着完全一致的根本利益。通过开展双拥工作，巩固和加强军政军民团结，使人民与军队同呼吸、共命运、心连心，为实现党的总任务、总目标而共同奋斗。其次，双拥工作的基本精神，是坚持全心全意为人民服务的根本宗旨。国家的安全和社会的稳定，关系着各族人民的根本利益和长远利益。军政军民团结，历来是捍卫国家安全和保持社会稳定的重要因素。做好双拥工作，为改革开放和现代化建设创造安定的社会环境，是维护国家和人民群众根本利益的重要体现。第三，双拥工作是党的群众路线的具体体现和运用。做好双拥工作，加强军地之间在各个领域的密切合作，维护和保障广大官兵和优抚对象的合法权益，直接关系到党和军队的形象，关系到人民群众与军队的血肉联系，双拥工作是实现党的群众路线的重要途径。

新的历史条件下，尽管军队与人民群众联系的形式不同了，人民群众支持军队的方式有了变化，但军政军民关系的本质没有改变。我们的军队是人民的军队，我们的国防是人民的国防。依靠人民建设军队、建设国防，仍是我们的优势所在，也是我们的力量所在。尤其是未来高技术战争，是以军事力量对抗为主的综合国力的较量，依赖于整个国家的资源，更加需要发挥人民战争的优势和力量。加强军政军民团结，我们的军队才会始终拥有无比雄厚的伟力之源，我们的国防才会始终拥有无比坚强的御敌之盾。人民离不开军队，军队更离不开人民。我们要牢记全心全意为人民服务的宗旨，在全面建设小康社会的伟大事业中，在建设强大国防的过程中，始终和全国人民紧紧地站在一起，把人民的利益放在高于一切、重于一切的位置，积极参加和支援国家的改革和建设事业，主动承担各种急难险重任务，只要对人民有利的事，就要积极去做，努力为民造福，为国兴利。我们要教育广大官兵虚心学习、汲取人民群众在改革开放和现代化建设中的好思想、好经验；自觉尊重地方党委和政府，积极参加驻地物质文明和精神文明建设；像爱护自己的眼睛一样，倍加珍视军政军民团结，巩固和发展同呼吸、共命运、心连心的新型军政军民关系。

（三）军事法规的规定

在社会主义建设的新时期，中央军委先后制定军事法规、总政治部制定军事规章或者下发文件，规范和推动军民关系的稳固发展。同时，对军政、军民关系中出现的问题也及进予以纠正。如 1953 年 4 月 22 日，中央军委、政务院颁布《占用民地的处理办法》。1959 年 1 月 18 日，总政治部发出《关于军队进行工农业生产的指示》，部队参加生产劳动的时间，每年一般不超过两个月，其中以一半左右的时间帮助人民生产和参加国家某些基本建设工程的修建，另一半的时间从事自己的工农业生产。同时发布《军队参加社会主义建设纲要》，就军队参加人民公社发展和巩固的各项工作、参加当地的基本建设工程、积极支持地方交通运输事业、帮助地方训练技术人才、帮助驻地附近人民公社开展文化教育和卫生工作、帮助办好各种集体福利事业、改善与加强民兵工作，密切团结群众，严格遵守群众纪律等问题提出了具体要求。1963 年 10 月 17 日，总政治部发布《关于妥善处理部队驻地附近群众看电影问题的通知》规定，在不影响部队保密、安全和地方放映工作的原则下，应根据不同情况，分别组织和邀请驻地附近群众与部队一起看电影。1964 年 3 月 25 日，总政治部发布《关于部队农副业生产政策纪律的若干规定》，要求必须贯彻军政一致、军民一致的原则，征用土地的使用，不得与群众争水争肥。1978 年 12 月 19 日，总政治部发出《关于搞好部队驻地军政、军民关系的意见》，对军政、军民关系经常出现的一些具体问题的处理，提出 18 条规定和要求。

在 2010 年的《内务条令》第五条明确规定：中国人民解放军“必须坚持人民军队的性质。实践人民军队的宗旨，实行官兵一致、军民一致、军政一致的原则”。在《纪律条令》第四条明确规定：中国人民解放军的纪律要求每个军人必须做到“拥政爱民、保护群众利益”；在第三十条的奖励条件中规定：“在拥政爱民、支援国家经济建设、参加军民共建社会主义精神文明活动”有贡献和影响的个人和单位应当给予记功等奖励。在 2010 年 8 月，中共中央、中央军委批准颁发的《中国人民解放军政治工作条例》总则中，再次继承发扬了毛泽东提出的人民军队政治工作三个基本原则，即官兵一致原则、军民一致和瓦解敌军的原则，明确规定中国人民解放军政治工作必须遵循“军民一致”等基本原则；在第十四条规定，政治工作的主要内容包括“开展拥政爱民和军民共建社会主义精神文明活动，正确处理军政军民关系方面的问题，维护军政军民团结”。

人民解放军发扬优良传统，坚持把拥政爱民作为政治工作的重要内容，纳入部队建设的总体规划。

在新的历史时期，双拥工作的内容主要包括：广泛进行全民国防教育，增强全民国防拥军观念；为军队选送优质兵员，协助人民解放军建设强大的国防；支持军队的改革和建设，帮助军队完成作战和训练任务；保护军事设施，尊重和爱护军队；接收并妥善安置军队转业和离退休干部、复员退伍军人和伤残军人、随军家属；做好现役军人、革命伤残军人、复员退伍军人和革命烈士家属、因公牺牲军人家属、病故军人家属的抚恤优待工作；维护军人及其家属合法权益，妥善处理军民矛盾和纠纷；开展创建双拥模范城（县）和军民共建社会主义精神文明活动；部队模范执行党的路线、方针、政策，遵守国家的宪法、法律、法规；尊重地方政府，支持地方工作，维护社会秩序；遵守群众纪律，严格执行民族、宗教政策，尊重少数民族风俗习惯；积极支援国家和地方经济建设与公益事业建设，奋勇参加抢险救灾，积极开展扶贫帮困活动等。

军队自觉尊重地方各级人民政府，支持和配合地方工作。严格执行国家政策法规，热爱和尊重人民群众，帮助人民群众排忧解难。在地方人民政府的统一领导下，军队和武警部队基层单位同驻地基层单位或组织共同开展群众性精神文明创建活动，全国先后建立3万多个共建点；各基层部队积极参加驻地创建文明城市、文明村镇、文明社区、文明行业活动，义务向社会开放军史陈列馆、英雄连队荣誉室和英模人物纪念馆，帮助少数民族地区发展民族教育、文化、卫生事业。地方支持部队培养军地两用人才，帮助基层单位改善和丰富军营文化生活。人民解放军和武装警察部队在完成教育训练任务的同时，积极参加和支援国家的各项建设事业，参加国家和地方的基础设施工程建设，支援农业和扶贫开发工作，转让科学技术成果、协助技术攻关、帮助培训人才，支持城乡社会公益事业发展，腾让部分军事用地和营房设施，开放部分军用机场、港口码头、通信线路。总参谋部、总政治部规定，全军部队每人每年义务参加国家建设的时间平均不得少于8天。在保证军事需要的前提下，可抽调部分车辆、机械、舰船、飞机等装备支援地方经济建设。工程兵部队可成建制参加国家和地方的工程建设。武警黄金、森林、水电、交通部队，直接参加国家经济建设。“两年来，军队援建省级以上重点工程490多项，向地方转让科技成果500多项，100多所军队医院对口支援边远贫困地区地方医院，测绘、气象、给水等技术部队为地方提供大地勘测、气象预报、水源勘探等服务，军队院校和科研院所为地方建设培养急需人才10多万名。武警部队参与100多项国家和省级重点工程项目建设，在三峡工程、“西电东送”“西气东输”、青藏铁路等重点工程建设和地质勘探、森林防火、公路建设中做出了重要贡献。”①

参加抢险救灾，是国家和人民赋予军队和武警部队的重要使命。在抢险救灾中，军队和武警部队主要担负解救、转移和疏散受困群众，排除或控制重大险情、灾情，保护重要目标安全，紧急抢救和运送重要物资，抢修道路、桥梁，进行潜水作业、核生化救援、重大疫情控制和医疗救护，协助地方人民政府开展赈灾和灾后重建等任务。平时注意了解掌握有关灾情、险情信息，同地方人民政府建立信息通报制度，制定抢险救灾预案，开展抢险救灾训练，并在军队指挥院校开设抢险救灾专业课程。在抢险救灾中，军队和武警部队接受军地联合指挥部的指挥和调动。2003年，军队和武警部队全力支援地方抗击“非典”斗争，出动3.7万名官兵协助驻地控制疫情，组织防疫力量对重点部位、重点场所和疫情多发地区进行大面积消毒，18所军队医院精心救治“非典”病人420多名。军事医学科学院率先在国内分离出非典型传染性肺炎的病原体，研制出快速诊断试剂；来自各部队的1383名医护人员，在北京小汤山医院连续奋战50多天，精心救治“非典”患者680名。人民解放军的群众纪律，是全体官兵同人民群众交往必须遵守的行为规范。严格执行群众纪律，是军队赢得人民拥护和支持的保证。人民解放军在建军初期就制定了“三大纪律八项注意”，明确提出“不拿群众一针一线”“说话和气”“买卖公平”“借东西要还”“损坏东西要赔”“不打人骂人”“不损坏庄稼”等群众纪律。各部队把严明群众纪律作为一项经常性的重要任务，开展群众纪律教育，检查监督群众纪律执行情况，严格约束官兵的社会活动行为。驻城市部队警备司令部经常派出纠察队，部队在重大节日和外出执行任务时派出群众纪律检查组。定期走访驻地有关单位，及时查处违犯群众纪律的行为。驻少数民族地区部队严格执行国家的民族宗教政策，自觉尊重少数民族宗教信仰和风俗习惯。②

---

① 国务院新闻办公室《2004年中国的国防》白皮书。

② 国务院新闻办公室《2004年中国的国防》白皮书。

1991年以来，党中央、国务院、中央军委还先后下发了《国务院、中央军委关于成立全国拥军优属拥政爱民工作领导小组的通知》等10多个有关正确处理军政军民关系，加强军政军民团结的意见和法规规定。各地、各部队把正确处理军政军民关系作为一项重要政治任务来抓。大多数省、区、市都制定了拥军优属地方性法规和支持部队建设的综合性文件。全军部队深入进行群众纪律教育整顿，认真解决影响军队形象和军民关系的突出问题。军地双方顾全大局，互谅互让，妥善解决了一大批历史遗留问题和现实纠纷，进一步密切了军政军民关系。2004年5月11日，国务院、中央军委批转全国拥军优属拥政爱民工作领导小组、民政部、总政治部《全国拥军优属拥政爱民工作会议纪要》的通知。经国务院、中央军委批准，全国双拥工作领导小组、民政部、总政治部于2004年1月，在北京召开了全国拥军优属拥政爱民工作会议。会议以邓小平理论和“三个代表”重要思想为指导，认真贯彻党的十六大精神，总结交流了1991年全国双拥工作会议以来的经验，研究部署了当前和今后一个时期的双拥工作任务，命名表彰了双拥模范城（县）、双拥模范单位和个人。中共中央政治局常委、国务院总理温家宝代表党中央、国务院、中央军委作了重要讲话。中共中央政治局委员、国务院副总理、全国双拥工作领导小组组长回良玉作了拥军优属拥政爱民工作报告。北京市人民政府、山东省人民政府、南京军区、空军等军地单位在会上介绍了做好新形势下双拥工作的经验。全国双拥工作领导小组全体成员，各省、自治区、直辖市双拥工作领导小组负责同志，解放军四总部和各大单位、武警部队领导，双拥模范城（县）、双拥模范单位和个人代表等600余人出席了会议。《全国拥军优属拥政爱民工作会议纪要》系统总结了十多年来双拥工作的经验，对新形势下开展“双拥”工作的指导思想、基本任务、创新发展和组织领导提出了明确要求，是当前和今后一个时期开展“双拥”工作的基本依据。

三、依法推动“双拥”活动创新发展，构建社会主义和谐社会

加强军政军民团结，是保持人民军队性质、本色和作风的必然要求，是人民军队与非无产阶级军队的根本区别之一。2006年3月11日，胡锦涛在十届全国人大四次会议解放军代表团全体会议上指出：要坚持人民战争的战略思想，紧紧依靠人民办国防，不断增强国防实力。要加强国防动员建设，建立健全快速高效的国防动员体制机制，提高后备力量建设质

量。要进一步加强军政军民团结，巩固和发展同呼吸、共命运、心连心的军政军民关系。这对新世纪新阶段的双拥工作提出了新的更高要求。军政军民团结历来是我们战胜困难、夺取胜利的政治优势；拥军优属、拥政爱民，是在中国共产党领导下我国亿万军民的伟大创造，是我党我军我国人民的优良传统和特有的政治优势。毛泽东同志曾精辟地指出“兵民是胜利之本”，并亲自倡导和推动了“双拥”运动；邓小平同志强调“军民一致，这个原则不能变”，亲自倡导了军民共建社会主义精神文明和创建双拥模范城（县）活动；江泽民同志也提出：“军政军民团结，是我军战无不胜的力量源泉，是保持社会稳定的重要因素。”并强调要像爱护眼睛一样爱护军政军民团结，巩固和发展同呼吸、共命运、心连心的新型军政军民关系。在党的军政军民团结思想理论指引下，“双拥”工作在继承优良传统的基础上创新发展，取得了历史性成就：以爱国主义为核心的国防教育深入人心，军民共建和创建双拥模范城（县）活动蓬勃开展，双拥政策法规制度不断完善，军地相互支持与协作更加有力；“双拥”工作所形成的坚强的军政军民团结，在关系国家主权、安全和统一的重大事件面前，在抗御洪水、地震、森林大火等严重自然灾害的紧急关键时刻，在推进改革开放和现代化建设的伟大事业中，发挥了极其重要的作用，特别是在 1998 年抗洪抢险、2003 年抗击“非典”和淮河特大洪水的斗争中，广大军民密切配合，顽强拼搏，共同创造了人类历史上战胜自然灾害和重大疫病的奇迹。2006 年 10 月 11 日，中国共产党第十六届中央委员会第六次全体会议通过了《中共中央关于构建社会主义和谐社会若干重大问题的决定》，进一步明确提出，要“完善国防动员体制机制，深入开展双拥共建工作，巩固军政军民团结”。构建和谐社会的理想目标，赋予了双拥工作新的内涵，决定了军政军民关系具有全局性的战略意义。军政军民团结，是社会和谐的重要方面，事关国家改革发展稳定的大局。为构建社会主义和谐社会作贡献，就要进一步加强军政军民团结，密切军政军民关系，形成新形势下共建和谐社会的良好环境和氛围；要服从服务于党和国家工作大局，积极参加和支援国家现代化建设，勇于承担抢险救灾等急难险重任务；要发扬拥政爱民的光荣传统，热爱人民群众，尊重地方政府，积极为人民群众做好事、办实事，巩固和发展军民同呼吸、共命运、心连心的血肉联系，为社会和谐发展创造有利条件。双拥工作的内容十分广泛，在不同的历史时期有着不同的工作重点。革命战争年代，主要是帮助人民军队扩充兵员，筹集粮款和军用物资；抢运和掩护伤员，运送军粮和武器弹药，传递情报，搞好战时勤务；优待军人家属、抚恤烈士遗属和慰问部队官兵；尊重地方党委政府，严格执行党的政策和军队群众纪律，热爱和尊重人民群众，帮助人民群众排忧解难等。随着中国革命和建设事业的发展，双拥工作的内容不断丰富，领域不断拓宽。在新的历史时期，双拥工作的内容主要包括：广泛进行全民国防教育，增强全民国防拥军观念；为军队选送优质兵员，协助人民解放军建设强大的国防；支持军队的改革和建设，帮助军队完成作战和训练任务；保护军事设施，尊重和爱护军队；接收并妥善安置军队转业和离退休干部、复员退伍军人和伤残军人、随军家属；做好现役军人、革命伤残军人、复员退伍军人和革命烈士家属、因公牺牲军人家属、病故军人家属的抚恤优待工作；维护军人及其家属合法权益，妥善处理军民矛盾和纠纷；开展创建双拥模范城（县）和军民共建社会主义精神文明活动；部队模范执行党的路线、方针、政策，遵守国家的宪法、法律、法规；尊重地方政府，支持地方工作，维护社会秩序；遵守群众纪律，严格执行民族、宗教政策，尊重少数民族风俗习惯；积极支援国家和地方经济建设与公益事业建设，奋勇参加抢险救灾，积极开展扶贫帮困活动等。

拥军优属、拥政爱民是我党我军特有的政治优势，巩固的军政军民团结是我们战胜一切艰难险阻、不断从胜利走向胜利的重要法宝。习近平指出："军政军民团结是我军特有的政治优势。军队要强化宗旨意识和群众观念，积极参加和支援地方经济社会建设，以实际行动为人民群众造福兴利。各级党委和政府要把关心支持国防和军队建设当作分内之事，满腔热情为军队建设、为广大官兵排忧解难。全党全军全国各族人民要大力弘扬军爱民、民拥军的光荣传统，巩固发展坚如磐石的军政军民关系，为实现中国梦强军梦凝聚强大力量。"① 这深刻阐明了新形势下加强军政军民团结的极端重要性。新形势下，人民军队法治建设中，要大力弘扬拥军优属、拥政爱民的光荣传统，开展军民共建与和谐创建活动，把双拥工作抓得更加扎实有效，为实现中国梦、强军梦提供坚强保证。

---

① 《习近平：把军民融合发展上升为国家战略》，中国网，新华社，http：//news. china. com. cn/2015lianghui/2015-03/13/content_35039232. htm.

第六节　高度重视依法维护军人的合法权益

中国人民解放军是一支有崇高革命理想和觉悟的人民军队，始终把党和国家与人民的利益放在高于一切的位置上，不怕牺牲、艰苦奋斗、不图索取、无私奉献始终是这支军队的主旋律。同时，人民军队历来是先进思想、高尚道德、良好风尚的实践者和传播者。人民军队的性质和宗旨也决定了必须始终把依法维护和充分保障全体官兵的合法权益放在重要的位置上。从红军、八路军、新四军到中国人民解放军等各个历史时期中，党、政府和军队各级始终高度重视官兵的合法权益，颁布了一系列相关法令，极大地鼓舞和激发了广大官兵浴血奋战、英勇杀敌的革命热情。

在人民军队的发展过程中，高度重视依法保护军人的合法权益是建立人民政权、巩固人民政权的需要，充分体现了党、政府和社会对军人的关心和爱护，在改革开放、建设社会主义法治国家的新世纪新阶段，应该继续发扬光大。为构建社会主义和谐社会做贡献，人民军队要继续在社会主义精神文明建设中走在前列。

一、依法维护军人权益是优良革命传统

人民军队与以往一切旧军队的根本区别在于对全体官兵合法权益的高度重视和平等保护。即使在革命斗争环境十分艰苦的红军时期，“红军的物质生活如此菲薄，战斗如此频繁，仍能维持不敝，除党的作用外，就是靠实行军队内的民主主义。官长不打士兵，官兵待遇平等，士兵有开会说话的自由，废除烦琐礼节，经济公开”，“而且什么人都是一样苦，从军长到伙夫，除粮食外一律吃五分钱的伙食。发零用钱，两角即一律两角，四角即一律四角”；“尤其是新来的俘虏兵，他们感觉国民党军队和我们军队是两个世界”①。1931 年 11 月，全国苏维埃第一次代表大会通过了《中华苏维埃土地法》，明确规定红军战士“无论他的家庭现在苏维埃区域或在尚为反动统治的区域，均应分得土地，由苏维埃政府替他耕种”。这是我党我军确立优抚制度的第一个法律条文。1932 年 1 月，中华苏维埃共和国临时中央政府根据上述法律条文，制定和颁布了《中国工农红

---

① 《毛泽东选集》（第一卷），人民出版社 1991 年版，第 65 页。

军优待条例》，中央革命军事委员会设立了抚恤委员会，专司抚恤伤亡、残废任务，并根据《中国工农红军优待条例》开展优抚工作，其中规定了红军战士服役期间本人及亲属免纳一切捐税；红军子女读书免纳一切费用；红军家属所住公房免纳租金等等优待内容。红军战士在苏维埃区域内的，其本人与家属均须与当地贫苦农民一样地平分土地、房屋、山林、水池等；家在白区域的或新由白军过来的，则在苏区内分得公田，由当地政府派人代耕；红军战士在服役期间，无劳动力耕种田地，由苏维埃政府派人帮助全部耕种、灌溉、收获工作，所派人工，每年不得少于50工，对家中缺少劳动力的，应按其需要予以补助；红军家属所住国家房屋免交租金，本人及其家属享受国家商店5%的减价优待，商品缺乏时有优先购买权；本人乘坐轮船、火车费用由公家发给，与家属通信免贴邮票；红军战士因伤病需要休养时，休养一切费用由国家供给，年满45岁或在红军中服务5年以上可退职休养，由国家补助其终身生活，不愿退伍继续服务者，应给特别优待。这一条例的颁布和实施，开创了我军早期的优抚制度，它对当时红军队伍的发展和稳定起了积极的保障作用，并对以后各个时期的优抚工作产生了深远的影响。1934年2月，中华苏维埃临时中央政府又颁布了《优待红军家属耕田队条例》，条例规定“耕田队帮助红军家属耕种，系一种苏维埃公民的义务劳动，故耕田队员做工时须切实认真，须自带饭包农具，不得敷衍了事，不得接受红军家属的任何报酬。凡违犯本条例者，以违犯苏维埃法令论罪，须受刑事处分”。这使新建立的优抚制度得到进一步落实和巩固。1934年4月8日《中华苏维埃共和国婚姻法》还规定，红军战士之妻要求离婚，须得其夫同意。这些都有助于红军的稳定。正如毛泽东当时指出的：“所有一切关于优待红军战士及其家属的法令与办法实际与彻底的执行，是保证红军踊跃的上前线去，及巩固其在前线上的战斗决心的必要与重要的步骤。”① 可见，在党领导下的革命根据地和人民军队中，红军官兵的政治地位和生活待遇等都是受到了最好的对待，直接增强了红军这支部队的凝聚力和战斗力。

全面抗日战争时期，各抗日根据地民主政权继承和发扬了优抚红军战

① 毛泽东《在中华苏维埃共和国第二次全国苏维埃代表大会上的讲话》（1934年1月22日），马克思主义文库网，http：//marxists. anu. edu. au/chinese/maozedong/1968/2-098. htm。

士及其家属的优良传统，积极开展优抚工作。毛泽东提出：要“优待抗日军人家属，使前线官兵安心作战；要求优待殉国战士的遗族，优待残废军人，帮助退伍军人解决生活和就业问题”①。1937 年 12 月，陕甘宁边区政府就颁布了《陕甘宁边区抗日军人优待条例》，规定对抗日军人及其家属实行优待：免纳边区一切捐税；住公房免缴租金；公家商店购货享受 1% 的减价优待；子弟读书免缴一切费用；因伤病休养，费用由公家供给，缺乏劳动力，由边区人民代耕等。1939 年 4 月，《陕甘宁边区抗战时期施政纲领》第二十五条规定“优待抗日军人与工作人员之家属”。1941 年 5 月，《陕甘宁边区施政纲领》（第四条）进一步提出“加强优待抗日军人家属的工作，彻底实施优抗条例，务使八路军及一切友军在边区的家属得到物质上的保障与精神上的安慰”。1940 年第十八集团军政治部作出《对前方老年军人优待费之建议》之后，华东军区、冀热辽军区、晋绥边区、陕甘宁边区相继都制定了这方面的具体规定，规定参加我军 5 年以上，年满 45 岁者，均可享受老年优待。另一方面积极对抗日军人家属实行优抚，各解放区普遍组织了义务代耕队、杂务队，解决抗属的各种实际困难，提高抗属的社会地位。如 1943 年 2 月陕甘宁边区政府颁布的《优待抗日军人家属条例》，除规定为抗属实行代耕土地外，还规定其享受下列物质优待：公有土地、房屋、场所、器具、物品之分给、借用、租赁、售卖予私人者，抗属优先；公营事业、公共机关雇用招收员工者，抗属优先参加；抗属子弟入学优先录取；如经济贫困者，优先享受贫困学生救济金；公共卫生机关，抗属免费治病；公营商店及合作社的货物，抗属持优待证享受九五折价，物品缺乏时，须优先卖给抗属；抗属享受政府或银行农工商贷款的优先权；其他公益事业抗属也优先享受等。上述这些规定使优抚工作得到进一步发展，并逐步走向制度化。

解放战争时期，各解放区先后成立了人民政府，我军总政治部和各解放区人民政府陆续颁布了对革命军人及其家属优抚的条例或暂行办法。如嫩江省人民政府的《优待军属办法》（1946 年 8 月）、东北行政委员会的《优待革命军人家属条例》（1948 年 2 月）、晋绥边区行署的《解决革命军烈属生产困难暂行办法》（1948 年 5 月）、华北人民政府的《革命军人家属优待条例》（1949 年 1 月）等。另外，东北行政委员会、东北民主联

---

① 《毛泽东选集》（第三卷），人民出版社 1991 年版，第 1064 页。

军总政治部还制定了《东北解放区爱国自卫战争阵亡烈士：抚恤暂行条例》（1948 年 4 月）。中央在这一时期虽未统一制定条例或办法，但各解放区人民政府根据中央的指示精神和我党我军优抚工作的优良传统，结合战争时期各解放区的实际情况所制定的条例和办法，在实施办法、物质补助、分配时间等方面都作了具体规定，有力地保障了优抚工作的开展，保证了革命军人及其家属，革命烈士遗属应当享受的各种优待和抚恤。

中华人民共和国成立后，党中央、国务院、中央军委对军人优抚工作极为重视，在总结历史经验的基础上，把这项工作纳入国家法治的轨道。90 年来，我国军人权益保护法规制度的建立和发展的历史，为我们积累了丰富的经验，形成了许多基本的原则，主要是特殊权利与特殊义务相结合的原则，国家、社会、群众三结合的原则，与国民经济发展相适应，与人民生活水平同步增长的原则，以及需要与可能、现实与未来发展相统一等原则。实行和体现这些原则，对于激发全体军人的献身精神，加强军队的革命化、现代化和正规化建设具有十分重要的现实意义。

二、依据国家宪法和法律维护军人合法权益

依法维护军人及其家属的合法权益，并实行优待，是我国的一项重要政策，也是我党我军的光荣传统。在取得国家政权的条件下，维护军人合法权益主要是依靠宪法和法律。中华人民共和国成立后，拥军优属工作逐步法治化、规范化。国家历来重视依法维护和保障军人合法权益，在国家宪法和法律中都作出了明确的规定。党和国家先后制定、出台了一大批有关保护军人权益的专门性法规和政策文件，形成了一个相对完善的军人权益保护法律体系。2004 年 3 月，第十届全国人民代表大会第二次会议通过的宪法修正案增加了“国家尊重和保障人权”，其中也包括了对作为国家公民“特殊”一员军人的人权等合法权益的尊重和保障。2004 年 9 月，党的十六届四中全会把以人为本作为提高党的执政能力的一个重要理念，军事法治建设坚持以人为本，就是要高度重视依法维护军人合法权益，尊

重和保障军人的各项权利。[①]

（一）我国宪法和法律对军人权益保护的规定

中华人民共和国成立后，党中央、国务院、中央军委对军人优抚工作极为重视，在总结历史经验的基础上，把这项工作纳入国家法治的轨道。1950 年 12 月，经中央人民政府政务院批准，由中央人民政府内务部集中颁布了《革命烈士家属革命军人家属优待暂行条例》《革命残废军人优待抚恤暂行条例》《革命军人牺牲、病故褒恤暂行条例》《革命工作人员伤亡褒恤暂行条例》《民兵、民工伤亡抚恤暂行条例》五个优抚条例。在短时期内制定和颁布这么多条例和办法，这在我党我军历史上是少有的。这些优抚条例和办法，对老军人、革命军人、革命军人家属、革命残废军人、革命烈士的范围，以及优待的具体办法、评残办法、抚恤粮、抚恤金的数量和实施措施都有明确规定。党的十一届三中全会以后，我国的军人优抚制度得到进一步发展和完善，优抚工作质量也有了较大提高。国家最高权力机关把对革命军人及其家属的优抚写进我国宪法和兵役法之中，国务院重新发布了《革命烈士褒扬条例》（1980 年 6 月）、《军人抚恤优待条例》（1988 年 6 月）；中央军委在制定的一系列军事法规中对优抚工作也有专项规定。这就使各级人民政府和军队有章可循、有法可依，能够依法办事。改革开放后，党和国家十分重视对军人合法权益保障和维护，在国家宪法和法律中进一步作出明确规定，初步形成了由宪法、法律、法规和规章等层次构成的军人权益保障法律体系，内容涉及军人的政治权利、人身权利、经济权利和其他社会权利等。这些宪法、法律、法规规定，体现了国家对军人的尊重和关心，是维护军人合法权益、鼓励军人建功立业、献身国防和军队建设的法治保障。

我国《宪法》规定："国家和社会保障残废军人的生活，抚恤烈士家属，优待军人家属"；军人实行"级衔制度"以及对有特殊贡献的军人

---

① 2017 年 10 月，党的十九大报告中首次提出："组建退役军人管理保障机构，维护军人军属合法权益，让军人成为全社会尊崇的职业。"2018 年 3 月，根据第十三届全国人民代表大会第一次会议批准的国务院机构改革方案，为维护军人军属合法权益，加强退役军人服务保障体系建设，建立健全集中统一、职责清晰的退役军人管理保障体制，让军人成为全社会尊崇的职业，将民政部的退役军人优抚安置职责，人力资源和社会保障部的军官转业安置职责，以及中央军委政治工作部、后勤保障部有关职责整合，组建退役军人事务部，作为国务院组成部门。

“授予国家的勋章和荣誉称号”等规定。宪法规定的关于公民的基本权利和义务，除为了履行军人职责、义务等军事上的特殊情况外，对军人也是完全适用的，这就加大了对军人合法权益的保护力度。《中华人民共和国国防法》明确提出，“国家和社会尊重、优待军人，保护军人的合法权益，开展各种形式的拥军优属活动。”（第十条），并专门设第十章“军人的义务和权益”，在第五十九条至第六十四条分别对军人的荣誉权、社会优待权、退役安置权、抚恤保障权及家属优待等作了规定。如第五十九条规定：“军人应当受到全社会的尊重。国家采取有效措施保护现役军人的荣誉、人格尊严，对现役军人的婚姻实行特别保护”，第六十条规定，“国家和社会优待现役军人。国家保障现役军人享有与其履行职责相适应的生活福利待遇，对在条件艰苦的边防、海防等地区或者岗位工作的现役军人在生活福利等方面给予优待”等，为依法维护和保障军人的合法权益提供了明确的法律依据。

在全国人大及其常委会制定的有关国防和军事方面的法律和法律文件中，也有很多内容是关于军人权益的规定。如《兵役法》《现役军官法》等法律也对军人权益保障设专章规定。《中华人民共和国兵役法》第十章专门规定了“现役军人的优待和退出现役的安置”，内容共计 10 条，其中第五十一条规定：“现役军人，革命残废军人，退出现役的军人，革命烈士家属，牺牲、病故军人家属，应当受到社会的尊重，受到国家和人民群众的优待。”《中华人民共和国现役军官法》第五章规定了军人的奖励；第六章专门规定了“军官的待遇”包括“军官享受公费医疗待遇”和“享受相应的住房补贴和优惠待遇”等；第七章规定了“军官退出现役”，对不同军官退出现役的年限及安置作了规定。这些军事法律规定了军人权益保护的主要内容，既是对国家宪法和相关法律有关军人权益保障条款的细化，同时又是制定具体军人权益保护法律规范的依据。2011 年 10 月 29 日，全国人大常委会修订《兵役法》增加了军人基本待遇的规定，规定了现役军人的工资制度、保险制度和休假、疗养、住房等生活福利待遇，充实了现役军人以及伤残军人、退役军人和烈士、因公牺牲、病故军人遗属以及现役军人家属的抚恤优待政策，充分体现了对军人权益的维护，增强军队对人才的吸引力、凝聚力，体现了法律的统一性、权威性。2012 年，全国人大常委会通过《军人保险法》，规定了军人伤亡保险、退役养老保险、退役医疗保险、随军未就业的军人配偶保险 4 个保险项目，将军人伤亡保险和军人退役医疗保险制度上升为法律规范。制定军人保险法，是落实国防法关于国家实行军人保险制度的规定，保障军人权益的需要，是国家社会保障法律制度的重要组成部分，也是世界发达国家的普遍做法。

此外，全国人大及其常委会制定的一些保障公民各方面权利的法律，同样适用于军人，有些法律专门对军人的特殊权利作了规定。如《中华人民共和国民法通则》规定了公民的民事权利，如人身权、财产权、知识产权等，这些大多数也为军人所享有；《消费者权益保护法》《妇女权益保障法》以及三大诉讼法中规定的许多公民权利，都同样是军人权益的法律依据；我国《婚姻法》还专门规定了对军人婚姻的特殊保护："现役军人的配偶要求离婚，须得军人同意，但军人一方有重大过错的除外。"（第三十三条）这些国家基本法律和一般法律，所涉及的公民权利内容，许多也同时作为军人权益的法律渊源和军人维权的法律依据。

（二）宪法和法律对军人权益保护的主要内容

我国宪法和法律对军人权益保护的内容十分丰富，既有一般权益，也有特殊权益；既有政治和精神方面的，又有经济和物质利益方面的。主要包括以下方面：

1. 军人的人身权。根据宪法的规定，军人的人身权益主要有：（1）人身自由不受侵犯。即军人有人身自主权，不受他人的支配和控制；有居住行动的自由权；有保护自己的生命健康，免受非法侵犯的权利。这一权利要求任何干部都不得打骂和体罚士兵，否则构成侵犯人身权。（2）人格尊严不受侵犯。人格权包括姓名权、肖像权、名誉权等，宪法规定禁止用任何方法对公民进行侮辱、诽谤和诬告陷害。（3）住宅不受侵犯。任何机关或者个人，非经法律许可，不得随意强行进入、搜查或查封军人的住宅。即使司法机关为了执行任务，也要严格按照法律程序进行。（4）通信自由和通信秘密受法律保护。通信自由是指公民在与他人交往中，通过信件、电报、电话的形式而表达意愿的自由，任何组织或个人均不得非法干涉。通信秘密是指公民与他人在通信或打电报、电话的过程中，任何组织和个人不得非法偷听、偷看或涂改其内容。军人的通信自由权利受到国家法律保护，凡是对军人的信件非法加以隐匿、毁弃或开拆的，都是违法行为，情节严重的，则构成犯罪。

2. 军人的政治权利和自由。宪法和法律规定的军人参加国家政治生活的权利以及在政治上表达个人意见的自由包括：（1）选举权和被选举权。法律规定，“年满 18 岁的现役军人，在编和非在编职工、家属，凡符合宪法规定的条件的，都在军内有选举权和被选举权”。（2）参与管理国家的权利。（3）言论出版的自由。军人在享受这项权利上有特殊限制，如不能发表一些有关错误政治观点、军事秘密言论，不能擅自接受境外媒体的采访等。（4）批评、建议、申诉、控告、检举的权利。（5）人大代表的言论免责与质询的权利。这是军人担任全国人民代表大会代表或地方人民代表大会代表所享有的权利。免责，是指军人代表在各级人民代表大会和常务委员会会议上的发言和表决，有不受法律追究的权利。质询，是指军人代表在各级人民代表大会开会期间，依照法律的规定，对有关国家机关提出质询案的权利。同时，由于军人是履行兵役义务的公民，担负着不同于一般公民的特殊使命，因此，在政治、民主、自由等方面，军人不能完全享有其他公民享有的一些权利。例如，在宪法规定公民享有结社、集会、游行、示威等自由权利方面，军人则必须服从军队纪律的规定，受到必要的约束和限制。

3. 军人的社会经济与文化教育权利。包括财产权、劳动权、休息权、受教育权、婚姻家庭权、知识产权以及进行科学研究、文艺创作和其他文化活动的自由等。财产权是指具有物质内容或是直接体现为经济利益的权利，包括财产所有权、财产继承权等；劳动权是有劳动能力的公民有获得工作和报酬，并得到相应保障的权利，这是劳动者得以生存的基础；休息权即获得休息和休假时间的权利，我国有关军事法律法规还专门规定了军人的探亲和休假制度；军人作为公民，享有受教育权，可以参加部队或国家组织的相关教育学习活动，使用教育教学设施、设备、图书资料，完成规定的学业后获得相应的学业、学历、学位证书；婚姻家庭权即军人依法享有结婚、离婚的自由和组织家庭、保护家庭的权利；根据《民法通则》的规定，军人还享有著作权、专利权、发现权、发明权和其他科技成果权等知识产权。

4. 军人的诉讼权利。军人的诉讼权利，是指军人作为民事、刑事和行政案件的当事人或其他诉讼参与人时，在诉讼中依法享有的权利，其内容包括：（1）进行诉讼活动，军人有权在自己合法权益受侵害时向人民法院起诉，有权针对他人起诉提出反诉，可以委托代理人代为诉讼，可以申请审判员、书记员等回避，有权在法定期间内提起上诉等；（2）维护自己的诉讼请求和主张，军人有权在诉讼中收集有利于自己的证据并提交法庭证明自己的诉讼请求，有权在法庭上进行辩论发表自己意见，有权要求传唤证人、申请鉴定和勘验等；（3）处分自己的诉讼权利和实体权利，军人可以申请调解或放弃诉讼请求，申请撤诉；（4）实现自己的合法权益，军人可以申请人民法院强制执行生效的判决，有权提出财产保全或先予执行的申请。这些权利，主要体现在《民事诉讼法》《刑事诉讼法》和《行政诉讼法》中。（5）军人因服役而享有的其他特殊权益。主要是指由于军人职业的特殊奉献和牺牲所产生的特殊保护利益。

军人职业与社会其他职业相比，具有更大的危险性、牺牲性和奉献性，应当享有特殊的权益。如宪法规定劳动者有休息的权利，而军人在执行作战、战备值勤和其他危难险重任务时，没有选择性，必须无条件地服从命令，很难享有正常的休息。法律赋予军人的特殊权益主要有：

（1）军人政治荣誉权。根据法律规定，军人在作战、训练、抢险救灾及其他工作中，做出突出贡献的，可以获得表彰和奖励；军人的军衔、荣誉称号、勋章和奖章，是军人的终身荣誉，国家给予特别保护，未经法定程序，任何单位和个人都无权剥夺。

（2）军人人格尊严权。除了和普通公民一样人格尊严不受侵犯外，军人还享受特殊的个人尊严权，国家对冒充、侮辱、诽谤、诬告、陷害军人的，杀害、伤害军人的，依法从重处罚；未经军队司法机关批准或决定，不得对军人实施拘留、逮捕和审判。

（3）军人婚姻受特殊保护权。1950 年颁布的第一部婚姻法对军人家庭的离婚问题作出专门规定："现役革命军人与家庭有通讯关系的，其配偶提出离婚，须得革命军人的同意。"根据这一立法精神，党中央、国务院以及最高人民法院等有关部门对于切实做好军婚保护工作，妥善处理军人配偶的离婚问题，作出了一系列专门规定。2001 年 4 月 28 日修订实施的现行《中华人民共和国婚姻法》第三十三条对军婚再次作了保护性规定。同时，我国刑法第二百五十九条第 1 款专门设置了破坏军婚罪，规定"明知是现役军人的配偶而与之同居或者结婚的，处三年以下有期徒刑或者拘役"，从而进一步加强了军婚的保护力度。

（4）军人退役安置权益。国家法律规定了对退出现役的军人，在安置去向、生活待遇、住房分配等方面予以优待，并为继续就业的退役军人提供就业所需的中、高等专业教育条件。国家和社会对退休军人的物质生活待遇从优保障。

2011年11月修订后《退役士兵安置条例》规定："退役士兵有下列情形之一的，根据本人申请，可以由省级以上人民政府退役士兵安置工作主管部门按照有利于退役士兵生活的原则确定其安置地：（一）因战致残的；（二）服现役期间平时荣获二等功以上奖励或者战时荣获三等功以上奖励的；（三）是烈士子女的；（四）父母双亡的。""义务兵和服现役不满12年的士官退出现役的，由人民政府扶持自主就业"，"自主就业的退役士兵入伍前是国家机关、社会团体、企业事业单位工作人员或者职工的，退出现役后可以选择复职复工，其工资、福利和其他待遇不得低于本单位同等条件人员的平均水平。"军队干部转业到地方工作，是国家和军队的一项重要制度。根据《军队转业干部安置暂行办法》的规定，国家对军队转业干部实行计划分配和自主择业相结合的方式安置。计划分配的军队转业干部由党委、政府负责安排工作和职务；自主择业的军队转业干部由政府协助就业、发给退役金。同时，国家对转业军人待遇和社会保障作了详细规定。

（5）军人及其家属优待优抚权。国家和社会对现役军人家属在随军、安置、就业、医疗、住房、生活补助、子女入托入学等方面给予优待。义务兵家属享受政府和所在单位的优待金。国家和社会优抚革命烈士家属和牺牲病故军人家属，并保障其生活水平随国民经济发展而相应提高。国家保障抚恤优待对象的生活不低于当地的平均生活水平。现役军人死亡被批准为烈士、被确认为因公牺牲或者病故的，由县级人民政府民政部门根据其死亡性质和死亡时的月工资标准，发给其遗属一次性抚恤金。获得荣誉称号或者立功的，由县级人民政府民政部门按比例对其遗属增发一次性抚恤金。对符合享受定期抚恤金条件的遗属，由县级人民政府民政部门发给《定期抚恤金领取证》。现役军人残疾被认定为因战致残、因公致残或者因病致残的，由认定残疾性质和评定残疾等级的机关发给《残疾军人证》，退出现役后按照残疾等级由县级人民政府民政部门发给残疾抚恤金。残疾军人的抚恤金标准、参照全国职工平均工资水平确定。退出现役的一级至四级残疾军人，由国家供养终身。义务兵服现役期间，其家庭由当地人民政府发给优待金或者给予其他优待，优待标准不低于当地平均生活水平。义务兵从部队发出的平信，免费邮递。士官在享受义务兵所享有的保险待遇、公费医疗待遇的基础上，还享受工资待遇、探亲休假和家属随军等待遇。现役军人凭有效证件、残疾军人凭《残疾军人证》优先购票乘坐境内运行的火车、轮船、长途公共汽车以及民航班机；残疾军人享受减收正常票价50%的优待。

（6）军人社会保障权。主要包括：①物质保障权。国家对军人的工资、津贴、福利、被装、给养、住房、医疗等实行优待和优惠。规定军人的实际工资水平应高于国家公职人员，先后多次提高军人工资标准和伙食补助。近几年，党和国家十分关注军人物质待遇，逐年在国防经费中增加对军人工资的投入。在历年全国人大通过的国防费预算增加经费中，较大比例用于提高军人的工资福利待遇和社会保障。②军人保险权。军人保险制度是一种特别保险制度，世界上许多国家都实行军人保险制度，目的是当军人遇到伤亡、疾病、退役以及年老失去劳动能力时，给予一定的经济补偿，提高军人的保障水平。1997年颁布的《国防法》明确规定："国家实行军人保险制度"，为建立和实行中国特色的军人保险制度提供了法律依据。1998年7月，在国家社会保险法和军人保险法还没有颁布的情况下，为了加强对军人合法权益的保障，经国务院和中央军委批准，开始建立军人保险制度，先后设置了相关军人社会保险项目，并在2012年颁布的军人保险法中确立了军人伤亡保险、军人退役养老保险、军人退役医疗保险和军人配偶未就业期间的社会保险等基本社会保险，其后在此基础上又增加了新的险种。③住房权。2000年12月修订的《中华人民共和国现役军官法》第三十九条规定："军官住房实行公寓住房与自有住房相结合的保障制度。军官按照规定住用公寓住房或者购买自有住房，享受相应的住房补贴和优惠待遇。"1999年中央军委发布了《进一步深化军队住房制度改革方案》和《军官、文职干部、士官住房补贴暂行办法》《军队现有住房出售管理办法》等一系列配套规范，形成了军人住房权益保障制度。

国家宪法和法律保障的军人权益内容十分丰富，从维护军人的政治荣誉权益、人身权益，到保护军人的物质生活权益，涉及军人及其家属的精神和物质的方方面面。把保障军人权益与国家法治建设有机结合起来，对于增强全民的法律意识，自觉保护军人权益，共建钢铁长城和和谐社会，具有重大的现实意义和深远的历史意义。

三、颁布军事法规规章保障军人合法权益

在长期的革命斗争实践中，人民军队始终注意把关心、爱护和保护广大官兵的切身利益放在重要位置上，从政治、经济、文化和生活上等各个

方面保护官兵的合法利益，并不断颁布了一整套保护官兵各项权益的军事法规和制度。如我军在战争年代建立的政治、军事和经济三大民主制度，有效地维护和保证了官兵相关合法权益，始终是人民军队继承发扬的光荣传统。早在井冈山斗争时期，毛泽东就指出："中国不但人民需要民主主义，军队也需要民主主义。军队内的民主主义制度，将是破坏封建雇佣军队的一个重要武器。"① 红军建立了各种保护军人政治、经济利益的制度。在斗争环境十分恶劣的抗日战争中，1942 年 11 月，八路军野战政治部在《关于巩固部队政治工作的指示》中再次指出："在部队中应强调关心战士与爱护战士，提倡干部与战士同生死共患难，更多的照顾到战士的切身利益（政治的、工作的、生活的、家庭的等等）。"② 1945 年，朱德在党的七大《论解放区战场》报告中根据人民军队的建军原则和进行建设的丰富经验，提出了我军在兵役、养兵、带兵、练兵、用兵等方面的一整套原则和方法，他指出："人民的军队，当兵和当官的都是自愿来的，不论是八路军、新四军现在所实行的那种志愿兵制，或者将来新民主主义的联合政府所要实行的义务兵制，都是建筑在与人民的意志相符合的基础之上的。""人民军队的养兵方法，则是从爱护人民，因而又是从爱护士兵出发。"在衣食住行等物质营养方面，"第一，是在不过分加重人民负担的原则之下，去保养军队"；"第二，是在官兵平等待遇的原则之下，规定部队人员的待遇，军官以身作则，与士兵共甘苦"；第三，"是在战斗和训练的间隙，实行军队自己生产，解决军队自身的物质需要，来减轻人民的负担"③。

中华人民共和国成立以来，党中央始终高度重视关心官兵的权益。军队及时根据党中央的政策、指示和国家宪法、法律颁布军事法规及相关命令，保障和维护军人的各项合法权益。总政治部先后制定了《关于军队老年优待的暂行办法》（1950 年 12 月）、《关于军队干部休假制度的暂行规定》（1952 年 12 月）、《关于供给制干部生活特殊困难补助暂行办法》（1952 年 7 月）、《关于颁发革命军人证明书、革命军人牺牲证明书及病故军人证明书的通知》（1951 年 4 月）、《关于部队检查、评定残废等级与

① 《毛泽东选集》（第一卷），人民出版社 1991 年版，第 65 页。
② 《中国共产党军队政治工作七十年史》（第 2 卷），解放军出版社 1991 年版，第 339 页。
③ 《朱德选集》，人民出版社 1983 年版，第 159-162 页。

换发残废证件的通知》（1951 年 5 月）等。如 1950 年 6 月，我军的总人数发展到 550 万人，为了减轻人民负担，把有限的财力用于加强国家经济建设和重点国防力量建设，党中央和中央军委决定我军精简 150 万人，这是我军历史上空前规模的一次大精简。为此，中央人民政府革命军事委员会、政务院以毛泽东主席和周恩来总理的名义于 1950 年 6 月，发布了《关于人民解放军 1950 年复员工作的决定》。在当时国家经济还十分困难的条件下，《决定》明确提出给予复员军人以尽可能优厚的物质待遇和社会尊崇，如要求地方政府和人民群众对复员军人要热烈欢迎，亲切慰问，给以应有尊重和政治待遇；分配给以应得的土地和房屋，切实解决其在安家生产上的各种困难；根据入伍军龄和功绩发给不同标准数量的生活补助粮及衣料补助；所有复员军人，一律发给新鞋一双，新袜一双，新毛巾一条，肥皂一条；其在本年 7 月以后复员者，除带随身衣被外，另发冬衣一套；离开部队前可会餐一次，每人发肉一斤。对连以下老弱残废干部，在其能自谋生活和毫不勉强的原则下可以复员，但其中参加革命多年，又无家可归或家中缺乏劳动力者，应由军队或地方妥善安置，不得任意推出。在随后的 1952 年、1954 年和 1956 年，部队又先后进行了三次较大规模的精简整编，并给复员军人以相应的经济和物质补助。在每次的精简整编中，都体现出党和政府、军队在当时的经济条件下，对官兵高度负责的精神和关心爱护。

在计划经济体制下，军人在政治待遇和生活、医疗、住房等方面享有各种优惠待遇。在军队由供给制到薪金制和军衔制度的改变过程中，1954 年 11 月，国防部颁布了《中国人民解放军薪金、津贴暂行办法》，决定从 1955 年 1 月起，在全军军官中实行薪金制度。并指出，现在革命已在全国取得胜利，如果我军职业军官仍采用供给制度，就不能适应目前的情况和需要。实行薪金制，首先，鼓励军官积极上进，把政治自觉与物质鼓励结合起来；其次，加强军官使用物质管理生活的观念等。同年 12 月，总政治部在《关于实行义务兵役制、薪金制、军衔制和颁发勋章奖章的工作指示》中指出，实行薪金制度、军衔制度，可以确定数十万以军事工作为职业的军官在军队中的地位和社会上的荣誉，解决军官的家庭及个人的生活问题。1955 年实行薪金制后，军队干部的工资比国家机关同级别干部的工资高 30%。以后，军队干部工资也经过了多次减薪。在 1985 年重新确定军队干部工资标准时，军队干部工资按比地方干部工资高

20%的原则确定。此外，1954年10月23日国务院颁布了《复员转业军人安置暂行办法》，1956年3月12日发布了《国务院关于服兵役取得军龄的人员转业后计算工作年限和工龄问题的决议》，1965年9月23日国务院发布了《中国人民解放军退出现役干部转业地方工作暂行办法》，1972年1月13日发布了《国务院、中央军委关于军队复员干部安排工作后工资待遇问题的通知》，1975年8月13日国务院、中央军委发布了《军队干部退出现役暂行办法》等。

改革开放以来，军队根据国家法律和政策，以及社会和经济的发展，结合军队自身实际情况，颁发了一系列军事法规和法规性文件对保障军人权益作出了相应规定。根据国家宪法和立法法的规定，中央军委有权制定在军队中实行的军事法规，国务院也有权制定相应的军事法规。因此，今后将进一步加大军人权益保障的军事法规立法步伐，一方面保障国家宪法和法律赋予公民的权利能尽可能地适用于军人，制定与国家法律相配套的军事法规；另一方面从军队的特殊性出发，制定能适应广大官兵的实际需要和符合时代要求的军事法规，以更充分维护和保障军人的合法权益。在军人权益保护法律体系当中，军事法规和军事规章以其数量多、内容细、范围广而占据重要位置，对军人的各项权益作出了详细规定。中央军委制定的军事法规和国务院、中央军委联合制定的现行有效的军事行政法规，其中有很多都是有关军人权益的规定。

1999年8月，中央军委转发《关于改革开放和发展社会主义市场经济条件下军队思想政治建设若干问题的决定的通知》，《决定》中明确提出：要“充分发挥法规制度的功能”，“社会主义民主政治的发展，官兵民主意识的普遍增强，要求更好地运用法规制度规范和引导军队的民主生活，维护和保障官兵的民主权利”。在依法治国的条件下，军队依据宪法和法律的规定，通过颁布相关军事法规和规章，建立保障军人合法权益的法规制度，主要有以下几个方面：

（一）保障军人民主权利方面

1999年11月，中央军委批准，总政治部发布了《军队党组织发展党员工作暂行规定》；2000年7月，经中央军委批准，总政治部发布了《关于团以上党委常委民主生活会的规定》；2003年8月，中央军委发布了《基层建设纲要》；2003年12月，经中共中央、中央军委批准颁布了重新修订的《中国人民解放军政治工作条例》，《条例》在政治工作的主要内容中，明确规定了军队的民主制度建设："建立健全军人代表大会、军人代表会议和军人大会、军人委员会等民主制度，开展政治民主、经济民主、军事民主、维护官兵民主权利，发挥官兵的积极性和创造性。"2008年4月22日，经中央军委批准，四总部发布《中国人民解放军军人委员会工作条例》。军人委员会是开展三大民主活动的主要组织形式和实践平台，法律法规是政治参与的准则。

为保障军人信访的合法民主权利，2006年8月1日，经中央军委批准、四总部发布《军队信访条例》，这是我军第一部专门规范信访工作的法规，条例对军队信访工作作出全面规范，明确了首长、机关、部门、信访工作机构以及负责信访工作人员的职责，把依法、有序进行信访活动作为对信访人的基本要求，从信访事项提出的范围、渠道、方法和形式等方面作了规范，明确了对信访事项实行办理、复查、复核三级终结制度。信访工作有效维护了官兵和群众切身利益。

（二）在退役安置方面

1999年12月，国务院、中央军委发布了《中国人民解放军士官退出现役安置暂行办法》；2001年1月，中共中央、国务院、中央军委发布了《军队转业干部安置暂行办法》；2001年8月，国家人事部、教育部、财政部、劳动和社会保障部、建设部、总政治部、总后勤部等十三部门印发了《关于自主择业的军队转业干部安置管理若干问题的意见通知》等，对军人退役转业的安置方针、组织接待、工作安置、待遇以及自主择业的办法等作了规定。国务院、中央军委及国家有关部委和军委总部有关部门还发布了大批有关军人退役安置的指示、通知等，这些法规和规章，为军队退役安置提供了法律依据，是军人权益保护法律体系的重要组成部分。十多年来，国家制定出台了一系列有关转业军官安置、军官配偶随军就业、维护军人及其亲属合法权益的政策制度，有60多万转业军官、700多万退役士兵、5万多伤残士兵、90多万军官配偶得到妥善安置，10多万军队离退休干部和无军籍职工的政治、生活待遇得到落实，军人子女入学入托享受优惠政策。2009年8月2日，民政部、财政部、总参谋部、总政治部、总后勤部联合颁发《伤病残军人退役安置规定》。这是国家和军队首次以军事行政规章的形式，对伤病残军人的退役方式、安置办法、住房和医疗保障等问题作出全面系统的规范，是军地各级做好伤病残军人退役安置工作的基本遵循和依据。

（三）在军人优抚方面

对革命军人及其家属实行优待抚恤，是我国的一项重要政策，也是我党我军的光荣传统。革命军人及其家属为国家和人民所做的贡献与牺牲，党和政府历来给予充分肯定和高度评价。党在各个历史时期都制定了符合当时实际情况的拥军优属政策。早在土地革命时期，各革命根据地根据中共中央的指示，就开展了优待抚恤工作。全面抗日战争时期，各地区政府和抗日根据地继承并发扬了优抚红军战士及其家属的优良传统，拥军优属工作更加活跃。解放战争时期，在加大对军人和军属的优抚方面又有了新的发展，对动员和鼓励千百万优秀中华儿女参军参战，夺取革命战争的胜利起到了重大作用。中华人民共和国成立后，党和人民政府发扬革命战争年代的光荣传统，及时制定了《革命烈士家属革命军人家属优待暂行条例》等一系列法规政策，建立了全国统一的优待军属的制度规定。1984 年和 1998 年我国修改并颁布的《兵役法》，都对军人及其家属的优待和保护军人权益等方面作了比较全面的规范，使拥军优属工作在国家法律的规范下进一步走上法治轨道。随着改革开放的深入，国民经济的发展，各级地方政府又制定了一些新的优抚、安置政策，使军人和军属的社会地位、生活待遇得到进一步提高。如 1979 年 6 月，国务院、中央军委颁布了《关于做好部队退伍义务兵伤病残战士安置工作的通知》；1980 年 6 月，国务院发布《革命烈士褒扬条例》、1988 年 6 月颁布《军人抚恤优待条例》；1991 年国务院、中央军委批转总政治部《关于重新规定军官家属随军条件的请示的通知》；1993 年国务院、中央军委批转劳动部、总政治部等部门《关于进一步做好军队干部随军家属安置工作的意见的通知》；1996 年 9 月，交通部、总后勤部《关于军人乘船购票优先的通知》，等等，对保护伤残军人生活、抚恤烈士家属、优待革命军人及其家属等作出具体规定。民政部、财政部和解放军总政治部、总参谋部等还制定颁布了数十件配套性法规文件，全国 2000 多个县以上的行政区域也出台了优抚法规，社会优抚法规体系基本建立。尤其是 2004 年 8 月，国务院、中央军委颁布新修订的《军人抚恤优待条例》，大幅度提高优抚对象的抚恤补助标准，拓展优抚对象的社会优待范围和内容，进一步完善了适合中国国情的军人抚恤优待制度。这是军人抚恤优待工作发展史上的重要里程碑，标志着我国社会主义市场经济条件下优抚保障体系框架的基本建立。如条例第三十一条规定："义务兵服现役期间，其家庭由当地人民政府发给优待金或者给予其他优待，优待标准不低于当地平均生活水平。”明确规定了义务兵家庭有优待金或其他优待，并使各地优待金发放有了统一底线，以保障义务兵家庭的基本生活需要。2011 年 7 月 29 日，国务院、中央军事委员会公布关于修改《军人抚恤优待条例》的决定，将执行反恐怖任务和在执行外交任务或者国家派遣的对外援助、维持国际和平任务中牺牲的，作为批准为烈士情形，提高了抚恤金的标准。2011 年 7 月 28 日国务院公布新修订的《烈士褒扬条例》，充实和完善了评定、批准烈士的条件，将在依法查处违法犯罪行为、执行国家安全工作任务、执行反恐怖任务和处置突发事件中牺牲的，抢险救灾或者其他为了抢救、保护国家财产、集体财产、公民生命财产牺牲的作为可以评定为烈士的情形；建立了由中央财政支付的统一标准的烈士褒扬金制度。

（四）在军人社会保障方面

1995 年 1 月颁布的《中华人民共和国劳动法》明确了“国家发展社会保险事业，建立社会保险制度，设立社会保险基金，使劳动者在年老、患病、工伤、失业、生育等情况下获得帮助和补偿”等法律规定。1996 年 3 月，国家《“九五”计划和 2010 年远景目标纲要》对加快社会保障制度改革，建立多层次的社会保障制度提出了具体要求。1997 年 1 月，中央军委常务会议决定建立军人保险制度，成立全军军人保险办公室。1997 年 3 月，八届人大五次会议颁布的《国防法》明确了“国家实行军人保险制度”的法律规定。1998 年 7 月经国务院、中央军委批准《军人保险制度实施方案》正式实施。1998 年 7 月，总参谋部、总政治部、总后勤部、总装备部颁发了《中国人民解放军军人伤亡保险暂行规定》，确定对于因战、因公伤亡的军人以及因病致残的义务兵可享受伤亡保险待遇。1999 年 12 月，经国务院、中央军委批准，国务院办公厅、中央军委办公厅联合颁发了《中国人民解放军军人退役医疗保险暂行办法》，确定实行军人退役医疗保险，其适用对象包括解放军和武警部队师以下干部、四级以下专业技术干部、士官、义务兵和具有军籍的学员；军人退役医疗保险基金由国家财政拨款和军人缴纳的退役医疗保险费组成，同年成立全军“军人保险法立法起草组”。2003 年 12 月，为了解决军人配偶随军未就业期间的基本生活保障和社会保险补贴待遇及社会保险关系衔接问题，解除军人后顾之忧，经国务院、中央军委批准，国务院办公厅、中央军委办公厅联合颁发了《中国人民解放军军人配偶随军未就业期间社会保险暂行办法》的通知，对军人配偶随军未就业期间的基本生活补贴和养老、医疗保险个人账户补贴待遇等社会保险问题作了规定。1999 年 9 月，中央军委还发布了《进一步深化军队住房制度改革方案》等大量法规文件，为进一步明确和健全军人保险、住房改革等社会保障制度提供了依据。军人保险权益。2009 年 12 月 4 日，四总部颁发新修订的《中国人民解放军军人伤亡保险规定》，总后勤部同时下发《关于军队统一为现役军人购买人身意外伤害保险的通知》。调整改革后的军人伤亡保险政策制度，通过军人保险和商业保险相结合的保障方式，大幅度提高军人伤亡补偿水平，烈士、因公牺牲军人的保险金标准分别提高六倍和四倍。2012 年 4 月 27 日，全国人大常委会通过《军人保险法》，自 2012 年 7 月 1 日起施行。

（五）其他方面军人合法权利的保障

现行军事法对军人合法权益的保障覆盖了军事生活的各个方面，随着国防和军队法治化进程的加快，对军人合法权利保障的力度将不断加大，会涉及更多层面、更多领域、更深层次。在军人健康权方面：2010 年 10 月 31 日，经中央军委批准，四总部发布新修订《军队干部保健工作规定》，规范了干部保健工作中的预防、医疗、疗养、康复以及相关保健管理活动等工作，以充分发挥干部保健工作在维护促进干部身心健康的重要作用。

在军人福利待遇方面：2015 年，经中央军委批准，总参谋部、总政治部、总后勤部印发《关于完善军队人员有关福利待遇的若干规定》，明确了官兵应当享受的福利待遇及标准。针对官兵因执行任务发生的交通、通信、误餐等费用，明确可以在限额内予以报销；针对部分官兵确因工作需要没有按规定休假探亲的，明确应当给予经济补偿；针对部分家属随军和临时来队没有住房的实际，明确按当地平均租房标准的一定比例给予租房补助；对临时来队探亲官兵家属接送站、看病就医，允许部队单位安排车辆予以保障；对住院的伤病残人员、家庭遭遇特殊困难的官兵，要求各级组织应予看望和救济；按照勤俭节约的原则，对重大节日官兵生活、组织团拜活动，以及军人退役发放军旅纪念品等也作了相应规范。

在军人受奖励权方面：除《纪律条令》外，2006 年 3 月 27 日，经中央军委批准，总参谋部、总政治部、总后勤部、总装备部联合发布命令，颁布《中国人民解放军专业技术人才奖励规定》，自 2006 年 4 月 1 日起施行。《规定》共分八章三十一条，就奖励的设置、范围和条件、奖励员额和奖励金标准、组织实施以及经费管理等做了规定，首次将聘用的专业技术文职人员纳入奖励范围，还首次设立了军队科技创新群体奖。2014 年 7 月底，解放军四总部联合制定下发《军队奖励和表彰管理规定》，这是中国军队历史上首次对奖励和表彰问题进行明确规范和界定。这部法规出台的重要初衷和意义也在于牢固树立战斗力这个唯一的根本的标准，实施奖励和表彰向能打仗、打胜仗聚焦，向战备训练、遂行重大任务和作战部队倾斜；适当提高对驻边远艰苦地区部队的奖励比例，调整新型作战力量基层单位的审批权限，大幅压缩对领导干部和机关的奖励表彰等。这也打破了以往奖励和表彰领导先占、平衡迁就、轮流坐庄、论资排辈等名不副实的现象，真正把那些致力于能打仗、打胜仗的官兵凸显出来，真正激励官兵的荣誉感，树立带有战斗力导向的标杆。

四、建立执法机制有效保护军人合法权益

中华人民共和国成立后，尤其是改革开放以来，党、政府和军队制定了一系列维护军人合法权益的法律法规和相关制度，这些法规制度事关官兵的根本利益，是建军、治军规律的科学反映，也是军事法治建设的重要内容。

（一）建立和完善维护军人权益的机制

为了保证维护军人合法权益的法律、法规和制度的落实，在党和国家的高度重视下，政府和军队都建立了相关职能部门或执行机构，以保障军人、军属和退役军人的合法权益，维护国家宪法和法律的严肃性，尤其在国家层面筹建专门的退役军人安置管理保障机构。

1. 维护军人权益的执法体制。实现军人权益的保护，是地方和军队的共同职责，有时也需要地方有关行政部门和执法机关参与和协作，形成军地共同执法机制，如军人的退役安置有待于军队和地方有关部门的具体执行；军人家属的优抚工作，也有待于地方有关部门的依法落实。地方各级政府和军队有关部门正在努力完善维护军人及其家属合法权益的工作机制，为国防和军队建设创造良好的法治环境。目前，全国各地都广泛开展了军民共建和“双拥”活动，军队和地方政府已经建立了各种双拥和共建机制，在维护和保护军人权益方面发挥了重要作用。军队各级领导和有关部门是落实军人权益法律保护的重要环节。各级领导和机关必须高度重视对军人权益的保护，作为工作的重点，制定切实有效的措施，主动为军

人及其家属排忧解难，并及时处理侵害军人权益的行政违法行为和有关军人控告、检举、申诉等，才能真正维护好官兵的合法权益。军事机关和首长，除了要重点做好现役军人在部队的各种权益维护工作外，还应积极配合、协调地方行政机关解决好现役军人家属子女的权益保障和退伍军人的安置保障等问题

2. 维护军人权益的司法体制。为维护改革开放中的国防利益和军人合法权益，国家对军事司法制度进行了改革。2001 年 6 月，最高人民法院正式授权军事法院审理军内民事案件，从而为军事法院服务部队建设，解决军内纠纷和案件，开辟了一个新的渠道。根据最高人民法院授权，军事法院开始审理军队内部包括合同、婚姻家庭、房地产、知识产权、医疗事故损害赔偿纠纷及申请军人失踪或死亡等在内的民事案件，履行军队内部民事审判职能，军事行政审判的试点工作也在推进。近年来，已经有越来越多的官兵走上庄严的人民法庭，理直气壮地通过司法手段依法维护自己的合法权益，部队法律服务机构也主动与地方司法机关协商，为军人维权开辟“绿色通道”。2017 年 7 月，经中央军委批准，并经最高人民法院批复同意，军事行政诉讼试点工作启动。根据中央军委《军事司法体制改革实施方案》，要探索建立军事行政诉讼制度，先行试点、逐步推广。按照该方案，2016 年广州军事法院、北京军事法院为试点基层法院，受理第一审军事行政案件。在试点基层法院管辖范围内，军人或军队单位认为军级以下军事机关及其工作人员的军事行政行为侵犯其合法权益的，可以依法提起诉讼。当事人不服一审裁判的，可以分别向南部战区军事法院、中部战区军事法院提出上诉。经过一年的试点，最高人民法院、解放军军事法院将依法加强监督指导，确保试点工作积极稳妥推进。通过试点，为探索建立军事行政诉讼制度积累经验、创造了条件。①

3. 维护军人权益的法律服务机构。为了方便解决军人涉法纠纷，有效维护军人合法权益，军队内部成立了专门的法治机构和法律服务组织，负责为各级领导机关决策和部队官兵解决涉法问题提供法律咨询和服务。在《关于改革开放和发展社会主义市场经济条件下军队思想政治建设若干问题的决定》中明确指出：“对官兵及其家庭遇到的经济、民事、刑事等方面的法律问题，要在做好思想稳定工作的同时，会同地方有关部门为

---

① 《军事行政诉讼试点启动》，《解放军报》2017 年 7 月 3 日，第 1 版。

官兵提供法律帮助，依法维护他们的正当权益。”在现代法治社会，律师是法律服务的主体。中央军委 1992 年 9 月批准设立总政治部司法局，领导全军司法行政工作，从而使军队律师、法律顾问、法律咨询等工作归口政治机关统一领导和管理。1993 年 3 月，总政治部与司法部联合发布《关于军队法律服务工作有关问题的通知》，标志着国家认可在军队建立律师序列。1996 年 5 月通过的我国首部《律师法》第五十条明确规定："为军队提供法律服务的军队律师，其律师资格的取得和权利、义务及行为准则，适用本法规定。"[①] 这标志着国家军队律师制度正式确立。2000 年 4 月，经中央军委批准，我军首次在陆军集团军的军、师、旅政治机关正式编配了军队律师。军队律师广泛参与维护军人合法权益的活动，并从军队的特点和实际出发，建立了军队法律援助制度，截至 2016 年 3 月，全军军以上单位设立法律顾问处 200 多个，专职和兼职律师 1500 多名。[②] 在维护官兵权益方面发挥了重要作用，并为特殊的遇到困难的官兵和军人家庭提供免费的法律援助，从而在更广的范围、更多的领域为部队官兵撑起正义之伞。

（二）维护军人合法权益，解决新形势下部队和官兵涉法问题取得明显成效

随着社会的发展变化，部队和官兵涉法问题出现了一些新的特点。主要是：涉及军人权益问题的数量增多、范围逐渐宽泛、影响逐渐扩大、调解逐渐困难。从类型上看，既有刑事、民事、经济纠纷案件，又有行政、劳动用工等涉法问题；从涉法主体上看，有单位、有个人，有干部、有士兵，还有军人亲属；从涉法范围和所涉法律看，有的发生在军外、有的发生在军内。涉及军人权益的法律问题越来越呈现出多样化、复杂化特点，其中有的法律关系复杂，涉及多方当事人，而且多个法律关系交织；有的地方多级组织或单位进行过协调调解，没有得到解决或解决不彻底；有的已经过仲裁、诉讼等程序，但官兵认为裁决不公正，对处理结果不服等等。同时，侵害军人的合法权益的问题仍然存在，有些地方发生军人被无

---

① 2012 年修正的《律师法》第五十七条规定："为军队提供法律服务的军队律师，其律师资格的取得和权利、义务及行为准则，适用本法规定。"

② 丛文胜等著：《国防法治——国防和军队建设法治化》，解放军出版社 2016 年版，第 323 页。

端指责、谩骂、侮辱的现象，有的还被非法拘禁、殴打；军人婚姻被“第三者”插足破坏的现象并不罕见，且不少情节严重；军人家庭的合法权益被他人侵害，得不到应有的保护；有些地方对军人优抚政策不落实，转业干部和城镇退伍士兵得不到妥善安置；军人的民主权、名誉权、隐私权、消费权也经常受到侵害。这些新的变化使“维权”工作遇到了一些新情况和新问题，对目前的维权投入、维权方式、维权效率、内部维权机制等提出了新的挑战，迫切需要军地双方各级党委和政法部门、双拥工作领导小组、各级法院各尽职责，共同协作，建章立制，形成合力，进一步完善维护军人及其家属合法权益的工作机制。

1. 军队各级领导和机关以身作则，带头依法维护官兵利益。部队各级领导和机关认真学习《政治工作条例》《党委工作条例》和《基层建设纲要》以及有关政策规定，深刻领会依法治军从严治军的内涵和要求，全面理解依法维护官兵根本利益的重要性，牢固树立起法规制度是有效维护官兵利益的基本依据的观念，切实端正对官兵的根本态度，把官兵满意作为工作的出发点和落脚点。

要牢固树立以人为本的理念，尊重官兵的主体地位，促进官兵的全面发展，提高官兵的综合素质，充分调动官兵的积极性、创造性。要发扬尊干爱兵的优良传统，切实维护官兵权益，进一步巩固和发展团结、友爱、和谐、纯洁的内部关系，不断提高部队的凝聚力和战斗力。“群众利益无小事”，各级领导和政治机关进一步强化服务意识，树立平等、民主的观念，尊重官兵的人格尊严，重视官兵的心理需求，关注官兵工作上、生活上的实际困难，以高度的政治责任感，自觉依法维护好官兵的根本利益，抓好事关官兵根本利益的各项法规制度的落实；自觉做到依法行政、照章办事，对政策规定官兵应享有的探亲、休假、疗养、体检等正当权益，采取有效措施，最大限度地予以保障；尊重和保障官兵的民主权利，确保官兵对基层建设重大问题的知情权、参与权、发言权、监督权，充分发挥民主参与、民主监督、民主管理的作用；下大力治理涉及官兵切身利益等方面的不正之风，严格按标准、按程序办事，进一步增强工作的透明度，努力营造公平竞争的良好环境；急官兵所急，想官兵所想，最大限度地满足官兵在学习、生活、工作等方面的需求，对官兵遇到的家属就业、子女教育、法律纠纷等牵扯精力、影响情绪的实际困难高度关注，并依据有关的政策、法规和制度主动帮助解决，以真心关爱赢得广大官兵的信任和支持。对非法侵犯军人合法权利的行为必须严肃处理和追究，使受到非法侵害的权利及时得到相应的救济或补偿。

2. “汤阴经验”对依法解决官兵涉法问题的成功探索。全军部队适应国家改革开放和建立社会主义市场经济体制的新形势，紧密结合实际，积极探索新形势下“维权”工作新途径，拓展“维权”工作新领域，建立“维权”工作新机制，努力从组织上、程序上、制度上保证“维权”工作的正常运行，有效维护了军人军属的合法权益，促进了部队的安全与稳定。围绕解决日益突出的军人军属涉法问题，河南省汤阴县经过充分酝酿、调查、论证、协商，县委、县政府成立了县领导挂帅，县法院、检察院、公安、司法和民政等部门领导组成的“维护军人军属合法权益工作领导小组”，综合协调解决军人军属涉法事宜，法院创建了“维护军人军属合法权益巡回法庭”；县人武部成立了“军人军属法律咨询站”，为军人军属提供法律服务与指导，形成了“一组、一庭、一站”的“汤阴经验”。在此基础上，又与县司法局协商组建了维护军人军属合法权益司法服务所，为军人军属提供法律咨询、代写法律文书，受理军人军属委托代理诉讼、调解和仲裁，并视情对军人军属实行减、缓、免收费。这样，就使维权工作核心机制由原来的“一组、一庭、一站”模式拓展为以“维护军人军属合法权益领导小组”为牵引，“涉军案件审判庭”为主体，“维军司法服务所”为保障，“法律咨询服务站”为纽带的核心机制。同时在各乡（镇、街道）也成立了相应机构，在村和居委会设立法律服务调解小组，形成了县、乡、村三级维权工作网。“一组、一庭、一站、一所”的“四位一体”的维权机制更加科学适用、完善配套。“巡回法庭”成立后，很快就发挥了积极的作用，受到了军人军属和广大人民群众的广泛赞誉。解放军军事法院经过认真调研、指导，报请最高人民法院、总政治部批准，在全国推广，收到了良好的社会效果。在此基础上，最高人民法院、总政治部于2000年12月联合下发了《关于认真处理涉军纠纷和案件，切实维护国防利益和军人军属合法权益的意见》，既对维权工作给予了充分肯定，又为开展这项工作提供了明确的依据，进行了规范指导。维护国防利益和军人军属合法权益的活动在全国范围内普遍展开。2002年1月4日，总政治部会同全国双拥工作领导小组、最高人民法院、最高人民检察院和公安部、民政部、司法部等国家六部委，联合颁发了《关于重视解决部队官兵涉法问题，维护军人及其家属合法权益的通知》，明确提出要依法优先、积极稳妥地处理官兵涉法问题，建立和完善维护军人及其家属合法权益的工作机制，切实对处理官兵涉法问题的组织领导，加大监督检查的力度，对官兵及其家属涉法问题处理不力，造成严重后果的要追究有关领导和主要责任人的责任，进一步推动了军人维权工作的深入开展，并收到良好的社会效益。2012 年 8 月 20 日，最高人民法院《关于军事法院管辖民事案件若干问题的规定》，自 2012 年 9 月 17 日施行。该规定根据《中华人民共和国人民法院组织法》、《中华人民共和国民事诉讼法》等法律规定，结合人民法院民事审判工作实际，对军事法院管辖民事案件有关问题作出规定，共 9 条，其中第 1 条规定下列民事案件，由军事法院管辖：（1）双方当事人均为军人或者军队单位的案件，但法律另有规定的除外；（2）涉及机密级以上军事秘密的案件；（3）军队设立选举委员会的选民资格案件；（4）认定营区内无主财产案件。2014 年 4 月，中央政法委、总政治部联合印发《关于加强维护国防利益和军人军属合法权益工作的意见》。《意见》指出：（1）建立全国涉军维权工作协调机制。（2）重点解决对国防安全和社会稳定有重大影响的涉法问题。（3）切实维护军人军属的合法权益，解除官兵后顾之忧。（4）加大涉军维权工作深度和广度。2014 年 9 月 7 日，国务院、中央军委印发《关于进一步加强军人军属法律援助工作的意见》，对军人军属法律援助范围、服务方式方法、军地双方衔接工作机制和经费保障制度等作出规定，进一步完善了军人军属法律援助制度。军地各级认真贯彻落实，加强协作配合，建立健全各项工作机制；积极拓宽申请渠道，优化办案程序，强化质量管理。2015 年 5 月 1 日，我国首部保障军人军属权益的地方性法规《浙江省军人军属权益保障条例》出台，《条例》还规定：配偶随军的家庭在部队和驻军所在地无住房的，可以按照驻军所在地人民政府的规定申请保障性住房。2016 年 9 月，司法部、军委政法委员会出台《军人军属法律援助工作实施办法》，对军人军属法律援助工作作了进一步细化和规范，明确了法律援助工作站的设置方式、运行模式、职责范围等，要求建立工作报告、律师值班、军地联席会议、人员培训和业务交流等具体制度机制。

3. 运用现代化手段，开通“148”法律咨询热线。现代信息技术的发展，为部队法律服务工作提供了新的载体，一些部队创新军人维权途径，纷纷开通军营“148”法律服务热线、法律服务咨询网站和军营说法电视节目等，为官兵提供及时、有效的法律服务。例如，某集团军建立了军营

“148”法律咨询服务网络，由军、师（旅）、团三级“148”法律咨询服务台组成，分别开通“148”电话专线统一组织军事法官、律师和法律咨询员，面向官兵提供便捷、高效的法律咨询服务。还有一些军事法院，在网上开设了解决涉法问题的相关网站，解答官兵的法律问题，取得了预期效果，受到官兵的普遍欢迎。

4. 通过军内民事审判，拓宽解决涉法问题的渠道。新形势下部队和官兵的涉法问题，有相当一部分属于军队内部的。有些矛盾和纠纷在处理上面临许多不便，形成“行政手段管不了，地方法院管不好，军事法院管不着”的情况，如军人失踪后的权益问题，就难以处理。2000 年 11 月 20 日，成都军区直属军事法院依法判决，宣告某学院司务长培训大队一失踪退休干部死亡。通过民事审判，解决了失踪军人权益上的诸多难题。这是军事法院依照民事审判程序依法宣告一个军内人员死亡的首例。2002 年各级军事法院共受理经济合同、侵权损害、医疗事故、知识产权、婚姻家庭等纠纷近百件。法院在审理中，注意把民事诉讼调解与我军思想政治工作相结合，促使纠纷当事人自愿达成协议，自觉履行义务，收到了良好效果。

5. 维权工作日见成效。近年来，军队有关部门探索与地方各级政府共建军人维权机制，产生了非常明显的效应。全军的基层法律咨询站及基层法律服务工作的人员，为军队有关领导机关决策和部队官兵的涉法问题提供法律咨询和服务，有效疏导了部队官兵的思想症结，为国防和军队建设创造了良好的法治环境。维权工作的开展收到良好的社会效益，它有利于官兵思想稳定和部队的安全稳定，有利于军政军民团结，有利于增强全民国防观念，有利于推进依法治国和依法治军进程。

6. 建立“维权”协作机制，畅通军人维权的渠道。军人军属遇到的权益纠纷，按其发生地大体可分为两部分：一部分是在本地服现役官兵在本地发生的权益纠纷和在外地服现役的本地籍官兵在本地遇到的权益纠纷。这部分一般可以通过军地“维权”网络得到解决；另一部分是在本地驻军服现役的外省（市）官兵在原籍遇到的涉法问题，由于受路途和区域等制约，处理难度相对较大。2006 年 4 月，总政办公厅发出《关于建立解决基层涉法问题协作机制试点工作的通知》，提出为帮助官兵妥善解决涉法问题，要逐步建立法律服务协作机制。法律服务协作，是指在军队司法行政部门指导和协调下，各级法律服务机构之间协同处理官兵涉法问题的工作机制。过去解决官兵涉法问题往往牵涉所在单位领导和机关的很大精力，有些问题单靠某一个单位的力量解决起来难度很大，通过建立“维权”协作和法律服务机制，就能有效地整合部队的法律资源，畅通维权渠道，更好地解决基层官兵的涉法问题，维护广大官兵的合法权益，促进部队安全稳定。

新形势下，习近平高度关注重视官兵权益维护保障问题，明确提出“坚持依法治军、从严治军，坚持把改革创新作为军队建设发展的根本动力，坚持以人为本的建军治军理念”；“要始终把工作重点放在基层，关心关爱基层官兵，注意把人力物力财力向边防、向基层、向一线倾斜”；[①]尤其是“推进军官、士兵、文职人员等制度改革，深化军人医疗、保险、住房保障、工资福利等制度改革，完善军事人力资源政策制度和后勤政策制度，建立体现军事职业特点、增强军人职业荣誉感自豪感的政策制度体系，以更好凝聚军心、稳定部队、鼓舞士气”[②]。

在实现中国梦强军梦的征程中，国防和军队法治建设将推动军人维权机制更加健全完善，为全军将士履职尽责、完成使命任务创造一个更加良好的法治保障和社会氛围。

---

① 《从十五句话领略习近平治军智慧》，新华网，http：//news. xinhuanet. com/politics/2015-07/31/c_128080701. htm。

② 《习近平在中央军委改革工作会议上强调全面实施改革强军战略 坚定不移走中国特色强军之路》，《解放军报》2015年11月27日，第1版。

参考文献

[1] 《马克思恩格斯全集》(第一卷)，人民出版社 1956 年版。
[2] 《马克思恩格斯全集》(第二卷)，人民出版社 1957 年版。
[3] 《马克思恩格斯全集》(第 46 卷)，人民出版社 1963 年版。
[4] 《马克思恩格斯军事文集》第一、二、三卷，战士出版社 1981 年版。
[5] 《毛泽东选集》(第一、二、三、四卷)，人民出版社 1991 年版。
[6] 《毛泽东军事文集》(第一、二、三、四、五、六卷)，军事科学出版社 1993 年版。
[7] 《毛泽东、邓小平、江泽民关于军队建设论述选编》，解放军出版社 1997 年版。
[8] 《邓小平文选》(第一、二卷)，人民出版社 1994 年版。
[9] 江泽民：《论国防和军队建设》，解放军出版社 2003 年版。
[10] 《胡锦涛文选》，人民出版社 2016 年版。
[11] 《习近平谈治国理政》，外文出版社 2014 年版。
[12] 《习近平谈治国理政》(第二卷)，外文出版社 2017 年版。
[13] 《习近平关于协调推进“四个全面”战略布局论述摘编》，中央文献出版社 2015 年版。
[14] 《习近平关于党风廉政建设和反腐败斗争论述摘编》，中央文献出版社、中国方正出版社 2015 年版。
[15] 《习近平关于全面深化改革论述摘编》，中央文献出版社 2014 年版。
[16] 习近平：《关于〈中共中央关于全面推进依法治国若干重大问题的决定〉的说明》，2014 年 10 月。

[17] 《中共中央文件选集》（1921—1949）第1—18册，中共中央党校出版1989年版。

[18] 军事科学院历史研究部编：《中国人民解放军六十年大事记》，军事科学出版社1988年版。

[19] 《中国军事百科全书（军事法分册）》，军事科学出版社1993年版。

[20] 姜思毅主编：《中国共产党军队政治工作七十年史》第一、二、三、四卷，解放军出版社1991年版。

[21] 中央军委法制局编：《中华人民共和国军事法规选编（1949—2010）》，解放军出版社2011年版。

[22] 中央军委法制局编：《中华人民共和国军事法规汇编》（1949—2002），解放军出版社2002年版。

[23] 胡绳主编：《中国共产党的七十年》，中共党史出版社，1991年版。

[24] 丛文胜：《中国共产党的法制理论与实践》，白山出版社1997年版。

[25] 军事科学院军事历史研究部：《中国人民解放军的七十年》，军事科学出版社1997年版。

[26] 军事科学院军事历史研究部：《中国人民解放军改革发展30年》，军事科学出版社2008年版。

[27] 军事科学院军事历史研究部：《中国人民解放军全国解放战争史》第一、二、三、四、五卷，军事科学出版社1996年版。

[28] 中国人民解放军军事科学院军事历史研究部：《中国军事百科全书——中国人民解放军军史分册》（上、下），军事科学出版社1995年版。

[29] 中国人民解放军历史资料丛书编审委员会编：《中国人民解放军历史资料丛书·八路军文献》，解放军出版社1994年版。

[30] 中国人民解放军历史资料丛书编审委员会编：《中国人民解放军历史资料丛书·八路军综述、大事记》，解放军出版社1994年版。

[31] 中国人民解放军历史资料丛书编审委员会编：《中国人民解放军历史资料丛书·新四军文献》第1—5卷，解放军出版社1988—1994年版。

[32] 中国人民解放军历史资料丛书编审委员会编：《中国人民解放军历史资料丛书·后勤工作文献》，解放军出版社1997年版。

[33] 中国人民解放军历史资料丛书编审委员会编：《中国人民解放军政治工作·军事检察工作》，解放军出版社2001年版。

[34] 中国人民解放军历史资料丛书编审委员会编：《中国人民解放军政治工作·军事审判工作》，解放军出版社2000年版。

[35] 丛文胜主编：《人民军队法制建设八十年》，军事科学出版社2007年版。

[36] 《当代中国》丛书编辑委员会：《中国人民解放军》上、下册，当代中国出版

社 1994 年版。
［37］ 丛文胜主编：《新中国国防法制建设六十年》，军事科学出版社 2009 年版。
［38］ 丛文胜：《国防法律制度——宪法视角下的国防法律制度研究》，解放军出版社 2012 年版。
［39］ 丛文胜等：《国防法治——国防和军队建设法治化》，解放军出版社 2016 年版。
［40］ 丛文胜：《军事法制史》，解放军出版社 2001 年版。
［41］ 丛文胜：《军事法制史》，解放军出版社 2011 年版。
［42］ 张建田：《中国军事法学研究的回顾与思考》，法律出版社 2003 年版。
［43］ 梁玉霞：《中国军事司法制度》，社会科学文献出版社 1996 年版。
［44］ 李佑标等：《军事法学原理》，人民法院出版社 2005 年版。
［45］ 薛刚凌、肖凤城主编：《军事法学》，法律出版社 2016 年版。
［46］ 张山新：《依法治军理论研究》，军事科学出版社 2006 年版。
［47］ 石成林、李昂主编：《军队律师工作概论》，解放军出版社 2001 年版。
［48］ 唐佩贤、杨久根：《中国人民解放军审判工作史概论》，人民法院出版社 1989 年版。
［49］ 郭向军：《军队律师工作研究》，解放军出版社 2013 年版。
［50］ 苏东：《军人权益法律保障》，中国民主法制出版社 2015 年版。
［51］ 周敬青：《中外执政党制度建设研究》，中共中央党校出版社 2005 年版。
［52］ 丛文胜：《战争法原理与实用》，军事科学出版社 2003 年版。
［53］ 刘昭祥主编：《中国军事制度史·军事组织体制编制卷》，大象出版社 1997 年版。
［54］ 丛文胜主编：《军队条令条例学》，中央广播电视大学出版社 2014 年版。
［55］ 陈学会主编：《中国军事法制史》，海潮出版社 1999 年版。
［56］ 李昂主编：《军事检察学》，军事科学出版社 2003 年版。
［57］ 田龙海主编：《军事审判学》，军事科学出版社 2002 年版。
［58］ 凌步机：《中央苏区军事史》，中国社会科学出版社 2009 年版。
［59］ 朱钦胜：《中央苏区反腐倡廉史》，中国社会科学出版社 2009 年版。
［60］ 张希坡、韩延龙主编：《中国革命法制史》，中国社会科学出版社 2007 年版。
［61］ 钱辉、毕建林主编：《中华人民共和国法制大事记》，吉林人民出版社 1992 年版。
［62］ 钱寿根：《军事法理学》，国防大学出版社 2004 年版。
［63］ 陈学会主编：《中国军事法制史》，海潮出版社 1999 年版。
［64］ 丛文胜、邹强伦主编：《军队和武警部队全面停止有偿服务相关法律问题及实务指引》，中国出版集团、中国民主法制出版社 2016 年版。

[65] 杨福坤、王文成主编，杨建平、丛文胜执行主编：《依法治军的理论与实践》，法律出版社 2001 年版。

[66] 总政治部保卫部、西安政治学院编著：《军队保卫工作学概论》，解放军出版社 1994 年版。

[67] 唐培贤、杨九根：《中国人民解放军军事审判工作史概述》，人民法院出版社 1989 年版。

[68] 王黎红：《奋力推进军事立法工作创新发展》，《中国人大》2013 年第 22 期。

[69] 丛文胜：《深入推进依法治军　全面建设法治军队》，《法制日报》2014 年 7 月 3 日，第 9 版。

[70] 丛文胜：《发挥宪法重要作用推进军队反腐倡廉》，《法制日报》2015 年 1 月 13 日，第 9 版。

[71] 丛文胜：《国防行政法规开辟国防立法新领域》，《法制日报》2015 年 4 月 16 日，第 9 版。

[72] 丛文胜：《军事司法制度改革应强化宪法的指导作用（上）》，《法制日报》2015 年 4 月 29 日，第 9 版。

[73] 丛文胜：《军事司法制度改革应强化宪法的指导作用（下）》，《法制日报》2015 年 5 月 7 日，第 9 版。

[74] 丛文胜：《人民军队法治建设迈出崭新步伐》，《法制日报》2015 年 7 月 30 日，第 9 版。

[75] 丛文胜：《军事法治建设三大历史机遇三大挑战》（上），《法制日报》2015 年 9 月 17 日，第 9 版。

[76] 丛文胜：《军事法治建设三大历史机遇三大挑战》（下），《法制日报》2015 年 73 月 24 日，第 9 版。

[77] 丛文胜：《中国军队改革迈入历史新阶段》，《法制日报》2015 年 12 月 3 日，第 9 版。

[78] 丛文胜：《推动宪法监督在国防和军队建设领域实施》，《法制日报》2015 年 12 月 10 日，第 9 版。

[79] 丛文胜：《开启国防和军队法治建设新时代》，《法制日报》2016 年 1 月 7 日，第 9 版。

[80] 丛文胜：《强化宪法确立的军委主席负责制》，《中国社会科学报》2015 年 7 月 29 日，第 5 版。

后　记

为了纪念中国人民解放军建军90周年，全面回顾人民军队法治建设走过的光辉历程和重大历史成就、深入研究和总结所取得的宝贵理论与实践经验、传承和创新发展人民军队法治建设优良传统，根据解放军出版社的出版计划，我们组成编修组，如期完成《人民军队法治建设史》，作为向人民军队建军90周年的献礼。中国军事法学会原秘书长、军事科学院原专业技术四级研究员、中国政法大学教授、博士生导师丛文胜负责全书的框架结构和章节设置、组稿和撰写各有关章节，并对全书各章的内容和文字进行修改完善和统稿。中央军委各机关有关部门、军事科学院、国防大学等单位组织对书稿作了认真修改审定和好评；中央军委政法委员会书记宋丹中将给予充分肯定和支持；中央军委改革和编制办公室原副主任、中央军委法制局原局长王黎红少将对书稿作了精心审修，认为“书稿对中国人民解放军建军90年来法治建设的历程进行了系统性的回顾和多面向的评述，特别是深入探讨了中国共产党几代领导核心依法治军、从严治军思想的丰富内涵和鲜明特色，归纳提炼了人民军队法治建设不断发展的成功经验，对人民军队建设各个阶段的军事立法、军事执法、军事司法、法制宣传教育、法治理论研究的发展脉络和主要成就，作了清晰的描述和充分的阐释，主题突出、层次分明，立论得当，佐证翔实，学术拓展性强，史料性价比高，为人们了解和研究中国特色军事法治建设的过去、现在和展望未来，提供了一个值得优先选择的窗口和阶梯”。特别值得感谢本书的出版还得到了国家新闻出版署和中宣部有关部门、中央党史和文献研究院组织专家进行了精心审读、严格把关，提出了诸多宝贵意见，进一步提升了出版质量。

本书是在《人民军队法制建设八十年》基础上，遵循党的十八大以来全面推进依法治国，提高国防和军队建设法治化水平的新精神，紧紧围绕党在新时代的强军目标，结合国防和军事法治建设的现实需求和创新发展，对各章内容作了全面考证、精减和修改完善，并增加了第六章“中华人民共和国军事法治建设（下）”和第七章“人民军队法治建设90年历史经验”，其中负责本书有关章节撰写和编修的：序言丛文胜；第一章丛文胜、冯江峰、孙君；第二章丛文胜、李敏；第三章丛文胜、毛国辉；第四章丛文胜、刘华；第五章丛文胜、刘华、李敏、荆磊；第六章丛文胜、刘华、李敏、荆磊；第七章丛文胜、孙君、冯江峰。为了尽可能完整、准确、客观地反映出人民军队法治建设90年所取得的丰硕成果，他们在时间紧、任务重的情况下，认真查找第一手资料，付出了大量艰辛。由于人民军队法治建设的历史较长、内容十分丰富，完成本书的时间要求紧，补充修改和撰写难度大，难免有遗漏和不足之处，敬请谅解和批评指正。在此，对参与《人民军队法制建设八十年》原书稿撰写的作者表示衷心感谢，撰写中还参考借鉴了许多专家学者的著作和研究成果，不能一一列出；解放军出版社的领导以及编辑以独到的政治眼光和法治视角，为本书的出版给予大力支持，热情策划、精心编辑，付出了大量心血。在此，对所有为本书出版作出贡献的中央国家机关、中央军委机关和各相关单位的领导、专家学者等，一并表示衷心感谢。

编　者

2017 年 8 月